3ᵉ

Pièces contenues dans ce Volume

Discours de réception à l'académie
Le Sarrain
Yelva
Louise
fra-Diavolo
Le Philtre
Le chalet
Le cheval de Bronze
Actéon
Les chaperons blancs.
César
L'Étudiant et la grande Dame
Les fêtes de Versailles
Le fidèle Berger
Guido et Ginevra
marguerite
Le Lac des fées
Polichinelle
Les treize
Le Shérif
La Calomnie
La Grand'mère
Les martyrs.
Zanetta
l'Opéra à la cour
Japhet
Le Verre d'eau
Le Guitarero.

DISCOURS
DE RÉCEPTION
A L'ACADÉMIE FRANÇAISE,

PRONONCÉ

DANS LA SÉANCE DU 28 JANVIER 1836 [1].

Messieurs,

Vous avez lu que la république de Gênes ayant osé braver Louis XIV, le doge fut forcé de venir à Versailles implorer la clémence du grand roi ; et pendant qu'il admirait ces jardins où partout la nature est vaincue, ces eaux jaillissantes, ces forêts d'orangers, ces terrasses suspendues dans les airs, on lui demanda ce qu'il trouvait de plus extraordinaire à Versailles. Il répondit : C'est de m'y voir.

Et moi aussi, Messieurs, au milieu de toutes les illustrations qui m'entourent, au milieu de toutes les pompes littéraires qui viennent ici s'offrir à mes souvenirs ou à mes yeux, ce qui devrait m'étonner le plus, ce serait ma présence, si une réflexion n'était venue me rassurer et m'enhardir.

L'Académie, cette chambre représentative de la littérature, a voulu que tous les genres, reconnus par la charte de Boileau et les lois du bon goût, eussent dans son sein des mandataires nommés par elle, et comme dans nos assemblées législatives où l'élu d'une faible bourgade siège sur les mêmes bancs que les députés des grandes villes, l'Académie, en me donnant entrée dans cette enceinte, vient d'élever et d'agrandir l'humble genre dont je suis le représentant, et qui désormais m'inspirerait de l'orgueil, si un auteur de vaudevilles pouvait en avoir.

Oui, Messieurs, je ne m'abuse point sur la nature de mon mandat : si pendant

---

[1] Ce discours est la seule Préface que M. Scribe ait voulu mettre à la tête de ses œuvres.

(*Note de l'Éditeur.*)

longtemps j'ai, sur une scène secondaire, essayé de peindre Thalie en miniature, si parfois, sur un théâtre plus élevé, j'ai tâché de tracer quelques tableaux d'une plus grande dimension, de pareils efforts ne me donnent pas le droit de me regarder ici comme un des représentants de la comédie. Vous n'aviez pas besoin d'en appeler de nouveaux dans cette assemblée où brillaient déjà l'auteur du *Tyran domestique*, l'auteur de *l'Avocat*, l'auteur des *Deux Gendres*, l'auteur de *l'École des Vieillards*. Seulement vous n'avez pas voulu que le fauteuil jadis occupé par Laujon restât vide plus longtemps.

Vous aviez déjà accordé en sa personne des lettres de noblesse à la chanson, vous avez voulu me les transmettre, et c'est à ce titre seulement que je m'assieds parmi vous.

Peut-être après cela, ce genre, si futile en apparence et dont le nom même semble étonné de retentir sous les voûtes classiques de cette salle, peut-être, dis-je, ce genre n'est-il pas tout à fait indigne d'attirer vos regards, et par justice, ou du moins par reconnaissance, je devrais chercher à défendre celui qui fut mon protecteur, je devrais vous retracer ici l'histoire du Val-de-Vire, depuis son origine jusqu'à nos jours, si en ce moment un soin plus imposant et plus solennel n'appelait d'abord toutes mes pensées et ne venait retenir sur mes lèvres les refrains joyeux près de s'en échapper.

Il y a bien longtemps que, pour la première fois de ma vie, j'entrai dans cette salle; j'étais alors au Lycée Napoléon ([1]), et c'est ici même, dans ces lieux où rien n'est changé, que l'on nous distribuait les prix du concours général : dans ces tribunes étaient nos camarades, nos rivaux, nos amis; ils étaient là... comme aujourd'hui encore. Plus loin nos parents, nos sœurs, nos mères. Heureux qui peut avoir sa mère pour témoin de son triomphe!... Ce bonheur, je l'avais alors! De ce côté étaient placés nos maîtres, nos supérieurs, de hauts dignitaires de la littérature ou de l'empire; car ces palmes, décernées à de faibles mérites, c'était, comme aujourd'hui encore, le mérite qui les distribuait. Je demandai à l'un de mes voisins qui était le président. On me répondit : C'est le grand-maître, M. de Fontanes. — Et à côté de lui, cette figure si belle et si imposante? — Le secrétaire-général de l'Université, M. Arnault, l'auteur de *Marius à Minturnes*; de cette tragédie dont nous savons par cœur tous les plus beaux vers. L'auteur de *Marius à Minturnes!* je me levai pour le regarder, ne me doutant pas que l'écolier siégerait un jour à la place du maître, et que je viendrais dans cette même

---

([1]) Notre collége Sainte-Barbe suivait alors les cours du Lycée Napoléon.

enceinte déposer une branche de cyprès sur la tombe de celui qui nous distribuait alors des couronnes.

Pourquoi du moins une voix plus puissante que la mienne n'est-elle pas appelée à vous faire l'éloge de l'homme de bien et du poëte que vous regrettez? Par quel dernier malheur pour lui, faut-il que soit réservé à un disciple de la chanson le difficile honneur d'apprécier les productions d'une muse tragique!

Entraîné dès l'âge le plus tendre par un penchant irrésistible pour la poésie, M. Arnault était bien jeune encore quand il donna *Marius*, son premier ouvrage. C'était déjà une entreprise hardie, surtout pour un jeune homme de vingt-quatre ans, de vouloir appeler l'intérêt sur un personnage aussi odieux que Marius, qui couvrit l'Italie de sang et de proscriptions, qui se déshonora par le vol et le pillage, et qui, aussi barbare dans ses vengeances, mais moins courageux que Sylla, n'eut pas comme lui la grandeur d'âme de s'arrêter et l'audace de descendre. Mais M. Arnault avait compris qu'aux yeux des hommes rassemblés, le malheur absout de tous les crimes. Il avait choisi pour son héros non pas Marius proscripteur, mais Marius proscrit, mais le vainqueur des Cimbres errant et fugitif; il avait senti que s'il est au monde un noble et beau spectacle, c'est la gloire aux prises avec le malheur, c'est une grande infortune supportée avec courage. Il avait deviné juste; et, sans imiter les auteurs qui avaient traité ce sujet avant lui, sans appeler à son aide aucune intrigue étrangère, aucun personnage de femme, aucun amour de tragédie, abordant dans toute sa sévérité et dans sa simplicité antique ce sujet qui n'offrait qu'une scène, il en a fait un tableau d'histoire où partout domine cette grande figure de Marius; et rappelez-vous, Messieurs, quel effet produisait cet esclave, ce Cimbre qui, reculant épouvanté à l'aspect de ce front consulaire et de quarante ans de gloire, jetait son poignard et s'enfuyait en répétant :

Je ne pourrai jamais égorger Marius!

Cette tragédie fut dédiée à Monsieur, comte de Provence, depuis Louis XVIII. M. Arnault s'était attaché à la maison de ce prince, ami des lettres, et dont la protection devait être utile au jeune poëte; car alors, pour réussir, même en littérature, c'était chose presque nécessaire que le patronage d'un homme puissant. Les temps sont changés, grâce au ciel! Aujourd'hui un homme de lettres n'a plus besoin de dire à un grand seigneur : Daignez me protéger! il trouve dans son travail la gloire, et mieux encore, s'il est possible... l'indépendance.

Au commencement de la révolution, le comte de Provence se réfugia en pays étranger, et M. Arnault, que cette fuite exposait à de grands dangers, se hâta de passer en Angleterre. Singulière destinée que la sienne ! Ce protecteur qu'il s'était donné, prince alors et plus tard roi, oblige deux fois M. Arnault à sortir de France : en 1792, par son départ; en 1815, par son retour.

M. Arnault chercha bientôt à revoir son pays. Arrêté à Dunkerque comme émigré, jeté dans un cachot, il en sort par un décret du comité de salut public qui, juste cette fois, declare la loi sur l'émigration non applicable à un homme de lettres, à l'auteur de *Marius à Minturnes*, supposant sans doute par une heureuse fiction que l'univers appartient au poëte et que partout est sa patrie.

Des jours meilleurs vinrent luire pour la France. C'était encore la république; mais ce n'étaient plus les faisceaux sanglants des décemvirs; ce n'était plus même l'austérité de Rome ou de Sparte. A son goût effréné pour le luxe et les plaisirs, à son oubli du passé, à son insouciance de l'avenir, on eût dit la république d'Athènes, si l'on eût osé comparer Barras à Périclès. L'on était sous le Directoire, sous ce gouvernement faible, joyeux et dissolu, que j'appellerai presque la régence de la révolution.

Rendu à ses travaux littéraires, M. Arnault donna successivement sa tragédie d'*Oscar*, où il retrace avec tant de charmes les doux épanchements de l'amour et de l'amitié, et sa tragédie des *Vénitiens*, dont le cinquième acte est un des plus beaux du théâtre moderne : disons cependant, en historien fidèle, que M. Arnault n'est pas seul auteur de ce cinquième acte. Dans l'origine il avait donné à son ouvrage un dénoûment heureux. Montcassin, son héros, ne mourait pas. Il était sauvé du supplice par son rival. Ce dénoûment ne plut pas à un membre de l'Institut que M. Arnault avait connu en Italie, et à qui il faisait lecture de sa tragédie. Ce membre de l'Institut, c'était le général Bonaparte, qui avait en littérature des idées aussi arrêtées qu'en politique. Il détestait Voltaire; il avait le malheur de ne pas aimer beaucoup Racine, mais il aurait fait Corneille premier ministre. Il était pour les dénoûments énergiques, et voulait que, même au théâtre, toutes les difficultés fussent enlevées à la baïonnette. Le cinquième acte des *Vénitiens* ne lui paraissait pas attaqué franchement; il le trouvait affaibli et gâté par le bonheur des deux amants. Si leur malheur eût été irréparable, disait-il à M. Arnault, l'émotion passagère qu'ils m'ont causée m'aurait poursuivi jusqu'à ce soir, jusqu'au lendemain. Il faut que le héros meure ! il faut le tuer !... tuez-le !

Montcassin fut donc mis à mort par ordre de Napoléon et à la grande satisfaction du public, qui par ses applaudissements confirma la sentence. Il est inutile de dire que la tragédie des *Vénitiens* fut dédiée au général Bonaparte; c'était justice.

Bonaparte aimait M. Arnault, et cette amitié ne s'est jamais démentie. Soit que, lui confiant d'importantes missions, il le charge de l'organisation des îles Ioniennes; soit que, dans son hôtel de la rue Chantereine, il l'admette à ces conversations familières et prophétiques qui déjà étaient de l'histoire; soit que plus tard, à bord du vaisseau amiral qui conduisait en Égypte César et sa fortune, ils discutent ensemble sur Ossian et sur Homère; soit enfin que, devenu empereur, il place M. Arnault dans les premiers rangs de l'Université, Napoléon fut toujours constant dans son estime pour lui, bien que plus d'une fois il eût à se plaindre de ses traits satiriques et de son énergique franchise. Celui qui d'un seul coup d'œil savait si bien deviner et apprécier le mérite, avait, dès le premier jour en Italie, de sa main victorieuse, écrit sur ses tablettes le nom de M. Arnault, et vingt-trois ans plus tard, sa main mourante l'écrivait encore sur son testament, daté des rochers de Sainte-Hélène !

Que pourrais-je ajouter à un pareil témoignage ?

Après la catastrophe des Cent Jours, M. Arnault fut exilé; et, ce qu'on aura peine à croire, on le destitua de la place qu'il occupait parmi vous et que vos suffrages lui avaient donnée. En fait de vers et de poésie, Molière avait dit

   Hors qu'un commandement exprès du roi ne vienne....

Le commandement vint, qui raya M. Arnault de l'Institut. Violant le sanctuaire des lettres, oubliant que le plus grand de nos priviléges est d'être inamovibles, et que la gloire littéraire n'est point révocable, un ordre vint, qui supprima *Marius à Minturnes* et *les Vénitiens*; et en vertu d'une ordonnance, contre-signée par un ministre, il fut décidé que ces deux beaux succès n'avaient jamais existé.

Pendant son exil, qu'il supporta avec dignité et courage, M. Arnault composa la dernière partie de ses fables, son plus beau titre littéraire, selon moi; car il a créé un nouveau genre qui restera comme modèle par cela même qu'il n'a cherché à imiter ni La Fontaine ni Florian; ce n'est point la naïve bonhomie du premier, ni la sensibilité élégante et gracieuse du second; c'est de l'épigramme, c'est de la satire, c'est Juvénal qui s'est fait fabuliste! Comme lui,—peut-être,

   Poussant jusqu'à l'excès sa mordante hyperbole,

M. Arnault a-t-il fait la société trop vicieuse et les hommes trop méchants. On a reproché avec raison à Florian d'avoir mis dans ses bergeries trop de *moutons;* peut-être dans les fables de M. Arnault y a-t-il un peu trop de *loups*.

C'est encore pendant son exil que M. Arnault fit jouer à Paris *Germanicus*, qui, vainqueur le premier jour, fut le lendemain banni du théâtre comme l'auteur l'avait été de la France; et lorsqu'enfin le jour de la justice avait brillé pour lui, lorsque, après cinq ans de proscription, il était rentré dans sa patrie et plus tard parmi vous... un coup imprévu l'a de nouveau et pour jamais enlevé à votre amitié! Le plus jeune de ses fils venait d'éprouver une perte cruelle : c'est pour le consoler que son père était accouru auprès de lui et avait entrepris ce voyage qui devait lui être si fatal. M. Arnault avait l'habitude des longues promenades; c'est en marchant qu'il composa presque tous ses ouvrages. Le matin même et par une excessive chaleur, il avait fait en travaillant une marche forcée. Il rentra fatigué, et s'étendant sur un lit de repos, il dit à sa fille : «Mets-toi au piano,» et la jeune fille obéit; pendant que son père reposait, pendant que sa tête appesantie tombait sur son sein, elle jouait toujours... et son père n'était plus!... il venait de s'éteindre sans souffrances, sans agonie, le sourire sur les lèvres, rêvant à ses travaux du matin, à ses enfants, à ses amis... à vous, peut-être, Messieurs.

Il est mort, laissant trois fils, son espérance et la nôtre! trois fils qui dans la carrière des lettres, des armes et de la magistrature, soutiennent dignement l'honneur du nom paternel. L'un d'eux, l'auteur de *Régulus*, a prouvé qu'il est des familles où la gloire est héréditaire, et que la noblesse des lettres peut, comme celle des armes, instituer des majorats.

Quoique rien ne dût faire prévoir pour M. Arnault une fin aussi soudaine, depuis quelque temps cependant sa santé était visiblement altérée. Certaines attaques violentes et passionnées qui frappaient sans ménagement l'homme et l'écrivain avaient froissé cette organisation puissante, mais sensible et irritable. Il est de nos jours une critique acerbe qui vous atteint au cœur. Celle-là on ne l'a point épargnée à M. Arnault, et malgré sa vieillesse et ses triomphes passés, il n'a pu, comme Marius à Minturnes, désarmer le Cimbre qui venait le frapper.

Il faut le dire aussi, l'on s'est souvent mépris sur le caractère de M. Arnault. C'était un homme chez qui restait profondément gravé le souvenir soit du bien, soit du mal. Si personne n'oubliait moins que lui une mauvaise action, personne non plus ne portait plus avant dans son cœur la reconnaissance d'un service ou d'un bienfait. Avouons aussi que la tournure vive et piquante de son esprit ne lui permettait guère de résister au plaisir d'un bon mot : ajoutez à ce tort celui d'une extrême franchise, et l'on aura aisément une idée des ennemis qu'il dut se faire. Et pourtant rien n'égalait la bonté de son cœur : plus d'une fois il l'a prouvé; plus d'une fois, dans les fonctions importantes qu'il remplissait à l'Université, il tendit la main au talent repoussé, ou au mérite qui se tenait à l'écart :

c'est lui qui accueillit dans ses bureaux notre poëte Béranger, que lui seul alors avait deviné.

La conversation de M. Arnault était semée d'expressions hardies et pittoresques, presque toujours empreinte d'une verve maligne que l'on trouve dans ses fables, dans ses poésies diverses, et même dans des chansons de la gaieté la plus originale... Oui, Messieurs, des chansons de M. Arnault, des chansons d'un auteur tragique! circonstance dont j'étais trop fier pour ne pas me hâter d'en prendre acte; car c'était une autorité puissante, c'était une preuve de plus en faveur de ce genre que j'ai entrepris, témérairement peut-être, de réhabiliter devant vous.

Pour cela, Messieurs, il me faudrait dérouler à vos yeux ce que j'appellerai les temps héroïques de la chanson, lorsqu'elle marchait au combat avec Roland et les preux de Charlemagne, ou lorsque, avec les troubadours, elle se présentait la harpe à la main aux portes des palais, et s'asseyait à la table du seigneur châtelain. Je vous montrerais ensuite la chanson partant pour la Croisade, revenant avec les premiers barons chrétiens, s'installant près du foyer gothique, et, par ses refrains du sultan Saladin, égayant les veillées des nobles dames. Plus tard, vous la verrez, tendre et guerrière avec Agnès Sorel, apprendre à Charles VII comment on regagne un royaume; ou bien, satirique et galante avec François Ier, écrire ses joyeuses devises sur les vitraux de Chambord; puis tout à coup fanatique et séditieuse, elle vous apparaîtrait portant la croix de la Ligue ou les couleurs de la Fronde, attaquant les rois, renversant les ministres, changeant les parlements; et peut-être, en voulant écrire l'histoire de la chanson, on se trouverait, sans y penser, avoir esquissé l'histoire de France.

Dans un discours célèbre rempli d'idées fines et ingénieuses, un de nos premiers auteurs dramatiques a soutenu dans cette enceinte que si quelque grande catastrophe faisait disparaître de la surface du globe tous les documents historiques et ne laissait intact que le recueil de nos comédies, ce recueil suffirait pour remplacer nos annales. La liberté littéraire qui règne dans l'Académie me permettra-t-elle de ne pas partager entièrement cette opinion? Je ne pense pas que l'auteur comique soit historien : ce n'est pas là sa mission : je ne crois pas que dans Molière lui-même on puisse retrouver l'histoire de notre pays. La comédie de Molière, ou de ses contemporains, nous instruit-elle des grands événements du siècle de Louis XIV? nous dit-elle un mot des erreurs, des faiblesses ou des fautes du grand roi? nous parle-t-elle de la révocation de l'édit de Nantes? Non, Messieurs, pas plus que la comédie de Louis XV ne nous parle du partage de la Pologne, pas plus que la comédie de l'empire ne parle de la manie des conquêtes? Mais si nous supposions, par une nouvelle invraisemblance, et l'on m'en a si souvent reproché dans mes fictions, qu'il peut m'être permis d'en risquer une de plus, dans l'intérêt de la vérité... si nous suppposions à notre tour que, semblable à ce lieutenant de Mahomet qui brûla toute la bibliothèque d'Alexandrie et ne conserva que le livre du prophète, il se rencontrât de nos jours un conquérant kalmouk ou tartare qui, ami de la gaieté et fanatique de la chanson, comme Omar l'était de l'Alcoran, brûlât tous les livres d'histoire et n'épargnât que le recueil des virelais, noëls, ponts-neufs et vaudevilles satiriques imprimés jusqu'à nos jours... voyons si par hasard et avec ces seuls documents, il serait tout à fait impossible de rétablir les principaux faits de notre histoire. Peut-être suis-je dans l'erreur; peut-être n'est-ce qu'un paradoxe : mais il me semble qu'à l'aide de ces joyeuses archives, de ces annales chantantes, on pourrait facilement retrouver des noms, des dates, des événements oubliés par la comédie, ou des personnages historiques épargnés par elle.

Une pareille fidélité était impossible à la muse comique : je le sais; aussi n'est-ce pas un reproche que je lui adresse, mais un fait que je voudrais essayer de constater. Je sais que Louis XIV, que Louis XV, que Napoléon, n'auraient pas souffert au théâtre ces grands enseignements de l'histoire, ou n'auraient pas permis de traduire sur la scène des ridicules qui les touchaient de trop près. Je sais même qu'aujourd'hui l'auteur comique n'a guère plus d'avantages que ses devanciers; car, de nos jours, la susceptibilité des partis a remplacé celle du pouvoir. Dans ce siècle de liberté, on n'a pas celle de peindre sur la scène tous les ridicules. Chaque parti défend les siens, et ne permet de prendre que chez le voisin; la presse elle-même, ce pouvoir absolu des gouvernements libres, la presse veut bien dire la vérité à tout le monde; mais, comme tous les souverains, elle n'aime pas qu'on la lui dise. Et par cette thèse, j'ai entendu, non pas attaquer, mais justifier la comédie, et prouver qu'on lui demandait plus qu'elle ne pouvait donner, en exigeant qu'elle remplaçât l'histoire.

Mais du moins la comédie peindra les mœurs? Oui : je conviens qu'elle est plus près de la vérité des mœurs que de la vérité historique; et cependant, excepté quelques ouvrages bien rares, *Turcaret*, par exemple, chef-d'œuvre de fidélité, il se trouve, par une fatalité assez bizarre, que presque toujours le théâtre et la société ont été en contradiction directe. Ainsi, Messieurs, et puisqu'il s'agit de mœurs... prenons l'époque de la régence. Si la comédie était constamment l'expression de la société, la comédie d'alors aurait dû nous offrir d'étranges licences ou de joyeuses saturnales. Point du tout.—Elle est froide, correcte, prétentieuse, mais décente. C'est Destouches, la comédie qui ne rit point ou qui rit peu ; c'est La Chaussée, la comédie qui pleure. Sous Louis XV, ou plutôt sous Voltaire, au moment où se discutaient ces grandes questions qui changeaient toutes les idées sociales, au milieu du mouvement rapide qui entraînait ce dix-huitième siècle, si rempli de présent et d'avenir, nous voyons apparaître au théâtre Dorat, Marivaux, de la Noue, c'est-à-dire, l'esprit, le roman et le vide.

Dans la révolution, pendant ses plus horribles périodes, quand la tragédie, comme on l'a dit, courait les rues, que vous offrait le théâtre ? Des scènes d'humanité et de bienfaisance, de la sensiblerie ; *les Femmes* et *l'Amour filial* ; en janvier 93, pendant le procès de Louis XVI, *la Belle fermière*, comédie agricole et sentimentale ! ! ! Sous l'empire, règne de gloire et de conquêtes, la comédie n'était ni conquérante ni belliqueuse ! Sous la restauration, gouvernement pacifique, les lauriers, les guerriers, les habits militaires avaient envahi la scène, Thalie portait des épaulettes. Et de nos jours, à l'heure où je vous parle, je me représente un étranger, un nouvel Anacharsis, tombant tout à coup au milieu de notre civilisation et courant au théâtre pour connaître d'une manière certaine et positive les mœurs parisiennes de 1835. Voyez-vous l'effroi de cet honnête étranger qui n'ose plus s'aventurer dans Paris que bien armé, qui n'ose faire un pas dans le monde, de crainte de se heurter contre quelque meurtre, quelque adultère, quelque inceste, car on lui a dit que le théâtre était toujours l'expression de la société.

Que si quelqu'un, cependant, prenant cet étranger par la main, le présentait dans nos salons, ou le faisait admettre dans nos familles, quel serait son étonnement en voyant qu'à aucune époque peut-être, nos mœurs intérieures n'ont été plus régulières, que sauf quelques exceptions dont le scandale même prouve la rareté, jamais le foyer domestique n'a été l'asile de plus de vertus ! Et si on lui disait qu'autrefois c'étaient les hautes classes qui donnaient l'exemple du vice, que souvent c'était de la cour elle-même que partaient les outrages à l'honnêteté et à la morale publiques ; si on lui disait qu'aujourd'hui les vertus viennent d'en haut et se reflètent du trône sur la société : se réconciliant alors avec cette société qu'il ne connaissait pas et qu'il accusait, vous entendriez l'étranger s'écrier avec joie : Oui, l'on m'a trompé ! oui, grâce au ciel, le théâtre ne peint pas toujours les mœurs !

Comment donc expliquer, Messieurs, cette opposition constante, ce contraste presque continuel entre le théâtre et la société ? Serait-ce l'effet du hasard ? ou ne serait-ce pas plutôt celui de vos goûts et de vos penchants que les auteurs ont su deviner et exploiter ? Vous courez au théâtre, non pour vous instruire ou vous corriger, mais pour vous distraire et vous divertir. Or, ce qui vous divertit le mieux, ce n'est pas la vérité, c'est la fiction. Vous retracer ce que vous avez chaque jour sous les yeux n'est pas le moyen de vous plaire; mais ce qui ne se présente point à vous dans la vie habituelle, l'extraordinaire, le romanesque, voilà ce qui vous charme, et c'est là ce qu'on s'empresse de vous offrir. Ainsi, dans la terreur, c'était justement parce que vos yeux étaient affligés par des scènes de sang et de carnage, que vous étiez heureux de retrouver au théâtre l'humanité et la bienfaisance, qui étaient alors des fictions. De même, sous la restauration, où l'Europe entière venait de vous opprimer, on vous rappelait le temps où vous donniez des lois à l'Europe, et le passé vous consolait du présent.

Le théâtre est donc bien rarement l'expression de la société, ou du moins, et comme vous l'avez vu, il en est souvent l'expression inverse, et c'est dans ce qu'il ne dit pas qu'il faut chercher ou deviner ce qui existait. La comédie peint les passions de tous les temps, comme l'a fait Molière; ou bien comme Dancourt et Picard l'ont fait avec tant de gaieté, Colin d'Harleville avec tant de charme, Andrieux avec tant d'esprit, elle peint des travers exceptionnels, des ridicules d'un instant. Sous le rideau qu'elle soulève à peine, elle peut nous montrer un coin de la société; mais les mœurs de tout un peuple, ses mœurs de chaque époque, qui vous les montrera élégantes ou grossières, libertines ou dévotes, sanguinaires ou héroïques? Qui vous les offrira, bonnes ou mauvaises, telles qu'elles étaient? qui vous les offrira, Messieurs? Les annales dont je vous parlais tout à l'heure,

> Ces peintures naïves,
> Des malices du siècle immortelles archives;

la chanson, qui n'avait aucun intérêt à déguiser la vérité; et qui, au contraire, n'apparaissait que pour la dire. Ainsi, Messieurs, repassons rapidement les temps que nous venons de parcourir. Commençons par la régence, si mal définie par les auteurs comiques de l'époque; adressons-nous aux chansonniers, et voyons s'ils seront des peintres plus fidèles : Collé, par exemple, dans ces couplets :

> Chansonniers, mes confrères,
> Le cœur,
> L'honneur,
> Ce sont des chimères;
> Dans vos chansons légères,
> Traitez de vieux abus
> Ces vertus
> Qu'on n'a plus...

N'ayez pas peur, Messieurs, je ne citerai qu'un couplet, et encore n'en donnerai-je que des fragments :

> L'amour est mort en France :
> C'est un
> Défunt
> Mort de trop d'aisance.
> . . . .
> Et tous ces nigauds
> Qui font des madrigaux
> Supposent à nos dames
> Des cœurs,
> Des mœurs,
> Des vertus, des âmes !
> Et remplissent de flammes
> Nos amants presque éteints,
> Ces pantins
> Libertins !

N'est-ce pas là, Messieurs, la régence tout entière ? Et que serait-ce donc si j'achevais la chanson !

Voulez-vous connaître la société du dix-huitième siècle, cette société élégante et spirituelle, raisonneuse et sceptique, qui croyait au plaisir et ne croyait pas en Dieu ? voulez-vous avoir une idée de ses mœurs, de sa philosophie et de ses petits soupers ? Ne vous adressez pas à la comédie, elle ne vous dirait rien ; lisez les chansons de Voisenon, de Boufflers et du cardinal de Bernis.

Allons plus loin encore : arrivons à des temps où il semblerait que la chanson épouvantée eût dû briser ses pipeaux; et, loin qu'elle se taise, loin qu'elle cesse de peindre les mœurs de son temps, elle est toujours là comme un écho fidèle, qui, à chaque époque retentissante, reçoit les sons, les répète et nous les transmet. Ainsi, dans notre révolution, qui se divise en deux moitiés bien distinctes, la partie hideuse est reproduite dans les chants impurs de 93 ([1]), la partie héroïque et glorieuse dans ces hymnes guerriers qui ont conduit nos soldats à la conquête de l'Europe.

Je ne vous parle point de la gloire de l'empire : elle a eu pour historiographes tous les chansonniers de l'époque, à commencer par Désaugiers, le premier chansonnier peut-être de tous les temps, Désaugiers, qui faisait des chansons comme La Fontaine faisait des fables.

([1]) Les Carmagnoles et les Ça ira.

Quant aux fautes et aux erreurs de la restauration, si vous tenez à vous les rappeler, ne consultez point nos théâtres, n'interrogez pas les colonnes du *Moniteur* : nous avons là les œuvres de Béranger.

Ce serait déjà un assez grand honneur pour la chanson de pouvoir retracer les événements et les mœurs, et de servir ainsi à la fois d'auxiliaire à l'histoire et à la comédie; mais ce n'est pas là encore le premier de ses titres, il est un autre point de vue plus grave et plus profond sous lequel on peut l'envisager : c'est qu'en France et sous nos rois, la chanson fut longtemps la seule opposition possible. On définissait le gouvernement d'alors une monarchie absolue tempérée par des chansons; et c'était là en effet le seul contre-poids, la seule résistance aux empiétements de l'autorité. Oui, Messieurs, la liberté du chant a précédé celle de la presse et l'a préparée. Sous Mazarin, le peuple payait... il est vrai; mais il chantait... c'est-à-dire, il protestait. Il protestait déjà contre l'abus du pouvoir et du budget; et protester, c'est réserver ses droits, jusqu'au jour où une nation se lève et les fait valoir. Or, ces droits imprescriptibles, c'est la chanson qui seule alors se chargeait de les défendre; et, sentinelle vigilante, vous la trouverez toujours placée à l'avant-garde pour avertir ou pour combattre!

Se rangeant toujours du côté des vaincus, elle a, comme la presse, ses nobles résistances, ses triomphes, et, comme elle aussi, elle a ses excès. Elle attaque tour à tour Henri III, les Guises et le Béarnais; toujours de l'opposition, toujours anti-ministérielle, elle empêche Richelieu de dormir et Mazarin de dîner; elle fait la guerre de la Fronde, guerre civile pour elle, car la chanson était dans les deux camps; et enfin elle arrive en présence de Louis XIV; ce roi devant qui tremblait l'Europe et la France, ce roi qui disait : L'état... c'est moi! ce roi que personne n'osait attaquer, la chanson l'attaque à tous les moments de son règne, dans ses amours, dans ses maîtresses; témoin les fameux couplets de Bussy-Rabutin [1]; elle l'attaque dans ses généraux, dans ses favoris, dans Villeroi fait prisonnier pendant que son armée chassait l'ennemi de Crémone.

> Palsambleu! la nouvelle est bonne
> Et notre bonheur sans égal,
> Nous avons recouvré Crémonne,
> Et perdu notre général!

---

[1]
> Que Deodatus est heureux
> De baiser ce bec amoureux
> Qui d'une oreille à l'autre va,
> Alleluia!

Elle l'attaque dans ses alliés, dans ses hôtes de Saint-Germain, dans ce roi Jacques II qui cède à son gendre Guillaume trois couronnes pour une messe.

> Quand je veux rimer à Guillaume,
> Je trouve aisément... un royaume
> Qu'il a su mettre sous ses lois !
> Mais quand je veux rimer à Jacques...
> J'ai beau chercher... mordre mes doigts !
> Je trouve qu'il a fait ses pâques !

Plus redoutable, enfin, à Louis XIV que Marlborough et le prince Eugène, la chanson l'attaque sur son administration intérieure, sur le désordre de ses finances.

> Dans ses coffres pas un doublon
> Il est si pauvre en son ménage,
> Qu'on dit que la veuve Scarron
> A fait un mauvais mariage !

Ce n'est rien encore, Messieurs; c'est sous le règne suivant que la chanson devient un pouvoir. Seule digue contre la corruption qui déborde de toutes parts, elle défend la France qu'on laisse avilir, elle brave les lettres de cachet, et crayonne sur les murs de la Bastille ces refrains vengeurs qui poursuivent jusque dans le sérail de Versailles et les ministres et le roi, et bien plus encore les hardies courtisanes qui régnaient alors. Ces refrains audacieux, je ne vous les citerai point, Messieurs ; les tableaux qu'ils offrent sont trop exacts. Les peintres comme les modèles avaient déchiré la gaze.

Mais s'il y avait alors peu de mérite à attaquer un faible monarque, voici la chanson aux prises avec un bien autre adversaire. Nous voici à cette époque de gloire si fatale à la liberté, sous l'empire, Messieurs, sous ce règne de silence, car tout se taisait alors.

Tout se taisait, excepté le chansonnier.

C'est sous le règne d'un conquérant que la chanson frondait et tournait en ridicule la manie des conquêtes; c'est sous cet empereur, dont le front portait tant de couronnes, qu'apparaissait ce bon roi d'Yvetot :

> Se levant tard, se couchant tôt,
> Vivant fort bien sans gloire,
> Et couronné par Jeanneton
> D'un simple bonnet de coton.

C'est sous ce guerrier terrible, qui décimait la France, et mettait sa population en coupe réglée, que brillait la physionomie pacifique et paternelle du roi d'Yvetot,

> Qui ne levait jamais de ban
> Que pour tirer quatre fois l'an
> Au blanc.

Disons aussi, Messieurs, que lorsque le conquérant fut tombé, la chanson ne vit plus en lui le despote, mais le héros, le grand homme malheureux, et elle le défendit comme elle avait défendu nos droits qu'il foulait aux pieds.

Ainsi, et combattant toujours pour la liberté, la chanson l'a conduite à travers mille écueils, depuis les premiers temps de la monarchie jusqu'aux jours où la cause qu'elle défendait depuis si longtemps a enfin triomphé, et alors son œuvre a été terminée. Qu'aurait-elle fait de ses allégories satiriques, de ses allusions malignes, de ses demi-mots piquants, lorsque autour d'elle et sans obstacles la pensée jaillissait de toutes parts? Aussi, voyant venir à elle la liberté de la presse, sa puissante alliée, la chanson s'est reposée, n'ayant plus rien à faire. Ainsi, dans les rues de nos cités, on estime ces phares légers et mobiles, dont la faible lueur nous guida pendant la nuit, mais quand luit le grand jour, quand brille le soleil, on éteint le fanal.

Fasse le ciel qu'on n'ait point à le rallumer!

Lorsque, dans tous les temps, le tombeau de la tyrannie a été celui de la chanson, désirons, pour le bonheur du pays, qu'elle n'ait jamais occasion de renaître, que nos libertés soient toujours défendues par d'autres que par elle, et que son éloge que je viens de prononcer soit son oraison funèbre!

M! DURAND.

QUI EST-CE QUI VEUT SE CHARGER DE CET ENFANT LÀ ET M'EN DEBARRASSER?

(Le Parrain, Sc. XIX.)

LE PARRAIN,

COMÉDIE EN UN ACTE ET EN PROSE,

Représentée pour la première fois, à Paris, sur le théâtre du Gymnase dramatique, le 23 avril 1821.

En société avec MM. Poirson et Mélesville.

Personnages.

M. GODARD, marchand rubanier.
M. DURAND, rentier.
M. LE COMTE DE HOLDEN.
MADAME DE SAINT-ANGE, femme d'un banquier.
MADAME BENOIST, belle-mère de M. Godard.
MADAME PRUDENT, sage-femme.
MADAME RENARD, } voisines.
MADAME DUROZEAU,
DUBOIS, chasseur de madame de Saint-Ange.
UN VALET du comte de Holden.
UNE FEMME DE CHAMBRE.

Le théâtre représente l'arrière-magasin de M. Godard. A travers les vitrages qui sont au fond, on aperçoit la boutique, et par suite la rue. Une porte à droite, une porte à gauche.

SCÈNE PREMIÈRE.

Au lever du rideau, M. Godard est devant une table et écrit. Mesdames Benoist, Renard et Durozeau sont assises à gauche, et travaillent à la layette en causant.

M. GODARD, *écrivant.*

« M. Godard, marchand rubanier, rue Saint-
» Denis, a l'honneur de vous faire part que ma-
» dame Godard, son épouse, vient d'accoucher
» heureusement d'un garçon.
» La mère et l'enfant se portent bien. »

Voilà le cent soixante-treizième ; j'en ai la main fatiguée.

MADAME BENOIST.

C'est comme je vous le dis, ma chère madame Renard, ce petit garçon-là me ressemble à s'y méprendre. Ce n'est pas parce que je suis sa grand'-mère ; mais c'est tout mon portrait.

M. GODARD.

Laissez donc, il a tout mon profil.

MADAME RENARD.

C'est-à-dire celui de votre femme ; ou plutôt voulez-vous que je vous dise à qui il ressemble ? à M. Durand, ce vieux garçon qui demeure ici dans la maison, au premier.

M. GODARD, *se levant.*

Qu'est-ce que vous dites là, madame Renard ? Point de pareilles plaisanteries, s'il vous plaît.

MADAME RENARD.

Je le dis, parce que c'est frappant.

M. GODARD.

C'est ce qui vous trompe, entendez-vous ; mon fils me ressemble, et il doit me ressembler, parce qu'enfin... Je sais ce que je dis, et ce n'est pas après douze ans de mariage...

MADAME BENOIST.

Allons, n'allez-vous pas vous fâcher, mon cher Godard ?

M. GODARD.

Non, c'est qu'on sait combien j'ai d'affaires aujourd'hui. Mes billets de faire part qui ne sont pas finis ; le parrain de mon fils qui n'est pas encore trouvé ; l'accouchée qui veut que je lui fasse un cadeau ; une lettre de change à payer ce matin, et l'enfant qui ne tette pas. Et c'est au milieu de ces tracas de toute espèce qu'on vient me rompre la tête de M. Durand ; M. Durand, que nous connaissons à peine, qui a quelquefois salué ma femme sur l'escalier, et qui n'a jamais fait que la regarder.

MADAME RENARD.

Eh bien ! c'est ce que je voulais dire, un regard.

TOUTES LES FEMMES.

Sans doute, c'est un regard.

MADAME BENOIST.

Eh ! oui, mon gendre, cela se voit tous les jours. Il n'y a rien de plus raisonnable et de plus tranquillisant que les regards. Demandez à ces dames: Mais vous voilà toujours affairé, toujours effrayé du moindre embarras, et vous donnant toujours beaucoup de mal sur place, sans faire un pas pour en sortir. Voyons le plus pressé. Vous occupez-vous du parrain ?

M. GODARD.

Eh non, puisque voilà trois de mes parents et amis intimes qui ont refusé tout net. Vous ne pouvez pas vous imaginer combien cet enfant-là me donne de peine. Un enfant frais et vermeil qui est tout mon portrait.

MADAME BENOIST.

Eh! il s'agit bien de cela. Quant à la marraine, elle ne sera pas difficile à trouver. On sait que pour le premier enfant c'est toujours la grand'mère, c'est de droit.

M. GODARD.

Du tout, du tout; le choix est déjà fixé, la proposition a été faite et acceptée.

MADAME BENOIST.

Voilà, par exemple, ce que je ne souffrirai point; n'est-il pas vrai, mesdames ?

M. GODARD.

Allons, n'allez-vous pas encore me mettre un nouvel embarras sur les bras ? Vouloir que je fasse un affront à madame de Saint-Ange, la femme d'un banquier! un banquier de la rue du Mont-Blanc! ma meilleure pratique! Certainement, mesdames, quand la Chaussée-d'Antin est assez bonne pour venir rue Saint-Denis, on doit s'estimer trop heureux.

MADAME BENOIST.

Oui, une femme à équipage qui sera marraine de votre fils! Et Dieu sait comme on va jaser! parce que vous sentez bien que les grandes dames... Si je vous racontais à ce sujet l'histoire que nous a dite hier madame Prudent, la sage-femme...

TOUTES LES FEMMES, se levant et écoutant.

Une histoire !

SCÈNE II.

LES PRÉCÉDENTS, MADAME PRUDENT.

MADAME PRUDENT.

Monsieur Godard! monsieur Godard!

MADAME BENOIST.

Eh! tenez, voilà madame Prudent qui va vous la raconter elle-même.

MADAME PRUDENT.

Ah! mon histoire du beau jeune homme inconnu; je vous la dirai tout à l'heure. Mais je viens avant tout annoncer une bonne nouvelle à M. Godard : son fils sera baptisé.

M. GODARD.

Comment, madame Prudent, vous auriez trouvé un parrain ?

MADAME PRUDENT.

Où en seriez-vous sans moi ? mais quand j'entreprends quelque chose... Ah! mesdames, quel état que celui de sage-femme! Un état continuel de silence et de discrétion, la consolation de l'humanité, l'espoir des familles et la providence des nourrices ?

M. GODARD.

Vous dites donc que vous avez...

MADAME PRUDENT.

Un parrain magnifique, un garçon riche, aimable, galant, et que vous avez sous la main; car il demeure dans la maison, au premier; en un mot, c'est M. Durand.

TOUS.

Comment! M. Durand ?

MADAME PRUDENT.

Oui; je viens d'arranger cela avec sa gouvernante, mademoiselle Babet, que je connais de longue main, et qui s'est chargée de la négociation. C'est une affaire faite, parce qu'un vieux garçon ne peut pas avoir d'autre avis que celui de sa gouvernante.

M. GODARD.

Hum! hum! je vous avouerai que M. Durand...

MADAME PRUDENT.

Vous ne pouvez pas mieux choisir. Un homme seul, tranquille, qui n'a ni enfant ni famille, et qui peut un jour adopter votre fils, ou le coucher sur son testament : avec les gens riches il y a toujours de la ressource; c'est comme mon bel inconnu dont je vous parlais tout à l'heure. Croiriez-vous qu'il m'a donné vingt-cinq louis pour être venu me réveiller avant-hier à minuit, et m'avoir menée dans une belle voiture, dans un bel hôtel, où une jeune dame venait de mettre au monde une petite fille charmante ? Je vous raconterai tout cela en détail; et quoique M. Durand n'ait ni équipage, ni bel hôtel, savez-vous qu'il a douze mille livres de rentes ?

TOUT LE MONDE.

Douze mille livres de rentes !

M. GODARD.

Oui; mais ce que disait tout à l'heure madame Renard, ça peut faire jaser.

MADAME BENOIST.

On ressemble à qui on peut. S'il fallait s'inquiéter de cela !

M. GODARD.

Vous croyez ? Il me semble alors qu'en qualité de père de l'enfant, je dois me présenter moi-même au parrain, et lui faire une visite.

TOUTES.

Mais il n'y a pas de doute.

M. GODARD.

Encore une chose à faire. Je vous dis que j'en

perdrai la tête. Eh vite, madame Prudent, mes gants; et puis il faudra envoyer quelqu'un chez madame de Saint-Ange, la marraine, rue du Mont-Blanc, pour la prévenir des noms et du choix du parrain. (s'impatientant.) Eh bien, madame Prudent, mes gants, mon chapeau. Il est sûr que M. Durand s'attend à ma visite.

MADAME PRUDENT.

Eh! tenez, le voici lui-même qui vient vous déclarer qu'il accepte.

M. GODARD, aux femmes.

Ah! mon Dieu! ôtez donc ces langes et ces brassières qui sont sur tous les fauteuils; ça n'est pas décent.

SCÈNE III.
Les Précédents, M. DURAND.

M. GODARD.

Mon cher voisin, je me rendais chez vous pour vous remercier de l'honneur que vous nous faites.

MADAME BENOIST.

C'est un bonheur pour toute la famille.

M. DURAND.

Monsieur, Madame, certainement, je suis bien sensible à votre politesse; aussi, je suis descendu moi-même, afin de vous dire...

M. GODARD, l'interrompant vivement, ainsi que dans tout le reste de la scène.

C'est ce que je ne me pardonnerai jamais. C'était à moi de vous prévenir; mais un jour comme celui-ci on a tant d'embarras, mon bon, mon cher Durand... Combien (lui prenant la main) je suis heureux qu'une pareille cérémonie resserre encore les liaisons de voisinage et d'amitié qui nous unissaient déjà!

M. DURAND.

Mais comme c'est la première fois que nous nous parlons...

M. GODARD.

C'est égal, vous êtes de la famille.

M. DURAND.

Mille fois trop de bontés; mais comme je venais pour vous dire...

MADAME PRUDENT.

J'espère que vous m'en remercierez. C'est moi qui ai arrangé tout cela avec mademoiselle Babet; et jugez donc quel bonheur, quel avantage, vous qui n'avez jamais eu d'enfants, d'en trouver un qui ne vous coûte rien, qui vous apportera un bouquet à votre fête!

MADAME BENOIST.

Et un compliment au jour de l'an.

M. GODARD.

Et les petites étrennes; c'est charmant. Vous aurez tous les avantages de la paternité, et vous n'en aurez point comme nous les soins, les soucis, les tracas. Ah çà, mon cher, point de gêne, point de façons, tout est désormais commun entre nous. Voilà comme je suis; et surtout, je vous en prie, point de folie. Pour la marraine, vous ferez ce que vous voudrez.

M. DURAND, impatienté.

Mais, monsieur...

M. GODARD.

Mais pour ma femme, rien, je vous en prie, que les bonbons, les bagatelles d'usage.

M. DURAND.

Mais daignez m'écouter, Monsieur, je vous déclare que je ne veux pas...

M. GODARD.

Et, moi je le veux, ou sans cela nous nous fâcherons.

M. DURAND.

Mais encore une fois...

M. GODARD.

C'est arrangé comme cela, n'en parlons plus. Eh vite, ma belle-mère, mesdames, voyez si l'on peut faire une visite à ma femme, à madame Godard. (Elles sortent.) Oh! vous allez embrasser l'accouchée, et votre filleul donc. Madame Prudent, voyez si le petit est présentable. Ah! mon Dieu! et moi qui oubliais... voilà la clef de l'armoire pour prendre le pot de gelée de groseilles que ma femme a demandé. Pardon, mon cher compère; mais j'ai tant de choses dans la tête! Quant à votre commère, je ne vous en parle pas, parce que je veux vous surprendre. La plus jolie marraine... Mais je vous devais ça pour la bonté, la grâce avec laquelle vous avez daigné accepter. Adieu, mon cher ami, mon cher compère. Je cours à ma toilette. (L'embrassant.) Madame Prudent avait raison, notre parrain est un homme charmant.

SCÈNE IV.

M. DURAND, seul.

C'est décidé, c'est une conspiration. Impossible de leur faire entendre que je refuse. De quoi diable aussi va se mêler madame Prudent, la sage-femme? Vouloir que je sois parrain, moi qui ne l'ai été de ma vie, qui tremble à l'idée du moindre embarras. Je n'ai jamais demandé de places de peur des occupations, ce qui fait que je ne suis rien; je n'ai jamais acheté de propriétés de peur de procès, ce qui fait que je suis rentier. Je n'ai jamais pris de femme de peur des inconvénients, ce qui fait que je suis célibataire. J'ai douze mille livres de rentes en portefeuille ou sur le grand livre. Je vais chez tout le monde sans que personne vienne chez moi, parce qu'un garçon n'est pas obligé de recevoir. Du reste, je suis bon citoyen. Je paye mon impôt de portes et fenêtres; je monte ma garde ou je la fais monter, ce qui revient au même; et je n'ai pas manqué une seule souscription volontaire, toutes les fois que j'y ai été forcé : ce n'est pas que je sois avare, il s'en faut; je mange généreusement mon revenu, mais je me ferais un scrupule de dépenser un liard pour toute autre satisfaction que la mienne. Je loge seul, je dîne seul, je dors seul, et c'est en moi seul que j'ai concentré mes plus chères affections. On dira que c'est de l'égoïsme. Du tout, c'est de la reconnaissance; et jusqu'à ce que j'aie rencontré quelqu'un qui ait pour moi l'amitié que je me porte, on me permettra de me donner un liard pour la préférence. Ainsi je m'en vais écrire à tous les Godards, puisqu'avec eux il n'y a pas moyen de s'expliquer. C'est qu'ils sont capables de me relancer encore, et j'aurais peut-être aussitôt fait d'accepter. J'en serai quitte pour quelques cornets de bonbons. Ma foi, non; la peine d'aller à l'église, mon filleul à tenir, madame Godard à embrasser; en outre, des fiacres à payer; qu'est-ce qui m'en reviendrait? Avec cela j'ai des courses à faire ce matin; ces trente mille francs que je voudrais placer avantageusement.

SCÈNE V.

M. DURAND, MADAME DE SAINT-ANGE; DEUX DOMESTIQUES EN LIVRÉE.

MADAME DE SAINT-ANGE.

C'est bien; attendez, ainsi que la voiture : j'aurai besoin de vous.

(Elle donne quelques ordres à l'un de ses valets.)

M. DURAND.

Eh mais! je ne me trompe pas, c'est madame de Saint-Ange, la femme de ce fameux banquier qui s'est chargé du nouvel emprunt. Belle opération ! S'il voulait me céder quelques actions, ce serait bien mon affaire.

MADAME DE SAINT-ANGE, achevant de donner ses ordres.

Tâchez de parler à M. le comte de Holden lui-même, s'il n'est pas encore parti. Dites-lui que nous savons tout, et que mon mari et moi lui offrons nos services et notre médiation, et revenez sur-le-champ, vous entendez. (Redescendant le théâtre et apercevant M. Durand qui la salue.) Et le voilà, ce cher M. Durand! Je m'attendais bien à le trouver ici. Mais, en parrain galant, vous deviez me donner la main pour descendre de voiture.

M. DURAND.

Comment, madame, vous seriez?...

MADAME DE SAINT-ANGE.

Eh! oui, j'avais promis à Godard, mon marchand, d'être la marraine de son enfant. Ce n'est pas que j'eusse grande envie de tenir ma parole; mais on vient de m'écrire que vous deviez être de la partie, et cela m'a décidée.

M. DURAND,

Madame, je suis mille fois trop heureux. (A part.) Ne négligeons pas cette bonne occasion. (Haut.) Oserai-je vous demander comment se porte M. de Saint-Ange?

MADAME DE SAINT-ANGE.

Mais je ne sais pas trop ; je ne le vois plus; il ne sort pas de ses bureaux.

M. DURAND.

Je conçois. Ce nouvel emprunt l'occupe beaucoup; une belle affaire qu'il a faite là! Je comptais incessamment lui rendre ma visite, ainsi qu'à vous, madame.

MADAME DE SAINT-ANGE.

Voilà une idée admirable. Mais il faut dîner avec nous, c'est le seul moyen de trouver mon mari; et tenez, aujourd'hui même, après la cérémonie, je vous emmène. Oh ! il faut vous résigner. Vous voilà mon chevalier pour toute la journée.

M. DURAND.

Je n'ai garde de refuser une pareille bonne fortune.

MADAME DE SAINT-ANGE.

Parlons un peu de notre baptême. Connaissez-vous la famille Godard? Non, vous ne vous en souciez pas beaucoup, ni moi non plus ; mais je suis folle des baptêmes; j'aime cette pompe bourgeoise, l'importance du bedeau, l'empressement du mari, la gravité de la nourrice, l'air de fête répandu sur toutes les physionomies : c'est bien plus gai qu'un mariage. D'abord l'acteur principal n'a aucune inquiétude sur le rôle qu'il va remplir ; et si le père ou quelque parent s'avise de penser pour lui à l'avenir, il se le représente toujours paré des plus riantes couleurs. Cet enfant-là sera peut-être un jour un poëte, un héros; qui sait même ? un notaire, un agent de change. Qu'est-ce que cela coûte? il n'y a pas de charge à payer. Tandis qu'un jour de noces, on n'a que deux chances à prévoir : sera-t-on heureux? ne le sera-t-on pas? et bien souvent on peut parier à coup sûr. Oh! je préfère les baptêmes; et, pour ma part, j'aime mieux être marraine dix fois que mariée une seule.

M. DURAND.

C'est exactement comme moi.

MADAME DE SAINT-ANGE.

Oh! mais vous, je vous devine; vous allez faire des extravagances. Les vieux garçons d'abord sont toujours trop généreux; vous surtout qui êtes riche : mais je viens exprès vous empêcher de faire des folies.

M. DURAND.

Rassurez-vous, ce n'est nullement mon intention ; mais je vous avoue que, n'ayant jamais été parrain, j'ignore totalement les usages.

MADAME DE SAINT-ANGE.

C'est bien ; ne vous mêlez pas de cela, vous feriez tout de travers. Je me charge de vous guider. (Ouvrant un riche agenda.) J'ai déjà fait une petite note des choses indispensables.

M. DURAND.

Que de bontés !

MADAME DE SAINT-ANGE.

D'abord rien pour moi, je vous en prie ; ce n'est qu'à cette condition-là que je consens à être marraine. Oh ! non, je vous le déclare, je ne veux absolument rien que ce qui est de rigueur, la petite corbeille, le sultan. N'allez pas surtout vous aviser d'en prendre un de 1000 francs, c'est une duperie ; ceux de 500 produisent autant d'effet et vous feront autant d'honneur ; car vous sentez que c'est pour vous.

M. DURAND.

Qu'est-ce que vous me dites là ?

MADAME DE SAINT-ANGE, froidement.

Oh ! vous pouvez vous en rapporter à moi. Ainsi, nous mettons 500 francs. Quant à l'accouchée, c'est différent ; avec elle vous ne pouvez vous dispenser de faire un cadeau.

M. DURAND.

Oui, la petite timbale...

MADAME DE SAINT-ANGE.

En vermeil. Les six tasses pareilles, la cafetière, la crémière, la théière, le sucrier ; cela fera un fort joli déjeuner, et nous trouverons cela presque pour rien chez Mellério, à la Couronne de fer.

M. DURAND.

Ah, mon Dieu !

MADAME DE SAINT-ANGE.

Nous prendrons les bonbons rue Vivienne, les gants chez madame Irlande, et les flacons chez Laurençot, Palais-Royal. Je n'ai pas mis dans mon budget les étrennes à la garde, à la nourrice, aux domestiques de la maison, au bedeau, au sacristain et au sonneur, des pièces de 20 fr., parce que tout cela est de rigueur, et que cela va sans dire.

M. DURAND, à part.

Miséricorde ! (Haut.) Certainement, madame, tout cela me paraît fort convenable.

MADAME DE SAINT-ANGE, d'un air de satisfaction.

Oui, n'est-ce pas ? ce sera bien.

M. DURAND.

J'approuverais très-volontiers votre petit budget, comme vous dites, si le baptême se faisait demain ; mais c'est pour aujourd'hui, dans une heure, et il est impossible que tout cela puisse être prêt.

MADAME DE SAINT-ANGE.

N'est-ce que cela ? Soyez tranquille. (Appelant.) Dubois !

DUBOIS, entrant.

Madame, M. le comte de Holden n'est plus à Paris, on assure qu'il est parti pour la Belgique.

MADAME DE SAINT-ANGE.

J'en suis désolée ; (à Durand) un ami à nous qui est engagé dans une fort mauvaise affaire, et à qui j'aurais voulu rendre service ; mais il n'est plus temps. Tenez, prenez cette liste, montez dans ma voiture qui est restée à la porte, et faites les différents achats qui sont indiqués ; rue Vivienne, Palais-Royal, rue Saint-Honoré ; tout cela est dans le même quartier. A Paris, c'est charmant ; en moins d'une heure, on a tout ce qu'on veut ; on paye un peu cher, et voilà tout.... Ah ! Dubois, vous porterez les mémoires chez monsieur, justement il loge dans la maison.

(Dubois sort.)

M. DURAND.

Oui, cela se rencontre à merveille. (A part.) Ah ! mon Dieu, il y va.

MADAME DE SAINT-ANGE.

Eh bien ! qu'avez-vous donc ?

M. DURAND.

Rien ; c'est qu'il me semble que M. Godard tarde bien, et vous croyez que le.... je veux dire le.... montant des mémoires......

MADAME DE SAINT-ANGE.

Ah ! le petit total ? ça ne passera pas mille écus, c'est tout ce qu'il y a de plus modeste. Baptême de seconde classe.

M. DURAND, à part.

Où me suis-je fourré ? trois mois de mon revenu pour la famille Godard ! maudite sage-femme !

SCÈNE VI.

LES PRÉCÉDENTS, M. GODARD.

M. GODARD.

Je vois le parrain et la marraine qui sont réunis. Me sera-t-il permis, Madame, de vous présenter mes respects ?

MADAME DE SAINT-ANGE.

Bonjour, mon cher Godard, comment va votre femme ?

M. GODARD.

Elle attend, Madame, l'honneur de votre visite.

MADAME DE SAINT-ANGE.

C'est bien ; (à Durand) pour quelle heure avez-vous commandé les voitures ?

M. DURAND, étonné.

Comment, Madame, les voitures ?

MADAME DE SAINT-ANGE.

Eh! oui, ne savez-vous pas qu'il en faut? vous aviez raison, vous ne vous doutez pas des usages, et vous êtes bien heureux de m'avoir. (Appelant.) Holà! quelqu'un.

M. GODARD.

Gervais, Gervais! c'est mon garçon de boutique, un gaillard fort intelligent.

MADAME DE SAINT-ANGE.

Il faut à l'instant même courir chez le premier loueur de voitures, et demander six remises, entendez-vous? six grandes berlines. Vous les prendrez à la journée, et que dans un instant elles soient à la porte.

M. DURAND.

Mais permettez donc; il me semble que l'église étant à deux pas, nos équipages seront tout à fait inutiles.

MADAME DE SAINT-ANGE.

D'accord, on ne s'en servira pas, mais il faut qu'on les voie dans la rue; c'est de rigueur.

M. DURAND.

Ah! c'est de rigueur. (A part.) Six berlines! Moi qui vais toujours à pied. Ah! la maudite sage-femme; elle me le payera.

M. GODARD, se frottant les mains.

Six voitures dans la rue, quel bonheur! Ça ira jusqu'à la boutique du bonnetier, qui ne peut pas me souffrir.

MADAME DE SAINT-ANGE.

Oh! monsieur Durand fait bien les choses; mais ce n'est rien encore, vous verrez son cadeau à l'accouchée. (Bas à Godard.) Un superbe déjeuner en vermeil. Oh! à votre place je ne serais pas tranquille. (A Durand.) Allons, donnez-moi la main, et venez voir cette pauvre petite femme; (bas) nous allons trouver la nourrice, la garde, les grands parents, un monde et une chaleur; c'est affreux! je ne peux pas souffrir les chambres d'accouchées.

M. GODARD.

Mille pardons si je ne vous conduis pas; quelques affaires indispensables, cette robe de baptême, la toilette de l'enfant..... Je suis à vous, Madame.

(Durand et madame de Saint-Ange entrent dans la chambre voisine.)

SCÈNE VII.

M. GODARD, seul.

Je ne sais pas, moi, ce monsieur Durand ne m'a plus l'air si aimable; je lui trouve une physionomie sournoise et mystérieuse; et puis ce superbe déjeuner en vermeil, que du reste il est impossible de refuser; tout cela me... Il ne manquerait plus que cela, être jaloux un jour où j'ai tant d'occupations.

SCÈNE VIII.

M. GODARD, LE COMTE DE HOLDEN.

LE COMTE.

N'est-ce point ici M. Godard, négociant?

M. GODARD.

Moi-même, monsieur.

LE COMTE.

C'est un effet de quatre mille francs, payable au porteur.

M. GODARD, à part.

Ah! mon Dieu, monsieur Vanberg, le négociant hollandais, qui m'avait promis de ne point le mettre en circulation et d'attendre à demain. (Haut.) Monsieur, certainement vous serez payé, j'ai les fonds, mais dans ce moment cela me gênerait beaucoup, et si vous pouviez attendre seulement à demain matin.

LE COMTE.

C'est avec grand plaisir que j'accéderais à votre demande; mais je suis obligé de partir dans deux heures pour la Belgique, et cet argent m'est nécessaire pour mon voyage.

M. GODARD, à part, dans le plus grand embarras.

Comment faire, et à qui s'adresser? Les négociants mes confrères, il ne faut pas y penser. Eh parbleu! j'ai le parrain de mon fils; en le tenant sur les fonts baptismaux il contracte l'obligation de le défendre, de le protéger; c'est un second père, et mes intérêts deviennent les siens. (Au comte.) Monsieur, donnez-vous la peine de vous asseoir; (à part) il est riche, il est à son aise, et quand je le prierai de m'avancer cette somme-là pour quelques heures, il ne peut pas me refuser sans manquer à la délicatesse, après tout ce que nous faisons pour lui. (Au comte.) Je suis à vous, et avant un quart d'heure vous aurez votre argent.

(Il sort.)

SCÈNE IX.

LE COMTE, seul.

Ce pauvre homme, cela le gêne, je le vois; mais s'il savait dans quel embarras je me trouve. Obligé de partir dans deux heures, et ne savoir à qui laisser mon enfant, en quelles mains le confier. J'ai couru chez cette madame Prudent qui m'avait déjà servi; c'est comme un fait exprès: disparue depuis deux jours, on ne l'avait pas vue chez elle.

SCÈNE X.

LE COMTE, MADAME PRUDENT, sortant de l'appartement à gauche, et ayant l'air de parler à un enfant.

MADAME PRUDENT.

Pauvre petit, comme il dort bien ! (Se retournant et apercevant le comte.) Ah, mon Dieu ! c'est mon jeune homme, mon bel inconnu !

LE COMTE.

Madame Prudent ! c'est le ciel qui me l'envoie.

MADAME PRUDENT.

Qui vous amène ici ?

LE COMTE.

Vous le saurez plus tard. J'ai besoin de vos services, et je puis, je crois, compter sur votre discrétion.

MADAME PRUDENT.

Comment donc, monsieur, vous pouvez être sûr... Est-ce que cette jeune et jolie dame serait indisposée ? elle avait l'air bien souffrant, mais on ne peut pas tout avoir, la richesse et la santé.

LE COMTE.

Elle se porte très-bien ; mais les moments sont précieux. Qu'il vous suffise de savoir que je suis étranger ; je suis Belge. Un mariage secret contracté avec une jeune personne que j'adorais a irrité contre moi une famille puissante. On m'accuse de séduction, de rapt, et je cours risque d'être arrêté.

MADAME PRUDENT.

Serait-il possible !

LE COMTE.

Dans deux heures je pars pour la Belgique ; je vais tout avouer à mon père le comte de Holden, qui peut seul arranger cette affaire et apaiser les parents de ma femme. Mais je ne peux pas emmener avec moi un enfant de trois jours, et c'est à vous que je veux le confier.

MADAME PRUDENT.

A moi, monsieur !

LE COMTE.

Oui, ma chère madame Prudent, jusqu'à mon retour ; c'est pour une semaine tout au plus, (lui donnant une bourse) et croyez que vous recevrez encore d'autres marques de ma reconnaissance ; mais il n'y a pas de temps à perdre, ma petite fille est avec un domestique de confiance, ici à deux pas dans ma voiture. Vous allez la prendre.

MADAME PRUDENT.

J'y vais à l'instant. (Montrant la droite.) Il y a de ce côté une porte qui donne sur la rue, je fais entrer l'enfant par là, je le place dans cet appartement où personne n'a affaire, et dans une heure je l'emporte chez moi, où vous le trouverez à votre retour.

LE COMTE.

A merveille. Ah ! encore un mot. La mère désire que son enfant soit baptisé le plus promptement possible ; ainsi chargez-vous de tous ces soins-là. Choisissez-moi un parrain ; qui vous voudrez, pourvu que ce soit un honnête homme, et que la chose se fasse promptement et sans bruit.

MADAME PRUDENT.

Soyez tranquille, j'ai quelqu'un qui demeure ici près, et que je vais prévenir en descendant, le commis de monsieur Godard, un excellent garçon qui vous rendra ce service-là et dont vous serez content, parce que, moi, quand je réponds de quelqu'un... et du reste vous pouvez compter que le zèle et la discrétion... (A part, en s'en allant.) Dieu ! quelle journée ! Un mariage secret, un enfant que l'on me confie, deux baptêmes, deux parrains et du mystère, voilà-t-il de quoi jaser !

(Elle sort en courant.)

SCÈNE XI.

LE COMTE, seul.

Allons, je respire un peu, me voilà plus tranquille. (Apercevant une plume et de l'encre.) Prévenons ma chère Hippolyte de ce que je viens de faire ; je crois que j'ai le temps, car on ne se presse pas beaucoup de m'apporter le montant de ma lettre de change.

(Il se met à la table et écrit.)

SCÈNE XII.

LE COMTE, M. DURAND, sortant de la chambre de madame Godard, un bouquet à la main.

M. DURAND.

Je dis que quand une fois on est embourbé, tous les efforts que l'on fait pour sortir d'un mauvais pas ne font que vous y enfoncer encore davantage. Ce Godard, qui s'avise de m'emprunter de l'argent, et madame de Saint-Ange : « Com-
» ment donc, c'est trop naturel ! C'est au parrain
» et à la marraine, cela nous regarde tous les
» deux, n'est-ce pas, mon cher Durand ? » Qu'elle parle pour elle, son mari est banquier, il est riche ; mais, moi ! Malheureusement je ne pouvais pas objecter que je n'avais pas d'argent comptant, puisqu'un instant auparavant je lui avais touché un mot de ces trente mille francs, que je ne sais comment placer. (Contrefaisant une voix de femme.) « Quel plus bel usage pouvez-vous
» faire de vos capitaux ? » Un joli placement, quatre mille francs à fonds perdus sur la tête du petit Godard, mon filleul. Je sais bien que cela me rentrera ; mais c'est toujours très-désagréable, et je n'ai pas été fâché de venir payer moi-même,

afin d'avoir le titre entre les mains. (Regardant autour de lui.) Il me semble que ce doit être ce monsieur qui écrit. (Au comte.) Monsieur, n'êtes-vous pas le porteur d'une lettre de change ?

LE COMTE.

De quatre mille francs acceptée par M. Godard; la voici.

(Il remet la lettre de change à Durand, qui la regarde et la met soigneusement dans son portefeuille.)

LE COMTE.

Monsieur, je le vois, est le caissier de M. Godard?

M. DURAND, de mauvaise humeur.

Mais à peu près. (Lui donnant des billets de banque.) Vous voyez que c'est tout comme, ou plutôt j'ignore ce que je suis ou ce que je ne suis pas dans la maison, car, Dieu merci, c'est sur moi que tout retombe. Tel que vous me voyez, monsieur, je suis parrain, et malgré moi encore.

LE COMTE, souriant.

Quoi! monsieur, vous êtes parrain?

M. DURAND.

Eh! oui ; c'est madame Prudent, une maudite sage-femme, qui est cause de tout cela.

LE COMTE.

Ah! la sage-femme : elle n'a pas perdu de temps. (Prenant la main de Durand.) Je suis enchanté que ce soit vous.

M. DURAND.

Qu'est-ce qu'il a donc, à présent?

LE COMTE.

J'ose dire que vous ne vous en repentirez pas ; nous nous reverrons un jour, et quoique je n'aie pas l'honneur de vous connaître, je prends la liberté de vous demander une grâce qui vous paraîtra de peu d'importance, et qui en a beaucoup pour moi. Quel nom comptez-vous donner à l'enfant?

M. DURAND.

Quel nom? Ma foi ça m'est bien égal, qu'on l'appelle comme on voudra.

LE COMTE.

A merveille. Eh bien! monsieur, puisque cela ne vous fait rien, je vous prie de vouloir bien l'appeler Rose-Ernestine-Hippolyte.

M. DURAND.

Rose-Ernestine? Y pensez-vous ? c'est un garçon.

LE COMTE.

Du tout, monsieur, on ne vous aura pas dit, ou l'on se sera trompé ; mais qu'importe, fille ou garçon, je vous prie de l'appeler Rose-Ernestine-Hippolyte.

M. DURAND.

Ah çà! monsieur, quel diable d'intérêt prenez-vous à tout cela, et qu'est-ce que ça vous fait ?

LE COMTE.

J'ai des raisons pour tenir à ces noms-là, des raisons particulières que vous êtes trop galant homme pour me demander.

M. DURAND, à haute voix.

Quel soupçon! Comment, il serait possible?

LE COMTE.

Chut! chut! je vous en conjure, j'ai le plus grand intérêt à ce que l'on ne se doute de rien.

M. DURAND.

Quoi! monsieur, vous seriez?...

LE COMTE.

Silence. (A voix basse.) Eh bien! oui, monsieur, c'est la vérité, cet enfant me touche de très-près; mais puisque madame Prudent s'est adressée à vous, je suppose que vous êtes homme d'honneur, et surtout discret. J'ai de la naissance, quelque crédit, de la fortune, j'aurai peut-être un jour le pouvoir de reconnaître un service, et vous verrez, monsieur, que vous n'avez point obligé un ingrat.

(Il sort en courant.)

SCÈNE XIII.

M. DURAND, seul.

Qu'est-ce que je viens d'apprendre? Quoi! madame Godard, une simple bourgeoise, qui donne dans les grandes manières. Le mari qui ne se doute de rien, la sage-femme qui est confidente, et moi qui me trouve mêlé dans tout cela, moi, qui ai toujours fui le bruit et le scandale. Comment en sortir à présent? Il est de fait que ce jeune homme a un air très-distingué; mais s'il est aussi riche qu'il dit, pourquoi ne paye-t-il pas les lettres de change du mari? Il me semble que ça le regarde plus que moi ; et ensuite pourquoi n'est-il pas le parrain? Il ne connaît donc pas l'usage.

SCÈNE XIV.

M. DURAND, M. GODARD, MADAME DE SAINT-ANGE, MADAME BENOIST, MADAME RENARD, MADAME DUROZEAU, PARENTS ET PARENTES.

M. GODARD, à la cantonade.

Oui, ma bonne amie, oui, dès qu'il sera baptisé, nous te le rapporterons; mais tiens-toi bien chaudement, je t'en prie.

M. DURAND, à part.

Ce pauvre Godard! il me fait peine. Ce calme, cette tranquillité. Mariez-vous donc! (Haut, lui donnant une poignée de main.) Eh bien! mon pauvre ami!

M. GODARD.

Eh bien! mon cher, tout va bien! J'espère que vous êtes content. Un beau filleul gros et bien portant.

M. DURAND.

C'est donc décidément un garçon?

M. GODARD.

Eh! parbleu, qui est-ce qui en doute?

M. DURAND, à part.

Alors, arrangez-vous. L'un dit une fille, l'autre un garçon. Ces deux messieurs devraient s'entendre.

M. GODARD.

Allons, partons, toutes les voitures sont à la porte.

MADAME BENOIST.

Oh, mon Dieu! et le nom de l'enfant?

M. GODARD, se frappant le front.

Le nom de l'enfant; c'est pourtant vrai, nous n'y pensions pas. Comment l'appellerons-nous?

MADAME DE SAINT-ANGE.

Moi, je n'ai pas d'avis, cela regarde la famille.

MADAME DUROZEAU.

Voulez-vous un joli nom? Théophile, cela n'est pas commun.

M. GODARD.

Du tout; je connais quelqu'un qui porte ce nom-là et qui est borgne. Moi, c'est peut-être une idée, je me suis toujours promis que si j'avais un fils, il s'appellerait Barnabé.

TOUTES.

Oh! Barnabé! quel vilain nom!

M. GODARD.

Comment, un vilain nom! apprenez que c'est le mien, et que décidément mon fils s'appellera Barnabé.

MADAME BENOIST.

Du tout, du tout, j'ai ce qu'il vous faut; le plus joli nom de l'almanach, un nom admirable et sonore, Théodore, et cela ira très-bien, parce que voyez-vous, on dira: Où est Théodore? qu'est devenu Théodore? qu'on donne le fouet à Théodore.

M. GODARD.

Eh bien! on dira: Où est Barnabé? qu'est devenu Barnabé? qu'on donne le fouet à Barnabé.

MADAME BENOIST.

Jamais mon petit-fils ne s'appellera Barnabé.

M. GODARD.

Et jamais mon fils ne s'appellera Théodore; j'aimerais mieux qu'il ne fût pas baptisé.

MADAME BENOIST.

Et moi, qu'il n'eût jamais de nom!

M. GODARD, furieux.

C'est cela, un enfant anonyme! quelle tournure cela aurait-il dans le quartier?

M. DURAND.

Eh! mais, calmez-vous; n'y aurait-il pas moyen d'arranger cela, et d'en choisir un tout autre?

M. GODARD.

Au fait, nous n'y pensions pas; combien je vous demande de pardons! c'est monsieur qui est le parrain, et c'est à lui de le nommer.

TOUT LE MONDE.

C'est trop juste.

M. DURAND.

Eh bien! pour mettre d'accord tous les intéressés et ayants cause, car il paraît que dans cette affaire-ci il y en a plus qu'on ne croit, si nous appelions l'enfant Hippolyte?

MADAME BENOIST, avec approbation.

Hippolyte, voilà! j'allais le proposer.

M. GODARD.

Au fait, Hippolyte, c'est justement ce qu'il nous faut. Ça n'est pas trop... et en même temps, c'est assez... Parbleu! quand on l'aurait fait exprès... et puis j'ai idée que ma femme m'en parlait l'autre jour. Va donc pour Hippolyte.

MADAME DE SAINT-ANGE.

Enfin, voilà la discussion terminée, ce n'est pas sans peine. (A Durand.) Allons, mon cher compère, ouvrons la marche et partons.

M. DURAND, mettant ses gants.

Oui, oui, partons vite, et revenons de même pour en être plus tôt débarrassé. (Il se dispose à sortir par la gauche.) Hein! quel est ce bruit, et que nous veut-on?

SCÈNE XV.

LES PRÉCÉDENTS, MADAME RENARD.

MADAME RENARD, arrivant tout essoufflée.

Ah! si vous saviez quel spectacle! les dames de la halle qui sont sous la porte cochère avec des bouquets, et qui attendent le parrain.

M. DURAND, à part.

Allons, encore des pièces de vingt francs. (Haut à Godard.) Mon ami, je vous avoue que je n'entends rien au cérémonial usité en pareil cas, et que si je peux esquiver l'ambassade...

M. GODARD, lui montrant le fond.

Eh bien! passons par la boutique.

MADAME DE SAINT-ANGE.

A la bonne heure.

(Ils vont pour sortir par le fond, on entend un roulement de tambours et un bruit de clarinettes.)

M. GODARD.

Entendez-vous? ce sont les tambours de la garde nationale; comme vous en faites partie...

M. DURAND.

Du tout, je ne monte plus ma garde; qu'ils

s'adressent au mercier du coin qui la monte pour moi. (Regardant à travers les carreaux en reboutonnant son habit comme pour garantir son gousset.) C'est un guet-apens.

MADAME BENOIST.

Attendez, attendez; (montrant l'appartement à droite) il y a ici une sortie qui donne sur la rue, presque en face de l'église.

(Elle ouvre l'appartement.)

MADAME DE SAINT-ANGE.

A merveille, allons, donnez-moi la main et partons. Eh bien! où sont donc la garde et l'enfant?

M. GODARD.

Ah! mon Dieu! oui. Où est donc l'enfant? où est donc madame Prudent? Comment, au moment de partir pour l'église! Ces malheurs-là n'arrivent qu'à moi. Madame Prudent! madame Prudent! Que diable est-elle allée faire, et où a-t-elle mis l'enfant?

(Grand désordre dans la famille.)

MADAME BENOIST, qui est près de la porte à droite, et qui écoute.

J'entends crier; oui, il est là.

(Elle entre dans le cabinet.)

MADAME DE SAINT-ANGE.

Eh bien! c'est bon, nous allons le prendre en passant; vite, dépêchons-nous. Je passe la première.

(Tout le monde sort par la porte à droite.)

M. GODARD.

Enfin, voilà le baptême qui est en marche.

MADAME DUROZEAU.

Comment, monsieur Godard, vous ne venez pas?

M. GODARD.

Est-ce que je le puis? Qui est-ce qui restera près de l'accouchée? Est-ce que je n'ai pas toujours affaire?

SCÈNE XVI.

M. GODARD, seul.

Ouf! les voilà partis, ce n'est pas sans peine; que de mal a un père de famille! (Il arrange en parlant du vin et du sucre dans une timbale, et l'avale.) Hein! qui est-ce qui vient là?

SCÈNE XVII.

M. GODARD; UN VALET EN LIVRÉE ÉTRANGÈRE.

M. GODARD, au valet qui le regarde d'un air incertain.

Que voulez-vous, l'ami? que demandez-vous?

LE VALET.

Monsieur, je voudrais parler à une dame qui doit être ici.

M. GODARD.

Une dame!

LE VALET.

Oui, madame Prudent, une sage-femme.

M. GODARD.

Elle n'y est pas; elle est sortie; et Dieu sait où elle est allée. Eh bien! pourquoi cet air étonné? Qu'est-ce qu'il a donc ce garçon-là?

LE VALET.

C'est que je ne sais plus comment faire. Madame Prudent devait m'indiquer un monsieur pour qui j'ai une lettre, un monsieur dont je ne sais pas le nom, mais qui demeure dans la maison, et qui aujourd'hui doit être parrain.

M. GODARD.

Encore ce Durand! Et savez-vous ce qu'on lui veut?

LE VALET, mystérieusement.

C'est de la part du père de l'enfant.

M. GODARD.

Hein!

LE VALET.

Oui, monsieur est en bas dans la voiture qui l'attend pour l'emporter.

M. GODARD, à part.

L'emporter! quelle trame abominable! C'est bon, mon ami, c'est bon; dites à votre maître d'attendre, je vais remettre la lettre à M. Durand dès qu'il sera revenu de l'église. (Le valet sort.) Quel coup de politique d'avoir intercepté ce billet! Voyons vite :

(Lisant.)

« Mon cher monsieur, et vous, madame Pru-
» dent, je suis plus heureux que je n'aurais osé
» l'espérer ; tout est pardonné. Envoyez-moi vite
» notre cher enfant dès qu'il sera baptisé ; son autre
» famille l'attend avec impatience pour le voir et
» l'embrasser, et je veux leur présenter moi-même
» mon aimable Hippolyte.» Son Hippolyte! c'est bien cela. Quel complot infernal! ma tête s'y perd; impossible d'y rien comprendre, sinon qu'il y a un autre père, une autre famille... que madame Godard, M. Durand, la sage-femme, s'entendent tous contre moi pour me tromper et m'enlever mon fils, ou plutôt quand je dis mon fils, c'est-à-dire notre fils, car cette parenté-là devient si compliquée... Mais il faut absolument que j'aie une explication avec madame Godard. (Il va pour entrer chez elle et s'arrête.) Voyons, conservons notre sang-froid, s'il est possible, et n'oublions pas que ma femme a sa fièvre de lait. Il faut d'abord que madame Godard m'explique pourquoi mon fils ressemble à M. Durand, parce qu'une fois que nous nous serons entendus là-dessus, nous saurons à quoi nous en tenir sur le déjeuner en vermeil, les déclarations; mais les voici : morbleu,

LE PARRAIN.

nous allons voir ! (A travers les carreaux du fond on voit passer le baptême, qui vient de la droite et entre à gauche.)

SCÈNE XVIII.
M. GODARD, MADAME DE SAINT-ANGE, M. DURAND, GENS DU BAPTÊME.

MADAME DE SAINT-ANGE.

On vient de porter le petit Hippolyte dans la chambre de l'accouchée, et tout s'est passé à merveille. La cérémonie était superbe; on aurait dit d'un cortége.

M. DURAND.

Oui, il ne manquait plus que cela. Traverser toute l'église ! les femmes montaient sur les chaises, les curieux se pressaient autour de nous. Voilà le parrain, voilà le parrain ! On aurait dit d'une bête curieuse. Et le suisse qui pour faire faire place me donnait des coups de sa hallebarde dans les jambes ; et les petites filles qui se jettent au-devant de vous pour vous offrir des bouquets; les mendiants déguenillés qui vous arrêtent par votre habit : « Et moi, monsieur, et moi. Lui, il » a déjà reçu : c'est un mauvais pauvre. » Et dans la rue, pendant qu'on attend les voitures ou qu'on ouvre la portière, la foule qui vous pousse, vous coudoie, vous piétine ou vous éclabousse. (Montrant ses bas qui sont tout noirs.) Payez donc six berlines pour revenir dans cet état-là.

MADAME DE SAINT-ANGE.

Oui ; mais vous ne comptez pas le plaisir que vous avez eu à tenir votre filleul sur les fonts baptismaux.

M. DURAND.

J'en suis rompu. Le sacristain qui voulait que je répétasse mon *credo* en latin, moi qui ne le sais qu'en français. Ils m'ont laissé pendant une heure les bras tendus ; enfin n'en parlons plus ; c'est fini.

MADAME DE SAINT-ANGE.

C'est fini ! du tout ; c'est maintenant que vous allez recueillir le prix de tous les soins que vous vous êtes donnés ; vous le trouverez dans l'attachement, dans l'amitié d'une famille respectable et reconnaissante. (Bas à Godard.) Allons donc, Godard, remerciez le cher parrain.

M. GODARD, allant à Durand (d'un ton concentré).

Ce n'est point ici que nous nous expliquerons, monsieur ; mais je sais tout, oui, tout. Vous devez m'entendre, et je vous prie de ne plus remettre les pieds chez moi, ou nous verrons.

MADAME DE SAINT-ANGE ET DURAND.

Qu'est-ce que cela signifie ?

SCÈNE XIX.
LES PRÉCÉDENTS ; MADAME BENOIST, MADAME DUROZEAU, ET PLUSIEURS PERSONNES.

MADAME BENOIST.

Ah, mon Dieu ! quel scandale ! quel éclat ! Votre fils... Si vous saviez ce qui vient d'arriver... Votre fils...

M. GODARD.

Est-ce qu'il serait enlevé ?

MADAME BENOIST.

Pire que cela.

M. GODARD.

Il est malade ?

MADAME BENOIST.

Ce ne serait rien. Apprenez que votre fils..... votre fils.....

M. GODARD.

Eh bien ?

MADAME BENOIST.

Est une fille.

MADAME DE SAINT-ANGE.

Une fille !

M. DURAND, à part.

J'en étais sûr. C'est l'autre qui avait raison.

M. GODARD, prenant l'enfant.

Qu'est-ce que tout cela veut dire ? qu'on me rende mon fils. Je ne veux pas de cet enfant-là.

(Le donnant à madame Durozeau.)

MADAME DUROZEAU.

Ni moi non plus, je n'en veux pas. (Le donnant à madame Benoist, qui le donne à madame Renard.) Sans doute, il n'est pas de la famille.

MADAME RENARD, le mettant sur les bras de M. Durand.

Que monsieur s'en charge, puisqu'il l'a baptisé.

M. DURAND, ayant toujours l'enfant sur les bras.

Messieurs, mesdames, qu'est-ce que ça signifie ? Eh bien ! on me le laisse. Hé !..... ah çà, voyons, ne plaisantons pas. Qui est-ce qui veut se charger de cet enfant-là, et m'en débarrasser ?

SCÈNE XX.
LES PRÉCÉDENTS ; LE COMTE, qui est entré avant ces derniers mots.

LE COMTE.

C'est moi, monsieur, qui depuis un quart d'heure l'attend dans ma voiture (il fait un signe à une femme de chambre qui prend l'enfant et l'emporte); mais qui ne vous en remercie pas moins pour toutes les peines que vous avez daigné prendre.

MADAME DE SAINT-ANGE, l'apercevant.

Que vois-je ! Monsieur le comte de Holden !

M. GODARD.

L'homme à la lettre de change.

LE COMTE, à madame de Saint-Ange.
Lui-même, qui est le plus heureux des hommes. Mon mariage est reconnu, mon beau-père a pardonné, et je reste à Paris.

M. GODARD.
Ah çà, monsieur, daignez me dire...

TOUT LE MONDE, vivement.
Oui, daignez nous expliquer.

SCÈNE XXI.

LES PRÉCÉDENTS; MADAME PRUDENT sortant de la chambre de M. Godard.

MADAME PRUDENT.
Eh! silence, silence donc! Vous faites un bruit à fendre la tête de l'accouchée.

M. GODARD.
Ah! vous voilà, madame Prudent; on vous trouve donc enfin?

MADAME PRUDENT.
Oui, je n'ai pu assister au baptême. (Montrant le comte.) Monsieur sait bien pourquoi. (Bas, montrant la porte à droite.) Votre enfant est là-dedans, et j'ai couru sur-le-champ chercher la marraine et le parrain, et ce n'est pas sans peine.

LE COMTE.
C'était inutile; car voilà monsieur (montrant Durand) qui, pendant ce temps, a daigné faire les choses de la meilleure grâce du monde.

M. GODARD, à Durand.
Comment! c'est décidément l'enfant de monsieur que vous avez tenu? Là, qu'est-ce que je disais? Mon fils qui n'est pas baptisé, après tout le mal que nous nous sommes donné.

MADAME DE SAINT-ANGE.
Il faut avouer que c'est jouer de malheur.

M. GODARD, à Durand.
Je reconnais, mon cher Durand, l'injustice de mes soupçons. Aussi, vous sentez bien que tout cela ne compte pas, et que demain c'est à recommencer.

M. DURAND.
J'en ai assez comme cela, et si jamais l'on m'y rattrape...

M. GODARD.
Encore un parrain qui renonce. Je dis qu'il est impossible que mon fils Godard puisse jamais...

LE COMTE.
C'est ce qui vous trompe, et je me propose pour demain, si toutefois madame de Saint-Ange veut m'accepter pour...

M. GODARD.
Acceptez, madame, acceptez, il ne faut pas que ça vous décourage; nous finirons peut-être par en venir à bout.

M. DURAND, à part, regardant le comte en soupirant.
Le malheureux, il ne sait pas à quoi il s'expose. Mais ce maudit Godard... (Haut.) Allons, décidément il faut que je me marie; car je commence à voir que les enfants des autres nous coûtent plus cher que les nôtres.

M. GODARD.
Comment, mon cher voisin, vous vous mariez?

M. DURAND, avec un regard de colère.
Oui, mon cher Godard, je me marie, et vous serez parrain de mon premier.

YELVA,
OU
L'ORPHELINE RUSSE,

COMÉDIE-VAUDEVILLE EN DEUX PARTIES,

PAR

MM. SCRIBE, DEVILLENEUVE ET DESVERGERS,

Représentée pour la première fois à Paris, sur le théâtre du Gymnase-Dramatique, le 18 mars 1828.

DISTRIBUTION DE LA PIÈCE.

LA COMTESSE DE CÉSANNE	Mme THÉODORE.
ALFRED, fils du comte de Césanne	M. PAUL.
TCHÉRIKOF, seigneur russe	M. GONTIER.
FOEDORA, sa cousine	Mlle NADÉJE-FUSIL.
YELVA, jeune orpheline	Mlle L.-FAY.
KALOUGA, cosaque	M. KLIN.
GERTRUDE DUTILLEUL, gouvernante d'Yelva	Mme JULIENNE.
TÉMOINS, MODISTES, LINGÈRES.	

La scène se passe, pour la première partie, à Paris, dans une maison du quartier Saint-Jacques ; et pour la seconde, dans la Pologne russe, à quelques lieues de Wilna.

PREMIÈRE PARTIE.

Le Théâtre représente un appartement simplement meublé. — Porte au fond ; deux portes latérales. — Sur le premier plan, à gauche de l'acteur, une croisée : une table de toilette sur le même côté, un peu sur le devant.

SCÈNE I.

Mme DUTILLEUL, sortant de l'appartement à droite de l'acteur.

A-t-on jamais vu une pareille étourderie ?... je ne sais à quoi pense cette petite fille ?... laisser son album dans la grande allée du Luxembourg !... Aussi, c'est ma faute... nous étions là assises sur un banc.. je lui parlais de M. Alfred... de notre jeune maître... et quand il est question de lui, ça nous fait tout oublier... Allons, allons, le mal n'est pas grand... je le retrouverai sans doute à la même place ; car, au Luxembourg, il n'y a que des gens honnêtes... il n'y va personne... et puis d'ailleurs, de la rue Saint-Jacques, il n'y a qu'un pas, et si ce n'était les six étages au-dessus de l'entresol...

AIR : Muse des bois.

C'est un peu dur, j'en conviens avec peine.
Quand on n'a plus ses jambes de quinze ans ;
Plus d'une fois il faut reprendre haleine
Et raffermir ses pas trop chancelans.
Pourtant je l' sens, lorsqu'on s' voit à mon âge,
Si près du ciel il est doux d'habiter...
Ça nous rapproche ; et quand vient l'grand voyage,
Il n' reste plus qu'un étage à monter.

(Écoutant.) Tiens !... une voiture s'arrête à la porte... (Regardant par la croisée.) Un monsieur en est descendu.. un beau landeau.. une livrée verte et un grand cosaque... chez qui donc peut-il venir ?... Il n'y a dans cette maison que des étudians en droit ou en médecine, et ça ne connaît pas d'équipages... ça ne connaît que le parapluie à canne. (Tchérikof entre suivi de Kalouga.)

SCÈNE II.

TCHÉRIKOF, entrant par le fond: Mme DUTILLEUL, KALOUGA.

TCHÉRIKOF, à Kalouga, qui est resté derrière lui
Kalouga, restez, et attendez mes ordres.

Mme DUTILLEUL.

Est-ce à moi, monsieur, que vous voulez parler?

TCHÉRIKOF.

Pas précisément; mais c'est égal.

Mme DUTILLEUL.

Pardon, monsieur.... n'ayant pas l'honneur de vous connaître, vous ne trouverez pas extraordinaire que je vous demande qui vous êtes?

TCHÉRIKOF.

C'est facile à vous apprendre.... Vous saurez d'abord qu'on me nomme Iwan Tchérikof, nom qui jouit de la plus haute considération depuis les bords du Pruth jusqu'aux rives de la Néwa; c'est vous dire assez que je suis Russe... ma famille est une des plus riches de l'empire... j'ai pour mon compte trois cent mille roubles de revenu, quatre châteaux, deux palais, cinq mille chaumières et dix mille paysans, tous très bien constitués et d'un excellent rapport... j'en ai toujours avec moi un échantillon assez flatteur... Kalouga, que je vous présente... (Kalouga s'avance un peu.)

Air : Dans ma chaumière.

Pour un Cosaque
On le reconnaît au maintien;
Et, quoiqu'il ait l'air un peu braque,
Comment le trouvez-vous?

Mme DUTILLEUL.

Fort bien,
Pour un Cosaque.

TCHÉRIKOF.

Remerciez madame et sortez... Allez m'attendre en bas avec mon cocher et mes deux chevaux; et soyez bien sages tous les quatre. (Kalouga sort.) Voilà, madame, les dons que je tiens du hasard... Quant à mes avantages personnels, j'ai trente ans, un physique assez original... je possède cinq langues et environ une demi-douzaine de décorations, sans compter les médailles.

Mme DUTILLEUL.

Je vous en fais bien mon compliment.

TCHÉRIKOF.

Il n'y a pas de quoi.

Mme DUTILLEUL.

Et puis-je savoir ce qui vous amène chez moi?

TCHÉRIKOF.

C'est plus difficile à vous expliquer... Vous ne m'en voudrez pas, je l'espère, si je vous avoue qu'ici à Paris je m'ennuie à force de m'amuser.

Mme DUTILLEUL.

Je comprends.

TCHÉRIKOF.

Alors, pour faire diversion, j'ai été ce matin me promener au Luxembourg.

Mme DUTILLEUL.

Ce qui nous arrive quelquefois.

TCHÉRIKOF.

Je le sais bien... Et, dans une allée solitaire, j'ai trouvé cet album... que je me suis fait un devoir de vous rapporter.

Mme DUTILLEUL.

O ciel! c'est celui d'Yelva... Et comment, monsieur, avez-vous su à qui il appartenait... et où nous demeurions?

TCHÉRIKOF.

Parce que, depuis long-temps... j'ai l'honneur de vous suivre tous les jours au Luxembourg... et de rester des heures entières en contemplation devant vous... ce que vous n'avez pas remarqué, parce que, grâce au ciel, vous avez la vue basse... mais moi, qui l'ai excellente... je n'ai perdu aucune des perfections de votre charmante fille... je sais de plus que c'est la vertu, la sagesse même... j'en ai la preuve par tous les présens qu'elle m'a refusés.

Mme DUTILLEUL.

Quoi! monsieur, ces cachemires, ces diamans, c'est vous qui avez osé?...

TCHÉRIKOF.

J'ai eu tort d'employer, rue Saint-Jacques, le système de la Chaussée-d'Antin.

Mme DUTILLEUL.

Monsieur!...

TCHÉRIKOF.

Calmez-vous, femme respectable... je vous ai dit que je me repentais... Je suis jeune, ardent, impétueux; mais, au milieu des erreurs, j'aime la vertu... Je vous prie de ne pas prendre cela pour une déclaration... Et depuis qu'hier je vous ai entendue prononcer le nom d'Yelva, lui parler de la Russie, son pays natal... je me suis dit qu'une Moscovite, une compatriote, avait des droits à mon respect, à ma protection, et je viens vous demander sa main.

Mme DUTILLEUL.

Sa main?

TCHÉRIKOF.

Cela vous étonne!... Au fait, c'est par là que j'aurais dû commencer.

Air : Ses yeux disaient tout le contraire.

Demeurant loin du Luxembourg,
Je fus trompé par la distance;
De l'Opéra, mon unique séjour,
J'avais encor la souvenance.
Ici je vois que, pour avoir accès,
Il faut faire parler, ma chère,
L'amour d'abord, et les cadeaux après;
Là-bas c'était tout le contraire.

Mme DUTILLEUL.

Il serait possible!... Mais Yelva est une jeune orpheline qui n'a aucun bien.

TCHÉRIKOF.

Je crois vous avoir dit que j'avais trois cent mille roubles... dix mille paysans...

Mme DUTILLEUL.

Mais votre famille consentirait-elle?

TCHÉRIKOF.

Je n'en ai plus, excepté mon oncle, le comte de Leczinski, que j'ai laissé à Wilna, il y a dix ans, ainsi que ma petite cousine Fœdora, qui alors en avait huit... et je ne dépends pas d'eux... je suis mon maître... J'ai trop de fortune pour un, il faut donc que nous soyons deux... Et si la gentille Yelva veut devenir la comtesse de Tchérikof...

Mme DUTILLEUL.
Permettez, monsieur, je ne vous ai pas dit... vous ne savez pas encore...

TCHÉRIKOF.
Je ne sais pas encore si cela lui convient, c'est vrai.. Mais la voici.. nous allons le lui demander.

SCÈNE III.

Les Précédens; YELVA, sortant de la chambre à gauche.

TCHÉRIKOF.
Approchez, belle Yelva.

YELVA
Le salue et regarde, d'un air d'étonnement et de plaisir, son costume, et semble demander par ses gestes quel est cet étranger.

Mme DUTILLEUL.
Monsieur, je dois vous apprendre...

TCHÉRIKOF.
Du tout, je vous prie de laisser parler mademoiselle.

Mme DUTILLEUL.
Et du tout, monsieur, la pauvre enfant ne le peut pas... elle est muette.

TCHÉRIKOF.
O ciel !

Mme DUTILLEUL.
Aussi, vous ne vouliez pas m'écouter.

YELVA
Lui fait signe qu'elle peut l'entendre, mais qu'elle ne peut pas lui répondre.

TCHÉRIKOF.
Pauvre enfant !... un tel malheur la rend encore plus intéressante... Et comment cela lui est-il arrivé ?

Mme DUTILLEUL.
Oh ! il y a long-temps : elle n'avait que quatre ou cinq ans... C'était à la guerre, dans un combat, dans une ville prise d'assaut... Je ne puis vous expliquer cela... Sa mère et les siens venaient de périr à ses yeux... Et son père, qui l'emportait dans ses bras, fut couché en joue par un soldat ennemi... (Yelva fait un mouvement pour interrompre Mme Dutilleul.) Pardon, chère enfant, de te rappeler de pareils souvenirs. (Bas à Tchérikof.) Tant il y a, monsieur, qu'au moment de l'explosion, au moment où elle vit tomber son père, elle voulut pousser un cri... mais l'effroi, la douleur lui causa un tel saisissement, que depuis ce temps...

TCHÉRIKOF.
Je conçois... cela c'est vu très souvent, une commotion subite peut vous ôter ou vous rendre la parole... Nous avons l'histoire de Crésus, dont le fils n'avait jamais pu dire un mot, et qui, en voyant une épée levée sur son père, s'écria : *Miles, ne Crœsum occidas!...* ce qui veut dire : Grenadier, ne tue pas Crésus!... mais c'est là du latin; et quoique nous soyons dans le pays, vous n'êtes pas obligée de le comprendre... revenons à notre jeune Moscovite. (A Yelva.) Savez-vous dans quel endroit, dans quelle ville cela vous est arrivé ?

YELVA
Fait signe que non... et qu'elle ne pourrait le dire.

TCHÉRIKOF.
Et avec qui étiez-vous ?

YELVA
Indique à Tchérikof qu'elle était alors entourée de gens qui avaient tous de grands plumets, des décorations, comme lui... de grandes moustaches, et qu'il en passait beaucoup devant elle, se tenant bien droits et marchant au bruit du tambour.

TCHÉRIKOF.
A ce portrait, je crois reconnaître les superbes grenadiers de notre garde impériale, dont je faisais partie en 1812; car j'étais capitaine à treize ans... c'était ma seconde campagne.

Mme DUTILLEUL.
Et où aviez-vous donc fait la première ?

TCHÉRIKOF.
A Saint-Pétersbourg... comme tout le monde, à l'école des Cadets, où j'étais le plus espiègle !... Mais ce que je viens d'apprendre ne change rien à mes intentions : au contraire, mademoiselle, je vais vous parler avec la galanterie française et la franchise moscovite... Vous êtes fort bien, je ne suis pas mal; vous n'avez pas assez de fortune, j'en ai trop, et je cherche quelqu'un avec qui la partager.

Air : Amis, voici la riante semaine.

Fuyant l'ennui qui me poursuit sans cesse,
J'ai tout goûté... tout vu; car les plaisirs,
Sans pouvoir même épuiser ma richesse,
Ont de mon cœur épuisé les désirs.
Et, comme époux lorsque je me propose,
Ce que de vous je demande à présent,
C'est du bonheur... car c'est la seule chose
Que je n'ai pu trouver pour mon argent.

Maintenant c'est à vous de répondre, si vous pouvez...

YELVA
Lève les yeux sur lui, lui témoigne sa reconnaissance, et le supplie de ne pas lui en vouloir... mais elle ne peut accepter.

TCHÉRIKOF.
Comment ! vous refusez : et pourquoi ? est-ce que je ne vous plais pas ?... est-ce que je n'ai pas les traits nobles et élégans... la tournure distin-

guée?... celles qui me l'ont dit jusqu'à présent m'auraient-elles trompé?... c'est possible...

YELVA.
Lui fait signe que non : qu'il est fort bien, fort aimable... qu'elle a du plaisir à le voir.

TCHÉRIKOF.
J'entends; à la manière dont vous me regardez, je crois comprendre que vous avez du plaisir à me voir?

YELVA
Lui fait signe que oui.

TCHÉRIKOF.
Et que vous avez pour moi de l'affection?..

YELVA, par gestes.
Oui.

TCHÉRIKOF.
De l'amitié...

YELVA, par gestes.
Oui.

TCHÉRIKOF.
Un commencement d'amour?...

YELVA, par gestes.
Non.

TCHÉRIKOF.
J'entends bien... ça ne peut pas être de l'adoration; mais je l'aime mieux, parce que, depuis que je suis en France, j'ai été si souvent adoré par des femmes aimables, qui me le disaient, que je préfère être aimé tout uniment par vous, qui ne me le dites pas... j'ai idée que cela durera plus long-temps.

YELVA, par gestes.
Non, non, cela n'est pas possible; je ne puis vous épouser.

TCHÉRIKOF.
Nous ne pouvons pas être unis... et pourquoi? parce que vous êtes muette... en ménage c'est le meilleur moyen de s'entendre : et d'ailleurs, voilà votre gouvernante... cette femme estimable qui ne nous quittera pas... et qui pourra suppléer au besoin... tout cela se compense.

Mme DUTILLEUL.
Comment, monsieur, est-ce que vous me prenez pour une babillarde?

TCHÉRIKOF.
Du tout... du tout... surtout dans votre position... comme obligée de parler pour deux... vous n'avez que bien juste ce qu'il faut... Mais vous, Yelva, vous ne pouvez pas me refuser pour un pareil motif; et si vous n'avez pas d'autres objections, si votre cœur est libre... si vous n'aimez personne... ça je jurerais bien...

YELVA, par gestes.
Non, ne jurez pas.

TCHÉRIKOF.
Quoi! qu'est-ce que c'est?... Je ne comprends pas... Est-ce que votre cœur aurait déjà parlé?

YELVA, par gestes.
Peut-être bien; je n'en suis pas sûre.

TCHÉRIKOF.
Ah! mon Dieu! je crains de comprendre.... Hein, qui vient là?

SCÈNE IV.

LES PRÉCÉDENS ; ALFRED, entrant par la porte du fond.

Mme DUTILLEUL.
C'est monsieur Alfred, notre jeune maître.

ALFRED, sans voir Tchérikof, allant à madame Dutilleul et à Yelva.
Bonjour, ma bonne Gertrude; bonjour, ma chère Yelva.

TCHÉRIKOF.
Eh! mais si je ne me trompe, c'est M. Alfred de Césanne?

ALFRED, voyant Tchérikof.
Un étranger!

TCHÉRIKOF.
Qui n'en est pas un pour vous... J'ai eu l'honneur de vous voir deux ou trois fois rue d'Artois, chez mon banquier.

ALFRED.
Oui, vraiment, ce seigneur russe... si riche.. et si aimable.

TCHÉRIKOF.
Il me reconnaît.

ALFRED.
Et comment vous trouvez-vous ici, près du Luxembourg?

TCHÉRIKOF.
Il est vrai que c'est un peu loin, un peu froid, un peu désert... Relativement à votre capitale, ce serait presque la Sibérie, (Regardant Yelva.) si parfois on n'y trouvait des roses.

ALFRED, avec chaleur.
Enfin qui vous y amène? (Yelva cherche à le calmer.)

Mme DUTILLEUL, allant prendre l'album.
Cet album que nous avions oublié, et que monsieur a eu la complaisance de nous rapporter.

TCHÉRIKOF.
Ce qui m'a donné l'occasion de faire connaissance avec une aimable compatriote.

ALFRED.
En effet... Yelva a vu le jour aux mêmes lieux que vous... et je conçois qu'une pareille rencontre... Il est si difficile de la voir sans s'intéresser à elle!... Daignez me pardonner des soupçons dont je n'ai pas été le maître... et vous, ma chère Yelva?... (Il va au fond du théâtre, avec Yelva et Mme Dutilleul.)

TCHÉRIKOF, à part, pendant qu'Alfred, Yelva et Mme Dutilleul ont l'air de causer ensemble.
Maintenant, je comprends tout-à-fait, et c'est dommage... parce que, malgré moi, je la regar-

dais déjà comme une compagne, comme une consolation que le ciel m'envoyait sur cette terre étrangère... n'y pensons plus.

Mme DUTILLEUL, à Alfred, qui lui a montré, ainsi qu'à Yelva, une lettre de son père.
Quoi! vraiment, votre père ne s'y oppose plus?

YELVA
Témoigne par des gestes la surprise qu'elle éprouve, mais elle ne peut le croire encore.

ALFRED, lui montrant une lettre.
Vous le voyez...

Mme DUTILLEUL.
Jamais je n'aurais osé l'espérer!

YELVA
Porte la lettre à ses lèvres, exprime son bonheur... puis va à Tchérikof, lui tend la main, et semble lui demander l'amitié qu'il lui a promise.

TCHÉRIKOF.
Quoi! que veut-elle dire?

ALFRED.
Qu'il nous arrive un grand bonheur... et qu'à vous, son compatriote, elle voudrait vous en faire part.

TCHÉRIKOF.
Vraiment!... Hé bien!... c'est très bien à elle... parce que, certainement... je ne croyais plus être pour rien dans son bonheur... Mais si, de mon côté, je peux jamais lui être utile... à elle ou à vous, monsieur le comte... vous verrez qu'en fait de noblesse et de générosité, la France et la Russie peuvent se donner la main.

ALFRED.
Je n'en doute point, monsieur; et pour vous le prouver, j'accepte vos offres. Yelva et moi, nous avons un service à vous demander.

TCHÉRIKOF.
Il serait possible!...

YELVA
Lui fait signe que oui... et qu'elle le supplie de le lui accorder.

ALFRED, à Yelva.
Rentrez dans votre appartement... tout à l'heure nous irons vous y rejoindre. (Il baise la main d'Yelva, qui le prie de ne pas être long-temps; elle fait à Tchérikof un sourire et un geste d'amitié, et rentre avec Mme Dutilleul dans la chambre à gauche.)

SCÈNE V.

TCHÉRIKOF, ALFRED.

TCHÉRIKOF.
Elle est charmante!... mais ça ne m'étonne pas... le sang est si beau en Russie.

ALFRED.
N'est-il pas vrai?

YELVA.

TCHÉRIKOF.
Il ne lui manque que la parole... mais, avec ces yeux-là, on peut s'en passer... moi, d'abord, si je les avais, je ne dirais plus un mot.... et quand je voudrais séduire, je regarderais... ce qui voudrait dire : *Regardez-moi, aimez-moi*.

ALFRED, riant.
Ce serait un fort bon moyen.

TCHÉRIKOF.
N'est-ce pas?... je l'ai quelquefois employé... Mais entre nous, qui pouvons adopter une autre forme de dialogue, ce serait tout-à-fait inutile... Daignez donc me dire verbalement en quoi je puis être utile à ma jeune compatriote, que je connais à peine, et dont j'ignore même les aventures.

ALFRED.
Elles ne seront pas longues à vous raconter... Lors de la retraite de Moscou, recueillie par des soldats qui, quelques jours, quelques semaines après, périrent eux-mêmes ou furent forcés de l'abandonner... Yelva allait expirer de misère et de froid, lorsque mon père, le comte de Césanne, officier supérieur, aperçut sur la neige cette pauvre enfant, qui se mourait et ne pouvait se plaindre... il l'emmena avec lui; la conduisit en France, et l'éleva sous ses yeux, près de moi... c'est vous dire que, depuis ma jeunesse, depuis que je me connais, j'adore Yelva.

TCHÉRIKOF.
Je me doutais bien de quelque chose comme cela.

ALFRED.
Quand mon père s'aperçut qu'une telle amitié était devenue de l'amour, il était trop tard pour s'y opposer... il l'essaya cependant... Yelva fut éloignée de la maison paternelle, et, sous la surveillance de Gertrude, notre vieille gouvernante, elle fut exilée dans ce modeste asile, où il leur fut défendu de me recevoir.

TCHÉRIKOF.
C'est pour cela que vous y venez tous les jours... Je me reconnais là... Les obstacles... il n'y a rien comme les obstacles.

ALFRED.
Ma belle-mère, la meilleure des femmes, qui nous chérit tous les deux comme ses enfans, ne s'opposerait point à notre mariage; mais mon père, qui avait pour moi des vues ambitieuses, me destinait un parti magnifique... une fortune immense.

TCHÉRIKOF.
Et comment avez-vous fait?

ALFRED.
Il y a quelques jours, j'ai déclaré à mon père que, soumis à mes devoirs, je n'épouserais pas Yelva sans son aveu... mais que, s'il fallait être à une autre, je quitterais plutôt la France et ma famille.

TCHÉRIKOF.
Y pensez-vous?

ALFRED.

Je l'aurais fait, et mon père, qui me connaît, s'est enfin rendu à mes prières... « Je ne m'y oppose plus, m'a-t-il dit froidement; faites ce que vous voudrez... mais je ne veux pas assister à ce mariage, ni revoir Yelva. » Depuis ce jour, en effet, il a quitté Paris. Hier seulement, j'ai reçu une lettre de lui, où il m'envoyait son consentement pur et simple... et j'ai fait tout disposer pour que notre mariage ait lieu aujourd'hui même.

TCHÉRIKOF.

Aujourd'hui... (A part.) J'avais bien choisi l'instant pour ma déclaration.

ALFRED.

Mais un de mes amis, sur lequel je comptais, me manque en ce moment; et si vous vouliez le remplacer...

TCHÉRIKOF.

Moi !... être un de vos témoins !

ALFRED.

Air : du vaudeville de PARTIE ET REVANCHE.

C'est Yelva qui vous en prie ;
Elle croira, par un rêve flatteur,
Revoir en vous ses parens, sa patrie.

TCHÉRIKOF.

Monsieur, j'accepte, et de grand cœur ;
Oui, je serai témoin de son bonheur.

(A part.)

Je venais pour mon mariage,
Et je m'en vais servir au sien :
C'est toujours ça... j'ai du moins l'avantage
De n'être pas venu pour rien.

(Haut.) C'est bien à vous, monsieur Alfred... c'est très bien d'épouser une orpheline sans fortune... Chez nous autres Russes, cela n'aurait rien d'étonnant, parce que nous aimons le bizarre, l'original, et dans la situation où je me trouve... il y a quelque chose qui me plaît, qui me convient.

ALFRED.

Vraiment ?

TCHÉRIKOF.

Et pourquoi ?... parce que c'est original... et moi, je le suis depuis les pieds jusqu'à la pointe des cheveux... Je suis donc à vos ordres... ainsi que mes gens et ma voiture qui nous attendent en bas.

ALFRED.

Non, je vous en prie, renvoyez-les; que tout se fasse sans bruit, sans éclat... dans le plus grand incognito.

TCHÉRIKOF.

C'est différent... ils vont alors retourner à l'hôtel, où je vais les consigner, ainsi que Kalouga, mon Cosaque... parce que ce petit gaillard-là, quand je le laisse seul dans Paris... il a les passions si vives... Je descends donc leur donner mes ordres, (A part.) acheter mon présent de noces pour la mariée (à Alfred.), et je reviens ici vous prendre en fiacre... en sapin... je n'y ai jamais été... ça m'amusera... c'est original.

ALFRED.

Air du vaudeville de LA SOMNAMBULE.

Par ce moyen, nous n'irons pas bien vite.

TCHÉRIKOF.

Tant mieux, morbleu ! pourquoi donc se presser ?
Lorsque ce sont les chagrins qu'on évite,
En tilbury j'aime à les devancer.
Mais lorsqu'à nous l'amitié se consacre,
Quand le bonheur vient pour quelques instans,
Auprès de nous tâchons qu'il monte en fiacre,
Pour qu'avec lui nous restions plus long-temps.

(Alfred reconduit Tchérikof qui sort par la porte du fond.)

SCÈNE VI.

ALFRED, YELVA.

(MUSIQUE.)

A peine Tchérikof est-il sorti qu'Yelva entr'ouvre la porte de la chambre à gauche, et court à Alfred avec joie; elle lui montre la lettre de son père qu'elle tient encore, et lui dit par ses gestes : Il est donc vrai ! votre père y consent ?

ALFRED.

Oui, ma chère Yelva, mon père consent enfin à te nommer sa fille, et rien ne s'oppose plus à mon bonheur.

YELVA, par gestes.

Je passerai ma vie auprès de toi, toujours ensemble. (Puis regardant autour d'elle avec inquiétude, et montrant la lettre...) Ton père, pourquoi n'est-il pas ici ?

ALFRED, avec embarras.

Mon père ne peut venir... Des affaires importantes le retiennent loin de Paris... et ce mariage doit avoir lieu aujourd'hui.

YELVA, par gestes.

Aujourd'hui ?

ALFRED.

Oui, ce matin même; et je vais tout disposer.

YELVA, par gestes, montrant la place où était Tchérikof, et le désignant.

Un instant... et mon compatriote, où est-il ?

ALFRED.

Ce jeune Russe ?... il va revenir ; il consent à être notre témoin.

YELVA, par gestes.

Tant mieux.

ALFRED.

Il te plaît donc ?

YELVA, de même.

Oui.

ALFRED.

Et tu l'aimes ?

YELVA, par gestes.

Mais oui.

ALFRED, avec un moment de jalousie.

Pas comme moi?

YELVA, remarquant ce mouvement, se hâte de le rassurer.

Je l'aime parce qu'il a l'air bon... mais non comme toi; car toi, je t'aimerai toute la vie.

(L'orchestre joue l'air du duo d'Aline, *Je t'aimerai toute la vie.*)

ALFRED.

Ah! je n'en veux qu'un gage. (Il veut l'embrasser.)

YELVA

Le repousse doucement, en lui disant : Non pas maintenant... mais plus tard... Partez, l'on vous attend.

ALFRED.

Oui, tu as raison... je vais tout préparer... Adieu, Yelva... adieu, ma femme chérie. (Il lui baise la main.)

YELVA, par gestes.

Adieu, mon mari. (Alfred sort par le fond, en lui envoyant un baiser.)

SCÈNE VII.

YELVA, puis Mme DUTILLEUL.

(MUSIQUE.)

YELVA,

Restée seule, le suit encore des yeux; puis, quand il est disparu, quand elle ne peut plus être vue, elle lui renvoie son baiser. (Madame Dutilleul entre dans ce moment.)

Mme DUTILLEUL.

Hé bien! hé bien! mademoiselle, qu'est-ce que vous faites?

YELVA,

Toute honteuse, ne sait comment cacher son embarras.

Mme DUTILLEUL.

Qu'est-ce que c'est que ces phrases-là? à qui était-ce adressé?

YELVA, par gestes.

A personne.

Mme DUTILLEUL.

A personne!... à la bonne heure... mais il y a des gens qui pourraient prendre cela pour eux... en russe comme en français, ça se comprend si vite!... tout le monde entend cela, vois-tu!... mais il faudra prendre garde quand tu seras mariée... ce qui, du reste, ne peut tarder, et l'on vient déjà de t'apporter...

YELVA, par gestes.

Quoi donc?

Mme DUTILLEUL.

J'étais là dans ta chambre, lorsqu'on a frappé à la petite porte... celle qui donne sur l'autre escalier... et un monsieur m'a remis ce que tu vas voir.

YELVA, par gestes.

Qu'est-ce donc?

Mme DUTILLEUL, *rentrant, et rapportant une corbeille.*

Des parures magnifiques... une parure de mariée... je ne m'y trompe pas, quoiqu'il y ait bien long-temps pour la première fois...

YELVA

Court à la corbeille, en tire un voile, puis une couronne et un bouquet d'oranger.

Mme DUTILLEUL.

Cette toilette-là, c'est à moi de l'arranger.

(Yelva s'assied devant la glace qui est sur la table de toilette; madame Dutilleul arrange son voile et place son bouquet.)

Air de M. Botte.

Petite fille, à ton âge,
Que ce bouquet est flatteur!
C'te fleur'-là retrac' l'image
D' l'innocence et du bonheur.
Le même sort vous rassemble;
Et je crois qu'avec raison
L'amour peut placer ensemble
Deux fleurs d' la même saison.
Je m'en souviens, à ton âge,
Que c' bouquet m' semblait flatteur!
Il m'offrait aussi l'image
D' l'innocence et du bonheur.

YELVA,

Pendant cette reprise, veut lui mettre en riant la couronne sur la tête.

Mme DUTILLEUL.

Hé bien!... que faites-vous?... des fleurs sur mes cheveux blancs!

Du temps les traces perfides
Devraient vous en empêcher;
La fleur qu'on met sur les rides
Se flétrit, sans les cacher.
Ah! ce n'est plus à mon âge
Que c' bouquet paraît flatteur;
Las! il n'offre plus l'image
D' l'innocence et du bonheur.

YELVA,

Pendant cette dernière reprise, place sur sa tête la couronne de fleurs, et apercevant sur la toilette un collier de perles, le prend vivement, et le montre à madame Dutilleul.

Mme DUTILLEUL.

Oui vraiment, des diamans... ce pauvre Alfred se sera ruiné... mais puisqu'il le veut, il faut qu'aujourd'hui ce riche collier remplace ce simple ruban noir. (Elle dénoue un ruban qui est au cou d'Yelva et auquel tient un médaillon: Yelva veut le reprendre, et fait signe qu'elle ne doit point s'en séparer.) C'est le portrait de ta mère... je le sais... et tu ne le quittes jamais... aussi tu le reprendras tout à l'heure, quand nous reviendrons de la mairie et de l'église.

YELVA

Sourit à ce mot... met vivement le collier, ar-

range le reste de la parure; et regardant la toilette de madame Dutilleul, lui fait signe qu'elle n'est pas prête, qu'il faut se dépêcher.

Mme DUTILLEUL.

C'est vrai, je ne serai pas prête, et je ferai attendre. Ce cher Alfred est si vif, si impatient!

YELVA

La presse, par ses gestes, de se hâter.

Mme DUTILLEUL.

C'est bon... c'est bon.

Air du Chapitre second.

Taisez-vous, bavarde,
Ce soin me regarde,
Et dans un instant,
Superbe et brillante,
Je r'viens triomphante
Bénir mon enfant.

J' n'aurai pas, j'espère,
Grand besoin d'atours;
Le bonheur, ma chère,
Embellit toujours.

(Même geste d'Yelva, qui la pousse vers la porte.)

Taisez-vous, bavarde,
Ce soin me regarde, etc.

Pour toi, c'est, je gage,
Trop d' parole... oui-dà!
Mais c'est qu'à mon âge
On n'a plus que ça.

Taisez-vous, bavarde,
Ce soin me regarde,
Et dans un instant,
Superbe et brillante,
Je r'viens triomphante
Près de mon enfant.
Adieu, mon enfant,
Adieu, mon enfant.

(Elle entre dans la chambre à droite.)

SCÈNE VIII.

YELVA, seule.

(MUSIQUE.)

Elle a reconduit madame Dutilleul jusqu'à la porte de la chambre. Quand elle est seule, elle réfléchit, et sourit de l'idée qui lui vient... c'est de répéter tout ce qu'il faudra faire au moment de son union. Elle place deux coussins auprès de la glace... ensuite, elle fait le signe de donner la main à quelqu'un; elle s'avance timidement, fait encore quelques pas avec recueillement, et se met à genoux sur un des coussins, en joignant les mains. Elle semble alors écouter attentivement, et répondre *oui* à la demande qu'elle est censée entendre. (En ce moment on entend le bruit d'une voiture, elle entre, on frappe à la porte.) Elle semble dire avec joie : C'est lui, c'est Alfred !... (Elle va ouvrir, et, en voyant madame de Césanne, elle marque sa surprise et son contentement.)

SCÈNE IX.

Mme DE CÉSANNE, YELVA.

Mme DE CÉSANNE, remarquant sa surprise.

Oui, c'est moi; c'est ta belle-mère, c'est l'amie d'Alfred, que tu ne t'attendais pas à voir en ce moment.

YELVA,

Lui montrant sa parure de mariée, lui fait connaître, par ses gestes, que son mariage est pour aujourd'hui.

Mme DE CÉSANNE, douloureusement.

Il est donc vrai!... c'est aujourd'hui.... c'est ce matin même que ce mariage a lieu.... et déjà te voilà parée.... je craignais d'arriver trop tard.

YELVA, par gestes.

Vous voilà, je suis trop heureuse. (Elle lui baise les mains; madame de Césanne détourne la tête, et Yelva lui dit par ses gestes :) Qu'avez-vous? Quel chagrin vous afflige le jour de mon bonheur?

Mme DE CÉSANNE, regardant autour d'elle avec inquiétude.

Et Alfred... où est-il?

YELVA, par gestes.

Il est sorti; mais il reviendra bientôt, je l'espère.

Mme DE CÉSANNE.

Tu es seule; je puis donc te parler avec franchise... je puis donc t'ouvrir mon cœur : écoute-moi, Yelva... Orpheline, et sans protecteur, tu allais périr sur cette terre glacée où l'on t'avait abandonnée, lorsque M. de Césanne, lorsque mon mari a daigné te recueillir, t'a amenée en France, t'a présentée à moi comme un second enfant que lui envoyait la Providence : et tu sais si j'ai rempli les nouveaux devoirs qu'elle m'imposait. (Yelva lui baise la main.) Je ne m'en fais pas un mérite... ta tendresse me payait de mes soins... Mais si nous t'avons traitée comme notre enfant, comme notre fille; si nul sacrifice ne nous a coûté, peut-être avons-nous le droit de t'en demander un à notre tour.

YELVA, par gestes.

Parlez, achevez... je suis prête à tout.

Mme DE CÉSANNE.

Je vais te révéler un secret bien terrible, puisque mon mari eût mieux aimé périr que de le confier même à son fils... Le désir d'augmenter ses richesses, de laisser un jour à ses enfans une fortune proportionnée à leur naissance, a entraîné M. de Césanne dans des entreprises hasardeuses, dans de fausses spéculations... et malgré son titre et ses dignités, malgré le rang qu'il occupe dans le monde... il est déshonoré... il est perdu sans retour, si quelque ami généreux ne vient pas à son aide.

YELVA, par gestes.

Grand Dieu!

Mme DE CÉSANNE.

Il s'en présente un... le comte de Leczinski, un noble polonais... Autrefois, et quand nos troupes occupaient Wilna, mon mari lui a rendu de grands services, a préservé du pillage des biens immenses, qu'il nous offre aujourd'hui... ainsi que son alliance!... Oui, il nous propose sa fille, l'unique héritière de toute sa fortune... qu'Alfred l'épouse, et son père est sauvé! (Mouvement de surprise et de douleur d'Yelva.) C'était là le plus cher de nos vœux et notre seule espérance... mais quand Alfred eut déclaré à son père qu'il t'adorait, qu'il ne voulait épouser que toi, qu'il nous fuirait à jamais, plutôt que d'être à une autre, mon mari a gardé le silence, il a donné son consentement, et, retiré loin d'ici, il voulait lui-même, et avant que son déshonneur fût public, mettre fin à son existence... c'est moi qui ai retenu son bras... qui ai ranimé son courage... qui l'ai supplié du moins d'attendre mon retour... car il me restait un espoir... Cet espoir, Yelva, c'était toi... décide maintenant.

YELVA, par gestes, et dans le plus grand désespoir.
Ah! que me demandez-vous!

Mme DE CÉSANNE.
Air : d'Aristippe.

De toi j'attends l'arrêt suprême
Qui doit nous perdre, ou bien nous sauver tous;
Hélas! ce n'est pas pour moi-même,
C'est pour la vie et l'honneur d'un époux
Qu'en ce moment je suis à tes genoux.
C'est lui, c'est sa main tutélaire
Qui protégea tes jours proscrits;
Et quand par lui tu retrouvas un père,
Voudrais-tu lui ravir son fils?

(Elle tombe aux genoux d'Yelva.)
(MUSIQUE.)

YELVA

Hors d'elle même, la relève, la presse contre son cœur, lui jure qu'il n'y a point de sacrifice qu'elle ne soit prête à faire, et détachant le bouquet ainsi que la couronne et le voile qui étaient sur sa tête, elle semble lui dire : Vous le voyez, je renonce à lui... je renonce à tout... soyez heureuse... mais il n'y a plus de bonheur pour moi.

Mme DE CÉSANNE.
Yelva, ma chère Yelva... je n'attendais pas moins de ta générosité... mais tu ne sais pas encore à quoi tu t'engages, tu ne sais pas jusqu'où va le sacrifice que j'attends de toi .. Il ne suffit pas de renoncer à Alfred... il faut le fuir à l'instant même... car tu connais sa tendresse... et s'il ne te croit pas perdue pour lui, nul pouvoir au monde ne le déciderait à l'abandonner... Pardon... c'est trop exiger... je le vois... tu peux renoncer au bonheur, mais non à son amour... tu n'auras pas ce courage.

YELVA, par gestes.
Si... J'en mourrai peut-être... mais cette vie que j'abandonne... je vous la dois... et alors, nous serons quittes...

Mme DE CÉSANNE, la serrant dans ses bras.
Il serait vrai!... mon enfant! ma fille! (Yelva, à ce mot, détourne la tête en sanglottant) Oui, ma fille... qui plus que toi méritait ce titre, que j'aurais été trop heureuse de pouvoir te donner?.. Mais il te restera du moins le cœur et la tendresse d'une mère... je partagerai tes chagrins, je sécherai tes larmes... je ne te quitterai plus... nous partons ensemble. On vient. (Trouble d'Yelva.) Il faut partir... mais par cette porte...(Montrant celle du fond.) si Alfred allait nous rencontrer.

YELVA,
Lui montrant la chambre à gauche, lui fait signe qu'il y a un autre escalier.

Mme DE CÉSANNE.
Oui, je comprends... une autre issue... Éloignons-nous...

YELVA
Fait entendre à madame de Césanne qu'elle est décidée à partir; mais elle va prendre le médaillon qui est sur la table et le presse contre ses lèvres.

Mme DE CÉSANNE.
Le portrait de ta mère... tu ne veux pas autre chose...

(Pendant que Mme de Césanne va à la porte du fond, pour s'assurer que personne ne vient encore, Yelva aperçoit son bouquet de mariée qu'elle a jeté à terre... elle le ramasse... le regarde tristement, le met dans son sein avec le médaillon de sa mère. En ce moment, on entend du bruit à la porte du fond; on met la clé dans la serrure... Mme de Césanne entraîne Yelva, qui semble dire un dernier adieu à tout ce qui l'environne et qui disparaît par la porte à gauche.)

SCÈNE X.

ALFRED, trois TÉMOINS, quelques FEMMES portant des cartons.

ALFRED.
Enfin tout est prêt, tout est disposé... (Aux trois témoins.) En vous demandant pardon, mes amis, des six étages que je vous ai fait monter, je croyais trouver ici notre quatrième témoin : M. de Tchérckof, qui, j'en suis sûr, aura voulu faire des cérémonies... et se présenter en grande tenue... ces Russes tiennent à l'étiquette... Où est donc tout le monde?

SCÈNE XI.

LES PRÉCÉDENS, Mme DUTILLEUL, *sortant de l'appartement à droite : elle est en grande toilette; les femmes sortent avec elle.*

Mme DUTILLEUL.
Voilà! voilà! ne vous impatientez pas .. (Mon-

trant sa grande parure.) Il me semble que vous n'avez pas perdu pour attendre... mais à mon âge il faut beaucoup plus de temps pour être belle... ce n'est pas comme à celui d'Yelva, où cela va tout seul.

ALFRED.

Et Yelva, où est-elle?

Mme DUTILLEUL.

Vous allez la voir paraître superbe et radieuse... on est toujours si jolie un jour de noce!... C'est à moi de vous l'amener, et j'y vais... Allons, allons, calmez-vous et prenez patience... maintenant ce ne sera pas long...

(Elle entre dans la chambre à gauche.)

ALFRED.

Oui, maintenant elle est à moi... rien ne peut s'opposer à mon bonheur... (S'approchant de la table.) Mais d'où viennent ces diamans?... qui lui a envoyé ces parures!... qui a osé?...

FINAL.

Musique de M. Hendier.

Mme DUTILLEUL, rentrant hors d'elle-même.

Ah mon Dieu! ma pauvre Yelva!

ALFRED.

Qu'avez-vous? Comme elle est émue!

Mme DUTILLEUL.

Hélas! qui nous la rendra?
De ces lieux elle est disparue.

ALFRED et LE CHOEUR.

O ciel!

(Mme Dutilleul remet une lettre à Alfred.)

ALFRED, la lit en tremblant.

« Alfred, je ne puis plus être à vous, et vous » chercheriez en vain à connaître les motifs de » ma fuite ou le lieu de ma retraite... Oubliez- » moi... soyez heureux... et ne craignez rien » pour mon avenir... la personne avec qui je » pars mérite toute ma reconnaissance et toute » ma tendresse.
» YELVA. »

De mon courroux je ne suis plus le maître :
Ce ravisseur je saurai le connaître.

(A Mme Dutilleul.)

Quel est-il? répondez.

Mme DUTILLEUL.

Je ne sais... attendez...
Cet étranger... oui... ce matin encore
Il offrait de pareils présens.

ALFRED.

Il l'aime donc?

Mme DUTILLEUL.

Depuis long-temps
En secret il l'adore.

ALFRED.

Tout est connu : c'est pour lui, je le vois,
Qu'elle a trahi ses sermens et sa foi.
Ah! de fureur et de vengeance
Je sens ici battre mon cœur;
Partons... bientôt de cette offense
Je punirai le ravisseur.

ENSEMBLE.

ALFRED.

Je punirai le ravisseur.

Mme DUTILLEUL, LE CHOEUR.

Nous punirons le ravisseur.

(Ils sortent tous par le fond, Mme Dutilleul sort avec eux.)

SECONDE PARTIE.

Le Théâtre représente une grande salle d'un château gothique. — Porte au fond; à droite et à gauche une grande croisée. — Sur le premier plan, deux portes latérales. — L'appartement est décoré de grands portraits de famille.

SCÈNE I.

TCHÉRIKOF seul, puis KALOUGA et deux DOMESTIQUES.

TCHÉRIKOF, entrant par le fond.

Dieu! qu'il fait froid!... (Kalouga entre; il est suivi de deux valets, qui restent au fond; Kalouga se tient à une distance respectueuse de Tchérikof, à sa droite.) Surtout quand on a été en France, et qu'on a l'habitude des climats tempérés... Je ne peux pas me faire à ce pays, et je serai obligé, pour me réchauffer, de mettre le feu à mes propriétés. Kalouga, quel temps fait-il?

KALOUGA.

Superbe, monseignir... trois bieds de neige.

TCHÉRIKOF.

Monseignir... Ce que c'est que d'avoir habité la France et l'Allemagne!... il s'est composé un baragouin franco-autrichien auquel on ne peut rien comprendre.

KALOUGA.

Et ché afré permis à fos fassaux, bour le divertissement, de promener en patinant sur les fossés de fotre château... Fous pouvez le foir de la fenêtre... à travers la fitrage...

TCHÉRIKOF.

Du tout... Rien que de les regarder... il me semble que ça m'enrhumerait.

KALOUGA.

Il être cependant pien chaude aujourd'hui.

TCHÉRIKOF.

Je crois bien... vingt degrés... il est ici dans

sphère... lui qui, lorsque nous étions à Paris, étouffait au mois de janvier.

Air : du Pot de fleurs.

Fils glacé de la Sibérie,
Et regrettant dans chaque endroit
Les doux frimats de sa patrie,
Il n'adorait, ne rêvait que le froid.
Pour lui Paris fut sans charme et sans graces ;
Il n'y goûtait, dans son mortel ennui,
Qu'un seul bonheur... C'était à *Tortoni*,
 En me voyant prendre des glaces ;
Oui, son bonheur, c'était à *Tortoni*,
 En me voyant prendre des glaces.

(Il fait signe aux valets de sortir.)

(A Kalouga.) Écoute ici... C'est aujourd'hui un grand jour... une noce... une solennité de famille... Le comte de Leczinski, mon oncle, noble polonais, qui a cinq ou six châteaux, dont pas un habitable, a bien voulu accepter le mien pour y marier sa fille, ma cousine Fœdora... qui, à notre départ, n'était qu'une enfant... et qui a profité de notre absence pour devenir la plus jolie fille de toute la Pologne russe.

KALOUGA.
Ya, monseignir... il être un pien peau femme...

TCHÉRIKOF.
Est-ce que je vous ai dit de parler, Kalouga ?

KALOUGA.
Nein... (Sur un geste de Tchérikof.) Nicth...

TCHÉRIKOF.
Alors taisez-vous ! Depuis que ce petit gaillard-là a été en France, il n'y a pas moyen de le faire taire... quand il s'agit de jolies femmes... Que ça t'arrive encore !... je te fais attacher comme Mazeppa, sur un cheval tartare... et tu verras où ça te mènera. Mais revenons... Mon oncle et sa fille sont déjà arrivés hier soir, ainsi qu'une partie de la noblesse du pays... Nous attendons dans la journée le futur ; un jeune seigneur français, que j'ai connu à Paris, et avec qui nous étions très bien, quoique autrefois nous ayons manqué de nous brûler la cervelle... mais en France cela n'empêche pas d'être amis... il va arriver, ainsi que sa famille... et j'ordonne, Kalouga, à tous mes vassaux de redoubler de soins, d'égards, de prévenances... je veux sur toutes les physionomies un air d'hilarité et de bonheur.

Air : De sommeiller encor, ma chère.

Je n'admets pas la moindre excuse.
Que l'on se montre et joyeux et content !
Oui, je veux que chacun s'amuse,
Sinon, malheur au délinquant !
Cent coups de knout, voilà ce que j'impose
Pour le premier qui s'ennuirait ;
Quitte ensuite à doubler la dose,
Si ça ne produit pas d'effet.

KALOUGA.
Je combrendre pien, monseignir.

TCHÉRIKOF.
En ce cas, c'est vous, Kalouga, que je charge de donner l'exemple. (Kalouga prend une physionomie riante.) A la bonne heure... Songe que nous devons, par l'urbanité de nos manières, donner aux étrangers une haute idée de notre nation... Il ne suffit pas d'être Cosaque... il faut encore être honnête.

KALOUGA.
Ya, monseignir.

TCHÉRIKOF.
C'est la comtesse Fœdora... Tiens-toi droit... salue et va-t'en. (Kalouga salue et sort.)

SCÈNE II.

FOEDORA, TCHÉRIKOF.

TCHÉRIKOF.
Hé bien, ma belle cousine, comment vous trouvez-vous dans le domaine de mes ancêtres ?

FOEDORA.
A merveille... il me rappelle nos premières années et les plaisirs de notre enfance... C'est ici, mon cousin, que nous avons été élevés ; et vous rappelez-vous, lorsque avec vos frères et sœurs nous courions tous dans ces grands appartemens ?...

TCHÉRIKOF.
Où nous jouions à cache-cache et au colin-maillard.

FOEDORA.
Et quand votre pauvre mère (Montrant un portrait à droite.) que je crois voir encore était si effrayée en nous apercevant cinq ou six dans la même balançoire...

TCHÉRIKOF.
C'est vrai... Et vous rappelez-vous, lorsqu'à coups de boules de neige, nous jouions à la bataille de Pultawa ?

Air : de la Sentinelle.

Oui, sous nos doigts, la glace offrait soudain
Un château fort dont nous faisions le siége ;
Gaîment alors, au pied de ce Kremlin
Nous construisions trente canons de neige...
Comme Josué, je demandais au ciel
Que le soleil respectât notre gloire ;
 Car, saisis d'un effroi mortel,
 Nous tremblions que le dégel
 Ne vînt nous ravir la victoire.

Je dis la victoire, parce que c'était toujours moi qui battais les autres... je faisais Pierre-le-Grand.

FOEDORA.
Et moi l'impératrice Catherine.

TCHÉRIKOF.
C'est maintenant, ma cousine, que vous pourriez jouer ce rôle-là au naturel, car je vous avouerai qu'en vous revoyant j'ai été tout étonné de ce maintien plein de noblesse et de dignité... je n'en revenais pas.

FOEDORA.

Vraiment !

TCHÉRIKOF.

C'est bien mieux qu'avant mon départ... Et moi, cousine, qu'en dites-vous ?

FOEDORA.

Je trouve aussi que vous êtes changé.

TCHÉRIKOF.

C'est ce que tout le monde dit... et vous me trouvez ?...

FOEDORA.

Moins bien qu'autrefois.

TCHÉRIKOF.

Bah ! c'est étonnant... vous êtes la seule ; car tous mes vassaux me trouvent superbe... et mes vassales sont du même avis.

FOEDORA.

Écoutez donc, Iwan, j'ai peut-être tort de vous parler ainsi ; mais entre cousins...

TCHÉRIKOF.

C'est juste, on se doit la vérité... et je vous ai donné l'exemple... Vous trouvez donc...

FOEDORA.

Que vous n'êtes plus vous-même... vous n'êtes plus, comme autrefois, un bon et franc Moscovite... un peu bourru, un peu brusque... j'aimais mieux cela ; car au moins c'était vous... c'était votre caractère... On est toujours si bien quand on est de son pays !... Je suis Moscovite dans l'ame... je n'ai jamais voyagé... je ne connais rien... mais il me semble que ce qu'il y a de plus beau au monde, c'est un seigneur russe, au milieu de ses domaines, entouré de ses vassaux dont il peut faire le bonheur... C'est un prince... c'est un souverain... Et si j'avais été maîtresse de mon sort... je n'aurais jamais rêvé d'autre existence ni formé d'autres désirs.

TCHÉRIKOF.

Il se pourrait !... et cependant, aujourd'hui même, vous allez épouser un étranger... un Français... le jeune comte de Césanne !

FOEDORA.

Mon père le veut... et, en Russie, quand les pères commandent les filles obéissent toujours... Et c'est bien terrible, mon cousin, de quitter ainsi son pays... d'aller vivre en France parmi des vassaux qui n'ont été élevés ni à vous connaître, ni à vous aimer... En a-t-il beaucoup ?...

TCHÉRIKOF.

M. de Césanne ?...

FOEDORA.

Oui... combien a-t-il de paysans ?

TCHÉRIKOF.

Il n'en a pas du tout... Dans ce pays-là, les paysans sont leurs maîtres.

FOEDORA.

Il serait possible ! les pauvres gens !... Qui donc peut alors les défendre ou les protéger ?

TCHÉRIKOF.

Ils se protégent eux-mêmes.

FOEDORA.

C'est inconcevable !.. Et dites-moi, mon cousin, est-ce que ça peut aller dans un pays comme celui-là ?

TCHÉRIKOF.

Cela va très bien... c'est-à-dire ça pourrait aller mieux... mais ça viendra, grace aux nouveaux changemens... et quand vous serez une fois en France, vous ne voudrez plus la quitter.

FOEDORA.

J'en doute.

TCHÉRIKOF.

Surtout si vous aimez votre mari... car je pense que vous l'aimez.

FOEDORA.

Ah ! mon Dieu oui !.. mon père me l'a ordonné... Mais on m'avait dit que les Français étaient si légers, si étourdis !...

TCHÉRIKOF.

Il est vrai que nous sommes... (Se reprenant.) qu'ils sont fort aimables.

FOEDORA.

C'est possible... et cependant, depuis que M. de Césanne est à Wilna... il a un air si triste...

TCHÉRIKOF.

Que voulez-vous !... d'anciens chagrins... il a été trompé... En France, cela arrive à tout le monde... moi, le premier...

FOEDORA.

Faire cinq cents lieues pour cela !...

TCHÉRIKOF.

C'est vrai !... il y a tant de gens qui, sans sortir de chez eux, sont aussi avancés que moi !... Mais que voulez-vous ?... Lorsque je suis parti, j'étais seul au monde... je n'avais que moi d'ami et de parent... car, de tous ceux dont nous parlions tout à l'heure, il ne reste plus que nous, ma cousine... Et puis comme j'ai toujours été original, moi, j'avais une manie... c'était de trouver le bonheur, qui est une chose si difficile et si rare qu'on ne peut pas le chercher trop loin.

AIR nouveau de M. Heudier.

Pour le trouver, j'arrive en Allemagne ;
Où l'on me dit : Voyez plus loin, hélas !
Rempli d'espoir, je débarque en Espagne ;
On me répond : On ne le connaît pas.
En vain la France à l'Espagne succède ;
Vite on m'envoie en Angleterre... Enfin
Personne, hélas ! chez soi ne le possède,
Chacun le croit chez son voisin.

FOEDORA.

Même air.

J'en conviens, il est bien terrible
De visiter pour rien tant de pays...

TCHÉRIKOF.

Le bonheur est donc impossible ?

FOEDORA.

Je n'en sais rien... mais je me dis :

Puisqu'en courant toute la terre
On ne saurait le rencontrer... je voi
Que le bonheur est sédentaire :
Pour le trouver, il faut rester chez soi.

SCÈNE III.

Les Précédens, KALOUGA.

KALOUGA.

Monseignir... un grand foiture entre dans le cour du château... Monsir le comte de Césanne...

TCHÉRIKOF.

Ah! mon Dieu!

KALOUGA.

Et puis, il être fenu aussi dans un kibitch... un monsir avec des papiers...   (Il sort.)

TCHÉRIKOF.

C'est pour le contrat... Ce que nous appelons en France un notaire... (A part.) S'il avait pu geler en route, lui et son encrier!

FOEDORA.

Adieu, mon cousin... Il faut alors que je retourne au salon, où mon père va me demander...

TCHÉRIKOF.

Oui, sans doute... mais c'est que j'avais un secret à vous confier...

FOEDORA.

Un secret... Il suffit que cela vous regarde, pour que cela m'intéresse aussi... et nous en parlerons tantôt après ce contrat qui m'ennuie... et je vais me dépêcher, pour que cela soit fini... A ce soir, n'est-il pas vrai?   (Elle sort.)

SCÈNE IV.

TCHÉRIKOF, seul.

Oui, à ce soir... Il sera bien temps, quand elle en aura épousé un autre!... Elle a raison, depuis long-temps je cours après le bonheur, et j'arrive toujours trop tard.

SCÈNE V.

ALFRED, TCHÉRIKOF, Mme DE CÉSANNE.

(Tchérikof va au devant de Mme de Césanne, à qui il offre la main.)

CHOEUR.

Air de la contredanse de *la Dame Blanche*.

Mes amis, chantons
Et fêtons
Cette heureuse alliance
Que ce soir nous célébrerons ;
Unissons nos vœux et nos chants,
Prouvons par nos joyeux accens

Que suivant l'ordonnance,
Nous sommes tous gais et contens.

(Une jeune fille offre des fleurs dans une corbeille à madame de Césanne, qui lui fait signe de les mettre sur la table.)

TCHÉRIKOF.

Quelle douce harmonie...
C'est fort bien, mes amis ;
Chantez, je vous en prie ;
Vos accens et vos cris
Rappellent en Russie
L'Opéra de Paris.

CHOEUR.

Mes amis, chantons, etc., etc.

(Le chœur sort.)

TCHÉRIKOF, à Alfred, avec un peu d'embarras.

Combien je suis heureux, mon cher Alfred, de vous recevoir chez moi, ainsi que votre aimable famille... vous qui avez daigné m'accueillir à Paris avec tant de grace et de bonté!... Et M. de Césanne, je ne le vois pas?...

Mme DE CÉSANNE.

Le comte de Leczinski l'a reçu à son arrivée, et tous les deux se sont enfermés ensemble, ainsi qu'un homme de loi que j'ai cru apercevoir.

TCHÉRIKOF, à Alfred.

Et vous avez sans doute présenté vos hommages à ma jeune cousine, à votre future?

ALFRED, froidement.

Mais non... je ne crois pas... Il me tardait de vous voir, et de vous remercier de toutes les peines que ce mariage va vous donner.

TCHÉRIKOF.

Certainement, la peine n'est rien... et si vous saviez, au contraire, avec quel plaisir... (A part.) C'est étonnant, comme j'en ai... (A la comtesse.) Vous ne retrouverez pas ici le luxe et les plaisirs de Paris... je désire cependant que cet appartement... (Montrant la porte à droite.) puisse vous convenir.

Mme DE CÉSANNE.

Je le trouve superbe.

TCHÉRIKOF.

C'était celui de ma mère... dont vous voyez le portrait... (Montrant un grand portrait qui se trouve sur la porte à droite.) la comtesse de Tchérikof, que j'ai perdue, ainsi que toute ma famille, dans l'incendie de Smolensk.

Mme DE CÉSANNE, avec intérêt.

Vraiment!... ah! combien je suis fâchée de vous avoir rappelé de pareils souvenirs.

TCHÉRIKOF.

Oui, oui... il faut les éloigner... d'autant qu'aujourd'hui... il faut être gai... n'est-ce pas, mon cher Alfred? il s'agit d'être gai...

Mme DE CÉSANNE.

Vous avez raison ; car, d'après ce que j'ai vu en arrivant, tout est disposé pour ce mariage...

ALFRED.

Oui, ce soir, à minuit... n'est-il pas vrai? et

c'est vous, cher cousin... qui serez mon témoin.
TCHÉRIKOF, à part.

Son témoin !... il ne manquait plus que cela... Voilà la seconde fois que je lui servirai de témoin pour lui faire épouser celle que j'aime.
ALFRED.

Eh quoi! vous hésitez?
TCHÉRIKOF.

Du tout, cousin... c'est une préférence bien flatteuse... mais j'ai peur que cela ne vous porte pas bonheur.
ALFRED.

Et pourquoi?
TCHÉRIKOF.

Parce que ça nous est déjà arrivé; et que ça ne nous a pas réussi.
ALFRED.

Au nom du ciel! taisez-vous.
Mme DE CÉSANNE.

Qu'est-ce donc?
TCHÉRIKOF.

Une aventure originale qu'on peut vous conter maintenant... un mariage dont j'ai été le témoin... c'est-à-dire dont je n'ai rien été.
ALFRED.

De grace !...
TCHÉRIKOF.

Ce n'est pas vous, c'est moi qui ai été le plus mystifié... Me donner la peine d'acheter une corbeille magnifique; me faire courir tout Paris, pour retenir moi-même trois fiacres jaunes, et six chevaux de toutes les couleurs... et revenir ensuite au grand galop, seul dans trois sapins, pour trouver... qui? personne... pour apprendre... quoi?... rien... car la mariée était partie, pour aller... où? je vous le demande.
Mme DE CÉSANNE, à part.

Grand Dieu !
TCHÉRIKOF.
AIR : Un homme pour faire un tableau.

> Nous courons, mes fiacres et moi,
> Au temple, où partout je regarde...
> Personne, hélas! et je ne vois
> Qu'un Suisse avec sa hallebarde.
> Pour l'hymen, pas d'autres apprêts ;
> Impossible qu'il s'accomplisse...
> Pour un mariage français
> Nous n'étions qu'un Russe et qu'un Suisse.

Et le plus original, monsieur vient me chercher querelle, m'accuser de l'avoir enlevée... et nous avons manqué de nous battre.
Mme DE CÉSANNE.

Quoi! Alfred, vous auriez pu soupçonner?
ALFRED.

Hé bien, oui... malgré toutes les raisons qu'il m'a données, et auxquelles je n'ai rien trouvé à répondre, je n'ai jamais été bien convaincu... et dernièrement encore, ne disait-on pas qu'Yelva l'avait suivi... qu'elle était cachée dans un de ses châteaux ?

TCHÉRIKOF.

Avoir une pareille idée d'un gentilhomme moscovite!... d'un honnête boyard !
ALFRED.

Pardon... Ce n'est pas que je tienne à la perfide qui m'a trahi... et que j'ai oubliée; mais être trahi par un ami ! (Lui prenant la main.) Ne parlons plus de cela... qu'il n'en soit plus question. D'ailleurs, je me marie... je suis heureux... j'épouse votre cousine.

SCÈNE VI.

LES PRÉCÉDENS, KALOUGA.

KALOUGA.

Li être le vaguemestre, qui apporter les gazettes pour monseigneur... et les lettres pour toute la société.
ALFRED, vivement.

Y en a-t-il de France?... y en a-t-il pour moi?
KALOUGA.

Non, mossié... Mais en foilà un bour matam' la comtesse... elle être de Wilna...
(Il donne la lettre à Tchérikof, qui la remet à la comtesse.)
Mme DE CÉSANNE.

De Wilna?... j'en attendais, et j'avais dit qu'on me les adressât dans ce château.
TCHÉRIKOF.

Nous vous laissons... vous êtes chez vous... et voici Kalouga, un jeune Kalmouck, que je mets à vos ordres... (A Alfred.) Venez, je vous conduis à votre appartement... De là au salon, et puis au dîner qui nous attend... un dîner à la française, où vous retrouverez un de vos compatriotes.
ALFRED.

Et qui donc?
TCHÉRIKOF.

Le champagne... car tous les mois j'en fais venir... j'ai à Paris un banquier rien que pour cela.
ALFRED.

Vraiment?
TCHÉRIKOF.

C'est que la Russie en fait une consommation... on en boit ici deux fois plus qu'on n'en récolte en France.
Mme DE CÉSANNE.

Ce n'est pas possible.
TCHÉRIKOF.

Si vraiment, l'industrie a fait tant de progrès!
(Tchérikof et Alfred entrent dans l'appartement à droite, dont la porte reste ouverte.)

SCÈNE VII.

Mme DE CÉSANNE, KALOUGA.

Mme DE CÉSANNE.

Ils sont partis... Voilà cette lettre que j'attendais... et que maintenant je n'ose ouvrir... (On entend le son d'une cloche.) Quelle est cette cloche ?

KALOUGA.

Ce être à la porte du château... les vagabonds qui temantir asile pour le nuit. (Allant à la fenêtre de gauche, qu'il ouvre.) Wer da ? qui vive ?... fous rébontir bas... tant bis pour fous. (Il referme la fenêtre. On sonne encore.)

Mme DE CÉSANNE, qui a décacheté la lettre.

Encore !... voyez donc ce que ce peut être..

KALOUGA.

Che afre temanté... ly afre bas rébontu... si restir à le borte.

Mme DE CÉSANNE.

Par le froid qu'il fait !

KALOUGA.

Li être un pel température pour la piouvac... un blein lune... qui li être pien chaude.

Mme CÉSANNE.

Y penses-tu ?

Air : Qu'il est flatteur d'épouser celle.

De misère et de froid peut-être
Il va périr... ouvre-lui donc ;
Sois charitable.

KALOUGA.

A notre maître
J' vas en t'mander la permission.

Mme DE CÉSANNE.

Est-elle donc si nécessaire ?
As-tu besoin, dans ta bonté,
Des ordres d'un maître... pour faire
Ce que prescrit l'humanité !

D'ailleurs je prends tout sur moi.

KALOUGA.

Ce être différent... che opéir d'un air affable... menseignir l'hafré ortonné. Je fais parler à la conciercher... (Il sort par la porte à gauche.)

SCÈNE VIII.

Mme DE CÉSANNE, seule.

Ah ! que ce séjour m'attriste ! tout y est froid et glacé... il faut leur ordonner d'être humains... ils obéissent du moins.. c'est toujours cela... (Regardant la signature de la lettre.) « Nicolauf, commerçant à Wilna »... Lisons.

« Madame la Comtesse,
» Vous m'avez fait annoncer, par MM. Martin et compagnie, mes correspondans, qu'une jeune fille, à laquelle vous preniez le plus grand intérêt, partirait de France le 15 septembre dernier ; qu'elle suivrait la route de Berlin, de Posen et de Varsovie ; et que, vers la fin de novembre, elle arriverait à Wilna... Mais il paraît que, quelques lieues avant Grodno, la voiture dans laquelle elle se trouvait a été attaquée... et c'est avec douleur que je vous apprends que l'homme de confiance qui l'accompagnait est au nombre des voyageurs qui ont péri... » (S'interrompant.) Grand Dieu !

(Reprenant la lecture de la lettre.)

« Quant à la jeune fille à laquelle vous vous intéressez, on n'a aucune nouvelle de son sort... mais du moins, et d'après les renseignemens que nous avons pris, rien ne prouve qu'elle ait perdu la vie ; et, si elle a pu seulement parvenir jusqu'à Grodno, nul doute qu'elle ne nous informe de ce qu'elle est devenue... »

Et comment le pourrait-elle ?

Air de l'Ermite de Saint-Avelle.

Sur cette terre isolée
Qui sera son protecteur ?
Elle s'est donc immolée
Pour moi, pour son bienfaiteur !
Étrangère, hélas ! et bannie,
Faut-il, par un malheur nouveau,
Qu'elle vienne perdre la vie
Aux lieux même où fut son berceau !

SCÈNE IX.

Mme DE CÉSANNE ; KALOUGA et YELVA,
entrant par la porte à gauche.

(Refrain de la Petite Mendiante.)

KALOUGA soutient Yelva, qui s'appuie sur son bras.

Entrir... entrir... fous... la pelle enfant... mais ce être bas honnête... de bas répontre à moi... qui li être pien galant. (Il la conduit auprès du fauteuil à droite du théâtre.)

YELVA,

En paysanne russe, pâle et se soutenant à peine, s'appuie sur le fauteuil (MUSIQUE), et indique que tous ses membres sont engourdis par le froid.

KALOUGA, à Mme de Césanne.

Li être un betite fille qui li être bas de ce tomaine... car moi les connaître toutes.

Mme DE CÉSANNE.

C'est bien... (S'approchant d'elle.) Dieu ! qu'ai-je vu ! (MUSIQUE.) A ce cri, Yelva tourne la tête, veut s'élancer vers la comtesse ; mais ses forces la trahissent ; elle ne peut que tomber à ses pieds, en lui tendant les bras.) Ma fille... mon enfant !... c'est toi qui m'es rendue !... mais dans quel état !... cette pâleur !... ces obscurs vêtemens !... La misère était donc ton partage ?...

YELVA

Fait signe qu'elle la revoit, qu'elle est heureuse, qu'elle se porte bien ; mais, en ce moment, elle chancelle et retombe sur le fauteuil.

Mme DE CÉSANNE.

O ciel !... la fatigue... le froid... (A Kalouga.) Laisse-nous.

KALOUGA.

Ya, montame...

Mme DE CÉSANNE.

Surtout, pas un mot de cette aventure.

KALOUGA.

Ya...

Mme DE CÉSANNE.

Vous n'avez rien vu.

KALOUGA.

Ya.

Mme DE CÉSANNE.

Rien entendu.

KALOUGA.

Ya. (Il sort.)

SCÈNE X.

YELVA, sur un fauteuil; Mme DE CÉSANNE.

Mme DE CÉSANNE.

Depuis l'horrible catastrophe qui t'a séparée de ton guide, qu'es-tu devenue au milieu de ces déserts?

(Romance de Léonide.)

YELVA

Lui indique qu'elle s'est trouvée seule, sans argent et presque sans vêtemens; elle souffrait; elle avait bien froid; elle a marché toujours devant elle, ne rencontrant personne, elle a continué sa route; elle marchait toujours mourant de fatigue et de froid (Refrain de *la Petite Mendiante*), *et quand elle rencontrait quelqu'un, elle tendait la main et se mettait à genoux, en disant*: Prenez pitié d'une pauvre fille.

Mme DE CÉSANNE.

O ciel! obligée de mendier... Et quand venait le soir?... et aujourd'hui, par exemple... dans cette campagne éloignée de toute habitation?

YELVA

Fait signe que la nuit commençait à la surprendre; qu'elle cherchait autour d'elle où reposer sa tête; qu'elle n'apercevait rien; et, désespérée, elle était résignée à se coucher sur la terre, et à mourir de froid, lorsque ses yeux sont tombés sur ce médaillon qu'elle avait conservé. (Air de la romance d'*Alexis*.) *Elle a imploré sa mère, l'a priée de la protéger.*

Mme DE CÉSANNE.

Oui, ta mère, que tu implorais, devait te protéger.

YELVA

Soudain elle a aperçu une lumière... (Musique douce.) *c'était celle du château; elle a marché avec courage, et, quand elle s'est vue aux portes de cette habitation, elle s'est traînée jusqu'à la cloche qu'elle a sonnée.* (Air de *Jeannot et Colin*: Beaux jours de notre enfance.) *On est venu ouvrir, et la voilà dans les bras de sa bienfaitrice.*

Mme DE CÉSANNE.

Oui... tu ne me quitteras plus... et, quoi qu'il arrive, c'est moi qui désormais veux veiller seule sur tes jours et sur ton bonheur.

YELVA

La regarde avec tendresse, puis avec embarras, et montrant son cœur et sa main, elle lui fait entendre qu'il n'y a plus de bonheur pour elle. Puis, tirant de son sein son bouquet de mariage qu'elle a conservé, elle lui demande par gestes: Et celui qui m'aimait, qui devait m'épouser... qu'est-il devenu?... où est-il?

Mme DE CÉSANNE.

Celui qui t'aimait, qui devait t'épouser?... Alfred?...

YELVA, avec émotion.

Oui.

Mme DE CÉSANNE.

Yelva, oublions-le... n'en parlons plus, surtout aujourd'hui.

YELVA, effrayée,

Lui demande par ses gestes: Est-ce qu'il est mort?... est-ce qu'il n'existe plus?

Mme DE CÉSANNE.

Non... rassure-toi... il vit... il existe...

YELVA

Témoigne sa joie.

Mme DE CÉSANNE.

Mais, je ne sais comment l'apprendre...

SCÈNE XI.

YELVA, Mme DE CÉSANNE, FOEDORA.

FOEDORA, entrant par le fond.

Madame, on m'envoie vous chercher... on vous demande au salon... (Voyant Yelva.) Mais quelle est cette jeune fille?

Mme DE CÉSANNE.

Une infortunée que nous venons de recueillir, et à qui nous avons donné l'hospitalité.

FOEDORA.

Ah! je veux être de moitié dans votre bienfait!... je veux la présenter à Alfred. (Yelva fait, ainsi que Mme de Césanne, un geste d'effroi.) Oui, M. Alfred de Césanne... c'est mon mari... celui que je vais épouser!... (A Mme de Césanne.) Madame, je veux dire ma mère... car vous savez que tout est disposé... les vassaux, les paysans sont dans le vestibule, les musiciens en tête... Il ne manque plus que mon cousin, qui n'était pas encore descendu au salon. (Pendant que Foedora parle, Yelva et Mme de Césanne indiquent par leur pantomime les diverses émotions qu'elles éprouvent.) (A Yelva.) Venez, venez avec moi... M. Alfred ne me refusera pas la première grace que je lui demanderai; vous ne me quitterez plus... Ne voulez-vous pas?...

YELVA

Témoigne le plus grand trouble.

Mme DE CÉSANNE.

Excusez-la... cette pauvre fille ne peut ni vous

entendre ni vous répondre... elle ne sait ni le français ni le russe.

FOEDORA.

Ah ! c'est dommage !... elle est si jolie... que j'aurais désiré qu'elle fût de notre pays... Mais c'est égal... venez toujours, vous assisterez au mariage... (Yelva s'éloigne avec effroi.) Hé bien, qu'a-t-elle donc ? (Souriant.) Vous avez raison... elle ne comprend pas... il semble que je lui aie fait peur.

Mme DE CÉSANNE.

Dans l'état de faiblesse où elle est... un peu de repos lui est nécessaire...

FOEDORA.

En effet... elle a l'air de souffrir.

Mme DE CÉSANNE.

Ah ! c'est qu'elle est bien malheureuse... elle est bien à plaindre, je le sais... tant de coups l'ont frappée à la fois !... Mais je connais aussi de quels nobles sentiments elle est capable... (Yelva serre la main de Mme de Césanne, comme pour lui dire qu'elle est tout à fait résignée.) et, après tant de sacrifices et de souffrances, elle ne voudrait pas en un moment détruire ce qu'elle a fait.

FOEDORA.

Oui... il faut qu'elle reprenne confiance; puisque la voilà avec nous, bientôt ses malheurs seront finis.

Mme DE CÉSANNE, regardant Yelva.

Vous avez raison, encore un instant, un instant de courage... c'est ce que je lui demande; et tout sera fini.

YELVA

Essuie ses larmes, regarde Mme de Césanne, lui prend la main, et semble lui dire avec fermeté : Ce courage je l'aurai. *Elle aperçoit à gauche une caisse de fleurs ; elle va en cueillir une, s'approche de Fœdora, lui fait la révérence et la lui présente. (Air de Léocadie.)*

FOEDORA.

Un bouquet pour mon mariage... pauvre enfant ! c'est celle qui la première m'en aura présenté... fasse le ciel que cela me porte bonheur !

YELVA

En ce moment regarde sa parure de mariée, sa couronne et son bouquet d'oranger; elle soupire, et l'orchestre finit l'air de Léocadie : Voilà pourtant comme je serais. *A la fin de l'air, elle se jette dans les bras de Mme de Césanne, qui la presse contre son cœur, en lui donnant les marques de la plus vive tendresse.*

Mme DE CÉSANNE, à Fœdora.

Venez... venez... on nous attend.

(*Elles sortent par le fond.*)

SCÈNE XII.

(MUSIQUE.)

YELVA, seule,

Tombe anéantie dans le fauteuil... Elle reste un instant absorbée dans sa douleur ; puis, semblant reprendre tout son courage, elle fait signe que tout est fini, qu'elle bannit Alfred de son cœur... C'est dans ce moment sans doute qu'il se marie... Elle prend le bouquet qu'elle avait conservé, le regarde avec attendrissement et le jette loin d'elle. Elle écoute, croit entendre une musique religieuse, se met à genoux, et prie pour lui. Plus calme alors, elle lève la tête et regarde autour d'elle ; elle éprouve à l'aspect de ces lieux une émotion dont elle ne peut se rendre compte ; elle se lève précipitamment et semble reconnaître cette chambre ; elle examine avec attention la tenture, les meubles ; puis, posant la main sur son cœur, elle cherche à retenir des souvenirs qui lui échappent.

SCÈNE XIII.

YELVA, TCHÉRIKOF, *sortant de l'appartement à droite.*

TCHÉRIKOF.

Allons, voilà déjà les airs du pays... les chants de noces qui se font entendre. Je leur ferai donner le knout, pour leur apprendre à chanter et à être heureux sans moi... Mais quelle est cette paysanne ?... O ciel ! en croirai-je mes yeux ?... Yelva sous ce déguisement, et dans ce château !

YELVA,

A sa vue, fait un geste de surprise et court à lui.

TCHÉRIKOF.

Et Alfred ! quel sera son étonnement ?

YELVA

Lui fait signe de se taire.

TCHÉRIKOF.

Quoi ! vous ne voulez point qu'il sache... vous craignez sa présence ?

YELVA

Fait signe que oui.

TCHÉRIKOF.

Et comment êtes-vous ici ? qui vous amène chez moi ?

YELVA, *par gestes.*

Ceci est à vous ?

TCHÉRIKOF.

Oui... ce château m'appartient.

(MUSIQUE.)

YELVA

Le regarde avec une nouvelle attention, et comme si elle ne l'avait jamais vu ; il semble qu'elle veuille lire sur son visage et deviner ses traits.

TCHÉRIKOF.

Qu'a-t-elle donc ? d'où vient l'émotion qu'elle éprouve ?

YELVA

Met sa main sur son cœur, et de l'autre lui fait signe de se taire et de ne point troubler les idées qui lui arrivent en foule. Oui, quand elle était petite, elle a vu tout cela... *Elle court à la fenêtre à gauche, montre les jardins.*

TCHÉRIKOF.

Dans ces jardins !... hé bien, que voulez-vous dire ?

YELVA

Lui fait signe qu'il y a une balançoire (Air : Balançons-nous), *des montagnes russes d'où on descendait rapidement.*

TCHÉRIKOF, *étonné.*

Il me semble qu'elle parle de balançoire... de montagnes russes... Qu'est-ce que cela signifie ?

YELVA

Témoigne son impatience de ce qu'il ne comprend pas. (Air : Un bandeau couvre les yeux.) *Puis, comme une idée qui lui vient, elle lui fait signe qu'autrefois, dans ce salon, elle jouait avec des enfans de son âge ; et faisant le geste de se mettre un bandeau sur les yeux, elle court après quelqu'un, comme si elle jouait au colin-maillard.* (Air vif.) *Tous ses gestes se succèdent rapidement et sans qu'elle fasse presque attention à Tchérikof, qui la regarde d'un air étonné et attendri.*

TCHÉRIKOF.

Pauvre enfant ! je ne sais pas ce qu'elle a, ni ce qu'elle veut dire... mais il y a dans ses gestes... dans sa physionomie une expression que je ne puis définir, et dont, malgré moi, je me sens tout ému.

CHOEUR, *en dehors.*

Air : de la Dame blanche.

Chantons, ménestrels joyeux,
Refrains d'amour et d'hyménée ;
La plus heureuse destinée
Comble en ce jour tous leurs vœux.

YELVA

Le prend par le bras pour lui dire : Écoutez !

TCHÉRIKOF.

Ce sont mes vassaux... qui chantent un air du pays.

YELVA

Semble lui dire : C'est cela même ! *Son émotion est au comble. Elle prend la main de Tchérikof, la serre dans les siennes, la porte sur son cœur.*

TCHÉRIKOF.

Je n'y suis plus... je n'y conçois rien... elle paraît si contente, et si malheureuse... et cette amitié si tendre qu'elle me témoigne... vrai, ça donnerait des idées... Yelva... ma chère Yelva... rassurez-vous.

SCÈNE XIV.

LES PRÉCÉDENS, ALFRED, *entrant par la porte à droite, qu'il referme sur lui. Il aperçoit Yelva dans les bras de Tchérikof.*

ALFRED.

Ciel !... Yelva !...

YELVA,

En voyant Alfred, effrayée, hors d'elle-même, s'arrache des bras de Tchérikof et s'enfuit précipitamment dans l'appartement à gauche, dont elle ferme la porte.

ALFRED, *à Tchérikof, après un instant de silence.*

Hé bien, monsieur, mes soupçons étaient-ils injustes ? qu'avez-vous à répondre ?

TCHÉRIKOF.

Rien... jusqu'à présent... car je n'y comprends pas plus que vous.

ALFRED.

Et moi, je comprends, monsieur, que vous êtes un homme sans foi.

TCHÉRIKOF.

Monsieur de Césanne !

ALFRED.

Oui, c'est vous qui me l'avez ravie, qui l'avez enlevée à mon amour, qui l'avez cachée dans ces lieux, où vous l'avez séduite... Je n'en veux pas d'autre preuve que l'amour qui brillait dans vos yeux... que les caresses qu'elle vous prodiguait... et la terreur dont ma vue l'a frappée.

TCHÉRIKOF.

Je vous répète que j'ignore ce qui en est... Mais quand ce serait vrai... quand par hasard elle m'aimerait... est-ce que vous prétendez me les enlever toutes ?... est-ce que vous n'épousez pas ma cousine ?... est-ce que je n'ai pas le droit comme un autre ?...

ALFRED.

Non, vous n'avez pas le droit de tromper un homme d'honneur, vous qui n'êtes qu'un...

TCHÉRIKOF.

C'en est trop...

Air : de la Batelière.

De rage et de fureur
Je sens battre mon cœur ;
Mais d'une telle offense
J'aurais bientôt vengeance ;
Redoutez ma fureur.

(Ils sortent par le fond.)

SCÈNE XV.

YELVA, M*me* DE CÉSANNE, *sortant de l'appartement à gauche.*

M*me* DE CÉSANNE.

Yelva ! quelle agitation... Hé bien... Alfred a-

t-il pénétré dans ces lieux?... l'aurais-tu revu?
YELVA
Fait signe que oui.
M*me* DE CÉSANNE.
Où donc?... ici?...
YELVA.
Oui.
M*me* DE CÉSANNE.
D'où venait-il?
YELVA
Montre la porte à droite : De là!...
(MUSIQUE.)
YELVA
En ce moment elle s'est approchée de la porte à droite, qu'Alfred a refermée, en entrant, à la scène précédente; sur cette porte est le portrait que Tchérikof a montré à la scène cinquième. Yelva stupéfaite s'arrête, regarde le tableau, court à madame de Césanne, et le lui montre de la main et avec la plus grande émotion.
M*me* DE CÉSANNE.
C'est l'ancienne maîtresse de ce château, la mère du comte de Tchérikof, qui a péri, ainsi que toute sa famille, dans l'incendie de Smolensk.
YELVA
Tire vivement de son sein le médaillon qu'elle porte, le donne à la comtesse, en lui disant : Regardez, c'est elle.
M*me* DE CÉSANNE.
O ciel!... les même traits... c'est bien elle... c'est ta mère.
YELVA
Court se jeter à deux genoux devant le tableau, l'entoure de ses bras, le presse de ses lèvres; puis, s'inclinant en baissant la tête, elle semble lui demander sa bénédiction.

SCÈNE XVI.
Les Précédens, FOEDORA.
FOEDORA, *accourant.*
Ah mon Dieu! quel malheur!... M. Alfred et mon cousin...
M*me* DE CÉSANNE.
Hé bien?
FOEDORA.
Ils avaient été chercher des armes... et je viens de les voir tous les deux descendre dans le parc... ils n'ont pas voulu m'écouter... ils vont se battre!
M*me* DE CÉSANNE.
Que dites-vous?... ah! courons sur leurs pas... *(Elle sort.)*
FOEDORA.
Pourvu qu'il en soit encore temps.
YELVA
Donne les marques du plus violent désespoir; elle demande par gestes à Fœdora de quel côté doit se passer le combat. Fœdora lui montre la croisée à droite, qui donne sur les jardins; Yelva court l'ouvrir précipitamment, et, au même instant, on entend un coup de pistolet ; Yelva indique, par des gestes d'effroi, qu'elle voit les deux adversaires. Elle est restée auprès de la croisée, tendant les bras vers eux; et, après les plus violens efforts, elle parvient à prononcer ce mot : Alfred!... *Au même instant, affaiblie par les efforts qu'elle a faits, elle tombe évanouie.*
FOEDORA *la reçoit dans ses bras, la porte sur le fauteuil et lui prodigue des secours.*
Pauvre enfant!... elle a perdu connaissance...

SCÈNE XVII.
Les Précédens, ALFRED, TCHÉRIKOF ; M*me* DE CÉSANNE, *tenant Alfred et Tchérikof par la main* ; DOMESTIQUES.
TCHÉRIKOF, *tenant à la main le médaillon d'Yelva.*
Ah! que m'avez-vous appris!... ma sœur!... où est-elle?...
M*me* DE CÉSANNE, *lui montrant Yelva qui est sur le fauteuil, étendue et sans connaissance.*
La voilà.
TCHÉRIKOF.
Et ce cri dont nous avons été frappés, et qui a suspendu notre combat?...
FOEDORA.
C'est elle qui l'a fait entendre... la frayeur... l'émotion... mais je crains qu'un tel effort ne lui coûte la vie.
TOUS.
Grand Dieu!...
*(Yelva est évanouie dans le fauteuil; Tchérikof à droite, Alfred à gauche, à ses genoux ; M*me* de Césanne auprès d'Alfred, Fœdora derrière le fauteuil, prodiguant ses soins à Yelva.)*

FINAL.
Musique de M. Heudier.
TCHÉRIKOF.
Ma sœur!... le sort nous l'enlève...
ALFRED.
Je la perds, quand pour moi renaissait le bonheur.
FOEDORA.
Écoutez... taisez-vous... je sens battre son cœur.
M*me* DE CÉSANNE.
Oui déja de son front s'efface la pâleur ;
Et sortant d'un pénible rêve,
Elle revient à la vie.
TOUS.
O bonheur !
CHOEUR.
O Dieu tutélaire ,
Je bénis ton secours.

YELVA.
Revient peu à peu à elle, regarde lentement tou ceux qui l'entourent, mais sans les reconnaître encore; elle cherche à rappeler ses idées, aperçoit madame de Césanne, prend sa main qu'elle baise, puis se retourne, aperçoit Alfred, fait un mouvement de surprise (Tout le monde se penche et écoute attentivement. *), elle le regarde et lui dit doucement :* Alfred !... *De l'autre côté elle aperçoit Tchérikof, lui tend la main et dit :* Mon frère !...

ALFRED.

Me pardonneras-tu ?... m'aimeras-tu ?...

YELVA, *se levant.*

Elle regarde Alfred avec attendrissement, et se jetant dans ses bras, elle lui dit : Toujours.

NOTA. Toutes les indications de droite et de gauche doivent être prises relativement aux spectateurs. Les personnages sont placés en tête de chaque scène comme ils doivent l'être au théâtre.

FIN D'YELVA.

BOULÉ et Cⁱᵉ, imprimeurs des Corps militaires, de la Gendarmerie départementale, des Contributions directes et du Cadastre, rue Coq-Héron 3.

LOUISE

ou

LA RÉPARATION,

COMÉDIE-VAUDEVILLE EN DEUX ACTES,

Par MM. SCRIBE, MÉLESVILLE et BAYARD,

Représentée pour la première fois, à Paris, sur le théâtre du Gymnase Dramatique, le 16 novembre 1829.

DISTRIBUTION DE LA PIÈCE :

MADAME BARNECK, veuve d'un riche négociant	Mmes JULIENNE.
LOUISE, sa nièce	LÉONTINE FAY.
M. DE MALZEN, jeune baron	MM. PAUL.
SALSBACH, avocat	NUMA.
FRITZ, domestique de madame Barneck	BORDIER.
SIDLER, ami de Malzen	BERCOUR.
PLUSIEURS JEUNES GENS, AMIS DE MALZEN.	
DAMES INVITÉES A LA NOCE.	

La scène se passe dans le grand-duché de Bade.

ACTE PREMIER.

Le théâtre représente un salon de la maison de madame Barneck. Porte au fond, portes latérales. La porte à gauche de l'acteur est celle de l'appartement de madame Barneck.

SCÈNE I.

MADAME BARNECK, SALSBACH *.

MADAME BARNECK.

Est-il possible? monsieur Salsbach parmi nous ! Je vous croyais à Saint-Pétersbourg.

SALSBACH.

Après deux ans d'absence j'arrive aujourd'hui, ma chère madame Barneck, et viens passer quelques jours avec vous. Je me suis arrêté d'abord à Carlsruhe, pour rendre compte de ma mission à Son Altesse le grand-duc; il était absent; je ne l'ai pas attendu, et ma seconde visite est pour mes anciens amis, mes excellents clients; car c'est votre mari, feu monsieur Barneck, qui m'a lancé dans la carrière. Votre fortune n'en a pas souffert, car si j'ai souvent plaidé pour vous...

MADAME BARNECK.

Nous avons toujours gagné.

SALSBACK.

Je le crois bien; avec vous c'est facile : vous avez de l'argent et de l'obstination; c'est tout ce qu'il faut dans un procès !

MADAME BARNECK.

Moi, de l'obstination !

SALSBACH.

Ou, si vous aimez mieux, du caractère... un caractère noble, généreux et têtu, qui fait que, quand vous avez une idée là, vous aimeriez mieux ruiner vous et les vôtres que d'y renoncer un instant. Du reste, la meilleure femme du

---

* Le premier acteur inscrit tient toujours en scène la gauche du spectateur.

monde, qui mettez à obliger les gens la même ténacité qu'à leur nuire, et dont la bourse est toujours ouverte à l'amitié. J'en sais quelque chose, et les malheureux du pays encore plus que moi.

MADAME BARNECK.

Monsieur Salsbach...

SALSBACH.

J'espère, du reste, que vos affaires, votre famille, tout cela va bien?

MADAME BARNECK.

A merveille!... Et vous, votre négociation?

SALSBACH.

Un plein succès!... Nos voisins allaient obtenir à notre détriment un traité de commerce fort désavantageux pour nos mines de Badenville et nos vignobles du Rhin; on ne savait comment l'empêcher...

AIR *du Piége.*

Il nous fallait, pour réussir
Dans ces affaires délicates,
Des gens qui pussent parvenir,
Esprits fins, adroits diplomates,
Hommes de génie, à peu près...
Mais, dans notre diplomatie,
Les hommes ne manquent jamais...
Il ne manque que du génie.

Alors notre excellent prince a pensé à moi. Il s'est dit : « Puisqu'il ne s'agit que d'embrouiller l'affaire, j'ai là le premier avocat de Carlsruhe, monsieur Salsbach, que je vais leur adjoindre! » Et il a eu raison, tout a réussi au gré de ses désirs; aussi j'espère bien que le grand-duc saura reconnaître mes services, et avant de quitter Carlsruhe, je lui laisse ma demande. Je sollicite, vous savez, ce qui a toujours été l'objet de mes désirs, de mon ambition : des lettres de noblesse.

MADAME BARNECK.

Des lettres de noblesse!

SALSBACH.

Pourquoi pas?... Vous qui vous êtes enrichie dans le commerce, qui avez des millions, qui êtes la première bourgeoise de la ville, vous n'aimez pas les grands seigneurs ni la noblesse; tous les industriels en disent autant et demandent des cordons; mais moi, c'est différent; le titre de conseiller ou de baron fait bien pour les clients, cela les fait payer double, et rien que ce mot de... de Salsbach, mis au bas d'une consultation... Savez-vous ce que cela fera?

MADAME BARNECK.

Cela allongera vos plaidoyers, et voilà tout.

SALSBACH.

Allons! nous voilà déjà en querelle.

MADAME BARNECK.

Certainement! Je ne trouve rien de plus ridicule que les gens qui achètent la noblesse.

SALSBACH.

Ne disputons pas là-dessus, surtout un jour d'arrivée, et daignez plutôt me présenter à votre aimable nièce, à votre fille d'adoption, la petite Louise, qui, depuis trois ans, doit être bien embellie.

MADAME BARNECK.

Grâce au ciel!

SALSBACH.

Je me rappelle les soins que vous preniez de son éducation; vous ne la quittiez pas d'un instant; et vu que c'est votre seule parente, celle-là peut se vanter d'avoir un jour une belle fortune.

AIR : *On dit que je suis sans malice.*

Que son sort est digne d'envie!
Être à la fois riche et jolie,
C'est trop pour un seul prétendant;
De nos jours on n'en veut pas tant.
L'un la prendrait pour sa richesse,
Un autre pour sa gentillesse;
Ce qu'elle a pour faire un heureux
Suffirait pour en faire deux.

Aussi, quand elle se mariera...

MADAME BARNECK, lui prenant la main, d'un ton solennel.

Elle se marie aujourd'hui, mon cher monsieur Salsbach.

SALSBACH.

Qu'est-ce que vous m'apprenez là?

MADAME BARNECK, de même.

Dans une heure.

SALSBACH.

Et vous ne me le disiez pas! et j'arrive exprès pour cela!... J'espère, par exemple, que vous avez jeté les yeux sur ce qu'il y a de mieux... que son époux est jeune, aimable et bien fait?

MADAME BARNECK.

Je ne sais... on le dit.

SALSBACH.

Comment! vous qui aimiez tant votre nièce, qui deviez être si difficile sur le choix de son mari, vous ne le connaissez pas!

MADAME BARNECK.

Je l'ai vu une fois, mais j'aurais peine à me le rappeler.

SALSBACH.

Cependant, quand il venait faire sa cour à votre nièce...

MADAME BARNECK, s'animant.

Lui, venir ici! lui, mettre les pieds chez moi! Si cela lui était arrivé!... s'il avait osé!

SALSBACH.

Eh! mon Dieu! qu'est-ce que cela veut dire?

MADAME BARNECK.

Ah! mon cher monsieur Salsbach, pourquoi étiez-vous absent? C'est dans une pareille affaire que vos conseils et votre expérience m'auraient été bien utiles.

SALSBACH.
Parlez, de grâce.

MADAME BARNECK.
Chut... un de nos gens! Pas un mot devant lui.

SCÈNE II.
LES PRÉCÉDENTS, FRITZ *.

FRITZ.
Pardon, madame, si j'entre comme cela.

SALSBACH.
Eh! c'est Fritz, votre garde-chasse.

FRITZ.
Salut, monsieur Salsbach... Vous vous portez bien tout de même?

SALSBACH.
Ah! tu me reconnais?

FRITZ.
Parbleu! c'est vous qui avez fait mon mariage, et, mieux que cela, c'est vous qui avez fait mon divorce: ce sont des choses qui ne s'oublient pas. Ce bon monsieur Salsbach!

SALSBACH.
Tu me parais engraissé.

FRITZ.
Dame! le calme et la tranquillité... C'est-à-dire, pour le moment, je viens d'avoir une révolution, vu que le futur pour qui j'avais une commission de madame m'a reçu sa cravache à la main.

SALSBACH.
Hein?

MADAME BARNECK.
Est-ce qu'il t'a frappé?

FRITZ.
Je ne crois pas, mais c'en était bien près... Il gesticulait, en marchant dans sa cour de Malzen...

SALSBACH.
De Malzen! Comment! ce serait ce jeune baron de Malzen, dont le père, ancien ministre du prince, se croit le premier gentilhomme de l'Allemagne?

MADAME BARNECK.
Lui-même.

FRITZ.
J'allais donc le prévenir, de la part de madame, que la cérémonie était pour quatre heures, et qu'il eût à se trouver ici, au château d'Ober-Farhen, pour y recevoir la bénédiction nuptiale, comme le jugement l'y condamne.

SALSBACH.
Le jugement!

FRITZ.
Ah! dame... il avait l'air vexé.

* Fritz, madame Barneck, Salsbach.

MADAME BARNECK.
Vraiment!

FRITZ.
Ça faisait plaisir à voir ; il se mordait les lèvres en disant : « Je le sais, j'ai reçu l'assignation ; mais ta maîtresse est bien pressée. — Oh! que je lui ai dit d'un petit air en dessous, elle ne s'en soucie pas plus que votre seigneurie ; mais quand il y a jugement, faut obéir à la loi. »

MADAME BARNECK.
Très bien.

SALSBACH.
Si j'y comprends un mot!...

FRITZ.
Ça l'a piqué ; il s'est avancé, je crois, pour me payer ma commission, et comme madame m'avait défendu de rien recevoir, je lui ai tourné le dos... au galop.

MADAME BARNECK.
Et tu as bien fait. Va, mon garçon, je suis contente. Va voir si tout est disposé dans la chapelle, et fais dresser la table pour le souper.

FRITZ.
Oui, madame... et je souperai aussi.

(Fritz sort par le fond ; Salsbach le reconduit, et en descendant le théâtre il se trouve à la droite de madame Barneck.)

SCÈNE III.
SALSBACH, MADAME BARNECK.

SALSBACH.
L'ai-je bien entendu!... un mariage par arrêt de la cour!

MADAME BARNECK.
Eh bien! oui, c'est la vérité. Vous savez que, quand je plaide une fois, j'y mets du caractère, et j'aurais dépensé un million en assignations plutôt que de ne pas obtenir la réparation qu'il devait à notre famille.

SALSBACH.
J'entends... Ces jeunes nobles se croient tout permis... et le baron de Malzen aura tenté de séduire Louise?

MADAME BARNECK.
La séduire...

AIR : *Un jeune page aimait Adèle.*
Que dites-vous? Dans mon expérience
N'a-t-elle pas un modèle, un soutien?
Oui, de son cœur, où règne l'innocence,
Je vous réponds, monsieur, comme du mien.
Aussi, malgré tout l'amour qu'elle inspire,
Le plus hardi n'eût osé s'avancer,
Car, pour tenter de la séduire,
C'était par moi qu'il fallait commencer.

La pauvre enfant, grâce au ciel! n'a rien à se reprocher... et elle me disait hier encore, en caressant le petit Alfred, son fils...

SALSBACH.
O ciel! vous seriez grand'tante!
MADAME BARNECK.
D'un enfant beau comme le jour.
SALSBACH.
Miséricorde! voilà du nouveau.
MADAME BARNECK.
Un enfant dont je raffole... je ne peux pas vivre sans lui. C'est moi, monsieur, qui suis sa marraine.
SALSBACH.
J'y suis; vous êtes si bonne, si indulgente... vous avez pardonné à votre nièce.
MADAME BARNECK.
Lui pardonner! Eh quoi donc! est-ce sa faute si le baptême est venu avant les fiançailles? Est-ce sa faute si un rapt, un enlèvement?... Ne parlons pas de cela, car je me mettrais en colère, et depuis trois ans je ne fais pas autre chose. Je serais morte de chagrin sans le désir d'obtenir justice et de désoler ces grands seigneurs, ces barons que je ne puis souffrir. Il n'y avait que cela qui me soutenait... Je me suis d'abord adressée à l'ancien ministre, au vieux Malzen.
SALSBACH.
C'était bien, c'était la marche à suivre.
MADAME BARNECK.
Croiriez-vous qu'il a eu l'audace de me répondre, en l'absence de son fils qui voyageait alors en Italie, que, si réellement le jeune homme s'était oublié avec une petite bourgeoise, il ne se refuserait pas à payer des dommages, et la pension d'usage?
SALSBACH, avec colère.
Une pension! des dommages-intérêts! pour réparer...
MADAME BARNECK, vivement.
Oui, monsieur, ce qui est irréparable... Je répondis que les Barneck, enrichis par le travail et le commerce, valaient un peu mieux que les Malzen, barons ruinés par l'orgueil et la paresse.
SALSBACH.
A la bonne heure!
MADAME BARNECK.
Que c'était moi qui croirais me mésallier en faisant un pareil mariage, mais que je voulais qu'il eût lieu pour rendre l'honneur à ma nièce, un rang à son fils... car je veux que mon filleul soit baron... Ce cher enfant, il le sera!
SALSBACH.
Vous qui ne les aimez pas?
MADAME BARNECK.
Ah! dans ma famille... c'est différent!
SALSBACH.
Et monsieur de Malzen...
MADAME BARNECK.
Se permit de m'envoyer promener.
SALSBACH.
L'insolent!

MADAME BARNECK.
Moi, je menaçai d'un procès.
SALSBACH.
Il fallait commencer par là. Un procès! et je n'y étais pas!... Comme je l'aurais mené!... j'y aurais mangé sa fortune et la vôtre.
MADAME BARNECK, lui prenant la main.
Ah! mon ami!
SALSBACH.
Voilà comme je suis; c'est dans ces cas-là qu'on se retrouve.
MADAME BARNECK.
En votre absence je fis marcher les huissiers; on plaida, et en moins d'un an je gagnai en deux instances.
SALSBACH.
Bravo!... Je n'aurais pas mieux fait.

AIR : *Un homme pour faire un tableau.*
Le bon droit enfin l'emporta?
MADAME BARNECK.
Mais, par une chance fatale,
Le vieux baron nous échappa :
Il était mort dans l'intervalle.
J'ai toujours, je le connaissais,
Des soupçons sur sa fin précoce,
Et je crois qu'il est mort exprès
Pour ne point paraître à la noce.

SALSBACH.
Mais son fils?
MADAME BARNECK.
Son fils, revenu depuis peu de ses voyages, doit se présenter aujourd'hui pour exécuter la sentence.
SALSBACH.
Il paraît que ce n'est pas de trop bonne grâce.
MADAME BARNECK.
Oh! vous n'avez pas d'idée de tout ce qu'il a fait pour nous échapper... jusqu'à nous menacer de se brûler la cervelle.
SALSBACH.
Vraiment!
MADAME BARNECK.
Toutes les chicanes possibles! Mais il n'y a pas moyen pour lui de se soustraire ni à l'arrêt ni à la noce; car, grâce au ciel, il y est contraint... et par corps.
SALSBACH.
C'est bien.
MADAME BARNECK.
Je n'ai pas besoin de vous dire que le procès a été jugé à huis clos, et que, dans l'intérêt de ma nièce, je n'ai pas laissé ébruiter l'affaire. Une seule chose me contrarie, c'est l'indifférence de Louise; elle ne sent pas comme nous le plaisir de la vengeance. Vous ne croiriez pas que ce matin elle ne voulait pas entendre parler de ce mariage; et voyez où nous en serions si le refus venait d'elle! Heureusement que vous voici, et je compte sur vous pour la décider à être baronne.

SALSBACH.
Soyez tranquille.

MADAME BARNECK.
Mais j'entends déjà les voitures... sans doute nos jeunes gens !... Bravo ! courons à ma toilette !

SALSBACH.
Comment ! du monde ?

MADAME BARNECK.
Eh ! oui... Vous ne savez pas : monsieur de Malzen avait demandé, pour se sauver une humiliation, que le mariage se fît sans bruit, sans témoins.

Air *de ma Tante Aurore.*

Mais je ne lui fais pas de grâce ;
Il craint l'éclat, et, sans façons,
Moi, j'ai fait inviter en masse
Tous les nobles des environs.
Quel dépit quand on va lui faire
Des compliments à l'étourdir !
Et puis au bal quelle colère !
Avec lui je prétends l'ouvrir...

SALSBACH.
Vous danserez ?

MADAME BARNECK.
Ah ! quel plaisir !
A quinze ans je crois revenir...
La vengeance fait rajeunir.
Ah ! quel plaisir !

(Elle rentre dans son appartement.)

SALSBACH.
Elle en perdra la tête, c'est sûr !... Quant à sa nièce, je vais...

SCÈNE IV.

SALSBACH, SIDLER, PLUSIEURS JEUNES GENS en toilette.

LE CHŒUR.

Air : *Au lever de la mariée.*

Dès qu'un ami nous appelle,
Nous accourons à sa voix,
Prêts à célébrer la belle
Qui l'enchaîne sous ses lois.
C'est à l'amitié fidèle
De célébrer à la fois
L'amour, l'hymen et ses lois.

SALSBACH.
Ma chère cliente avait raison : ce sont tous les gentilshommes des environs.

SIDLER.
Monsieur, nous avons l'honneur... (bas aux autres.) Figure respectable, air gauche... S'il y a un père, c'est lui... (haut.) Nous nous rendons à l'aimable invitation de notre ami Malzen, qui, à ce qu'il paraît, n'est pas encore arrivé.

SALSBACH, froidement.
Non, messieurs. Vous êtes plus pressés que lui.

SIDLER.
Il est vrai que nous sommes venus si vite, et il fait une chaleur... (bas aux jeunes gens.) Il me semble qu'il pourrait nous offrir des rafraîchissements, ou du moins un siége. (haut à Salsbach.) Monsieur est un parent de la mariée ?

SALSBACH, froidement.
Non, monsieur... un ami.

SIDLER.
Chargé peut-être de nous faire les honneurs ?

SALSBACH.
Je ne suis chargé de rien.

SIDLER.
Je m'en doutais... Il est impossible alors de remplir avec plus d'exactitude et de fidélité les fonctions que vous vous êtes réservées.

SALSBACH.

Air *des Amazones.*

Le fat !... J'étouffe de colère.

SIDLER, en riant, à ses amis.
Que dites-vous du compliment ?

SALSBACH.
Mais attendons... J'aurai bientôt, j'espère,
Comme eux, droit d'être impertinent.
Depuis longtemps ils l'ont par leur naissance ;
Mais qu'un jour je l'aie obtenu...
Plus qu'eux encor j'aurai de l'insolence,
Pour réparer du moins le temps perdu.

(Salsbach passe à la gauche, Sidler et les jeunes gens à droite.)

SIDLER, qui pendant ce temps s'est rapproché de la porte du fond.
Mes amis, mes amis ! j'aperçois le marié... il entre dans la cour.

TOUS.
Est-il bien beau ?

SIDLER.
Non, vraiment : en bottes, en éperons, costume de cheval. Singulier habit de noce ! Mais il paraît qu'ici (regardant Salsbach.) tout est original.

SALSBACH, à part.
Encore, morbleu ! Allons trouver Louise et faire prévenir la tante de l'arrivée de son estimable neveu.

(Il entre dans l'appartement de madame Barneck.)

SIDLER.
Allons, messieurs, le compliment d'usage au marié.

SCÈNE V.

LES PRÉCÉDENTS, MALZEN, entrant ; SIDLER et les autres l'entourant[*].

REPRISE DU CHŒUR.

Dès qu'un ami nous appelle,
Nous accourons à sa voix,

[*] Sidler, Malzen.

Prêts à célébrer la belle
Qui l'enchaîne sous ses lois.
C'est à l'amitié fidèle
A célébrer à la fois
L'amour, l'hymen et ses lois.

MALZEN.

Que vois-je! Comment! vous êtes ici? Qui vous y amène?

SIDLER.

Et lui aussi! C'est aimable. Il paraît que c'est le jour aux réceptions gracieuses. Ingrat! nous venons assister à ton bonheur.

MALZEN, à part.

Que le diable les emporte! (haut.) Je suis bien reconnaissant; mais, de grâce, qui a daigné vous prévenir?

SIDLER, lui présentant une lettre.

Toi-même. Vois plutôt la circulaire de rigueur.

MALZEN, prenant la lettre.

Hein! plaît-il? (la parcourant des yeux.) « Le baron de Malzen vous prie de lui faire l'honneur... » et cœtera. Allons! encore un tour de cette vieille folle. Décidément c'est une guerre à mort.

SIDLER.

Est-ce que ce n'est pas toi qui nous as invités?

MALZEN.

Je m'en serais bien gardé; non pas que je ne sois charmé... mais dans la position où je me trouve...

SIDLER.

Je me doutais bien qu'il y avait quelque chose... Tu n'es pas très bien avec la famille?

MALZEN.

On ne peut pas plus mal.

SIDLER.

Je comprends... La jeune personne... une passion...

MALZEN.

Du tout; elle ne peut pas me souffrir.

SIDLER.

Bah! alors c'est donc toi...

MALZEN.

Je la déteste.

SIDLER.

J'y suis : c'est tout-à-fait un mariage de convenance.

MALZEN.

Il n'y en a aucune.

SIDLER.

Et tu l'épouses?

MALZEN.

Peut-être.

SIDLER.

Ah! çà... mais, à moins d'y être condamné...

MALZEN.

Précisément, je le suis.

TOUS.

Que dis-tu?

SIDLER.

Oh! pour le coup, je m'y perds; explique-toi.

MALZEN.

C'est bien l'aventure la plus maussade et la plus comique en même temps; car si elle était arrivée à l'un de vous, j'en rirais de bon cœur, parce qu'au fond le malheur ne me rend pas injuste. Au fait, le commencement était assez agréable : une jeune fille, jolie et fraîche comme les amours; seize ans au plus, simple comme au village; du moins je le croyais, car maintenant je suis sûr que j'avais affaire à la coquette la plus adroite!... C'était dans un bal! Eh! mais, Sidler, tu y étais aussi; il y a trois ans?

SIDLER.

Chez le grand bailli? Pardieu! je m'en souviens; je faillis étouffer quand le feu prit à la salle; tout le monde courait.

MALZEN.

C'est cela. Tremblant pour les jours de ma jolie danseuse, je l'enlevai dans mes bras et la portai au bout du jardin, dans un pavillon isolé, où, vu la distance, il était impossible que le feu arrivât. Mais je n'avais pas prévu un autre danger; la petite s'était évanouie pendant le trajet; j'étais fort embarrassé pour avoir du secours; je n'osais la quitter. (souriant.) Et puis, entre nous, j'ai le malheur de ne pas croire aux évanouissements! Bref, je ne sais, mais je n'appelai personne; et enfin, c'est trois mois après, lorsque j'étais au fond de l'Italie, que j'apprends qu'on me suscite le procès le plus ridicule...

SIDLER.

C'est drôle, cette histoire-là; tu aurais dû nous l'écrire.

MALZEN.

Oui; autant la mettre dans la gazette! Et puis cela a été si vite... Se trouver tout de suite époux et père... par arrêt de la cour... et avec dépens!

Air de l'Artiste.

D'un fils on me menace :
J'ignorais qu'il fût né;
Et, père contumace,
Me voilà condamné.
J'arrive par prudence,
Et sans retard aucun,
De peur que mon absence
Ne m'en coûte encore un.

SIDLER.

C'est donc une famille qui a du crédit, une famille noble?

MALZEN.

Eh! non, de la bonne bourgeoisie, et voilà tout.

SIDLER.

Il fallait en appeler.

MALZEN.

Nous n'y avons pas manqué, et nous avons encore perdu.

ACTE I, SCÈNE V.

SIDLER.
C'est une horreur, mais cela ne me surprend pas; la justice à présent est si bourgeoise; elle est pour tout le monde ! Mais elle a beau faire, nous sommes au-dessus d'elle; et à ta place...

MALZEN.
Qu'est-ce que tu ferais ?

SIDLER.
Je m'en irais, je me moquerais de l'arrêt.
(Les jeunes gens remontent la scène; Malzen et Sidler seuls se trouvent sur le devant.)

MALZEN.
Et si je ne l'exécute pas, je suis privé de mon grade, déshonoré; je ne peux plus servir, ma carrière est perdue.

SIDLER.
Il fallait alors t'adresser au prince, dont ton père a été ministre ; il t'aime, et si tu lui présentais requête...

MALZEN.
C'est ce que j'ai fait inutilement. Hier encore je lui en ai adressé une nouvelle ; la réponse n'arrive pas, l'heure s'avance, et, pour la mémoire de mon père, pour ma propre dignité, il ne me reste plus qu'un moyen que j'aurais dû peut-être tenter plus tôt... Chut! (regardant par la porte à gauche.) Quelqu'un paraît au bout de cette galerie.

SIDLER.
Est-ce la mariée ?

MALZEN.
Eh ! non, c'est la tante.

SIDLER.
Dieu ! quelle toilette !

MALZEN.
Et quel port majestueux ! un vrai portrait de famille! Décidément il n'est pas permis d'avoir une tante comme ça. Laissez-moi, j'ai à lui parler.

SIDLER.
Veux-tu que nous restions là pour te soutenir ?

MALZEN.
Du tout.

SIDLER.
Mais tu ne seras pas en force.

MALZEN.
AIR du Siége de Corinthe.
Laissez-moi seul avec ma tante.

SIDLER.
Vous laisser ainsi tous les deux !
Avec femme si séduisante,
Le tête-à-tête est dangereux.
Si dans tes bras en pâmoison soudaine
Comme sa nièce elle allait se trouver!
Crains sa faiblesse.

MALZEN.
Ah ! crains plutôt la mienne :
Je ne pourrais à coup sûr l'enlever.

ENSEMBLE.
Oui, morbleu ! je brave la tante !
Laissez-nous ici tous les deux ;
L'entretien qui vous épouvante
N'a rien pour moi de dangereux.

SIDLER et LE CHŒUR.
Allons, puisqu'il brave la tante,
Laissons-les ici tous les deux ;
Mais pour lui cela m'épouvante ;
Le tête-à-tête est dangereux.

(Sidler et les jeunes gens entrent dans l'appartement à droite.)

SCÈNE VI.

MALZEN, MADAME BARNECK, en grande parure.

MADAME BARNECK.
Monsieur, on me prévient à l'instant.

MALZEN.
Madame, vous voyez un ennemi que le sort des armes n'a pas favorisé et qui se rend à l'invitation que vous avez eu la bonté de lui faire signifier.

MADAME BARNECK.
C'est un peu tard, monsieur le baron ; mais quand on y met autant de grâce et de bonne volonté... (à part.) Il étouffe... Oh ! que cela fait de bien !

MALZEN.
J'aurais pourtant quelques reproches à vous faire.

AIR du premier Prix
Pourquoi ces gens, cet étalage ?
Nous étions convenus...

MADAME BARNECK.
Pardon,
Vous savez qu'en un mariage...

MALZEN.
Ah ! ne lui donnez pas ce nom.
C'est un combat, c'est une guerre.

MADAME BARNECK.
Rendez alors grâce à mes soins ;
Car dans un combat, d'ordinaire,
Vous savez qu'il faut des témoins.

Tout est prêt, monsieur, et si vous voulez me suivre...

MALZEN.
Permettez, madame ; je désirerais avant tout un moment d'entretien.

MADAME BARNECK.
Comme ce n'est pas moi qui suis la fiancée, je vais faire appeler ma nièce, (appuyant.) madame la baronne de Malzen.

MALZEN.
La baronne ! (froidement.) Non, madame, la présence de mademoiselle votre nièce est inutile ; c'est avec vous seule que je veux causer un instant si vous consentez à m'entendre.

MADAME BARNECK.

Oui, monsieur, avec calme et sans vous interrompre : dût-il m'en coûter, je vous le promets.

(Ils s'asseyent.)

MALZEN, après un court silence.

Ce qui s'est passé, madame, a pu vous donner de moi une opinion assez défavorable; mais j'ose croire que, lorsque vous me connaîtrez, vous me jugerez mieux. J'ai eu des torts, j'en conviens, et je ne les ai que trop expiés. C'est votre obstination qui a causé la mort de mon père.

MADAME BARNECK.

Quoi, monsieur?...

MALZEN.

Oui, madame, voilà ce que je ne pardonnerai jamais. Jugez alors si je puis entrer dans votre famille et si ce mariage n'est pas impossible.

MADAME BARNECK.

Impossible, monsieur ! Si c'est pour cela...

MALZEN.

Ah ! madame, vous m'avez promis de ne pas m'interrompre. Oui, un mariage impossible, car il ferait mon malheur, celui de votre nièce; et vous ne voudriez pas la punir aussi en la forçant à épouser quelqu'un qu'elle n'aime point et qui n'aura jamais d'amour pour elle.

MADAME BARNECK.

S'il y avait eu d'autres moyens...

MALZEN.

Il en est un, madame. Je vous dois un aveu, et je le ferai, quelque pénible qu'il puisse être pour moi. Vous me croyez riche, vous vous trompez ; je ne le suis pas. Mon père ne m'a rien laissé que son nom et ses titres. Tout ce que je puis donc faire pour réparer mes torts, c'est de reconnaître mon fils, de lui donner ce nom, ces titres, désormais mon seul bien, et, pour que vous soyez sûre que personne au monde ne pourra les lui disputer, je promets dès aujourd'hui de ne jamais me marier, de renoncer à toute alliance, et je suis prêt à en donner toutes les garanties que vous désirerez.

Air *du Baiser au porteur.*

Ma parole n'est pas trompeuse,
Je vous le jure sur l'honneur !
Que votre nièce soit heureuse;
Pour moi, je renonce au bonheur.
Ainsi, madame, et sans vaine chicane,
Mon crime peut être effacé,
Et l'avenir auquel je me condamne
Expira les torts du passé.

Voilà, madame, la satisfaction que je vous offre.

MADAME BARNECK, se levant.

Et moi, monsieur, je la refuse.

MALZEN, se levant.

Madame...

MADAME BARNECK.

Mais, monsieur, la famille Barneck est riche, très riche. Ce n'est ni la fortune ni le titre d'un baron qui peut la satisfaire dans son honneur; il lui faut mieux que cela.

MALZEN.

Oui, le baron lui-même.

MADAME BARNECK.

Un bon mariage bien public, bien solennel.

MALZEN.

Un mariage, toujours ce maudit mariage !

MADAME BARNECK.

Et il se fera aujourd'hui, dans une heure.

MALZEN.

Mais je vous répète que je n'aime point votre nièce.

MADAME BARNECK.

Quand on se marie à l'amiable, cela peut être nécessaire, mais dans les mariages par arrêt de la cour, on peut s'en passer.

MALZEN.

Eh bien! madame, apprenez donc la vérité : je l'abhorre, je la déteste.

MADAME BARNECK.

Nous en avons autant à vous offrir. Mais quand la loi est là, il faut bien s'y soumettre.

MALZEN.

C'est ce que nous verrons.

MADAME BARNECK.

L'arrêt vous condamne à épouser... et vous épouserez.

MALZEN, hors de lui.

Plutôt vous épouser vous-même !

MADAME BARNECK.

Eh ! mais, s'il y avait jugement, il le faudrait bien.

MALZEN.

Je ne sais où j'en suis, et je serai capable de tout. Eh bien ! madame, puisque votre absurde tyrannie m'y contraint, il faudra bien devenir votre neveu ; mais je vous préviens qu'aujourd'hui même, aussitôt le mariage célébré, je forme la demande en séparation.

MADAME BARNECK.

La nôtre est déjà prête. La loi permet en pareil cas de se séparer au bout de vingt-quatre heures, et nous comptons bien profiter du bénéfice de la loi.

MALZEN.

Moi aussi.

Air : *Non, non, vous ne partirez pas.*

Ah ! j'y consens, je suis tout prêt.

MADAME BARNECK.

C'est combler mon plus cher souhait.

MALZEN.

D'avance mon cœur s'y soumet.

MADAME BARNECK.

C'est un bonheur.

MALZEN.

C'est un bienfait.

MADAME BARNECK, vivement.

Alors, plus de querelle.

MALZEN, de même.

Car enfin, grâce au sort,
La rencontre est nouvelle;
Nous voilà donc d'accord.

TOUS DEUX, avec ironie.

Toujours d'accord, toujours d'accord.

(à part, avec colère.)

Quel caractère... Ah! c'est trop fort!
Je lui jure une guerre à mort.

ENSEMBLE.

SIDLER et LES AMIS, arrivant.

Qu'avez-vous? quel est ce transport?
Et pourquoi donc crier si fort!
La méthode est vraiment nouvelle;
Mais pourquoi crier si fort
Si vous êtes d'accord?

MADAME BARNECK et MALZEN, criant.

De grâce, calmez ce transport,
Grâce au ciel, nous voilà d'accord.

(à part.)

Ah! de cette injure nouvelle
Je veux me venger encor.
Tous deux être d'accord!
Non, non... c'est une guerre à mort.

SCÈNE VII.

LES PRÉCÉDENTS, SIDLER et SES COMPAGNONS *.

SIDLER.

A merveille! voici que vous vous entendez.

MALZEN.

Joliment!

SIDLER.

Est-ce qu'elle tient toujours à ses idées matrimoniales?

MALZEN.

Plus que jamais.

SIDLER.

Allons! mon cher, il faut se résigner. Je sors du salon, où la mariée vient d'arriver. Vrai, elle n'est pas mal, et, si tu n'y étais pas obligé, je t'en ferais mon compliment.

MALZEN.

Je n'y tiens pas.

SIDLER.

Mais console-toi, nous sommes là. Nous ne sommes pas tes amis pour rien.

MALZEN.

Vous en êtes bien les maîtres. Le ciel m'est témoin que je ne vous empêche pas de m'enlever ma femme.

MADAME BARNECK.

Quelle indignité!

* Malzen, Sidler, madame Barneck.

MALZEN.

Mais je ne vous le conseille pas; car madame vous ferait un procès en dommages et intérêts.

SIDLER, souriant.

Pas possible!

MALZEN.

Et comme aujourd'hui même nous sommes séparés, elle peut vous faire condamner dès demain à épouser en secondes noces.

MADAME BARNECK, prête à s'emporter.

Monsieur... (se retenant.) Mais, vous avez beau faire, vous ne me mettrez pas en colère. Je suis trop heureuse, car vous nous épouserez... oui, vous nous épouserez.

SIDLER.

Voilà bien la femme la plus entêtée...

MALZEN, à part.

Dieux! si ce n'était pas ma tante... si c'était seulement mon oncle! comme je l'aurais déjà fait sauter par la fenêtre. Qui vient là?

SCÈNE VIII.

LES PRÉCÉDENTS, FRITZ *.

FRITZ.

Madame, c'est un courrier à la livrée du prince qui arrive en toute hâte de la part du grand-duc.

MALZEN, à Sidler.

Quel espoir!

MADAME BARNECK, étonnée.

Qu'est-ce que cela veut dire?

FRITZ.

Il apporte deux lettres de Son Altesse; l'une est pour monsieur Salsbach, qui doit être ici...

MADAME BARNECK.

C'est bien! Je me doute de ce que c'est; je la lui remettrai.

FRITZ.

L'autre est adressée à monsieur le baron de Malzen.

MALZEN.

Donne vite. Eh bien! est-ce que tu n'oses pas avancer?

FRITZ.

C'est que je vous vois la même cravache que ce matin.

MALZEN, prenant vivement la lettre.

Eh! donne donc! Dieu soit loué! c'est la lettre que j'attendais, et je triomphe enfin.

MADAME BARNECK.

Que dit-il?

MALZEN, vivement et avec joie.

Oui, madame; j'avais écrit au prince, et lui rappelant les services de mon père et les miens,

* Malzen, Sidler, Fritz, madame Barneck.

je l'avais supplié de refuser son consentement à ce mariage.

MADAME BARNECK.

Vous auriez osé...

MALZEN.

Vous m'aviez fait condamner, je me suis pourvu en grâce.

MADAME BARNECK.

Si un souverain osait commettre une pareille injustice...

MALZEN, qui tout en parlant a décacheté la lettre, vient de jeter les yeux dessus, et fait un mouvement de douleur.

O ciel !

TOUS.

Qu'est-ce donc ?

MALZEN, lisant d'une voix très émue.

«Mon cher Malzen, il y a un pouvoir au-dessus du mien : c'est celui des lois. Elles ont prononcé, je dois me taire, et donner le premier à mes sujets l'exemple du respect qu'on doit à la justice. Votre affectionné maître.» (froissant la lettre avec dépit.) Quelle indignité !

SIDLER.

Quel absolutisme !

MADAME BARNECK.

Ah ! le bon prince ! le grand prince ! le magnanime souverain ! Dès demain j'irai me jeter à ses pieds ; mais aujourd'hui nous devons avant tout songer au mariage, car l'heure est près de sonner. (à Malzen.) Rassurez-vous, monsieur le baron, on vous laissera un instant pour votre toilette ; car je conçois que ce costume...

MALZEN.

Ce costume, madame, je le trouve fort bon, et je n'en changerai rien, absolument rien !

MADAME BARNECK.

A la bonne heure! (à part.) Encore un affront qu'il veut nous faire. Mais c'est égal, on enrage en frac aussi bien qu'en grand uniforme. Et voilà ma vengeance qui arrive, voilà la mariée !

SCÈNE IX.

LES PRÉCÉDENTS, GENS DE LA NOCE, SALSBACH, donnant la main à LOUISE, qui est habillée en mariée. Toute la noce sort de l'appartement de madame Barneck *.

CHŒUR.

AIR : *Enfin il revoit ce séjour* (de Malvina).

Enfin, voici l'heureux moment
Qui tous deux les engage ;
Pour son mari quel sort charmant,
Qu'il doit être content !

* Malzen, Sidler, madame Barneck, Louise, Salsbach.

SALSBACH, bas à Louise.

Eh ! mais, pourquoi donc cet effroi ?
Un peu plus de courage.

MADAME BARNECK, à Louise.

Allons, mon enfant, calme-toi ;
N'es-tu pas près de moi ?

CHŒUR.

Enfin, voici l'heureux moment, etc.

SALSBACH, bas à madame Barneck.

Ce n'est pas sans peine que je l'ai décidée... mais enfin, grâce à mon éloquence...

MADAME BARNECK.

C'est bien (à Louise.) Ne t'avise pas de pleurer ; tu le rendrais trop heureux.

SIDLER, de l'autre côté du théâtre, bas à Malzen.

Quand je te disais qu'elle n'était pas mal, surtout ainsi, les yeux baissés.

MALZEN, la regardant avec dépit.

Laisse-moi donc tranquille ! un petit air hypocrite.

MADAME BARNECK.

Partons ; l'on nous attend dans la chapelle... (bas à Salsbach.) Ayez soin, aussitôt après le mariage, de dresser l'acte de la séparation ; c'est vous que j'en charge.

SALSBACK.

Soyez tranquille.

MADAME BARNECK.

Et puis j'oubliais : une lettre qui vient d'arriver pour vous, de la part du grand-duc.

SALSBACH.

Il serait possible ! une place de conseiller, mes lettres de noblesse...

TOUS.

Partons, partons !

SIDLER, à Salsbach.

Monsieur l'ami de la famille ne vient pas ?

SALSBACH, tenant sa lettre.

Non, je reste.

MALZEN.

Je conçois, quand on n'y est pas condamné.

MADAME BARNECK.

Allons, madame la baronne.

CHŒUR.

Enfin voici l'heureux moment, etc.

(Malzen engage Sidler à donner la main à Louise. Dépit de madame Barneck en voyant sa nièce conduite par Sidler ; Malzen offre la main à madame Barneck. Ils sortent tous par le fond.)

SCÈNE X.

SALSBACH, seul.

Il me tardait qu'ils s'éloignassent ; car devant tout ce monde je n'aurais pas pu être heureux à mon aise. Le cœur me bat en pensant que j'ai là dans ma main mes lettres de noblesse. Qui seraient bien étonnés, s'ils le savaient ? ce sont ce jeunes freluquets de ce matin, ce baron de Malzen, et surtout mon père, le maître d'école, s'il revenait au monde. Le cachet est rompu. C'est sans doute de la chancellerie? Non, de la main même du prince! Des lettres closes! quel honneur! Lisons. « Monsieur, le baron de Malzen a imploré ma protection contre la famille Barneck, dont vous êtes l'ami et le conseil. J'ai dû respecter la justice en refusant mon intervention ; je vois d'ailleurs avec plaisir, dans mes Etats, les alliances des familles riches et des familles nobles ; j'entends donc que ce mariage, devenu nécessaire, ait lieu aujourd'hui même... » (s'interrompant.) C'est aussi notre intention, et Son Altesse sera satisfaite, car, dans ce moment, sans doute, bon gré, mal gré, les époux sont bénis... (continuant.) « Mais je sais que, dans ce cas-là, la loi autorise quelquefois une séparation à laquelle Malzen est décidé à avoir recours... » (s'interrompant.) Il n'est pas le seul, sa femme aussi. (continuant.) « Il y a déjà eu trop de scandale dans cette affaire, cette séparation en serait un nouveau que je veux empêcher, et pour cela je compte sur vous... » (s'interrompant.) Sur moi! (continuant.) « Je suis tellement persuadé que votre intervention et vos soins conciliateurs amèneront cet heureux résultat, que j'ai différé jusque-là de vous accorder ce que vous sollicitez... » (s'interrompant.) Ah! mon Dieu! (continuant.) « Mais, au premier enfant qui naîtra du mariage contracté aujourd'hui, je vous promets cette grâce, que vous méritez du reste à tant de titres, etc., etc., etc. » Qu'est-ce que je viens de lire? et de quelle mission le prince s'avise-t-il de me charger?

AIR : *J'en guette un petit.*

Y pense-t-il ? quelle folie !
Moi qui dois l'exemple au palais,
Il veut que je les concilie
Et que j'accommode un procès.
Cet usage n'est pas des nôtres;
Mais il l'exige... par égard
Arrangeons-le... quitte plus tard
A se rattraper sur les autres.

D'ailleurs mes lettres de noblesse en dépendent. Mais comment désarmer la tante, la plus obstinée des femmes, et rapprocher des jeunes gens qui s'abhorrent, qui se détestent? Un enfant! eh! mais, il y en a un. (relisant la lettre.) « Qui naîtra du mariage contracté aujourd'hui. » C'est clair! celui qui a précédé ne compte pas. Eh! mais, je les entends. C'est toute la noce qui vient.

SCÈNE XI.

SALSBACH, MALZEN, LOUISE, MADAME BARNECK, SIDLER, FRITZ, PAYSANS, GARDES-CHASSE, GENS DE LA NOCE *.

(En entrant Malzen donne la main à Louise ; mais aussitôt madame Barneck les sépare et se met entre eux.)

FINAL.
CHŒUR.

AIR : *Fragment du premier final de la Fiancée.*

Ils sont unis... Ah! quelle ivresse!
Quel doux moment! quel jour heureux!
Qu'à les fêter chacun s'empresse,
Pour leur bonheur formons des vœux !

MADAME BARNECK, radieuse, et bas à Salsbach.

Je triomphe !

MALZEN, avec embarras.

A l'arrêt j'ai souscrit, madame,
Et votre nièce est donc ma femme.

SALSBACH, le regardant.

Pauvre garçon !

MALZEN.

Mais du bienfait
Dont vous avez flatté mon âme
J'ose espérer l'heureux effet.
Pour nous séparer l'acte est prêt.

MADAME BARNECK, vivement.

Moi-même aussi je le réclame.

SALSBACH, à part.

Ah ! diable !

Comme ils y vont !

(haut.)

Mais un moment.

MADAME BARNECK.

On peut signer.

MALZEN.

Dès ce soir.

MADAME BARNECK.

A l'instant.

SALSBACH, passant entre Malzen et madame Barneck.

Non pas, non pas! La loi est formelle ; elle ordonne, qu'avant la séparation, les époux restent au moins vingt-quatre heures ensemble et sous le même toit.

MALZEN.

C'est trop fort.

MADAME BARNECK.

Non, jamais !

SALSBACH.

Aimez-vous mieux que le mariage soit bon et inattaquable ?

MALZEN et MADAME BARNECK **.

Ce serait encore pire.

---

* Salsbach, Louise, madame Barneck, Malzen, Sidler.

** Louise, madame Barneck, Salsbach, Malzen, Sidler.

ENSEMBLE.

MALZEN, à part.

L'aventure est cruelle...
Quoi! j'aurais la douleur
D'habiter près de celle
Qui cause mon malheur?

LE CHŒUR.

L'aventure est nouvelle.
Un autre, plein d'ardeur,
Dans cette loi cruelle
Trouverait le bonheur.

MADAME BARNECK, à part.

L'aventure est cruelle...
Quoi! j'aurais la douleur
De le voir près de celle
Dont il fit le malheur?

SALSBACH, à part.

L'aventure est nouvelle.
J'espère, au fond du cœur,
Que cette loi formelle
Sauvera mon honneur.

MALZEN, avec effort.

Jusqu'à demain puisqu'il nous faut attendre,
Soumettons-nous.

SALSBACH, souriant.

C'est le plus court parti.

MALZEN.

Mais la justice, en m'ordonnant ainsi,
Malgré moi, de rester ici,
A rien de plus ne peut prétendre?

MADAME BARNECK, montrant l'appartement à gauche.

Dans notre appartement, ma nièce, il faut nous rendre.

MALZEN, montrant celui qui est à droite.

Je pense que le mien est de côté-là?

MADAME BARNECK, vivement.

Oui, dans l'aile du nord.

SALSBACH.

L'un ici, l'autre là...
Le moyen qu'ils puissent s'entendre!

ENSEMBLE.

SALSBACH, à part.

Quel doux accord! quel bon ménage!
Comment, hélas! les réunir?
Ah! c'en est fait, je perds courage,
Et comme lui je vais dormir.

MADAME BARNECK.

Par cet affront, par cet outrage,
Il croit peut-être nous punir;
Mais au fond du cœur il enrage,
Et cela double mon plaisir.

MALZEN, à part.

Allons, allons! prenons courage;
Mon supplice est près de finir,
Et de cet indigne esclavage
Je saurai bientôt m'affranchir.

LE CHŒUR.

Ah! quel affront! ah! quel outrage!
Nous qui comptions nous réjouir,
Nous inviter au mariage
Pour nous envoyer tous dormir!

(Madame Barneck emmène Louise dans son appartement. Malzen, Sidler et les jeunes gens sortent du côté opposé. Le reste de la noce sort par le fond.)

ACTE DEUXIÈME.

Le théâtre représente l'appartement de Louise. Au fond, une alcôve; deux portes latérales; celle de droite conduit à l'appartement de la tante; celle de gauche est la porte d'entrée. Au fond, deux croisées avec balcon extérieur. Auprès de la porte, à droite et sur le devant, une table de toilette. Deux flambeaux allumés.

SCÈNE I.

LOUISE, en négligé du matin, assise auprès de la toilette et la tête appuyée sur sa main; SALSBACH, entr'ouvrant la porte à gauche.

SALSBACH.

Peut-on entrer chez la mariée? (Louise ne l'entend pas, il entre, et venant auprès d'elle, il répète encore :) Peut-on entrer chez la mariée?

LOUISE, se levant.

Ah! c'est vous, monsieur Salsbach?

SALSBACH *.

Pardon de me présenter ainsi. Vous n'avez

* Salsbach, Louise.

paru ni au déjeuner ni au dîner; et j'étais impatient de savoir des nouvelles de madame la baronne; car vous voilà baronne maintenant, et la chère tante a beau dire, c'est un titre assez agréable.

LOUISE.

Que l'on ne me donnera plus dès ce soir... je l'espère.

SALSBACH.

Pourquoi donc? c'est indélébile, impérissable; quand on a été baronne, ne fût-ce qu'un quart d'heure, il n'y a plus de raison pour que ça finisse.

ACTE II, SCÈNE I.

LOUISE.
Peu m'importe, je n'y tiens pas, pourvu que la séparation soit prononcée aujourd'hui même.

SALSBACH, à part.
Nous y voilà.

Air d'une Heure de mariage.

A se rapprocher tous les deux
Comment pourrai-je les contraindre ?

LOUISE, l'observant.
Mais vous paraissez soucieux...
Avons-nous quelque obstacle à craindre ?

SALSBACH.
Non, non, madame,
(à part.)
 Aucun encor.

(haut.)
Vous êtes, sans qu'on vous y force,
Tous deux parfaitement d'accord...
C'est ce qu'il faut pour un divorce.

Vous ne l'avez pas vu depuis hier soir ?

LOUISE.
Non, sans doute.

SALSBACH, à part.
Ni moi non plus. (haut.) Je viens de le rencontrer tout à l'heure; il paraît qu'il voudrait vous parler.

LOUISE, effrayée.
A moi !

SALSBACH.
Oui, il m'a chargé de vous demander un moment d'entretien. (à part.) Il se pendrait plutôt que d'y songer.

LOUISE.
Que me dites-vous là? Ah! mon Dieu! cette idée me rend toute tremblante.

SALSBACH.
Eh bien! eh bien! pourquoi donc? Est-ce que je ne suis pas là ? Certainement, je ne vous conseillerai jamais d'aimer votre mari, le ciel m'en préserve! mais cela n'empêche pas de l'écouter, si ce n'est pas pour vous, c'est peut-être pour d'autres, pour le monde, pour l'honneur de la famille.

LOUISE, avec calme et résolution.
Monsieur Salsbach, je n'ai pas votre expérience; je connais peu ce monde dont vous me parlez, et qui m'a punie autrefois de la faute d'un autre. On m'a dit que, pour le satisfaire, il fallait un mariage, une réparation; et quoique j'eusse de la peine à comprendre qu'il fût au pouvoir de quelqu'un que je n'estime pas de me rendre l'honneur, quand c'était lui qui s'était déshonoré... j'ai obéi, j'ai consenti à ce mariage à condition qu'il serait rompu sur-le-champ; et maintenant c'est moi qui crois de ma dignité, de mon honneur, de réclamer cette séparation. Ma tante m'a fait demander pour ce sujet. Monsieur Salsbach, souffrez que je passe chez elle.

(Elle salue et sort.)

SCÈNE II.

SALSBACH, seul.

Et elle aussi qui s'avise maintenant de montrer du caractère ! elle, autrefois si bonne, si douce, si patiente ! Comme le mariage change une jeune personne ! Le mari à gauche, la femme à droite ! joli début pour mes lettres de noblesse ! Ces gens-là cependant étaient faits l'un pour l'autre: même fierté, même obstination, et je suis sûr qu'ils s'aimeraient beaucoup, s'ils ne se détestaient pas ! Voyons, voyons, peut-être qu'en embrouillant l'affaire... Ça m'a réussi quelquefois, et... chut ! voici le mari. Est-ce qu'il aurait changé d'idée ?

SCÈNE III.

SALSBACH, MALZEN, introduit par Fritz.

MALZEN.
C'est vous que je cherchais, monsieur.

SALSBACH, d'un air riant.
Qu'est-ce qu'il y a, mon cher monsieur ?... quelque chose de pressé, à ce qu'il paraît ; car pour venir jusque dans la chambre de la mariée...

MALZEN.
Ah! c'est... Pardon, si je l'avais su...

SALSBACH, souriant.
Pourquoi donc ? vous avez bien le droit d'y venir.

MALZEN.
Je n'y resterai pas longtemps ; les vingt-quatre heures expirées, nous n'avons plus qu'à signer la séparation. Ainsi, terminons, je vous prie ; j'ai fait seller mon cheval et je veux partir avant la nuit.

SALSBACH, à part.
Quand je disais qu'il y avait sympathie. (regardant à sa montre. Haut.) Permettez, monsieur, permettez... il s'en faut encore de trois quarts d'heure.

MALZEN, impatienté.
Ah! monsieur!

SALSBACH.
Non pas que nous tenions ; mais il faut au moins le temps de dresser l'acte, de le rédiger.

MALZEN, montrant un papier.
C'est inutile, le voici.

SALSBACH.
Déjà ! très bien, monsieur.
(Il sonne.)

MALZEN.
Que faites-vous ? vous ne lisez pas ?

SALSBACH.

Mon devoir est de le soumettre d'abord à la tante de madame la baronne. (à Fritz qui paraît.) Portez cela à votre maîtresse. (Fritz reçoit le papier et entre chez madame Barneck.) Et maintenant que tout est fini, jeune homme, je ne vois pas pourquoi vous refusez l'entrevue que madame de Malzen vous a fait demander.

MALZEN.

Madame de Malzen?

SALSBACH.

Oui; avant de partir, votre femme veut vous parler... on vous l'a dit?

MALZEN.

Du tout.

SALSBACH.

Eh bien! je vous l'apprends. (à part.) Qu'est-ce que je risque?... ça ne peut pas aller plus mal.

MALZEN.

Me parler! et de quoi?

SALSBACH.

Mais... de vos intérêts communs.

MALZEN, vivement.

Nous n'en aurons jamais.

SALSBACH.

De votre fils... peut-être... car vous n'avez pas oublié, monsieur, que vous avez un enfant? (avec sensibilité.) Un enfant! Savez-vous bien, jeune homme, tout ce que ce mot renferme de sacré, de touchant, quels devoirs il impose!

MALZEN.

Je vous dispense.

SALSBACH.

Et quel bonheur il promettrait à votre vieillesse, surtout si vous en aviez plusieurs, beaucoup même... Le ciel protège les familles nombreuses.

MALZEN, avec impatience.

Il suffit. J'ai pourvu au sort de mon fils autant qu'il était en moi, ainsi cette entrevue est inutile.

SALSBACH, vivement.

Pardonnez-moi, elle est indispensable.

MALZEN.

Monsieur...

SALSBACH.

Et vous êtes trop galant homme.

MALZEN, avec colère.

Eh! morbleu...

SALSBACH.

Justement, voici madame la baronne.

MALZEN, s'arrêtant.

Dieux!

SCÈNE IV.

LES MÊMES, LOUISE*.

LOUISE, apercevant le baron.

Que vois-je!

SALSBACH, à part.

C'est le ciel qui l'envoie.

MALZEN, à part.

Je suis pris! c'était arrangé entre eux.

LOUISE, à Salsbach, bas, d'un ton de reproche.

Ah! monsieur Salsbach!

SALSBACH, bas.

Ce n'est pas ma faute, madame la baronne; j'ai voulu le renvoyer, mais il a tant insisté... Vous aurez plus tôt fait de l'écouter.

LOUISE, de même.

Eh! mon Dieu! Et savez-vous ce qu'il me veut?

SALSBACH, de même.

Non, madame la baronne. (à part.) Il serait bien embarrassé lui-même. (allant à Malzen qui est de l'autre côté.) Je n'ai pas besoin, monsieur, de vous engager à la modération, au calme. (bas à Louise.) Du courage, madame. (à Malzen.) Je vous laisse... (à part, et s'essuyant le front.) Dieux! se donner tant de mal, et pour les enfants des autres! Ils finiront peut-être par s'entendre.

(Il se retire à pas de loup et entre chez madame Barneck.)

SCÈNE V.

LOUISE, MALZEN.

MALZEN, à part.

Voilà bien la plus sotte aventure!... Que peut-elle me vouloir?

LOUISE, à part.

Qu'a-t-il à me dire?

MALZEN, de même.

N'importe, il faut l'entendre.

LOUISE, de même.

Puisqu'on le veut, écoutons-le...

(Moment de silence.)

MALZEN.

Elle a bien de la peine à se décider.

LOUISE.

Comme il se consulte!

MALZEN, à part.

Allons! il faut être généreux et venir à son secours. (haut.) Eh bien! madame, vous avez désiré me parler?

* Louise, Salsbach, Malzen.

ACTE II, SCÈNE V.

LOUISE, étonnée.

Comment! monsieur; il me semble que c'est vous.

MALZEN.

Moi! je n'y pensais pas.

LOUISE, blessée.

Ah! monsieur, ce dernier trait manquait à tous les autres.

MALZEN.

Que voulez-vous dire?

LOUISE, se contraignant.

Rien, monsieur; j'y suis habituée, je ne vous fais aucun reproche. Tout ce que j'ai éprouvé depuis trois ans, tout ce que j'ai souffert par vous, ne me donnait aucun droit à votre affection, je le sais; mais peut-être m'en donnait-il à vos égards.

MALZEN.

Madame...

LOUISE.

AIR : *Pour le chercher je cours en Allemagne.*

Je sais pour moi votre haine profonde,
Mais un seul point me rassurait :
J'ai toujours vu jusqu'ici dans le monde
Que de respects chacun nous entourait.
Ce n'est pas moi plus que toute autre...
Mais, des égards... je croyais, entre nous,
 Qu'une femme... fût-ce la vôtre,
Devait en attendre de vous.

MALZEN, embarrassé.

Je vous jure, madame, que je n'ai jamais eu l'intention de rendre notre position plus pénible; elle l'est déjà bien assez. J'ai cru... on m'avait dit... on m'a trompé, je le vois; et si quelque chose dans mes paroles a pu vous offenser, il faut me le pardonner. (d'une voix émue.) Je suis si malheureux!

LOUISE, baissant les yeux.

Du moins, vous ne l'êtes pas par moi. (Malzen la regarde et baisse les yeux à son tour.) Si l'on m'avait écoutée, croyez, monsieur, ce procès n'aurait jamais eu lieu. Le bruit et l'éclat ne vont pas à une femme, même quand elle a raison; ce qu'elle peut y gagner ne vaut pas ce qu'elle y perd! Mais je n'étais pas la maîtresse; tout ce que j'ai pu faire, c'est que votre sort ne fût pas enchaîné pour longtemps, et, grâce à moi, vous allez être libre.

MALZEN, interdit.

Madame, je dois à mon tour me justifier sur des procédés...

LOUISE.

C'est inutile. Puissiez-vous les oublier, monsieur, comme moi-même je les oublie!

MALZEN, confondu, à part, avec dépit.

Eh bien! j'aimerais mieux la tante et ses emportements que cet air de résignation qui vous met encore plus dans votre tort. (haut.) Permettez-moi seulement, madame, de vous expliquer...

LOUISE, avec émotion.

Oh! non, non, point d'explication, je vous en conjure! Je vous prie seulement d'avoir pitié de moi, de vouloir bien abréger cette entrevue; et s'il est vrai, comme on me l'a assuré, que vous ayez quelque chose à me demander...

MALZEN.

Oui, oui, madame. Avant de m'éloigner, me sera-t-il permis de voir mon fils?

LOUISE.

Je vais donner des ordres; vous le verrez.

MALZEN, troublé.

Un mot encore... Je ne sais comment vous exprimer... je vois que je suis coupable plus que je ne pensais, et j'ai regret maintenant d'avoir envoyé à madame votre tante, avant de vous l'avoir soumis, cet acte qui doit fixer...

LOUISE.

J'étais près d'elle quand on l'a apporté... Je l'ai lu, monsieur.

MALZEN, vivement.

Vous l'avez lu? Je vous demande pardon d'avance pour quelques expressions... Je l'ai fait dans un premier moment... et vous avez dû être choquée...

LOUISE.

Non; mais j'y ai trouvé des choses qui m'ont paru peu convenables, et que je me suis permis de changer.

MALZEN.

AIR : *Je n'ai point vu ce bosquet de lauriers.*

Sans les connaître à l'instant j'y souscris ;
Quoi qu'on ait fait, je l'approuve d'avance.
 (à part.)
Car avec elle, et plus j'y réfléchis,
Je suis honteux de mon impertinence.
 (haut.)
Oui, j'en conviens, injuste en mes dédains,
 Depuis qu'un fatal mariage
 A dû réunir nos destins,
J'eus tous les torts...

LOUISE, avec douceur.

   Et moi tous les chagrins,
Et je préfère mon partage.

MALZEN.

Ah! madame, s'il dépendait de moi...

LOUISE, l'interrompant.

C'est bien, monsieur. J'aperçois votre ami qui, sans doute, vous rapporte cet écrit.

SCÈNE VI.

LES PRÉCÉDENTS, SIDLER, entrant par la gauche*.

SIDLER, sans voir Louise.

Victoire! mon cher baron; voici l'acte bienfaisant...

MALZEN, bas, et lui serrant la main.

Veux-tu te taire!

SIDLER, voyant Louise.

Oh! mille pardons, madame. Je veux dire que voici l'acte douloureux qu'on a cru nécessaire...

LOUISE.

Je vous laisse.

(Elle fait un pas pour sortir.)

SIDLER, l'arrêtant.

Pourquoi donc? Puisque vous voilà réunis, nous pouvons toujours signer **.

MALZEN, regardant l'acte.

Oui; mais je dois d'abord effacer quelques mots... Que vois-je! c'est de votre main, madame?

LOUISE, avec embarras.

Oui, monsieur.

MALZEN, qui a commencé à lire.

O ciel! quoique séparés, vous voulez que la communauté des biens continue?

SIDLER.

Est-il possible?

LOUISE, lui faisant signe de continuer.

Lisez, monsieur; vous verrez que vous ne me devez aucun remercîment: je n'ai rien fait pour vous.

MALZEN, continuant.

« Cette donation, que ma tante approuvera, je l'espère, je la fais, non pour un homme que je n'aime... (hésitant.) ni n'estime, mais pour mon fils seul. Je ne veux pas que celui dont il porte le nom se trouve dans une position indigne de son rang et de sa naissance; je ne veux pas que mon fils puisse me reprocher un jour d'avoir permis que son père connût la gêne et le malheur. »

SIDLER.

Par exemple! voilà une générosité...

MALZEN.

Dites un affront. Non, je n'accepte point, je n'accepterai jamais, et, quelques torts que j'aie eus, madame, je ne mérite pas cet excès d'humiliation et je vous demande en grâce de m'écouter.

* Louise, Malzen, Sidler.
** Malzen, Louise, Sidler.

SCÈNE VII.

LES PRÉCÉDENTS, MADAME BARNECK, donnant la main à SALSBACH*.

MADAME BARNECK, qui a entendu les derniers mots.

Il n'est plus temps, monsieur; l'heure a sonné.

MALZEN.

Comment!

MADAME BARNECK.

Dieu merci! ma nièce est libre, et vous pouvez vous éloigner.

MALZEN.

Pas encore, madame.

MADAME BARNECK.

Qu'est-ce à dire, monsieur? Quand tout est convenu, arrêté, quand la séparation est prononcée?

MALZEN, vivement.

Elle ne l'est pas encore, madame; votre nièce n'a pas signé.

MADAME BARNECK.

Ce sera fait dans l'instant, monsieur. Allons! Louise.

(Elle lui donne la plume.)

SIDLER.

Permettez.

SALSBACH.

Un moment.

MALZEN, à Louise.

Madame, je vous en conjure, au nom du ciel, ne signez pas avant de m'avoir entendu! Je puis me justifier, et...

(Louise signe.)

SALSBACH.

Elle a signé.

MALZEN, accablé.

Ah!...

MADAME BARNECK, présentant la plume à Malzen.

A votre tour, monsieur.

MALZEN prend la plume, garde le silence un instant, puis la jetant avec vivacité, il s'écrie:

Non, madame!

MADAME BARNECK.

Comment?

MALZEN.

Je ne signerai pas.

SIDLER.

Qu'est-ce que tu dis donc?

SALSBACH, à part.

Très bien!

MALZEN.

Non, je ne signerai pas un acte qui me déshonore. Il suffit de lire la clause que votre nièce a ajoutée.

* Louise, madame Barneck, Malzen, Salsbach, Sidler.

MADAME BARNECK.

Je ne la connais pas, monsieur, et je l'approuve d'avance ; la baronne de Malzen ne peut rien vouloir que de juste, d'honorable. Ainsi terminons ce débat et signez sur-le-champ.

MALZEN, hors de lui.

Non, vous dis-je ; mille fois non !

MADAME BARNECK.

On vous y forcera, monsieur.

MALZEN.

C'est ce que nous verrons.

MADAME BARNECK.

Air *du vaudeville de Turenne.*
Les tribunaux décideront l'affaire.

MALZEN.

Vous le voulez? Eh bien ! soit, j'y consens.

MADAME BARNECK.

Nous plaiderons...

SALSBACH.

C'est ce qu'il faut faire.

TOUS.

Nous plaiderons !

SALSBACH, à part.

Quel bonheur je ressens !

(haut.)

Un bon procès !

(à part.)

En voilà pour longtemps !

SIDLER.

C'est son mari !

MADAME BARNECK.

Non pas !

SALSBACH.

La cause est neuve !
Avant qu'un arrêt solennel
Ait décidé ce qu'il est... grâce au ciel !
Elle aura le temps d'être veuve.

LOUISE, tremblante.

Ma tante, je vous en supplie...

MADAME BARNECK, en colère.

C'est qu'on n'a jamais vu un pareil caractère : il a fallu un jugement pour le marier, il en faut un pour le séparer, il en faudrait peut-être... Nous l'obtiendrons, monsieur, nous l'obtiendrons, et dès demain je présenterai requête. (à Salsbach.) Monsieur Salsbach...

SALSBACH, passant auprès de madame Barneck.

Je suis prêt, madame. Mais il y aurait peut-être moyen d'arranger à l'amiable...

MADAME BARNECK.

Du tout ! je veux plaider. Et en attendant j'espère, monsieur, que vous allez vous retirer. Il est nuit... votre cheval est sellé depuis longtemps...

MALZEN.

Il attendra ; car je ne partirai pas sans avoir parlé à ma femme.

MADAME BARNECK.

A votre femme !

SALSBACH.

Votre femme provisoirement, c'est vrai ; mais on verra.

MALZEN.

Tant que durera le procès vous ne pouvez pas empêcher que je ne sois son mari, et j'ai bien le droit...

MADAME BARNECK.

Vous n'en avez aucun.

MALZEN.

Je lui parlerai.

MADAME BARNECK.

Malgré moi ?

MALZEN.

Malgré tout le monde! (s'asseyant.) Je suis ici chez elle, chez moi, dans la chambre de ma femme, et nul pouvoir ne m'en fera sortir.

MADAME BARNECK, s'approchant de Louise, qui a l'air de se trouver mal.

Qu'as-tu donc, Louise ?

Air : *Sortez, sortez* (de la Fiancée).
O ciel ! la pauvre enfant, la force l'abandonne.

MALZEN, courant à elle.

Malheureux que je suis !

MADAME BARNECK.

Sortez, je vous l'ordonne !
Monsieur, voulez-vous dans ces lieux
La voir expirer à vos yeux !...

ENSEMBLE.

Sortez, ou bien j'appellerai.
Il sortira, je l'ai juré !

SALSBACH, à Malzen.

Sortez, mon cher, je vous suivrai ;
Faites les choses de bon gré.

SIDLER.

Sortons, mon cher, et de bon gré ;
C'est moi qui vous consolerai.

MALZEN.

Puisqu'il le faut, j'obéirai,
Mais dans ces lieux je reviendrai.

(Salsbach et Sidler emmènent Malzen.)

SCÈNE VIII.

LOUISE, MADAME BARNECK.

MADAME BARNECK.

« Je reviendrai ! » Qu'il en ait l'audace !

LOUISE.

Comment, ma tante, est-ce que vous croyez...

MADAME BARNECK.

Pure bravade ! Mais n'importe ; je vais donner des ordres pour que l'on veille toute la nuit.

LOUISE.

Ah ! ma tante, quelle scène !

MADAME BARNECK.

Pauvre petite ! J'espère que je me suis bien montrée. C'est d'autant mieux à moi que je ne

3

savais pas trop de quoi il était question ni le motif de sa résistance.

LOUISE.
Je vous l'expliquerai. Mais je dois convenir que c'est d'un honnête homme.

MADAME BARNECK.
Hum! ce n'est pas cela; et j'ai bien une autre idée.

LOUISE.
Quoi donc, ma tante?

MADAME BARNECK.
Une idée qui m'est venue comme un coup de foudre, et qui rendrait notre vengeance complète. As-tu remarqué son trouble, son agitation? S'il s'avisait de t'aimer réellement?

LOUISE, troublée.
Lui!

MADAME BARNECK.
Je donnerais tout au monde pour que ce fût vrai. Quel bonheur de le désoler!

LOUISE.
Je n'y tiens pas.

MADAME BARNECK.
Et tu as tort... Dieu! si c'était de moi qu'il fût amoureux... Adieu, mon enfant. adieu; ne t'inquiète pas, ne le tourmente pas; je me charge du procès, de la séparation; toi, songe seulement qu'il est parti désolé, désespéré. Ah! qu'il est doux de se venger et quelle bonne nuit je vais passer!

(Elle embrasse Louise et rentre chez elle.)

SCÈNE IX.

LOUISE, seule.

En vérité, ma tante a des idées que je ne conçois pas, et ce qu'elle disait tout à l'heure... Cette émotion... c'est singulier; je l'avais remarquée aussi. Mais s'il était vrai... ce serait une raison de plus pour hâter cette séparation. Oui, mon indifférence pour lui est dans ce moment la seule vengeance qui me soit possible. (On frappe doucement à la porte à gauche.) On a frappé à ma porte; qui peut venir au milieu de la nuit? (On frappe un peu plus fort.) Impossible de ne pas répondre. (d'une voix émue.) Qui est là?

SALSBACH, en dehors.
Moi, madame la baronne.

LOUISE.
C'est la voix de Salsbach! Que veut-il?

SALSBACH, à voix basse.
Si vous n'êtes pas couchée, j'ai un mot à vous dire; c'est très pressé.

LOUISE, allant ouvrir.
Ah! mon Dieu! il va réveiller ma tante. Mais taisez-vous donc, monsieur Salsbach; vous faites un tapage...

(Elle lui ouvre.)

SCÈNE X.

SALSBACH, LOUISE.

SALSBACH, entrant.
Pardon; je craignais que vous ne fussiez endormie.

LOUISE.
Qu'y a-t-il donc?

SALSBACH, regardant dans l'appartement.
Madame Barneck est rentrée dans son appartement; tant mieux!

LOUISE.
Mais pourquoi donc ces précautions? qu'avez-vous à me dire?

SALSBACH.
Une chose fort délicate: monsieur de Malzen...

LOUISE.
Eh bien?

SALSBACH.
Vous saurez que je l'avais emmené et reconduit jusqu'à la grande porte qui s'est refermée sur lui.

LOUISE.
Grâce au ciel, le voilà donc sorti!

SALSBACH.
Pas encore.

LOUISE.
Que dites-vous?

SALSBACH.
Je viens de le trouver dans le parc, dont probablement il avait franchi les murs au risque de se casser le cou. Il voulait rester; j'ai répondu; il a répliqué. Je suis avocat, mais il est amoureux; il crie encore plus fort que moi, et comme on pouvait nous entendre, j'ai transigé. Il consentait à s'éloigner, à condition que je me chargerais pour vous d'une lettre qu'il allait écrire.

LOUISE.
J'aurais refusé.

SALSBACH.
Vous aimez donc mieux qu'il passe la nuit dans le parc, sous vos fenêtres? car il y est dans ce moment.

LOUISE.
Monsieur de Malzen!

SALSBACH.
Exposé aux coups des gardes-chasse, qui, la nuit, peuvent le prendre pour un malfaiteur et tirer sur lui.

LOUISE.
O ciel! il valait mieux prendre la lettre.

SALSBACH.
C'est ce que j'ai fait.

ACTE II, SCÈNE X.

Air de *Marianne*.

C'était un parti des plus sages.
Je l'ai vu tracer au crayon
Ce petit mot de quatre pages
Que je vous apporte...

LOUISE, le prenant.

C'est bon!...

SALSBACH, la suivant des yeux.

On la reçoit...
C'est fort adroit;
Par ce moyen
Mes affaires vont bien.

(Louise, sans lire la lettre, la déchire et jette les morceaux à terre.)

Ciel!... sans la lire
On la déchire.
O sort fatal!
Mes affaires vont mal!

LOUISE.

Qu'avez-vous? quel effroi vous presse?

SALSBACH.

Moi... rien...

(à part.)

Hélas! dans ce billet,
Il m'a semblé qu'on déchirait
Mes lettres de noblesse.

(haut.) Quoi! madame, voilà le cas que vous en faites?

LOUISE.

Oui, monsieur.

SALSBACH.

Mais cependant, madame...

LOUISE, sèchement.

Pas un mot de plus. Et maintenant qu'il s'éloigne à l'instant!

SALSBACH.

Je m'en vais lui dire de s'en aller. Pourvu qu'il opère sa retraite sans accident. (Elle fait un mouvement. Il s'arrête.) Vous n'avez rien de plus à m'ordonner?

LOUISE.

Non.

SALSBACH.

Bonsoir, bonsoir, madame la baronne.

LOUISE.

Bonsoir, monsieur Salsbach.

(Il sort.)

SALSBACH, à demi-voix.

Pourvu qu'il opère sa retraite sans accident.

SCÈNE XI.

LOUISE, seule; elle va fermer la porte et pousse le verrou.

Fermons cette porte... Je suis toute tremblante! En vérité, tant d'audace commence à me faire peur. (Elle s'assied auprès de sa toilette.) Et ce monsieur de Malzen... Mais qu'est-ce qu'il a? qu'est-ce qu'il lui prend maintenant? un caprice, l'esprit de contradiction... Grâce au ciel! tout est fini et nous en voilà débarrassés. Il faut tâcher surtout que ma tante ne se doute point de cette dernière extravagance... (regardant à terre.) Et les morceaux de cette lettre que l'on pourrait trouver. (Elle les ramasse et les regarde.) Quatre pages! Monsieur Salsbach a dit vrai... les voilà... Comment m'a-t-il écrit quatre pages? qu'est-ce qu'il a pu me dire, à moi? (Elle lit.) « Louise... » C'est sans façon! m'appeler Louise tout uniment. (lisant avec émotion.) « Louise, vous devez me haïr, et je ne puis vous dire à quel point je me déteste moi-même! Avoir méconnu tant de charmes, tant de vertus! Ma vie entière suffira-t-elle pour expier mes injustices! » (s'interrompant.) Oh! non, sans doute... (lisant.) « J'ai vu notre enfant... Avec quelle émotion, quel bonheur j'ai retrouvé dans ses jeunes traits ceux d'un coupable.. » (s'interrompant.) C'est vrai, il lui ressemble. (Elle lit.) « Les miens finiront, j'espère, par vous paraître moins odieux en regardant souvent votre fils,... Je ne puis exprimer ce que j'éprouve depuis une heure... j'ai mille choses à vous dire... il faut absolument que je vous parle... Je sais qu'il y va de ma vie... mais je brave tout, et dussé-je périr sous vos yeux... » (On entend tirer un coup de fusil dans le jardin.) Qu'entends-je!... Ah! le malheureux! il aura été aperçu!...

(Elle court à la fenêtre à gauche, l'ouvre précipitamment pour voir ce qui se passe et aperçoit Malzen sur le balcon.)

SCÈNE XII.

LOUISE, MALZEN.

LOUISE, reculant et jetant un cri.

Ah!

MALZEN, à voix basse et la main étendue vers elle.

Ne criez pas ou je suis perdu.

LOUISE, tremblante.

Que vois-je?

MALZEN, de même.

J'étais poursuivi par un garde qui a crié: Qui-vive?

LOUISE.

O ciel!

MALZEN.

Ne craignez rien... je me suis bien gardé de répondre... Aussi, me prenant pour un voleur il m'a ajusté; mais, caché par un massif, j'ai eu le temps de m'élancer au treillage de ce balcon.

LOUISE, s'appuyant sur un meuble.

Je me soutiens à peine.

MALZEN.

Calmez-vous.

LOUISE, le regardant.
Ah! mon Dieu!

MALZEN, à la fenêtre à droite et prêtant l'oreille en dehors.
Chut! je vous en prie... On ouvre une fenêtre.

LOUISE, écoutant.
C'est celle de ma tante.

MALZEN, écoutant.
Elle s'inquiète... elle s'informe de ce bruit... On lui répond que c'était une fausse alerte... Très bien... Elle recommande la plus grande surveillance. La fenêtre se referme...

LOUISE.
Je respire.

MALZEN, fermant la fenêtre*.
Tout est tranquille maintenant... (se tournant vers Louise.) Ah! madame! que d'excuses je vous dois! combien je me repens de la frayeur que je vous ai causée!

LOUISE, troublée.
En effet, cette manière d'arriver est si extraordinaire... Mais maintenant, monsieur, qu'allez-vous devenir? J'espère que vous allez repartir sur-le-champ?

MALZEN.
Et par où, madame?

LOUISE.
Mais... par le même chemin.

MALZEN.
Impossible... les gardes-chasse sont là.

Air : *Pour le chercher je cours en Allemagne.*

Songez qu'on me poursuit encore;
Je ne pourrai, malgré l'obscurité,
Leur échapper; aussi j'implore
Les droits sacrés de l'hospitalité.

LOUISE.
Comment, monsieur...

MALZEN, l'imitant.
Faut-il donc qu'on réclame
De tels bienfaits! Je croyais, entre nous,
Qu'un malheureux, fût-ce un époux, madame,
Devait les attendre de vous.

LOUISE, vivement.
Je ne dis pas non, monsieur; mais vous ne pouvez pas rester là; il faut vous éloigner à l'instant; je l'exige.

MALZEN, allant à la porte à droite.
Peut-être que cette porte...

LOUISE, l'arrêtant.
C'est la chambre de ma tante.

MALZEN.
Ah! diable! (montrant la porte à gauche.) Celle-ci?...

LOUISE.
Oui; elle donne sur l'escalier, et... (Elle se dispose à l'ouvrir et s'arrête en écoutant.) J'entends marcher.

* Malzen, Louise.

FRITZ, en dehors et à voix basse.
Madame la baronne...

LOUISE, bas.
C'est Fritz.

FRITZ, de même.
Ne vous effrayez pas de ce bruit; ce n'est rien. Mais pour que personne ne puisse entrer dans la maison, madame votre tante m'a dit de veiller dans ce collidor. Ainsi, dormez tranquille... j'suis là.

LOUISE.
O mon Dieu! et quel moyen?

MALZEN.
Il n'y en a qu'un, et au risque de ma vie... (courant à la fenêtre à droite.) Cette fenêtre...

LOUISE, l'arrêtant.
O ciel! non, monsieur, je vous en prie! (se reprenant.) Il ne manquerait plus que cela... grand Dieu! quelqu'un que l'on verrait s'échapper de chez moi...
(Elle descend sur le devant du théâtre, à droite.)

MALZEN, allant auprès d'elle et souriant*.
Il n'y aurait que le mari qui pourrait s'en fâcher, et nous sommes sûrs de lui.

LOUISE.
Monsieur...

MALZEN.
Mais vous le voulez, madame, je vous obéis... Je reste.

LOUISE, à part.
Allons... c'est moi maintenant qui l'empêche de s'en aller!
(Elle va s'asseoir auprès de sa toilette.)

MALZEN, regardant autour de lui.
Me voici donc dans votre chambre! dans cette chambre qui devait être la nôtre, et dont je m'étais exilé moi-même... J'y suis près de vous; mais par grâce, comme un banni, un fugitif à qui l'on accorde quelques instants d'hospitalité; et demain...

LOUISE, regardant la pendule.
Ah! demain est loin encore...

MALZEN, faisant quelques pas et s'approchant de Louise.
Moi, je ne me plaindrai pas... le temps ne s'écoulera que trop rapidement.

LOUISE, effrayée.
Monsieur, monsieur... je vous en supplie.

MALZEN, retournant à sa place.
C'est juste... Pardon, madame. C'est bien le moins, puisque vous m'accordez un asile, que je ne sois pas incommode. Soyez tranquille, je ne vous gênerai pas; je me tiendrai là, sur une chaise. Vous permettez, madame?

LOUISE.
Mais il le faut bien, monsieur.

MALZEN.
Que vous êtes bonne! (Il s'assoit. Moment de

* Louise, Malzen.

silence.) Je vous en prie, madame, que je ne vous empêche pas de reposer. Je sens bien que dans notre situation c'est difficile... on dit que les plaideurs ne dorment pas... mais nous pouvons du moins parler de notre procès; car maintenant c'est vous qui voulez plaider, c'est vous qui m'y forcez... et je vous préviens, madame, que je me défendrai avec acharnement, que je ferai toutes les chicanes possibles. Vous ne pouvez pas m'en vouloir.

LOUISE, *le regardant.*

En vérité, monsieur, vous m'étonnez beaucoup. Il me semble que nous avons tout-à-fait changé de rôle, et ce matin encore...

MALZEN, *se levant, et allant auprès de Louise.*

Ne me parlez pas de ce matin, d'hier, de ces deux années... J'étais un insensé, un fou...

LOUISE.

Et maintenant vous vous croyez plus sage?

MALZEN, *se levant.*

Non, mais plus juste, car j'ai appris à vous apprécier... Il est des préjugés que je ne prétends pas défendre, mais que je devais respecter, car c'étaient ceux de ma famille.

AIR *de l'Angélus.*

Mon père dans cette union
Voyait une honte certaine,
Une tache pour notre nom...

LOUISE.

J'entends... et vous avez sans peine
Contre nous partagé sa haine.

MALZEN.

Oui, mon père était tout pour moi...
Et dans mon âme prévenue
J'ai fait comme lui; mais je crois
Qu'il eût bientôt fait comme moi
Si jamais il vous avait vue.

Mais ne vous connaissant point, décidé à vous repousser, la perte de ce procès l'a conduit au tombeau.

LOUISE.

Ciel!...

(*Elle se lève.*)

MALZEN.

Jugez alors des sentiments qui m'animaient pendant ce mariage, jugez si ma haine était légitime! En vous accablant de mes odieux procédés, il me semblait que je vengeais mon père. Un mot de vous a changé toutes mes résolutions, m'a fait connaître l'étendue de mes torts, et je n'ai plus qu'un seul désir, celui de les réparer, d'obtenir mon pardon, et de vous rendre au bonheur.

LOUISE, *avec émotion.*

Au bonheur!... Et qui vous dit, monsieur, qu'il soit encore possible?

MALZEN, *étonné.*

Comment!

LOUISE.

Qui vous dit que cet hymen que vous voulez m'imposer ne soit pas un supplice éternel pour moi?

MALZEN.

Qu'entends-je!

LOUISE.

Savez-vous, lorsqu'un sort fatal m'a fait vous rencontrer, si ma famille n'avait pas déjà disposé de moi?... si moi-même je n'avais pas fait un choix dans lequel j'eusse placé les espérances de toute ma vie? Quel droit aviez-vous de changer ma destinée?... Et pour tant de maux, tant d'offenses, quelle réparation?... Que m'offrez-vous? la main d'un homme que je ne connais pas, qui m'a vouée au mépris, et... que peut-être je devrais haïr.

MALZEN.

O ciel!... Vous en aimeriez un autre!... Il serait vrai!

LOUISE, *froidement.*

De quel droit voulez-vous connaître mes sentiments?

MALZEN.

Ce n'est pas un mari qui vous interroge... Dès ce moment je ne le suis plus; mais parlez, de grâce!

LOUISE, *avec calme.*

Je n'ai, monsieur, nulle réponse à vous faire.

MALZEN.

Ah! votre silence en est une. (*froidement.*) Écoutez, Louise, je vous ai outragée, et pendant trois ans je vous ai rendue bien malheureuse... Mais ce jour seul vient de vous venger!... Oui, soyez satisfaite, et jouissez à votre tour de votre triomphe et de mon tourment... (*avec force.*) Je vous aime!

LOUISE.

Que dites-vous?

MALZEN.

De toutes les forces de mon âme... Depuis que je vous ai vue apparaître à mes yeux comme un ange de bonté, depuis surtout que j'ai embrassé mon fils, je ne puis vous dire quelle révolution s'est opérée en mon cœur! Je ne puis vivre sans vous, et c'est dans ce moment que je vous perds à jamais!... que vous m'abandonnez!... que vous en aimez un autre!...

LOUISE.

Qui vous l'a dit?

MALZEN.

Vous-même... votre silence.

LOUISE.

Pourquoi l'interpréter ainsi?

MALZEN, *avec joie.*

O ciel!... Vous n'aimez personne! vous le jurez!

LOUISE.

Je n'ai pas dit cela non plus.

MALZEN.

Et qui donc serait digne de tant de bonheur? Ah! s'il est dû à celui qui vous aime le mieux, qui plus que moi pourrait y aspirer? Je vous dois mon sang, ma vie entière en expiation de mes fautes, elle se passera à vous adorer, à implorer ma grâce... Et peut-être un jour, convaincue de mon amour, vous consentirez à me pardonner.

LOUISE, troublée.

Air *de Téniers.*

Non, non, monsieur, gardez-vous de le croire;
N'essayez pas de m'attendrir :
Quand de vos torts je perdrais la mémoire,
Ma tante est là, que rien ne peut fléchir.
Elle a promis une haine constante,
Elle a juré sur l'honneur et sa foi
De ne jamais pardonner... et ma tante
Tient ses serments bien mieux que moi.

MALZEN, vivement.

Dieux! qu'entends-je!

LOUISE.

Je n'ai rien dit.

MALZEN, avec chaleur.

Au nom de mon amour, au nom de mon fils, rends-moi un bien qui fut le mien... Oui, Louise, je réclame mes droits... tu es à moi, tu m'appartiens !

LOUISE, lui mettant la main sur la bouche.

Taisez-vous... (tendrement.) Tais-toi, tais-toi, j'entends du bruit.

MALZEN, tombant à ses genoux.

Ah! je suis trop heureux!

SCÈNE XIII.

LES PRÉCÉDENTS, MADAME BARNECK.

LOUISE, à part, et toute troublée.

C'est ma tante! (Malzen est à genoux devant elle. Elle se met devant lui, et le cache avec sa robe.) Quoi ! c'est vous... de si bon matin !

MADAME BARNECK *.

Il est jour depuis longtemps... Et puis, je t'annonce une visite... monsieur le président, dont la terre est voisine de la nôtre. Je l'avais fait prévenir hier soir, et il vient d'arriver.

LOUISE.

Se déranger à une pareille heure!

MADAME BARNECK.

C'est pour lui un plaisir. Il a le fusil sur le dos et rend la justice en allant à la chasse. Viens, on t'attend.

LOUISE.

Et pourquoi ?

MADAME BARNECK.

Pure formalité. Il faut seulement renouveler entre ses mains la déclaration d'hier...

MALZEN, la retenant par sa robe.

Vous n'irez pas.

* Madame Barneck, Louise, Malzen.

MADAME BARNECK.

Et devant témoins, que j'ai choisis et qui nous attendent, monsieur Sidler et monsieur de Salsbach, attester que depuis ta demande en séparation tu n'as pas vu ton mari, ce qui est bien aisé à dire...

LOUISE, dans le demi-trouble.

Oui, ma tante.

MADAME BARNECK.

Que tu ne lui as pas parlé...

LOUISE, de même.

Oui, ma tante.

MADAME BARNECK.

Qu'en un mot il n'y a eu entre vous aucun rapprochement. (Elle s'avance pour emmener Louise, et aperçoit Malzen à genoux, qui, pendant les mots précédents, a pris la main de Louise qu'il presse contre ses lèvres.) Ah! qu'ai-je vu!... Quelle horreur!

LOUISE, voulant la faire taire.

Ma tante! au nom du ciel!...

MADAME BARNECK.

Et les témoins qui arrivent!... (S'élançant vers la porte, au moment où entrent Sidler et Salsbach.) Messieurs, messieurs, on n'entre pas! Je vous défends de regarder.

SCÈNE XIV.

SIDLER, SALSBACH, MADAME BARNECK, LOUISE, MALZEN, PLUSIEURS JEUNES GENS.

ENSEMBLE.

TOUS.

Air *de Léonide.*

Ah! grands dieux!
Dans ces lieux
Quelle vue
Imprévue!
Quoi! tous deux
En ces lieux!
En croirai-je mes yeux?

MALZEN et LOUISE.

Jour heureux
Pour tous deux,
Quelle joie imprévue!
Jour heureux
Pour tous deux,
Il comble enfin nos vœux.

MADAME BARNECK.

De rage et de dépit je tremble.

SALSBACH.

Est-ce donc pour se séparer
Qu'ici nous les trouvons ensemble ?

MADAME BARNECK.

J'en puis à peine respirer.

SALSBACH.

Enfermés dans cette demeure
Depuis hier soir...

MADAME BARNECK.
C'est trop fort ;
Et madame trouvait encor
Que je venais de trop bonne heure.
TOUS.
Ah ! grands dieux ! etc.
MALZEN et LOUISE.
Jour heureux, etc.
SALSBACH.
Ah ! ça, mais que diable voulez-vous que nous attestions ?
MADAME BARNECK, hors d'elle-même.
Vous attesterez... vous attesterez, messieurs, que je suis furieuse, que je bannis monsieur de ma présence... que je ne le recevrai jamais chez moi.
(Malzen passe auprès de madame Barneck.)
LOUISE.
O ciel !
MADAME BARNECK.
Et que vous, ma nièce, qui me devez tout, vous avez juré de ne jamais me quitter.
LOUISE, baissant les yeux.
Il est vrai.
MALZEN.
Croyez, madame, que mon plus cher désir serait de voir confirmé par vous le pardon que j'ai obtenu de Louise ; mais dans ce moment je n'essaicrai pas de vous fléchir, je me soumettrai respectueusement à vos ordres.
MADAME BARNECK, d'un air menaçant.
Je l'espère bien, ou sinon...
MALZEN.
Et puisque vous me bannissez... résigné à mon sort... (à Louise, d'un air peiné, et la prenant par la main.) Allons ! chère amie, faites vos adieux à votre tante, et partons.
MADAME BARNECK.
Qu'est-ce à dire ?
MALZEN.
Que je l'emmène chez moi.
MADAME BARNECK.
L'emmener !... Elle pourrait y consentir !
SALSBACH, froidement, et prenant une prise de tabac.
Qu'elle le veuille ou non, c'est la loi : la femme doit suivre son mari.
MADAME BARNECK, effrayée.
Ah ! mon Dieu !
MALZEN.
Quant à mon fils, toutes les fois que vous désirerez le voir...

MADAME BARNECK.
Et cet enfant aussi !... mon filleul... vous l'emmenez !
SALSBACH, de même.
Vous ne pouvez pas l'empêcher, c'est le père. *Pater is est quem justæ nuptiæ*...
MADAME BARNECK.
Eh ! laissez-moi !
MALZEN, à Sidler.
Toi, mon ami, tu nous suivras ; et puisque monsieur de Salsbach, comme ami de la maison, veut bien accepter un logement chez moi...
MADAME BARNECK.
Et vous aussi !... Tout le monde m'abandonne ! Je vais donc rester seule dans cet immense château !
SALSBACH.
A qui la faute ?
LOUISE, joignant les mains.
Ma bonne tante !
MALZEN, qui a passé à la droite de madame Barneck.
Madame !
SALSBACH.
Ma respectable amie !
MADAME BARNECK, entre eux deux.
Laissez-moi ! laissez-moi ! Perdre en un jour une colère à laquelle depuis si longtemps je suis habituée !... Non, non, je tiens à mes serments ; je ne le recevrai point ici ; et puisqu'il enlève ma nièce, mon petit filleul, puisqu'il enlève tout le monde... eh bien !... qu'il m'enlève aussi !
SALSBACH.
Vivat ! La paix est signée ! Ils sont réunis, et moi baron ; du moins j'y compte. (bas à Malzen.) Ah ! çà, jeune homme, j'espère que nous allons réparer le temps perdu. Ce petit bonhomme attend une sœur.
(Louise passe auprès de Malzen.)
LE CHŒUR.
AIR *du ballet de la Somnambule*.
De nos plaideurs désormais
Célébrons l'accord propice ;
L'amour, mieux que la justice,
Sait arranger un procès.
MALZEN.
Ah ! quelle ivresse !
La guerre cesse...
Un seul jour change mon cœur...
A quoi donc tient le bonheur ?
SALSBACH.
A quoi donc tient la noblesse ?
LE CHŒUR.
De nos plaideurs désormais, etc.

FIN DE LOUISE.

IMPRIMERIE DE E. DUVERGER, RUE DE VERNEUIL, N° 4.

FRA-DIAVOLO,

OU

L'HOTELLERIE DE TERRACINE,

OPÉRA-COMIQUE EN TROIS ACTES,

PAROLES DE M. SCRIBE, MUSIQUE DE M. AUBER;

Représenté pour la première fois, à Paris, sur le théâtre royal de l'Opéra-Comique, le 28 janvier 1830.

DISTRIBUTION DE LA PIÈCE.

FRA-DIAVOLO, sous le nom du marquis de SAN-MARCO. M. CHOLLET.
LORD KOKBOURG, voyageur anglais............... M. FÉRÉOL.
PAMÉLA, sa femme........................... Mme BOULANGER.
LORENZO, brigadier des carabiniers............. M. MOREAU-SAINTI.
MATHÉO, maître de l'hôtellerie................ M. HENRI.
ZERLINE, sa fille............................ Mlle PRÉVOST.
GIACOMO, } compagnons du marquis............ { M. FARGUEIL.
BEPPO,   }   { M. BELNIE.
FRANCESCO, prétendu de Zerline (personnage muet).
UN PAYSAN.
CHOEUR d'habitans et habitantes de Terracine.
CARABINIERS.

La scène se passe dans un village aux environs de Terracine.

ACTE PREMIER.

Le théâtre représente un vestibule d'auberge en Italie, aux environs de Terracine. Le fond, que soutiennent deux piliers, est ouvert et laisse apercevoir un riant paysage. A gauche et à droite, porte latérale ; sur le devant, à droite du spectateur, une table autour de laquelle boivent plusieurs carabiniers en uniforme de carabiniers romains.

SCÈNE I.

CHOEUR DE CARABINIERS, LORENZO; ZERLINE, dans un coin.

INTRODUCTION.

CHOEUR.

En bons militaires,
Buvons à pleins verres :
Le vin au combat
Soutient le soldat.
Il mène à la gloire
Donne la victoire...
(A Lorenzo.)
Brigadier romain
Verse-nous du vin .
En bons militaires,
Buvons à pleins verres :

Le vin au combat
Soutient le soldat.

PLUSIEURS CARABINIERS.

S'il tombait en notre puissance
Ce bandit, ce chef redouté ,
Nous aurions donc pour récompense ?...

LORENZO.

Vingt mille écus !

PLUSIEURS CARABINIERS.

En vérité ?

LORENZO.

oui autant !

TOUS.

Sans compter la gloire !
Allons, notre hôte, allons, à boire!

(Entre Mathéo, qui apporte de nouvelles cruches de vin et retire celles qui sont vides.)

Vingt-mille écus ! nous les aurons !
Et mort ou vif nous le prendrons.
Nous le jurons, nous le jurons !
　　En bons militaires,
　　Buvons à pleins verres :
　　Le vin au combat
　　Soutient le soldat.

MATHÉO, s'adressant à Lorenzo, qui pendant ce temps s'est tenu à l'écart, triste et pensif.

Lorsque c'est vous qui leur payez rasades,
Qu'avec eux on vous voie au moins le verre en main.

LORENZO.

Buvez sans moi, buvez, mes camarades.

LE CHOEUR, à demi-voix.

Le brigadier a du chagrin.

MATHÉO, à part.

Moi, je crois deviner d'où provient ce chagrin.
(Haut.)
Demain, mes chers seigneurs, ma fille se marie
Au riche Francesco, fermier de ce canton.
Je vous invite tous !

LORENZO, à part.

　　Plutôt perdre la vie !

LE CHOEUR.

Du vin !... du vin !...

MATHÉO.

　　Je vais en chercher, et du bon !
　　　　　　(Il sort.)

ZERLINE, s'approchant de Lorenzo.

Lorenzo, vous partez ?

LORENZO.

　　Je vais à la montagne
Combattre ces brigands, et puissé-je y périr !

ZERLINE.

O ciel !

LORENZO.

D'un autre, hélas ! vous serez la compagne,
Votre père le veut, je n'ai plus qu'à mourir !

NOCTURNE A DEUX VOIX.

PREMIER COUPLET.

ZERLINE.

Cher Lorenzo, conservous l'espérance

LORENZO.

En reste-t-il à qui perd ses amours ?

ZERLINE.

Reste du moins, c'est calmer ma souffrance.

LORENZO.

Adieu, peut-être pour toujours !

DEUXIÈME COUPLET.

ZERLINE.

Mes vœux, hélas ! au combat vont te suivre.

LORENZO.

Qu'ai-je besoin de penser à mes jours ?

ZERLINE.

Ah ! pense à moi, qui sans toi ne peux vivre.

LORENZO.

Adieu, peut-être pour toujours.
(En ce moment on entend un grand bruit au dehors ; tous les carabiniers se lèvent.)

SCÈNE II.

LES PRÉCÉDENS, MILORD ET MILADY KOKBOURG ; un postillon et plusieurs laquais en livrée qui les suivent.

MILORD, MILADY et LE CHOEUR.

　　Au secours !... au secours !
　　On en veut à nos jours.
　　Quel pays effroyable !
　　Ah ! c'est épouvantable.
　　Au secours ! au secours !
　　On en veut à nos jours.

LORENZO, s'approchant de milord.

Qu'est-ce donc ?... parlez, je vous prie.

MILORD.

Messié... l'archer.

LORENZO.

　　C'est un Anglais !
(Regardant Paméla, qui vient de s'asseoir.)
Une femme jeune et jolie !

MILORD.

J'étais dans la colère !

PAMÉLA, soutenue par Zerline.

　　Et moi, je me mourais !

MILORD, allant à elle et lui faisant respirer des sels.

Milady... Paméla... Ma chère ilady !
C'est ma femme... elle était sensible... à l'infini.

PAMÉLA, se soutenant à peine.

Ah ! quel voyage abominable !
En vérité, c'est effroyable :
　　Ce monsieur le brigand
　　S'était conduit vraiment
　　En gentleman bien peu galant.
　　Je n'avais plus l'envie
　　De revoir l'Italie.
　　Mes chapeaux, mes dentelles,
　　Mes robes les plus belles,
　　Répondez, où sont-elles ?
　　Est-il malheur plus grand ?
　　Oui, milord, cette aventure
　　Me mettrait en courroux,
　　Je voulais, je le jure,
　　Plus voyager avec vous.

ENSEMBLE.

MILORD.

Non, non, jamais plus de voyage,
Pour long-temps j'en suis revenu ;
　　Si je cours davantage
　　Je veux être pendu.

LES CARABINIERS.

On prétend qu'on ce voisinage
Depuis quelque temps on l'a vu.
　　Gagnons avec courage
　　Le prix qui nous est dû.

PAMÉLA.

Non, non, jamais plus de voyage,
C'était un point bien résolu.
　　Malgré tout mon courage,
　　Que mon cœur est ému !

LORENZO.
On prétend qu'en ce voisinage
Depuis quelque temps on l'a vu.
Mes amis, du courage...
Le bandit est perdu.

ZERLINE.
Je tremble qu'en ce voisinage
Ce hardi brigand n'ait paru ;
Je redoute sa rage...
Que mon cœur est ému !

MILORD, s'approchant de Lorenzo.
Oui, messié le brigadier, c'est à vous que je faisais ma déclaration.

LORENZO.
Je vous écoute, milord.

MILORD.
Je havais l'honneur d'être Anglais ; je havais enlevé, selon l'usage, miss Paméla, une riche héritière que je havais épousée par inclination.

PAMÉLA, soupirant.
Oh oui ! à Gretna-Green !

MILORD.
Et pour éviter les poursuites, je havais voulu voyager en Italie avec elle, et la dot que je havais enlevée aussi, comme je disais à vous, par inclination.

PAMÉLA, soupirant.
Oh oui !

MILORD.
Et, à une lieue d'ici, le postillon à moi, il avait été arrêté.

PAMÉLA.
Yes, par des bandits... O Dieu !

LORENZO.
De quel côté venaient-ils ?

MILORD.
Quand ils ont attaqué moi, je dormais dans le landau... près de milady.

PAMÉLA.
Yes. Maintenant milord dormait beaucoup, aussi je disais : Cela portera malheur à vous, mon cher milord.

LORENZO.
Et que vous ont-ils dérobé ?

MILORD.
Ils avaient fouillé partout, et avaient pris...

PAMÉLA.
Tous mes diamans.

MILORD.
Ils étaient si beaux !

PAMÉLA.
Et ils allaient si bien à moi !

LORENZO.
C'est la bande que nous poursuivons, celle de Fra-Diavolo ! De quel côté se sont-ils réfugiés ?

MILORD.
Vers la montagne, et nos diamans aussi.

LORENZO, à ses soldats.
Allons, messieurs, en route ! buvez le coup de l'étrier, et dirigeons-nous de ce côté.

(Pendant que Mathéo verse à boire aux soldats.)
ZERLINE, s'approchant de Lorenzo, à demi-voix.
On dit ce brigand si redoutable... s'il vous arrivait malheur ?

LORENZO.
Autrefois je pouvais tenir à la vie... mais maintenant...

ZERLINE.
Lorenzo !

LORENZO.
Demain vous en épouserez un autre ; vous avez eu plus d'obéissance pour votre père que d'amour pour moi... je ne vous en ferai point de reproches... Adieu, soyez heureuse, et pensez à moi quand je ne serai plus...

ZERLINE.
Vous vivrez... vous vivrez... je ferai des vœux pour vous !

LORENZO.
Des vœux !... oui, faites-en pour que demain je ne puisse pas voir votre mariage.

ZERLINE.
Que dites-vous ?

LORENZO, essuyant une larme.
Allons ! allons ! le devoir avant tout. J'espère, milord, vous rapporter de bonnes nouvelles. Adieu, père Mathéo. Adieu Zerline... (A ses soldats.) En marche !

(Il sort avec ses soldats.)

SCÈNE III.
MILORD, PAMÉLA, MATHÉO, ZERLINE.

MILORD.
Il avait l'air ému, le brigadier. Ce Fra-Diavolo, il effrayait tout le monde.

MATHÉO.
Vous vous trompez... Lorenzo n'a peur de rien... Il a servi dans l'armée d'Italie avec les Français... C'est un brave garçon qui n'a qu'un défaut...

PAMÉLA.
Et lequel ?

MATHÉO.
Il est amoureux, et n'a pour s'établir que sa paie de soldat, et des coups de fusil en perspective.

MILORD.
Ce n'était pas assez pour vivre.

MATHÉO.
Sans cela je n'aurais pas demandé mieux... (Regardant sa fille.) Mais il faut de la raison... Allons, Zerline, serrez ces verres, ces bouteilles.

MILORD.
Je havais envie de donner du courage aux gens du pays avec des guinées. (S'avançant vers Mathéo.) Messié l'hôtesse, voulez-vous rédiger une pancarte, où je promettrai de l'argent beaucoup à celui qui rapporterait à nous ce que nous avons perdu ?

MATHÉO, se mettant à la table à droite, et écrivant pendant que milord lui dicte à voix basse.
Volontiers.

PAMÉLA, observant Zerline qui a été s'asseoir dans un coin à gauche.

Miss Zerline pleurait? elle avait du chagrin?

ZERLINE, essuyant ses yeux.

Moi! madame, pas du tout.

PAMÉLA.

Yes, je m'y connaissais... La petite brigadier, il avait lancé à vous un regard qui disait : Oh! je vous aime beaucoup!

ZERLINE, effrayée.

Madame!...

PAMÉLA.

Ce était bien... Ce était si joli les mariages d'inclination! (Tendrement.) N'est-ce pas, milord? (Voyant qu'il ne répond pas et avec colère.) Milord?

MILORD, de l'autre côté, occupé avec Mathéo.

Vous voyez que j'étais occupé, et vous tourmentez moi... Je faisais la pancarte pour le récompense. (A Mathéo.) Vous avez écrit que je promettais trois mille francs?

PAMÉLA.

Ce était pas assez! mettez dix mille francs... L'écrin, il en valait trois cent mille! et s'il était perdu, ce était la faute à vous, qui avez voulu prendre le chemin de traverse.

MILORD.

Pour éviter ce cavalier si élégant qui nous suivait partout, et qui s'arrêtait toujours dans les mêmes auberges.

PAMÉLA.

Je ne pouvais pas empêcher lui de faire le même route.

MILORD.

Vous pouvez empêcher vous de le regarder et de chanter, comme hier au soir, ce petit barcarolle qui amusait pas moi du tout.

PAMÉLA, avec humeur.

On peut pas faire le musique?

MILORD.

Vous faisiez pas le musique, vous faisiez le coquetterie avec lui.

PAMÉLA.

Moi! le coquetterie!

MILORD.

Yes, milady; je l'avais vu, et je déclare ici que je ne voulais pas.

PAMÉLA.

Vous ne voulez pas?

MILORD.

C'est-à-dire... je voulais bien, mais je ne voulais pas! entendons-nous!

(Pendant les couplets suivans, Mathéo et Zerline vont placarder en dedans et en dehors des piliers de l'auberge les affiches que Mathéo vient d'écrire.)

PREMIER COUPLET.

Je voulais bien, je voulais bien
Que l'on trouve vous très aimable,
Et que de loin maint fashionable
Admire aussi votre maintien...
Je voulais bien, je voulais bien;
Mais qu'en tous les lieux où je passe,
En lorgnant vous avec audace,
Un galantin suivo vos pas;
Je voulais pas... je voulais pas;
Non, non, non, non, je voulais pas
Goddam! je voulais pas.

DEUXIÈME COUPLET.

Je voulais bien, je voulais bien
Payer les bijoux et la soie;
Et pour qu'à la mode on vous voie,
Par an dépenser tout mon bien...
Je voulais bien, je voulais bien;
Mais moi suivre votre méthode,
Mais être un époux à la mode
Comme on en voit tant ici-bas...
Je voulais pas, je voulais pas;
Non, non, non, non, je voulais pas,
Goddam! je voulais pas.

TROISIÈME COUPLET.

PAMÉLA.

Je voulais bien, je voulais bien
Être sage et jamais coquette,
Et s'il le faut pour ma toilette,
Ne plus dépenser jamais rien...
Je voulais bien, je voulais bien,
Car, par goût et par caractère,
Je suis très douce d'ordinaire;
Mais dès qu'on dit : *Je veux*... hélas!
Je voulais pas, je voulais pas;
Non, non, non, non, je voulais pas,
Milord, je voulais pas.

MILORD.

Ah! vous voulez pas? Il faudra pourtant bien... car j'entends plus que vous voyiez jamais ce marquis napolitain.

MATHÉO, se levant et écoutant.

C'est le bruit d'une voiture!

oJoooooooooooooooooooooooooooooooooooooooooo

SCÈNE IV.

LES PRÉCÉDENS, puis LE MARQUIS.

QUINTETTE.

MATHÉO, regardant par la droite.

Un landau qui s'arrête... ah! quel bonheur extrême!
C'est quelque grand seigneur qui vient loger ici.
(Voyant entrer le marquis.)
Oui, c'est un grand seigneur.

MILORD.

Qu'ai-je vu? c'est lui-même!

PAMÉLA.

C'est monsieur le marquis!

MILORD, avec fureur.

Comment! c'est encor lui?

LE MARQUIS.

Comment! c'est milady!

ENSEMBLE.

LE MARQUIS, MILORD, PAMÉLA, ZERLINE, MATHÉO.

LE MARQUIS.

Que vois-je? c'est elle!
C'est la charmante milady!

Que vois-je ? c'est elle
Que je retrouve ici !
MILORD.
Surprise nouvelle !
Comme il regarde milady !
Surprise nouvelle !
Comment, c'est encor lui !
PAMÉLA.
Surprise nouvelle !
Il a suivi nous jusqu'ici !
Surprise nouvelle !
Comment c'est encor lui !
ZERLINE et MATHÉO.
C'est elle, c'est elle
Que cherchait monsieur le marquis.
C'est elle, c'est elle
Dont son cœur est épris.
MATHÉO, à ses gens, montrant le marquis.
Que l'on serve sa seigneurie...
LE MARQUIS.
J'ai le temps, pourquoi vous hâter ?
(Regardant Paméla.)
Je compte en cette hôtellerie
Jusqu'à demain matin rester.
MILORD, bas à sa femme.
Vous entendez ? ce départ qu'il retarde,
C'était pour vous, assurément.
Eh ! comme il vous regarde !
Tenez, encor en ce moment ?
LE MARQUIS.
La bonne folie !
Mon ame est ravie,
La fortune et l'amour secondent tous mes vœux,
PAMÉLA.
De moi, bien jolie,
Son ame est ravie ;
Est-ce ma faute, à moi, s'il était amoureux ?
ZERLINE.
Oui, cette étrangère
Aura su lui plaire ;
Il lui fait les doux yeux, les yeux d'un amoureux.

ENSEMBLE.
LE MARQUIS.
Que vois-je ? c'est elle, etc.
MILORD.
Surprise nouvelle, etc.
PAMÉLA.
Surprise nouvelle ? etc,
ZERLINE et MATHÉO.
C'est elle, c'est elle, etc.
(A la fin de ce morceau, milord force Paméla à rentrer dans l'auberge. Elle fait en sortant une révérence au marquis.)

SCÈNE V.
LE MARQUIS, à table ; **MATHÉO, ZERLINE,**
GARÇONS D'AUBERGE.

MATHÉO à Zerline.
Allons donc, petite fille, servez M. le marquis.. J'espère que monseigneur sera content du zèle de mes gens, et de ma fille, que je laisse maîtresse de la maison, car je suis obligé ce soir de m'absenter.
LE MARQUIS.
Ah ! vous partez ?
MATHÉO.
Dans l'instant. Je vais coucher à deux lieues d'ici chez Francesco, mon gendre, que j'amènerai demain matin avec toute la noce.
ZERLINE, à part.
Ah ! mon Dieu !
LE MARQUIS.
Avez-vous beaucoup de monde dans cette auberge?
MATHÉO.
Vous, monseigneur, et ceux que vous venez de voir, milord et milady.
LE MARQUIS
Pas d'autres? (Après un instant de réflexion.) Milady est jolie ; mais milord est de mauvaise humeur.
ZERLINE.
On le serait à moins. Il a été attaqué et dévalisé par les bandits de la montagne.
LE MARQUIS, toujours mangeant.
Pas possible ! je ne crois pas aux voleurs.
MATHÉO.
Moi, j'y crois comme en Dieu et en Notre-Dame-des-Rameaux, notre patronne.
LE MARQUIS.
Ce sont des histoires pour effrayer les voyageurs. J'ai parcouru de jour et de nuit les montagnes, et je n'ai jamais été attaqué.
MATHÉO.
Autrefois, peut-être ; mais depuis que Fra-Diavolo s'est établi dans ce canton...
LE MARQUIS.
Fra-Diavolo ? Qu'est-ce que c'est que cela ?
ZERLINE.
Vous n'en avez pas entendu parler ? un fameux bandit...
MATHÉO.
Qui est partout...
ZERLINE.
Et qu'on ne peut jamais joindre.
MATHÉO.
Il a une amulette qu'il a volée à un cardinal et qui le rend invisible.
LE MARQUIS.
Voyez-vous cela !
ZERLINE.
Et les balles des gendarmes rebondissent sur sa peau.
LE MARQUIS.
Vraiment !
ZERLINE.
Oui, monseigneur ; et comme dit la chanson..
LE MARQUIS.
Il y a une chanson sur lui ?
MATHÉO.
Une fameuse en son honneur !... Vingt-deux cou

plets!... Si, pendant son dîner, monseigneur veut permettre...

LE MARQUIS.
Est-on obligé de l'entendre tout entière?

MATHÉO.
C'est au choix des voyageurs ; on ne force personne.

LE MARQUIS.
A la bonne heure.

MATHÉO, détachant de la muraille une mandoline, et la présentant à Zerline.
Tiens, ma fille..

ZERLINE, la repoussant de la main et la plaçant près d'elle sur le coin de la table.
Merci, mon père, je chanterai bien sans cela.

PREMIER COUPLET.

Voyez, sur cette roche,
Ce brave à l'air fier et hardi ;
Son mousquet est près de lui,
C'est son fidèle ami.
Regardez, il s'approche,
Un plumet rouge à son chapeau,
Et couvert de son manteau
Du velours le plus beau.
Tremblez !... au sein de la tempête,
Au loin l'écho répète :
Diavolo ! Diavolo !
Diavolo !

DEUXIÈME COUPLET.

S'il menace la tête
De l'ennemi qui se défend ;
Pour les belles on prétend
Qu'il est tendre et galant.
Plus d'une qu'il arrête
(Témoin la fille de Piétro),
Pensive rentre au hameau,
Dans un trouble nouveau.
Tremblez !... car, voyant la fillette,
Tout bas chacun répète :
Diavolo ! Diavolo !
Diavolo !...

TROISIÈME COUPLET.

LE MARQUIS, se levant.
Il se peut qu'on s'abuse,
Ma chère enfant ; peut-être aussi
Tout ce qui se prend ici
N'est-il pas pris par lui.
Souvent, quand on l'accuse,
Auprès de vous maint jouvenceau,
Pour quelque larcin nouveau
Se glisse incognito !
Tremblez !... cet amant qui soupire,
C'est de lui qu'on peut dire :
Diavolo ! Diavolo !
Diavolo !...

SCÈNE VI.

LES PRÉCÉDENS, BEPPO, GIACOMO paraissant près des piliers du fond.

ZERLINE.
Ah ! mon Dieu ! qu'ai-je vu !

MATHÉO, brusquement.
Qu'est-ce ? que demandez-vous ?

BEPPO.
L'hospitalité pour cette nuit.

GIACOMO.
Au nom de Notre-Dame-des-Rameaux !

MATHÉO.
On ne reçoit pas ainsi des mendians, des vagabonds.

BEPPO.
Nous sommes des pèlerins.

ZERLINE.
Mon père, si c'était vrai !

MATHÉO.
Sous un pareil costume !

BEPPO.
Nous sommes partis pour remplir un vœu.

MATHÉO.
Et lequel ?

GIACOMO.
Celui de faire fortune.

MATHÉO.
Ce n'est pas ici que vous la trouverez.

LE MARQUIS, se levant et ouvrant sa bourse, où il prend un peu de monnaie.
Peut-être ! tenez... tenez, voici ce que je vous donne au nom de cette belle enfant.

BEPPO et GIACOMO.
Ah ! monsieur le marquis !

MATHÉO, étonné.
Ils vous connaissent ?

LE MARQUIS.
Oui, ce sont de pauvres diables que j'ai rencontrés ce matin, et à qui j'ai déjà fait l'aumône... Monsieur l'hôte, je veux bien payer leur souper et leur coucher.

MATHÉO.
Ce sera un écu par tête.

LE MARQUIS.
Par tête ?.. c'est peut-être plus qu'elles ne valent.. n'importe !

MATHÉO, recevant l'argent.
Dès que monsieur le marquis s'y intéresse, il n'y a pas besoin d'autre recommandation.

ZERLINE.
Mon père, on va les loger tout là-haut ?

MATHÉO.
Pas dans la maison, surtout quand je vais passer la nuit dehors... Jean, vous leur donnerez un morceau, et puis vous les conduirez vous-même à la grange, ici à côté. (Aux autres gens de l'auberge.) Rentrez, et préparez le souper de milord. (A Zerline.) Toi, ma fille, tu vas me reconduire à quel-

ques pas d'ici, jusqu'à l'ermitage, et nous parlerons de ton prétendu. (Au marquis.) Adieu, monsieur le marquis, j'espère, demain matin, en revenant avec mon gendre, retrouver encore votre seigneurie.

LE MARQUIS.

Je l'espère aussi... je me lève tard... Adieu notre hôte, bon voyage. Adieu, ma belle enfant.
(Les domestiques rentrent dans l'hôtellerie; Mathéo, qui a pris son chapeau et son bâton, sort par le fond avec Zerline.)

SCÈNE VII.

LE MARQUIS, BEPPO, GIACOMO

(Le marquis est assis sur le devant du théâtre, près de la table à droite, et tient un cure-dent; Beppo et Giacomo regardent si tout le monde est parti.)

BEPPO, redescendant le théâtre, et prenant la bouteille qui est sur la table, se verse un verre de vin.

A ta santé !

LE MARQUIS, se retournant avec hauteur.

Heim !

BEPPO, de même.

Je dis : A ta santé !

LE MARQUIS.

Qu'est-ce que c'est que de pareilles manières ?

GIACOMO, le chapeau bas.

Excusez, capitaine ; c'est une recrue qui ne sait pas encore le respect qu'on vous doit. (Bas à Beppo.) Ôte donc ton chapeau ! Il n'est pas encore au fait, mais il sort d'une bonne maison ; c'est un ancien intendant qui veut travailler maintenant en brave, et à découvert.

LE MARQUIS.

Il ne suffit pas d'être brave, il faut encore être honnête et savoir vivre. Je n'ai jamais vu, dans l'origine, de troupe plus mal composée que celle que j'ai l'honneur de commander. Les bandits les plus mal élevés !... et si je n'y avais établi l'ordre et la discipline... (A Giacomo, lui montrant une carafe et relevant la manche de son pourpoint.) Verse-moi de l'eau ! (A Beppo, tout en se lavant les mains.) A la première familiarité je te fais sauter la cervelle... cela t'apprendra.

BEPPO.

Eh bien ! par exemple !

GIACOMO.

Il le ferait comme il le dit.

BEPPO, tremblant.

Hein !

LE MARQUIS.

Une serviette ! (S'essuyant les mains.) Qu'y a-t-il de nouveau, et qui vous amène ?

BEPPO, chapeau bas.

L'entreprise a réussi ; nous avons arrêté le milord et ses diamans.

LE MARQUIS.

Crois-tu que je ne sois pas au fait ? je le savais déjà.

GIACOMO.

Toutes les indications que vous nous aviez données étaient si exactes !

LE MARQUIS.

Je le crois bien ; depuis trois jours que je les suis à la piste, que je dîne avec eux dans les mêmes auberges, et que tous les soirs je chante des barcarolles avec milady, vous croyez que ce n'est pas fatigant !

GIACOMO.

Nous savons, capitaine, ce que vous faites pour nous.

LE MARQUIS.

Milord ne s'est pas défendu et nous n'avons perdu personne ?

GIACOMO.

Non, capitaine, au contraire ; le postillon était un ancien qui nous avait quittés, et qui demande à s'enrôler de nouveau.

LE MARQUIS.

Est-il entre vos mains ?

GIACOMO.

Oui.

LE MARQUIS, se curant les dents et arrangeant sa chemise devant un miroir de poche.

Qu'on le fusille !... je n'aime pas l'inconstance ; dans notre état, s'entend... près des belles c'est autre chose... et puisque, grace à milord, nous avons des diamans, tu en enverras pour six mille écus à Fiorina, cette jeune cantatrice que je protège ; j'aime les arts et surtout la musique.

GIACOMO.

Oui, capitaine.

LE MARQUIS.

bien ! est-ce tout ?

GIACOMO.

Non vraiment... et nous craignons d'avoir été trompés.

LE MARQUIS.

Comment cela ?

GIACOMO.

Cette cassette que vous nous aviez annoncée et que milord devait avoir dans sa voiture...

LE MARQUIS.

Cinq cent mille francs en or qu'il allait placer à Livourne chez un banquier ; du moins milady me l'avait dit.

GIACOMO.

Impossible de les trouver.

LE MARQUIS.

Imbécile !... manquer une si belle opération !

BEPPO.

Peut-être, pour nous faire du tort, les a-t-i dépensés.

LE MARQUIS.

Ce que c'est que de ne pas faire ses affaires soi-même ! Mais je saurai à tout prix ce que cet or est devenu... Laissez-moi. (A part.) Allons, il faudra encore faire de la musique avec milady. Ces coquins-là sont-ils heureux de m'avoir ! (Regardant

par la porte de l'auberge.) C'est elle ! (Apercevant Beppo et Giacomo qui sont au fond du théâtre.) Eh bien ! vous n'êtes pas encore partis !.
(Ils disparaissent par la droite.)

SCÈNE VIII.
LE MARQUIS, PAMÉLA.

RÉCITATIF.

PAMÉLA, sortant de l'auberge.

Oui, je vais commander le punch à vous, milord.
LE MARQUIS, s'avançant.
Charmante milady !
PAMÉLA, effrayée.
Comment ! c'est vous encor ?
Et mon époux était dans la chambre voisine ;
Lui, si jaloux, jaloux comme Othello !
LE MARQUIS.
Est-ce donc l'offenser que chanter un duo ?
(Prenant la mandoline que Zerline a placée sur le coin de la table à la cinquième scène.)
Et nous pouvons, sur cette mandoline,
Répéter tous les deux cet air
Que nous commençâmes hier.
PAMÉLA, regardant à la gauche par la porte de l'auberge.
Ah ! je l'entends ! c'est lui...

DUO.

LE MARQUIS, saisissant brusquement la mandoline et en jouant.
« Le gondolier fidèle
« Brave, pour voir sa belle,
« Les autans ennemis.
(La regardant.)
« De loin s'il obtient d'elle
« Un regard, un souris,
« C'est toujours ça de pris. »
(Il regarde vers la gauche si l'on ne vient pas, et remet la mandoline sur la table en s'adressant à Paméla.)
Faut-il que votre cœur ignore
Le feu brûlant qui me dévore !
PAMÉLA, voulant s'éloigner.
Monsieur, je ne puis écouter...
LE MARQUIS, la retenant.
Je me tais, vous pouvez rester ;
Oui, vous admirer en silence
Ne peut vous paraître une offense.
PAMÉLA.
Je ne pouvais pas, je le croi,
Empêcher vous d'admirer moi.
LE MARQUIS.
Ah ! combien mon ame est ravie
En contemplant ces traits charmans,
Cette robe simple et jolie !.....
(Regardant un médaillon qui est à son cou.)
Ah ! grand Dieu ! les beaux diamans !
PAMÉLA.
Les seuls échappés au pillage,
Tant je les cachais avec soin !
LE MARQUIS, à part.
Les maladroits ! Ah ! quel dommage !
(Haut à Paméla, d'un ton galant.)
Pour plaire en avez-vous besoin ?
Mais plus je considère
Ce riche médaillon.. il contient un secret ?
PAMÉLA.
Pour lui mon époux l'a fait faire,
Car il renferme mon portrait.
(L'ouvrant et lui montrant.)
Trouvez-vous ressemblant ?
LE MARQUIS, affectant un trouble amoureux.
O ciel ! il se pourrait !
(L regardant avec ivresse.)
Voilà ce regard doux et tendre,
Voilà ces traits si gracieux ;
Je crois la voir, je crois l'entendre.
(Avec délire.)
Mon ame a passé dans mes yeux...
(Avec rage.)
Et c'est pour un rival, un tyran, un barbare...
(Il le met dans sa poche.)
PAMÉLA.
Que faites-vous ?
LE MARQUIS.
Je m'en empare
PAMÉLA, troublée et voulant le reprendre.
Monsieur !...
LE MARQUIS.
Jamais, jamais, il ne me quittera.
PAMÉLA.
Monsieur...
LE MARQUIS.
Oui, sur mon cœur toujours il restera.
PAMÉLA.
C'est mon mari !...
(Milord sort de l'hôtellerie ; et le marquis, saisissant vivement la mandoline, reprend le premier motif.)
« Le gondolier fidèle
« Brave sur sa nacelle
« Les jaloux, les maris.
« Quand son cœur, de sa belle
« Presse les traits chéris,
« C'est toujours ça de pris. »

SCÈNE IX.
LES PRÉCÉDENS ; MILORD, passant entre eux deux.

TRIO.

MILORD.
Bravi !... bravi !..
PAMÉLA.
Ah ! c'était vous ?
MILORD.
Oui, milady.
PAMÉLA.
Nous faisions de la musique.
MILORD.
Je n'aime pas la musique.

ENSEMBLE.

PAMÉLA.
Combien, moi, j'aimais la musique !
Elle me plaisait fort ;

Mais je vois, c'est unique,
Qu'elle ennuyait milord.
Jamais, avec milord,
Nous ne sommes d'accord.

LE MARQUIS.

Bravo, bravo, c'est la musique
Qui nous a mis d'accord :
Il faudra qu'on s'explique
Et qu'on m'instruise encor.
Enlevons à milord
Et sa femme et son or.

MILORD.

Toujours ensemble, c'est unique,
Ils sont très bien d'accord;
Aussi cette musique
A moi me déplait fort,
Et peut faire du tort
A l'honneur d'un milord.

PAMÉLA.

Nous répétions cette barcarolle...

MILORD.

C'était bien aimable à vous pendant que je m'impatientais, moi, pour le punch !

LE MARQUIS.

Permettez donc, milord ; puisque vous preniez du punch, nous pouvions bien faire de la musique.

MILORD.

Oui, si j'en avais pris !... mais j'en prenais pas... j'en attendais...

LE MARQUIS.

Que ne le disiez-vous ? Holà ! quelqu'un.

MILORD.

Ce était pas besoin... je avais plus soif... je l'avais perdu, le soif.

LE MARQUIS.

Depuis la perte de vos diamans !

MILORD.

Oui, cela et puis autre chose encore...

LE MARQUIS.

Ah! mon Dieu!.. est-ce qu'il serait arrivé malheur à ces cinq cent mille francs en or que vous alliez placer à Livourne?

MILORD.

Je les avais toujours.

LE MARQUIS.

Ah! tant mieux !... je respire... car si vous les aviez perdus... j'en aurais été aussi fâché que vous-même.

PAMÉLA.

Que vous étiez bon!

LE MARQUIS.

Ce que j'en disais, c'était pour vous offrir mon portefeuille.

MILORD.

Je remerciais vous; (Tirant son portefeuille.) je avais déjà regarni le mien.

LE MARQUIS.

Et comment cela ! comment avez-vous pu sauver votre or?

MILORD.

Par un moyen bien adroit que je ne disais à personne.

LE MARQUIS.

Vous avez de l'esprit.

MILORD.

Je croyais bien...

PAMÉLA.

Il avait changé les pièces d'or en billets de banque, et il les avait fait coudre.

LE MARQUIS, vivement.

Où cela ?

MILORD, riant

Devinez.

LE MARQUIS.

Moi, je ne devine jamais rien...

MILORD.

Dans mon habit, et dans la robe de milady.

LE MARQUIS.

Il serait possible !... (Regardant la robe de Paméla.) ce tissu charmant et précieux... (Se retournant en riant vers milord) C'est impayable.

MILORD, riant aussi.

Yes, Yes, nous étions tout cousus d'or.

LE MARQUIS.

C'est bon à savoir.

(En ce moment on entend en dehors une marche guerrière. Milord et Paméla vont regarder par le fond.)

FINAL.

MILORD et PAMÉLA.

Ecoutez !...

LE MARQUIS.

Quelle est donc cette marche guerrière ?

BEPPO et GIACOMO entrent mystérieusement et disent à demi-voix au marquis, sur le devant du théâtre :

Un brigadier et des soldats
Qui vers ces lieux portent leurs pas.

Fuyons !

LE MARQUIS.

Jamais! Poltrons, du cœur!

BEPPO.

Je n'en ai guère...

LE MARQUIS.

Auprès de moi n'êtes-vous pas ?

―――――――――――

SCÈNE X.

LES PRÉCÉDENS, LORENZO, CHOEUR DE SOLDATS, ZERLINE, GENS DE L'AUBERGE et du VILLAGE.

LE CHOEUR.

Victoire ! victoire ! victoire !
Réjouissons-nous ;
Victoire, victoire !
Pour nous quelle gloire !
Ils sont tombés sous nos coups.

ZERLINE, courant à Lorenzo.

C'est lui que je revois !

MILORD et PAMÉLA, à Lorenzo.

De grace, expliquez-vous.

LORENZO.

En silence et dans l'ombre
Suivant leurs pas errans,
Dans un défilé sombre
J'ai surpris ces brigands

LE MARQUIS, à part.

Et je n'étais pas là !

LORENZO.

Long-temps avec audace
Ils se sont comportés ;
Vingt d'entre eux sur la place
En braves sont restés !

LE MARQUIS, à part.

O fureur !

LORENZO.

Mais l'effroi qui les gagne
Disperse ces bandits,
L'écho de la montagne
A répété ces cris :

LE CHOEUR.

Victoire ! victoire ! victoire !
Réjouissons-nous ;
Victoire ! victoire !
Pour nous quelle gloire !
Ils sont tombés sous nos coups.

LORENZO, à milord.

Sur l'un de ces brigands, couché sur la poussière,
J'ai trouvé, milord, cet écrin !...

MILORD et PAMÉLA s'en emparant.

C'est le mien !
O sort heureux !

LE MARQUIS, à part.

O sort contraire !
(Montrant Lorenzo.)
Par lui perdre à la fois mes soldats et mon bien !

ENSEMBLE.

LE MARQUIS, BEPPO, GIACOMO, ZERLINE, MILORD,
PAMÉLA, LORENZO, et LE CHOEUR.

LE MARQUIS, BEPPO et GIACOMO.

Que la fureur et la vengeance
Pour le punir arment nos bras ;
Son sang expira son offense ;
Oui, je vous promets son trépas.
Oui, je vous promets son trépas !

ZERLINE, MILORD et PAMÉLA.

Honneur à sa vaillance !
Le ciel a protégé son bras ;
Oui, je renais à l'espérance.
Pour moi quel moment plein d'appas,
Oui, quel moment plein d'appas !

LORENZO et LE CHOEUR.

Victoire ! victoire ! victoire !
Réjouissons-nous ;
Victoire ! victoire !
Pour nous quelle gloire !
Ils sont tombés sous nos coups

LORENZO.

Adieu, milord..

ZERLINE.

Déjà quitter cette demeure !

LORENZO.

Il le faut.

ZERLINE.

Pourquoi donc repartir à cette heure ?

LORENZO.

Le chef de ces bandits a su nous échapper ;
Mais je suis sur sa trace, il ne peut nous tromper.
Adieu, Zerline.

PAMÉLA, le retenant.

Un instant, je vous prie ;
(A milord.
Le portefeuille à vous ?

MILORD, le retirant avec peine de sa poche.

Et pourquoi, chère amie ?

PAMÉLA, ouvrant le portefeuille, y prenant des billets de
banque et s'adressant à Lorenzo.

Milord, qui chérissait beaucoup les gens de cœur,
De ces dix mille francs est votre débiteur ;
(Montrant la pancarte du fond.)
Lisez plutôt.

LORENZO, repoussant les billets.

Jamais ! quelle idée est la vôtre

PAMÉLA, à demi-voix.

C'est la dot de Zerline, acceptez aujourd'hui
Un trésor qui pourrait vous en donner un autre.

ZERLINE, les prenant vivement.

Moi, j'accepte pour lui ;
Le voilà riche, Dieu merci !
Autant que son rival.

LORENZO, avec joie et vivement.

Et je puis...

ZERLINE, de même.

A mon père...

LORENZO.

Demander...

ZERLINE.

Dès demain...

LORENZO.

Et ton cœur...

ZERLINE.

Et ma main.

LORENZO.

O sort prospère !

ZERLINE.

Heureux destin !

ENSEMBLE.

LORENZO, ZERLINE, MILORD et PAMÉLA.

LORENZO et ZERLINE.

Ah ! je renais à l'espérance,
Le ciel me ramène en tes bras ;
D'aujourd'hui mon bonheur commence ;
Pour moi quel moment plein d'appas !

MILORD et PAMÉLA.

Rendons honneur à sa vaillance,
Le ciel a protégé son bras.
(Regardant l'écrin.)
Cher écrin, ma seule espérance,
Ah ! tu ne me quitteras pas.
Quel moment plein d'appas !

ENSEMBLE.

LE MARQUIS, BEPPO et GIACOMO.

Que la fureur et la vengeance

ACTE II, SCÈNE I.

Pour le punir arment nos bras
Son sang expira son offense ;
Oui, je jure ici son trépas !

LE CHŒUR DE SOLDATS

Victoire ! victoire, etc.

(À la fin de cet ensemble, Lorenzo va parler à ses soldats et les range en bataille.)

LE MARQUIS, *bas à Beppo et à Giacomo, sur le devant, à droite.*

Tout nous sourit, sachons attendre.
Le père ne peut revenir.

BEPPO.

Et ces soldats ?

LE MARQUIS.

Ils vont partir.
Ils vont ailleurs pour nous surprendre.

LORENZO, *au fond.*

Partons, mes braves compagnons.

LE MARQUIS.

Ils s'éloignent et nous restons.

ZERLINE, *à Lorenzo.*

Demain, songe au bonheur que le ciel te destine.

LE MARQUIS, *bas à ses compagnons*

L'or et les diamans, et la dot de Zerline
Cette nuit...

BEPPO.

Sont à nous, et nous les reprendrons.

ENSEMBLE.

MILORD, PAMÉLA, ZERLINE, LE MARQUIS, BEPPO et GIACOMO.

MILORD, PAMÉLA, ZERLINE.

À demain, à demain, oui, nous vous reverrons.
Demain, demain nous reviendrons.
Partons, partons.

LE MARQUIS, BEPPO, GIACOMO.

Cette nuit, cette nuit, oui, d'eux tous je réponds.
Ils sont à nous, oui, j'en réponds,
Nous les tenons.

ENSEMBLE.

LE MARQUIS et SES COMPAGNONS, LORENZO, ZERLINE, MILORD et PAMÉLA.

LE MARQUIS ET SES COMPAGNONS.

Que la fureur et la vengeance
Pour le punir arment nos bras !
Son sang expira son offense,
Et je jure ici son trépas ;
Oui, je jure son trépas.

LORENZO ET ZERLINE.

Mon cœur renaît à l'espérance ;
Demain, demain tu reviendras ;
Oui, demain tu m'appartiendras ;
D'aujourd'hui mon bonheur commence.
Pour moi quel moment plein d'appas !

MILORD ET PAMÉLA.

Le ciel protége sa vaillance !
Il doit encor guider ses pas.
Cher écrin, ma seule espérance,
Ah ! tu ne me quitteras pas.

LE CHŒUR DE SOLDATS

Victoire ! victoire ! victoire !
Dieu combat pour nous.
Victoire ! victoire !
Pour nous quelle gloire !
Il va tomber sous nos coups.

(Lorenzo, à la tête de ses soldats, défile au fond du théâtre, tandis que des gens de l'auberge apportent des flambeaux au marquis, à Paméla et à milord qui se souhaitent le bonsoir. Un garçon d'auberge montre à Beppo et à Giacomo la grange qui est à droite du théâtre, et les emmène de ce côté pendant que les autres entrent dans la maison.)

ACTE SECOND.

Le théâtre représente une chambre d'auberge. Sur les deux premiers plans, à gauche et à droite, deux portes vitrées faisant face au spectateur ; sur le second plan, à gauche, un lit et une table sur laquelle est un miroir ; à droite, sur le second plan, une porte conduisant dans l'intérieur de la maison. Au fond du théâtre, une croisée donnant sur la rue.

SCÈNE I.

ZERLINE, *tenant à la main un bougeoir et des flambeaux. Elle entre par la porte à droite qu'elle laisse ouverte et parle à la cantonade.*

RÉCITATIF.

Ne craignez rien, milord !... oui, je vais sur-le-champ,
Pendant que vous êtes à table,
Préparer votre lit et votre appartement.
(Descendant le théâtre et posant le bougeoir sur la table.)
On n'entendit jamais de tapage semblable ;
J'en perdrai la tête, je croi :
Aller, venir, courir au bruit de vingt sonnettes,
Et de tous ces messieurs écouter les fleurettes,
On n'a pas un instant à soi.

AIR :

Quel bonheur ! je respire. Oui je seule ici ;
On me laisse un instant : qu'au moins il soit pour lui !
À peine ai-je le temps de dire que je l'aime.
De peur de l'oublier je le dis à moi-même...
Non, pour moi ce mot-là
Jamais ne s'oubliera...

(Montrant son cœur.)
Son souvenir est là !
Quel bonheur ! je respire... Oui, je suis seule ici ;
On me laisse un moment, qu'au moins il soit pour lui !
Ce ne sera pas long, car voilà que l'on monte déjà. (A milord et à sa femme qui entrent.) Quand milord et milady voudront, leur appartement est prêt. Au bout du corridor.

SCÈNE II.
ZERLINE, MILORD, MILADY.
TRIO.
MILORD.
Allons, ma femme,
Allons dormir.
Déjà le sommeil me réclame.
Pour un époux, ah ! quel plaisir !
Ah ! quel plaisir
De bien dormir !

PAMÉLA.
Eh quoi ! milord, déjà dormir ?
Déjà le sommeil vous réclame.
Jadis, je crois m'en souvenir,
Vous étiez moins prompt à dormir.

MILORD.
Pour un époux, ah ! quel plaisir !
Ah ! quel plaisir
De bien dormir !

ENSEMBLE.
ZERLINE, PAMÉLA et MILORD.
ZERLINE.
Après un an de mariage,
On querelle donc son mari ?
Avec le mien, dans mon ménage
Il n'en sera jamais ainsi.

PAMÉLA.
Après un an de mariage,
Comment ! déjà changer ainsi ?
Voyez donc le joli ménage,
Voyez donc le joli mari

MILORD.
Après un an de mariage.
Comment ! déjà changer ainsi ?
Voyez donc le joli ménage !
Je reconnais plus milady.

MILORD.
Il est minuit . c'est très honnête ;
Il faut partir de grand matin.

PAMÉLA.
Non vraiment : je reste à la fête :
(Montrant Zerline.)
Sa noce, elle avait lieu demain.

ZERLINE.
Croyez à ma reconnaissance.

PAMÉLA.
Je veux vous donner des avis.

Ma chère enfant, je veux d'avance
Vous prévenir sur les maris.
Voyez-vous bien, tous les maris...
MILORD, l'interrompant.
Allons, ma femme, allons dormir.

ENSEMBLE.
PAMÉLA et ZERLINE.
PAMÉLA.
Eh quoi ! milord déjà, etc.
ZERLINE.
Milord, milord aime à dormir.
ZERLINE, le bougeoir à la main.
Milord voudrait-il quelque chose ?
MILORD.
Un oreiller.
ZERLINE, allant en prendre un dans le cabinet à droite.
C'est là, je crois !
PAMÉLA, à Zerline.
Où donc est la soubrette à moi ?
ZERLINE.
De moi que madame dispose.
(Au moment où ils vont sortir, milord s'arrête et regarde au cou de sa femme.)
MILORD.
Mais qu'avez-vous donc fait, ma chère,
Du médaillon que d'ordinaire
J'ai l'habitude ici de voir
Attaché par un ruban noir !
PAMÉLA, un peu troublée.
Ce portrait ?
MILORD.
Oui, ce médaillon.
PAMÉLA, troublée.
Il est... il est...
MILORD.
Où donc ?
PAMÉLA.
Allons, milord, allons dormir, etc.
(Reprise de l'ensemble.)
(Zerline, qui a pris un bougeoir et l'oreiller, entre, en les éclairant, dans la chambre à gauche. Milord et sa femme la suivent. La chambre reste dans l'obscurité.)
(Au moment où ils sortent, le marquis paraît au haut de l'escalier à droite.)

SCÈNE III.
LE MARQUIS, seul, entrant mystérieusement.

Ils sont tous retirés dans leurs appartemens, et personne , grace au ciel, ne m'a vu monter cet escalier. Orientons-nous. Au premier, m'a-t-on dit, la seconde chambre au bout du corridor. Voici bien la première chambre, j'y suis. Pour la seconde, est-ce celle-ci ? (Regardant par la porte à droite que Zerline a laissée ouverte.) Non , un cabinet noir avec des porte-manteaux, des rideaux.. (Regardant de l'autre côté.) Alors voilà sans doute la porte du

ACTE II, SCÈNE V.

corridor qui conduit chez l'Anglais. Pas d'autre issue, notre proie ne peut nous échapper. Il s'agit maintenant d'avertir mes compagnons qu'on a logés dans la grange. (Ouvrant la fenêtre du fond.) Ils devraient déjà être dehors... et je ne les vois pas !... La nuit est si sombre... Peut-être rôdent-ils autour de la maison. (Apercevant une mandoline accrochée à l'un des murs.) Allons, le signal convenu. Et si on m'entendait ! qu'importe !... Je ne peux pas dormir... je chante... On chante jour et nuit en Italie. D'ailleurs ma chanson n'éveillera pas de soupçons. C'est celle que fredonnent toutes les jeunes filles qui attendent leurs amoureux : et elle est joliment connue dans le pays.

BARCAROLLE.

Agnès la jouvencelle,
Aussi jeune que belle,
Un soir à sa tourelle
Ainsi chantait tout bas :
La nuit cachera tes pas,
On ne te verra pas ;
La nuit cachera tes pas ;
Et je suis seule, hélas !
C'est ma voix qui t'appelle,
Ami, n'entends-tu pas ?

DEUXIÈME COUPLET.

L'instant est si prospère !
Nulle étoile n'éclaire
Ta marche solitaire,
Pourquoi ne viens-tu pas ?
Le jour, ma grand'mère, hélas !
Est toujours sur nos pas.
Mais ma grand'mère, là bas,
Dort après son repas.
L'instant est si prospère !
Ami, n'entends-tu pas ?

(A la fin du couplet, Beppo et Giacomo paraissent à la croisée du fond.)

SCÈNE IV.
LE MARQUIS, BEPPO, GIACOMO.

LE MARQUIS.
Entrez sans bruit.

GIACOMO.
Il ne nous a pas été difficile de sortir de la grange où l'on nous avait mis.

BEPPO.
Et nous voici exacts au rendez-vous.

LE MARQUIS.
Silence ! milord et milady viennent d'entrer dans leur chambre.

GIACOMO.
Et les cent mille écus de diamans qu'ils nous ont pris ?

BEPPO.
Les cinq cents billets de banque qu'ils nous ont dérobés ?

LE MARQUIS, montrant leur appartement.
Sont là !... avec eux. (Voyant qu'ils font un mouvement pour y courir.) Où allez-vous ?

GIACOMO.
Reprendre notre bien.

LE MARQUIS.
Un instant ! ils ne sont pas encore endormis, il y a dans leur chambre quelqu'un qui ne va pas tarder à en sortir... cette petite servante...

GIACOMO.
Zerline ?

BEPPO.
Nous avons aussi un compte avec elle, car enfin il y a dix mille franc à nous, qu'elle a détournés de la masse.

LE MARQUIS.
Ils nous reviendront ; mais ce n'est pas à elle que j'en veux le plus... c'est à Lorenzo, son amoureux, qui nous a privés d'une vingtaine de braves, et par San-Diavolo, mon patron, je me vengerai de lui, ou je ne suis pas Italien !

ZERLINE, en dehors de la porte à gauche.
Bonsoir, milord ; il ne vous faut plus rien ?

LE MARQUIS.
On vient... (Leur montrant la porte à droite.) Dans ce cabinet... derrière ces rideaux...

BEPPO, hésitant.
Ces rideaux !...

LE MARQUIS.
Eh oui !... jusqu'à ce que la petite soit partie !
(Ils entrent tous trois dans le cabinet à droite dont ils referment la porte.)

SCÈNE V.

LES PRÉCÉDENS, cachés ; ZERLINE, tenant un bougeoir.

(Le théâtre redevient éclairé.)

ZERLINE.
Bonne nuit, milord ; bonne nuit, milady... Oh ! vous dormirez bien : la maison est très sûre et très tranquille. (Posant son bougeoir sur la table, près du lit.) Grace au ciel, voilà chez nous tout le monde endormi, et je ne suis pas fâchée d'en faire autant... je suis fatiguée de ma journée... dépêchons-nous de dormir, car il est déjà bien tard, et demain au point du jour il faut être sur pied. (Elle s'approche du lit dont elle ôte la courte-pointe.) Mon lit ne vaut pas celui de milord ; non certainement... (Elle ouvre la porte du cabinet, et place sur la chaise qui est à l'entrée la couverture qu'elle vient de ployer. Elle laisse la porte ouverte ; cette porte doit s'ouvrir en dehors, c'est-à-dire du coté du spectateur. Continuant à parler, elle se rapproche de son lit et tourne le dos au cabinet.) Mais c'est égal... j'ai idée que j'y dormirai mieux... je suis si heureuse !...

GIACOMO, paraissant à l'entrée du cabinet dont on vient d'ouvrir la porte.
Il paraît que c'est sa chambre.

BEPPO, de même
Qu'allons-nous faire?
LE MARQUIS, de même.
Attendre qu'elle soit couchée et endormie
BEPPO.
Alors, qu'elle se dépêche.
ZERLINE.
Demain matin Lorenzo reviendra; il demandera ma main à mon père, qui ne pourra la lui refuser ; car il est riche... il a dix mille francs !... (Les tirant de son corset.) Les voilà !... ils sont à lui... qu'est-ce que je dis? ils sont à nous... le compte y est-il? oui vraiment ! J'ai toujours peur qu'il n'en manque.. Qu'ils sont jolis ! que je les aime ! (Elle les porte à sa bouche.) Aussi ils ne me quitteront pas. (Allant les mettre sous son oreiller.) Ils passeront la nuit à côté de moi, sous mon chevet.
BEPPO, à part, dans le cabinet.
Ces coquins de billets!
LE MARQUIS.
Te tairas-tu ?
BEPPO, avec mauvaise humeur.
On ne peut plus parler maintenant...
ZERLINE va chercher la table qui est à côté du lit, et sur laquelle est un miroir en pupitre.

Et Francesco, que mon père doit m'amener comme son gendre ! je lui parlerai franchement ; je lui dirai que je ne l'aime pas, cela le consolera ; et demain, à cette heure-ci, peut-être que je serai la femme de Lorenzo... (S'arrêtant.) Sa femme !.. il est vrai qu'il y a si long-temps que j'y rêve... tous les soirs en me couchant ; mais maintenant il n'y a plus à dire.
(Sur la ritournelle de l'air suivant, elle s'assied près de la table et commence sa toilette de nuit; elle détache son collier, ses boucles d'oreilles et les rubans de sa coiffure.

CAVATINE.

Oui, c'est demain, c'est demain
Q'enfin l'on nous marie !
C'est demain, c'est demain
Qu'il recevra ma main.
Que mon ame est ravie !
C'est demain ! c'est demain !
C'est demain !
(Détachant son fichu.)
Nous ferons bien meilleur ménage
Que cette Anglaise et son époux ;
Car Lorenzo n'est pas volage,
Il ne sera jamais jaloux...
Aye, aye ! je n y prends pas garde,
Et je me pique !...
(Elle presse son doigt.)
BEPPO, regardant par la porte vitrée.
Elle est jolie ainsi.
(Sur un geste menaçant que lui fait le marquis.)
Je ne parle pas, je regarde.

LE MARQUIS, le repoussant et prenant sa place
Va-t'en ! c'est moi qui dois tout observer ici.

ZERLINE, continuant l'air en faisant sa toilette.

Je suis sûre de mon mari :
En sa femme il a confiance ;
Aussi pour moi quelle espérance !
C'est demain, c'est demain
Qu'enfin l'on nous marie ;
C'est demain, c'est demain
Qu'il recevra ma main !
Que mon ame est ravie !
C'est demain ! c'est demain !...
C'est demain !
(Elle a ôté son tablier, ses manches et son corset ; elle reste le cou et les bras nus, et avec une petite robe de dessous.)

Pour moi, je n'ai pas l'élégance
Ni les attraits de milady.
(Se regardant.)
Pourtant Lorenzo, quand j'y pense,
N'est pas à plaindre, Dieu merci !
(Se retournant pour voir sa taille.)
Oui, voilà pour une servante
Une taille qui n'est pas mal ;
Vraiment, vraiment, ce n'est pas mal :
Je crois qu'on en voit de plus mal.
(Avec satisfaction.)
Oui... oui... j'en suis assez contente.
LE MARQUIS, et les deux autres dans le cabinet, ne pouvant contenir un éclat de rire.
Ah ! ah ! c'est original.
ZERLINE, effrayée, s'arrêtant.
Je crois qu'on vient de rire.
(Elle remonte le théâtre, écoute du côté du cabinet et n'entend plus rien.)
Est-ce on la chambre de milord ?
(Allant écouter.)
Non, il ne rit jamais ; je n'entends rien ! il dort...
(Reprenant avec gaîté.)
C'est demain ! c'est demain !
Ce jour que je désire,
C'est demain ! c'est demain
Qu'il recevra ma main.
Ah ! quel bonheur de dire :
C'est demain, c'est demain !
(Elle reporte la table près du lit, et s'y asseyant, elle défait ses souliers.)
Allons, allons, il faut dormir.
LE MARQUIS et SES COMPAGNONS.
C'est heureux !
ZERLINE.
Lorenzo, que ton doux souvenir
Pour un seul instant m'abandonne !
Laisse-moi prier ma patronne...
(Se mettant à genoux près du lit.)
O Vierge sainte en qui j'ai foi !
Veillez sur lui ! veillez sur moi !
(Se relevant et s'asseyant sur le lit.)
Bonsoir... bonsoir, mon ami...
Mon mari...
O Vierge sainte en qui j'ai foi !
Priez pour lui ! priez pour m...
(Le sommeil la saisit, ses yeux se ferment, et sa tête tombe sur son oreiller.)

ACTE II, SCÈNE V.

LE MARQUIS, BEPPO, et GIACOMO, sortant du cabinet.

Que la prudence
Guide nos pas !
Que la vengeance
Arme nos bras !

LE MARQUIS, s'approchant de la lumière qui est sur la table et qu'il éteint.

Elle dort !

BEPPO.

Non sans peine.
Je croyais, capitaine,
(Montrant le cabinet.)
Que nous y resterions toujours.

GIACOMO.

Qu'une jeune fillette
Est longue en sa toilette,
Ainsi qu'en ses pensers d'amours!

BEPPO.

Entrons chez milord !

LE MARQUIS.

Du mystère !

GIACOMO, montrant son poignard.

Je sais comment le faire taire.

ENSEMBLE.

Oui, la prudence
Veut son trépas !
Que la vengeance
Arme nos bras !

GIACOMO, prêt à entrer dans la chambre de milord.

Marchons !

BEPPO, l'arrêtant et lui montrant Zerline.

Et cette jeune fille,
Que le bruit pourrait réveiller,
A son secours peut appeler.

LE MARQUIS.

Beppo par la prudence brille.

Que faire ?

BEPPO.

Commençons par elle.

GIACOMO, au marquis.

Le veux-tu ?

LE MARQUIS.

C'est dommage !

BEPPO.

Qu'ai-je entendu ?
Le capitaine y met de la délicatesse !

LE MARQUIS.

Moi, faquin ! pour qui me prends-tu ?
(Lui donnant son poignard.)
Tiens, frappe ! et point de faiblesse.

ENSEMBLE.

Oui, la prudence
Veut son trépas !
Que la vengeance
Arme nos bras !

Beppo passe derrière le lit en faisant face aux spectateurs. Il lève le poignard pour frapper Zerline.

ZERLINE, dormant et répétant les derniers mots de sa prière.

O Vierge sainte en qui j'ai foi !
Veillez sur lui, veillez sur moi !
(Beppo, troublé, hésite.)

GIACOMO.

N'importe, frappe !

LE MARQUIS, détournant la tête.

Allons, n'hésite pas.
(Beppo lève le bras de nouveau, et va frapper, lorsqu'on entend heurter violemment en dehors. Tous trois, étonnés, s'arrêtent.)

C'est en dehors, c'est à la grande porte !
Que veut dire ce bruit ?
(On frappe plus fort.)

ZERLINE, étendant ses bras.

Quoi ! déjà m'éveiller ! Qui frappe de la sorte !
Au milieu de la nuit ?

LE CHŒUR, en dehors.

Qu'on se réveille en cette auberge !
Voici de braves cavaliers.
Ouvrez vite, qu'on les héberge !
Car ce sont des carabiniers ;
Oui, ce sont des carabiniers.

BEPPO, tremblant.

Des carabiniers ! Capitaine !

LE MARQUIS, froidement.

As-tu donc peur ?

BEPPO.

Qui les ramène ?

LORENZO, en dehors.

Zerline ! Zerline ! écoute-moi !
C'est ton amant qui revient près de toi.

ZERLINE, avec joie.

C'est Lorenzo !

GIACOMO.

Grands dieux !

LE MARQUIS, avec colère.

Ah ! j'en aurai vengeance !
Mais d'ici là de la prudence !

ENSEMBLE.

TOUS TROIS, se retirant vers le cabinet.

Que la prudence
Guide nos pas !
Faisons silence ;
Ne nous montrons pas.

LORENZO, et CAVALIERS, en dehors.

Qu'on se réveille en cette auberge !
Voici de braves cavaliers.
Ouvrez vite, qu'on les héberge !
Ce sont les carabiniers.
(Ils frappent de nouveau à la porte.)

ZERLINE, qui pendant le chœur précédent s'est habillée à la hâte, a remis ses souliers, etc.

Mais un instant ! un instant, par Notre-Dame, donnez-vous patience. (Allant à la fenêtre du fond qu'elle ouvre.) Est-ce bien vous, Lorenzo ?

LORENZO, en dehors.

Sans doute

ZERLINE.

Vous en êtes bien sûr ?

LORENZO.

Moi et mes camarades que depuis une heure vous faites attendre.

ZERLINE.

Il faut bien le temps de s'habiller! quand on est réveillée en sursaut... Mais, tenez... (Jetant une clé par la fenêtre.) Vous entrerez par la cuisine, en voici la clé; la lampe y est allumée, d'ailleurs voici le jour qui commence à poindre. (Elle referme la croisée, et revient près du lit achever sa toilette.) Dépêchons-nous à grand renfort d'épingles... Encore faut-il être présentable, surtout devant des militaires... c'est terrible!
(Le bruit redouble en bas à gauche; en dehors, on entend milord.)

MILORD.

Calmez-vous, milady! je allais voir ce que c'était... je avais payé pour le dormir tranquille, et on volait à moi mon argent!

SCÈNE VI.

ZERLINE; LORENZO, entrant par la porte à droite, puis MILORD.

ZERLINE, apercevant Lorenzo et s'enveloppant vivement dans le rideau du lit.

Ah! mon Dieu! c'est déjà vous! on n'entre pas ainsi à l'improviste chez les gens! c'est très mal!

LORENZO.

Ma Zerline, pardonne-moi; tu es si jolie dans ce négligé!

MILORD, entrant et apercevant Lorenzo.

C'est vous la brigadier... D'où venait ce bruit, et qui ramenait vous ainsi?

LORENZO.

De bonnes nouvelles! je crois que maître Diavolo ne peut nous échapper.

ZERLINE et MILORD.

Vraiment?

LORENZO.

Nous avions de mauvais renseignemens et nous le poursuivions dans une fausse direction, lorsqu'à trois lieues d'ici, nous avons rencontré un brave meunier qui nous a dit: Seigneurs cavaliers, je sais où est le bandit que vous cherchez, il n'est pas à la montagne; je connais sa figure, car j'ai été deux jours son prisonnier, et ce soir je l'ai vu passer dans une voiture découverte et suivant la route de Terracine.

ZERLINE.

Il serait possible!

LORENZO.

Il nous a offert alors de nous conduire, de ne pas nous quitter; ce que j'ai accepté, et de grand cœur; quand il ne servirait qu'à le désigner, c'est déjà beaucoup, et nous allons nous remettre à sa poursuite; mais auparavant j'ai voulu faire prendre à mes soldats quelques heures de repos, car ils ont marché toute la nuit et meurent de faim.

MILORD.

Mourir de faim! c'était un vilain mort!

ZERLINE.

Jésus, Maria! Et vous, monsieur?

LORENZO.

Et moi aussi! pour être brigadier cela n'empêche pas.

ZERLINE.

Il y a d'autres auberges où vous auriez depuis long-temps trouvé à souper.

LORENZO.

Il n'y avait que celle-ci où j'aurais trouvé Zerline.

ZERLINE.

Ah! ah! c'est pour cela!

LORENZO.

Justement, aussi je disais toujours: Cavaliers! en avant, marche! Voilà les occasions où il est agréable d'être commandant.

ZERLINE.

Ce pauvre garçon! je vais vous chercher à manger.

LORENZO.

Non, commencez par mes camarades... eux qui ne sont pas amoureux, sont plus pressés. Va vite, ma Zerline.

ZERLINE.

Ma Zerline! Il se croit déjà mon mari

LORENZO, la serrant dans ses bras.

Pas aujourd'hui... mais demain!

ZERLINE.

Finissez, monsieur! finissez! Je ne sais pas ce que vous voulez dire... Et tenez! tenez, voilà vos camarades qui s'impatientent.
(On entend les cavaliers qui sonnent et frappent sur les meubles.)

Holà! la fille. Holà! quelqu'un.

ZERLINE, se dégageant des bras de Lorenzo.

Ils ne sont pas comme vous! ils sont bien sages... Voilà, voilà... Je vais leur donner tout ce qu'il y aura, et puis je garderai ce qu'il y a de meilleur pour vous l'apporter... Eh! mon Dieu! quel tapage!
(Elle sort en courant. — Il est grand jour.)

SCÈNE VII.

LORENZO, MILORD.

MILORD.

Et moi, messié le brigadier, je allais retrouver milady qui était capable pour mourir de frayeur... J'ai dit: Rassurez-vous, je aller voir... (Contrefaisant la voix d'une femme.) Milord, mon cher milord, ne laissez pas moi toute seule!... elle serrait moi tendrement beaucoup... C'était pas arrivé depuis bien long-temps.

ACTE II, SCÈNE VIII.

LORENZO, souriant.
Vous voyez qu'à quelque chose la frayeur est bonne.

MILORD.
Yes, c'était bonne pour des femmes. (Continuant à parler pendant que Lorenzo remonte le théâtre, regarde par la porte à droite si Zerline revient, et redescend à gauche du spectateur. Il s'assied près de la table.) Mais, pour nous autres, messié le brigadier, pour nous autres, qui étaient des hommes... (On entend dans le cabinet à droite le bruit d'une chaise qu'on renverse.)

MILORD, effrayé.
Hein! avez-vous entendu?

LE MARQUIS, bas à Beppo dans le cabinet.
Maladroit!

LORENZO, froidement.
C'est le bruit d'un meuble qu'on a renversé.

MILORD.
Nous n'étions pas seuls ici?

LORENZO.
C'est sans doute milady ou sa femme de chambre.

MILORD.
Non, elle n'est pas de cette côté; il n'y avait personne.

LORENZO, toujours assis.
Vous croyez?

MILORD, inquiet et regardant.
Je en étais persuadé!

BEPPO.
Nous sommes perdus!

FINAL.

MILORD.
N'est-il pas prudent de reconnaître
Ce qui se passe là bas?

LORENZO, se levant.
On peut voir.

MILORD, l'engageant à passer.
Yes, voyez...

BEPPO, dans le cabinet.
C'est fait de nous!

LE MARQUIS, de même.
Peut-être.

Laissez-moi faire, et ne vous montrez pas.
(Au moment où Lorenzo traverse le théâtre pour entrer dans le cabinet, le marquis en ouvre la porte qu'il referme.)

SCÈNE VIII.

LORENZO, MILORD, LE MARQUIS.

LORENZO et MILORD.
Ah! grand Dieu!

LE MARQUIS, le doigt sur la bouche.
Du silence!

MILORD.
C'est messié le marquis!

LORENZO.
Ce seigneur qu'hier soir j'ai vu dans ce logis?

MILORD.
Lui-même!

LORENZO, vivement et à haute voix.
Qui l'amène à cette heure?

FRA-DIAVOLO.

LE MARQUIS, à demi-voix.
Silence!
J'ai d'importans motifs pour cacher ma présence.

LORENZO et MILORD.
Quels sont-ils?

LE MARQUIS, feignant l'embarras.
Je ne puis les dire en ce moment;
Si c'était, par exemple... un rendez-vous galant?

LORENZO et MILORD.
O ciel!

LE MARQUIS, passant entre eux deux.
En votre honneur... je mets ma confiance...

LORENZO et MILORD.
Achevez!

LE MARQUIS.
Eh bien! oui... je l'avoue entre nous;
Soyez discrets... c'était un rendez-vous.

ENSEMBLE.

MILORD, LORENZO, LE MARQUIS, BEPPO, GIACOMO.

MILORD.
Quel soupçon dans mon ame
Se glisse malgré moi!
Si c'était pour ma femme!
Ah! j'en tremble d'effroi!

LORENZO.
Quel soupçon dans mon ame
Se glisse malgré moi!

LE MARQUIS.
Je ris au fond de l'ame
Du trouble où je les voi;
Le courroux qui l'enflamme
Est un plaisir pour moi.

BEPPO et GIACOMO, dans le cabinet.
L'espoir rentre en mon ame;
J'en sortirai, je croi!
Le courroux qui l'enflamme
A banni mon effroi.

MILORD, au marquis.
Peut-on savoir au moins... la nuit... à la sourdine,
Pour qui donc vous veniez ici?

LORENZO, à voix basse et d'un air menaçant.
Était-ce pour Zerline?

MILORD, de même de l'autre côté.
Est-ce pour milady?

LE MARQUIS.
Qu'importe? de quel droit m'interroger ainsi?
De mes secrets ne suis-je pas le maître?

MILORD et LORENZO, chacun à voix basse, et aux deux côtés du marquis.
Pour laquelle des deux?

LE MARQUIS, riant.
Pour toutes deux, peut-être.

MILORD et LORENZO.
Monsieur, sur ce doute outrageant
Vous vous expliquerez ici même à l'instant.

LE MARQUIS, à part avec joie, et les regardant l'un après l'autre.
De tous mes ennemis, enfin, j'aurai vengeance!
(Prenant milord à part et à demi-voix.)
Pour vous-même, milord, ne faites point de bruit!
De milady... c'est vrai, les charmes m'ont séduit;
Et ce portrait charmant, gage de ma constance....
(Il tire de sa poche le médaillon qu'il lui montre.)

MILORD, furieux.

Ah! goddam! nous verrons!

LE MARQUIS, froidement et à voix basse.

Quand vous voudrez; suffit!

(Prenant à part Lorenzo, et montrant milord.)

J'voulais à ses yeux dérober ton offense;
Mais tu l'exiges...

LORENZO.

Oui.

LE MARQUIS, montrant le cabinet.

J'étais là... je venais...

Pour Zerline.

LORENZO.

Grand Dieu!

LE MARQUIS.

Tu comprends, je suppose?

LORENZO.

Être trahi par elle! et je le souffrirais!...
Courons!

LE MARQUIS, le retenant par la main.

Je n'entends point qu'un tel aveu l'expose!

LORENZO.

Vous la défendez?...

LE MARQUIS.

Oui, pour elle, point d'éclat.

LORENZO, s'arrêtant et regardant le marquis avec une fureur concentrée.

Quand un grand ne craint pas d'outrager un soldat,
S'il a du cœur...

LE MARQUIS, à demi-voix.

J'entends! tantôt, seul, à sept heures,
Aux rochers noirs.

LORENZO, de même.

C'est dit.

LE MARQUIS, à part, avec joie.

Il n'en reviendra pas.
Mes compagnons, dans ces sombres demeures,
De nos braves sur lui vengeront le trépas.

ENSEMBLE.

LORENZO.

O fureur, ô vengeance!
Elle a pu me trahir!
Après son inconstance
Je n'ai plus qu'à mourir!

LE MARQUIS.

O bonheur! ô vengeance!
Tout va me réussir!
Je punis qui m'offense:
Ah! pour moi quel plaisir!

MILORD.

O fureur! ô vengeance!
Elle a pu me trahir!
Gardons bien le silence;
Mais sachons la punir!

BEPPO et GIACOMO.

O bonheur! ô vengeance!
Il s'en tire à ravir!
Attendons en silence
Le moment de sortir.

SCÈNE IX.

LES PRÉCÉDENS, PAMÉLA, sortant de la chambre à gauche; ZERLINE, entrant par la porte à droite.

PAMÉLA.

Dans cette auberge quel tapage!
(A son mari.)
Vous veniez pas me rassurer?

ZERLINE, allant à Lorenzo.

Venez, j'ai fait tout préparer.

ZERLINE et PAMÉLA, l'une à Lorenzo, l'autre à milord.

Pourquoi donc ce sombre visage?

MILORD et LORENZO, à part.

La perfide!

PAMÉLA, tendrement.

Mon cher époux!

MILORD.

Laissez-moi! je voulais me séparer de vous.

PAMÉLA.

Pourquoi donc?

MILORD.

Je voulais.

ZERLINE, de l'autre côté, à Lorenzo.

Lorenzo, qu'avez-vous?

LORENZO, froidement et sans la regarder.

Laissez-moi!... laissez-moi!...

ZERLINE et PAMÉLA.

Quel est donc ce mystère!

LORENZO.

Pour vous, pour votre honneur je consens à me taire.

ZERLINE.

Que dit-il?

LORENZO.

Mais partez!

ZERLINE.

Lorenzo!

LORENZO.

Laissez-moi!

ZERLINE.

Écoutez...

LORENZO.

Je ne puis! je vous rends votre foi!
(Bas au marquis.)
Ce matin aux rochers.

LE MARQUIS, de même.

C'est dit: comptez sur moi.

ENSEMBLE.

LORENZO, ZERLINE, MILORD et PAMÉLA.

LORENZO, de même.

Comptez sur moi.

ZERLINE.

C'est fait de moi!

MILORD, à sa femme.

Oui, laissez-moi!

PAMÉLA.

Mais qu'avait-il donc contre moi?

ENSEMBLE.

ZERLINE.

Voilà donc sa constance!
Il ose me trahir.
Pour moi plus d'espérance!
Je n'ai plus qu'à mourir.

LORENZO.
O fureur ! ô vengeance !
Elle a pu me trahir !
Après son inconstance
Je n'ai plus qu'à mourir.

LE MARQUIS, qui tient le milieu du théâtre et qui les regarde tous avec joie.

O bonheur ! ô vengeance !
Tout va me réussir ;
Je punis qui m'offense ;
Ah ! pour moi quel plaisir !

PAMÉLA.
Le dépit, la vengeance
A moi se font sentir ;
Milord de son offense
Pourra se repentir !

MILORD.
O fureur ! ô vengeance !
Elle a pu me trahir !
Gardons bien le silence ;
Mais sachons la punir.

BEPPO et GIACOMO, dans le cabinet.

O bonheur ! ô vengeance !
Il s'en tire à ravir ;
Attendons en silence
Le moment de sortir.

(Milord veut rentrer dans sa chambre ; Paméla s'attache à ses pas et l'arrête. Lorenzo, qui veut s'élancer sur l'escalier à droite, est retenu par Zerline qui le conjure encore de l'écouter ; Beppo et Giacomo entr'ouvrent la porte du cabinet pour sortir. Le marquis étend la main vers eux et leur fait signe d'attendre encore. — La toile tombe.)

ACTE TROISIÈME.

Le théâtre représente un riant paysage d'Italie ; à gauche des spectateurs, une porte extérieure de l'auberge, et devant, un bouquet d'arbres ; à droite, une table et un banc de pierre, et derrière, un bosquet ; au fond, une montagne et plusieurs sentiers pour y arriver. Au sommet de la montagne, un ermitage avec un clocher.

SCÈNE I.

DIAVOLO, seul, descendant de la montagne.

RÉCITATIF.

J'ai revu mes amis ! tout s'apprête en silence
Pour seconder ma vengeance,
Et pour combler tous mes vœux ;
Est-il un destin plus heureux !

AIR :

Je vois marcher sous mes bannières
Des braves qui me sont soumis ;
J'ai pour sujets et tributaires
Les voyageurs de tous pays.
Aucun d'eux ne m'échappe,
Je leur commande en roi,
Et les soldats du pape
Tremblent tous devant moi.
On m'amène un banquier : De l'or ! de l'or ! de l'or !
Là c'est un grand seigneur : De l'or ! de l'or ! de l'or !
Là c'est un fournisseur : — Que justice soit faite !
De l'or ! de l'or ! bien plus encor.
Là c'est un pauvre pèlerin :
— Je suis sans or, je suis sans pain !
— En voici, camarade ; et poursuis ton chemin.
Là c'est une jeune fillette :
Comme elle tremble, la pauvrette !
« Par charité, laissez-moi, je vous prie !
« Ah ! ah ! ah ! ah !
« Par charité ne m'ôtez pas la vie !
« Ah ! ah ! ah ! ah !
« Grace, monseigneur le brigand !
« Je ne suis qu'une pauvre enfant. »

CAVATINE.

Nous ne demandons rien aux belles :
L'usage est de les épargner ;
Mais toujours nous recevons d'elles
Ce que leur cœur veut nous donner.
Ah ! quel plaisir et quel enchantement !
Le bel état que celui de brigand !
Mais, mais, dans cet état charmant...

RONDO.

Il faut nous hâter, le temps presse,
Il faut se hâter de jouir !
Le sort qui nous caresse
Demain pourra nous trahir !
Quand des périls de toute espèce
Semblent toujours nous menacer,
Et plaisir et richesse,
Il faut gaîment tout dépenser.
Ah ! le bel état !
Aussi puissant qu'un potentat,
Partout j'ai des droits,
Et moi-même je les perçois.
Je prends, j'enlève, je ravis
Et les femmes et les maris.
J'ai fait battre souvent leur cœur,
L'un d'amour, l'autre de frayeur.
L'un en tremblant dit : Monseigneur !
Et l'autre dit : Cher voleur ! cher voleur !
Il faut se hâter, le temps presse, etc.

Oui, tout mon plan est arrêté, et j'espère que cette fois messire Lorenzo ne pourra plus le déranger... Six heures viennent de sonner à l'horloge de l'auberge ! dans une heure j'en serai débarrassé... Il est jaloux... il est brave... il ira au rendez-vous. (Souriant.) J'ai donné ma procuration à mes compagnons qui l'attendent, et qui se font toujours une fête de mettre du plomb dans la tête d'un brigadier romain... moi, pendant ce temps, et sitôt que le détachement sera parti... Oui... si j'ai bonne mémoire, le père de Zerline, Mathéo, revient ce matin avec son gendre pour la noce ; et pendant qu'ils seront tous à la chapelle, les billets de banque à milord, ses bijoux, et jusqu'à milady...

je lui dois cela... je l'inviterai à venir passer quelque temps avec nous à la montagne... en sera-t-elle fâchée? Elle le dira... (Avec fatuité.) Mais je ne le crois pas! il est si agréable de pouvoir raconter son aventure dans toutes les sociétés de Londres! (Contrefaisant une voix de femme.) «Ah! ma chère, quelle horreur!... J'ai été enlevée par les brigands les plus aimables et les plus respectueux! — Vraiment? — Je vous le jure.» Elles voudront toutes, d'après cela, faire le voyage d'Italie... (Regardant autour de lui.) L'essentiel est de guetter le départ de Lorenzo, et celui du détachement... Je ne vois pas paraître Beppo et Giacomo que j'ai laissés ici en éclaireurs; et je n'ose les aller chercher dans l'auberge, car les carabiniers sont sur pied, et si je rencontrais ce paysan qu'ils ont amené et qui me connaît... Un ingrat!... qu'on s'est contenté de voler. . Voilà une leçon pour l'avenir... (Écoutant.) On vient!... (Tirant des tablettes.) Ayons recours au messager convenu. (Montrant un des arbres du bosquet à droite.) Le creux de cet arbre... à Beppo et à Giacomo... deux mots qu'eux seuls pourront comprendre.
(Il déchire la feuille de ses tablettes, la ploie, la jette dans l'arbre et s'éloigne par la droite.)

SCÈNE II.

MATHÉO, FRANCESCO, Paysans et Paysannes, paraissant au haut de la montagne. Ils ont tous des feuillages à leur coiffure.

CHOEUR.

C'est aujourd'hui Pâques fleuries!
De nos vallons, de nos prairies,
Accourez tous; voici
Ce jour si joli!
Garçon, fillette,
Vite, qu'on mette
De verts rameaux
A vos chapeaux!
C'est grande fête!
Voici, voici
Ce jour si joli!

SCÈNE III.

Les Paysans, descendant la montagne, BEPPO et GIACOMO, sortant de la gauche, près de l'auberge.

GIACOMO.
Paresseux, viendras-tu?

BEPPO.
C'est bien le moins qu'on prenne une heure de sommeil.

GIACOMO.
Et si le capitaine
Nous attendait?
(S'arrêtant sous le bosquet à gauche.)
Eh! mais, voici tout le hameau.

BEPPO.
Eh! oui, c'est jour de fête; et cependant, regarde, tu n'as pas seulement un buis à ton chapeau!
Veux-tu donc nous porter malheur?

GIACOMO, cueillant une branche d'arbre.
Le ciel m'en garde!
Dès long temps pour son zèle on connaît Giacomo.

CHOEUR.

C'est aujourd'hui Pâques fleuries!
De nos vallons, de nos prairies.
Accourez tous: voici
Ce jour si joli!
Garçon, fillette,
Vite qu'on mette
De verts rameaux
A vos chapeaux!
C'est grande fête!
Voici, voici,
Ce jour si joli!

MATHÉO.
Est-il un plus beau jour pour entrer en ménage?
(A Francesco qui est près de lui le bouquet au côté.)
Mon gendre, avant d'offrir vos vœux et votre hommage
(Montrant des jeunes filles et des garçons qui s'arrêtent au haut de la montagne, et qui s'agenouillent à la porte de l'ermitage.)
A Notre-Dame-des-Rameaux,
Faisons comme eux la prière d'usage.

LE CHOEUR, se mettant à genoux.

O sainte vierge des Rameaux!
Exauce aujourd'hui nos prières!
Veille toujours sur nos chaumières!
Protège toujours nos travaux.

MATHÉO, montrant sa maison, où est sa fille.
Conserve à ma tendresse
L'enfant que je chéris!

CHOEUR DES HOMMES.
Donne-nous la richesse!

CHOEUR DES JEUNES FILLES.
Donne-nous des maris!

CHOEUR GÉNÉRAL.
O sainte vierge des Rameaux!
Exauce aujourd'hui nos prières!
Veille toujours sur nos chaumières!
Protège toujours nos travaux.
(Mathéo leur montre la porte de l'auberge, et engage tous les gens de la noce à entrer chez lui.)

CHOEUR.
C'est grande fête
Aujourd'hui.
Garçon, fillette,
Voici, voici
Ce jour si joli!
(Ils sortent tous par la porte à gauche.)

SCÈNE IV.

BEPPO, GIACOMO.

GIACOMO.
Ils s'éloignent,... (Regardant par les sentiers du fond qui sont à droite et à gauche.) Vois-tu le capitaine?

BEPPO, s'asseyant sur le banc, à droite.
Non... il est peut-être déjà parti.

GIACOMO.
Eh! que fais-tu là? à quoi t'occupes-tu?

BEPPO.
Je m'occupe... à rien faire... c'est si doux, de ce beau soleil-là!

GIACOMO.
Dans le cas où le capitaine ne pourrait nous re-

joindre, il a dit que nous trouverions ses instructions dans le creux de l'arbre, près de la treille.

BEPPO, se retournant et mettant son bras dans l'arbre.

C'est ici... il y a quelque chose... un papier... et de son écriture!

GIACOMO.

Lisons.

BEPPO.

Lis toi-même.

GIACOMO, lisant.

« Dès que l'amoureux de la petite sera parti pour
» le rendez-vous où nos braves l'attendent, les ca-
» rabiniers pour leur expédition contre nous, et
» les gens de l'auberge pour la noce, vous m'en
» avertirez en sonnant la cloche de l'ermitage. Je
» viendrai alors avec quelques braves, et me charge
» de milord et milady. Attendez-moi. »

BEPPO.

C'est clair.

GIACOMO.

Clair ou non... dès qu'il le dit, il faut le faire... il s'agit de guetter le départ des carabiniers.

BEPPO.

Ce ne sera pas long... nous venons de les voir sur pieds et prêts à se mettre en route.

GIACOMO.

Tant mieux...

BEPPO.

Il n'y a qu'une chose qui m'embarrasse... attaquer ce milord... un dimanche! un jour de fête!

GIACOMO.

Si c'était un chrétien... mais un Anglais! cela doit nous porter bonheur pour le reste de l'année.

BEPPO.

Tu as raison! que le ciel nous soit en aide!

GIACOMO.

Mais tiens, voici l'amoureux... le brigadier Lorenzo... qui vient de ce côté... il est triste... il soupire...

BEPPO.

Il fait bien de se dépêcher... car, s'il va au rendez-vous que lui prépare le capitaine, il n'aura pas long-temps à soupirer...

GIACOMO.

Viens, laissons-le, et ne le perdons pas de vue...
(Ils s'éloignent par le sentier à droite qui est derrière la treille.)

SCÈNE V.

LORENZO, sortant de l'auberge, à gauche.

ROMANCE.

PREMIER COUPLET.

Pour toujours, disait-elle,
Je suis à toi;
Le sort peut bien t'être infidèle,
Mais non pas moi;
Et déjà la perfide adore
Un autre amant!
Ah! je ne puis le croire encore:
Je l'aimais tant!

DEUXIÈME COUPLET.

Allons, que l'honneur seul me guide!
Je veux fuir!
Je veux oublier la perfide,
Et puis mourir!
Oui, je la hais... oui, je l'abhorre...
Et cependant,
Je ne puis l'oublier encore;
Je l'aimais tant!

Et j'ai su me contraindre... j'ai eu le courage de l'épargner... quand je puis, à haute voix, devant son père, devant tout le monde, lui reprocher sa trahison... Qu'ai-je dit? moi! déshonorer celle que j'ai aimée, la perdre à jamais!.. Non, qu'elle se marie... qu'elle soit heureuse si elle peut l'être... elle n'entendra de moi ni plaintes, ni reproches... Voici bientôt l'heure du rendez-vous... j'irai, j'irai me faire tuer pour elle, ce sera ma seule vengeance.

SCÈNE VI.

LORENZO, MATHÉO; ZERLINE, sortant de l'auberge, à gauche.

MATHÉO.

Mettez là une table et du vin! les gens de la noce et les carabiniers ne seront pas fâchés de boire un coup avant de partir. Des carabiniers, c'est toujours altéré!...

(Mathéo va et vient pendant toute la scène suivante. Durant ce temps, Zerline s'est approchée de Lorenzo, qui est dans le coin à droite.)

ZERLINE, timidement.

Lorenzo, c'est moi qui vous cherche. Voici mon père de retour.

LORENZO.

C'est bien.

ZERLINE.

Francesco est avec lui!

LORENZO, un peu ému.

Francesco!

ZERLINE.

Il me l'a présenté comme son gendre. Tout est prêt pour notre mariage.

LORENZO, à part.

Tant mieux!

ZERLINE.

Dans une heure, je vais être à un autre... si vous ne parlez pas, si vous ne daignez pas m'expliquer votre étrange conduite.

MATHÉO, à la table à gauche.

Qu'est-ce que tu fais donc, au lieu de venir m'aider?

ZERLINE, allant à lui tout en regardant Lorenzo.

Me voici, mon père.

SCÈNE VII.

LES PRÉCÉDENS; BEPPO et GIACOMO, entrant par la droite.

BEPPO, s'asseyant près de la table à droite sous la treille.

D'ici nous pouvons tout surveiller.

ZERLINE, qui s'est approchée de Lorenzo.

Lorenzo, dites-moi la vérité! qu'avez-vous contre moi?... Qu'avez-vous à me reprocher?...

BEPPO et GIACOMO, frappant sur la table.

Allons, la fille... ici... à boire.

MATHÉO.

Eh bien! eh bien! tu n'entends pas qu'on t'appelle?...

ZERLINE, avec impatience.

Tout-à-l'heure... Il s'agit bien de cela dans ce moment!...
(Elle fait un signe à un garçon qui apporte à boire à Beppo et à Giacomo. Zerline cherche encore à parler à Lorenzo ; mais dans ce moment entrent les cavaliers.)

SCÈNE VIII.

LES PRÉCÉDENS, SOLDATS DU DÉTACHEMENT.

CHOEUR.

Allons, allons, mon capitaine,
Voici le jour qui nous ramène
Et les combats et le plaisir.
Allons, allons, il faut partir !

MATHÉO.

Quoi ! déjà vous mettre en campagne ?

LE CHOEUR DE SOLDATS.

Dès long-temps l'aurore a paru :
Sept heures vont bientôt sonner.

LORENZO, à part.

Qu'ai-je entendu !
(Aux soldats.) (A un sous-officier, qu'il prend à part.)
Nous partons. Écoute : au pied de la montagne
Un quart d'heure tu m'attendras ;
Et, si je ne reparais pas,
A ma place commande et dirige leur zèle...

MATHÉO.

Quoi! seul dans ces rochers ?

LORENZO.

C'est l'honneur qui m'appelle !

BEPPO, à part.

C'est à la mort qu'il va courir.

GIACOMO.

Enfin, enfin, il va partir...

ZERLINE, regardant Lorenzo.

Je ne puis le laisser partir...
Il faut...
(Elle va s'avancer vers lui ; en ce moment Francesco et toute la noce arrivent et l'entourent.)

SCÈNE IX.

LES PRÉCÉDENS, HABITANS et HABITANTES DU VILLAGE, avec des bouquets, MILORD, PAMÉLA.

ENSEMBLE.

LE CHOEUR DE VILLAGEOIS.

Allons, allons, jeunes fillettes,
Les tambourins et les musettes
Annoncent l'instant du plaisir,
Et pour la noce il faut partir !

LE CHOEUR DE SOLDATS.

Allons, allons, mon capitaine,
Voici le jour qui nous ramène
Et les combats et le plaisir.
Allons, allons, il faut partir !

MATHÉO, unissant Francesco et Zerline.

Allons, enfans, votre bonheur commence.
(A Zerline, montrant Francesco.)
Dans un instant il recevra ta foi.

ZERLINE.

Tout est fini ! pour moi plus d'espérance !
(Voyant Lorenzo qui va partir, elle s'approche de lui.)
Ah ! Lorenzo, de grace, écoutez-moi !
Qu'ai-je donc fait?

LORENZO, avec une fureur concentrée.

Perfide !

ZERLINE, à haute voix.

Achevez !

LORENZO à demi-voix et lui imposant silence,

Imprudente!
Songez à cet amant que cette nuit j'ai vu
Non loin de vous caché...

ZERLINE.

Qu'ai-je entendu
De surprise et d'horreur je suis toute tremblante !
(Lorenzo, qui s'est brusquement éloigné d'elle, va retrouver ses soldats qui sont au fond du théâtre, et les range en bataille.)

BEPPO, sur la droite près de la table, et buvant.

Partent-ils?

GIACOMO, de même.

Dans l'instant.

ZERLINE.

O mystère infernal !

BEPPO, frappant sur la table et appelant.

Holà ! du vin !..
(Se retournant, et apercevant Zerline qu'il montre à Giacomo.)
Eh ! mais, vois donc.. c'est la jeune fillette
Qui fut hier au soir si longue à sa toilette.

GIACOMO.

Et qui se trouve si bien faite ;
Il t'en souvient ?

BEPPO.

Oui c'est original.
(Riant.)
« Oui, voilà, pour une servante,
« Une taille qui n'est pas mal.
(Imitant la posture de Zerline, devant la glace.)
« Vraiment, vraiment, ce n'est pas mal. »

ENSEMBLE.

ZERLINE, étonnée.

Qu'entends-je ?

TOUS DEUX.

Ah ! ah ! ce n'est pas mal :
Elle a raison d'être contente.

ZERLINE, cherchant à rappeler ses idées.

Qu'ont-ils dit?... quel est donc ce mystère infernal ?

ENSEMBLE.

MATHÉO et LE CHOEUR.

Allons, allons, jeunes fillettes,
Les tambours et les musettes
Annoncent l'instant du plaisir,
Et pour la noce il faut partir.

LES SOLDATS.

Oui, c'est l'honneur qui nous appelle !
Nous saurons courir avec zèle
Au danger ainsi qu'au plaisir;
Allons, allons, il faut partir.

BEPPO et GIACOMO.

Bon, bon, bon, il va partir !

ACTE III, SCÈNE IX.

C'est à la mort qu'il va courir.
Oui, tout semble nous réussir ;
C'est bien, c'est bien, ils vont partir.

LORENZO.
Oui, de ces lieux il faut partir,
Et pour jamais je dois le fuir.

ZERLINE.
Qui donc ainsi m'a pu trahir ?
Par quel moyen le découvrir ?
O mon Dieu ! viens me secourir !

(A la fin de cet ensemble, Lorenzo, qui a rangé ses soldats en bataille, leur crie :)

Portez armes ! en avant ! marche !

(Ils défilent devant lui et commencent à gravir la montagne ; Mathéo vient prendre la main de Zerline, et lui montre la noce qui se dispose aussi à partir. En ce moment, Zerline voit Lorenzo qui s'éloigne, et, hors d'elle-même, elle s'élance au milieu du théâtre. — Pendant ce temps, l'orchestre continue, et on entend toujours un roulement lointain de tambours.)

ZERLINE.
Arrêtez ! arrêtez tous, et écoutez-moi !

TOUS, l'entourant.
Qu'a-t-elle donc ?

ZERLINE, regardant Lorenzo, qui est redescendu près d'elle.

J'ignore qui a fait naître les soupçons auxquels je suis en butte, et je cherche en vain à me les expliquer ; mais je sais qu'hier soir j'étais seule dans ma chambre, (Avec force et regardant Lorenzo.) oui, seule !... Je pensais à des personnes qui me sont chères... et je me rappelle avoir proféré tout haut des paroles que Dieu seul a dû entendre, et cependant on vient de les répéter tout-à-l'heure près de moi.

LORENZO.
Et qui donc ?

ZERLINE, montrant Beppo et Giacomo.
Ces deux hommes que je ne connais pas... Ils étaient donc près de moi !... cette nuit !... à mon insu !...

LORENZO.
Dans quel but ? dans quelle intention ? Il faut le savoir.

(Le morceau de musique reprend.)

TOUS.
Grands dieux !

LORENZO, à ses soldats, montrant Beppo et Giacomo.
Qu'on s'assure de tous les deux !

ENSEMBLE.

SOLDATS, CHOEUR, LORENZO et ZERLINE.
SOLDATS et CHOEUR.

Il a raison, le capitaine,
Saisissez-les...
Saisissons-les, saisissons-les !
On connaîtra qui les amène ;
Oui, l'on connaîtra leurs projets.

LORENZO et ZERLINE.
Pour moi quelle lueur soudaine !
Il faut pénétrer leurs secrets ;
Du ciel la bonté souveraine
Peut me rendre à ce que j'aimais !

LORENZO.
Seraient-ce ces bandits que poursuivent nos armes ?

(Faisant approcher un paysan.)
Toi, qui connais leur chef et dois nous le livrer,
Regarde bien et parle sans alarmes :
Est-ce l'un d'eux ?

LE PAYSAN, après les avoir regardés quelque temps.
Non... non...

BEPPO et GIACOMO, à part.
Nous pouvons respirer !

LORENZO, les regardant.
Ils ne m'en sont pas moins suspects.

MATHÉO, montrant à Lorenzo deux poignards et un papier.
Voici des armes.
Un billet dont sur eux on vient de s'emparer.

LORENZO, le prenant vivement.
Lisons.

(Même effet que plus haut. L'orchestre continue seul et en sourdine.)

LORENZO, lisant une partie de la lettre à voix basse et le reste tout haut.

« Dès que les carabiniers et les gens de la noce
» seront partis, vous m'en avertirez en sonnant la
» cloche de l'ermitage ; je viendrai alors avec
» quelques braves, et je me charge de milord et
» de milady. »

TOUS.
Grands dieux !

MILORD et PAMÉLA, tremblans.
C'est un complot contre nous deux.
(A Lorenzo.)
Que veut dire ceci ?

LORENZO.
Nous le saurons.
(Il parle bas à un de ses soldats.)

MILORD.
Je tremble...
(A Paméla.)
Pour toi.

PAMÉLA.
Pour vous !

MILORD.
Non, pour tous deux,
Que l'amour...

PAMÉLA.
Ou du moins que la peur nous rassemble.

LORENZO, au soldat à qui il a parlé bas.
Ainsi que je l'ai dit, va, dispose-les tous.
(A un autre soldat, lui montrant Giacomo.)
Toi, monte à l'ermitage avec lui... s'il hésite,
Qu'à l'instant même il tombe sous tes coups.
(Aux gens de la noce.)
Vous, mes amis, cachez-vous vite
Derrière ces buissons épais.
(A Beppo.)
Pour toi, reste seul ici... reste !
Et si pour nous tu fais le moindre geste..
(Frappant sur sa carabine et lui montrant le buisson à gauche.)
Songe que je suis là !... tu m'entends ?...

BEPPO, tremblant.
Trop bien !

LORENZO.
Paix !

(Un soldat est monté avec Giacomo à l'ermitage qui est au haut de la montagne, en face du spectateur. — Le soldat est dans l'intérieur de la chapelle ; on ne voit, par une des fenêtres du clocher, que le bras de Giacomo qui sonne lentement la cloche. — Les carabiniers sont à droite et à gauche dans les ravins qui bordent le théâtre. — Dans le bosquet à droite, Francesco, les paysans. Dans le bosquet à gauche du spectateur, et près de la porte de l'auberge, Lorenzo, Zerline, milord, Paméla.—Beppo est seul au milieu du théâtre. La cloche commence à sonner.)

ENSEMBLE.

LORENZO, LE CHOEUR et BEPPO.

LORENZO et LE CHOEUR.

Dieu puissant que j'implore,
Seconde { mon / son } dessein !

BEPPO, seul au milieu du théâtre et jetant autour de lui des regards effrayés.

Dieu puissant que j'implore,
Renverse leur dessein !

ZERLINE.

Vient-il quelqu'un ?

LORENZO.

Non, pas encore !

BEPPO, à part.

Puisse-t-il rester en chemin !

(Reprise de l'ensemble.)

MATHÉO, au fond du théâtre, sur la première élévation.

Quelqu'un s'avance !

LORENZO.

Garde à vous !... du silence !

(Tous les soldats disparaissent à droite et à gauche derrière les arbres et les rochers.—Le marquis paraît au fond du théâtre par la droite de la montagne. Il s'arrête regarde d'en haut, n'aperçoit à l'ermitage que Giacomo qui continue à sonner, et Beppo sur le devant.)

LE MARQUIS, appelant.

Beppo !

LORENZO, caché par le bosquet et couchant Beppo en joue avec sa carabine.

Ne bouge pas !

LE MARQUIS, toujours au fond sur la montagne.

Sommes-nous seuls ici ?
Et peut-on avancer sans crainte ?

LORENZO, derrière le bosquet sur le devant du théâtre, et à voix basse à Beppo qu'il continue à coucher en joue.

Réponds : Oui !

BEPPO, tremblant.

Oui !...

LORENZO, de même.

Plus haut !

BEPPO, tournant la tête vers le fond.

Oui, oui, capitaine.

LE MARQUIS fait signe à quatre de ses compagnons le descendre et le précède.

C'est le plaisir qui me ramène ;
C'est la fortune qui m'attend.

BEPPO, entre ses dents.

Joliment ! joliment !

LE PAYSAN, qui est dans le bosquet à gauche près de Lorenzo, regardant le marquis au moment où il descend la montagne.

C'est Diavolo !

LORENZO.

Qu'as-tu dit ?

LE PAYSAN.

Je l'atteste !

MILORD.

C'est le marquis !

PAMÉLA.

O méprise funeste !
Ce seigneur...

MILORD.

Cet amant
N'était rien qu'un brigand !

(Pendant ce temps, le marquis est descendu de la montagne il avance lentement au milieu du théâtre en arrangeant son col et les boucles de ses cheveux.)

LE MARQUIS, s'appuyant sur l'épaule de Beppo.

Tu vois, Beppo, que le ciel nous protège :
Enfin, milord,
Et sa femme et son or
Sont à nous...

LORENZO, sortant du bosquet à gauche.

Pas encor !...

(En ce moment, les rochers, les hauteurs qui sont aux deux côtés du théâtre, et la montagne du fond, se garnissent carabiniers qui couchent en joue Beppo et le marquis Quant à leurs quatre compagnons qui étaient restés fond du théâtre, les paysans, armés de bâtons, de piod et de faux, les entourent et les saisissent.)

LE MARQUIS.

Grand Dieu ! c'est un piège !

LORENZO.

Non, c'est le rendez-vous préparé par tes soins.
J'ai changé seulement l'endroit...

(Montrant les soldats.)

Et les témoins.

(Faisant signe de l'emmener.)

Allez !

CHOEUR.

Victoire ! victoire ! victoire !
Mes braves compagnons !
Victoire ! victoire ! victoire !
Ah ! pour nous quelle gloire !
Enfin, nous le tenons !

MILORD, à Paméla.

D'un mari...

LORENZO, à Zerline.

D'un amant pardonne les soupçons !

LE CHOEUR, montrant Lorenzo et Zerline.

ENSEMBLE.

LORENZO, ZERLINE, MILORD, PAMÉLA, MATHÉO.

(Reprise de la ronde du premier acte.)

Grand Dieu, je te rends grace !
C'est par ton pouvoir protecteur
Que rentrent dans notre cœur
La paix et le bonheur !
Dès que l'orage passe,
Gaîment chante le matelot,
Et se rassurant bientôt,
Chacun dans ce hameau,
Sans crainte en son foyer paisible,
Dira ce nom terrible :
Diavolo ! Diavolo !

(En ce moment Diavolo passe sur la montagne du fond, précédé et suivi des carabiniers ; tous les paysans se retournent en le montrant du doigt.)

LE CHOEUR, achevant l'air.

Diavolo !
Victoire ! victoire ! victoire !

(Montrant Lorenzo et Zerline.)

Combien ils sont heureux !
Victoire ! victoire ! victoire !
Et l'amour et la gloire
Vont combler tous leurs vœux.

FIN DE FRA-DIAVOLO.

Imprimerie de BOULE et Cⁱᵉ, rue Coq-Héron, 3.

LE PHILTRE

OPÉRA EN DEUX ACTES,

PAROLES DE M. SCRIBE,

MUSIQUE DE M. AUBER,

Représenté pour la première fois, à Paris, sur le théâtre de l'Académie royale de Musique, le 15 juin 1831.

DISTRIBUTION DE LA PIÈCE:

GUILLAUME, garçon de ferme	MM. NOURRIT.
JOLI-CŒUR, sergent	DABADIE.
LE DOCTEUR FONTANAROSE, charlatan	LEVASSEUR.
LE VALET DU CHARLATAN	ÉLIE.
TÉRÉZINE, jeune fermière	Mmes DAMOREAU.
JEANNETTE, blanchisseuse	JAVURECK.

JEUNES FILLES DU VILLAGE.
SOLDATS de la compagnie de Joli-Cœur.

La scène se passe aux environs de Mauléon, aux bords de l'Adour, dans le pays basque.

ACTE PREMIER.

Le théâtre représente les campagnes de l'Adour. A gauche, l'entrée d'une ferme; à droite, un ruisseau; au fond, des gerbes de blé entassées. Au milieu du théâtre, un arbre immense à l'ombre duquel se reposent tous les gens de la ferme qui viennent de faire la moisson.

SCÈNE I.

TÉRÉZINE, GUILLAUME, JEANNETTE, JEUNES FILLES.

(Térézine est assise et lit avec attention dans un livre qu'elle tient à la main. Guillaume, seul debout, la regarde avec tendresse. Jeannette et d'autres jeunes filles ont laissé au bord du ruisseau leur linge qu'elles blanchissaient, et se sont assises près de Térézine.)

CHŒUR.
Amis, sous cet épais feuillage
Bravons le soleil et ses feux;
Goûtons enfin après l'ouvrage
Le repos qui seul rend heureux.
GUILLAUME, regardant Térézine.
La voilà! qu'elle est jolie!
Mais depuis qu'elle a mon cœur,
Il n'est plus dans ma vie
De repos ni de bonheur.

CHŒUR.
Amis, sous cet épais feuillage
Bravons le soleil et ses feux;
Goûtons enfin après l'ouvrage
Le repos qui seul rend heureux.
C'est le repos qui rend heureux!
GUILLAUME, montrant Térézine qui continue à lire.
Elle sait lire; est-elle heureuse!
Moi je ne suis qu'un ignorant,
Et sans esprit, et sans talent.
TÉRÉZINE, riant, en fermant le livre qu'elle tenait à la main.
Ah! l'aventure est curieuse!
JEANNETTE.
Tu ris!... C'est donc bien beau?
TÉRÉZINE.
Sans doute, je lisais
Un roman... l'histoire amoureuse
Du beau Tristan de Léonnais.

GUILLAUME.
Une histoire amoureuse! Ah! si par complaisance
Vous nous la lisiez !
TÉRÉZINE.
Soit.
TOUS.
Ecoutons ! du silence !

TÉRÉZINE, lisant.
PREMIER COUPLET.

La reine Iseult, aux blanches mains,
A l'amour se montrait rebelle,
Et Tristan se mourait pour elle
Sans se plaindre de ses dédains.
Lors voilà, nous dit la chronique,
Voilà qu'un enchanteur fameux
Lui fit prendre un philtre magique
Qu'on nommait le boire-amoureux.

Philtre dont la vertu secrète
Inspirait d'éternels amours !
Pourquoi faut-il que la recette
En soit perdue, et pour toujours!

GUILLAUME et LE CHŒUR.
Quel dommage que la recette
En soit perdue, et pour toujours!

TÉRÉZINE.
DEUXIÈME COUPLET.

Dès qu'à sa bouche il le porta,
Tous deux sentirent même flamme,
Et ce feu qui brûlait son âme,
Bientôt Iseult le partagea.
N'aimant que lui qui n'aimait qu'elle,
Iseult enfin, comblant ses vœux,
Jusqu'au trépas resta fidèle,
Bénissant le boire-amoureux ;

Philtre dont la vertu secrète
Inspirait d'éternels amours !
Pourquoi faut-il que la recette
En soit perdue, et pour toujours!

CHŒUR.
Pourquoi faut-il que la recette
En soit perdue, et pour toujours!

GUILLAUME.
Ah ! qu'un philtre pareil me serait nécessaire !
(montrant Térézine.)
Elle est belle, elle est riche, et moi pour tout trésor
Je n'ai que mon amour... et ces trois pièces d'or,
Seul héritage de mon père !
(On entend un bruit de tambour ; tout le monde se lève.)

SCÈNE II.

LES PRÉCÉDENTS, JOLI-CŒUR, arrivant à la tête d'un détachement de soldats qui restent sous les armes au fond du théâtre. Il s'approche de Térézine qu'il salue, et à qui il offre son bouquet.

JOLI-CŒUR.
AIR.

Je suis sergent,
Brave et galant,
Et je mène tambour battant
Et la gloire et le sentiment.

Est-il beauté prude ou coquette
Que ne subjugue l'épaulette ?
Pour moi, je crains peu leur rigueur;
On peut braver leur inconstance
Quand on est sergent recruteur
Dans les troupes du roi de France.
Oui, nos droits sont bien reconnus ;
Mars sut toujours plaire à Vénus.

Je suis sergent,
Brave et galant,
Et je mène tambour battant
Et la gloire et le sentiment.

(à Térézine.)

Gentille et farouche fermière,
Aimable objet de mon ardeur,
Pourquoi, lorsque j'ai su vous plaire,
Résister encore au vainqueur ?
Que votre cœur vous persuade !
Sous-officier... c'est un beau grade !
J'ai des honneurs, vous la richesse;
Couronnez enfin ma tendresse,
Ne retardez plus mon bonheur;
Allons ! allons ! faites-moi mon bonheur!

Je suis sergent,
Tendre et galant,
Et je mène tambour battant
Et la gloire et le sentiment.

TÉRÉZINE.
Je suis fière d'un tel hommage !

GUILLAUME, à part.
Elle lui permet d'espérer !

JOLI-CŒUR.
Et quel jour notre mariage ?

TÉRÉZINE.
Nous verrons.

JOLI-CŒUR.
Toujours différer !

TÉRÉZINE.
C'est qu'en vous le ciel a fait naître
Tant de mérite et de talents,
Que pour les voir et les connaître
Vous sentez bien qu'il faut du temps !

JOLI-CŒUR, à part.
Ah! l'on veut du temps... Je comprends!
D'une pudeur mourante inutile défense!
(à Térézine.)
Je vais faire chez vous reposer mes guerriers.
TÉRÉZINE, à Joli-Cœur.
Trop heureuse d'offrir à boire à leur vaillance!
(aux gens de la ferme.)
Quant à vous, reprenons nos travaux journaliers.
CHŒUR, se levant et sortant avec lenteur et négligence.
Il faut quitter ce doux ombrage,
Braver le soleil et ses feux;
Il faut retourner à l'ouvrage;
C'est le repos qui rend heureux.

(Joli-Cœur entre dans la ferme avec les soldats. Térézine va le suivre. Guillaume l'arrête et la retient timidement par sa jupe. Jeannette et les jeunes filles sont retournées au fond près du ruisseau, où elles se remettent à blanchir leur linge.)

SCÈNE III.
GUILLAUME, TÉRÉZINE.

GUILLAUME.
Un seul mot par pitié!
TÉRÉZINE.
Non vraiment, et pour cause.
Entendre soupirer me devient odieux.
GUILLAUME.
Eh! puis-je, hélas! faire autre chose?
Je voudrais fuir et ne le peux!
Un sort jeté sur moi me retient en ces lieux.
Mon oncle Richardet, percepteur à la ville,
Me voulait près de lui donner un poste utile;
J'ai refusé!
TÉRÉZINE.
Pourquoi?
GUILLAUME.
J'aime mieux, c'est plus doux,
Souffrir en vous voyant qu'être heureux loin de vous.
TÉRÉZINE.
Mais votre oncle est malade... on le dit.
GUILLAUME.
Et je reste
En ces lieux; c'est fort mal!
TÉRÉZINE.
Très mal, je vous l'atteste.
Contre vous il se fâchera;
Et s'il meurt, tout son bien, il vous en privera.
GUILLAUME.
Qu'importe?
TÉRÉZINE.
Et vous mourrez de faim après cela!
GUILLAUME, tristement.
Ou de faim... ou d'amour... cela revient au même.

TÉRÉZINE.
Guillaume, écoutez-moi: vous êtes bon et franc;
Vous n'avez pas, comme ce beau sergent,
La vanité de croire qu'on vous aime;
Aussi je vous estime et vous plains, et je veux,
Pour vous guérir de cet amour extrême,
Vous parler franchement, si du moins je le peux.

AIR.
La coquetterie
Fait mon seul bonheur;
Paraître jolie
Sourit à mon cœur.
J'aime que l'on m'aime,
Qu'on m'adore... mais,
Pour aimer moi-même,
Jamais!... non, jamais!

Amant trop fidèle
Qui me trouvez belle,
Pourquoi ce courroux?
Votre cœur m'appelle
Tigresse et cruelle...
Pourquoi m'aimez-vous?

La coquetterie, etc.

A l'amour loin de te livrer,
Vas, crois-moi, d'une erreur pareille
Guéris-toi, je te le conseille,
Oui, je te le conseille,
Mais sans le désirer!...

La coquetterie
Fait mon seul bonheur;
Paraître jolie
Sourit à mon cœur.
J'aime que l'on m'aime,
Qu'on m'adore .. mais,
Pour aimer moi-même,
Jamais!... non, jamais!

(Elle rentre dans la ferme)

SCÈNE IV.
GUILLAUME, JEANNETTE, ET LES JEUNES FILLES occupées à blanchir.

GUILLAUME, la regardant sortir.
Guéris-toi! me dit-elle... à dire c'est facile;
Mais moi qui suis loin d'être habile,
Par quels moyens y parvenir?
JEANNETTE, qui s'est levée et s'est approchée de lui.
Pauvre garçon! quel chagrin est le vôtre!
GUILLAUME.
Jeannette, par bonté, daignez me secourir!
D'un amour malheureux comment peut-on guérir?
JEANNETTE.
Un seul moyen!
GUILLAUME.
Lequel?

JEANNETTE.
C'est d'en aimer une autre !
GUILLAUME.
Vous croyez ?
JEANNETTE.
J'en suis sûre.
GUILLAUME.
Eh bien ! par amitié
Aimez-moi, je vous prie, ou du moins par pitié !
JEANNETTE, riant.
Vraiment ?
(appelant ses compagnes.)
Est-il possible
D'être insensible
Aux feux d'un jouvenceau
Si beau !
Il veut qu'on l'aime,
Et de soi-même
On l'aimerait sans ça
Déjà.

GUILLAUME.
Vous vous riez de moi! vous riez de mes peines !
(aux autres jeunes filles.)
Mais vous, soyez moins inhumaines !
TOUTES, le raillant.
Est-il possible
D'être insensible
Aux feux d'un jouvenceau
Si beau !
Il veut qu'on l'aime,
Et de soi-même
On l'aimerait sans ça
Déjà.
GUILLAUME, furieux.
Être aimé n'est donc pas possible,
Et pour y parvenir il faudrait se damner ;
A Lucifer lui-même il faudrait se donner.
ENSEMBLE.
JEANNETTE ET LES JEUNES FILLES, riant.
Est-il possible
D'être insensible
Aux feux d'un jouvenceau
Si beau !
Il veut qu'on l'aime,
Et de soi-même
On l'aimerait sans ça
Déjà !
GUILLAUME, à part, et se désespérant.
Est-il possible
D'être insensible
Aux tourments
Qu'ici je ressens !
Tout m'abandonne ;
Jamais personne
N'aura, je croi,
Pitié de moi !
(On entend plusieurs sons de trompette; on voit accourir tous les gens du village.)
JEANNETTE.
Quel bruit soudain se fait entendre ?
Pourquoi tout le village ici vient-il se rendre ?

SCÈNE V.

LES PRÉCÉDENTS, LE DOCTEUR FONTANAROSE, dans un cabriolet doré et de forme antique, traîné par un cheval blanc; son valet, qui est derrière lui, sonne de la trompette. Il est debout sur son char, tenant à la main des papiers et des rouleaux. Tout le village l'entoure.

CHŒUR.
C'est quelque grand-seigneur
Qui parmi nous voyage ;
Quel brillant équipage !
Honneur à sa grandeur !
Honneur ! honneur
A monseigneur !
FONTANAROSE, du haut de son char.
RÉCITATIF.
Vous me connaissez tous, messieurs, je le suppose.
Vous savez comme moi que, médecin fameux,
Je suis ce grand docteur, nommé Fontanarose,
Connu dans l'univers... et... dans mille autres lieux !
AIR.
Approchez tous ! venez m'entendre !
Moi, l'ami de l'humanité,
A juste prix je viens vous vendre
Et le bonheur et la santé.

Mon élixir odontalgique
Détruit partout, c'est authentique,
Et les insectes et les rats,
Dont j'ai là les certificats.

Par cet admirable breuvage
Un capitoul de soixante ans
Est devenu, malgré son âge,
Grand-père de dix-huit enfants.

Adoucissant et confortable,
J'ai vu par lui, par son secours,
Plus d'une veuve inconsolable
Consolée en moins de huit jours !

Approchez tous ! venez m'entendre, etc.
(s'adressant aux vieilles femmes.)
O vous, matrones rigides
Qui regrettez le bon temps,
Voulez-vous, malgré vos rides,
Voir revenir le printemps ?

ACTE I, SCÈNE V.

(aux jeunes filles.)
   Voulez-vous, mesdemoiselles,
   Rester jeunes et belles ?
(aux garçons.)
   Voulez-vous, beaux jeunes gens,
   Plaire et séduire en tous les temps ?
   Prenez, prenez mon élixir !
      Il peut tout guérir :
      La paralysie
      Et l'apoplexie
      Et la pleurésie
      Et tous les tourments ;
      Jusqu'à la folie,
      La mélancolie,
      Et la jalousie,
      Et le mal de dents.

   Prenez, prenez mon élixir !
      De tout il peut guérir.
Demandez, demandez ! C'est le seul, c'est l'unique !
Vous me direz : Combien ce fameux spécifique ?
—Combien, messieurs, combien ?—Cent ducats ?
   — Nullement.
—Vingt ducats ?—Non, messieurs.—Dix ducats ?
   —Non vraiment.
Demandez, demandez ! le voilà ! je le donne !
Les femmes, les enfants, on n'excepte personne !
   Prenez, prenez mon élixir !
      De tout il peut guérir.

(Il descend de son cabriolet, et tout le peuple l'entoure.)

CHŒUR.
   Honneur ! honneur
   A ce fameux docteur !
   Ah ! c'est un grand docteur !

FONTANAROSE, saluant à droite et à gauche.
Messieurs, pour vous prouver combien je suis sensible
A l'accueil bienveillant que de vous j'ai reçu,
Je veux vous faire à tous le cadeau... d'un écu !

TOUS, tendant la main.
   Ah ! quel bonheur ! est-il possible !

FONTANAROSE, tenant une fiole.
Voici comment : Ce remède inconnu,
Je le vends en tous lieux pour six livres de France ;
Mais comme en ce séjour j'ai reçu la naissance,
Et qu'à des cœurs bien nés le sol natal est cher,
   Venez, messieurs, que l'on s'approche !
Je vous le donne à tous pour trois francs ! Il est clair
Que c'est un écu net que je mets dans leur poche !

TOUS.
Il a raison ! Ah ! c'est un grand docteur ;
   Donnez, donnez. Rendons honneur
      A ce savant docteur !

(Les valets du docteur distribuent des fioles et des rouleaux d'eau de Cologne à tous les gens du village, qui s'empressent d'en acheter. Tout cela se passe au fond du théâtre. Pendant ce temps, Guillaume, qui est resté pensif, s'approche de Fontanarose et le tire à part.)

GUILLAUME.
Puisque pour nous guérir des maux de toute espèce
Vous avez des secrets...
FONTANAROSE.
         J'en ai de merveilleux !
GUILLAUME.
Auriez-vous *le boire-amoureux*
Du beau Tristan de Léonnais ?
FONTANAROSE.
         Hein ! qu'est-ce ?
GUILLAUME.
Un philtre qui faisait qu'on s'adorait sans cesse !
FONTANAROSE, froidement.
Dans notre état nous en tenons beaucoup.
GUILLAUME.
Il serait vrai !
FONTANAROSE.
      Chaque jour j'en compose,
Car on en demande partout.
GUILLAUME.
Et vous en vendez ?
FONTANAROSE.
   Oui.
GUILLAUME, avec crainte.
      Et combien ?
FONTANAROSE.
         Peu de chose !
GUILLAUME, tirant timidement trois pièces d'or de sa poche.
J'ai là... c'est tout mon bien, j'ai là trois pièces d'or.
FONTANAROSE, les regardant.
Justement, c'est le prix !
GUILLAUME, vivement et les lui donnant.
      Prenez... Et ce breuvage,
Ce philtre ?...
FONTANAROSE, tirant de sa poche un petit flacon.
   Le voici !
GUILLAUME, le saisissant avec joie, le retenant.
      Grands dieux ! un mot encor !
La manière d'en faire usage ?
FONTANAROSE, gravement.
Vous prenez ce flacon, puis ensuite à longs traits,
Et lentement, vous le buvez... vous-même !
Et son effet est tel que bientôt on vous aime.
GUILLAUME, vivement.
Sur-le-champ ?
FONTANAROSE.
   Non, vraiment ! vingt-quatre heures après.
(à part.)
Le temps de m'éloigner ; c'est le point nécessaire.
GUILLAUME, avec crainte, en montrant le flacon.
Et son goût...
FONTANAROSE.
   Est divin.

(à part.)
Du lachryma-christi
Qu'avec grand soin pour moi je réservais ici.
(à Guillaume.)
Mais sur un tel sujet le plus profond mystère,
Pas un mot! La police, aisée à s'alarmer,
Punit sévèrement ceux qui se font aimer;
Elle n'entend pas ça!
GUILLAUME, à demi-voix.
Je jure de me taire!
FONTANAROSE, à plusieurs femmes qui le tirent par son habit et veulent le consulter.
C'est bien, je suis à vous!
GUILLAUME.
Ah! quel destin prospère!
(Fontanarose va rejoindre les gens du village, qui l'entourent de nouveau et ont l'air de le consulter. Il sort avec eux tandis que le chœur reprend :)
CHŒUR.
Honneur! honneur
A ce fameux docteur!
Ah! c'est un grand docteur!

SCÈNE VI.

GUILLAUME, seul, regardant le flacon qu'il tient à la main.

AIR.

Philtre divin! liqueur enchanteresse!
Dont l'aspect seul charme mon cœur!
Je vais enfin te devoir ma maîtresse,
Je vais te devoir le bonheur!

Grâce à ton pouvoir tutélaire
Que puis-je désirer encor?
Est-il des trésors sur la terre
Pour payer un pareil trésor!

Philtre divin! liqueur enchanteresse! etc.
(Il regarde autour de lui s'il est seul, puis il débouche le flacon et boit lentement.)

Quelle douce chaleur
S'empare de mon cœur!
Et déjà dans son âme
Pénètre même flamme!
Ah! oui, je le sens là,
Elle m'aime déjà!

Elle va donc se rendre,
Mon bonheur est certain;
Mais il me faut attendre
Encor jusqu'à demain!
Demain, hélas! me semble
Etre si loin d'ici,
Que, malgré moi, je tremble
De mourir aujourd'hui!

(Il regarde le flacon, croit y voir encore quelques gouttes et le porte de nouveau à ses lèvres.)

Quelle douce chaleur
S'empare de mon cœur!
Et déjà dans son âme
Pénètre même flamme!
Ah! oui, je le sens là,
Elle m'aime déjà!

(portant la main à son front.)

Quel délire nouveau! quelle joie inconnue!
De ce philtre magique effet miraculeux!
J'aime le monde entier, je ris, je suis heureux!
Tout réjouit mon être et s'anime à ma vue!
Allons, plus de chagrin et déjeunons gaîment;
L'appétit me revient et le bonheur m'attend!

(chantant à pleine voix.)

Tra, la, la, la, la, la!

(Il s'asseoit près de la table de pierre, qui est à gauche, tire de sa panetière du pain et des fruits, et se met à manger en chantant.)

SCÈNE VII.

GUILLAUME, près de la table, TÉRÉZINE, sortant de la ferme. Elle traverse le théâtre, elle aperçoit Guillaume.

TÉRÉZINE.

DUO.

Je sais d'avance son langage;
Il va, brûlant de mille feux,
Me parler, suivant son usage,
De son désespoir amoureux!

GUILLAUME, à table et chantant.

Tra, la, la, la, la, la, la, la!

TÉRÉZINE, étonnée.

Eh mais! dans sa douleur mortelle,
Il est bien gai!

GUILLAUME, l'apercevant et se levant pour aller à elle.

Dieu! la voici!

(s'arrêtant.)

Mais qu'allais-je faire! et près d'elle
Pourquoi soupirer aujourd'hui?

De triompher d'une inhumaine
A quoi bon m'efforcer en vain,
Puisque sans efforts et sans peine
Elle doit m'adorer demain?

(Il va s'asseoir, et continue son repas.)

TÉRÉZINE, le regardant avec surprise.

Non... il reste! et tranquillement
Il déjeune!!!... Quel changement!
Serait-il consolé déjà!
Un instant... c'est ce qu'on verra.

ENSEMBLE.

GUILLAUME, à part et la regardant.

Beauté si longtemps sévère,
Tu vas me céder enfin;

Aujourd'hui laissons-la faire,
Elle m'aimera demain !
TÉRÉZINE, de même.
Voudrait-il donc se soustraire
A mon pouvoir souverain ?
Ce serait trop téméraire,
Et je ris de son dessein.
TÉRÉZINE.
Je vois qu'à mes leçons sensible
Mes conseils par vous sont suivis.
GUILLAUME, ingénument.
J'y tâche, et je fais mon possible
Pour profiter de vos avis.
TÉRÉZINE, le raillant.
Quoi ! ces tourments, cette souffrance...
GUILLAUME, naïvement.
De m'en guérir j'ai l'espérance.
TÉRÉZINE, riant.
Vous le croyez ?
GUILLAUME.
Cela commence !
TÉRÉZINE, étonnée.
Que dites-vous ?
GUILLAUME.
Cela va mieux,
Dès aujourd'hui cela va mieux.
TÉRÉZINE, avec dépit.
J'en suis ravie ! et c'est heureux !
GUILLAUME, en confidence et la regardant tendrement.
Et bien plus, j'en ai l'assurance,
Ce sera fini dès-demain !
TÉRÉZINE, de même.
En vérité !
GUILLAUME.
J'en suis certain !
TÉRÉZINE.
En vérité !
GUILLAUME.
Je le sens là !
TÉRÉZINE, à part, avec coquetterie.
Eh bien ! c'est ce qu'on verra.
ENSEMBLE.
GUILLAUME.
Beauté si longtemps sévère,
Tu vas t'adoucir enfin ;
Aujourd'hui laissons la faire,
Elle m'aimera demain.
TÉRÉZINE.
Il voudrait donc se soustraire
A mon pouvoir souverain ;
D'honneur, c'est trop téméraire,
Et je ris de son dessein.

SCÈNE VIII.

LES PRÉCÉDENTS, JOLI-CŒUR, sortant de la ferme.
TÉRÉZINE, à part.
Que vois-je ? et pour moi quelle joie !
C'est Joli-Cœur, l'invincible sergent !
Ah ! c'est le ciel qui me l'envoie !
(à Joli-Cœur, d'un air aimable.)
De nos soins êtes-vous content ?
(montrant la ferme.)
Ce logis vous plaît-il ?
JOLI-CŒUR, relevant sa moustache.
C'est selon !
TÉRÉZINE.
Et comment ?
TRIO.
JOLI-CŒUR, avec une fatuité de soldat.
Dedans le cours de mes conquêtes
J'ai vu des postes dangereux !
Mais, je le sens, ceux où vous êtes
Sont encor bien plus périlleux !
TÉRÉZINE, minaudant.
Pourquoi donc ? suis-je une ennemie ?
JOLI-CŒUR.
Puisque vous repoussez mes feux.
TÉRÉZINE, à Joli-Cœur, mais regardant toujours
Guillaume du coin de l'œil.
Qui vous l'a dit, je vous en prie ?
(tendrement.)
Du moins ce ne sont pas mes yeux !
JOLI-CŒUR, vivement.
Eh quoi ! l'ardeur qui me dévore,
Votre cœur la partage aussi !
(Térézine ne répond pas, baisse les yeux, et regarde
Guillaume en dessous.)
JOLI-CŒUR, se retournant vers Guillaume.
J'en étais sûr, elle m'adore.
GUILLAUME, froidement.
C'est possible ! pour aujourd'hui !
TÉRÉZINE, avec colère, regardant Guillaume.
Eh bien ! eh bien !
Cela ne lui fait rien !
Ah ! je n'y conçois rien.
ENSEMBLE.
TÉRÉZINE.
Un faible esclave
Ainsi me brave !
Mais dans mes fers il reviendra,
Car je l'ai dit, et ce sera !
JOLI-CŒUR, à Térézine.
Oui, le plus brave
N'est qu'un esclave
Que l'amour toujours soumettra,
Et dans vos chaînes me voilà !
GUILLAUME, à part.
Moi, son esclave,

Je deviens brave;
Mon talisman me sauvera
D'un rival tel que celui-là!
  JOLI-CŒUR, à Térézine.
Mais pour qu'enfin l'hymen couronne
Et ma constance et mes amours,
Quel jour choisissez-vous?
  TÉRÉZINE, regardant Guillaume.
    Quel jour!...
   (à part.)
    Dieu me pardonne!
Il frémit...
(Guillaume a fait un geste d'effroi ; puis il tire la fiole de sa poche et la regarde.)
  GUILLAUME, à part.
Calmons-nous!
  JOLI-CŒUR, à Térézine.
   Eh bien! quand?
  TÉRÉZINE.
    Dans huit jours.
  JOLI-CŒUR, avec joie.
Son époux! dans huit jours!
  TÉRÉZINE, regardant Guillaume.
Dans huit jours!
  GUILLAUME, riant.
Tandis que moi... demain...
  TÉRÉZINE.
    Cela ne lui fait rien!
Non, je n'y conçois rien.
  ENSEMBLE.
  TÉRÉZINE.
Un faible esclave
Ainsi me brave!
Mais dans mes fers il reviendra,
Car je l'ai dit, et ce sera!
  JOLI-CŒUR.
Oui, le plus brave
N'est qu'un esclave
Que toujours l'amour soumettra,
Et dans vos chaînes me voilà!
  GUILLAUME.
Moi, son esclave,
Je deviens brave;
Mon talisman me sauvera
D'un rival tel que celui-là.

SCÈNE IX.

LES PRÉCÉDENTS, SOLDATS arrivant par le fond; JEANNETTE, et gens du village qui la suivent.

FINAL.

CHŒUR DE SOLDATS, s'adressant à Joli Cœur.
C'est un ordre du capitaine,
Qui vient d'arriver à l'instant :
Le voici! lisez, mon sergent.
 JOLI-CŒUR, prenant la lettre qu'on lui présente.
Voyons!...
  (Il lit.)
O ciel! à la ville prochaine
Nous allons tenir garnison!
Et nous partons dès demain!...
  GUILLAUME, à part, se frottant les mains.
   C'est très bon!
  ENSEMBLE.
  CHŒUR DE SOLDATS.
Ah! quel malheur! ah! quel dommage!
De garnison changer toujours!
  (regardant les jeunes filles.)
Nous quittons ce joli village
Et les objets de nos amours!
  JEANNETTE, et les jeunes filles.
Quel contre-temps et quel dommage!
De garnison changer toujours!
Ils vont quitter notre village,
Et nous, l'objet de nos amours!
  JOLI-CŒUR.
Quel contre-temps! morbleu! j'enrage!
De garnison changer toujours!
On n'aime pas, quoique volage,
A quitter de nouveaux amours.
  GUILLAUME.
Ah! quel bonheur, quel avantage!
Il s'éloigne de ce séjour!
Et je reste dans ce village
Près de l'objet de mon amour.
  TÉRÉZINE, avec dépit.
Quoi! de mes fers il se dégage,
Il oublie ainsi son amour!
C'est un affront, c'est un outrage!
Je veux m'en venger à mon tour.
  JOLI-CŒUR, à Térézine.
Vous l'entendez; demain, ma reine...
  TÉRÉZINE, souriant.
Il faut partir!
  JOLI-CŒUR.
   Du moins j'ai vos serments.
  TÉRÉZINE.
Sans doute!
  JOLI-CŒUR.
Et cette main doit s'unir à la mienne!
  TÉRÉZINE, riant.
Je l'ai promis!
  JOLI-CŒUR.
   Qu'importe alors le temps!
  TÉRÉZINE et GUILLAUME.
Que veut-il dire?
  JOLI-CŒUR.
   Adorable maîtresse,
Puisque demain matin l'honneur et le devoir
M'appellent loin de vous, tenez votre promesse
Aujourd'hui même et dès ce soir!
  GUILLAUME, vivement et avec crainte.
Aujourd'hui même!...
  TÉRÉZINE l'observant à part.
    Il se trouble!
  GUILLAUME, de même.
Et dès ce soir!

TÉRÉZINE, de même.
Quel embarras!
(s'adressant à Joli-Cœur en regardant toujours Guillaume.)
Et pourquoi donc? et pourquoi pas?
(à part.)
C'est charmant! son trouble redouble!
JOLI-CŒUR.
J'y puis compter! vous l'avez dit.
TÉRÉZINE, lui répondant sans l'écouter, et regardant toujours Guillaume avec une joie maligne.
Oui vraiment.
JOLI-CŒUR.
Dès ce soir?
TÉRÉZINE, de même.
Oui vraiment.
JOLI-CŒUR.
A minuit.
GUILLAUME, à part.
Dieu! quel parti prendre! et que faire?
TÉRÉZINE, regardant toujours Guillaume avec satisfaction.
Dans mes chaînes il reviendra!
Je l'avais dit: et l'y voilà!
JOLI-CŒUR.
Elle est à moi! quel sort prospère!
GUILLAUME, se désespérant.
L'épouser dès ce soir! O funeste destin!
Quand elle doit, hélas! ne m'aimer que demain?
ENSEMBLE.
CHŒUR DE SOLDATS.
Ah! quel bonheur! un mariage!
Nous resterons encore un jour!
Il nous reste dans ce village
Un jour de plaisir et d'amour.
JEANNETTE et les jeunes filles.
Ah! quel bonheur! un mariage!
Ils resteront encore un jour!
Et c'est encor pour le village
Un jour de plaisir et d'amour.
JOLI-CŒUR.
Quel sort heureux, quel doux partage!
La beauté me cède toujours;

Et dès ce soir l'hymen m'engage
Avec l'objet de mes amours.
TÉRÉZINE.
Oui, j'ai ressaisi l'avantage!
De lui je triomphe à mon tour.
Le voilà, cet amant volage;
A mes pieds il est de retour.
GUILLAUME.
Non, plus d'espoir, plus de courage!
Je perds l'objet de mes amours.
Hélas! pour détourner l'orage,
A quel moyen avoir recours?
JOLI-CŒUR.
Soldats! habitants du village,
Je vous invite tous à ce doux mariage!
Car nous aurons avant le moment nuptial
Et le festin et le bal!
CHŒUR GÉNÉRAL.
Il nous invite tous à ce doux mariage!
CHŒUR DE SOLDATS.
Nous aurons un festin!
CHŒUR DE JEUNES FILLES.
Et nous aurons un bal!
REPRISE.
SOLDATS.
Ah! quel bonheur! un mariage, etc.
JEUNES FILLES.
Ah! quel bonheur! un mariage, etc.
JOLI-CŒUR.
Quel sort heureux, etc.
TÉRÉZINE.
Oui, j'ai ressaisi l'avantage, etc.
GUILLAUME.
Non, plus d'espoir, plus de courage!
Je perds l'objet de mes amours.
Hélas! pour détourner l'orage,
A quel moyen avoir recours?
(Joli-Cœur offre la main à Térézine et entre avec elle dans la ferme. Les soldats, les gens du village les suivent. Guillaume est de l'autre côté, seul et désespéré; Térézine jette un dernier regard sur lui.)

ACTE DEUXIÈME.

Un autre endroit du village. A droite, la maison de Térézine, vue d'un autre côté. A gauche la caserne et une auberge.

SCÈNE I.
[TÉRÉZINE, JOLI-CŒUR, JEANNETTE, FONTANAROSE, JEUNES FILLES, SOLDATS.

(Au lever du rideau, une grande table est dressée à droite, et l'on voit assis et mangeant, Térézine, Joli-Cœur et Jeannette ; le docteur Fontanarose et autres habitants du village ; des jeunes gens et des jeunes filles qui n'ont pu trouver place à table, dansent au milieu, tandis qu'à gauche les musiciens du régiment, montés sur une estrade, jouent des fanfares.)

CHŒUR.
Chantons ce mariage,
Et leur félicité !
Dans ce jour le courage
S'unit à la beauté.
FONTANAROSE, à table et mangeant.
Plaisirs doux et précoces,
Qui ne nous trompent pas !
Moi, ce que j'aime dans les noces,
Ce sont les grands repas !
TÉRÉZINE, regardant autour d'elle, à part et avec inquiétude.
Mais Guillaume ne paraît pas !
CHŒUR.
Chantons ce mariage,
Et leur félicité !
Dans ce jour le courage
S'unit à la beauté.
JEANNETTE, se levant de table et s'avançant près de Térézine avec plusieurs de ses compagnes.

PREMIER COUPLET.
Habitants des bords de l'Adour,
Vous savez que sur ce rivage
On parle toujours sans détour,
Du pays basque c'est l'usage !
Des fillettes de ce village
Interprète pour un moment,
Je viens, dans mon simple langage,
Vous adresser leur compliment.
Que le ciel vous donne en présent
Paix et bonheur en mariage,
Et qu'il nous en arrive autant !

DEUXIÈME COUPLET.
(lui présentant un bouquet.)
Que la mariée en ce jour
Joigne à sa parure nouvelle,
Comme gage de notre amour,
Ces fleurs qui sont moins fraîches qu'elle !
D'une destinée aussi belle,
Que l'avenir est séduisant !

Et tout bas chaque demoiselle
Dit comme moi dans ce moment...
Que le ciel vous donne en présent
Un époux aimable et fidèle,
Et qu'il nous en envoie autant !
FONTANAROSE, se levant et s'adressant aux mariés.
Puisque l'on chante ici, couple aimable et fidèle,
Je veux aussi payer mon écot en chansons.
(tirant de sa poche plusieurs petits livrets brochés.)
De mon recueil voici la plus nouvelle ;
Avec la mariée, ici nous la dirons.
(remettant un des livrets à Térézine et lui indiquant l'endroit où il faut chanter.)
Le Sénateur, la Gondolière !
Barcarolle à deux voix et chanson étrangère !
Je fais le sénateur, et vous la gondolière.

PREMIER COUPLET.
« Je suis riche, vous êtes belle,
« J'ai des écus, vous des appas !
« Pourquoi, Zanetta la cruelle,
« Pourquoi ne m'aimeriez-vous pas ?
TÉRÉZINE.
« Quelle surprise !
« Et quel honneur !
« Un sénateur
« De Venise,
« D'amour venir me supplier !..
« Mais je suis gondolière,
« Et je préfère
« Zanetto le gondolier !

ENSEMBLE.
TÉRÉZINE.
« Non, non, c'est trop d'honneur,
« Monsieur le sénateur !
FONTANAROSE.
« Allons, plus de rigueur,
« Écoute un sénateur !

FONTANAROSE.
DEUXIÈME COUPLET.
« Emmène-moi sur ta gondole,
« Mes trésors charmeront tes jours !
« L'amour est léger... il s'envole !
« Mais les ducats restent toujours !
TÉRÉZINE.
« Quelle surprise !
« Et quel honneur !
« Un sénateur
« De Venise
« A son sort veut me lier !...
« Mais je suis gondolière,

« Et je préfère
« Zanetto le gondolier ! »
ENSEMBLE.
TÉRÉZINE.
« Non, non, c'est trop d'honneur,
« Monsieur le sénateur !
FONTANAROSE.
« Allons, plus de rigueur,
« Écoute un sénateur ! »
(On danse, et à la fin du ballet paraît un tabellion, le contrat à la main.)
JOLI-CŒUR.
O doux aspect ! c'est monsieur le notaire,
Qui vient pour nous prêter son noble ministère !
(Tout le monde se lève.)
TÉRÉZINE, avec dépit, regardant autour d'elle et à part.
Guillaume n'est pas là !... Quel serait son dépit ?
JOLI-CŒUR.
Qu'avez-vous ?
TÉRÉZINE, à part.
Rien ! Mais son absence
De ma juste vengeance
Me fait perdre tout le fruit.
(Joli-Cœur lui offre la main et l'emmène, pendant que malgré elle Térézine regarde toujours si Guillaume ne vient pas.)
CHŒUR.
Chantons le mariage,
Et leur félicité !
Dans ce jour le courage
S'unit à la beauté !
(Ils entrent tous dans la maison de Térézine ; il ne reste en scène que Fontanarose, qui, demeuré seul à table, continue à boire et à manger avec la même activité.)

SCÈNE II.

FONTANAROSE, à table, GUILLAUME, au fond du théâtre.

GUILLAUME.
Voici le soir ! l'heure s'avance !
A quel moyen avoir recours ?
Malheureux et sans espérance,
Je n'ai plus qu'à finir mes jours !
FONTANAROSE, à table, et fredonnant l'air qu'il vient de chanter.
« Allons, plus de rigueur,
« Écoute un sénateur !
GUILLAUME, l'apercevant et courant à lui.
Quoi c'est vous ! dans cette demeure !
FONTANAROSE.
A dîner l'on m'a retenu,
Et je repars dans un quart d'heure !
GUILLAUME, avec chaleur.
Mon cher ami, je suis perdu !
FONTANAROSE, la bouche pleine et sans se retourner.
Pourquoi donc ?

GUILLAUME.
Il faut que l'on m'aime
Avant ce soir, à l'instant même !
En savez-vous le moyen ?
FONTANAROSE.
Oui vraiment !
Si vous voulez qu'on vous adore,
Il faut doubler la dose et m'acheter encore
Quelques nouveaux flacons de ce philtre puissant !
GUILLAUME.
Et l'on m'aimera sur-le-champ ?
FONTANAROSE.
Je le crois bien ! les vertus en sont telles
Qu'après cela, même sans le vouloir,
Vous plairez à toutes les belles.
GUILLAUME, vivement.
Dès ce soir même !
FONTANAROSE.
Dès ce soir.
GUILLAUME, l'embrassant.
Ah ! ce seul mot me rend à l'existence ;
Donnez vite, donnez.
FONTANAROSE.
Jamais je ne balance,
Dès qu'il faut obliger... Avez-vous de l'argent ?
GUILLAUME, naïvement.
Je n'en ai plus.
FONTANAROSE, froidement.
C'est différent !
(montrant l'auberge à gauche.)
Dès que vous en aurez, c'est là qu'est ma demeure !
Hâtez-vous, je l'ai dit ; je pars dans un quart d'heure.
(Il entre dans l'auberge.)

SCÈNE III.

GUILLAUME, puis JOLI-CŒUR, sortant de la ferme à droite.

GUILLAUME.
De désespoir je reste anéanti.
JOLI-CŒUR, à part et avec fatuité.
Que la femme est un être inexplicable et tendre !
Tout est prêt, elle m'aime ! et veut encore attendre
A ce soir, pour signer.
GUILLAUME, à part, regardant Joli-Cœur.
Voilà donc son mari !
(s'arrachant les cheveux.)
De rage j'en mourrai !
JOLI-CŒUR, l'apercevant.
Qu'a donc cet imbécile ?
(haut.)
Approche, mon garçon ; pourquoi te désoler ?
GUILLAUME, tristement.
Quand on a besoin d'or, il est si difficile
D'en trouver...
JOLI-CŒUR.
Pourquoi donc ? Tu n'as qu'à t'enrôler.

LE PHILTRE,

DUO.

JOLI-CŒUR.
Si l'honneur a pour toi des charmes,
Viens dans nos rangs, n'hésite plus.
Aux héros qui prennent les armes
J'offre la gloire, et vingt écus.

GUILLAUME.
Quoi! l'on trouve en prenant les armes
L'honneur, la gloire et vingt écus!

JOLI-CŒUR.
Et les amours qui d'ordinaire
Suivent toujours le militaire.

GUILLAUME.
Et vingt écus!

JOLI-CŒUR.
Oui, vingt écus!

ENSEMBLE.

JOLI-CŒUR.
Oui, tu peux m'en croire,
Au son du tambour
T'invitent la gloire
Ainsi que l'amour.
Tout pour la gloire!
Tout pour l'amour!

GUILLAUME.
Ah! loin de le croire,
Je songe en ce jour,
Non pas à la gloire,
Mais à mon amour.
Rien pour la gloire!
Tout pour l'amour!

JOLI-CŒUR.
Eh quoi! des périls de la guerre
Ton cœur serait-il alarmé?

GUILLAUME, à part.
L'existence doit être chère
Quand on est si près d'être aimé.
(haut.)
N'importe?

JOLI-CŒUR.
Il y consent.
(Il tire un papier de sa poche et écrit l'engagement sur la table à droite.)

GUILLAUME, pendant ce temps, s'avance au bord du théâtre.
Oui, je sais que la vie
Dès demain peut m'être ravie,
Mais je dirai: Pendant un jour,
Pendant un jour j'eus son amour!
Et n'est-ce rien qu'un jour
De bonheur et d'amour!

JOLI-CŒUR, qui a achevé d'écrire.
Tout est prêt, et tu peux m'en croire,
Tu trouveras, n'hésite plus,
Et l'amour et la gloire.

GUILLAUME.
La gloire et vingt écus.

JOLI-CŒUR, les lui donnant.
Les voilà!

GUILLAUME.
Je les tiens!
Pour moi c'est le premier des biens.

JOLI-CŒUR.
Signe!
(voyant qu'il hésite.)
Ou bien fais ta croix.

GUILLAUME, faisant sa croix.
De grand cœur! à l'instant.
(à part, montrant l'auberge à gauche.)
Et courons retrouver le docteur qui m'attend.

ENSEMBLE.

JOLI-CŒUR.
Ah! quel bonheur! il est à moi;
Le voilà donc soldat du roi.
Victoire! victoire!
Au son du tambour
T'invitent la gloire
Ainsi que l'amour.
Tout pour la gloire!
Tout pour l'amour!

GUILLAUME.
Ah! quel bonheur! elle est à moi;
Je vais donc obtenir sa foi.
Victoire! victoire!
Il faut dans ce jour
Songer à la gloire
Ainsi qu'à l'amour.
Tout pour la gloire!
Tout pour l'amour!
(Guillaume entre dans l'auberge à gauche.)

SCÈNE IV.

JOLI-CŒUR, puis JEANNETTE et LES JEUNES FILLES DU VILLAGE, qui arrivent par le fond.

JEANNETTE et LES JEUNES FILLES, causant vivement entre elles.
Grands dieux! quelles nouvelles!
Qui jamais le croirait?
Surtout, mesdemoiselles,
Gardez bien le secret!

JOLI-CŒUR.
Eh! mais, qu'avez-vous donc?

TOUTES.
Ah! c'est une aventure
Qui nous étonne bien.

JOLI-CŒUR.
Parlez, je vous conjure!

TOUTES.
Mais vous n'en direz rien?

JOLI-CŒUR.
Pas plus que vous, sans doute.
Parlez; je vous écoute.
Eh bien! eh bien!...

TOUTES.
Grands dieux! quelles nouvelles!
Qui jamais le croirait?
Surtout, mesdemoiselles,
Gardez bien le secret!

JEANNETTE, à Joli-Cœur, qui la regarde avec impatience.
C'est Thomas, le mercier, qui revient à l'instant,
Apportant de la ville un important message.
Guillaume avait un oncle.
TOUTES, gaîment.
Il est mort!
JOLI-CŒUR.
Ah! vraiment!
JEANNETTE.
Il lui laisse en mourant un immense héritage.
TOUTES.
D'ici c'est le plus riche.
JEANNETTE.
Est-ce heureux!
JOLI-CŒUR, avec indifférence.
Fort heureux.
Mais je vous quitte et pour mon mariage
Je vais tout disposer. Sous les armes, je veux
Que mes soldats, ce soir, rendent hommage
A mon épouse, à moi! Sans adieu.
TOUTES.
Sans adieux.
(Joli-Cœur sort.)
LE CHŒUR.
Pour nous quelles nouvelles!
Qui jamais le croirait?
Surtout, mesdemoiselles,
Le plus profond secret!

SCÈNE V.

JEANNETTE, LES JEUNES FILLES, GUILLAUME, sortant de l'auberge à gauche.

JEANNETTE, aux jeunes filles en leur montrant Guillaume.
Il ne sait rien encor; le voilà... Taisons-nous!
GUILLAUME, à part.
Mes lèvres ont pressé ce breuvage si doux
Qui fait que la beauté vous préfère et vous aime!
Et le docteur, qui va partir,
Pour moi prétend qu'à l'instant même
Ses effets merveilleux vont se faire sentir.
JEANNETTE et LES JEUNES FILLES, lui faisant l'une après l'autre la révérence.
Monsieur Guillaume, vot' servante!
(à part, le regardant avec bienveillance.)
Ah! qu'il a l'air aimable et bon!
De son bonheur je suis contente.
Ah! la fortune a bien raison.
GUILLAUME, les regardant d'un air étonné.
Mais quel air gracieux et tendre!
Dans leurs regards que de douceur!
D'honneur! je n'y puis rien comprendre.
Eh! mais, j'y pense... Le docteur
M'assurait qu'à toutes les belles
J'allais plaire sans le vouloir;
Et de ce philtre le pouvoir
Agirait-il déjà sur elles?

PLUSIEURS JEUNES FILLES, à droite, lui faisant la révérence.
Monsieur Guillaum'!
GUILLAUME.
Quel embarras!
LES AUTRES, à gauche, de même.
Monsieur Guillaum'!
GUILLAUME.
Que faire? hélas!
ENSEMBLE.
TOUTES, lui faisant la révérence.
Monsieur Guillaume, vot' servante!
(entre elles.)
Ah! qu'il a l'air aimable et bon!
De son bonheur je suis contente.
Ah! la fortune a bien raison!
GUILLAUME, les regardant.
Non, non, non, plus d'incertitude!
Ah! c'est bien cela, je le vois!
Moi qui n'en ai pas l'habitude,
C'est trop de bonheur à la fois!

SCÈNE VI.

GUILLAUME et LES JEUNES FILLES qui l'entourent; FONTANAROSE, le chapeau sur la tête, prêt à partir, sortant de l'auberge à gauche, et TÉRÉZINE de la ferme à droite avec JOLI-CŒUR, qui la quitte en lui baisant la main et traverse le théâtre. Térézine s'approche alors du groupe des jeunes filles.

FONTANAROSE et TÉRÉZINE, chacun de leur côté, apercevant Guillaume au milieu des jeunes filles.
Eh! mais, que vois-je?
GUILLAUME, apercevant Fontanarose et courant à lui.
Ah! c'est magique!
Vous m'aviez dit vrai, cher docteur,
Et, par un effet sympathique,
J'ai déjà su toucher leur cœur.
TÉRÉZINE, à part, et sans se montrer.
Qu'entends-je? ô ciel!
FONTANAROSE, à part et avec étonnement.
L'aventure est unique!
(allant à Jeannette et aux jeunes filles et leur montrant Guillaume.)
Est-il possible! il vous plaît!
JEANNETTE et LES JEUNES FILLES, faisant la révérence.
Mais, oui-dà!
Monsieur Guillaume est bien fait pour cela.

QUATUOR.

FONTANAROSE.
O miracle! ô surprise extrême!
Ai-je dit vrai sans le vouloir?
Me serais-je abusé moi-même
Sur ce philtre et sur son pouvoir?
TÉRÉZINE, à part et sans se montrer.
Qu'ai-je entendu? Surprise extrême!
Je le croyais au désespoir,

Et je vois que chacune l'aime.
Non, je n'y puis rien concevoir.
JEANNETTE.
O bonheur! ô surprise extrême!
Il est riche sans le savoir!
J'en suis sûre, c'est moi qu'il aime,
Et de l'épouser j'ai l'espoir.
GUILLAUME.
O miracle! ô bonheur extrême!
Grâce à ce magique pouvoir,
Il est donc vrai qu'enfin l'on m'aime!
Mon cœur bat d'amour et d'espoir.
JEANNETTE, à Guillaume.
On danse là-bas sous l'ombrage;
Y viendrez-vous?
GUILLAUME.
Cela me plaît assez.
JEANNETTE.
Est-ce avec moi que vous dansez?
TOUTES.
C'est avec moi!
C'est avec moi!
JEANNETTE.
Non, c'est moi qu'il engage.
TOUTES.
C'est moi!
C'est moi!
C'est moi!
GUILLAUME, à Fontanarose.
Quel embarras!
Chacune m'invite à la ronde,
Et quoiqu'on veuille, on ne peut pas
Danser avec tout le monde.
JEANNETTE et LES AUTRES.
Prononcez, choisissez!
GUILLAUME, avec embarras.
Eh! mais...
(à Jeannette.)
Vous d'abord, et les autres après.
FONTANAROSE.
Dieu! quel danseur!
ENSEMBLE.
JEANNETTE.
Ah! j'ai la préférence!
C'est moi qu'il veut choisir!
Livrons-nous à la danse,
Livrons-nous au plaisir!
LES AUTRES JEUNES FILLES.
Elle a la préférence;
Mais mon tour va venir.
Livrons-nous à la danse,
Livrons-nous au plaisir!
GUILLAUME.
Ah! mon bonheur commence!
Quel heureux avenir!
Livrons-nous à la danse,
Livrons-nous au plaisir!
FONTANAROSE.
Pour moi quelle opulence!
Quel heureux avenir!

De ma propre science
Je ne puis revenir.
TÉRÉZINE.
Que de frais, de dépenses!
Il n'a plus qu'à choisir;
On lui fait des avances;
Je n'en puis revenir.
(Guillaume, entraîné par Jeannette et les jeunes filles, va pour sortir; il aperçoit Térézine qui s'avance vers lui; il s'arrête.)
TÉRÉZINE, allant à lui.
Guillaume, un seul mot!
GUILLAUME, ravi et à part.
Dieu! qu'entends-je?
Elle aussi!
TÉRÉZINE.
Joli-Cœur m'apprend
Que vous vous engagez!
JEANNETTE.
Ah! quel projet étrange!
TÉRÉZINE.
Je veux à ce sujet vous parler...
GUILLAUME, vivement.
Sur-le-champ.
JEANNETTE, le tirant par le bras de l'autre côté.
Et la danse?
GUILLAUME, à Térézine, montrant les jeunes filles.
Pardon; j'ai promis; l'on m'attend.
Mais, près de vous, prompt à me rendre,
Je vais danser bien vite et reviens à l'instant.
(à part en montrant Térézine.)
Je devine déjà ce qu'elle veut m'apprendre.
Elle aussi! quel bonheur!
(la regardant.)
Je reviens!
(à part.)
C'est charmant!
JEANNETTE et LES JEUNES FILLES.
Partons donc!

ENSEMBLE.
JEANNETTE.
Ah! j'ai la préférence!
C'est moi qu'il veut choisir!
Livrons-nous à la danse,
Livrons-nous au plaisir!
LES JEUNES FILLES.
Elle a la préférence;
Mais mon tour va venir.
Livrons-nous à la danse,
Livrons-nous au plaisir!
GUILLAUME.
Ah! mon bonheur commence!
Quel heureux avenir!
Livrons-nous à la danse,
Livrons-nous au plaisir!
FONTANAROSE.
Pour moi quelle opulence!
Quel heureux avenir!
De ma propre science
Je ne puis revenir.

TÉRÉZINE.
Que de frais, de dépenses !
Il n'a plus qu'à choisir ;
On lui fait des avances ;
Je n'en puis revenir.

(Guillaume sort par la gauche au milieu des jeunes filles qui l'entourent, et, pendant toute la scène suivante, on entend dans le lointain une musique de bal.)

SCÈNE VII.
TÉRÉZINE, FONTANAROSE.

TÉRÉZINE, regardant sortir Guillaume.
Qu'il a l'air content et joyeux !
FONTANAROSE, se rengorgeant.
Grâce à mon art miraculeux !
TÉRÉZINE.
Comment cela ?
FONTANAROSE.
D'une beauté cruelle
Il était amoureux !... je ne sais pas laquelle.
TÉRÉZINE, vivement.
Il aimait !
FONTANAROSE, montrant un flacon.
Sans espoir, et ce philtre puissant
L'a fait de tout le monde adorer sur-le-champ.
Vous l'avez vu !
TÉRÉZINE, souriant.
Je vois que c'est un badinage.
FONTANAROSE.
Non pas ! car ce secret par lui fut acheté
Au prix de tout son or et de sa liberté !
TÉRÉZINE, étonnée.
Quoi ! c'est pour cela qu'il s'engage !
FONTANAROSE.
Oui, pour se faire aimer de celle qu'il aimait ;
Et pour payer ce trésor impayable,
Il s'est enrôlé !
TÉRÉZINE, à part, et avec émotion.
Lui que mon cœur dédaignait ?
Tant d'amour !... d'amour véritable !
FONTANAROSE, s'approchant d'elle et offrant des flacons.
En voulez-vous ? pour cause de départ,
Je les vendrai moins cher !
TÉRÉZINE, regardant à gauche et à part.
C'est lui ! je crois l'entendre.
A mes ordres il vient se rendre !
Pauvre garçon !
FONTANAROSE.
Eh bien !
TÉRÉZINE.
Nous verrons ! Mais plus tard.
(Fontanarose rentre dans l'auberge et Guillaume paraît au fond venant de la gauche.)

SCÈNE VIII.
GUILLAUME, TÉRÉZINE.

GUILLAUME.
Oh ! c'est miraculeux ! tout le monde m'adore !
On me le dit, du moins, et les filles d'ici
Me veulent toutes pour mari.
TÉRÉZINE.
Et vous, Guillaume ?
GUILLAUME.
Et moi j'attends encore...
(la regardant, et à part.)
Un bonheur... qui bientôt viendra !
TÉRÉZINE.
Écoutez-moi, de grâce !
GUILLAUME, avec satisfaction.
Enfin, nous y voilà !
TÉRÉZINE.
Je sais que vous vouliez, dans votre ardeur guerrière,
Vous enrôler ! Pourquoi ?... dites-le-moi !

DUO.
GUILLAUME.
Je voulais partir pour la guerre,
Et de mon mieux servir le roi,
Puisque c'était, dans ma misère,
Le seul qui voulût bien de moi !
TÉRÉZINE.
Votre existence nous est chère,
Ainsi que votre liberté !
Cet engagement téméraire
Le voici !... je l'ai racheté.
(Elle lui montre un papier.)
GUILLAUME.
Que de bonté !... quoi c'est vous-même !...
(à part.)
Mais c'est tout simple quand on aime !
Et c'est cela !... c'est bien cela.
TÉRÉZINE.
Je vous le rends !... le voilà !...
(Elle lui présente le papier ; en le prenant Guillaume rencontre la main de Térézine qui la retire avec émotion.)
GUILLAUME, la regardant avec amour.
Oui, je crois voir, douce espérance,
Trembler sa main, battre son cœur :
Philtre divin ! déjà commence
Et ton pouvoir et mon bonheur !
TÉRÉZINE.
Adieu !
GUILLAUME, avec embarras.
Vous me quittez !... Vous avez, je suppose,
Autre chose à me dire encore ?
TÉRÉZINE.
Moi ! non !
GUILLAUME, avec effroi.
Eh quoi ! pas autre chose !...

TÉRÉZINE.
Pas autre chose!
GUILLAUME, atterré, lui rendant le papier.
O ciel! je m'abusais! Qu'importe alors mon sort!
Si je ne suis aimé, je préfère la mort.

ENSEMBLE.
GUILLAUME.
Mieux vaut mourir
Que de souffrir
Tous les tourments
Que je ressens!
TÉRÉZINE, à part.
Il veut partir;
C'est trop souffrir!
Tous ses tourments,
Je les ressens.
GUILLAUME.
Ainsi ce talisman, pour toute autre infaillible,
Sur elle est sans pouvoir! elle reste insensible!
Adieu! je pars, et puisque le docteur
M'a trompé...
TÉRÉZINE, le retenant et avec tendresse.
Non!... non, si j'en crois mon cœur!
ENSEMBLE.
GUILLAUME.
Dieu! que viens-je d'entendre!
O moment enchanteur!
Ce mot vient de me rendre
La vie et le bonheur.
Près de ce que j'adore
Je demeure en ces lieux;
Et le ciel que j'implore
A comblé tous mes vœux.
TÉRÉZINE.
Je ne puis m'en défendre :
Ses tourments, sa douleur,
Et cet amour si tendre
Ont su toucher mon cœur.
De l'amant qui m'adore
Comblons enfin les vœux.
C'est être heureuse encore
Que de le rendre heureux.
(A la fin de cet ensemble, qui est sur un mouvement de marche militaire, on voit à gauche arriver Fontanarose, Jeannette et tous les habitants du village, et à droite paraître Joli-Cœur qui marche devant ses soldats en tournant le dos à Térézine.)
JOLI-CŒUR, à ses soldats et réglant le pas.
Une deux! une deux!
Halte! front... présentez les armes!
(Il se retourne et aperçoit Guillaume qui dans ce moment vient de se jeter aux pieds de Térézine.)
Ah! grands dieux!
Je rends à mon rival les honneurs militaires!
TÉRÉZINE, allant à Joli-Cœur.
Vous saurez tout, sergent!
(Elle continue à lui parler bas; elle a l'air de se jus-
tifier en lui racontant ce qui est arrivé. Joli-Cœur relève sa cravate d'un air avantageux et semble dire, en regardant Jeannette, qu'il ne manquera pas de consolations. Pendant ce temps Guillaume, qui a aperçu Fontanarose, se lève, court à lui et lui saute au cou.)
GUILLAUME.
O philtre merveilleux,
Par lui je suis aimé! par lui je suis heureux!
FONTANAROSE, avec fatuité.
De mon art ce sont là les effets ordinaires!
(montrant Jeannette.)
De plus, mon jeune ami, j'apprends que vous voilà
Très riche!
TÉRÉZINE, étonnée.
Est-il vrai?
GUILLAUME, avec indifférence.
Riche!...
(montrant Térézine.)
Ah! je l'étais déjà!
FONTANAROSE, se tournant vers les paysans.
Car ce philtre, messieurs, que pour rien je vous laisse,
Ce philtre peut aussi procurer la richesse.
TOUS, l'entourant.
Donnez, donnez-m'en sur-le-champ.
Voilà! voilà mon argent!
FONTANAROSE, faisant sonner les pièces de monnaie qui sont dans son chapeau.
O philtre tout-puissant!
Je disais bien qu'il donnait la richesse.
(En ce moment le cabriolet du charlatan paraît au milieu du théâtre.)
FONTANAROSE.
Adieu, soyez heureux!... Adieu, mes bons amis!
Je reviendrai dans ce pays.
(Il monte sur son cabriolet.)
CHŒUR.
Honneur! honneur
A ce savant docteur!
Je lui dois la richesse,
Je lui dois le bonheur.
GUILLAUME.
Je lui dois ma maîtresse,
Je lui dois le bonheur.
TÉRÉZINE.
Je lui dois sa tendresse,
Je lui dois le bonheur.
JOLI-CŒUR.
Oui, pour une traîtresse
Qui trahit mon ardeur,
Plus d'une autre maîtresse
Me rendra le bonheur.
TOUS.
Honneur! honneur à ce savant docteur!
(Le charlatan est sur son char; son valet sonne de la trompette; tous les villageois agitent leurs chapeaux et le saluent.)

FIN DU PHILTRE.

IMPRIMERIE DE E. DUVERGER, RUE DE VERNEUIL, N° 4.

LE CHALET,

OPÉRA COMIQUE EN UN ACTE,

PAROLES DE MM. SCRIBE ET MÉLESVILLE;

MUSIQUE DE M. ADOLPHE ADAM.

Représenté pour la première fois, à Paris, sur le théâtre royal de l'Opéra-Comique, le 25 septembre 1834.

DISTRIBUTION DE LA PIÈCE :

DANIEL, jeune fermier.................... M. COUDERC.
MAX, soldat suisse...................... M. INCHINDI.
BETTLY, sœur de Max.................... Mme PRADHER.
CHOEUR DE SOLDATS.
CHOEUR DE PAYSANS et PAYSANNES.

La scène se passe en Suisse, dans le canton d'Appenzel.

Le théâtre représente l'intérieur d'un chalet. Deux portes latérales ; une au fond, qui s'ouvre sur la campagne et laisse voir dans le lointain les montagnes d'Appenzel.

SCÈNE I.

DES JEUNES FILLES et DES GARÇONS DU CANTON, portant des hottes en bois blanc, remplies de lait.

CHOEUR.

Déjà dans la plaine,
Le soleil ramène
Filles et garçons,
Et laitière } agile,
Et d'un pas }
Partons pour la ville,
Quittons nos vallons !

LES JEUNES FILLES, *appelant.*

Bettly ?... Bettly ?... comment n'est-elle pas ici ?
Nous venions la chercher pour partir avec elle !

LES GARÇONS, *à mi-voix et regardant autour d'eux.*

Au rendez-vous Daniel n'est pas fidèle,
Nous qui voulions rire de lui !

LES JEUNES FILLES.

Sans voir l'effet de notre ruse,
Il faut partir, il est grand jour !

LES GARÇONS.

Mais du faux hymen qui l'abuse,
Ce soir nous rirons au retour.

ENSEMBLE.

Déjà dans la plaine, etc.

(Au moment où ils vont partir, Daniel paraît sur la montagne.)

SCÈNE II.

LES PRÉCÉDENTS, DANIEL.

LES JEUNES FILLES.

C'est lui !... le voici !... c'est Daniel,
Le plus beau garçon d'Appenzel.

LES GARÇONS, *entre eux et à mi-voix.*

Qu'il a l'air fier et satisfait !
Il a reçu notre billet !

DANIEL
AIR.

Elle est à moi !... c'est ma compagne !
Elle est à moi !... j'obtiens sa main !
Tous nos amis de la montagne
Seront jaloux de mon destin !

Long-temps insensible et cruelle,
Bettly repoussa mon amour !
Mais je reçois ce billet d'elle,
Et je l'épouse dans ce jour !

Elle est à moi ! c'est ma compagne !
Elle est à moi ! j'obtiens sa foi !
Tous les garçons de la montagne
Seront jaloux de mon destin !

O bonheur extrême !
Enfin elle m'aime !
Je veux qu'ici même
Chacun soit heureux !
Que tout le village,
Qu'aujourd'hui j'engage
Pour mon mariage,
Accoure en ces lieux !

Que ce soir en cadence
Et les jeux et la danse
Animent nos coteaux,
Que le hautbois résonne !
Venez tous !... je vous donne
Le vin de mes tonneaux !

O bonheur extrême !
Enfin elle m'aime !
Je veux qu'ici même
Chacun soit heureux ! etc.

Je suis riche et ce que renferme
Mon cellier, ma grange ou ma ferme,
Prenez... prenez... tout est à vous,
Que tout soit commun entre nous !

ENSEMBLE.

LES JEUNES GENS, à part.

Comme il est dupe !... Ah ! c'est charmant !

LES JEUNES FILLES, à part.

C'pauvre garçon est si content
Il me fait d'la peine vraiment !

TOUS.

A ce soir !... à ce soir !...

DANIEL.

A ce soir !... quel moment !

ENSEMBLE.

CHOEUR, à part.

Ah ! combien il l'aime !
Je ris en moi-même
De l'erreur extrême
Qui trompe ses vœux !

(Haut.)

Oui, tout le village,
Que Daniel engage
Pour son mariage,
Viendra dans ces lieux.

DANIEL.

O bonheur extrême !
Enfin elle m'aime !
Je veux qu'ici même
Chacun soit heureux !
Que tout le village,
Qu'aujourd'hui j'engage
Pour mon mariage,
Accoure en ces lieux !

(Ils sortent tous par la porte du fond en regardant Daniel
et en se moquant de lui.)

SCÈNE III.

DANIEL, seul et lisant.

J'ai là sa lettre, j'ai sa promesse : *Monsieur Daniel, je vous aime, et aujourd'hui je serai votre femme.* J'avoue que ça m'a étonné, parceque jamais mademoiselle Bettly ne m'avait donné d'espérance !... au contraire.... mais on dit que les jolies filles ont des caprices, et à ce titre-là elle a le droit d'en avoir ; ce n'est pas moi qui lui en voudrai !... Je lui en veux seulement d'être sortie de si bonne heure... elle devait bien se douter que j'accourrais sur-le-champ ! et Dieu sait si je me suis essoufflé à gravir la montagne !... Après tout, elle a bien fait de se décider... Il y a si long-temps que je l'aime... et puis, comme on dit, les années arrivent pour tout le monde, et elle aurait été tout étonnée un de ces matins de se trouver une vieille fille !... au lieu que ça fera une jeune femme !... la plus jolie ! la plus gracieuse ! (Regardant.) Oh ! la v'là !... la v'là !... c'est elle !

SCÈNE IV.

DANIEL, BETTLY.

BETTLY.

Tiens !... c'est vous, monsieur Daniel ? comment êtes-vous ici ?...

DANIEL.

C'te question !... C'est moi, mademoiselle Bettly, qui vous demanderai comment n'y êtes-vous pas ?

BETTLY.

Parceque le percepteur m'avait fait dire hier qu'il avait une lettre pour moi : ce ne pouvait être que de mon frère Max... Alors, dans mon impatience, je n'ai pas pu attendre... J'ai été la chercher !... la voilà !

DANIEL, avec embarras.

Il se porte bien, monsieur Max ?... Il n'a pas été tué ?...

BETTLY.

Puisqu'il écrit...

DANIEL.

C'est vrai !... c'est que les soldats, ça... leur arrive souvent... lui sur-tout qui se bat depuis si long-temps !

BETTLY.

Voilà quinze ans qu'il nous a quittés !... J'étais bien jeune... mais je me rappelle encore le jour de son départ ; quand, le sac sur le dos, il faisait ses adieux à mon père et à ma mère... qui vivaient alors !... et que moi il me prit sur ses genoux en me disant : Adieu, petite sœur ; si je ne suis pas tué, je reviendrai danser à ta noce.

DANIEL.

Ça se trouve bien !...

BETTLY.

Comment cela ?

DANIEL.

C'est-à-dire, non... Ça se trouve mal ! parceque, quoique je tienne à faire la connaissance de M. Max, je ne me soucie pas d'attendre son retour, pour notre mariage...

BETTLY.

Notre mariage !... D'où te viennent ces idées-là ?

DANIEL.

Pardi ! de vous, mam'selle... Car, moi aussi (déroulant sa lettre.), j'ai reçu une lettre... une lettre ben aimable, qui ne me vient pas d'un frère... mais d'une personne que je chéris plus que tout au monde... plus que moi-même !

BETTLY, avec surprise.

Eh bien ?

DANIEL, déconcerté.

Eh bien !... Vous me regardez là d'un air étonné... Vous savez bien que ce billet où l'on promet de m'épouser... est signé de vous ?...

BETTLY, prenant la lettre.

De moi ? ce n'est pas possible !... et pour de bonnes raisons... D'abord je ne sais ni lire ni écrire... c'est-à-dire je signe mon nom, et très gentiment... mais ça n'est pas comme ça.

DANIEL.

Est-il possible !... Cet amour, ce mariage... tout ce bonheur qu'il y avait là-dedans, vous ne l'avez pas promis... vous ne l'avez pas pensé ?

BETTLY.

Non vraiment.

DANIEL.

Je suis donc fou !... je perds donc la raison ! Qu'est-ce que ça signifie ?

BETTLY.

Ça signifie, mon pauvre garçon, que les jeunes filles ou les jeunes gens du village se sont moqués de toi... et de moi !

DANIEL.

Quelle perfidie !... quelle trahison !... Je n'ai plus qu'à m'aller jeter dans le lac...

BETTLY, le retenant.

Y penses-tu ?

DANIEL.

Savez-vous bien, mam'selle, que je les ai tous invités à ma noce pour ce soir ; que j'ai commandé les violons... que j'ai commandé le repas ?...

BETTLY.

O ciel !

DANIEL.

J'ai défoncé tous mes tonneaux ; j'ai tué un bœuf, deux moutons... étranglé tous mes canards !... Que voulez-vous, j'étais si heureux... je voulais que tout le monde s'en ressentit !... Je n'y étais plus... je ne me connaissais plus... et ce n'est rien encore !... j'ai fait bien pis que cela... j'ai couru chez le notaire...

BETTLY, effrayée.

Et tu l'as étranglé aussi ?...

DANIEL.

Non, mam'selle... mais je l'ai obligé sur-le-champ à me faire un contrat de mariage où je vous donne tout ce que je possède... Car je suis le plus riche du pays... j'ai trois cents vaches à la montagne, une fabrique et deux métairies... Et tout ça était à vous, ainsi que moi, par-dessus le marché... Je l'avais signé, le voilà... et, au lieu de cela, je suis perdu, déshonoré dans le canton !... Ils vont me montrer au doigt.

BETTLY.

Et moi donc !... m'exposer, me compromettre à ce point ! A-t-on jamais vu une pareille extravagance ? sans réfléchir, sans me consulter, croire à une pareille lettre !...

DANIEL, timidement.

Dame ! on croit si vite au bonheur !... Et puis, tous ces gens-là qui vont se railler et se moquer de moi... Il nous serait si facile, si vous le vouliez... de nous moquer d'eux !...

BETTLY.

Comment cela ?

DANIEL.

En mettant seulement votre nom au bas de cette page...

BETTLY.

Y penses-tu ?... Tout serait fini, nous serions mariés.

DANIEL.

C'est justement ce que je veux !

BETTLY.

Et moi, je ne le veux pas... tu le sais bien... Je ne veux pas entendre parler de mariage, je l'ai juré...

DANIEL.

Et pourquoi cela ?...

BETTLY.

Pourquoi ?

COUPLETS.

Dans ce modeste et simple asile
Nul ne peut commander que moi !
Je suis libre, heureuse et tranquille,
Je puis courir par-tout, je crois,
Sans qu'un mari gronde après moi ;
  Ou si quelque amoureux
    Soupçonneux
  Veut faire les gros yeux,
    Moi, j'en ris
    Et lui dis :
    Liberté chérie,
  Seul bien de la vie,
    Liberté chérie,
(Mettant la main sur son cœur.)
    Règne toujours là !
Tra, la, la, la, tra la la la,
Tant pis pour qui s'en fâchera !

DEUXIÈME COUPLET.

J'irais, quand je suis ma maîtresse,
Me donner un maître !... oui-da !
Pour qu'à la danse, où l'on s'empresse,
Quand un galant m'invitera,
Mon mari dise : Restez là !
  Un époux en fureur
  Me fait peur ;
  C'est alors que mon cœur
    Ne dirait
    Qu'en secret :
    Liberté chérie,
  Seul bien de la vie, etc., etc.

DANIEL.

Tra la la ! tra la la !... ce n'est pas des raisons. Dieu ! si j'avais assez d'esprit pour en trouver... comme je vous prouverais...

BETTLY.

Quoi ?

DANIEL.
Qu'il faut prendre un mari !...
BETTLY.
Et à quoi ça me servira-t-il ?
DANIEL.
A quoi ?... Vous me faites là une drôle de question !... Ça servirait à vous aimer... n'est-ce donc rien ?
BETTLY.
Si vraiment !... mais tu vois bien que tu m'aimes sans cela... que je puis compter sur ton amitié...
DANIEL.
Oh ! oui, mam'selle...
BETTLY.
Comme toi sur la mienne !... Car, vois-tu bien, Daniel, je rends justice à tes bonnes qualités... Tu es un brave garçon... un excellent cœur... et si j'épousais quelqu'un, c'est toi que je choisirais.
DANIEL, avec chaleur.
Vraiment ?...
BETTLY.
Mais calme-toi... je n'épouserai personne !... c'est plus fort que moi... ainsi ne m'en parle plus... ne m'en parle jamais !... et, pour n'y plus songer, tiens, rends-moi un service.
DANIEL.
Un service ! parlez, mam'selle... Où faut-il aller ? que faut-il faire ?
BETTLY.
Seulement me lire cette lettre de mon frère... parceque moi, comme je te l'ai dit, je ne suis pas bien forte !... je ne suis pas comme toi...
DANIEL.
Qui ai appris à lire, écrire et calculer au collège de Zurich... la belle avance !... On a bien raison de dire que l'érudition ne fait pas le bonheur... (Se reprenant vivement.) Si fait... si fait... dans ce moment-ci !... puisque je peux vous rendre service... Voyons un peu... (Lisant.) « Au camp impérial du prince Charles, ce « 1er juin. » Et nous sommes au milieu de juillet... il paraît que la lettre est restée long-temps en route !...
BETTLY.
Ce n'est pas étonnant... l'armée du prince Charles et celle de Souwarof battent, dit-on, en retraite devant les soldats de Masséna, qui interceptent toutes les communications.
DANIEL.
Je comprends... (Lisant.) « Rien de nouveau, « ma chère Bettly, sinon que je me bats tou- « jours ainsi que mon régiment, au service de « l'Autriche, ce dont nous avons assez... J'espé- « rais un congé pour aller t'embrasser... »
BETTLY.
Après quinze ans d'absence !... quel bonheur !... mon pauvre frère !...
DANIEL, lisant.
« Mais il paraît qu'il n'y faut plus compter.

« Ce qui me fâche, ma chère sœur, c'est qu'à
« mon retour, je comptais trouver chez toi un
« régiment de nièces et de neveux, et je vois
« par ta dernière que tu n'as pas encore com-
« mencé ! Il serait cependant bientôt temps de
« s'y mettre... une fille de ton âge ne peut pas
« rester inutile... » Ça, c'est bien vrai !
BETTLY, avec colère.
Daniel...
DANIEL, ployant la lettre.
Si cela vous déplaît... je n'en lirai pas davantage.
BETTLY.
Eh ! non vraiment... achève !
DANIEL, continuant à lire.
« Pourquoi n'épouses-tu pas un brave gar-
« çon du pays dont j'ai reçu une demande en
« mariage ?... »
BETTLY.
Et qui donc a osé lui écrire ?...
DANIEL, confus.
Moi, mam'selle... il y a deux mois.
BETTLY.
Sans mon aveu ?
DANIEL.
Aussi c'était le sien seulement que je demandais ! il me semble que quand on aime légitimement... c'est d'abord à la famille qu'on doit s'adresser... Faut-il continuer ?...
BETTLY.
Sans doute.
DANIEL, lisant.
« Ça me paraît un bon parti : il est d'une
« honnête famille, il est riche, il t'aime éper-
« dument... » (S'arrêtant.) Le bon frère... vous l'entendez ! (Continuant.) « Il a l'air un peu
« bête... »
BETTLY, d'un air triomphant.
Tu l'entends !...
DANIEL, appuyant.
« Mais ce n'est pas une raison pour le refu-
« ser... au contraire ! Je prendrai, du reste, des
« informations, et, si ça te convient, il faudra
« bien, milzieux ! que tu l'épouses... »
BETTLY, arrachant la lettre.
C'en est trop !... mon frère lui-même n'a pas le droit de me contraindre... et il suffit qu'il l'exige pour que mon indifférence devienne de la haine...
DANIEL.
Mais, mam'selle...
BETTLY.
Finissons, je vais au marché...
DANIEL, voulant l'aider à mettre sa hotte.
Je ne peux pas vous aider ?
BETTLY.
C'est inutile !
DANIEL.
Si, au moins je vous accompagnais...

BETTLY.

Je ne le veux pas! et je te déclare en outre qu'on ne voit que toi ici toute la journée, que cela peut me faire du tort et me compromettre... Les filles du pays sont si mauvaises langues!... Ainsi, à dater d'aujourd'hui, je ne veux plus que tu viennes chez moi... Me contraindre!... Ah! bien oui! Je l'ai dit... tu m'entends; arrange-toi!

(Elle sort.)

SCÈNE V.

DANIEL, seul, s'appuyant sur la table.

C'est fini! c'est le coup de grâce! (Après un instant de silence.) Je cherche seulement lequel sera pour moi le plus avantageux de me jeter du haut de la montagne ou de me lancer dans le lac!... Je n'ai plus d'autre parti à prendre... ce qu'il y a d'ennuyeux c'est de se périr soi-même... D'abord notre pasteur dit que ça n'est pas bien... et puis c'est désagréable!... et si j'avais quelque ami pour me rendre ce service-là... (On entend une marche militaire.) Qu'est-ce que c'est que ça? (Regardant.) Des militaires qui gravissent la montagne... Seraient-ce des Français, des Autrichiens ou des Russes?... Non!... des compatriotes, des soldats du pays... voilà ce qu'il me faut... qu'ils m'emmènent avec eux... qu'ils m'engagent... il y aura bien du guignon si quelque boulet ne me rend pas le service que je demandais tout-à-l'heure, et au moins je n'aurai pas ma mort à me reprocher. (Leur faisant des signes.) Par ici, messieurs, par ici. Si mam'selle Bettly était là, elle leur ferait les honneurs; je vais la remplacer.

(Il entre dans la chambre à droite, après avoir introduit Max.)

SCÈNE VI.

MAX et UNE DOUZAINE DE SOLDATS DE SA COMPAGNIE.

MAX, à ses soldats.

RÉCITATIF.

Arrêtons-nous un peu!... L'aspect de nos montagnes,
D'ivresse et de bonheur fait tressaillir mon cœur!
Un instant de repos dans ces vertes campagnes
Nous rendra sur-le-champ notre première ardeur.

AIR.

Vallons de l'Helvétie,
Objet de notre amour,
Salut, terre chérie
Où j'ai reçu le jour!

A l'étranger un pacte impie
Vendait et mon sang et ma foi;
Mais à présent, ô ma patrie!
Je pourrai donc mourir pour toi!

Vallons de l'Helvétie,
Objet de notre amour,
Salut, terre chérie
Où j'ai reçu le jour!

(Il écoute et entend dans le lointain un air de ranz des vaches.)

Écoutez!... écoutez... entendez-vous
Ces airs si touchants et si doux?

Chant de nos montagnes
Qui fais tressaillir,
Toi, de nos campagnes
Vivant souvenir!
Ta douce harmonie,
Tes sons enchanteurs
Rendent la patrie
Présente à nos cœurs!

Auprès d'autres maîtres
Qu'il nous faut servir,
Si tes sons champêtres
Viennent retentir,
La douleur nous gagne,
Il nous faut mourir,
Ou vers la montagne
Il faut revenir!

Chant de nos montagnes
Qui fais tressaillir,
Toi, de nos campagnes
Vivant souvenir!
Ta douce harmonie,
Tes sons enchanteurs
Rendent la patrie
Présente à nos cœurs!

(A ses soldats qui sont groupés au fond.) Mes enfants, reposez-vous là quelques instants pour laisser passer la chaleur!... sur-tout qu'on observe la discipline... nous ne sommes plus ici en pays ennemi, et le premier qui s'adresserait à une poule ou à un lapin, sans ma permission, aurait affaire à moi; vous le savez!

TOUS.

Oui, sergent..

(Ils se groupent en dehors dans le fond et laissent seuls en scène Max et Daniel.)

SCÈNE VII.

MAX; DANIEL, revenant deux bouteilles à la main

MAX.

Diable m'emporte si je reconnais ma route!... en leur faisant faire un détour j'ai peur de m'être perdu dans nos montagnes... (Apercevant Daniel.) Ah! dis-moi, mon garçon, sommes-nous loin d'Hérissau, où doit se réunir demain tout le régiment?...

DANIEL, après lui avoir versé à boire.

Vous n'avez pas besoin de vous presser!... en trois heures de marche vous y serez, et si vous voulez, vous et votre compagnie, vous arrêter à ma ferme qui est là-bas sur votre chemin, et y passer la nuit, rien ne vous manquera... venez chez moi, Daniel Birman.

MAX, vivement.

Daniel Birman... du canton d'Appenzel?

DANIEL.

Qu'est-ce qu'il y a d'étonnant à ça?...

MAX, lui donnant une poignée de main.

On m'a parlé de toi dans le pays... et je suis enchanté de te rencontrer et de faire ta connaissance.

DANIEL.

Il ne tiendra qu'à vous, sergent, car je voulais vous prier de m'enrôler.

MAX, étonné.

Toi!... alors ce n'est plus ça.

DANIEL.

Si vraiment, c'est justement ça; je pars demain matin avec vous, le sac sur le dos, si vous y consentez, parcequ'il faut que ça finisse; je suis trop malheureux!

MAX.

Quel malheur! voyons.

DANIEL.

Le plus grand de tous, sergent. Je suis amoureux d'une fille qui ne veut pas de moi.

MAX.

Et qui donc?

DANIEL.

Bettly Sterner...

MAX, à part.

Bettly!...

DANIEL.

La plus belle fille du pays... Elle a un frère qui est dans le militaire et que vous avez peut-être connu?...

MAX.

C'est possible...

DANIEL.

Le caporal Max Sterner... qui, peut-être, reviendra bientôt?

MAX.

Le caporal Max?... je ne crois pas.

DANIEL.

Ça revient au même, car, depuis qu'il a écrit à sa sœur de m'épouser, elle ne veut plus entendre parler de moi; elle ne veut plus me voir, elle me renvoie!... et moi, qui ce matin lui avais donné toute ma fortune par contrat de mariage... je vais être obligé de la lui laisser par testament... car je suis décidé à me faire tuer, et voilà pourquoi je m'adresse à vous!

MAX.

Que diable ça veut-il dire?... et qu'est-ce que c'est qu'une tête pareille?... Viens ici, mon garçon... Bettly n'aime donc pas son frère?...

DANIEL.

Si vraiment!...

MAX.

Alors c'est donc toi qu'elle n'aime pas?...

DANIEL.

Mais si... elle me le disait encore ce matin, elle me préférait à tout le monde... mais c'est le mariage qu'elle n'aime pas... elle veut toujours rester fille; c'est son goût, son idée... elle prétend qu'elle peut se passer de tout le monde... qu'elle n'a besoin de personne!...

MAX.

C'est une folie... une femme à son âge a besoin d'un appui... d'un défenseur... et le meilleur de tous c'est un mari.

DANIEL.

C'est ce que je lui dis toute la journée!

MAX.

Et qu'est-ce qu'elle répond?

DANIEL.

Qu'elle ne voit pas la nécessité de se marier!... Elle me le répétait encore tout-à-l'heure, ici, chez elle.

MAX, avec joie.

Chez elle, je suis chez elle?

DANIEL.

Elle a vendu, à la mort de son père, la maison qu'il avait dans la plaine, et elle a acheté ce chalet.

MAX, préoccupé.

C'est bien!... Alors...'va-t-en!

DANIEL.

Où ça?...

MAX.

Chez toi!... chercher tes papiers... ton acte de naissance... il faut ça pour s'engager... N'est-ce pas là ce que tu demandais?...

DANIEL.

Certainement!... mais c'est que... C'est égal, sergent, je ne vous en remercie pas moins... des bonnes idées que vous avez eues! Je vais revenir.

MAX.

A la bonne heure!... Laisse-moi.

DANIEL.

Et demain... je pars avec vous... quoique vous m'ayez donné là un moment d'espoir qui m'a raugmenté le chagrin que j'avais déjà...

MAX, brusquement.

Eh bien!... t'en iras-tu, mille canons!...

DANIEL.

Oui, monsieur le sergent... (A part.) C'est rude et brutal, ces soldats?... voilà pourtant comme je serai demain! (Rencontrant un regard de Max.) Je m'en vas... je m'en vas... vous le voyez bien.

(Il sort.)

SCÈNE VIII.

MAX, puis LES SOLDATS.

MORCEAU D'ENSEMBLE.

(Sur la ritournelle du morceau suivant, Max va regarder au fond du théâtre.)

MAX.

Par cet étroit sentier qui conduit au village,
Qui vient là-bas?... C'est elle! ah! si je m'en croyais,
Comme ici je l'embrasserais!

(S'arrêtant.)
Mais non ; point de faiblesse , oui, montrons du cou-
[rage !
(Aux soldats, qui accourent sur un signe de lui.)
Que mes ordres par vous soient suivis à l'instant !

LE CHOEUR.
Parlez ! que faut-il faire ?

MAX.
Amis , il faut gaîment
Ici mettre tout au pillage !

LE CHOEUR.
O ciel ! y pensez-vous , sergent ?
Vous qui prêchez toujours sur un ton si sévère
La discipline militaire !

MAX.
Je vous réponds de tout ! commencez hardiment ;
Je paierai , s'il le faut !

TOUS LES SOLDATS , entre eux et à mi-voix.
Amis, c'est différent.

TOUS , avec force.
Du vin ! du rum ! du rack !
Par-tout faisons main-basse ;
Il faut que tout y passe !
Il faut avec audace
Garnir le havresac
Ainsi que l'estomac !
Du vin ! du rum ! du rack !

SCÈNE IX.

LES PRÉCÉDENTS , BETTLY.

(Elle entre au milieu du bruit et voit tous les soldats qui parcourent sa chaumière : les uns ont décroché une poêle, les autres des broches ; d'autres prennent des œufs, du beurre, et furètent de tous côtés.)

BETTLY , effrayée.
Ah ! grand Dieu ! qu'ai-je vu ! Messieurs, que voulez-
[vous ?

MAX.
Nous voulons à dîner ! Ainsi, belle aux yeux doux,
Il faut à nous aider que votre talent brille !

BETTLY.
Mais, messieurs, de quel droit ?...

MAX, à un soldat.
Elle est vraiment gentille !
J'aime ces traits charmants par la crainte altérés.

BETTLY.
Que me demandez-vous ?

MAX, d'un air galant.
Tout ce que vous aurez.

BETTLY.
Mais je n'ai rien.

MAX.
Pas possible, inhumaine.

PLUSIEURS SOLDATS , entrant avec des volailles.
Voici pour les enfants de Mars !
C'est ma conquête.

D'AUTRES , tenant des lapins.
Et moi, voici la mienne.

MAX.
A nous et lapins et canards !

BETTLY.
Toute ma basse-cour ! une pareille audace !...

MAX , à Bettly.
Et les clefs de la cave !

BETTLY.
Ah ! c'est aussi trop fort !
Vous ne les aurez pas !

D'AUTRES SOLDATS , entrant avec un panier de vin.
Par bonheur on s'en passe ;
J'ai forcé le cellier !

BETTLY, courant de l'un à l'autre.
Ah ! c'est bien pire encor !

LE CHOEUR , sautant sur les bouteilles.
Du vin ! du rum ! du rack !
Par-tout faisons main-basse !
Il faut que tout y passe ;
Il faut avec audace
Garnir le havresac
Ainsi que l'estomac !
Du vin ! du rum ! du rack

BETTLY.
Mon meilleur vin ! celui que pour mon frère
J'avais gardé !

MAX.
Rassure-toi, ma chère !
(Buvant.)
C'est tout comme s'il le buvait.

PLUSIEURS SOLDATS , de même.
A la santé de notre aimable hôtesse !
Et, pour fêter sa politesse,
Un seul baiser !

MAX, les repoussant.
Non , s'il vous plaît !
Je ne permets pas ça.

LES SOLDATS, entre eux.
Je comprends... le sergent
Veut la garder pour lui.

MAX.
Probablement.

BETTLY , effrayée.
O ciel !
(Voyant les soldats qui se mettent à différentes tables à boire et à fumer pendant que d'autres préparent toujours le dîner.)
Et qu'est-ce que je voi ?
Les voilà donc maîtres chez moi !
(A Max.)
Aux magistrats je vais porter ma plainte.
(Des soldats prennent un banc pour jouer, dont ils barrent la porte.)

MAX.
Dès demain nous serons loin d'eux.
Mais calmez-vous, soyez sans crainte ;
Pendant quinze jours... c'est heureux,
Vous aurez des soldats aimables et joyeux,
Car tout le régiment doit passer en ces lieux !

BETTLY, se laissant tomber sur la chaise à gauche.
Ah ! c'est horrible ! c'est affreux !
Que vais-je devenir, hélas ! au milieu d'eux ?

MAX.

PREMIER COUPLET.

Dans le service de l'Autriche
Le militaire n'est pas riche,
Chacun sait ça;
Mais si sa paie est trop légère,
On s'en console : c'est la guerre
Qui le paiera !
Aussi, morbleu ! que de tout l'on s'empare !
Jeune beauté, vieux flacons et cigarre !..
Vivent le vin, l'amour et le tabac !
Voilà le refrain du bivouac !

DEUXIÈME COUPLET.

S'approchant de Bettly.)
Dans les beaux yeux d'une inhumaine,
De sa défaite on lit sans peine
Le pronostic ;
Nulles rigueurs ne nous retiennent
De droit les belles appartiennent
Au kaiserlic !

Se divertir fut toujours mon principe ;
Tout est fumée, et la gloire et la pipe !
Vivent le vin, l'amour et le tabac !
Voilà le refrain du bivouac !

ENSEMBLE.

BETTLY.

Malgré moi je frissonne
Et de crainte et d'horreur.
Hélas ! tout m'abandonne
Et je me meurs de peur !

MAX.

De crainte elle frissonne ;
J'en ris au fond du cœur !
Que l'amitié pardonne
Cet instant de frayeur !

LE CHŒUR.

Notre sergent l'ordonne :
Buvons avec ardeur ;
Oui, la consigne est bonne,
J'obéis de grand cœur !

(A la fin de cet ensemble, un des soldats se présente à la porte à gauche, sans habit et avec un tablier de cuisine.)

LE SOLDAT

Le dîner vous attend !

MAX.

O nouvelle agréable !
Allons, courons nous mettre à table ;
Et jusqu'à demain, sans façons,
Mes amis, nous y resterons.

ENSEMBLE.

BETTLY.

Malgré moi je frissonne
Et de crainte et d'horreur.
Hélas ! tout m'abandonne
Et je me meurs de peur !

MAX.

De crainte elle frissonne ;
J'en ris au fond du cœur !
Que l'amitié pardonne
Cet instant de frayeur !

LE CHŒUR.

Notre sergent l'ordonne :
Buvons avec ardeur ;
Oui, la consigne est bonne,
J'obéis de grand cœur !

(Max et les soldats entrent par la porte gauche.)

SCÈNE X.

BETTLY, seule.

Comment ! ils vont loger chez moi jusqu'à demain !... toute la soirée ! (avec effroi.) et la nuit aussi ! et pendant quinze jours... tout le régiment... Quelle perspective !... et le moyen de les renvoyer ou de les rendre honnêtes et polis ?... il vaut mieux m'en aller... Mais où me réfugier ?... Mon plus proche voisin est Daniel, et je ne peux pas aller lui demander asile... sur-tout pendant quinze jours... lui qui n'est ni mon frère, ni mon cousin... et qui n'a pas de femme !... Et puis, si je quitte mon chalet, ils y mettront le feu ! je le retrouverai en cendres... ils sont capables de tout !...

SCÈNE XI.

BETTLY; DANIEL, avec un paquet au bout d'un long sabre, et entr'ouvrant la porte au fond

BETTLY.

Qui vient là ?... encore quelque ennemi ?... Ah ! c'est Daniel !

DANIEL.

Ne vous fâchez pas, mam'selle, si c'est moi...

BETTLY, d'un ton caressant.

Je ne me fâche pas, monsieur Daniel...

DANIEL.

Ce n'est pas pour vous que je viens ! c'est-à-dire ce n'est pas pour vous contrarier... mais pour retrouver un militaire qui m'a donné rendez-vous ici... un sergent... un bien brave homme !...

BETTLY.

Un brave homme !...

DANIEL.

Oui, mam'selle... lui et ses camarades !... aussi, dès demain, je serai comme eux... je serai des leurs !...

BETTLY.

Y penses-tu ?...

DANIEL.

C'est un parti pris... je lui ai donné ma parole... je me fais soldat. Vous voyez que j'ai déjà le principal, j'ai un sabre !... un fameux sabre qui depuis cent ans était accroché à notre cheminée, et qui a servi autrefois à la bataille de Sempach !... Mais il me manquait des papiers... je les ai là, dans mon paquet, et je les apporte au sergent...

LE CHALET.

BETTLY.

Il est à table avec ses compagnons, qui ont mis ici tout sens dessus dessous.

DANIEL.

Ces pauvres gens!... je leur avais demandé que ce fût chez moi... Ils vous ont donné la préférence... j'en aurais bien fait autant!...

BETTLY.

Eh bien! par exemple!

DANIEL.

Dame!... je ne vois que le plaisir d'être auprès de vous. Et à propos de ça... et puisqu'il faut que je m'en aille... (*dénouant le paquet qu'il a mis sur la table.*) j'ai un papier à vous remettre... (*Tirant plusieurs papiers.*) Non, ce n'est pas ça... c'est mon acte de naissance, et maudit soit le jour où il a été paraphé!... Et ça?... (*le regardant.*) ah! ce malheureux contrat de mariage... qui était tout prêt et que vous n'avez pas voulu signer!... (*le remettant dans le paquet.*) il a maintenant le temps d'attendre! (*Prenant un autre papier qu'il lui présente.*) Voilà!...

BETTLY.

Qu'est-ce que c'est que ça?

DANIEL.

Mon testament... que je vous prie de garder.

BETTLY.

Quelle idée!..

DANIEL.

C'est un service que je vous prie de me rendre... et qui ne vous oblige à rien de mon vivant!... vous l'ouvrirez seulement quand je serai mort... et je tâcherai que ça ne soit pas long!...

BETTLY.

Monsieur Daniel!...

DANIEL.

Ça commence déjà... car je n'en peux plus... je tombe de fatigue et de sommeil... trois nuits sans dormir!... des courses dans la montagne!... et puis hier et ce matin, tout le mal que je me suis donné pour c'te prétendue noce!... (*Geste de Bettly.*) Je n'en parlerai plus... et je m'en vais... car en restant ici... je vous contrarie...

BETTLY.

Mais du tout... (*A part.*) Il va me laisser seule dans la maison avec tous ces gens-là!...

DUO.

Prêt à quitter ceux que l'on aime,
Doit-on partir si brusquement?
Et vous pouvez bien ici même
Vous reposer un seul instant!

DANIEL.

Dieu! qu'entends-je? O surprise extrême!
Tantôt vous m'avez dit d'partir,
Et maintenant, quoi! c'est vous-même,
Vous qui daignez me retenir!

BETTLY.

D'un ami l'on peut bien, je pense,
Recevoir les derniers adieux!

DANIEL.

Non, je sens que votre présence
Me rend encor plus malheureux
Et puisque votre ordre cruel
M'a banni, je m'en vais!...

(*Il a repris son paquet et son sabre et va pour sortir.*)

BETTLY.

Daniel!

ENSEMBLE.

BETTLY.

Encore, encore
Un seul instant!
De vous j'implore
Ce seul moment.
(*A part.*)
D'effroi saisie,
Je tremble, hélas!
(*A Daniel, d'un air suppliant.*)
Je vous en prie,
Ne partez pas!

DANIEL, avec joie.

Encore, encore
Un seul instant!
Elle m'implore,
Moi son amant!
Douce magie!
Où suis-je, hélas!
Sa voix chérie
Retient mes pas!

BETTLY.

Vous restez donc auprès de moi?

DANIEL.

Ah! j'y consens!... Mais vous ne voudrez pas?...

BETTLY.

Pourquoi?

DANIEL.

Vous ne voudrez pas le permettre!
Car voici le jour qui s'enfuit,
Et si je reste ici la nuit,
C'est bien pis que le jour, et vous me l'avez dit,
Ce serait là vous compromettre!

BETTLY, avec embarras et baissant les yeux.

C'est vrai!

DANIEL.

Vous voyez bien! ainsi tout est fini!

BETTLY, à part, avec effroi.

Ah! mon Dieu, rester seule ici!
(*A Daniel, avec embarras.*)
Adieu donc!

DANIEL, près de la porte.

Adieu!

BETTLY, le retenant au moment où il va sortir.

Mon ami!

ENSEMBLE.

BETTLY.

Encore, encore
Un seul instant!
De vous j'implore
Ce seul moment.
D'effroi saisie
Je tremble, hélas!

Je vous en prie,
Ne partez pas !

DANIEL, *revenant vivement.*

Encore, encore
Un seul instant
Elle m'implore,
Moi son amant !
Douce magie !
Où suis-je, hélas!
Sa voix chérie
Retient mes pas.

BETTLY, *avec un sourire timide.*

Eh ! mais... vous pourriez bien, sans qu'on puisse en
Rester dans la chambre à côté   [médire,
Jusqu'à demain !...

DANIEL.

O ciel !... c'est bien la vérité.
Vous le voulez !...

BETTLY.

Sans doute !

DANIEL, *avec joie.*

A peine je respire !

BETTLY.

Je vous appellerai si j'ai besoin de vous !

DANIEL, *avec joie.*

Vraiment !
(*Montrant la porte à droite.*)
C'est là... près d'elle, ah ! que mon sort est
[doux !
(*Il prend son sabre, son paquet, et entre dans la chambre à droite, toujours en regardant Bettly.*)

BETTLY, *demeurée seule un instant.*

Sa présence a calmé la frayeur qui me glace !
(*Bruit et cris confus à gauche.*)

BETTLY, *effrayée, s'élance vers la porte à droite en appelant.*

Daniel ! Daniel !

DANIEL, *sortant vivement de la chambre à droite.*

Q'est-ce donc ?

BETTLY.

Ah ! de grâce,
Restez ici, je l'aime mieux !

DANIEL, *avec ravissement.*

Est-il possible ?

BETTLY.

Eh ! oui ! je l'aime mieux !
Là-bas sur ce fauteuil !... moi je rentre en ces lieux.

DANIEL.

Bonsoir.

BETTLY.

Bonsoir !
Vous restez là ?

DANIEL.

Pour mon cœur quel espoir !

ENSEMBLE.

DANIEL, *assis dans le fauteuil à gauche.*

O surprise nouvelle !
Jamais je n'obtins d'elle
Aussi douce faveur !
Mon Dieu, si c'est un rêve,

permettez qu'il s'achève !
Laissez-moi mon bonheur !

BETTLY, *près de la porte à droite.*

Dans ma crainte mortelle
Sa présence et son zèle
Calment un peu mon cœur !
Que mon tourment s'achève !
O mon Dieu, faites trêve
A ma juste terreur !

BETTLY, *de loin.*

Il ne s'endort pas, je l'espère !

DANIEL, *les yeux un peu appesantis.*

Quel avenir ! et quel bonheur !...
Mais je sens... déja... ma paupière !...
(*D'une voix plus affaiblie.*)
Je suis près d'elle !... ah ! quel bonheur !

BETTLY.

Parlez-moi... je veux vous entendre !

DANIEL, *à moitié endormi et prononçant à peine.*

Ah ! combien je bénis mon sort !

BETTLY, *écoutant.*

Que dit-il ?
(*Se rapprochant de lui.*)
De si loin... l'on ne saurait comprendre !...
Mais vraiment je crois qu'il s'endort !

ENSEMBLE.

BETTLY.

Dans ma crainte mortelle
Sa présence fidèle
Rassure un peu mon cœur !
Que mon tourment s'achève !
O mon Dieu, faites trêve
A ma juste terreur !
Loin de lui... j'ai trop peur

DANIEL, *s'endormant peu à peu.*

Quelle ivresse nouvelle !
Jamais je n'obtins d'elle
Aussi douce faveur !
Mon Dieu, si c'est un rêve,
Permettez qu'il s'achève !
Laissez-moi mon bonheur !
Oui... oui... je rêve le bonheur !

(*Elle finit par prendre une chaise et s'asseoir à côté de lui.*)

SCÈNE XII.

MAX, *sortant de la porte à droite* ; BETTLY, *assise près de Daniel* ; DANIEL, *dormant sur le fauteuil à droite.*

MAX, *à part, apercevant Daniel.*

Ah !... notre jeune fermier !... elle l'a fait rester ! Très bien !
(*Il s'avance et se place entre Bettly et Daniel.*)

BETTLY, *se levant effrayée.*

Dieu ! ce soldat !...

MAX.

Moi-même, ma belle enfant... (*Affectant un peu d'ivresse.*) Vivent l'amour et la bagatelle !... Voyez-vous, j'ai servi en Allemagne... et les

Allemands sont toujours aimables... après dîner !... Or le vôtre était excellent... il faut donc, pour être juste, que l'amabilité soit en rapport avec le dîner !...

BETTLY, à part.
Et ce Daniel qui ne s'éveille pas !...

MAX.
Nous convenons donc, ma jolie hôtesse, qu'il me faut un petit baiser...

BETTLY.
Une pareille audace...

MAX.
C'est de la reconnaissance !... c'est une galanterie soldatesque et décente qui ne peut offenser personne !... et ton mari lui-même le permettra... (montrant Daniel.) je vais lui demander.

BETTLY, piquée.
Ce n'est point mon mari...

MAX.
Excusez !... comme il dormait là près de toi... j'avais cru tout naturellement...

BETTLY, avec fierté.
Vous vous trompez !... je n'ai pas de mari... je vous prie de le croire...

MAX, gaîment.
Tu n'as pas de mari ! alors ne crains plus rien !... ça ne fait de tort à personne... et, puisque tu es libre, puisque tu es ta maîtresse...

BETTLY, effrayée.
Monsieur le soldat...

MAX, la poursuivant.
Vivent l'amour et la bagatelle !

BETTLY.
A moi !... au secours !...

MAX, l'embrassant au moment où Daniel s'éveille.
Tu auras beau faire !...

DANIEL, s'éveillant.
Qu'est-ce que je vois là ?...

MAX, tenant toujours Bettly, qui se débat.
Le triomphe du sentiment !

DANIEL.
Moi qui étais dans un si joli rêve !... (S'élançant entre Max et Bettly, qu'il sépare.) Voulez-vous bien finir ?...

MAX, avec colère.
Et de quoi te mêles-tu ?...

DANIEL.
Je me mêle... que ces manières-là me déplaisent, entendez-vous, sergent ?...

MAX, de même, et affectant plus d'ivresse.
Et de quel droit ça te déplait-il ? est-ce ta sœur ?

DANIEL.
Non vraiment !...

MAX.
Est-ce ta femme ?

DANIEL.
Hélas ! non...

MAX.
Est-ce ta nièce, ta cousine, ta grand'tante ?...

DANIEL.
Non, sans doute... mais cependant, sergent...

MAX, avec hauteur.
Mais cependant, morbleu !... c'est à moi alors que ça déplait... et, puisque tu n'as aucun droit légal z'et légitime de m'ennuyer z'ici, fais-moi le plaisir de battre en retraite sur-le-champ et vivement.

BETTLY.
O ciel !...

MAX.
Je te l'ordonne !

DANIEL.
Et moi, ça m'est égal... je resterai !...

MAX, le menaçant.
Comment ! blanc-bec...

DANIEL, tremblant et se réfugiant près de Bettly.
Oui... oui... je resterai... j'en ai le droit... c'est mam'selle Bettly qui me l'a dit... N'est-ce pas, mam'selle... vous m'en avez prié... vous me l'avez demandé ?...

BETTLY, tremblante.
Certainement... je le veux. (Lui prenant le bras.) Je veux que vous ne me quittiez pas !...

DANIEL.
Vous l'entendez... je ne lui fais pas dire... Vous n'avez que faire ici... n'est-il pas vrai ?... (Regardant Max, qui se croise les bras.) Eh bien ! je vous demande pourquoi il reste là !... Dites-lui donc, mam'selle... dites-lui donc de s'en aller.

MAX.
Non, morbleu !... je ne m'en irai pas !... car j'y vois clair enfin... Tu es son amant !... tu l'aimes !...

DANIEL.
Pour ce qui est de ça... c'est vrai !

MAX.
Et moi aussi !...

DANIEL.
Est-il possible ?...

MAX, le menaçant.
Et tu renonceras à l'aimer...

DANIEL, de même.
Jamais !...

MAX, de même.
Ou sinon...

BETTLY.
Monsieur le sergent... au nom du ciel...

MAX, froidement.
Ça ne vous regarde pas... la belle !... c'est une affaire entre nous ; une explication z'à l'amiable qui réclame impérieusement l'absence du sexe !... Ainsi vous comprenez... vaquez aux travaux du ménage... et nous... ça ne sera pas long. (Durement et lui montrant la porte de droite.) M'entendez-vous ?...

DANIEL.
Oui ; mam'selle Bettly... retirez-vous un instant...

BETTLY, à part, montrant la porte à droite.
Ah! je n'irai pas loin... (Bas.) Monsieur Daniel!...
DANIEL.
Mam'selle Bettly...
BETTLY, à mi-voix.
Ah! mon Dieu, que j'ai peur!...
DANIEL, de même.
Et moi donc!...
(Bettly le regarde et, sur un geste de Max, sort par la porte à droite.)

SCÈNE XIII.
MAX, DANIEL.
DUO.
MAX.
Il faut me céder ta maîtresse,
Et renoncer à ton amour.
DANIEL.
Moi! renoncer à ma tendresse!
J'aimerais mieux perdre le jour!
MAX.
C'est alors, suivant la coutume,
Le sabre qui décidera!
DANIEL, effrayé.
Que dites-vous?
MAX, froidement.
Et je présume
Qu'un de nous deux y périra!
DANIEL, tremblant.
Ah! grand Dieu!... mais la perdre... est encor plus
[terrible!
MAX.
Eh bien?...
DANIEL, tremblant, mais avec un peu plus de résolution.
Eh bien... c'est dit...
MAX, lui prenant la main.
Touche donc là!
(Voyant qu'il tremble.)
Poltron!...
Ta main tremble!...
DANIEL.
C'est bien possible!
MAX.
Tu frémis!...
DANIEL.
Je ne dis pas non!
ENSEMBLE.
DANIEL, à part.
Je sens comme un froid glacial!
Mais c'est égal... oui, c'est égal!
Bon gré mal gré
Je me battrai!
Je me battrai,
Je l'ai juré!
MAX, souriant.
Que j'aime son air martial!
Il est tremblant... mais c'est égal!

Il se battra bon gré mal gré!
Il veut se battre, il l'a juré!
MAX.
Ainsi le sabre en main... tu le veux!
DANIEL, fermant les yeux.
Je le veux!
MAX, avec ironie.
Il est brave!
DANIEL.
Non pas!... mais je suis amoureux!
MAX.
Et de frayeur ton cœur palpite!
DANIEL.
Je n'en ai que plus de mérite;
Se faire tuer... c'est votre état!
Mais moi qui ne suis pas soldat...
ENSEMBLE.
DANIEL.
Je sens comme un froid glacial!
Mais c'est égal!... oui, c'est égal!
Bon gré mal gré je me battrai!
Je me battrai, je l'ai juré!
MAX.
Je ris de son air martial!
Il est tremblant.. mais c'est égal!
Il se battra bon gré mal gré!
Il veut se battre, il l'a juré!
(Apercevant Bettly qui, pendant le commencement de ce morceau, a de temps en temps entr'ouvert la porte à droite.)
MAX, à part.
C'est elle! elle doit nous entendre!
(A Daniel.)
C'est bien... là-bas je vais t'attendre!

CANTABILE.
MAX.
Dans ce bois de sapins, sous cette voûte sombre,
Qui couvre la montagne et s'étend près de nous,
Nous n'aurons pour témoins que le silence et l'ombre;
Mais ne va pas manquer à notre rendez-vous!
DANIEL, levant les yeux au ciel.
Dieu! soutiens mon courage et chasse comme une
[ombre
Du bien que j'ai perdu le souvenir si doux!

ALLEGRO.
MAX.
Lorsqu'au clocher voisin sonnera la demie...
DANIEL.
De s'apprêter encor faut-il le temps!
MAX.
Je te donne un quart d'heure!
DANIEL.
On vous en remercie!
MAX.
Je serai là!...
DANIEL, se donnant du courage.
J'irai!... j'irai!
MAX.
Bien! je t'attends!

ENSEMBLE.

DANIEL.

Que l'amour et la gloire
Bannissent ma frayeur !
Oui, je ne veux plus croire
Que la voix de l'honneur !
Pour défendre sa belle
On a toujours du cœur !
Et si je meurs pour elle,
C'est encor du bonheur !

MAX.

Que l'amour et la gloire
Soutiennent ta valeur !
En tout temps la victoire
Sourit aux gens de cœur !
Quand l'amour nous appelle
Tous deux au champ d'honneur,
Expirer pour sa belle
Est encor du bonheur !

MAX.

Tu m'as compris !...

DANIEL.

C'est entendu !

MAX.

Pour la gloire et pour ton amie...

DANIEL.

Pour la gloire et pour mon amie...

MAX.

Lorsque sonnera la demie !

DANIEL.

Lorsque sonnera la demie !

MAX.

Dans le bois de sapins...

DANIEL, avec fermeté.

C'est dit... c'est convenu !

ENSEMBLE.

DANIEL, tout-à-fait décidé.

Oui, l'amour et la gloire
Ont banni ma frayeur,
Et je ne veux plus croire
Que la voix de l'honneur !
Pour défendre sa belle
On a toujours du cœur !
Et si je meurs pour elle,
C'est encor du bonheur !

MAX.

Que l'amour et la gloire
Soutiennent ta valeur !
En tout temps la victoire
Sourit aux gens de cœur !
Quand l'amour nous appelle
Tous deux au champ d'honneur,
Expirer pour sa belle
Est encor du bonheur !

(Max sort par la porte du fond.)

SCÈNE XIV.

DANIEL, BETTLY, revenant.

BETTLY, à part.

Je me soutiens à peine !... Ce pauvre garçon !... (Le regardant tendrement.) Se battre avec une frayeur comme celle-là !... faut-il qu'il soit brave ! (Haut.) Monsieur Daniel ?...

DANIEL, sortant des réflexions où il était plongé.

Ah ! c'est vous, mam'selle ?...

BETTLY.

Eh bien ?...

DANIEL, affectant un air riant.

Eh bien !... ça s'est bien passé !... il a enfin entendu la raison... et, comme vous le voyez, il s'en est allé... vous en voilà délivrée !... Et maintenant, puisque vous n'avez plus besoin de moi, je vais aussi vous quitter.

BETTLY.

Et où allez-vous ?...

DANIEL.

Je vais reprendre mon paquet, mes papiers et mon sabre... que j'ai laissés là, dans votre chambre...

BETTLY, l'arrêtant.

Daniel...

DANIEL.

Il faut que je parte... Je suis soldat... je vous l'ai dit ! Mon sergent m'attend... nous avons à faire ensemble un voyage... qui sera bien long peut-être !... et si je ne revenais pas, mam'selle Bettly... il ne faut pas que cela vous fasse de la peine.... Il faut vous dire, pour vous consoler, que je suis plus heureux comme ça qu'auparavant... (La regardant.) Quoi ! vous pleurez ?...

BETTLY.

Oui, je ne puis vous dire ce que je sens là..
ce que j'éprouve de crainte... de regrets !...

DANIEL.

Des regrets, est-il possible ?... Ah ! si vous me regrettez, voilà plus de bonheur que je n'aurais osé l'espérer !... et je puis partir maintenant !...

BETTLY, à part, joignant les mains.

Comment le retenir ici ?

DANIEL.

ROMANCE.

PREMIER COUPLET.

Adieu, vous que j'ai tant chérie !
Je pars pour un climat lointain...
Qu'une fois au moins d'une amie
Ma main puisse presser la main !
Qu'en sortant de cette demeure
J'emporte ce doux souvenir !...

BETTLY, à part.

Si je refuse il va partir !...
(Lui tendant la main qu'il embrasse.)
Allons... il faut... lui faire oublier l'heure

DANIEL.

DEUXIÈME COUPLET.

Adieu, Bettly, vous que j'adore !
Vous, mes premiers, mes seuls amours !
Peut-être un destin que j'ignore
Va nous séparer pour toujours !
Loin de vous, s'il faut que je meure,
Un baiser avant de mourir !

BETTLY.
Si je refuse... il va partir !
(On entend sonner la demie au clocher du village. Bettly penche vers lui sa joue, que Daniel embrasse.)
Allons... il faut lui faire oublier l'heure !

ENSEMBLE.

Allons... il faut lui faire oublier l'heure !

DANIEL, avec ivresse.

Mes jours entiers pour une pareille heure !

SCÈNE XV.

BETTLY, MAX, DANIEL.

MAX, qui est entré à la fin de la scène précédente, sourit en les voyant, puis il vient brusquement se placer entre eux.

Eh bien ! l'ami, à quoi diable vous amusez-vous là?... Il y a long-temps que la demie a sonné...

DANIEL.

Vous croyez?...

MAX, lui montrant le sabre qu'il tient sous le bras.

Le camarade est là pour vous le dire !... nous vous attendons !... vous comprenez ?...

DANIEL.

Oui, sergent... je vas chercher... ce qu'il faut pour vous suivre... mais si vous aviez pu attendre encore un peu ! (A part.) Se faire tuer dans un pareil moment ! est-ce désagréable !...

(Il sort par la porte à droite.)

SCÈNE XVI.

MAX, BETTLY.

BETTLY, qui a remonté le théâtre et suivi Daniel des yeux, court près de Max.

Je connais votre dessein et ne le laisserai pas exécuter.

MAX.

Qu'est-ce que ça signifie?

BETTLY.

Vous voulez vous battre avec lui... vous voulez le tuer !... Oh ! non... cela n'est pas possible... vous ne le tuerez pas ! un si honnête homme ! dont les jours sont si chers et si précieux !

MAX.

Si précieux !... et à qui ?

BETTLY.

A ses amis... à sa famille.

MAX.

Lui ! il ne tient à rien au monde... il est garçon comme moi ; et un garçon, à quoi ça sert-il ! Ah ! s'il était marié... je ne dis pas... Un homme marié est utile à sa femme et à tous les siens !

BETTLY, vivement.

Eh bien ! monsieur, si ce n'est que cela... je vous jure qu'il est marié.

MAX.

Lui?

BETTLY.

Oui, sans doute !

SCÈNE XVII.

MAX, BETTLY, DANIEL.

TRIO.

DANIEL, tenant sur l'épaule son grand sabre.

Soutiens mon bras, Dieu que j'implore,
Venge l'amour et l'amitié !

(Regardant son sabre.)

Ce fer qui va briller encore
Ne pouvait mieux être employé.

MAX.

Non vraiment, différons encore ;
Qu'entre nous tout soit oublié !
Toujours je respecte et j'honore
Les jours d'un homme marié !

DANIEL, étonné.

Qui, moi ? sergent ! moi !... marié !

BETTLY, bas à Daniel

Dites que oui ; je vous l'ordonne !

DANIEL, vivement.

C'est vrai ! c'est vrai ! je l'avais oublié !

MAX, les regardant d'un air soupçonneux

Et pourquoi le cacher ? ce mystère m'étonne.

BETTLY, vivement.

Plus d'une raison l'y forçait...
Des raisons de famille autant que de fortune !

MAX.

C'est différent ! Alors dites-moi donc quelle est Sa femme !

BETTLY, embarrassée.

Quoi... sa femme !

MAX, brusquement.

Il faut qu'il en ait une!

Je tiens à la voir !

DANIEL.

Et pourquoi ?

MAX.

Je veux la voir !...

DANIEL, avec embarras.

Ma femme !...

BETTLY.

Eh bien !... c'est moi!

DANIEL.

Qu'entends-je, ô ciel !...

BETTLY.

Silence ! et dites comme moi.

(Bas à Daniel.)

Ah ! c'est pour vous sauver la vie
Que je vous nomme mon époux !
Dites comme moi, je vous prie...
Mais c'est pour rire, entendez-vous !
Oui, c'est pour rire, entendez-vous !

ENSEMBLE.

DANIEL, à part, tristement.
Quoi ! c'est pour me sauver la vie
Qu'elle me donne un nom si doux !
Mais ce n'est qu'une raillerie,
Et je ne suis pas son époux ;
Je ne serai pas son époux !

MAX, à part.
Eh quoi ! vraiment sa pruderie
Se défend encor contre nous !
De résister je la défie ;
Il faudra qu'il soit son époux,
Qu'il soit tout-à-fait son époux.

MAX, les saluant tous deux.
Salut alors à monsieur, à madame !

DANIEL, à Bettly.
Répondez-lui ?

MAX.
Quel est ce ton ?
Lorsque l'on est époux et femme
On se tutoie et sans façon !

DANIEL, effrayé.
Quoi... la tutoyer !...

BETTLY, à demi-voix, l'y excitant.
Allons donc !

DANIEL.
Si... tu le veux !

BETTLY.
Et pourquoi non ?

DANIEL.
C'est toi qui le veux !... Toi !... ce mot charme mon
          fame !

MAX.
Mais quand on est époux et femme
On peut embrasser son mari !

DANIEL, s'éloignant avec effroi.
Ah ! c'est trop fort !... oh ! que nenni !

MAX, avec colère et portant la main à son sabre.
Qu'ai-je entendu ?... de quelque trame
Serais-je la dupe aujourd'hui ?

BETTLY, vivement.
Non vraiment ! et s'il faut vous le prouver ici...
(Elle s'approche de Daniel les yeux baissés, l'embrasse et
reprend à demi-voix.)
Ah ! c'est pour vous sauver la vie
Qu'ici je vous traite en époux !
Mais n'y croyez pas, je vous prie,
Car c'est pour rire, entendez-vous !
Oui, c'est pour rire, entendez-vous !

ENSEMBLE.

DANIEL, tristement.
Quoi ! c'est pour me sauver la vie
Qu'elle accorde un baiser si doux !
Mais ce n'est qu'une raillerie,
Et je ne suis pas son époux !

MAX, à part.
Eh quoi ! vraiment sa pruderie
Se défend encor contre nous !
De résister je la défie,
Il faudra qu'il soit son époux !

BETTLY.
Et maintenant, je le suppose,
De cet hymen vous ne douterez pas !

MAX.
Oh si, vraiment ! et j'exige autre chose !

DANIEL et BETTLY, effrayés.
O ciel !

MAX, montrant Daniel.
Il doit avoir des papiers, des contrats...
Que sais-je ?... il me l'a dit !

DANIEL.
Rien n'est plus véritable !
(Montrant la chambre à droite.)
Je l'avais là !...

MAX.
Je veux le voir !
(A Bettly.)
Qu'on me l'apporte ! allez !
(Bettly entre dans la chambre à droite.)

DANIEL, la regardant sortir.
Ah ! plus d'espoir !

MAX.
Je saurai bien s'il est valable !

DANIEL, à part.
Il ne l'est pas ! ô sort infortuné,
C'est de moi seul qu'hélas ! il est signé !

MAX, criant à haute voix et de manière à ce que Bettly
l'entende.
Je connaîtrai, morbleu ! si l'on m'abuse.

DANIEL, toujours à part.
En le voyant il va découvrir notre ruse !
(Rentre Bettly, qui, les yeux baissés, présente à Max un
contrat qu'il prend de sa main.)

DANIEL, à part, regardant Max, qui examine le
contrat.
Je n'ai plus qu'à mourir !... pour moi tout est fini !

MAX, regardant au bas du contrat.
C'est bien ; signé Daniel ; plus bas, signé Bettly !

DANIEL, avec joie.
O ciel !

BETTLY, qui est près de lui, lui mettant la main sur la
bouche.
Ah !... ce n'est qu'une ruse !
Le contrat ne vaut rien !... celui dont je dépends,
Mon frère, ne l'a pas encor signé !...

MAX, qui pendant ce temps s'est approché de la table
à droite, et a signé le contrat.
Tu mens !...
(Le donnant à Daniel.)
Tenez... tenez, mes enfants !

DANIEL, lisant.
Que vois-je ? Max !... sergent !

BETTLY.
Grands dieux !

MAX, lui ouvrant ses bras.
C'est moi !... ton frère !

DANIEL.
Lui !

MAX.
Qui vous trompait tous deux
Pour vous forcer d'être heureux !

ENSEMBLE.

DANIEL et BETTLY.

Ah! n'est-ce pas une erreur qui m'abuse!
C'est un frère qui nous chérit!
Oui, notre amour pardonne cette ruse
A l'amitié qui nous unit!

MAX.

Non, ce n'est pas une erreur qui t'abuse;
C'est un frère qui te chérit!
Que votre amour pardonne cette ruse
A l'amitié qui vous unit!

SCÈNE XVIII.

LES PRÉCÉDENTS; PAYSANS et PAYSANNES revenant de la ville; SOLDATS, entrant par la gauche.

DANIEL, courant à eux.

Mes amis, venez vite!
Ici je vous invite,
Car je suis son époux!

TOUS.

O ciel! que veut-il dire!

DANIEL.

De moi vous vouliez rire,
Et je me ris de vous!

MAX, à ses soldats.

Et vous, mes camarades,
Venez! buvez rasades!
Et reprenons soudain
Notre joyeux refrain:
Vivent le vin, l'amour et les combats!
Voilà, voilà le refrain des soldats!

CHOEUR.

Amants, guerriers, répétons tour-à-tour:
Vivent le vin, les combats et l'amour!

FIN DU CHALET.

LE
CHEVAL DE BRONZE,

OPÉRA-FÉERIE EN TROIS ACTES

Paroles de M. Scribe,
MUSIQUE DE M. AUBER,

REPRÉSENTÉ POUR LA PREMIÈRE FOIS, SUR LE THÉÂTRE DE L'OPÉRA-COMIQUE,
LE 23 MARS 1835.

PERSONNAGES.	ACTEURS.	PERSONNAGES.	ACTEURS.
YANG, prince impérial de la Chine.	{ M. PONCHARD. { M. RÉVIAL.	PEKI.	Mme PRADHER.
TSING-SING, mandarin.	M. FÉRÉOL.	LO-MANGLI, demoiselle d'honneur de la princesse.	Mlle FARGUEIL.
TCHIN-KAO, fermier.	M. INCHINDI.	FEMMES DE LA SUITE DE STELLA.	
YANKO.	M. THÉNARD.	SOLDATS ET SEIGNEURS DE LA SUITE DU PRINCE.	
STELLA, princesse du Mogol.	Mme CASIMIR.		
TAO-JIN.	Mme PONCHARD.	PAYSANS, PAYSANNES, ETC.	

La scène se passe dans la province de Chatong, en Chine.

ACTE PREMIER.

Le théâtre représente un site agréable, dans la province de Chatong, en Chine. — A droite, l'entrée de la ferme de Tchin-Kao. — Au fond, un village chinois. — A gauche, l'entrée d'une pagode.

SCÈNE PREMIÈRE.
INTRODUCTION.
CHŒUR.

Clochettes de la pagode,
Retentissez dans les airs,
Et, suivant l'antique mode,
D'hymen formez les concerts.
Clochettes de la pagode,
Retentissez dans les airs !

TCHIN-KAO.

Mon bonheur ne peut se comprendre,
Ma fille épouse un mandarin ;
A tous ici, pour mieux l'apprendre,
Sonnez clochettes... tin ! tin ! tin !
Je crois des écus de mon gendre
Entendre le son argentin,
Tin ! tin ! tin ! tin !

CHŒUR.

Clochettes de la pagode,
Retentissez dans les airs ! etc., etc.

TCHIN-KAO, *bas à sa fille qui est voilée.*
Allons, ma fille, allons, Peki,
Parlez donc à votre mari !

PEKI, *de même.*
A quoi bon ? que puis-je lui dire ?

TCHIN-KAO.
Vous, la fille d'un laboureur,
Epouser un grand de l'empire !

TSING-SING.
Le favori de l'empereur,
Le seigneur Tsing-sing ! c'est tout dire.
(*S'approchant de Peki.*)

AIR :

Trésor de jeunesse et d'amour,
Beauté... dont mon ame est ravie !
Je t'ai vue... et pour toi j'oublie
Mon rang, ma noblesse et la cour !
De ma naissance,
De ma puissance,
Un seul coup-d'œil
Brise l'orgueil,
Et plein d'extase,
Mon cœur s'embrase,
S'embrase aux feux
De tes beaux yeux.

Trésor de jeunesse et d'amour !
Etc., etc.

On te dira que je suis vieux !
N'en crois rien, l'amour n'a pas d'âge,
Et, pour te séduire, je veux
Que mes trésors soient ton partage,
Et que chacun dise soudain :
« C'est la femme d'un mandarin.
» Dans ses atours quelle élégance !
» Ses pieds ont foulé le satin.
» Perle et rubis ornent son sein.
» Mollement elle se balance,
» Bercée en son beau palanquin. »
Esclaves, servez votre reine,
Esclaves, courbez-vous soudain,
C'est votre maîtresse et la mienne,
C'est la femme d'un mandarin...
Quel honneur ! quel heureux destin !
D'être femme d'un mandarin !

ENSEMBLE.
CHŒUR.
Quel honneur ! quel heureux destin !
D'être femme d'un mandarin !
PÉKI.
Soumettons-nous à mon destin,
Je suis femme d'un mandarin !
TCHIN-KAO.
Quel honneur ! quel heureux destin !
D'être femme d'un mandarin.
TCHIN-KAO, *à sa fille et aux paysans.*
E! allez veiller aux apprêts du festin.
CHŒUR.
Clochettes de la pagode,
Retentissez dans les airs ! etc., etc.

(*Ils sortent tous, excepté Tsing-Sing et Tchin-Kao.*)

SCÈNE II.
TSING-SING, TCHIN-KAO.

TSING-SING. Eh bien ! maître Tchin-Kao... qu'en dites-vous ?

TCHIN-KAO. Que je ne puis en revenir encore !... vous, gouverneur de cette province, qui veniez tous les ans au nom de l'empereur, notre gracieux souverain, pour toucher notre argent ou nous donner des coups de bâton; vous, qui me faisiez une si grande peur; ainsi qu'à tout le monde, vous voilà mon gendre...

TSING-SING. Oui, maître Tchin-Kao, je vous ai fait cet honneur : j'admets votre fille au nombre de mes femmes.....

TCHIN-KAO. Est-ce que vous en avez beaucoup ?

TSING-SING. Quatre.

TCHIN-KAO. Est-il possible !

TSING-SING. Objet de luxe ! et pas autre chose. Un grand seigneur chinois y est obligé par son rang.....

TCHIN-KAO. Ici, au village, nous ne prenons qu'une femme ! nous ne pouvons pas en avoir davantage.....

TSING-SING. C'est juste ! vous n'en avez pas les moyens !... c'est un luxe qui revient très-cher, attendu qu'à chaque fille qu'on épouse... il faut payer une dot à son père.

TCHIN-KAO. Très-bonne coutume ! encouragement moral accordé aux nombreuses familles..... Du reste, la dot que j'ai reçue de votre seigneurie était magnifique... Il n'y a qu'une chose qui m'embarrasse.....

TSING-SING. Laquelle ?

TCHIN-KAO. Ce sont vos quatre femmes.

TSING-SING. Elles ne vous embarrassent pas plus que moi ! La première est maussade, la seconde colère, la troisième jalouse; mais celles-là ne diront rien, car elles ne sortent jamais de leur chambre ou de leur palanquin. Ce qu'il y a de plus dificile, c'est ma quatrième, ma chère Tao-Jin...

TCHIN-KAO. Qui est laide ?

TSING-SING. Non, elle est jeune et jolie; mais elle réunit à elle seule les qualités de toutes les autres..... sans compter un petit mandarin très-assidu auprès d'elle; et je ne puis la répudier, attendu qu'elle est cousine de l'empereur, au huitième degré.

TCHIN-KAO. Cousine de l'empereur !

TSING-SING. Il en a comme ça deux ou trois mille... C'est égal, cette parenté-là donne à ma doucereuse Tao-Jin le droit de paraître sans voile, de sortir seule et de me faire enrager toute la journée.

TCHIN-KAO. Elle vous aime donc bien !

TSING-SING. Du tout : elle ne peut pas me souffrir; mais, fière et hautaine, elle me regarde comme son premier esclave... Tu l'as voulu, Tsing-Sing... tu as voulu, parce que tu étais riche, épouser une princesse qui n'avait rien. Aussi, avec elle, il faut que j'obéisse, et c'est pour commander à quelqu'un que j'ai épousé ta fille...

TCHIN-KAO. Je vous remercie bien.

TSING-SING. Mais tout à l'heure, au moment où j'entrais dans la pagode... un exprès m'a appris que ma noble compagne venait d'arriver à mon palais d'été.

TCHIN-KAO. Aux portes de ce village...

TSING-SING. C'est cela qui m'a fait hâter mon mariage avec Péki : car tu sens bien que si Tao-Jin était apparue au milieu de la cérémonie.....

TCHIN-KAO. Cela aurait été fort gênant pour ce matin.

TSING-SING. Et ça le serait encore plus pour ce soir... Ainsi, tu feras préparer le repas et l'appartement nuptial chez toi... dans ta ferme.

TCHIN-KAO. Quel honneur !....

TSING-SING. Et d'ici là, si je puis éviter ma quatrième... et ne pas la voir de la journée..

(*Apercevant Tao-Jin.*)

SCÈNE III.

TCHIN-KAO, TSIN-SING, TAO-JIN, *paraissant au fond du théâtre, dans un palanquin.*

TRIO.

TSING-SING.
Dieu tout puissant! c'est elle que je vois!
TCHIN-KAO.
A son aspect... comme il tremble d'effroi!
Quel changement soudain!
Lui jadis si hautain,
Qu'il est humble et bénin
Notre grand mandarin.
TSING-SING.
O funeste destin!
TAO-JIN.
Je bénis le destin
Qui, pour moi plus humain,
Me ramène enfin
Près du grand mandarin!
TSING-SING.
Ah! ce bonheur insigne
A surpris votre époux!
Et votre esclave indigne
S'incline devant vous.
(*Il met un genou en terre.*)
TCHIN-KAO.
Que faites-vous, seigneur?
TAO-JIN, *avec dignité.*
C'est bien!
TSING-SING, *bas à Tchin-Kao.*
C'est de rigueur;
Ma femme est par malheur
Du sang de l'empereur.

ENSEMBLE.

TCHIN-KAO.
Quel changement soudain
Lui jadis si hautain,
Qu'il est humble et bénin
Notre grand mandarin!
TAO-JIN.
Je bénis le destin
Qui, pour moi plus humain,
Me ramène enfin
Près du grand mandarin.
TSING-SING.
O funeste destin!
Qui vers moi vous conduit?
TAO-JIN.
Une grande nouvelle
Que j'ai reçue...
TSING-SING.
Et quelle est-elle?
TAO-JIN.
Et pour que vous soyez, dans ce jour de bonheur,
Entouré des objets que chérit votre cœur,
J'ai voulu, réprimant mes tendresses jalouses,
Amener avec moi vos trois autres épouses.
TSING-SING.
C'est fait de moi!
TCHIN-KAO.
Quel contre-tems soudain!
TAO-JIN.
Et les voilà chacune en leur beau palanquin.

ENSEMBLE.

TCHIN-KAO.
D'un tel esclavage,
Ah! comme il enrage!
Et ce mariage
Qui l'attend ce soir!...
Quel parti va prendre
Mon illustre gendre?
Sinon de se pendre
Dans son désespoir.
TSING-SING.
D'un tel esclavage
De fureur j'enrage!
Et ce mariage
Qui m'attend ce soir!
Comment me défendre?
Ah! quel parti prendre?
Sinon de me pendre
Dans mon désespoir.
TAO-JIN.
D'avance, je gage,
Rien ne lui présage
Cet heureux message
Qu'il va recevoir.
Si mon cœur trop tendre
Vous le fait attendre,
Ce n'est que pour rendre
Plus doux votre espoir.
TSING-SING.
Mais cette maudite nouvelle...
(*Se reprenant.*)
Non, non, cette heureuse nouvelle
Qui vous amène ainsi vers nous
Dites-la donc!...
TAO-JIN.
Mon cœur fidèle
Vous l'apprendra plus tard.
TSING-SING, *à Tchin-Kao.*
Eloignez-vous.

ENSEMBLE.

TCHIN-KAO.
D'un tel esclavage,
Ah! comme il enrage! etc.
TAO-JIN.
D'avance, je gage,
Rien ne lui présage, etc.
TSING-SING.
D'un tel esclavage,
De fureur j'enrage, etc.

(*Tchin-Kao sort.*)

SCÈNE IV.

TSING-SING, TAO-JIN.

TAO-JIN. Eh bien! seigneur, dites encore qu'il n'y a pas d'avantage à épouser une cousine de l'empereur au huitième degré!... Enseveli ici dans cette province de Chatong, dont vous êtes gouverneur, vous ne pouviez vous absenter, ni venir à Pékin, ni paraître à la cour, qui jamais n'a été plus brillante, à ce que m'écrivait dernièrement Nin-Kao... ce jeune mandarin de première classe... et mon cousin au troisième degré.....

TSING-SING, *à part.* Celui dont je parlais tout à l'heure.

TAO-JIN. Alors, et dans ma tendresse pour vous, devinez ce que j'ai fait!

TSING-SING. Je ne m'en doute même pas.

TAO-JIN. Le prince impérial, qui voyageait depuis un an, revient enfin dans la capitale.....

TSING-SING. Je le sais... Il doit même traverser cette province pour se rendre à Pékin.....

TAO-JIN. Où l'on vient de monter sa maison... Eh bien! monsieur, l'empereur, à ma demande et à ma considération, a daigné vous nommer à la place la plus flatteuse... il vous a donné le titre de tchang-i-long ou premier menin de Son Altesse.

TSING-SING. Est-il possible!.... un tel honneur!...

TAO-JIN. C'est à moi que vous le devez: une charge magnifique, qui vous donne le droit de rester toujours auprès du prince, de le suivre partout! pendant que moi, je resterai à la cour!

TSING-SING. Comment! je ne pourrai pas le quitter?

TAO-JIN. D'une seule minute... à moins qu'il ne l'exige.... C'est l'étiquette chinoise... et si vous y manquez, le prince aurait le droit de vous faire trancher la tête.

TSING-SING. Ah! mon Dieu! Par bonheur... je connais le prince, un jeune homme, charmant, qui tient beaucoup au plaisir et fort peu à l'étiquette. Je suis un des lettrés de l'empire qui dans son enfance lui donnaient des leçons : il ne venait jamais aux miennes... ce qui ne l'a pas empêché d'être prodigieusement instruit.

TAO-JIN. Et c'est en récompense de vos soins que l'empereur vous attache à sa personne, et vous donne une place qui, dès aujourd'hui, vous ramène à la cour.

TSING-SING. Comment! aujourd'hui?...

TAO-JIN. Eh! oui, vos fonctions commencent de ce moment... Nous ne quitterons plus le prince, et comme il va arriver.....

TSING-SING. Lui... le prince! (*A part, avec embarras.*) Et ce soir... mon mariage... comment faire?...

TAO-JIN. Tenez... tenez, voyez-vous de loin la bannière impériale... C'est lui... c'est Son Altesse... Quel bonheur! moi, qui ne l'ai jamais vu.....

TSING-SING. Vous oseriez vous exposer ainsi à ses yeux?...

TAO-JIN. Pourquoi pas?... comme fils de l'empereur, nous sommes parens : c'est un cousin.....

TSING-SING. Elle en a partout... Et cette foule qui l'environne... braverez-vous aussi leurs regards profanes?... Rentrez, madame, rentrez....

TAO-JIN. Vous avez raison, et j'attendrai que le prince soit seul avec vous.

(*Elle entre dans la pagode à gauche.*)

SCÈNE V.

Les Précédens, le Prince YANG, Chœur de Peuple *qui le précède et le suit.*

CHŒUR.

Ah! quelle ivresse!
Cet heureux jour
Rend son altesse
A notre amour!

TSING-SING.

Ah! comment faire en ma détresse
Pour mettre d'accord en ce jour
Ma dignité nouvelle et mon nouvel amour!

CHŒUR.

Ah! quelle ivresse!
Cet heureux jour
Rend son altesse
A notre amour!
C'est lui! le voilà de retour!

LE PRINCE.

Ier COUPLET.

J'ai pour guides en voyage
La folie et l'amour,
Je ris lorsque vient l'orage
Et quand vient un beau jour.
Ne jamais voir
Le monde en noir,
Ne blâmer rien,
Trouver tout bien,
C'est le système
Que j'aime
D'être heureux c'est le moyen.

2e COUPLET.

S'il est des beautés fidèles
D'autres ne le sont pas,
Qu'importe, je fais comme elles
Et je me dis tout bas,
Ne jamais voir, etc.

CHŒUR.

Ah! quelle ivresse!
Cet heureux jour
Rend son altesse
A notre amour!
C'est lui! le voilà de retour!

LE PRINCE. Merci, merci, mes bons amis... Nous nous reverrons encore avant mon départ.

(*Ils sortent tous.*)

SCÈNE VI.

Le Prince, TSING-SING.

LE PRINCE. Vous, Tsing-Sing, demeurez!

TSING-SING. C'est mon devoir, monseigneur.....

LE PRINCE. Oui, j'ai appris par mon père la nouvelle dignité qui vous attachait à moi, et je m'en félicite... Quand vous étiez au nombre de mes maîtres, je me souviens qu'autrefois vous ne me gêniez guère.

TSING-SING. Je continuerai avec le même zèle.

LE PRINCE. J'y compte... et nous partirons dès aujourd'hui.....

TSING-SING. Pour la cour?....

LE PRINCE. M'en préserve le ciel! Mon père m'y attend pour me marier... et moi, je ne le veux pas, parce qu'il y a quelqu'un au monde que j'aime, qui occupe toutes mes pensées... et cette personne-là, il ne peut pas me la donner!...

TSING-SING. Et pourquoi donc?... rien n'est au-dessus de son pouvoir... et si c'est une princesse... ou une reine.

LE PRINCE. C'est bien autre chose.

TSING-SING. Une impératrice....

LE PRINCE. Si ce n'était que cela...

TSING-SING. O ciel!.. je comprends, une personne d'une condition inférieure... une de vos sujettes.....

LE PRINCE. Eh! non... et tu vas me regarder comme un insensé... un extravagant... tu ne reconnaîtras plus ton ancien élève.....

TSING-SING. Au contraire... parlez...

LE PRINCE. Eh bien! cette beauté si séduisante... si ravissante, qui a renversé toutes mes idées....

TSING-SING. Quelle est-elle?

LE PRINCE. Je n'en sais rien.

TSING-SING. Dans quels lieux habite-t-elle?

LE PRINCE. Je l'ignore!...

TSING-SING. Et où donc alors l'avez-vous vue?

TSING-SING. En songe!

AIR.

Le sommeil fermait ma paupière,
La nuit environnait mes yeux,
Soudain un rayon de lumière
M'éblouit et m'ouvre les cieux.

Je vois sur un nuage
Et de pourpre et d'azur
Une céleste image
Au regard doux et pur!
Sur son épaule nue
Tombaient ses blonds cheveux,
Et de sa douce vue
Moi j'enivrais mes yeux...
Quand d'un air gracieux
Me tendant sa main blanche,
Cette fille des cieux
Près de mon lit se penche,
Disant : ami, c'est moi
Qui recevrai ta foi;
A toi seul mes amours
Pour toujours...

Et soudain disparut cette jeune immortelle
Les nuages légers se refermaient sur elle,
Et sa voix murmurait encor... toujours... toujours.

(Regardant Tsing-Sing qui sourit.)

Ah! cela vous fait rire,
Et vous ne pouvez croire à ce rêve charmant!
Eh bien! voici qui semble encor plus étonnant!

Quand la nuit sombre
Ramène l'ombre,
Et le sommeil
Rêve pareil
Pour moi prolonge
Ce doux mensonge,
Et près de moi
Je la revoi!

Au rendez-vous fidèle
Oui, vraiment c'est bien elle
Qui vient toutes les nuits,
Et dans l'impatience
De sa douce présence
Tous les jours je me dis :

O nuit! mon bien suprême,
O sommeil enchanteur!
Rendez-moi ce que j'aime
Rendez-moi le bonheur!

Des heures que le sort, hélas! m'a destinées,
Que ne puis-je à l'instant retrancher les journées?
Oui, je voudrais, c'est là mon seul désir,
Oui, je voudrais toujours dormir!

O nuit, mon bien suprême!
O sommeil enchanteur
Rendez-moi ce que j'aime,
Rendez-moi le bonheur!

TSING-SING. C'est fort extraordinaire... Vous ne l'avez vue qu'en songe?...

LE PRINCE. Oui, mon ami.

TSING-SING. Et depuis ce tems, elle vous est apparue toutes les nuits?...

LE PRINCE. Sans en manquer une seule... Tu te doutes bien que dans mes voyages j'ai consulté là-dessus tous les astrologues et les savans de la Chine et du Thibet. Les uns ont prétendu que c'était une habitante des étoiles; d'autres que c'était la fille du Grand-Mogol... une princesse charmante, qui depuis son enfance a disparu de la cour de son père, et qu'un enchanteur a transportée l'on ne sait dans quelle planète..... mais tous m'assuraient que c'était celle que je devais épouser!...

TSING-SING. Je suis de leur avis.

LE PRINCE. Mais dans quel pays.... dans quelle région la rencontrer?

TSING-SING. Je n'en sais rien.

LE PRINCE. Ni moi non plus... mais nous la trouverons... tu m'y aideras, et puisque tu ne dois plus me quitter, nous partirons ensemble dès ce soir.

TSING-SING, à part. Ah! mon Dieu! (Haut.) Cela ne vous serait pas égal demain?...

LE PRINCE. Pourquoi cela?

TSING-SING. C'est que je suis marié depuis ce matin.

LE PRINCE. Est-il possible !

TSING-SING. A la fille de Tchin-Kao, un riche fermier.

LE PRINCE. Que ne le disais-tu ?... Reste alors, c'est trop juste ! (*En souriant.*) Est-elle jolie ?

TSING-SING. Une petite Chinoise charmante !

LE PRINCE. Pourquoi alors ne me l'as-tu pas présentée ?... Ah ! mon Dieu !... quelle idée : tu dis qu'elle est charmante,.... si c'était celle que j'aime et que je cherche...

TSING-SING. Laissez donc !

LE PRINCE. Pourquoi pas ? partout je crois la voir, et si seulement elle lui ressemblait...

TSING-SING, *à part.* Il ne manquerait plus que cela... et s'il lui prend fantaisie de me l'enlever...

LE PRINCE. Qui vient là ?...

SCÈNE VII.

LE PRINCE, TSING-SING, TAO-JIN, *sortant de la pagode.*

TRIO.

TAO-JIN, *voilée et s'adressant à Tsing-Sing.*
Eh bien !... eh bien ! cher époux !

LE PRINCE.
      Que dit-elle ?
C'est ta femme !

TSING-SING, *vivement.*
 Oui vraiment !

LE PRINCE, *la regardant avec curiosité.*
     Son épouse nouvelle !

TSING-SING, *à part.*
Ah ! s'il pouvait me la ravir,
Qu'il me serait doux d'obéir !

ENSEMBLE.

LE PRINCE, *regardant Tao-Jin.*
Que sa démarche est belle !
Que de grâce et d'attrait !
Oui, tout me dit : c'est elle
Que j'adore en secret !

TSING-SING.
L'aventure est nouvelle !
Et du ciel quel bienfait,
Si ma femme était celle
Qu'il adore en secret !

TAO-JIN, *à part, regardant le prince qui la regarde.*
Sans le rempart fidèle
De ce voile discret,
D'une flamme nouvelle
Son cœur s'embraserait !

LE PRINCE, *à Tao-Jin.*
Craignez un instant à mes yeux.
Soulever ce voile envieux !

TAO-JIN.
Quoi ! vous voulez ?...

TSING-SING.
    Eh ! oui, ma bonne,
Sitôt que le prince l'ordonne

C'est votre devoir et le mien
D'obéir...

   (*Tao-Jin lève son voile.*)

LE PRINCE.
O ciel !...

TSING-SING, *avec curiosité.*
    Eh bien ?...

LE PRINCE.
       Eh bien.

ENSEMBLE.

LE PRINCE.
O surprise nouvelle !
Ce ne sont point ses traits.
Non, non, ce n'est pas celle
Qu'en secret j'adorais !

TSING-SING, *tristement.*
Espérance infidèle
Dont mon cœur se berçait,
Ma femme n'est pas celle
Que le prince adorait !

TAO-JIN, *regardant le prince.*
Oui, je lui semble belle
Si mon cœur le voulait
D'une flamme nouvelle
Le sien s'embraserait !

SCÈNE VIII.

LES PRÉCÉDENS, TCHIN-KAO, PEKI.

QUINTETTE.

TCHIN-KAO.
Pour vous, nobles seigneurs, le repas est servi !

LE PRINCE.
C'est Tchin-Kao, le fermier !...

TCHIN-KAO.
     Oui, mon prince

LE PRINCE.
Reçois mon compliment ! dans toute la province
(*Lui montrant Tao-Jin.*)
Je n'ai rien vu, je crois, d'aussi joli
Que ta fille !...

TAO-JIN, *s'éloignant avec indignation.*
Sa fille !...

TCHIN-KAO.
   Eh ! mais... ce n'est pas elle !

TAO-JIN.
Sa fille !... quelle horreur !
Moi cousine de l'empereur !

LE PRINCE, *à Tao-Jin.*
Eh ! quoi vous n'êtes pas cette beauté nouvelle
Que le seigneur Tsing-Sing ce matin épousa !

TAO-JIN.
Qu'il épousa !... qu'entends-je ?
(*A Tsing-Sing.*)
     Une nouvelle femme !

TSING-SING, *à demi-voix.*
Taisez-vous donc !... le prince est là !

TAO-JIN.
Non, je ne puis calmer le courroux qui m'enflamme,
Une cinquième !!... à vous !... vous, monsieur qui déjà...

TSING-SING, *de même.*
Taisez-vous donc, le prince est là !

TAO-JIN, *de même.*
Et quelle est-elle ?

TCHIN-KAO, *montrant Peki qui arrive voilée.*
    La voilà !

TOUS.
La voilà !... la voilà !

TAO-JIN.
La perfide me le paiera !

LE PRINCE, *regardant tour à tour Peki et Tsing Sing.*

Et m'abuser ainsi!... pauvres princes, voilà
Comme en tout tems on nous trompa!

ENSEMBLE.

LE PRINCE.
Que sa démarche est belle,
Que de grâce et d'attrait!
Oui tout me dit : c'est elle
Que j'adore en secret!

TSING-SING.
O souffrance mortelle!
Ah! de moi c'en est fait!
Mon autre femme est celle
Qu'il adore en secret!

TAO-JIN.
Une flamme nouvelle
En secret l'occupait;
Le traître, l'infidèle
Ainsi donc nous trompait!

PEKI.
Dans ma douleur mortelle!
Hélas! si je l'osais,
D'une chance aussi belle
Ah! je profiterais!

TCHIN-KAO.
Quelle gloire nouvelle!
Quel triomphe complet
Si ma fille était celle
Que le prince adorait!

TAO-JIN, *passant près de Peki et soulevant son voile.*
Je connaîtrai du moins ma rivale!

TOUS.
Ah! grands dieux!

LE PRINCE, *regardant Peki.*
Non... non, ce n'est pas elle!

TSING-SING, *à part.*
Ah! je l'échappe belle.

LE PRINCE, *regardant toujours Peki.*
Mais d'où viennent les pleurs qui coulent de ses yeux?

TSING-SING, *s'approchant.*
Qu'a-t-elle donc?

PEKI.
Ah! je ne puis le dire!

TSING-SING.
A moi votre époux!

PEKI.
Non.

LE PRINCE.
Mais à moi, mon enfant!

PEKI.
Vous, monseigneur, c'est différent!
e crois que j'oserai!

LE PRINCE.
C'est bien! qu'on se retire!

TSING-SING, *avec effroi.*
Qui moi?... me retirer!

TAO-JIN.
C'est bien fait!

LE PRINCE.
C'est charmant!

TAO-JIN.
Cinq femmes!... ah! cela mérite châtiment!

ENSEMBLE.

TAO-JIN.
Ah! d'une telle offense
Je veux avoir vengeance,
Et pareille inconstance
Lui portera malheur!
Oui, pour lui point de grâce,
Je ris de sa disgrâce,
On doit de tant d'audace
Punir un séducteur!

TSING-SING.
J'hésite! je balance,
Je dois obéissance
Et pourtant la prudence
Me fait craindre un malheur!
O tourment! ô disgrâce!
Que faut-il que je fasse
Pour conserver ma place,
Et garder mon honneur!

LE PRINCE.
Il hésite!... il balance!
Redoute ma puissance
Tu dois obéissance
A ton maître et seigneur!
Allons, cède la place,
Nul danger ne menace
Tant d'attraits et de grâce,
Je suis son protecteur!

PEKI.
Quelle reconnaissance!
Ah! sa seule présence
Vient calmer la souffrance
Dont gémissait mon cœur!
Du sort qui nous menace,
Oui, ma crainte s'efface,
D'avance je rends grâce
A mon doux protecteur!

TCHIN-KAO.
Il hésite!... il balance!
Ah! d'une telle offense
Sa femme aura vengeance,
Pour lui je crains malheur!
Je prévois la disgrâce
Qui déjà le menace,
Il y va de sa place
Ou bien de son honneur!

LE PRINCE, *se retournant vers Tsing-Sing qui n'est pas encore parti.*
Eh bien!... eh bien!

TSING-SING.
Pardon, je dois rester:
Ma charge me prescrit de ne point vous quitter!

LE PRINCE.
Hormis quand je l'ordonne!

TSING-SING, *avec crainte et à demi-voix en montrant Peki.*
Au moins et je l'espère
Ce n'est pas elle!...

LE PRINCE, *souriant.*
Eh! non en vérité!
Ne crains rien, j'aime un rêve, une vaine chimère
Et ta femme est, hélas!...

TSING-SING.
Une réalité!
(*A part.*)
Aussi je crains quelques nouvelles trames!

LE PRINCE.
Eh bien! m'entends-tu?...

TSING-SING.
Je m'en vas.

TAO-JIN.
Allons, venez... suivez mes pas!

TSING-SING.
Époux infortuné!!... malheureux par mes femmes,
(*Montrant Peki.*)
Par l'une que je quitte, hélas!
(*Montrant Tao-Jin qui l'entraîne.*)
Et par l'autre surtout qui ne me quitte pas!

ENSEMBLE.

TAO-JIN.

Ah ! d'une telle offense
Je veux avoir vengeance,
Et pareille inconstance
Lui portera malheur !
Oui, pour lui point de grâce,
Je ris de sa disgrâce,
On doit de tant d'audace
Punir un séducteur.

Allons, quelle lenteur !
D'où vient cet air d'humeur ?
Votre maître et seigneur
Veille sur votre honneur

TSING-SING.

J'hésite ! je balance.
Je dois obéissance,
Et pourtant la prudence
Ne fait craindre un malheur !
O tourment ! ô disgrâce !
Que faut-il que je fasse
Pour conserver ma place
Et garder mon honneur !

Allons, montrons le cœur
Et de la bonne humeur.
J'obéis sans frayeur
A mon maître et seigneur !

LE PRINCE.

Il hésite ! il balance !
Redoute ma puissance
Tu dois obéissance
A ton maître et seigneur !
Allons, cède la place
Nul danger ne menace
Tant d'attraits et de grâce,
Je suis son protecteur !

Allons, quelle lenteur !
D'où vient cet air d'humeur ?
Obéis sans frayeur
A ton maître et seigneur !

PEKI.

Quelle reconnaissance !
Ah ! sa seule présence
Vient calmer la souffrance
Dont gémissait mon cœur !
Du sort qui nous menace,
Oui, la crainte s'efface,
D'avance je rends grâce
A mon doux protecteur !

Voyez quelle lenteur
Quelle mauvaise humeur,
On dirait qu'il a peur
D'un pareil protecteur !

TCHIN-KAO

Il hésite ! il balance !
Ah ! d'une telle offense
Sa femme aura vengeance !
Pour lui je crains malheur,
Je prévois la disgrâce
Qui déjà le menace,
Il y va de sa place
Ou bien de son honneur !

Voyez quelle lenteur,
Quelle mauvaise humeur;
On dirait qu'il a peur
D'un pareil protecteur !

Tchin-Kao rentre dans la ferme à droite du spectateur, et Toa-Jin sort en emmenant avec elle Tsing-Sing.)

SCENE IX.

LE PRINCE. PEKI.

LE PRINCE. Enfin il nous laisse !.. ce n'est pas sans peine !.. Eh bien ! ma belle enfant, qu'aviez-vous à me dire... parlez.

PEKI. Je n'ose plus.

LE PRINCE. D'où viennent vos chagrins ? Ne venez-vous pas de faire un brillant mariage, n'avez-vous pas un époux qui a du pouvoir, de la richesse... et que sans doute vous aimez...

PEKI, *baissant les yeux.* Au contraire, monseigneur, c'est que je ne l'aime pas...

LE PRINCE, *à part, en riant.* Ah ! mon Dieu !.. (*Haut.*) Je conçois en effet qu'avec sa figure, ses soixante ans et ses quatre précédens mariages, il ne doit guère inspirer de passion... mais au moins et c'est beaucoup, vous n'en aimez pas d'autres !..

PEKI, *baissant les yeux.* Je crois que si !

LE PRINCE, *gaîment.* Vraiment !

PEKI. Yanko ! un garçon de ferme de mon père, avec qui j'avais été élevée... mais il n'avait rien... que son amour... ce n'était pas assez pour mon père qui voulait une dot. Et tout à l'heure au moment de mon mariage... Le pauvre garçon...

(Elle s'interrompt pour pleurer.)

LE PRINCE. Eh bien ?

PEKI. Eh bien ! dans son désespoir, il a couru au cheval de bronze...

LE PRINCE. Le cheval de bronze... Qu'est-ce que cela ?

PEKI. Vous ne le savez pas... et depuis six mois dans le pays il n'est question que de lui...

LE PRINCE. Oui, mais moi qui arrive à l'instant même, et qui voyage depuis un an...

PEKI. C'est juste !.. vous n'étiez pas ici ! Eh bien ! monseigneur, apprenez donc qu'il y a six mois à peu près, on a vu tout-à-coup apparaître sur un rocher de la montagne qui est en face de notre ferme, un grand cheval de bronze... qui est venu là on ne sait comment... car personne n'aurait pu l'y apporter... et il arrivait sans doute du ciel ou de l'enfer...

LE PRINCE, *riant.* Ce n'est pas possible !

PEKI. Pas possible !..

1ᵉʳ COUPLET.

Là-bas sur un rocher sauvage,
S'élève ce cheval d'airain !
Sur lui voilà qu'avec courage
S'élance un jeune mandarin.
Soudain au milieu des éclairs

Il part... s'élance dans les airs ;
Il s'élève... s'élève encore !
Mais où donc va-t-il ?... on l'ignore !
Gardez-vous, pauvre pélerin,
De monter le cheval d'airain !

2ᵉ COUPLET.

Bientôt sur ce rocher aride
Le coursier était revenu ;
Mais de l'écuyer intrépide
Hélas ! on n'a jamais rien su,
Jamais il n'a revu ces lieux !
Perdu dans l'espace des cieux,
Là-haut, là-haut, sur un nuage,
Pour toujours peut-être il voyage...
Gardez-vous, pauvre pélerin,
De monter le cheval d'airain.

3ᵉ COUPLET.

Yanko m'aimait dès son jeune âge,
Jugez de son mortel chagrin,
Quand il apprit qu'en mariage
Me demandait un mandarin !
Il s'est élancé d'un air fier
Sur ce noir coursier qui fend l'air,
Et là-bas... là-bas... dans la nue,
Disparaissant à notre vue...
Tout mon bonheur a fui soudain
Ainsi que le cheval d'airain !

LE PRINCE. Ah ! que c'est amusant !.. et que ne suis-je avec lui !..

PEKI. Y pensez-vous ?

LE PRINCE. Moi qui aime les aventures et qui allais en chercher si loin... il y en avait une ici que personne ne pouvait soupçonner... ni expliquer...

PEKI. Si vraiment... Il est venu ici de Pékin, des savans, des lettrés, des grands mandarins de l'académie impériale, qui ont fait là-dessus un rapport et une dissertation... comme quoi ils ont prouvé... qu'il y avait là un cheval de bronze !..

LE PRINCE. La belle avance !.. Et ce cheval de bronze, où est-il ?

PEKI. Il n'y est plus... puisque Yanko est monté dessus, et que tout à l'heure tous deux ont disparu... en attendant me voilà mariée, me voilà la femme d'un mandarin que je n'aime pas... et je n'ai osé le dire ni à lui, ni à mon père, qui me fait peur, et qui m'aurait battue ; mais à vous, monseigneur, qui avez l'air si bon, et qui êtes prince... si vous pouviez me démarier...

LE PRINCE. Hélas ! mon enfant, cela ne dépend pas de moi ; il y a des lois à la Chine ; il faudrait que le mandarin Tsing-Sing consente lui-même à te répudier.... et il n'y a pas l'air disposé.

PEKI. Lui qui a quatre femmes, et Yanko qui n'en a pas du tout.

LE PRINCE. Je crois qu'il lui céderait plutôt les quatre autres.

PEKI, *pleurant*. Ah ! mon Dieu ! mon Dieu !.. il faudra le garder pour mari... Que je suis malheureuse !..

LE PRINCE. Allons, console-toi !

PEKI, *pleurant toujours*. Me consoler !... et qu'est-ce que je pourrais faire pour me consoler ?

LE PRINCE. A ton âge... il y a bien des moyens... Et puisqu'enfin celui que tu aimais a disparu... puisqu'il ne doit plus jamais revenir...

SCÈNE X.

LES PRÉCÉDENS, TCHIN-KAO.

TCHIN-KAO. En voici bien d'un autre ! et nous ne nous attendions guère à celui-là...

LE PRINCE. Qu'y a-t-il donc ?

TCHIN-KAO. Le cheval de bronze est revenu...

LE PRINCE ET PEKI. O ciel !..

TCHIN-KAO. A sa place ordinaire, là-bas sur le rocher !..

PEKI. Et Yanko...

TCHIN-KAO. Avec lui !.. (*A sa fille qui fait quelques pas pour sortir.*) Eh bien ! où courez-vous ?

PEKI. Moi, mon père.. c'était par curiosité... c'était pour savoir.. pour l'interroger...

LE PRINCE. Ce soin-là me regarde... Je veux lui parler... qu'il vienne...

TCHIN-KAO, *regardant dans la coulisse.* Tenez... tenez, monseigneur, le voici.

LE PRINCE. Quel air sombre et rêveur !

TCHIN-KAO. Oui... un air comme étonné... comme hébété..

PEKI. Dam ! comme quelqu'un qui tombe des nues ! le pauvre garçon...

SCÈNE XI.

LES PRÉCÉDENS, YANKO, *qui s'avance lentement.*

YANKO, *levant les yeux et apercevant Peki.* Ah ! Peki !... je vous revois !

PEKI. Oui, monsieur, et c'est bien mal de donner de pareilles inquiétudes à ses parens... à ses amis... d'où venez-vous, s'il vous plaît... et où avez-vous été courir ainsi ? répondez ?...

TCHIN-KAO. Oui, mon garçon, raconte-nous tout ce que tu as vu en route.

YANKO. Impossible, maître Tchin-Kao, cela m'est défendu...

TCHIN-KAO et PEKI, *étonnés*. Défendu !..

LE PRINCE. Et moi je t'ordonne de parler... moi le fils de ton souverain...

PEKI, *bas à Yanko.* C'est le prince impérial.

YANKO, *s'inclinant.* Ah! monseigneur, pardon! mais je serais en présence de l'empereur lui-même, que je n'en dirais pas davantage.....

LE PRINCE. Et pourquoi cela?...

YANKO. Parce que si je racontais un seul mot de ce qui m'est arrivé, de ce que j'ai vu... tout serait fini pour moi, je ne verrais plus Peki... je mourrais à l'instant même...

PEKI, *courant à lui et lui mettant la main sur la bouche.* Ah! tais-toi! tais-toi! ne dis rien!

LE PRINCE. Mourir!...

YANKO, *vivement.* Mourir... c'est-à-dire, pis encore.....

TCHIN-KAO. Et comment cela?

PEKI, *à son père.* Voulez-vous bien ne pas l'interroger!... lui surtout qui est bavard... bavard... et qui est capable de causer malgré lui et sans le vouloir... (*Écoutant.*) Ah! mon Dieu!... quel est ce bruit?

SCÈNE XII.

LES PRÉCÉDENS, TAO-JIN.

FINAL.

TAO-JIN.
Quel affront! quel outrage infâme
Est fait au sang impérial!
C'est le cortége nuptial.
(*Montrant Peki.*)
Qui du seigneur Tsing-Sing vient emmener la femme!

YANKO.
Et je le souffrirais!

TAO-JIN.
Pour l'honneur de mon sang
Je le tuerais plutôt!

YANKO et PEKI, *la regardant avec reconnaissance.*
Ah! l'excellente dame!

LE PRINCE.
C'est à moi de vous rendre (*A Tao-Jin.*)
Un époux! (*A Peki.*)
Un amant!

TAO-JIN.
Non, de me venger il me tarde,
Et c'est moi que cela regarde!

LE PRINCE.
Calmez votre ressentiment!

PEKI et YANKO.
Que j'aime son ressentiment!

TCHIN-KAO, *à part.*
Ah! quel caractère charmant!

ENSEMBLE.

TAO-JIN.
Qu'il craigne ma colère,
Et s'il brave mes lois,
Montrons du caractère,
Pour défendre mes droits!

YANKO et PEKI.
Bien! bien! laissons-la faire;
D'avance, je le vois,
Son courroux tutélaire
Va défendre nos droits!

LE PRINCE et TCHIN-KAO.
Bien! bien! laissons-la faire;
Elle veut, je le vois,
Montrer du caractère,
Et défendre ses droits!

SCÈNE XIII.

LE PRINCE, PEKI, YANKO, TAO-JIN, *qui se retire un instant derrière eux,* TCHIN-KAO, TSING-SING, *précédé et suivi d'un riche cortége et porté en palanquin par deux esclaves.*

TSING-SING, *descendant du palanquin et s'avançant vers Peki.*
Venez, mon heureuse compagne,
Rien ne peut s'opposer au bonheur qui m'attend!

TAO-JIN, *se montrant et se plaçant entre Peki et Tsing-Sing.*
Excepté moi, seigneur!

TSING-SING, *à part.*
Ô fatal incident!
C'est mon autre!... je sens que la frayeur me gagne!

TAO-JIN, *d'un ton d'autorité.*
J'ordonne que vos nœuds soient brisés à l'instant!
Par vous-même!...

TSING-SING, *montrant Peki.*
Qui? moi! que je la répudie!

TAO-JIN.
Je le veux, ou sinon! et toute votre vie,
De mon courroux craignez l'effet!

TSING-SING.
C'en est trop! et je suis brave à la fin sa furie!
Quoi qu'il arrive,
(*Montrant Tao-Jin.*)
Ici je la défie...
De me faire enrager plus qu'elle ne l'a fait!

ENSEMBLE.

TSING-SING.
Je brave sa colère,
Je le veux, je le dois;
J'aurai du caractère
Pour la première fois!

TAO-JIN, *stupéfaite.*
Il brave ma colère,
Il méprise mes lois;
Il a du caractère
Pour la première fois!

YANKO et PEKI.
Ah! le destin contraire
Nous trahit, je le vois;
Il a du caractère
Pour la première fois!

LE PRINCE, TCHIN-KAO et LE CHŒUR.
Oui, sa femme a beau faire,
Il méprise ses lois,
Et brave sa colère
Pour la première fois!

TSING-SING, *prenant la main de Peki.*
Oui, partons!

LE PRINCE, *s'avançant près de Tsing-Sing.*
A mes vœux serez-vous plus propice?

TSING-SING, *un peu troublé.*
Au fils de l'empereur je sais ce que je doi!

(*Se remettant et avec plus de force.*)
Si mes jours sont à lui, mes femmes sont à moi!
TOUS.
Quelle audace!... il refuse!
LE PRINCE.
Il dit vrai; c'est la loi!
Je l'invoque à mon tour.
(*A Tsing-Sing.*)
Par ton nouvel emploi,
Tu dois m'accompagner en tous lieux!
TSING-SING.
C'est justice!
LE PRINCE.
Et je t'ordonne ici de me suivre soudain
Dans un voyage où tu m'es nécessaire.
TSING-SING.
En quels lieux, monseigneur?
LE PRINCE.
Sur le cheval d'airain!
TOUS.
O ciel!
TAO-JIN, *avec joie.*
L'idée est bonne!
PEKI, *avec effroi au prince.*
Et que voulez-vous faire?
LE PRINCE.
Sur ce hardi coursier m'élancer dans les cieux!
(*A Tsing-Sing.*)
Tu m'y suivras... en croupe!
(*A Yanko.*)
On y tient deux,
N'est-il pas vrai?
YANKO.
Sans doute!
LE PRINCE.
Allons, en route!
TSING-SING.
Et si je ne veux pas!
LE PRINCE.
Tu sais ce qu'il en coûte;
Il y va de tes jours! je l'ai dit... je le veux!

ENSEMBLE.

TSING-SING, *regardant tour à tour Peki, le prince et Tao-Jin.*
Mon Dieu! que dois-je faire?
Faut-il braver sa loi?
Je tremble de colère
Encor plus que d'effroi.

LE PRINCE, YANKO, PEKI, TAO-JIN, TCHIN-KAO
ET LE CHŒUR, *regardant Tsing-Sing en riant.*
Il ne sait plus que faire;
Il tremble, je le vois!
La peur et la colère
Le troublent à la fois!

TSING-SING, *au prince.*
Exemptez-moi d'un voyage fatal!
Je vais en palanquin, mais jamais à cheval.

TAO-JIN, *d'un air triomphant et montrant Peki.*
Alors... cédez!

TSING-SING, *avec colère.*
Jamais!

LE PRINCE, *aux gens de sa suite et montrant Tsing-Sing.*
Préparez son supplice!

TSING-SING.
Non... non... des deux côtés s'il faut que je périsse,
o mieux, puisqu'ici le choix m'est réservé,
lus noble et le plus élevé!

TOUS.
Il va partir!
TSING-SING.
J'en tremble au fond de l'âme.
TAO-JIN, *avec joie.*
Il va partir!
TSING-SING, *regardant Tao-Jin.*
Mais du moins à ma femme
Je n'aurai pas cédé... c'est tout ce que je veux.
LE PRINCE.
Allons! partons, écuyer valeureux!

ENSEMBLE.

LE PRINCE et TAO-JIN.
Dans le sein des nuages,
Au milieu des orages,
Partons, partons } tous deux!
Partez, partez
La gloire { nous } appelle,
        { vous }
Et la mort même est belle
A qui s'élève aux cieux!

TSING-SING.
Dans le sein des nuages,
Au milieu des orages,
Je fermerai les yeux!
Mon courage chancelle,
Et dans ma peur mortelle,
J'implore en vain les cieux!

PEKI et YANKO, *regardant le prince.*
Dans le sein des nuages,
Au milieu des orages,
Protégez-le, grands dieux!
Et l'amitié fidèle
Qui vers nous le rappelle
Pour lui fera des vœux!

TCHIN-KAO et LE CHŒUR.
Dans le sein des nuages,
Au milieu des orages,
Ah! je tremble pour eux!
La gloire les appelle,
Et la mort même est belle
A qui s'élève aux cieux!

PEKI, *au prince.*
Restez!... restez!... pour vous je tremble, monseigneur!

TSING-SING, *à Tao-Jin.*
Et pour moi vous n'avez pas peur,
Epouse impassible et cruelle!

TAO-JIN.
Non, vraiment, car pour vous mon amour est si fort,
Que j'aime mieux vous savoir mort
Que de vous savoir infidèle!

TSING-SING.
C'est aussi par trop me chérir!

LE PRINCE.
Allons!... allons!... il faut partir!

LE PRINCE et TAO-JIN.
Dans le sein des nuages,
Au milieu des orages,
Partons, partons } tous deux! etc.
Partez, partez

TSING-SING.
Dans le sein des nuages,

Au milieu des orages,
Je fermerai les yeux ! etc.

PEKI et YANKO.

Dans le sein des nuages,
Au milieu des orages,
Protégez-le, grands dieux ! etc.

TCHIN-KAO et LE CHŒUR.

Dans le sein des nuages,
Au milieu des orages,
Ah ! je tremble pour eux ! etc.

(*Le prince entraîne par le fond Tsing-Sing, qui résiste et finit par le suivre. Pendant que Tao-Jin, Tchin-Kao, Peki, Yanko et le chœur, différemment groupés, les suivent des yeux, la toile tombe.*)

FIN DU PREMIER ACTE.

ACTE II.

Le théâtre représente une chambre de la ferme de Tchin-Kao. Portes à droite et à gauche. Au fond, au milieu du théâtre, une grande croisée qui donne sur la campagne.

SCENE PREMIÈRE.

TCHIN-KAO, *près d'une table à droite, prenant du thé.*

AIR.

TCHIN-KAO.

Mon noble gendre a donc quitté la terre !
Ma fille est libre et rentre sous ma loi,
Et déjà maint amant se dispute sa foi !
Quel doux embarras pour un père !
Ma fille, vrai trésor de jeunesse et d'amour !
Que béni soit l'instant où tu reçus le jour !
Dans ce village obscur où s'écoulait ma vie,
La haine et les chagrins m'accablaient tour à tour ;
Mais depuis que Peki se fait grande et jolie,
On m'aime, on me chérit et l'on me fait la cour.

Ma fille, vrai trésor, etc.

Mais de nos lois suivant le sage privilége,
Voilà deux prétendans, qui dans leur tendre ardeur,
 A ma fille ont offert leur cœur,
 A moi leur dot, et laquelle prendrai-je ?

Je suis bon père, aussi je dois
Choisir ici comme pour moi.
Mais de quel gendre dans ce jour
Faut-il donc couronner l'amour?
L'un possède quelques vertus
 Et beaucoup d'écus ;
Mais l'autre, c'est embarrassant
 En possède autant.
Comment se décider entre eux
Moi qui les estime tous deux !

Je suis bon père, etc., etc.

SCENE II.

TCHIN-KAO, PEKI.

TCHIN-KAO, *à Péki, qui entre et regarde par la croisée du fond.* Eh bien ! tu ne vois rien ?

PEKI. Non, mon père... voilà bien en face de notre ferme le rocher de granit où se place d'ordinaire le cheval de bronze... mais il n'y est plus.

TCHIN-KAO. Et là haut... là haut, tu ne le vois pas revenir ?

PEKI. Non, vraiment ! Pauvre prince !

TCHIN-KAO. Et mon gendre !... (*Buvant.*) je crois bien que c'est fini... et qu'on n'en aura plus de nouvelles.

PEKI. Est-ce terrible, à son âge !... si aimable et si gentil !

TCHIN-KAO. Mon gendre !...

PEKI. Non, le prince !

TCHIN-KAO. C'est sa faute !... Ils sont tous comme ça... l'ambition, le désir de s'élever... En attendant, ma fille, il paraît que te voilà veuve...

PEKI. Oui, mon père !...

TCHIN-KAO. Ne te désole pas..... que veux-tu, mon enfant, nous sommes tous mortels..... les mandarins comme les autres.

PEKI. Oui, mon père...

TCHIN-KAO. Il faut se dire qu'il était bien vieux et bien laid...

PEKI. Et quand il a fallu l'épouser... vous me disiez qu'il était si bien... vous lui trouviez tant de bonnes qualités.

TCHIN-KAO. Il en avait de son vivant... Cette dot qu'il m'avait donnée eu t'épousant... toi, ma fille unique... car je n'ai qu'une fille... et c'est ce qui me désole... j'aurais voulu en avoir une douzaine, tant mes enfans me sont chers...

PEKI. Mon bon père...

TCHIN-KAO. Et tu seras satisfaite, je crois, du nouveau choix que j'ai fait...

PEKI, *étonnée.* Comment, un nouveau choix !

TCHIN-KAO. Le seigneur Kaout-Chang, un riche fabricant de porcelaine.

PEKI. Qu'est-ce que vous dites là ?

TCHIN-KAO. C'est ce soir qu'il doit venir avec quelques amis... ainsi prépare-nous à souper.

PEKI. Mais ça n'a pas de nom... ce n'est pas possible... sans me consulter !... le jour même de mon veuvage.....

TCHIN-KAO. Dis donc de tes noces... Ne devais-tu pas te marier aujourd'hui?...

PEKI. Sans doute...

TCHIN-KAO. Eh bien! tu te maries toujours... Rien n'est changé... que le mari...

PEKI. Mais celui-là a soixante-et-dix ans.....

TCHIN-KAO. Je n'aime pas les gendres trop jeunes...

PEKI. Eh bien! moi... je ne pense pas comme vous... j'ai d'autres idées... et si je me marie, si j'épouse quelqu'un, ce sera Yanko...

TCHIN-KAO. Yanko... un garçon de ferme! qui a tous les défauts...

PEKI. Lesquels?...

TCHING-KAO. Qui a dix-huit ans... qui n'a rien.

PEKI Je l'aime ainsi... Je suis maîtresse de ma main... je suis veuve...

TCHIN-KAO. Et moi, je vous ordonne...

PEKI. Je n'ai plus d'ordres à recevoir... car, grâce au ciel. je suis libre...

TCHIN-KAO. Ça n'est pas vrai... et je ferai ton bonheur malgré toi... voilà comme je suis... Je vais trouver mon nouveau gendre, pour toucher ta nouvelle dot, et je reviens avec lui... Songe à ce que je t'ai dit, et surtout au souper...

PEKI. Mais, mon père!...

TCHIN-KAO *fait un geste de colère, et lève la main pour la frapper. Elle s'incline devant lui.* A la bonne heure! voilà comme je t'aime!...

(Il sort et ferme les rideaux de la croisée du fond.)

SCÈNE III.

PEKI.

PEKI. Est-ce terrible, une tendresse paternelle comme celle-là! C'est qu'il le ferait ainsi qu'il le dit... Ce pauvre prince qui est si aimable n'est plus là pour nous protéger, et, sans s'inquiéter de mon consentement, mon père serait capable de me marier encore comme la première fois.. Oh! non pas... et nous verrons!... parce qu'une veuve a une expérience que n'a pas une demoiselle; car... ces pauvres filles...

1ᵉʳ COUPLET.
Quand on est fille,
Hélas! qu'il faut donc souffrir!
Dans sa famille
Il faut toujours obéir,
Sitôt chez nous qu'à bavarder
On voudrait se hasarder
Mon père dit en courroux :
Taisez-vous.
Les parens, toujours exigeans,
Ne veulent en aucun tems
Laisser parler leurs enfans;
Mais quand on a son mari,
Ce n'est plus ça, Dieu merci!
Attentif et complaisant,
Il écoute galamment;
Quand on est femme
On parle et je parlerai,
Sans que réclame
Yanko, que je charmerai.
Car Yanko n'a pas un défaut,
Loin de commander tout haut,
Il ne dit jamais un mot;
Oui, Yanko n'a pas un défaut,
Loin de commander tout haut
Il m'obéirait plutôt.
Voilà l'époux qu'il me faut.

2ᵉ COUPLET.
Quand on est fille
Il faut au fond de son cœur,
De sa famille,
Hélas! supporter l'humeur.
Je sais que mon père a bon cœur,
Mais dès qu'il entre en fureur
Gare à qui tombe soudain
Sous sa main;
Et contre moi, sa seule enfant,
Il s'emporte à chaque instant
Et me bat même souvent;
Mais quand on a son mari
Ce n'est plus ça, Dieu merci!
Yanko, je le dis tout bas,
Yanko ne me battrait pas.
Quand on est femme
On est seule à commander,
Devant madame
Yanko va toujours céder,
Car Yanko n'a pas un défaut,
Lorsqu'on lui dit un seul mot
Son cœur s'apaise aussitôt;
Oui, Yanko n'a pas un défaut,
Loin de me battre, en un mot,
Moi je le battrais plutôt;
C'est là l'époux qu'il me faut.

(*Regardant à droite.*)

C'est lui!... C'est étonnant comme il a l'air triste depuis son voyage en l'air!

SCÈNE IV.

PEKI, YANKO.

YANKO. Ah! c'est vous, madame.

PEKI. Madame!.... pourquoi me donne-tu ce nom-là?

YANKO. Parce qu'il ne peut pas vous échapper... (*Regardant en l'air.*) D'abord un mari qui, à chaque instant, peut nous tomber sur la tête, et puis, comme si ce n'était pas encore assez, votre père vient d'annoncer à toute la maison qu'il attendait un nouveau gendre...

PEKI. Qu'importe, si je refuse?

YANKO. Vous n'oserez pas!... vous aurez peur... et vous ferez comme la première fois, vous oublierez Yanko.

PEKI. Et si j'ai un moyen infaillible d'empêcher ce mariage...

YANKO. Lequel?

PEKI. D'en épouser un autre... sur-le-champ... et sans en rien dire à mon père...
YANKO. O ciel !
PEKI. Est-ce là un bon moyen ?
YANKO. C'est selon... selon la personne que vous choisiriez.
PEKI. Dam !... c'est pour cela que je te demande conseil...
YANKO. Eh bien ! mamzelle, qui prendrez-vous pour mari ?
PEKI. Toi ! si tu veux.
YANKO, *avec joie.* Ah ! ce n'est pas possible !... vous n'oseriez jamais !
PEKI, *tendrement.* J'oserai... je le jure... (*Vivement.*) Et pourquoi pas ? si tu m'aimes.
YANKO, *vivement.* Oh ! toujours !
PEKI. Si tu m'es resté fidèle, si tu n'as rien à te reprocher...
YANKO, *secouant la tête.* Oh ! pour ce qui est de ça... il est possible qu'il y ait bien des choses à dire...
PEKI, *d'un air de reproche.* Comment, monsieur, ici, dans ce village ?
YANKO. Oh ! non, jamais... et si j'y étais toujours resté...
PEKI. Mais vous n'en êtes sorti qu'une fois... c'est donc quand vous êtes parti sur ce cheval de bronze ? Voyez-vous comme c'est dangereux les voyages ?... Et où avez-vous été ? qu'est-ce qu'il vous est arrivé ?... je veux tout savoir.
YANKO. Ecoutez, mademoiselle Peki, si vous l'exigez... je vous le dirai, parce qu'avant tout je dois vous obéir... mais si je parle, ce sera mon dernier jour, et nous serons séparés à jamais.
PEKI. Ah ! mon Dieu !
YANKO. Après tout... c'est justice !... je l'ai mérité, je dois être puni... et pourvu que vous me regrettiez quelquefois... je vais vous dire...
PEKI. Non, monsieur, non... je ne veux rien apprendre... quoique j'en aie bien grande envie, et à cause de votre repentir et du chagrin où je vous vois... je vous pardonnerais peut-être si je savais seulement jusqu'à quel point vous avez été coupable...
YANKO. Vous savez bien que je ne peux rien dire... et il faut pardonner de confiance...
PEKI. C'est terrible, un secret comme celui-là... Allons, monsieur, puisqu'il le faut, je pardonne (*vivement*), à condition que cela ne vous arrivera plus.
YANKO, *regardant en l'air.* Oh ! non... il n'y a plus moyen.
PEKI. C'est rassurant !...
YANKO. Non, ce n'est pas cela que je veux dire...

PEKI. Eh bien ! monsieur, écoutez-moi ; ce soir même, pendant le souper que mon père donne à son gendre, et auquel les femmes n'assistent pas... je sortirai sans bruit par la porte du jardin où tu m'attendras !
YANKO. Et où irons-nous ? qui protégera notre fuite ?
PEKI. Ne t'inquiète donc pas, une grande dame qui veille sur nous... ma collègue ! l'autre femme du seigneur Tsing-Sing.
YANKO. Elle qui est si méchante !
PEKI. Elle ne l'est qu'avec son mari, les grandes dames sont comme cela... Tais-toi, la voici !

SCÈNE IV.

Les Précédens, TAO-JIN.

TAO-JIN, *entrant sur la pointe des pieds.* A merveille !... je m'attendais à vous rencontrer ensemble.
YANKO, *à Peki.* Vous lui avez donc tout raconté ?
PEKI, *de même.* Eh ! mon Dieu oui ! quand on a le même mari, on se trouve liée tout de suite.
TAO-JIN, *avec sentiment.* Et puis quand le malheur vous rassemble ! quand toutes deux et le même jour on est veuve... (*D'un air indifférent.*) Car décidément je ne crois pas qu'il revienne de si loin... mais enfin, si cela arrivait, je ne veux pas qu'il vous retrouve ici.
PEKI. Non, madame.
TAO-JIN. Pour que personne ne puisse vous reconnaître ni savoir ce que vous êtes devenue, vous vous procurerez d'ici à ce soir des habillemens d'homme...
YANKO. Je m'en charge !
TAO-JIN. Puis, à la nuit close, vous trouverez à la porte du jardin mes gens et mon palanquin, qui vous transporteront au pied de la montagne d'Or, dans un palais qui m'appartient, où un bonze à qui vous remettrez ces tablettes vous mariera sur-le-champ.
PEKI. Quel bonheur !... et vous, madame ?
TAO-JIN. Je retourne dès demain à Pékin, près de quelques amis, pour y passer le tems de mon deuil.. (*gaîment.*) C'est bien triste... mais enfin il faut se faire une raison...
PEKI. C'est ce que je me dis... et quant à la colère de mon père... une fois le mariage fait...
YANKO. Je n'aurai plus peur de lui !

(On entend Tchin-Kao appeler en dehors:)
Yanko!

YANKO, *effrayé.* Ah! mon Dieu! il appelle!

TAO-JIN. Adieu, mes enfans, à ce soir!

Peki sort par la gauche et Yanko par la droite.)

SCENE V.

TAO-JIN, *seule.*

RÉCITATIF.

Ah! pour un jeune cœur, triste et cruelle épreuve,
Quels tourmens que ceux d'une veuve!
Le désespoir dans l'ame et les pleurs dans les yeux,
Plus de bal, plus de fête, ah! son sort est affreux!...

(*Souriant.*)

Et pourtant libre enfin d'un joug que l'on abhorre,
On peut déjà penser à celui qu'on adore,
On peut rêver d'avance un plus heureux lien,
Et puis le deuil me va si bien.

O tourmens du veuvage,
Je saurai vous subir,
Et j'aurai le courage
De ne pas en mourir.

Allons, prenons patience,
Et les amours
Vont bientôt par leur présence
Charmer mes jours.

O vous que toute ma vie
J'ai révérés,
Plaisirs et coquetteries
Vous reviendrez.

Je vous revois, beaux jours que je pleurais!
Par vous les fleurs succèdent aux cyprès.
Adieu vous dis et chagrins et regrets,
Les jours de deuil sont passés pour jamais.

SCENE VI.

TAO-JIN, TSING-SING.

(*Pendant la ritournelle de l'air précédent, les rideaux de la croisée du fond se déchirent. — On aperçoit en dehors le cheval de bronze sur le rocher de granit qui touche à la fenêtre. — Tsing-Sing, qui vient de descendre de cheval, s'avance en chancelant comme un homme encore tout étourdi.*)

TOA-JIN, *se retournant et l'apercevant.*

O ciel! en croirais-je mes yeux?
C'est lui!... c'est mon mari de retour en ces lieux!

DUO.

TSING-SING, *à part et s'avançant au bord du théâtre pendant que Tao-Jin remonte vers le fond.*

Ah! quel voyage téméraire,
Dans les airs prendre ainsi son vol!
Je respire!... je suis sur terre
Enfin j'ai donc touché le sol!...
Près d'une beauté que j'adore
En ces lieux où l'amour m'attend
(*Se frottant les mains.*)
Je vais...
(*Se retournant et apercevant Tao-Jin, à part.*)
Allons, c'est l'autre encore
Je la revois pour mon tourment!

TAO-JIN.
Quoi! c'est vous, seigneur!

TSING-SING, *haut.*
Oui, madame!
Moi qui pour vous descends des cieux!

TAO-JIN.
Et le prince?...

TSING-SING.
Calmez votre ame,
Il est resté...

TAO-JIN.
Pourquoi!...
(*Voyant qu'il garde le silence.*)
Parlez donc!... je le veux!
Comment, vous gardez le silence!
Répondez-moi!

TSING-SING.
Je ne le peux!

TAO-JIN.
D'où vient donc cette défiance?

TSING-SING.
Je dois me taire et je le veux,
Parler serait trop dangereux!

TAO-JIN, *le cajolant.*
Vous avez donc dans ce voyage
Vu des objets bien merveilleux!

TSING-SING
Sans doute!

TAO-JIN, *de même.*
Et vous pourriez, je gage,
M'en faire un récit curieux!

TSING-SING.
Certainement!

TAO-JIN, *de même.*
D'avance moi j'admire
C'est donc bien beau!... bien somptueux!

TSING-SING, *s'oubliant.*
Je crois bien!... car d'abord...

(*S'arrêtant.*)
Mais je ne veux rien dire
Non... non... je ne veux rien dire!

ENSEMBLE.

TAO-JIN, *le suppliant.*

Ah! mon mari,
Mon petit mari,
Si vous voulez que je vous aime,
Parlez, parlez à l'instant même,
Et de moi vous serez chéri!

TAO-JIN.	TSING-SING.
Vous parlerez.	Je ne dis mot.
Et pourquoi donc?	C'est qu'il le faut
Vous me direz...	Parlez plus bas!
Oui, je le veux,	Je ne veux pas!

(*Avec colère.*)
Ah! je perds patience
Avec un tel époux,
Gardez-donc le silence,
Je ne veux rien de vous!

TSING-SING, *avec humeur.*

Ah ! je perds patience
Ma femme, taisez-vous !
Oui, gardez le silence
Ou craignez mon courroux !

TSING-SING, *après un instant de silence.*

Ah ! quel doux ménage est le nôtre !
En descendant du ciel, se trouver en enfer !
(Regardant autour de lui.)
Si du moins j'apercevais l'autre !

TAO-JIN, *avec ironie.*

Cette jeune beauté dont l'aspect vous est cher !
(Se rapprochant de lui et prenant un air de douceur.)
Eh bien ! donc, vous allez connaître
Si je suis bonne et si je vous aimais !
De l'épouser demain je vous laisse le maître !

TSING-SING, *avec joie.*

Vraiment !... ma chère femme ! !

TAO-JIN.

Mais
Voici la clause que j'y mets !

TSING-SING, *avec chaleur.*

Je m'y soumets ! d'avance, je l'atteste !

TAO-JIN, *d'un air calin.*

C'est de m'apprendre les secrets
Que vous avez surpris là-haut !...

TSING-SING.

Un sort funeste
M'en empêche !

TAO-JIN.

Comment cela ?

TSING-SING.

D'y penser j'en frémis déjà !
Si j'osais révéler ce terrible mystère !
Si je le trahissais par un mot... un seul mot,
Prononcé par hasard et même involontaire,
Vous verriez votre époux se changer en magot !

TAO-JIN, *joignant les mains.*

En magot ! !

TSING-SING.

En statue ou de bois ou de pierre !

TAO-JIN, *de même.*

En magot ! !

TSING-SING.

Si j'osais révéler ce mystère !

ENSEMBLE.

TAO-JIN, *d'un air caressant.*

Ah ! mon mari !
Mon petit mari !
Si vous voulez que je vous aime,
Parlez ! parlez à l'instant même,
Et de moi vous serez chéri !

TAO-JIN.

Vous parlerez,
Mais cependant..
Si je le veux,
Moi je le veux !

TSING-SING.

Je ne dis mot !
Non, il le faut.
Parlez plus bas !
Je ne veux pas !

(Avec colère.)

Ah ! je perds patience
Avec un tel époux !
Gardez donc le silence
Je ne veux rien de vous

TSING-SING, *avec colère.*

Ah ! je perds patience !
Ma femme, taisez-vous !
Oui, gardez le silence
Ou craignez mon courroux !

(A la fin de cet ensemble, Tsing-sing impatient va se jeter dans le fauteuil à gauche.)

TSING-SING. Qu'il ne soit plus question de cela... et puisqu'il n'y a pas moyen de vous faire entendre raison, je ne vous répondrai plus !

TAO-JIN. Eh bien ! plus qu'un mot !.... *(S'approchant de lui.)* Quoi ! vraiment, si, malgré vous et sans le vouloir, ce secret-là vous échappait, vous seriez changé à l'instant même en statue de bois...

TSING-SING. Oui !

TAO-JIN. En magot !

TSING-SING. Oui !

TAO-JIN. Serait-il comme les autres peint et colorié ?

TSING-SING, *avec colère et se rejetant dans le fauteuil.* C'en est trop !.. et quoi que vous me demandiez, quoi que vous puissiez me dire maintenant, je n'ouvrirai plus la bouche !

TAO-JIN, *près du fauteuil.* C'est ce que nous verrons ; et pour commencer, je ne consens plus à votre nouveau mariage... *(Geste d'impatience de Tsing-Sing, qui veut parler et qui s'arrête.)* Je ne vous quitterai plus... *(Même jeu.)* Je ne vous laisserai pas seul un instant avec votre nouvelle femme... *(Même jeu.)* Et bien plus, je la ferai disparaître de vos yeux !

TSING-SING, *éclatant et se levant.* Vous oseriez !...

TAO-JIN. Je savais bien que je vous ferais parler..... Adieu, adieu ! *(A part.)* Courons tout préparer pour le départ de Peki.

(Elle sort.)

SCENE VII.

TSING-SING, *seul.*

TSING-SING, *se rejetant dans le fauteuil.* Elle ne sait qu'inventer pour me faire enrager ! Dans ce moment surtout où je n'ai pas même la force de me mettre en colère... car je tombe de faim, de sommeil et de fatigue... Quand on a passé la journée à cheval... non pas que la route soit mauvaise... *(Commençant à s'endormir.)* Mais elle est longue... et ce maudit cheval était si dur...

surtout en allant, où nous étions deux... et puis, arrivé là-bas, c'était bien autre chose...

(Il s'endort tout-à-fait.)

SCÈNE VIII.

TSING-SING, *endormi sur le fauteuil à gauche;* TCHIN-KAO ET PEKI, *entrant par la gauche derrière lui.*

TCHIN-KAO. Oui, mon enfant, tous mes convives et mon nouveau gendre seront ici dans un instant...

PEKI, *regardant vers le fond.* Ah! grand Dieu!

TCHIN-KAO, *à Peki.* Qu'as-tu donc?

PEKI. Le cheval de bronze qui est de retour... (*Montrant Tsing-Sing.*) Et lui aussi...

TCHIN-KAO. Le mandarin!

PEKI. Je crois qu'il dort...

TCHIN-KAO. Qui diable le ramène? Il y a des gens qui ne peuvent rester nulle part!

PEKI, *à part.* Et Yanko qui va venir ici au rendez-vous!

TCHIN-KAO. Et mon second gendre qui va arriver... je n'en serai pas quitte pour une double bastonnade.

PEKI. Ce que c'est aussi que de vous presser...

TCHIN-KAO. Ne te fâche pas... je cours retirer ma parole, et prier Caout-Chang d'attendre... ce qui ne doit pas être bien long... (*Se frappant la tête.*) Ah! mon Dieu!... et tous mes autres convives que je n'aurai jamais le tems de décommander... Pourquoi les aurais-je invités?....

PEKI. Oui, pourquoi?

TCHIN-KAO. Pour le retour de celui-ci..... ce sera toujours pour fêter un gendre... Je reviens avec eux et tous les musiciens du pays... (*Montrant Tsing-Sing.*) Une surprise que je lui réserve... une aubade, une sérénade... en son honneur..... Je crois que cela fera bien, et qu'il y sera sensible...

TSING-SING, *dormant.* Ma femme!...

TCHIN-KAO. Il t'appelle!...

PEKI. Eh non! c'est l'autre!

TSING-SING, *de même.* Peki!...

TCHIN-KAO. Tu vois bien!...

PEKI. Non... il dort toujours.

TCHIN-KAO, *sortant sur la pointe du pied par la porte du fond.* Adieu!... Reste là!

SCÈNE IX.

TSING-SING, *toujours endormi;* PEKI, *puis* YANKO *sortant de la porte à droite.*

TRIO.

TSING-SING, *rêvant tout haut.*
Ma femme... ma femme... à souper...
.....Il vaut mieux être en son ménage...
Que d'être encore à galoper...
A cheval sur un nuage!

PEKI.
Il rêve en dormant!
(*Se retournant et apercevant Yanko qui vient d'entrer, tenant un paquet à la main.*)
Ah! grands dieux!
Yanko qui revient en ces lieux!

YANKO, *apercevant Tsing-Sing.*
Que vois-je?
(*Il laisse tomber sur une chaise le paquet qu'il tenait.*)
C'est lui!

PEKI.
Du silence.

YANKO, *stupéfait.*
Comment, le voilà de retour!

PEKI.
Hélas! oui!

YANKO.
Sa seule présence
Détruit tous mes rêves d'amour!

ENSEMBLE.

TSING-SING, *rêvant.*
L'amour m'attend... douce espérance,
Enfin me voilà de retour!

PEKI ET YANKO.
Pour nous, sa funeste présence
Détruit tous nos rêves d'amour.

TSING-SING, *rêvant.*
Allez, esclaves, qu'on prépare.....
Notre appartement nuptial!

YANKO.
Qui moi, souffrir qu'on nous sépare;
Plutôt immoler ce rival!

PEKI, *à voix basse.*
Écoute-moi!
Je ne puis à présent m'éloigner avec toi;
Mais je partirai seule, et j'irai sans effroi
Aux pieds de l'empereur implorer sa justice,
Pour rompre cet hymen et dégager ma foi!

YANKO.
Tu l'oserais!

PEKI.
Le ciel propice
Protégera ma fuite, et veillera sur moi!

TSING-SING, *rêvant.*
A souper, ma femme... ma femme...

PEKI.
Ah! la frayeur glace mon ame!

ENSEMBLE.
Va-t'en! va-t'en! c'est mon mari,
J'ai peur qu'il ne s'éveille ici!

YANKO.
Ah! ne crains rien de ton mari.
Tu vois bien qu'il est endormi!

TSING-SING, *rêvant.*
Ah! quel bonheur pour un mari,
à lui!

YANKO.
Je pars... mais que j'entende encore
Un mot, un dernier mot d'amour!
PEKI.
Yanko, c'est moi qui vous implore,
Eloignez-vous de ce séjour!
YANKO.
Quoi! te quitter à l'instant même...
PEKI.
Eh bien! tu le sais, oui, je t'aime!...
Je t'aime!...
Mais.....
Va-t'en! va-t'en! c'est mon mari,
Je crains qu'il ne te voie ici.
YANKO.
Ah! ne crains rien de ton mari,
Tu vois bien qu'il est endormi!
TSING-SING, *rêvant.*
Ah! quel bonheur pour un mari,
De se trouver enfin chez lui!
PEKI, *à Yanko.*
Partez... partez... je vous supplie...
YANKO, *avec chaleur.*
Vous perdre, c'est perdre la vie!
PEKI, *lui imposant silence.*
Pas si haut!... il me fait trembler!
YANKO, *baissant la voix.*
Eh bien! je me tais..... mais par grâce,
Un seul baiser!...
PEKI.
Ah! quelle audace!
Le bruit pourrait le réveiller.
Non... non... je défends qu'on m'embrasse!
YANKO.
Il le faut... ou je reste ici!
PEKI.
Alors, dépêchez-vous, de grâce...
(*Yanko l'embrasse.*)

ENSEMBLE.

PEKI.
Va-t'en! va-t'en! c'est mon mari!
Je crains qu'il ne te voie ici!
YANKO.
Ah! ne crains rien de ton mari!
Tu vois bien qu'il est endormi.
TSING-SING.
Ah! quel bonheur pour un mari
De se trouver enfin chez lui!

SCENE X.

TSING-SING, *endormi*, PEKI, *prenant le paquet apporté par Yanko.*

PEKI.
Dépêchons-nous de partir!... prenons vite
Ces habits d'homme et ce déguisement
Qui doivent assurer ma fuite!
(*Elle va pour sortir par la porte à gauche.*)
TSING-SING, *rêvant tout haut.*
Les beaux jardins!
PEKI, *revenant près de lui.*
Que dit-il?
TSING-SING.
C'est charmant!
Voyez-vous pas ce palais magnifique...
PEKI.
Ecoutons bien!...
TSING-SING, *rêvant.*
Ce bracelet magique...

PEKI.
Un bracelet magique!...
TSING-SING, *rêvant.*
Il faut s'en emparer!
O voluptés!... qui viennent m'enivrer!
PEKI.
Si je pouvais savoir!...
TSING-SING, *rêvant.*
Oh! oui, belle princesse,
Je me tairai, vous avez ma promesse,
Et j'ai trop peur... non, je ne dirai pas!
(*Sa voix s'est affaiblie peu à peu et il continue.*
PEKI, *à genoux près du fauteuil et prêtant toujours l'oreille.*
Il parle encor... il parle bas!...
Ecoutons bien... (*Elle écoute.*)
Ciel!.. (*Ecoutant encore.*)
O surprise extrême!...
Quoi! c'est là que Yanko... que le prince lui même...
(*Avec joie.*)
Ce secret qu'il cachait à mes vœux empressés,
Il vient de le trahir malgré lui... je le sais!
Ah! quel bonheur! je le sais!... je le sais!...
(*Regardant par la porte du fond.*)
C'est mon père!... partons!
(*Elle sort par la porte à droite.*)

SCENE XI.

TSING-SING, *sur le fauteuil à gauche*;
TCHIN-KAO, *paraissant à la porte du fond*; SES AMIS, ET PLUSIEURS MUSICIENS *portant des instrumens de musique chinois.*

TCHIN-KAO, *au fond.*
En bon ordre avancez!
(*Regardant Tsing-Sing.*)
Il dort encor!... tant mieux!
(*Aux musiciens et aux chanteurs qu'il a disposés derrière Tsing-Sing, autour du fauteuil.*)
Etes-vous tous placés?
Qu'une aimable harmonie arrive à son oreille!
Et par un bruit flatteur doucement le réveille!
(*Tenant à la main le bâton de mesure.*)
C'est bien!... c'est bien!... commencez!
TCHIN-KAO, LE CHŒUR et LES MUSICIENS, *commençant piano.*
Miroir d'esprit et de science,
O vous que nous admirons tous!
Eveillez-vous!
Astre de gloire et de puissance,
Dont le soleil serait jaloux,
Eveillez-vous!
Pour adorer votre excellence,
Nous venons tous à vos genoux;
Eveillez-vous!
Grand mandarin, éveillez-vous!
TCHIN-KAO.
C'est étonnant!... il dort encor!
Chantons, amis, un peu plus fort!
CHŒUR, *reprenant et allant toujours crescendo*
Miroir d'esprit et de science,
O vous que nous admirons tous,
Eveillez-vous!
TCHIN-KAO.
Plus fort! plus fort!
Encor
Un peu plus fort!
LE CHŒUR, *augmentant toujours de bruit.*
Astre de gloire et de puissance,
Dont le soleil serait jaloux,

Eveillez-vous !
TCHIN-KAO.
Plus fort ! plus fort !
Encor
Plus fort !
LE CHŒUR, *augmentant toujours.*
Pour adorer votre excellence,
Nous venons tous à vos genoux;
Eveillez-vous !
TCHIN-KAO.
Plus fort ! plus fort !
Encor
Plus fort !
TOUS, *avec tout le déploiement de l'orchestre.*
Ah ! c'est inconcevable !
C'est à faire trembler.
Quoi ! ce bruit effroyable
Ne peut le réveiller !

SCENE XII.

LES PRÉCÉDENS, YANKO, *arrivant tout effrayé de la porte à droite.*

YANKO.
Ah ! quel bruit ! quel vacarme affreux !
J'accours tremblant !... est-ce la foudre
Qui vient de tomber en ces lieux !
TCHIN-KAO.
C'est mon gendre qui dort et ne peut se résoudre
A s'éveiller !
YANKO.
Pas possible !
TCHIN-KAO.
Il est sûr
Qu'il a le sommeil un peu dur !
Car nous avons mis en usage
Toute la musique à tapage
Que la Chine peut employer.
Il nous faudrait pour l'éveiller
Des musiciens de l'Europe !

(*S'approchant de Tsing-Sing et le prenant respectueusement par le bras.*)
Allons, mon gendre !...
(*Avec effroi.*)
O ciel ! je sens là sous mes doigts
Ses membres que durcit une épaisse enveloppe !
Ce n'est plus de la chair !...
(*Le tâtant.*)
C'est du marbre ou du bois !
(*Lui frappant sur la tête avec le bâton de mesure qu'il tient à la main.*)
Ce front savant n'est plus qu'une tête de bois !
TOUS.
O miracle ! ô prodige !
Je tremble de frayeur !
Et tout mon sang se fige
D'épouvante et d'horreur !
TCHIN-KAO.
Quoi ! ce grand mandarin n'est plus qu'une statue !
D'où peut venir un pareil changement ?
YANKO, *riant.*
J'y suis... et de moi seul la cause en est connue.
(*Se jetant en riant dans le fauteuil à droite.*)
Je n'ai plus de rival !... ah ! ah ! ah ! c'est charmant !
TCHIN-KAO, *à Yanko.*
Tu sais donc...
YANKO, *riant toujours.*
Ah ! ah ! ah !
TCHIN-KAO.
D'où vient cet accident ?
YANKO, *riant.*
Rien n'est plus simple... et ce voyage
Il aura parlé, je le gage...
Il aura dit...
(*Voyant tous les assistans qui se groupent autour de son fauteuil et écoutent.*)
Sont-ils donc curieux !
(*Tchin-Kao les éloigne et revient se baisser près du fauteuil de Yanko.*)
YANKO, *riant toujours.*
Il aura dit...
TCHIN-KAO.
Quoi donc ?
(*Ecoutant Yanko qui lui parle bas à l'oreille.*)
Vraiment !
(*Ecoutant toujours.*)
C'est merveilleux.
Et puis... achève...
(*Regardant Yanko, qui tout-à-coup reste immobile et dans la position où il était en parlant.*)
Eh bien !... le voilà qui s'endort !
(*L'appelant.*)
Yanko ! Yanko !
TOUS, *l'appelant aussi.*
Yanko ! Yanko !
TCHIN-KAO.
Plus fort !
Plus fort !
Plus fort !
Encor
Plus fort !
TOUS.
Ah ! c'est inconcevable !
C'est à faire trembler !
Quoi ! ce bruit effroyable
Ne peut le réveiller !
TOUS.
Yanko ! Yanko ! Yanko !

SCENE XIII.

LES PRÉCÉDENS, PEKI, *sortant de la porte à droite; elle a des habits d'homme;* TAO-JIN, *sortant de la porte à gauche un instant après.*

PEKI, *avec effroi.*
Yanko ! Yanko ! pourquoi l'appelez-vous ainsi ?
TCHIN-KAO, *apercevant Peki habillée en homme.*
Peki sous ce costume !...
PEKI, *dans le plus grand trouble.*
Eh ! qu'importe, mon père ?
TAO-JIN.
Qu'est-il donc arrivé ?
PEKI.
Quel bruit a retenti ?
TCHIN-KAO, *à Tao-Jin.*
Ce qu'il est arrivé !... voilà votre mari
Qu'on a changé... voyez !
(*A Peki.*)
Et ce n'est rien, ma chère,
Yanko de même !...
PEKI ET TAO-JIN, *regardant l'une Yanko, et l'autre Tsing-Sing.*
O ciel ! il a parlé !
TCHIN-KAO.
Oui, sans doute il m'a révélé

Que là-haut... (*S'arrêtant.*) Qu'allais-je faire ?
Ah ! taisons-nous ! en voilà deux déjà !
C'est bien assez de magots comme ça !

ENSEMBLE.

TAO-JIN.

Oui, sur ce mystère
Il n'a pu se taire,
Le destin sévère
Vient nous séparer !
Destin que j'ignore,
Qui dès mon aurore
Me rend veuve encore !
Dois-je en murmurer ?

PEKI.

O Dieu tutélaire
Qui vois ma misère,
Que pourrais-je faire
(*Montrant Yanko.*)
Pour le délivrer ?
Pour lui que j'adore
Amour, je t'implore,
Sois mon guide encore
Et viens m'inspirer !

TCHIN-KAO.

Oui, je veux me taire,
Et de moi, ma chère,
Effroi salutaire
Vient de s'emparer !
Péril qu'on ignore
Est plus grand encore,
Mon Dieu ! je t'implore,
Vient nous inspirer !

CHŒUR.

O fatal mystère !
O destin contraire !
Que pourrions-nous faire
Pour les délivrer ?
Péril qu'on ignore
Est plus grand encore !
O Dieu que j'implore
Viens nous inspirer !

CHŒUR, *montrant Tsing-Sing et Yanko.*

Qu'en ferons-nous en attendant ?

TAO-JIN.

Sur leur trouver un gîte et brillant et commode,
Transportons-les dans la grande pagode,
Dont ils seront le plus bel ornement !

PEKI, *regardant Yanko.*

Ah ! pour le rendre à sa forme première,
Si j'employais
Les terribles secrets...
Que j'ai surpris ici...
De mon mari !...

ENSEMBLE.

TAO-JIN.

Oui, sur ce mystère
Il n'a pu se taire,
Le destin sévère
Vient nous séparer !
Destin que j'ignore,
Qui dès mon aurore
Me rend veuve encore !
Dois-je en murmurer ?

PEKI.

O Dieu tutélaire
Qui vois ma misère,
En toi seul j'espère
Pour le délivrer !
Pour lui que j'adore,
Amour, je t'implore,
Sois mon guide encore
Et viens m'inspirer !

TCHIN-KAO.

Oui, je veux me taire,
Et de moi, ma chère,
Effroi salutaire
Vient de s'emparer !
Péril qu'on ignore
Est plus grand encore ;
O Dieu que j'implore,
Viens nous inspirer !

CHŒUR.

O fatal mystère !
O destin contraire,
Que pourrions-nous faire
Pour les délivrer ?
Péril qu'on ignore
Est plus grand encore,
O Dieu que j'implore,
Viens nous inspirer !

PEKI, *à part avec exaltation.*

Oui, j'en crois mon courage et l'ardeur qui m'enflamme !
S'ils ont tous succombé, c'est à moi faible femme
Qu'est réservé l'honneur de l'emporter !
Et cette épreuve... eh bien ! j'oserai la tenter !

(*Elle s'élance vers la porte à droite qu'elle referme sur elle.*)

TCHIN-KAO, *regardant Peki.*

Eh bien ! donc où va-t-elle ?

(*On voit, par la fenêtre du fond, Peki s'élancer sur le cheval de bronze qui l'enlève, et elle disparaît.*)

TCHIN-KAO ET LE CHŒUR.

O terreur nouvelle !
Funeste destin !...

(*Regardant dans la coulisse à gauche et en l'air.*)

La voyez-vous là-haut !... là-haut !.. là-haut !... c'est elle !
Qui disparaît sur le cheval d'airain !

TOUS, *revenant au bord du théâtre.*

Ah ! c'est inconcevable !
C'est à faire frémir !
D'une audace semblable
Je ne puis revenir !

(*La toile tombe.*)

FIN DU DEUXIÈME ACTE.

ACTE III.

Le théâtre représente un palais et des jardins célestes au milieu des nuages. Au lever du rideau, Stella est assise sur de riches coussins. Lo-Mangli, et plusieurs femmes vêtues de robes de gaze, l'entourent et la servent; d'autres jouent du théorbe, de la lyre, etc.

SCÈNE PREMIÈRE.

LE CHOEUR.

O séduisante ivresse!
O volupté des cieux!
Vous habitez sans cesse
En ce séjour heureux!

AIR.
STELLA.

En vain de mon jeune âge
Leurs soins charmaient le cours!
Hélas! dans l'esclavage
Il n'est point de beaux jours!

De ces ruisseaux les ondes jaillissantes,
Tous ces trésors dont l'œil est ébloui,
Ces bois, ces prés, ces nymphes séduisantes
Ne m'inspiraient qu'un triste et sombre ennui!
    En vain de mon jeune âge
    Leurs soins charmaient le cours,
    Hélas! dans l'esclavage
    Il n'est point de beaux jours!
Mais soudain!...

CAVATINE.

De ma délivrance
La douce espérance
Sourit à mon cœur!
Pour moi plus d'alarme,
Ici tout me charme!
Et tout est bonheur!

Tout a changé dans la nature
L'air est plus doux, l'onde plus pure!
Des oiseaux les chants amoureux
Sont pour moi plus harmonieux!

De ma délivrance
La douce espérance
Sourit à mon cœur!
Pour moi plus d'alarme,
Ici tout me charme
Et tout est bonheur!

(Sur un geste de la princesse, toutes les femmes sortent, excepté Lo-Mangli.)

LO-MANGLI. Oui, quelques heures encore, et vous serez libre, et l'enchantement qui vous retient ici sera rompu, grâce à ce joli petit prince chinois qui nous est arrivé hier!

STELLA. Aura-t-il assez de courage et de sagesse pour mettre à fin une telle entreprise?

LO-MANGLI. Je le crois bien, avec la précaution que vous avez prise, de ne pas rester auprès de lui!

STELLA. Il l'a bien fallu! il était si tendre, si empressé

LO-MANGLI. Et puis si étourdi.

STELLA. Conviens aussi que notre aventure est bien étonnante.

LO-MANGLI. Pas pour nous qui voyons les choses d'un peu haut! mais sur terre, je suis persuadé qu'il y a des gens qui n'y croiraient pas, qui diraient: c'est invraisemblable!

STELLA. Celle que toutes les nuits il voyait, c'était moi!

LO-MANGLI. Et celui qui vous apparaissait dans tous vos songes...

STELLA. C'était lui! de sorte que quand nous nous sommes vus pour la première fois...

LO-MANGLI. Vous vous êtes reconnus?

STELLA. Qui donc pouvait de si loin nous réunir ainsi.

LO-MANGLI. Quelque enchanteur qui, dès long-tems sans doute, vous destinait l'un à l'autre; celui-là même, peut-être, qui autrefois vous a enlevée de la cour du grand-mogol votre père, pour vous transporter dans cette planète où il a mis à votre délivrance des conditions...

STELLA. Si bizarres et si difficiles.

LO-MANGLI. Vous trouvez... *(On entend en dehors un appel de trompettes.)* Encore un voyageur que nous amène le cheval de bronze.

STELLA. Ah! quel ennui!

LO-MANGLI. Vous ne disiez pas cela autrefois; cela vous amusait! mais rassurez-vous, je me charge de le recevoir.

STELLA. Et de le faire repartir sur-le-champ!

LO-MANGLI. Dam!... je tâcherai.

STELLA. Adieu! je vais voir pendant quelques minutes...

LO-MANGLI. Ce pauvre prince qui vous aime tant!

STELLA. Il le dit, du moins.

LO-MANGLI. Comme tous les voyageurs qui viennent ici! A beau mentir qui vient de...

STELLA, *vivement.* Que dis-tu?

LO-MANGLI, *de même*. Non! non! je me trompe, celui-là ne ment pas.

(Second appel de trompettes plus fort que le premier. — Stella sort par la gauche, et Peki entre par la droite.)

SCÈNE II.
LO-MANGLI, PEKI.

PEKI, *se bouchant les oreilles*. C'est assez... c'est assez!... je l'ai bien entendu... des grandes statues de femmes avec des trompettes... qui me répètent l'une après l'autre : *Si tu racontes ce que tu auras vu ici... tu seras changé en magot...* Eh ! je le savais déjà... je le sais de reste !... ce n'est pas là ce qui m'effraie !

LO-MANGLI. Je vois, beau voyageur, que vous êtes brave !

PEKI, *timidement*. Pas beaucoup !..... (*S'enhardissant.*) Mais enfin je suis venu sur le cheval de bronze pour tenter l'épreuve.

LO-MANGLI. Et délivrer la princesse !

PEKI. Oui ; en m'emparant de ce bracelet magique qui seul, dit-on, peut rompre tous les enchantemens... (*A part.*) Ce qui sera bien utile pour ce pauvre Yanko, que j'ai laissé...

(Imitant la position d'un magot.)

LO-MANGLI. Et vous êtes bien décidé !...

PEKI. Très-décidé. Mais pour devenir maître de ce bracelet, que faut-il faire?... voilà ce que je ne sais pas encore...

LO-MANGLI. Et ce que je dois vous apprendre !... Il faut dans cette planète...

PEKI. C'est une planète !...

LO-MANGLI. Celle de Vénus, où il n'y a que des femmes !..... Il faut pendant une journée entière rester au milieu de nous, calme et insensible.

PEKI. Si ce n'est que cela !...

LO-MANGLI. Oui-dà !..... et quelles que soient les épreuves auxquelles vous serez exposé, ne pas manquer un instant aux lois de la plus stricte sagesse.

PEKI. J'entends !

LO-MANGLI. Car, à la première faveur que vous demanderez...

PEKI. Vous refuserez !...

LO-MANGLI, *d'un air doucereux*. Mon Dieu non !... il ne tient qu'à vous... on ne vous empêche pas !..... mais au plus petit baiser que vous aurez pris... crac !... vous redescendrez à l'instant sur la terre, sans pouvoir jamais remonter le cheval de bronze, ni revenir en ces lieux.

PEKI, *étonnée*. Est-il possible !... (*Vivement.*) Ah! mon Dieu !....et j'y pense maintenant... (*A Lo-Mangli.*) Quels sont le derniers voyageurs qui sont venus ?

LO-MANGLI. D'abord le prince de la Chine, qui est encore dans ces jardins... un concurrent redoutable ! car, encore une heure ou deux, et la journée sera écoulée... jamais aucun voyageur ne nous a fait une aussi longue visite !...

PEKI. C'est très-bien à lui !... et puis?

LO-MANGLI. Le grand mandarin Tsing-Sing... un vieux qui s'est arrêté ici assez long-tems... deux heures !

PEKI. Voyez-vous cela ! à son âge !..... Mais avant eux?...

LO-MANGLI. Ah ! je me le rappelle... un jeune fermier nommé Yanko.

PEKI, *vivement*. C'est lui !... eh bien?...

LO-MANGLI. Il est à peine resté un instant !...

PEKI, *avec colère*. Quelle indignité !

LO-MANGLI. Il est reparti tout de suite... tout de suite !...

PEKI. C'est affreux !... moi qui l'aimais tant !... moi qui viens ici pour le retirer de la position où il est... exposez-vous donc pour de pareils magots !... Je suis d'une colère !... et si dans ce moment je pouvais me venger... (*S'arrêtant.*) Mais il n'y a ici que des femmes !... (*A Lo-Mangli.*) Mademoiselle, dites-moi, je vous prie...

LO-MANGLI, *s'approchant vivement*. Tout ce que vous voudrez...

PEKI. Vous êtes certainement bien gentille... bien aimable...

LO-MANGLI, *à part*. Pauvre jeune homme !... il va s'en aller !... (*Haut et regardant du côté de la coulisse à gauche.*) Tenez..... tenez... voyez-vous de ce côté... c'est Stella et le prince !...

PEKI, *à part*. Je ne veux pas qu'il m'aperçoive..... (*Entraînant Lo-Mangli par la main du côté à droite.*) Venez... venez...

LO-MANGLI, *en s'en allant*. En voilà un qui ne restera pas long-tems ici... et c'est dommage... car il est gentil !...

(Elle sort avec Peki par la droite.)

SCÈNE III.
LE PRINCE, STELLA, *entrant par la gauche en se disputant*.

DUO.

STELLA.
Eh! quoi, monsieur, toujours vous plaindre

LE PRINCE.
Et n'ai-je pas raison, hélas !

STELLA.
Lorsqu'au terme on est prêt d'atteindre

LE PRINCE.
Mais ce jour ne finira pas !
STELLA.
C'est peu de patience, ou bien peu de tendresse ?
Songez qu'une heure encore !... une heure de sa-
gesse....
Et je vous appartiens pour jamais !...
LE PRINCE.
J'entends bien !
Mais une heure est un siècle !... une heure de sagesse,
Quand le cœur bat d'amour et d'espoir et d'ivresse,
Car vous ne savez pas quel amour est le mien !
(Se rapprochant très-près d'elle.)
Et si je vous disais depuis quand je soupire !...
STELLA.
Oui... oui... mais de plus loin tâchez de me le dire.

ENSEMBLE.

Plus loin, plus loin !... encor plus loin !
Oui, j'en prends le ciel à témoin,
Votre amour lui-même
Me glace d'effroi !
Et si je vous aime,
Ah ! c'est loin de moi !

LE PRINCE, *qui s'est placé à l'autre extrémité du théâtre.*

Eh bien !... eh bien ! est-ce assez loin ?
Sagesse suprême,
J'admire ta loi !
Quoi ! son amour même
L'éloigne de moi !

STELLA, *regardant le prince qui lui tourne le dos.*
Quoi ! vous êtes fâché ! vous boudez ?
LE PRINCE.
Oui, vraiment !
STELLA.
D'où vient cette colère extrême ?
LE PRINCE.
Me renvoyer !
STELLA.
Parce que je vous aime !
Songez qu'un désir imprudent,
Songez que la faveur même la plus légère...
LE PRINCE.
Quoi ! rien qu'un seul baiser !...
STELLA.
Vous renverrait sur terre !
LE PRINCE.
O ciel !
STELLA, *s'approchant plus près encore de lui.*
Et qu'il faudrait renoncer à l'espoir
De s'aimer... et de se revoir !
LE PRINCE, *sans la regarder et l'éloignant de la main.*
Plus loin !... plus loin !... encor plus loin !

ENSEMBLE.

Oui, j'en prends le ciel à témoin,
Votre aspect lui-même
Me glace d'effroi,
Et si je vous aime,
Ah ! c'est loin de moi !

STELLA, *à l'autre bout du théâtre à gauche.*
Eh bien !... eh bien ! suis-je assez loin ?
Sagesse suprême,
J'admire ta loi,
Son amour lui-même
L'éloigne de moi !

(*Le prince s'asseoit au bout du théâtre à droite.*)

LE PRINCE, *assis.*
Allons ! sur ce sopha, s'il le faut, je demeure !
STELLA.
C'est plus prudent !
LE PRINCE.
Mais c'est bien ennuyeux !
Nous n'avons plus, je crois, rien qu'une demi-heure !
A peu près !
LE PRINCE.
Et comment l'employer à nous deux ?
STELLA.
On peut causer !
LE PRINCE.
Sur quoi voulez-vous que l'on cause ?
STELLA.
Ou danser !
LE PRINCE.
Non vraiment !
STELLA.
Monsieur, je le suppose,
Préfère la musique et cela vaut bien mieux !
Séduisante et folle,
Elle nous console ;
Son pouvoir divin
Calme le chagrin.
Le tems qui se traîne
S'écoule sans peine
Et s'enfuit soudain
Au son d'un refrain !
Et je le vois ce pouvoir-là,
Ah ! ah ! ah ! ah ! ah !
Sur votre cœur a réussi déjà
Ah ! ah ! ah ! ah !

ENSEMBLE.

LE PRINCE.

O toi, mon idole,
Mon cœur se console
Au pouvoir divin
De ce gai refrain !
Ta voix qui m'entraîne
Dissipant ma peine,
Loin de moi soudain
Bannit le chagrin !

STELLA.

Séduisante et folle,
Elle nous console,
Son pouvoir divin
Calme le chagrin.
Le tems qui se traîne
S'écoule sans peine
Et s'enfuit soudain
Au son d'un refrain !

LE PRINCE, *courant brusquement à Stella.*
Stella ! Stella !
STELLA.
Qu'avez-vous donc ?

LE PRINCE.

L'heure à sonné!

STELLA.

Vraiment non!

LE PRINCE.

J'en suis sûr et je crois entendre...

STELLA.

Et moi, j'en suis certaine, il faut encore attendre!

LE PRINCE, *avec dépit.*

Attendre est bien facile alors qu'on n'aime rien!

STELLA, *avec douceur.*

Mais je vous aime, et vous le savez bien!

LE PRINCE, *avec chaleur.*

Ah! si vous m'aimiez, inhumaine!
Vous seriez sensible à ma peine!

(*Lui prenant la main.*)

Si vous m'aimiez!!

STELLA, *retirant sa main avec effroi.*

Laissez-moi, je le veux!

LE PRINCE, *avec dépit.*

C'en est trop! je rougis de l'amour qui m'enchaîne,
Oui, je sais le moyen de fuir loin de ces lieux!
Et j'y cours!...

(*Il fait quelques pas pour sortir.*)

STELLA.

Partez donc! partez!

LE PRINCE, *revenant.*

Oui, je le veux!

ENSEMBLE.

LE PRINCE.

Cédons au dépit qui m'entraîne,
Oui, fuyons loin d'une inhumaine
Dont les regards indifférens
Portent le trouble dans mes sens!

STELLA.

Qu'il cède au dépit qui l'entraîne,
Que rien ici ne le retienne!
Cachons à ses yeux les tourmens
Et le trouble que je ressens!

(*Stella va s'asseoir sur le banc à gauche.*)

STELLA, *assise et regardant le prince qui ne s'en va pas.*

Eh bien?...

LE PRINCE, *revenant près d'elle.*

Oui, vers toi me ramène
Un feu que rien ne peut calmer!

(*Il se met à genoux près de Stella toujours assise.*)

STELLA.

Laissez-moi, je respire à peine!

LE PRINCE.

Ah! si ton cœur savait aimer,
Si le mien pouvait l'animer!...

ENSEMBLE.

LE PRINCE.

Sa main a frémi dans la mienne,
L'amour et m'enivre et m'entraîne,
Je cède aux transports délirans
Qui s'emparent de tous mes sens!

STELLA, *cherchant à se défendre.*

Laissez-moi, je respire à peine...
Sa voix et me trouble et m'entraîne,
Ayez pitié de mes tourmens
Et du trouble que je ressens!

(*Stella éperdue, hors d'elle-même, laisse tomber sa tête sur l'épaule de Yang qui l'embrasse.—Le tonnerre gronde, et Yang, qui était un genou en terre près de la princesse, est soudain englouti et disparaît. Stella pousse un cri d'effroi, et tombe à moitié évanouie dans les bras de Lo-Mangli, qui entre en ce moment.*)

SCÈNE IV.

STELLA, puis LO-MANGLI.

LO-MANGLI. Et lui aussi!..... lorsqu'il ne s'en fallait plus que d'un petit quart d'heure..... c'est avoir bien peu de patience!...

STELLA. Ah! rien n'égale mon désespoir... car je l'aimais, vois-tu bien... j'en étais aimée... et, séparé de moi, que va-t-il devenir?... que fera-t-il sur la terre?...

LO-MANGLI. Ce n'est pas difficile à deviner!..... impétueux comme il l'est, il ne pourra jamais se modérer... ni se taire... il parlera de vous à tout le monde... et, à l'heure qu'il est, peut-être déjà est-il changé en magot!

STELLA. O ciel!

LO-MANGLI. Ce qui est bien désagréable pour un aussi joli garçon!.... lui surtout qui n'aimait pas à rester en place!

STELLA. Ah! je n'y survivrai pas... j'en mourrai!...

LO-MANGLI. Mourir!!... vous savez bien qu'ici on est immortelle..... et qu'on ne peut pas mourir d'amour... sur terre je ne dis pas...

STELLA. Eh bien! alors je garderai éternellement son souvenir..... je lui serai fidèle... je n'appartiendrai à personne...

LO-MANGLI. Si vous pouvez... car il y a ici quelqu'un qui m'inquiète pour vous...

STELLA. Que veux-tu dire?...

LO-MANGLI. Ce petit voyageur..... que vous m'aviez chargé de renvoyer...

STELLA. Eh bien?...

LO-MANGLI. J'ai cru d'abord qu'il ne demandait pas mieux que de s'en aller...

STELLA. Et il est encore ici!

LO-MANGLI. Écoutez donc, madame... ce n'est pas ma faute... Dans ces cas-là... il faut qu'on s'y prête un peu.

COUPLETS.

PREMIER COUPLET.

Tranquillement il se promène
Sans songer à nous admirer!
Et passant près de la fontaine
Il s'occupait à se mirer!
Pour obéir à vous, ma souveraine,
J'espérais bien le séduire sans peine,
Mais... mais j'ai beau faire, hélas!...
J'ai beau faire... il ne veut pas!
Il ne veut pas!

2ᵉ COUPLET.

Et quel dommage quand j'y pense,
Il est si jeune et si gentil!
Jusqu'à son air d'indifférence
Tout me plaît et me charme en lui!
Pour obéir à votre ordre suprême
Combien j'aurais voulu qu'il dît... je t'aime!...
Mais... mais j'ai beau faire, hélas!
J'ai beau faire... il ne veut pas!
Il ne veut pas!
Non, non, non, il ne veut pas!

STELLA. C'est bien singulier...

LO-MANGLI. Certainement, ce n'est pas naturel... et si vous n'y prenez garde... il est capable de rester comme cela jusqu'à ce soir...

STELLA. Tu crois...

LO-MANGLI. Alors il deviendrait maître de ce talisman... et de votre personne... il n'y aurait pas à dire... vous seriez obligée de le suivre...

STELLA. Ah! voilà qui serait le pire de tout.

LO-MANGLI. Pas tant!... car il est très-agréable... et certainement... si j'avais un mari à choisir... mais ici on ne peut pas...

STELLA. Y pensez-vous?...

LO-MANGLI. Tenez... tenez... madame... voyez plutôt... voilà qu'il vient de ce côté... il n'est pas mal, n'est-ce pas...

STELLA. Cela m'est bien égal... qu'il vienne!... je m'en vais le traiter avec tout le dédain, tout le mépris...

LO-MANGLI. Mais au contraire!... ce n'est pas le moyen de vous en défaire...

STELLA. Tu as raison... il faut être aimable, gracieuse... oh! que je le hais..... laisse-moi...

LO-MANGLI. Oui, madame!...

(Elle sort en faisant à Peki une révérence dont celle-ci ne s'aperçoit seulement pas... et Lo-Mangli s'éloigne avec dépit.)

SCENE V.
STELLA, PEKI.
DUO.

STELLA.
Quel désir vous conduit vers nous, bel étranger?

PEKI, *froidement*.
Le seul désir de voyager!

STELLA.
Pas autre chose!

PEKI.
Eh! mais... peut-être aussi, madame,
Le désir de vous voir!

STELLA, *avec coquetterie et baissant les yeux*.
Comment!... vous m'aimeriez?

PEKI.
Non, vraiment!

STELLA, *etonnée*.
Que dit-il?

PEKI.
Jamais aucune femme
Ne m'a vu tomber à ses pieds.

STELLA, *à part*.
Dieu! quel air suffisant! déjà je le déteste!
(*Haut*.)
Eh quoi! nulle beauté dans ce séjour céleste
De vous charmer n'a le pouvoir!

PEKI, *froidement*.
Aucune!

STELLA.
Aucune! (*A part*.) Ah! c'est ce qu'on va vior!

ENSEMBLE.

STELLA.
De cette ame si fière
Ah! je triompherai,
Car je prétends lui plaire
Et j'y réussirai!
Oui... oui... je l'ai juré!

PEKI.
Oui... oui... beauté si fière
Je vous résisterai!
Je ris de sa colère
Et je réussirai!
Oui... oui... je l'ai juré!

STELLA, *s'approchant de Peki d'un air caressant*.
On m'avait dit pourtant que j'avais quelques charmes!

PEKI, *d'un air indifférent et sans la regarder*.
Oui! vous n'êtes pas mal!

STELLA, *avec coquetterie*.
Qu'en savez-vous?

PEKI.
Pourquoi?

STELLA.
Vous n'avez pas encor jeté les yeux sur moi!
Craignez-vous de me voir?

PEKI.
Je le puis sans alarmes !
(*La regardant et n'examinant que sa parure.*)
J'aime de ces habits l'élégance et le goût !
Ce riche bracelet...
(*A part*).
Qui bientôt, je le pense,
Va tomber en ma puissance !
(*Haut.*)
Qu'il est beau !... qu'il me plaît !
STELLA, *avec dépit.*
Voilà tout !
Et moi ?
PEKI, *la regardant.*
Vous !... ah ! je dois le dire !
Voilà des traits charmans et faits pour tout séduire,
Et ces beaux yeux...
STELLA, *le regardant avec tendresse.*
Ces yeux !... eh bien ?
PEKI.
Eh bien !...
Sur mon cœur ne font rien !
STELLA, *avec dépit.*
Rien !!
PEKI, *tranquillement.*
Rien !

ENSEMBLE.
STELLA.
Je suis d'une colère,
Eh quoi ! je ne pourrai
Le séduire et lui plaire.
Oh ! j'y réussirai !
Oui... oui... je l'ai juré !
PEKI.
Oui, oui, beauté si fière
Je vous résisterai.
Je ris de sa colère,
Et je réussirai !
Oui... oui... je l'ai juré !

PEKI.
Grâce au ciel ! la journée avance dans son cours !
STELLA.
C'est fait de moi !... mon Dieu, venez à mon secours !
(*S'approchant de Peki.*)
Eh bien ! puisqu'il faut tout vous dire,
Pour un autre que vous, mon cœur, hélas ! soupire !
PEKI, *gaîment.*
Vous ne m'aimez donc pas !
STELLA.
Non vraiment !
PEKI, *froidement.*
C'est très-bien !
STELLA, *timidement.*
Et voilà pourquoi je désire.
Que vous partiez !
PEKI.
Partir d'ici !— par quel moyen ?
STELLA, *avec embarras.*
Oh ! le moyen est terrible à vous dire,
Et de moi qu'allez-vous penser ?

Il faudrait pour cela...sur-le-champ... m'embrasser !
PEKI.
Qui ? moi !... cela m'est impossible !
STELLA.
Quoi ! vous me refusez... vous êtes insensible !
D'autres pourtant à mes genoux
M'ont demandé ce que j'attends de vous !

ENSEMBLE.
STELLA.
O mortelle souffrance !
Je suis en sa puissance,
Me voilà sous sa loi !
Pour moi plus d'espérance,
Déjà l'heure s'avance,
Tout est fini pour moi !
PEKI.
Ah ! mon bonheur commence,
Elle est en ma puissance,
Je la tiens sous ma loi !
Oui, courage !... espérance !
Bientôt l'heure s'avance,
La victoire est à moi !
STELLA, *à Peki d'un air suppliant.*
Ainsi donc l'espoir m'abandonne !
Et sur votre rigueur je ne puis l'emporter !
PEKI, *à part et la regardant avec malice.*
Si j'étais homme !!!
(*Avec sentiment.*)
Yanko, je te pardonne:
Comment lui résister ?
STELLA.
Ce qu'ici je demande
Est-il faveur si grande ?
Et si cruel pour vous !
Je suis femme !... et j'implore !
Et s'il faut plus encore,
Je suis à vos genoux !
(*Elle se met à genoux. Peki fait un pas vers elle
pour la relever et puis s'arrête.*)

ENSEMBLE.
STELLA.
O mortelle souffrance !
Déjà l'heure s'avance,
Et je tremble d'effroi !
Pour moi plus d'espérance,
Je suis en sa puissance,
Tout est fini pour moi !
PEKI.
Ah ! mon bonheur commence,
Elle est en ma puissance
Je la tiens sous ma loi !
Oui, courage !... espérance !...
Bientôt, l'heure s'avance,
La victoire est à moi !
(*La nuit obscurcit le théâtre et des nuages com-
mencent à les environner.*)
STELLA.
Le jour s'enfuit,
Voici la nuit.
Adieu, toi qui reçus ma foi !
Ce talisman me soumet à sa loi !
Je me meurs ! c'est fait de moi !

PEKI.
Le jour s'enfuit !
Voici la nuit.
Il m'appartient ! il est à moi !
Le talisman qui la met sous ma loi !...

(*Elle arrache le bracelet que porte Stella.*)

La victoire est à moi !

(*Stella tombe évanouie. — Un coup de tam-tam se fait entendre. — Peki et Stella disparaissent et descendent sur terre. — Les nuages qui couvraient le théâtre se lèvent peu à peu et l'on aperçoit la grande pagode richement éclairée. — Tsing-Sing, toujours en magot, est placé au milieu du théâtre sur un grand piédestal. — A sa droite Yang et à sa gauche Yanko aussi en magot, sur des piédestaux moins élevés.*)

SCÈNE VI.

YANG, TSING-SING, YANKO, *sur leurs piédestaux*, TAO-JIN, TCHIN-KAO, *et le peuple prosternés, pendant que des jeunes filles jettent des fleurs et que des bonzes ou prêtres chinois font brûler de l'encens.*

CHŒUR.
Que l'encens et la prière
Vers eux s'élèvent de la terre !
Et révérons ces nouveaux dieux
Qui pour nous descendent des cieux !

TCHIN-KAO, *montrant le prince.*
Encore un dieu dont la puissance brille !
Être dieu devient bien commun !

(*Montrant Tsing-Sing et Yanko.*)

En voilà deux déjà dans ma famille,
A chaque instant je tremble d'en faire un !

CHŒUR.
Que l'encens et la prière
Vers eux s'élèvent de la terre,
Et révérons ces nouveaux dieux
Qui pour nous descendent des cieux !

(*A la fin de ce chœur on entend une musique céleste.*)

Mais quels accords harmonieux !

(*On voit descendre au milieu d'un nuage et de la voûte de la pagode Peki tenant à la main le bracelet magique et debout, près de Stella qui est toujours évanouie.*)

SCÈNE VII.

Les Précédens, PEKI et STELLA.

TOUS
Quel prodige nouveau vient éblouir nos yeux !
TCHIN-KAO.
C'est ma fille !... c'est elle-même
Qu'enfin le ciel rend à mes vœux !

PEKI.
Oui, je reviens délivrer ce que j'aime !
(*Étendant le bracelet du côté de Yanko et de Yang, puis de Stella.*)
Yanko, mon bien-aimé !.. vous, prince généreux !..
Et toi sa maîtresse chérie !...
Mon pouvoir vous rend à la vie !
Renaissez tous pour être heureux !

YANG, STELLA ET YANKO, *revenant à eux par degrés.*
Quel jour radieux m'environne !
Et que vois-je ?...

STELLA, *s'élançant vers le prince.*
C'est lui !
LE PRINCE, *courant à elle.*
Stella !
PEKI.
Que j'ai conquise et qu'ici je vous donne !
TCHIN-KAO, *bas à Peki.*
Et le seigneur Tsing-Sing qui reste là !
TAO-JIN, *à part.*
De quoi se mêle celui-là.
PEKI, *étendant vers lui le bracelet.*
Qu'il reste encor statue ainsi que le voilà,
Mais que sa tête seule et s'anime et réponde !

(*S'adressant à Tsing-Sing.*)

A me répudier veux-tu bien consentir ?
(*Tsing-Sing, remuant sa tête à la façon des magots de la Chine, fait signe que NON.*)
Avec Yanko, tu ne veux pas m'unir ?
(*Tsing-Sing fait encore signe que NON.*)
Eh bien ! demeure ainsi jusqu'à la fin du monde !
Sois l'idole qui dans ces lieux
Des époux bénira les nœuds !
(*Tsing-Sing fait en tournant la tête un geste de colère.*)
Quoi ! cette seule idée excite ta colère !
(*Prenant Yanko par la main et s'approchant du piédestal de la statue.*)
Vois alors si ton cœur préfère
Nous unir !...
(*Tsing-Sing fait signe que OUI.*)
PEKI.
Il a dit *oui* !
Vous l'entendez !.. il n'est plus mon mari !
(*Étendant son bracelet vers Tsing-Sing.*)
Qu'il revienne à la vie !...
TSING-SING, *se levant debout sur le piédestale, étendant ses mains pour bénir Yanko et Peki.*
Et vous tous au bonheur !

CHŒUR.
Clochettes de la pagode,
Retentissez dans les airs, etc., etc.

FIN.

IMPRIMERIE DE DONDEY-DUPRÉ, RUE SAINT-LOUIS, N° 46, AU MARAIS.

ACTÉON,

OPÉRA-COMIQUE EN UN ACTE,

Par M. Scribe,

MUSIQUE DE M. AUBER,

REPRÉSENTÉ POUR LA PREMIÈRE FOIS, A PARIS, SUR LE THÉATRE DE L'OPÉRA-COMIQUE,
LE 23 JANVIER 1836.

PERSONNAGES.	ACTEURS.	PERSONNAGES.	ACTEURS.
LE PRINCE ALDOBRANDI.	M. INCHINDI.	LÉONI	M. RÉVIAL.
LUCRÉZIA, sa femme	Mme DAMOREAU-CINTI.	FEMMES DE LA PRINCESSE.	
ANGELA, sa sœur	Mlle CAMOIN.	DAMES AMIES DE LA PRINCESSE.	
STÉPHANO, sigisbé de la princesse	Mme PRADHER.		

La scène se passe en Sicile, dans les jardins et le palais du prince Aldobrandi.

Le théâtre représente un salon élégant dont les portes du fond sont ouvertes, et donnent sur de riches jardins. Deux portes latérales à droite et à gauche ; sur le devant du théâtre, des caisses contenant des arbustes.

SCENE PREMIERE.

LUCRÉZIA, ANGÉLA, FEMMES.

(Au lever du rideau Lucrezia, entourée de ses femmes, est assise devant un chevalet, et s'occupe à peindre. Angela, sa sœur, est assise de l'autre côté, et joue de la mandoline.)

CHŒUR.

Beaux-arts ! doux charme de la vie !
Plaisirs purs et toujours sereins !
Par vous, le tems que l'on oublie
S'enfuit emportant nos chagrins !

ANGELA, *se levant et regardant le tableau de sa sœur.*

Ah ! quelle grâce enchanteresse !
D'AUTRES FEMMES, *regardant aussi.*
L'Albane inspire votre altesse,
Et semble guider ses pinceaux !
LUCRÉZIA, *regardant son tableau.*
Oui, c'est bien la chaste Diane ! ..
Oui, c'est bien elle qu'un profane
Vient de surprendre au sein des eaux !
CHŒUR.
Beaux-arts, doux charme de la vie !
Plaisirs purs et toujours sereins !
Par vous le tems que l'on oublie
S'enfuit emportant nos chagrins !
LUCRÉZIA, *se levant et poussant un soupir.*
Peindre est un grand bonheur !

ANGELA.
Ce doit être le vôtre.
LUCRÉZIA.
Bonheur bien ennuyeux quand on n'en a pas d'autre
Je ne sais d'où vient la tristesse
Qui m'accable, m'oppresse,
Et me poursuit toujours.
Une sombre mélancolie
Du printems de ma vie
Obscurcit les beaux jours !
En vain, pour moi, les parures brillantes
Etincellent de toutes parts ;
Du bal joyeux, les danses séduisantes
En vain attirent mes regards ;
Ces plaisirs, jadis mon bonheur,
Ne peuvent plus toucher mon cœur.
Je ne sais d'où vient la tristesse
Qui m'accable, m'oppresse,
Et me poursuit toujours...
Etc., etc...

Beaux-arts que j'adore,
Vous, mes seuls amis.
C'est vous que j'implore
Contre mes ennuis !
Séduisante idole,
A qui j'ai recours,
Et qui nous console
Mieux que les amours !
Oui, votre ivresse
Dure à jamais,
Et ne nous laisse

Aucuns regrets !
Beaux-arts que j'adore.
Vous, mes seuls amis,
C'est vous que j'implore
Contre mes ennuis !
Etc., etc...

(*A la fin de ce morceau, les femmes s'éloignent, et Lucrezia reste seule en scène avec Angela.*)

SCÈNE II.
LUCREZIA, ANGELA.

ANGELA. Savez-vous, ma sœur, que vous êtes bien heureuse... vous, maîtresse de ce beau palais et de ces jardins délicieux où je voudrais passer ma vie...

LUCREZIA. Oui, tu as raison ! je serais comme toi et je ne voudrais jamais en sortir... si ce n'était un obstacle terrible...

ANGELA. Et lequel ?

LUCREZIA. C'est qu'on m'ordonne d'y rester... (*Soupirant.*) Et il y a, dit-on, à Naples de si beaux concerts et des bals si élégans...

ANGELA. C'est vrai ! j'en arrive ! et une chose qui m'étonne bien... lorsque le prince Aldobrandi, mon frère, m'annonça qu'il allait me donner une compagne, une amie... qu'il allait épouser une de mes camarades de couvent, la belle Lucrezia, je me suis dit : Bon ! nous irons ensemble dans les bals... dans les fêtes... parce que mon frère, qui est né d'un premier mariage et qui est bien plus âgé que moi... ne se soucie jamais de m'accompagner... tandis qu'avec une jeune belle-sœur...

LUCREZIA. Ah ! bien oui... il a fallu quitter la ville et nous confiner dans cette solitude où nous ne voyons personne...

ANGELA. Excepté des femmes !..

LUCREZIA. Ah ! des femmes !.. ça ne compte pas !

ANGELA. Comment, ça ne compte pas... toutes ces demoiselles... les pensionnaires du couvent della Pietà... dont vous êtes la protectrice... et qui sont venues passer dans ce château les fêtes de la Pentecôte...

LUCREZIA. C'est très-agréable pour moi... mais pour elles... toute la journée lire... se promener... causer... et médire entre nous.. Si encore il y avait là des hommes, cela tomberait sur eux... mais impossible.

ANGELA. Pourquoi donc ?

LUCREZIA. Le prince Aldobrandi, mon mari, ne veut qu'aucun cavalier pénètre dans ces lieux.

ANGELA. Aucun... ah ! mon Dieu ! et s'il s'en présentait un... un seul... par hasard...

LUCREZIA. Il ne serait pas reçu !.. et on lui fermerait au nez les portes de ce riche palais...

ANGELA. Voilà qui est bien terrible... et bien injuste...

LUCREZIA. Qu'est-ce que cela te fait ?

ANGELA. Oh ! rien... ma sœur... mais je cherche seulement pourquoi mon frère a pu donner une pareille consigne.

LUCREZIA. Je vais te le dire, moi, et en confidence... c'est qu'il est jaloux !

ANGELA. Jaloux ! lui qui vous aime tant...

LUCREZIA. Précisément ! un jaloux est un égoïste... qui ne vous aime que pour lui... et pas pour les autres, ce qui est absurde...

ANGELA. Est-ce que tous les hommes sont ainsi ?

LUCREZIA. Plus ou moins... mais chez le prince Aldobrandi cela tient à des raisons particulières... il a d'abord un très grand défaut.

ANGELA. Lequel ?

LUCREZIA. Cinquante ans ! seul défaut dont on ne se corrige pas avec le tems... au contraire... Alors, il est défiant, jaloux... sans raison... sans motif !: tu le sais ! il a toujours l'idée qu'on veut le tromper... et cette idée-là, c'est contagieux... ça se gagne... ce n'est pas ma faute... c'est la sienne.

ANGELA. C'est vrai !.. Mais comme il s'avance d'un air préoccupé !..

LUCREZIA. Qui donc ?

ANGELA. Stéphano !.. votre page !.. le seul homme qui soit ici... Il doit bien s'ennuyer au milieu de tant de femmes...

LUCREZIA. Peu m'importe !.. il faut bien que j'aie un sigisbé...

ANGELA. C'est trop juste !.. vous la princesse Aldobrandi... vous ne pouvez pas vous en passer... quand toutes les bourgeoises de Naples ou de Florence en ont un !

LUCREZIA. Pour le moins

SCÈNE III.
STÉPHANO, LUCREZIA, ANGELA

STÉPHANO, *entrant en regardant et en tournant le dos à Lucrezia.* J'ai beau regarder... je ne le vois plus... il sera parti...

LUCREZIA. Eh ! qui donc, signor Stéphano ?

STÉPHANO. Ah ! c'est vous... madame... pardon... (*A demi-voix.*) Mais c'est, je crois... un événement...

LUCREZIA. Un événement ici !.. quel

bonheur! en es-tu bien sûr?.. dis-nous-le vite...
STÉPHANO. Oui, madame...
LUCREZIA, *s'asseyant ainsi qu'Angéla; Stéphano reste debout.* Mets-toi là..... entre nous deux... nous t'écoutons... un événement!.. c'est très-aimable à toi !
STÉPHANO. Dam!.. si je pouvais, il y en aurait tous les jours... j'aurais tous les jours quelque chose à vous dire... mais quand on ne peut pas...
LUCREZIA. On ne t'en fait pas reproche... mais on te donne audience... Voyons ton événement.
STÉPHANO. J'étais dans le salon... à regarder cette tapisserie que vous avez commencée hier...
LUCREZIA. Belle occupation... pour un homme...
ANGELA. Si ça l'amuse...
STÉPHANO. Votre mari était dans un fauteuil qui dormait...
LUCREZIA. Ah !
STÉPHANO. Cela vous étonne !
LUCREZIA. Du tout!..
STÉPHANO. Est entré un beau domestique avec une riche livrée... bleu de ciel et argent... Une lettre, a-t-il dit, pour la princesse Aldobrandi, et monseigneur, qui venait de se réveiller, a répondu brusquement : C'est moi... et il a ouvert la lettre.
LUCREZIA. C'est sans façons !
STÉPHANO. Il a froncé le sourcil... a réfléchi un instant, puis il a répondu : Vous direz au comte Léoni, votre maître...
ANGELA, *vivement.* Léoni !
LUCREZIA. Qu'est-ce donc ?
ANGELA. Rien ! il a dit : Léoni...
STÉPHANO. Certainement je l'ai dit...
ANGELA, *cherchant à se remettre de son trouble.* Je croyais avoir mal entendu...
STÉPHANO. Dam... je parle de mon mieux ; dites au comte Léoni, votre maître, que je suis très-sensible à son invitation... mais ma femme est malade et ne peut aller ce soir à son bal...
LUCREZIA. Voyez-vous !.. quelle trahison !
ANGELA. C'est épouvantable !
STÉPHANO. N'est-ce pas? Le domestique s'est incliné et a dit : « Mon maître hésitait ce matin à venir présenter ses respects à ces dames et à monseigneur... mais maintenant... il n'aura garde d'y manquer, ne fût-ce que pour savoir des nouvelles de leurs seigneuries. »
ANGELA. C'est très-bien !
LUCREZIA. Très-convenable... je ne connaissais pas encore le comte Léoni, notre nouveau voisin... mais voilà qui me donne de lui la meilleure idée, et puisqu'il va venir...
STÉPHANO. Du tout... il ne viendra pas'
ANGELA, *se levant.* Comment, il ne viendra pas !..
STÉPHANO. Vous ne me laissez pas achever... A peine le domestique était-il parti que monseigneur a sonné...—Dites au concierge de ne laisser entrer personne... n'importe qui se présente ce matin... on répondra que je viens de partir pour Naples avec ces dames...
ANGELA. Mais ça n'a pas de nom... il ira à Naples...
LUCREZIA. Tu crois ?..
ANGELA. Il ne nous y trouvera pas... et il croira que je le fuis... que je ne veux pas le voir... et ce serait si mal à moi... si ingrat...
LUCREZIA. Tu le connais donc ?
ANGELA. Eh! mon Dieu, oui... c'est pour moi qu'il vient... je vous raconterai cela... (*Regardant Stéphano.*) A vous...
STÉPHANO. La signora se défie de moi...
LUCREZIA. Elle aurait tort... Stéphano est de notre parti.. il est des nôtres... et quoique cousin de mon mari...
STÉPHANO. Mon devoir est de vous obéir...
LUCREZIA. En cavalier désintéressé...
STÉPHANO. Il le faut bien !
LUCREZIA, *à Angela.* Et tu peux parler sans crainte.
ANGELA. Eh bien ! à Naples... et depuis votre mariage... je l'ai vu plusieurs fois au bal... toute la soirée il était mon cavalier... il dansait avec moi... il causait avec moi...
LUCREZIA, *vivement.* Enfin... il disait qu'il t'aimait !..
ANGELA. Non, ma sœur, il ne disait rien.
STÉPHANO. Il y a comme ça des gens qui se taisent...
LUCREZIA, *sévèrement.* Et ils font bien !
ANGELA. Mais l'autre semaine... au bal de l'ambassadeur d'Espagne... ah ! je n'oublierai jamais cette soirée... les danses étaient si vives... si animées... et pourtant il ne dansait pas avec moi... il était bien loin dans un autre salon... tout-à-coup un cri d'effroi se fait entendre... la flamme d'un lustre avait atteint une draperie... avait gagné la boiserie... en un instant le salon était en feu... Les femmes effrayées se précipitaient vers les portes qui étaient encombrées..... et moi, saisie de terreur, je n'avais pas la force de fuir... lorsque quelqu'un m'emporte dans ses bras... et à travers les flammes il

ne serrait contre son cœur... en me disant: Angela... Angela... ma bien-aimée... j'étais évanouie... mais je crois que j'entendais... et quand j'ouvris les yeux, je vis devant moi dans le jardin le comte Léoni...

LUCREZIA. C'était lui...

ANGELA. Pâle et blessé, je crois...

STÉPHANO. Ah! qu'il était heureux!

ANGELA. Et me remettant aux dames qui m'accompagnaient, il me demanda à venir savoir de mes nouvelles... Demain, lui répondis-je, je quitte Naples... demain je pars pour la villa Aldobrandi... chez mon frère et mon tuteur... Il me salua... s'éloigna sans me répondre... mais ses yeux me disaient : j'irai... et vous voyez qu'il a tenu parole.

LUCREZIA. Et pour récompense on le renverrait...

ANGELA. On lui fermerait la porte...

STÉPHANO. Après un dévouement pareil...

LUCREZIA. Ce n'est pas possible... Stéphano nous servira...

STÉPHANO. Toujours...

LUCREZIA. Tu seras là... à la grille, quand il se présentera... et si, fidèle à sa consigne, le concierge lui dit qu'il n'y a personne... tu l'inviteras du moins à visiter nos jardins qui méritent d'être vus.

STÉPHANO. C'est dit!

LUCREZIA. Alors il s'y promènera.

ANGELA, *tristement*. Seul...

LUCREZIA. Pas pour long-tems... et il y aura bien du malheur si, au détour d'une allée, nous ne le rencontrons point par hasard...

ANGELA. Je comprends...

LUCREZIA. Va vite !

ANGELA. Et si mon frère se fâche... qui sera puni ?

STÉPHANO. C'est moi !..

ANGELA. Si même dans sa colère...

STÉPHANO. Qu'importe !.. si un mot de bonté, si un regard me paient après.

LUCREZIA, *lui tendant la main avec bonté*. Et si je te paie d'avance...

STÉPHANO. Oh! alors je me jetterais dans le feu... et je cours !

SCÈNE IV.

LES PRÉCÉDENS, ALDOBRANDI, *l'arrêtant*.

ALDOBRANDI. Où donc ?

STÉPHANO. Exécuter les ordres de madame...

ALDOBRANDI. Lesquels

STÉPHANO. Pardon, monseigneur, un sigisbé doit se taire... c'est le devoir de sa charge... il n'a que cela à faire...

ALDOBRANDI. C'est encore trop !... et voilà une charge que je supprimerai...

LUCREZIA. Y pensez-vous ?

ALDOBRANDI. Alors qu'il parle, ou, beau sigisbé, mon ami, je vous fais fustiger par maître Gourdino, mon majordome.

STÉPHANO, *froidement*. Comme vous voudrez!

LUCREZIA. Et moi je parlerai... je l'envoyais lever la consigne que vous avez donnée.

ALDOBRANDI. Moi...

LUCREZIA. Au sujet du comte Léoni... qui nous invitait ce soir, dans son palais, à une fête charmante... Je ne dis pas que j'aie envie d'y aller... j'en serais désolée, et vous avez bien fait de refuser...

ALDOBRANDI. Ah! vous savez tout cela... (*Regardant Stéphano.*) Je vois qu'on ne se tait pas toujours...

LUCREZIA. Oui, mon ami... vous avez deviné que j'étais indisposée, je vous en remercie... mais ce n'est pas une raison pour ne pas recevoir le comte Léoni... au contraire, nous lui devons des remerciemens... des excuses... et il serait si inconvenant pour vous-même... car, pour nous, cela nous est égal...

ANGELA. Oh! mon Dieu! oui...

LUCREZIA. Si inconvenant pour vous.. de le renvoyer ainsi...

ALDOBRANDI. C'est possible... vous avez peut-être raison...

LUCREZIA. N'est-ce pas?

ALDOBRANDI. Mais le mal est fait.... M. le comte vient de se présenter... et je l'ai congédié...

LUCREZIA. Sans le voir...

ALDOBRANDI. Eh! sans doute... puisque j'ai fait dire que nous étions tous partis...

LUCREZIA. Mais il saura bientôt le contraire... Il le sait déjà...

ALDOBRANDI. C'est possible... car il paraît qu'il a causé une heure avec le concierge... Tant mieux! il verra par là que je ne me soucie pas de ses visites... et il restera chez lui ! Encore un amoureux qui venait pour vous, madame...

LUCREZIA. Qu'en savez-vous ?... peut-être venait-il pour Angela, votre sœur !...

ALDOBRANDI. Je le sais bien, il me l'a déjà fait dire!

ANGELA, *avec joie*. En vérité !

ALDOBRANDI. C'est sous ce prétexte-là qu'ils viennent tous... C'était chaque jour nouveaux prétendans qui demandaient à m'être présentés... à s'établir chez moi... pour plaire à ma sœur... pour lui faire la cour... et pendant ce tems... serviteur... j'ai pris un parti décisif... une mesure générale... j'ai déclaré partout... que ma sœur refusait absolument de se marier...

ANGELA. Eh bien! par exemple!

ALDOBRANDI. Et qu'elle prononcerait bientôt ses vœux au couvent della Pietà...

ANGELA. C'est un indigne mensonge!

ALDOBRANDI. Si tu aimes mieux que ce soit une vérité... tu n'as qu'à parler...

ANGELA. Non, mon Dieu!..

ALDOBRANDI. Alors de quoi te plains-tu? de quoi vous plaignez-vous?... vous avez ici une retraite délicieuse où vous faites tout ce que vous voulez... une société charmante... une douzaine de jeunes filles... douze bonnes amies!... je vous demande où vous trouveriez cela dans le monde... de plus, les beaux-arts tant que vous en voulez... la musique... la peinture... (*Regardant le tableau.*) Ah! voilà qui est admirable... et je vous en fais compliment, madame...

LUCREZIA. Vous êtes bien bon!

ALDOBRANDI. C'est dans la solitude seulement qu'on peut faire de pareils progrès... Quel beau tableau!... rien que des femmes!... voilà les tableaux que j'aime...

LUCREZIA. Par malheur... je prévois qu'il ne sera jamais fini...

ALDOBRANDI. Pourquoi donc?..... la chaste Diane... au milieu de ses nymphes... en costume de bain... c'est charmant!

LUCREZIA. Oui, monseigneur... mais il manque un Actéon... un bel Actéon... dont on aperçoive la tête à travers le feuillage!...

ALDOBRANDI. Eh bien! faites-la... dessinez-la...

LUCREZIA. Pour cela, monsieur, il faut un modèle...

ALDOBRANDI. Bah!..... une belle tête d'Actéon! vous ne pouvez pas la faire d'idée...

LUCREZIA. Non, monsieur, je n'ai pas de ces idées-là... et ne vois pas ici qui pourrait me les donner... aussi, je vous le répète, pour terminer ce tableau... il me faut absolument un modèle... et si vous ne voulez pas... qu'on en fasse venir...

ALDOBRANDI. Jamais! jamais d'homme chez moi... surtout des Actéons.

LUCREZIA. Mais encore une fois... pourquoi donc?

ALDOBRANDI. Pourquoi?

Il est des époux
Complaisans et doux,
Que l'on montre au doigt!
Partout l'on en voit!
Moi, madame, je veux
Ne pas être... comme eux!
Non, non, telle est ma loi!
Non, non, jamais, chez moi,
Les courtisans
Et les galans
Ne viendront rire à mes dépens!
Il est des époux
Complaisans et doux,
Etc., etc.

Pour sauver la vertu des femmes,
Des amans pour rompre les trames,
Je connais un très-bon moyen,
Qui, dans tout tems, sera le mien!
(*Tirant un poignard.*)
Voyez-vous cette bonne lame,
De mon honneur c'est le gardien!
Sitôt qu'on regarde ma femme,
Zig, zag.... vous me comprenez bien :
Pour elle qu'un amant s'enflamme,
Zig, zag, zig... vous entendez bien!
Est-ce un rendez-vous qu'on réclame?
Zig, zag, zig, zag!... c'est moins que rien!
C'est simple et d'un facile usage,
Pour un époux sicilien,
D'être tranquille en son ménage,
Voilà, voilà le bon moyen!

Il est des époux
Complaisans et doux,
Que l'on montre au doigt;
Partout l'on en voit.
Par ce moyen, je veux
Ne pas être comme eux!

LUCREZIA. Et moi je dis, monsieur, que je ne conçois pas un raisonnement et un système pareils...

ALDOBRANDI. Chaque pays a le sien... je sais que ce n'est pas la coutume de Paris... c'est celle de Naples... Nous sommes ici quelques vieux gentilshommes qui tenons aux anciens usages et aux bonnes traditions, et quoique bien décidé, dans l'occasion, à me servir de ma recette, je désire en user le moins possible : voilà pourquoi j'ai résolu de ne recevoir aucun homme chez moi...

LUCREZIA. Vous y avez réussi...

ALDOBRANDI. Pas tout-à-fait... dans les meilleurs systèmes, il se glisse toujours des abus... et il s'en est glissé un ici que je veux supprimer..... c'est votre beau page!

STÉPHANO. O ciel!

LUCREZIA. Lui... votre cousin... votre proche parent!

ALDOBRANDI. En fait de parens, j'aime mieux les parens éloignés... Il vous fallait un sigisbé... et je l'ai souffert près de vous tant qu'il a eu dix ou douze ans, et s'il avait pu se maintenir ainsi... je ne dis pas; mais à présent, c'est différent... il s'en ira!

STÉPHANO. Vous me chassez!

ALDOBRANDI. Du tout!... je t'ai fait recevoir dans les pages du roi... et tu partiras aujourd'hui.
LUCREZIA. Comment... vous voulez...
ALDOBRANDI. Dès ce soir.
STÉPHANO, *bas à Lucrezia.* Et vous le souffririez !
LUCREZIA. Silence !
ANGELA. Si cela dure ainsi, j'en mourrai..
LUCREZIA. Du courage... et laissez-moi.. je vais tâcher de parler pour vous... (*A part.*) Et il faudra bien que je l'emporte...

(*Angela et Stephano sortent par le fond.*)

SCENE V.
ALDOBRANDI, LUCREZIA.

DUO.

LUCREZIA, *s'approchant doucement d'Aldobrandi.*
D'où vient ce front sombre et sévère ?
Pourquoi vos traits sont-ils troublés ?
Vous qui savez si bien me plaire...
Aussitôt que vous le voulez !

ALDOBRANDI, *avec humeur.*
Je veux toujours !

LUCREZIA, *d'un air caressant.*
Alors de grâce,
Daignez le prouver à mes yeux !

ALDOBRANDI.
Eh ! que faut-il donc que je fasse ?

LUCREZIA, *de même.*
Ah ! bien peu de chose !

ALDOBRANDI.
Tant mieux !

LUCREZIA, *de même.*
Eh bien !... à mes désirs sensible,
Daignez recevoir aujourd'hui
Chez vous le comte Léoni !

ALDOBRANDI.
Le comte Léoni !
Eh ! ne voyez-vous pas ici,
Que pour lui vos instances même
Sont une preuve qu'il vous aime !...

LUCREZIA.
Moi !

ALDOBRANDI.
Vous!

LUCREZIA.
Moi!

ALDOBRANDI.
Vous.

ENSEMBLE.

LUCREZIA.
O tyrannie !
O triste sort !
Sa jalousie
M'outrage encor !
Conduite affreuse,
Et qui me rend
Trop malheureuse
Près d'un tyran !
Oui, oui, vous êtes un tyran ;
Oui, craignez mon ressentiment !

ALDOBRANDI.
O triste vie !
Funeste sort !
Qui se marie
A bien grand tort !
Quand pour ma tête
Je suis tremblant,
Elle me traite
Comme un tyran !
Non, non, dussé-je être un tyran,
Je refuse un consentement !

ALDOBRANDI *s'approche de Lucrezia, qui vient de s'asseoir à droite du théâtre, en lui tournant le dos. Il veut prendre sa main, qu'elle retire.*
Eh quoi ! votre main me repousse !
Pourquoi vos traits sont-ils troublés ?
Vous êtes si bonne et si douce,
Aussitôt que vous le voulez !

LUCREZIA.
Eh bien ! puisqu'enfin, moins terrible,
Tout ce grand courroux est tombé,
Que Stéphano, mon sigisbé,
Reste avec nous !

ALDOBRANDI.
Stéphano !... lui !...
Et ne voyez-vous pas ici
Qu'au fond du cœur, ce jeune page
Vous adore malgré son âge !

LUCREZIA.
Moi !

ALDOBRANDI.
Vous !

LUCREZIA.
Moi !

ALDOBRANDI.
Vous !

ENSEMBLE.

LUCREZIA.
O tyrannie !
O triste sort !
Sa jalousie
M'outrage encor !
Conduite affreuse,
Et qui me rend
Trop malheureuse
Près d'un tyran !
Oui, oui, vous êtes un tyran ;
Oui, craignez mon ressentiment !

ALDOBRANDI.
O triste vie !
Funeste sort !
Qui se marie
A bien grand tort !
Quand pour ma tête
Je suis tremblant,
Elle me traite
Comme un tyran !
Non, non, dussé-je être un tyran,
Non, non, point de consentement !

LUCREZIA, *se laissant tomber sur un fauteuil.*
Je ne puis supporter un coup aussi fatal !
Et j'en mourrai !

ALDOBRANDI, *effrayé.*
Ma femme ! elle se trouve mal.
O Supplice, ô tourmens de l'amour conjugal !

ENSEMBLE.

ALDOBRANDI.
Ma femme ! ma femme !
Ne va pas mourir !
Renais, ma chère âme,
Fais-moi ce plaisir !
(*S'approchant d'elle.*)
Je t'aime ! je t'aime !
Je t'aime toujours !

Reviens à toi-même,
Reviens, mes amours !
(*A part, et s'éloignant d'elle.*)
Au diable les femmes !
Enfer de nos jours !
Tourment de nos âmes,
Qu'on aime toujours !
LUCREZIA, *à part, et soulevant la tête de tems en tems.*
Il faut que l'adresse
Vienne à mon secours !
Oui, ruse et finesse
Triomphent toujours !
Je vois, pâle et blême,
Trembler mon époux !
Il faut de lui-même
Qu'il tombe à genoux !
(*Haut.*)
Hélas ! la force m'abandonne ;
Vous avez méprisé mes pleurs !
Adieu !... je vous pardonne !...
Et je me meurs !
ENSEMBLE.
ALDOBRANDI.
Ma femme ! ma femme !
Ne va pas mourir !
Reviens, ma chère ame,
Fais-moi ce plaisir !
Etc., etc.

LUCREZIA.
Il faut que l'adresse
Vienne à mon secours.
Oui, ruse et finesse
Triomphent toujours !
Etc., etc.

(*A la fin du duo, on entend au bas de la terrasse du fond le son d'une guitare. Lucrezia, qui était restée jusque-là immobile dans son fauteuil, se lève brusquement, et court à la terrasse.*)

LUCREZIA. Une guitare !... qu'est-ce que c'est ?

ALDOBRANDI, *qui, pendant ce tems, a cherché un flacon dans un meuble qui est à gauche.* Allons ! allons ! puisqu'il le faut, je me rends... je ferai tout ce que tu voudras... mais reviens à toi... (*S'approchant du fauteuil qu'il trouve vide.*) Eh bien !... où est-elle donc ? (*L'apercevant au fond du théâtre auprès de Stéphano, qui vient d'entrer.*) Avec Stéphano !... encore lui !

SCÈNE VI.

ALDOBRANDI, STÉPHANO, LUCREZIA.

STÉPHANO. Ah ! madame !... ah ! monseigneur !...

ALDOBRANDI. Qu'y a-t-il donc ?

STÉPHANO. Au bas de cette terrasse, un pauvre villageois... il est aveugle, et chante des airs charmans...

ALDOBRANDI. Qu'est-ce que ça me fait ?

LUCREZIA. Cela fait que c'est amusant... et qu'ici, quand on s'amuse... c'est autant de gagné... autant de pris sur l'ennemi...

je veux qu'il vienne... je veux que nous l'entendions.

ALDOBRANDI. Mais, madame !...

LUCREZIA. N'avez-vous pas peur de celui-là ?... un aveugle.

ALDOBRANDI. Qui ?... moi.. non, certainement. (*A Stéphano.*) Dis qu'on le reçoive.

LUCREZIA. Et préviens ces dames.
(*Stéphano sort.*)

ALDOBRANDI, *à part.* Au fait, celui-là peut entrer... il n'y voit pas. (*A Lucrezia.*) Vous ne me reprocherez plus de ne pas obéir aveuglément à vos volontés... quoique tout-à-l'heure... cet évanouissement .

LUCREZIA. Eh bien ?

ALDOBRANDI. Se soit bien vite dissipé...

LUCREZIA. N'allez-vous pas m'en faire un crime ?

ALDOBRANDI. Non, madame... mais moi qui vous croyais à toute extrémité...

LUCREZIA. Oh ! monsieur !... on se lasse de tout... même de se trouver mal : ainsi prenez-y garde !

SCÈNE VII.

ALDOBRANDI, LUCREZIA, LÉONI, *amené par des femmes. Il est en paysan, et tient une guitare.*

LÉONI.
Cavatine.
Jeunes beautés, charmantes demoiselles,
Vous qui devez avoir de si doux yeux,
Soyez, hélas ! aussi bonnes que belles,
Prenez pitié d'un pauvre malheureux !
Le sort qui vient l'atteindre
Le laisse sans espoir.
Jugez s'il est à plaindre,
Il ne peut plus vous voir.
Jeunes beautés, charmantes demoiselles,
Vous qui devez avoir de si doux yeux,
Soyez, hélas ! aussi bonnes que belles,
Prenez pitié d'un pauvre malheureux !

LUCREZIA *et* SES FEMMES.
Que je le plains ! que sa peine est cruelle !
Prenons pitié d'un pauvre malheureux !

LÉONI, *s'adressant à Aldobrandi.*
Jeune beauté, charmantes demoiselles,
Prenez pitié d'un pauvre malheureux !

ALDOBRANDI.
Pour celui-là, je vois bien que ses yeux
Sont à jamais privés de la clarté des cieux !

LUCREZIA, *lui donnant une bourse.* Tenez... tenez... c'est en mon nom... et au nom de toutes ces dames... car il n'y a ici que des dames...

LÉONI, *pesant la bourse.* Je m'en aperçois bien ! grand merci de vos bontés !

LUCREZIA. Vous devez être bien malheureux.

LÉONI. Pas toujours... pas dans ce moment.

ALDOBRANDI. Quel est ton pays?
LÉONI. Florence.
LUCREZIA. Et de quoi vivez-vous?
LÉONI. De mes chansons... que je vais vendre dans les campagnes.
ALDOBRANDI. C'est un Orphée en plein air...
LÉONI, à Aldobrandi. Oui, ma bonne vieille!... et si vous voulez des barcaroles, des tarentelles... prenez!... prenez!... je ne les vends pas cher.
LUCREZIA. Sont-elles jolies?
LÉONI. Il ne tient qu'à vous de les essayer.
LUCREZIA. Voyons celle-ci...
ALDOBRANDI. J'écoute!
LUCREZIA. Ce sera un concert à votre bénéfice.

Canzonetta.

Nina jolie et sage,
Et même un peu sauvage,
Gardait pour elle, hélas!
Son cœur et ses appas!
Un jour, sous un ormeau,
Près d'un clair ruisseau,
Se croyant seulette,
Ninette,
S'admirait,
Et se trouvait
Gentille et bien faite.
Quand soudain, en cachette.
Ah!... tremblez pour la pauvrette!
S'avance un beau seigneur,
Aimable et plein d'ardeur!
Qu'elle eut grand-peur, la jeune enfant!
Elle veut fuir... mais lui, la retenant...
Avec cet air qu'ils prennent tous,
Lui dit d'un ton si doux.. si doux...
» Souvent un amant,
» Ment,
» En offrant sa foi...
» Moi,
» Fidèle en amours,
» Je serai toujours!
» A toi j'appartiens.
» Tiens!
» Viens régner sur moi... viens!
Et Nina...
Nina soupira!
Son cœur lui disait : oui! sa raison
Disait: non!
Mais l'amour parla,
(*Montrant son cœur.*)
Là!
Et Nina céda...
Ah!!!

ALDOBRANDI. C'est fort bien!... c'est très-joli. (*Contrefaisant Lucrezia.*) Des oh! oh!.. et des ah! ah!... mais si tu n'as pas pour vivre d'autre fortune que tes chansons...
LÉONI. Ah! j'ai encore une autre ressource!
ALDOBRANDI. Et laquelle?
LÉONI. Ma figure!...
ALDOBRANDI. Ta figure!...
LÉONI, à Aldobrandi. Oui, madame!

ALDOBRANDI. Et comment cela?
LÉONI. Je la prête parfois à des artistes... à des peintres... Dernièrement, à Rome, j'ai posé pour une tête de Bélisaire...
LUCREZIA, *vivement*. En vérité...
LÉONI. Oui, madame.
LUCREZIA. Ah! la bonne idée!... il me servira de modèle pour Actéon.
ALDOBRANDI. Y pensez-vous?
LUCREZIA. C'est le seul moyen de finir mon tableau, et ce sera charmant toutes ces dames groupées devant moi... en nymphes de Diane, costume de rigueur.
ALDOBRANDI. Mais, madame...
LUCREZIA. Aucun danger... un aveugle... et nous pourrons devant lui, et sans crainte, rester fidèles à la vérité... ce qui est un grand avantage pour un peintre.
LÉONI, *vivement*. Sans contredit!
LUCREZIA. Vous, mesdames, allez vous préparer.

QUATUOR.

LÉONI, *à part*.
Le destin comble mes vœux,
Et grâce à mon stratagème,
Je vais revoir ce que j'aime!
Les aveugles sont heureux!

ALDOBRANDI.
Il faut céder à ses vœux.
Il faut, changeant de système,
Fermer les yeux quand on aime,
Les aveugles sont heureux!

LUCREZIA *et* LE CHŒUR.
Enfin, et c'est bien heureux,
Malgré sa rigueur extrême,
Son { époux, aujourd'hui même,
Mon {
Daigne céder à { ses } vœux.
                { mes }

SCENE VIII.

LES PRÉCÉDENS, STÉPHANO, *entrant avec précaution et regardant Léoni.*

Destin cruel et fâcheux!
Comment faire? ô peine extrême!
Sans lui dire que je l'aime,
Il me faut quitter ces lieux!
LUCREZIA, *à ses femmes.*
Et toi, mon sigisbé...
(*Apercevant Stéphano.*)
Va prévenir ma sœur!
LÉONI, *à part.*
Je vais la voir! ah! quel bonheur!
ALDOBRANDI, *regardant Stéphano avec humeur.*)
Encor ce page!...
LUCREZIA, *à Léoni.*
Il faut trois ou quatre séances.
LÉONI, *avec joie.*
Pour le moins, je l'espère!
ALDOBRANDI, *se frottant les mains avec joie.*
Et j'y veux dans ce lieu
Assister!
LUCREZIA.
Vous, monsieur! l'on vous en fait défense!
Car vous avez des yeux!

ALDOBRANDI.
J'en ai si peu!.. si peu!
(*Stéphano, qui est à droite du théâtre, tire une lettre de son sein, et il la montre de loin à Lucrezia. Comme il est à côté de Léoni, la lettre, par le mouvement qu'il vient de faire se trouve presque devant les yeux de Léoni, qui reste immobile et ne fait aucun geste. Lucrezia fait signe à Stéphano de ne pas commettre d'imprudence; Stéphano remet la lettre dans son sein. Aldobrandi, qui est à gauche du théâtre, n'a rien vu.*)

ENSEMBLE.
LÉONI.
Le destin comble mes vœux!
Observons bien! ici même,
Je vais voir celle que j'aime;
Les aveugles sont heureux!
ALDOBRANDI.
Il faut céder à ses vœux;
Il faut, changeant de système,
Fermer les yeux quand on aime.
Les aveugles sont heureux!
LUCREZIA, *regardant Stéphano.*
Est-il donc audacieux!
Je crains pour lui, pour moi-même;
Sur lui, dans mon trouble extrême,
Je n'ose lever les yeux!
STÉPHANO, *montrant sa lettre.*
Que ce billet amoureux,
Lui dise combien je l'aime,
Et réclame d'elle-même
Le prix de mes tendres feux.

(*Stéphano présente encore le billet devant Léoni, qui n'est censé rien voir. Lucrezia s'avance pour prendre cette lettre; mais Aldobrandi offre la main à sa femme, et s'éloigne avec elle. Alors Stéphano fait signe à Lucrezia qu'il va jeter ce billet dans la caisse à droite qui contient un arbuste. — Il l'y jette en effet, et sur un geste d'effroi de Lucrezia, il s'enfuit en courant. Tout ce manège a été observé par Léoni, qui est debout et immobile devant eux.*)

SCÈNE IX.

LÉONI, *seul, les regardant s'éloigner.*

A merveille! tout m'a réussi.. ah! seigneur Aldobrandi, vous fermez impoliment votre porte aux gens honnêtes qui se présentent les yeux ouverts... eh bien! on y entrera les yeux fermés... et grâce aux renseignemens que m'a donnés le concierge, me voilà pour quelques jours de la maison!.. Mais prenons garde!.. en amour comme en guerre, il faut tout observer quand on est en pays ennemi! Et d'abord, quel est cet écrit que ce jeune page avait tant d'envie de remettre à la princesse? (*Allant prendre la lettre dans la caisse, et lisant.*) Oh! je m'en doutais... Pauvre petit jeune homme! il est obligé de renoncer à ses fonctions de sigisbé... ce qui le désole.. je crois bien! Ici la place était bonne!... Il part ce soir pour Naples; mais auparavant, et pendant que le prince Aldobrandi va faire la sieste... il demande à sa belle maîtresse un instant, un seul instant... pour lui faire ses adieux.. et pour ses gages de sigisbé... pour ses gages arriérés, un seul baiser... ce n'est pas trop... Pauvre enfant! me préserve le ciel de lui nuire dans ses amours... moi qui pour les miens ai besoin de protection... (*Relisant le billet.*) Mais si timide... si respectueux... tant pis! le seigneur Aldobrandi méritait mieux que cela!

SCÈNE X.

LÉONI, *lisant toujours le billet*, ANGELA *arrive par le fond.*

ANGELA. Voyons donc cet étranger dont toutes ces dames sont enchantées... ce pauvre aveugle! (*Apercevant Léoni occupé à lire.*) O ciel!.. ô prodige!.. un aveugle qui lit un billet! (*Remontant le théâtre et appelant.*) Mesdames... mesdames... venez être témoins d'un miracle...
LÉONI, *courant à elle.* Imprudente!
ANGELA, *le reconnaissant et poussant un cri.*) Ah! grands dieux!

DUO.
LÉONI.
C'est elle! c'est elle!
Que ma voix appelle,
Qu'adore mon cœur!
Oui, je l'ai revue,
Et mon ame émue
Renaît au bonheur!
ANGELA.
Surprise nouvelle,
O terreur nouvelle,
Qui glace mon cœur!
Dans mon ame émue
Je tremble à sa vue
D'amour et de peur!
ANGELA.
Le comte Léoni sous ce déguisement!
LÉONI.
C'était le seul moyen de déjouer la haine
Du tyran soupçonneux qui vous tient sous sa chaîne!
Il me bannit... il me défend
L'accès de ce palais où le bonheur m'attend!
ENSEMBLE.
C'est elle! c'est elle!
Que ma voix appelle,
Qu'adore mon cœur!
Oui, je l'ai revue,
Et mon ame émue
Renaît au bonheur!
ANGELA.
Surprise nouvelle!
O terreur mortelle!
Qui glace mon cœur!
Dans mon ame émue,
Je tremble à sa vue
D'amour et de peur!
LÉONI.
Il fallait bien apprendre de vous-même
Si vous m'aimez autant que je vous aime!
ANGELA.
Vous le voyez, monsieur, car je tremble...

LÉONI, *avec joie, et lui prenant la main.*
En effet!

ANGELA.
Dans sa fureur, dans sa vengeance,
Mon frère vous poignarderait
LÉONI, *souriant*
Vraiment!
ANGELA.
Sur lui, par prévoyance,
Il porte toujours un stylet!
Je l'ai vu tout-à-l'heure... et s'il vous découvrait!!!
ENSEMBLE.
Partez, de grâce;
Fuyez le sort
Qui vous menace,
Fuyez la mort!
Il est terrible!
Il est jaloux;
Tout est possible
A son courroux!
LÉONI.
Je te rends grâce,
Dieu des amours!
Le sort menace
En vain mes jours;
Mon cœur paisible
Brave ses coups!
(*A Angela.*)
Tout m'est possible
Auprès de vous!
ANGELA.
Mais vous courez à votre perte
Si votre ruse est découverte,
Je vous l'ai dit: il vous poignardera!
LÉONI, *tendrement.*
Mais d'ici là
Je vous verrai! j'aurai votre douce présence!
ANGELA.
Si j'étais seule à craindre sa vengeance,
Je vous dirais: restez! bravons ses coups!
Mais vous pour qui je tremble... vous!
ENSEMBLE.
Partez, de grâce;
Fuyez le sort
Qui vous menace,
Fuyez la mort!
Il est terrible!
Il est jaloux!
Tout est possible
A son courroux!
LÉONI.
Je te rends grâce,
Dieu des amours!
Le sort menace
En vain mes jours!
Mon cœur paisible
Brave ses coups!
Tout m'est possible
Auprès de vous!
ANGELA.
On vient... partez! partez!.. écoutez la prudence!
LÉONI.
Seule, de mon secret vous avez connaissance,
ENSEMBLE.
Ne me trahissez pas!
ANGELA.
Oui, la moindre imprudence
Peut causer son trépas!
Silence! silence!
Ne le trahissons pas.
LÉONI.
Silence! silence!
Ne me trahissez pas!

SCÈNE XI.

LÉONI, ANGELA, *les femmes de la princesse en nymphes chasseresses.*

LÉONI, *à part.*
Ce sont les nymphes de Diane,
Au costume léger, à l'air pudique et fier!
ANGELA, *à part, et les regardant.*
O ciel!.. en robe diaphane!..
(*Voulant faire un pas vers elles.*)
Comment les prévenir que l'aveugle y voit clair!
LÉONI, *l'arrêtant.*
Prenez garde! point d'imprudence!
ANGELA.
Baissez les yeux, monsieur!
LÉONI.
Je le promets!
Et pendant toute la séance,
Je ne verrai que vous!
ANGELA.
Alors... je le permets!
(*Léoni s'assied près d'Angela, pendant que les femmes, habillées en nymphes, forment des danses et des groupes gracieux.*)

SCÈNE XII.

LES PRÉCÉDENS, LUCREZIA *paraît tenant à la main sa palette et ses pinceaux.*

LUCREZIA, *s'approchant de la caisse de fleurs où Stéphano a jeté sa lettre.*)
Quand je songe à son imprudence!..
(*Elle met sa main dans le vase.*)
Il a repris sa lettre!.. il a raison!
Je ne l'aurais pas lue!
(*A sa sœur et aux autres dames.*)
Eh bien!.. cette séance!..
ANGELA.
On n'attend plus que vous!
LUCREZIA, *regardant les dames qui l'entourent*
Ah! tout autre Actéon
S'estimerait heureux!..
(*Regardant Léoni avec compassion.*)
Mais ce pauvre garçon!..
ANGELA, *avec ironie.*
Vraiment!.. n'allez-vous pas le plaindre?
LÉONI, *à demi-voix.*
Taisez-vous donc!
LUCREZIA.
Avant de commencer à peindre,
Formons d'abord le groupe principal!
(*Aux femmes.*)
Vous!.. de cette onde pure admirant le cristal
Et près de vous baigner assises sous l'ombrage!
(*A Léoni, le conduisant près des arbustes à gauche.*)
Puis d'un œil indiscret, entr'ouvrant le feuillage
Actéon... est-ce bien?
LÉONI, *à part et regardant.*
Ah! c'est original!
ENSEMBLE.
LÉONI.
O moment plein de charmes!
O spectacle enchanteur!
Dont je puis sans alarmes
Savourer la douceur!

LUCREZIA, *se mettant à peindre.*
Art divin, par tes charmes,
Ton pouvoir créateur,
Tu bannis les alarmes,
Tu nous rends le bonheur !
ANGELA, *à part, regardant Léoni.*
Son œil, de tant de charmes
Tranquille observateur,
Fait naître mes alarmes,
Mon dépit, ma fureur !
LUCREZIA, *à Angela.*
Et toi, ma sœur?
ANGELA.
Te suis-je nécessaire ?
LUCREZIA.
Sans doute ! j'ai besoin aussi de ton secours !
Toi la nymphe Eucharis, à Diane si chère !
Mais dépose d'abord ces habits de velours,
Pour une chasseresse inutiles atours !
ANGELA, *s'en défendant.*
Eh! mais, ma sœur...
LUCREZIA.
Qu'as-tu donc ? je te prie ;
ANGELA, *montrant Léoni.*
Et cet aveugle !
LUCREZIA.
Eh bien! l'aveugle n'y voit pas!
ANGELA.
On prétend qu'il en est parfois !
LUCREZIA.
Quelle folie !
ANGELA.
Et si je vous disais...
LÉONI, *s'approchant d'elle, et à voix basse.*
Voulez-vous mon trépas ?
Au poignard d'un jaloux, c'est exposer ma vie,
Que de parler...
ANGELA, *se laissant ôter sa robe de velours, que deux femmes viennent de retirer.*
Alors, je ne dis rien !
(*Elle paraît comme les autres dames vêtue en robe de gaze, et s'approche vivement de Léoni en lui disant:*)
Mais ne regardez pas !... je vous le défends bien !
ENSEMBLE.
LÉONI, *allant se cacher derrière le feuillage à gauche.*
O moment plein de charmes ;
O spectacle enchanteur !
Son trouble et ses alarmes !
Font palpiter mon cœur !
LUCREZIA, *occupée à peindre.*
Art divin, par tes charmes,
Ton pouvoir créateur,
Tu bannis les alarmes,
Tu nous rends le bonheur !
ANGELA.
Ah ! de trouble et d'alarmes,
De dépit, de douleur,
Je sens couler mes larmes,
Cachons-leur ma fureur!

SCÈNE XIII.

LÉONI, *à gauche, caché par les arbustes,* ANGELA *et les femmes de la princesse placées en groupe ;* LUCREZIA, *à droite, assise devant son chevalet et occupée à peindre ;* STEPHANO, *venant par la porte à droite et caché par les arbustes qui sont de ce côté.*

STEPHANO.
Le mari dort !.. Voici l'instant du rendez-vous !
(*Regardant.*)
Ah! mon Dieu! que de monde !
(*Apercevant Angela et le groupe des nymphes.*)
O suave merveille !
O volupté des cieux à nulle autre pareille !
Tableaux délicieux à mes regards si doux !
Sans qu'on me voie, observons !
(*Il écarte les branches d'un arbuste et passe sa tête.*)
LÉONI, *qui est à gauche, placé en face de lui, l'apercevant.*
Prenez garde ?
Prenez garde, Angela,
Un indiscret vous regarde !
TOUTES LES FEMMES, *effrayées.*
Où donc?
LÉONI, *montrant Stéphano.*
Là !
(*Lucrezia, Angela et toutes les femmes se lèvent en désordre. Stéphano, surpris, retire sa tête, se glisse le long des arbustes, et veut s'enfuir par le fond ; mais arrivé près des portes qui donnent sur le jardin, il rencontre Aldobrandi, qui, par curiosité, arrivait mystérieusement et sur la pointe du pied. Aldobrandi saisit Stéphano par l'oreille, et le ramène sur le devant du théâtre.*)
ENSEMBLE.
LUCREZIA, ANGELA *et* LES FEMMES.
Quel est-il donc ce téméraire
Qui vient surprendre nos secrets
Qu'il redoute notre colère,
La mort est due à ses forfaits ?
LÉONI.
Imprudent, que viens-je de faire ?
Oui, dans mon transport indiscret,
En le livrant à leur colère,
Je viens de trahir mon secret !
ALDOBRANDI.
Voici, voici le téméraire
Qui vient surprendre vos secrets.
Par un châtiment exemplaire,
Qu'il soit chassé de ce palais !
STÉPHANO.
Ne pouvait-il donc pas se taire ?
Maudit aveugle que je hais ;
Qu'il craigne ma juste colère,
Qu'il tremble aussi pour ses secrets !
STÉPHANO, *se mettant à genoux devant Lucrezia.*
Sans nul mauvais dessein, j'étais, par aventure,
Entré dans ce salon, sans rien voir, je vous jure !
Lorsque j'ai par malheur été vu...
ALDOBRANDI.
Mais par qui?
STÉPHANO, *montrant Léoni.*
Par l'aveugle !
LÉONI.
C'est faux !
STÉPHANO.
Ah ! vous m'avez trahi !
Chacun son tour, je vous trahis aussi !
ALDOBRANDI, *à part, regardant Léoni.*
Encore un séducteur plus perfide qu'un autre !
(*Tirant son poignard et s'approchant doucement de Léoni.*)
De mon moyen voici l'instant de nous servir !
(*Angela pousse un cri d'effroi ; mais Léoni, qui a suivi Aldobrandi du coin de l'œil, lui saisit la main au moment où il va le frapper, et lui arrache son poignard.*)

LÉONI. [vôtre,
Tout beau, seigneur! mon bras plus ferme que le
Pourrait d'un tel essai vous faire repentir!
ENSEMBLE.
LUCREZIA et LES FEMMES.
Quel est-il donc le téméraire
Qui vient surprendre nos secrets!
Ah! pour lui dans notre colère,
Jamais de pardon! non jamais!
LÉONI, regardant Aldobrandi.
Vraiment, je ris de sa colère!
Calmez ce transport indiscret.
Vous pardonnerez, je l'espère,
Quand vous connaîtrez mon secret!
ALDOBRANDI.
L'audacieux! le téméraire!
C'est un amant!.. Je m'en doutais.
Et ne pouvoir, dans ma colère,
Frapper ce tyran que je hais!
ANGELA.
Dois-je ici parler ou me taire ?
Et faut-il trahir son secret ?
(A sa sœur.)
Calmez!... calmez votre colère,
C'est l'amour seul qui le guidait.
STÉPHANO, regardant Léoni.
L'audacieux! le téméraire!
Qui donc en ces lieux l'amenait ?
Et pour la beauté qui m'est chère,
Son cœur brûle-t-il en secret!

ALDOBRANDI, s'avançant près de Léoni d'un air menaçant. Au moins, je l'espère, nous saurons qui vous êtes.

LÉONI. Qui je suis?

ANGELA, se jetant entre eux. Le comte Léoni!

LUCREZIA. Quoi! c'est vous, monsieur! (Riant.) Je conçois alors qu'il y voyait très-bien.

LÉONI, le regardant, ainsi qu'Angela. Grâce au ciel, madame...

STÉPHANO, avec dépit et jalousie. C'est d'une indiscrétion!

LÉONI. Non pas! (Bas à Stéphano.) Et voici la preuve que je sais garder un secret.

STÉPHANO, prenant la lettre qu'il lui remet. Ma lettre!.. Ah! grand Dieu!

ALDOBRANDI, s'avançant. Qu'est-ce que c'est?

LÉONI. Une affaire entre nous deux! Et quant à vous, seigneur, évitons, croyez-moi, le bruit et le scandale. Je ne venais point ici pour séduire votre femme, et pour vous le prouver d'un seul mot.... donnez-moi votre sœur.

ALDOBRANDI, étonné. Ma sœur!

LUCREZIA, vivement. Par ce moyen, vous ne vous plaindrez plus que les amoureux viennent chez vous pour me faire la cour.

ALDOBRANDI. C'est juste!.... Ils iront chez monsieur... je consens.

LÉONI. Et ce soir, au bal que je donne... vous viendrez vous et toutes ces dames...

LUCREZIA et ANGELA. Nous acceptons!

STÉPHANO, bas à Léoni. En serais-je?

LÉONI. Cela va sans dire!

STÉPHANO, à part. Quel bonheur! j'aurai peut-être mon rendez-vous!

LUCREZIA. Et quant à ce malheureux tableau... je prévois maintenant qu'il ne sera jamais fini.

ALDOBRANDI. Pourquoi cela?

LUCREZIA. Où trouver maintenant un Actéon?..

ALDOBRANDI. Cela me regarde!.. vous en aurez un, je vous le promets.

LUCREZIA. Et lequel?

ALDOBRANDI. Moi.

CHŒUR FINAL.
LUCREZIA.
A Diane chasseresse,
Rendons hommage en ce jour!
Et dans une double ivresse,
Ici chantons tour à tour
Et les beaux-arts et l'amour!
De l'amour,
Dans ce jour,
Chantons l'ivresse,
Chantons sans cesse
Les arts et l'amour.
(Au comte Léoni.)
Vous obtenez avec sa main
Sa tendresse.
N'oubliez pas votre refrain
De ce matin:
Souvent un amant
Ment,
En offrant sa foi;
Moi,
Fidèle en amours,
Je serai toujours.
Tenez ce serment là;
Le vrai bonheur est-là,
Et jamais il ne s'en ira.
ENSEMBLE.
Tenez ce serment-là;
Le vrai bonheur est là,
Et jamais il ne s'en ira.

FIN.

IMPRIMERIE DE Vᵉ DONDEY-DUPRÉ, RUE SAINT-LOUIS, 46, AU MARAIS.

LES CHAPERONS BLANCS,

OPÉRA-COMIQUE EN TROIS ACTES,

Par M. Scribe,

MUSIQUE DE M. AUBER,

REPRÉSENTÉ POUR LA PREMIÈRE FOIS, A PARIS, SUR LE THÉATRE DE L'OPÉRA-COMIQUE, LE 26 MARS 1836.

PERSONNAGES.	ACTEURS.	PERSONNAGES.	ACTEURS.
LOUIS, comte de Flandre.	MM. CHOLLET.	URSULE, femme de Venderblas.	MONSEL.
GILBERT, son grand écuyer	HENRI.	NOTABLES.	
VANDERBLAS, droguiste-parfumeur	REQUIER.	HOMMES ET FEMMES DU PEUPLE.	
GAUTHIER, son apprenti.	THÉNARD.	CHAPERONS BLANCS.	
UN SEIGNEUR	GÉNOT.	SOLDATS FRANÇAIS ET FLAMANDS.	
BERGHEM	DESLANDES.	OFFICIERS FRANÇAIS.	
ARNOULT, soldat	VICTOR.	PAGES.	
PETTERSEN, garçon armurier	LÉON.	VALETS.	
GOMBAUD, valet		TROMPETTES.	
MARGUERITE	Mmes PRÉVOST.	PORTE-ÉTENDARDS.	

ACTE PREMIER.

Le théâtre représente une boutique de droguiste-parfumeur au treizième siècle. A droite et à gauche deux mortiers avec leurs pilons. Deux portes latérales. Au fond une grande porte ouverte, et par laquelle on aperçoit une place de la ville de Gand en 1383.

SCÈNE PREMIÈRE.

VANDERBLAS *sort de la porte à droite, traverse le théâtre sur la pointe du pied, et va frapper doucement à la porte à gauche.*

Chez elle encore elle sommeille,
Pour moi, je n'y peux plus tenir ;
Avant le jour, l'amour m'éveille !
L'amour m'empêche de dormir !
(*Appelant à demi-voix.*)
Marguerite !.. jamais on n'a vu de servante
Aussi peu diligente.
(*Appelant encore.*)
Marguerite !...
(*Il se retourne, et aperçoit Ursule qui vient de sortir de la porte à droite.*)
Ah ! grand Dieu !.. ma femme !

URSULE.
Séducteur !
Se peut-il qu'à votre âge ?.. un âge respectable !..
VANDERBLAS, *voulant l'interrompre.*)
Madame Vanderblaas !

URSULE.
Vous, syndic et notable
De la ville de Gand !.. droguiste, parfumeur,
Chimiste distingué !
VANDERBLAS, *cherchant à s'excuser.*
Ma femme...
Je voulais dire...
URSULE.
C'est infâme !
VANDERBLAS.
A la servante...
URSULE.
Quelle horreur !
VANDERBLAS.
D'ouvrir le magasin !..
URSULE.
Taisez-vous, suborneur !
ENSEMBLE.
URSULE.
Je veux qu'elle sorte !
Je veux, peu m'importe,
La mettre à la porte,
Ou bien nous verrons !

3.e ANNÉE.   T. II.

Je vous le répète,
Une femme honnête,
Ne fut jamais faite
A de tels affronts !
VANDERBLAS.
Ma foi, peu m'importe !
Lorsque de la sorte,
Son courroux l'emporte,
C'est pis qu'un démon !
J'en perdrai la tête,
Une femme honnête
Est une tempête
Pour une maison.

SCÈNE II.

VANDERBLAS ET URSULE, *se disputant à gauche du théâtre ;* GAUTIER, *entrant par la porte du fond, et traversant la boutique sur la pointe du pied. Il va frapper doucement à la porte à droite, qui est la porte d'Ursule.*

GAUTIER.
Pendant que votre époux sommeille,
Vous m'avez prié de venir !
De grand matin l'amour m'éveille,
L'amour m'empêche de dormir.
(*Appelant à demi-voix.*)
Madame Vanderblas !
VANDERBLAS, *qui pendant ce qui précède a toujours retenu Ursule par la main et l'a empêchée de parler.*
O ciel ! femme coupable !
Vous, l'indigne moitié d'un époux respectable !
URSULE.
Écoutez-moi !
VANDERBLAS.
Donner ainsi dans ma maison
Rendez-vous le matin à mon premier garçon !
ENSEMBLE.
VANDERBLAS.
Je prétends qu'il sorte
Je veux, peu m'importe,
Le mettre à la porte,
Ou bien nous verrons !
Je vous le répète,
Sachez que ma tête
Ne fut jamais faite
Pour de tels affronts.
URSULE.
Lorsque de la sorte
Son courroux l'emporte,
La voix la plus forte
N'en a pas raison !
Je vous le répète,
Une femme honnête
Ne fut jamais faite
Pour un tel soupçon.
GAUTIER.
Morbleu ! peu m'importe !
Lorsque de la sorte,
Son courroux l'emporte,
C'est pis qu'un démon !
Faut-il qu'il soit bête,
Pour croire en sa tête
Que cette conquête
Trouble ma raison !
URSULE, *lui criant à l'oreille.*
En mariage, apprenez qu'il demande
La jeune Marguerite !

VANDERBLAS.
Est-il possible ?
GAUTIER.
Eh ! oui.
URSULE.
Vous l'entendez ? cette belle Flamande,
Qui vous tient tant au cœur et qu'il adore aussi !
VANDERBLAS, *avec colère.*
Gautier veut l'épouser ?
URSULE.
Et c'est pour cela même
Qu'il venait avec moi s'en entendre !
VANDERBLAS.
Fort bien !
C'est-à-dire, chez moi, qu'on me compte pour rien !
Je refuse !
GAUTIER.
Et pourquoi ?
URSULE, *avec jalousie, et montrant son mari.*
Pourquoi ? parce qu'il l'aime !
VANDERBLAS, *avec colère.*
Ma femme !..
GAUTIER.
Si je le croyais !..
Tout mon maître qu'il est... ah ! je l'étranglerais !
URSULE.
Il l'aime !
VANDERBLAS, *à Gautier, et parlant vivement.*
Ce n'est pas vrai ! mais Marguerite
Achalande notre maison.
Pour ses beaux yeux, gens du bon ton,
Jeune garçon et vieux barbon,
Chacun vient nous rendre visite,
Et notre commerce en profite.
Voilà, mon cher, voilà pourquoi
Je veux qu'elle reste chez moi !
URSULE, *parlant aussi vivement.*
Et moi, je dis que Marguerite
Fait du tort à notre maison !
Freluquets et gens du bon ton
Viennent la lorgner sans façon.
Et le scandale en est la suite !
Et la morale s'en irrite !
Voilà, mon cher, voilà pourquoi
Elle sortira de chez moi !
VANDERBLAS.
Jamais ! jamais ! taisez-vous,
Ou bien redoutez mon courroux !
GAUTIER *et* URSULE.
Ah ! qu'il redoute mon courroux !

SCÈNE III.

MARGUERITE, *sortant de la porte à gauche,* **VANDERBLAS, URSULE, GAUTIER.**

MARGUERITE.
Qui peut causer ce grand courroux ?
URSULE *et* GAUTIER.
C'est vous !
MARGUERITE.
Moi ?
TOUS TROIS.
Vous !
ENSEMBLE.
URSULE, *à part.*
Voyez, quel air de princesse !
Voyez, quel air de grandeur !
Ah ! je ne suis plus maîtresse
De modérer ma fureur !
VANDERBLAS *et* GAUTIER, *à part.*
Voyez, quel air de noblesse !

Quel sourire séducteur !
A sa vue enchanteresse
Je sens doubler mon ardeur !
　　　MARGUERITE, *à part.*
Elle me gronde sans cesse,
Et j'ignore, au fond du cœur,
Ce qui peut de ma maîtresse
Causer la mauvaise humeur !
　　　　　URSULE.
Répondez franchement... parlez... le mariage
Est-il de votre goût?
　　　　　MARGUERITE.
　　　Mais... je ne dis pas non.
　　　URSULE, *à Vanderblas.*
Vous l'entendez ?
　　　GAUTIER, *avec joie à Ursule.*
　　　　　C'est bon, c'est bon !
　　　　　URSULE.
Eh bien ! sans tarder davantage,
Voulez-vous Gautier pour mari ?
　　　　　MARGUERITE.
Mais je ne dis pas encore oui !
　　URSULE *et* GAUTIER, *avec colère.*
Eh ! pourquoi, s'il vous plaît ?
　　　VANDERBLAS, *avec joie.*
　　　　　Sa réponse est très-sage !
　　　　　MARGUERITE.
Mais... vous me demandez là
De la franchise... en voilà !
　　　　　URSULE.
Non, ce n'est pas cela, vous avez d'autres vues !..
　　　　　GAUTIER.
Vous avez des raisons qui me sont bien connues !
　　URSULE, *regardant Vanderblas.*
Il est quelqu'un ici dont l'amour vous est cher !
　　　　　GAUTIER.
Ce jeune freluquet qui nous suivit hier·
　　　　　VANDERBLAS.
Et moi je la défends !
　　　　　URSULE.
　　　　　Alors, c'est assez clair !
Vous l'entendez... c'est assez clair !
　　　　　VANDERBLAS.
Ah ! c'est vraiment pis qu'un enfer !
　　　　　ENSEMBLE.
　　　　　VANDERBLAS.
Ma foi, peu m'importe !
Lorsque de la sorte
Son courroux l'emporte,
C'est pis qu'un démon !
J'en perdrai la tête,
Une femme honnête
Est une tempête
Pour une maison !
　　　　　URSULE.
Il faut qu'elle sorte !
Je veux, peu m'importe,
La mettre à la porte,
Ou bien nous verrons !
Je vous le répète,
Une femme honnête
Ne fut jamais faite
A de tels affronts !
　　　　　GAUTIER.
Traiter de la sorte
Tendresse aussi forte,
Mon courroux l'emporte !
Morbleu ! nous verrons !
Ma flamme inquiète,
Qu'ici l'on rejète,
Va d'une coquette
Punir les affronts !
　　　　　MARGUERITE.
Chacun de la sorte

Contre moi s'emporte
A moi que m'importe
Un pareil soupçon ?
Sans être coquette,
Liberté complète,
C'est, je le répète,
Ma seule raison !
　　　　　VANDERBLAS.
Taisez-vous donc, on vient !
　　(*Apercevant Louis qui entre par la porte
　　　du fond.*)
　　　　　Oui, c'est une pratique !

ᴼᴼᴼᴼᴼᴼᴼᴼᴼᴼᴼᴼᴼᴼᴼᴼᴼᴼᴼᴼᴼᴼᴼᴼᴼᴼᴼᴼᴼᴼᴼᴼᴼᴼᴼᴼ

SCENE IV.

URSULE, LOUIS, VANDERBLAS, MARGUERITE, GAUTIER.

　　　　　LOUIS.
N'est-ce pas ici la boutique
D'un maître en alambic, alchimiste fameux ?
　　　URSULE, *saluant.*
La maison Vanderblas !
　　　　　VANDERBLAS.
　　　　　La belle parfumeuse !
　　　　　LOUIS.
Eh ! mais, votre enseigne est trompeuse,
Vous n'en promettez qu'une...
　　(*Regardant Ursule.*)
　　　　Et d'ici j'en vois deux !
　　　　　URSULE.
　　C'est un fort beau jeune homme !
　　LOUIS, *jetant une bourse à Vanderblas.*
Messire Vanderblas, à vous donc cette somme !
GAUTIER, *qui jusque-là a tourné le dos, se re-
　　tourne en ce moment.*
Eh ! mais c'est encor lui, ce jeune fat d'hier,
　　(*A Marguerite.*)
Qui vous poursuit encor !
　　　MARGUERITE, *souriant.*
　　　　Cela pourrait bien être.
URSULE, *qui pendant ce tems a été chercher une
　　chaise qu'elle offre à Louis.*
Que voulez-vous, seigneur ?
　　　　　VANDERBLAS.
　　　　Faites-nous le connaître ?
LOUIS, *étendu nonchalamment sur la chaise.*
Ce que je veux ?.. d'abord, que vendez-vous, mon
　　URSULE, *s'approchant de lui.*　　cher ?
Des poudres à la rose,
Au jasmin, à l'œillet ;
Et mon mari compose
Plus d'un philtre secret !
LOUIS, *secouant dédaigneusement la tête en signe
　　　de refus.*
　　Non, non... non, non !
　　　VANDERBLAS, *s'approchant.*
L'élixir de constance,
Nécessaire aux amans,
Et de l'eau de Jouvence
Utile aux grand'mamans !
　　　LOUIS, *de même.*
　　Non, non, non, non !
　　MARGUERITE, *s'approchant.*
Nous tenons pour les belles
Des sachets embaumés,
Des rubans, des dentelles,
Et des gants parfumés !
LOUIS, *la regardant tendrement et lui prenant la
　　　main.*
　　Non, non, non, non

GAUTIER, *s'approchant de l'autre côté, et à voix basse.*
Et nous tenons encore,
Pour les fats goguenards,
Quelques grains d'ellébore,
Ou des coups de poignards !
LOUIS, *levant la tête et le regardant en riant.*
Ah ! ah ! vraiment?
Cela m'irait assez...
(*Regardant Marguerite.*)
Mais pas dans ce moment.
TOUS, *avec impatience.*
Eh ! que voulez-vous donc?
LOUIS, *se retournant du côté de Marguerite.*
Qui? moi?.. ma belle enfant !
Dans cette vie où le hasard me guide,
Pour être heureux, fermant toujours les yeux.
De mon destin le caprice décide,
Et je ne sais jamais ce que je veux !
Mais quand l'amour m'a blessé de sa flèche,
Lorsque sur moi s'arrêtent deux beaux yeux,
Lorsque je vois fillette blonde et fraîche...
Ah ! je sais bien... je sais ce que je veux !
GAUTIER, *avec colère et menaçant Louis.*
Et moi je veux qu'à l'instant il s'explique.
Dans quel dessein vient-il?
URSULE.
Et moi, je te défends
D'interpeller une pratique !
(*Lui montrant le mortier à gauche.*)
Retourne à ton ouvrage, et ne perds pas de tems !
LOUIS, *à Vanderblas.*
C'est votre associé?
VANDERBLAS.
Non, c'est mon apprenti !
LOUIS.
Il a l'air doux et bien gentil !

QUINTETTE.

GAUTIER, *pilant dans son mortier.*
Ah ! par malheur, il faut me taire ;
Mais ce beau rival, cet amant,
Que ne puis-je, dans ma colère,
Le tenir là dans ce moment !
(*Frappant dans le mortier.*)
Pan, pan, pan, pan, pan !
MARGUERITE, *regardant Louis.*
Dans ce séjour que vient-il faire?
C'est dans quelque dessein galant,
Mais il faut ici pour me plaire,
Un époux et non un amant !
VANDERBLAS.
Oui, Marguerite a su me plaire,
Son aspect est si séduisant !
Quoi qu'en dise ma ménagère,
Mon cœur bat rien qu'en la voyant !
(*Imitant le battement du cœur.*)
Pan, pan, pan, pan, pan !
URSULE, *apercevant son mari qui regarde Marguerite.*
Quoi ! devant moi, sa ménagère,
Il la regarde tendrement !
Je pourrais bien, dans ma colère,
Régler son compte sur-le-champ.
(*Faisant le geste de donner des soufflets.*)
Pan, pan, pan, pan, pan !
LOUIS.
Pour rester ici, comment faire?
Je n'en sais encor rien, vraiment !
(*Regardant Marguerite.*)
A tout le monde elle doit plaire,
Et mon cœur bat en la voyant !

GAUTIER, *quittant son mortier et allant près de Vanderblas.*
Vous le voyez, il reste encor.
VANDERBLAS.
Il le faut bien, car j'ai son or.
GAUTIER, *à voix haute.*
Que vient-il faire?
LOUIS.
Eh ! mais, peut-être,
Je voulais comme vous,
(*Montrant Vanderblas.*)
Et sous un pareil maitre,
Apprendre cet art glorieux
Que vous exercez tous les deux.
TOUS.
Qu'entends-je? ô ciel !
MARGUERITE.
Et quel langage !
LOUIS, *à Vanderblas.*
De quelques jours d'apprentissage,
Cet or peut-il payer le prix?
VANDERBLAS, *comptant.*
Vingt écus d'or !
URSULE.
C'est trop !
VANDERBLAS, *vivement.*
Non pas ! c'est bien.
LOUIS.
Compris
La table et le logis !
VANDERBLAS, *y consentant.*
Le logis.
GAUTIER, *avec colère regardant Louis et Marguerite.*
Et le logis !.. rien n'égale ma rage !
LOUIS, *à part, riant en regardant Gautier.*
En honneur ! il n'y comprend rien.
GAUTIER.
Vous, un apprenti?.. vous?
LOUIS.
Eh ! mais, vous l'êtes bien !

ENSEMBLE.

LOUIS, *pilant dans le mortier à droite.*
Ah ! c'est charmant, la bonne affaire,
Ah ! le joli déguisement !
Allons, montrons mon savoir-faire.
Apprenti, travaillons gaiment.
(*Pilant en cadence.*)
Pan, pan, pan, pan, pan !
VANDERBLAS, *regardant Marguerite.*
Oui, Marguerite a su me plaire,
Que son aspect est séduisant.
Quoi qu'en dise ma ménagère,
Mon cœur bat rien qu'en la voyant.
Pan, pan, pan, pan, pan !
GAUTIER, *pilant dans le mortier à gauche.*
Morbleu ! j'enrage ! il faut me taire ;
Mais ce beau rival, cet amant,
Si je pouvais, dans ma colère,
Le tenir là dans ce moment !
(*Pilant avec rage.*)
Pan, pan, pan, pan, pan !
URSULE, *regardant son mari.*
Quoi ! devant moi, sa ménagère,
Il la regarde tendrement.
Je pourrais bien, dans ma colère,
Régler son compte sur-le-champ!
Pan, pan, pan, pan, pan !
MARGUERITE.
En ce séjour que vient-il faire?
C'est dans quelque dessein galant;
Mais il faut ici pour me plaire,
Un époux et non un amant.
(*A la fin de cet ensemble, Ursule et Vanderblas emmènent Louis par la porte à droite.*)

SCENE V.

MARGUERITE, GAUTIER.

GAUTIER. Vous avez bien fait de vous en débarrasser... C'est bien heureux, car j'avais des envies de lui jeter (*montrant son pilon*) mon ouvrage à la tête.

MARGUERITE. Eh!.. eh bien! encore en colère?

GAUTIER. J'y suis toujours!.. Ce n'est pas parce que maître Vanderblas, notre patron, est amoureux de vous... ça m'est bien égal... celui-là!.. mais l'autre... Il y a là-dessous quelque trahison! quelque projet que je déjouerai.

MARGUERITE. Et lesquels?

GAUTIER. Vous connaissiez ce prestolet... et s'il vous a suivie hier quand je vous donnais le bras... c'est que déjà vous vous étiez vus.

MARGUERITE. C'est vrai!.. L'autre semaine, à l'occasion de l'alliance que le comte de Flandre, Louis de Male, notre souverain, a contractée avec le jeune roi de France, Charles VI, il y a eu des fêtes à Louvain... j'y ai rencontré cet inconnu... il a dansé avec moi!

GAUTIER. Et puis?

MARGUERITE. Et puis... il a causé... il a été aimable!..

GAUTIER. Et puis?

MARGUERITE. Et puis des buveurs qui étaient là, échauffés par la bière de Louvain, que tu aimes tant... ont voulu m'insulter, et quoique seul contre eux tous, il m'a défendue!

GAUTIER. J'en aurais bien fait autant!

MARGUERITE. Je le sais... ça ne m'empêche pas d'être reconnaissante envers lui.

GAUTIER. Je comprends! depuis ce tems, j'en suis sûr, vous n'avez fait que penser à ce malheureux-là...

MARGUERITE. Quelquefois, j'en conviens.

GAUTIER. Et vous osez me l'avouer!

MARGUERITE. Aimes-tu mieux que je mente?

GAUTIER. Non, morbleu!.. Et en vous reconduisant... il vous a dit des douceurs?.. il vous a fait la cour?..

MARGUERITE. Un peu!..

GAUTIER. Le scélérat! il vous a parlé de mariage?

MARGUERITE. Pas un mot!...

GAUTIER. Il vous en parlera.

MARGUERITE. C'est possible... et je verrai alors si cela me convient.

GAUTIER. Ça ne peut pas vous convenir... car enfin, ce godelureau-là, qu'est-ce qu'il est?

MARGUERITE. Bourgeois de Gand, à ce qu'il m'a dit.

GAUTIER. La belle avance!

MARGUERITE. Pourquoi pas? notre ville de Gand est, dans ce moment, la plus riche et la plus commerçante cité de l'Europe; et bien des grands seigneurs de France et d'Allemagne ne valent pas un bourgeois de Gand!

GAUTIER. Et c'est ça qui vous séduit?

MARGUERITE. Non vraiment, je ne tiens pas à la fortune... quoique fille d'un brave officier tué sur le champ de bataille, quoique issue d'un sang noble, la position où je suis ne me donne pas le droit d'être exigeante... et que je rencontre seulement un honnête homme qui m'aime et que j'estime...

GAUTIER. Eh bien! vous m'avez là sous la main... Je suis un bon ouvrier... un brave garçon... pourquoi ne me prenez-vous pas?

MARGUERITE. Parce que je t'aime bien... mais pas encore assez...

GAUTIER. S'il ne s'agit que de la dose, ça dépend de vous... c'est votre faute.

MARGUERITE. C'est la tienne.

GAUTIER. Pourquoi?

MARGUERITE. Pour deux raisons... la première, tu as un mauvais naturel... tu es hargneux et querelleur.

GAUTIER. J'ai du caractère!

MARGUERITE. Tu es rancunier et vindicatif!..

GAUTIER. J'ai de la mémoire... pour les mauvais services comme pour les bons!

MARGUERITE. Il faut oublier le mal qu'on nous a fait... et ne se rappeler que le bien.

GAUTIER. Je ferais volontiers le contraire... c'est plus aisé... mais enfin je tâcherai... et si vous n'avez que cela à me reprocher...

MARGUERITE. Autre chose encore : tu n'as pas des gages bien considérables chez messire Vanderblas.

GAUTIER. Je crois bien!.. il est si riche et si avare! il ne rêve qu'aux moyens d'amasser de l'argent; il en gagne tant qu'il veut avec ses poudres, sa pharmacie et son élixir de longue vie qui empêche de mourir... tout le monde nous en achète... eh bien! jamais une gratification...

MARGUERITE. Et cependant je t'ai vu l'autre jour une bourse pleine d'or, tu me l'as montrée.

GAUTIER. C'est vrai.

MARGUERITE. D'où venait-elle?

GAUTIER, *à demi-voix.* Ça, Marguerite... c'est un mystère incompréhensible.

MARGUERITE. Tant pis! je n'aime pas les fortunes où l'on ne comprend rien!

GAUTIER. Eh bien! je vais tout vous raconter... J'étais, l'autre dimanche, au cabaret de la porte Sainte-Gudule... où, en buvant, on parlait des affaires... et comme de juste, ils disaient tous que ça allait mal...

MARGUERITE. Qu'est-ce que ça te regarde?

GAUTIER. Je les écoutais... on parlait du comte Louis, notre jeune souverain... qui ne s'occupait guère de ses riches provinces de Flandre, sur lesquelles le duc de Bourgogne et bien d'autres jettent un œil d'envie... On disait que, dans son insouciance... il ne songeait qu'à se divertir... à faire des folies... à courtiser les belles... car il les aime toutes sans distinction de fortune et de rang...

MARGUERITE. C'est possible... mais en même tems on dit qu'il a du cœur, de la loyauté... et puis de si bonnes intentions!..

GAUTIER. Des intentions!.. des intentions!.. ça ne rapporte rien... mais en revanche, il a des courtisans, et ça coûte cher!.. Mathieu Gilbert, surtout, son confident et son ame damnée!..

MARGUERITE. Qu'il a, dit-on, disgracié.

GAUTIER. Je n'en sais rien... ça ne me regarde pas... tant il y a que tout le monde en disait du mal.

MARGUERITE. Et tu disais comme eux?

GAUTIER. Je ne suis pas contrariant... je n'aime pas les disputes... aussi, au moment où je criais avec eux : A bas notre souverain!.. voilà les sergens qui entrent dans le cabaret... tout le monde se sauve... et moi aussi... mais, dans le tumulte, impossible de retrouver mon chapeau!.. que j'avais déposé sur le poêle... un feutre d'Espagne tout neuf!.. On m'avait laissé à la place... (*Montrant un chapeau qui est sur la table à droite.*) ce mauvais chaperon blanc qu'il fallut bien prendre... et trop tard encore... puisque, dans ce moment, les sergens et les archers mettaient la main sur moi...

MARGUERITE. J'en étais sûre... et cela t'apprendra une autre fois...

GAUTIER. A me sauver plus vite... car ils me menaient tout droit en prison... lorsqu'en tournant une rue, d'un groupe de jeunes gens comme il faut, qui portaient tous des chaperons blancs, part soudain un coup de sifflet... A l'instant, les archers sont renversés, désarmés... on m'entraîne en me disant : Sauve-toi, camarade! et tout cela m'aurait semblé un rêve, si ce n'était cette bourse qu'un de mes libérateurs m'avait glissée dans la main, et qui, grâce au ciel, est une réalité!

MARGUERITE. Voilà qui est bien étonnant!.. et tu n'as pu découvrir depuis...

GAUTIER, *à demi-voix.* Taisez-vous donc!.. voici du monde.

MARGUERITE, *sans regarder.* Qui donc?

GAUTIER, *montrant Gilbert, qui paraît à la porte de la boutique, causant avec un homme d'armes.* Ce vilain homme!.. messire Gilbert, le grand-écuyer et l'ancien favori du prince.

MARGUERITE. Une de nos pratiques... car il vient souvent... et cette commande qu'il a faite hier...

GAUTIER. Pour vous faire les yeux doux, comme un amoureux!...

MARGUERITE. Dont je ne me soucie guère, et je vais avertir maître Vanderblas de le faire servir.

(*Elle sort par la porte à droite.*)

SCÈNE VI.

GAUTIER, GILBERT, *entrant et causant à voix basse avec Arnould, et lui montrant Marguerite qui s'éloigne.*

TRIO.
GILBERT.
Tiens, vois-tu, la voilà qui s'éloigne... c'est elle!
Mes ordres, tu les sais...
ARNOULD.
Et j'y serai fidèle.
Dans une demi-heure, ils seront tous suivis.
GILBERT.
Toujours au nom du prince, et tu m'as bien compris?
ARNOULD.
Croyez-en, monseigneur, mon audace et mon zèle.
(*Il sort.*)

SCÈNE VII.

LES MÊMES, VANDERBLAS, *amené par Marguerite qui lui montre Gilbert et sort par la porte de la rue.*

VANDERBLAS, *à part et regardant Gilbert.*
Si par lui, que je hais, j'obtenais en ce jour
Ce bel emprunt que veut faire la cour?
GILBERT, *s'avançant en rêvant, et sans voir Vanderblas ni Gautier.*
Beauté si farouche et si fière,
Tu vas tomber en mes filets,
Et mon amour va te soustraire
A tous les regards indiscrets!
VANDERBLAS, *s'avançant.*
Allons, faisons-lui politesse!
GAUTIER, *regardant son maître qui salue Gilbert.*
Je suis honteux de sa bassesse!
VANDERBLAS.
Salut à messire Gilbert,

Grand écuyer de son altesse,
Salut ! salut !...
    GILBERT, *sans le regarder.*
        C'est bien, mon cher !
    GAUTIER.
A peine s'il tourne la tête.
    VANDERBLAS, *lui offrant une chaise.*
A vous servir l'on s'apprête !
    (*Lui offrant plusieurs marchandises.*)
Si vous vouliez, en attendant...
    GILBERT.
Eh ! non, laissez-moi, je vous prie !
    VANDERBLAS et GAUTIER.
Pour le commerce et l'industrie,
Monseigneur est si bienveillant !
    GILBERT.
Au diable le peuple marchand !
    ENSEMBLE.
    GAUTIER.
C'est bien fait ! il est impossible
D'être plus fier, plus insolent !
Il faut vraiment être insensible
Pour souffrir ce ton outrageant !
    VANDERBLAS.
C'en est trop ! il est impossible
D'être plus fier, plus insolent !
A l'honneur je suis trop sensible
Pour souffrir ce ton outrageant !
    GILBERT.
Non, non, mon cher, c'est impossible.
Je n'ai besoin de rien, vraiment.
Avec ces gens-là, c'est terrible !
Au diable le peuple marchand !
    VANDERBLAS.
J'aurais humblement une grâce
A demander à monseigneur !
    GILBERT.
Est-il un bourgeois plus tenace ?
C'est encore un solliciteur !
    GAUTIER.
Que son âme est sordide et basse.
    VANDERBLAS.
On sait mon excellent esprit,
Et si, grâce à votre crédit,
J'obtenais la faveur bien grande,
De cet emprunt que l'on demande
Pour notre prince et pour la cour.
    GILBERT.
Serviteur !
    VANDERBLAS.
Pourquoi ?
GILBERT, *lui tournant le dos et mettant son chapeau sur sa tête.*
        Bonjour !
    ENSEMBLE.
    GAUTIER.
C'est bien fait ! il est impossible
D'être plus fier, plus insolent.
A l'honneur c'est être insensible
Que souffrir ce ton outrageant !
    VANDERBLAS.
C'en est trop ! il est impossible
D'être plus fier, plus insolent !
A l'honneur je suis trop sensible
Pour souffrir ce ton outrageant !
    GILBERT.
Non, non, mon cher, c'est impossible ;
Au diable le peuple marchand !
Toujours demander ! c'est terrible !
C'est vraiment comme un courtisan.

VANDERBLAS, *prenant le chapeau qui est près de lui sur la table à droite, et le mettant fièrement sur sa tête.*
    Adieu donc, messire écuyer,
Je cesse enfin de vous prier !
GILBERT *se retourne avec un geste de colère, puis apercevant le chaperon blanc.*
Eh ! mais... en croirais-je ma vue ?
J'ignorais qu'il en fût aussi.
C'est une excellente recrue !
    VANDERBLAS.
Pourquoi me regarder ainsi ?
    GILBERT, *d'un air de bonté.*
Approchez, approchez, mon maître.
    GAUTIER, *regardant Vanderblas.*
Il a pris mon chaperon blanc !
    VANDERBLAS, *étonné.*
Dans son abord quel changement !
GILBERT, *avec bonté, regardant toujours la tête de Vanderblas.*
Vous voulez donc vous faire admettre...
    VANDERBLAS, *tout interdit.*
Oui, monseigneur !.. quel changement !
    GILBERT.
Dans l'emprunt qu'on fait à la ville ?
(*Lui prenant la main, qu'il lui serre mystérieusement après avoir encore regardé sa coiffure.*)
    Camarade !... soyez tranquille.
    VANDERBLAS, *stupéfait.*
Son camarade !.. est-ce étonnant !
    GAUTIER, *à part.*
Serait-ce encor mon talisman !
    ENSEMBLE.
    VANDERBLAS.
Ah ! c'est surprenant !
C'est bien étonnant !
D'où vient à l'instant
Un tel changement ?
En me regardant,
Son ton insolent,
Devient sur-le-champ
Doux et bienveillant.
    GAUTIER.
Ah ! c'est surprenant !
Ah ! c'est désolant !
En le regardant
Soudain il se rend !
Mon chaperon blanc,
Qu'au hasard il prend,
Est un talisman
Pour lui tout puissant !
    GILBERT.
Mon cœur bienveillant
A tes vœux se rend.
Sois dorénavant
Discret et prudent !
Je compte à présent
Sur ton dévoûment.
Ce signe vraiment
Est un talisman.

GILBERT, *bas à Vanderblas.* Sous prétexte de faire quelques emplettes, j'attends ici plusieurs des nôtres... vous comprenez... mais j'ignorais, maître Vanderblas, que vous fussiez à ce point de nos serviteurs et amis.

VANDERBLAS. Toujours, monseigneur !...

GILBERT. Je m'en applaudis, car j'ai entendu parler de vos talens... On dit que vous êtes tant soit peu nécromancien et alchimiste, et que vous êtes, dans votre art, arrivé à des résultats merveilleux...

VANDERBLAS. C'est assez vrai... j'ai composé quelques filtres ou potions dont l'effet me surprend moi-même... j'ai là sur moi un extrait de mandragore qui, en quelques minutes, tuerait un homme bien portant.

GILBERT. Je vous suis obligé.

VANDERBLAS. Et qui, avec la même facilité, le rappellerait à la vie.

GILBERT. Diable! il fait bon être de vos amis, et vous pouvez compter sur moi en toute occasion.

VANDERBLAS. Eh! mais, dans ce moment, monseigneur, ce n'est pas de refus! Sous prétexte d'entrer ici comme apprenti, il est venu s'établir chez moi je ne sais quel original qui m'a bien payé d'abord, j'en conviens... mais qui déjà me revient très-cher, car il dérange ou brise toutes mes fioles, mes fourneaux, mes alambics...

GAUTIER. Il faut vous en débarrasser...

VANDERBLAS. Je n'ose pas, car il me paraît capable de tout!... il en conte à ma femme... il en conte à Marguerite.

GILBERT et GAUTIER. A Marguerite?...

VANDERBLAS. Que tout-à-l'heure il voulait embrasser devant moi.

GAUTIER. Quand je vous le disais...

GILBERT. C'est trop fort... je me charge de le mettre à la porte...

VANDERBLAS. A la bonne heure!... Tenez... c'est lui!

SCÈNE VIII.

GAUTIER, VANDERBLAS, GILBERT, LOUIS.

LOUIS, *ayant le tablier et portant à la main plusieurs rouleaux.* Voici les élixirs et eaux de senteur que l'on attend.

GILBERT, *le regardant.* O ciel!

VANDERBLAS. Eh bien!... renvoyez-le donc!

GAUTIER. Mettez-le à la porte!

GILBERT, *troublé et sur un geste de Louis.* Allez-vous-en..... mes amis.... allez-vous-en!...

GAUTIER. Il se trompe...

VANDERBLAS, *à demi-voix.* C'est à lui qu'il faut dire cela.

LOUIS. C'est à vous, maître Vanderblas... N'avez-vous pas entendu l'ordre suprême de messire Gilbert, grand-écuyer de son altesse?...

GILBERT, *avec impatience.* Eh! oui, morbleu! laissez-nous donc!

VANDERBLAS. Est-ce étonnant? comme il est honnête et soumis avec mon apprenti!...

(Vanderblas et Gautier sortent par la porte du fond.)

SCÈNE IX.

GILBERT, LOUIS DE MALE.

GILBERT. Vous, monseigneur, sous ce costume!

LOUIS. Pourquoi pas? nous avons voulu, dans l'intérêt du commerce et de l'industrie, visiter par nous-même les principaux établissemens de notre bonne ville de Gand.

GILBERT. C'est d'un bon prince!... mais quelqu'amour que vous ayez pour les déguisemens et pour les aventures... en voici une trop étrange pour ne pas cacher quelqu'autre dessein...

LOUIS. Des desseins!... Et toi qui parles, messire Gilbert, n'en n'aurais-tu pas par hasard ici sur la belle Marguerite?

GILBERT. Quand ce serait vrai, je ne vois pas quel tort je ferais à monseigneur, et vous ne serez pas plus sévère envers moi que vous ne l'avez été hier envers ce braconnier qui chassait des biches dans votre parc, et à qui vous avez fait grâce en disant : Je ne peux pas les tuer toutes!

LOUIS. C'est-à-dire que tu me supposes aussi des idées sur Marguerite!

GILBERT. Je l'ignore; votre altesse ne me dit plus rien; autrefois j'avais sa confiance.

LOUIS. Ils disent tous qu'elle était mal placée, et je crois qu'ils ont raison; vois-tu, Gilbert, mon grand-écuyer, tu es trop mauvais sujet, tu me fais du tort, et si tu entendais parler sur ton compte ma respectable tante, la duchesse de Brabant...

GILBERT. Qui ne m'aime pas.

LOUIS. Je crois bien!... elle n'aime que la vertu, mais elle prétend que toi... tu n'aimes que l'argent, et que tu en reçois en secret de nos ennemis... elle affirme même, et offre d'en donner des preuves, que, lors de la révolte de Bruges, tu étais par-dessous main un des principaux chefs.

GILBERT, *troublé.* Votre altesse pourrait ajouter foi à de pareilles accusations?

LOUIS. Non, car déjà je t'aurais fait jeter dans l'Escaut! Je pardonne tout, Gilbert, excepté la trahison d'un ami!... et comme au fond je t'aime...

GILBERT. Vous ne me le prouvez guère, je ne suis plus admis aux affaires de l'état.

LOUIS. Si je t'admets à mes plaisirs, que veux-tu de mieux? tu es moitié plus heureux que moi.

GILBERT. Vous ne payez plus mes dettes!

LOUIS. Je ne paie pas les miennes; mais patience! nous allons contracter avec notre bonne ville de Gand un emprunt pour lequel j'engage mes domaines; et dans leur dévoûment, mes fidèles sujets, les commerçans de cette ville, se disputent tous à qui me prêtera.

GILBERT. À vingt-cinq pour cent?

LOUIS. C'est juste! je dois payer en prince.

GILBERT. Et agir de même! aussi je ne pense pas que votre altesse veuille rester plus long-tems l'apprenti de maître Vanderblas?

LOUIS. Si ce titre sert mes projets!

GILBERT. Il doit leur nuire, au contraire!... Cette boutique est le rendez-vous de tous nos jeunes seigneurs, et il est impossible que votre altesse ne soit pas promptement reconnue.

LOUIS, *allant à la table.* Tu as peut-être raison... mais je ne veux cependant pas quitter ces lieux, sans avoir trouvé quelques moyens d'assurer ma conquête.

GILBERT. J'en doute.

LOUIS. Tu crois?

GILBERT. Il y a ici une vertu sévère et intraitable qui rend l'entreprise difficile.

LOUIS. Ce qui veut dire que tu as échoué?

GILBERT. Je ne serai peut-être pas le seul.

LOUIS. C'est ce que nous verrons!.. car je l'aime, vois-tu bien... j'en perds la tête.

SCÈNE X.

LES PRÉCÉDENS, GOMBAUD.

LOUIS. C'est toi, Gombaud, qu'y a-t-il?

GOMBAUD. Un messager vient d'arriver au palais, apportant pour vous ces dépêches, qu'il dit très-pressées...

LOUIS, *avec impatience.* Pourquoi alors me les apporter? me voilà forcé de les lire. (*Regardant.*) C'est de la cour de France!... c'est du brave connétable de Clisson, qui m'écrit au nom de Charles VI, son jeune maître.

GILBERT. Quoi! vous n'achevez pas la lettre du connétable?

LOUIS, *la regardant.* C'est bien long!... Puisque tu prétends que je ne te donne connaissance de rien, lis toi-même!

DUO.

GILBERT, *lisant.*
« Seigneur et noble comte, à mes avis fidèles
» Votre cœur généreux n'ajoute jamais foi...

LOUIS.
Toujours la même chose!.. Il a des peurs mortelles!

GILBERT, *continuant avec émotion.*
» Mais le duc de Bourgogne, oncle de notre roi,
» Sur votre beau comté de Flandre,
» A des desseins qui me sont bien connus.
» Il a dans vos états des agens répandus,
» Qui par lui sont payés; et qui, pour mieux s'entendre,
» Ont des signes secrets, des points de ralliement.

LOUIS, *avec impatience et comme si cette lecture l'empêchait d'écrire, lui reprend la lettre qu'il pose sur la table.*
O bachelette,
Sage et coquette,
Qu'en vain je guette
En ce séjour!
Dans mon délire,
Pour te séduire,
Le ciel m'inspire
Ruse d'amour!

GILBERT, *à part, regardant la lettre qui est sur la table à côté du prince qui écrit.*
O billet infernal!
Funeste découverte!
Qui peut de notre perte
Devenir le signal.

LOUIS, *écrivant toujours.*
De ta prunelle,
Une étincelle
Suffit, ma belle,
Pour m'embraser!
Prends ma couronne,
Je l'abandonne,
Et te la donne
Pour un baiser!

GILBERT, *à Louis lui montrant la lettre.*
Quoi! vous n'achevez pas?

LOUIS, *à Gilbert.*
Au diable cette lettre!

GILBERT.
Nous n'avons pas encor tout lu;
Et si vous voulez le permettre...
(*Il prend la lettre.*)

LOUIS.
J'en ai bien assez entendu!

GILBERT, *continuant à lire, mais pour lui seul.*
» Quoique bien jeune encor, le roi n'ignore pas
» Qu'à son père, Charles-le-Sage,
» De vos états jadis vous avez fait hommage!
» Qu'en échange il vous doit le secours de son bras,
» Et pour veiller sur vous dès demain je m'avance
» Sous les remparts de Gand, avec un corps nom-[breux,]
» Qui fera, s'il le faut, respecter en tous lieux
» Les alliés de la France ! »
(*À part.*)
O fatal contre-tems! ô funeste nouvelle!
Empressons-nous d'agir, ou bien c'est fait de nous.

LOUIS, *se levant et tenant à la main son billet.*
O bonheur! ô plaisir! auprès de la cruelle,
J'aurai par ce moyen un tendre rendez-vous!

ENSEMBLE.

LOUIS.
O bachelette,
Sage et coquette,
Qu'en vain je guette
En ce séjour!
Dans mon délire,
Pour te séduire,
Le ciel m'inspire
Ruse d'amour.
De ta prunelle
Une étincelle,
Suffit, ma belle,
Pour m'embraser!
Prends ma couronne,
Je l'abandonne,
Et te la donne

Pour un baiser !
O bachelette,
Sage et coquette
De ta conquête,
Je suis jaloux !
Et le délire,
Qu'amour m'inspire,
Va me conduire
A tes genoux !

GILBERT, à part, l'observant.
Redoublons de prudence;
Je sens mon cœur frémir.
Allons, de l'assurance ;
Craignons de nous trahir !

(*Voyant le prince qui sourit en relisant sa lettre.*)

Mais vaine défiance !..
Inutile frayeur !..
Je le vois, il ne pense,
Qu'à l'amour, au bonheur !

LOUIS, *donnant à Gilbert la lettre qu'il vient d'écrire.* Adieu, je retourne au palais !.. Toi, messire Gilbert, cette lettre à Marguerite !

GILBERT, *refusant.* Permettez, monseigneur...

LOUIS. C'est de la part du prince une mission honorable !..

GILBERT. Je n'en doute pas... mais...

LOUIS. Je lui annonce qu'en mémoire des services de son père... un ancien officier... et surtout pour la dérober aux entreprises des séducteurs, nous la nommons demoiselle de compagnie de notre auguste tante, la duchesse de Brabant... et nous la plaçons, sous sa garde, dans le château de Lisvard, où Marguerite se rendra dès ce soir.

GILBERT. Votre altesse y pense-t-elle?

LOUIS. Oui, mon cher...

GILBERT. Marguerite est perdue pour tout le monde, si vous la placez sous la surveillance de votre rigide et vertueuse tante...

LOUIS. Qui, dans ce moment, est à Lille, près du roi de France.

GILBERT. Eh ! qui donc alors recevra ce soir Marguerite au château de Lisvard?

LOUIS. Qui la recevra?.. moi.

GILBERT. Ce n'est pas possible !... et les principes, et la morale...

LOUIS. La morale !.. tu seras là... toi et quelques amis que tu inviteras à souper pour célébrer mon bonheur.... tandis que moi je partirai avant vous... seul et déguisé...

GILBERT, *vivement.* Quoi ! seul et déguisé... cette nuit, au château de Lisvard !

LOUIS, *riant.* Oui, vraiment.

GILBERT, *à part.* Et moi qui voulais l'en détourner... quand de lui-même il se livre entre nos mains.

SCÈNE XI.

LES MÊMES, GAUTIER.

GAUTIER, *venant de la rue tenant Marguerite par la main.*
Oui, malheur au premier qui viendra jusqu'ici !
Je l'attends...

LOUIS.
Qu'est-ce donc?

VANDERBLAS.
Enlever Marguerite !

LOUIS.
L'enlever, dites-vous ?

GILBERT, *à part.*
Maladresse maudite !
C'est Arnoult ! le moment est parbleu bien choisi !

GAUTIER.
Et par l'ordre du prince ! ô tyrannie extrême !
Voilà comme ils sont tous, tous agissent de même.

VANDERBLAS.
C'est vrai... mais, par bonheur,
Vous êtes-là, vous, monseigneur,
Du peuple le seul défenseur.

GILBERT.
Sans doute... et sur mon compte on est bien informé,
J'ai toujours défendu le faible et l'opprimé.

SCÈNE XII.

LE PRINCE, GILBERT, VANDERBLAS, GAUTIER, ARNOULD, LECLERC, MARGUERITE, PLUSIEURS SOLDATS.

SEXTUOR.

ARNOULT, *venant de la rue et s'adressant à Marguerite, qui s'est réfugiée près de Gautier et de Vanderblas.*
Allons, ma belle, allons, sans plus attendre !
Notre prince l'ordonne !

LE PRINCE, *frappant sur l'épaule d'Arnould.*
En es-tu bien certain?

ARNOULT, *stupéfait, et reconnaissant le prince.*
Le prince !

TOUS.
O ciel !..

LE PRINCE.
Voyons, l'ordre écrit de ma main?

ARNOULD, *à demi-voix.*
Seigneur !..

LE PRINCE.
Réponds, ou bien je te fais pendre:
D'où vient cet ordre?

ARNOULT, *tremblant, et après avoir hésité.*
Eh ! mais... de messire Gilbert !

TOUS.
O ciel !

LE PRINCE, *le menaçant du doigt.*
Ah ! séducteur, vous voilà découvert !
Voyez donc quelle trame !
C'est lui qui les séduit;
Moi seul en ai le blâme,
Et lui tout le profit !

GILBERT *et* ARNOULT.
Je tremble au fond de l'âme,
De terreur je frémis !
Faut-il pour une femme
Voir nos projets détruits !
MARGUERITE.
Ah ! quelle indigne trame !
De terreur j'en frémis,
Et pour eux, dans mon âme,
Redouble mon mépris !
VANDERBLAS *et* GAUTIER.
Ah ! quelle indigne trame !
Mais il a tout crédit,
Modérons de mon âme
La rage et le dépit !
LE PRINCE, *à Marguerite.*
Si je m'y connais bien, je compte dans ces lieux,
Pour vous, ma belle enfant, de nombreux amoureux !
(*Montrant Gilbert et Gautier.*)
Un... deux...
(*Montrant Vanderblas.*)
et trois !.. et même,
(*A demi-voix.*)
J'en suis encore un quatrième
Qui voudrait seulement vous défendre contre eux.
MARGUERITE, *baissant les yeux.*
C'est trop d'honneur pour moi... moi, sujette fidèle,
Que monseigneur se soit à ce point abaissé,
En venant près de nous...
LE PRINCE.
Qui ? moi ?.. je suis, ma belle,
Un protecteur timide et désintéressé !..
Auprès de notre tante, auguste douairière,
La duchesse de Brabant,
De toutes les vertus le modèle exemplaire,
Je vous place, mon enfant.
MARGUERITE, *courant à lui.*
Ah ! quelle bonté tutélaire !
LE PRINCE.
Et vous vous rendrez dès ce soir
Au château de Lisvard, son antique manoir !
(*à part.*)
Sa voix me bénit et m'honore !
Suis-je digne de ce bonheur ?
Ah ! je ne puis comprendre encore
Ce qui se passe dans mon cœur !
VANDERBLAS *et* GAUTIER.
Faire partir ce que j'adore !
De quoi se mêle un grand seigneur ?
Mon Dieu ! que ne peut-elle encore
Rester ici pour mon bonheur ?
MARGUERITE, *à part, le regardant.*
Oui, je l'admire et je l'honore !
Il est digne de sa grandeur !
Et le ciel, que pour lui j'implore,
Doit prendre soin de son bonheur.
GILBERT, ARNOULT, DE BERGHEM.
De cette beauté qu'il adore
C'est lui qui protège l'honneur.
Ah ! je ne puis comprendre encore
Ce qui se passe dans son cœur.

SCÈNE XIII.

LES PRÉCÉDENS, MADAME VANDERBLAS, ET LES NOTABLES, *qui viennent se ranger au fond du théâtre.*

VANDERBLAS *et* SA FEMME, *au prince.*
De l'honneur qu'ici vous nous faites
J'ai prévenu tout le quartier ;
Voilà qu'en leurs habits de fêtes,
Ils viennent vous remercier.
LE PRINCE, *à part.*
Au diable soit le boutiquier !

(*En ce moment un flot du peuple, hommes et femmes, se précipitent dans la boutique et viennent entourer le prince qui est à droite; de l'autre côté, Arnoult, Berghem et plusieurs personnes qui portent des chaperons blancs, viennent se ranger près de Gilbert, qui est à gauche du théâtre.*)
VANDERBLAS, SA FEMME *et* LE CHOEUR DU PEUPLE.
Célébrons sa douce présence,
Amis, célébrons les bienfaits
Du prince qui, sans défiance,
Vient se mêler à ses sujets.
GILBERT, ARNOULT, BERGHEM, *et* CHOEUR DES CHAPERONS.
Dans le mystère et le silence,
Amis, méditons nos projets,
Qu'il redoute notre vengeance,
Pour le frapper nous sommes prêts.
LE PRINCE.
Allons, prenons en patience
Les hommages de mes sujets,
Pour mieux m'en consoler, je pense
Au bonheur que je me promets.
GILBERT, *bas aux chaperons blancs qui l'entourent.*
Entre nos mains de lui-même il se livre !
Au château de Lisvard soyez tous à minuit !
CHOEUR, *à demi-voix.*
Nous le jurons, nous jurons de vous suivre !
A ce soir... c'est dit...
MARGUERITE, *de l'autre côté du théâtre, et s'adressant au prince.*
Adieu ! je pars ! ô vous, dont la puissance
Protége vos sujets,
Que selon vos bienfaits
Le ciel vous récompense.
LE PRINCE.
Touché de sa reconnaissance,
D'honneur ! j'hésite et je balance.
(*Bas à Gilbert.*)
Pour un rien, je renoncerais
A mes amoureux projets !
GILBERT, *effrayé.*
Y pensez-vous ?
(*A part.*)
Pour nous, plus d'espérance !
(*Au prince, lui montrant Marguerite.*)
Voyez donc que d'attraits !
Et votre cœur encor balance ?
LE PRINCE.
Non, non, son regard me séduit.
GILBERT.
Il est à nous !... tout nous sourit !
(*Bas à tous les conjurés.*)
Au château de Lisvard... à ce soir... à minuit !
TOUS, *à part.*
A ce soir... à minuit !
LE PRINCE, *à part.*
Ah ! quel plaisir ! ah ! quelle heureuse nuit !
GILBERT *et* CONJURÉS.
Amis ! c'est entendu,
Tout est bien convenu.
A minuit, soyez tous
Exacts au rendez-vous !
(*A haute voix au prince.*)
C'est charmant ! c'est charmant !
Le plaisir nous attend.
LE PRINCE.
C'est ce soir, à minuit,
Que l'amour me sourit.
LES CONJURÉS.
A minuit, soyons tous
Exacts au rendez-vous.
Nous serons tous
Au rendez-vous.

ACTE II.

Le théâtre représente l'intérieur d'une tour ronde. Porte au fond. Deux portes latérales. A droite et à gauche, sur le premier plan, de larges embrasures ou meurtrières par lesquelles le jour pénètre dans la tour. A gauche sur la muraille, un crucifix.

SCENE PREMIERE.

GILBERT, *seul.*

Je ne vois encor rien,
Et la premier j'arrive ;
Ah ! ma frayeur est vive,
Pensons-y bien.
Le prince ne sait rien,
Qu'il vienne... je le frappe ;
Oui, mais s'il nous échappe,
Pensons-y bien.
Quel destin est le mien,
D'un côté la puissance,
De l'autre la potence,
Pensons-y bien.
Allons, cherchons bien
Quelque moyen
Qui ne m'expose en rien.
Ayons le talent
De les mettre en avant,
M'effaçant prudemment.
Poussons-les,
Armons-les ;
C'est au jour du succès
Que je parais.
Par ce moyen
Je ne risque rien.

Personne encore... je suis seul au rendez-vous ; le prince aurait-il changé d'idée ?... il hésitait quand je l'ai quitté... et il est capable de ne pas venir... quant à Marguerite et à maître Vanderblas.... trois lieues à pied... il faut le tems... mais nos conjurés ?... quel obstacle les a retardés ?... auraient-ils été découverts.... au moment du succès ?... car une fois le prince en notre pouvoir, il aurait, pour sauver sa vie, consenti à abdiquer ; alors tout était prêt pour proclamer le duc de Bourgogne, et ma fortune était assurée... Le mal est de ne pas avoir agi plutôt, mais il fallait de l'argent, de l'or, pour soulever le peuple et gagner les soldats... et de l'or, où en trouver ?.. ce n'est pas moi qui en jeterai dans une conspiration... moi qui ne conspire que pour en avoir. (*Regardant par l'embrasure à gauche.*) On ouvre la poterne... autant que l'on peut distinguer du haut de cette tour... il me semble connaître la taille et la tournure de messire Gautier... dont, ce matin, je n'ai pas eu de peine à exciter la jalousie... Il a laissé au bas de l'escalier... un... deux... trois... quatre hommes qui sont venus avec lui... qui sont ceux-là ?.. je n'en sais rien ! En tout cas, et quand même nos premiers projets ne pourraient réussir... quand mes compagnons me manqueraient de parole, j'aurai toujours dans messire Gautier un bras pour frapper... le voici.

SCENE II.

GILBERT, GAUTIER.

GILBERT. Sois le bien-venu, mon brave !
GAUTIER, *ayant l'air essoufflé.* J'ai cru que je n'atteindrais jamais le sommet de cette tourelle... deux cents marches au moins...
GILBERT. Tu les as cependant franchies en une minute.
GAUTIER. C'est tout naturel... quand on est inquiet et jaloux... Vous m'avez dit en quittant notre boutique : Si tu tiens à l'honneur de ta belle, trouve-toi ce soir au château de Lisvard... et depuis ce moment... je ne peux plus rester en place... je suis venu jusqu'ici toujours courant.
GILBERT. Tu n'es pas venu seul, à ce qu'il me paraît ?
GAUTIER. Non, j'ai pris avec moi des amis qui demeurent dans notre rue... et que mamzelle Marguerite connaît bien... car ils lui sont dévoués et se mettraient au feu pour elle... c'est Dik, le tailleur, et les trois frères Pettersen... des garçons armuriers qui sont solides...
GILBERT. C'est bien... mais pourquoi ces précautions ?
GAUTIER. Vous m'avez dit que des dangers menaçaient Mlle Marguerite... qu'il y allait de son honneur... c'est comme qui dirait du mien, voyez-vous... puisque je veux l'épouser !... et alors je suis venu en forces... parce qu'à présent je me défie de tout le monde...
GILBERT. Excepté de moi...
GAUTIER. De vous comme des autres... car vous vouliez aussi enlever Marguerite, soi-disant par l'ordre du prince... ce qui était faux !
GILBERT. Ce qui était vrai !... mais devant lui... en sa présence... je ne pouvais le démentir, c'eût été me perdre.
GAUTIER. Qu'est-ce que vous me dites là ?
GILBERT. L'exacte vérité... ce n'est pas

moi, c'est le prince qui a toujours eu sur ta prétendue de mauvais desseins qu'il vient enfin d'exécuter...

GAUTIER. Ce n'est pas possible... puisqu'il vient lui-même de la placer ici dans ce château, sous la protection et la sauvegarde de la duchesse de Brabant, sa respectable tante...

GILBERT. Et si c'était un piége, pour s'assurer de Marguerite?..

GAUTIER. Si j'en avais la preuve...

GILBERT. Que ferais-tu?

GAUTIER. Je le tuerais...

GILBERT, *vivement et lui prenant la main.* C'est bien...

GAUTIER. Si je pouvais... et sans danger, s'entend...

GILBERT. De ce côté-là, sois tranquille... mais je n'ai pas voulu qu'un brave garçon tel que toi fût trompé sans le savoir...

GAUTIER. Je vous remercie bien... mais je ne puis croire encore que notre prince ait des idées pareilles...

GILBERT. Tais-toi!... tais-toi! (*Regardant par l'embrasure à droite.*) Ne vois-tu pas de ce côté, aux pieds du rempart et dans ces fossés que baigne l'Escaut... un homme qui aborde dans une barque?.. regarde bien...

GAUTIER. Eh! oui... malgré le manteau qui l'enveloppe, et quoiqu'il soit déguisé, c'est le prince.

GILBERT, *à part.* Quel bonheur!

GAUTIER. C'est fait de moi... et Marguerite...

GILBERT. Du silence!.. viens avec moi... je te dirai ce qu'il faut faire pour sauver ta maîtresse et pour seconder nos projets...

GAUTIER. Oui, monseigneur... mais je voudrais pourtant avoir des preuves de cette trahison...

GILBERT. Je te les donnerai après...

GAUTIER. J'aimerais mieux avant.

(*Ici commence la ritournelle du morceau suivant.*)

GILBERT, *l'entraînant par la porte à droite.* Eh! viens, te dis-je!... c'est lui!

SCENE III.

LE PRINCE, *entrant par la porte du fond et regardant autour de lui.*

RECITATIF.
Majestueux remparts, imposante tourelle,
Vous, qui de mes aycux attestez la grandeur,
Dans vos murs ténébreux, asile de ma belle,
Aux regards indiscrets cachez bien mon bonheur!

AIR.
O ma noble grand'tante,
Prêtez-moi quelque tems
Votre voix chevrotante,
Et vos pas chancelans,
Vos principes rigides,
Vos cheveux blancs, vos rides!...
Bonne vieille! à vous j'ai recours,
Protégez mes jeunes amours!

Pour charmer leur maîtresse,
D'autres, de la jeunesse
Empruntent les attraits!
Moi, pour séduire et plaire,
D'un front sexagénaire
Je vais prendre les traits!
O ma noble grand'tante,
Prêtez-moi quelque tems
Et votre voix tremblante,
Et vos pas chancelans,
Vos principes rigides,
Vos cheveux blancs, vos rides...
Bonne vieille, à vous j'ai recours,
Protégez mes jeunes amours!

Mais sous ces vêtemens, si riches et si vieux,
Va battre un cœur qu'amour embrase de ses feux!
Aussi je n'irai pas
Lui dire, hélas!
(*Imitant le ton d'une vieille femme.*)
Tremblez, fillette,
L'amour vous guette,
C'est un trompeur,
Un suborneur!
Il n'est si tendre
Que pour surprendre
Et votre cœur
Et votre honneur!

Mais d'elle je m'approcherai,
Et plein d'amour je lui dirai :
(*Vivement et avec chaleur.*)
Le printems
N'a qu'un tems;
Cette rose,
Fraîche éclose,
Va languir
Et mourir,
Si l'on n'ose
La cueillir!
Nos beaux jours
Sont si courts,
Fille sage,
Au passage
Doit saisir
Le plaisir
Qui, volage,
Va s'enfuir!

Voilà!... voilà ce que je vais lui dire,
Et l'amour qui m'inspire
Va de son jeune cœur
Désarmer la rigueur!

(*Il sort par la porte à gauche.*)

SCENE IV.

LE PRINCE, GILBERT.

LE PRINCE. Arrivez donc, messire Gilbert, vous tardez bien à venir présenter vos hommages à la dame châtelaine, à la duchesse de Brabant!...

GILBERT. Je m'occupais d'exécuter ses ordres...

LE PRINCE. Cela vaut mieux! Où sont les robes de cour et la coiffure que je vous ai commandées?

GILBERT, *montrant la porte à gauche.* Là, dans votre chambre à coucher.

LE PRINCE. C'est bien!

GILBERT. Est-ce que votre altesse est venue seule sur cette barque?

LE PRINCE. Non, vraiment, le comte de Bruges et le rigide Saint-Pol avaient voulu m'accompagner; ils ne m'ont parlé pendant toute la traversée que de machinations et de complots tramés contre moi... ils avaient même donné l'ordre de fermer, après mon départ, les portes de la ville...

GILBERT, *à part.* Grand Dieu!

LE PRINCE. Et d'autres précautions encore... c'était à périr d'ennui... aussi, en arrivant, je les ai renvoyés...

GILBERT. A la bonne heure!

LE PRINCE. Je ne veux ici que des amis, et comme ils insistaient, comme ils ne voulaient pas me quitter, j'ai été obligé, pour m'en débarrasser, de les charger d'un message honorable et important...

GILBERT. Et lequel?

LE PRINCE. D'aller complimenter de ma part le connétable de Clisson qui s'avance.

GILBERT, *à part.* O ciel!...(*Au prince.*) Ce n'est sans doute qu'une avant-garde... un détachement peu nombreux... car il est impossible que son armée ait fait une pareille diligence...

LE PRINCE. Est-ce que je sais? te voilà presque aussi ennuyeux que les autres... Parle-moi de ma future conquête.. de ma gentille Marguerite.. m'a-t-elle précédé en ces lieux?...

GILBERT. Elle vient d'arriver.

LE PRINCE. Et tu ne me le dis pas!

GILBERT. Conduite par maître Vanderblas, qui a voulu l'escorter jusqu'ici, elle est là qui attend l'honneur d'être présentée à la duchesse douairière...

LE PRINCE, *vivement.* Amène-la donc vite... qu'elle paraisse...

GILBERT. Et votre toilette?...

LE PRINCE. C'est juste!.... ce ne sera pas long... Reçois ici ma demoiselle d'honneur... sois sage et respectueux, Gilbert!.. si tu ne veux encourir la colère de ton prince... et surtout de la duchesse!

SCÈNE V.

GILBERT, VANDERBLAS, MARGUERITE.

GILBERT. Et les autres qui ne viennent point... je n'y conçois rien... à moins que cet ordre de fermer les portes de la ville...

VANDERBLAS, *entrant avec Marguerite à qui il donne le bras.* Suis-moi... et n'aie pas peur!

MARGUERITE, *regardant autour d'elle.* Que cette tour est vieille et belle!...

VANDERBLAS. Dam!... la duchesse de Brabant ne peut habiter qu'un séjour digne d'elle... sous tous les rapports...

MARGUERITE. Et je ne sais... en entrant dans cet antique château, quel mouvement d'effroi j'ai éprouvé...

GILBERT, *à part.* Un pressentiment, peut-être...

VANDERBLAS. Il est de fait que ce n'est pas gai...

MARGUERITE, *s'approchant de l'embrasure à droite.* Si, vraiment... car d'ici l'on découvre toute la campagne... les bords du fleuve, et même de loin les remparts de Gand.

GILBERT, *courant à elle et la retenant.* Prenez garde!... prenez garde, mon enfant... cette tour est élevée de plus de deux cents pieds... et par cette embrasure on pourrait se précipiter...

VANDERBLAS, *regardant.* Je crois bien... pas même de garde-fou... et l'Escaut au pied de la tour... rien qu'à regarder, cela donne des vertiges...

MARGUERITE. N'avez-vous pas peur?...

GILBERT. Je vois que vous êtes plus brave...

VANDERBLAS. Ça n'est pas étonnant... la fille d'un militaire... d'un officier...

GILBERT. C'est ce qu'on nous a dit... raison de plus pour qu'aujourd'hui la duchesse... ou plutôt le prince acquitte les dettes de son père.

MARGUERITE. Vous avez bien raison.

VANDERBLAS. Il est de fait que c'est un grand prince!... un prince qui mérite bien l'amour de ses sujets... surtout depuis que j'ai la certitude d'être admis dans le nouvel emprunt, j'ai senti redoubler pour son altesse le dévouement que j'ai toujours professé pour son auguste famille!

GILBERT. Que dit-il?...

VANDERBLAS. Oui, monseigneur... je suis à lui corps et ame. J'ai quitté pour lui ma maison et ma boutique que j'ai laissées à la garde de ma femme et de Gautier... prêt à sacrifier pour mon prince ma famille, ma personne et même mon avoir...

GILBERT. C'est bien! (*A demi-voix.*) C'est pour Marguerite que vous dites cela?

VANDERBLAS. Oui, monseigneur... je le dis pour Marguerite et pour vous... car puisque vous voilà, je ne suis pas fâché de vous parler de nos projets. J'ai vu les autres...

GILBERT, *voulant le faire taire.* Imprudent!...

VANDERBLAS, *d'un air malin.* Van-Berg et Van-Grip, deux marchands, mes confrères et comme moi syndics du commerce, qui disaient entre eux à voix basse : Ce soir, au château de Lisvard ! et j'ai deviné sans peine que c'était pour notre grande affaire... pour l'emprunt...

GILBERT, *vivement.* Que dites-vous?

VANDERBLAS. Et pour ma part... je suis prêt... j'ai les fonds.

GILBERT, *vivement.* En vérité!... vous avez donc de l'or, messire Vanderblas?

VANDERBLAS, *avec orgueil.* Je crois, sans me vanter, que j'en trouverais aisément sur ma signature.

GILBERT. J'entends bien... mais ce qu'il nous faudrait avant tout... c'est de l'argent comptant.

VANDERBLAS, *souriant.* N'est-ce que cela? j'ai chez moi... dans la chambre de ma femme... dans un bahut fermant à trois serrures, un coffret à clous dorés qui renferme dix mille nobles à la rose...

GILBERT. Ah!... mon ami... mon cher ami! (*lui secouant la main.*) Je ne sais pas si nous nous entendons!...

VANDERBLAS. Je crois que si...

GILBERT, *le regardant bien en face.* Je crois que non... mais c'est égal! si jusqu'ici vous n'étiez pas des nôtres... vous êtes digne d'en être...

VANDERBLAS, *avec complaisance.* N'est-il pas vrai?

GILBERT. Et désormais vous ne nous quitterez plus...

MARGUERITE. J'entends du bruit.

GILBERT. Silence!... c'est la duchesse.

SCENE VI.

GILBERT *va au-devant du prince, et lui offre respectueusement la main,* LE PRINCE *sortant de la porte à gauche, habillé en dame de la cour, costume flamand de 1383,* VANDERBLAS, MARGUERITE.

QUATUOR.

GILBERT, *regardant le prince.*
Des attraits d'une belle
Son cœur est enchanté ;
Et va gaîment pour elle
Perdre sa liberté !

LE PRINCE, *regardant Marguerite.*
Quelle grâce nouvelle !
Et qu'elle a de beauté !
D'espérance, auprès d'elle,
Mon cœur est agité !

MARGUERITE *et* VANDERBLAS, *regardant le prince.*
Que sa démarche est belle,
Et que de majesté !
De respect, auprès d'elle,
Mon cœur est agité!

LE PRINCE, *à Marguerite.*
Approchez-vous, mon enfant.

MARGUERITE, *hésitant.*
                    Ah ! je tremble !

VANDERBLAS, *la faisant passer.*
Approché donc !
(*Regardant le prince.*)
                    Ah ! mon Dieu !

LE PRINCE.
Qu'avez-vous ?

VANDERBLAS.
        Ah ! combien son altesse ressemble
A son auguste neveu !

LE PRINCE.
C'est tout simple.

VANDERBLAS, *s'inclinant.*
        C'est vrai, je m'en étonne peu.

ENSEMBLE.

GILBERT.
Des attraits d'une belle, etc.

LE PRINCE.
Quelle grâce nouvelle, etc.

MARGUERITE *et* VANDERBLAS.
Que sa démarche est belle, etc.

LE PRINCE, *à Marguerite.*
A ne plus me quitter vous êtes destinée,
C'est le désir du prince !

MARGUERITE.
            Et moi c'est mon bonheur !
Et je viens à vos pieds, humblement prosternée...

LE PRINCE, *la relevant.*
A mes pieds... non, vraiment!... mais là... contre
               [mon cœur !...
Par faveur spéciale il faut que je l'embrasse !

MARGUERITE.
Je n'oserai jamais !

VANDERBLAS, *la poussant.*
            On te fait cette grâce !
Va donc !

GILBERT, *regardant le prince qui embrasse Marguerite.*
Morbleu, j'enrage !

VANDERBLAS.
        Ah ! grand Dieu! quel bonheur !

LE PRINCE, *à Gilbert, lui montrant Marguerite.*
Gilbert, nous entendons que son appartement
Soit ce soir près du nôtre !...

GILBERT, *à part.*
            Il songe à tout, vraiment !

LE PRINCE.

Et maintenant laissez-nous !

VANDERBLAS, *s'inclinant.*

Oui, princesse !

GILBERT, *à part.*

Allons armer la fureur vengeresse
De maître Gautier qui m'attend !

ENSEMBLE.

LE PRINCE.

Oui, dans mon cœur,
Nouvelle ardeur
S'allume aux feux
De ses beaux yeux.
De mon projet
Rien ne saurait
La préserver,
Ni la sauver.

GILBERT.

Flamme brûlante,
Qui le tourmente,
Croît et s'augmente
Par tant d'attraits !
Sans plus attendre,
Sans se défendre,
Il va se prendre
En nos filets !

MARGUERITE, *regardant la duchesse.*

Oui, dans mon cœur
Plus de frayeur ;
Un sort heureux
Comble mes vœux.
D'un noir projet
Sa main saurait
Me préserver,
Et me sauver.

(*Gilbert et Vanderblas sortent par la porte à droite.*)

SCENE VII.

LE PRINCE *est assis dans un grand fauteuil,* MARGUERITE *est debout devant lui.*

LE PRINCE. Enfin, mon enfant, nous voilà seuls.

MARGUERITE. Que veut de moi madame la duchesse ?

LE PRINCE. D'abord, ferme ces portes... pour que l'on ne vienne point nous troubler... Apporte-m'en les clés. (*Marguerite, après avoir fermé les trois portes, en présente les clés au prince.*) C'est bien... maintenant assieds-toi sur ce tabouret, près de moi... plus près encore...

MARGUERITE. Madame la duchesse est trop bonne.

LE PRINCE. Non pas... c'est à moi que cela fait plaisir... car à ta première vue, Marguerite, je t'ai prise en affection.

MARGUERITE. Oh ! madame, comment reconnaître tant de bontés...

LE PRINCE, *jouant avec les boucles de cheveux de Marguerite.* Comment les reconnaître ? eh ! mais d'abord par ta franchise, dût-elle me blesser... je la veux pleine et entière, me le promets-tu ?

MARGUERITE. Je vous le promets comme à ma souveraine !...

LE PRINCE. Eh bien ! d'abord que penses-tu de mon neveu ?

MARGUERITE. Je ne dois en penser que du bien... c'est mon protecteur et mon bienfaiteur...

LE PRINCE. C'est-à-dire... que s'il n'était pas ton bienfaiteur, tu lui reprocherais peut-être, comme tout le monde, sa légèreté, son extravagance...

MARGUERITE. Moi, madame ?...

LE PRINCE. Moi-même... je la lui ai reprochée plus d'une fois... Plus d'une fois, il a pris la résolution de ne plus écouter ses favoris... de gouverner par lui-même...

MARGUERITE. C'était bien !...

LE PRINCE. Mais d'autres idées... des idées de jeunesse et d'amour... Et toi qui parles, Marguerite... il te sied mal de blâmer des folies dont tu es la cause première...

MARGUERITE. Moi, madame ?

LE PRINCE. Oui... il a confiance en moi, il m'a tout raconté, il m'en a presque attendrie... tant il était malheureux depuis le jour où, pour la première fois... inconnu et déguisé... il a eu le bonheur de te défendre... de passer auprès de toi une soirée entière... et puisque tu m'as promis de la franchise... dis-moi si son respect et ses soins ne t'avaient pas touchée...

MARGUERITE. Si, madame.

LE PRINCE. Tu as donc pensé à lui ?

MARGUERITE. Tous les jours... tant que je l'ai cru mon égal...

LE PRINCE. Ah !

MARGUERITE. Mais quand j'ai cru qu'il voulait me tromper et me séduire... mon amour s'est changé en mépris.

LE PRINCE, *à part.* O ciel !

MARGUERITE. Pardon, madame, d'un tel excès de sincérité...

LE PRINCE. Et maintenant, mon enfant, quel sentiment est resté dans votre cœur ?

MARGUERITE. Le remords de l'avoir mal jugé ! car lorsque j'y pense, je ne comprends pas encore comment j'ai pu le soupçonner... oui, c'était indigne à moi d'accuser d'une aussi lâche trahison... un cœur si noble et si généreux. (*se tournant vers le crucifix.*) Pardonnez-le moi, ô mon Dieu, car vous qui lisez dans mon cœur, vous savez qu'à présent je le révère, je le respecte, et je donnerais mes jours pour lui... (*Elle se retourne, et voit le prince qui vient d'ôter sa coiffe et de jeter sa grande robe; elle pousse un cri.*) Ah!

DUO.
ENSEMBLE.
MARGUERITE.

O trahison ! ô perfidie !
Qui de mes sermens me délie ;
Fuyez, fuyez, retirez-vous !
Du ciel redoutez le courroux !

LE PRINCE.

C'est moi qui t'adore et supplie,
Pardonne, ô maîtresse chérie !
De tes yeux brillans et si doux
Modère un instant le courroux!

MARGUERITE. [*neur brille,*
Vous, prince tout puissant!... vous chez qui l'honDe mes vous armer contre une pauvre fille!...

LE PRINCE.

Que j'adore et qui veut me fuir !
(*Voyant Marguerite qui court à la porte du fond.*)
Tu l'essaîrais en vain !... tu ne peux plus sortir !

MARGUERITE.

O ciel !

LE PRINCE.

Te voilà sous ma garde !
Nul ne peut te défendre, et nul ne nous entend !

MARGUERITE.

Excepté Dieu qui vous regarde,
Et qui vous juge en ce moment.

ENSEMBLE.
MARGUERITE.

O trahison ! ô perfidie !
Qui de mes sermens me délie !
Fuyez, fuyez, retirez-vous !
Du ciel redoutez le courroux !

LE PRINCE.

C'est moi, c'est moi qui te supplie,
Sois à moi, maîtresse chérie !
Oui, pour un moment aussi doux,
Du ciel je brave le courroux.

(*Il s'avance vers Marguerite qui s'élance vers l'embrasure à droite.*)

MARGUERITE.

Arrêtez ! ou du haut de l'abîme
Je m'élance à l'instant, si vous faites un pas !

LE PRINCE, *s'arrêtant frappé d'effroi.*
Grands Dieux !

MARGUERITE, *touchant de la main l'embrasure.*

Ah ! je ne vous crains pas !
Je suis sûre à présent de mourir !

LE PRINCE.

D'un tel crime
Tu me juges capable !

(*Il fait un pas vers elle; Marguerite passe à moitié le corps dans l'embrasure, le prince effrayé reste immobile.*)

Ah ! je n'avance pas !

AIR.

Devant toi, Marguerite,
N'osant lever les yeux,
Ton prince sollicite
Un pardon généreux !
Oui, du dieu qui t'inspire
Désarme le courroux ;
Je t'honore et t'admire,
Et suis à tes genoux !

Le remords vient d'éteindre
Une coupable ardeur,
Tu n'as plus rien à craindre,
J'en jure par l'honneur !
Devant toi, Marguerite,
N'osant lever les yeux,
Ton prince sollicite
Un pardon généreux !
Oui, du dieu qui t'inspire
Désarme le courroux !
Je t'honore et t'admire,
Et tombe à tes genoux !

(*Il se met à genoux, et Marguerite, qui pendant cet air s'est peu à peu éloignée de l'embrasure de la tour, se trouve près de lui dans ce moment et lui tend la main.*)

MARGUERITE.

Relevez-vous, monseigneur,
Marguerite vous pardonne,
Et sans crainte s'abandonne
Désormais à votre honneur !

ENSEMBLE.
LE PRINCE.

Sa vertu, qui m'enflamme,
A fait naître en mon ame
Le repentir vengeur !
Méritons son estime,
Que mon cœur se ranime
A la voix de l'honneur !

MARGUERITE.

Il bannit de son ame
Une coupable flamme,
Et dans son noble cœur
Il déteste son crime,
Et soudain se ranime
A la voix de l'honneur !

LE PRINCE, *lui remettant une des clés.*

Deviens libre !... pour toi ces portes vont s'ouvrir !
Et quels que soient tes vœux, prompt à les satisfaire,
Je t'offre dès ce jour une amitié de frère,
Que tu peux désormais accepter sans rougir !

MARGUERITE, *fléchissant le genoux.*

Et maintenant c'est moi
Qui vous bénis et vous honore !

LE PRINCE, *détournant la tête.*

Oui, plus que jamais je t'adore,
Et je renonce à toi !
Va-t'en ! va-t'en !

ENSEMBLE.
LE PRINCE.

Sa vertu, qui m'enflamme,
A fait naître en mon ame
Le repentir vengeur ;
Méritons son estime,
Que mon cœur se ranime
A la voix de l'honneur !
Fuyons, fuyons, pour que mon cœur
Demeure fidèle à l'honneur !

MARGUERITE.
Il bannit de son ame
Une coupable flamme,
Et dans son noble cœur
Il déteste son crime,
Et soudain se ranime
A la voix de l'honneur !
Oui, désormais son noble cœur
Restera fidèle à l'honneur !

(*Le prince s'élance par la porte à gauche, du fond, qu'il ouvre, et disparaît.*)

SCENE VIII.

MARGUERITE *seule*, *puis* GAUTIER.

MARGUERITE. O mon Dieu, que je te remercie!... je ne serai point forcée de le haïr! (*On frappe à la porte du fond.*) Qu'est-ce donc?... qui vient là? (*Elle va ouvrir.*) Vous, Gautier, vous dans ces lieux !

GAUTIER, *pâle et tremblant*. Oui, mamzelle; moi, Gautier, qui viens d'apprendre que vous étiez ici enfermée avec un séducteur... Je sais tout, sa ruse (*montrant la robe de la duchesse qui est restée sur le grand fauteuil*) et ce déguisement...

MARGUERITE. Et tu venais pour me défendre?...

GAUTIER. Pour le tuer!...

MARGUERITE. Tuer ton prince!... Y penses-tu?

GAUTIER. Que viens-je d'entendre?... Vous prenez son parti...

MARGUERITE. Oui, parce que c'est le plus noble et le plus généreux des hommes.

GAUTIER. Lui!

MARGUERITE. Je te le jure!...

GAUTIER. Vous dites cela parce que vous l'aimez... parce que vous êtes maintenant d'intelligence avec lui; mais ça ne le sauvera pas, je le tuerai !

MARGUERITE. Gautier, ce n'est pas pour lui... c'est pour toi que je parle. Veux-tu courir à une perte certaine... attenter aux jours de ton maître... dans ce château où il est environné de ses serviteurs !...

GAUTIER. Dites de ses ennemis... ils vont tous arriver...

MARGUERITE. Qui donc?

GAUTIER. Les chaperons blancs... un des nôtres est accouru en avant pour nous l'apprendre... dans un instant, ils seront maîtres du château... Oui, mademoiselle, oui, dussiez-vous en mourir de chagrin... ils ont juré de s'emparer du prince, de le faire abdiquer, ou de le tuer... ils ne savent pas encore au juste; mais, dans ce cas-là... c'est moi qu'ils en ont chargé...

MARGUERITE, *toute tremblante*. Oh! ce n'est pas possible... et loin de te ranger parmi ses ennemis, tu le défendras... tu m'aideras à le défendre ! Ecoute, Gautier, ma main est à toi... je te la donne, je t'épouse, si tu sauves ses jours!...

GAUTIER. Ah! comme vous avez peur!... vous voyez bien que vous l'aimez, que vous tremblez pour lui... et maintenant sa mort est certaine...

MARGUERITE. Non, grâce au ciel!... car je cours le prévenir, l'avertir du danger...

GAUTIER, *la retenant*. Vous n'irez pas!

MARGUERITE, *apercevant Vanderblas qui entre*. Ah! notre maître... c'est le ciel qui l'envoie! Venez, venez vite...

VANDERBLAS, *apercevant Gautier*. Gautier!... moi qui le croyais à ma boutique... voilà une maison bien gardée... Que venez-vous faire ici?

MARGUERITE. Il vient pour tuer le prince...

VANDERBLAS. Lui!... mon apprenti!... Qu'est-ce que c'est, monsieur... qu'est-ce que c'est que ces manières-là? je vous chasse... je vous renvoie de chez moi! Me compromettre à ce point... moi dont on connaît toujours le zèle et le dévouement pour la maison régnante... Je vais le dénoncer à messire Gilbert et le faire arrêter.

MARGUERITE. A la bonne heure!...

SCENE IX.

LES PRÉCÉDENS, GILBERT.

GILBERT, *parlant à la cantonnade*. Qu'on baisse le pont-levis... dès qu'ils se présenteront et qu'un son de cor nous prévienne de leur arrivée. Ah! mon fidèle Vanderblas, vous voilà !...

VANDERBLAS. Oui, monseigneur, je voulais vous prévenir...

GILBERT. Je le sais...

VANDERBLAS. Que le prince...

GILBERT. Il est à nous... il ne peut nous échapper...

VANDERBLAS. Est-il possible?...

GILBERT, *à Vanderblas*. Oui, maintenant ta fortune est assurée; car nos projets vont réussir...

MARGUERITE. Vos projets !... il en était donc ?
GILBERT. Lui !... c'est un de nos chefs...
MARGUERITE. Qu'est-ce que j'entends là ?...
VANDERBLAS, *à Marguerite.* Moi !... du tout... car je ne sais rien ; on ne m'a pas expliqué le projet...
GILBERT. A quoi bon ? aurais-tu peur au moment du succès ?.. Il ne s'agit plus de reculer, car il y va pour toi d'être vainqueur ou pendu !
VANDERBLAS, *tremblant.* Pendu !... certainement, s'il ne s'agit que de choisir... (*A part.*) Où me suis-je fourré ? bon Dieu !
GILBERT. Quant à toi, Marguerite, tu seras satisfaite... encore un instant, et nous aurons puni ton ravisseur...
MARGUERITE, *à part avec effroi.* O ciel !
GILBERT. Et tu seras vengée de ses outrages...
GAUTIER, *à Marguerite avec fureur.* Ses outrages ! vous voyez bien, et vous voulez m'empêcher de frapper...
MARGUERITE, *avec fierté.* Ai-je besoin de ton bras ?... (*Regardant Gilbert.*) Croit-il donc le mien incapable de servir un ami ou de punir un traître ?...
GILBERT, *lui frappant sur l'épaule.* Bien, Marguerite, c'est parler en héroïne, et nous comptons sur toi... (*Montrant Vanderblas.*) Ton courage lui donnera du cœur !
VANDERBLAS, *bas à Marguerite.* Et toi aussi, Marguerite ?..
MARGUERITE, *à demi-voix.* Silence... ne m'avez-vous pas comprise ?
VANDERBLAS. Pas le moins du monde ! (*A part.*) Si quelqu'un pouvait m'apprendre ce que je suis venu faire ici, et où nous sommes dans ce moment... (*Se rapprochant de Marguerite.*) Je n'ai plus qu'un espoir...
MARGUERITE, *vivement.* Lequel ?
VANDERBLAS. C'est dans la duchesse de Brabant !
(*Marguerite fait un mouvement d'impatience.*)
GILBERT, *qui pendant ce tems a remonté le théâtre, redescend près d'eux.* C'est le prince !... pas un mot !... il n'est pas encore tems d'agir.

SCÈNE X.

MARGUERITE, VANDERBLAS, LE PRINCE, GAUTIER, GILBERT, *entrant par la porte à droite avec* BERGHEN *et un autre seigneur.*

FINAL.

LE PRINCE, *à Berghen et à l'autre seigneur.*
Pour célébrer ici ma nouvelle victoire,
Mon fidèle Gilbert vous invita tous deux ?
BERGHEN, GILBERT *et l'autre seigneur.*
Oui, monseigneur, gaîment nous venons boire
A vos triomphes amoureux !

LE PRINCE.

Eh bien ! vous vous trompez, il est une autre gloire
Qui m'est chère !

GILBERT.

Et laquelle ?

LE PRINCE, *souriant.*
Ah ! tu n'y pourrais croire !
Soupons d'abord.
(*En ce moment on apporte une table servie.*)
Vous connaîtrez demain
(*Montrant Marguerite.*)
Le sort que je lui garde... et quel est mon dessein ;
Mais ce soir, mes amis, à table !
Et vive le bon vin !
A ce banquet aimable
Buvons jusqu'à demain !

GILBERT, *regardant le prince qui ôte son épée.*
De ces vins enivrans la volupté suprême
Le livre sans défense à notre bras vengeur !

LE PRINCE, *à part.*
Je suis satisfait de moi-même...
Cela doit me porter bonheur !...

ENSEMBLE.

GILBERT, BERGHEN, GAUTIER, L'AUTRE SEIGNEUR.
L'ivresse de la table
Le livre entre nos mains ;
Le destin favorable
Sourit à nos desseins !

MARGUERITE.

Ah ! la terreur m'accable,
Hélas ! je veux, en vain,
A leur trame coupable
Soustraire son destin !

LE PRINCE.

A table ! à table ! à table !
Et vive le bon vin !
A ce banquet aimable
Restons jusqu'à demain !

VANDERBLAS.

Mystère inexplicable !
Je suis entre leurs mains,
Et me voilà coupable,
Sans savoir leurs desseins !

LE PRINCE.

O vous, ma belle Marguerite,
Restez ici, je vous invite !
(*A Vanderblas.*)
Ainsi que votre maître !...
(*A Gautier.*)
Et vous, notre apprenti,
Qui fûtes mon confrère, asseyez-vous aussi !
VANDERBLAS, *interdit et ne sachant s'il doit accepter.*
Je ne sais... si je dois !...
(*Gilbert lui fait signe d'accepter.*)
Nous asseoir... à la table...
Du prince !

LE PRINCE.

Pourquoi pas ? Le prince le veut bien,
Et Pétiquette ici n'en saura rien !

ENSEMBLE.

LE PRINCE.

A table ! à table ! à table !
Et vive le bon vin!
A ce banquet aimable
Restons jusqu'à demain !

GILBERT, GAUTIER, BERGHEN.

L'ivresse de la table
Le livre entre nos mains.
Le destin favorable
Sourit à nos desseins !

MARGUERITE.

Ah ! la terreur m'accable,
Hélas ! je veux, en vain,
A leur trame coupable
Soustraire son destin !

VANDERBLAS.

Ah ! la terreur m'accable !
Innocent ou coupable,
J'ignore leurs desseins.

LE PRINCE, *buvant et versant à tout le monde.*

Près de vous, mes amis, tout semble me sourire !
Pour doubler le bonheur qu'en ces lieux je respire,
Marguerite, dis-nous quelque refrain joyeux !

MARGUERITE, *tremblante.*

Moi... monseigneur ?.. je n'ose... je ne peux !

LE PRINCE, *à part et lui prenant la main.*

Elle tremble, vraiment !

MARGUERITE, *à part.*

Pour lui, je meurs d'effroi !

LE PRINCE.

Eh bien ! donc, je commence... amis, écoutez-moi.

Premier couplet.

Jusques à la naissante aurore,
  Gaiment buvons
Ce bon vin dont le jus colore
  Ces vieux flacons !
Eh ! vive la folie !
Souvent, dans cette vie,
Le plus joyeux festin
N'a pas de lendemain !

Deuxième couplet.

Si la Parque, dont chacun tremble,
  A moi s'offrait,
Je lui dirais : Trinquons ensemble,
  Et je suis prêt !
Eh ! vive la folie !
Souvent, dans cette vie,
Le plus joyeux festin
N'a pas de lendemain !

(*On entend en dehors un son de cor prolongé.
Tout le monde se lève.*)

GILBERT, *montrant le prince.*

Ce festin, en effet, est pour lui le dernier !

LE PRINCE.

Que dites-vous ?

GILBERT.

Qu'ici vous êtes prisonnier !

(*Le prince s'élance sur son épée, dont Berghen
s'est emparé. Les trois portes s'ouvrent, et paraissent les conjurés, vêtus de blanc, masqués
et portant le chaperon blanc.*)

ENSEMBLE.

MARGUERITE.

Ne permets pas qu'il succombe,
Mon Dieu, viens le préserver !
Que pour moi s'ouvre la tombe
Si je ne puis le sauver !

CHŒUR DES CONJURÉS.

Du pouvoir qu'enfin il tombe,
Lui qui croyait nous braver !
Oui, que le tyran succombe !
Rien ne peut plus le sauver !

LE PRINCE.

Oui, s'il faut que je succombe,
Si rien ne peut me sauver,
Prêt à descendre dans la tombe,
Je veux encor vous braver !

VANDERBLAS.

Dans le doute, hélas ! je tombe,
Et je crois encor rêver !
Ah ! de terreur je succombe !
Dieu ! que va-t-il m'arriver ?

LE PRINCE, *regardant Gilbert et Berghen.*

Vils courtisans ! dont la bassesse insigne
Naguère encor embrassait mes genoux,
De régner je n'étais pas digne,
J'ai pu croire un instant des lâches tels que vous !

GILBERT, *à Gautier et à Vanderblas, leur faisant
signe d'entraîner le prince.*

Emmenez-le !

VANDERBLAS, *effrayé et hésitant.*

Qui ?.. nous ?..

GILBERT, *bas, à Vanderblas.*

Il y va de ta tête !

LE PRINCE, *regardant Vanderblas qui s'approche
de lui.*

Vous aussi, Vanderblas ?

VANDERBLAS, *tremblant et regardant Gilbert.*

Oui ! oui !.. je vous arrête.

LE PRINCE.

Que vous ai-je donc fait pour servir leur fureur?

VANDERBLAS, *interdit.*

Ce que vous m'avez fait ?.. à moi ?.. demandez-leur !

LE PRINCE.

Ainsi donc, en mon sort funeste,
Lorsque je comptais sur leur foi,
Il n'est pas d'ami qui me reste !

(*Avec douleur.*)

Non, pas un seul !..

MARGUERITE, *qui, dans ce moment, est entre lui
et Vanderblas, lui dit à demi-voix.*

Excepté moi !

(*Puis apercevant Gilbert qui s'avance, elle s'écrit
vivement.*)

Oui, le tyran succombe,
Lui, qui croyait nous braver !

ENSEMBLE.

GILBERT, GAUTIER *et* LES CONJURÉS.

Du pouvoir qu'enfin il tombe,
Lui, qui croyait nous braver !
Oui, que le tyran succombe !
Rien ne peut plus le sauver !

LE PRINCE.

Oui, s'il faut que je succombe,
Si rien ne peut me sauver,
Prêt à descendre en la tombe,
Je veux encor vous braver !

MARGUERITE, *à part.*

Ne permets pas qu'il succombe,
Mon Dieu, viens le préserver !

Que pour moi s'ouvre la tombe
Si je ne puis le sauver !

VANDERBLAS.

Dans le doute, hélas ! je tombe,
Et je crois encor rêver !
Ah ! de terreur je succombe !
Dieu ! que va-t-il m'arriver ?

(*Gilbert fait signe d'emmener le prince, qui, escorté de Gautier, de Vanderblas et de plusieurs chaperons, sort en regardant toujours Marguerite.*)

FIN DU DEUXIÈME ACTE.

ACTE III.

La vaste cour d'un château fort, entouré de tous les côtés de fossés pleins d'eau. A gauche du spectateur, une tourelle dont une porte donne sur les fossés et l'autre sur le théâtre.

SCENE PREMIERE.

PETERSEN, GAUTIER, MARGUERITE, CHAPERONS.

(*Pettersen, le mousquet sur l'épaule, est en faction devant cette porte. Au fond et derrière le large fossé baigné par l'Escaut, une haute muraille qui forme la dernière enceinte. A droite et dans la muraille, une poterne et un pont-levis qui est levé, et par lesquels on sort dans la campagne. En dehors, une colline qui domine la cour du château. A droite, sur le premier plan, Gautier et plusieurs chaperons blancs boivent ou jouent aux dés. Marguerite est près d'eux, mais de tems en tems regarde la porte de la prison qui est à gauche. Les mousquets des chaperons sont sur les rateliers au milieu du théâtre.*)

GAUTIER.

Moi je connais une maîtresse
Qui jamais ne me trahira !
Que sans crainte en mes bras je presse !
Cette belle maîtresse-là,
Tra la, la, etc.
Tra la, la,

(*Montrant une bouteille.*)

La voilà.
Les amours n'ont que peu d'instans,
Mais on peut boire en tous les tems.
Vive le vin ! (*bis.*)
C'est là mon seul refrain.

MARGUERITE *s'avançant au bord du théâtre et regardant la porte de la prison.*

AIR :

Succombant à ses peines,
C'est là qu'il doit gémir !
Comment briser ses chaînes,
Comment le secourir ?

GAUTIER.

Ma bouteille fraîche et vermeille
A tous les jours nouveaux appas ;
A soi seul on a sa bouteille ;
Et près d'une autre belle, hélas !
Tra la, la, etc.
Tra la, la, ce n'est plus ça,
Un verre passe en un instant,
L'amour encor plus promptement,
Vive le vin ! (*bis.*)
C'est là mon seul refrain.

MARGUERITE.

Dans son destin funeste,
De tous il est trahi ;
Mon amitié lui reste,
Et veillera sur lui.

GAUTIER *et* SES SOLDATS.

De cette bière qui mousse,
 Mousse, mousse,
Versez, versez les flots légers !
Ah ! combien la victoire est douce,
Surtout quand elle est sans dangers !

(*Dans ce moment les chaperons présentent tous leurs verres que Gautier remplit.*)

MARGUERITE, *s'approchant d'eux.* Vous êtes de bons camarades ! vous ne pensez seulement pas à Pettersen qui est là depuis plus d'une heure en faction !

GAUTIER. Oui, Pettersen et ses frères... encore des amoureux à vous, voilà pourquoi vous les soignez !

MARGUERITE, *prenant sur la table un verre et un pot de bière.* Certainement !... vous êtes tous venus ici avec des idées de vengeance ou d'intérêt... mais Pettersen n'est venu que pour me défendre et me sauver.

GAUTIER, *buvant.* Comme moi !... c'est moi qui l'ai amené !

MARGUERITE. Excepté qu'il m'obéit... qu'il m'est dévoué... et toi, Gautier, tu as déjà trop d'ambition pour avoir long-tems de l'amour.

GAUTIER. L'un n'empêche pas l'autre... au contraire !

(Marguerite s'est approchée de Pettersen qui est à gauche en faction. Elle lui présente le verre et lui verse à boire pendant que Gautier et les chaperons se sont remis à jouer aux dés.)

MARGUERITE, *à demi-voix*. Eh bien ! Pettersen, as-tu pensé à ce que je t'ai dit ?

PETTERSEN. Oui, mamzelle Marguerite, mais il n'y a pas moyen !

MARGUERITE. Tu n'as donc pas parlé à Dick et à tes frères ?

PETTERSEN. Si, vraiment.. Ils voudraient bien, ainsi que moi, tâcher de sauver le prince... parce que, comme vous disiez tantôt, la fidélité, les bons sentimens et une bonne récompense... ça fait toujours quelque chose quand on a de l'honneur... (*A demi-voix.*) Mais c'est que, voyez-vous....

MARGUERITE. Quoi donc ?

PETTERSEN, *de même*. J'ai peur !... et eux aussi ! Des murailles si hautes... des fossés pleins d'eau... car nous sommes ici entourés par l'Escaut... et puis enfin .. il faut tout dire, nous ne sommes que quatre de bonne volonté, et ils sont ici une trentaine de chaperons bien armés, qui nous tueraient sur-le-champ,.. et vous tout de même !

MARGUERITE, *froidement*. Où est Dick ?

PETTERSEN. Il boit !

MARGUERITE. Ton frère aîné ?

PETTERSEN. Il dort !

MARGUERITE. Ton autre frère ?

PETTERSEN. Là haut ! en faction à la poterne... comme moi devant cette prison.

MARGUERITE. Allons, tout n'est pas désespéré... et l'on pourrait, peut-être, par eux...

(On entend un roulement de tambour.)

GAUTIER, *se levant ainsi que ses compagnons*. Voilà M. de Berghen.

SCÈNE II.

GAUTIER *et* LES CHAPERONS *à droite*, BERGHEN, VANDERBLAS, MARGUERITE, PETTERSEN, *à gauche*; PLUSIEURS CHAPERONS BLANCS ARMÉS.

BERGHEN. Tout est tranquille dans le château, et au dehors, rien ne nous menace. (*Aux soldats qui le suivent, leur montrant Pettersen et le factionnaire qui est au fond du théâtre.*) Il y a long-tems que ce brave camarade est sous les armes, qu'on le relève et qu'il aille se reposer !

MARGUERITE, *à part*. Oh ! mon Dieu ! plus d'espoir ! (*Haut.*) Il n'y a donc pas moyen de voir monseigneur Gilbert ?

BERGHEN. Pourquoi cela ?

MARGUERITE. Je voulais lui demander quand je pourrais sortir de ce château... dans l'intérêt de maître Vanderblas, un de vos chefs... car enfin, il n'y a plus personne à sa boutique...

VANDERBLAS. C'est vrai... nous voilà tous ici !...

BERGHEN. N'avez-vous pas votre femme, Mme Vanderblas, qui veille à la sûreté de votre maison... et quant à vous, ma chère enfant, quelqu'envie que nous ayons de vous être agréable, nul ne sortira de cette forteresse avant que nos projets n'aient reçu leur entière exécution...

GAUTIER. Eh bien ! qui vous empêche d'agir... et d'en finir ?

BERGHEN. Tout beau, maître Gautier, il faut attendre l'ordre des chefs.

GAUTIER. Eh ! qui sont-ils, ces chefs ?

BERGHEN. On les nomme en ce moment.

GAUTIER. J'espère bien que j'en serai.

TOUS LES AUTRES. Et moi aussi !

GAUTIER. Nous en sommes tous... il ne faut pas croire que, parce que vous êtes grands seigneurs... d'abord ici... il n'y a plus de grands seigneurs... c'est au plus fort et au plus brave d'être le maître... et comme c'est moi qui dois frapper...

BERGHEN. Et qui veut vous enlever cet honneur ? Messire Gilbert vous attend pour vous consulter et prendre votre avis.

GAUTIER. Nous y allons.

BERGHEN, *à Vanderblas*. Quant à vous, maître Vanderblas, il a aussi à vous parler, mais en particulier, et vous prie de l'attendre ici...

VANDERBLAS. Je l'attendrai.

BERGHEN, *regardant Gautier et ses compagnons qui sortent*. Ah ! canailles que vous êtes !... que nous n'ayons plus besoin de vous, et nous verrons.

(Il sort avec Gautier et les chaperons.)

SCÈNE III.

VANDERBLAS, MARGUERITE.

VANDERBLAS, *bas à Marguerite et d'un air tremblant.* Marguerite... nous sommes ici dans un repaire affreux... dans un véritable coupe-gorge !

MARGUERITE. Je le sais bien !... vous avez vu le prince ?

VANDERBLAS. C'est moi qui, tantôt, ai été obligé de le conduire dans la prison du château...

MARGUERITE, *montrant la porte à gauche.* Dans ce cachot humide et malsain ! Pauvre jeune homme !... lui, habitué à son riche palais et à ses belles tentures de Flandre !

VANDERBLAS. Ça n'est plus ça ! et ce n'est rien encore ! il y a bien d'autres dangers...

MARGUERITE, *vivement.* Pour le prince ?

VANDERBLAS. Non, pour moi !... et voilà, ma pauvre Marguerite, ce qui m'inquiète horriblement. Hier, j'ai eu l'imprudence d'avouer à messire Gilbert que j'avais des fonds considérables ou que, du moins, je pouvais toujours en trouver sur ma signature...

MARGUERITE. Je le sais... Il n'y a pas grand mal !...

VANDERBLAS. Il y en a beaucoup. Il m'a dit ce matin : Il nous faut de l'argent... vous êtes un des chefs de l'entreprise !... Moi, Marguerite, un des chefs... comment ça se fait-il ?... je te le demande ?

MARGUERITE. Vous le savez mieux que moi.

VANDERBLAS. Du tout... et voilà ce qui me ferait donner au diable !... enfin... il m'a répété : Nous avons besoin de cinquante mille piastres. J'ai refusé, comme de juste, mon désastre et ma ruine, et alors il s'est écrié : Vous êtes un traître !.. mais je ne veux pas encore vous dénoncer à la vengeance de nos amis.. je vous donne, pour réfléchir, une heure... et après cela.. pendu !...

MARGUERITE. Eh bien ?

VANDERBLAS. Eh bien !.. il y a trois quarts d'heure qu'il m'a dit cela, et tu juges si j'ai pendant ce tems rêvé aux moyens de me sauver !

MARGUERITE. Et le prince ?

VANDERBLAS. Le prince !... c'est autre chose ! j'ai trouvé un moyen...

MARGUERITE, *vivement.* De sauver le prince ?

VANDERBLAS, *avec impatience.* Eh ! non, de me sauver moi-même ! Dans ces cas-là, on a déjà bien assez de songer à soi !... mais, pour réussir, il faut que je me confie à une personne honnête... délicate, dévouée enfin... et je ne vois que toi au monde.

MARGUERITE. Dam ! si je le peux.

VANDERBLAS. Oui, tu peux me seconder et me servir... et tu le feras, Marguerite... car j'ai toujours été un bon maître... je t'ai toujours aimée... Non que je veuille te parler ici de l'amour que j'avais pour toi... j'ai trop peur... je n'y pense plus ! je ne pense qu'à moi... et à ma fortune dont ils veulent s'emparer... Car, tant qu'ils me tiendront ici, ils me feront signer tout ce qu'ils voudront... il faut donc à tout prix s'évader de cette forteresse... il faut en sortir mort ou vivant.

MARGUERITE. Vivant, c'est difficile !

VANDERBLAS. Aussi... j'ai choisi l'autre manière...

MARGUERITE. Vous voulez vous tuer...

VANDERBLAS. C'te bêtise... autant alors les laisser faire !... je veux seulement leur persuader que je n'existe plus afin qu'ils me laissent tranquille... et pour ça... j'ai là un de mes nouveaux philtres... un extrait de mandragore... qui, dans dix minutes, peut me donner l'aspect d'un homme mort depuis une heure !...

MARGUERITE. Je comprends... et si nous pouvions parvenir jusqu'au prince... si vous pouviez lui donner ce breuvage...

VANDERBLAS. Mais du tout... tu ne me comprends pas !... je le garde pour moi !...

MARGUERITE, *à part avec impatience.* O mon Dieu !...

VANDERBLAS. Il ne peut produire d'effet que pendant peu de tems, une demi-heure tout au plus. Je vais m'en servir ; et toi, avant que je sorte de cet état de léthargie... toi, en fidèle servante... avec des pleurs et des sanglots... tu leur demanderas à emmener loin d'ici.. à ramener chez lui les restes inanimés de ton bon maître... qui n'oubliera jamais cette preuve de dévouement. (*Tirant un papier de sa poche.*) Et qui s'est déjà occupé de le reconnaître... Lis toi-même...

MARGUERITE, *hésitant et regardant toujours la porte à droite.* Et si cela se découvre... il y va de mes jours... ils me tueront...

VANDERBLAS, *toujours tremblant.* C'est une petite rente viagère que je t'assure....

MARGUERITE. O mon Dieu !.... et le prince ?

VANDERBLAS. Tais-toi, c'est mon farouche collègue.

SCENE IV.

GAUTIER, GILBERT, BERGHEN, VANDERBLAS, MARGUERITE, SOLDATS.

GILBERT. Puisque maintenant vous êtes un de nos chefs, messire Gautier, donnez ordre qu'on amène devant nous Louis de Male, notre ancien souverain.

(*Gautier va parler à quelques soldats qui ouvrent la porte de la prison.*)

GILBERT, *s'approchant de Vanderblas.* Avez vous réfléchi à ma demande, messire Vanderblas ?... ces cinquante mille piastres en valeurs sur Bruges et sur Lille.. sont-elles prêtes ?

VANDERBLAS, *bas à Marguerite.* Tu vois qu'il faut se hâter... (*Haut à Gilbert.*) Je vous atteste, messieurs et amis, qu'il me serait impossible de vous donner cette somme...

GILBERT. En espèces sonnantes... nous le savons. Car vous n'avez chez vous en or que dix mille nobles à la rose...

VANDERBLAS. Qui vous l'a dit ?

GILBERT. Vous-même !...

VANDERBLAS. C'est vrai !... et si vous voulez me permettre de l'aller prendre chez moi...

GILBERT. C'est inutile... votre femme vient de nous les envoyer.

VANDERBLAS, *avec désespoir.* Ma femme !....

GILBERT. Je lui avais fait dire par un exprès que vous aviez à l'instant même besoin de cet or pour une spéculation magnifique... et vous n'aurez qu'à signer les lettres de change nécessaires pour compléter la somme.

VANDERBLAS. Que ma main se dessèche avant de ratifier une pareille spoliation !..

GILBERT. Qu'entends-je ? ô ciel !.. vous, un de nos chefs,.., nous, que vous avons associé à nos desseins...

VANDERBLAS. Et qui vous le demandait ?...

TOUS. C'est un traître !...

GILBERT. Qu'on le plonge dans le même cachot que le prince dont il partagera le sort, à moins qu'il ne s'engage pour une somme de cent mille piastres !...

VANDERBLAS. Moi... plutôt mourir !...

(*Il regarde avec intention Marguerite. Ici commence la ritournelle du morceau suivant.*)

GILBERT, *voyant Gautier qui sort avec quelques soldats.* Le prince va venir... il faut l'amener à ce que nous désirons par la persuasion plutôt que par la violence... éloignez-vous... toi, Marguerite, reste, tu me seconderas !

(*En ce moment, et toujours sur la ritournelle du morceau suivant, paraît le prince. Gilbert fait signe à Gautier et à ses soldats de s'éloigner. D'autres soldats entraînent Vanderblas qui sort en faisant à Marguerite des signes d'intelligence.*)

SCENE V.

GILBERT, LE PRINCE, MARGUERITE.

TRIO.

LE PRINCE, *qui est entré en rêvant, lève les yeux et reconnaît Gilbert.*

Quoi ! ce traître Gilbert, après sa perfidie,
Ose encor paraître à mes yeux !

GILBERT, *au prince et à demi-voix.*

Silence !... ils voulaient tous vous arracher la vie !
Je vous ai défendu contre ces furieux ;
Marguerite pourra vous le dire !...

MARGUERITE, *s'approchant de lui.*

Oui, seigneur !

(*A voix basse.*)

C'est un fourbe !... un imposteur !

GILBERT, *après avoir regardé autour de lui.*

Mais voici, monseigneur, en m'exposant moi-même,
A quel prix seulement j'ai racheté vos jours!
Abdiquez à l'instant la puissance suprême,
Et vous vivrez !...

MARGUERITE, *avec effroi.*

O ciel !

LE PRINCE, *froidement.*

Merci de ton secours !
Renoncer au pouvoir qu'entre vos mains je livre ;
Et sur un autre front moi-même l'affermir !...
En prince jusqu'ici si je n'ai pas su vivre,
En prince au moins je veux mourir !

MARGUERITE, *à demi-voix.*

C'est bien ! c'est bien !

LE PRINCE.
En prince au moins je veux mourir!
ENSEMBLE.
GILBERT.
Dans le fond de mon ame
Je crains que cette trame
Ne puisse réussir!
Mais plus tard à ce piége
Peut-être le prendrai-je!
Laissons-le réfléchir.

LE PRINCE, à part.
Oui, je le vois, l'infâme,
Dans le fond de son ame
Veut encor me trahir!
Pour déjouer leur piége,
Un ange me protége
Et m'apprend à mourir!

MARGUERITE.
Il médite en son ame
Une nouvelle trame,
Comment l'en garantir?
Pour déjouer leur piége,
Que le ciel me protége,
Et vienne l'avertir!

GILBERT, au prince.
Signez!... ou mon appui pour vous devient stérile!

LE PRINCE.
Eh bien! vous commettrez un forfait inutile
Qui doit vous perdre tous!... car Clisson va venir,
Sinon pour me sauver, au moins pour vous punir.

GILBERT.
Vous comptez vainement sur les armes de France:
Clisson ne viendra pas!

MARGUERITE, à demi-voix.
On prétend qu'il s'avance!

GILBERT.
Et la ville de Gand et celle de Tournay
Se déclarent pour nous!

LE PRINCE, troublé.
O ciel!

MARGUERITE, à demi-voix.
Ce n'est pas vrai!

ENSEMBLE.
LE PRINCE.
Oui, je le vois, l'infâme,
Dans le fond de son ame,
Veut encor me trahir! etc.

MARGUERITE.
Il médite en son ame
Une nouvelle trame!
Comment l'en garantir? etc.

GILBERT.
Dans le fond de mon ame,
Je crains que cette trame
Ne puisse réussir! etc.

GILBERT, *montrant au prince plusieurs chaperons blancs qui rentrent en ce moment.*
Vous avez méprisé ce que j'ai fait pour vous!
Rien ne peut maintenant vous soustraire à leurs coups!
(*Il fait signe aux chaperons de veiller sur le prince, et sort avec Marguerite qu'il emmène.*)

LE PRINCE.
Adieu! jours de bonheur promis à ma jeunesse!
Adieu! tant beau pays où j'ai donné des lois!
Adieu! rêves trompeurs, de gloire et de tendresse!
Adieu vous dis pour la dernière fois!
(*Apercevant Marguerite qui rentre.*)
Hélas! si dans un jour d'infortune si grande,
L'amitié peut encor conserver quelques droits,
S'il est encore un cœur qui m'aime et qui m'entende,
Adieu lui dis pour la dernière fois.

GILBERT, *rentrant avec Gautier, Berghen et plusieurs chaperons.*
Oui, messieurs, rien ne peut le fléchir.

GAUTIER et BERGHEN.
Allons, qu'il s'apprête à mourir!

LE PRINCE.
O toi, ma mère! ô souvenir!
Souvenir qui vient m'attendrir;
Tu me disais dans tes adieux:
Je vais veiller sur toi du haut des cieux.
Ah! sans effroi
Je viens à toi;
Je vais te voir,
C'est mon espoir.
Et quand je vais mourir,
Daigne encor me bénir!

ENSEMBLE.
LE PRINCE.
Oui, j'en ai l'espérance,
Oui, Clisson va venir,
Et je lègue à la France
Le soin de vous punir!

GILBERT.
Contre mon espérance
Rien ne peut le fléchir,
A la seule vengeance
Faut-il donc revenir?

GAUTIER *et* LES CHAPERONS.
C'est trop de patience,
Qu'il s'apprête à mourir!
A la seule vengeance
Il nous faut recourir!

MARGUERITE.
Il brave leur vengeance!
Il l'attend sans frémir!
Mon Dieu, dans ta clémence,
Daigne le secourir!

(*Sur un geste de Gilbert, Gautier et quelques soldats reconduisent le prince dans la prison à gauche.*)

SCENE VI.

BERGHEN, GILBERT, MARGUERITE, LES CHAPERONS.

BERGHEN, *bas à Gilbert dans le coin du théâtre à droite.* Pourquoi le ramener en prison? pourquoi hésitez-vous encore à frapper un dernier coup?...

GILBERT. Qui ne mènera à rien! s'il avait signé cette abdication pour lui et les siens... je ne dis pas!... on pouvait alors s'en défaire... il le fallait même... mais maintenant, sa mort ne donnera pas un titre de plus au duc de Bourgogne... au contraire, elle en donnera au prince Raymond, son frère, que soutiendront les armes de Clisson !

BERGHEN. Et qui commencera peut-être son règne par nous punir ?

GILBERT. Il en est capable.

BERGHEN. Il vaudrait peut-être mieux négocier, en conservant le prince pour otage...

GILBERT. C'était bien mon dessein, faites donc comprendre cela à ces manans, à ces rustres qui nous entourent... et qui veulent toujours aller droit au fait... silence!...

SCENE VII.

Les Précédens, GAUTIER *sortant de la prison à droite.*

GAUTIER. En voici bien une autre... ce juif qui était si riche... Vanderblas, mon ancien maître...

TOUS. Eh bien?...

GAUTIER. Eh bien! la crainte... ou le désespoir... ou une révolution subite... que sais-je? enfin, il est là sans pouls et sans haleine...

GILBERT. Ce n'est pas possible !...

(Il entre dans la prison.)

GAUTIER. Il m'a presque fait peur... quand je l'ai aperçu avec cette figure de trépassé... et puis le prince qui était là... et qui m'a regardé d'un air menaçant... je n'aime pas cela...

MARGUERITE, *se rapprochant de lui et lui parlant avec douceur.* Oui, cela trouble le sommeil... cela donne des remords...

GAUTIER. Et des inquiétudes!... vaut mieux en finir tout de suite, on en est débarrassé !

(Marguerite s'éloigne de lui avec indignation.)

GILBERT, *sortant de la prison.* Mort !... il n'est que trop vrai, il est mort, le vieil avare, exprès pour ne pas signer ses lettres de change.

MARGUERITE, *à part.* Il ne croit pas si bien dire!

BERGHEN. Qu'en ferons-nous maintenant?... il est inutile qu'on le trouve ici !...

GAUTIER. Il n'y a qu'à le jeter dans l'Escaut!

GILBERT, *froidement.* A la bonne heure!

MARGUERITE, *vivement.* Sans lui rendre les derniers devoirs!... c'est affreux! car enfin, c'était mon maître.... (*A Gautier.*) c'était le vôtre...

GAUTIER. Il ne l'est plus !

MARGUERITE. C'est attirer la colère du ciel sur vous et sur votre entreprise, que de laisser un chrétien sans sépulture !

PETTERSEN ET QUELQUES AUTRES SOLDATS. Elle a raison !

MARGUERITE, *à Gilbert.* On croira donc dans la ville que vous l'avez tué... tandis qu'en le transportant chez lui... dans sa maison !

GILBERT. Est-ce que nous le pouvons?

MARGUERITE. Est-ce donc si difficile?... en prenant cette barque qui a amené le prince et qui est amarrée dans les fossés, au pied de cette tourelle...

GILBERT, *avec impatience.* Encore... et que nous importe! pourvu que tu nous laisses...

MARGUERITE. A la bonne heure!

GAUTIER, *même jeu.* Oui, parbleu! qu'il repose dans la terre ou dans les flots.. il s'en portera bien mieux...

MARGUERITE. Taisez-vous ! vous êtes un méchant, un impie, et vous mériteriez qu'il revînt pour vous punir... mais vous, monsieur Pettersen, qui valez mieux que lui... venez m'aider!... vous et vos deux frères... et monsieur Dick...

GAUTIER, *avec force.* Quatre hommes pour cela ! à quoi bon ?

MARGUERITE, *vivement.* Eh bien! deux suffiront.... ne vous fâchez pas.... mon Dieu!...

GILBERT, *avec impatience.* Nous laisseras-tu ?

MARGUERITE, *qui a fait passer devant elle Dick et Pettersen.* Je m'en vas... je m'en vas et vous laisse délibérer.

(Elle sort.)

SCENE VIII.

BERGHEN, GILBERT, GAUTIER, *et les Chaperons blancs.*

FINAL.

GILBERT.

Délibérer est de saison,
Car, selon moi, c'est fort utile!

GAUTIER.
Délibérer, et pourquoi donc?
Se décider est très-facile;
Pour nous il n'est plus de pardon,
Il faut frapper!
PLUSIEURS CHAPERONS, *passant du côté de Gautier.*
Il a raison!
GILBERT *et* BERGHEN.
Il a tort!... craignons de Clisson
Et les soldats et le courage!
GAUTIER.
Ces grands seigneurs ont peur de tout!
GILBERT.
Oui, comme otage
Je veux garder le prince!
GAUTIER, *à ses compagnons.*
Oui, pour faire leur paix,
Pour le livrer et nous trahir après!

(*Plusieurs chaperons des gens du peuple passent du côté de Gautier, quelques autres qui sont d'un haut rang restent auprès de Gilbert et de Berghen.*)

ENSEMBLE.

GAUTIER *et* SES COMPAGNONS.

Mais nous aurons raison
De cette trahison!
Ici nous ne voulons
Ni grâces, ni pardons;
Contre vos attentats
Nous armerons nos bras;
Il n'échappera pas,
Nous voulons son trépas!

GILBERT, BERGHEN *et* LES SEIGNEURS.

Ah! nous aurons raison
D'un semblable soupçon!
C'est nous qui punirons
De telles trahisons!
Vous voulez son trépas,
Et contre vous, ingrats,
Nous armerons nos bras;
Il ne périra pas!

(*A la fin de l'ensemble précédent, au moment où les deux partis sont les plus animés et se menacent mutuellement, un air de marche religieuse et funèbre se fait entendre.*)

MARGUERITE, *paraissant sur le perron à gauche.*

Voici l'heure dernière,
Donnez une prière
A ses restes glacés!
Et que le ciel accorde
Paix et miséricorde
Aux pauvres trépassés!

(*Tous les conjurés ôtent leurs chaperons, et s'inclinent.*)

MARGUERITE, *seule sur le devant du théâtre.*

Pour tromper leur colère,
En toi, dieu tutélaire,
Mon espoir est placé!

CHOEUR DES CHAPERONS, *murmurant une prière à demi-voix.*

Requiescat in pace!

MARGUERITE, *de même.*

Écoute ma prière,
Que mon vœu téméraire
Par toi soit exaucé!

CHOEUR, *de même.*

Requiescat in pace!

TOUS ENSEMBLE.

Voici l'heure dernière,
donnez } une prière
donnons
A ses restes glacés!
Et que le ciel accorde
Paix et miséricorde
Aux pauvres trépassés!

(*On voit sur le fossé plein d'eau qui ferme l'enceinte du fond voguer une barque dans laquelle sont Dick, Pettersen et le cercueil couvert d'un manteau vert.*)

GILBERT.
C'est ce pauvre Vanderblas!
Oui, c'est bien lui qu'on emmène.
GAUTIER.
Sa science souveraine
Ne l'a pas sauvé du trépas!

(*Le pont-levis se lève pour donner passage à la barque qui longe les remparts et disparaît. Geste de joie de Marguerite, qui entre dans la tour à droite.*)

GAUTIER.
Il s'éloigne!
(*Montrant son poignard.*)
Et pour moi, qui remets en ce fer
L'espoir de notre cause et de notre vengeance,
Profitons de l'instant qui seul nous est offert.
GILBERT.
Quand nous l'ordonnerons.
GAUTIER.
Et si maître Gilbert
Et ces nobles seigneurs hésitent par prudence,
Nous prendrons d'autres chefs!
PLUSIEURS CHAPERONS.
Oui, Gautier, oui, c'est toi!
GILBERT.
Qui de vous sans mon ordre oserait agir?
GAUTIER.
Moi!
J'immolerai le prince,
(*A Gilbert et aux seigneurs qui l'entourent.*)
Et vous tous avec lui,
Si votre lâcheté trahit notre parti!
(*Il entre dans la tour, à gauche du spectateur.*)

ENSEMBLE.

LES CHAPERONS.

Oui, nous aurons raison
De cette trahison!

(*Encourageant Gautier qui entre dans la prison à droite.*)

Va l'immoler, va donc!
Pour lui point de pardon!
(*A Gilbert et à Berghen.*)
Contre vos attentats
Nous armerons nos bras.
Nous voulons son trépas,
Il n'échappera pas!

GILBERT, BERGHEN *et* LES SIENS.

Ah! nous aurons raison
D'un indigne soupçon!
C'est nous qui punirons
De telles trahisons!

(*Menaçant les autres conjurés.*)

Oui, perfides, ingrats,
Canailles, scélérats!
A l'effort de nos bras
Vous n'échapperez pas!

GAUTIER, *sortant de la prison, à gauche, hors de lui et en désordre.*

C'est mon maître!... c'est lui!... vision infernale!
Oui, c'est lui.. je l'ai vu.. l'œil hagard! le front pâle!

TOUS.

Eh! qui donc?

GAUTIER, *tremblant.*
Vanderblas ! !
TOUS.
Le défunt ?
GILBERT, *riant.*
Allons donc!
Ce héros courageux m'a tout l'air d'un poltron.
Il a peur d'un fantôme !
GAUTIER, *avec rage.*
Ah! j'ai peur !
GILBERT, *montrant Gautier.*
Il en tremble !
GAUTIER, *en fureur.*
Eh bien ! fussent Satan et Lucifer ensemble,
Je frapperai tous deux !

(*Il tire son poignard et s'élance de nouveau sur le perron qui mène à la prison; en ce moment paraît sur le seuil de la porte Vanderblas pâle et défait qui étend vers lui les bras et lui crie : Arrêtez !*)

GAUTIER *et* LES AUTRES CHAPERONS.
Vanderblas ! ah ! grands dieux !

(*Tous reculent effrayés et plusieurs tombent à genoux. En ce moment on entend dans le lointain une musique guerrière.*)

MARGUERITE, *sortant de la tour, à droite.*
Ecoutez, écoutez, c'est Clisson qui s'avance,
J'ai vu du haut des tours la bannière de France.

(*Tous les chaperons en désordre veulent fuir. Gautier saisit un fusil et veut les rallier.*)

GAUTIER.
Défendons-nous avec vaillance !
GILBERT.
Nous défendre est nous perdre, hélas !
GAUTIER.
Ces murs seront notre défense.

GILBERT.
Pourront-ils résister à ces nombreux soldats ?
CHOEUR DES CHAPERONS.
Inutile est la résistance,
Il le faut, tombons à leurs pieds,
Ou nous mourrons tous sans défense,
Sur les débris fumans de ces murs foudroyés.

(*Sur un geste de Gilbert on baisse le pont-levis. Les officiers, les pages de Clisson et les principaux chevaliers entrent dans la forteresse. Le prince Louis de Male est au milieu d'eux ; à son aspect Gilbert et les chaperons se prosternent implorant sa clémence.*)

LE PRINCE, *à Gilbert et aux seigneurs qui sont près de lui.*
Vous que j'eus trop long-tems le malheur d'écouter,
Par vous, j'ai su comment on perd une couronne !
Merci de la leçon !... j'espère en profiter ;
J'agirai dès ce jour en prince !

(*Leur faisant signe de se relever.*)
Je pardonne !

(*A Marguerite.*)
Et toi, qui sur mes jours n'as cessé de veiller,
Que l'on me blâme ou non d'anoblir ce que j'aime,
Tu m'appris à régner !. viens régner sur moi-même!

(*A Gilbert qui fait un geste d'étonnement.*)
Eh ! oui, vraiment... mon ancien conseiller !
Si c'est une folie, au moins, sans aucuns doutes,
La dernière sera la plus sage de toutes.
CHOEUR.

FIN.

IMPRIMERIE DE Vᵉ DONDEY-DUPRÉ, RUE SAINT-LOUIS, Nº 46, AU MARAIS.

CÉSAR

ou

LE CHIEN DU CHATEAU,

COMÉDIE-VAUDEVILLE EN DEUX ACTES,

Par MM. SCRIBE et VARNER,

Représentée pour la première fois, à Paris, sur le théâtre du Gymnase-Dramatique, le 4 mars 1837.

DISTRIBUTION DE LA PIÈCE:

LE CHEVALIER DE NEUILLAC............................	MM. RHOZEVIL.
MATHIEU GRANDCHAMP, général de brigade...............	FERVILLE.
DESROSIERS, coiffeur....................................	SILVESTRE.
CÉSAR...	BOUFFÉ.
LA COMTESSE DE CARADEC............................	Mmes JULIENNE.
GEORGETTE, nièce de Grandchamp......................	EUGÉNIE SAUVAGE.

La scène se passe en Bretagne.

ACTE PREMIER.

Au fond du théâtre, la façade du château. Une cour d'honneur et une grille seigneuriale. A droite des spectateurs, dans la cour, une niche de chien. Au côté opposé, sur le premier p'an, la porte d'une petite auberge ou tourne-bride.

SCÈNE I.

GEORGETTE, DESROSIERS, entrant ensemble*.
(Ils sortent de l'auberge.)

GEORGETTE.
Vous ne voulez pas qu'on vous donne des chevaux?

* Les acteurs sont placés en tête de chaque scène comme ils doivent l'être sur le théâtre : le premier inscrit tient toujours en scène la gauche du spectateur, ainsi de suite. Les changements de position dans le courant des scènes sont indiqués par des notes au bas des pages.

DESROSIERS.
Non, non, je n'irai pas plus loin aujourd'hui. Qu'on mette ma chaise de poste sous la remise, si toutefois il y en a une dans cette misérable auberge. Que diable de pays est celui-ci?

GEORGETTE.
Dam!... vous êtes en pleine Bretagne...

DESROSIERS.
Comme qui dirait la Vendée... Et les routes sont-elles bien sûres?

GEORGETTE.
Maintenant, oui, vraiment! on ne se bat plus. V'là la paix qui revient, les paysans retournent

NOTA. S'adresser, pour la musique de cette pièce, à M. HEISSER, bibliothécaire et copiste, au théâtre.

1

chez eux, et les nobles, à qui on rend leurs biens, se hâtent de les reprendre.

DESROSIERS.

Ils ont raison : le gouvernement n'aurait qu'à changer d'idée... ça lui arrive si souvent! Quel est ce beau domaine?

GEORGETTE.

Le château de Caradec, où mon père a été concierge et mon oncle garde-chasse. J'y ai été élevée.

DESROSIERS.

De Caradec?... C'est une grande famille.

GEORGETTE.

Je crois bien... et un beau château... dix lieues de pays... Monsieur le marquis de Caradec qui en était propriétaire était un grand seigneur qui, après avoir éprouvé des pertes considérables, était allé à Saint-Domingue pour rétablir sa fortune... Il y est mort, il y a dix ans de ça, et le petit marquis son fils, qu'il avait emmené avec lui, un petit blondin si gentil que je crois voir encore, aura sans doute été tué par les nègres, car on n'en a plus jamais entendu parler... Pour lors, et pendant la révolution, la nation s'était emparée du château... Mon père avait été condamné par le tribunal de Vannes, comme un ci-devant... un ci-devant concierge de grand seigneur... mon oncle le garde-chasse était parti soldat... il m'a fallu quitter alors notre pauvre château où j'étais si bien! Je me suis mise en service, là, en face, afin d'en être plus près et de le voir tous les jours... Mais pardon, citoyen, de vous conter tout cela.

DESROSIERS.

Pourquoi donc? c'est très touchant... Moi, d'abord, je suis comme toi, j'ai toujours eu un faible pour les châteaux... (à part.) une passion malheureuse qui n'a jamais eu de résultats. (haut.) Et qui habite maintenant ce domaine? car il me semble habité.

GEORGETTE.

Depuis hier soir... madame la comtesse de Caradec, à qui le gouvernement a rendu tous ses biens, est venue en prendre possession, à défaut du petit marquis son neveu, qu'on dit être mort.

DESROSIERS.

Bah! il se ravisera... avec un château comme celui-là on ne se décide guère à mourir... (changeant de ton.) Je déjeunerai avec plaisir, si tu veux bien le permettre.

GEORGETTE.

A l'instant... Vous restez donc quelque temps ici?

DESROSIERS.

Cela dépend de quelque chose que j'attends.

GEORGETTE.

Cela suffit ; je suis à vous, citoyen.

(Elle entre dans l'auberge.)

SCÈNE II.

DESROSIERS, seul.

Ce que j'attends... c'est de l'argent! Or, comme personne ne m'en doit... au contraire!... je ne sais pas trop d'où il pourra m'en arriver, et la position est assez critique. Coiffeur distingué sous l'ancien régime, la révolution, qui a défrisé tout le monde, a brisé entre mes doigts le fer à papillotes; mais, en abolissant la poudre, elle ne défendait pas d'en jeter aux yeux; c'est ce que j'ai fait. Je me suis lancé dans les muscadins, dans l'agiotage, dans les entreprises... Tout le monde spéculait, la moitié de la nation trompait l'autre; je me suis mis du bon côté... de ceux qui trompaient... J'ai donné dans les fêtes publiques, Tivoli, Frascati, Marbœuf et l'Élysée-Bourbon... Ça a réussi d'abord; on avait tant besoin de s'amuser! Mais tout le monde s'en est mêlé; les mauvaises affaires sont arrivées, avec elles les prises de corps, les huissiers, et cætera... La révolution, qui a détruit tant d'abus, devrait bien rendre une loi qui dispensât de payer ses dettes... C'est bien ce que le gouvernement a fait pour lui, mais en grand... Et moi, qui ne pouvais pas donner à mes créanciers du tiers consolidé, je me suis enfui de Paris, dans une voiture que je dois, courant toujours devant moi, et ne m'arrêtant qu'ici, où s'arrêtent mes fonds... (fouillant dans sa poche.) Deux écus de six livres! Impossible d'aller plus loin; la poste est inexorable... elle ne fait pas de crédit... encore un abus!... Et si je trouvais moyen de vendre ma chaise de poste à cette comtesse de Caradec... peut-être même de me faire passer à ses yeux pour un ci-devant... une victime... Pourquoi pas?... je me coiffe bien...

Air *du vaudeville de la Somnambule.*

Je me mets bien, j'ai l'usage du monde;
Car il m'en est tant passé par les mains!
J'ai de grands airs et certaine faconde,
Enfin, j'ai tout... hormis les parchemins.
Et, profitant de la ruine commune,
Je puis, seigneur de Gascogne ou d'Anjou,
Dire comme eux : J'ai perdu ma fortune!
Car il est vrai que je n'ai pas le sou;
Je dirai vrai, car je n'ai pas le sou;
Il est trop vrai que je n'ai pas le sou.

Et si, sensible à mes malheurs, elle m'offrait quelques jours d'hospitalité, on peut toujours accepter et attendre les événements. C'est à y songer. On sort du château... un jeune homme et une dame... Si c'était la comtesse... Je vais m'en informer en déjeunant. Je peux toujours, à tout hasard, risquer une salutation respectueuse et mélancolique... ça ne peut pas faire de mal.

(La comtesse et le chevalier sortent du château. Desrosiers salue la comtesse d'un air respectueux, puis la regarde tristement, pousse un profond soupir, et rentre dans l'auberge à gauche.)

SCÈNE III.

LA COMTESSE, LE CHEVALIER.

LA COMTESSE.

Avez-vous vu ce jeune homme qui s'éloigne?... une tournure distinguée... et puis des manières convenables... Il salue au moins, ce qui est rare dans ce pays.

LE CHEVALIER.

Je crois qu'il n'en est pas; c'est un étranger.

LA COMTESSE.

C'est donc cela! car, en vérité, tout le monde ici est d'une audace, d'une insolence!

LE CHEVALIER.

Vous aurait-on manqué, ma chère cousine?

LA COMTESSE.

Non, chevalier, au contraire... personne ne fait attention à moi. Je suis arrivée hier soir; pas un paysan pour me voir passer, pas une harangue, pas une cloche!

LE CHEVALIER.

Il n'y en a pas dans le village.

LA COMTESSE.

Eh! qu'en a-t-on fait?

LE CHEVALIER.

Des canons.

LA COMTESSE.

C'est horrible! pas de cloches dans une paroisse! C'est un pays maudit du ciel... et je ne m'étonne plus si tout y est bouleversé.. Un monsieur, un individu... qui signe Sauvageot, épicier, m'écrit sous prétexte qu'il est maire de la commune, pour m'informer qu'un général va venir loger chez moi... Est-ce que mon château est une caserne?... ou bien me traite-t-on en pays conquis?

LE CHEVALIER.

Eh! mon Dieu! ma belle cousine, vous savez bien que c'est l'usage.

LA COMTESSE.

Non pas, chevalier... les personnes comme il faut ont toujours été dispensées de loger les gens de guerre.

LE CHEVALIER.

Autrefois!

LA COMTESSE.

Et aujourd'hui c'est encore bien plus nécessaire! l'armée est si mal composée!... Au lieu de nos jeunes officiers si aimables et si élégants, des gens qui sentent la poudre, qui se battent toute la journée et ne songent qu'à se faire tuer... des gens qui ne savent pas vivre...

Air de *l'Ecu de six francs.*

Aussi Dieu sait comme à la ronde
On craint nos soldats citoyens!
N'ont-ils pas battu tout le monde,
Les Hollandais et les Prussiens,
Les Russes et les Autrichiens?
Ils ont cherché noise au satrape
Qui règne en Égypte... et, plus tard,
Ils ont, ces soldats sans égard,
Battu... jusqu'aux soldats du pape!

LE CHEVALIER.

Mais, ma cousine...

LA COMTESSE, *l'interrompant.*

Oh! chevalier, vous n'êtes pas désintéressé dans la question; car vous qui parlez, vous avez dérogé. Oui, monsieur, au lieu d'émigrer avec nous, ou du moins de rester dans vos terres en bon gentilhomme, à vous cacher ou à ne rien faire, on vous a vu porter le mousquet en simple soldat dans l'armée républicaine.

LE CHEVALIER.

Dans l'armée française, madame, car nous marchions contre l'étranger.

LA COMTESSE.

Raison de plus... c'est un tort que rien n'effacera à mes yeux.

LE CHEVALIER.

Et dont je me console en pensant que c'est à ce tort que vous avez dû autrefois la vie, et, aujourd'hui, les biens qui vous sont rendus.

LA COMTESSE.

Je ne les ai point demandés.

LE CHEVALIER.

C'est vrai; mais moi je les ai réclamés au nom de mon sang versé pour la patrie... et le Directoire a accordé au jeune soldat ce qu'il aurait à coup sûr refusé à l'ancien gentilhomme. En revanche, ma chère cousine, je vous prie en grâce de modérer vos railleries continuelles sur le temps présent, vos regrets amers du passé. Songez que l'orage à peine calmé gronde encore dans le lointain... et la moindre imprudence pourrait avoir des suites funestes.

LA COMTESSE.

Tant pis pour ces gens-là! je ne sais pas farder mon opinion. Il faut que je dise la vérité à tout le monde, et surtout au gouvernement.

LE CHEVALIER.

Il n'est pas habitué à l'entendre... et, si vous ne craignez rien pour vous, si votre courage vous met au-dessus de tous les périls, redoutez-les du moins pour votre fille, pour Amélie...

LA COMTESSE.

Dont vous vous occupez beaucoup, mon jeune cousin.

LE CHEVALIER.

C'est vrai; mais je suis condamné au silence, je ne puis vous parler de mon amour... car je vous ai rendu service, et maintenant j'aurais l'air d'en réclamer le prix.

LA COMTESSE.

Fi donc!... moi avoir une pareille pensée... de vous, d'un gentilhomme! Non, chevalier, je vous estime trop pour cela, et je vais vous parler franchement. Ce n'est pas à vous que je destinais ma fille; c'était à mon neveu, au jeune marquis de Caradec, à l'héritier de ce riche domaine.

n'avait guère que dix à onze ans, il est vrai, quand il est parti avec son père pour Saint-Domingue; mais, de tout temps, ce mariage avait été convenu et arrêté entre les deux familles; parole avait été donnée, parole de gentilhomme! C'est tout vous dire, et vous savez que rien au monde ne m'y aurait fait manquer.

LE CHEVALIER.

Oui, madame; mais vous savez que, lors des massacres de Saint-Domingue, ce pauvre Arthur et son père...

LA COMTESSE.

Son père... oui... le fait est trop vrai ! mais le fils, on nous l'a assuré, avait été épargné par ses esclaves révoltés, ainsi que son gouverneur, le petit abbé de Saint-Yon, que je me rappelle très bien. On ajoutait que tous deux avaient été à leur tour réduits en esclavage, accablés de mauvais traitements, et condamnés aux travaux les plus humiliants... mais que, plus tard, ils étaient parvenus à s'échapper et à gagner la partie espagnole de Saint-Domingue.

LE CHEVALIER.

Et si cela était vrai, comment, de là, n'auraient-ils pas trouvé le moyen de passer en France ? comment, depuis neuf ou dix ans, n'aurait-on pas eu de leurs nouvelles ?

LA COMTESSE.

La révolution venait d'éclater; toute la famille était elle-même émigrée et peu en position de faire faire en France des recherches, auxquelles désormais je vais me livrer avec plus d'activité; et si malheureusement, comme je le crains, le dernier des Caradecs a cessé d'exister, si cette noble famille est éteinte, c'est vous, monsieur de Neuillac, vous, mon cousin, que je nommerai mon gendre, seul moyen d'acquitter envers vous les dettes de la reconnaissance.

LE CHEVALIER.

Ah ! je serai trop payé !... car, je puis vous le dire maintenant, Amélie est mon seul amour... c'est elle qui a soutenu mon courage, et, s'il fallait renoncer à sa main, tout serait fini pour moi ! Mais vous m'avez rendu l'espoir... et je puis donc me flatter que bientôt...

LA COMTESSE.

Patience! attendez ce que je vous ai dit... Et puis on ne se marie pas sans curé, et nous n'en avons pas encore dans la paroisse. Il faut donc que dans ce pays et dans le château de mon frère je rétablisse tout sur l'ancien pied.

LE CHEVALIER.

Vous aurez fort à faire !

LA COMTESSE.

C'est ce que nous verrons !

SCÈNE IV.

LE CHEVALIER, LA COMTESSE, GEORGETTE,
sortant de l'auberge*.

GEORGETTE, à la cantonade.

Oui, monsieur, c'est madame la comtesse... et je vais lui dire qu'un étranger désire lui parler.

LA COMTESSE.

Quelle est cette petite fille ?

GEORGETTE, faisant la révérence.

C'est moi, la fille de l'ancien concierge, qui viens vous présenter ses respects.

LA COMTESSE.

C'est bien, petite, c'est bien... et me demander la place de ton père... pour toi ou ton futur, si tu en as un... C'est de droit.

GEORGETTE.

Dam' !.. je suis du château... J'y suis née.

LA COMTESSE.

Et j'espère que tes opinions...

LE CHEVALIER.

J'espère bien qu'elle n'en a pas.

GEORGETTE.

Dam' !.. je tâcherai de bien garder le château.

LE CHEVALIER.

C'est cela même, c'est ce qu'il faut.

GEORGETTE.

Et ça sera facile, pour peu que vous me laissiez César, avec qui il n'y a rien à craindre... car il est de bonne garde, celui-là !

LA COMTESSE.

Qui ?.. César ?.. le chien du château ?

GEORGETTE.

A peu près.

LA COMTESSE.

Comment, à peu près ?

GEORGETTE.

Oui, madame, c'est tout comme... il est si fidèle, si dévoué et obéissant surtout... On lui dit: Viens ici, et il arrive... va là, va... et il va... et puis courageux comme un lion... Ils seraient dix contre lui qu'il n'aurait pas peur... dès qu'il s'agit de me défendre ou de défendre le château.

LA COMTESSE.

Et de qui me parles-tu là ?

GEORGETTE.

De César... un pauvre garçon... qui n'a pas grande intelligence, car il n'a jamais deux idées de suite... mais il a tant d'instinct et un si bon cœur, avec moi surtout, que quelquefois je le prends pour un être raisonnable.

LE CHEVALIER.

C'est donc un fou ?

GEORGETTE.

Du tout, il n'est pas fou... il n'est que bête... et encore pas toujours.

* Georgette, la comtesse, le chevalier.

ACTE I, SCÈNE IV.

LE CHEVALIER.
J'y suis! C'est un idiot!... un imbécile!

GEORGETTE.
Oh! non... ne dites pas cela... car quelquefois il a des idées étonnantes... on ne sait pas d'où elles viennent... Elles sont comme lui, qui est tombé ici un beau matin, ou plutôt un soir... sans qu'il ait jamais pu se rappeler comment il y était arrivé.

LA COMTESSE.
Voilà qui est singulier.

GEORGETTE.
C'était un jour où les municipaux étaient venus s'installer au château au nom de la nation... ils avaient pendant toute la nuit bu et mangé... toujours pour la nation... sans s'inquiéter d'un orage effroyable qu'il faisait et que j'avais bien entendu, car j'habitais encore le logement du concierge; si bien que le matin, en portant le déjeuner à Dragon, le chien d'alors, j'aperçois dans sa niche, couché à côté de lui... un étranger, un jeune garçon qui dormait et à qui Dragon avait donné l'hospitalité... ce dont je fus ébahie, parce que Dragon... (à la comtesse.) je ne sais pas si vous vous le rappelez, un chien noir qui avait mauvaise réputation... méchant comme un loup... et la terreur de tout le canton.

LE CHEVALIER, vivement.
Eh bien!...

GEORGETTE.
Eh bien! lui et César vivaient comme deux amis... deux frères... ils ne se quittaient pas, et je crois qu'ils se comprenaient, car quelquefois, pendant un quart d'heure, ils aboyaient ensemble... ils partageaient la pitance, et, quand Dragon, qui était bien vieux, est mort, l'autre a eu la survivance... mais il regrette toujours son ami, et n'en parle jamais que chapeau bas et les larmes aux yeux.

LE CHEVALIER.
Ce pauvre César... il m'attendrit.

LA COMTESSE, riant.
Vous êtes bien bon!

GEORGETTE.
Et vous ne voudriez pas lui ôter sa place, qui du reste n'est pas chère, car il ne s'agit que de le nourrir.

LE CHEVALIER.
Et qui jusqu'à présent s'est chargé de ce soin?

GEORGETTE.
Moi, monsieur, sur mes gages, qui n'étaient pas bien forts... mais maintenant, et grâce à madame la comtesse, ça sera mieux.

LA COMTESSE, souriant.
Vous croyez?

LE CHEVALIER.
J'en suis sûr... Et où est-il donc ce monsieur César?.. ne peut-on le voir?

LA COMTESSE, regardant la niche.
Est-il chez lui?

GEORGETTE.
Non, madame... je l'ai envoyé ce matin en commission.

LA COMTESSE.
Il fait donc les commissions?

GEORGETTE.
A merveille... quand on lui explique bien... (On entend des cris dans la coulisse à gauche; ce sont des villageois qui se moquent de César.) Tenez... tenez, le voilà qui en revient... car je l'entends.

SCÈNE V.

LES PRÉCÉDENTS, CÉSAR, tenant un paquet. Il entre par la dernière coulisse à gauche de l'acteur.

CÉSAR, à la cantonade et menaçant du poing.
Ah! ben!... ah! ben!... ah! ben!... reviens-y encore!... reviens-y toucher... Ah! ben!... ah! ben!...

GEORGETTE, l'appelant.
César!.. ici, César!... (César se tait sur-le-champ et s'approche de Georgette en baissant la tête.) Voyez un peu dans quel état... Je n'ai pu le décider à quitter ce vilain habit... Ici!... D'où venez-vous comme ça?

CÉSAR, montrant le paquet qu'il tient.
Voilà!

GEORGETTE.
C'est ma robe neuve pour dimanche.

CÉSAR, riant.
Ah!... danser... ah! ah! la musette... et puis en rond.. (chantant d'un air hébété.) Tra la, la, la, la...

GEORGETTE.
Oui, ma robe pour danser demain dimanche. Et tu viens de chez la couturière, à l'autre bout du village?

CÉSAR, prenant un air méchant.
Ah! ben!... ah! ben!... trois... trois grands... ils étaient là... ils ont voulu me l'arracher...

GEORGETTE.
C'était bien mal!

CÉSAR.
Ah! si Dragon avait été là...(ôtant son chapeau.) Mon pauvre Dragon! il n'aboie plus... moi bien chaud dans sa niche... et lui... lui... Ah! c'était là un ami... oui... oui... un ami... et le plus honnête homme que j'aie connu... et vous aussi, pas vrai?

GEORGETTE.
Certainement... Mais ces trois villageois qui t'ont attaqué?...

CÉSAR.
Où ça?...

GEORGETTE.
Le paquet qu'ils voulaient prendre?

CÉSAR, vivement.
Ah ben!... c'est à Georgette, que j'ai dit... Et

ils le tiraient... et je tenais ferme... et des coups de pieds... (riant.) Ah! ah! voilà le petit par terre... voyez-vous?... voyez-vous?... (riant.) Ah! ah! ah!

GEORGETTE.

Mais les deux autres?...

CÉSAR.

A moi! Dragon... à moi!... Dragon n'est pas venu... ils m'ont renversé...

GEORGETTE.

Mon pauvre César!

CÉSAR.

Rien... rien... je ne sentais rien... mais le grand qui me tenait sous les pieds... avait pris le paquet... (faisant le signe de mordre.) Hein!... un bon coup de dent... dans le mollet... comme Dragon.. (poussant un cri.) Ah! il a crié... lâché la robe à Georgette que j'ai prise... Me relever... courir... courir comme Dragon... et voilà... tenez...

GEORGETTE.

Et dans un joli état encore... toute en lambeaux!

CÉSAR.

Oh! y a tout!... Et vous êtes contente, n'est-ce pas?... elle est bien contente parce qu'elle a sa robe...

LA COMTESSE.

Ah! tu avais raison!... il fait bien les commissions.

GEORGETTE.

Dam'!... il fait de son mieux... et d'autres plus habiles ne s'en seraient peut-être pas si bien tirés... (le flattant.) Bien, César... bien, mon garçon.

CÉSAR, à part, avec joie.

Elle est contente!

GEORGETTE.

Mais salue donc madame la comtesse.

CÉSAR, passant à droite de Georgette*.

Pourquoi faire?

GEORGETTE.

C'est désormais ta maîtresse...

CÉSAR.

Ma maîtresse!... ma maîtresse... (montrant Georgette.) la voilà!

GEORGETTE.

Oui... c'est la mienne aussi... alors...

CÉSAR.

Alors, quoi?

GEORGETTE.

Tu ne pourrais pas comprendre... mais je t'ordonne... entends-tu bien? je t'ordonne d'obéir en tout point à madame la comtesse.

CÉSAR.

Oui, mais elle ne sera pas ma maîtresse.

LE CHEVALIER, riant.

Non, vraiment... voilà un point convenu et arrêté..(allant à César**.) Maintenant, mon pauvre

* César, Georgette, la comtesse, le chevalier.
** Georgette, César, le chevalier, la comtesse.

garçon, tâche de rappeler tes souvenirs, et explique-nous un peu comment tu es venu ici.

CÉSAR.

Comment?...

TOUS.

Oui, comment?

CÉSAR.

Oh! dam'!... j'avais bien froid...

LA COMTESSE.

Et où étais-tu?

CÉSAR.

La pluie tombait.

GEORGETTE.

D'où venais-tu?

CÉSAR.

La pluie tombait.

LE CHEVALIER, avec un peu d'impatience.

Mais où allais-tu?

CÉSAR.

Ah! ils venaient de m'ôter mon ami... mon seul ami... Etait-ce Dragon?... non, non, pas lui... un autre...

(Il cherche en rêvant.)

GEORGETTE, à demi-voix, au chevalier qui veut presser César.

Laissez-le... il est dans un bon moment.

CÉSAR, vivement.

Ah!.. ah!... voyez-vous au milieu de la nuit... v'là le château qui était illuminé... Ouvrez, ouvrez... donnez-moi à manger... car ils mangeaient... et j'avais faim...Va-t-en .. mendiant, va-t-en... Et on me mit à la porte de la salle à manger... moi qui avais faim... (à la comtesse.) Ça vous est-il arrivé quelquefois, madame la comtesse?

LA COMTESSE.

Pauvre idiot!

CÉSAR.

Tout seul dans la cour... la pluie tombait... la pluie tombait toujours... (imitant le bruit de la pluie.) Zi, zi, zi, (tristement.) Personne qui ait pitié de moi!... pas un ami qui me parle! (vivement.) Si.. si... en voilà un qui aboie... il me caresse... il me réchauffe... il me lèche les mains... Ah! c'est toi, pauvre Dragon; il n'est pas fier, celui-là... il me reçoit chez lui... il a tout partagé avec moi... et puis après ça rien ne m'a manqué... rien!... Qu'est-ce que vous me demandez maintenant?

GEORGETTE.

Puisqu'aujourd'hui tu es bien gentil, je te demande de dire à madame la comtesse comment tu as sauvé le château... Car c'est à lui que vous le devez, c'est lui qui l'a sauvé... Ce jour où Dragon t'a réveillé en sursaut... tu sais bien?

CÉSAR.

Oui, je l'entends qui me dit à demi-voix: (aboyant sourdement.) Ouab, ouab, ouab!... je me réveille, et je lui réponds naturellement: Quoi? quoi?... pour lui dire qu'est-ce que c'est? Il me

répète : Ouab, ouab, ouab!... d'une manière...
oh! mais, d'une manière...

GEORGETTE.

Ce qui te fit comprendre qu'il y avait quelque
chose d'extraordinaire.

CÉSAR, grondant toujours.

Ouab, ouab !

GEORGETTE.

Des voleurs qui voulaient mettre le feu au
château.

CÉSAR.

Oui, oui... sorti de la loge... à moi, Dragon!...
Je tombe sur eux avec un gros bâton... et l'autre... il mordait, déchirait, me criait : Courage !
(aboyant.) Ouab, ouab, ouab! Ah! comme il
aboyait!... Et cette cloche que je sonnais.. dan...
dan.. dan... c'était un tapage...Voilà tout le village qui arrive, mais c'était fini... plus personne..
ils s'étaient sauvés.

GEORGETTE.

A vous la victoire !

CÉSAR, tristement.

Ah! oui... la victoire!... la victoire!... mais
Dragon était blessé... dam'!... il était vieux, le
pauvre Dragon... il est mort dans mes bras... et
je suis seul dans sa loge, qui est bien grande,
bien grande pour un...

LE CHEVALIER.

Georgette a raison, c'est à lui que vous devez
ce château.. sans lui il était pillé, incendié.

LA COMTESSE.

Oui, s'il n'a pas d'esprit, il a du cœur, et je lui
accorderai tout ce qu'il me demandera.

GEORGETTE, à César qui s'est éloigné.

Il ne demande qu'à rester ici; n'est-ce pas,
César ?

CÉSAR.

Oui, mam'selle.

GEORGETTE.

A garder le château.

CÉSAR.

Oui, mam'selle.

GEORGETTE*.

A faire les commissions, toutes les commissions, et vous pouvez compter sur sa fidélité et
son exactitude.

LA COMTESSE.

A la bonne heure ! je l'emploierai dès aujour-
d'hui. On dit que l'ancien curé existe encore ?

GEORGETTE.

Oui, madame; il s'est caché pendant longtemps,
mais maintenant qu'il peut se montrer, il demeure près de l'église, chez la mère Blot, la maison verte... tu sais ?

CÉSAR.

Oui, mam'selle.

LA COMTESSE.

Fais-lui porter cette lettre et cet or, pour qu'il

* César, Georgette, la comtesse, le chevalier.

le distribue aux pauvres et aux malades de la
commune.

GEORGETTE.

Entends-tu bien?

CÉSAR.

Des pauvres, des malades... y en a.

LA COMTESSE.

Et s'il juge à propos de t'envoyer chez eux,
tu iras.

CÉSAR, d'un air hébété.

Comment ça ?

GEORGETTE.

Je vais lui expliquer...
(Pendant qu'elle lui parle bas on entend une musique
militaire.)

CÉSAR.

Écoutez donc... écoutez donc... des soldats qui
arrivent.

GEORGETTE.

Que t'importe? Fais ce que je te dis, et de
peur que tu ne te trompes, je vais te mettre dans
ton chemin.

CÉSAR.

Oui, mam'selle... C'est gentil tout de même les
soldats qui vont avec de la musique.

(Il sort avec Georgette par la coulisse à droite, entre
le château et l'auberge, en allant au pas sur la
marche militaire qui se fait entendre.)

SCÈNE VI.

LA COMTESSE, LE CHEVALIER, LE GÉNÉRAL.

LE CHEVALIER, regardant dans la coulisse à gauche.

Eh! mais, j'aperçois un groupe d'officiers.

LA COMTESSE.

C'est ce que m'annonçait monsieur Sauvageot,
l'épicier... C'est mon horrible général.

LE CHEVALIER.

Le général Grandchamp.

LA COMTESSE, bas au chevalier, avec dédain.

Vous connaissez cela, chevalier ?

LE CHEVALIER.

J'ai eu l'honneur de faire sous ses ordres la
campagne d'Allemagne.

LA COMTESSE, de même.

Vous avez pu lui obéir !

LE CHEVALIER.

C'était mon supérieur.

LA COMTESSE.

Ah! fi! j'en rougis pour vous.

LE GENERAL, suivi de deux officiers, entre par la gauche. A la cantonade.

Je ne garderai ici qu'un faible détachement
pour la correspondance ; que le reste de la
troupe soit cantonné dans les villages des environs. Les soldats seront nourris par les habitants;
mais pas de désordre, pas de pillage, j'ai des rai-

sons pour que le pays soit bien traité... et quant aux officiers, ils viendront demain dîner avec moi au château.

LA COMTESSE.

Dieu me pardonne! c'est chez moi qu'il les invite.

LE GÉNÉRAL.

C'est là mon quartier-général, c'est là qu'habite ma famille.

LA COMTESSE, à demi-voix.

Insolent!

LE GÉNÉRAL.

Qu'y a-t-il? (apercevant le chevalier qui s'avance.) Eh! c'est le capitaine Neuillac!

LE CHEVALIER*.

Moi-même, général... qui suis ici avec une parente à moi.

LE GÉNÉRAL.

Je lui fais compliment... elle a un brave dans sa famille... (s'avançant vers la comtesse.) Salut et fraternité.

LA COMTESSE, à part.

Quel ton! quelles manières! (le regardant.) Eh! mais, je connais cette figure-là... je l'ai vue ici autrefois, chez mon frère.

LE GÉNÉRAL.

C'est vrai... portant déjà le fusil... une bonne habitude qu'on ne peut pas prendre de trop bonne heure.

LA COMTESSE.

Eh! oui... vraiment, je ne me trompe pas, c'est lui.

GEORGETTE, rentrant, à part.

Maintenant le voilà dans son chemin. (Elle voit le général, pousse un cri et court à lui.) Mon oncle! Mathieu Grandchamp!

LA COMTESSE.

Le garde-chasse?

LE GÉNÉRAL**.

Lui-même... qui depuis cinq ans a tiré autre chose que des lièvres... N'est-ce pas, capitaine?

GEORGETTE.

Mon oncle, mon cher oncle, c'est vous que je revois... et avec des épaulettes!

LE GÉNÉRAL.

Que je n'ai pas volées, je te le jure... Pas plus fier pour ça, et malgré mon rang... (s'avançant vers la comtesse.) Touchez là, citoyenne.

LA COMTESSE.

A qui parlez-vous? Je suis comtesse de Caradec.

LE GÉNÉRAL.

Allons donc !.. il n'y a plus de comtesse ; nous avons supprimé ces babioles-là.

LA COMTESSE.

En vérité! Et moi, je regarde comme non avenu tout ce que vous avez fait.

* La comtesse, le chevalier, le général.
** Le chevalier, la comtesse, Georgette, le général.

LE GÉNÉRAL.

Tant pis pour vous, car nous avons fait de belles choses.

LA COMTESSE.

Oui, un beau gâchis, dont vous vous tirerez si vous pouvez.

LE GÉNÉRAL.

Nous n'irons pas chercher l'étranger pour ça.

LE CHEVALIER.

Général, c'est ma cousine.

LE GÉNÉRAL.

C'est vrai.. ce n'est pas ta faute, et je te plains.

LA COMTESSE, avec colère.

Je crois qu'il me prend en compassion!

LE CHEVALIER, la modérant.

Madame, au nom du ciel!...

LE GÉNÉRAL.

Il y a comme ça dans les familles des gens qui déraisonnent et qui vous font du tort. Ce n'est pas comme chez nous, ma petite Georgette... en v'là une qui ne rougit pas de son oncle.

GEORGETTE.

Bien du contraire... je n'en peux pas revenir.

LE GÉNÉRAL.

C'est comme moi, mon enfant; j'ai cru que je n'en reviendrais pas... et pourtant me voilà, parti le sac sur le dos et aujourd'hui général de brigade.

LA COMTESSE.

Voilà maintenant comme on donne les grades.

LE GÉNÉRAL.

On ne les donne plus, on les gagne.

LA COMTESSE.

C'est-à-dire que le premier venu... c'est absurde. . Jadis on les achetait avec de l'or.

LE GÉNÉRAL.

Aujourd'hui c'est plus cher... (à Georgette.) Oui, mon enfant, le canon m'a poussé, ou plutôt il a abattu les autres... d'autres qui valaient mieux que moi... Mais que veux-tu? le canon, c'est comme bien des gens, ça ne raisonne pas... et quand toute la France se leva pour résister à l'Europe en armes, de cinquante que nous étions en quittant le pays, je suis resté seul... seul debout... Je n'ai pas été tué.. ce n'est pas ma faute.

LE CHEVALIER.

Oui, général, j'en suis témoin!

LE GÉNÉRAL.

Alors je me suis trouvé tout de suite un ancien, et on m'a mis à la tête des conscrits qui arrivaient pour leur montrer le chemin ; ce que j'ai fait, morbleu!... et pour cela il ne fallait pas rester en arrière... Comprends-tu?

GEORGETTE.

Oui, mon oncle.

LE GÉNÉRAL.

De tout ce temps-là je ne t'ai pas écrit, parce que nous ne nous arrêtions jamais... et puis pour d'autres raisons encore que je te dirai plus tard... Mais j'avais toujours peur de ne plus t'embrasser, de ne plus revoir le pays. Aussi, lorsqu'on

ACTE I, SCÈNE VI.

m'a envoyé ici avec le général Hoche, tu juges si je suis parti avec joie! Depuis un mois, je m'en vante, ma division n'a pas tiré un coup de fusil. Dès qu'on apercevait de loin quelque rassemblement, quelques paysans en armes, j'allais à eux...

Air : *Patrie, honneur.*

Amis, c'est moi, c'est un de vos pays,
Mathieu Grandchamp, autrefois garde-chasse;
Il est pour vous ce qu'il était jadis...
Allons, la main .. et jetez là, de grâce,
Ce lourd fusil fait pour embarrasser;
C'est trop gênant quand on veut s'embrasser.
Ce lourd fusil doit vous embarrasser,
C'est trop gênant quand on veut s'embrasser.

Et ils jetaient leurs fusils, et ils m'embrassaient. Voilà, depuis un mois, comment j'ai fait la guerre.

LA COMTESSE.
Il y a du bon dans cet homme-là !

LE CHEVALIER.
Je vous le disais bien.

LE GÉNÉRAL.
Et toi, ma Georgette, ma petite nièce, depuis la mort de mon pauvre frère...

GEORGETTE.
Les temps ont été durs, mon oncle ; j'ai bien souffert... mais voilà de meilleurs jours qui reviennent... vous voilà !

LE GÉNÉRAL
Je ne t'apporte pas d'écus, je n'en ai pas. Moi et mes soldats n'étions pas même payés tous les jours... Rien sur soi... pas de bagage inutile... c'est pour ça que nous allions si vite... Mais patience ! les finances de l'Etat remonteront et les nôtres aussi.

GEORGETTE.
Je n'ai besoin de rien ; madame m'a donné une place au château, celle de mon père.

LE GÉNÉRAL.
En vérité !

GEORGETTE.
Et je ne suis pas la seule qui s'aperçoive de son arrivée... elle vient d'envoyer de l'argent à tous les pauvres du village.

LE GÉNÉRAL.
Il y a du bon dans cette femme-là... quoique ci-devant... Si elle raisonne mal, elle agit bien.. (allant à elle.) Vous ne m'en voulez pas, citoyenne, si je viens m'établir ainsi chez vous avec mon état-major... ça ne vous gênera pas trop.. Le château est grand, je le connais ; je vous dirais même, ainsi qu'au capitaine : dînez-vous avec nous ?

LA COMTESSE, avec indignation.
Moi !

LE CHEVALIER, à demi-voix.
Ma cousine...

LE GÉNÉRAL.
Mais je vous vois en insurrection à l'idée seule d'admettre à votre table un homme qui a été garde-chasse.

LA COMTESSE, se contraignant.
Je ne m'en souviens plus en le voyant général.

LE GÉNÉRAL.
C'est juste : le feu purifie tout... Georgette, je t'invite aussi.

GEORGETTE.
Mais, mon oncle...

LE GÉNÉRAL.
Je le veux, à côté de moi.. Il serait beau que l'oncle fût à table et la nièce derrière.

GEORGETTE, à la comtesse.
Le permettez-vous, madame ?

LA COMTESSE.
Ce n'est pas moi, c'est monsieur qui commande.

LE GÉNÉRAL.
Et l'on s'en apercevra, car tout ira rondement. En avant, marche ; va te faire belle... moi je ne serais pas fâché de me reposer un instant dans mon logement.

LE CHEVALIER.
C'est très facile.

LE GÉNÉRAL.
Après cela, et avant dîner, j'irai faire un tour de parc, afin de voir si les lièvres me reconnaissent.

Air *de contredanse.*

Ah ! ne vous dérangez pas;
Point de façons, je vous prie.

LA COMTESSE.
Il ne m'offre pas son bras.

LE CHEVALIER.
Il est sans cérémonie.

LA COMTESSE.
De me complaire, assurément,
Il ne prend nulle inquiétude.
Le voilà qui marche en avant.

LE CHEVALIER.
De nos soldats c'est l'habitude.

ENSEMBLE.

LA COMTESSE.
Ah ! je ne m'attendais pas
A tant de discourtoisie !
Il ne m'offre pas son bras ;
Il est sans cérémonie.

LE CHEVALIER.
Il faut l'excuser, hélas !
Il est sans cérémonie ;
A la guerre on n'apprend pas
Les lois de la courtoisie.

LE GÉNÉRAL.
Ah ! ne vous dérangez pas ;
Point de façons, je vous prie ;
Nous n'avons, entre soldats,
Jamais de cérémonie.

GEORGETTE.
Le général ne veut pas
Qu'on fass' de cérémonie.

Combien d'gens, en pareil cas,
N'auraient pas tant d'modestie !

(Le général est entré le premier et seul dans le château. La comtesse et le chevalier y entrent après lui. Georgette reste seule sur la scène. Elle va pour entrer dans l'auberge au moment où Desrosiers en sort.)

SCÈNE VII.
GEORGETTE, puis DESROSIERS.

GEORGETTE.

Allons mettre un beau bonnet et un beau fichu pour dîner avec mon oncle... Un oncle général ! c'est glorieux tout de même, et je ris d'avance de la figure que fera ce pauvre César en le voyant en uniforme. (à Desrosiers qui entre.) Ah ! c'est cet étranger, ce voyageur... Pardon, monsieur, je n'ai plus pensé à vous... Ce n'est pas ma faute ; il est arrivé tant de choses...

DESROSIERS.

Et quoi donc ?

GEORGETTE.

Rien... rien... des affaires de famille... J'ai oublié de dire à madame la comtesse que vous vouliez lui parler ; mais elle vient de rentrer au château avec monsieur de Neuillac, son cousin... et elle vous recevra avec plaisir ; moi, je vais à ma toilette parce qu'il y a un grand dîner au château, où je suis invitée... Oui, monsieur, à table avec madame... Mais je ne peux pas vous conter cela parce qu'il est tard et que je ne veux pas me faire attendre.

(Elle sort.)

SCÈNE VIII.
DESROSIERS, seul.

Encore une révolution... une servante qui dîne au château ! Il paraît que tout le monde y dîne, et je ne vois pas pourquoi je ne ferais pas comme tout le monde. Voilà une coiffure à la victime dans le dernier genre... avec ça j'ai l'air d'avoir perdu trente mille livres de rentes ; et il y aura bien du malheur si les miens, mes malheurs, ne touchent pas madame la comtesse.

SCÈNE IX.
DESROSIERS, CÉSAR, entrant par la droite.

CÉSAR, parlant seul.

Pauvre homme ! si maigre et si pâle !... et puis ce qu'il me disait... (riant.) c'est drôle... ah ! ah ! ah !

DESROSIERS.

Qui vient là ? quel est cet original qui parle seul ?.. ne serait-ce pas cet idiot dont on parlait tout à l'heure dans l'auberge ?

CÉSAR.

Je demanderais ce que c'est à Georgette, si elle était là... mais elle n'y est pas... (regardant Desrosiers.) Le savez-vous, monsieur ?

DESROSIERS.

Quoi donc ?

CÉSAR.

Ce que m'a dit ce vieux... qui était pâle ?

DESROSIERS.

Il est original, celui-là... un malade, sans doute.

CÉSAR.

Oui, bien malade... un voyageur... il venait d'arriver... et tombé de faiblesse, ne pouvant continuer son chemin.. J'ai dit : Pauvre homme, voilà de l'argent que le curé vous envoie... et que je vous apporte, moi, César.

DESROSIERS.

Eh bien ! il a pris l'argent ?

CÉSAR.

Non... il l'a laissé tomber... et puis, en me regardant, il a fait : ah !... comme ça... ah !... et m'a serré dans ses bras. Et il disait : « Mon maître ! mon maître ! » Son maître !... moi qui fais les commissions de tout le monde... Moi, je le laissais dire parce qu'il avait là deux grosses larmes, et que ça avait l'air de lui faire plaisir.

DESROSIERS.

C'est l'idiot !

CÉSAR, vivement.

Oui, oui, il a dit ce mot-là.

DESROSIERS, à part.

Si on pouvait en tirer quelques renseignements sur le pays et les habitants...

CÉSAR.

Il disait encore : « Les coups, les mauvais traitements... si jeune encore... sa pauvre tête n'a pu y résister... » Comme ça... il disait ça... « Sa pauvre tête n'a pu y résister. »

DESROSIERS.

Qu'est-ce que ça signifie ?

CÉSAR.

Oui, qu'est-ce que ça signifie ? « Sa pauvre tête n'a pu y résister... » Et puis, quand il a crié : « Arthur ! Arthur ! » j'ai senti là... (portant la main à sa tête) j'ai senti comme un ébranlement... un coup de poing... Qu'est-ce que c'est qu'Arthur ? je le connais... Le connaissez-vous ?

DESROSIERS, à voix basse.

Arthur ?

CÉSAR, portant la main à sa tête et s'éloignant.

Ah ! taisez-vous, cela me fait mal... Mais ce qui me faisait rire, c'est qu'il me disait : « Monsieur le marquis... tout ici est à vous... tout vous appartient. »

DESROSIERS.

Est-il possible ?

ACTE I, SCÈNE IX.

CÉSAR.

« Tout ce que je demande, c'est de vivre assez pour te faire reconnaître. »

DESROSIERS.

Il a dit cela... Et après?...

CÉSAR.

Après, il ne pouvait plus parler... J'ai cru qu'il allait passer... ça m'a fait peur.

DESROSIERS, vivement.

Et après?

CÉSAR.

Après... il a tiré de dessous son matelas un tas de papiers qu'il m'a donnés... il m'a fait signe de les serrer et de m'en aller.

DESROSIERS.

Laisse donc.

CÉSAR.

C'est comme je vous le dis.

DESROSIERS.

A toi... qui ne sais pas lire?

CÉSAR.

Oh! je ne sais pas lire... parce que je ne veux pas m'appliquer...

DESROSIERS.

Des papiers... des papiers avec de l'écriture?

CÉSAR.

Oui, ma foi!... Ils sont encore là, dans mon sac.

DESROSIERS.

Ça n'est pas vrai.

CÉSAR.

Je vous dis qu'ils y sont!

DESROSIERS.

Je parie qu'ils n'y sont pas.

CÉSAR, les tâtant.

Est-il entêté!

DESROSIERS.

Je parie six francs.

CÉSAR.

Six francs!... en bon argent?...

DESROSIERS.

Tout autant!

CÉSAR.

Ah! Dieu!... moi qu'on dit si bête... je vais gagner six francs!

DESROSIERS.

Les voici...

CÉSAR.

Ma foi! tant pis pour lui... voici les papiers.

DESROSIERS.

Serait-il possible?

CÉSAR.

Regardez plutôt.

DESROSIERS.

Un moment... je suis bien aise d'examiner... (les parcourant des yeux.) Une lettre pour la comtesse de Caradec... des lettres de l'ancien marquis... un portrait... un passeport... une narration détaillée... signée... l'abbé Saint-Yon...

CÉSAR.

Eh bien?

DESROSIERS.

Ma foi, j'ai perdu!... à toi les six francs!

CÉSAR, avec joie.

Je les tiens tout de même... Et les papiers?

DESROSIERS.

Je les garde!

CÉSAR.

Ah! vous les gardez?

DESROSIERS.

Raisonne un peu!... tu as l'argent... à moi les papiers... Tu ne peux pas tout avoir... comprends-tu?

CÉSAR.

C'est juste!... je n'avais pas réfléchi.

DESROSIERS.

Nous sommes quittes... fais ce que tu voudras avec mon argent que je te donne... Je te le donne, entends-tu?... (lui frappant sur l'épaule.) Adieu, mon pauvre garçon, mon pauvre César!...

CÉSAR, le remerciant.

Vous êtes bien bon!

DESROSIERS, à part.

Moi, je me rends au château en faisant le tour du parc, et le long du chemin j'aviserai à ce qu'il faudra faire.

(Il entre par la grille, et tourne à droite du côté du parc.)

───────────────

SCÈNE X.

CÉSAR, puis GEORGETTE.

CÉSAR.

Je suis content... je suis bien content... j'ai fait un bon marché... C'est de l'argent, il l'a dit... et je sais bien ce que j'en ferai... ça sera pour elle... (chantant.) Tra la, la, la.

GEORGETTE, sortant de l'auberge à droite, en toilette*.

Là!... me voilà belle, j'espère!... (apercevant César qui chante et qui danse.) Eh bien! le pauvre garçon!... (l'appelant.) César, qu'est-ce que tu fais là?

CÉSAR.

Je dansais avec vous, mam'selle, je dansais le dimanche... avec vos beaux habits... mais vous en aurez de plus beaux encore, et toujours, car je suis riche...

GEORGETTE.

Toi?

CÉSAR.

Oui, j'ai de l'argent... j'ai six francs. Voyez plutôt...

GEORGETTE.

A qui ça?

CÉSAR.

A moi!... alors c'est à vous; je vous le donne.

GEORGETTE.

Et d'où ça te vient-il?

* Georgette, César.

CÉSAR.
Cette pauvre Georgette... est-elle heureuse!... Voilà sa fortune faite!
GEORGETTE.
D'où ça te vient-il?
CÉSAR.
D'un monsieur qui était pâle... qui a dit : Voilà six francs... non... ce n'était pas lui... Sa pauvre tête n'a pu y résister... Je savais si bien... je ne sais plus... et ça me fait mal à chercher.
GEORGETTE.
Eh bien! ne cherche pas!... ça n'en vaut pas la peine!
CÉSAR, riant.
Si... si... si... il disait : « Monsieur le marquis, monsieur le marquis. »
GEORGETTE.
A qui?
CÉSAR.
A moi!... monsieur le marquis!
GEORGETTE.
Mon pauvre garçon... il voulait se moquer de toi... C'est ce qu'ils font tous dans ce village, et c'est bien mal.
CÉSAR.
Ah! quand on dit à quelqu'un monsieur le marquis... on se moque de lui!
GEORGETTE.
A quelqu'un comme toi, oui, vraiment.
CÉSAR.
Eh bien! qu'ils y reviennent... je les arrangerai joliment!... Le premier qui m'appelle monsieur le marquis, je lui donne un coup de poing.
GEORGETTE.
Encore une bataille!... qu'il ne soit plus question de cela!
CÉSAR.
Oui, mam'selle.
GEORGETTE.
Je te défends d'y penser.
CÉSAR.
Oui, mam'selle.
GEORGETTE.
Surtout d'en parler à personne.
CÉSAR.
Oui, mam'selle.
GEORGETTE.
Ou sinon je me fâche.
CÉSAR.
Je n'en dirai plus un mot... pas un seul... parce que vous, je vous crois... Je n'avais que deux amis au monde... ce pauvre Dragon!... et puis vous... vous surtout, mam'selle Georgette... Je ne vous quitterai pas, je vous suivrai partout... Vous me battriez... vous me diriez : Va-t-en! que je reviendrais encore pour que vous me battiez si ça vous faisait plaisir... à moi du moins, ça m'en ferait... Tenez, battez-moi, battez-moi.

GEORGETTE.
C'est étonnant, César... sais-tu que voilà quatre ou cinq phrases de suite.. et que quand tu es seul avec moi, ou que tu parles de moi... tu as presque toujours des idées très raisonnables?
CÉSAR.
Vous dites ça pour rire.
GEORGETTE.
Je l'ai déjà remarqué.
CÉSAR.
Je suis pourtant, comme ils disent tous, le chien du château.
GEORGETTE.
Tu en as du moins les bonnes qualités.

AIR *de la Ville et du Village.*

L'attachement et la fidélité,
Un dévoûment que rien n'arrête;
Ah! tu pourrais en tirer vanité.
Ils ont beau dire : C'est un' bête!
Si, pour l'esprit de ces gens-là,
Tu devais, par un sort étrange,
Troquer, hélas! c'que le ciel te donna,
Sois sûr que tu perdrais au change.

CÉSAR, voulant toujours parler.
Oui... et les six francs... n'est-ce pas? les six francs...
GEORGETTE, lui imposant silence.
Tais-toi!... tais-toi!... c'est madame la comtesse.

─────────

SCÈNE XI.

LA COMTESSE et DESROSIERS, sortant du château; CÉSAR et GEORGETTE, se tenant à l'écart.

LA COMTESSE *, parlant à plusieurs domestiques.
Qu'on aille chercher sa voiture!... qu'on apporte ses malles... Je ne veux pas qu'il reste à l'auberge une minute de plus.
DESROSIERS.
De grâce, madame la comtesse, modérez ces transports.
LA COMTESSE.
Que je me modère, quand mon cœur nage dans la joie... (élevant plus haut la voix.) quand tous mes vœux sont comblés, quand je retrouve le chef de ma famille, l'espoir de ma race... le dernier des Caradec...
GEORGETTE **.
Est-il possible!... Auriez-vous de ses nouvelles?
LA COMTESSE.
Bien mieux que cela!... il est de retour dans le château de ses pères... il est ici... devant tes yeux... le voilà!
GEORGETTE.
O ciel!

* La comtesse, Desrosiers, Georgette, César.
** Desrosiers, la comtesse, Georgette, César.

LA COMTESSE.
Mon neveu!... mon noble neveu!...

GEORGETTE, regardant Desrosiers avec étonnement.
Vous... monseigneur... vous que j'ai vu si jeune... C'est singulier... pardonnez-moi de ne vous avoir pas reconnu... mais du tout... du tout...

LA COMTESSE.
Ça n'est pas étonnant... depuis le temps... depuis dix ans... bien habile qui pourrait se reconnaître.

DESROSIERS.
Je le suis donc; car moi je m'étais fort bien rappelé la petite Georgette, la fille du concierge... c'est pour cela que j'étais descendu chez elle.

GEORGETTE.
Et ce matin... toutes ces questions sur ce domaine, sur ce château... que vous regardiez avec tant de plaisir!...

LA COMTESSE.
C'était tout naturel.

CÉSAR, le regardant et le reconnaissant.
Eh ben!... eh ben!... c'te rencontre... Les six francs de tout à l'heure, c'est lui... c'est vous, n'est-ce pas?

DESROSIERS.
C'est bien... c'est bien... mon garçon... ne parlons pas de cette misère-là... C'est moi qui malgré l'incognito ai voulu payer ma bienvenue à ce pauvre diable.

LA COMTESSE.
Je reconnais là mon neveu... (à Georgette.) Et quel air noble et distingué! Il ne se serait pas nommé que j'aurais deviné un Caradec... Et ce matin, seulement quand je l'ai aperçu, quand il m'a saluée, j'ai senti là une émotion... la voix du sang!

DESROSIERS.
Un instinct de noblesse, ma chère tante.

LA COMTESSE.
Je veux qu'il y ait aujourd'hui même au château réception solennelle.

AIR : *Contentons-nous.*

À tout le monde on ouvrira les portes...
C'est un grand jour, c'est un jour de bonheur!
Rustres, vilains et gens de toutes sortes
Seront admis à revoir leur seigneur.
Je veux, de plus, couronner deux rosières...

DESROSIERS.
Que vous aurez?

LA COMTESSE.
Mais, j'espère, aujourd'hui;
Si toutefois les révolutionnaires
En ont laissé quelques-unes ici.

(à Desrosiers.) Je viens d'annoncer officiellement votre retour à ma fille et à monsieur de Neuillac, dont cette arrivée a renversé toutes les espérances. J'en suis désolée, parce que c'est un excellent parent et un bon gentilhomme; mais je l'en avais prévenu, et je n'y puis que faire... C'est à vous seul, mon neveu, à vous, mon cher Arthur!...

CÉSAR, poussant un cri.
Arthur!... c'est ce nom-là...

GEORGETTE.
Veux-tu te taire!

CÉSAR.
Arthur!... où est-il?

GEORGETTE.
Là, devant toi!

CÉSAR, d'un air hébété.
Ah!

GEORGETTE.
Salue donc!

CÉSAR.
Non!

GEORGETTE.
Veux-tu bien saluer?

CÉSAR.
Non... non...

GEORGETTE.
Est-il entêté!... Et qu'est-ce qu'il a donc à gronder comme ça?... Ici, César... ici!

CÉSAR, grommelant entre ses dents comme un chien mécontent.
Hon... hon... hon!...

GEORGETTE.
Veux-tu bien te taire!

CÉSAR.
Je me tais!

SCÈNE XII.

LES PRÉCÉDENTS, CHŒUR DES GENS DU VILLAGE.

FINAL.

AIR : *Motif des Huguenots* (arr. par M. Hormille).

ENSEMBLE.

LA COMTESSE.
Ah! quel plaisir de vous apprendre
Qu'un événement heureux
Dans ce château vient de me rendre
Le plus chéri de mes neveux.

DESROSIERS.
Je suis charmé de vous apprendre
Qu'un événement heureux
Dans ce château vient de vous rendre
Le seigneur qu'appelaient vos vœux.

GEORGETTE.
Ah! quel plaisir pour moi d'apprendre
Qu'un événement heureux
Dans ce château vient de nous rendre
Le seigneur qu'appelaient nos vœux.

LES VILLAGEOIS.
Ah! que vient-on de nous apprendre!
Et quel événement heureux
Dans ce château vient de nous rendre
Le plus chéri de vos neveux?

LA COMTESSE, seule.
Gens de village,
Entourez-le de vos respects,
De votre hommage ;
C'est le dernier des Caradecs !

ENSEMBLE.
DESROSIERS.
Gens de village,
J'ai d'anciens droits à vos respects ;
Rendez hommage
A l'héritier des Caradecs !
GEORGETTE.
Gens de village,
Il a des droits à nos respects ;
Rendons hommage
A l'héritier des Caradecs !
LE CHŒUR.
Dans ce village,
Il a des droits à nos respects ;
Rendons hommage
A l'héritier des Caradecs !
TOUS.
Gloire, amis, gloire, amis,
A monseigneur le marquis !

REPRISE DE L'ENSEMBLE.
TOUS.
Ah ! que vient-on de nous apprendre, etc.
CÉSAR, à Georgette.
Le marquis ! (*bis.*) On se moque de lui,
N'est-il pas vrai ?
GEORGETTE.
Non pas, car celui-ci
Est bien un marquis véritable.
CÉSAR.
Pourquoi ne l'suis-je pas aussi ?
GEORGETTE.
Toi, tu n'es rien qu'un pauvre diable.
CÉSAR.
Marquis !

On me l'a pourtant dit aussi.
GEORGETTE.
Veux-tu ne pas parler ainsi ?
Je te l'ordonne.
CÉSAR.
Je me tais ;
Je n'en parlerai plus jamais.
LA COMTESSE, à Desrosiers *.
Venez, dans ce château dont vous êtes le maître,
Nous raconter les maux endurés loin de nous.
(à demi-voix.)
Et moi, sur tous nos biens, sur ma fille et sur vous,
J'ai d'importants projets à vous faire connaître.
LE CHŒUR.
Ah ! pour nous tous quelle nouvelle !
Pour le village quel bonheur !
Et nous venons, vassaux fidèles,
Pour fêter notre ancien seigneur.

(La comtesse et Desrosiers entrent dans le château. Tous les villageois y entrent après eux.)

CESAR, sur le devant du théâtre, et cherchant à rappeler ses idées.
Le marquis ! (*bis*) C'est étonnant, car aujourd'hui
On me l'a pourtant dit aussi.
(Il veut suivre les gens du château ; mais l'on vient de refermer la grille, et il se trouve seul en dehors.)
Ils entrent tous... Moi seul, hélas !
Moi seul je n'entre pas !
(Il s'assied tristement sur un petit banc de pierre en dehors de la grille, et se penche vers la niche du chien. — On entend dans le lointain le chant du dernier chœur.)
Ah ! pour nous tous quelle nouvelle, etc.

* La comtesse, Desrosiers, Georgette, César.

ACTE DEUXIÈME.

Le théâtre représente un grand appartement gothique. Portes au fond et portes latérales aux angles de l'appartement. Sur le côté, à droite de l'acteur, un grand cadre vide et une espèce d'armoire au bas. A gauche, une cheminée sur laquelle est un magot. Sur le devant, une table et quelques livres, un grand fauteuil près de la table, et, à droite du théâtre, un autre grand fauteuil.

SCÈNE I.

LE GÉNÉRAL, GEORGETTE.

(Ils entrent par le fond.)

LE GÉNÉRAL.
Viens, ma nièce, viens-t-en avec moi... je n'y tiens plus ! Je suis excédé des airs que se donne l'héritier des Caradecs, que la vieille dame vient de me présenter et qu'elle trouve superbe !... Ma foi ! si tous les marquis ressemblaient à celui-là, on a bien fait de les supprimer... la perte n'est pas grande pour le trésor, car ils ne valent pas grand'chose.

GEORGETTE.
C'est étonnant !... ça n'est pas là l'effet que me faisait autrefois mon jeune maître. Vous le rappelez-vous ?

LE GÉNÉRAL.
Il y a dix ans... un bambin ; non, ma foi !... Je me rappelle son père, monsieur le marquis, fier avec tout le monde, mais bon enfant avec les

gardes-chasse; c'est une qualité qu'il avait... Je me rappelle aussi madame la marquise.

GEORGETTE.

Une excellente femme qui m'avait prise en amitié.

LE GÉNÉRAL.

Et qui, lorsque tu étais toute petite, avait daigné elle-même t'apprendre à lire... Ça t'est-il resté?

GEORGETTE.

Certainement, ça ne s'oublie pas.

LE GÉNÉRAL.

Tant mieux!... ça peut servir... dans les familles... et je voulais, à ce sujet-là, te parler... te parler à toi toute seule.

GEORGETTE.

Qu'est-ce que c'est, mon oncle? Me voilà.

LE GÉNÉRAL.

As-tu remarqué tout à l'heure, au dessert, ce hussard qui m'a apporté une lettre que j'ai mise dans ma poche en disant: C'est bon, je verrai plus tard.

GEORGETTE.

C'est vrai!... vous ne l'avez pas encore lue!...

LE GÉNÉRAL.

Pour des raisons particulières que je ne dirais à personne... mais que je peux t'avouer à toi, Georgette... qui es ma nièce... (à demi-voix.) C'est que je ne sais pas lire.

GEORGETTE.

Ah! bah!

LE GÉNÉRAL.

Ce dont j'enrage; mais je ne peux pas en vouloir à mes parents; ils ne prévoyaient pas ce qui m'arrive... J'ai été surpris par la fortune avant que j'aie eu le temps de me mettre en garde.

GEORGETTE.

Mais depuis?...

LE GÉNÉRAL.

Depuis que je suis général, j'ai appris l'essentiel, à signer mon nom... Je lis bien aussi un peu quand je suis seul et qu'il n'y a personne qui me regarde... C'est un jeune homme de famille, un caporal, qui m'avait commencé... mais mes études ont été arrêtées par un boulet qui a emporté mon professeur.

GEORGETTE.

Quel malheur!

LE GÉNÉRAL.

Surtout pour moi... Avec ça je n'avais guère de temps à donner à la littérature!... toujours en marche ou occupé à battre l'ennemi... Mais je m'y remettrai, je travaillerai; je suis encore assez jeune pour apprendre... et tu penses bien que je ne veux pas rester où je suis.

GEORGETTE.

Quoi!... vous n'êtes pas content! vous qui de simple soldat êtes devenu général!

LE GÉNÉRAL, d'un air de dédain.

Oui... général de brigade...

GEORGETTE.

Eh bien!

LE GÉNÉRAL.

Eh bien! on peut devenir général de division... et puis... et puis mieux encore... Il y a mon camarade Lefebvre, parti soldat comme moi et qui commande en chef.

GEORGETTE.

Ah! vous avez de l'ambition?

LE GÉNÉRAL.

Du tout!... je veux me faire tuer ou arriver à quelque chose qui en vaille la peine.

GEORGETTE.

Marquis, par exemple!

LE GÉNÉRAL.

Fi donc!... les marquis sont finis; faut autre chose à la place, quelque chose de mieux.

AIR *des Scythes*.

Les marquis de l'ancien régime
Sont maintenant comme les assignats,
Ils ont perdu dans la publique estime;
Ils n'ont plus cours, ou du moins sont bien bas.

GEORGETTE.

Ça changera, mon oncl'...

LE GÉNÉRAL.

Je ne crois pas.
L'armée est tout; plus de noblesse ancienne!

GEORGETTE.

Oui, maintenant; mais ces mêmes conscrits,
Qui nous donnèr'nt plus d'un grand capitaine,
Pourront plus tard nous donner des marquis,
Des barons, des comtes, des marquis.

LE GÉNÉRAL.

Jamais... nous avons d'autres idées... Moi, d'abord, je veux que tu fasses un beau mariage... je ne pense qu'à ça.

GEORGETTE.

Et moi je n'y pense guère.

LE GÉNÉRAL.

Laisse donc; j'ai des petits aides-de-camp qui sont gentils... mais ils sont comme moi, ils n'ont pas le sou... et je veux pour toi une grande fortune.

GEORGETTE.

Y pensez-vous?

LE GÉNÉRAL.

Chacun à son tour... En attendant, avance à l'ordre, et lis-moi cette lettre... la signature d'abord.

GEORGETTE.

Saint-Laurent.

LE GÉNÉRAL.

Un de mes aides-de-camp, celui qui d'habitude me sert de secrétaire... Je lui apprendrai à ne pas être ici à son poste.

GEORGETTE, lisant.

« Mon général, je vous demande bien pardon d'une balle que je viens de recevoir dans la cuisse, et qui, avant trois ou quatre jours, ne me permettra pas de me rendre auprès de vous. » Pauvre garçon!

LE GÉNÉRAL.

J'ai du malheur dans mon éducation, et à moins que pendant ce temps-là tu ne sois mon secrétaire...

GEORGETTE.

Oh! bien volontiers...

LE GÉNÉRAL.

Mais prends garde, morbleu! que personne ne s'en doute!... Et surtout de la discrétion sur les ordres ou dépêches qui pourraient m'arriver!... ça ne plaisante pas.

GEORGETTE.

Soyez tranquille... on me tuerait plutôt.

LE GÉNÉRAL.

A la bonne heure! j'y compte... Qui vient là?

GEORGETTE.

Monsieur de Neuillac, qui se promène dans cette galerie.

LE GÉNÉRAL passe à gauche *.

Un brave garçon, celui-là! Il me plaît... et s'il te convient pour mari, je te le donne.

GEORGETTE.

Un ci-devant!

LE GÉNÉRAL.

C'est égal... je passerai par là-dessus... On me blâmera si on veut... je brave les propos et les préjugés.

GEORGETTE, souriant.

Rassurez-vous, j'ai idée qu'il me refuserait.

LE GÉNÉRAL.

Et pourquoi, morbleu!

GEORGETTE.

Parce qu'il en aime une autre.

LE GÉNÉRAL.

C'est différent... sous le règne de la liberté les inclinations sont libres, et l'on ne doit aimer qu'une femme à la fois...

GEORGETTE.

Sous la république une et indivisible!

LE GÉNÉRAL.

Comme tu dis... (regardant le chevalier, qui est entré en rêvant sans les apercevoir.) Qu'est-ce qu'il a donc? (lui frappant sur l'épaule.) A quoi rêve mon jeune capitaine?

SCÈNE II.

LES MÊMES, LE CHEVALIER, entrant par la porte latérale à droite **.

LE CHEVALIER.

Ah! mon général... c'est vous! Je suis bien malheureux!

GEORGETTE.

En quoi donc, monsieur le chevalier?

LE CHEVALIER.

Je ne sais où donner de la tête.

* Georgette, le général.
** Georgette, le chevalier, le général.

LE GÉNÉRAL.

Eh bien! me voilà!... je suis de bon conseil.

LE CHEVALIER.

Oui, en présence de l'ennemi... mais avec des amis, avec une famille, que faire?... quel parti prendre?

GEORGETTE.

Est-ce que vous auriez quelques doutes sur le nouveau cousin qui vous arrive, sur monsieur Arthur de Caradec?

LE CHEVALIER.

Eh! non, morbleu!... c'est bien lui... il n'y a pas à en douter... Il nous a montré les lettres et le portrait de son père, le marquis... les lettres de l'abbé Saint-Yon, son gouverneur... Il nous a fait la relation détaillée de leurs aventures, lorsque, échappés de Saint-Domingue et débarqués en Bretagne dans le plus fort de la Terreur, le pauvre abbé fut arrêté, emprisonné comme prêtre, puis déporté à Cayenne, tandis que son élève, errant à l'aventure, s'est caché, déguisé, a fait je ne sais quel métier... Là-dessus il a été plus sobre de détails... mais c'est lui... c'est bien lui, par malheur... Non que je lui envie ses biens et sa fortune... le ciel m'est témoin que mon plus grand désir était de le revoir dans le château de ses pères, dans ce domaine que mes soins et mes démarches ont contribué à lui faire rendre... mais, je l'avoue, je m'attendais à trouver dans un cousin... dans un parent, plus d'affection, plus de générosité.

LE GÉNÉRAL.

Comment cela?

LE CHEVALIER.

La comtesse est décidée à lui donner sa fille; c'est convenu depuis longtemps, c'est juré entre les deux familles... je le sais; mais, en apprenant que j'aimais Amélie, que peut-être j'en étais aimé, ne devait-il pas plaider pour moi auprès de la comtesse, et, si elle résistait, lui rendre sa parole, renoncer à ce mariage? C'est du moins ce que j'aurais fait à sa place, c'est ce que j'espérais de lui... Eh bien! non!... j'ai trouvé une sécheresse, une froideur que j'étais loin d'attendre... et qui ne me présagent rien de bon.

GEORGETTE.

Comment! vous croyez?...

LE CHEVALIER.

Il m'a répondu qu'en neveu soumis il obéirait à sa tante, et qu'il ne voulait pas, le jour même où il rentrait dans sa famille, y donner l'exemple de la rébellion...

LE GÉNÉRAL.

Eh bien! par exemple...

LE CHEVALIER.

Silence! les voici.

SCÈNE III.

LA COMTESSE, DESROSIERS, LE GÉNÉRAL, LE CHEVALIER, GEORGETTE *.

LE GÉNÉRAL, à part.

Je ne sais pas si c'est ce que je viens d'apprendre, mais cette figure-là ne me revient pas du tout... je crois l'avoir vue quelque part.

LA COMTESSE, à Desrosiers.

Voici, mon neveu, un appartement que je vous ai réservé pour le dernier... On l'avait tenu constamment fermé... c'est d'aujourd'hui seulement et pour votre arrivée que les portes se sont rouvertes... il doit vous rappeler bien des souvenirs.

DESROSIERS.

Certainement... le château d'abord en est peuplé de souvenirs... et ils me reviennent tellement en foule que je ne m'y reconnais plus.

LA COMTESSE.

Ici cependant vous devez vous reconnaître... c'est dans cette pièce que vous veniez deux fois par jour...

DESROSIERS.

J'y suis... j'y suis !... la salle à manger !...

LA COMTESSE.

Du tout... le cabinet de travail du marquis votre père... C'est ici que ce pauvre abbé Saint-Yon vous donnait ses leçons...

DESROSIERS.

C'est vrai !... c'est vrai !... je l'avais oublié... l'effet des révolutions...

LA COMTESSE.

Des leçons de latin.

DESROSIERS.

Je l'ai aussi oublié !...

LE GÉNÉRAL.

La révolution !...

DESROSIERS.

Comme vous dites, général.

LA COMTESSE, riant.

Et puis vos leçons de menuet... le petit maître de danse ?...

DESROSIERS, riant.

Je le vois encore avec sa pochette.

(Le général et Georgette ont remonté le théâtre, et causent ensemble au fond.)

LA COMTESSE, d'un air solennel **.

Il est d'autres souvenirs plus graves et plus profonds.

* Georgette, le chevalier, la comtesse, Desrosiers, le général.
** Le chevalier, la comtesse, Desrosiers, sur le devant; Georgette, le général, au fond.

DESROSIERS, à part, avec embarras.

Ah ! diable !...

LA COMTESSE.

Lorsque, pour rétablir sa fortune, mon frère fut obligé de partir pour Saint-Domingue, il s'enferma ici, en tête-à-tête avec vous, et vous vous rappelez ce qu'il vous dit ?

DESROSIERS.

Confusément.

LA COMTESSE.

Il me l'a raconté à moi, et je ne l'ai point oublié. « Mon fils, je deviens négociant, je cesse d'être gentilhomme... Voici mon épée que je dépose ici, dans un endroit que vous seul connaîtrez... et si je meurs avant d'avoir le droit de la reprendre, je vous la lègue... sachez vous en servir. »

DESROSIERS, vivement.

C'est vrai ! ce sont ses propres paroles.

LA COMTESSE.

Et cette épée ?...

LE CHEVALIER.

Vous la retrouverez facilement.

DESROSIERS.

Je l'espère, en cherchant bien...

LA COMTESSE.

A onze ans une pareille scène doit faire impression.

DESROSIERS.

Beaucoup, beaucoup trop... cela ébranle les organes et les affaiblit... et puis je n'ai jamais eu la mémoire des lieux.

LA COMTESSE.

Ceux-ci cependant sont assez remarquables... c'est ici que logea pendant un mois Jean III, duc de Bretagne... ce sont les mêmes meubles qui ont servi à ce noble prince.

(Le général s'est assis sur le grand fauteuil, auprès de la table, et, le secouant un peu fort, le bras lui reste dans la main.)

LE GÉNÉRAL.

On le voit bien, car ils tombent de noblesse.

AIR de *Préville et Taconnet*.

Ce mobilier si vermoulu, si frêle,
Et que du temps avait miné la faux,
Est, entre nous, l'image trop fidèle
De ce qu'étaient les maîtres des châteaux. (*bis*.)
Tous ces seigneurs, barons du moyen-âge,
De père en fils, vieillis à l'Œil-de-Bœuf,
Étaient usés... Aussi, quatre-vingt-neuf,
Voulant marquer brillamment son passage,
A tout brisé, pour tout remettre à neuf.

LA COMTESSE.

Le général est toujours aimable.

LE GÉNÉRAL.

Toujours après dîner, et le vôtre était excellent... sans compter votre amabilité... vos grâces et votre café, qui était parfait.

DESROSIERS.

Je n'en ai jamais bu comme cela en Amérique.

LE GÉNÉRAL.

Il n'y avait qu'une chose qui m'inquiétait pendant le dîner et m'empêchait d'être tout entier à mon affaire

DESROSIERS.

Et quoi donc?

LE GÉNÉRAL, à la comtesse.

La figure de monsieur le marquis.

DESROSIERS, troublé.

En vérité?

LA COMTESSE.

Et comment cela?

LE GÉNÉRAL.

Je cherchais où je l'avais déjà vue... après ça, c'en est peut-être une autre... Il me semble pourtant bien que c'était à Paris. Oui, oui, c'était un jour de parade au carrousel.

LA COMTESSE.

Parmi les officiers?

LE GÉNÉRAL.

Non.

LA COMTESSE.

Au milieu de la poudre?

LE GÉNÉRAL, vivement.

Oui... oui... vous me mettez sur la voie... J'étais pressé de me rendre à la parade... et dans le désordre de toilette où j'étais... j'entre au Palais-Royal... chez un fameux coiffeur...

LA COMTESSE.

Monsieur...

LE GÉNÉRAL.

Ou du moins quelqu'un qui lui ressemblait tellement...

DESROSIERS, troublé.

Vous croyez?...

(Il se lève ainsi que la comtesse*.)

LE GÉNÉRAL, avec force et le regardant.

Maintenant, j'en suis sûr... et, y eût-il là une batterie de canons, je crierais aussi haut qu'elle... C'est lui... je le jure!...

DESROSIERS, dans la plus grande honte.

Général...

LE GÉNÉRAL, avec force, et lui prenant la main.

Oui, morbleu!... je vous défie maintenant de soutenir le contraire.

DESROSIERS, essayant de rire.

Je m'en garderais bien... c'est vrai... c'est la vérité même... c'était moi... en personne... Et ce n'est pas le seul métier que la nécessité de me cacher... m'ait fait exercer dans ce temps-là.

LA COMTESSE.

Quoi! mon neveu...

* Le chevalier, la comtesse, Desrosiers, le général, Georgette.

DESROSIERS.

Oui, ma tante. Si j'avais été reconnu, il y allait de la vie... et je me suis décidé à accommoder quelques têtes afin de sauver la mienne.

LA COMTESSE.

Quel temps que celui-là!... un marquis...

GEORGETTE.

Donnant le coup de peigne!

LE GÉNÉRAL.

Ce n'est pas là qu'est le mal!

DESROSIERS.

Vous avez raison.

AIR du Piège.

L'incognito devait me protéger;
Tranquille au milieu de l'orage,
Le fer en main, je bravais le danger,
Frisant chacun avec courage...
J'ai recueilli de ces temps douloureux,
Où la terreur était extrême,
L'avantage bien précieux...

LE GÉNÉRAL.

De pouvoir vous coiffer vous-même.

DESROSIERS.

C'est une excellente école que celle du malheur... elle nous rend meilleurs et plus expansifs... elle développe la sensibilité.

LE CHEVALIER.

J'en suis persuadé, mon cousin, et je ne doute pas que vous n'ayez réfléchi à notre conversation de tout à l'heure.

DESROSIERS.

Certainement! j'en ai parlé à ma tante.

LE CHEVALIER.

Et sa décision?

DESROSIERS.

Vous la connaîtrez plus tard.

LE CHEVALIER.

Pourquoi pas sur-le-champ?

LA COMTESSE.

Pour des raisons...

LE CHEVALIER.

Que je devine!

LA COMTESSE.

Eh bien! quand il serait vrai... les paroles déjà données, la foi convenue, et mieux encore la nécessité maintenant plus que jamais de concentrer les familles, de réunir des biens et des titres que l'on cherche à diviser et à anéantir, tout nous fait un devoir de tenir à nos premiers projets, et mon neveu lui-même le voudrait qu'il n'est pas maître d'y renoncer.

DESROSIERS.

Je le sens comme vous, et voilà ce qui me désole... mais il est des moments où il faut se sacrifier...

LE CHEVALIER, avec colère.

Monsieur...

ACTE II, SCÈNE III.

LA COMTESSE.
Et ce mariage se fera dès demain.
LE GÉNÉRAL.
Permettez! on ne se marie plus ainsi... Monsieur le maire et la municipalité exigent des délais...
(Le chevalier passe auprès du général.)
LA COMTESSE*.
Dont je me moque... je ne reconnais ni votre maire... ni votre municipalité... un prêtre, deux témoins comme autrefois, et en une demi-heure ma fille sera marquise de Caradec.
LE CHEVALIER.
Pas tant que je vivrai du moins... (s'approchant de Desrosiers.) Et si monsieur le marquis daigne me comprendre...
DESROSIERS, étonné.
Qu'est-ce que c'est?
LA COMTESSE, passant entre Desrosiers et le chevalier.
Qu'est-ce que j'entends?... menacer des jours si précieux! exposer un sang déjà si rare!... le dernier des Caradecs!... (au chevalier.) Monsieur, s'il vous arrive seulement de tirer l'épée contre lui, tout est fini entre nos deux maisons, et vous ne reverrez jamais ni moi ni ma fille...
LE CHEVALIER.
O ciel!
LA COMTESSE, bas à Desrosiers.
Je connais sa mauvaise tête, et je redoute la vôtre.
DESROSIERS.
Oh! oui... j'ai une tête...
LA COMTESSE.
Comme chef de la famille, mon neveu, vous devez lui épargner une faute... un crime qui lui causerait d'éternels remords.
DESROSIERS, de même.
Vous croyez?
LA COMTESSE, de même.
Je l'exige... je l'ordonne.
DESROSIERS, de même.
Vous sentez que je n'ai rien à vous refuser.
LA COMTESSE, de même.
Dès ce soir... en secret, nous partirons avec ma fille pour Rennes, où le mariage se fera demain.
DESROSIERS, de même.
Comment cela?
LA COMTESSE, de même.
Ne vous mêlez de rien... je me charge de tout et vais tout disposer.
DESROSIERS, de même.
Je l'aime autant.

* La comtesse, Desrosiers, le chevalier, le général, Georgette.

LA COMTESSE, à voix haute.
Adieu, messieurs! adieu, chevalier! songez à ce que j'ai dit... vous savez mieux que personne si je tiens mes promesses... Adieu!
(Elle sort.)

SCÈNE IV.

LES MÊMES, excepté la comtesse *.

LE GÉNÉRAL, la regardant sortir.
Elle est superbe... (à Georgette.) Je crois voir une colonne qui se déploie.
LE CHEVALIER, s'approchant de Desrosiers.
Je vous remercie, monsieur, d'avoir éloigné la comtesse... je vous reconnais là.
DESROSIERS.
Vous êtes bien bon!
LE CHEVALIER.
Vos armes?
DESROSIERS.
Ça m'est égal.
LE CHEVALIER.
Le lieu?
DESROSIERS.
Tout-à-fait à votre choix.
LE CHEVALIER.
Ici donc... et à l'épée.
DESROSIERS.
Si cela peut vous être agréable.
LE CHEVALIER.
Et l'heure... le moment?
DESROSIERS.
C'est autre chose... j'ai des devoirs à remplir, des affaires à mettre en ordre... Quand il y a dix ans qu'on ne s'en est mêlé, c'est un peu long, et je vous demande huit jours... (appuyant.) huit bons jours.
LE CHEVALIER.
Monsieur...
DESROSIERS.
Pour le moins... en faisant tout par moi-même... car si je prenais un homme d'affaires, ce qui peut-être vaudrait mieux, nous n'en finirions jamais.
LE CHEVALIER.
Monsieur le marquis, c'est abuser...
DESROSIERS.
Nullement, monsieur le chevalier... c'est à prendre ou à laisser.
LE CHEVALIER.
Peu m'importe, monsieur, tant que le mariage n'aura pas lieu... car je serai là, je ne vous quitterai pas, et dans huit jours...
DESROSIERS.
Dans huit jours, soit. (à part.) Ce soir nous

* Desrosiers, le chevalier, le général, Georgette.

partons pour Rennes... demain le mariage, et après-demain je commence mes voyages avec ma femme et sa dot... (haut.) Adieu, chevalier; au revoir, général.

LE GÉNÉRAL, à Desrosiers.
Air *nouveau* (de M. Hormille).
Adieu.
(A Georgette.)
Je sors; si de toi j'ai besoin,
Songe à venir dès que ma voix t'appelle.

GEORGETTE.
Je sais qu'à l'ordre il faut être fidèle.

LE GÉNÉRAL, au chevalier.
Je veux, mon brave, être votre témoin.
(Le chevalier s'incline.)
Je suis jaloux d'observer le maintien
Du marquis parant quelques bottes,
Pour voir s'il tient une épée aussi bien
Qu'il tient le fer à papillottes.

ENSEMBLE.

LE GÉNÉRAL et le CHEVALIER.
Adieu, monsieur, partez; mais ayez soin
De revenir où l'honneur vous appelle,
Et dans huit jours, rempli d'un noble zèle,
Présentez-vous avec votre témoin.

DESROSIERS.
Adieu, monsieur, je pars; mais j'aurai soin
De me trouver où l'honneur nous appelle,
Et dans huit jours, à mon devoir fidèle,
Vous me verrez suivi de mon témoin.

GEORGETTE, au général.
Comptez sur moi, mon oncle ; j'aurai soin
D'aller vers vous si votre voix m'appelle;
Je sais qu'à l'ordre il faut être fidèle,
Et vous serez de mon zèle témoin.

(Le général sort par le fond, et Desrosiers par la porte à droite.)

SCÈNE V.

GEORGETTE, LE CHEVALIER.

LE CHEVALIER.
Ah! je suis désolé! car, quoi qu'il arrive, Amélie est perdue pour moi.

GEORGETTE.
Vous croyez?

LE CHEVALIER, s'asseyant sur le fauteuil, auprès de la table.
Parbleu! c'est évident... je ne peux pas la lui laisser épouser... il me tuera plutôt, ou bien je le tuerai... et alors, je connais la comtesse! elle ne me pardonnera jamais la mort de ce neveu... qu'elle admire, qu'elle chérit... C'est entre nous une séparation, une haine éternelle.

GEORGETTE.
C'est vrai, mais comment faire ?... Mon Dieu ! quel parti prendre ?...

SCÈNE VI.

LES PRÉCÉDENTS, CÉSAR, apportant un panier de vins.

CÉSAR, entrant par le fond, et causant tout seul.
Va porter ce panier de vins, qu'il m'a dit comme ça, l'autre... un bonnet de coton sur l'oreille... Certainement que je le porterai, ça me réchauffera... (soufflant dans ses doigts.) C'est qu'il ne fait pas chaud à la porte... C'est drôle, ils n'avaient jamais voulu me laisser entrer dans les appartements... et aujourd'hui ils m'y envoient... Ils me disaient toujours : « A c'te cour. » C'était bon quand Dragon y était, mais maintenant... pauvre Dragon !

GEORGETTE, qui pendant ce temps-là a causé avec le chevalier.
C'est ce bon César, avec un panier énorme!

CÉSAR.
Oui, mam'selle, c'est le bonnet de coton qui m'a dit... (levant les yeux, regardant autour de lui, et laissant tomber le panier.) Oh !
(L'orchestre joue l'air du chevalier d'Avenel, dans la Dame Blanche.)

GEORGETTE.
Qu'est-ce qu'il a donc ? (regardant le panier.) Heureusement rien n'est cassé.

CÉSAR, courant avec joie autour de l'appartement.
O mon Dieu ! mon Dieu ! je suis bien content! (parlant aux meubles.) Bonjour ! bonjour ! (au grand fauteuil qui est auprès de la table.) Ah ! ah ! grand fauteuil... bien vieux... bien malade... ah! ça fait plaisir de se voir... (apercevant le bureau.) Et toi aussi, mon ancien... (s'asseyant et se plaçant comme un enfant qui écrit.) *Musa*, la muse, *musarum*, *musarum*.

LE CHEVALIER*.
Du latin, maintenant !

GEORGETTE.
C'est du latin ?

LE CHEVALIER.
Eh! oui... tais-toi donc.

CÉSAR, se levant et donnant un coup de pied au bureau.
Je ne veux pas de... je ne veux pas écrire ce matin... et puis... (faisant le geste de férule qu'on donne sur les doigts.) je ne veux pas d'ça... (chantant.) Tra, la, la, la, congé, récréation... n'est-ce pas? j'ai bien travaillé... bien sage... danser... (Il danse ; il chante un air de menuet, et imite son maître jouant de la pochette. Il prend la main de Georgette, et chante en formant quelques pas avec elle; puis ses yeux se portent sur le cadre vide, et ne voyant pas de portrait, il s'écrie**.) Ah ! mon Dieu !

* Georgette, le chevalier, César.
** César, Georgette, le chevalier.

ACTE II, SCÈNE VI.

GEORGETTE.

Qu'a-t-il donc?

CÉSAR.

Il n'y est plus... il n'est pas encore revenu.

GEORGETTE.

Qui donc?

CÉSAR.

Le grand... (montrant les bordures de son habit.) là... doré... (faisant le signe d'un grand ruban qui traverse la poitrine.) et puis là... enfin... le grand...

LE CHEVALIER.

Le portrait du marquis qui était là et que l'on a détruit.

CÉSAR, se retournant du côté de la cheminée où il aperçoit le magot, et poussant un cri de joie.

Ah! le petit... le petit gentilhomme! (Il court au magot, le salue, saute devant lui, et fait aller sa tête.) Salue, salue, mon petit ami... bien honnête, bien élevé. (Il continue de jouer avec le magot de la Chine, le prend, le met sur la table et fait toujours aller sa tête.) Et ton petit camarade, où est-il donc?

GEORGETTE.

C'est inconcevable... sa joie à l'aspect de ce magot de la Chine...

LE CHEVALIER.

Qui servait autrefois à l'amusement de mon cousin Arthur... Il y a là-dessous un mystère... Il est donc venu ici autrefois?

GEORGETTE.

Il y a donc habité?

LE CHEVALIER *.

Interroge-le, Georgette; il te répond mieux qu'à moi.

CÉSAR, toujours avec le magot.

Ils étaient deux... Où donc est ton petit camarade?

GEORGETTE.

Ici, César, ici... allons! viens ici. (César vient auprès de Georgette.) Dis-moi, d'où te venaient les six francs que voilà... que tu m'as donnés?

CÉSAR.

Ah! oui, six francs pour des papiers... une bonne affaire, n'est-ce pas?

LE CHEVALIER, vivement.

Des papiers?

CÉSAR.

Oui, de mauvais chiffons de papiers qui étaient dans mon sac.

LE CHEVALIER.

Qui les y avait mis?

CÉSAR, cherchant.

Je ne sais pas... (regardant le magot.) Si, si, je me rappelle; ils étaient deux comme celui-là.

* Le chevalier, Georgette, César.

GEORGETTE, l'empêchant de jeter les yeux sur le magot.

Ne pense donc pas à ça... Réponds-moi... Qu'est-ce que tu as fait ce matin?... où as-tu été?...

CÉSAR.

Nulle part.

GEORGETTE.

Tu mens.

CÉSAR.

Non... parole!

GEORGETTE.

D'abord, tu as vu quelqu'un qui t'a remis un paquet, là, dans ton sac.

CÉSAR.

Ah! oui... c'est vrai... il était maigre... il était pâle... il pleurait, il me serrait les mains... et puis un mauvais matelas, c'est-à-dire une paillasse... voilà toute la vérité... parole!...

GEORGETTE, le caressant comme un chien qu'on flatte.

A la bonne heure... c'est bien!... Beau, César... il est beau... je suis contente de lui.

CÉSAR, avec joie.

Et moi aussi.

GEORGETTE.

Tu as bien fait de me le dire, car je le savais.

CÉSAR.

Ah! vous le saviez?...

GEORGETTE.

Il était pâle... il était maigre...

CÉSAR.

Ah! vous le saviez... vous le connaissez?

GEORGETTE.

Oui... il était bien malade.

CÉSAR.

C'est vrai, bien faible.

GEORGETTE.

Mais il parlait... il te disait... je l'entends encore... il te disait, en te serrant les mains...

CÉSAR, riant.

Ah! ah! ah! oui... ça me faisait rire...

GEORGETTE, riant aussi.

C'est vrai, c'était drôle... il te disait...

CÉSAR.

Monsieur le marquis... monsieur le marquis...

LE CHEVALIER, vivement.

A toi, monsieur le marquis?

CÉSAR, de même.

Non... non... ce n'est pas vrai, mademoiselle Georgette ne veut pas.

GEORGETTE.

Quand c'est pour se moquer... mais celui-là, il ne se moquait pas de toi.

CÉSAR.

Vous croyez?

GEORGETTE.
Puisqu'il pleurait.

CÉSAR.
Oui... de grosses larmes.

GEORGETTE.
Et il était tout seul?

CÉSAR, regardant du côté du magot.
Non... ils étaient deux.

GEORGETTE, continuant à l'interroger.
De grosses larmes...

CÉSAR, regardant toujours le magot.
Avec pantalon vert.

LE CHEVALIER.
Qui... le malade?

CÉSAR.
Et une veste de porcelaine... Et il saluait... comme ça, avec figure peinte en rouge, et des moustaches.

LE CHEVALIER, avec impatience.
Ce n'est pas celui-là dont il s'agit.. mais l'autre... l'autre...

GEORGETTE.
Oui, l'autre... l'autre.

CÉSAR.
Oh! l'autre... (Il fait un geste de souvenir, court vivement de côté et d'autre dans l'appartement, comme s'il cherchait quelque objet caché, et, arrivé près de l'armoire qui est au-dessous du cadre vide, il l'ouvre, en retire l'autre magot qui y était renfermé, le prend dans ses bras, et d'un air de triomphe vient le placer sur la table en s'écriant.) Les voilà tous réunis... toute la petite famille.

LE CHEVALIER, avec colère.
Est-il possible! un pareil souvenir... Et ce malheureux imbécile qui ne peut nous dire...

(Il veut aller à César, qui est à la table, occupé avec les deux magots.)

GEORGETTE, l'arrêtant.
Au nom du ciel! taisez-vous... Si vous le brusquez, nous n'obtiendrons rien. (Elle revient au milieu du théâtre, et appelle César, qui est toujours auprès de la table et des magots.) César, mon petit César. (Elle va le prendre et le ramène avec elle.) Si je te suis chère, si tu m'aimes...

CÉSAR, vivement.
De tout mon cœur.

GEORGETTE.
Tu me répondras, tu me diras quel était cet homme... Cherche.. cherche bien.

CÉSAR.
Oui, je cherche... je voudrais vous dire... tout cela se brouille... Attendez, attendez... Il disait : Mon maître, mon maître.. ses mains tremblaient, sa tête aussi. (regardant les magots.) Oui, oui, il la remuait comme ça.

(Il imite le mouvement de tête des magots.)

GEORGETTE.
Et où était-il?

CÉSAR, montrant la gauche.
Là, sur la cheminée.

LE CHEVALIER, impatienté.
Au moment de tout savoir...

CÉSAR, suivant une autre idée.
Non, pas de cheminée, pas de feu... un mauvais lit. (regardant les murs de l'appartement.) Non, un riche appartement... avec beaucoup de monde... oui... et puis... Non... ça tourne, ça tourne... je ne vois rien, je souffre. (portant la main à sa tête.) Je souffre là. (avec désespoir.) Je ne peux pas, mam'selle, je ne peux pas.

GEORGETTE, à César.
Allons, calme-toi, calme-toi... je ne te demande plus rien... rien du tout... mais j'ai une commission à te donner.

CÉSAR.
Ah! promener, courir...

GEORGETTE.
Tu veux donc bien me rendre un service?

CÉSAR.
Toujours.

GEORGETTE.
Ce pauvre homme... dont nous parlions... est bien malade, bien faible... et du bon vin le ranimerait... parce que du bon vin, ça ranime...

CÉSAR.
Oui, c'est bien fort.

GEORGETTE, allant au panier de vin que César a apporté, y prenant deux bouteilles, et les mettant dans les mains de César.
Tiens, porte-lui sur-le-champ ces deux bouteilles de ma part.

CÉSAR.
Oui, mam'selle.

GEORGETTE.
Sur-le-champ, sans t'arrêter, sans t'amuser en route... (au chevalier.) Et vous, suivez-le et ne le perdez pas de vue.

Oui, mam'selle.

GEORGETTE, lui commandant comme à un chien.
Porte, César... porte vite.

CÉSAR.
Oui, c'est ça, c'est ça... je vas courir comme Dragon.

(Il sort en courant et en sautant.)

GEORGETTE, au chevalier.
Allez, allez.

LE CHEVALIER, sortant, et suivant César.
Soyez tranquille, je ne le quitte pas.

(Il sort.)

SCÈNE VII.
GEORGETTE, seule.

O mon Dieu! cela serait-il possible?... Oui, oui... ce pauvre garçon ne peut avoir ni l'intention ni les moyens de tromper. Son trouble en revoyant ces lieux... (montrant les porcelaines.) ces souvenirs qui ne pouvaient arriver qu'à lui seul... tout me démontre clairement la vérité... Mais comment le prouver?... comment persuader les autres?... dans ce moment surtout où un imposteur plus hardi et plus habile que nous... C'est lui!

(Elle se retire à l'écart.)

SCÈNE VIII.
DESROSIERS, GEORGETTE.

DESROSIERS, entrant par la porte latérale à droite, à la cantonade.

Très bien, très bien, mes vassaux, très bien. Ma foi! ce n'est pas si difficile de tromper les gens... ils ne demandent que cela... ils vont au-devant... Ce soir nous partons en secret dans la berline de la comtesse, avec ma petite cousine, ma future, qui est fort gentille... et, une fois marié, je me moque du chevalier... et des autres réclamations. J'ai pour moi titre, possession d'état et les pièces à l'appui... Il y a là de quoi gagner vingt procès... si on osait me les faire... Et qui s'en aviserait?... qui peut y avoir intérêt?... si ce n'est cet imbécile qui ne peut pas même se faire comprendre... et que j'emmène avec moi. Relégué dans ma ferme, cent écus de pension... heureux comme un roi... ça l'arrange... moi aussi... c'est bien, c'est généreux... je fais ma fortune et de la bienfaisance par-dessus le marché. Ma foi! tout me sourit, tout m'arrive à souhait, et je peux dire mieux que personne : Allons, saute, marq... (Il va pour battre un entrechat, et aperçoit Georgette.) Ah! c'est toi, petite?

GEORGETTE *.

Oui, monsieur... qui suis toute joyeuse de vous voir si content.

DESROSIERS.

Que veux-tu? c'est si agréable d'être grand seigneur...C'est un état qu'on voulait supprimer.. et on avait tort... il n'y en a pas de plus facile à exercer.

GEORGETTE.

C'est ce qu'on dit, car souvent le premier venu...

DESROSIERS.

Comment, ma chère?...

* Georgette, Desrosiers.

GEORGETTE.

Pardon, monsieur, ne vous fâchez pas... je suis la première personne à qui vous avez parlé en arrivant dans le pays... c'est chez nous que vous avez logé, et il est juste que je vous fasse part des mauvais bruits que je ne crois pas, mais qui courent sur vous.

DESROSIERS.

Sur moi! Voilà qui est plaisant... voilà ce qui me ferait rire.

GEORGETTE, à part.

Il ne rit pas... du courage. (haut.) Oui, monsieur le marquis; on prétend que ce titre vous vient d'un hasard heureux...

DESROSIERS.

Comme tous les titres du monde... comme la naissance elle-même, qui n'est qu'un effet du hasard.

GEORGETTE, l'examinant.

Oui... mais il y en a qui parlent de lettres... d'actes... de papiers tombés entre vos mains.

DESROSIERS.

Qui a dit cela?

GEORGETTE, à part.

Il est troublé!

DESROSIERS.

Qui a dit cela? Expliquez-vous!

GEORGETTE.

Je n'en sais rien... mais il y a, dit-on, par le monde, un pauvre diable, un vieux serviteur... qui, lui aussi, avait des papiers de famille...

DESROSIERS.

Il n'en a donc plus?

GEORGETTE.

Je l'ignore... mais il peut parler... il peut tout dire... et alors nous avons les magistrats qui veulent s'occuper de cette affaire-là...

DESROSIERS.

O ciel!

GEORGETTE.

Nous avons aussi les gendarmes, qui de leur naturel sont très indiscrets, et qui se mêlent de tout.

DESROSIERS, effrayé.

Georgette!

GEORGETTE.

Ne vaut-il pas mieux que tout cela s'arrange là, entre nous, qui serons seuls dans le secret?...

DESROSIERS, avec un trouble croissant.

Il est de fait qu'on pourrait s'entendre ; et crois bien, ma chère petite, que ton zèle, ta fidélité, trouveraient en moi un protecteur.

GEORGETTE, à part.

Il arrive... nous le tenons.

DESROSIERS.

Et surtout des récompenses... (s'arrêtant.) Le chevalier!

SCÈNE IX.

LES PRÉCÉDENTS, LE CHEVALIER.

LE CHEVALIER, courant vivement à Georgette.
Malédiction!... il n'existait plus?

GEORGETTE.
Qui donc?

LE CHEVALIER.
L'ami, le gouverneur d'Arthur... car c'était lui.

DESROSIERS.
Qu'entends-je! est-il possible?... mon gouverneur, mon bon gouverneur... il était ici?

LE CHEVALIER.
Eh! oui... monsieur!

DESROSIERS.
Et je l'ignorais... et je n'ai pu recueillir ses dernières paroles... qui eussent été pour moi si importantes et si précieuses? Car, loin de les craindre, je les désirais, je les réclamais, ne fût-ce que pour repousser les bruits ridicules dont vous parliez tout à l'heure, et que je méprise.

GEORGETTE.
Quoi! monsieur....

DESROSIERS.
Je ne vous en remercie pas moins de votre zèle à me les apprendre... Vous avez bien fait... je vous en sais gré, et, comme je vous le disais, vous en serez récompensée. Le marquis de Caradec n'a que sa parole... (à part.) il n'a que ça, mais il l'a. Quant aux autres (regardant le chevalier.), c'est devant les tribunaux que je les attends, pas ailleurs.. J'aime les procès... je serai ravi d'en avoir; c'est très agréable, surtout quand on a en main le moyen de les gagner. Adieu, chevalier... adieu, petite; je ne t'oublierai pas.

(Il sort par le fond.)

SCÈNE X.

LE CHEVALIER, GEORGETTE.

GEORGETTE.
Il nous raille encore... car il est maintenant trop sûr de son fait.

LE CHEVALIER.
Je le tuerai!

GEORGETTE.
Il ne vous donnera pas ce plaisir-là; il refusera.

LE CHEVALIER.
Et l'honneur des Caradecs?

GEORGETTE.
Ça ne le regarde pas, il n'y est pour rien... et impossible de le convaincre! Nous n'avons pour nous que ce pauvre César.

LE CHEVALIER.
Qui va partir!

GEORGETTE.
O ciel! notre seul témoin... notre seul espoir!

LE CHEVALIER.
Le valet de chambre de la comtesse est venu le prendre comme il me quittait, et l'a emmené avec lui, en lui disant que la voiture était prête.

GEORGETTE.
Qu'il ne s'éloigne pas... qu'il reste... n'importe à quel prix! Allez, voyez... Trouvez moyen de le retenir. Moi, pendant ce temps, je chercherai... j'imaginerai... J'ai vu tout à l'heure qu'il tremblait, qu'il s'effrayait aisément... et je ne désespère pas encore de rendre au véritable Arthur ses biens, et à vous celle que vous aimez... Mais partez, partez, et ramenez-nous César.

LE CHEVALIER, sortant par la droite.
Je vous le promets.

GEORGETTE, en entendant le général qui appelle.
C'est mon oncle!

SCÈNE XI.

GEORGETTE, LE GÉNÉRAL.

LE GÉNÉRAL, appelant.
Georgette!... Georgette!... où diable es-tu?... Il faut que je coure tout le château pour trouver mon secrétaire.

GEORGETTE.
Me voici, mon oncle.

LE GÉNÉRAL.
Qu'est-ce que tu as donc? tu me parais bien émue...

GEORGETTE.
Non, mon oncle.

LE GÉNÉRAL.
Alors, avance ici... et, pendant que nous sommes seuls, lis-moi ces dépêches qui viennent d'arriver.

GEORGETTE.
Des dépêches du gouvernement?

LE GÉNÉRAL, les lui donnant.
Rien que ça!... Est-ce que c'est plus difficile à lire que d'autres?

GEORGETTE.
Non, mon oncle.

LE GÉNÉRAL.
J'avais demandé des instructions sur ces nobles qui nous arrivent de tous les côtés... et c'est sans doute à cela qu'on me répond! Ainsi pas de bêtises... et lis-moi cela couramment.

GEORGETTE, à part.
Si cette lettre pouvait servir nos projets et aider à le démasquer!... (Elle lit à voix basse tandis que le général va s'asseoir dans un fauteuil.) Non... tout le protège, tout est contre nous.

LE GÉNÉRAL, qui vient de s'asseoir.
Eh bien! lis donc; je t'écoute.

ACTE II, SCÈNE XI.

GEORGETTE.
Dieu ! quelle idée !... si j'étais.. Ma foi ! tant pis ! Qu'est-ce que je risque avec mon oncle ?

LE GÉNÉRAL.
Ah ! çà, il paraît que cela n'est pas bien écrit et que tu as de la peine à lire.

GEORGETTE.
Non, mon oncle... (Elle se place derrière le général, à sa droite, et lit la dépêche.) « Général, le gouvernement est informé que le marquis de Caradec a reparu dans le département où vous commandez. »

LE GÉNÉRAL.
Belle nouvelle... comme si je ne le savais pas !

GEORGETTE, continuant à lire.
« Porté sur la liste des émigrés, il n'en a pas été rayé et est rentré sans autorisation. »

LE GÉNÉRAL.
Ah ! ah !

GEORGETTE.
« En conséquence saisissez-vous de sa personne. »

LE GÉNÉRAL.
Hein !

GEORGETTE.
« Et faites exécuter à son égard les lois existantes. »

LE GÉNÉRAL.
Qu'est-ce que tu me dis là ?... Ce n'est pas possible... et tu te trompes.

GEORGETTE.
C'est écrit en toutes lettres... Voyez plutôt là.. au bas de la page.

LE GÉNÉRAL.
Oui, je vois bien une ligne... qui a l'air d'être ça... Mais où diable vont-ils me charger d'une commission pareille ?... Je n'obéirai pas.
(Il se lève.)

GEORGETTE.
Y pensez-vous ?

LE GÉNÉRAL.
Va te promener, et eux aussi.

GEORGETTE.
Mais, mon oncle...

LE GÉNÉRAL.
Je donnerai plutôt ma démission.

GEORGETTE.
Attendez !... Signifiez d'abord au marquis les ordres que vous avez reçus... peut-être a-t-il des protecteurs, des amis ou de bonnes raisons à donner... enfin il fera tout ce qu'il faudra pour se sauver ; ça le regarde autant que vous.

LE GÉNÉRAL.
C'est juste !... mais voilà toujours une chienne de dépêche dont je me serais bien passé... et, pour la première que tu me déchiffres, tu n'as pas la main heureuse.

GEORGETTE, avec finesse.
Peut-être ça tournera mieux que vous ne croyez... Tenez, tenez, voici le marquis.

SCÈNE XII.

LA COMTESSE, DESROSIERS, entrant par la porte latérale à droite, LE GÉNÉRAL, GEORGETTE *.

LA COMTESSE.
Oui, mon neveu, la voiture nous attend à la petite grille ; nous traverserons le parc en nous promenant, et, sans qu'on ait le moindre soupçon, partis dans une demi-heure...

DESROSIERS, à la comtesse.
C'est le général !

LA COMTESSE.
Qu'importe ?... Saluez-le et passons... (à Desrosiers, qui salue.) Trop bas... trop bas avec cet homme-là... une inclination de tête suffit.

LE GÉNÉRAL, à Desrosiers, qui s'incline.
Vous êtes bien bon, monsieur le marquis... et comme une politesse en vaut une autre... (à part.) Diable de consigne !... (haut.) J'aurai l'honneur de vous dire... que vous ne pouvez pas sortir de cet appartement.

DESROSIERS.
Et pourquoi donc ?

LE GÉNÉRAL.
Parce que j'ai ordre d'arrêter le marquis de Caradec, non encore rayé de la liste des émigrés...

LA COMTESSE.
C'est vrai... mais on nous a assuré...

LE GÉNÉRAL.
Et de faire exécuter à son égard les lois existantes.

DESROSIERS.
O ciel !...

LA COMTESSE.
Modérez-vous, mon neveu ; du calme et de la fierté !

DESROSIERS.
Mais les lois existantes... vous ne savez donc pas ?...

LA COMTESSE.
Si vraiment !

DESROSIERS.
C'est d'être fusillé dans les vingt-quatre heures...

LA COMTESSE.
Eh bien ! qu'importe ?... Est-ce là ce qui doit faire reculer un Caradec ?

DESROSIERS, tremblant.
Certainement... si on peut reculer... le moment...

LE GÉNÉRAL.
Je ne demande pas mieux... adressez vos réclamations.

* La comtesse, Desrosiers, le général, Georgette.

LA COMTESSE, passant entre Desrosiers et le général.

Non, mon neveu, ne demandez rien à ces gens-là... il ne faut pas leur avoir d'obligation.

DESROSIERS.

Permettez.

LA COMTESSE.

Vous serez digne du sang qui coule dans vos veines... (bas.) Mais prenez donc garde, Arthur; comme vous êtes pâle!... et comme vous tremblez!... Ils vont croire que vous avez peur...

DESROSIERS.

Eh! parbleu... il n'y a peut-être pas de quoi?...

LA COMTESSE.

Vous, le dernier de Caradecs!...

DESROSIERS.

C'est précisément parce que je suis le dernier.

LA COMTESSE.

Vous, un marquis!...

DESROSIERS.

Au diable les marquis... les marquisats et toute la noble famille!

(Il traverse le théâtre, passe à gauche et dépose les papiers sur la table.)

LA COMTESSE.

Qu'est-ce que j'entends?

LE GÉNÉRAL.

Qu'est-ce que vous dites là?

DESROSIERS, vivement.

Que si vous tenez absolument à connaître le véritable propriétaire... tenez, le voici.

SCÈNE XIII.

LES PRÉCÉDENTS, LE CHEVALIER, amenant CÉSAR.

TOUS.

O ciel! César!

DESROSIERS, au général.

Permis à vous d'exécuter à son égard les lois existantes... ça lui est tout-à-fait égal.

LA COMTESSE, avec dédain.

Ah!... quelle indignité!... ce serait ça mon neveu!

LE CHEVALIER *.

Oui, madame!... notre parent!... je vous l'atteste... nous en avons toutes les preuves!...

LA COMTESSE.

Le dernier des Caradecs!... fi donc! fi donc!...

CÉSAR.

Qu'est-ce qu'elle a donc, la vieille?

(Il s'assied sur le grand fauteuil auprès de la table.)

LA COMTESSE.

Vous l'entendez!... et j'espère, général, que vous ne lui ferez pas l'honneur de le fusiller

* Le général, la comtesse, Georgette, le chevalier, César, Desrosiers.

comme marquis de Caradec... je m'y oppose pour l'honneur du nom et la dignité de la famille...

LE GÉNÉRAL.

Je ne doute point, madame, que vos réclamations ne soient admises... mais, quant à moi, mes ordres sont formels... voyez plutôt...

(Il lui donne la lettre; Georgette passe auprès du général.)

LA COMTESSE.

Quel ordre absurde!... (lisant.) « Général, il existe des lois rigoureuses contre les anciens nobles... »(regardant César, qui s'est assis près de la table, et qui déjeune tranquillement avec un morceau de pain et de fromage.) Un ancien noble... qui déjeune là avec du... comme un paysan... (continuant.) « Ces rigueurs doivent cesser... le premier consul vient de déchirer toutes les listes d'émigrés. »

DESROSIERS et LES AUTRES, excepté César, qui continue à déjeuner.

Est-il possible!

LA COMTESSE.

« Accordez donc appui et protection à tous ceux qui se présenteraient dans votre département. »

DESROSIERS, à part.

Je suis pris!... j'ai eu peur trop tôt!

LA COMTESSE.

Eh! que disait donc le général?

GEORGETTE.

Il a voulu faire une bonne action... démasquer un imposteur...

LE GÉNÉRAL, s'efforçant de rire.

Oui, madame... (d'un ton sévère.) Georgette!

GEORGETTE, à demi-voix.

Grâce, général!

LE GÉNÉRAL.

Le général devrait faire fusiller son aide-de-camp.

GEORGETTE.

Tenez, regardez ce pauvre garçon, à qui nous venons de faire rendre ses biens et ses titres.

(Elle passe à la gauche de César, qui déjeune toujours.)

LE CHEVALIER, s'approchant de César.

Oui, vraiment; ce château, ce domaine, tout vous appartient.

GEORGETTE, prenant les papiers que Desrosiers a mis sur la table et les donnant à César.

Et en voici les preuves.

CÉSAR.

Qu'est-ce que c'est que ça?

GEORGETTE.

Les papiers de ce matin... ne les reconnaissez-vous pas?

CÉSAR.

Moi, non.

LA COMTESSE.

Vous voyez.

ACTE II, SCÈNE XIII.

GEORGETTE.

Laissez.

CÉSAR.

Des papiers... c'est donc bien beau. (Il les regarde.) Il n'y a pas d'images... Ah! je me rappelle... (au chevalier.) vous me les demandiez ce matin... je vous les donne... et ce château... vous disiez qu'il était...

LE CHEVALIER.

A vous.

CÉSAR.

A moi, tout entier... tout le château?... Eh bien! à Georgette... Et ces papiers...

LE CHEVALIER.

Mais ils vous appartiennent, ce sont vos titres de marquis.

CÉSAR, *se levant vivement, et allant se placer devant le cadre vide.*

Le marquis!... oh! non... ce n'est pas vrai... il n'est pas revenu.

GEORGETTE, *prenant le petit portrait qui était dans les papiers.*

Ah! ce portrait! (à part.) celui de son père...

(Elle le met devant les yeux de César.)

CÉSAR, *regardant le portrait un instant avec attention, pousse un cri.*

Ah!

(Il s'évanouit et tombe dans les bras du chevalier et de Georgette.)

GEORGETTE.

Laissez, laissez... Bien des jours se passeront avant qu'il nous soit tout-à-fait rendu... mais le temps, nos soins, guériront sa tête, qui n'est qu'affaiblie... Il revient à lui.

CÉSAR, *revenant à lui, et fixant ses yeux sur le portrait qu'il tient.*

Mon père... oui, c'est mon père... je l'entends... il me dit...

GEORGETTE, *d'une voix forte.*

Arthur!

CÉSAR.

Oh! oui... c'était ici... où donc? Si je pouvais me rappeler!... (Il cherche de tous côtés, et regarde où peut se trouver l'endroit indiqué par son père; enfin il le reconnaît, il s'élance sur le devant à droite du théâtre, ouvre une porte, et saisit une épée qu'il trouve. Il la contemple, la baise avec transport et s'écrie.) La voilà! je la reconnais!

LA COMTESSE.

Et moi, je reconnais le gentilhomme.

LE GÉNÉRAL.

Un gentilhomme qui sera des nôtres!... Nous en ferons un sous-lieutenant de la république.

FIN DE CÉSAR.

IMPRIMERIE DE E. DUVERGER, RUE DE VERNEUIL, N° 4.

SCÈNE XIII, ACTE II.

L'ÉTUDIANT ET LA GRANDE DAME,

COMÉDIE-VAUDEVILLE EN DEUX ACTES,

Par MM. Scribe et Mélesville,

Représentée pour la première fois, sur le théâtre des Variétés, le 30 mars 1837.

PERSONNAGES.	ACTEURS.	PERSONNAGES.	ACTEURS.
LADY WILTON	Mlle PAULINE.	UN COMMIS MARCHAND	M. EDOUARD.
FERDINAND, étudiant en droit	M. BRESSANT.	JOHN, groom	M. ADOLPHE.
CORBINEAU, étudiant en médecine.	M. ADRIEN.	MARCHANDS.	
DUPRÉ, riche tapissier	M. CAZOT.	GARÇONS TAPISSIERS.	
LOUISE, sa fille	Mme BRESSANT.		

La scène, au premier acte, se passe à Paris, dans la chambre de Ferdinand, et à l'hôtel de lady Wilton au deuxième.

ACTE PREMIER.

Le théâtre représente l'intérieur d'une chambre d'étudiant. Meubles très-simples : tables, chaises, quelques livres épars. A droite du spectateur, une petite porte qui conduit à la chambre à coucher de Ferdinand. Au fond, la porte d'entrée donnant sur l'escalier principal. A gauche, une autre porte donnant sur un petit escalier qui descend directement près du magasin de M. Dupré.

SCENE PREMIERE.

FERDINAND, puis CORBINEAU.

(Au lever du rideau, Ferdinand est en manches de chemise et achève sa toilette. La porte du fond est ouverte.)

FERDINAND, *cherche dans sa commode.* Que diable ai-je donc fait de mon habit noir? (*Appelant au fond.*) Corbineau !... Corbineau !...

CORBINEAU, *en dehors.* Qu'est-ce que c'est?

FERDINAND. Tu n'as pas vu mon habit noir?

CORBINEAU, *en dehors.* Si fait!... Je vais te l'apporter...

FERDINAND, *riant.* J'étais sûr que c'était lui...

CORBINEAU, *entrant tout habillé avec une petite redingote et brossant l'habit noir qu'il tient à la main.* Le voilà, je l'avais pris hier pour passer mon examen de médecine légale : ç'a été très-bien.

FERDINAND. Ton examen ?...

CORBINEAU. Non... ton habit !.... qui m'a fait un honneur... Quant à l'examen, M. Adelon m'a dit que je n'étais pas très-fort !... c'est possible !... J'ai eu cinq boules noires...

FERDINAND. Combien étaient-ils ?...

CORBINEAU. Eh bien ! ils étaient cinq...

FERDINAND. Là !.... aussi tu ne fais rien... C'est une honte !... entouré de jeunes gens studieux, pleins d'ardeur, qui devraient te servir d'exemple... toi seul es toujours à perdre ton temps, à dépenser le peu d'argent que nous avons, à t'amuser !..

CORBINEAU, *lui aidant à passer son habit.* Dam !... la vie est si courte ! nous autres médecins, nous savons cela mieux que personne !.. *(Changeant de ton.)* Dis donc, Ferdinand ? as tu un foulard ?... Je ne sais ce que deviennent les miens.

FERDINAND, *se brossant.* Regarde dans la commode.

CORBINEAU, *prenant un mouchoir.* Ma foi, il n'y en a plus qu'un... je le prends. C'est charmant de loger comme ça sur le même pallier... Deux amis... deux garçons... cette communauté de sentiments et... de mouchoirs de poche !.. malgré ça .. un habit noir à deux... ce n'est pas assez... aussi... j'en achèterai un sur le premier malade qui me tombera sous la main.

FERDINAND, *gaîment.* Des malades !... toi ! tu n'en trouveras jamais.

CORBINEAU, *avec sang-froid.* J'en ferai.

FERDINAND. Tu en es bien capable...

CORBINEAU. Comme les autres !... *(Avec gravité.)* Du reste, je vous préviens, monsieur le jurisconsulte, que les plaisanteries sur les médecins sont de très-mauvais goût, maintenant !... c'est usé.

FERDINAND. Tu as raison... il vaut mieux chercher quelques moyens de sortir d'embarras ! Tu sais que notre propriétaire...

CORBINEAU, *soupirant.* Oui, M. Dupré... ce riche et farouche tapissier, qui a toute la fierté du comptoir et l'aristocratie des franges de velours, se permet de nous renvoyer.. C'est ta faute.

FERDINAND. C'est la tienne, tu es toujours à le taquiner...

CORBINEAU. Et toi, tu compromets sa maison...

FERDINAND. Moi...

CORBINEAU. Oui... oui... avec ton petit air posé, tu n'as pas de mœurs... Hier encore... cette belle dame. . ce chapeau à plumes roses que j'ai rencontré dans notre escalier ! au cinquième.

AIR *du Vaudeville de l'Écu de six francs*

Ce n'est pas ici la coutume
De voir escalader si haut
Des dames en pareil costume,
De ces tournures comme il faut,
De ces tournures, en un mot,
Anglaises ou napolitaines,
En robe de velours, ma foi !
Ça ne pouvait être pour moi,
Je ne connais que des indiennes.

FERDINAND. Je te jure...

CORBINEAU. Ah ! tu es discret.... tu auras des femmes, toi.

FERDINAND. Il se peut que j'aie une passion,... mais ce n'est pas celle-là... c'est tout uniment une cliente... une dame, très-bonne, très-aimable, qui m'a été adressée par un ami commun, un M. d'Herbellot, à ce qu'elle m'a dit... Je ne me rappelle pas avoir eu d'ami de ce nom... mais c'est égal... il suffit de la voir, de l'entendre un seul instant, pour être pénétré pour elle d'une estime, d'un respect ! Il s'agit d'un procès important, d'une affaire très-compliquée... car, malgré ses explications, je n'y ai rien compris... il est vrai qu'elle entremêlait tout cela de questions... sur moi, sur ma position... avec tant d'intérêt, de bonté... tiens... *(Montrant sur son bureau un bouquet et des gants de femme.)* La pauvre femme en était si préoccupée... qu'elle a même oublié son bouquet et ses gants.

CORBINEAU, *d'un air incrédule.* Oui... des gants et un bouquet !... et, c'est sans doute pour mieux étudier son procès que je t'ai rencontré un moment après, avec elle, dans sa calèche.

FERDINAND. Dans sa calèche ?

CORBINEAU. Parbleu !... tu m'as éclaboussé, juste dans l'œil ! mais, de celui qui me restait... j'ai parfaitement remarqué... Bon genre... belle femme... voiture superbe... des yeux longs de ça... avec deux gris pommelés...

FERDINAND. Mais c'est elle qui a voulu me conduire au palais.

CORBINEAU. Hé ! mon Dieu !... je ne t'en fais pas un crime, au contraire... c'est très-bien, mon cher, te voilà lancé.

FERDINAND. Lancé.

CORBINEAU. Sans doute... Vois-tu, on me disait toujours dans mon pays : A Paris, les femmes font la fortune des beaux garçons... J'y suis venu !... et j'attends... j'attends ce que tu as déjà trouvé.

FERDINAND. Moi ?...

CORBINEAU. Qu'est-ce qu'il faut à des

jeunes gens aimables qui n'ont pas le sou? Une femme riche, sensible, qui les tire de la foule et se charge de leur avenir... Tu en as rencontré une, encore jeune et jolie; ça ne gâte rien...

FERDINAND. Veux-tu bien te taire!... si l'on t'entendait, tu me ferais une belle réputation.

CORBINEAU.

Air : *Il n'est pas temps de nous quitter.*

Eh! pourquoi donc?

FERDINAND.
Y penses-tu?
Qui? moi, recevoir d'une femme...

CORBINEAU.
Oui, c'était un état perdu,
Voilà qu'il revient...

FERDINAND.
C'est infâme!
Le monde encor pardonne aux étourdis
Qui se ruinent pour les belles,
Mais il flétrit de son mépris
Celui qui s'enrichit par elles.

CORBINEAU. Oh!.... voilà les vieilles idées... les têtes à perruques... l'amour ennoblit tout, monsieur, et ce qui vient d'une main chérie ne peut jamais blesser... en amour, celui qui donne n'est-il pas le plus heureux? pourquoi donc être égoïste et priver l'objet aimé... du plus grand bonheur qui existe? C'est ce que je disais indifféremment à la marchande de nouveautés, ici en face, cette veuve, la belle Dorothée... une blonde assez agréable, à qui j'ai lancé quelques œillades.

FERDINAND, *riant.* Mais elle n'est pas jolie.

CORBINEAU. L'amour ne s'arrête pas à ces misères-là... et puis elle rachète cela par tant de qualités... Un magasin magnifique... au beau milieu du faubourg Saint-Martin... un train de princesse. Je ne serais pas étonné qu'elle m'eût compris, qu'elle m'envoyât quelques présens..... d'abord, j'ai soigné sa cuisinière, qui avait une esquinancie, que j'ai prise pour une gastrite... C'est peut-être pour cela que je l'ai guérie... Je voyais clairement que sa maîtresse venait s'informer des nouvelles de sa bonne, pour causer avec moi... et comme elle m'avait souvent reproché de me tromper d'heure :

Air : *Restez, restez, troupe jolie.*

J'ai, profitant de la rencontre,
Dit quelques mots, par ci, par là,
Sur Bréguet et sur une montre.

FERDINAND, *riant.*
Et tu crois qu'elle arrivera!

CORBINEAU.
Ah! j'en suis certain, et déjà
Son cœur qui par la bonté brille
A commandé chez l'horloger
La montre dont l'heureuse aiguille
Me dira l'heure du berger.

FERDINAND. Je te conseille d'y compter...

CORBINEAU. Et plus tard un petit cabriolet pour mes visites.

FERDINAND. Oui dà... en attendant tu vas avoir la bonté d'aller à pied chercher un appartement pour nous deux... quelque chose de simple... de modeste... et dépêche-toi, car c'est aujourd'hui qu'il faut quitter celui-ci.

CORBINEAU. Aujourd'hui! oh! diable nous n'avons pas de grâce à espérer!.. avec ça que M. Dupré a un redoublement d'humeur.

FERDINAND. Pourquoi donc?

CORBINEAU. Parce que sa fille est malade.

FERDINAND, *vivement.* Mademoiselle Louise?

CORBINEAU. Qu'est-ce qu'il te prend donc?.. comme te voilà troublé!

FERDINAND. Ah! mon Dieu! j'ignorais, je cours m'informer...

(La porte du fond s'ouvre, Dupré paraît.)

CORBINEAU, *bas.* Chut! c'est lui! c'est notre féroce propriétaire qui vient nous mettre à la porte.

SCENE II.
LES MÊMES, DUPRÉ.

FERDINAND, *avec embarras.* Monsieur Dupré, j'ai bien l'honneur...

CORBINEAU. Entrez donc, monsieur Dupré, faites comme chez vous.

DUPRÉ, *brusquement.* Bonjour, messieurs, bonjour.

FERDINAND. Mlle Louise, sa santé?

DUPRÉ, *sèchement.* Beaucoup mieux.... grand merci.

CORBINEAU, *à part.* Comme il est aimable! (*Haut.*) J'allais me présenter...

DUPRÉ, *de même.* On vous en dispense, monsieur... je ne suis pas monté pour faire assaut de politesses avec vous.... c'est à M. Ferdinand que je désire parler en particulier.

(Ferdinand s'incline.)

CORBINEAU. Ça se trouve au mieux... j'allais sortir. (*Elevant la voix d'un air important.*) Je vais voir des appartemens, car décidément celui-ci est trop petit. (*Bas à Ferdinand qui le pousse.*) C'est pour le vexer.

FERDINAND, *bas*. Mais, malheureux, tu oublies que nous lui devons deux termes.

CORBINEAU, *à part*. Oh! quelle bêtise! (*Haut.*) C'est-à-dire, l'appartement est bien en lui-même, mais un peu haut.... un peu loin de mes malades.

DUPRÉ, *haussant les épaules*. De vos malades...

CORBINEAU. Vous avez l'air de rire, monsieur Dupré? Eh bien! j'en ai... des maladies sérieuses. (*Avec intention.*) Des maladies du cœur... (*Bas à Ferdinand.*) Je vais faire un tour du côté de Dorothée.... tâche qu'il ne retienne pas notre mobilier. c'est peu de choses; mais ça serait désagréable! (*Haut.*) Ah ça! je vous laisse, messieurs... vous avez à causer de bail, d'états de lieux.... ça regarde l'avocat. (*Frappant amicalement sur l'épaule de Dupré.*) Allons, papa Dupré... ne soyez pas trop méchant! que diable! Quand vous me rencontrerez dans mon cabriolet, vous vous repentirez. (*A Ferdinand.*) Dis donc, le temps n'est pas sûr, je vais prendre ton parapluie.

FERDINAND, *à Corbineau*. C'est le neuf, prends garde...

CORBINEAU, *avec le parapluie*.
AIR : *Vaudeville de la Famille de l'Apothicaire.*
O tilbury des gens à pié
Voiture commode et légère,
L'étudiant ou l'employé
Vit sous sa tente hospitalière.
Ami fidèle, ami nouveau...
Qui, contre l'ordinaire usage,
Reste à l'écart quand il fait beau,
Et se montre les jours d'orage.
(*Il sort.*)

SCENE III.
DUPRÉ, FERDINAND.

DUPRÉ, *avec humeur*. Il s'en va... c'est heureux!.. vous ne vous doutez guère du sujet qui m'amène.

FERDINAND, *à part*. C'est pour son argent... il va être furieux quand il saura que nous ne pouvons pas le payer. (*Haut et lui approchant une chaise.*) Asseyez-vous donc, monsieur Dupré.

DUPRÉ. C'est inutile... je n'ai pas un assez grand plaisir à vous voir. (*Plus brusquement.*) Puisqu'il faut vous le dire, monsieur, je vous en veux, je vous en veux beaucoup... avec votre air doux et poli... vous m'avez porté un coup.... parlez-moi de M. Corbineau... c'est un fou, un brise-raison, un mauvais sujet.

FERDINAND, *étonné*. Mais, monsieur, la conduite de mon ami ne me regarde pas, et je ne suis pas responsable...

DUPRÉ. Je le sais bien... pourquoi ne lui ressemblez-vous pas?

FERDINAND, *étonné*. Comment?

DUPRÉ, *toujours avec humeur*. Pourquoi êtes-vous sage, rangé, prévenant, un modèle d'ordre, de modestie, de bonne conduite?

FERDINAND. Vous vous en plaignez?

DUPRÉ. Certainement, c'est une horreur. Il n'y a peut-être au monde qu'un jeune homme doux, studieux... qui ne joue pas, qui n'a pas de maîtresses, il faut que ça soit pour moi.

FERDINAND. Je ne puis comprendre.... c'est une ironie sans doute... et je ne sais comment j'ai mérité.

DUPRÉ, *avec colère*. Eh! non, monsieur, vous êtes un excellent sujet... c'est ce qui m'enrage. (*Grommelant.*) Sans cela, je ne vous aurais pas logé chez moi, je ne vous aurais pas laissé donner des leçons d'italien à ma fille, vous ne vous seriez jamais vus... Louise, qui a le cœur bien placé, n'aurait point fait attention à vous.

FERDINAND, *vivement*. Mlle Louise... ô ciel! que dites-vous?

DUPRÉ. Qu'elle est malade, monsieur, qu'elle ne fait que pleurer, gémir... une fille unique, une enfant que j'adore, que j'ai fait élever dans un pensionnat à huit cents francs, sans compter les maîtres d'agrément, ce qui fait... enfin, tout-à-l'heure... quand j'ai été lui parler des conditions d'un mariage que j'avais presque conclu pour elle... ne s'est-elle pas mise à fondre en larmes... et moi aussi... sans savoir pourquoi; ne s'est-elle pas jetée dans mes bras, en m'avouant que c'était vous seul qu'elle aimait!

FERDINAND. Moi?

DUPRÉ. Vous seul qui pouviez assurer son bonheur.

FERDINAND. Il serait possible!

DUPRÉ. Qu'elle mourrait plutôt que d'être à un autre... voyez un peu où j'en suis. Je ne peux pas laisser mourir mon enfant de chagrin... et me voilà obligé de vous la faire épouser, vous sentez comme c'est désagréable pour moi.

FERDINAND, *avec joie*. Vous êtes donc bien sûr qu'elle m'aime!

DUPRÉ, *soupirant*. Que trop pour mon malheur! car enfin, mon cher monsieur Ferdinand, je ne suis pas fier, je ne veux pas vous humilier par des distinctions de rang... je sais que ça n'existe plus... nous sommes tous égaux... la noblesse n'est rien, mais l'argent est encore quelque chose... et mettez-vous un moment à ma place... moi, un des plus riches tapissiers de Paris... la tête du haut commerce... qui ne meuble que des hôtels et des palais...

dans ce moment encore, l'ambassade de Portugal et l'hôtel de lady Wilton... rue de Richelieu, une grande dame... une pairesse, je crois, que l'on attend... et qui fait une dépense..... salon velours nacarat, un autre bleu et or, boudoir ventre de biche. Mais ça n'y fait rien! moi, monsieur, qui ai exposé à l'industrie, obtenu deux médailles, et manqué encore, l'année dernière, d'être du tribunal de commerce; moi, enfin, qui allais avoir pour gendre une notabilité de la chambre... je ne suis pas fier... mais vous comprenez quel avantage.. et il est bien dur, maintenant, d'être forcé de tout rompre et de donner sa fille à un jeune homme... (il hésite) fort aimable, je n'en doute pas... honnête, j'en suis persuadé, mais un jeune homme qui n'a rien... un orphelin, sans fortune, sans consistance.

FERDINAND, souriant. Oh! pour cela, je ne veux pas vous tromper, monsieur Dupré, c'est vrai... Je n'ai ni famille, ni héritage, ni titres à espérer... mais qu'importe? l'avenir m'appartient.

DUPRÉ, haussant les épaules. Oui, l'avenir!.. un joli patrimoine, que l'on mange tous les jours.... élevez donc des filles uniques, amassez donc de belles dots! pour les sacrifier comme ça!

FERDINAND, choqué. Monsieur...

DUPRÉ, sans s'en apercevoir, et avec effort. Enfin, puisqu'il le faut, je vous la donne.

FERDINAND, choqué. Un instant, monsieur!.. qui vous dit que j'accepte...

DUPRÉ, inquiet. Comment, quoi? que voulez-vous dire? Est-ce que vous en aimeriez une autre? Est-ce que vous ne l'aimez pas? elle, ma fille! par exemple... Ne me faites donc pas des peurs comme ça.... mais vous l'aimez, que diable! Vous en êtes fou, vous venez de me l'avouer, vous ne pouvez pas vous en dédire.

FERDINAND, avec noblesse. Oui, monsieur, je l'aime plus que ma vie, mais mon honneur m'est plus cher encore, et si ce consentement ne vous est arraché que par la crainte, l'inquiétude... si l'on doit me reprocher un jour d'être entré de force dans votre famille...

DUPRÉ. Qui vous parle de ça!.. c'est le premier moment... que diable! mon cher ami, il faut avoir égard à ma situation.

AIR : *Vaudeville de Partie et Revanche.*

Ayez pitié d'un père honnête,
À qui le ciel, en son courroux,
Fait tomber un' tuil' sur la tête.

(Se reprenant.)

Je ne dis pas cela pour vous ;
Ma fille vous veut pour époux.

FERDINAND

Mais si cela vous contrarie...

DUPRÉ.

Beaucoup!... N'importe, épousez-la...
Ne faut-il pas qu'à genoux je vous prie
De me faire ce chagrin-là?

FERDINAND. Ah! monsieur...

DUPRÉ, le caressant. Eh bien! je m'y mettrais... là.... parce qu'au fond... c'est vrai, vous êtes un bon sujet, un aimable garçon, plein d'esprit, que je finirai par aimer avec le temps... Qu'est-ce qui appelle?

LOUISE, appelant au dehors. Mon père!.. mon père!

FERDINAND. C'est la voix de Louise...

DUPRÉ, à part. Allons, depuis qu'elle sait que je dois le voir, elle ne tient plus en place. (Elevant la voix.) Je suis ici, ma bonne! (A Ferdinand.) Ah ça! dites-lui bien que vous l'aimez, que vous n'aimez qu'elle seule...(Elevant encore la voix.) Chez M. Ferdinand, mon enfant!

SCENE IV.

LES MÊMES, LOUISE.

(Elle s'arrête toute confuse sur le seuil de la porte du fond.)

LOUISE. Ah! pardon!

FERDINAND. Mademoiselle...

LOUISE. Monsieur Ferdinand... j'ignorais, je ne savais pas...

DUPRÉ, à part. Elle ne savait pas!.. c'est elle qui m'a envoyé. (Haut.) Eh bien! qu'est-ce que tu me veux?

LOUISE, regardant Ferdinand. Moi, mon papa... je venais... je voulais vous dire... qu'on vous demande en bas.

DUPRÉ. Qui donc?

LOUISE, de même. Je ne me rappelle plus.

DUPRÉ, à part. C'est ça! un prétexte. (A Louise.) Allons, entre! pardi! au point où nous en sommes... (A part.) Comme c'est gai!.. (A sa fille.) Donne-lui la main. (A Ferdinand.) Embrasse-la. (A lui-même.) Comme c'est amusant!

FERDINAND. Quoi! monsieur?

LOUISE, émue. Que voulez-vous dire?

DUPRÉ. Eh! parbleu!.. que tout est arrangé, qu'il t'aime, qu'il t'adore, et que nous signons le contrat aujourd'hui même.

FERDINAND. Aujourd'hui?

DUPRÉ, regardant Louise. C'est clair, la santé avant tout!

LOUISE, très-émue. Ah! mon père, ne me trompez-vous pas?

DUPRÉ. Allons, la voilà qui pâlit... elle va être malade de joie à présent... Dieu! que les enfans sont terribles!

LOUISE, *avec un sourire.* Non, non, cela va mieux... cela va tout-à-fait bien ; mais la surprise, la crainte...

DUPRÉ. Qu'il le dise lui-même. (*A Ferdinand.*) Allons, toi, parle-lui donc... tu es là à la regarder... je ne peux pas tout faire ; est-ce que tu ne l'aimais pas depuis longtemps en secret, comme un fou ? dis-le donc. (*A Louise.*) Il va te le dire.

FERDINAND. Si je vous aime !.. moi !..

DUPRÉ. Tu vois ! je ne le lui fais pas dire.

FERDINAND, *avec feu à Louise.* Ah ! depuis que je vous connais, que de fois j'eusse rompu le silence, sans cette fortune qui me désespérait, et qui est encore mon seul chagrin !..

DUPRÉ. Cette bêtise ! comme si la fortune gâtait jamais rien !

FERDINAND. Quel plaisir, si vous n'aviez dû qu'à moi seule cette aisance, cette richesse que je ne voulais acquérir que pour vous !

LOUISE, *tendrement.* Eh bien ! le grand mal ! si nous vous apportons la fortune... je vous devrai le bonheur.... l'un vaut bien l'autre.

FERDINAND, *lui baisant la main.* Chère Louise !

LOUISE. Si vous saviez comme j'étais malheureuse !..

FERDINAND. Et moi donc !..

LOUISE. Je vous avais deviné... oh ! oui, vos regards, cet air triste, rêveur... je me disais : Jamais il n'osera se déclarer à mon père, car c'est l'honneur... la délicatesse même ; (*timidement*) alors j'ai pensé, puisque nous étions les plus riches, que c'était à moi à faire les premiers pas, (*d'un air confus*) c'était bien mal... n'est-ce pas ?... ça ne s'est jamais vu... mais aussi je puis vous l'avouer maintenant... si je m'étais trompée, j'en serais morte.

FERDINAND, *ému.* Louise !

DUPRÉ, *alarmé.* Allons, il n'est pas question de cela.

LOUISE, *souriant.* Oh ! non.... Dieu merci... car je suis bien heureuse... et vous aussi, mon père ?

DUPRÉ, *d'un air bougon.* Certainement... je ne demande pas mieux.

LOUISE, *s'approchant de lui d'un côté.* Nous ne vous quitterons pas.

FERDINAND, *de même.* Toujours là près de vous.

LOUISE. Entouré de vos enfants... qui disputeront de soins.

FERDINAND. De tendresse.

DUPRÉ, *un peu adouci.* Le fait est que ce tableau...

LOUISE, *bas à son père.* Vous ne l'avez pas encore embrassé ?

DUPRÉ, *bas à sa fille.* Ça te ferait donc bien plaisir ?

LOUISE. Oh ! oui.

DUPRÉ, *ouvrant ses bras à Ferdinand qui s'y jette.* Allons donc, mon gendre, mon cher fils !..

FERDINAND. Ah ! monsieur !

LOUISE. Mon bon père !

DUPRÉ. Elle finira par me le faire aimer à la folie... quand ces petites filles se sont mis quelque chose dans la tête... (*S'essuyant les yeux.*) Ah çà ! mes enfans, nous voilà bien contens, bien d'accord ; mais moi quand j'ai pris mon parti, j'aime que les affaires s'expédient promptement. (*A Ferdinand.*) Je vais te conduire chez mon notaire ; de là à la mairie, pour la publication des bancs ; tu as tes papiers ? ton acte de naissance ?

FERDINAND. Ils sont à l'école de droit, au secrétariat.

DUPRÉ. Va les chercher.

FERDINAND, *prenant son chapeau.* Sur-le-champ.

LOUISE. Ne vous amusez pas en chemin.

FERDINAND. Soyez tranquille.

AIR : *Dieu tout-puissant.*

Pour qu'au plus tôt ce doux hymen s'achève,
Je vais tout voir, je vais tout surveiller.
(*A part.*)
Oui, mon bonheur me semble encore un rêve,
A chaque instant je crains de m'éveiller.
(*Prêt à sortir, il revient près de Dupré.*)
Je veux encor, de joie et d'espérance,
Vous embrasser.

DUPRÉ.
C'est assez comme ça.
FERDINAND.
Pour votre fille...

DUPRÉ, *se laissant embrasser. A part, regardant Louise.*
Ah ! ce n'est qu'une avance,
Car avant peu j' pari' qu'elle lui rendra.

TOUS TROIS.
Pour que bientôt notre projet s'achève,
Je vais } tout voir, { je vais } tout surveiller,
Allez }   { allez }   [rêve,
Oui, { son } bonheur { lui } semble encore un
     { mon }   { me }
A chaque instant { je crains } de m'éveiller.
                 { il craint } de s'éveiller.
(*Ferdinand sort en courant.*)

SCENE V
DUPRÉ, LOUISE.

(*Après un petit silence, Louise vient à côté de son père, et le regarde avec tendresse.*)

DUPRÉ. Eh bien ! tu es contente de ton petit père ?

LOUISE. Oui ! et vous aussi, vous êtes content, n'est-ce pas ?

DUPRÉ. Mon Dieu, pourvu qu'il soit honnête, bon mari... qu'il te rende heureuse... oh! là-dessus par exemple, je n'entends pas raison...

LOUISE. Ah! je ne crains rien, il est si bon, si délicat; et puis de l'esprit, des talens! vous verrez... allez... c'est un jeune homme qui arrivera à tout.

DUPRÉ, *secouant la tête.* Oh! à tout... il ne deviendra pas député.

LOUISE. Pourquoi donc?..

DUPRÉ. Tu crois?.. un avocat!..

LOUISE. Avec du talent... de la loyauté.

DUPRÉ. Et quelques amis, il faut ça... eh bien! ça me ferait plaisir... je ne suis pas fier, mais j'ai toujours désiré avoir un député dans ma famille... ça meuble bien, c'est comme un lustre dans un salon. (*Regardant autour de lui.*) A propos de lustre, voilà une chambre qui en est un peu dépourvue... à peine de quoi s'asseoir.

LOUISE. Ça prouve qu'il avait de l'ordre, et qu'il n'achetait pas de tout côté comme les jeunes gens d'aujourd'hui, sans savoir comment payer.

DUPRÉ, *avec ironie.* Oh! maintenant, il n'y a plus moyen d'y toucher, c'est l'arche sainte. (*On frappe en dehors.*) Qui est-là?.. entrez...

SCENE VI.

Les Mêmes, UN MARCHAND, *suivi de plusieurs jeunes gens de magasin.*

LE MARCHAND, *à Dupré.* Pardon, monsieur... c'est bien ici que demeure un jeune étudiant?

LOUISE. M. Ferdinand?..

LE MARCHAND. Je ne me rappelle pas bien le nom... un joli garçon?

LOUISE. C'est cela, il n'y est pas.

DUPRÉ. C'est égal, qu'est-ce qu'il y a pour votre service?..

LE MARCHAND. Oh! presque rien. (*Aux garçons.*) Venez, messieurs.

DUPRÉ, *à sa fille.* Est-ce qu'on voudrait saisir ses meubles?

LOUISE. Quelle idée!

LE MARCHAND. Il s'agit de quelques bagatelles que nous sommes chargés de déposer ici. (*A un homme qui porte une pendule.*) Sur la cheminée.

DUPRÉ, *ouvrant de grands yeux.* Qu'est-ce que c'est?

LOUISE. Oh! la jolie pendule!

LE MARCHAND, *aux autres.* Les vases à côté; ici le nécessaire en vermeil, l'écritoire de chez Vervelles; près de la glace, la montre de Kellner avec la chaîne de Janisset.

DUPRÉ, *plus étonné.* Ah çà! c'est un trousseau complet.

LOUISE. Mais il ne peut pas avoir commandé tout cela pour le mariage depuis qu'il est parti.

DUPRÉ, *bas.* Parbleu!.. cela prouve que ce jeune homme si sage, si rangé, achète à crédit.

LOUISE, *de même.* Ah! mon papa... il avait peut-être des économies.

DUPRÉ, *de même.* Des économies!.. un étudiant en droit!.. laisse-moi donc tranquille, est-ce que ça s'est jamais vu?.. puisqu'il me disait encore, il n'y a qu'un instant, qu'il n'avait rien, qu'il ne possédait rien. (*Elevant la voix.*) Tu vas voir... d'ailleurs, que ces messieurs vont nous laisser leurs mémoires.

LE MARCHAND. Non, monsieur, ils sont acquittés, tout est payé.

(*Les garçons sortent par le fond.*)

DUPRÉ, *stupéfait.* Tout est payé!

LOUISE. Là! voyez-vous.

DUPRÉ. C'est singulier! (*Au marchand.*) Et par qui donc?

LE MARCHAND, *à Dupré d'un air d'intelligence.* Par une jeune dame.

DUPRÉ, *lui faisant un signe pour que sa fille n'entende pas.* Chut! chut!

LE MARCHAND, *continuant.* Sa sœur, sa femme, peut-être... vous comprenez.

DUPRÉ, *de même.* Taisez-vous! taisez-vous donc. (*A part.*) C'est bien plus inquiétant. (*Ecoutant à la petite porte à gauche.*) Hein! qu'est-ce que c'est? Moquette qui m'appelle?

LOUISE, *frappée d'un souvenir.* J'y pense maintenant... un monsieur qui porte un sac d'argent, qui vous attend au magasin... c'est pour cela que j'étais venue vous chercher tout-à-l'heure.

DUPRÉ, *vivement.* De l'argent!.. et tu ne me le dis pas. (*Criant de la petite porte.*) Je descends. (*A part.*) Ça me paraît très-louche, et moi qui viens de lui donner ma fille; il est bien temps que j'aille aux informations. (*Au fournisseur.*) Passez devant moi, monsieur; cet escalier donne près de mon magasin, il est un peu obscur, mais très-commode, très-facile, bon! (*On entend le marchand tomber dans l'escalier.*) Prenez donc la rampe, la rampe est à gauche. Viens-tu, Louise?

(Il sort.)

SCENE VII.

LOUISE, *seule, apercevant le bouquet*

Oui, mon père!.. Dieu! qu'ai-je vu? un bouquet, des gants; il reçoit donc des dames?

Air *du Bouquet de bal.*
Mais quels soupçons troublent mon ame,
Quand bien même on viendrait le voir,
Pourquoi supposer qu'une femme
Oublierait ainsi son devoir?...
Non, ce serait lui faire injure,
Et celle-ci, j'en suis bien sûre,
N'a rien oublié...
(*Regardant le bouquet.*)
Malgré ça,
Son bouquet était resté là...

La porte du fond s'ouvre, lady Wilton paraît.

Que vois-je? Ah! c'est bien pis que le bouquet!

SCENE VIII.

LOUISE, LADY WILTON.

LADY VILTON, *à elle-même.* Une jeune fille chez lui!

LOUISE, *à part avec dépit.* Une dame, et elle est jolie encore!..

LADY WILTON. Je me suis trompée sans doute, mademoiselle... je croyais être chez M. Ferdinand.

LOUISE, *froidement et l'examinant.* Non, madame, non... vous ne vous êtes pas trompée... c'est bien ici.

LADY WILTON, *à part, en regardant la pendule et les autres objets.* En effet, je vois que l'on a exécuté mes ordres.

LOUISE. Mais il n'y est pas, M. Ferdinand, il est sorti.

LADY WILTON, *s'asseyant de côté.* C'est fâcheux, je l'attendrai.

LOUISE, *qui croyait qu'elle allait sortir.* Eh bien! la voilà qui s'établit ici... comme c'est mauvais ton. (*Haut.*) C'est qu'il ne rentrera pas de long-temps, de très-long-temps.

LADY WILTON. N'importe! je ne suis pas pressée!

LOUISE, *appuyant.* Il est allé à l'école de droit chercher des papiers.. parce qu'il paraît qu'il va se marier.

LADY WILTON, *vivement.* Se marier...

LOUISE, *à part.* Elle a tressailli! par exemple! qu'est-ce que ça lui fait?

LADY WILTON, *émue.* Se marier... lui Ferdinand...

LOUISE, *choquée.* Ferdinand! je dis bien monsieur, moi.

LADY WILTON, *se levant.* Mon enfant, je vois que vous êtes de la maison... sans doute une jeune voisine... dites-moi, êtes-vous certaine que ce projet?.. parlez! je veux savoir quel est ce mariage... quelle est cette future, qui a arrangé cela, qui s'en est mêlé? Pourquoi ne m'en a-t-il rien dit? (*Avec vivacité.*) Mais répondez-moi donc!

LOUISE, *interdite.* Mon Dieu! quelle chaleur!

LADY WILTON, *comme à elle-même.* Probablement quelque amourette sans importance... des parens qui se seront emparés de lui... ces pauvres jeunes gens sont si faciles à tromper!

LOUISE, *à part et vivement.* Quelle indignité! (*Haut et très-émue.*) Non, madame, non!.. le père n'a pas cherché à s'emparer de lui... c'est le propriétaire de cette maison... M. Dupré... un honnête homme... un négociant estimable... un marchand... si vous voulez... mais que sa position, son caractère et sa fortune mettent au-dessus de tout soupçon!..... quant à sa fille, elle pouvait choisir entre vingt partis plus brillans, plus avantageux que M. Ferdinand; elle l'a préféré, lui, quoique sans biens... parce qu'elle l'a vu seul... malheureux... abandonné de tout le monde. Elle n'est pas d'une beauté remarquable... (*avec intention*) elle ne porte ni plumes, ni diamans...mais jamais elle ne s'est éloignée de ses devoirs... jamais elle n'a hasardé de démarches équivoques, et ne s'est jamais trouvée seule et sans guide où elle ne devait pas être.

LADY WILTON, *à part.* C'est elle!... le trait est vif... (*Haut et en souriant.*) Vous croyez, mademoiselle, qu'elle ne s'est jamais trouvée seule, chez un garçon, par exemple?..

LOUISE, *un peu confuse et regardant autour d'elle.* Ah! c'est-à-dire..... ça dépend des circonstances. (*Avec résolution.*) Mais après tout, pourquoi toutes ces questions, ces interrogatoires; et qu'est-ce que cela peut faire à madame?...

LADY WILTON, *se rasseyant.* Oh !... c'est que je m'y intéresse beaucoup.

LOUISE. A M. Ferdinand?

LADY WILTON, *froidement.* A M. Ferdinand.

LOUISE, *vivement.* Madame est de ses parentes?

LADY WILTON. Non!

LOUISE. De ses amies?

LADY WILTON. Oui!

LOUISE, *à part.* De ses amies... c'est bien vague, et je veux absolument savoir...
(*Elle s'approche de lady Wilton.*)

UNE VOIX, *au bas du petit escalier.* Mam'zelle Louise! mamzelle Louise...

LOUISE. Ah! mon Dieu! c'est au magasin, où il n'y a personne.

LADY WILTON. Eh mais! mademoiselle, on vous appelle, je crois.

LOUISE. Mon Dieu! c'est que je ne voudrais pas vous quitter.

LADY WILTON. C'est trop de bonté!

(Les cris recommencent.)

LOUISE. On y va! on y va!.. ah! mon Dieu!.. c'est terrible... mais je vais revenir!..

(Elle sort.)

SCENE IX.

LADY WILTON, seule.

C'est elle, j'en suis certaine! son dépit, sa petite colère..... Mais ce mariage ne se fera pas... oh! non... renverser mes projets... toutes mes espérances!.... je saurai bien l'en empêcher... et, pour commencer, il faut d'abord éloigner Ferdinand de cette maison!.. son ami cherche un appartement... j'ai chargé un de mes gens de le suivre... de lui indiquer mon hôtel. Ce sera beaucoup mieux... car ici, dans ce quartier retiré, dans cette maison de chétive apparence... lorsque j'y viens, je tremble toujours d'être reconnue.... J'ai beau laisser ma voiture à quelques pas... et m'envelopper de mon voile.... il ne faudrait qu'un hasard... qu'une rencontre imprévue... et alors quelle excuse... quels motifs donner?.. et le voir, maintenant, c'est ma vie... mon existence... (*Écoutant à la porte.*) C'est lui, je reconnais sa voix. (*Écoutant toujours.*) Eh mais!.. il n'est pas seul... (*regardant en entr'ouvrant la porte*) un inconnu qui lui parle vivement... ils viennent... ah! bon Dieu! moi qui tremblais d'être surprise... où me réfugier, où me cacher? (*voyant la porte à droite*) ah! cette porte!... attendons que cet homme soit parti.

(Elle entre vivement dans le cabinet dont elle referme la porte. Au même moment, Dupré et Ferdinand entrent par le fond.)

SCENE X.

DUPRÉ, FERDINAND.

DUPRÉ. Oui, monsieur, il faut nous expliquer franchement.

FERDINAND. Tout ce que vous voudrez, monsieur Dupré... je suis si heureux.... Tenez, voilà mes papiers... mon acte de naissance, le certificat...

DUPRÉ. Il est bien question de cela, monsieur!.. des certificats... on en a tant qu'on veut... c'est comme les cuisinières qui sont toujours des modèles de fidélité... et qui font danser... (*Gravement.*) Écoutez-moi, monsieur, et répondez sans rougir.

FERDINAND, *souriant*. Quel préambule!

DUPRÉ. J'ai été jeune comme un autre, et je sais parfaitement... c'est-à-dire je savais autrefois, mais aujourd'hui c'est différent...

FERDINAND. Eh bien! monsieur?

DUPRÉ. Eh bien! monsieur, j'ai des soupçons que j'ai cachés à Louise... parce que la pauvre enfant est encore si faible... et si elle devait être sacrifiée...

FERDINAND. Que voulez-vous dire?

DUPRÉ, *appuyant*. Vous avez des maîtresses, jeune homme!

FERDINAND. Moi, monsieur!

DUPRÉ, *appuyant*. Vous avez des maîtresses!... vous en avez une... au moins.

FERDINAND. Je puis vous jurer...

DUPRÉ. Je ne m'en fâche pas..... je ne vous en fais pas de reproches... mais il faut me l'avouer, il faut me donner des preuves, car je n'ai encore que des indices.

FERDINAND. Monsieur, je ne sais si c'est une épreuve, une plaisanterie... mais j'affirme sur l'honneur!...

DUPRÉ. Prenez garde, jeune homme... vous me deviez deux termes...

FERDINAND. C'est vrai... quel rapport?..

DUPRÉ. Je ne vous les demandais pas...

FERDINAND. Eh bien!

DUPRÉ. Eh bien! monsieur, ils sont payés.

FERDINAND. Payés... et par qui?

DUPRÉ. Par un inconnu... un homme qui m'attendait en bas et qui m'a abordé très-poliment, le chapeau à la main... mais, malgré le soin qu'il avait pris de se déguiser en homme comme il faut... j'ai parfaitement reconnu un valet de chambre de bonne maison... j'ai une telle habitude du grand monde!..

FERDINAND. De quelle part venait-il?

DUPRÉ. Il n'a pas voulu le dire.

FERDINAND. Et il voulait payer mes loyers?

DUPRÉ. Il m'a forcé de les recevoir!

FERDINAND. C'est un malentendu.

DUPRÉ. P'cht.... et cette pendule, cette écritoire, cette montre, que l'on a apportées en votre absence... est-ce aussi un malentendu?

FERDINAND, *plus étonné*. Que vois-je? et qui a envoyé cela?

DUPRÉ. Qui? qui?... c'est moi qui vous le demande, puisque je n'en sais rien.
FERDINAND. Mais ni moi non plus.
DUPRÉ, *avec colère.* Laissez donc!... ces cadeaux cachent quelque mystère galant, quelque liaison criminelle... et s'il était vrai...
FERDINAND. Vous oseriez supposer!

SCÈNE XI.

LES MÊMES, LOUISE, *entrant par le fond.*

LOUISE, *accourant essoufflée et le cœur gros.* Mon papa! mon papa!
DUPRÉ, *bas à Ferdinand.* Chut! c'est Louise... nous en reparlerons quand elle ne sera plus là.
LOUISE, *apercevant Ferdinand et d'un air froid.* Ah! vous voilà, monsieur! c'est heureux. (*Regardant autour d'elle.*) Vous étiez seul ici?
FERDINAND. J'arrive avec monsieur votre père.
LOUISE, *de même.* C'est bien! (*A part.*) Elle est partie! (*Bas à Ferdinand.*) Plus tard! quand mon père n'y sera pas, nous nous expliquerons là-dessus.
FERDINAND, *plus étonné.* Comment?
LOUISE, *appuyant.* Et sur d'autres choses que j'ai vues ici...
FERDINAND, *suivant ses regards et voyant les gants sur le bureau.* D'autres choses?.. ah! je devine... ces gants que vous avez trouvés...
LOUISE, *soupirant, à elle-même.* Si je n'avais trouvé que ça...
FERDINAND. C'est une cliente qui est venue...
LOUISE. C'est possible!.. les clientes, c'est très-commode pour les avocats...
DUPRÉ. Oui... c'est comme les malades pour les médecins.
LOUISE, *d'un air composé.* Mais vous en avez qui prennent un bien vif intérêt à tout ce qui vous touche, monsieur... qui sont fort curieuses, fort indiscrètes!
DUPRÉ. Bah!
FERDINAND. Que voulez-vous dire?
LOUISE, *à son père.* Que tout-à-l'heure cet homme qui vous a apporté de l'argent, vous n'avez pas eu le dos tourné qu'il s'est approché de M. Moquette.
DUPRÉ, *à Ferdinand.* Mon premier commis, un garçon intelligent.
LOUISE. Et lui a fait des questions sur notre jeune locataire du cinquième.
FERDINAND. Sur moi?

LOUISE. S'il sortait souvent? s'il rentrait tard? s'il recevait beaucoup de visites? Quelles personnes il fréquentait?
FERDINAND. Par exemple!
DUPRÉ. Qu'est-ce que ça lui fait?
LOUISE. M. Moquette a cru que c'était un espion.
DUPRÉ. Cela en a tout l'air.
LOUISE. Il l'avait déjà saisi au collet et allait lui faire un mauvais parti...
DUPRÉ, *à Ferdinand.* C'est qu'il est fort comme un Turc, Moquette.
LOUISE. Lorsque cet homme lui a avoué que c'était sa maîtresse qui l'avait chargé de prendre ces renseignemens.
FERDINAND. Sa maîtresse!
DUPRÉ, *se récriant.* Sa maîtresse!
LOUISE, *toute en larmes, à Ferdinand.* Oui, une grande dame!
DUPRÉ, *à part.* Là! je l'avais deviné.
LOUISE, *pleurant plus fort.* C'est elle qui a fait payer vos loyers, c'est elle qui vous a envoyé tous ces cadeaux, c'est elle qui vous a fait suivre, surveiller en secret.
FERDINAND. Mais...
LOUISE, *vivement.* Ne le niez pas... j'étais là... j'ai tout entendu.
DUPRÉ, *à part.* C'est quelque vieille femme qui se ruine pour lui... et qui en est jalouse!.. une marquise italienne... elles n'en font jamais d'autres.
LOUISE, *s'essuyant les yeux.* Et maintenant, monsieur, parlez.... justifiez-vous si vous pouvez. Quelle est cette dame? d'où la connaissez-vous? Je veux tout savoir, d'abord.
FERDINAND, *hors de lui.* J'en deviendrai fou... c'est un complot! une infâme calomnie pour me perdre, pour m'enlever Louise mais je saurai confondre... (*Comme frappé d'une idée subite.*) Ah! attendez! quel trait de lumière... (*Courant à Louise.*) Cet homme a-t-il affirmé qu'il venait pour moi, pour M. Ferdinand? m'a-t-il nommé?
LOUISE. Non! il a dit le jeune homme du cinquième.
FERDINAND, *vivement.* Je l'aurais parié... c'est pour Corbineau.
DUPRÉ. Pour Corbineau?
LOUISE. Pour M. Corbineau?
FERDINAND. J'en suis sûr, maintenant. (*A part.*) Cette blonde dont il me parlait ce matin! cette folle qu'il a ensorcelée. (*Haut.*) C'est Corbineau, vous dis-je, et les questions, les loyers, les cadeaux, tout est pour lui.
LOUISE. Il serait vrai?
DUPRÉ. Ça n'est pas possible.

SCENE XII.

Les Mêmes, CORBINEAU, *entrant en chantant :*

Quand on sait aimer et plaire, etc.

FERDINAND, *à Corbineau qui entre.* Hé ! arrive donc...

DUPRÉ, *regardant Corbineau.* Je ne croirai jamais qu'un physique pareil puisse valoir ce prix-là ! c'est exorbitant.

CORBINEAU. Tu étais impatient ! sois tranquille, nous ne coucherons pas dans la rue. (*Narguant Dupré.*) Nous avons un appartement, mon cher.

FERDINAND. Il ne s'agit pas...

CORBINEAU. Et un appartement un peu soigné ! pas au cinquième ! pas de mansardes ! un hôtel magnifique, où nous aurons un entresol charmant.

FERDINAND. Il faut d'abord...

CORBINEAU. C'est un monsieur très-obligeant qui me l'a indiqué... cent cinquante francs de loyer.

FERDINAND. Mais...

CORBINEAU. Salon, salle à manger, deux chambres à coucher, cabinet avec des dégagemens, office, salle de bain...

FERDINAND. Es-tu fou ?.. cent cinquante francs !

CORBINEAU. Oui... mais il sera meublé ! oh est en train.

DUPRÉ, *se recriant.* Oh !

CORBINEAU, *le regardant avec malice.* Il paraît que les loyers tombent beaucoup.

FERDINAND, *impatienté.* Va-t'en au diable !

CORBINEAU. Je l'ai arrêté.

FERDINAND, *en colère.* Je n'en veux pas.

CORBINEAU. Eh bien ! je le garde pour moi.

FERDINAND, *avec ironie.* Oui... ça ira bien avec le reste.

CORBINEAU, *étonné.* Quoi donc ?.. quel reste ?

FERDINAND. Eh parbleu !... tout ce que l'on t'a apporté, et ce qui depuis un quart d'heure me fait tourner la tête, ce nécessaire-ci, une pendule, une montre, que sais-je ?

CORBINEAU, *avec joie.* Comment ? une montre ! elle s'y est donc mise, Dorothée, hein !.. quand je te le disais... Voilà ce que j'appelle une femme !

LOUISE, *à son père.* Vous l'entendez ?..

FERDINAND, *à Dupré.* Là !..

DUPRÉ, *étonné.* Je ne peux pas en revenir.

CORBINEAU, *courant d'un objet à l'autre.* Tu ne voulais pas me croire ! les blondes sont très-sensibles. Pauvre femme !....

Dieu ! quelle richesse, quelle élégance !.. Créature céleste, et cette montre (*la mettant*), toujours là sur mon sein..... une chaîne d'or : je porterai toujours les tiennes.. enchanteresse !...

FERDINAND, *à Dupré.* J'espère que vous ne doutez plus...

LOUISE, *avec joie.* Vous voyez que ce n'est pas pour lui, qu'il était innocent...

DUPRÉ. Je suis pétrifié.

CORBINEAU, *se carrant et mettant les mains aux entournures de son gilet.* Voilà, mon cher Dupré, voilà ce que c'est que d'être aimable ! (*A Ferdinand.*) Tu verras que le cabriolet viendra aussi, et alors tu ne m'éclabousseras plus dans ta calèche...

DUPRÉ *et* LOUISE. Sa calèche !..

CORBINEAU. Ou celle de sa maîtresse... c'est la même chose... une femme charmante qui l'adore !..

DUPRÉ *et* LOUISE. Sa maîtresse !

FERDINAND, *à demi-voix, à Corbineau.* Te tairas-tu ?.. devant mon beau-père et ma prétendue ?

CORBINEAU. Sa prétendue !

FERDINAND, *regardant Louise.* Dieu !... elle pâlit !

DUPRÉ, *effrayé.* Elle va se trouver mal, il ne me manquait plus que ça !..

CORBINEAU, *la soutenant.* Sa prétendue ! il fallait donc m'en prévenir. (*A Dupré.*) Ce que j'en disais, c'était pour le vanter, pour le faire valoir... parce que cette autre dame... la calèche. (*Bas à Ferdinand.*) Je vais la prendre sur mon compte, qu'est-ce que ça me fait ? (*Haut.*) La calèche... C'est moi qu'elle aime...

DUPRÉ. Celle-là aussi...

CORBINEAU. Comme une folle. (*A Louise.*) Oui, mademoiselle Louise, c'est une passion qui est à moi seul, qui m'appartient, je vous le prouverai... (*Aux autres.*) Cela lui fait du bien... elle revient... (*A Dupré.*) Un peu d'eau de Cologne, là, dans cette chambre...

DUPRÉ. J'y cours...

(Il va pour entrer ; lady Wilton paraît.)

SCENE XIII.

Les Mêmes, LADY WILTON.

DUPRÉ, *surpris, jette un cri* Ah !

FINAL.
ENSEMBLE.
Fragment de Fra-Diavolo.
LOUISE.
Ah ! grand Dieu ! c'est elle
Qui se dérobait à nos yeux !
O douleur mortelle !
Cette femme en ces lieux

DUPRÉ
Surprise nouvelle!
Il l'avait cachée à nos yeux!
Surprise nouvelle!
Une femme en ces lieux!
FERDINAND et CORBINEAU.
Ah! grand Dieu! c'est elle!
Je n'ose en croire mes yeux!
Ah! grand Dieu! c'est elle!
Une femme } en ces lieux!
Elle était }

(La musique continue piano pendant ce qui suit.)

CORBINEAU, *à part.* L'imbécile... qui ne me prévient pas!

LADY WILTON, *avec douceur.* Je suis fâchée de vous déranger, monsieur Ferdinand... mais je vous attendais depuis longtemps.

FERDINAND, *embarrassé.* Madame!..

CORBINEAU, *à part.* Bien... il n'y a plus moyen de dire que c'est pour moi... aussi, il en a trop! ça amène des scènes très-pénibles.

DUPRÉ, *à Ferdinand.* Vous comprenez maintenant, monsieur, qu'il n'y a plus de mariage, et que tout est rompu.

ENSEMBLE.
DUPRÉ.
Pour moi quel outrage!
Plus de mariage!
Oublie un homme affreux,
Et sortons de ces lieux.
LOUISE.
Un pareil outragé
De lui me dégage...
Je brise tous nos nœuds,
Ah! fuyons de ces lieux.
LADY WILTON.
D'un tel mariage,
Oui, je vous dégage;
Vous devez à leurs vœux
Obéir, je le veux.
CORBINEAU.
Quel bruit, quel tapage!
Mais c'est leur usage,
Quand un amant heureux
Au lieu d'une en a deux.
FERDINAND, *au désespoir.*
Plus de mariage,
Et c'est votre ouvrage.
Ah! fuyez de ces lieux,
Otez-vous de mes yeux!

(Ferdinand veut arrêter Dupré et Louise; lady Wilton s'approche de lui pour le calmer, ainsi que Corbineau; Dupré entraîne sa fille. La toile tombe.)

ACTE DEUXIÈME.

Le théâtre représente un boudoir élégant; porte au fond, deux portes latérales.

SCENE PREMIÈRE.

(Dupré achevant de poser une draperie; Louise assise à droite et achevant de coudre un rideau de mousseline.)

DUPRÉ, LOUISE.

DUPRÉ, *regardant ce qu'il vient de faire.* Si on ne donnait pas soi-même le coup d'œil du maître, ces gens-là n'ont rien d'artiste... ça ne fera jamais que des tapissiers et pas autre chose. (*S'approchant de Louise.*) Eh bien! qu'est-ce que tu fais-là?.. tu pleures!

LOUISE. Non, mon père.

DUPRÉ. Parbleu! je le vois bien... et ce n'est pas pour cela que je t'ai amenée avec moi...

AIR: *De sommeiller encor, ma chère.*
C'est pour travailler sans relâche,
C'est le remède en pareil cas!
Par amour, j'ai doublé la tâche;
Car c'est le travail ici-bas
Qui nous fait oublier, ma chère,
Nos ennuis, nos chagrins, nos maux.
(*Avec un soupir.*)
Aussi va! du temps de ta mère,
Je n'ai pas pris un instant de repos.

Je travaillais!..... ah! c'est elle qui est cause de ma fortune. (*Regardant l'ouvrage que tient Louise.*) Eh bien! ce rideau n'est pas même commencé?

LOUISE. C'est que vous avez beau dire, mon père, je suis sûre qu'il m'aime.

DUPRÉ. Et qui donc?

LOUISE. M. Ferdinand.

DUPRÉ. Encore lui!... Je ne veux plus y penser.

LOUISE. Ni moi non plus.... mais si cependant il n'était pas coupable?

DUPRÉ. Pas coupable... quand on trouve une femme enfermée chez lui!

LOUISE. Mais alors convenez que c'est bien mal... que c'est indigne!

DUPRÉ. Je suis de ton avis.

LOUISE. Et qu'après un trait pareil il faut détester tous les hommes.

DUPRÉ. Certainement... excepté ton père, et le mari que je te destine, ma notabilité.

LOUISE. Quoi! vous pouvez déjà penser à un nouveau gendre?

DUPRÉ. Dis donc à l'ancien... comme par bonheur, je n'avais pas retiré ma parole.... il est inutile de lui dire maintenant qu'il y a eu un laps dans notre fidélité; j'irai le voir aujourd'hui en sortant de cet hôtel. (*Regardant autour de lui.*) Voilà l'entresol terminé, sauf les petits rideaux à mettre dans ce boudoir... cela te regarde; je monte au premier, surveiller mes commis, parce qu'il y a là, un salon à se faire une réputation... une tenture en velours blanc.

LOUISE. Quel est donc le propriétaire de ce bel hôtel?

DUPRÉ. Une mylady, qui est arrivée depuis hier de sa campagne d'Auteuil... une grande dame..... une parente de l'ambassadeur d'Angleterre.

LOUISE. Est-elle jolie?

DUPRÉ. Je ne l'ai pas encore vue, mais je l'ai entendue, car elle sonnait ce matin à briser tous mes cordons, qui sont beaux, mais pas trop solides... elle attendait une lettre qui n'arrivait pas. Du reste, je n'ai eu affaire qu'à son intendant, un galant homme qui aime le grandiose, et je tâcherai que tout soit dans ses goûts!.. tout, jusqu'au mémoire.

LOUISE. Est-ce que mylady habite ce côté de l'hôtel?

DUPRÉ. Du tout, il est préparé pour des amis à qui elle l'a loué et qui doivent même l'occuper dès ce soir; ainsi dépêche-toi.

AIR: *Hardi coureur.* (du Lorgnon.)

Va, mon enfant!
Et dans l'instant
Reprends l'ouvrage
Avec courage.

LOUISE.

Je ne saurais...
A mes regrets
Comment m'arracher désormais!
(*Pleurant.*)
Je ne pourrai supporter mon malheur.

DUPRÉ.

Dans le commerce il faut qu'on se retranche
Et les tourmens, et les peines du cœur;
Car, pour pleurer, on n'a que le dimanche.

ENSEMBLE.

DUPRÉ.

Va, mon enfant!
Et dans l'instant
Reprends l'ouvrage
Avec courage.
Plus de regrets!
Je ne saurais
Te les pardonner désormais.

LOUISE.

Que de tourmens!
Ah! je le sens,
Je perds l'espoir et le courage;
A mes regrets
Je ne saurais
Hélas! m'arracher désormais.

(*Elle entre dans le cabinet à gauche.*)

DUPRÉ, *lui parlant toujours*. Et pense à ce que tu fais; on a bien vite perdu une aune de mousseline à douze francs, qu'il faut faire payer vingt-quatre, pour s'y retrouver, et ça ne m'arrange pas, car je n'y gagne rien. (*Prenant des papiers sur la table.*) Voyons, où sont mes dessins et mes échantillons!

SCÈNE II.

DUPRÉ, CORBINEAU, *entrant par le fond.*

CORBINEAU. Ça n'est pas mal du tout, et je suis satisfait.

DUPRÉ, *à part.* Que vois-je? M. Corbineau! je ne pourrai pas m'en débarrasser.

CORBINEAU. Monsieur Dupré! notre ancien et cher propriétaire! que diable faites-vous ici?

DUPRÉ. J'y suis de mon état, monsieur, je viens de donner la dernière main à ce petit salon.

CORBINEAU. Tant pis, parce que d'ordinaire vous n'êtes pas bon marché! mais ça m'est égal, ça ne me regarde pas, ça regarde la propriétaire; j'ai loué meublé.

DUPRÉ. Qu'est-ce que vous me dites là? vous avez loué?

CORBINEAU. Ce petit entresol.

DUPRÉ. Vous seriez ici?..

CORBINEAU, *s'asseyant.* Chez moi! donnez-vous donc la peine de vous asseoir.

DUPRÉ. Monsieur, je n'ai pas envie de rire.

CORBINEAU, *assis.* Je le crois aisément, car vous voyez bien maintenant que vous avez perdu en moi un excellent locataire; mais c'est votre faute, vous êtes trop cher! Comparez seulement ce logement-ci au vôtre, et dites-moi franchement si pour cinquante francs de plus...

DUPRÉ. Vous louez ceci cent cinquante livres?

CORBINEAU. Meublé! et ça pourrait être mieux, car voilà un fauteuil qui est dur; vous me direz, à cela, que c'est neuf. (*A un domestique qui entre, portant deux valises.*) Mettez nos effets dans la chambre à coucher. Où est-elle?

DUPRÉ. C'est d'une impudence!...

CORBINEAU, *qui a ouvert la porte à droite.* Par ici, bon style: tendu en satin, deux lits de maîtres, commode en palissandre, avec incrustations. (*A Dupré.*) Ça, c'est différent, je rends justice! (*Au domestique.*) Défaites ma valise, ça ne sera pas long, et puis celle de mon ami Ferdinand que j'ai apportée malgré lui.

DUPRÉ. M. Ferdinand loge avec vous ?

CORBINEAU.
Air de Masaniello.

Vous l'aviez chassé, je l'accueille,
Pour mon cœur quel devoir plus doux ?
(*Appuyant avec importance.*)
Chez moi, monsieur, je le recueille,
Car tout est commun entre nous !
Et quand par son propriétaire
Oreste, hélas ! était banni,
Pilade avec lui d'ordinaire
Partageait son hôtel garni.

Et le voilà, ce cher Oreste !

SCENE III.

DUPRÉ, CORBINEAU, FERDINAND, UN DOMESTIQUE.

FERDINAND, *entrant en regardant derrière lui.* Ah çà ! Corbineau, qu'est-ce que ça signifie ? Où suis-je ?

CORBINEAU. Chez nous, mon cher ami.

FERDINAND. Du tout ! je n'entends pas rester ici ; je ne veux pas que tu y restes toi-même. Un hôtel d'ambassadeur, une cour magnifique, un suisse ; j'ai cru m'être trompé de numéro.

CORBINEAU. Du tout, le 87

FERDINAND. Je demande M. Corbineau, on me dit : à gauche dans la cour, à l'entresol ! Un escalier en pierre, porte en acajou, antichambre, salle à manger, premier salon, et j'arrive jusqu'ici.

CORBINEAU. Tu n'as rien vu encore, une chambre délicieuse décorée par monsieur.

FERDINAND. Monsieur Dupré ?

CORBINEAU. N'aie pas peur, ce n'est pas nous qui paierons le mémoire.

FERDINAND. Et tu ne rougis pas de honte !

CORINEAU. Pourquoi cela ?

FERDINAND. Mais c'est la même main qui t'a déjà envoyé cette pendule, cette chaîne, et s'il y a au monde, ce que je ne pouvais croire, une femme assez absurde, assez folle pour se ruiner pour toi...

CORBINEAU. Quoi ! cette pauvre Dorothée ! tu la soupçonnerais, eh bien ! franchement, moi aussi.

FERDINAND. Elle ou une autre, tu me suivras, car je t'emmène à l'instant, sans vouloir même savoir chez qui nous sommes !

DUPRÉ, *qui a repris son travail.* Parbleu ! vous êtes chez une parente de l'ambassadeur d'Angleterre, chez mylady Wilton.

CORBINEAU. O ciel ! ce ne serait pas Dorothée, c'en serait une autre, une mylady !

conviens que je suis un heureux coquin ; je n'y pensais pas, je n'en voulais à personne, et en voilà déjà deux !

DUPRÉ, *travaillant à la croisée.* Ce carabin me déplaît souverainement ; si je n'avais pas ces embrasses à poser...

CORBINEAU. Ce n'est pas ma faute, si la beauté veut faire ma fortune.

FERDINAND. Et quand il serait vrai, tu ne devrais pas le souffrir.

CORBINEAU. Est-ce que je pouvais le deviner ? elle y a mis tant de grâce, tant de délicatesse, elle n'y avait paru en rien, et cet homme d'affaires, cet intendant, qui m'a loué cela, y a mis une bonhomie...

DUPRÉ, *quittant sa fenêtre.* Quoi ! c'est l'intendant... M. Williams.

CORBINEAU. M. Williams, c'est cela même, un Anglais, qui me dit (*baragouinant*): « Mon gentleman, vous cherchez un appartement ? » C'est vrai, j'étais dans la rue, le nez en l'air, regardant tous les écriteaux. (*Baragouinant.*) « Je avoir une jolie petite appartement meublée de garçon, que je pouvais vous louer pour cent cinquante livres. »

DUPRÉ. Il vous a dit cent cinquante livres ?

CORBINEAU. En toutes lettres.

DUPRÉ. Parbleu ! je le crois bien, des livres sterlings, les Anglais n'en connaissent pas d'autres.

CORBINEAU. Hein ! que dites-vous ?

DUPRÉ. Que vous avez loué cent cinquante guinées, c'est-à-dire à peu près trois mille six cents francs ; ce qui n'est certainement pas cher.

CORBINEAU. Ah ! mon Dieu ! et moi qui ai consenti en sous seing-privé, pour Ferdinand et pour moi, un bail de douze ans !

FERDINAND. Qu'as-tu fait là ?

CORBINEAU. A cause du bon marché.

FERDINAND. Mais, malheureux, tu nous ruines, nous voilà débiteurs d'une quarantaine de mille francs.

CORBINEAU. Nous n'emportons pas les meubles, nous n'emportons pas la maison ! le bail est nul, faute de paiement.

FERDINAND. Et que dira-t-on de nous ? pour qui allons-nous passer ? pour des intrigans, des chevaliers d'industrie.

DUPRÉ. Ça se pourrait bien, sans compter l'indemnité qu'on est en droit de vous demander.

CORBINEAU. Si ce n'est que cela... ça ne m'embarrasse pas, j'écrirai à Dorothée... « Je reviens à toi, ma Dorothée... » et tu vois bien, toi qui me blâmais tout-à-l'heure, nous serons trop heureux de la retrouver ; pauvre Dorothée, va !

LE DOMESTIQUE, *entrant et annonçant.* Mylady Wilton.

DUPRÉ. La propriétaire !

FERDINAND. Ah ! mon Dieu !

LE DOMESTIQUE. Qui désirerait parler à ces messieurs.

FERDINAND, *à Corbineau.* Cela te regarde, arrange-toi.

AIR : *Bacchanale des Nones.* (Robert-le-Diable.)

 A l'instant je veux
 Sortir de ces lieux,
 L'honneur me le commande !
 Je te le demande,
 Et soudain je vais
 Faire nos deux paquets !

CORBINEAU, *troublé.*

Fais ton paquet ! oui, c'est fort bien !
Et moi, je vais avoir le mien.

ENSEMBLE.

FERDINAND.

A l'instant je veux, etc.

CORBINEAU.

 Non pas, moi je veux
 Rester en ces lieux,
 L'amour me le commande !
 Je te le demande,
 Et tu vas exprès
 Renverser mes projets.

DUPRÉ, *à Corbineau.*

 Au gré de ses vœux
 Sortez de ces lieux,
 L'honneur vous le commande !
(*Montrant Ferdinand.*)
 Et puisqu'il s'amende,
 A l'instant je vais
 Seconder ses projets !

(*Ferdinand entre dans la chambre à droite.*)

SCENE IV.

CORBINEAU, DUPRÉ.

CORBINEAU. Mais attends donc ! tu ne peux pas me laisser ainsi en gage.

DUPRÉ. D'autant qu'un pareil gage serait loin de répondre des loyers.

CORBINEAU. Maître Dupré, je suis encore chez moi, attendu que j'ai loué, et je vous prie de sortir à l'instant par cette porte si vous n'aimez mieux par cette croisée que vous avez décorée vous-même.

DUPRÉ, *d'un air railleur.* Ne vous fâchez pas, monsieur le locataire. Je retourne au salon du premier, que vous pourrez peut-être prendre, si vous quittez celui-ci avant le terme.

CORBINEAU, *lui montrant la porte.* Raison de plus pour se hâter d'en jouir. (*Avec majesté.*) Sortez ! (*Dupré sort en lui faisant une salutation ironique.*) Et allons donc !.. Il n'y a rien d'ironique et de gouailleur comme le petit commerce ! surtout la tapisserie, ça se drape avec une fierté !... mais je lui rendrai cela d'un jour à l'autre, grâce à Dorothée.... Ah ! mon Dieu ! voici mylady.

SCENE V.

CORBINEAU, LADY WILTON, LE DOMESTIQUE.

CORBINEAU, *faisant plusieurs salutations très-profondes.* Quoi ! mylady, vous daignez, c'est moi certainement qui aurais dû... et j'allais avoir l'honneur de me rendre. (*Levant les yeux.*) Ah ! mon Dieu ! que vois-je?..

LADY WILTON. Votre propriétaire.

CORBINEAU, *à part.* L'inconnue de ce matin !.. La cliente de Ferdinand serait une mylady !

LADY WILTON. Je venais savoir par moi-même !.. si vous vous trouviez bien dans votre appartement.

CORBINEAU, *avec hésitation.* C'est petit, mais c'est charmant ! flatterie à part, c'est très-bien ! trop bien peut-être pour un jeune médecin comme moi, et un avocat comme mon ami, un avocat qui commence ; nous craignons que cela n'éloigne les cliens.

LADY WILTON. Comment cela ?

CORBINEAU. Le local pourrait les effrayer pour les honoraires, parce que l'on paie toujours en raison, non pas du mérite, mais de l'appartement.

LADY WILTON. S'il en est ainsi, il faudrait prendre un logement encore plus cher, ne fût-ce que par spéculation.

CORBINEAU. C'est ce que font beaucoup de nos confrères... mais mon ami et moi, nous ne spéculons pas, nous ne tenons pas aux richesses, et nous réfléchissions à ce bail que j'ai signé à votre intendant, ce bail de douze ans.

LADY WILTON, *souriant.* Un engagement aussi long vous effraie.

CORBINEAU, *vivement.* Non pas avec vous, mylady. (*Avec embarras.*) Mais avec votre intendant ; car, s'il faut vous l'avouer, ce prix de cent cinquante livres...

LADY WILTON. Trouvez-vous que ce soit trop cher ?

CORBINEAU. En français, non ! parce que cent cinquante livres, c'est très-bien, c'est dans nos mœurs, dans nos habitudes ; chaque pays a les siennes ; mais ce qui est dans vos usages et ce qui n'est pas dans les nôtres, à mon ami et à moi, ce sont les sterlings.

LADY WILTON. Que voulez-vous dire?
CORBINEAU. Qu'il y a eu de ma part une petite erreur.
LADY WILTON. Dont je ne veux pas profiter! et ce sera comme vous l'avez entendu, vous et votre ami.
CORBINEAU, *avec joie*. En français?
LADY WILTON. Certainement! je l'exige.
CORBINEAU. Ah! mylady.
LADY WILTON. Ne m'en remerciez pas, car, à un moindre prix encore, vous me rendriez grand service.
CORBINEAU. Que dites-vous?
LADY WILTON. Je vais m'absenter, je pars pour Strasbourg, et j'étais fort inquiète de laisser ainsi cet hôtel seul et abandonné; mais, habité par vous et votre ami, me voilà tranquille.
CORBINEAU. Ah! madame...
LADY WILTON. Vous acceptez?
CORBINEAU. Le moyen de vous rien refuser!
LADY WILTON. Je vous en remercie, et vous m'enhardissez.
CORBINEAU. Comment?
LADY WILTON. Je pousserai encore plus loin l'exigence. Je laisse ici un mobilier considérable, des chevaux, des domestiques qui n'auraient rien à faire, des voitures qui se perdraient sous la remise, et je vous prierai en grâce, dans mon intérêt, de vouloir bien vous en servir vous et votre ami, le plus souvent possible.
CORBINEAU, *à part*. Allons, voilà les voitures à présent. (*Haut.*) En honneur, madame, je suis confus.
LADY WILTON. Du service que vous me rendez?.. c'est être trop généreux. Mais croyez que de mon côté je ne serai pas ingrate, et si dans le monde où je suis répandue je peux vous être utile, à vous et à votre ami...
CORBINEAU, *à part*. Toujours le même refrain! c'est drôle! je ne puis pas marcher sans mon ami.

LADY WILTON.
AIR : *de Céline*.

Par mes protecteurs et mon zèle ;
Si je puis vous servir tous deux,
Augmenter votre clientelle...

CORBINEAU.
Ah! pour moi, c'est trop généreux.
(*A part*.)
Dans ces bienfaits un dessein secret perce,
Et je commence à soupçonner qu'ici
Je sers de chemin de traverse
Pour arriver à mon ami.

(*Haut.*) Ma clientelle! Certainement, je ne demande pas mieux; non pas que je n'en aie déjà une assez nombreuse.
LADY WILTON. Je le crois.

CORBINEAU. Et surtout assez élevée. J'ai des malades en haut du faubourg Saint-Jacques, du faubourg Saint-Martin, dans tous les faubourgs; je n'ai pas un moment de libre. (*Regardant sa montre.*) Ah! mon Dieu! deux heures! (*A part*.) Et Dorothée, je suis sûr qu'elle compte sur moi.
LADY WILTON. Qu'est-ce donc? une visite?
CORBINEAU. Une visite très-pressée.
LADY WILTON. Un malade?
CORBINEAU. Au faubourg Saint-Martin. Oui, une personne qui souffre beaucoup, et que ma présence seule peut calmer.
LADY WILTON. A deux heures? vous n'y serez jamais.
CORBINEAU. C'est vrai! elles vont sonner dans l'instant; mais en courant un peu vite....
LADY WILTON. De la rue de Richelieu au faubourg Saint-Martin, je ne le souffrirai pas. (*Elle sonne.*) John, un cheval au tilbury.
CORBINEAU. Quoi! vous voulez?..
LADY WILTON. Vous vous essaierez à me remplacer.
CORBINEAU. Au fait! ça fera très-bien, ça haussera les actions.
LADY WILTON. John! rien encore? pas de lettres de Strasbourg?
JOHN. Non, mylady!
LADY WILTON, *à part*. Oh! mon Dieu! chaque instant accroît mon impatience.
CORBINEAU. Le jockey vient-il aussi?
LADY WILTON. Sans doute!
CORBINEAU. Un jockey en livrée! pauvre Dorothée, la voilà obligée de me donner un cocher... (*Se retournant vers lady Wilton.*) Ah! madame, Ferdinand avait bien raison de dire que vous étiez la meilleure, la plus aimable des femmes.
LADY WILTON, *avec émotion*. Ah! il vous a dit cela? s'il le pense et vous aussi, c'est tout ce que je demande.
CORBINEAU, *vivement*. Je le jure.
LADY WILTON. Prouvez-le moi, en tenant votre parole et en restant ici tous les deux... Adieu, mon cher locataire, adieu!
(Elle sort.)

SCENE VI.

CORBINEAU, *puis* FERDINAND, LE DOMESTIQUE.

CORBINEAU, *seul*. Elle est adorable! et Dorothée elle-même n'en approche pas... (*Se frottant les mains.*) Gouaille à présent, vieillard ironique, gouaille tant que tu voudras, je reste à l'entresol, et j'irai au premier quand ça me conviendra.

FERDINAND, *sortant de la chambre à droite avec deux valises sur l'épaule.* Tous nos paquets sont faits.

CORBINEAU. Eh bien ! où vas-tu donc ?

FERDINAND. Je m'en vais.

CORBINEAU. Ce n'est pas la peine ! c'est arrangé, tu peux rester.

FERDINAND. C'est arrangé ?

CORBINEAU. Oui, mon ami. il y avait erreur, et comme erreur n'est pas compte, tout est rectifié et convenu entre moi et lady Wilton, le loyer sera de cent cinquante livres de France, pour cet appartement.

FERDINAND, *étonné.* Corbineau !

CORBINEAU.
AIR : *Adieu, je vous fuis,* etc.
La jouissance du jardin,
Dans notre loyer est comprise.

FERDINAND, *parlé.* Corbineau !

CORBINEAU, *chanté.*
Et, mon cher, nous avons enfin
Et l'écurie et la remise.

FERDINAND, *haussant les épaules.*
C'est fort heureux !...

CORBINEAU.
Oui, car cela
Me décide à prendre équipage.

FERDINAND, *parlé.* Toi ?

CORBINEAU, *achevant l'air.*
Mon Dieu ! quand l'écurie est là,
Il n'en coûte pas davantage !

FERDINAND, *jetant les valises et lui prenant le bras.* Corbineau, tu m'inquiètes, et je crains que tu ne sois pas dans ton bon sens.

CORBINEAU. Ah ! tu crois cela ?

LE DOMESTIQUE, *rentrant.* Le tilbury est prêt, monsieur.

FERDINAND, *étonné.* Hein ?

CORBINEAU. John ! est-ce le gris pommelé ?

LE DOMESTIQUE. Non, monsieur, l'alezan.

CORBINEAU, *avec aplomb.* L'alezan ? c'est bien, je descends.
(Le domestique, sur un signe de Corbineau, rentre les deux valises dans la chambre à droite.)

FERDINAND. Toi, en tilbury ?

CORBINEAU. Pour faire mes visites, mon cher, pour voir mes malades... et autres, car il est impossible que maintenant la clientèle n'augmente pas chaque jour.

FERDINAND, *avec impatience.* Ah çà ! m'expliqueras-tu ?..

CORBINEAU. Je n'ai pas le temps, mais j'ai promis que nous resterions ici, et tu auras beau dire, nous y resterons... Que diable ! mon ami, il faut se résigner, et se laisser faire, c'est tout ce qu'on te demande.

FERDINAND. Que veux-tu dire ?

CORBINEAU, *s'appuyant sur son épaule.* Que nous sommes nés tous les deux sous une heureuse étoile ; mais tu croyais être chez moi, et j'ai idée maintenant que c'est moi qui suis chez toi... adieu !

FERDINAND, *voulant le retenir.* Corbineau !

CORBINEAU. Adieu, adieu !.. Mon tilbury est en bas.... je n'ai pas un moment à moi.

(Il sort avec le domestique.)

SCÈNE VII.

FERDINAND, puis LOUISE.

FERDINAND, *seul.* Il est fou, ma parole d'honneur, et il fait bien de monter en tilbury, si c'est pour aller à Charenton, il y arrivera plus vite ! Allons, allons, moi du moins, je ne dois pas rester ici un instant de plus... (*Au moment où il va sortir, Louise paraît à la porte à gauche.*) Que vois-je ?

LOUISE. Monsieur Ferdinand.

FERDINAND. Louise... (*La retenant.*) Ah ! restez de grâce !.. moi qui ne voulais, qui ne cherchais qu'une occasion pour vous voir et me justifier.

LOUISE. Laissez-moi, je retourne près de mon père.

FERDINAND. Ce n'est pas votre père qu'il m'importe de convaincre, c'est vous !.. et quoique les apparences soient contre moi, il me sera si aisé de vous prouver que je ne suis pas coupable...

LOUISE. Je sais, monsieur, que les avocats prouvent tout ce qu'ils veulent, mais pour nier ce que j'ai vu de mes propres yeux, il faudrait bien du talent.

FERDINAND. Je n'en ai pas besoin ! il me suffira de la vérité ; et si j'avais aimé la personne que l'on suppose, pourquoi aurais-je accepté votre main ; pourquoi aurais-je été si joyeux de l'obtenir, et dans ce moment encore, où notre mariage est rompu, où je pourrais profiter de ma liberté, où je pourrais vivre auprès d'une autre, qui me ramène à vos pieds ? qui me force à vous implorer ? si ce n'est l'amour que j'ai toujours pour vous !.. Parlez, répondez-moi, de grâce.

LOUISE. Il y a bien quelque chose de raisonnable dans ce que vous dites là ! mais cette dame si belle et si élégante qui était chez vous...

FERDINAND. Je l'ignorais, je vous le jure.

LOUISE. Qui s'y trouvait cachée ?

FERDINAND. Voilà ce que je ne puis comprendre ; car je la connais à peine, et la preuve c'est que si vous daigniez me rendre votre tendresse, et votre père son consentement... aujourd'hui même, à l'instant, malgré toutes les menaces que je brave et que je défie, je serais trop heureux de vous épouser.

LOUISE. Bien vrai !... vous ne connaissiez pas cette femme ?

FERDINAND. Ce n'était pour moi qu'une cliente.

LOUISE. Eh bien ! vous n'en aurez plus de ce genre-là, vous ne plaiderez plus que pour moi, comme vous l'avez fait tout-à-l'heure, c'était très-bien.

FERDINAND. Surtout, si je gagne ma cause, si vous me pardonnez.

LOUISE, émue. Moi, monsieur !

FERDINAND, tendrement.
AIR : *Lève-toi, ma belle amie* (d'Albert Grisar).
  N'imitez point votre père,
  Quittez ce regard sévère
  Qui me glace de terreur !
  Et qu'un tendre et doux sourire
  A l'instant vienne me dire :
  Ami, je te rends mon cœur !
  Ah ! cette grâce promise,
  Que je l'entende en ce jour,
    Ma Louise ! ma Louise,
    Mon amour !

LOUISE, *timidement.*
Même air :
  Eh quoi ! mon cœur ?... vous le rendre !..
  Eh mais ! s'il faut vous l'apprendre !
  Je n'ai pas pu vous l'ôter.

FERDINAND, *vivement.*
  Oui, mais cette main chérie,
  Mon bien, mon trésor, ma vie ?

LOUISE, *baissant les yeux.*
  Faut-il pas vous la porter !

FERDINAND, *à ses pieds et lui baisant la main. Parlé.* Oh ! non, c'est à genoux que je dois la recevoir.

LOUISE, *achevant l'air.*
  Cette main t'est bien acquise,
  Mais n'oublie pas un seul jour
    Ta Louise ! ta Louise,
    Ton amour !

TOUS DEUX.
  Ta } Louise ! (*bis.*)
  Ma }
  Ton } amour !
  Mon }

●●●●●●●●●●●●●●●●●●●●●●●●●●●●●●●●●●●●●

SCÈNE VIII.

LES MÊMES, DUPRÉ.

DUPRÉ, *entrant par le fond.* C'est une horreur !

LOUISE. Dieu ! mon père !

DUPRÉ, *apercevant Ferdinand qui est encore à genoux.* Et lui aussi ! en voici bien d'une autre ! tous les deux me narguer à la fois !

LOUISE, *courant à lui.* Moi, vous pourriez supposer ?..

DUPRÉ. Il ne s'agit pas de toi.

LOUISE. Et de qui donc ?

DUPRÉ. De l'autre, de son ami ! au moment où je descendais dans la cour, je manque d'être écrasé, par qui ? par M. Corbineau qui partait en tilbury, et qui a l'audace de me crier : Gare !! gare les meubles ! gare le tapissier !

LOUISE. Est-il possible !

DUPRÉ. Un carabin, en voiture ! un cheval alezan ! un laquais, une livrée magnifique, et il me crie du haut de son char : Décidément je garde l'entresol, mon cher ! que tout soit prêt à mon retour.

FERDINAND. C'est-à-dire, monsieur, que je suis aussi étonné que vous, aussi confus.

DUPRÉ. Oh ! vous ! ne parlez pas, c'est encore pis. (*A Louise.*) Car tu ne sais rien encore ; imagine-toi qu'en rentrant dans le salon je trouve M. Williams, l'intendant, qui parlait, chapeau bas, à la maîtresse de cet hôtel.

LOUISE. A lady Wilton, cette grande dame ?

DUPRÉ. Que je n'avais pas encore vue, je lève les yeux et je reconnais...

LOUISE. Qui donc !

DUPRÉ. La passion de M. Ferdinand ! cette beauté mystérieuse que nous avons rencontrée ce matin chez lui, au cinquième étage.

FERDINAND, *surpris.* Comment ?..

DUPRÉ. Faites donc l'étonné !

LOUISE, *vivement.* Oui, mon père, il n'est pas coupable, il s'est justifié.

DUPRÉ. Vraiment !

LOUISE. Il m'a promis de ne plus la revoir.

DUPRÉ. C'est donc cela qu'il loge chez elle.

LOUISE. Chez elle !

DUPRÉ. Oui, mon enfant, ici, dans cet appartement que j'ai tendu de mes propres mains ! vieillard stupide ! et toi-même, fille crédule, ce boudoir où tu viens de faire poser des paters et des rideaux de mousseline, c'est le sien.

LOUISE, *d'un air de reproche.* Quoi, monsieur ?

FERDINAND. Eh ! non, c'est Corbineau, ou c'est le diable lui-même qui se mêle de mes affaires ! car je ne peux plus m'y reconnaître...

DUPRÉ. C'est cependant bien aisé à comprendre : quand une grande dame reçoit et loge chez elle gratis, ou à peu près, un beau jeune homme qui n'a rien !

FERDINAND. Monsieur, n'achevez pas, c'est une infâme calomnie : vous pourriez supposer que lady Wilton...

DUPRÉ. Je ne suppose rien qui puisse offenser ! car je sais, au dire même de ses gens, que mylady a toujours joui d'une réputation irréprochable, qu'elle est d'une grande famille, d'une grande naissance ; mais elle est veuve, dit-on ; elle est maîtresse de sa main, rien ne peut l'empêcher d'en disposer en faveur d'un jeune homme qui lui plaît.

LOUISE. O ciel !

DUPRÉ. Ce n'est pas à elle que j'en veux, c'est au jeune homme qui, prêt à contracter une pareille alliance, cherche encore à séduire la fille d'un honnête industriel.

FERDINAND. La séduire ! c'en est trop ; elle que soit cette lady Wilton que jusqu'ici j'honorais et je respectais, je veux demander compte des bienfaits dont m'accable à mon insu, et que je repousse.

LOUISE. Quoi, monsieur, ce mariage, il était vrai, vous le refuseriez ?

FERDINAND. A l'instant même.

DUPRÉ. Laissez donc, on ne renonce pas une perspective comme celle-là !

FERDINAND. Vous le verrez ! et puisqu'il vous fallait des preuves de mon amour, je serai ravi de déclarer devant vous à lady Wilton que je ne veux plus ni la voir, ni entendre parler d'elle.

LOUISE, l'approuvant. C'est cela.

FERDINAND, s'échauffant. Il est aussi fort qu'on ne puisse pas se soustraire à une telle persécution.

LOUISE, de même. C'est vrai.

FERDINAND. Qu'un jeune homme tranquille et inoffensif soit exposé à des soupçons...

LOUISE. Qui peuvent faire tort à son honneur.

FERDINAND. C'est juste.

LOUISE. Et à son établissement.

FERDINAND. C'est cela même.

DUPRÉ. La voici.

FERDINAND. Nous allons voir !.. ne me quittez pas !..

SCENE IX.

LES MÊMES, LADY WILTON.

LOUISE, bas à Ferdinand. Du courage, traitez-la comme elle mérite.

FERDINAND, avec hauteur. Je voulais demander, madame...

(Il la regarde et s'arrête.)

LADY WILTON, avec douceur. Eh ! quoi donc, monsieur ?

FERDINAND, d'un air plus respectueux. Un instant d'entretien.

LADY WILTON, d'un air gracieux. J'allais vous adresser la même prière, et si dans ce moment cela ne vous gêne, ni ne vous contrarie...

FERDINAND. Comment donc ? je serai trop heureux.

LOUISE, bas. A quoi bon ? dites-lui tout de suite que vous ne voulez pas d'elle.

FERDINAND, bas. Certainement ; mais c'est que je n'ose pas, elle a un air qui m'impose...

LOUISE. Eh bien ! moi qui n'ai pas peur, je vais lui dire. (Passant et haut.) Madame..

LADY WILTON, avec douceur. Ma chère enfant, laissez-nous un instant, je vous prie.

DUPRÉ, s'enhardissant. Qu'est-ce qu'ils ont donc ? je vais lui parler, moi. Madame...

LADY WILTON. Et vous aussi, monsieur Dupré ?

LOUISE, cherchant à s'enhardir. Mais c'est que...

LADY WILTON, avec dignité. Vous m'avez entendue.

LOUISE, subjuguée et faisant la révérence. Oui, madame. (A part.) C'est singulier, elle a un regard ! (A Ferdinand.) N'allez pas fléchir, au moins, ni vous laisser séduire.

FERDINAND. Soyez donc tranquille.

DUPRÉ, bas à Louise. Retourne à ton ouvrage, ma bonne.

TOUS TROIS, à mi-voix en regardant lady Wilton.

AIR : *Mais silence, on peut nous entendre.* (Lectrice.)

Éloignons-nous } puisqu'on l'ordonne,
Éloignez-vous
Il faut céder à son désir,
Je ne sais pourquoi ; mais personne
N'oserait lui désobéir !

DUPRÉ, à sa fille.

Il deviendra pair d'Angleterre !
En tout cas, s'il est juste et bon...
Il nous conservera, j'espère
La pratique de la maison !

(*Louise hausse les épaules avec dépit.*)

TOUS TROIS.

Éloignons-nous } puisqu'on l'ordonne, etc., etc
Éloignez-vous

(*Louise et Dupré sortent par le fond.*)

SCENE X.

FERDINAND, LADY WILTON.

LADY WILTON. Eh bien ! monsieur, que vouliez-vous me dire ?

FERDINAND. Que j'ignorais, madame,

par quelle étourderie, quelle inconséquence de mon ami Corbineau je me trouvais logé dans votre hôtel... mais je ne puis y rester.

LADY WILTON. Et pourquoi donc?

FERDINAND, *avec embarras.* Mais il me semble que pour vous-même, madame... qui êtes seule, deux jeunes gens ici... près de vous.

LADY WILTON. Près de moi? M. Corbineau ne vous a donc pas dit que je partais?

FERDINAND, *étonné.* Vous partez?

LADY WILTON. Aujourd'hui même, pour Strasbourg. Une affaire d'où dépend non seulement mon sort... mais peut-être aussi celui d'un autre.

FERDINAND, *avec embarras.* C'est différent, je ne m'y attendais pas... mais il n'est pas moins vrai... qu'un appartement semblable, pour un prix aussi modique...

LADY WILTON. Est une fort bonne affaire pour moi... car en mon absence... je voulais payer pour rester dans cet hôtel une personne de confiance. Je n'ai pas osé proposer des honoraires à M. Corbineau, votre ami... mais si cependant vous le jugez convenable.

FERDINAND, *vivement.* Non pas, madame... (*Avec hésitation.*) Et nous voilà tout de suite si loin des idées que j'avais... surtout de celles qu'on vous supposait, que je ne sais plus comment vous expliquer les motifs qui m'empêchent de rester chez vous.

LADY WILTON. Et pourquoi donc? s'ils sont justes et raisonnables, je suis prête à m'y rendre. Parlez...

FERDINAND, *hésitant.* C'est très-difficile... car plus je vous vois et plus ce qu'on m'a dit me semble impossible à croire...

LADY WILTON. Que vous a-t-on dit, monsieur?...

FERDINAND, *de même.* Que vous aviez le projet, l'intention de vous remarier.

LADY WILTON, *froidement.* On vous a trompé, monsieur... jamais je ne me remarierai.

FERDINAND, *étonné, troublé.* Ah!.. quoi? vraiment, vous ne vouliez pas?...

LADY WILTON. Je n'y ai jamais pensé!.. mais, quand même cela eût été... je ne vois pas là pour vous une cause de départ.

FERDINAND, *avec embarras.* C'est que je me suis mal expliqué.

LADY WILTON, *souriant.* Ce n'est pas ma faute!..

FERDINAND. C'est la mienne!.. et s'il faut vous parler avec franchise, les bontés dont vous avez daigné m'honorer... moi, jeune homme pauvre et inconnu... et vous, dame noble et opulente... ont pu donner à mes amis... non pas à moi, des idées... que votre honneur même... m'ordonnait de repousser.

LADY WILTON, *avec un mouvement pénible.* Ah! je vous comprends enfin! et je suis fâchée pour vous, monsieur, qu'une pareille crainte ait pu vous venir à l'esprit... je l'aurais peut-être pardonnée à M. Corbineau, votre ami... mais vous...

FERDINAND. Ah! madame...

LADY WILTON.
Air : *Je n'ai point vu ces bosquets.*
Je croyais être au-dessus du soupçon;
Mais jusqu'à moi puisqu'il faut qu'il parvienne,
Puisqu'il me faut repousser ce poison...

(*Avec dignité.*)
Regardez-moi, votre main dans la mienne.

(*Elle lui prend la main.*)
Si je formais d'aussi coupables vœux
Et redoutant le jugement des autres,
Si j'éprouvais un sentiment honteux,
Ma main tremblerait...

(*Le regardant avec calme.*)
Et mes yeux
a isseraient devant les vôtres.

FERDINAND. Ah! je vous l'atteste... ce n'est pas moi, ce sont mes amis, qui vous voyant ce matin chez moi, ont supposé...

LADY WILTON, *souriant.* Que l'amour me faisait agir, et pourquoi pas l'amitié? Ne donne-t-elle pas aussi des droits!... et si j'avais été envoyée près de vous par votre meilleur ami... ce vieux et honnête Bernard...

FERDINAND. Celui qui m'avait élevé... mon précepteur, mon second père.

LADY WILTON. Qui, il y a deux ans, m'avait écrit en mourant pour me recommander son élève, son enfant, qu'il laissait seul et sans guide!.. il me suppliait de veiller sur lui et sur son avenir... Je le lui ai promis et je voulais tenir ma parole. Me suis-je justifiée, monsieur, et vous reste-t-il encore des soupçons?

FERDINAND, *ému.* Ah! je ne puis vous dire ce que je ressens, ce que j'éprouve... tant de bontés pour moi, qui le mérite si peu!

LADY WILTON. Et pourquoi donc?.. Il vous est si aisé de vous acquitter... tout ce que je vous demande, c'est votre estime... me la refuserez-vous?

FERDINAND. Non.... elle vous appartient... vous l'avez tout entière... vous êtes ce que j'honore, ce que je respecte le plus au monde...

LADY WILTON, *souriant.* Prenez garde... vous allez tomber dans l'excès opposé! votre respect sera tel qu'il ne laissera plus de place à l'amitié, et je tiens avant tout à la vôtre, je la réclame!..

FERDINAND. Et comment ne l'auriez-vous pas? je me sens attiré vers vous par un attrait que je ne puis rendre, par un charme si puissant et si doux, qu'il ne peut même venir à l'idée de le craindre ou d'y résister.

LADY WILTON. Ah! vous voilà pour moi tel que je le voulais. Parlez... parlez vite.

FERDINAND. Eh bien! s'il faut vous ouvrir mon ame tout entière.... j'aime Louise.. j'en suis aimé; et ce mariage qui assurait mon bonheur...

LADY WILTON, *lui prenant la main avec douceur.* Y pensez-vous, si jeune encore, ayant votre état à faire, une réputation à acquérir?

FERDINAND. Mais je ne vois pas qu'un intérieur heureux... une femme... des enfans, puissent nuire à mon état et à mes travaux; au contraire, et puis, s'il faut vous le dire, cette pauvre Louise compte sur moi, sur mon amour... et si je la trahissais, si je l'abandonnais... ce serait pour moi un remords éternel, un remords qui empoisonnerait toute ma vie... et il ne me serait plus possible d'être heureux.

LADY WILTON, *gravement.* En êtes-vous bien sûr?

FERDINAND. Oui, je ne pourrais vivre sans elle.

LADY WILTON. S'il en est ainsi, et quoi qu'il puisse en arriver, vous sentez bien que moi, qui ne veux que votre bonheur, me voilà presque obligée d'être de votre avis...

FERDINAND, *avec joie.* Vous consentiriez?...

LADY WILTON. A une condition.

FERDINAND. Je l'accepte d'avance.

LADY WILTON. C'est que vous différerez ce mariage de quelques jours seulement!

FERDINAND. Et pourquoi?

LADY WILTON. Le temps de consulter une personne... de qui votre sort dépend.

FERDINAND. O ciel!.... et cette personne?...

LADY WILTON. N'est pas ici...

FERDINAND. O mon Dieu!... mais elle viendra donc?

LADY WILTON. Je l'espère.

FERDINAND. Ah!.. ne me laissez pas dans cette incertitude... achevez, de grâce...

SCÈNE XI.

LOUISE, FERDINAND, LADY WILTON.

LOUISE. Eh bien! monsieur? encore ici!...

LADY WILTON. C'est vous? qui vous amène?

FERDINAND, *avec un peu d'impatience.* Sans doute, Louise, qui vous amène?

LOUISE. Et lui aussi!.. c'est honnête! Ce qui m'amène... ce qui m'amène, monsieur, c'est qu'il était arrivé pour vous chez mon père, à votre ancien logement, une lettre timbrée de Strasbourg... que M. Moquette vient de me donner.

LADY WILTON, *avec émotion.* Une lettre... de Strasbourg?

LOUISE, *la lui donnant.* Et je suis bien fâchée en vous l'apportant de vous déranger. (*A demi-voix et pendant qu'il ouvre la lettre.*) Mais j'avais cependant à vous dire que dans ce moment mon père est à causer avec son autre gendre, qu'ils ont l'air d'être d'accord, et que si vous tardez plus long-temps, je pourrais bien être mariée.

FERDINAND, *qui a jeté les yeux sur la lettre.* O ciel!..

LOUISE. Ah! ça vous fait quelque chose, c'est heureux! (*A demi-voix.*) Et si vous ne sortez à l'instant de cette maison...

FERDINAND, *vivement.* Impossible! impossible!

LOUISE. Qu'est-ce que cela veut dire?

LADY WILTON, *à part.* Comme il est agité!

FERDINAND, *avec trouble.* Louise!... Louise... vous saurez tout, mais si vous m'aimez... cette lettre, il faut que j'éclaircisse... laissez-moi, laissez-moi, je vous en supplie.

LOUISE. Le laisser encore avec elle! ah! c'en est trop, et cette fois, je vais dire à mon père.

LADY WILTON, *à mi-voix.* Non... non mon enfant, revenez avec lui, et j'ai idée que maintenant vous serez contente de moi.

LOUISE *étonnée.* Quoi, madame!

LADY WILTON. Allez, allez.

LOUISE, *avec hésitation.* Oui... certainement... je reviendrai...(*regardant Ferdinand*) mais pour lui dire que je ne l'aime plus! que je l'abandonne...(*en sanglotant*) et que j'épouse l'autre.

SCENE XII.

FERDINAND, LADY WILTON.

LADY WILTON. Eh bien! vous voilà tout tremblant; qui donc vous écrit de Strasbourg? et comment cette lettre peut-elle vous causer une pareille émotion?

FERDINAND. Jugez-en! (*Lisant.*) « Mon fils!.. »

LADY WILTON. C'est de votre père?

FERDINAND. Oui, madame... « Mon fils, » toi que je n'ai jamais pu presser contre » mon cœur!... je viens de toucher le sol » de la France! »

LADY WILTON, *avec joie*. Ah! (*A elle-même.*) Enfin!..

FERDINAND, *continuant*. « Dans quel-» ques heures je serai dans tes bras! mais » je ne veux pas que ton premier regard » soit, pour tes parens, un regard de repro-» che; je ne veux paraître à tes yeux que » justifié de notre abandon et de notre » absence... et lady Wilton qui dans ce » moment doit être auprès de toi... lady » Wilton se chargera de notre défense; » écoute ses paroles, mon fils. »

LADY WILTON, *émue*. Il a dit cela!

FERDINAND. Voyez plutôt. (*Avec respect.*) Je vous écoute, madame.

LADY WILTON, *après un silence*. Quand je vous disais tout-à-l'heure que vous ne pouviez vous marier sans le consentement ou la présence de vos parens... vous voyez que j'avais raison; j'espérais un retour dont malgré mes soins et mes démarches je doutais encore; mais votre père revient enfin, et dans quelques heures il vous l'apprend, il sera ici... dans vos bras.

FERDINAND, *avec émotion*. Seul!

LADY WILTON. Probablement...

FERDINAND. Et ma mère!.. ma mère!.. madame; vous ne m'en parlez pas! vous qui connaissez si bien et mon sort et mes parens, je ne vous demande qu'une chose.

LADY WILTON. Laquelle!

FERDINAND. Dites-moi si ma mère existe encore.

LADY WILTON, *très-émue*. Elle existe!...

FERDINAND. O ciel! ce vieux précepteur dont vous me parliez ce matin m'avait dit qu'elle n'était plus... Tout ce qu'il m'avait appris d'elle, c'est qu'elle était créole, c'est qu'elle m'avait envoyé avec lui, dans ce pays... Et pourquoi m'exiler ainsi? pourquoi me priver de sa vue, de sa tendresse... elle ne tenait donc point à l'amour de son fils?

LADY WILTON, *vivement*. Si! mais elle tenait encore plus à son estime!.. elle était décidée à renoncer à lui plutôt que de rougir à ses yeux.

FERDINAND. Rougir devant moi... et comment cela?

LADY WILTON. Si une famille noble, riche et bien cruelle l'avait empêchée de donner sa main à celui à qui elle avait donné son cœur! si, libre enfin par la mort de ses parens, et maîtresse de sa fortune, elle était accourue en France pour s'unir à celui qu'elle aimait, au père de son enfant! et qu'elle eût appris alors que, fidèle à l'honneur, il avait succombé les armes à la main, sous les drapeaux de son empereur! pouvait-elle se présenter devant ce fils qu'elle ne pouvait plus avouer; pouvait-elle, en baissant les yeux de honte, lui dire : Je t'ai donné la vie, mais je ne peux te donner ni un père, ni un nom!.. Ah! plutôt mourir, ou ce qui était plus cruel encore, plutôt vivre loin de son enfant!

FERDINAND. Grand Dieu!

LADY WILTON. Mais, si le ciel avait eu enfin pitié de sa douleur... si ces déserts de la Russie, qui ensevelirent tant de braves, avaient consenti par miracle à rendre une de leurs victimes... si elle allait enfin revoir celui dont la présence lui rend l'honneur (*levant les yeux sur Ferdinand*), n'aurait-elle pas le droit alors de lever les yeux sur son enfant?

FERDINAND. O ciel!

LADY WILTON, *avec tendresse*. Et de lui dire, comme je le fais en ce moment : Mon fils!..

FERDINAND *se précipitant dans ses bras qu'elle vient de lui ouvrir*. Ma mère!... ma mère!... c'est vous!... Ah! que je suis heureux!...

LADY WILTON, *l'embrassant et le serrant sur son cœur*. Et moi donc!...

SCENE XIII.

LES MÊMES, DUPRÉ, LOUISE, *puis* CORBINEAU.

DUPRÉ *entrant par le fond avec sa fille, les apercevant*. Là!... tu le vois!... que te disais-je?

LOUISE. Dans ses bras!

LADY WILTON. Louise!...

DUPRÉ, *remontant le théâtre*. C'est à n'y pas tenir... Je ne souffrirai pas que ma fille reste un instant de plus dans cette maison.

(*A la cantonnade.*) Un fiacre! qu'on me fasse venir un fiacre...

LOUISE, *que Ferdinand tient par la main.* Ah! madame, c'est affreux!... c'est indigne!.. vous, qui tout-à-l'heure encore me disiez : Vous serez contente de moi, je vous le promets.

LADY WILTON. Et je tiendrai ma promesse... (*A Ferdinand.*) Mon ami, dis à ta femme de venir embrasser sa mère.

LOUISE, *éperdue et courant embrasser lady Wilton.* O ciel!

FERDINAND, LADY WILTON, LOUISE, DUPRÉ.

AIR : *Plus d'ami, de maîtresses...* (du Lorgnon.)

Quoi, {vraiment c'est { sa } mère!
Oui, {   { ma }

Quel moment pour { mon } cœur!
                 { son }

Voilà donc { ce mystère...
Oui, voilà {

Qui causa { mon } erreur!...
          { ton }

(*Corbineau entre pendant l'ensemble.*)

TOUS, *le regardant.* Corbineau!

FERDINAND, *le voyant crotté des pieds à la tête.* Ah! mon Dieu, dans quel état!

DUPRÉ. Crotté des pieds à la tête!

CORBINEAU, *embarrassé.* Ne faites pas attention... c'est que je descends de voiture.

FERDINAND, *riant.* On ne s'en douterait pas.

CORBINEAU. Des événemens horribles!.. (*Bas à Ferdinand.*) D'abord Dorothée ne veut plus me voir et me ferme sa porte. (*Haut.*) Et puis tout-à-l'heure, en arrivant à l'hôtel, une maudite chaise de poste....

LADY WILTON *et* FERDINAND. Une chaise de poste!.. Eh bien?

CORBINEAU. Eh bien! (*à part*) elle va être furieuse!.. (*haut*) nous a jetés, le tilbury et moi, dans le ruisseau, en tournant pour entrer dans la cour.

LADY WILTON, *regardant par la fnêtree.* Ah! quel bonheur!

CORBINEAU. Comment? quel bonheur!

LADY WILTON, *courant à son fils.* Ferdinand! mon ami!... c'est lui!

FERDINAND, *avec un cri de joie.* Mon père!

TOUS. Son père!

LADY WILTON *et* FERDINAND. Ah! courons!

LA TOILE TOMBE.

FIN

Palais de Versailles.

Représentation du samedi 10 juin 1837.

Ouverture
d'Iphigénie en Aulide, de Gluck.

Le Misanthrope,
Comédie en cinq actes et en vers, de Molière.

Robert le Diable,
Paroles de MM. Scribe et Germain Delavigne,
Musique de M. J. Meyerbeer.

Fragment du troisième acte. — Cinquième acte.

Fêtes à Versailles,
Intermède par M. Scribe,
Musique composée et arrangée par M. Auler,
Ballet par M. Coralli.

1ʳᵉ Partie. — UNE FÊTE SOUS LOUIS XIV.
2ᵉ Partie. — UNE FÊTE EN 1837.

L'Orchestre sera dirigé par M. Habeneck.

PROGRAMME.

OUVERTURE
D'IPHIGÉNIE EN AULIDE, DE GLUCK.

Le Misanthrope,
Comédie en cinq actes et en vers, de MOLIÈRE.

Personnages.	Acteurs.	Personnages.	Acteurs.
Alceste, amant de Célimène,	MM. PERRIER.	Un garde de la maréchaussée,	MM. REGNIER.
Philinte, ami d'Alceste,	PROVOST.	Basque, valet de Célimène,	A. DAILLY.
Oronte, amant de Célimène,	SAMSON.	Célimène, amante d'Alceste,	Mmes MARS.
Acaste, } marquis,	FIRMIN.	Éliante, cousine de Célimène,	PLESSY.
Clitandre, }	MENJAUD.	Arsinoé, amie de Célimène,	MANTE.
Dubois, valet d'Alceste,	MONROSE.		

Robert le Diable,
Paroles de MM. SCRIBE et GERMAIN DELAVIGNE,
Musique de M. J. MEYERBEER.

FRAGMENT DU 3me ACTE. — 5me ACTE.

Personnages.	Acteurs.	Personnages.	Acteurs.
Robert, duc de Normandie,	MM. DUPREZ.	Le Chapelain de Robert,	MM. BARREZ Ier.
Bertram, son ami,	LEVASSEUR.		{ SCIO.
Un Ermite,	SERDA.	Fugitifs....................	{ LENOIR.
Alice, paysanne normande,	Mlle FALCON.		{ ADICE.

CORYPHÉES.
MM. MASSOL, A. DUPONT, WARTEL, et F. PRÉVOST.

CHOEURS.

INTERMÈDE.

Fêtes à Versailles.

INTERMÈDE.

Première Partie. — UNE FÊTE SOUS LOUIS XIV.

Scène Première.

LULLI, QUINAULT.

Lulli, pour obéir aux ordres de Louis XIV, prépare une fête magnifique dans le palais de Versailles.

Un salon immense et richement éclairé est disposé pour un ballet.

Lulli donne ses dernières instructions au chef d'orchestre et aux principaux musiciens à qui il indique sur sa partition le mouvement des différens airs de danse.

Il indique aussi au maître des ballets et aux danseuses qui l'entourent, les figures et les pas de caractère qu'elles doivent exécuter.

Scène Deuxième.

Quinault vient demander de la part du Roi pourquoi le spectacle ne commence pas.

Voici le Roi et toute sa cour : ils se placent sur une estrade de côté, d'où les acteurs seuls les aperçoivent, ils ne sont point en vue du spectateur.

Les gardes-du-corps, les gentilshommes de la chambre, les seigneurs de la cour qui sont assis au-dessous du Roi, indiquent la loge royale, mais ne la laissent pas voir ; à l'arrivée du Roi, tout le monde se lève ; puis Lulli donne le signal, et le ballet commence.

Première Entrée.

Personnages.	Acteurs.	Personnages.	Acteurs.
Lulli,	M. Simon.	Quinault,	M. Élie.

MENUET A HUIT.

Les Sieurs,	Messieurs,	Les Demoiselles,	Mesdames,
Ballon,	Montjoie.	Hilaire,	Legallois.
Beauchamp,	Guerra.	Labarre,	Julia.
Favier,	Frémolle.	Debrie,	Roland.
Des-Airs-Galand,	Coralli fils.	Duparc,	Forster.

Deuxième Entrée.

PASSEPIED ET SARABANDE.

Seigneurs et Dames de la Cour.

Seigneurs dansans.		Dames dansantes.	
Le M^{quis} de Villeroy,	M^{rs} L'Enfant.	Mlle de Lavallière,	Mmes Beaupré.
Le M^{quis} de Rassan,	Isambert.	Mlle de Rochefort,	Leclerc.
Le Cte du Lude,	Lefebvre.	Mlle de Brancas,	Delaquit.
Le Cte d'Armagnac,	Ragaine.	Mlle de Guiche,	Lacroix.
Le M^{quis} d'Humières,	Grenier.	Mlle de Nangis,	Saulnier 1re.
Le M^{quis} de Lavallière,	Celarius.	Mlle de Vardes,	Bassompierre.

Gentilshommes de la Chambre et Gardes-du-Corps.

Mrs Provost 1er.	Mrs Bégrand.
Gondouin.	Clément.
Adrien.	Monnet.
Honoré.	Paul Péron.
Millot.	Charles Petit.

Troisième Entrée

MARCHE ET CÉRÉMONIE.

MOLIÈRE

Et ses Acteurs, avec les costumes du Misanthrope.

MOLIÈRE .... **M. Charles Mangin.**

Personnages.	Acteurs.	Personnages.	Acteurs.
Alceste,	MM. Perrier.	Un garde,	MM. Régnier.
Philinte,	Provost.	Basque,	Dailly.
Oronte,	Samson.	Deux valets,	Faure et Alexandre.
Acaste,	Firmin.	Célimène,	Mmes Mars.
Clitandre,	Menjaud.	Éliante,	Plessy.
Dubois,	Monrose.	Arsinoé,	Mante.

CORNEILLE

Et les Comédiens de l'Hôtel de Bourgogne, avec les costumes du Cid.

CORNEILLE .... **M. Geffroy.**

D. Fernand,	MM. Colson.	Chimène,	Mmes Noblet.
Rodrigue,	David.	Elvire,	Thénard.
D. Diègue,	Auguste.	Un chef de garde,	Baune.
Le Comte,	St-Aulaire.	Six gardes figurans.	
D. Sanche,	Mirecour.		

RACINE

Et les Acteurs d'Athalie.

RACINE .... **M. Volnys.**

Joad,	MM. Joanny.	Josabeth,	Mmes Brocard.
Abner,	Beauvalet.	Zacharie,	Anaïs.
Máthan,	Marius.	Salomith,	Volnys.
Athalie,	Mmes Paradol.	Joas,	Clara.
Suivante d'Athalie,	Tousez.	Sa nourrice,	Dupont.

Femmes de la suite de Josabeth:

Mmes Desmousseaux, Hervez, Geffroy, Béranger, Moreau-Sainti, Aglaé et Ida.

Un chef de lévites, M. Guiaud.

Huit lévites :

MM. Duparay, Fonta, Monlaur, Arsène, Louis, Mathien, Leroy et Gaston.

Tous défilent devant le Roi et vont se placer au fond du Théâtre. La toile du fond se lève. On aperçoit dans le lointain la façade du Château de Versailles tel qu'il était sous Louis XIII. En avant est la statue équestre du Roi, entourée de Personnages allégoriques : Apollon, Minerve, Neptune, les Muses et les Arts.

Sur le piédestal on lit :

A LA GLOIRE DE LOUIS XIV.

Tous les Acteurs, Seigneurs et Dames de la cour qui ont figuré dans la Cérémonie, se groupent autour de la Statue en agitant des couronnes et des branches de laurier.

Entr'acte.

Des nuages couvrent le fond du théâtre et dérobent à la vue et ce tableau, et **Louis XIV** et toute sa cour.

Commence une symphonie allégorique. On entend d'abord des airs vifs et joyeux (1); puis une musique légère, élégante et voluptueuse (2), à laquelle se mêlent rarement et de loin à loin quelques sons guerriers (3). Pendant ce temps, des nuages encore clairs et transparens continuent à descendre sur la scène.

---

(1) La régence.
(2) Louis XV.
(3) La bataille de Fontenoy, etc.

Peu à peu l'horison s'obscurcit, les nuages s'amoncèlent ; voici une nuit profonde ; voici la tempête qui mugit. Une symphonie large et imposante peint le désordre de tous les élémens confondus. De temps en temps, au milieu de l'orage, des chants de guerre et de victoire se font entendre (1).

A la lueur des éclairs qui brillent, et qui, pendant quelques instans, dissipent les nuages, on voit paraître un aigle qui porte la foudre et se perd dans les cieux (2).

La tourmente semble un moment s'apaiser (3), l'orage s'éloigne, mais on l'entend encore gronder à l'horison. Lentement il se rapproche, il augmente, il éclate dans toute sa force, et l'orchèstre fait entendre des airs de triomphe et des chants populaires (4).

Le ciel s'éclaircit, les nuages se dissipent et laissent percer des rayons de soleil. Une musique calme et majestueuse peint la paix qui revient, et la tranquillité qui renaît.

(1) 1793.
(2) L'empire.
(3) La restauration.
(4) 1830.

DEUXIÈME PARTIE. — UNE FÊTE EN 1837.

Le théâtre représente le Château de Versailles tel qu'il est maintenant ; l'on aperçoit la grande galerie des Batailles.

BAL PARÉ ET COSTUMÉ.

Une foule de Danseurs et de Danseuses en costumes de tous les temps, se promènent dans la galerie. Le bal commence.

PAS DES FOLIES.

Mesdemoiselles Noblet et Fitz-James.

Mmes Carrez, coryphée.	Mmes Guichard, coryphée.
Robin.	Thomas.
Marivin.	Pérès.
Dumilâtre 2me.	Dumilâtre 1re.

PAS DE DEUX.

Mesdemoiselles Fanny et Thérèse Elssler.

Mmes Stéphan, coryphée.	Mmes Albertine, coryphée.
J. Mercier.	Desjardins 2e.
Caroline.	Kollemberg.
Batiste.	Célestine.
Velch.	Provost.

PAS DE TROIS D'ALI-BABA.

Mesdemoiselles P. Leroux, Maria et Blangy.

PAS STYRIEN.

M. Mazillier — M.me Dupont.

M.rs Chatillon.	M.mes Aimée.
Mignot.	Célarius 1.re.
Desplaces 2.e.	Célarius 2.e.
Alexandre.	Jomard.
Barrez fils.	Nazenuth.
Collet.	Colson.

La Cachucha.

Mademoiselle Fanny Elssler.

M.rs Louis Petit.	M.es Coupotte.
Cornet.	Duménil 1.re.
Mérante.	Duménil 2.e.
Guiffard.	Athalie.

Personnages Allégoriques.

Apollon,	M.r Dor.	Enfans représentant les Arts.
Neptune,	M.r Carrez.	
Minerve,	M.lle Ligny.	M.rs Provost 2.me.
		Cornet 2.me.
		Ernest.
Muses.		Lecouturier.
M.mes Delamain.	M.mes Lelong.	M.lles Elise Bellon.
Rondeau.	Dabedie.	Pérès 2.me.
Courtois 3.e.	Manuel.	Delètre.
Desjardins 1.re.	F. Davesne.	
Gervoise.		

Entrée de tous les Danseurs, Final Général.

Dernier Tableau.

La toile du fond se lève; on aperçoit au milieu des nuages éblouissans de lumières, le Génie de la France entouré de toutes les gloires militaires de la monarchie, de la république, de l'empire et de nos jours.

D'innombrables bataillons s'étendent sur une ligne immense qui commence par la cuirasse et le casque de anciens chevaliers, et finit par l'uniforme et le schako de nos soldats.

Aux pieds du **Génie** de la **France**, est un groupe des poètes, des savans, des artistes de tous genres qui l'ont illustrée. Au-dessus de ce tableau, planent des **Renommées** tenant une légende où sont inscrits ces mots :

A TOUTES LES GLOIRES DE LA FRANCE.

LE FIDÈLE BERGER,

OPÉRA-COMIQUE EN TROIS ACTES,

Par MM. Scribe et de Saint-Georges,

MUSIQUE DE M. ADAM,

REPRÉSENTÉ POUR LA PREMIÈRE FOIS, A PARIS, SUR LE THÉATRE ROYAL DE L'OPÉRA-COMIQUE, LE 6 JANVIER 1838.

PERSONNAGES.	ACTEURS.	PERSONNAGES.	ACTEURS.
ISIDORE COQUEREL, confiseur, rue des Lombards, à l'enseigne du *Fidèle Berger*...	M. CHOLLET.	SERREFORT, exempt de police.	M. GRIGNON.
Mme BERGAMOTTE, parfumeuse, sa voisine......	Mme BOULANGER.	DUBOIS, valet de chambre du comte............	M. DESLANDES.
ANGÉLIQUE, sa fille......	Mlle JENNY COLON.	TOINON, demoiselle de boutique de Coquerel.	
LE COMTE DE COASLIN...	M. TILLY.	POISSARDES, CHŒURS D'HOMMES ET DE FEMMES DU PEUPLE.	
LA COMTESSE, sa femme...	Mlle ROSSI.		

La scène se passe à la fin du règne de Louis XV. Le premier et le troisième acte à Paris, chez Coquerel. Le deuxième à Chaville, dans le château du comte de La Vrillière.

ACTE PREMIER.

Le théâtre représente la boutique d'un confiseur. Au fond, porte vitrée donnant sur la rue des Lombards. A droite, une porte donnant sur une petite rue. A gauche, une porte conduisant dans la chambre de Coquerel. Au lever du rideau, plusieurs demoiselles de boutique sont assises autour d'une table et enveloppent des bonbons avec des devises dans des papiers de différentes couleurs qu'on appelle *Papillottes*.

SCENE PREMIERE.

CHOEUR DES JEUNES FILLES.

Ah! quel état plein de douceurs,
Qu'ils sont heureux, les confiseurs!

PREMIÈRE DEMOISELLE.

Tortillons, mesdemoiselles,
Ces papillottes nouvelles.

TOINON.

Mais d'abord examinons,
Voyons par expérience
La qualité des bonbons ;
Car dans ce que nous vendons
Il faut de la conscience !

Toutes se mettent à manger des bonbons.

CHOEUR.

Ah! quel état plein de douceurs,
Qu'ils sont heureux les confiseurs!

SCENE II.

LES PRÉCÉDENS, COQUEREL, *poudré à blanc, le tablier attaché à la ceinture et tenant à la main un tamis plein de marrons glacés. Il entre au moment où toutes les petites filles sont levées et mangent des bonbons.*

COQUEREL.

A merveille, mesdemoiselles !...
Elles retournent vivement s'asseoir près de la table et se remettent à travailler.
Je vous y prends, car j'étais là !
A part.
On n'est pas plus gourmande qu'elles,
Et tout mon fonds y passera !
S'avançant au bord du théâtre.
Est-il un état plus critique?
En ce jour, ma prospérité

Dépend de la fidélité
Des demoiselles de boutique.
  CHOEUR, *tout en travaillant.*
Ah! quel état plein de douceurs,
Qu'ils sont heureux les confiseurs!
  COQUEREL, *toujours sur le devant du théâtre.*
Dans mon cœur, où l'amour fit brèche,
Pas un seul instant de repos!
Et plus encor que mes fourneaux,
L'amour me brûle et me dessèche.
  CHOEUR, *des jeunes filles.*
Ah! quel état plein de douceurs,
Qu'ils sont heureux les confiseurs!
  COQUEREL, *avec impatience et se retournant vers elles.*
Taisez-vous donc!... ici leur maudit bavardage
M'empêche de rêver à l'objet qui m'engage.
  A part.
Belle Angélique!... ô mes amours!
O ma gentille parfumeuse!
Toi que mon cœur attend toujours,
Viens calmer ma flamme amoureuse!...
  Regardant par la porte du fond.
O ciel!... ô ciel!... en croirai-je mes yeux?
C'est Angélique!... et sa mère en ces lieux!

SCENE III.

LES PRÉCÉDENS, Mme BERGAMOTTE et ANGÉLIQUE, *entrant par la porte du fond.*

  COQUEREL, *allant au-devant d'elles.*
Madame Bergamotte et sa fille avec elle!
  Mme BERGAMOTTE.
Oui, mon très-cher voisin.
  COQUEREL.
    Vous du quartier Lombard
La plus riche marchande... ainsi que la plus belle,
A qui d'un tel bonheur dois-je ici le hasard?
  ANGÉLIQUE.
  PREMIER COUPLET.
Je suis marraine!
Le parrain s'en rapporte à nous,
Ma volonté sera la sienne!
De vos bonbons... choisissez-nous
Et les meilleurs et les plus doux...
Je suis marraine!
  DEUXIÈME COUPLET.
Je suis marraine!
On pourrait, à ce bouquet blanc,
Croire qu'un autre nœud m'enchaîne,
Mais il n'en est rien cependant,
Et je me dis en soupirant:
Je suis marraine!
  COQUEREL, *vivement, à Angélique et à demi-voix.*
Ah! s'il ne dépendait que de nous...
  Mme BERGAMOTTE.
     Eh bien donc,
Servez-nous!
  COQUEREL.
Ah! de moi vous serez satisfaites!
  Mme BERGAMOTTE.
Notre aimable parrain, en homme de bon ton,
Viendra prendre tantôt et payer nos emplettes...
  A sa fille.
Ainsi donc, mon enfant, choisissons sans façon!
  S'approchant du comptoir où sont plusieurs corbeilles de bonbons dont elle lit les étiquettes; s'adressant aux femmes.

  RONDE.
  COQUEREL.
  PREMIER COUPLET.
A plaire à chacun je m'attach

Et l'on trouve à mon magasin
Les chocolats et la pistache,
La praline et le diablotin!
De mon enseigne souveraine
La vertu doit me protéger...
Jeune parrain... jeune marraine,
Venez au *Fidèle Berger!*

  CHOEUR DES JEUNES FILLES.
Jeune parrain, jeune marraine,
Venez au *Fidèle Berger!*
  DEUXIÈME COUPLET.
  ANGÉLIQUE.
Souvent une enseigne est trompeuse,
Et l'on dit que plus d'une fois,
Comptant sur l'annonce flatteuse,
On s'est repenti de son choix!
Mais moi, monsieur, j'ai confiance,
Et ne crains pas un tel danger...
Voilà pourquoi de préférence
Je viens au *Fidèle Berger!*
  COQUEREL.
  TROISIÈME COUPLET.
Bonbons de noce et de baptême,
Ici j'en ai pour tous les goûts.
  ANGÉLIQUE.
Eh bien! choisissez-les vous-même;
  COQUEREL.
Ah! je choisirais les plus doux!
  ANGÉLIQUE.
Oui, vous aurez ma clientelle.
  COQUEREL.
Surtout n'allez jamais changer
Et demeurez toujours fidèle.
  TOUS.
Toujours fidèle
Au *Fidèle Berger!*

SCENE IV.

LES PRÉCÉDENS, POISSARDES et HOMMES DU PEUPLE.

CHOEUR DE POISSARDES, *tenant des bouquets et entrant dans la boutique.*
Pour nous quelle bonne aubaine,
Nous apportons en ces lieux
Au parrain, à la marraine
Et nos bouquets et nos vœux!
  Mme BERGAMOTTE, *aux poissardes qui l'entourent.*
De pareils dons je suis peu curieuse,
De vos bouquets je n'en veux pas!
  PREMIÈRE POISSARDE.
Mais voyez donc la parfumeuse,
Fait-elle ici ses embarras!
  DEUXIÈME POISSARDE.
Flairez-moi ça!
  Mme BERGAMOTTE.
Je n'en veux pas!
  PREMIÈRE POISSARDE.
Les belles fleurs!...
  Mme BERGAMOTTE.
Je n'en veux pas!
  TOUTES, *l'environnant.*
Pour nous quelle bonne aubaine!
Nous apportons en ces lieux,
Au parrain, à la marraine,
Et nos bouquets et nos vœux!
  Mme BERGAMOTTE, *avec impatience.*
Ah! c'en est trop!

PREMIÈRE POISSARDE.
Prenez donc garde,
Madame compromet son rang !
Mme BERGAMOTTE.
Ce n'est pas nous que ça regarde ;
C'est le parrain !
TOUTES.
Le parrain ?
COQUEREL.
Oui vraiment !
PREMIÈRE POISSARDE.
Où donc est-il, ce beau parrain ?
COQUEREL.
Absent !
Vous le voyez !
PREMIÈRE POISSARDE.
Eh bien ! qu'importe ?
De quoi se mêle ici ce roi des Céladons ?
DEUXIÈME POISSARDE.
C'est tout sucre et tout miel !
PREMIÈRE POISSARDE.
C' n'est pas comm' ses bonbons !
COQUEREL, *avec dignité.*
Sortez !
PREMIÈRE POISSARDE.
Quoi, nous mettre à la porte ?
Jour de Dieu !
Mme BERGAMOTTE.
Quel ton !
ANGÉLIQUE.
Quelle horreur !

ENSEMBLE.
CHOEUR.
LES POISSARDES *et* LE PEUPLE.
Voyez donc ces bégueules !
On dirait qu'elles seules
Sav'nt parler comme il faut !
Madame fait la fière.
A Coquerel.
Redoute ma colère,
Nous nous r'verrons bientôt !
Mme BERGAMOTTE, ANGÉLIQUE.
Nous traiter de bégueules !
Quelle horreur d'être seules
Des femmes comme il faut.
De cette harengère
Éloignons-nous, { ma chère,
{ ma mère,
Car c'est un vrai complot !
COQUEREL.
Les traiter de bégueules !
Aux poissardes et les menaçant.
Ah ! si vous étiez seules
Pour vous il ferait chaud !
Voulez-vous bien vous taire !
Redoutez ma colère !
N'ajoutez pas un mot !
COQUEREL.
Sortez !... sortez !... ou j'appelle la garde !
PREMIÈRE POISSARDE.
Eh quoi ! le galant confiseur
Se montre ici leur défenseur !
DEUXIÈME POISSARDE.
Vois donc plutôt comme il la r'garde,
De la petit' c'est l'amoureux !
Mme BERGAMOTTE, *avec indignation.*
L'amoureux !...
DEUXIÈME POISSARDE.
Ou plutôt de la mère.

PREMIÈRE POISSARDE.
Il en est capable, ma chère,
Tant il paraît audacieux !
Mme BERGAMOTTE.
Je n'y tiens plus... quittons ces lieux !
ENSEMBLE.
LES POISSARDES.
Voyez donc ces bégueules,
On dirait qu'elles seules
Sont des dam's comme il faut !
A Coquerel.
Et toi, beau dromadaire,
Redoute ma colère,
Nous nous r'verrons bientôt.
Mme BERGAMOTTE *et* ANGÉLIQUE.
Nous traiter de bégueules !
Lorsqu'ici c'est nous seules
Qui sommes comme il faut.
De cette harengère
Éloignons-nous, { ma chère,
{ ma mère,
Car c'est un vrai complot.
COQUEREL.
Les traiter de bégueules !
Aux poissardes et les menaçant.
Ah ! si vous étiez seules,
Pour vous il ferait chaud !
Voulez-vous bien vous taire !
Redoutez ma colère,
N'ajoutez pas un mot !

Mme Bergamotte sort par la porte du fond en emmenant Angélique ; les poissardes sortent un instant après en menaçant Coquerel.

SCÈNE V.
COQUEREL, *seul ; puis* LE COMTE.
COQUEREL.
C'est le seul désagrément qu'on ait rue des Lombards... la proximité des Halles et la société intime de ces dames qui, sous prétexte qu'elles sont poissardes, offrent à tout le monde des injures et des bouquets... heureux encore qu'elles n'aient pas cassé mes bocaux... je tremblais pour eux... et pour cette pauvre Angélique ; car pour Mme Bergamotte, sa mère, je n'y tiens pas... (*Regardant au fond.*) Qui vient là ?... un homme comme il faut.
LE COMTE, *au fond du théâtre.*
Je n'aperçois pas la jolie parfumeuse à son comptoir... ni même dans sa boutique... Est-ce qu'il y aurait quelque événement ?... au fait, cela regarde Dubois que j'ai envoyé à la découverte.
COQUEREL.
Monsieur vient, sans doute, pour des bonbons, dragées de noce et de baptême, conserves d'abricots, gelée de pommes, sirops, confitures, et généralement tout ce qui concerne mon état.
LE COMTE, *regardant autour de lui.*
En effet... je suis chez un confiseur.
COQUEREL.
Isidore Coquerel, au *Fidèle Berger*, rue des Lombards ; un jeune homme qui vient de s'établir, qui n'a pas encore payé son fonds et qui a besoin de vendre.

LE COMTE.
En vérité... en ce cas, donnez-moi...
COQUEREL.
Des pastilles, des pistaches, des marrons glacés.....
LE COMTE.
Non... donnez-moi... une chaise... (*A part.*) Autant attendre ici que dans la rue... la boutique de la petite parfumeuse est juste en face... c'est très-commode... (*A Coquerel, qui lui apporte une chaise.*) Bien obligé!
COQUEREL.
Maintenant, que vous offrirai-je? j'ai des fruits confits... j'ai des citrons... j'ai du cédrat... j'ai de l'orange...
LE COMTE, *à part.*
Si je pouvais savoir ce qu'il n'a pas... (*Haut.*) Je voudrais, mon cher, des... des... Comment appelez-vous cela?
COQUEREL.
Des prâlines à la Pompadour.
LE COMTE.
Du tout... ce sont des bonbons... ou plutôt une manière de bonbons que je ne puis définir...
COQUEREL.
Des Chinois confits... on est venu m'en demander hier une corbeille pour Trianon... pour Mme de Pompadour, et il ne m'en reste plus.
LE COMTE, *vivement.*
Voilà justement ce que je voulais!... il m'en fallait quinze ou vingt livres!... et vous n'en avez plus !... c'est jouer de malheur!
COQUEREL.
Pourquoi donc?... on peut vous en faire glacer. (*Criant.*) Chinois au marasquin et à la vanille.
LE COMTE.
Écoutez, mon cher, j'aime mieux payer le double et que ce soit vous... vous-même... entendez-vous?
COQUEREL, *s'inclinant.*
Trop de bontés... confiance honorable dont je me rendrai digne... et je vais me hâter...
LE COMTE, *regardant au fond.*
Mais du tout... ne vous pressez pas.. j'attendrai, je suis ici à merveille.
COQUEREL.
Que ces grands seigneurs sont aimables! Je vais me mettre au feu pour vous! (*Criant en sortant.*) Chinois au marasquin, très-soignés!

SCENE VI.

LE COMTE, *puis* DUBOIS.

LE COMTE.
Ce monsieur est souverainement ennuyeux... (*Voyant Dubois qui entre.*) Eh bien, Dubois, quelles nouvelles?
DUBOIS, *à demi-voix.*
Mauvaises, monseigneur, mauvaises de tous les côtés.
LE COMTE.
Comment cela?

DUBOIS.
Madame la comtesse votre femme...
LE COMTE.
Eh bien?
DUBOIS.
Eh bien, c'est elle qui me fait peur; elle est jalouse en diable, et je crains qu'elle ne se doute de quelque chose.
LE COMTE.
Ce sont mes affaires!
DUBOIS.
Et les miennes; madame m'interroge tous les jours, moi, votre valet de chambre, sur ce que vous faites, sur vos visites...
LE COMTE.
Tant mieux... car tu ne lui dis, j'espère, que ce qu'il faut dire.
DUBOIS.
Certainement... mais si madame découvre que je l'ai trompée...
LE COMTE.
Eh bien?...
DUBOIS.
Eh bien! avec elle, il ne s'agit pas de bonbons, mais de prison; madame est la fille du duc de La Vrillière, de celui qui distribue les lettres de cachet; elle obtient tout de son père, et je pourrais bien être coffré pour le bon plaisir de madame et pour le vôtre!
LE COMTE.
Allons donc!... ne suis-je pas là?.. Continue seulement à me servir avec zèle et intelligence... et dis-moi d'abord, comment Angélique n'est-elle pas dans son comptoir?
DUBOIS.
Elle est à l'église en ce moment; elle est marraine!... mais dès hier, et sans vous nommer, j'avais fait les propositions les plus brillantes.
LE COMTE.
Après...
DUBOIS.
Refusées!...
LE COMTE.
Et ma lettre.
DUBOIS.
Refusée! la mère n'a pas même voulu la lire, et l'a jetée au feu.
LE COMTE, *regardant la boutique de la parfumeuse.*
Cette maison est donc inaccessible..... cette Mme Bergamotte est donc un argus, un cerbère... une femme qui ne sait pas vivre...
DUBOIS.
Que voulez-vous? elle a des idées à elle... elle tient avant tout à marier sa fille!
LE COMTE.
Elle a parbleu raison!... il vaudrait cent fois mieux qu'elle fût mariée... un mari raisonnable... et honnête... il y en a tant!
DUBOIS.
On dit qu'elle en cherche dans ce moment.
LE COMTE.
Nous l'y aiderons !... nous lui trouverons cela...

J'ai toujours été l'ami et le protecteur des maris... il s'agit seulement que celui-là soit sous ma main... dans ma dépendance...

SCENE VII.
Les Précédens, COQUEREL.
COQUEREL.
Les quinze livres demandées seront prêtes dans un moment.

DUBOIS.
Quinze livres!

COQUEREL.
Où faudra-t-il les envoyer?

LE COMTE.
A M. le comte de Coaslin, en son hôtel.

COQUEREL.
Quoi! j'ai eu l'honneur de servir et d'accommoder M. le comte de Coaslin... M. le comte me favoriserait de sa clientèle...

LE COMTE.
Pourquoi pas?... vous m'avez l'air d'un garçon fort entendu... et Mme Coquerel est-elle jolie?

COQUEREL.
Hélas! monsieur le comte, je ne suis pas encore, comme on dit, dans les nœuds de l'hyménée!

LE COMTE.
C'est dommage... il est aisé de voir à votre physionomie que vous feriez un excellent mari.

COQUEREL.
C'est ce que tout le monde dit... et pourtant je suis toujours garçon. Vous voyez un fidèle berger qui n'a pas de bergère... il ne manque que cela dans mon comptoir... car pour l'activité, l'imagination et le talent... je veux que monseigneur puisse en juger... voici un échantillon des Chinois que je viens de composer pour lui... Qu'en dit monseigneur... (*en offrant à Dubois*) et sa société?

LE COMTE.
C'est très-fin... très-délicat.

DUBOIS.
Ça fond dans la bouche.

COQUEREL.
C'est de mon invention... c'est parti de là car avec moi; c'est toujours la tête qui travaille, et non pas les doigts; je suis le seul qui traite le Chinois au marasquin, et j'ose me flatter que Mme de Pompadour sera comme vous... elle sera contente de la corbeille que je lui ai adressée hier.

LE COMTE.
Je le lui demanderai!...

DUBOIS, *qui s'était approché de la porte du fond, redescend le théâtre et dit à demi-voix au comte.*
La belle Angélique vient de rentrer dans son magasin.

LE COMTE.
Il suffit... Adieu, mon cher Coquerel, à bientôt... je vais faire une visite et je reviendrai peut-être moi-même emporter dans ma voiture ce que je vous ai demandé... j'ai des idées sur vous!

COQUEREL.
Des idées!...

LE COMTE.
Que justifient d'avance vos talens, et surtout votre heureuse figure... Adieu, mon cher..... adieu!

Il sort avec Dubois.

SCENE VIII.
COQUEREL, *seul*.

Voilà un véritable Mécène!... voilà un grand seigneur qui devine et encourage le talent... ça m'échauffe... ça m'anime; et si je n'étais pas obligé de tout surveiller dans ma boutique, je ferais quelque chose de grand, j'en suis sûr... j'ai là un plan, une idée de pâte de pomme à l'abricot qui demanderait le calme et le silence du cabinet; aussi, et pour travailler tranquille, j'attends depuis deux jours une première demoiselle de magasin, une personne de confiance que doit m'envoyer ma tante Mignonette, de Gisors, Mlle Dorothée... une ancienne religieuse, qui se connaît en vertus... et en confitures... mais tout cela ne vaut pas une femme. O ma charmante voisine!... ô Angélique!... quel nom!... Angélique!! voilà une femme que le destin semble avoir mise au monde pour être l'épouse d'un confiseur... Aussi j'ai idée qu'elle ne me hait pas! mais comment le savoir... comment me déclarer, moi qui n'ose lui parler?... Si je lui écrivais.

AIR:

Amour, viens, je t'implore,
Donne-moi de l'esprit,
Sous mes doigts fais éclore
Ce qui touche et séduit,
Par des traits pleins de flamme
Peins-lui ma vive ardeur ;
Fais passer dans son ame
Ce qu'éprouve mon cœur.

Composons!...

Il cherche et ne trouve rien, il se frotte le front, s'assied près de la table, et développant des diablotins dont il mange les bonbons et dont il lit la devise.

« Beauté cruelle!... je soupire,
» Prenez pitié de mon martyre! »
Mettant la devise de côté.
Voilà ce qu'il me faut! que mon état m'inspire!...
Il ouvre une autre devise qu'il jette.
Mauvais!
« Si vous préférez un amant,
» Choisissez-le tendre et constant! »
Je n'aurais pas mieux dit, je crois,
Ce vers-là semble fait par moi!
Lisant une autre devise.
« En prenant femme on est heureux,
» N'en prenez pas, c'est encor mieux?... »
Détestable!
« Choisissez-moi, car mes amours
» Ne finiront qu'avec mes jours! »
Avec enthousiasme.
Ah! si comme ceux-là j'en trouve une douzaine,

Je suis sauvé ! je sais que de nos jours
Les bons vers donnent de la peine !
Fouillant dans la corbeille et retirant une poignée de diablotins.
Mais en cherchant on les trouve toujours !
Lisant.
« Qu'à ma destinée,
» Tu sois enchaînée. »
Bravo !
« Sois ma Dulcinée
» Pour un jour ou deux ! »
Jetant la devise avec colère.
Fi donc !
« C'est par l'hyménée
» Que l'on est heureux ! »
Ah ! quels excellens vers ! quels vers délicieux !
C'est du Racine !
Lisant une autre devise.
« Vivent les grisettes
» Jeunes et coquettes ! »
La jetant.
C'est trop marivaudage et trop licencieux !
Lisant.
« Deviens ma bergère. »
À la bonne heure au moins, c'est pur et vertueux !
Lisant.
« Le bonheur sur terre
» Ne se trouve guère
» Que quand on est deux ! »
C'est superbe, c'est du Voltaire,
C'est Apollon qui m'inspira !
Relisons ! relisons ! ah ! quels vers que ceux-là !
Il a attaché avec une épingle toutes les devises qu'il a réservées et adoptées et les lit l'une après l'autre ; ce qui forme le cantabile et la cavatine suivans.

CANTABILE.

« Beauté cruelle, je soupire,
» Prenez pitié de mon martyre !
» Si vous préférez un amant,
» Choisissez-le tendre et constant !
» Choisissez-moi !... car mes amours
» Ne finiront qu'avec mes jours !
» Belle Angélique, mes amours
» Ne finiront qu'avec mes jours ! »
S'interrompant.
J'ajoute ici... belle Angélique,
Quoique ce ne soit pas écrit.
Mais c'est étonnant, c'est unique,
Combien l'amour donne d'esprit !
Et ce n'est rien encor,
Ce qui termine est bien plus fort !
Lisant le reste des devises.

CAVATINE.

« Que ma destinée
» Te soit enchaînée !
» C'est par l'hyménée
» Que l'on est heureux !
» Deviens ma bergère,
» Le bonheur sur terre
» Ne se trouve guère
» Que quand on est deux ! »

(*Parlé.*) Mon épître est composée... il ne s'agit plus maintenant que de l'écrire et de l'envoyer à son adresse. (*Remontant le théâtre.*) Ce n'est pas loin... rien que la rue à traverser !... la boutique en face... la voilà... la voilà... je la vois... (*S'avançant sur le pas de la porte, et ayant l'air de parler à la boutique en face.*) Bonjour, ma voisine... ma jolie voisine... elle se lève, elle est sur le pas de la porte. Je vois que chez vous on ne pense guère à moi... et aux gants que j'ai commandés hier... c'est bien mal de négliger ainsi ses pratiques... (*Redescendant le théâtre.*) Ah ! que c'est ingénieux... elle a pris sur le comptoir plusieurs paquets de gants... (*Apercevant Angélique qui paraît à la porte.*) C'est elle !... la voici !

SCENE IX.
COQUEREL, ANGÉLIQUE.

ANGÉLIQUE, *tenant à la main plusieurs paquets de gants et les présentant en tremblant à Coquerel.*
Voici, monsieur, ce que vous avez demandé.
COQUEREL, *dans l'extase et n'osant parler.*
Ah ! mademoiselle !...
ANGÉLIQUE, *lui présentant toujours les paquets et baissant les yeux.*
Il y en a plusieurs douzaines... vous pourrez choisir.
COQUEREL, *de même et timidement.*
Je le vois bien... et je vous remercie...
ANGÉLIQUE.
J'ai vu que vous étiez très-mécontent de ce qu'on vous avait fait attendre...
COQUEREL.
Oh ! non, mademoiselle... non, ça n'est pas ça que je voulais vous dire...
ANGÉLIQUE.
Ni moi non plus...
COQUEREL.
Ni vous non plus ?... ni elle non plus !... Ça va vous paraître bien hardi... mais j'avais à vous parler de quelque chose de bien essentiel...
ANGÉLIQUE.
Et moi aussi...
COQUEREL.
Et vous aussi ?... et elle aussi !... Depuis un an, mademoiselle, depuis un an... tous les jours... matin et soir... je suis ici dans ma boutique, à regarder la vôtre.
ANGÉLIQUE.
Je le vois bien !
COQUEREL, *vivement.*
Vous l'avez vu ? elle l'a vu !...
ANGÉLIQUE, *baissant les yeux.*
Dam !... quand on est en face !
COQUEREL, *vivement.*
Oh ! alors... (*Apercevant Mme Bergamotte qui entre.*) Dieu ! la mère !

SCENE X.
Mme BERGAMOTTE, ANGÉLIQUE, COQUEREL.

Mme BERGAMOTTE.
Qu'est-ce que ça signifie, mademoiselle? que faites-vous ici?

ANGÉLIQUE.
J'apportais à monsieur des gants qu'il avait commandés hier... Il appelait, il se fâchait, il était dans une colère épouvantable.
COQUEREL.
Moi, mamselle!... me fâcher contre vous! oh! non pas!
ANGÉLIQUE, à part.
Mon Dieu! qu'il est bête!
Mme BERGAMOTTE.
Et quand ce serait, était-ce une raison pour venir vous-même?
COQUEREL.
Il y a des amoureux?...
Mme BERGAMOTTE.
Il y en a, il faut marier cela, il en est temps.
COQUEREL.
Vous croyez?...
Mme BERGAMOTTE, sèchement.
Qu'est-ce que ça vous regarde?... Nous disons une douzaine de gants glacés... c'est vingt-quatre livres.
COQUEREL.
Je vais vous les donner.
ANGÉLIQUE.
Mais, ma mère, ça n'est pas convenable, M. Coquerel ne les a ni vus ni essayés...
COQUEREL.
C'est juste... mais je ne les prendrais pas sans les essayer!
ANGÉLIQUE.
A la bonne heure, au moins.
Mme BERGAMOTTE.
Eh! mon Dieu! on ne vous en empêche pas... Croyez-vous qu'on veuille vous tromper?... Essayez tant que vous voudrez, pourvu que ça ne soit pas long!

TRIO.

ANGÉLIQUE, à sa mère.
Prenez un peu de patience!
COQUEREL, regardant Angélique.
O moment séduisant et doux!
Mme BERGAMOTTE, à Angélique qui défait le paquet de gants.
Allons vite, dépêchons-nous!
COQUEREL, s'asseyant.
Je tiens beaucoup à l'élégance;
Il faut d'abord qu'un gant ne soit
Ni trop large, ni trop étroit.
ANGÉLIQUE, s'approchant de Coquerel qui est assis, et lui présentant une paire de gants qu'elle vient de préparer.
Celui-ci conviendra peut-être!
COQUEREL, à demi-voix et ayant l'air d'essayer les gants.
Ah! de mon trouble, en vous voyant,
A peine, hélas! si je suis maître.
ANGÉLIQUE, de même.
On nous observe en ce moment!
COQUEREL, de même.
Je le vois bien!
ANGÉLIQUE, de même.
J'ai cependant
A vous apprendre une nouvelle!
COQUEREL, de même.
Une nouvelle!... à moi! laquelle?

ANGÉLIQUE, voyant sa mère qui s'approche.
Prenez garde!
COQUEREL, à voix haute.
Le maudit gant!
Mme BERGAMOTTE, s'approchant.
Ça ne va donc pas?
COQUEREL, cherchant à entrer sa main dans le gant.
Non vraiment!
ENSEMBLE.
COQUEREL.
Ah! quelle gêne!
Ah! quelle peine!
A part.
Lorsque la crainte vous enchaîne!
Oui, les mamans,
Dans tous les temps,
Sont des tourmens
Pour les amans.
ANGÉLIQUE.
Ah! quelle gêne!
Ah! quelle peine!
Et quelle contrainte est la mienne!
Oui, les mamans,
Dans tous les temps,
Sont des tourmens
Pour les amans.
Mme BERGAMOTTE, avec ironie.
Je vois sans peine
Que ça vous gêne,
Essayons une autre douzaine!
A part.
J'ai des soupçons en ce moment,
Observons-les adroitement!
COQUEREL, à Mme Bergamotte.
Comme moi vous devez comprendre,
Quand on veut se donner des gants,
Qu'à son goût il faut bien les prendre!
Mme BERGAMOTTE.
Sans doute! et ceux-ci sont plus grands!
Les donnant à sa fille, qui s'approche de Coquerel.
ANGÉLIQUE, à Coquerel et les présentant.
Voulez-vous essayer?...
COQUEREL.
Ah! vous êtes trop bonne!
ANGÉLIQUE, à demi-voix et tout en lui donnant les gants.
Apprenez donc qu'on veut me donner un mari!
COQUEREL, de même.
O ciel!... et quand donc?
ANGÉLIQUE, de même.
Aujourd'hui!
COQUEREL, poussant un cri.
Ah!
Mme BERGAMOTTE, s'approchant vivement.
Qu'est-ce donc?
COQUEREL, lui montrant les gants.
Rien! je soupçonne
Qu'ils ont craqué!
Mme BERGAMOTTE, les regardant.
Mais non vraiment,
Ils vont bien... vous devez enfin être content!
COQUEREL, à part et regardant Angélique tout en mettant ses gants.
Oui, joliment... joliment!
ENSEMBLE.
COQUEREL.
Ah! quelle gêne! ah! quelle peine! etc.
ANGÉLIQUE.
Ah! quelle gêne! ah! quelle peine! etc.
Mme BERGAMOTTE.
Rien ne vous gêne! plus de peine!
C'est fort heureux qu'il vous convienne! etc.

Mme BERGAMOTTE, *montrant à sa fille la douzaine d'où elle a tiré la dernière paire.*
Voilà ceux que monsieur veut prendre !
ANGÉLIQUE, *refermant le paquet avec une ficelle.*
Oui, maman, je vais les serrer !
Bas à Coquerel, tout en renouant le paquet.
Cela doit aussi vous apprendre
A ne jamais vous déclarer !
COQUEREL, *à demi-voix.*
J'y pensais !... et j'allais...
ANGÉLIQUE.
Cela sert à grand'chose !
COQUEREL.
Me déclarer en vers !
ANGÉLIQUE, *avec impatience.*
Mon Dieu, parlez en prose !
COQUEREL, *vivement.*
Vous croyez ?
ANGÉLIQUE, *de même.*
Dam ! ce soir il ne sera plus temps !
COQUEREL, *de même.*
Moi qui me meurs d'amour !
Mme BERGAMOTTE, *qui s'est approchée, passant sa tête entre eux deux.*
Dieu ! qu'est-ce que j'entends ?
COQUEREL, *stupéfait.*
Elle écoutait !... quel orage s'apprête !
Haut et balbutiant.
Oui, c'est moi... qui pour vous...
Se reprenant.
Non... qui pour elle épris
D'un sentiment...
Mme BERGAMOTTE, *avec colère.*
Monsieur !
COQUEREL, *vivement.*
Concentré... mais honnête,
N'osait et n'ose encor, dans le trouble où je suis...
Mme BERGAMOTTE, *en fureur.*
Qu'est-ce à dire, monsieur ?
ANGÉLIQUE.
Ça veut dire qu'il m'aime !
COQUEREL.
Oui, voilà le vrai mot : je l'aime !
ANGÉLIQUE.
Et qu'il demande à m'épouser !
COQUEREL.
Oui, je demande à l'épouser !
ANGÉLIQUE.
Vous priant par grâce suprême...
COQUEREL.
Vous priant par grâce suprême...
ANGÉLIQUE.
De... de ne pas le refuser !
COQUEREL.
Oui, n'allez pas me refuser !
Elle a tout dit mieux que moi-même !
ANGÉLIQUE *et* COQUEREL.
Parlez ! parlez ! daignez ne pas nous refuser !

ENSEMBLE,
Ou l'un après l'autre.
Mme BERGAMOTTE.
Non, non, point d'alliance,
Ma fierté doit s'y refuser ;
Et c'est déjà trop d'insolence,
Que d'oser me le proposer.
ANGÉLIQUE *et* COQUEREL.
Qu'ai-je entendu ? point d'alliance,
Sa fierté doit s'y refuser ;
Et c'est déjà trop d'insolence
Que d'oser le lui proposer.

Mme BERGAMOTTE, *avec dédain.*
Un confiseur ! qui n'a rien que des dettes !
COQUEREL.
J'ai de l'amour !... il donne du talent !
Mme BERGAMOTTE.
Bonbons sans sucre ! et prâlines mal faites !
COQUEREL.
En les goûtant vous disiez autrement !
Mme BERGAMOTTE.
Une boutique au beau monde fermée !...
COQUEREL, *avec enthousiasme.*
Bientôt la gloire y peut venir loger ;
Et je sens là qu'un jour la renommée
Dira le nom du *Fidèle Berger !*
Mme BERGAMOTTE.
En attendant fortune et renommée,
Mon choix est fait !... l'hymen va l'engager !

ENSEMBLE.
Mme BERGAMOTTE.
Entre nous deux point d'alliance,
Ma fierté doit s'y refuser ;
Et c'est déjà trop d'insolence
Que d'oser me le proposer !
Ainsi j'entends
Et je prétends
Qu'un tel amant
Soit au néant !
A Angélique.
Rentrez... rentrez, et désormais
Tous deux séparés à jamais !
ANGÉLIQUE *et* COQUEREL.
Ah ! c'en est fait, plus d'espérance !
Sa fierté doit { le / me } refuser ;
Et c'est déjà trop d'insolence
Que d'oser le lui proposer !
Ah ! quels tyrans
Que les parens,
Et quels tourmens
Pour les enfans !
Ah ! quel malheur ! ah ! quels regrets !
Quoi, séparés !... et pour jamais.
Mme *Bergamotte sort en emmenant sa fille.*

SCENE XI.

COQUEREL, *seul, se jetant dans un fauteuil.*
Tout est fini !... plus d'espoir !... on me refuse, on ne veut pas de moi ! et on la donne à un autre.... elle en épouse un autre.... aujourd'hui même !... Tous les malheurs à la fois ! mais je me le suis toujours dit : quand le diable est à la porte d'un confiseur...

SCENE XII.

COQUEREL, SERREFORT.

SERREFORT, *parlant à la cantonnade.*
Attendez-moi là, je ne fais qu'entrer dans cette boutique.
COQUEREL.
Qu'y a-t-il, monsieur ?
SERREFORT.
Rien, monsieur, ce sont mes gens que j'ai laissés dans la rue.

COQUEREL.
Faites-les entrer !
SERREFORT.
Bien obligé... ils y sont habitués !
COQUEREL.
Comme vous voudrez, monsieur... (*Poussant un soupir.*) Ah !...
SERREFORT, *avec intérêt.*
Vous êtes affligé, monsieur ?
COQUEREL, *sans se détourner.*
Immensément, monsieur !... mais l'état avant tout ! Qu'y a-t-il pour votre service ?
SERREFORT.
Un mot va vous l'apprendre... Je suis parrain.
COQUEREL.
Quelle que soit mon affliction, j'honore les parrains.
SERREFORT.
Je l'ai été ce matin avec la fille de Mme Bergamotte, la riche parfumeuse, (*à part*) et j'espère être bientôt autre chose que son compère. (*Haut.*) Je viens, en attendant, prendre les boîtes de bonbons que ces dames ont choisies et vous les payer.
COQUEREL.
Tout est prêt... où faut-il les envoyer ?
SERREFORT.
Chez moi, rue de la Ferronnerie... M. Serrefort, officier du roi.
COQUEREL.
J'y suis... huissier au grand ou au petit Châtelet.
SERREFORT.
Fi donc ! monsieur, je n'exerce point au civil. Ma charge me met en rapport avec ce qu'il y a de mieux à la cour. Je suis attaché au château royal de la Bastille.
COQUEREL.
Monsieur est exempt ?
SERREFORT.
A votre service. Un cachet vert, un morceau de parchemin signé La Vrillière, et avec cela, j'arrêterai qui vous voudrez... j'arrête tout le monde.
COQUEREL.
Un drôle d'état.
SERREFORT.
C'est dans ce moment un des meilleurs et des plus productifs... Les lettres de cachet sont d'un usage si facile et si répandu que la moitié du monde arrête l'autre moitié... ce qui me donne une clientèle magnifique ; tous les grands seigneurs s'adressent à moi : *Mon cher Serrefort, je vous recommande cette affaire-là ; c'est un créancier qui m'ennuie, c'est un mari qui me gêne... arrangez cela pour le mieux.* Et moi, je suis là, mon ordre en poche... plein d'égards, d'attentions et de bonnes manières ! Le jabot et les gants blancs... aussi je suis généralement aimé et estimé de tous ceux que j'arrête.
COQUEREL.
En vérité !...

SERREFORT.
Oui, monsieur... honnête et gracieux... mais inflexible, dur et poli.
COQUEREL.
Comme l'acier.
SERREFORT.
Comme vous dites !... J'arrêterais mon père... je m'arrêterais moi-même si j'en avais l'ordre ; aussi ce n'est pas la besogne qui me manque, et j'ai ce matin une journée qui s'annonce bien... deux ou trois ordres que j'ai trouvés en rentrant et qui venaient d'arriver de la part de Mme de Pompadour.
COQUEREL, *l'écoutant avec admiration.*
Ah ! bah !... est-ce amusant !
SERREFORT.
J'ai à peine eu le temps de les regarder, tant j'étais pressé à cause de ce baptême... tout cela se fera plus tard... mon monde est là qui m'attend... payons d'abord... Vous dites que c'est...
COQUEREL.
Soixante-trois livres tournois... nous mettrons soixante... un compte rond.
SERREFORT.
C'est trop honnête... enchanté de vos procédés... Et vous me répondez de la qualité des dragées ?
COQUEREL.
Vous pouvez les goûter.
SERREFORT, *en mangeant.*
Excellentes !... Il y a là une finesse, un parfum...
COQUEREL.
Si monsieur, qui voit beaucoup de monde, veut en faire part à ses amis et connaissances, mon adresse est sur toutes les boîtes... Isidore Coquerel.
SERREFORT, *surpris.*
Coquerel !... que me dites-vous là ?... Je croyais être *Au Fidèle Berger.*
COQUEREL.
L'un n'empêche pas l'autre ; Coquerel, confiseur, *Au Fidèle Berger*, rue des Lombards, n° 46.
SERREFORT, *mettant ses gants blancs.*
Ah ! monsieur, comme ça se rencontre !... quel bonheur de vous trouver là sous ma main et sans me déranger... moi qui ce matin ai tant d'affaires ! Monsieur, j'ai l'honneur de vous arrêter.
COQUEREL.
Comment, m'arrêter !...

~~~~~~~~~~~~~~~~~~~~~~~~~~~~~~~

SCENE XIII.

LES PRÉCÉDENS, LE COMTE, *qui pendant ces derniers mots est entré par la porte du fond.*

LE COMTE.
Quoi ?... que se passe-t-il ?
SERREFORT, *s'inclinant.*
Monsieur le comte de Coaslin...

LE COMTE.
Arrêter ce pauvre diable !... d'où vient cet ordre ?...

COQUEREL.
Oui, d'où vient cet ordre ?

SERREFORT.
Il est en bonne forme... signé de monsieur votre beau-père, le duc de La Vrillière... et à la requête de Mme de Pompadour.

COQUEREL.
Qu'est-ce que j'ai fait à Mme de Pompadour?

LE COMTE.
Et pour quel motif?

COQUEREL.
Oui, pour quel motif ?

SERREFORT.
En général il nous est défendu de donner des raisons... mais avec les gens de votre rang et de votre qualité...

LE COMTE.
Eh bien donc?

SERREFORT.
Il s'agit d'une corbeille de bonbons envoyée hier chez Mme de Pompadour, et qui renfermait contre elle une satire infâme.

COQUEREL.
Permettez; les bonbons sont de moi, je m'en vante, et il y a de quoi ; mais la satire n'en est pas.

LE COMTE.
J'en suis persuadé, et vous prie...

COQUEREL, *montrant ses devises.*
Voilà les seuls vers que j'ai faits de ma vie.

LE COMTE.
Et vous prie, monsieur Serrefort, de vouloir bien suspendre cet ordre, dont je vais obtenir la révocation.

COQUEREL.
Ah! monseigneur...

SERREFORT.
Je connais le crédit de M. le comte ; mais jusqu'à la révocation de cet ordre, je ne puis me dessaisir de mon prisonnier.

LE COMTE.
C'est ainsi que je l'entends, vous ne le quitterez pas. (*A demi-voix.*) Mais au lieu de le conduire à la Bastille, vous allez...

Il lui parle bas en lui faisant le signe de lui bander les yeux.

SERREFORT, *s'inclinant.*
Trop heureux d'obéir à monseigneur, mais je ne le quitterai pas. (*A ses gens.*) Entrez, vous autres.

SCÈNE XIV.

Les Mêmes, SERREFORT, *rentrant avec plusieurs de ses gens.*

FINAL.

SERREFORT.
Nous voici prêts, nous voici tous.

COQUEREL.
Hélas ! je tremble au fond de l'ame.

SERREFORT.
Oui, tous mes gens
Sont diligens
Dès que le devoir les réclame.

COQUEREL.
Que me veut-on, hélas! je tremble au fond de l'ame.

SERREFORT.
A la Bastille on vous attend.

COQUEREL.
Ne peut-on attendre un instant ?

SERREFORT.
Non, vraiment ; sur-le-champ,
Allons, il faut nous suivre.

COQUEREL.
En prison, moi? pauvre Coquerel !
Que votre nom me sauve et me délivre.

LE COMTE.
Je n'y puis rien, l'ordre est formel.

COQUEREL.
J'avais pour aujourd'hui des affaires en foule :
Laissez-moi du moins les finir.

SERREFORT.
Non, non, vraiment, le temps s'écoule ;
Allons, allons, il faut partir.

DUBOIS, *accourant.*
Ah ! monseigneur, je viens de voir et la mère et la fille.

SERREFORT.
On nous attend à la Bastille.

COQUEREL.
Eh quoi ! partir ainsi soudain !
Si nous remettions à demain ?

SERREFORT.
Non, non, l'on ne peut pas remettre,
Même il faut, en quittant ces lieux,
Que ce bandeau couvre vos yeux.

COQUEREL, *au comte.*
Ah ! si vous daignez le permettre,
J'aime mieux y voir clair.

LE COMTE.
Il vaut mieux se soumettre,
Sur les dangers fermer les yeux.

COQUEREL.
Ah ! je vais donc courir des dangers bien affreux ?

LE COMTE, *à Dubois.*
Et pour mener à fin cette aventure,
Que l'on fasse avancer la voiture.

SERREFORT *et* DUBOIS.
Monseigneur, monseigneur, que ferons-nous de lui ?

ANGÉLIQUE, *entrant.*
Je l'aperçois d'ici.
Bas à Coquerel.
Un grand danger pour vous dans ce moment s'apprête.

COQUEREL.
Tous mes sens sont paralysés.
Un danger, et lequel ?

ANGÉLIQUE, *lui donnant un billet.*
Prenez vite et lisez.

COQUEREL.
Mais attendez ! Dieu, que c'est bête;
Lisez !... quand j'ai les yeux bandés.

ENSEMBLE.

COQUEREL.
O fatal voyage !
Qui m'effraye, hélas !
Il faut du courage,
Et je n'en ai pas.

LE COMTE.
Allons, du courage,
Et ne tremble pas ;
Car dans ce voyage
On guide tes pas.
SERREFORT.
Pour un tel voyage
On peut bien, hélas !
Manquer d'un courage
Que je n'aurais pas.

DUBOIS, *rentrant.*
Oui, tout est prêt, on a suivi l'ordr' d' monseigneur.
COQUEREL.
Ah ! que j'ai peur,
Hélas ! je tremble au fond du cœur.
DUBOIS, LE COMTE, SERREFORT.
Voici l'instant, dépêchons-nous,
Allons, éloignons-nous.

ACTE DEUXIÈME.

Le théâtre représente un salon élégant, richement éclairé. Portes au fond et deux croisées. Deux portes latérales.

SCENE PREMIERE.

COQUEREL, *les yeux bandés, amené par* SERREFORT *et les* EXEMPTS.

INTRODUCTION.

Rassurez-vous, soyez sans crainte !
Allons, n'ayez pas peur, et calmez-vous enfin.
COQUEREL.
Se rassurer, quelle contrainte !
Je sens de la prison l'air humide et malsain.
SERREFORT.
Qu'on lui retire son bandeau.
COQUEREL.
Me voici donc à la Bastille,
Je suis dans cet affreux château
Où la lumière en aucun temps ne brille !
Un exempt lui ôte son bandeau.
SERREFORT.
Vous allez en juger.
COQUEREL, *pendant qu'on le détache.*
Verroux et double grille ;
Regardant.
Mais non, vraiment tout est fort bien ici.
SERREFORT.
C'est là votre prison.
COQUEREL.
Messieurs, j'en suis ravi ;
Je croyais voir quelque cachot bien sombre,
Et des figures de brigands ;
Mais vous m'avez tous l'air de fort honnêtes gens ;
A part.
Je mens comme un coquin ; mais je crois, vu leur nombre,
Haut.
Prudent de les flatter... Ici, messieurs, qu' puis-je faire ?
SERREFORT.
Tout ce que vous voudrez, hormis de nous quitter.
COQUEREL.
Et voilà justement ce qui pourrait me plaire.
SERREFORT.
En ces lieux veuillez ordonner
Tout ce que vous voudrez.
COQUEREL.
Qu'on me donne à dîner !
Car je me meurs de faim !

SERREFORT.
Voici la table.
Deux domestiques apportent la table.
COQUEREL.
On avait tout prévu ; quel repas admirable !
Eh mais ! c'est convenable !...
Je suis... et c'est ma qualité,
En prisonnier d'état traité !...
Mes geôliers !... à votre santé.
Tous ces cachots
Sont fort beaux !
Et mon sort
Me plaît fort
A la Bastille !
Ma foi, vidons
Ces flacons ;
Délivrons
Ce bouchon
De prison !
Douce liqueur !
Plus de peur
En mon cœur,
Qui d'ardeur
Brûle et pétille !
Et je ne crain
Rien enfin
Que la fin
De ce vin
Rare et divin !
Tous ces cachots
Sont fort beaux !
Et mon sort
Me plaît fort
A la Bastille !
Gaîment vidons
Ces flacons ;
Délivrons
Ces bouchons
De prison.

Sous les verroux
Un sort si doux
Ferait bien des jaloux !

Hélas ! pendant que j'extermine
Ces vins au fumet séduisant,
Et ces compotes dont la mine

Ferait revenir un mourant,
Peut-être une drogue ennemie...
N'importe ! pour un confiseur,
Dans un repas perdre la vie...
C'est expirer au champ d'honneur !

Tous ces cachots
Sont fort beaux, etc.

A la fin de ce morceau, Coquerel se lève de table; Serrefort fait signe aux exempts de se retirer; deux domestiques rangent la table sans l'emporter.

SCÈNE II.
COQUEREL, SERREFORT.

COQUEREL.
Je suis traité en prisonnier d'état! ils s'en vont, ils nous laissent. (*A Serrefort.*) Et vous, mon cher ami?

SERREFORT.
J'ai l'ordre de rester ici jusqu'à l'arrivée de monseigneur.

COQUEREL.
Monseigneur le gouverneur de la Bastille?

SERREFORT.
Et jusque là je ne puis vous quitter.

COQUEREL.
Cela va être bien ennuyeux pour vous.

SERREFORT.
C'est mon état, et il est souvent bien pénible.

COQUEREL, *avec attendrissement.*
Voilà de l'humanité.

SERREFORT, *s'asseyant.*
Car j'ai moi-même des affaires; un souper, un contrat de mariage, et je perds ici mon temps à vous garder, et à attendre monseigneur, qui ne vient pas.

COQUEREL.
Il se plaint encore, c'est lui qui se fâche et me tourne le dos; si je pouvais pendant ce temps lire le billet qu'Angélique m'a glissé au moment du départ. (*Il ouvre le billet et le lit en s'interrompant de temps en temps, chaque fois que dans sa mauvaise humeur Serrefort fait un mouvement pour se retourner.*) « Monsieur Isidore, » mon petit nom ! « j'ignore ce qui se passe, mais il y a quelque » chose. » Je crois bien. « Un monsieur de la cour » est venu parler à ma mère, et nous allons par- » tir tout-à-l'heure pour son château, qui est à » deux lieues d'ici, à Chaville; tâchez d'y venir. » Comme c'est aisé, quand on est enfermé à la Bastille! « J'ai idée qu'il s'agit d'un mariage pour » moi, car ma mère m'avait déjà annoncé que nous » signerions ce soir mon contrat de mariage avec » un exempt de police, M. Serrefort. »

SERREFORT, *se retournant à son nom.*
Qu'y a-t-il?

COQUEREL, *très-agité.*
Rien; je pensais à vous, et je prononçais votre nom.

SERREFORT.
Je vous en remercie.

COQUEREL.
Il n'y a pas de quoi. (*A part.*) Un nom affreux ! Et ce serait celui de Mlle Angélique! (*Achevant de lire.*) « Tâchez de retarder ce mariage, et par » tous les moyens possibles d'arrêter M. Serre- » fort. » Cette recommandation, quand c'est lui, au contraire... (*Se retournant et regardant par le fond.*) Dieu! monsieur le comte!

SERREFORT.
C'est bien heureux !

SCÈNE III.
Les Mêmes, LE COMTE.

LE COMTE, *donnant son chapeau à Dubois.*
Tu es sûr que ma femme va ce soir au bal de l'ambassadeur ?

DUBOIS.
Quand j'ai quitté l'hôtel, madame s'habillait et allait partir.

LE COMTE.
C'est bien ! rien à craindre de ce côté.

COQUEREL.
Quoi! c'est vous, monsieur le comte, qui daignez venir vous-même me faire visite ici, à la Bastille ?

LE COMTE, *souriant.*
N'avais-je pas promis de parler en ta faveur? J'ai obtenu la révocation de cette lettre de cachet.

COQUEREL.
Quel bonheur !

SERREFORT.
Alors, je m'en vais.

COQUEREL.
Moi aussi.

LE COMTE, *à Serrefort.*
Un instant ; c'est à des conditions que M. Coquerel refusera peut-être ; dans ce cas, l'ordre subsiste, et il reste ton prisonnier.

COQUEREL.
Quelles que soient ces conditions, monseigneur, je les accepte, je consens.

LE COMTE.
Et de plus, tu jures de n'en parler à personne; à personne, entends-tu? il y va de ta tête.

COQUEREL.
Je serai muet ; mais achevez, monseigneur, je suis dans le caramel bouillant.

LE COMTE.
D'abord, tu as des dettes?

COQUEREL.
C'est vrai.

LE COMTE.
Eh bien ! on les paie !

COQUEREL, *stupéfait.*
Ah! mon Dieu !

LE COMTE.
Il te faut ensuite quelque argent pour ton établissement, huit ou dix mille livres? tu en recevras vingt.

COQUEREL, *stupéfait.*
Est-il possible?
LE COMTE.
De plus, tu m'as dit que dans un magasin comme le tien il fallait une femme... on t'en donne une.
COQUEREL.
A moi? et laquelle?
LE COMTE.
Ça ne te regarde pas.
COQUEREL.
Mais la future?
LE COMTE.
Elle est choisie; elle y consent.
COQUEREL.
Mais les parens!
LE COMTE.
Tu en auras aussi; on te fournit de tout.
COQUEREL.
C'est possible! mais permettez, j'aimerais mieux me fournir moi-même.
LE COMTE.
Fort bien, je retire ma proposition. (*Appelant.*) Serrefort! allons, Serrefort!
SERREFORT.
Monseigneur a raison, ça sera plutôt fini.
COQUEREL, *avec colère.*
Un instant, que diable! ce gros exempt est mon ennemi mortel! Écoutez donc, monseigneur, se marier comme ça à l'improviste, sans préparation; on donne au moins cinq minutes pour réfléchir.
LE COMTE, *tirant sa montre.*
Je te les donne, montre en main.
COQUEREL, *à part.*
Quelle position! un mariage ou la Bastille! Des deux côtés la prison, et partout des chaînes! Je crois pourtant que j'aime encore mieux celles du mariage; avec ça que cet animal d'exempt va épouser Angélique; qu'il n'y a plus d'espoir pour moi, et qu'une fois marié je serai libre de mourir de chagrin dans mon ménage, bien plus à mon aise que dans un cachot.
LE COMTE.
Eh bien?
COQUEREL.
Eh bien, monseigneur, je ne dis pas absolument non; mais je suis sûr que l'épouse est affreuse, c'est quelque horreur, sans doute, tortue, bossue, bancale.
LE COMTE.
C'est possible, mais si ce n'est que cela qui t'inquiète, tranquillise-toi, on y a pourvu, car tu quitteras la mariée aussitôt le mariage fait.
COQUEREL, *étonné.*
Je la quitterai!
SERREFORT, *de même.*
Il la quittera!
LE COMTE.
Au sortir de la chapelle, une voiture t'attendra pour te conduire à trente lieues d'elle; à Rouen, par exemple.

COQUEREL *et* SERREFORT, *surpris.*
A Rouen!
LE COMTE.
Où tu établiras une fabrique de gelée de pommes; on tient à cela par-dessus tout.
COQUEREL, *de plus en plus surpris.*
A la gelée de pommes?
SERREFORT, *riant.*
C'est charmant, monseigneur, c'est très-piquant! aussitôt marié... je comprends!
COQUEREL, *stupéfait.*
Et moi, je n'y comprends rien du tout; se marier à une inconnue, et partir pour aller faire de la gelée de pommes de Rouen à Rouen; si c'était à Paris...
LE COMTE.
C'est de rigueur. Allons, Serrefort...
COQUEREL.
Il n'est pas question de cela, monseigneur, je consens, j'épouse, je ne vous demande qu'une grâce, une seule!
LE COMTE.
Parle. *
COQUEREL.
Est-ce qu'avant le mariage je ne pourrais pas voir cette prétendue?
LE COMTE.
Si vraiment. (*On entend une voiture.*) Entends-tu? c'est elle qui arrive, et par cette fenêtre tu peux la voir descendre de voiture.
COQUEREL.
Je n'ose pas, je n'ai plus de jambes.
SERREFORT.
Ma foi, voyons, moi qui n'y suis pour rien. (*Il va à la fenêtre, et s'écrie à part.*) Dieu! qu'ai-je vu! Angélique, ma future!
COQUEREL, *regardant Serrefort.*
Il est tout pâle, et si la vue seulement produit cet effet-là sur un étranger... (*A Serrefort.*) Eh bien, qu'en dites-vous?
SERREFORT.
N'épousez pas.
COQUEREL.
Mais la prison?
SERREFORT.
Le mariage est encore plus horrible.
COQUEREL.
Elle est donc bien affreuse?
LE COMTE, *près de la fenêtre.*
Elle entre dans le salon, elle a disparu!
SERREFORT, *à part.*
Et comment m'opposer à ce complot et ravoir ma future?... Ah! ce moyen, c'est le seul! si je pouvais gagner du temps...
COQUEREL.
Si je pouvais gagner la porte.
LE COMTE.
Adieu, je vais tout disposer, et je reviens. Toi, Serrefort, va prévenir ton monde, et tenez-vous prêt à conduire monsieur.
COQUEREL.
Où donc, monseigneur?

* Voir la variante à la fin.

LE COMTE.

A Rouen! Allons, Serrefort...

SERREFORT.

Je vous suis, monseigneur, je vous suis.

Ils sortent, le comte par la droite et Serrefort par la gauche.

SCÈNE IV.

COQUEREL, seul.

Ils s'en vont tous les deux ; ils me laissent seul, et si j'osais...(*Regardant autour de lui.*) Oui, mais le moyen de s'évader quand on est à la Bastille... Rien qu'en voyant l'horrible femme qu'on me destine, ce pauvre exempt a manqué mourir de frayeur. C'est quelque monstre, quelque Barbe bleue femelle, qui égorge les gen assez simples pour l'épouser! Et je serais son innocente victime! Non, morbleu, j'aime mieux la Bastille! j'implore la Bastille! On y dîne bien; et puis d'ailleurs prisonnier on en revient quelquefois; mais mort... Mon parti est pris! qu'elle paraisse maintenant, cette Mégère, cette infernale fiancée! Dieu! qu'est-ce que je vois là?

SCÈNE V.

COQUEREL, ANGÉLIQUE.

ANGÉLIQUE.

Monsieur Isidore!

COQUEREL.

Angélique! est-ce bien vous? Comment avez-vous pu pénétrer jusqu'ici?

ANGÉLIQUE.

Je suis venue avec ma mère.

COQUEREL.

Et c'est pour moi?...

ANGÉLIQUE.

Oui, sans doute.

COQUEREL.

Que vous venez en cet affreux château?

ANGÉLIQUE.

Pas si vilain! moi je le trouve très-gentil depuis la nouvelle qu'on vient de m'y apprendre. Mon mariage est rompu avec M. Serrefort.

COQUEREL.

Est-il possible! elle est libre! (*A part.*) Et moi qui ne le suis plus!

ANGÉLIQUE.

Et l'on me propose à la place un autre prétendu, qui a sur-le-champ convenu à ma mère et à moi aussi!

COQUEREL, *furieux*.

A vous aussi, traîtresse! et vous osez me le dire?

DUO.

ANGÉLIQUE.

Il est aimable et tendre,
Il a bien des talens,
Quoique à se faire entendre
Il tarda bien long-temps.
Mais il m'aime et m'adore,
Et ce nouvel époux,
Ah! monsieur Isidore,
C'est vous-même, c'est vous!

COQUEREL, *avec joie*.

Qu'entends-je, ô ciel?

ANGÉLIQUE.

D'une union si prompte
Vous êtes étonné... mais c'est monsieur le comte...

COQUEREL, *stupéfait*.

Quoi! c'est monsieur le comte!

ANGÉLIQUE.

Lui-même!...

COQUEREL.

Ah! quel soupçon!
Bonheur fatal que je redoute,
Il serait vrai?

ANGÉLIQUE.

Eh oui, sans doute.

ENSEMBLE.

COQUEREL.

Ah! quel tourment!
Quel agrément!
J'en perds la tête,
Pour moi s'apprête
Un grand malheur,
Un grand bonheur :
C'est la tempête,
C'est une fête,
Qui sur moi fait
Un tel effet
Que j'en suis bête
Et perds la tête,
Et je ne puis
Dire où j'en suis.

ANGÉLIQUE.

Ah! mais vraiment!
C'est étonnant!
Il est tremblant,
Il m'inquiète ;
C'est pour son cœur
Trop de bonheur!
Et cette fête
Qui s'apprête
A sur lui fait
Un tel effet,
Qu'il devient bête
Et perd la tête :
Son cœur épris
En est surpris.

COQUEREL.

Répétez-moi ce que vous m'avez dit ;
Quoi! c'est ici?

ANGÉLIQUE.

C'est dans cette demeure
Qu'on va nous marier.

COQUEREL.

Tous les deux?

ANGÉLIQUE.

Tout-à-l'heure.

COQUEREL.

Et c'est bien monseigneur?

ANGÉLIQUE.

C'est lui qui nous unit,
Ah! dans ses yeux quel transport brille!
Mais le bonheur lui donne un air hagard.

COQUEREL.

Et ma promesse et la Bastille,
Et mon hymen et ce départ?

ENSEMBLE.

COQUEREL.

Ah! quel tourment, etc.

ANGÉLIQUE.

Ah! mais, vraiment, etc.

ANGÉLIQUE.
Quel trouble en votre esprit s'élève,
Qui semble ainsi vous occuper?
COQUEREL.
Je n'y puis croire... c'est un rêve
Que le réveil va dissiper!
ANGÉLIQUE.
Un rêve!... alors que moins sévère
Le sort sourit à tous les deux!
Un rêve, lorsqu'ici ma mère
Me permet d'écouter vos vœux?
Est-ce une erreur, lorsque j'exprime
Ma joie et mon bonheur; enfin,
Est-ce une erreur, lorsque sans crime
Dans votre main je sens ma main?
COQUEREL.
En l'écoutant, hélas! je tremble :
Est-ce de crainte ou de plaisir?
Mais à chaque instant il me semble
Voir mon rêve s'évanouir.
ENSEMBLE.
COQUEREL.
Ah! si c'est un songe,
Que le ciel prolonge
Un heureux mensonge,
Qui ravit mon cœur!
ANGÉLIQUE.
Ce n'est pas sans peine :
Son ame incertaine
Osait croire à peine
A tant de bonheur!
Ah! je suis trop bonne;
Mais je vous pardonne,
Et mon cœur se donne
A vous pour toujours.
COQUEREL.
L'amour me l'ordonne,
Mon cœur s'abandonne
Et se donne
Au dieu des amours,
Toujours.
ANGÉLIQUE.
Toujours.
ENSEMBLE.
COQUEREL.
Ah! si c'est un songe, etc.
ANGÉLIQUE.
Ah! je suis trop bonne, etc.
COQUEREL.
Oui, ma femme, ma chère femme! à toi, toujours à toi, jusqu'au trépas et au-delà! je ne te quitte plus! Dieu! qu'est-ce que je dis? J'oubliais... j'oublie tout auprès d'elle!
ANGÉLIQUE.
Eh bien! voilà que ça lui reprend. Venez donc, ma mère, venez donc!

SCÈNE VI.
Les Mêmes, Mme BERGAMOTTE.

ANGÉLIQUE.
Voilà M. Coquerel qui ne sait plus ce qu'il dit, il perd la tête.
Mme BERGAMOTTE.
C'est comme ton père, mon enfant! c'est toujours ainsi dans ce moment-là.
COQUEREL, qui a rêvé pendant ce temps.
Oui, mon parti est pris! l'essentiel est d'épouser et de sortir d'ici, parce qu'une fois dehors, une fois marié, je me révolterai.
ANGÉLIQUE, qui s'est approchée.
Par exemple! mais du tout, monsieur, vous marcherez droit et vous m'obéirez!
Mme BERGAMOTTE.
Oui, ma fille, il nous obéira comme ton père!
COQUEREL.
C'est ce que je voulais dire. Mais vous ne savez pas, Angélique, vous ne pouvez pas savoir, ni votre mère non plus. Moi, j'espère bien qu'on ne nous mariera pas ici, en prison.
Mme BERGAMOTTE.
Qu'est-ce qu'il dit? il n'y est plus!
COQUEREL.
Si fait! j'y suis encore, et je désire n'y plus être.
Mme BERGAMOTTE.
Où ça?
COQUEREL.
A la Bastille!
ANGÉLIQUE, à sa mère.
Là, quand je vous disais que sa raison déménage!
COQUEREL.
C'est possible; mais je voudrais faire comme elle!
Mme BERGAMOTTE.
Vous êtes ici à Chaville, mon gendre.
COQUEREL, stupéfait.
A Chaville!
Mme BERGAMOTTE.
Dans le château de M. le comte de Coaslin, qui vous protège, vous dote et vous marie avec une générosité, un désintéressement! ce vertueux seigneur!
COQUEREL.
Ah! quelle scélératesse! si j'osais parler... je vais tout lui dire. Sachez donc... Dieu! monseigneur!...
Mme BERGAMOTTE.
Saluez donc, mon gendre, saluez monseigneur.

SCÈNE VII.
Les Mêmes, LE COMTE.

LE COMTE.
Tout est disposé pour le contrat... il n'y a plus qu'à signer, et si monsieur Coquerel est décidé...
COQUEREL.
Certainement. (A part.) Je ne suis plus à la Bastille, je ne risque rien; mais après cela nous verrons.
Il offre son bras à Angélique.
Mme BERGAMOTTE.
Du tout, mon gendre, c'est à moi, c'est à la belle-mère que vous devez donner le bras.
LE COMTE.
C'est juste, c'est d'étiquette. (A haute voix.) On est en train de dresser le contrat, voyez si les conditions vous conviennent; après nous signerons. Les grands parens et le futur d'abord, c'est de droit, et après la mariée.

COQUEREL, *à part.*

Oui, je vais signer, je vais signer mon bonheur avec fureur! mais l'on verra plus tard ce que peut un confiseur au désespoir!

Mme BERGAMOTTE, *avec dignité, lui offrant son bras.*

Monsieur Coquerel, j'ai failli attendre!

Ils sortent tous deux.

SCÈNE VIII.
LE COMTE, ANGÉLIQUE.

LE COMTE, *retenant Angélique qui veut les suivre.*

Un instant, mon enfant, et mon présent de noces? à moi, celui que vous m'avez promis?

ANGÉLIQUE.

Quoi donc?

LE COMTE.

Un baiser!

ANGÉLIQUE, *naïvement.*

Dam! si vous voulez, monsieur le comte.

LE COMTE.

C'est charmant.

ANGÉLIQUE.

Je suis si heureuse!

LE COMTE.

C'est de la résignation; car ce mari que je vous ai choisi au hasard, vous ne le connaissiez pas beaucoup.

ANGÉLIQUE.

Si vraiment!

LE COMTE, *stupéfait.*

Plaît-il? qu'est-ce que j'entends là? Expliquez-vous.

ANGÉLIQUE.

PREMIER COUPLET.

Sa boutique est près de la nôtre,
Et depuis un an à peu près
Nous nous regardions l'un et l'autre,
Sans oser nous parler jamais !
Car c'est la timidité même...
Et c'est ce matin seulement
Qu'il m'a dit enfin : Je vous aime !
Mais je le savais bien avant !...

Geste de colère du comte.

Ah! que je suis contente !
Que cet hymen m'enchante !
C'est à vous, monseigneur,
Que je dois mon bonheur !
La cause de notre bonheur,
C'est vous, c'est vous, oui, c'est vous, monseigneur !

Fausse sortie d'Angélique; le comte la ramène.

DEUXIÈME COUPLET.

Il a le don d'aimer, de plaire !
Mais il n'a pas un seul écu !
Moi, je voulais bien!... mais ma mère
Sans vous n'aurait jamais voulu !
Et quand tout-à-l'heure ici même
Pour moi vous cherchiez un mari,
Vous avez pris celui que j'aime
Et celui que j'aurais choisi!

Geste de colère du comte.

Ah! que je suis contente !
Que cet hymen m'enchante !
C'est à vous, monseigneur,
Que je dois mon bonheur !
Et c'est à vous, monseigneur,
Que nous devrons notre bonheur !

Fausse sortie; le comte la ramène.

LE COMTE.

Un instant, j'ai à vous parler. (*A part.*) J'aurais été dupe à ce point! Non, morbleu! elle ne l'épousera pas! Tout autre, peu importe, pourvu que ce ne soit point celui-là.

SCÈNE IX.
LE COMTE, ANGÉLIQUE, SERREFORT, *puis* DUBOIS.

SERREFORT.

Monseigneur, monseigneur...

LE COMTE.

Qu'est-ce donc? qu'as-tu besoin de me déranger quand je suis ici avec du monde? (*A Angélique.*) Je suis à vous dans l'instant.

ANGÉLIQUE.

Ce ne sera pas long, monseigneur?

SERREFORT, *au comte.*

J'ai à vous parler. Votre femme...

LE COMTE.

Ma femme, qui devait aller au bal de l'ambassadeur...

SERREFORT.

Sa voiture entre dans la cour, je l'ai vue...

LE COMTE.

Et qui donc l'amène?

SERREFORT, *à part.*

Mon message qu'elle a reçu. Qu'il s'en tire maintenant comme il pourra, voilà le mariage rompu.

Il sort.

DUBOIS, *accourant.*

Monseigneur, monseigneur...

LE COMTE.

A l'autre, maintenant !

ANGÉLIQUE, *à part.*

Qu'est-ce qu'ils ont donc tous?

DUBOIS.

Votre femme...

LE COMTE.

Eh! je le sais de reste! (*A part.*) Elle si jalouse, que ne dira-t-elle pas en me trouvant ici avec cette jeune fille !

DUBOIS.

Il faut prendre un parti !

LE COMTE.

Il n'y en a qu'un, c'est de conduire le mari avec sa prétendue en bas dans la chapelle.

DUBOIS.

Y pensez-vous?

LE COMTE.

Qu'on les marie à l'instant. (*A Dubois.*) Toi, reste ici avec ma femme, et dis-lui ce qu'il faut lui dire.

ANGÉLIQUE.

Eh bien! monseigneur, et mon mari qui attend toujours.

LE COMTE.
Nous allons le trouver. (*Entraînant Angélique.*) Partons.

ANGÉLIQUE, *le suivant.*
Oui, monseigneur, partons.

Ils sortent, excepté Dubois.

SCENE X.

LA COMTESSE, *en costume de bal, suivie de* GERMAIN, *son domestique, à qui elle fait signe de la main de l'attendre dans la pièce à côté;* DUBOIS.

LA COMTESSE, *entrant par le fond et voyant sortir par la porte à droite le comte et Angélique.*
On ne m'a pas trompée; mon mari et une jeune fille ! le billet qu'un inconnu vient de m'apporter disait vrai.

DUBOIS, *allant à elle.*
Madame la comtesse ici, à Chaville, quand M. le comte la croyait à Paris.

LA COMTESSE, *avec une vive émotion.*
Approche ici, Dubois, et réponds-moi. M. le comte devait être à Versailles où se traite ce soir une importante affaire au conseil du roi ! Comment est-il ici, à Chaville, dans sa maison de campagne, avec toi et une jeune fille?

DUBOIS, *feignant la surprise.*
Une jeune fille !

LA COMTESSE, *d'un ton affirmatif.*
Je l'ai vue !

DUBOIS.
Alors il n'y a moyen de rien cacher à madame, et quoique M. le comte m'ait recommandé le secret...

LA COMTESSE.
Je t'ordonne, moi, de parler; et prends garde à ce que tu vas dire. Car si mon mari est l'ami de Mme de Pompadour, je le suis de la reine, moi, et il y a des momens où ce pouvoir-là vaut bien l'autre. Eh bien?

DUBOIS, *avec sensibilité.*
Eh bien! madame, il y avait à Paris, rue des Lombards, un jeune confiseur, M. Coquerel, que M. le comte protégeait. Il a voulu le marier aujourd'hui même, ici, dans son château.

LA COMTESSE.
Et tu crois que je serai dupe d'une pareille histoire?

DUBOIS, *avec indignation.*
Une histoire ! Tenez, tenez, madame, entendez-vous la cloche, c'est la cérémonie, et par cette fenêtre vous pouvez voir le cortège entrer dans la chapelle du château.

LA COMTESSE, *regardant.*
C'est vrai! une jeune fille en mariée !

DUBOIS.
Mlle Angélique !

LA COMTESSE.
Un jeune homme pâle !

DUBOIS.
M. Coquerel.

LA COMTESSE.
Une autre femme plus âgée !

DUBOIS.
La parfumeuse douairière, la mère de la mariée !

LA COMTESSE.
Sa mère !

DUBOIS.
J'espère que vous n'avez plus de doutes?

LA COMTESSE, *avec hésitation.*
Non, certainement; mais pourquoi ne pas m'en parler, pourquoi mon mari se cache-t-il de moi?

DUBOIS.
Il est comme madame, il aime à cacher le bien qu'il fait, et si madame veut descendre voir les mariés, sa présence leur causera une surprise et un plaisir !

LA COMTESSE.
Non, non, demain je leur enverrai mon cadeau de noce ! Mais aujourd'hui que personne, pas même M. le comte, ne sache le ridicule accès de jalousie qui lui donnerait trop d'avantage sur moi. (*Appelant.*) Germain ! (*Son domestique entre, elle lui parle bas en lui montrant la porte à droite; à Dubois.*) Par cet escalier et la petite porte qui donne sur le bois, je partirai sans que M. le comte se doute seulement que je suis venue !

DUBOIS.
Oui, madame.

LA COMTESSE, *continuant, à Dubois.*
Toi, pour qu'il l'ignore, retourne auprès de lui.

DUBOIS, *s'inclinant.*
Madame sera satisfaite. (*A part.*) Et nous aussi. Elle s'éloigne, et grâce au ciel, nous en voilà délivrés ! C'est égal, nous l'avons échappée belle !

Il sort.

SCENE XI.

LA COMTESSE, *seule.*

PREMIER COUPLET.

Écoutez donc les calomnies !
Voyez donc ces bonnes amies,
A les entendre, l'on croirait
Que mon mari me trahissait ;
Après deux ans de mariage,
Mon amour est son seul trésor !
Toujours fidèle et toujours sage,
Je le vois bien, il m'aime encor.

DEUXIÈME COUPLET.

Je sais qu'en leurs volages flammes,
Souvent les maris de ces dames,
Au lieu d'un amour, en ont deux !
Mais mon mari n'est pas comme eux ;
Toujours fidèle et toujours sage,
De l'accuser j'aurais grand tort,
Malgré l'hymen qui nous engage,
J'en suis sûre, il m'aime encor !

SCÈNE XII.

LA COMTESSE, ANGÉLIQUE.

ANGÉLIQUE, *un bougeoir à la main.*

Ah! mon Dieu, mon Dieu! conçoit-on ça, c'est inimaginable!

LA COMTESSE.

Qui vient là? c'est la jeune mariée!

ANGÉLIQUE, *apercevant la comtesse.*

Quelqu'un d'ici, quelqu'un du château, qui l'aura peut-être aperçu! (*S'approchant de la comtesse.*) Dites-moi, madame, l'auriez-vous vu?

LA COMTESSE.

Et qui donc?

ANGÉLIQUE.

Mon mari!

LA COMTESSE.

Votre mari, M. Coquerel le confiseur?

ANGÉLIQUE.

Oui, madame.

LA COMTESSE.

Que vous venez d'épouser?

ANGÉLIQUE.

Oui, madame.

LA COMTESSE.

Et que lui est-il donc arrivé?

ANGÉLIQUE, *pleurant.*

Il est perdu, madame!

LA COMTESSE.

Perdu!

ANGÉLIQUE.

Évanoui, disparu, impossible de le retrouver! Avec ça que depuis une heure il avait un air si singulier! A l'église même, il n'était pas du tout à ce qu'il faisait; il me regardait avec des soupirs, des airs de tendresse, des choses qui étaient bien... mais il me serrait la main à me faire mal, comme s'il eût eu peur de me quitter; et puis quand il a fallu dire oui, j'ai vu le moment où il disait non! Il l'aurait dit, si je ne lui avais pas soufflé l'autre mot, et sans mauvaise intention, car il m'aime bien, le pauvre garçon, et moi aussi! et au sortir de la chapelle, M. le comte me donnait la main, et mon mari nous suivait; je me retourne, je ne le vois plus! Ça m'inquiétait, mais je n'osais pas dire; pourtant un mari, ça ne doit pas disparaître si vite.

LA COMTESSE.

Non certainement.

ANGÉLIQUE.

N'est-ce pas, madame? Mais voici ce qui est bien plus singulier. Arrivés dans le salon, M. le comte me dit : « Une commande extraordinaire de sirops et de rafraîchissemens pour le bal de l'ambassadeur oblige ce pauvre Coquerel à retourner sur-le-champ à Paris. »

LA COMTESSE, *effrayée.*

Ah! mon Dieu!

ANGÉLIQUE.

« Et il ne pourra revenir que demain. »

LA COMTESSE.

Demain!

ANGÉLIQUE.

Oui, madame, demain. (*Pleurant.*) Il a dit demain!

LA COMTESSE.

Vous en êtes bien sûre?

ANGÉLIQUE, *naïvement.*

Je le lui ai fait dire deux fois!

LA COMTESSE, *réfléchissant.*

Qu'est-ce que cela signifie?

ANGÉLIQUE.

Oui, madame, qu'est-ce que ça signifie? Est-ce que c'est bien? est-ce que c'est convenable? Je suis sûre que ma mère serait furieuse si elle était là! mais elle était déjà partie.

LA COMTESSE, *vivement.*

Partie aussi!

ANGÉLIQUE.

Pour Paris. Ils partent tous!

LA COMTESSE, *avec une colère concentrée.*

Mais moi je reste, et nous verrons, nous verrons ce qui arrivera!

ANGÉLIQUE.

Oui, nous verrons ce qui arrivera. C'est ce que je me dis, ça ne peut pas se passer comme ça! M. le comte est comme vous, il est désolé! il m'a dit : « Calmez-vous! ne vous faites pas de chagrin, vous resterez ici au château, vous y aurez la plus belle chambre, la chambre jaune. »

LA COMTESSE, *montrant la porte à droite.*

Celle-ci!

ANGÉLIQUE.

Oui, madame, j'y allais. « Et soyez sûre, a-t-il continué, que tous les soins, tous les égards... » Car il est si aimable, M. le comte, il a tant d'égards!...

LA COMTESSE, *à part, avec colère.*

Ah! la lettre anonyme ne m'a pas trompée!

ANGÉLIQUE, *continuant.*

Mais c'est égal, ce n'est pas la même chose, et M. Coquerel ne devait pas s'en aller ainsi à l'improviste et sans me dire adieu, sans me prévenir au moins; n'est-ce pas, madame?.

LA COMTESSE.

Et c'est ce qu'il a fait, mon enfant.

ANGÉLIQUE.

Comment cela?

LA COMTESSE.

Je l'ai vu tout-à-l'heure, et obligé en effet de retourner à l'instant même à Paris, il m'a priée de vous emmener, de vous conduire chez lui.

ANGÉLIQUE, *vivement.*

Rue des Lombards, n° 46.

LA COMTESSE.

Comme vous dites.

ANGÉLIQUE.

Quel bonheur! et qui donc êtes-vous, madame?

GERMAIN, *rentrant par la porte de droite.*

La voiture de madame la comtesse.

ANGÉLIQUE.

Une comtesse!

LA COMTESSE.
La maîtresse de ce château. Vous pouvez vous
fier à moi! Germain, conduisez mademoiselle...
ANGÉLIQUE, *la reprenant.*
Comment, mademoiselle?
LA COMTESSE, *se reprenant.*
C'est juste, Mme Coquerel, conduisez-la, dans ma
voiture, rue des Lombards, n°...
ANGÉLIQUE.
N° 46.
LA COMTESSE.
Chez son mari, chez elle.
GERMAIN, *s'inclinant.*
Oui, madame.
LA COMTESSE, *à Angélique.*
Partez, mon enfant, par cet escalier dérobé, et
que personne ne vous voie!
ANGÉLIQUE, *faisant une fausse sortie.*
Oui, madame la comtesse, oui. Ah! j'oubliais;
mes remercîmens et mes adieux à M. le comte
votre mari! Ne m'oubliez pas, dites-lui qu'il
vienne nous voir le plus tôt possible!
LA COMTESSE, *la faisant sortir.*
C'est bien! c'est bien! je m'en charge. Partez,
partez, vous dis-je.
Elle fait passer Angélique et Germain par le petit escalier à droite.

SCÈNE XIII.

LA COMTESSE, *seule, avec agitation.*

Oui, oui, je lui parlerai, à M. le comte, dès ce
soir même, et comme tout me le dit, tout me le
prouve, s'il est coupable, je veux le convaincre,
le confondre. On vient! c'est lui!
Elle rentre la lumière dans la chambre. On voit s'ouvrir
la fenêtre du salon.

SCÈNE XIV.

LA COMTESSE, COQUEREL, *entrant par la fenêtre.*

COQUEREL.

Grâce au ciel et à la nuit, dans ce bois de Meu-
don que nous traversions, je leur ai échappé, et
je reviens dans ce château près de ma femme.
Deux murs à franchir, ce n'est rien, l'amour fait
passer par-dessus tout.

FINAL.

LA COMTESSE, *à part.*
Je tremble au fond de l'âme.
C'est lui! c'est lui!...
ENSEMBLE.
COQUEREL.
Dans l'ombre et le mystère,
Je sens battre mon cœur!
Que l'amour fasse taire
Une indigne frayeur.
LA COMTESSE.
Dans l'ombre et le mystère,

C'est lui! ce séducteur!
Ah! tâchons de nous taire
Pour doubler son erreur!
COQUEREL, *s'avançant.*
Eh mais! un voile blanc, une femme! c'est elle!...
A voix basse.
Angélique! Angélique! est-ce toi?
LA COMTESSE, *contrefaisant sa voix.*
Oui, moi-même!
COQUEREL.
Ah! l'amour veille sur moi.
La serrant contre son cœur, et l'embrassant.
Ma douce amie!
LA COMTESSE, *à part.*
Ah! l'infidèle!
COQUEREL.
Bien malgré moi tantôt j'ai disparu d'ici;
Si tu savais pourquoi!
LA COMTESSE, *à part.*
Grand Dieu! ce n'est pas lui!
COQUEREL.
Si tu savais, tous deux, quel danger nous menace?
LA COMTESSE.
Quel danger?
COQUEREL.
D'y penser... ah! tout mon sang se glace.
LA COMTESSE.
Parlez, parlez....
COQUEREL, *toujours à voix basse.*
Cet indigne seigneur...
LA COMTESSE, *l'interrogeant.*
Le comte?
COQUEREL.
C'est un suborneur!
LA COMTESSE.
Un suborneur?...
COQUEREL.
Un homme infâme!
Qui veut bien que tu sois ma femme,
Pourvu que ton époux ici
Ne devienne pas ton mari!
LA COMTESSE, *avec colère.*
Ah! quelle affreuse trahison!
COQUEREL, *avec désespoir.*
On le départ... ou la prison!
ENSEMBLE.
LA COMTESSE.
Le dépit, la vengeance,
Font palpiter mon cœur!
Je maudis ma constance
Pour un pareil trompeur!
COQUEREL.
La fureur, la vengeance,
Font palpiter mon cœur,
Et je frémis d'avance
De ce choix plein d'horreur!
LA COMTESSE, *entendant venir.*
On accourt...
COQUEREL.
« Ah! je tremble! »
Voulant emmener la comtesse.
Fuyons... fuyons, ils me viennent chercher!
LA COMTESSE, *à part.*
Je ne veux pas que l'on nous voie ensemble!
Montrant la porte à droite.
Ah! là... dans ma chambre à coucher.
Elle s'y élance et referme vivement la porte sur elle.
COQUEREL, *avec effroi.*
Angélique! es-tu folle? Angélique, à l'instant,
Ouvre-moi cet appartement!

SCÈNE XV.

LE COMTE, SERREFORT, DUBOIS, Exempts et Valets du Comte; Paysans et Paysannes; *ils entrent tous avec des flambeaux;* COQUEREL, *frappant toujours à la porte.*

CHOEUR.
Au voleur, au voleur,
Au voleur, au voleur.
Désignant Coquerel.
Oui, ce doit être
Un malfaiteur,
Il est entré par la fenêtre.
Au voleur, au voleur.
Par escalade et dans la nuit
Dans ces lieux il s'est introduit.
Au voleur, au voleur !

COQUEREL.
Ecoutez-moi, messieurs, vous êtes dans l'erreur,
Ah ! croyez-moi, je suis un honnête homme.

TOUS.
C'est un voleur !

COQUEREL.
Ma femme est là ! là qui m'attend,
Et j'en fais le serment.

TOUS.
Allons, c'est un mensonge ;
Votre femme vous ouvrirait !

COQUEREL, *frappant.*
Messieurs, je ne sais pas à quoi ma femme songe.
Frappant plus fort. *Avec douleur.*
Angélique ! Angélique ! ah ! quel horrible trait.

TOUS, *criant.*
Au voleur, au voleur !

COQUEREL, *hors de lui.*
C'est un mari qui vous implore,
Et le voleur, le vrai voleur,
Mes chers amis, c'est monseigneur !

TOUS, *avec indignation.*
Il ose insulter monseigneur,
Au voleur, au voleur !

SERREFORT.
C'est notre prisonnier qui nous est échappé.

COQUEREL.
Quoi toujours cet exempt...

SERREFORT.
Le voilà rattrapé.

CHOEUR.
Nous savions bien que c'était un voleur,
Le voilà pris, quel bonheur !

SERREFORT *et* LES EXEMPTS.
Nous le tenons, il est à nous ;
Mes chers amis, retirez-vous,
De par le roi nous l'emmenons,
Du prisonnier nous répondons.

COQUEREL.
Quoi ! l'on m'entraîne,
Ame inhumaine,
Qu'hélas, ma peine !
Ne peut fléchir !
Quand je réclame
En vain ma femme,
La mort dans l'ame
Il faut partir ;
Je me sens défaillir,
Tant mon cœur est ému !
Grand Dieu, veillez sur sa vertu ;
Si je m'en vais je suis perdu.

On entraîne Coquerel; au même moment le comte se glisse dans la chambre de gauche; Coquerel rentre précipitamment et veut courir après le comte; mais les exempts et les paysans lui barrent le passage; il s'évanouit. Le rideau tombe.

Le théâtre représente la chambre de Coquerel ; à droite de l'acteur, au fond, une porte ; au coin, à gauche, un escalier tournant praticable qui traverse le théâtre du haut en bas. Il est censé donner dans le magasin du rez-de-chaussée et conduire par le haut au grenier ; une porte latérale à droite ; commodes, siéges, mobilier simple.

ACTE TROISIEME.

SCENE PREMIÈRE.

ANGÉLIQUE, *en toilette de mariée, seule, assise près d'une table où brûle une bougie qui va s'éteindre.*

RÉCITATIF.

De Saint-Jacques[*] j'entends l'horloge solitaire,
Qui sonne lentement les heures de la nuit !
Et près de ce flambeau qui, seule, hélas ! m'éclaire
J'attends... et sens mon cœur tressaillir de dépit !

CAVATINE.

Ah ! c'est bien la peine
D'avoir un mari ;
Ah ! c'est bien la peine

[*] Saint-Jacques-la-Boucherie, ancienne paroisse de la rue des Lombards.

De n'aimer que lui !
Quand l'hymen m'enchaîne,
Seule me voici !
Et j'ai peur ici...
Oui, j'ai peur ici...
Ah ! c'est bien la peine
D'avoir un mari !

Regardant autour d'elle avec crainte.

Hélas !... jeune fille,
J'avais quelque espoir
D'être assez gentille...
Et dans mon miroir
Mes yeux croyaient lire
Qu'un jour je plairais !...
Qui peut donc me dire
Si je me trompais !...
Ah ! c'est bien la peine
D'avoir un mari,

Ah! c'est bien la peine
De compter sur lui.
  Détachant les épingles de sa coiffure.
Quand l'hymen m'enchaîne,
Déjà me voici
A l'attendre ainsi !...
Seule... oui, seule ici...
Ah! c'est bien la peine
D'avoir un mari.
  Mouvement de valse.
Détachons ces dentelles,
Ces parures nouvelles,
Inutiles, hélas !...
Dans ma douleur mortelle,
A quoi sert d'être belle ?
Il ne me verra pas !
Elle ôte son bouquet de mariée, qu'elle jette sur la table, puis tout-à-coup elle écoute.
Dans l'ombre et le silence
Quel bruit a retenti :
Quelqu'un monte ou s'avance...
Ah! c'est lui! c'est bien lui !...
Reprenant son bouquet et rajustant sa coiffure.
Rajustons ces dentelles
Et ces parures nouvelles,
Tout mon cœur bat d'espoir !
Que mon dépit s'oublie,
Je veux être jolie,
Puisque je vais le voir.
Enfin je vais le voir !
Écoutant encore.
Mais non... je m'abusais... partout même silence !
Tout est calme... excepté mon cœur.
C'est trop long temps souffrir une pareille offense,
Et je me vengerai, j'en jure sur l'honneur.

CABALETTA.

  Agitato, mouvement de galop.
O ma mère !... ô ma mère !...
Qu'en ma juste colère
Votre exemple m'éclaire ;
Que j'apprenne de vous
Par quel art, quelle adresse,
Ma haine vengeresse
Pourra faire sans cesse
Enrager mon époux !
Ah! cette fois, je ne m'abuse pas !
On vient en bas de refermer la porte.
Oui, j'entends le bruit de ses pas !
Le voici !... mais n'importe !
Il est trop tard ! à mon tour, à présent.
Et dans ma chambre enfermons-nous de sorte
Qu'il aura beau frapper... oui, frappe maintenant,
Qu'il gronde ! qu'il se fâche ! et mon cœur est content.
O ma mère !... ô ma mère !,
Qu'en ma juste colère
Votre exemple m'éclaire,
Que j'apprenne de vous
Par quel art, quelle adresse,
Ma haine vengeresse
Pourra faire sans cesse
Enrager mon époux.
Elle entre dans la chambre à gauche, et on lui entend fermer trois verroux ; au moment où s'ouvre la porte du fond, paraît madame Bergamotte.

SCENE II.
Mme BERGAMOTTE, seule.

Il est déjà grand jour... et point de nouvelles des mariés... personne ne paraît encore... Je n'y tiens pas... d'autant que dans les convenances c'est la mère qui, le lendemain, doit être la première à féliciter le jeune époux !... Avec ça que ma fille était si inquiète hier soir... à minuit... quand je l'ai quittée avec les pleurs et les bénédictions d'usage...(*Avec une petite voix.*) «Ah ! ma mère... M. Coquerel... — Il va venir, mon enfant !... c'est son état qui le retient... l'état avant tout, c'est ainsi dans le commerce... c'est fort exigeant !... — Ah! ma mère, ne vous en allez pas. — Il le faut, mon enfant, rassure-toi... De la raison, madame Coquerel, de la raison... » et elle n'en manque pas. Il est impossible que cet enfant-là ne tienne pas de sa mère. (*S'approchant de la porte.*) Je n'entends rien. (*Frappant doucement.*) On ne répond pas... ma foi, au risque de les réveiller... (*Elle frappe plus fort ; puis plus fort encore.*) Il est impossible de dormir à ce point-là... c'est d'une inconvenance !...
Pendant qu'elle frappe de nouveau, la porte du fond s'ouvre et paraît la comtesse vêtue en bourgeoise, la cornette, le tablier noir, etc., etc.

SCENE III.
Mme BERGAMOTTE, *frappant toujours*, LA COMTESSE.

Mme BERGAMOTTE, *se retournant.*

Qui vient là, à cette heure-ci? que demandez-vous, madame ?

LA COMTESSE.

M. Coquerel...

Mme BERGAMOTTE.

Il n'y est pas... c'est-à-dire il y est ; mais il n'est pas visible, il dort encore...

LA COMTESSE.

Alors, je l'attendrai...

Mme BERGAMOTTE.

C'est étonnant, une étrangère !... car madame n'est pas du quartier, je ne la connais pas... Et que voulez-vous à mon gendre ? car c'est mon gendre... que lui voulez-vous, s'il vous plaît ?

LA COMTESSE, *avec embarras.*

Lui parler !... pour ses intérêts ; c'est pour cela que j'arrive... que je viens...

Mme BERGAMOTTE.

Je devine !... vous êtes la demoiselle de boutique qu'il attend... mademoiselle Dorothée, que lui envoie sa tante Mignonette de Gisors.

LA COMTESSE, *vivement.*

Oui, madame, c'est justement cela...

Mme BERGAMOTTE.

Eh bien! ma chère demoiselle, si vous veniez ici pour être à la tête de la maison... il y a bien du changement depuis hier. M. Coquerel est marié... marié, entendez-vous!... c'est vous dire assez que votre présence ne convient guère à ma fille ni à moi ; car il n'y a plus qu'une personne qui doit commander ici... c'est ma fille, que j'ai élevée à m'obéir... J'entends du bruit chez elle. (*Frappant.*) Ma fille... mon gendre !... (*A la comtesse.*) Nous allons avoir une explication à ce sujet... C'est moi, ma fille... c'est ta mère bien-aimée. (*A la porte qui s'entr'ouvre.*) Peut-on entrer, madame Coquerel ?

ANGÉLIQUE, *dans la chambre.*

Oui, ma mère !...

Mme BERGAMOTTE.

Ah ! enfin ! Vous pouvez attendre ici... ce ne sera pas long.

Elle entre sur la pointe du pied ; la porte se referme.

SCÈNE IV.
LA COMTESSE, puis COQUEREL.

LA COMTESSE.

Voilà une belle-mère charmante !... et pour son réveil de noces, ce pauvre Coquerel va avoir une scène !... Enfin et malgré la lettre de cachet, il est revenu hier soir chez lui, près de sa femme !... c'est l'essentiel ; et maintenant il faut, sans me faire connaître, empêcher M. le comte... Dieu !... que vois-je ?

COQUEREL, *paraissant à la porte du fond, pâle, en désordre et se soutenant à peine ; il s'arrête un instant, puis entre rapidement et sans voir la comtessé qui reste derrière lui.*

Quelle nuit !... quel voyage !... Je suis entré par le grand escalier, n'osant passer par la boutique, de peur qu'on ne me vit ; car, à cette heure-ci... (*S'approchant de l'escalier.*) J'entends parler !... toutes ces demoiselles y sont... et avant qu'on ne soit de nouveau sur mes traces, prenons de l'argent et partons ; car il me restait pour fuir à l'étranger un petit écu ! (*Apercevant la comtesse.*) Dieu ! l'on m'a vu... Qui va là... d'où venez-vous ?

LA COMTESSE.

De Gisors...

COQUEREL, *lui sautant au cou.*

Ah ! Dorothée ! ma chère Dorothée !... c'est vous que m'envoie ma tante Mignonette ! Bénis soient le ciel et la diligence qui vous amènent !

LA COMTESSE, *se dégageant de ses bras.*

Prenez donc garde... une pareille manière de faire connaissance.

COQUEREL.

Que voulez-vous ?... c'est le malheur, le malheur qui rapproche la distance, et m'a fait perdre la tête... depuis hier soir... quand j'ai vu M. le comte entrer dans cette chambre... dans la chambre jaune... au moment même où ce scélérat d'exempt m'entrainait, il m'a pris comme un vertigo... un délire... Je ne pensais plus qu'à ma femme... car je suis marié, Dorothée... marié depuis hier... Je n'ai pas eu le temps de vous en faire part.

LA COMTESSE, *feignant la surprise.*

Marié ?

COQUEREL.

Qand je dis marié !... c'est une manière de parler Tant il y a, Dorothée, qu'ils m'emmenaient... et cette fois, impossible de me sauver... ce n'est qu'au pont de Saint-Cloud, au moment où nous traversions la Seine... une fièvre chaude... une idée... et encore une idée... je ne sais pas si j'en avais dans ce moment ; mais je me suis précipité...

LA COMTESSE, *effrayée.*

Par désespoir !...

COQUEREL.

Par-dessus le pont. Il est vrai que nous sommes au mois d'août, et que par malheur je sais nager ; aussi, lorsque j'ai été là... l'envie de périr m'a passé tout de suite... c'est étonnant comme ça s'en va vite... mais j'avais dépisté mes alguazils, qui m'auront cru mort. J'ai abordé près du bois de Boulogne, à Longchamps, où je me suis promené en amateur ; ce qui m'a séché et a empêché la fluxion de poitrine... Voilà, Dorothée, comment j'ai passé la nuit de mes noces.

LA COMTESSE.

Pauvre garçon !...

COQUEREL.

Ce n'est rien encore, et je suis bien heureux de trouver une amie... une personne de confiance... Je vais vous remettre mes notes, mes instructions, et vous placer à la tête de ma maison en mon absence ; car moi, je pars... je devrais être parti ! (*A demi-voix.*) La Bastille, ma chère amie !... la Bastille qui me poursuit...

LA COMTESSE.

Il y a peut-être des moyens de vous en préserver.

COQUEREL.

Je m'étais marié pour ça... et tout a tourné contre moi. Il y de quoi rendre misanthrope... et je suis, Dorothée, le plus infortuné des maris et des confiseurs.

LA COMTESSE.

Quoi !... vous pouvez croire que votre femme...

COQUEREL.

M'a trahi indignement...

LA COMTESSE.

Allons donc !...

Je l'ai vu !...

LA COMTESSE.

Ce n'est pas possible !

COQUEREL.

Je l'ai vu !...

LA COMTESSE.

Vous vous êtes trompé !...

COQUEREL.

Ah ! Dorothée !... vous venez bien de chez ma tante Mignonette ; car voilà déjà que vous m'impatientez comme elle !... Quand un mari vous dit qu'il a des preuves... qu'il a vu de ses yeux...

LA COMTESSE.

Ce n'est pas une raison... Silence !... on vient !

SCENE V.

Les Mêmes, DUBOIS.

DUBOIS, *s'avançant mystérieusement près de Coquerel qui est sur le devant du théâtre.*

Vous qui êtes de la maison, pourriez-vous me faire parler à Mme Coquerel?

COQUEREL.

Moi?

DUBOIS, *à part.*

Le mari!... que je croyais à la Bastille... (*Passant près de la comtesse.*) Ma chère enfant, un louis pour vous si vous éloignez cet original et me faites parler à votre jeune maîtresse...

LA COMTESSE, *se retournant.*

En vérité?

DUBOIS, *stupéfait et à voix basse.*

Dieu !... Mme la comtesse !... Je perds la tête, je deviens absurde!

COQUEREL, *bas à la comtesse de l'autre côté.*

Ce valet sait que je suis ici, c'est fait de moi.

LA COMTESSE, *de même.*

Ne craignez rien. (*Haut à Dubois.*) Vous n'aurez pas vu monsieur, entendez-vous?

DUBOIS, *tremblant.*

Oui, oui, madame.

LA COMTESSE.

Ou je vous fais jeter par la fenêtre.

COQUEREL, *effrayé.*

Y pensez-vous?

LA COMTESSE.

Puisque vous m'avez mis à la tête de votre maison, il faut bien que je commande.

COQUEREL.

Je ne demande pas mieux, Dorothée, surtout de pareilles choses; ça me fera même plaisir.

LA COMTESSE.

Ecrivez les notes que vous deviez me donner, et laissez-moi faire.

COQUEREL, *se mettant à table et écrivant.*

Tout ce que vous voudrez, pourvu que vous me tirez de là.

LA COMTESSE.

Je m'en charge. (*Faisant signe de la main à Dubois de s'approcher d'elle, et à demi-voix.*) Tu sais ce que tu as mérité et ce qui t'attend?

DUBOIS, *tremblant.*

Oui, madame la comtesse.

LA COMTESSE.

Ton maître lui-même ne pourrait te sauver; la franchise seule peut le faire.

DUBOIS, *de même.*

Oui, madame la comtesse.

LA COMTESSE.

Qui t'amène ici? quel motif?... Et d'abord qu'est-il passé hier à Chaville après ce mariage? Prends garde, car je saurai la vérité.

DUBOIS.

Aussitôt après le mariage, M. Serrefort, l'exempt, a emmené M. Coquerel, pour le conduire, disait-on, en prison.

LA COMTESSE.

C'est vrai!

DUBOIS.

Et dans la chambre au premier, dans la vôtre qu'on avait donnée à Mlle Angélique, la jeune mariée, j'ai vu dans l'obscurité se glisser M. le comte.

LA COMTESSE.

C'est vrai!

DUBOIS.

Il n'y avait pas cinq minutes qu'il y était, sans obtenir, m'a-t-il dit depuis, un seul mot de la jeune mariée, qu'est arrivé un coureur de Versailles, un ordre du roi.

LA COMTESSE.

C'est vrai ! (*A part.*) Sans cela, j'allais le démasquer et le confondre.

DUBOIS.

Un ordre qui l'appelait à l'instant même à un conseil extraordinaire, au milieu de la nuit ; il a fallu partir, et M. le comte était furieux, ce qui prouvait bien qu'il n'était point coupable.

LA COMTESSE.

Il suffit!

DUBOIS.

Et voilà pourquoi M. le comte m'envoie lui dire ce matin qu'il va venir déjeuner en tête-à-tête avec elle.

COQUEREL, *qui s'est levé en entendant ces derniers mots.*

En tête-à-tête?

LA COMTESSE, *le renvoyant à la table.*

Ecrivez donc, écrivez toujours; je vous ai dit que ça me regardait. (*A Dubois.*) Approche ici; M. le comte connaît-il ton écriture?

DUBOIS.

A peine si j'en ai une, et encore je ne m'en sers jamais, par égard pour mes maîtres.

LA COMTESSE.

C'est bien, attends-moi là.

DUBOIS, *avec respect, et se retirant quelques pas à l'écart.*

Oui, madame.

COQUEREL, *à part.*

Quelle femme ! comme elle commande ! c'est là ce qu'il fallait dans ma maison (*Haut.*) Voici les clefs de tout, et mes pleins pouvoirs que je vous remets.

LA COMTESSE, *prenant les clefs et les papiers qu'il lui présente.*

J'accepte; et pour commencer, vous, Coquerel, cachez-vous.

COQUEREL.

Je le préfère, Dorothée ; il y a là-haut un grenier où je serre mes provisions.

LA COMTESSE.

Restez-y, ne vous montrez pas, je saurai assurer votre bonheur et votre liberté ; ayez confiance en moi qui ne veux pas vous tromper.

COQUEREL.

Oui, Dorothée, et moi, de mon côté, je doublerai vos gages, et vous commanderez toujours.

La comtesse fait un signe à Dubois, qui sort en tremblant après elle.

SCENE VI.

COQUEREL, *seul.*

Au fait, pourquoi me tromperait-elle ? elle n'est pas ma femme, et elle a de l'aplomb, du sang-froid, de la tête, tout ce qui me manque; et quoi qu'il arrive, je suis déterminé à la seconder ; ce qu'elle me demande d'abord, c'est de me cacher ; allons, du cœur, et cachons-nous.

Il monte lentement l'escalier à droite.

SCENE VII.

COQUEREL, ANGÉLIQUE, *sortant de la porte à gauche.*

ANGÉLIQUE, *en peignoir blanc, et parlant à la cantonnade.*

Oui, ma bonnemère, je suivrai vos conseils.

COQUEREL, *à part.*

Dieu ! ma femme chez moi ! en déshabillé du matin... et elle est seule !... Ah ! je ne me sens pas d'amour et de colère.

A chaque phrase, il a redescendu une marche et se trouve en scène près d'Angélique.

ANGÉLIQUE.

Certainement, je ferai ce que m'a conseillé ma mère, et pour commencer, je le déteste déjà. (*Se retournant et apercevant Coquerel.*) Ah ! le voici !

COQUEREL, *à part.*

Elle m'a vu ! Allons, Coquerel, du caractère !... et après ce qui s'est passé, de la férocité même au besoin ; c'est à moi de lui parler le premier.

DUO.

ANGÉLIQUE, *d'un air piqué et sans lui laisser le temps de la questionner.*

Peut-on savoir, monsieur, d'où vous venez ainsi ?

COQUEREL, *à part, indigné.*

Elle ose encor m'interroger ici ?...
En honneur, son audace est grande.

ANGÉLIQUE.

Eh bien donc, cette nuit... veuillez me regarder,
Qu'avez-vous fait ?... je le demande.

COQUEREL.

Moi, je n'ose le demander.

ANGÉLIQUE, *pleurant presque.*

Depuis le soir jusqu'à l'aurore,
Oui, monsieur, j'attendais...
Avec un soupir.
Comme j'attends encore !...

COQUEREL, *furieux.*

Vous m'attendiez !... c'est une horreur !...
Vous m'attendiez en compagnie !...
Quel sang-froid !... quelle perfidie !...

ANGÉLIQUE.

J'étais seule, et j'avais bien peur.

COQUEREL, *avec indignation.*

Vous étiez seule !... cœur trompeur !...
Quand hier, ce n'est pas un songe,
J'ai vu le comte entrer chez vous !...

ANGÉLIQUE, *révoltée.*

Monsieur le comte !... ah ! quel mensonge !...

COQUEREL.

Je l'ai vu !... vu !... de mes deux yeux d'époux !...

ENSEMBLE.

ANGÉLIQUE, *pleurant.*

C'est indigne !... c'est infâme !...
Qui de lui m'eût dit cela ?...
A peine suis-je sa femme
Qu'il me querelle déjà !
Ah !... ah !... ah !... ah !...
Il me fait pleurer déjà ,
Ah !... ah !... ah !... ah !...

COQUEREL.

C'est indigne, c'est infâme !...
Qui d'elle m'eût dit cela ?...
A peine est-elle ma femme
Qu'elle me trompe déjà !...
Ah !... ah !... ah !... ah !... ah !...
Ah ! elle pleure déjà !...
Ah !... ah !... ah !... ah !...

COQUEREL, *voulant calmer ses pleurs.*

Écoute-moi !...

ANGÉLIQUE, *pleurant.*

Quel mauvais caractère !...

COQUEREL.

Écoute-moi !...

ANGÉLIQUE, *de même.*

Quels indignes détours !...

COQUEREL.

Un mot, de grâce !...

ANGÉLIQUE, *pleurant et appelant.*

Ah ! ma mère ! ma mère !...

COQUEREL.

Écoute-moi !...

ANGÉLIQUE, *sanglotant.*

Venez à mon secours !...

COQUEREL, *suppliant.*

Taisez-vous donc ! taisez-vous, Angélique !...
Entre nous deux que tout s'explique !...

ANGÉLIQUE, *criant plus fort.*

Non, non, monsieur, c'est à maman
A me venger de mon tyran !...

COQUEREL, *révolté.*

Un tyran ! moi ! le confiseur
Le plus connu par sa douceur !...

ENSEMBLE.

ANGÉLIQUE.

C'est indigne !... c'est infâme !...
Qui de lui m'eût dit cela ?...
A peine suis-je sa femme
Qu'il me querelle déjà ?
Ah !... ah !... ah !... ah !...
Il me fait pleurer déjà,
Ah !... ah !... ah !... ah !...

COQUEREL.

C'est indigne !... c'est infâme !...
Qui d'elle m'eût dit cela ?
A peine est-elle ma femme
Qu'elle me trompe déjà !
Ah !... ah !... ah !... ah !...
Ah ! elle pleure déjà !...
Ah !... ah !... ah !... ah !...

SCENE VIII.

LES MÊMES, Mme BERGAMOTTE.

Mme BERGAMOTTE, *sortant de la gauche.*

Quel est ce bruit ?

ANGÉLIQUE, *courant à sa mère.*

Maman !...

Mme BERGAMOTTE, *avec dignité.*
Eh quoi ! c'est vous, mon gendre ?
COQUEREL.
Écoutez-moi !...
Mme BERGAMOTTE, *impérieusement.*
Vous avez tort.
COQUEREL.
Je veux vous expliquer comment...
Mme BERGAMOTTE, *impérieusement.*
Vous avez tort !
COQUEREL.
Laissez-moi vous faire comprendre.
Mme BERGAMOTTE.
Ma fille m'a tout dit... et j'ai compris d'abord
Que vous seul, mon gendre, aviez tort !
ANGÉLIQUE, *pleurant.*
N'est-il pas vrai, maman ?
Mme BERGAMOTTE.
Oui, ma fille, il a tort !
ANGÉLIQUE, *à Coquerel.*
Vous voyez bien que même ma famille
Est contre vous...
COQUEREL.
J'en conviens ! mais encor.
Mme BERGAMOTTE, *d'un air triomphant et en interrompant Coquerel.*
C'est bien heureux ! il convient qu'il a tort.
COQUEREL.
Du tout !... du tout !... je n'ai pas tort.

ENSEMBLE.
Mme BERGAMOTTE.
Votre ton me choque,
Votre air me suffoque,
Et mon cœur invoque
Le ciel en courroux !
Fais, Dieu tutélaire,
Qu'un arrêt sévère
Punisse sur terre
Tout coupable époux.
COQUEREL.
De moi l'on se moque,
D'honneur, je suffoque,
Et mon cœur invoque
Le dieu des époux
Qui, dans sa colère,
A mis sur la terre
Chaque belle-mère
Pour nous damner tous.
ANGÉLIQUE.
Conduite équivoque,
Dont mon cœur suffoque,
Contre lui j'invoque
Le ciel en courroux !
Fais, Dieu tutélaire,
Qu'un arrêt sévère
Punisse sur terre
Tout coupable époux.
Mme BERGAMOTTE.
Allez ! allez ! c'est un outrage insigne !
Qu'à sa place, moi, jamais
Je ne vous pardonnerais !
COQUEREL.
Qu'ai-je donc fait ?
ANGÉLIQUE, *pleurant.*
Ah ! c'est trop fort !
Il demande quel est son tort.
COQUEREL, *à Angélique.*
Mais permettez...
ANGÉLIQUE, *toujours pleurant.*
Ah ! vous avez eu tort.

COQUEREL, *à Mme Bergamotte.*
Quand vous saurez...
Mme BERGAMOTTE.
Vous avez eu grand tort.
COQUEREL, *s'impatientant.*
Quel tort enfin ?
Mme BERGAMOTTE, *avec dignité.*
Monsieur, cessez de feindre.
Vous n'avez pas besoin d'efforts
Pour reconnaître tous vos torts.
Mme BERGAMOTTE et ANGÉLIQUE.
Un jour de noces, avoir tant de torts...
COQUEREL.
C'en est trop ! je ne puis plus long-temps me contraindre !
ANGÉLIQUE, *tombant dans les bras de sa mère.*
Ah !... ah !...
Mme BERGAMOTTE.
Mon gendre !...
COQUEREL.
Eh bien ?...
Mme BERGAMOTTE.
O contre-temps fatal !...
De l'éther ! du vinaigre !... elle se trouve mal !...

ENSEMBLE.
Mme BERGAMOTTE.
Dieu !... elle suffoque !...
Votre aspect la choque,
Et mon cœur invoque
Le ciel en courroux.
Fais, Dieu tutélaire,
Qu'un arrêt sévère
Punisse sur terre
Tout coupable époux.
COQUEREL.
Dieu !... elle suffoque !...
L'effroi m'interloque,
En tremblant j'invoque
Le dieu des époux,
Qui, dans sa colère,
A mis sur la terre
Chaque belle mère
Pour nous damner tous.
ANGÉLIQUE.
Hélas ! je suffoque !...
En lui tout me choque,
Et mon cœur invoque
Le ciel en courroux !
Fais, Dieu tutélaire,
Qu'un arrêt sévère
Punisse sur terre
Tout coupable époux !

Sur la ritournelle de cet ensemble, Angélique, qui s'est assise, revient à elle peu à peu.

Mme BERGAMOTTE.
Mon gendre, mon gendre, elle revient ; elle va mieux, et je suis sûre que si vous lui demandiez pardon...
COQUEREL.
Moi, (*indigné*) par exemple !
ANGÉLIQUE, *à sa mère en poussant un cri.*
Ah !
Mme BERGAMOTTE.
Ça lui reprend.
COQUEREL, *effrayé et à part.*
O ciel ! (*Haut.*) Eh bien, Angélique, ma petite Angélique, ne sois pas malade ; je te crois, je te pardonne, non, je te demande pardon.

ANGÉLIQUE.

A la bonne heure ; depuis hier soir que je suis ici, chez vous, à vous attendre.

COQUEREL, *étonné.*

Chez moi ?

ANGÉLIQUE.

Oui, monsieur, j'y suis venue dans la voiture de Mme la comtesse ; demandez à ma mère.

COQUEREL.

Et le comte ?

ANGÉLIQUE.

Resté à Chaville, tout seul !

COQUEREL.

Non, non, ce n'est pas possible.

ANGÉLIQUE.

Il en doute encore.

UNE DEMOISELLE DE BOUTIQUE, *appelant du bas de l'escalier.*

Madame Bergamotte ! madame Coquerel !

Mme BERGAMOTTE, *courant à l'escalier.*

Qu'est-ce que c'est ?

LA DEMOISELLE DE BOUTIQUE, *toujours d'en bas.*

Une voiture pour vous ! une voiture de la cour !

Mme BERGAMOTTE.

La cour !... dans la rue des Lombards...

LA DEMOISELLE DE BOUTIQUE.

C'est M. le comte de Coaslin.

TOUS TROIS, *avec un sentiment différent.*

M. le comte !...

Mme BERGAMOTTE.

Qu'il n'entre pas dans la boutique... mais par la grande porte... c'est plus noble !... et plus large ! (*Descendant l'escalier tournant.*) Dieu ! M. le comte !... je cours le recevoir !...

SCENE IX.

ANGÉLIQUE, COQUEREL.

COQUEREL.

Et moi, je me sauve !

ANGÉLIQUE, *le retenant.*

Non, monsieur... vous resterez !... pour demander à M. le comte lui-même ce qui en est.

COQUEREL, *à part.*

Miséricorde !... s'il me voit je suis perdu... (*Dans le plus grand trouble.*) Je vous crois, Angélique !... je vous crois... sans comprendre... mais il faut que je m'en aille...

ANGÉLIQUE.

Encore !...

COQUEREL.

Il le faut !...

ANGÉLIQUE.

Et pourquoi donc ?

COQUEREL.

Je vous l'ai dit hier, à Chaville... quand je suis entré par la fenêtre !... (*Avec impatience.*) Après notre mariage... et que je vous ai tout raconté... vous savez !...

ANGÉLIQUE.

Moi !... je ne vous ai ni vu ni parlé... c'est ce dont je me plains !...

COQUEREL, *hors de lui.*

C'est à en perdre la tête... c'est égal... je n'ai pas le temps de me remettre en colère !... j'ai trop peur... tout ce que je vous demande, Angélique, c'est de ne pas dire à M. le comte que je suis ici et que vous m'avez vu !

ANGÉLIQUE.

A cause ?

COQUEREL.

A cause que s'il le sait... je suis anéanti... je suis mort... obligé de vous quitter... de ne plus vous voir...

ANGÉLIQUE, *vivement.*

Je ne dirai rien... je me tairai...

COQUEREL, *avec douleur.*

Ah ! l'on croirait encore qu'elle m'aime !...

ANGÉLIQUE, *tendrement.*

Si je vous aime, ingrat !

COQUEREL, *emporté par son amour.*

Angélique !...

ANGÉLIQUE, *baissant les yeux.*

Eh bien ! monsieur...

COQUEREL, *la pressant contre son cœur.*

Angélique !... (*S'éloignant vivement.*) J'ai cru que l'on venait... que l'on montait l'escalier... (*Avec désespoir.*) Et s'éloigner dans un pareil moment... céder sa place à un rival... ce ne sera pas du moins sans vengeance. (*Il embrasse vivement Angélique sur le cou, puis il se retourne tout effrayé.*) Non... personne... (*S'animant.*) Arrivera ce qu'il pourra ! la peur me donne du courage... et dans la rage que j'éprouve ! (*Second baiser ; puis il se retourne en tremblant.*) Hein ! j'ai cru entendre... que m'importe, après tout ?... c'est mon bien !... c'est ma femme !... et quand la mort serait là... en face !...

ANGÉLIQUE, *pendant qu'il l'embrasse.*

A la bonne heure, au moins !...

COQUEREL, *se retournant vivement en tremblant.*

O ciel !... non, personne encore !... (*S'exaltant.*) Tant pis !... ce baiser-là m'a donné du cœur... je ne crains plus rien... qu'il vienne... qu'il se présente...

LE COMTE, *en dehors, à la porte du fond.*

C'est bien, madame Bergamotte, ne vous donnez pas de peine.

COQUEREL, *s'enfuyant sur l'escalier.*

Dieu !... le voilà !...

ANGÉLIQUE, *se retournant et ne voyant plus son mari.*

Eh bien !... déjà ?...

SCENE X.

ANGÉLIQUE, LE COMTE, COQUEREL, *sur l'escalier.*

LE COMTE, *à la cantonade.*

Je vous répète que c'est trop de cérémonies... que c'est me désobliger...

ANGÉLIQUE.

Qu'est-ce donc, monsieur le comte ?

LE COMTE.

Votre mère, ma belle enfant, qui, sachant que

je déjeune ici, prépare un repas à trois services et met à contribution toute la boutique de son gendre.

COQUEREL, *à part, sur l'escalier.*
Il ne manquait plus que cela.

LE COMTE.
Ce qui est parfaitement inutile ; car tout ce que je veux... tout ce que je demande... c'est de déjeuner avec vous... avec vous seule... le ciel me doit ce dédommagement.

ANGÉLIQUE.
Vous êtes bien bon, monseigneur.

LE COMTE.
Convenez aussi, ma chère enfant, qu'il n'y a jamais eu de contrariété pareille?... être obligé, hier au soir de vous quitter aussi brusquement...

COQUEREL, *redescendant une marche.*
Hein?

ANGÉLIQUE, *étonnée.*
Que voulez-vous dire?...

LE COMTE.
Sans avoir obtenu de vous un mot, un seul mot; et pourquoi, je vous le demande, ce silence obstiné?...

ANGÉLIQUE, *très-surprise.*
Comment, monseigneur?...

LE COMTE.
Que démentait votre trouble, votre émotion...

COQUEREL, *redescendant une marche.*
Ah! mon Dieu!...

LE COMTE.
Ce baiser même, que vous n'avez pas repoussé...

COQUEREL, *de même.*
C'est fait de moi!...

ANGÉLIQUE, *naïvement.*
Quoi!... ce baiser d'hier... avant mon mariage... quand je vous ai dit que j'aimais M. Isidore Coquerel...

COQUEREL, *avec joie, remontant une marche.*
Quel bonheur!...

ANGÉLIQUE.
Que j'étais bien heureuse de l'épouser.

COQUEREL, *à demi-voix.*
Je suis sauvé!

ANGÉLIQUE.
Et que je vous embrassais de bon cœur pour vous en remercier... Si ce n'est que cela, monseigneur, il n'y a pas de quoi être ravi!...

COQUEREL, *remontant la dernière marche.*
Mes actions remontent.

LE COMTE.
Non pas!... non pas!... entendons-nous... je veux dire après le départ de Coquerel...

COQUEREL, *redescendant une marche.*
Mes actions redescendent!

LE COMTE.
Quand... dans votre appartement!...

COQUEREL, *de même.*
Je frissonne...

LE COMTE.
Et seule avec moi...

COQUEREL, *de même.*
Je suis perdu!...

ANGÉLIQUE.
Jamais!... jamais!... et c'est drôle, monseigneur... vous voilà juste comme Coquerel... qui disait ce matin m'avoir parlé à Chaville...

LE COMTE, *avec colère.*
Coquerel!... ce matin... vous l'avez aperçu?

COQUEREL, *remontant rapidement jusqu'en haut.*
Maladroite!...

ANGÉLIQUE, *à part.*
Dieu!... ce qu'il m'avait recommandé...

LE COMTE, *avec colère.*
Répondez... vous l'avez donc vu?

ANGÉLIQUE.
Oh!... si peu!... si peu, que ce n'est pas la peine d'en parler.

LE COMTE.
Qu'est-ce que cela signifie? (*Apercevant une table toute servie, que M*me *Bergamotte fait apporter par la porte du fond.*) A l'autre, maintenant, il s'agit bien cela!

M*me* BERGAMOTTE, *à des demoiselles de boutique qui sont entrées avec elle.*
Approchez cette table, et maintenant apportez les hors-d'œuvre chauds.

LE COMTE, *prenant M*me *Bergamotte à part pendant que les demoiselles de boutique sortent.*
Venez, venez, j'ai à vous parler de votre gendre!

SCENE XI.

Les Mêmes, M*me* BERGAMOTTE.

M*me* BERGAMOTTE.
Et moi aussi, monseigneur, j'ai peur que ce ne soit un mauvais sujet et qu'il ne se dérange. Ça commence déjà! il n'est rentré ce matin qu'à six heures! quelle horreur!

LE COMTE.
Rentré?

M*me* BERGAMOTTE.
Jugez de la colère de ma pauvre enfant, qui a fini par lui pardonner, parce que nous pardonnons toujours!

LE COMTE.
Il est donc ici?

M*me* BERGAMOTTE.
Certainement.

COQUEREL, *à part.*
Détestable belle-mère!

ANGÉLIQUE.
Non, monseigneur, non, il est parti, il n'y est plus depuis long-temps!

COQUEREL, *à part.*
O ma chère femme!

ANGÉLIQUE.
Depuis trois ou quatre heures.

M*me* BERGAMOTTE.
Je viens de le voir, il était là avant vous.

LE COMTE.
Avant mon arrivée! ils s'entendent donc pour jouer, pour me tromper!

SCENE XII.

Les Mêmes, DUBOIS.

LE COMTE, *à Dubois qui paraît embarrassé et qui tient une lettre à la main.*

Et toi, imbécile! que veux-tu avec cet air effaré! Et cette lettre, de qui est-elle?

DUBOIS, *hésitant.*

De... de M. Coquerel.

COQUEREL, *sur l'escalier.*

De moi? Eh bien! par exemple!

DUBOIS.

Il vient de l'écrire en bas, dans la boutique devant moi.

COQUEREL, *à part.*

Voilà qui est fort!

LE COMTE, *arrachant la lettre.*

Devant toi! lui qui depuis hier devait être à la Bastille. Ce damné confiseur est donc insaisissable; ce prisonnier est donc partout, excepté en prison. (*Il décachète la lettre, et pour la lire, il s'approche, ainsi que Dubois, de l'escalier où est Coquerel qui écoute; pendant ce temps, Angélique et sa mère rangent sur la table les plats de dessert et approchent les chaises.*) Quelle écriture! à peine si on peut la déchiffrer.

DUBOIS, *à part.*

C'est ce que je disais à madame, qui a voulu malgré ça, et ça me fait une peur.

LE COMTE, *lisant.*

« Me voici enfin dans mon ménage et près de » ma femme. » Quelle audace! « Le bonheur rend » généreux, monseigneur, et je viens reconnaître » vos soins par un bon avis. » Il ne mourra que de ma main! (*Coquerel effrayé remonte une marche.*) « Quand on veut enlever la femme des au- » tres il faut prendre garde à la sienne; je vous » préviens que Mme la comtesse a passé hier la » nuit hors de l'hôtel, et que ce matin, moi et » votre valet de chambre Dubois l'avons aperçue » déguisée dans une voiture de place. » O ciel! (*A Dubois, en cherchant à se contraindre.*) Tu l'entends, est-ce vrai?

DUBOIS, *avec effroi.*

Oui, oui, monseigneur.

LE COMTE, *poussant un cri de rage.*

Trahi! bafoué par eux tous, et c'est un pareil homme qui possède mon secret. (*A Dubois.*) Fais approcher ma voiture.

DUBOIS.

Vous l'avez renvoyée.

LE COMTE.

Va la chercher, qu'elle vienne! puis cours chez Serrefort; qu'il mette tout son monde à la poursuite de Coquerel : il me le faut.

COQUEREL, *à part.*

Je me défendrai comme un lion!

LE COMTE, *avec force.*

S'il fait la moindre résistance, qu'on le tue, je paierai le dégât, un confiseur, c'est dix écus.

Coquerel effrayé monte l'escalier et disparaît tout-à-fait.

Mme BERGAMOTTE, *s'approchant du comte.*

Si monseigneur veut déjeuner, tout est prêt!

LE COMTE, *à part, avec impatience.*

Ah! j'ai bien appétit, vraiment! mais que ces petites gens-là ne se doutent de rien, et en attendant ma voiture... (*Haut et d'un air gracieux.*) Comment donc, un repas royal, on se croirait à Versailles.

La table a été avancée au bord de la rampe; le comte remonte le théâtre et pose sur un fauteuil son chapeau et son épée qu'il défait. Mme Bergamotte s'empresse à l'aider. Pendant ce temps, Coquerel a descendu tout doucement l'escalier, et se trouve près d'Angélique, qui est debout, près de la table à droite.

COQUEREL.

Ma femme! je te rends mon estime, mon amour, et pour toi maintenant je braverais tout.

Apercevant le comte qui vient de se retourner, il se baisse vivement et se met presque à genoux près d'Angélique qui le cache de sa robe. Le comte s'avance vers Angélique.

FINAL.

LE COMTE, *affectant un air riant.*

Mon enfant, daignez, de grâce,
Daignez accepter ma main.

Il lui offre la main et se dirige avec elle vers la table. Coquerel à genoux la suit, toujours caché derrière sa robe. En passant devant la table, il se blottit dessous, en vue du spectateur. Le comte est au milieu, Angélique à sa droite, Mme Bergamotte à côté de sa fille, Coquerel dessous la table, mais du côté de sa femme et à ses pieds.

LE COMTE, *à Angélique et à Mme Bergamotte.*

Et tous les trois prenons place
A cet aimable festin!

Ils s'asseoient tous trois. Des demoiselles de boutique montent par l'escalier tournant. Elles placent sur la table des bonbons et différens plats de dessert; puis elles restent pour servir.

ANGÉLIQUE, *regardant avec inquiétude.*

Qu'est donc devenu mon mari?
Il disparaît toujours ainsi!

Coquerel, sous la table, la tire doucement par sa robe; elle pousse un cri.

Ah!

LE COMTE, *vivement.*

Qu'avez-vous donc?

ANGÉLIQUE.

Rien.

Regardant autour d'elle et voyant une demoiselle qui place une jatte de crème sur la table.

La crainte
Que ce plat ne fût renversé!

LE COMTE, *à table et regardant Angélique.*

Quel doux moment!

ANGÉLIQUE.

Quelle contrainte!

LE COMTE, *à part.*

Malheur à ceux qui m'auront offensé!
Pour commencer, et dans ma rage extrême,
Désignant Angélique.
Vengeons-nous sur celle qu'il aime!

LE FIDELE BERGER.

ENSEMBLE.

ANGÉLIQUE, à part.

Il garde le silence!
Et pourtant en ces lieux
Je crois, en conscience,
Qu'on me fait les doux yeux!

LE COMTE, à part.

Oui, vengeons mon offense,
Et près de ses beaux yeux
Je sens que la vengeance
Est le plaisir des dieux!

COQUEREL, à part.

O comble de souffrance!
Montrant au-dessus de sa tête.
Là-haut... ils sont tous deux!
Et c'est en ma présence
Qu'il lui fait les doux yeux!...

SCÈNE XIII.

Les Mêmes, DES DEMOISELLES DE BOUTIQUE *paraissant à la porte du fond avec* SERREFORT.

LES DEMOISELLES, à Serrefort.

Entrez! entrez!... monseigneur est ici,
Et puisque vous voulez lui parler... le voici!

LE COMTE, à Serrefort, à mi-voix, avec colère.

Eh bien! ton prisonnier? il a fui!

SERREFORT, d'un air pénétré.

Il est mort!...

ANGÉLIQUE.
Mort!...
LE COMTE.
Mort!...
Mme BERGAMOTTE.
Mort!...

SERREFORT.

C'est un accident terrible!

TOUS.
Mort!... mort!... mort!...

LE COMTE.

Non, vraiment, c'est impossible.
Mort!... mort!... mort!...
Je ne puis le croire encor.

LES DEMOISELLES, à Serrefort.

Monsieur Coquerel est mort?

SERREFORT.

Monsieur Coquerel est mort!

LES DEMOISELLES.

Vous êtes sûr qu'il est mort?

SERREFORT.

C'est un coup fatal du sort.

TOUS, *excepté Angélique et Mme Bergamotte.*

Mort!... mort!... mort!...
Je ne puis le croire encor.
Il est mort! il est mort!

COQUEREL, *sous la table.*

Je suis mort! je suis mort!

LE COMTE, *secouant la tête d'un air d'incrédulité et regardant tour à tour Angélique et Serrefort.*

Il n'est plus! ah! c'est bien étonnant!...

ANGÉLIQUE *vivement, et pour le détourner de ses pensées.*

Monseigneur
Voudrait-il me donner à boire?...

LE COMTE, *étonné.*

Quel sang-froid!...

COQUEREL, *sous la table.*

Imprudente!...

LE COMTE, *regardant toujours Angélique d'un air de doute.*

Ah! vraiment sa douleur
Se dissipe plus tôt que je n'osais le croire!

En ce moment, la comtesse, avec le tablier vert et habillée comme les demoiselles de boutique, paraît au haut de l'escalier, suivie de Dubois; elle se mêle parmi les demoiselles qui servent à table.

SCÈNE XIV.

Les Mêmes, LA COMTESSE, DUBOIS.

LE COMTE.

Aux veuves qui gaiment savent se consoler...
Tendant son verre par-dessus son épaule.
Je veux boire aussi!...

La comtesse s'avance, prend une bouteille sur la table et remplit le verre du comte, qui lève alors les yeux sur elle et demeure interdit. Le verre remue dans sa main vacillante; il s'écrie :
Dieu!...

ANGÉLIQUE.

Qu'a-t-il donc à trembler!

LA COMTESSE.

En bas, monsieur le comte, attend votre voiture...

LE COMTE.

C'est elle!...

ANGÉLIQUE.

La comtesse!

LA COMTESSE.

Oui, je viens comme vous
Pour venger aussi mon injure!
Car hier, à Chaville, un certain rendez-vous!...
Dans la nuit...

LE COMTE.

C'était elle...

LA COMTESSE.

Auprès de mon époux!
Pour expier un pareil tort,
Il faut rendre un époux à cette jeune femme.

LE COMTE, *d'un air pénétré.*

En vain je voudrais, madame;
Mais, hélas! il est mort.

LA COMTESSE.

Mort!... mort!... mort!...
La nouvelle est impossible.

LE COMTE.

C'est un accident terrible.

LA COMTESSE.

Il est mort! il est mort!

COQUEREL, *sortant de sous la table.*

Non, je ne suis pas mort!...

CHOEUR GÉNÉRAL.

Ah! c'est de la magie!
O miracle enchanteur!
Il ⎫
Je ⎭ retrouve la vie,
Sa ⎫
Ma ⎭ femme et le bonheur.

COQUEREL, *étonné, regardant la comtesse.*
Mais qui donc êtes-vous?

LA COMTESSE.
La demoiselle de boutique
Qui, pour vous préserver des lettres de cachet,
Vous apporte ici le brevet
De confiseur de la reine.

COQUEREL.
Qui, moi? breveté de la reine...
Je pourrai, protégé par sa main souveraine,
Époux et confiseur, exercer sans danger,
Et redire à la France ainsi qu'à l'étranger :

A plaire à chacun je m'attache ;
Mais pour débiter en ces lieux
Et la praline et la pistache,
Il nous faut des chalands nombreux ;
De mon enseigne souveraine
La vertu doit me protéger :
Jeune parrain, jeune marraine,
Venez au *Fidèle Berger!*

VARIANTE.

TRIO.

COQUEREL.
Permettez, je vous en conjure,
Qu'avant ce mariage-là
Je connaisse au moins ma future.

LE COMTE.
C'est juste!... et qu'elle viendra...

COQUEREL.
Je veux la voir!...

LE COMTE.
Et pourquoi faire?

COQUEREL.
Pour me donner un peu de cœur,
C'est bien le moins!

LE COMTE.
Mais, au contraire,
Douter est encore un bonheur!

COQUEREL.
Je vois d'ici ce monstre épouvantable,
A l'œil louche, à l'affreux regard !
Le nez crochu! le teint d'un diable
Et la douceur d'un léopard !

LE COMTE.
Entends-tu dans la cour entrer une voiture...

COQUEREL, *tremblant.*
Ah! voici l'instant du danger!

LE COMTE.
De son air et de sa figure
Tout-à-l'heure tu vas juger.

SERREFORT, *à part et riant.*
Il tremble de l'envisager.

LE COMTE, *s'approchant de la croisée à droite.*
Tiens, d'ici... par cette fenêtre,
Dans un instant on va la voir paraître!

COQUEREL.
Hymen, cache-moi ton flambeau,
N'éclaire pas cette entrevue!...
Je suis sûr qu'après l'avoir vue,
Je vais regretter mon bandeau!

ENSEMBLE.

COQUEREL.
Je frémis!... je tremble!
Que vais-je donc voir !

L'avenir me semble
De plus en plus noir !
Affreuse tournure,
Visage effrayant :
Telle est la future
Dont la main m'attend.

LE COMTE *et* SERREFORT.
Il frémit!... il tremble
De ce qu'il va voir !
L'avenir lui semble
On ne peut plus noir.
Affreuse tournure,
Visage effrayant,
Telle est la future
Que son cœur attend.

SERREFORT, *qui est le plus près de la fenêtre à droite, s'en approche, en disant :*
Ma foi... voyons!...

COQUEREL, *à part.*
O funeste bonheur!

LE COMTE, *à Serrefort qui regarde.*
Hein!... qu'en dis-tu?

SERREFORT, *stupéfait.*
Comment!... c'est elle!

LE COMTE.
Précisément!... voici la belle!

SERREFORT, *à part.*
Angélique! grand Dieu!...

COQUEREL, *montrant Serrefort.*
Il est pâle d'horreur!...
Un exempt de police!... eux qui n'ont jamais peur!...

ENSEMBLE.

COQUEREL, *montrant Serrefort.*
Il frémit!... il tremble!... etc.

LE COMTE, *montrant Coquerel.*
Il frémit, il tremble!... etc.

SERREFORT.
Je frémis! je tremble!...
Que viens-je de voir?... etc.

COQUEREL, *s'approchant de Serrefort en tremblant.*
Vous avez vu!

SERREFORT.
Que trop, hélas!

COQUEREL.
Qu'en dites-vous?
SERREFORT.
Qu'en puis-je dire?
COQUEREL.
Là, franchement!
SERREFORT, *vivement et à voix basse.*
N'épousez pas!
COQUEREL.
Mais la prison?...
SERREFORT.
L'hymen est pire!
COQUEREL, *à part.*
Mon bon ange! qu'ai-je entendu?...
De faire trembler c'est capable!
Pendant ce temps il s'est approché de la fenêtre.
Voyons donc!... elle a disparu!...
Mais elle doit être effroyable!

ENSEMBLE.
COQUEREL.
O providence des époux!
A qui vais-je enchaîner ma vie!
Ah! si jamais l'hymen nous lie,
Je ne ferai pas de jaloux!
Oui, près de femme aussi jolie
Je ne ferai pas de jaloux!
LE COMTE.
O providence des époux!
C'est à toi que je me confie!
Quand c'est un autre qu'on marie,
L'hymen est un lien si doux!

SERREFORT.
O Providence des époux!
Quand ma future m'est ravie!
Viens déjouer leur perfidie,
Viens m'aider à braver leurs coups.
LE COMTE, *à Coquerel.*
Je vais ordonner sans retard
Ton hymen, et puis ton départ!
COQUEREL.
Ne vous pressez pas!
SERREFORT, *à part.*
Dieu! que faire?
Quelle idée!... oui, morbleu! je n'ai que ce moyen
Pour sauver mon amour et me tirer d'affaire!
LE COMTE, *à Coquerel.*
Dans un instant... près de toi je reviens!
A Serrefort.
Jusqu'à Rouen vous servirez d'escorte
Au confiseur!... Allez en prévenir vos gens!
SERREFORT, *à part.*
Ah! si je peux gagner du temps!
COQUEREL, *à part.*
Ah! si je peux gagner la porte.

ENSEMBLE.
COQUEREL.
O providence des époux! etc.
LE COMTE.
O providence des époux! etc.
SERREFORT.
O providence des époux!
Le comte sort par le fond et Serrefort par la droite.

FIN.

LE FIDÈLE BERGER,

OPÉRA COMIQUE EN TROIS ACTES,

PAR MM. SCRIBE ET DE SAINT-GEORGES;

MUSIQUE D'AD. ADAM.

CATALOGUE THÉMATIQUE

DES

MORCEAUX DÉTACHÉS, AVEC ACCOMPAGNEMENT DE PIANO,

Par V. Cornette.

		F.	C.
OUVERTURE.		5	»
No 1	CHOEUR. Préparons, jeunes amies. .	3	75
No 2	ROMANCE. Je suis Marraine.	2	»
No 3	RONDE. A plaire à chacun.	3	»
No 3 bis.	Idem, à voix seule, idem.	3	»
No 3 ter.	Idem, transposée en ré, idem. . . .	3	»
No 4	CHOEUR. Pour nous quelle bonne aubaine.	3	75
No 5	GRAND AIR. Amour, viens, je t'implore.	6	»
No 6	TRIO. Prenez un peu de patience. .	7	50
No 7	QUATUOR. Oui, monseigneur. . . .	5	»
No 8	AIR. Oui, ces cachots.	4	50
No 9	TRIO. O providence des époux. . .	4	50
No 10	DUO. Il est aimable et tendre. . . .	6	»
No 11	COUPLETS. Sa boutique est près de la nôtre.	3	»
No 12	COUPLETS. Écoutez donc les calomnies.	2	»
No 13	DUO. Dans l'ombre et le mystère. .	4	50
No 14	GRAND AIR. De Saint-Jacques j'entends l'horloge.	6	»
No 15	TRIO. Peut-on savoir, monsieur. . .	7	50

		F.	C.
No 15 bis.	DUO. Peut-on savoir, monsieur. . .	5	»
	EXTRAIT DU TRIO.		
No 16	QUATUOR. Mort! mort! mort! mort!	2	50

MORCEAUX DÉTACHÉS,

AVEC ACCOMPAGNEMENT DE GUITARE:

No 2, no 3, no 3 bis, no 3 ter, no 5, no 8, no 10, no 11, no 12, no 13, no 14, no 15 bis.

GRANDE PARTITION.	150	»
PARTIES D'ORCHESTRE.	150	»

P. MUSARD.

	F.	C.
2 Quadrilles pour le Piano, avec accompagnement de Flûte, Violon, Flageolet et Cornet, ad libitum, chaque.	4	50
Idem, à quatre mains.	4	50
Idem, à grand orchestre.	9	»
Idem, en quintetto, pour deux Violons, Alto, Basse, Flûte ou Flageolet, et Cornet, chaque.	4	50
Les deux ensemble pour deux Violons, deux Flûtes, deux Flageolets, deux Cornets, chaque.	4	50

Imprimerie de Vᵉ DONDEY-DUPRÉ, rue Saint-Louis, 46, au Marais.

GUIDO ET GINEVRA

ou

LA PESTE DE FLORENCE.

CHANT.

ACTE PREMIER.
SEIGNEURS.
MM. Lenfant, Ragaine, Joly, Isambert, Lefèvre, L. Petit.
Mlles Duc, Davesne, Verneuil, Coupotte, Bénard, Delamain, Lefèvre, Duménil 2ᵉ.

PAGES.
Mlles Delucenay, Duménil 1ʳᵉ.

LUTTEURS.
MM. Quériau, Mérante.

JARDINIÈRES.
Mlles Lassiat, Dumilatre 1ʳᵉ, Provost, Laurent, Pérès 1ʳᵉ, Célarius 2ᵉ, Leblanc, Desjardins 2ᵉ, Marquet, Aimé-Petit, Marivin, Thomas, Kolnberg, Emarot, Saulnier 1ʳᵉ, Robin, Jomard, Colson, Debroux, Beaupré.

DIANE.
Mlle Lemercier.

PIFFÉRANIS.
MM. Perron, Coulon, Lenoir.

SUITE DE DIANE.
Mlles Santi, Toussaint.

CHARPENTIERS.
MM. Ch. Petit, Fromage, Labassée, Adrien, Desplaces 2ᵉ, Clément, Renaury, Millot, Gonotouin, Chatillon.

HOMMES DE JUSTICE.
MM. Caré, Huguet, Brillant.

MARCHANDS DE VIN.
MM. Guiffard, Barrez 2ᵉ, Bégrand, Durand.

CONDOTTIERI.
MM. Cornet, Célarius, Mignot, Scio.

UN MÉDECIN.
M. Grenier.

ACTE II.
NOBLES.
MM. Lenfant, Isambert, Honoré, L. Petit, Mignot, Chatillon, Durand, Guiffard, Ch. Petit, Joly, Grenier, Ragaine, Lefèvre, Renaury, Célarius, Cornet, Desplaces 2ᵉ, Gondouin, Scio, Clément, Carré, Bégrand.

Mlles Leclercq, Saulnier 1ʳᵉ, Beaupré, Athalie, Colson, Duc, Marivin, Emarot, Kolnberg, Pérès 1ʳᵉ, Laurent, Saulnier 2ᵉ, Delaquit, Duménil 2ᵉ, Thomas, Coupotte, Robin, Aimé-Petit, Leblanc, Lassiat, Jomard, Desjardins 1ʳᵉ.

PAGES DE MÉDICIS.
Mmes Manuel, Lenoir, Duménil 1ʳᵉ, Defrance, Savatier, Ligni, Capon, Desjardins 1ʳᵉ, Florentine, Delucenay.

PAGES DU DUC DE FERRARE.
Mmes Courtois 1ʳᵉ, Wiétluf, Galby, Seris, Lacoste, Lelong.

DANSE.

ACTE PREMIER.
PAYSANS.
MM. Vaillant, Gontier, Monneron, Danger, Bernoux, Laforge, Damoreau, Grognet, Cresson, Gilles, Débarge, Cognet, Ménard, Olen, Robert, Cajani, Mullot, Couteau, Ducauroy, Doutreleau, Dombrowa, Delahaye, Beaugrand, Gaudefroy, Esmery 1ᵉʳ, Esmery 2ᵉ, Douvry, Georget, Menond.

VILLAGEOISES.
Mmes Sèvres, Blangy, Barbier, Néry, Guitteau, Ragaine, Carey, Billiard, Courtois, Lassalle, Bardet, Delphine, Dorgebret, Monnier, Ménard, Groneau, Bataillard, Ingrand, Prévôt, Bolard, Baron, Villers, Bournay, Blanche, Tuffeaut, Albert, Mariette Gouffier.

DAMES D'HONNEUR.
Mmes Laurent, Lorotte, Proche Bouvenne.

CONDOTTIERI.
MM. Picardat, Laussel, Clavé, Laissemant, Charpentier, Bégrez, Laty, Robin, Bouvenne, Hens, Tardif Guion, Goyon, Forgues, Pope Jeannin.

ENFANTS PAYSANS.
MM. Picard, Vauthrot, Verrimst, Calloué, Magniel, Garnier.

ACTE II.
Tous les MM. et dames des chœurs en seigneurs et dames de la cour.

ACTE III.
CONDOTTIERI.
Les mêmes qu'au premier acte.

MOINES.
MM. Doutreteau, Dombrowa, Delahaye, Beaugrand, Gaudefroy, Esmery 1ᵉʳ, Esmery 2ᵉ, Douvry, Georget, Menond.

HOMMES DU PEUPLE.
Tous les autres MM. des Chœurs.

ACTE IV.
CONDOTTIERI.
Tous les MM. des Chœurs.

ACTE V.
VILLAGEOIS et VILLAGEOISES.
Tous les MM. et dames des chœurs.

DIVERTISSEMENT.

Pas de cinq. M. Mabille. Mlles Louise Fitzjames, Nathalie Fitzjames, Maria, Blangy.
Pas de deux. M. Mazilier. Mme Alexis.

CORIPHÉES.
Mlles Guichard, Lemercier, Dumilatre 1ʳᵉ, Dumilatre 2ᵉ.

ACTE III.
SEIGNEURS.
MM. Clément, Guiffard, Honoré, Renauzy, Bégrand, Durand.

Les pages de Médicis.

CONDOTTIERI.
MM. Cornet 1ᵉʳ, Célarius, Mignot, Scio.
Les jardinières du premier acte.

SACRISTAINS.
MM. Chatillon, Huguet, Gondouin.

ENFANTS DE CHŒURS.
MM. Martin, Ernest, Jules, Provost 3ᵉ, Rouyet, Provost 2ᵉ, Cornet 2ᵉ, Dimier, Gourdoux, Couturier.

ACTE IV.
Les pages du duc de Ferrare.

CONDOTTIERI.
MM. Chatillon, Célarius, Scio, Renauzy, Brillant, Mignot, Cornet, Honoré, Caré, Adrien.

Mmes Delaquit, Saulnier 2ᵉ, Leclercq, Duménil 2ᵉ, Beaupré, Kolnberg.

ACTE V.
Les pages de Médicis.

SEIGNEURS.
MM. Lenfant, Isambert, Ragaine, Lefèvre, Joly, L. Petit, Grenier, Renauzy.

PÉNITENTES.
Mlles Lacroix, Campan, Bassompière, Duménil 2ᵉ, Duc, Bénard 1ʳᵉ, Wiéthof, Lefèvre, Verneuil, Coupotte, Delamain, Davesne.

Les enfants de chœurs du troisième acte.

VIERGES.
Mlles Pérès 1ʳᵉ, Robin, Marivin, Aimé-Petit, Julia, Kolnberg, Lassiat, Emarot, Thomas, Debroux, Célarius 2ᵉ, Beaupré, Saulnier 1ʳᵉ, Leclercq, Desjardins 2ᵉ, Provost, Laurent, Marquet, Jomard, Colson, Courtois 1ʳᵉ, Seris, Lacoste, Gally, Lelong, Saulnier 2ᵉ, Josset, Courtois 2ᵉ.

PEUPLE.
MM. Lenoir, Durand, Barrez, Constant, Carré, Fromage, Millot.

Mlles Elise, Robert, Dabas, Pérès 2ᵉ, Bénard 2ᵉ, Paget, Chevalier, Delestre, Dimier, Bouvier, Santi, Toussaint, Bizar, Delbes, Monnier, Masson, Carrez.

GUIDO ET GINEVRA

OU

LA PESTE DE FLORENCE,

OPÉRA EN CINQ ACTES,

Paroles de M. SCRIBE, de l'Académie française,

Musique de M. HALEVY, membre de l'Institut.

BALLETS DE M. MAZILLIER; DÉCORS DE MM. FEUCHÈRES ET CAMBON.

REPRÉSENTÉ POUR LA PREMIÈRE FOIS SUR LE THÉATRE DE L'ACADÉMIE ROYALE DE MUSIQUE,

Le 5 mars 1838.

PRIX : 1 FRANC.

PARIS,
MAURICE SCHLESINGER, ÉDITEUR, 97, RUE DE RICHELIEU,
JONAS, LIBRAIRE DE L'OPÉRA, ET N. BARBA, LIBRAIRE, AU PALAIS-ROYAL.
BEZOU, LIBRAIRE, RUE MESLAY.

1838.

PERSONNAGES.	AETEURS.
COSME DE MÉDICIS..	M. Levasseur.
GINEVRA, sa Fille...	Mme Dorus-Gras.
MANFREDI, duc de Ferrare.....................................	M. Derivis.
GUIDO, jeune sculpteur...	M. Dupré.
RICCIARDA, cantatrice...	Mme Stoltz.
FORTE-BRACCIO, condottiere.................................	M. Massol.
LORENZO, intendant de Médicis.............................	M. Molinier.
LÉONORE, femme de la suite de Ginevra.................	Mlle Lebrun.
TÉOBALDO, sacristain de la cathédrale de Florence...	M. Ferdinand-Prévost.
ANTONIETTA, jeune paysanne.................................	Mlle Fléchieux.

Seigneurs, MM. Wartel, Trevaux, Huner, Alizard, Hens, Martin, Pope.

La scène se passe en Toscane, en 1552.

Guido et Ginevra

OU

LA PESTE DE FLORENCE.

ACTE PREMIER.

Le théatre représente un village à quelques lieues de Florence ; à droite du spectateur l'entrée d'une ferme, à gauche l'image de la Madone de l'Arc.

SCÈNE PREMIÈRE.

(Des villageois précédés de deux joueurs de musette viennent faire leurs dévotions à la Madone de l'Arc.)

CHŒUR.

L'écho de nos montagnes
Retentit en ces lieux !
Dans ces vertes campagnes
Nous accourons joyeux !

Que la sainte Madone,
Qui préside à nos jeux,
En tous les temps nous donne
Amours et jours heureux.

C'est aujourd'hui la fête,
La fête du hameau,
Dansez, jeune fillette,
Sur ce riant coteau.

(Paraissent des seigneurs et des dames de la ville qui se mêlent aux paysans et aux ouvriers.)

LES VILLAGEOISES, les montrant du doigt.

Les dames de Florence, en gai pèlerinage,
 Quittant leur palais et leur parc
Avec leurs amoureux, viennent dans ce village
 Fêter la madone de l'Arc.

FORTE-BRACCIO et plusieurs condottieri entrent en ce moment.

Du vin !... du vin !... dans ce divin breuvage
Noyons notre chagrin,
Du vin !... du vin !... allons du vin.

(On leur en apporte ainsi qu'aux ouvriers qui viennent de s'asseoir en rond à la droite du spectateur.)

UN OUVRIER.

Mes amis, moi, je bois au bonheur de Florence.

UN AUTRE.

Moi, je bois à la paix qui fait son opulence.

PREMIER OUVRIER.

A notre Gonfalonnier.

DEUXIÈME OUVRIER.

Au soutien de l'ouvrier.

TOUS LES OUVRIERS.

Au père de la patrie,
A Cosme de Médicis,
Buvons. Buvons, mes amis,
Aux beaux-arts, à l'industrie,
Au père de la patrie,
A Cosme de Médicis !

FORTE-BRACCIO.

Pour moi, Condottiere,
Qui vis de la guerre,
La paix m'est contraire
Et ne me va pas.

Pour de l'or j'engage
Mon bras, mon courage ;
Vive le pillage,
Vivent les combats !

De la Toscane à la Calabre,
Il n'est qu'un droit... celui du sabre !
Aux plus forts, les plus riches parts !
Vivant en prince et sans rien faire,
Le soldat règne par la guerre.
Au diable la paix et les arts !

CHŒUR DES CONDOTTIERI.

Pour moi condottière
Qui vis de la guerre,
La paix m'est contraire
Et ne me va pas !
Pour de l'or j'engage
Mon bras, mon courage,
Vive le pillage !
Vivent les combats !

CHŒUR DES VILLAGEOIS.

C'est aujourd'hui la fête,
La fête du hameau,
Dansez jeune fillette
Sur ce riant coteau !
Que la sainte Madone,
Qu'on célèbre en ces lieux,
En tous les temps vous donne
Amours et jours heureux.

CHŒUR D'OUVRIERS.

Buvons, buvons mes amis
Aux beaux arts ! à l'industrie !
Au père de la patrie,
A Cosme de Médicis !

FORTE-BRACCIO.

Bourgeois qu'on étrille
En les rançonnant,
Églises qu'on pille
Tout en se signant !
Vierges en alarmes
Qui vont, soupirant,
Baigner de leurs larmes
Le corps d'un amant !
Enivrant breuvage,
Joyeux entretiens...
Un jour de pillage
Donne tous ces biens...
Puis à la Madone
On vient humblement,
Pour qu'elle pardonne
L'erreur d'un moment !

Sa douce clémence
Nous donne merci ;
Puis on recommence,
Et toujours ainsi !

(Les villageoises et les ouvriers effrayés veulent s'éloigner des condottieri.)

FORTE-BRACCIO, aux femmes.

Ne craignez rien... Lorsque je suis aimable,
Je ne le suis point à demi !

(Aux ouvriers.)

Et cette main si redoutable
Sait trinquer avec un ami !

(Se plaçant au milieu d'eux.)

Avec vous, chers camarades,
Je bois tour à tour
Aux beaux-arts, à l'amour !
Et portant maintes rasades
A la paix,
Que jamais
Je ne fais
Sans regrets,
Je veux me montrer votre frère !
Aux plaisirs, aux amours
Un condottiere
Boit toujours.

(Les paysans et les paysannes rassurés se mêlent aux condottieri, qui, en dansant et buvant avec eux, leur dérobent leurs bourses et leurs bijoux qu'ils apportent à Forte-Braccio leur chef.)

(Chœur général après lequel les paysans s'éloignent.)

UN CONDOTTIERE, montrant les bijoux qu'ils ont pris.

La bonne aubaine !

FORTE-BRACCIO, aux condottieri qui l'entourent.

Et la seule aujourd'hui
Qui nous revienne à nous, pauvres condottieri !
Car ce vieux Médicis, que Florence respecte,
Enrichit, j'en conviens, le peintre ou l'architecte,
Mais les combats, mordieu, par lui sont méprisés,
Et les condottieri restent les bras croisés !
C'est un abus ! ! !

DEUXIÈME CONDOTTIERE.

C'est une honte !

FORTE BRACCIO.

Je ferai désormais la guerre pour mon compte.

DEUXIÈME CONDOTTIERE.

Contre qui ?

FORTE-BRACCIO.

Contre tous !... Brigand !... C'est un état
Qu'exerce avec honneur plus d'un grand potentat !

ACTE I, SCÈNE III.

TOUS.

Nous te seconderons !

FORTE-BRACCIO, à demi-voix.

Eh bien... pour nous peut-être
Un bon hasard, dès aujourd'hui peut naître !
La madone de l'Arc nous aidera !

TOUS.

Comment !

FORTE-BRACCIO, de même.

Les dames du grand ton, c'est l'ordinaire usage,
Ne se mêlent jamais à ces jeux du village,
Que sans suite... en secret... sous un déguisement !...
Si nous pouvions en enlever quelqu'une.
La rançon serait bonne !

DEUXIÈME CONDOTTIERE.

A nous tous, la fortune !

TOUS LES AUTRES.

Ainsi que les périls...

DEUXIÈME CONDOTTIERE, à Forte-Braccio.

Regarde... qui vient-là ?
Quel superbe équipage !

FORTE-BRACCIO, regardant dans la coulisse à gauche.

Eh mais... c'est Ricciarda,
La plus belle des cantatrices,
De nos jeunes seigneurs l'amour et les délices !
Rien à tenter !... sans cesse une escorte d'honneur,
Et le duc de Ferrare est son adorateur !

DEUXIÈME CONDOTTIERE.

Un libertin, dit-on.

FORTE-BRACCIO.

Un seigneur que j'honore ;
Car il paie et très-bien...

SCÈNE II.

LES PRÉCÉDENTS ; RICCIARDA, MANFREDI, qui lui donne la main, plusieurs pages et seigneurs qui l'accompagnent.

RICCIARDA, au duc de Ferrare.

Oui, je le dis encore,
La fortune ou le rang ne peut rien m'inspirer !
Si vous voulez qu'on vous adore,
Nobles seigneurs, faites-vous adorer !
Surtout résignez-vous (car tel est mon système)
A l'inconstance aussi bien qu'aux refus.
Vous êtes rois, quand on vous aime,
Et rien... sitôt qu'on ne vous aime plus !

MANFREDI.

Ainsi vous repoussez et mes vœux et ma flamme ?

RICCIARDA, riant.

Tel est mon bon plaisir !

MANFREDI, à part.

Vienne un autre moment,
Je prendrai ma revanche !

(Haut à Ricciarda.)

Et pour toucher votre âme
Que faut-il donc ?

RICCIARDA.

Un caprice..., un instant
Cet amant malheureux, que ma fierté sévère
Reçut hier avec dédain,
Aujourd'hui pourrait bien me plaire
Et m'ennuyer le lendemain !

(Apercevant Guido qui rentre dans la ferme à droite.)

Mais voyez, monseigneur, quel est donc ce jeune [homme
Qui, rêveur et pensif, s'avance lentement ?

SCÈNE III.

LES PRÉCÉDENTS ; GUIDO.

RICCIARDA, le regardant toujours.

Il a quelque chagrin !

MANFREDI, souriant.

C'est un étudiant !

RICCIARDA.

Ah ! vous croyez... (à Manfredi) Sachez comme
[on le nomme ?

MANFREDI, avec fierté.

Moi !... madame ?

RICCIARDA, d'un ton impératif.

Oui ; je le veux !

(Manfredi réprime un mouvement de colère, s'incline respectueusement devant Ricciarda, s'approche de Guido qu'il salue et avec lequel il cause pendant quelque temps à voix basse, puis il revient près de Ricciarda.)

MANFREDI, à Ricciarda.

Guido !... tel est son nom ; il naquit en ces lieux ;
Voici les champs, la ferme de sa mère.

RICCIARDA.

Quoi ! simple paysan !!...

MANFREDI.

D'un fameux statuaire
Il reçut les leçons !

RICCIARDA, à voix haute et regardant Guido.

Et je prévois qu'un jour
Il doit, par son talent, s'illustrer à son tour.

(Guido en entendant ces mots s'approche de Ricciarda qu'il remercie par un salut.)

TRIO.

RICCIARDA, à Guido lui montrant sa ferme.

Quittez cette obscure cabane !
Et loin du vulgaire profane,
Au sein de nos palais pompeux,
Que votre art brille à tous les yeux !

GUIDO.

Sous le beau ciel de la Toscane,
Cette humble et modeste cabane
Plaît à mon cœur, rit à mes yeux,
Plus qu'un palais en d'autres lieux !

RICCIARDA, lui montrant Manfredi.

Quand le duc de Ferrare, en généreux Mécène,
Vous offre ses trésors, ainsi que son appui?

MANFREDI, étonné.

Moi ? signora...

RICCIARDA, à demi-voix.

Sans doute ! aimez-vous mieux ici
Que ce soit moi qui prenne cette peine?
J'y consens, et je vais le protéger !

MANFREDI, avec dépit.

Eh non !

GUIDO, regardant Ricciarda.

Tant de bontés confondent ma raison !

(A Manfredi.)

Croyez à ma reconnaissance;
Mais dussiez-vous m'offrir le sort le plus heureux,
Je ne puis à présent m'éloigner de ces lieux.

RICCIARDA, avec coquetterie et satisfaction.

Que dit-il ?

MANFREDI, avec colère.

Est-il vrai ?

GUIDO.

Non, seigneur, je ne peux,
Dans ce moment surtout m'éloigner de ces lieux.

RICCIARDA.

Et pourquoi donc ?

MANFREDI.

Parlez !

GUIDO.

Je n'ose !

RICCIARDA.

Je le veux !

GUIDO.

ROMANCE.

PREMIER COUPLET.

Pendant la fête, une inconnue,
L'an dernier, parut à nos jeux !
Depuis ce jour, sa douce vue
Remplit mon cœur, charme mes yeux.
Quand sur ces monts vint la nuit sombre,
Elle partit !... je l'implorai !
Hélas ! elle a fui comme une ombre,
En me disant : Je reviendrai.

MANFREDI.

Et quelle est-elle ?

GUIDO.

Je l'ignore !

RICCIARDA.

Et vous l'aimez !

GUIDO.

Oui, je l'adore !
Espérant son retour, je compte les instants !

RICCIARDA.

Et que faites-vous donc depuis lors ?

GUIDO.

Je l'attends !

RICCIARDA.

Elle est donc bien jolie ?

GUIDO.

O volupté soudaine !...
Ici même, en ces lieux..., ma main serrait la sienne,
Je tremblais... ; un nuage obscurcissait mes yeux !

RICCIARDA, d'un air de compassion.

Est-il possible ?

GUIDO.

Et devinant ma peine,
Avec un doux sourire où j'ai cru voir les cieux,
Elle m'a dit : à la fête prochaine.

RICCIARDA.

Dans un an ?

MANFREDI.

Aujourd'hui ?

GUIDO.

Vous voyez si je peux,
Même pour un trésor, m'éloigner de ces lieux.

DEUXIÈME COUPLET.

Hélas ! si Dieu, trompant mon rêve,
Ne la rend pas à ma douleur;
Si pour jamais il me l'enlève,
Plutôt la mort qu'un tel malheur!
Ces lieux, si chers à mon enfance :
Oui, pour jamais, je les fuirai!...
Mais, non... je garde une espérance ;
Car elle a dit : Je reviendrai !

MANFREDI ET RICCIARDA.

Adieu donc, et bonne chance
Dans vos projets amoureux !
De la fête qui commence
Entendez-vous les cris joyeux ?

(Manfredi et Ricciarda se perdent dans la foule, et Guido, après avoir regardé quelque temps les jeunes paysannes qui arrivent, remonte le théâtre, regardant et cherchant toujours. — Il disparaît. — Commencement de la fête. — Danses et jeux villageois.)

SCÈNE IV.

(Au milieu des danses paraît Ginevra habillée en villageoise, et après d'elle Lorenzo et deux de ses femmes. — Elle s'assied sur le banc à droite et regarde la fête d'un air préoccupé.)

LÉONORE, à Ginevra.

Ces jeux villageois, dont l'aspect nous enchante,
Belle Ginevra paraît indifférente !

GINEVRA.

Non, vraiment ! la fête est charmante !
L'an dernier... l'ensemble en était plus brillant.
Puis, mon noble père au palais va m'attendre.

(A Lorenzo.)

Quel!... Et que mes gens ici viennent me prendre !

(Lorenzo s'éloigne.)

LÉONORE, à Ginevra.

Ne craignez-vous pas que ce déguisement?...

GINEVRA.

C'est à lui seul que je dois ma bravoure !
Et, de la foule qui m'entoure,
J'affronte sans danger l'aspect indifférent.

(En ce moment les danses prennent un caractère plus vif et plus animé ; en mémoire de la Madone de l'Arc, on voit paraître sur un char traîné par deux chevaux, une jeune villageoise en Diane chasseresse, l'arc à la main et le carquois sur l'épaule ; au milieu du char une immense corbeille de fleurs et sur le devant des jeunes filles couronnées de pampres verts, emblèmes de la chasse et des vendanges, fêtes antiques encore en usage en Italie au quatorzième siècle. Les paysans et paysannes se précipitent autour du char entraînant dans ce mouvement Léonore qui s'était avancée par curiosité. Ginevra se trouve séparée de sa compagne. Elle remonte le théâtre pour la suivre, lorsque Guido s'offre à ses yeux. Elle revient vivement sur ses pas.)

SCÈNE V.

GINEVRA, GUIDO.

GUIDO, l'apercevant.

Ah ! grand Dieu ! qu'ai-je vu?... C'est elle !

GINEVRA, à part.

Ce jeune villageois !... Ma mémoire fidèle
Me rappelle ses traits et ses discours... Fuyons !

GUIDO, la retenant.

Ah ! ne me quittez pas !... ne m'ôtez pas si vite
Et mon bonheur, et mes illusions !

GINEVRA, à part.

Auprès de lui, seule et loin de ma suite...
(Souriant.)
Après tout, on viendra bientôt me dégager,
Et je puis jusque-là l'entendre sans danger !

(Les groupes qui les entourent s'éloignent peu à peu et dès le milieu du duo ils se trouvent seuls en scène.)

DUO.

GUIDO.

Enfin, après un an d'absence,
De moi le ciel a donc pitié !
Je vous revois, plus de souffrance;
Près de vous tout est oublié !

GINEVRA.

L'an dernier, j'en ai souvenance,
J'avais promis... et vous voyez
Que mes serments, malgré l'absence,
Par moi ne sont pas oubliés !

GUIDO.

Quels lieux vous cachaient à ma vue ?
Dans nos hameaux, dans nos cantons,
Je vous cherchais !... Vous étiez inconnue.

GINEVRA, souriant.

Je suis pourtant des environs !

GUIDO.

Mais vous voilà ! je vous retrouve,
Et je ne vous quitterai plus !

GINEVRA, souriant.

J'en doute !

GUIDO.

Oh non ! jamais !... Quel bonheur on éprouve
En revoyant les biens qu'on a perdus !

ENSEMBLE.

GUIDO.

O délice suprême,
O moment enchanteur;
Voilà celle que j'aime,
Voilà tout mon bonheur?

GINEVRA.

Hélas! malgré moi-même
Oubliant ma grandeur.....
Oui, sa tendresse extrême
Porte le trouble en mon cœur.

GINEVRA.

Il faut nous séparer.

GUIDO.

Pourquoi donc?

GINEVRA.

Je demeure
Près des murs de Santa-Pietra!

GUIDO.

Et votre nom?...

GINEVRA, avec embarras.

Mon nom?

GUIDO.

Oui!

GINEVRA, après avoir hésité.

Francesca!

GUIDO.

Eh bien, Francesca, que je meure
Si désormais nous sommes séparés :
Oui, vous serez ma femme, et vous m'appartiendrez!

GINEVRA.

C'est impossible!...

GUIDO.

A votre père
J'irai vous demander!

GINEVRA, avec embarras.

Sans espoir et sans bien,
Pourrais-je à votre amour apporter ma misère!

GUIDO, avec joie.

Ah! quel bonheur!... Vous n'avez rien!
Ces champs, ces prés sont à ma mère,
A moi!... que dis-je? ils sont à vous :
Acceptez-les de la main d'un époux!

ENSEMBLE.

Ici, dans ces riants asiles,
Ma bien-aimée, ô Francesca!
S'écouleront nos jours tranquilles;
Crois-moi, le vrai bonheur est là.

GINEVRA, à part.

Calme des champs! plaisirs tranquilles!
Toujours mon cœur vous désira!
Heureux séjour!... riants asiles!...
Je pars!... et le bonheur est là!

(Haut à Guido.)

Non, Guido, cette vie heureuse
N'est pas la mienne!

GUIDO.

O ciel!

GINEVRA.

Mon père aura pour moi
L'âme plus élevée et plus ambitieuse.

GUIDO.

S'il lui faut des honneurs, j'en obtiendrai pour toi!
Les Arts avaient déjà protégé ma jeunesse,
Et maintenant, brûlant d'un feu nouveau,
J'irai leur demander la gloire et la richesse,
Et l'amour qui m'entend guidera mon ciseau!

GUIDO.

Oui, je le sens à mon délire,
J'en crois mon cœur et ses transports :
La gloire enfin va me sourire;
L'avenir s'ouvre à mes efforts.
Le cœur glacé, l'âme engourdie,
Je languissais jusqu'à ce jour,
Je me réveille, et mon génie
S'allume au feu de mon amour.

GINEVRA.

Cruelle erreur!... fatal délire!
Comment répondre à ses transports?
Son espoir..., il faut le détruire...,
Et dans mon cœur naît le remords!
Mais l'honneur seul règle ma vie,
Il faut le fuir et sans retour!...
Pourtant la gloire et le génie,
Il trouvait tout dans son amour.

GUIDO, avec exaltation.

Oui, je vendrai ces champs désormais inutiles;
J'irai chercher la gloire au sein des villes;
J'irai trouver Cosme de Médicis!

GINEVRA, effrayée.

Médicis!

GUIDO.

Oui, le chef de ce pays.
Le grand citoyen! le grand homme!...
Il est l'ami des arts, il me protégera;
Et si j'en crois sa bonté qu'on renomme,
Par lui la gloire enfin me sourira!
Et t'offrant les honneurs, les palmes qu'elle donne
Par un de tes regards, je les croirai payés.

GINEVRA.

Pauvre Guido!

GUIDO.

Que n'ai-je une couronne!
Demain tu serais reine et le monde à tes pieds.

GUIDO.

Oui, je le sens à mon délire!
Etc., etc.

GINEVRA.

Cruelle erreur! fatal délire,
Etc., etc.

ENSEMBLE.

GINEVRA.

Guido! Guido! c'est trop t'écouter et je dois
Confier à toi seul une innocente ruse;
Dont mon cœur se repent, hélas! et qui t'abuse.

GUIDO.

Eh! qui donc êtes vous?... parlez!

GINEVRA.

Tais-toi! tais-toi!
Ne vois-tu pas que vers nous on s'avance?

SCÈNE VI.

LES PRÉCÉDENTS; FORTE-BRACCIO et ses Compagnons s'avancent avec précaution au fond du théâtre.

GINEVRA.

Ils nous observent en silence;
Leurs sombres regards me font peur.

GUIDO, lui prenant la main.

Je serai votre défenseur!

FORTE-BRACCIO et les Condottieri.

Nous qui cherchons aventure,
Enfin voici, dans ces lieux,
(Montrant Ginevra.)
Et belle et riche capture
Que le ciel offre à nos yeux!

DEUXIÈME CONDOTTIERE à Forte-Braccio.

Surtout ne vas pas te méprendre!

FORTE-BRACCIO.

Eh! non..... d'un carrosse brillant,
Sous ce même déguisement
Beppo tantôt la vit descendre.

GINEVRA, à part, et regardant autour d'elle.

Et mes gens qui ne viennent pas!

GUIDO.

Ne craignez rien! prenez mon bras!

TROISIÈME CONDOTTIERE.

Oui je le jure sur mon âme,
Ce doit être une grande dame;
Car des seigneurs suivaient ses pas.

FORTE-BRACCIO et les autres.

Quoi! des seigneurs suivaient ses pas?

FORTE-BRACCIO et le CHŒUR.

Nous qui cherchons aventure,
Etc., etc.

GUIDO.

Que votre cœur se rassure,
Etc., etc.

ENSEMBLE.

GINEVRA.

Oui, leur sinistre figure,
Etc., etc.

FORTE-BRACCIO.

Enlevons-la sans bruit!... la moindre alerte
Causerait ici notre perte!

GINEVRA.

Leur aspect me glace d'effroi!

GUIDO, montrant la ferme à droite.

Dans cette ferme..... là..... chez moi,
Venez, vous trouverez asile!

(Guido tenant Ginèvra par le bras, se dirige vers la ferme à droite. Forte-Braccio et les condottieri s'avancent doucement derrière eux, les séparent, les entourent, et leur mettent un mouchoir sur la bouche.)

FORTE-BRACCIO, à Guido, qui se débat.

La résistance est inutile.

(Aux condottieri qui entourent Ginevra.)

Entraînez-la?... (à Guido) Tais-toi! tais-toi!
Pas un cri!... pas un mot, ou ce poignard fidèle
T'immole à l'instant même!

GUIDO, dégageant son bandeau.

Ah! tout mon sang pour elle.

(Criant à haute voix près la porte de la ferme.)

A moi, mes amis, à moi!

Accourez!.....
(Forte-Braccio le frappe de son poignard.)
Je succombe!
(Il tombe évanoui sur le banc à droite.)

SCÈNE VII.

LES PRÉCÉDENTS; Paysans et gens de la ferme, accourant au bruit; LÉONORE, LORENZO, et des domestiques de Ginevra ou des personnes de sa suite.

LORENZO, voyant Ginevra qui, dégagée des condottieri, a couru près de Guido et lui prodigue des secours.

Ah! qu'est-ce que je vois?

LORENZO et sa suite et les paysans montrant Forte-Braccio.

Saississez
Saississons } le coupable;
Qu'un châtiment vengeur
D'un attentat semblable
Punisse la fureur!

(Montrant Guido.)

Par quelle récompense
Payer un tel secours?
Quand c'est pour sa défense
Qu'il a donné ses jours !

GINEVRA, regardant GUIDO.

O remords qui m'accable
Et me poursuit, hélas !
C'est moi qui suis coupable,
J'ai causé son trépas !
Ah ! ma reconnaissance
Le bénira toujours ;
Quand c'est pour ma défense
Qu'il a donné ses jours.

FORTE-BRACCIO, qu'on a désarmé et qu'on tient enchaîné.

Gens de justice... au diable !
Je brave leur fureur !...
On est toujours coupable
Quand on a du malheur !

(Se croisant tranquillement les bras.)

D'une vaine défense
A quoi bon le secours,
S'il faut que la potence
Termine ici mes jours?

LORENZO, bas à Ginevra.

Sans être reconnus, partons!

GINEVRA, restant près de Guido qu'elle cherche à rappeler à la vie.

Je ne le puis!

LORENZO, de même.

Venez.... éloignons-nous? Que dirait Medicis.
Si le nom seul de sa fille chérie,
Dans cet événement se trouvait compromis!!

GUIDO, revenant à lui et étendant la main

Francesca!!.....

GINEVRA.

Quel bonheur ! il revient à la vie!

UN DES GENS de Ginevra qui jusque là a donné ses soins à Guido.

Et maintenant je réponds de ses jours !

GINEVRA.

C'est à vous que je le confie.

GUIDO, de même, et sans la voir.

A toi, Francesca!... pour toujours !

GINEVRA, à part, le regardant.

Quel trouble en mon cœur vient de naître?
C'est moi qui le fais souffrir !
Et sans me faire connaître
Pour jamais il faut le fuir !

O remords qui m'accable
Et me poursuit, hélas !
C'est moi qui suis coupable,
J'ai causé son trépas !
Ah ! ma reconnaissance
Le bénira toujours,
Quand c'est pour ma défense
Qu'il a donné ses jours.

LORENZO et le chœur.

Veillez sur le coupable;
Qu'un châtiment vengeur
D'un attentat semblable
Punisse la fureur.
Par quelle récompense
Payer un tel secours?
Quand c'est pour sa défense
Qu'il a donné ses jours.

FORTE-BRACCIO et les condottieri.

Gens de justice... au diable !
Nous bravons leur fureur ;
Oui, d'un forfait semblable
Voilà ! voilà l'auteur !
D'une vaine défense
A quoi bon le secours,
S'il faut que la potence
Termine ici mes jours?

ACTE I, SCÈNE VII.

LE DUC DE FERRARE et RICCIARDA, entrant ensemble dans ce moment.

ENSEMBLE.

O plaisir ineffable
Qui fait battre mon cœur !
D'une fête semblable
L'aspect est enchanteur,
Surtout quand l'espérance,
Venant charmer nos jours,
Promet la récompense
A de tendres amours.

GINEVRA, apercevant Manfredi.

Dieu ! le duc de Ferrare !... Ah ! craignons en ces lieux
Et sous de tels habits de paraître à ses yeux !

(Elle s'éloigne de Guido et passe avec Léonore et Lorenzo à l'extrémité du théâtre. Guido est à droite, Manfredi et Ricciarda au milieu. Au fond Forte-Braccio et ses compagnons qu'on retient prisonniers.)

RICCIARDA, apercevant Guido et courant à lui.

Ah ! que vois-je ? mon jeune artiste !

MANFREDI, apercevant Forte-Braccio.

Eh ! c'est un brave ! un ancien serviteur !...

FORTE-BRACCIO.

Que l'on va pendre... à moins que Satan ne l'assiste !

MANFREDI.

L'on te protégera !...

FORTE-BRACCIO.

Grand merci, monseigneur !

RICCIARDA, tenant la main de Guido.

Il n'est plus !...

GUIDO, appelant.

Francesca !...

RICCIARDA, lui tenant toujours la main.

Si vraiment, il existe !

GUIDO, avec joie.

Francesca !... je renais !... sa main presse ma main !

RICCIARDA, à Manfredi.

Francesca, c'est le nom de sa belle inconnue !
Et si de tant d'amour, elle n'est pas émue,
C'est que son cœur est de marbre ou d'airain !

(Ginevra qui est à l'extrémité du théâtre, veut faire un pas vers Guido, Lorenzo et Léonore la retiennent et l'entraînent.)

LORENZO ET LE CHŒUR.

Veillez sur le coupable ;
Qu'un châtiment vengeur
D'un attentat semblable
Punisse la fureur.
Par quelle récompense
Payer un tel secours,
Quand c'est pour sa défense
Qu'il a donné ses jours ?

GINEVRA.

O remords qui m'accable
Et me poursuit hélas !
C'est moi qui suis coupable,
J'ai causé son trépas.
Ah ! ma reconnaissance
Le bénira toujours,
Quand c'est pour ma défense
Qu'il a donné ses jours.

FORTE-BRACCIO.

Gens de justice... au diable !
Grâce à ce protecteur,
De leur main redoutable
Je brave leur fureur.
Oui j'en ai l'espérance,
Par ce puissant secours,
Cette fois la potence
Épargnera mes jours.

MANFREDI et RICCIARDA.

ENSEMBLE.

O plaisir ineffable
Qui fait battre mon cœur !
D'une fête semblable
L'aspect est enchanteur,
Surtout quand l'espérance,
Venant charmer nos jours,
Promet la récompense
A de tendres amours !

Ginevra entraînée par Lorenzo, Léonore et ses gens, s'éloigne en jetant un dernier regard sur Guido, que les paysans et les gens de la ferme entourent.

On emmène Forte-Braccio ; et le duc de Ferrare, donnant le bras à Ricciarda, sort entouré de son cortège. La toile tombe.

FIN DU PREMIER ACTE.

ACTE DEUXIÈME

Le palais de Cosme de Médicis à Florence.

Au lever du rideau, Guido est sur le devant du théâtre, assis, sa tête appuyée sur sa main.

SCÈNE PREMIÈRE.

GUIDO, assis à gauch. RICCIARDA et LORENZO entrant par une des portes du fond.

RICCIARDA, à Lorenzo qui la conduit.

Grand merci, seigneur intendant !
Cosme de Médicis en son palais m'appelle !
　　Et de Venise la belle,
Que je quitte pour lui, j'arrive en ce moment !

(Lorenzo lui fait signe qu'il va prévenir Médicis, la prie d'attendre et s'éloigne.)

Attendons !...

GUIDO, se levant et apercevant Ricciarda.

　　　Ricciarda !... la belle cantatrice !

RICCIARDA, avec joie.

C'est mon jeune sculpteur !... C'est lui que je revois !
Quels furent vos destins, Guido, depuis trois mois ?
Depuis ce jour affreux ?...

GUIDO, vivement.

　　　　　Depuis ce jour propice
Où j'ai sauvé celle que j'adorais,
Tout semble me sourire et me devient prospère :
Les honneurs, la fortune, au sein de ma chaumière,
Sont venus me chercher !... Je n'ai que des succès !
Pour comble de bonheur, moi... pauvre statuaire,
Aujourd'hui l'on m'appelle au palais Médicis !

RICCIARDA.

Comme moi... (Souriant.) Pour y voir tous les arts
　　(Gaiement.)　　　　　　　[réunis !
Et vos amours ?... Votre belle inconnue ?...

GUIDO.

Je l'adore toujours !

RICCIARDA.

Quoi ! sans l'avoir revue ?

GUIDO.

A quoi bon ?... tous ses traits dans mon cœur sont
Sur le marbre vivant je les ai retrouvés ! [gravés;
　　Ah ! c'est ma plus belle statue !
Vous la verrez !

RICCIARDA.

　　　Et ces beaux sentiments
Vous auront fait manquer, Guido, votre fortune !
Je vous aurais aimé !

GUIDO.

　　　Vraiment !

RICCIARDA.

　　　　　Il n'est plus temps !
D'un amant dedaigné, la constance importune
A fini sur mon cœur par acquérir des droits;
Et le duc de Ferrare, enchaîné sous mes lois,
M'est à jamais fidèle !

GUIDO, souriant.

　　　A jamais !

RICCIARDA, avec hauteur.

　　　　　Je le pense !
D'une Napolitaine il craindrait la vengeance.

GUIDO.

Vous, signora !... vous ! jalouse à ce point !

RICCIARDA.

Qu'un amant me trahisse...

GUIDO.

　　Eh bien ?...

RICCIARDA.

　　　　　Je le poignarde

GUIDO.

Vous qui les trahissez !..,

RICCIARDA.

C'est un droit que je garde,
Et que je ne donne point !

LORENZO, sortant de l'appartement à droite.

Médicis vous attend.

(Ricciarda et Guido entrent dans l'appartement à droite.)

SCÈNE II.

GINEVRA, précédée de ses pages et de ses dames d'honneur, entrant par la gauche.

GINEVRA.

RÉCITATIF.

Partout sur mon passage
De ce fatal hymen la pompe vient s'offrir ;
Destin brillant, noble esclavage,
Que sans se plaindre, hélas ! il faut subir !

AIR.

A vous, j'obéis, ô mon père !
A vous, mon maître souverain !
Et du devoir la loi sévère,
Sans mon cœur a donné ma main !

Vous que, dans une humble chaumière,
Le destin fait naître et mourir,
Vous choisissez qui sait vous plaire...
Fille de roi ne peut choisir !

O souvenance
De mon enfance,
Adieu Florence ;
Adieu mon beau palais,
Et tout ce que j'aimais !

(A ses compagnes.)

Vous si jolies,
Vous les amies
Que j'ai chéries,
Gardez-moi votre foi,
Pensez à moi !

(A part.)

Et vous, tourment de ma pensée,
Vain espoir d'un autre avenir,
Fuyez de mon ame insensée ;
Pour jamais je dois vous bannir !

O souvenance
De mon enfance,
Adieu Florence ;
Adieu mon beau palais,
Et tout ce que j'aimais !

SCÈNE III.

LES PRÉCÉDENTS ; MANFREDI, OFFICIERS, PAGES ET VALETS DU DUC DE FERRARE ; parmi ces derniers, et avec la livrée du duc, on voit FORTEBRACCIO.

MANFREDI, pendant le chœur suivant, s'approche de Ginevra, à qui il adresse ses hommages.

CHŒUR.

O jour de fête
Et de bonheur !
Noble conquête !
Heureux vainqueur !
C'est la plus belle
Qui dans ce jour,
Du plus fidèle
Reçoit l'amour !

SCÈNE IV.

MANFREDI à gauche du théâtre, GINEVRA à droite, MÉDICIS ayant auprès de lui RICCIARDA, et GUIDO paraît entouré de toute sa cour.

MÉDICIS, à Ricciarda.

Oui, Ricciarda, gloire de l'Italie,
Aux fêtes de ce jour, ici je te convie,

MANFREDI, à part.

O Ciel !.... Ricciarda.

(Haut.)

Quoi ! déjà de retour de Venise ?

RICCIARDA, d'un air piqué.

Déjà !

MÉDICIS, à sa fille.

Viens Ginevra ! viens ma fille chérie.

(Lui montrant Guido.)

Voici ce jeune et beau talent
Qu'à mes bienfaits ta voix recommanda souvent.

GUIDO, s'avançant et reconnaissant Ginevra.

Qu'ai-je vu ? Francesca !...

RICCIARDA, bas à Manfredi en souriant.

Je comprends à présent !

GUIDO, à part.

Le désespoir de moi s'empare !

MÉDICIS, à Guido.

Désormais sois notre hôte, et siége auprès de nous,
Aux noces de ma fille et du duc de Ferrare !

RICCIARDA, avec fureur.

Quoi ! le duc de Ferrare !

GUIDO, accablé.

Il devient son époux!

MÉDICIS, avec joie.

Jour de plaisir, bonheur extrême,
Je puis enfin aux yeux de tous,
Je puis bénir l'enfant que j'aime,
Et lui choisir un noble époux!

RICCIARDA, avec colère.

O perfidie extrême,
Tourments d'un cœur jaloux!
Le parjure que j'aime
D'un autre est donc l'époux.

GUIDO, avec désespoir.

O désespoir extrême,
Tourments d'un cœur jaloux!
Je vois celle que j'aime
Au pouvoir d'un époux.

GINEVRA.

Cachons mon trouble extrême
Aux regards d'un époux!
Et d'un père qui m'aime
Redoutons le courroux!

MANFREDI, avec jalousie, et regardant Guido.

A sa douleur extrême,
A ses regrets jaloux!
Ah!... je le vois... il l'aime,
Qu'il craigne mon courroux!

MÉDICIS, à Guido.

Que l'étiquette souveraine
Ailleurs marque les rangs...; au talent le premier.
(Lui faisant signe de prendre la main de Ginevra.)
A vous, Guido, l'honneur d'être son chevalier!

GUIDO, à part, et chancelant en prenant la main de Ginevra.

Ah! malheureux!

GINEVRA, l'engageant à se calmer.

Guido!...

GUIDO, à part.

Je me soutiens à peine.

MANFREDI, regardant Guido qui s'éloigne lentement en donnant la main à Ginevra.

Jouis de cet honneur? c'est pour toi le dernier!
(Faisant signe à Forte-Braccio de s'approcher de lui.)
Je t'ai naguère encor sauvé de la potence,
Aussi tu m'as juré...

FORTE-BRACCIO.

Complette obéissance.

MANFREDI.

Vois près de Ginevra cet habile sculpteur...

FORTE-BRACCIO.

Je le connais!

MANFREDI.

Voici de l'or! qu'on m'en délivre!

FORTE-BRACCIO.

C'est dit!

MANFREDI.

Ce soir, qu'il ait cessé de vivre!

FORTE-BRACCIO.

Je vous le jure sur l'honneur.

(Pendant ce temps, Médicis, Guido, Ginevra, tout le cortège défile, Manfredi les rejoint, suivi de ses officiers et de ses pages, et l'on reprend le chœur.

CHŒUR.

O jour de fête
Et de bonheur!
Noble conquête!
Heureux vainqueur!
C'est la plus belle
Qui, dans ce jour,
Du plus fidèle
Reçoit l'amour.

(Tout le monde est sorti. Forte-Braccio s'apprête à les suivre. Ricciarda, qui est restée seule, le retient d'un geste impératif.)

SCÈNE V.

RICCIARDA, FORTE-BRACCIO.

RICCIARDA.

Où vas-tu?

FORTE-BRACCIO.

Je les suis!

RICCIARDA.

Arrête!
Et répond franchement.... il y va de ta tête!...
Que te disait le duc?...

FORTE-BRACCIO.

C'est son secret.
C'est mon maître à présent!
(Faisant le geste d'être pendu.)
D'une haute disgrâce
Il m'a sauvé!

ACTE II, SCÈNE V.

RICCIARDA.

C'est moi, qui demandai ta grâce
Et qui l'obtins de lui !

FORTE-BRACCIO.

J'en conviens en effet !

DUO.

RICCIARDA.

J'ai droit à ta reconnaissance !

FORTE-BRACCIO.

Moi, je ne demande pas mieux
Que de vous servir tous les deux,
Si je le peux en conscience !

RICCIARDA.

C'est bien, mon brave, c'est très-bien !
C'est avoir de l'honneur !

FORTE-BRACCIO.

Quand ça ne coûte rien !

RICCIARDA.

Il t'a donc commandé, pour servir sa vengeance,
D'immoler ce jeune sculpteur ?...

FORTE-BRACCIO.

J'en conviens !

RICCIARDA.

Il paîra sans doute en grand seigneur ?

FORTE-BRACCIO.

Bien mieux !... il m'a payé d'avance !
Voyez ?

RICCIARDA.

Si je t'en donne autant
Pour n'en rien faire ?...

FORTE-BRACCIO.

Ah ! ça... c'est différent !

FORTE-BRACCIO, réfléchissant.

Il faut de la prudence !
Cherchons au fond du cœur,
Ce que ma conscience
Permet à mon honneur !

RICCIARDA.

Il hésite !... il balance
Entre l'or et l'honneur,
Et je prévois d'avance
Quel sera le vainqueur !

FORTE-BRACCIO, calculant.

Tout cet or pour frapper ! — Même somme
Pour demeurer, sans danger, honnête homme !

(A Ricciarda.)
La vertu dans mon cœur l'emporte !

RICCIARDA.

C'est très-bien !
Mais pour moi ce n'est encor rien !
Vois-tu ces diamants..., cette chaîne brillante?

FORTE-BRACCIO.

Per Baccho !... quel éclat...! ce beau bijou me tente !

RICCIARDA.

As-tu du cœur ?

FORTE-BRACCIO.

La signora plaisante !

RICCIARDA.

Eh bien !.. il faut frapper aujourd'hui, sur-le-champ...

FORTE-BRACCIO.

Qui ?

RICCIARDA.

Le duc de Ferrare et sa nouvelle amante !

FORTE-BRACCIO, effrayé.

Tous les deux ?

RICCIARDA, froidement.

Tous les deux !

FORTE-BRACCIO.

Ah ! c'est embarrassant.
Ceci mérite qu'on y pense !

FORTE-BRACCIO.

Il faut de la prudence !
Etc., etc.

RICCIARDA.

Il hésite !... il balance
Etc., etc.

} ENSEMBLE.

FORTE-BRACCIO.

Non, non !... vous doubleriez la somme !
Tout calculé, je suis trop honnête homme,
Et le péril trop grand.

RICCIARDA.

Quoi ! tu trembles ?

FORTE-BRACCIO.

Non pas !
Mais le duc m'a déjà préservé du trépas,
J'obéis au devoir, à la reconnaissance...

RICCIARDA.

Ou plutôt à la peur ! — Pourtant je t'enrichis ?
D'un côté mes bienfaits !

FORTE-BRACCIO.

De l'autre la potence!
A quoi sert d'être riche, une fois qu'on est pris?

FORTE-BRACCIO.

Richesse nouvelle
Flatte peu mon zèle;
A quoi nous sert-elle
Quand on est pendu?
Je tiens à la terre;
Et, moins téméraire,
Ici je préfère
Honneur et vertu!

RICCIARDA.

Il tremble..., il chancelle
O terreur mortelle!
Ce bras infidèle
Ne s'est pas vendu!
Lâche!... il délibère;
Bravant ma colère,
Ce cœur mercenaire
Parle de vertu!

RICCIARDA.

Si tu n'oses frapper l'ingrat qui me trahit,
Oseras-tu du moins à ma fureur jalouse
Immoler ma rivale,... oui, sa nouvelle épouse?
Ces bijoux sont à toi!

FORTE-BRACCIO.

Le présent me sourit!
J'ai pour les Médicis peu de reconnaissance;
Ils ont pour le courage un dédain qui m'offense!
Et.... si l'on ne risquait rien...
Je ne dis pas!

RICCIARDA.

Eh bien!
Fidèle aux lois de la prudence,
Cherche!... et trouve quelque moyen...

FORTE-BRACCIO, réfléchissant.

De frapper aujourd'hui.... Ginevra... sans qu'on
[puisse
Connaître ou soupçonner d'où le coup est parti!...
Attendez!... c'est possible!... et si Dieu m'est propice,
Par tous les saints! je crois que m'y voici!

FORTE-BRACCIO.

Richesse nouvelle,
Enflamme mon zèle;
J'y serai fidèle,
L'espoir m'est rendu!

Fortune si chère,
Mon cœur te préfère;
C'est là sur la terre
La seule vertu!

RICCIARDA.

Richesse nouvelle,
Enflamme son zèle!
Il sera fidèle;
L'espoir m'est rendu!
L'intérêt l'éclaire,
Et, plus téméraire,
Je vois qu'il préfère
L'or à la vertu!

RICCIARDA.

Et quel est ton projet?

FORTE-BRACCIO.

Votre vengeance est sûre!
(A demi-voix).
Il est de rapides poisons
Qui servent bien la haine et trompent les soupçons!
Une fleur, une écharpe..., une riche parure,
Peuvent donner la mort!... pour nous point de danger,
Car le ciel aujourd'hui conspire à vous venger!

RICCIARDA.

Et comment?

FORTE-BRACCIO.

Dans nos murs, à voix basse on raconte
Qu'un terrible fléau, soudain vient d'éclater![1]

RICCIARDA, effrayée.

Ciel!

FORTE-BRACCIO, souriant et la rassurant.

Je n'en crois rien!... mais on mettra sur son
Le coup hardi que nous allons tenter! [compte

(On entend la marche du cortége qui revient de l'église. Ricciarda sort par la gauche, et Forte-Braccio par la porte à droite, après avoir indiqué à Ricciarda qu'il allait exécuter ses ordres.)

SCÈNE VI.

Marche et Cortége. — SOLDATS, PAGES, OFFICIERS, DAMES D'HONNEUR, SEIGNEURS DE LA COUR.

GINEVRA paraît, donnant la main à Manfredi et à Médicis.

CHŒUR.

Retentissez jusques aux cieux,
Chants d'allégresse et cris joyeux!

[1] La peste de 1452 qui se déclara au milieu de l'automne; malgré l'hiver qui fut assez rigoureux, elle continua de sévir avec une grande violence et ne disparut entièrement qu'au printemps de 1453.

ACTE II, SCENE VII.

Ils sont unis !... bonheur extrême !
Ils sont unis ! le ciel lui-même
A dans ce jour reçu leurs vœux.

(Ginevra va s'asseoir, entre son père et son époux, sur l'estrade à droite du théâtre, et là, entourée de toute la cour, elle assiste à la fête donnée pour son mariage.— Plusieurs danses se succèdent.)

(Au milieu des danses, Médicis et Manfredi se sont levés; ils parcourent la salle du bal et reçoivent les félicitations de tous.— Au moment où ils s'approchent d'un groupe qui est à la gauche du spectateur, Guido sort de la foule et s'approche avec mystère de Médicis.)

GUIDO, à demi-voix.

J'allais quitter ces murs !... près de vous me rappelle
Le soin de vos jours précieux !
Je viens de voir un malheureux,
Tombant frappé soudain d'une atteinte mortelle !
Et l'on dit qu'un navire, arrivé d'Orient,
Apporta dans Livourne un fléau redoutable,
Dont le souffle fatal jusqu'en ces murs s'étend !

MÉDICIS, bas à Guido.

Tais-toi !... ne troublons pas d'un récit effrayant,
Les fêtes de ce jour !

(A Manfredi à demi-voix.)

D'un danger véritable
Assurons-nous d'abord ! en toi seul j'aurai foi,
Mon fils, que ton zèle s'empresse ;
Parcours cette cité.

MANFREDI s'incline et dit, à un des seigneurs, à Lorenzo qui est auprès de lui !

Suis-moi !

(Ils sortent. En ce moment paraît Forte-Braccio vêtu de la livrée du duc de Ferrare ; il est suivi de plusieurs pages et d'une esclave noire portant les corbeilles et les présents de noce.)

FORTE-BRACCIO.

J'apporte les présents qu'à la noble princesse
Mon maître m'ordonna d'offrir !

(Les pages mettent un genou en terre et présentent à Ginevra d'élégantes parures.)

FORTE-BRACCIO fait signe à la négresse, qui tient un riche coffret, de s'avancer près de la princesse.

Puisse à vos yeux
Briller de quelque éclat ce tissu précieux !

(Ginevra admire le voile qu'on lui présente. Les femmes, qui l'entourent, le lui attachent sur la tête.— Elle se rassied sur l'estrade à droite à côté de Médicis qui est revenu près d'elle. — Guido à gauche du théâtre a disparu, confondu dans la foule.— Le divertissement continue et les danses deviennent plus animées. — Plusieurs fois, pendant ces danses, Ginevra a porté la main à son front et laissé voir les signes d'une souffrance qu'elle cherche en vain à réprimer... Mais la douleur l'emporte, et elle pousse un cri perçant.

A ce cri, les danses cessent ; le bal est interrompu ; les dames entourent la princesse, et Médicis effrayé la serre dans ses bras.)

MÉDICIS.

Qu'as-tu, ma Ginevra ?

GINEVRA.

Quel trouble je ressens !
Quelle douleur !... O ciel !... un feu brûlant... mon [père !
Arrachez moi ce voile... ou je meurs !...

MÉDICIS.

Dieux puissants!
Ah ! détournez de nous votre colère !
Ginevra... mon enfant..., modère ton effroi !

(Pendant que les femmes de la princesse lui arrachent son voile et lui prodiguent leurs soins, Médicis aperçoit Forte-Braccio et court auprès de lui).

MÉDICIS à Forte-Braccio.

Toi... parle !... réponds-moi !
Sur ta tête il faut tout me dire :
D'où vient ce voile ?

FORTE-BRACCIO.

C'est un précieux tissu
Qu'à Livourne un riche navire
Apporta d'Orient !...

GUIDO et MÉDICIS, à part, avec effroi.

O ciel !... qu'ai-je entendu ?

MÉDICIS, courant à sa fille qui, entourée de ses femmes, est étendue sur un canapé.

O Dieu, qui vois mes pleurs, sauve l'enfant que j'ai-
De tes suprêmes lois détourne la rigueur, [me ;
Sauve ma Ginevra ; quand devrait sur moi-même,
De ton bras tout-puissant retomber la fureur !

SCÈNE VII.

LES PRÉCÉDENTS ; LORENZO, accourant auprès de Médicis. A son arrivée chacun se groupe autour de lui et écoute avec crainte.

LORENZO.

Il est trop vrai !... le fléau se déclare ;
Le désespoir de tous les cœurs s'empare ;
Le désordre et l'horreur règnent dans la cité !
Tout tombe et meurt !... ou fuit épouvanté !

(Tout le monde s'éloigne avec effroi de Ginevra. — Guido seul s'élance de la foule, court auprès d'elle et la soutient dans ses bras.)

CHŒUR.

Fuyons !... fuyons ce lieu d'alarmes !
O jour de deuil et de terreurs !

MÉDICIS.

Dieu tout-puissant voyez mes larmes ?

GINEVRA.

Adieu!... mon père... Adieu, je meurs!...

La foule qui environnait la princesse se tient loin d'elle. Ginevra se lève avec peine du canapé.— Appuyée sur Guido, elle fait quelques pas en tendant ses mains suppliantes vers ses compagnes qui reculent avec terreur. — Elle chancelle... tout le monde s'enfuit en poussant un cri d'effroi. — Ce vaste palais n'est plus qu'une immense solitude. — Ginevra, seule au milieu du théâtre, tombe mourante, son père la reçoit dans ses bras, et Guido désespéré se jette à ses pieds qu'il baigne de ses larmes.)

FIN DU DEUXIÈME ACTE.

ACTE TROISIÈME.

Le théâtre représente la cathédrale de Florence. — Au-dessous les caveaux de l'église où le corps de Ginevra vient d'être déposé sur un lit de parade.

SCÈNE PREMIÈRE.

(Médicis et les principaux habitants de Florence sont à genoux dans la nef. — Plusieurs membres du clergé. — De grandes dames, des religieuses, des jeunes filles qui jettent des fleurs. — Toutes les tentures de l'église sont en blanc. — A gauche, Téobaldo, le sacristain. Forte-Braccio et plusieurs condottieri sont confondus dans la foule du peuple.)
Au moment où le rideau se lève, on achève la cérémonie funèbre en l'honneur de Ginevra.)

CHŒUR.

Le marbre des tombeaux recouvre Ginevra !
Saints et saintes du ciel, au ciel recevez-la !

CHŒUR DES JEUNES FILLES.

Reine des anges
Dont les louanges
Retentissent aux cieux,
Vierge immortelle,
Priez pour elle
Au séjour des heureux !

MÉDICIS, seul à gauche du théâtre.

AIR.

Sa main fermera ma paupière,
Disais-je auprès de son berceau,
Et c'est moi, moi son vieux père,
Qui pleure sur son tombeau.

Pourquoi, mon Dieu, témoin de ma misère
Et des trésors que j'ai perdus,
Me laissez vous encor sur cette terre
Où mes yeux ne la verront plus ?

Elle fermera ma paupière,
Disais-je auprès de son berceau,
Et c'est moi, moi son vieux père,
Qui pleure sur son tombeau.

CHŒUR DE JEUNES FILLES.

Reine des anges
Dont les louanges
Retentissent jusqu'aux cieux !
Vierge immortelle
Priez pour elle
Au séjour des heureux !

CHŒUR GÉNÉRAL.

Le marbre des tombeaux recouvre Ginevra,
Saints et saintes du ciel, au ciel recevez-la !

(Médicis et tous les assistants sortent lentement par toutes les portes de l'église. — Forte-Braccio est resté à droite avec ses condottieri.)

FORTE-BRACCIO, bas à ses compagnons.

Restez auprès de moi ! Satan qui nous guida,
M'inspire un saint projet qui nous enrichira !

SCÈNE II.

Tout le monde est sorti de l'église, FORTE-BRACCIO et LES CONDOTTIERI sont restés à droite; TÉOBALDO s'avance vers eux suivi de deux moines.

TÉOBALDO, s'adressant à Forte-Braccio.

Que fais-tu là ?... va-t-en !

FORTE-BRACCIO.

Je reste en cette église.
Pour prier !

TÉOBALDO.

Mécréants, épargnez-vous ce soin,
Je vous connais !

FORTE-BRACCIO.

Alors, sans qu'on le dise,

De prières, tu sais que nous avons besoin !
D'ailleurs, du Dieu vivant ce temple est la demeure,
On y peut, tant qu'on veut, rester.

TÉOBALDO.

Pas à cette heure !
Vas piller nos palais, dévastés sans pitié,
Et, semblable aux vautours avides,
Va dépouiller les cadavres livides
Frappés par ce fléau, votre digne allié.. ;
Mais ne viens pas ici, d'une main sacrilége,
Enlever des trésors, que Dieu même protége !
Ou du peuple sur vous, appelant les fureurs,
Je vous livre à l'instant à leurs poignards vengeurs !

FORTE-BRACCIO.

Le sacristain se fâche !... et sa sainte colère
Défend l'or du couvent, et les vases sacrés ;
(Bas à ses compagnons.)
Mai j'ai d'autres moyens qui, cette nuit, j'espère,
Réussiront !... venez..., vous m'accompagnerez.

(Ils sortent tous par la grande porte du fond.)

SCÈNE III.

TÉOBALDO et les deux moines.

TÉOBALDO.

Qu'ils partent !... du Seigneur, suivons le saint exem-
[ple ;
Anathème aux pervers !... et chassons-les du temple !

(Les deux moines vont soulever la pierre du tombeau de Ginevra ; puis, l'un prend les clés, l'autre allume une lanterne et tous trois descendent d'abord dans le caveau où est Ginevra, puis, ils ouvrent la grille qui est à droite, et font la visite des autres caveaux.
Pendant ce temps Guido paraît à gauche dans l'église.)

GUIDO.

Dans ces lieux, Ginevra, ta dernière demeure,
Guido s'empresse d'accourir
O toi, ma bien-aimée, ô toi qu'ici je pleure
Sur ta tombe, je viens pour prier et mourir !

(Il s'approche de la pierre qui fermait le tombeau, s'aperçoit qu'elle est levée, descend lentement l'escalier s'agenouille et la tête cachée dans ses mains, il prie et sanglotte. Puis il se lève et regarde Ginevra étendue sur le lit de parade et couverte d'un long voile blanc.)

CANTABILE.

Quand renaîtra l'aurore,
Quand le jour finira,
Je viendrai dire encore
Le nom de Ginevra !
Jusqu'à l'heure suprême
D'ineffables amours,
Où, près de ce qu'on aime,
On peut aimer toujours !

Ainsi sur ta cendre glacée,
Ginevra, je viendrai gémir.
A toi, ma dernière pensée,
A toi !... mon dernier soupir !

(Il s'approche de Ginevra et veut soulever le voile qui cache ses traits. — En ce moment Téobaldo et les deux moines sortent des caveaux du fond, dont ils referment la grille; à ce bruit Guido se retourne.)

TÉOBALDO.

Mon frère ! il faut partir, et loin du sanctuaire
Il faut porter vos pas.

GUIDO.

O ciel !

TÉOBALDO.

De ce caveau, je vais fermer la pierre.

GUIDO.

Laissez-moi dans ces lieux ! ne m'en arrachez pas!

TÉOBALDO.

Il le faut !

(On entend la cloche du couvent.)

Entendez-vous ?... c'est l'heure!
Et dès qu'elle a sonné... nul ici ne demeure,
Retirez-vous !

GUIDO.

Tu veux donc que je meure !

(Hésitant.)

Ah !... si j'osais !.. vois mes sanglots, mes pleurs!
Quand tu les connaîtras, tu plaindras mes douleurs!

CAVATINE.

Ici, je vous implore,
Qu'un seul moment encore
De celle que j'adore
Je contemple les traits.

Ah ! laissez-moi cette image si chère !
Prenez pitié de ma misère,
Je veux, c'est ma seule prière!
La voir encore et puis mourir après.

Le peu que je possède,
Cet or et ces bijoux...
Prends... mais viens à mon aide,
J'embrasse tes genoux !
Sur ce lit funéraire
Est celle qui m'est chère,
C'est là tout mon bonheur !

Je l'entends qui m'appelle,
Et son ami fidèle
Veut expirer près d'elle
D'amour et de douleur !

ACTE III, SCÈNE IV.

Ici, je vous implore,
Qu'un seul moment encore
De celle que j'adore
Je contemple les traits !...
La voir !... la voir encore !...
Et puis mourir après !

TÉOBALDO.

De ces lieux consacrés ne troublons pas la paix.

GUIDO, avec désespoir et pendant que Téobaldo et les moines l'entraînent.

Adieu donc !... adieu pour jamais !

(Ils remontent l'escalier. — On referme la pierre du caveau — Téobaldo, les deux moines et Guido disparaissent sous les arceaux de l'église.)

SCÈNE IV.

(Ginevra seule dans le caveau est étendue sur un lit et recouverte d'un voile que l'on voit peu à peu se soulever. — Elle revient lentement à elle, et réveillée à moitié par le froid et par l'humidité, elle se lève en s'appuyant sur son coude et cherche à se mettre sur son séant.)

RÉCITATIF.

J'ai froid !!!... à peine je soulève
Ma tête appesantie et mes membres glacés !...
Que cette nuit est longue ! — Et quel horrible rêve !
Il dure encore !... ah laissez-moi ! — Laissez
Mes yeux s'ouvrir au jour et mon âme à la vie !

(Cherchant à rappeler ses idées.)

Pourquoi ce bruit confus ?... Pourquoi quand je dor-
Ces accents de douleur que de loin j'entendais ? (mais,
Le calme enfin renaît et la nuit est finie !
Oui... je m'éveille...

(Levant la tête et regardant autour d'elle.)

Où donc ?... où suis-je !... ah ! qu'ai-je vu !
Et quel effroi se glisse en mon cœur éperdu !

(Jusque-là elle était restée assise sur le tombeau. Elle vient de se lever. Elle marche et parcourt avec effroi l'étroit souterrain où elle est renfermée.)

Pourquoi donc cette nuit fatale ?
Pourquoi les murs de ce caveau ?

(Apercevant le flambeau funéraire qui est près d'elle.)

Et vous, lumière sombre et pâle,
Etes-vous celle du tombeau ?

AIR.

Oui... oui... tout m'abandonne,
La mort m'environne,
D'effroi je frissonne...
O tourment nouveau !

O nuit d'épouvante !
Quelle horrible attente !
Faut-il donc, vivante,
Descendre au tombeau ?

Fuyons !

(Elle parcourt le caveau dont elle touche tous les murs.)

Aucune issue !...

(Elle monte les degrés de l'escalier qui conduit à l'église, et se trouve arrêtée par l'énorme pierre qui en ferme l'entrée et qu'elle essaie en vain de soulever.)

O terrible agonie !
Jamais ma faible main ne pourra soulever
Ces murs pesants qui me ferment la vie !...
Ah ! si ma voix pouvait jusqu'à vous s'élever...

(Appelant de toutes ses forces.)

Guido !... Guido !... Mon père !... mon père !...
Entendez-moi !... Venez me secourir !!!...

(Redoublant ses cris.)

Je vous appelle... et du sein de la terre !!!...

(Avec désespoir.)

Sans pitié !... sans secours, me faudra-t-il mourir ?

Oui, tout m'abandonne,
La mort m'environne,
D'effroi je frissonne...
O tourment nouveau !
O terrible attente !
O nuit d'épouvante !...
Faut-il donc, vivante,
Descendre au tombeau !

Et mes pleurs et mes cris sont-ils donc superflus ?...
A la nuit du sépulcre à jamais condamnée,
Soleil des cieux, ne vous verrai-je plus ?...

(La lampe du caveau s'éteint. — Ginevra pousse un cri d'effroi.)

Ah !... Dieu prononce, et c'est ma destinée.
Dieu m'abandonne, plus d'espoir !...
O mon père !... O Guido !... je ne dois plus vous voir !

Mon amour est un crime
Que Dieu devait punir...
Il reprend sa victime...
Il revient la saisir...
C'en est fait, je succombe
Aux maux que je ressens !...
Et le froid de la tombe
Revient glacer mes sens !...

(Ses forces l'abandonnent et elle tombe inanimée à droite au pied du tombeau.)

SCÈNE V.

(Dans l'église et à un des vitraux du fond paraît la tête de Forte-Braccio ; par une des rosaces qui est à jour, il entre dans l'église, se laisse glisser le long du mur et arrive à terre, puis il va retirer les verrous d'une petite porte que le sacristain avait fermée et qui donne sur le cloître ; il fait entrer successivement tous les condottieri ses compagnons.)

FORTE-BRACCIO et LE CHŒUR.

Sous cette voûte sainte,
Amis, marchez / marchons } sans crainte !
Dieu dort dans cette enceinte...
Satan veille avec nous !
Oui, dans cette entreprise,
Que sa main nous conduise,
Et les biens de l'église
Nous appartiennent tous !

1ᵉʳ BANDIT à Forte-Braccio.

Piller jusque dans le sanctuaire
Et dans le temple du Seigneur !...
Prends y garde ?... c'est téméraire !
Cela nous portera malheur !

FORTE-BRACCIO.

Tais-toi, poltron, n'as-tu pas peur d'avance,
A qui faisons-nous tort ?... à personne je pense !
Ils ont enseveli la belle Ginevra,
Avec ses diamants, sa parure nouvelle !...
Dans l'autre monde, amis, qu'en fera-t-elle ?...
Rien !... et dans celui-ci cela nous servira !

CHŒUR.

Sous cette voûte sainte,
Amis, marchons sans crainte,
Dieu dort dans cette enceinte ;
Satan veille avec nous,
Etc., etc.

FORTE-BRACCIO, montrant la pierre qui est au-dessus du caveau de Ginevra.

Pour soulever ce roc qui ferme l'ouverture,
Allons, réunissons nos bras !

1ᵉʳ BANDIT, pendant que ses compagnons soulèvent la pierre.

C'est violer la sépulture !

FORTE-BRACCIO, soulevant la pierre.

Bah ! les morts sont bien morts et ne reviennent pas!

(On entend une musique céleste et religieuse, et les bandits effrayés laissent retomber la pierre.)

TOUS.

Ah ! mon Dieu !... Qu'est-ce donc ?

FORTE-BRACCIO.

Quelles âmes peureuses !
Du couvent, d'ici près, de Santa-Térésa,
Ce sont les sœurs religieuses,
Qui vont, toute la nuit, prier pour Ginevra.
Ecoutez-les !

CHŒUR DE FEMMES, dans le lointain et en-dehors.

Reine des anges,
Dont les louanges
Retentissent aux cieux !
Vierge immortelle,
Priez pour elle
Au séjour des heureux !

FORTE-BRACCIO, regardant ses compagnons en riant.

Ce cantique pieux vous a rendus tremblants.
(Montrant le tombeau de Ginevra.)
Allons !... à Dieu son ame ! à nous ses diamants!

CHŒUR DES BANDITS.

Sous cette voûte sainte,
Amis, marchons sans crainte,
Dieu dort dans cette enceinte ;
Satan veille avec nous !
Etc. ; etc.

CHŒUR DES RELIGIEUSES.

Reine des anges,
Dont les louanges
Retentissent aux cieux.
Vierge immortelle,
Priez pour elle,
Etc, etc.

} ENSEMBLE.

(Pendant le chœur précédent, Forte-Braccio et ses compagnons ont enlevé la pierre et dégagé l'entrée du caveau. — Forte-Braccio y descend le premier et ses compagnons le suivent.)

FORTE-BRACCIO, dans le caveau au bas de l'escalier.

Suivez-moi, descendez sans bruit !

1ᵉʳ BANDIT, à part.

D'effroi mon ame est alarmée !

(Au moment où la pierre a été enlevée et où l'air extérieur a pénétré dans le caveau, Ginevra a commencé à reprendre ses sens.)

GINEVRA, revenant peu à peu à elle et cherchant à se soulever.

Quel air plus pur m'a ranimée !...
(Écoutant.)
N'entends-je pas marcher dans l'ombre de la nuit...

ACTE III, SCÈNE V.

(Avec joie.)

A mon aide, on vient...

(Elle se lève vivement des marches où elle était restée évanouie et se trouve debout, immobile et vêtue de blanc en face de Forte-Braccio et de ses compagnons qui s'approchaient du tombeau et allaient y porter la main.)

FORTE-BRACCIO et ses COMPAGNONS, tombant la face contre terre en poussant un cri.

Ah !!!

PREMIER BANDIT ET SES COMPAGNONS.

Ombre redoutable !!!
Spectre menaçant !...
(Montrant Forte-Braccio.)
Lui seul est coupable
D'un crime aussi grand.
Punis son audace,
Qui nous entraîna !
Mais, nous, fais-nous grâce...
Ave... Maria !!!

FORTE-BRACCIO.

Ombre redoutable !!!
Spectre menaçant !...
Si je suis coupable
D'un péché si grand.
Le remords efface
Cette faute-là.
Grâce !... fais-moi grâce,
Ave... Maria,
Ave... ave, Maria !

(Au milieu des bandits prosternés, Ginevra sans proférer une parole, traverse lentement le souterrain, monte l'escalier, et, se soutenant à peine, arrive dans l'église pendant la reprise du chœur.)

LES BANDITS, dans le souterrain.

Ombre redoutable !!!
Spectre menaçant !...
Lui seul est coupable
D'un forfait si grand.
Punis son audace,
Qui nous entraîna,
Mais, nous, fais-nous grâce.
Ave... Maria !

FORTE-BRACCIO, de même.

Ombre redoutable !!!
Spectre menaçant !...
Si je suis coupable
D'un péché si grand.
Le remords efface
Cette faute-là.
Grâce, fais-moi grâce,
Ave... Maria !

CHŒUR DES RELIGIEUSES.

(En dehors de l'église.)

Reine des anges,
Dont les louanges
Retentissent aux cieux.
Vierge immortelle,
Priez pour elle
Au séjour des heureux.

GINEVRA.

Mon Dieu ! je te rends grâce !

(Elle se prosterne devant l'autel, se relève, regarde autour d'elle, puis, apercevant la porte qui donne sur le cloître et que Forte-Braccio a laissée ouverte, elle sort de l'église, tandis qu'à droite dans le lointain continuent les chants religieux, et dans le caveau, le chant des brigands. La toile tombe.)

FIN DU TROISIÈME ACTE.

ACTE QUATRIÈME.

Un petit salon très-élégant dans le palais de Manfredi. Au fond une croisée avec balcon donnant sur la rue. Porte à gauche et à droite. Des deux côtés, des trophées d'armes sont suspendus à la muraille.

SCÈNE PREMIÈRE.

(Au lever du rideau une orgie est commencée, Manfredi, Ricciarda et plusieurs seigneurs sont assis à une table magnifiquement servie et éclairée ; derrière eux de nombreux domestiques qui les servent.)

MANFREDI et LE CHŒUR.

Versez, versez, ma souveraine,
Le vin fumeux de nos coteaux ;
Qu'avec lui Bacchus nous amène
L'ivresse et l'oubli de nos maux !

MANFREDI.

Sur nous le courroux céleste
Aujourd'hui peut éclater,
Et, du seul jour qui nous reste,
Hâtons-nous de profiter.
La vie est une ombre vaine
Où pour nous rien n'est certain,
Excepté la coupe pleine
Que nous tenons à la main.

Versez, versez, ma souveraine,
Le vin fumeux de nos coteaux,
Etc.

Ne rien épargner est sagesse !
Pour qui gardez-vous la richesse,
Que demain il faut abdiquer ?
A vous les trésors de ma cave ;
La mort s'enfuit quand on la brave,
Avec elle je veux trinquer !

CHŒUR.

Versez, versez, ma souveraine,
Le vin fumeux de nos coteaux,
Qu'avec lui Bacchus nous amène
L'ivresse et l'oubli de nos maux !

MANFREDI, aux pages qui les servent.

Retirez-vous ! Que nul témoin profane
Ne gêne du festin la bruyante gaîté.

(Tous les pages sortent.)

MANFREDI se jetant sur le canapé à droite.

Je bois à mes amours ! je bois à ma sultane !
Ricciarda, reine de beauté,
Et lui fais de nouveau vœu de fidélité.

RICCIARDA souriant d'un air de reproche.

Parjure !...

MANFREDI.

Pourquoi donc ?... alors que le veuvage
D'une chaîne pesante à jamais me dégage,
L'amour te rend les droits que l'hymen t'enleva !

(On frappe en dehors, dans la rue et sous le balcon.)

RICCIARDA.

Silence !... Entendez-vous ?

MANFREDI.

Qui vient donc de la sorte,
Au milieu de la nuit, frapper à cette porte ?

RICCIARDA.

Je le saurai !

(Elle va ouvrir la croisée qui est au fond, et, s'avançant doucement sur le balcon, elle regarde dans la rue, pousse un cri et revient toute effrayée près de Manfredi qui est toujours assis sur le canapé.)

Grand Dieu !

MANFREDI, froidement.

Qu'as-tu donc ?

RICCIARDA, tremblante.

Ginevra !

(Tous les convives, se levant.)

Ginevra !!!

ACTE IV, SCÈNE I.

MANFREDI assis sur le canapé à droite, et regardant Ricciarda en riant.

Ma sultane, à mes dépens s'égaye !

RICCIARDA.

Non... non... sous ce balcon, je l'ai vue ! elle est là !...
Terrible et pâle ! !

MANFREDI, se levant.

Allons, crois-tu que je m'effraye
De telles visions ?

RICCIARDA, retenant Manfredi qui se dirige vers le balcon.

Manfredi n'y va pas !...
Crains pour nous deux la céleste colère !

MANFREDI.

Vaine terreur !... vaine chimère !
Pour saluer le spectre, avec moi tu viendras !

(Il prend Ricciarda par la main, l'entraîne près du balcon et crie à haute voix.)

Qui frappe ainsi la nuit ?

GINEVRA, en dehors et d'une voix faible.

C'est moi !... c'est votre femme !

Ginevra !

MANFREDI, étonné et lâchant la main de Ricciarda.

Juste ciel !

RICCIARDA, tombant à genoux.

C'est elle !... c'est son âme
Que ce festin impie irrite contre nous !

MANFREDI, toujours debout au balcon.

Ombre de Ginevra, de moi que voulez-vous ?

GINEVRA, en dehors et d'une voix faible.

Asile !

MANFREDI.

Et de quel droit ? qui t'amène sur terre ?
N'as-tu pas eu de nous l'eau sainte et la prière ?
Va-t'en !... Dans nos cités c'est assez de fléaux,
Sans que les morts encor sortent de leurs tombeaux !
Et si trop généreux l'enfer lâche sa proie,
Ombre ou spectre, va-t'en !... vers lui je te renvoie !

(Il saisit une arquebuse au trophée d'armes qui est près du balcon à droite, et ajuste du haut du balcon dans la rue, le coup part, et l'on entend en dehors un cri plaintif.)

Entendez-vous ce cri de douleur et d'effroi ?

MANFREDI.

Ah ! l'enfer est en fuite !...
La victoire est à moi,
Et satan qui s'irrite,
Tremble... et subit ma loi !

RICCIARDA et LE CHŒUR.

O sinistre visite !
Y dois-je ajouter foi ?
Hélas ! mon cœur palpite
Et d'horreur et d'effroi !

ENSEMBLE.

MANFREDI, prenant la main de Ricciarda.

Tu trembles ?

RICCIARDA.

J'en conviens ! cette ombre redoutable,
Aux fêtes d'un banquet apparaissant soudain,
Annonce à l'un de nous quelque malheur prochain !

MANFREDI.

Raison de plus pour nous remettre à table !
On y brave aisément tous les coups du destin,
Quand d'un ami fidèle on peut presser la main.

(Tous les convives se sont assis et boivent de nouveau.)

CHŒUR.

Buvons, amis, buvons ensemble
A l'amitié, comme aux amours !
Que le saint nœud qui nous rassemble
Dure jusqu'à nos derniers jours !

Plusieurs convives se levant, et buvant à Manfredi.

Oui !... oui !... notre amitié fidèle
Ne t'abandonnera jamais !

RICCIARDA, de même, et élevant sa coupe.

Pour toi, ma tendresse éternelle
De la mort bravera les traits !

MANFREDI, se levant et élevant sa coupe d'une main chancelante.

A vous donc !... à vous !... à jamais !...

Tous, le regardant avec effroi.

Dans sa main la coupe chancelle...
Et sur son front quelle pâleur !

MANFREDI, cherchant à lutter contre le mal qu'il éprouve.

Non... ce n'est rien !... non... non... je brave la douleur !...
C'est ma main seulement !... et non mon cœur qui tremble !...

(Essayant de répéter le refrain du chœur.)

Buvons... amis... buvons... ensemble !...

(Laissant tomber sa coupe, et s'appuyant sur la table.)

Ah !... je sens fléchir mes genoux !...

(Ricciarda et les convives s'éloignent de lui avec terreur.)
MANFREDI, avec amertume.

Eh bien !... vous vous éloignez tous ?...
Pourquoi ?... quand tout à l'heure... ici, vous disiez tous :

MANFREDI, avec ironie.

Buvons, amis ; buvons ensemble...
A l'amitié, comme aux amours !...
Que le saint nœud qui nous rassemble
Dure jusqu'à nos derniers jours !

(Avec fureur.)

Amitié perfide,
Serment imposteur,
Votre ame sordide
Abusait mon cœur.
Mais, ô joie extrême !
Nous serons encor,
Et malgré vous-même,
Unis par la mort !

RICCIARDA et LES CONVIVES, à part.

Ah ! malgré moi, d'effroi je tremble,
Le trépas menace ses jours !
Faut-il que la mort nous rassemble !
Dieu puissant !... à toi j'ai recours !

(Tous le regardant avec effroi.)

De son front livide
Voyez la pâleur,
D'un trépas rapide
C'est l'avant-coureur !
Craignons pour nous-même
Son funeste sort !...
O terreur extrême !
Comment fuir la mort !

(Il s'avance en chancelant vers ses amis qui, devant lui, reculent effrayés ; mais Ricciarda ne peut l'éviter. Manfredi la saisit par la main et l'amène au bord du théâtre, pendant que tous les convives disparaissent par la porte à gauche.)

MANFREDI.

Ah ! toi du moins, tu me seras fidèle !

RICCIARDA.

Laissez-moi !...

MANFREDI.

Tu tiendras les serments qu'on m'a faits !
« Pour toi, ma tendresse éternelle
» De la mort braverait les traits !... »
Me disais-tu ?... tes vœux sont satisfaits :

(Serrant contre son cœur Ricciarda qui se débat.)

Ricciarda !... nous voici réunis pour jamais !...

MANFREDI.

Maîtresse perfide,
J'ai lu dans ton cœur,
Tendresse sordide,
Serment imposteur !
Mais, ô joie extrême,
Nous serons encor,
Et malgré toi-même,
Unis par la mort !

RICCIARDA.

Laisse-moi, perfide,
Pour toi, dans mon cœur,
L'effroi qui me guide,
Double mon horreur.
O terreur extrême !
Faut-il être encor,
Et malgré moi-même,
Unis par la mort !

RICCIARDA, se débattant.

Ginevra !... Ginevra !... de moi soyez vengée!
Oui !... c'est elle qui me punit !...
Tiens... ne la vois-tu pas ? c'est son ombre outragée
Qui se lève !... et qui te maudit !...

(Manfredi, frappé d'effroi, laisse échapper Ricciarda qui, chancelante et à moitié évanouie, s'appuie sur la table à gauche. Manfredi rassemble toutes ses forces, se lève du canapé sur lequel il était tombé, s'approche de Ricciarda qui pousse un cri, et veut fuir. Manfredi s'attache à elle presque mourant, et tombe à genoux, mais sans lâcher les mains de Ricciarda, qui ne peut fuir qu'en l'entraînant avec elle.)

MANFREDI.

Ah ! ne crois pas qu'ici je t'abandonne,
Toujours unis jusqu'à la mort !
Pour toi l'heure dernière sonne !...
Et tu partageras mon sort !

RICCIARDA.

Dieu m'a maudite et m'abandonne,
Et je ne puis échapper à mon sort !

(Ils disparaissent tous les deux par la porte à gauche. Le théâtre change et représente la principale place de Florence.)

(Il fait nuit. La neige tombe et couvre les principaux édifices ; à droite, sur le premier plan, une maison très-simple, c'est celle de Guido ; au milieu de la place, la statue équestre de Cosme de Médicis. Sur les troisième et quatrième plans, à gauche, un riche palais où l'on monte par des degrés ; au fond, plusieurs rues et de beaux édifices.)

SCÈNE II.

FORTE-BRACCIO et SES COMPAGNONS. Les uns portent de riches habits, des vases d'or, des manteaux de pourpre. D'autres tiennent des flacons de vin, de belles armures qu'ils viennent de piller dans les palais voisins.

CHŒUR.

Vive la peste!
Pour ceux qui ne l'ont pas!
Debout je reste,
Et brave le trépas;
La main céleste
Nous protége ici-bas!

FORTE-BRACCIO.

A nous trésors et richesses;
A nous les palais!... à nous
Les couronnes des duchesses,
Et les armes de leurs époux.
Pour contenter mon envie,
Pour trouver l'or sous mes pas,
Je n'expose que ma vie...
Dont le bourreau ne veut pas!

CHŒUR.

Vive la peste!
Pour ceux qui ne l'ont pas!
Etc., etc.

FORTE-BRACCIO.

Ces chefs, ces magistrats, dont la prudence brille,
Abandonnent nos murs, laissés sans défenseurs!...
Fuyant ces lieux, témoins du trépas de sa fille,
Cosme de Médicis et tous ses serviteurs
Ont quitté ce séjour de regrets et de pleurs!
Son palais est désert!

PREMIER BANDIT.

Voyez mes camarades,
Ces superbes portails, ces riches colonnades!

FORTE-BRACCIO.

Ils sont à nous!... à nous qui n'avons rien:
Le trépas nous les donne!... amis, c'est notre bien!

CHŒUR.

A la mort! au pillage!
Ni Dieu, ni chefs, ni lois!
Tout est notre partage!
Ici nous sommes rois!

(On entend, dans le lointain, les cloches de plusieurs églises.)

Le fléau nous devance,
Nous marchons sur ses pas;
L'égalité commence
Où règne le trépas!

Oui, ce deuil funéraire
Sourit à nos transports!
Le chant qui sait nous plaire,
C'est la cloche des morts!...

A la mort, au pillage,
Etc., etc.

(Plusieurs allument des torches et tous se précipitent dans la rue à gauche, du côté des riches palais.)

SCÈNE III.

GINEVRA seule, blessée, se traînant avec peine, et venant de la rue à droite.

Conduisez-moi, mon Dieu!... — Sur la neige glacée
Mon sang trahit au loin la trace de mes pas!... —
Je me sens défaillir!...—Chassée... il m'a chassée!...
Et dans ces murs déserts où règne le trépas,
Dans l'ombre j'ai cherché le palais de mon père!
Près de moi des bandits ont passé!... je voulais
Leur demander... et je n'osais!...
Tremblante, j'évitais leur rage sanguinaire!
Hélas!... et des affronts plus cruels que la mort!...

(Prêtant l'oreille avec effroi.)

Ah! ce sont eux!... je les entends encor!...

(En ce moment le théâtre est éclairé par la lueur rougeâtre des feux allumés dans les rues voisines.)

De leurs torches incendiaires,
Se reflètent au loin les sinistres lumières!...
Ils me verront!... où fuir?...

(Regardant autour d'elle, et apercevant la statue, et de l'autre côté, le palais de Médicis.)

Ne me trompez-vous pas?
Grands dieux!.. oui, vous avez exaucé mes prières,
Oui, c'est le palais de mes pères!...
Ah! que je puisse au moins en atteindre le seuil....

(Elle monte avec peine les degrés du palais et saisit le marteau d'airain qu'elle laisse retomber.—Elle écoute, et frappe une seconde fois.)

Nul ne répond en ce séjour de deuil!

(Rassemblant ses forces, et criant.)

C'est moi!... c'est Ginevra!... qui de frayeur suc-
O silence effrayant!.. c'est celui de la tombe! [combe

(Appelant.)

Mon père!...

(Elle écoute, et s'écrie avec désespoir.)

Ah!... mon père n'est plus!...
Les cris de son enfant... il les eût entendus!

(Redescendant les degrés du palais.)

Mon Dieu!... mon Dieu! Pourquoi vivrais-je encore?
Là... vers mon cœur se glisse un froid mortel.....

(Tombant sur les dernières marches de l'escalier.)

Ils me retrouveront demain avec l'aurore
Pâle et glacée... au seuil du palais paternel!

SCÈNE IV.

GINEVRA (évanouie) ; GUIDO, venant de la rue à droite et se dirigeant vers sa maison.

GUIDO.

Tu seras donc pour moi sans cesse inexorable,
O trépas que je cherche et qui me fuis toujours!...
A tous ces malheureux prodiguant mes secours,
Vainement j'ai bravé ce fléau redoutable ;
Le fléau me repousse et ne veut pas de moi;
Il me condamne à vivre, ô Ginevra, sans toi !
   Fille des cieux !... Quand donc te reverrai-je ?
   Rappelle-moi !... que mon exil s'abrège.....

(Il va pour rentrer dans sa maison, à droite. — Ginevra, à gauche, et sur les marches du palais, soulève la tête et pousse un soupir.)

   Qu'entends-je auprès de moi !

(S'arrêtant, et allant à elle dans l'obscurité.)

Encore une victime !... Ah ! pauvre jeune fille !
   Tu n'as donc pu fléchir le sort !
   Loin des siens, loin de sa famille ;
Seule ici... sans secours... elle a trouvé la mort !

(Se baissant pour la regarder.)

   Est-ce un songe ?....

(Il pousse un cri et s'éloigne.)

                 Ah !...

Suis-je donc en délire ?

(Voyant Ginevra qui revient à elle et se lève.)

            Ombre de Ginevra !!

DUO.

GUIDO, à genoux, et étendant les bras vers elle.

Ombre chérie !... ombre adorée !
Tu daignes donc combler mes vœux !
De moi trop longtemps séparée ;
A ma voix, tu descends des cieux !

GINEVRA ; appuyant sa main sur l'épaule de Guido.

   Guido !.., Guido !...

GUIDO, tressaillant.

          C'est elle !
C'est sa voix qui m'appelle !
Et qui m'ouvre les cieux !

GINEVRA.

Non !... non, Guido, calme ta peine:
Je ne suis pas une ombre vaine !
Je vis, j'existe !... c'est bien moi !
Dieu t'a rendu ta bien-aimée;
Dans la tombe il m'a ranimée.

GUIDO.

Ginevra !... c'est bien toi !... c'est toi que je revoi!

Prodige, dont je doute encore !
Oui... je sens là battre son cœur !
Ne souffre pas, Dieu que j'implore,
Que j'expire de bonheur ?

GINEVRA.

C'est moi ! c'est moi ! j'existe encore !
Ta vue a ranimé mon cœur,
Et ce Dieu que ma voix implore,
A pris pitié de mon malheur !

ENSEMBLE.

GUIDO.

Venez ! quittez ces lieux d'épouvante et d'horreur!
Où faut-il vous conduire ?... A vous, ma destinée!

GINEVRA.

Mais je n'ai plus d'asile !... errante abandonnée...
   Où désormais porter mes pas ?
   Bien plus cruel que le trépas,
De son logis Manfredi m'a chassée !

GUIDO, regardant le bras de Ginevra.

Ah ! grand Dieu ! Ginevra blessée !

GINEVRA.

Oui, la main d'un époux a menacé mes jours,
Quand ma voix suppliante implorait son secours!

GUIDO.

L'infâme !...

GINEVRA.

   Me traînant au palais de mon père,
Un silence de mort accueillit ma prière;
Et maintenant que me reste-t-il ?

GUIDO.

                Moi!
Qui t'ai voué mon sang, et ma vie, et ma foi!

Ah ! mon âme, à toi se donne,
Et nul danger ne m'étonne;
A ton humble esclave... ordonne:
   T'obéir est ma loi !...
Que ton cœur au mien se livre ;
Viens !... Partons !... il faut me suivre !
Si pour toi, je ne peux vivre,
   Je veux mourir pour toi.

ENSEMBLE.

ACTE IV, SCÈNE IV.

ENSEMBLE.

GINEVRA.

Le devoir, hélas! l'ordonne,
Il faut qu'ici j'abandonne
L'amour que ton cœur me donne,
L'honneur m'en fait la loi!
Trop doux espoir qui m'enivre;
Non... non, je ne puis te suivre!...
Quand pour toi je voudrais vivre,
Je vais mourir loin de toi.

GUIDO.

Ainsi ma prière est stérile!
Ainsi chez moi tu refuses l'asile...
Le seul qui maintenant te reste!...

GINEVRA.

Je le dois...

(On aperçoit à gauche, à travers les fenêtres du palais, les flammes qui commencent à gagner l'édifice, et l'on entend le chœur des bandits.)

CHŒUR.

A la mort! au pillage!
Ni Dieu, ni chef, ni lois!
Tout est notre partage;
Ici nous sommes rois!

GUIDO.

Entends-tu ces bandits?

GINEVRA.

Ils me glacent d'horreur!
Ils te tueront... va-t'en!

GUIDO.

Je suis ton défenseur!

GINEVRA.

Ah! le ciel m'a condamnée,
Qu'importe ma destinée!
Va! laisse une infortunée!...
Laisse-moi subir mon sort?

GUIDO.

Quitter celle qui m'est chère,
Toi, mon bien, ma vie entière!
Je ne crains rien sur la terre,
Rien, que de te perdre encor!...

ENSEMBLE.

(Les bandits traversent le fond du théâtre en agitant des flambeaux. — Ginevra pousse un cri, et tombe évanouie dans les bras de Guido. — Le piédestal de la statue les cache aux yeux des bandits.)

GUIDO, la tenant dans ses bras, et l'entraînant.

Dieu! doublez mon courage et sauvez mon trésor!

(En ce moment s'ouvrent les portes du palais auquel on vient de mettre le feu, et les bandits, la torche à la main, descendent les escaliers. — La toile tombe.

FIN DU QUATRIÈME ACTE.

ACTE CINQUIÈME.

Le village de Camaldoli, dans une vallée, aux pieds des Apennins.

Les deux premiers plans représentent une vaste chambre dans une ferme. — Portes à droite et à gauche.

SCÈNE PREMIÈRE.

ANTONIETTA et tous les gens de la ferme agenouillés devant une Madone qui est au fond du théâtre et faisant la prière du matin.

ANTONIETTA ET LE CHŒUR.

Sainte Madone,
Clémente et bonne,
Qui nous sauvas !
A ta prière,
Dieu, moins sévère
Ouvre ses bras.

Dans nos campagnes,
Un ciel d'azur,
A nos montagnes,
Rend un air pur !

Le fléau cesse,
Plus de douleurs !
A l'allégresse,
Livrons nos cœurs.

(Tout le monde se relève et Antonietta prête à sortir, s'arrête en regardant du côté de la campagne.)

ANTONIETTA.

Quel est donc ce vieillard que la foule environne ?
  Qu'il a l'air noble et triste, hélas !...
Près de chaque habitant il arrête ses pas !...
  Eh ! oui, vraiment... c'est de l'or qu'il leur donne.

(Elle se range avec respect contre la porte du fond et fait la révérence en voyant Médicis, les seigneurs de sa suite et les habitants du village qui entrent dans la ferme.)

SCÈNE II.

LES PRÉCÉDENTS; MÉDICIS et sa suite.

MÉDICIS, aux paysans qui l'entourent.

Oui, je viens, mes enfants, visiter vos hameaux,
Et si je le pouvais, je voudrais de vos maux
    Effacer les dernières traces !
(A un des seigneurs de sa suite.)
Que du saint monastère, établi dans ces lieux,
Descende en la vallée un cortége pompeux,
Pour rendre au Dieu sauveur nos éternelles grâces..
Allez, disposez tout pour cet acte pieux !

AIR.

Mon Dieu ! si ton bras redoutable
A châtié ce peuple plein d'effroi,
Que désormais, je sois seul misérable,
Que ton courroux ne tombe que sur moi !

  Hélas ! c'est ma seule famille,
  Par mes larmes, je la défends.
  Tu m'as déjà ravi ma fille,
  Épargne mes autres enfants !

Mon Dieu, si ton bras redoutable
A châtié ce peuple plein d'effroi;
Que désormais, je sois seul misérable,
Que ton courroux ne tombe que sur moi !
(S'adressant à Antonietta.)
De cette ferme, êtes vous la maîtresse ?

ANTONIETTA.

Non, monseigneur !

MÉDICIS.

    Approchez !... la vieillesse
Et les larmes surtout ont affaibli mes yeux !...
Qui donc, ma chère enfant, habite dans ces lieux ?

ACTE V, SCÈNE V.

ANTONIETTA.

Deux étrangers ! qu'on aime et qu'on révère ;
Ils viennent d'acheter ces troupeaux et ces champs.
Pauvre.. ils m'ont recueillie avec ma vieille mère ;

MÉDICIS.

Et tous deux sont heureux !

ANTONIETTA.

Autant que bienfaisants ?

MÉDICIS.

Ils sont heureux... près d'eux je n'ai que faire.

(Au moment de sortir, il aperçoit parmi les paysans un vieillard qui essuie ses larmes.)

Pourquoi ces pleurs ? Qui cause ta misère ?
Puis-je la soulager ?

LE VIEILLARD.

J'ai perdu tout mon bien !
Ma seule enfant... ma fille !

MÉDICIS, fondant en larmes.

Ami... je ne peux rien...
Que pleurer avec toi... ton malheur est le mien !

(Affaibli par l'émotion, Médicis chancelle et s'appuie sur ceux qui l'entourent.)

ANTONIETTA.

La force l'abandonne !... il fléchit... il chancelle.
Venez, venez... nous vous offrirons tous
Les soins de l'amitié fidèle !
Veillons sur lui... car il veillait sur nous !

TOUS.

Veillons sur lui... lui qui veillait sur nous !

(Antonietta, les villageois et les seigneurs entourent Médicis et le conduisent dans la chambre à gauche. — Tous le suivent avec respect et en silence.)

SCÈNE III.

GINEVRA, sortant de la chambre à droite. Elle est habillée en paysanne des Apennins.

Lieux où Guido respire !... asile solitaire
Où je vis libre enfin, d'un hymen odieux !
Rien ne manquerait à mes vœux,
Si mon cœur ne songeait à ta douleur amère,
Mon père !!...

SCÈNE IV.

GINEVRA ; GUIDO, en montagnard des Apennins.

GUIDO.

Quoi, des pleurs !

GINEVRA.

Je pensais à mon père !

GUIDO.

O souvenir fatal ! ô regrets dangereux !
Vainement le duc de Ferrare
A vu ses jours tranchés par le courroux des cieux !
En vain deux fois la tombe aura brisé vos nœuds !...
Si tu revois ton père, hélas ! tout nous sépare...
Et ton rang... et ton nom !... Il faudra donc te fuir !
Et te perdre à présent... c'est vouloir que je meure !

GINEVRA, vivement.

Non, Guido !... (soupirant) mais, hélas ! mon père
[qui me pleure !...

GUIDO.

Eh bien ! va le rejoindre, et laisse-moi mourir !...
A toi le trône... à moi les pleurs et la misère !..
Je te rends tes serments !

GINEVRA.

Non !... mon amour sincère
Ne les oubliera pas, et quel que soit mon sort !
A toi seul j'appartiens ! oui, toi seul ou la mort !

GUIDO, avec joie.

Tu le jures !

(Reprenant le motif du duo du 1er acte.)

Ainsi dans ces riants asiles,
Ma bien-aimée, ô Ginevra !
S'écouleront nos jours tranquilles ;
Crois-moi, le vrai bonheur est là.

SCÈNE V.

MÉDICIS, sortant de la chambre à gauche, GUIDO, GINEVRA.

MÉDICIS, à la cantonade.

Je suis mieux... j'ai besoin d'être seul... laissez-moi !..

GUIDO, s'avançant vers Médicis.

Qui vient vers nous ?... Ah ! qu'est-ce que je vois !

(Redescendant près de Ginevra.)

Grand Dieu !... c'est Médicis !

GINEVRA, voulant courir à lui.

Mon père !...

GUIDO, la retenant et à demi-voix.

Ah ! si ma vie, hélas ! t'est chère :
Songe au serment que tu m'as fait,
Ginevra !... S'il te reconnaît,
Je meurs à tes yeux !... viens !

GINEVRA.

Que faire ?

(A Guido qui l'entraîne.)

Oui... oui... je te suis !

(S'arrêtant et joignant les mains en suppliante.)

Mais... au prix de tout mon sang !
Que je le voye encor un seul instant !...

TRIO.

(Médicis est sur le devant de la scène ; Ginevra plus loin au fond du théâtre, cherche à le voir sans en être vue, et Guido toujours près d'elle et la retenant par la main, l'empêche d'avancer où de se faire reconnaître.)

MÉDICIS, seul et pleurant.

Ma fille !.. ô ma fille chérie !
Tout renouvelle ma douleur !
Partout ton image chérie,
S'offre à mes yeux, comme à mon cœur !

GINEVRA, ne pouvant modérer son émotion.

Ah ! c'en est trop !... et mon ame attendrie !...

(Elle fait vivement un pas vers Médicis.)

MÉDICIS, se retournant à ce bruit, et jetant les yeux sur Ginevra.

Grand Dieu !... grand Dieu, mes yeux, hélas !
Ou mon cœur abusé ne me trompent-ils pas ?

MÉDICIS.

Prodige impossible à comprendre !
Voilà ses yeux, voilà ses traits !
Pour un instant, Dieu, vient me rendre
L'image de ce que j'aimais.

GINEVRA.

O trouble que je ne puis rendre !
Perdre l'un d'eux, et pour jamais !
Mon Dieu, mon Dieu! quel parti prendre?
Vois mes remords, vois mes regrets !

GUIDO.

O trouble que je ne puis rendre !
Je crains de la perdre à jamais.

(Bas à Ginevra.)

De toi mon trépas va dépendre,
Songe aux serments que tu m'as faits.

MÉDICIS, regardant toujours Ginevra.

Sous ces humbles habits, quel air noble et touchant !
Approche, et ne sois pas surprise, mon enfant ;
Si dans mes yeux émus, tant de tendresse brille,
En te voyant j'ai cru revoir ma fille,
Ma fille jeune et belle comme toi !...

Ah! d'un vieillard pardonne la faiblesse,
Laisse-moi cette main, que dans mes mains je presse !

GINEVRA, prête à se trahir.

Monseigneur !...

MÉDICIS.

C'est sa voix !...

GUIDO, à part.

Ah ! je tremble d'effroi.

MÉDICIS.

Prodige impossible à comprendre !
Voilà sa voix, voilà ses traits !
Pour un instant, Dieu vient me rendre
L'image de ce que j'aimais!

GINEVRA.

O trouble que je ne puis rendre !
Perdre l'un d'eux et pour jamais !
Mon Dieu, mon Dieu! quel parti prendre?
Vois mes remords et mes regrets !

GUIDO.

O terreur que je ne peux rendre !
Je crains de la perdre à jamais.

(Bas à Ginevra.)

De toi mon trépas va dépendre,
Songe aux serments que tu m'as faits.

MÉDICIS, regardant Ginevra avec attendrissement.

Des biens que j'ai perdus, image trop fidèle...

(Poussant un cri.)

Ah! tu m'as regardé comme elle !...
Va-t'en ! va-t'en ! ton aspect me fait mal !

(Il s'éloigne de Ginevra qui, ainsi que Guido, redescend au bord du théâtre.)

MÉDICIS, faisant quelque pas pour sortir, s'arrête encore, et jette un dernier regard sur Ginevra.

Un instant abusé par un espoir fatal,
Il m'a semblé que c'était elle !...

(Avec douleur.)

Oh! non... non... cela n'est pas !...
En me voyant... ma fille eût volé dans mes bras !...

GINEVRA pousse un cri et se précipite dans les bras de son père.

MÉDICIS.

O surprise ! ô joie !
Est-ce mon enfant
Que Dieu me renvoie?
O Dieu tout-puissant !

ACTE V, SCÈNE V.

Oui, c'est elle-même
Que tu viens m'offrir,
Et d'ivresse extrême
Je me sens mourir.

GINEVRA.

O transports de joie !
Oui, c'est votre enfant
Que Dieu vous renvoie
Devant vous tremblant.
Mais, ô peine extrême,
Je viens de trahir
Le frère que j'aime
Et qui va mourir.

GUIDO.

Destin, qui déploies
Sur moi ta rigueur,
Pour moi plus de joies
Et plus de bonheur.
Désespoir extrême,
Ah ! c'est trop souffrir,
Je perds ce que j'aime !
Je n'ai qu'à mourir.

MÉDICIS.

A la mort qui t'a donc ravie ?

GINEVRA.

Un miracle !... le ciel m'a sauvé du trépas.

MÉDICIS.

Viens reprendre ton rang !... viens, ma fille chérie !

GUIDO, au désespoir et se précipitant au-devant d'elle.

Non, non, tu ne partiras pas !

(Hors de lui-même.)

Que sur moi la foudre tombe
Si mon cœur renonce à toi !

(à Médicis.)

Je l'ai ravie à la tombe ;
Par le ciel elle est à moi !
Elle vint pâle et glacée
Supplier son noble époux ;
Lâchement il l'a chassée...
Elle tomba sous ses coups.
Moi, j'ai recueilli son ame !...
Et Manfredi verrait le jour
Que je dirais à cet infâme :
Viens l'arracher à mon amour !...

GINEVRA, à Médicis.

Oui, votre fille encor ne vous est pas rendue !
Voici mon frère !... mon sauveur !

Et si le rang où je suis revenue
M'empêche d'acquitter la dette de mon cœur,
Partez sans moi... Ginevra la fermière
Vivra dans cet asile en priant pour son père.

MÉDICIS.

Mon bonheur peut-il donc se séparer du tien !
Viens chercher sur mon cœur ton pardon et le sien !

GINEVRA et GUIDO se jettent dans les bras de Médicis.

MÉDICIS.

O transports d'ivresse !
Ce sont mes enfants
Que tous deux je presse
Dans mes bras tremblants !
Ah ! de joie extrême,
Je me sens mourir,
Et devant Dieu même
Je veux vous bénir.

GINEVRA.

O transports d'ivresse !
Ce sont ses enfants
Que tous deux il presse
Dans ses bras tremblants.
A celui } que j'aime,
A celle }
L'hymen vient m'unir,
Et devant Dieu même
Il veut nous bénir.

(Les toiles du fond se lèvent, et l'on aperçoit la chaîne des Apennins.—Au milieu de la montagne, à gauche, le couvent des Camaldules. — Vis-à-vis, également à mi-côte, le village de Camaldoli.—Au fond de la vallée, les dames, les seigneurs de la suite de Médicis. — Les portes du couvent s'ouvrent, et l'on voit s'avancer lentement la procession qui serpente sur le flanc de la montagne et descend dans la vallée. — Les Camaldules portent la châsse de Saint-Romuald, fondateur de leur couvent; des jeunes filles vêtues de blanc l'accompagnent en jetant des fleurs, et de tous les points de la montagne, les chevriers, les pâtres, les femmes du village agitent de loin des rameaux, ou se mettent à genoux au moment où passe la procession.)

MÉDICIS.

Oui, devant le Seigneur, qui semble ici descendre,
Je bénirai l'enfant qu'il a daigné me rendre !
  A genoux !... peuple à genoux !...
Au divin Romuald, adressez vos cantiques !
  Adorez ses saintes reliques !
Et devant l'Éternel, qui prit pitié de nous :
  Peuple ! prosternez-vous !

Ginevra et Guido s'agenouillent devant Médicis qui les bénit.

CHŒUR.

Le Seigneur calme sa colère;
Le Seigneur pardonne à la terre,
Et le pardon de l'Éternel
  Est inscrit au ciel !

CHŒUR.

Le pardon de l'Éternel
Est inscrit dans le ciel !

FIN DU CINQUIÈME ET DERNIER ACTE.

Imprimerie d'ADOLPHE ÉVERAT et Comp.
rue du Cadran, 14 et 16.

MARGUERITE,

OPÉRA COMIQUE EN TROIS ACTES,

PAROLES DE MM. SCRIBE ET EUGÈNE;

MUSIQUE DE M. ADRIEN BOIELDIEU.

Représenté pour la première fois, à Paris, sur le théâtre royal de l'Opéra-Comique, le 18 juin 1838.

DISTRIBUTION DE LA PIÈCE :

Maître BIRMINSTEL, ancien maître d'école, et récemment nommé grand-bailli...................... M. Henri.
HERBERT, son neveu, garde-chasse............... M. Jansenne.
GRAPH, compagnon d'Herbert.................... M. Roi.
MARGUERITE, jeune fermière.................... Mlle Rossi.
CHRISTIAN, soldat, son amoureux................ M. Couderc.
JUSTINE, sœur de Christian..................... Mlle Berthault.
Le comte RODOLPHE, seigneur du village, et colonel du régiment de Christian..................... M. Fosse.
Gardes-Chasses.
Paysans et Paysannes.

La scène se passe en Allemagne, en 1809.

ACTE PREMIER.

Paysage. A gauche, la porte d'une auberge de village. A la première coulisse, une espèce de cabinet attenant à l'auberge et y communiquant par une porte intérieure; une grande et basse fenêtre à ce cabinet. Aux derniers plans, le jardin de l'auberge. A droite, la maison du grand-bailli. Au fond, une colline; et dans le lointain, les tourelles d'un château abandonné et qui tombe en ruines.

SCÈNE I.
INTRODUCTION.

(Tout le village, les tambours en tête, est placé sous les fenêtres du bailli.)

CHOEUR.

Au son du tambour
Célébrons ce jour !
C'est tout le village
Qui vient rendre hommage
A son grand-bailli.
Nous voici, nous voici !
Vive le grand-bailli !

LE BAILLI, sortant de chez lui.

Eh! mais, pourquoi tout ce tapage ?

CHOEUR.

Vive, vive le grand-bailli !

LE BAILLI, avec satisfaction.

C'est bien, très bien !... c'est dans la forme.
J'aime les honneurs et l'éclat !
Mais encor faut-il que l'on dorme,
Même quand on est magistrat ;
Et vous pouviez plus tard me prouver votre zéle.

CHOEUR.

Vive, vive le grand-bailli !

LE BAILLI, se promenant, et à lui-même.

Il est pourtant fort doux d'être en tout obéi,
De tous complimenté, fêté, servi, chéri !
Est-il une place plus belle
Que la place de grand-bailli !

CHOEUR.

Au son du tambour
Célébrons ce jour! etc.

*Toutes les indications à *droite* ou à *gauche* doivent s'entendre de la droite ou de la gauche de l'*acteur*.

41

SCÈNE II.

Les Mêmes; JUSTINE, accourant.

JUSTINE.
Ah! quel bonheur! quelle nouvelle!

LE BAILLI.
C'est Justine!... que nous veut-elle?
Sans doute me féter aussi.

JUSTINE.
Monsieur, monsieur le grand-bailli,
Je viens de voir dans l'avenue
Arriver tout un régiment.
(Imitant le tambour.)
    Plan, plan, plan!
Ah! grand Dieu! la belle tenue!
Quel air martial et brillant!
On va les passer en revue,
Et le coup d'œil sera charmant.
    Plan, plan, plan!...
(Au bailli.)
Puis chez vous et dans le village
Il faut les placer à l'instant;
Donner à tous et promptement
De bons billets de logement;
Ou bien chaque soldat, je gage,
Prendra le sien tambour battant.
    Plan, plan, plan!

LE BAILLI.
Au diable une pareille affaire!

JUSTINE.
Écoutez donc, c'est votre emploi.

LE BAILLI.
Je l'ai payé pour ne rien faire
Et pour rester toujours chez moi!
Et de tous ces détails faut-il que je me mêle?

JUSTINE.
C'est vous que ça regarde ici.

CHOEUR.
Est-il une place plus belle
Que la place de grand-bailli!

LE BAILLI.
Assez, assez, et grand merci.

CHOEUR, criant très fort.
Au son du tambour
Célébrons ce jour, etc.

SCÈNE III.

Les Précédents, HERBERT, GRAPH et autres Gardes-forestiers.

JUSTINE, au bailli.
Les gardes-forestiers viennent vous rendre hommage.

LES GARDES-FORESTIERS.
Nous venons aujourd'hui,
Suivant l'antique usage,
Féter monsieur le bailli.
Ce jour pour nous est d'un heureux présage :
Vive à jamais le grand-bailli!

HERBERT, aux villageois.
Allons, papas, mamans, garçon et jeune fille,
A souper chez mon oncle, et ce soir et demain.
On vous invite tous!

LE BAILLI.
Te tairas-tu, coquin!

HERBERT.
C'est une fête de famille!
A ce soir!

LE BAILLI.
Le fripon!

HERBERT.
A ce soir!

CHOEUR.
Grand merci.
Vive à jamais le grand-bailli!

LE BAILLI, à part.
Cinquante personnes à table!

JUSTINE.
Est-il place plus agréable
Que la place de grand-bailli!

LE BAILLI, les congédiant.
C'est bon : à mes travaux laissez-moi seul ici.

TOUS, en sortant.
Au son du tambour
Célébrons ce jour! etc.

SCÈNE IV.

LE BAILLI, HERBERT.

LE BAILLI.
Sais-tu, mon neveu, que tu es un franc mauvais sujet?

HERBERT.
C'est la faute de l'éducation! celle que vous m'avez donnée, mon cher oncle.

LE BAILLI.
Je ne t'en ai pas donné du tout. J'avais cru d'abord ce système économique; mais je vois maintenant qu'il me revient très cher.

HERBERT.
Ce n'est cependant pas mon établissement qui vous a ruiné... garde-chasse de la comtesse de Loustal... quarante écus de traitement... avec ce que vous me donnez...

LE BAILLI.
Ça fait?...

HERBERT.
Ça fait quarante écus.

LE BAILLI.
Pour toi!... mais pour moi, c'est bien autre chose!... N'as-tu pas galopé l'autre jour avec ma jument à travers les moissons du fermier voisin? n'as-tu pas fait étrangler par mon chien les canards de la meunière? Tous les dégâts que tu commets, toutes les amendes auxquelles tu te fais condamner! qui est-ce qui paie tout cela?

HERBERT.
Je n'en sais rien, mais ce n'est pas moi.
LE BAILLI.
C'est votre oncle, monsieur, votre malheureux oncle !... Mais à présent que je vais moi-même rendre la justice, et que du rang de maître d'école me voilà élevé à celui de grand-bailli, que sera-ce donc s'il vous prend fantaisie de vous faire pendre ?...
HERBERT.
Eh bien ! la cérémonie me sera plus agréable qu'avec un étranger... vous serez là... tout se passera en famille.
LE BAILLI.
Et le tort que cela me ferait !
HERBERT.
Et à moi donc !
LE BAILLI.
J'en perdrais ma place.
HERBERT.
Non, tenez, raisonnons sérieusement : je suis un neveu fort tendre, très dévoué : et si vous voulez je vais vous indiquer un moyen certain pour que je ne sois pas pendu. Vous voyez comme je m'intéresse à vous.
LE BAILLI.
Et quel moyen ?
HERBERT.
Ah ! doucement ! c'est une invention pour vous rendre service ; et auparavant je veux savoir ce que vous me donnerez pour cela.
LE BAILLI, se récriant.
Ah ! bien, par exemple !...
HERBERT.
Allons !... vous voyez votre avarice !... car enfin, ce n'est pas moi, c'est vous qui y gagnerez... c'est égal, je vais vous apprendre mon secret, gratis. Voyons, qu'est-ce que je peux vous devoir ?
LE BAILLI.
Deux cents ducats.
HERBERT.
Eh bien ! si vous voulez, ils seront payés demain.
LE BAILLI.
Et comment ?
HERBERT.
Par un mariage... un bon mariage !
LE BAILLI.
Pour toi ?
HERBERT.
Oui. Je suis amoureux de Marguerite, notre voisine et votre protégée.
LE BAILLI.
La jolie Marguerite ?
HERBERT.
Justement.
LE BAILLI.
Peste ! Je crois bien qu'elle doit te plaire ! Le jeune comte Rodolphe, son frère de lait, lui a promis, quand elle se marierait, dix mille florins de dot ! et en attendant, il lui a fait cadeau d'une très jolie petite ferme.
HERBERT.
Que je connais, et qui ajoute à mon amour ; et puis, Marguerite est orpheline : pas de parents, pas d'oncle ! c'est un avantage.
LE BAILLI.
Bien obligé !
HERBERT.
Je ne dis pas cela pour vous, qui êtes au contraire d'un excellent rapport... Mais enfin il faut que j'épouse la jeune et gentille fermière, dans votre intérêt encore plus que dans le mien.
LE BAILLI.
Je ne demande pas mieux.
HERBERT.
Alors mettez-vous en avant ; vous voilà grand-bailli, c'est quelque chose.
LE BAILLI.
Tu as raison, il faut l'éblouir.
HERBERT.
Dites partout que vous me céderez un jour votre place que vous me donnerez une dot.
LE BAILLI.
Mentir à ce point !
HERBERT.
Il ne tient qu'à vous que ce ne soit pas un mensonge... vous en êtes le maître ; et tenez... tenez... voici Marguerite... faites-lui d'abord pour moi votre demande en mariage.
LE BAILLI.
C'est toi que cela regarde.
HERBERT.
Du tout... c'est la famille... vous êtes l'oncle.
LE BAILLI.
Mais toi, tu es le prétendu.
HERBERT.
Eh bien ! faisons-la tous deux en même temps.

SCÈNE V.

MARGUERITE, LE BAILLI, HERBERT.

(Le bailli et Herbert saluent profondément. Marguerite, étonnée, les regarde et leur rend une révérence.)

TRIO.
HERBERT.
On dit au village...
LE BAILLI.
Qu'il est très bien fait ;
HERBERT.
Que j'ai du courage ;
LE BAILLI.
Qu'il est bon sujet ;
HERBERT.
Jeune et le cœur tendre ;
LE BAILLI.
Neveu d'un bailli !

HERBERT.
Voulez-vous me prendre
Pour votre mari?

ENSEMBLE.

LE BAILLI.
Jeune, aimable et tendre,
Neveu d'un bailli :
Voulez-vous le prendre
Pour votre mari ?

HERBERT.
Jeune et le cœur tendre,
Neveu d'un bailli:
Voulez-vous me prendre
Pour votre mari ?

MARGUERITE.
Un pareil hommage
Doit flatter mon cœur,
Et ce mariage
Est un grand honneur ;
Mais, loin d'y prétendre,
Je déclare ici
Que je ne veux prendre
Amant ni mari.

LE BAILLI.
Ah! daignez l'entendre !

MARGUERITE.
Je déclare ici
Que je ne veux prendre
Amant ni mari.

ENSEMBLE.

MARGUERITE.
Loin de vous entendre,
Je déclare ici
Que je ne veux prendre
Amant ni mari.

HERBERT.
Jeune et le cœur tendre,
Neveu d'un bailli:
Ah! daignez me prendre
Pour votre mari !

LE BAILLI.
Jeune, aimable et tendre,
Neveu d'un bailli :
Ah! daignez le prendre
Pour votre mari !

LE BAILLI.
C'est-à-dire que vous me refusez.

MARGUERITE.
Bien malgré moi.

LE BAILLI.
Et pourquoi, s'il vous plaît, ne voulez-vous
ni amoureux, ni mari ?

MARGUERITE, baissant les yeux.
Parceque j'en ai un.

LE BAILLI, bas à son neveu.
C'est une raison.

HERBERT, avec humeur.
Laissez-donc ! elle n'est pas mariée.

MARGUERITE.
C'est tout comme. J'ai promis ma main
à Christian, il y a deux ans, quand il partit
pour la guerre.

LE BAILLI.
Christian ?... qui sert dans le régiment du
comte Rodolphe, notre jeune maître ?

MARGUERITE.
Lui-même, le frère de Justine avec qui j'ai
été élevée.

HERBERT.
Un petit, qui n'est pas beau.

MARGUERITE.
Vous êtes bien difficile. Mais enfin, c'est
égal, je l'aime.

LE BAILLI.
Un garçon qui n'a pas le sou !

MARGUERITE.
C'est égal, je l'aime ; et puis je suis riche
pour deux.

LE BAILLI.
C'est bien ce qui me fâche pour vous. Et
depuis deux ans qu'il est parti, vous y pensez
encore ?

MARGUERITE.
Toujours.

LE BAILLI.
Voilà ce qui s'appelle du temps perdu,
parceque de son côté je suis bien sûr que le
pauvre garçon... bien malgré lui peut-être...

MARGUERITE.
Que voulez-vous dire ? Vous savez quelque
chose ?...

LE BAILLI.
Comme grand-bailli, je sais tout... et je sais
que, depuis deux ans, il y a eu plusieurs batailles... des batailles terribles !...

MARGUERITE, vivement et avec effroi.
Christian n'est plus !...

LE BAILLI.
Je ne dis pas cela.

MARGUERITE.
Il est blessé !...

LE BAILLI.
Je ne dis pas cela.

MARGUERITE.
Eh ! que dites-vous donc ?...

LE BAILLI.
Je dis... je dis... ma chère Marguerite... je dis
que tout peut arriver... et qu'à votre âge... il
serait plus sage, plus prudent...

SCÈNE VI.
LES MÊMES, JUSTINE.

JUSTINE, accourant
Eh bien ! eh bien ! vous restez là... vous ne
savez donc pas la nouvelle ?... le régiment que
de loin j'ai vu passer ce matin... c'était celui du
colonel Rodolphe notre maître.

TOUS TROIS.
Eh bien !... ce régiment ?...

ACTE I, SCÈNE VI.

JUSTINE.

En voilà une compagnie qui entre dans le village où elle vient loger... et parmi ces soldats, j'en ai aperçu un !...

MARGUERITE.

Achève !...

JUSTINE.

Mon frère, Christian !

TOUS TROIS.

Christian !

MARGUERITE, avec joie.

Christian ! Et que disiez-vous donc, monsieur le bailli ?

LE BAILLI.

Je disais... je disais... que tout peut arriver... et j'avais raison : le voilà qui arrive.

JUSTINE.

Avec une trentaine de ses camarades; et on demande de tous côtés monsieur le bailli pour les billets de logement. Il va y avoir du bruit.

LE BAILLI.

J'y cours.

(Musique.)

HERBERT.

Mais, mon oncle...

LE BAILLI.

Je perds la tête... laissez-moi tranquille.

HERBERT, sortant avec lui.

Du tout... je ne vous quitte pas... et il faudra bien que vous trouviez quelque autre moyen.

JUSTINE et MARGUERITE, regardant au fond, et poussant un cri.

Christian !

(Elles courent au-devant de Christian qui descend la colline les embrasse, et redescend avec elles au bord du théâtre.)

―――――――――

SCÈNE VII.

MARGUERITE, JUSTINE, CHRISTIAN.

CHRISTIAN.

AIR.

RÉCITATIF.

Hélas ! après deux ans passés loin de ces lieux,
Je vous revois enfin; combien je suis heureux !
Quand je quittai ma paisible chaumière,
Au fond du cœur quels chagrins ! quels regrets !
Et je croyais, en partant pour la guerre,
A mon pays dire adieu pour jamais.

AIR.

Pauvre soldat, à la victoire
Je marchai le sac sur le dos,
Jurant tout bas contre la gloire
Qui me forçait d'être un héros !
Bientôt vers la frontière
On nous guide à grands pas ;
Une chanson guerrière
Nous appelle aux combats ;
Puis au bout de la route
On nous dit : « C'est ici !

Prenez cette redoute !
Délogez l'ennemi ! »
Ah ! quel tapage !
La fusillade !
La canonnade !
Et cependant
Marche en avant !
Mais après les combats, qu'ils sont heureux les jours
Où l'on revoit enfin l'objet de ses amours !
Ah ! mon village ! ô Marguerite !
Je vous revois, quel heureux jour !
Chagrin, fuyez ! fuyez bien vite !
Tout est plaisir à mon retour !

MARGUERITE.

Et ton colonel, le comte Rodolphe que ma mère a nourri, qui m'appelle sa sœur ?

CHRISTIAN.

Revenu avec nous !... il a couru au château où des affaires l'appelaient.

MARGUERITE, à demi-voix.

Je crois bien ! la jeune comtesse de Loustal... mademoiselle Mathilde, qu'il aimait tant avant son départ !

CHRISTIAN, de même.

Et qu'il aime encore plus au retour. C'est comme moi !

MARGUERITE, souriant.

Bien vrai !...

CHRISTIAN.

Et il m'a dit comme ça : — « J'espère que Marguerite se mariera en même temps que moi. »

MARGUERITE.

Nous verrons ça... rien ne presse.

CHRISTIAN.

Mais si, vraiment... car il paraît que c'est demain que M. le comte se marie.

MARGUERITE.

Demain... Eh bien ! alors ce ne sera pas possible.

JUSTINE.

Et pourquoi donc ? on ne peut jamais se marier trop tôt... on ne sait pas ce qui peut arriver, et puis monseigneur le veut, et il a le droit de dire : Je veux, puisqu'il donne une dot ; à demain, s'il vous plaît, le contrat et la noce.

MARGUERITE.

Quand rien n'est prêt ?

JUSTINE.

Je suis toujours prête à danser ; et, quant au notaire, pour qu'il soit ici de bon matin, nous irons le prévenir dès ce soir avec Christian... ou plutôt j'irai seule... tu as tes amis à revoir, à embrasser... notre vieille tante qui se fâcherait... oui, frère, ne t'inquiète pas.

MARGUERITE.

Le notaire demeure si loin, à un quart de lieue.

JUSTINE.

Par la grande route ; mais en prenant par

Falkeinstein, par les ruines du vieux château, cela abrège de moitié ; je serai ici de retour avant la nuit.

MARGUERITE.

Et moi je ne le veux pas... on dit que ces ruines... c'est dangereux... qu'il s'y passe des choses terribles... surtout le soir.

JUSTINE.

Allons donc!... crois-tu m'effrayer, moi la sœur d'un militaire... ou plutôt je devine... c'est toi qui as peur.

MARGUERITE.

Moi ?

JUSTINE.

Qui as peur d'être mariée demain... mais tu auras beau faire... il n'y aura plus à s'en dédire.

CHRISTIAN.

Elle a raison.

MARGUERITE.

Nous allons être mariés si vite... si vite, que le mariage ne vaudra rien.

CHRISTIAN.

N'ayez pas peur... je vais d'abord chez ma vieille tante.

JUSTINE.

Nous irons avec toi.

CHRISTIAN.

Il me tarde de l'embrasser, et sur-tout de quitter mon uniforme ; car maintenant que j'ai mon congé je suis du village... je suis paysan... au diable les gens qui se battent !

JUSTINE.

Et vivent ceux qui se marient.

(Justine, Marguerite et Christian s'en vont par la gauche; Graph et Herbert entrent de l'autre côté.)

SCÈNE VIII.
GRAPH, HERBERT.

GRAPH.

Eh bien!.. tu les entends... un mariage... une noce... des fêtes dans le village... et puis, ce soir, pour l'installation de ton oncle, on boira : ce que tu aimes assez.

HERBERT.

Laisse-moi tranquille.

GRAPH.

On jouera... ce que tu aimes encore mieux.

HERBERT.

Jouer?... avec quoi?...

GRAPH.

Et tes écus d'hier?... la jument de ton oncle?

HERBERT.

J'ai tout perdu!... j'ai du malheur ce moisci.

GRAPH.

Du malheur ou de la maladresse... quand on joue avec des gaillards qui en savent plus long que vous!...

HERBERT.

Aurais-je été leur dupe, par hasard?

GRAPH, froidement.

Ce n'est pas impossible.

HERBERT.

Et tu ne m'as pas averti?

GRAPH.

Que veux-tu?... ils sont mes amis comme toi.

HERBERT.

Des amis pareils!...

GRAPH.

Il en faut partout!... et puis, tu as plus d'occasions qu'eux de prendre ta revanche.

HERBERT.

Je l'espérais ce matin, j'étais joyeux, tout allait bien... une jolie femme... riche déja et à qui monseigneur va donner encore dix mille florins en mariage !

GRAPH, avec avidité.

Dix mille florins!..

HERBERT.

Et le retour de Christian a tout renversé !

GRAPH.

Eh bien !..... après ?.... quand tu te désoleras?...

HERBERT.

Quand on n'a pas autre chose à faire!

GRAPH.

Bah!... il y a tant de ressources dans cette vie!... réfléchis un peu... sors de la route ordinaire... examine les gens heureux... occupe-toi des riches... il y a bien des métiers à faire ici-bas... le monde est grand... le champ est vaste; il s'agit seulement d'y moissonner quelques gerbes.

HERBERT, vivement.

Il s'agit de m'aller jeter dans le fleuve ou de me faire sauter la cervelle! je suis perdu! je dois à la ville une forte somme ; il y a sentence contre moi. On me donnait du temps dans l'espoir de mon mariage; maintenant tout est dit!..... la prison, du pain noir et de l'eau claire!

GRAPH.

Eh bien! en attendant allons boire du vin pour te griser un peu. Voilà le cabaret, et tu as besoin d'y entrer.

HERBERT.

C'est vrai ! il n'y a de bon pour nous que les moments où la raison s'en va !

GRAPH.

Viens, imbécille!... nous verrons, nous causerons... Tiens, voici les deux amoureux.

HERBERT, entrant vivement à l'auberge.

Malédiction !

(Graph le suit.)

SCÈNE IX.

CHRISTIAN, en veste de paysan et en chapeau rond; MARGUERITE.

(Ils arrivent par le jardin de l'auberge en se tenant par la main.)

DUO.

ENSEMBLE.

Au bonheur, au plaisir
Que notre cœur se livre !
Te revoir, c'est revivre !
Te quitter, c'est mourir !

MARGUERITE, le regardant.

Voyons !... ainsi je te préfère !
Cet humble habit semble attester
Que près de celle qui t'est chère
Tu veux toujours, toujours rester !

(Le regardant encore.)

Mais à ton chapeau, quel dommage !
Il manque un ruban !...

CHRISTIAN.

Vraiment, oui !
Et jamais fiancée, ainsi le veut l'usage,
N'en refuse un à son ami...

MARGUERITE, souriant et montrant le ruban de sa ceinture.

Christian, veux-tu celui-ci ?

ENSEMBLE.

CHRISTIAN.

O gage de nos amours,
Je te garderai toujours !

MARGUERITE.

Songez à garder toujours
Ce gage de nos amours.

CHRISTIAN.

Et maintenant c'est un baiser
Que l'on ne peut me refuser.

MARGUERITE.

Oh ! doucement, prenez bien garde !
Je crains toujours qu'on ne regarde.

CHRISTIAN.

Eh ! non, personne autour de nous !

MARGUERITE, souriant et se laissant embrasser.

Personne ?... alors dépêchez-vous !

ENSEMBLE, très animé.

Au bonheur, au plaisir, etc.

SCÈNE X.

JUSTINE, accourant par la droite; CHRISTIAN et MARGUERITE, au milieu du théâtre ; GRAPH et HERBERT, dans le cabaret, paraissent à une fenêtre du rez-de-chaussée : ils boivent.

JUSTINE.

Ne vous dérangez pas... ce n'est que moi... j'ai déja fait toutes nos invitations dans le village, et j'allais courir chez le notaire en prenant par les ruines... lorsqu'à cent pas d'ici, je me suis trouvée face-à-face avec un inconnu enveloppé dans un grand manteau.

MARGUERITE.

Vois-tu, déja les rencontres.

JUSTINE.

Sois donc tranquille... il m'a dit : « La jeune fille... connaissez-vous Christian... un soldat arrivé aujourd'hui dans ce village ?... — Pardi ! que je réponds... c'est mon frère... — Eh bien ! alors, a-t-il continué en baissant la voix, menez-moi vers lui, et prévenez-le que quelqu'un voudrait lui parler, à lui seul. »

CHRISTIAN.

A moi ? que me veut cet étranger ?

JUSTINE.

Le voilà.

CHRISTIAN.

Il choisit bien son temps, au moment où je suis avec Marguerite, avec ma prétendue... *(Apercevant Rodolphe qui entre, et ôtant son chapeau qu'il place sur l'entablement de la croisée du cabinet de l'auberge.)* Mon colonel !... *(Aux deux femmes.)* Laissez-nous, mes amies, laissez-nous.

MARGUERITE.

Mais pourquoi donc ? qu'est-ce que cela signifie ? pas pour long-temps, n'est-ce pas ?.... Je rentre à la ferme.

JUSTINE.

Et moi, je cours chez le notaire.

(Marguerite sort par la gauche : Justine sort par le fond et monte la colline. Christian va au-devant de son colonel qui l'amène lentement et mystérieusement au bord du théâtre. Pendant ce temps, Graph et Herbert viennent d'ouvrir la fenêtre du cabaret.)

HERBERT, apercevant le chapeau que Christian vient de poser, et regardant avec dédain le ruban dont il est garni.

Tiens !... vois-tu, Graph ! le ruban que lui a donné son amoureuse ! à lui tout le bonheur ! et à moi, rien !...

(Il a pris le chapeau qu'il jette avec colère à ses pieds dans le cabinet où ils sont.)

GRAPH.

Tais-toi donc.

CHRISTIAN, à Rodolphe.

Qu'y a-t-il, mon colonel ?

RODOLPHE, regardant autour de lui, et avec mystère.

Personne...?

GRAPH, regardant.

Ah ! c'est le comte Rodolphe.

CHRISTIAN.

Pourquoi vous donner la peine de venir ainsi au lieu de me faire dire d'aller au château ?

RODOLPHE, agité.

Écoute. Tu es bien heureux, toi !... tu vas épouser la femme que tu aimes !... et moi... on m'enlève Mathilde !

CHRISTIAN.
La jeune comtesse que vous adorez?

RODOLPHE.
Et que je devais épouser à mon retour.... eh bien ! en mon absence, on a disposé de sa main ! tout est convenu, tout est préparé... et sais-tu qui l'épouse? notre général.

CHRISTIAN.
Le comte de Gruben?

RODOLPHE.
Lui-même.

CHRISTIAN.
Un homme qui a le double de votre âge !..... c'est impossible !... elle ne peut pas l'aimer.

RODOLPHE.
Non.... mais ses parents ordonnent, il faut obéir! et c'est ce soir, à minuit, dans la chapelle du château, que ce mariage doit se célébrer !...

CHRISTIAN.
Dans quelques heures?

RODOLPHE.
On n'aura pas le temps !... je viens d'écrire au général, et nous allons nous battre.

CHRISTIAN.
Ah! mon Dieu!

RODOLPHE.
Oui, ce soir, à neuf heures... dans les ruines de Falkeinstein.

GRAPH, dans le cabinet.
Le lieu est bien choisi! c'est un vrai coupe-gorge!

CHRISTIAN.
Votre officier supérieur !... un duel!... songez-vous qu'il suffit de votre billet pour être passible d'un conseil de guerre, et qu'une mort certaine...

RODOLPHE.
Je brave tout... je suis désespéré!

CHRISTIAN.
Il a du courage, du sang-froid, et dans le trouble où vous êtes il vous tuera !

RODOLPHE.
Non, non, la chance sera pour moi.

CHRISTIAN.
Mais alors, il faut vous enfuir, ou une mort infâme...

RODOLPHE.
Je compte sur toi : tu vas courir à la ville, chez mon ami, le lieutenant Albert; il a de bons chevaux, une chaise de poste : prépare tout cela, et reviens m'attendre ici près, dans le chemin creux.

CHRISTIAN.
Eh! quoi! je n'irai point avec vous dans les ruines où vous devez vous battre?

RODOLPHE.
Non, mon billet annonce que je serai seul... D'ailleurs, je n'ai que toi pour assurer ma fuite.

CHRISTIAN.
Mais de l'argent, de l'or... y avez-vous pensé?...

RODOLPHE.
Oui, oui... j'en ai beaucoup, là, dans ma ceinture... (Graph referme la croisée.) Il est huit heures; je crains les importuns, et je veux devancer mon adversaire au rendez-vous... Toi, pars, et sois exact.

CHRISTIAN.
Soyez tranquille. Une voiture, deux bons chevaux et moi pour les conduire... tout cela dans le chemin creux; et que Dieu me fasse la grace de ne pas vous y attendre long-temps.
(Musique.)

RODOLPHE.
Adieu! j'ai bon espoir!
(Ils sortent séparément.)

SCÈNE XI.

LE BAILLI, MARGUERITE et TOUT LE VILLAGE.

(On dresse des tables.)

FINAL.

CHOEUR.
Qu'avec nous le plaisir fidèle
Se place à ce joyeux festin !
Que l'amitié qui nous appelle
Nous retrouve à table demain !

LE BAILLI, regardant en l'air.
Est-il prudent et sage
De souper en plein air ?
Je redoute un orage.

MARGUERITE, riant.
Le ciel est pur et clair.

LE BAILLI.
Il me semble pourtant qu'au loin la foudre gronde.

TOUS, riant.
Ah ! ah !

LE BAILLI.
Qu'on serve donc ! il vaut mieux se presser.

MARGUERITE, regardant si Christian ne revient pas.
Nous attendons encor du monde ;
Mais tout en attendant on peut toujours danser,
On peut valser!

LE BAILLI.
Valser ! valser ! le beau plaisir !
Et puis l'orage va venir.

RONDE.

MARGUERITE.

PREMIER COUPLET.
Livrons-nous à la danse !
Jeune il faut s'égayer !
Assez tôt la prudence
Viendra nous effrayer.
« Tremblez dès votre aurore,
« Vous dira-t-on, voilà
« Des nuages déjà;

ACTE I, SCÈNE XI.

« La tempête viendra. »
  Bah! bah!
  On verra ça
  Quand on y s'ra!
L'orage est loin encore :
Dansons, dansons jusque là.

DEUXIÈME COUPLET.

De l'anstère sagesse
Écoutez la leçon,
Elle dira sans cesse :
« N'aimez jamais, sinon
« Les chagrins vont éclore,
« Dès que l'amour viendra ;
« Le regret le suivra !
« Votre cœur gémira ! »
  Bah! bah!
  On verra ça
  Quand on y s'ra!
L'orage est loin encore :
Dansons, dansons jusque là.

TROISIÈME COUPLET.

Des vieilles du village
Écoutez les discours !
« Fuyez le mariage !
Disent-elles toujours ;
« L'époux qui vous adore
« Bientôt vous trahira !
« Puis vous tourmentera,
« Et toujours grondera ! »
  Bah! bah!
  On verra ça
  Quand on y s'ra!
L'orage est loin encore :
Dansons, dansons jusque là.

(On valse ou l'on danse entre chaque couplet ; à la fin du dernier, le ciel s'obscurcit, quelques éclairs brillent, et l'on aperçoit, au haut de la montagne, Justine qui descend en courant, et en poussant un cri.)

TOUS.

C'est Justine ! d'où vient cette frayeur soudaine ?

SCÈNE XII.

LES PRÉCÉDENTS, JUSTINE.

(Elle arrive pâle et défaite jusqu'au milieu du théâtre.)

MARGUERITE.

Qu'as-tu donc ?.... réponds-nous ?.... Elle respire à [peine !

(Elle est prête à se trouver mal ; on l'entoure, on la fait asseoir.)

JUSTINE.

Mon Dieu ! mon Dieu ! protégez-moi !

MARGUERITE et LE BAILLI.

Te voilà près de nous !... allons, rassure-toi !
Et dis-nous d'où vient cet effroi !

JUSTINE, parlant à mots coupés.

Je viens des ruines du château, que je traversais à la nuit... non sans frayeur... quand j'entends des pas... ah ! comme le cœur me battait ! puis des cris !... un homme que je n'ai pu distinguer se défendait seul contre deux malfaiteurs, et jusqu'au fond du rocher où je m'é-

tais blottie... le vent qui soufflait avec violence, a porté le chapeau d'un des meurtriers, que j'ai ramassé... (Le retirant de dessous son tablier.) Tenez !... le voilà !...

MARGUERITE, le prenant et regardant le ruban qui l'entoure.

Grand Dieu !

(Le bailli s'empare du chapeau.)

ENSEMBLE.

MARGUERITE, à part.

D'horreur et d'épouvante
Elle m'a fait frémir.
Je suis toute tremblante !
Et je me sens mourir.

JUSTINE.

D'horreur et d'épouvante
Je sens mon cœur frémir !
Je suis encor tremblante
D'un pareil souvenir.

LE BAILLI.

D'horreur et d'épouvante
Je sens mon cœur frémir.
Cette trame sanglante,
Comment la découvrir ?

SCÈNE XIII.

LES PRÉCÉDENTS ; GRAPH, à la tête de tous LES GARDES-FORESTIERS ; près de lui HERBERT, pâle et tremblant.

GRAPH.

Allons ! aux armes, mes amis !
Un crime vient d'être commis !

CHOEUR DES GARDES-FORESTIERS.

Il faut qu'on trouve le coupable,
La justice en est responsable !
Nous venons, pour qu'il soit puni,
Nous adresser au grand-bailli.

LE BAILLI.

Quoi ! ça me regarde encore ?

GRAPH.

Oui !
Nous entendons qu'on vous le livre !

HERBERT, tremblant.

Oui... qu'entre vos mains... on le livre !

GRAPH, à demi-voix.

Veux-tu ne pas trembler ainsi !...
Allons donc !... un air plus hardi !
(Haut, se retournant vers le bailli.)
Pour nous aider à le poursuivre
Nous venons vous chercher ici.
Partons vite.

LE BAILLI.

Non, Dieu merci !
Quand nous allions nous mettre à table,
Nous mettre à poursuivre un coupable !

GRAPH.

C'est la loi qui le veut ainsi !
(Bas à Herbert.)
Allons, ne tremble pas ainsi !

LE BAILLI, à part, avec dépit.

Est-il place plus agréable
Que la place de grand bailli !

ENSEMBLE.

MARGUERITE.

D'horreur et d'épouvante
Je sens mon cœur frémir.

JUSTINE.

D'horreur et d'épouvante
Je sens mon cœur frémir.

HERBERT.

De remords, d'épouvante
Je me sens tressaillir !

GRAPH, bas à Herbert.

Quel effroi le tourmente ?
Ne va pas te trahir !

LE BAILLI, avec douleur.

Qu'une charge brillante
Coûte cher à remplir !

CHOEUR.

D'horreur et d'épouvante
Je sens mon cœur frémir !

(En ce moment l'orage éclate avec violence; les paysans prennent leurs armes; d'autres allument des torches, les femmes les excitent.)

CHOEUR GÉNÉRAL.

Allons !... allons !... malgré la nuit
Poursuivons, poursuivons le coupable qui fuit !
Et cherchons bien, malgré l'orage,
Dans tous les bois du voisinage !

(Graph, Herbert et les gardes-forestiers entraînent le bailli, qui résiste encore et jette un dernier regard sur la table déjà servie; les paysans sortent en désordre de tous côtés, tandis que Marguerite, seule sur le devant du théâtre, reste anéantie la tête dans ses mains; Justine vient à elle et l'emmène. — La toile tombe.)

ACTE SECOND.

L'intérieur de la ferme de Marguerite ; le fond est tout ouvert, et laisse apercevoir la campagne et le clocher du village.

SCÈNE I.

MARGUERITE, triste et pâle.

(Au lever du rideau, deux jeunes filles achèvent de l'habiller en mariée.)

RÉCITATIF.

MARGUERITE.

Merci de tous vos soins ; c'est bien !... me voilà prête ;
Allez, à votre tour, vous parer pour la fête !

(Les jeunes filles sortent.)

Pour refuser ce voile et ces habits,
Hélas ! que pouvais-je leur dire ?
Dans le doute qui me déchire
Me taire est tout ce que je puis !

CHANT.

Près de moi l'on s'empresse,
On me dit : quel beau jour !...
On me croit dans l'ivresse
Du bonheur, de l'amour !
N'est-ce point un délire ?
Sur ma tête une fleur,
Sur mes traits le sourire,
Et la mort dans le cœur !

(Vivement.)

Non !... il n'est pas coupable !
Non, non !... c'est trop souffrir !
Du soupçon qui m'accable,
C'est moi qui dois rougir !

(Tremblante.)

Mais cependant... l'heure s'avance !
Comment expliquer son absence !
Hélas ! hélas !
Pourquoi ne vient-il pas ?...
Bientôt, selon l'usage,
Pour notre mariage,

La cloche du village
Au loin va retentir !
A danser sous l'ombrage
Pour ce soir on s'engage ;
Et tout le voisinage
Se dispose au plaisir !...

(Pleurant.)

Et moi !..., moi je verse des larmes !
Ce jour appelé par mes vœux,
Ce jour qui m'offrait tant de charmes,
De ma vie est le plus affreux !

(Vivement.)

Non !... il n'est pas coupable !
Non, non !... c'est trop souffrir !
Du soupçon qui m'accable,
C'est moi qui dois rougir !

SCÈNE II.

MARGUERITE, JUSTINE.

JUSTINE, entrant gaîment.

Me voilà !... Suis-je belle ? voyons, regarde-moi et laisse-moi te voir aussi !.... Très bien !.... oh ! mais, très bien !... foi d'honnête fille, nous sommes charmantes toutes les deux !... Oh ! la jolie chose que le mariage... même quand il s'agit de celui des autres !... et puis, ça me paraît si drôle : ce matin, je viens te dire comme de coutume : « Bonjour, Marguerite, » et tantôt, je te dirai. « Bonsoir, ma sœur !... » Mais à propos de sœur, où est donc mon frère ? je ne le vois pas.

MARGUERITE, avec curiosité.

Tu le croyais donc ici ?

ACTE II, SCÈNE II.

JUSTINE.

Sans doute.

MARGUERITE.

Et tu l'as vu ce matin?

JUSTINE.

Non, il n'est pas rentré de la nuit.

MARGUERITE, se détournant.

O ciel!

JUSTINE.

Ne t'effraye pas : il a fait dire hier au soir chez nous, qu'on ne l'attendît pas, qu'il avait des courses à faire; mais ce matin, je pensais qu'il t'aurait donné les premiers moments de son retour; c'est juste... c'est dans l'ordre !... une amoureuse, ça passe avant une sœur.

MARGUERITE, avec émotion.

Je ne sais où il est, Justine! peut-être a-t-il moins d'empressement que tu ne crois! deux ans d'absence peuvent l'avoir changé... la guerre... au régiment, les mauvais exemples... les habitudes des soldats... tout cela peut gâter le cœur d'un honnête homme.

JUSTINE.

Fi donc! mon frère infidèle !... oh! c'est une horreur dont il est incapable. Tranquillise-toi, il va arriver... il le faut !... M. le pasteur s'apprête, et M. le bailli s'étonne déjà que Christian ne soit pas venu lui offrir ses services pour la recherche des coquins de cette nuit.

MARGUERITE.

Et on n'a rien découvert?

JUSTINE.

Rien. A l'endroit que j'ai dit, on a trouvé l'herbe foulée, des branches cassées; il est clair qu'on s'y est débattu; mais point de traces de sang; un simple vol, sans doute.

MARGUERITE.

N'est-ce point assez, Justine? c'est toujours un crime qu'on punit de mort, et le déshonneur est au moins le même.

JUSTINE.

Pardi! je crois bien !... aussi le bailli veut absolument faire pendre quelqu'un... il s'agite... se démène, et m'interroge de nouveau pour savoir si ce n'est pas la peur qui m'a donné une vision! ah! bien oui! une vision! ce n'était que trop vrai !... j'en ai rêvé jusque au point du jour !... oh! que c'est bête, un rêve !... quel embrouillamini!

COUPLETS.

I.

D'abord, mon premier somme
M'a rendu mes frayeurs !
Et j'ai vu ce pauvre homme
Frappé par des voleurs !...
Puis, dans votre ménage,
J'ai vu mon frère et toi,
Et j'ai rêvé pour moi
D'amour, de mariage !...

Oh! c'est fort étonnant, et je n'y comprends rien;
Ça commençait très mal et ça finissait bien !

II.

J'ai vu gens de justice,
Griffonnant un arrêt ;
Et conduire au supplice
Un homme qui pleurait !...
Puis j'étais à la danse
Auprès de Mathurin,
Qui me serrait la main
Pour marquer la cadence !...

Oh! c'est fort étonnant, et je n'y comprends rien;
Ça commençait très mal, et ça finissait bien.

MARGUERITE, qui a regardé en dehors à la fin du chant.

Ah! le voilà !... le voilà !

JUSTINE.

Où donc?

MARGUERITE.

Tiens !... il descend la colline !

JUSTINE.

Je te le disais bien !... Mais qu'est-ce qu'il a donc, les bras croisés, distrait, baissant la tête?

MARGUERITE, tremblante.

En effet !... il rêve sans rien voir !

JUSTINE.

Lui qui est toujours si gai, si alerte !...

MARGUERITE.

Tais-toi! ne troublons pas sa rêverie !

JUSTINE.

Pourquoi?

MARGUERITE, la tirant à l'écart.

Viens... silence, crois-moi !...

SCÈNE III.

MARGUERITE et JUSTINE, à l'écart; CHRISTIAN, arrivant la tête baissée et préoccupé, sur le bord du théâtre, et tombant sur une chaise.

CHRISTIAN, à voix basse.

Je n'en puis plus !... quelle nuit cruelle !... et point de nouvelles !... j'ai attendu vainement avec cette voiture... je viens des ruines, rien !.. personne !... mon pauvre colonel! où est-il ?... quel est son sort? se sont-ils battus?... mon incertitude est affreuse !

MARGUERITE, bas à Justine.

Entends-tu ce qu'il dit?

JUSTINE, bas.

Non!

MARGUERITE.

Ni moi!

CHRISTIAN, se levant.

Mais, Marguerite !... que doit-elle dire de mon absence?

JUSTINE, haut et s'avançant.

Ah! pardi! nous disons que pour un amoureux vous n'êtes guère aimable !

CHRISTIAN.

Oui, j'ai été retenu long-temps !... pardonnez-moi, Marguerite.

MARGUERITE, l'observant toujours.
Quel trouble!

CHRISTIAN.
Dis-moi, Justine!... n'est-il pas venu?... l'a-t-on vu dans le village?

JUSTINE.
Qui?

CHRISTIAN.
Mon colonel.

JUSTINE.
Non, pourquoi?

CHRISTIAN.
Il faut que je le trouve, que je lui parle, et que je sorte enfin de l'état horrible où je suis!

MARGUERITE, à part, vivement.
Voudrait-il l'implorer?... lui avouer son crime?...

JUSTINE, regardant Christian.
Ah çà! mais qu'as-tu donc, pour être comme ça tout bouleversé?...

CHRISTIAN.
Une affaire secrète... des chagrins que je ne puis vous dire... Ne m'interrogez pas, je vous en supplie!...

MARGUERITE, se traînant vers un siège.
Malheureuse!... c'est lui!...

CHRISTIAN, courant à elle.
Qu'est-ce donc, Marguerite?

JUSTINE, de même.
Eh! pardi! voilà comme elle est depuis hier au soir! la peur, le saisissement!...

CHRISTIAN.
La peur?...

JUSTINE.
Oui, cette horrible affaire dans les ruines du vieux château!...

CHRISTIAN, vivement.
Oh ciel!... on sait cela?...

MARGUERITE, se levant vivement.
Et vous?...

CHRISTIAN, sans l'écouter.
Parle, parle, Justine!...

JUSTINE.
Eh oui!... un homme à terre... c'est moi qui l'ai vu de loin se débattre!... J'ai donné l'alarme, on y est accouru; mais on n'a rien trouvé!...

CHRISTIAN.
Quoi! c'est toi qui as vu?...

JUSTINE.
Eh! mon Dieu! oui! un homme en uniforme... l'épaulette brillait à la clarté de la lune.

CHRISTIAN.
Tais-toi!... tais-toi, malheureuse!

JUSTINE.
Pourquoi donc?

CHRISTIAN.
Il y va de la vie d'un homme!

MARGUERITE, à part, et dans le dernier trouble.
Il va se découvrir!...

CHRISTIAN, se promenant à grands pas, et à voix basse.
Tout mon sang se glace!... qui donc a succombé? Mais où est-il, mon Dieu?... mort ou vif, où est-il?... si j'envoyais chez son adversaire?... oui, oui... je vais écrire. Ma sœur, cours me chercher le messager du village, le grand Thomas!... tu sais? Qu'il vienne!... qu'il se presse?.. un écu d'or pour sa peine.

JUSTINE.
Es-tu fou?...

CHRISTIAN.
Non, mais bien malheureux!... Cours!... pars donc! au nom du ciel!(Revenant.) Et moi je vais écrire!...

MARGUERITE.
Mais, de grace!...

CHRISTIAN, entrant dans une chambre à droite.
Non, laissez-moi... plus tard... je reviens...

MARGUERITE.
Ciel! voici le bailli.

SCÈNE IV.

MARGUERITE; LE BAILLI, tenant le chapeau trouvé dans les ruines par Justine.

LE BAILLI, essoufflé et s'essuyant le front.

RONDEAU.

Oh! vraiment, j'en perds la tête!
Qui faut-il donc que j'arrête?
Je vais là, je cours ici :
Rien de fait, rien d'éclairci!
Le démon se rit, je pense,
De ma rare intelligence!
Pas moyen, dans ce temps-ci,
Pas moyen d'être bailli!

J'étouffe, j'enrage,
Et je suis en eau!
Je cours le village
Montrant ce chapeau!
Dans chaque ménage,
Fillette ou maman,
Ou coquette ou sage,
A vu ce ruban!

Maudites femelles!
Malgré mon desir,
Pas une d'entre elles
N'a voulu rougir!
Rien ne se démêle,
Ah! quel embarras!
Le diable s'en mêle!
Je n'en doute pas.

Oh! vraiment j'en perds la tête!
Qui faut-il donc que j'arrête?
Je vais là, je cours ici,
Rien de fait, rien d'éclairci!
Le démon se rit, je pense,
De ma rare intelligence!
Pas moyen, dans ce temps-ci,
Pas moyen d'être bailli!

MARGUERITE, s'approchant de la porte de la chambre.
Oh! mon Dieu!... il faut pourtant lui dire de ne pas sortir.
LE BAILLI.
Où allez-vous donc, ma chère enfant? j'ai à vous parler.
MARGUERITE, agitée
Et que voulez-vous de moi?... je ne puis rien vous apprendre non plus!... quelle est votre raison pour me rendre visite?
LE BAILLI.
C'est que je n'ai point encore questionné Christian sur cette fâcheuse affaire... il est adroit, intelligent! il n'y a que lui et moi qui ayons de l'esprit dans ce pays!... je veux un peu causer avec ce garçon-là; où est-il donc?
MARGUERITE, fort troublée.
Ah!... vous le cherchez ici?
LE BAILLI.
Sans doute! on m'a dit qu'on venait de le voir entrer chez vous.
MARGUERITE.
Non, non... je ne crois pas! je le saurais, je pense.
LE BAILLI.
Comment!... non?... cependant...

SCÈNE V.
Les Mêmes, CHRISTIAN.

CHRISTIAN, entrant vivement, un papier à la main.
Oui, ce billet, bien vite!...
LE BAILLI.
Eh! parbleu, le voilà!
CHRISTIAN, très vite.
Justine?....pas encore de retour avec le messager!! Allons, cherchons moi-même...
(Il veut sortir.)
LE BAILLI, le prenant par le bras.
Un instant!...
CHRISTIAN.
Je ne puis!... Sans adieu, Marguerite... à tantôt... je l'espère!...
LE BAILLI, le tenant toujours.
Que diable! écoute-moi donc!
CHRISTIAN.
Que voulez-vous?
LE BAILLI.
Un mot! connais-tu ce chapeau?...
CHRISTIAN.
Oui, vraiment, c'est le mien.
LE BAILLI, stupéfait.
Hein?...
MARGUERITE, à part.
Dieu!
CHRISTIAN, très vite.
Oui, voilà le ruban que Marguerite m'a donné; qu'en voulez-vous donc faire? et pourquoi?...

SCÈNE VI.
Les Mêmes; JUSTINE, accourant.

JUSTINE, sur la porte et criant.
Mon frère, mon frère!... vous cherchiez le colonel... tenez, là bas... à bas... à cheval, dans la plaine..... galopant vers le château!.....
CHRISTIAN, vivement.
Ah! que Dieu soit loué!...Viens, appelle avec moi! courons, ma sœur, courons!
(Il sort en courant et entraîne Justine.)
LE BAILLI, criant.
Arrêtez! arrêtez!

SCÈNE VII.
MARGUERITE, LE BAILLI.

CHANT, très vif.
MARGUERITE, retenant le bailli de ses deux mains.
Ah! silence! silence!
LE BAILLI, voulant lui échapper.
Oh ciel!... que faites-vous?
MARGUERITE, à genoux.
Je n'ai qu'une espérance,
Et tombe à vos genoux!
LE BAILLI.
Que voulez-vous donc faire?
MARGUERITE.
Le sauver de la mort!
LE BAILLI.
O ciel!... mon ministère!...
MARGUERITE.
Ah! pitié pour son sort!
ENSEMBLE.
LE BAILLI.
Non, non, non, le misérable!
C'est lui! grand Dieu! qui l'aurait dit?
Point de pitié pour le coupable!
Et mon devoir me l'interdit!
MARGUERITE.
Hélas! hélas! le misérable!
C'est lui, grand Dieu! qui l'aurait dit?
Pitié! pitié pour le coupable!
Hélas! pour lui mon cœur frémit!
LE BAILLI, voulant sortir.
Allons, et faisons diligence!
MARGUERITE, l'arrêtant.
Non, non, ayez de l'indulgence!
LE BAILLI.
Jamais!... et votre fol amour
Augmente son crime en ce jour!
MARGUERITE.
O ciel! que parlez-vous d'amour
En ce triste et funeste jour!

LE BAILLI.
De mon neveu qui vous adore,
Vous avez dédaigné la foi !

MARGUERITE, comme par inspiration.
Votre neveu ?... je puis encore !...
Ah ! Dieu m'inspire !... écoutez-moi !...
(Vite et à voix basse.)
 Ayez de l'indulgence !
 Et gardez le silence,
 Et ce neveu chéri,
 Repoussé jusqu'ici,
 Je dirai que je l'aime,
 Et vais à l'instant même
 L'accepter pour époux !...
 Que m'importe ma vie !
 Je vous la sacrifie !
 Je n'ai plus qu'un desir :
 Le sauver et mourir !

LE BAILLI.
Épouser mon neveu ?...

MARGUERITE.
   A l'instant je suis prête !

LE BAILLI, pleurnichant.
Je m'attendris, je crois !... une pitié secrète
Pour ce pauvre soldat !...

MARGUERITE.
    Ah ! de son déshonneur,
Surtout, au nom du ciel, épargnez-moi l'horreur !

ENSEMBLE.

MARGUERITE.
Disposez de ma vie !
Je vous la sacrifie !
Je n'ai plus qu'un desir :
Le sauver et mourir !

LE BAILLI.
Oui, mon ame attendrie,
Vous répond de sa vie !
Dites-lui de s'enfuir,
J'y veux bien consentir !
(L'orchestre continue pendant le dialogue suivant.)

LE BAILLI.
Ah ! calmez-vous, voici tout le village.

MARGUERITE.
Ciel !

LE BAILLI.
On vient vous chercher pour votre mariage
avec Christian ; mais je m'en vais leur dire qu'il
s'agit maintenant de mon neveu.

MARGUERITE, avec égarement.
Vous avez ma promesse. Attendez-moi, je reviens dans un instant.
  (Elle entre précipitamment dans sa chambre.)

SCÈNE VIII.

LE BAILLI, s'avançant au bord du théâtre.

(Le chant reprend.)

Ah ! mon neveu, quel sacrifice
Vous imposez à la justice !
Vos intérêts, sur mon honneur,
Hélas ! coûtent beaucoup aux nôtres !
Je laisse échapper ce voleur,
Je me rattraperai sur d'autres.

SCÈNE IX.

LE BAILLI, HERBERT, GRAPH, JUSTINE,
Tout le Village.

CHOEUR.
Ici le plaisir nous invite !
Nous accourons au rendez-vous.
Voici l'instant où Marguerite
Va se donner un tendre époux.

HERBERT, bas à Graph.
Je sens frémir mon cœur jaloux !

GRAPH.
Tais-toi ! modère ton courroux.

CHOEUR.
Où donc est Marguerite,
Et son futur époux ?

LE BAILLI.
Amis, son choix est fait ; c'est mon neveu qu'elle aime.

HERBERT.
O ciel !

JUSTINE, au bailli.
Que dites-vous ?

LE BAILLI.
   Je le tiens d'elle-même.

JUSTINE.
C'est impossible !

LE BAILLI.
   Taisez-vous !

CHOEUR.
Mon Dieu ! quelle surprise extrême !

LE BAILLI.
Elle vient, je la vois !

SCÈNE X.

Les Mêmes ; MARGUERITE, pâle, abattue, et
s'approchant lentement d'Herbert.

MARGUERITE.
   Herbert !... voici ma main !...

HERBERT.
Est-il vrai !...

JUSTINE.
  Quelle horreur !

MARGUERITE, à l'oreille de Justine.
   Oui ! tel est mon destin !
(Lui donnant un papier.)
Tiens, remets promptement ce billet à ton frère !
Silence !... et crains surtout de savoir ce mystère !

CHOEUR, en suivant la noce.
Allons, partons, la cloche nous appelle ;
Que l'avenir leur soit propice et doux ;
Notre amitié les suit à la chapelle :
Allons prier pour les nouveaux époux.

SCÈNE XI.

JUSTINE, seule. Elle est tombée anéantie sur une chaise et dans un coin.

Ah! mon Dieu! mon Dieu! j'en deviendrai folle... Mais ça n'est pas possible! et tout ce que je vois est la continuation de mon rêve de la nuit dernière! Marguerite infidèle! quelle horreur! quelle perfidie! quelle abomination! j'en pleure de colère! Oh! les femmes! je les déteste! il n'y a que les garçons qui aient bon cœur et qui soient gentils! (Regardant.) Qui vient ici?... mon frère!... Ah! quel coup je vais lui porter!... le courage me manque! et je n'oserai jamais lui donner cette lettre qui contient sans doute encore quelque trahison... Mon pauvre frère!

(Elle retombe sur sa chaise.)

SCÈNE XII.

JUSTINE, à l'écart; RODOLPHE, CHRISTIAN.

CHRISTIAN, le tenant dans ses bras.

Mon colonel!... quelle joie!... quel bonheur!... après tant de tourments et de crainte pour vos jours!

RODOLPHE.

Ma foi! ces deux bandits, que par malheur je n'ai pu reconnaître, sont de vigoureux scélérats; après m'avoir volé, ils voulaient me tuer; j'ai eu beau me défendre, ils m'avaient terrassé, et j'allais périr quand mon général est accouru l'épée à la main et les a mis en fuite!

CHRISTIAN.

Vive ce brave général!

RODOLPHE.

Et juge de mes regrets, quand il m'a dit en souriant : « Étourdi que vous êtes! Pourquoi m'avoir caché votre amour? l'aimable enfant que vous adorez a eu plus de confiance; venez la voir auprès de ses parents que j'ai disposés en votre faveur et qui vous accordent la main de leur fille. »... J'ai voulu me jeter à ses genoux, il m'a tendu les bras; et je suis maintenant le plus heureux des hommes.

CHRISTIAN.

Et pendant que vous étiez au château de votre belle, j'ai passé la nuit à l'endroit convenu, répétant à votre intention toutes les prières que m'apprit jadis ma pauvre mère; et puis, toute la matinée, j'ai couru comme un fou pour retrouver vos traces! Enfin, Dieu soit béni! vous voilà gai, content; vous me faites l'honneur d'assister à ma noce, et cela double, je crois, mon plaisir et mon bonheur. Vous allez voir ma prétendue. — Mais où sont-elles donc?... (Appelant.) Justine!... Marguerite!

JUSTINE, sanglottant.

Ah!... ah!...

CHRISTIAN, l'apercevant.

Pourquoi donc pleures-tu?

JUSTINE.

A cause du chagrin que tu vas avoir!

CHRISTIAN.

Du chagrin aujourd'hui? quand j'épouse Marguerite?

JUSTINE.

Oui, oui, ta Marguerite est une scélérate! Ah! mon pauvre garçon! je n'ose pas te dire!.. Tiens... tu sais lire, toi! voyons, dis-moi d'abord ce qu'il y a là-dedans!

(Elle lui donne le papier.)

RODOLPHE.

Qu'est-ce que cela signifie?

CHRISTIAN.

Je ne sais pas; mais je tremble! (Il ouvre le billet.) C'est elle qui m'écrit: (Il lit pendant que l'orchestre commence en sourdine la ritournelle du final.) « Il n'y avait qu'un moyen de vous sauver; « Dieu m'a donné la force de l'employer: c'est « la plus grande, la dernière preuve de mon « amour pour vous! j'en réclame une à mon « tour; partez à l'instant même, et partez pour « jamais! »

FINAL.
ENSEMBLE.

CHRISTIAN.

Rien n'est égal à ma surprise!
Je suis tremblant au fond du cœur.
Mais quelle est donc cette méprise
Qui vient troubler notre bonheur?

RODOLPHE.

Ah! dans ses yeux quelle surprise!
Il est tremblant au fond du cœur.
Mais qu'est-ce donc? quelle méprise
Vient s'opposer à son bonheur?

JUSTINE.

Pauvre garçon! quelle surprise!
Que je le plains dans sa douleur!
Faut-il, hélas! que je lui dise,
Qu'il n'est pour lui plus de bonheur!

SCÈNE XIII.

LES MÊMES; MARGUERITE, arrivant avec égarement, et cachant ses larmes.

MARGUERITE, à Christian, surprise de le voir.

O ciel! que fais-tu, malheureux!

CHRISTIAN.

Que dites-vous!...

MARGUERITE.

Fuis de ces lieux!

LES TROIS AUTRES.

Mais pourquoi ce délire!
Et que voulez-vous dire?

MARGUERITE, à voix basse.
J'ai prié le bailli,
Dans mon inquiétude,
De m'accorder ici
Un peu de solitude;
Mais je n'ai qu'un instant.
On va venir sans doute!
Fuis le sort accablant
Que pour toi je redoute!

CHRISTIAN.
Pourquoi faut-il partir?

MARGUERITE.
Quoi! ton cœur est tranquille?

CHRISTIAN.
De quoi puis-je rougir?

MARGUERITE.
La feinte est inutile!
Quel démon t'a conduit?
Qu'as-tu fait cette nuit?

CHRISTIAN.
Mais j'étais à la ville!

MARGUERITE.
A la ville?...

RODOLPHE.
Oui, vraiment.

MARGUERITE, égarée.
Ah! pardon, monseigneur!
A la ville! grand Dieu!

RODOLPHE.
Croyez-moi, sur l'honneur!
(Souriant.)
Point de chagrin, de jalousie,
Plus que jamais il vous chérit!
C'est moi, qui loin de son amie
Lui fis passer toute la nuit.
Pour m'obéir, soldat fidèle,
J'en fais serment, j'en suis certain,
Près de la ville en sentinelle
Il est resté jusqu'au matin.

MARGUERITE, s'écriant, et tombant dans leurs bras.
Ah!...

LES TROIS AUTRES.
Ciel! à peine elle respire!
D'où peut venir un tel délire?

SCÈNE XIV.

LES MÊMES, LE BAILLI, HERBERT, TOUT LE VILLAGE.

FINAL.

CHOEUR.
Vive le mariage!
Dansons, amusons-nous!
Chantons, selon l'usage,
Les deux nouveaux époux!

LE BAILLI, voyant Christian.
Qui vois-je ici!

HERBERT, séparant Christian de Marguerite.
Le téméraire!
Auprès de nous que viens-tu faire?

CHRISTIAN, surpris, et avec courroux.
Quel ton de maître!

HERBERT.
Éloigne-toi!

CHRISTIAN.
Quel insolent!...

HERBERT, désignant Marguerite.
Elle est à moi!
Je viens de recevoir sa foi.

CHRISTIAN, avec force.
Oh! trahison! oh! perfidie!

MARGUERITE, revenant à elle.
Oh! Dieu!

LE BAILLI, à Christian.
Sortez!

CHRISTIAN, à Herbert.
Je veux ta vie!

MARGUERITE, à Christian, avec douceur et résignation.
Tu fus l'ami de mon enfance,
Mais le sort m'éloigne de toi;
Fuis de ces lieux, plus d'espérance,
Car Herbert a reçu ma foi!

ENSEMBLE GÉNÉRAL.

CHOEUR, regardant Christian.
Son malheur l'accable!
Il verse des pleurs!
Qu'un Dieu favorable
Calme ses douleurs!

RODOLPHE et JUSTINE, près de Christian.
Son malheur l'accable!
Il verse des pleurs!
Qu'un Dieu favorable
Calme ses douleurs!

LE BAILLI, à part.
Son malheur l'accable!
Il verse des pleurs!
Va-t'en, pauvre diable!
Qu'on te pende ailleurs!

CHRISTIAN, anéanti.
Oh! sort qui m'accable!
Je verse des pleurs!
A son cœur coupable
Cachons mes douleurs!

HERBERT et GRAPH, à part.
Son malheur l'accable!
Il verse des pleurs!
D'un sort favorable
Goûtons les douceurs!

MARGUERITE.
Son destin l'accable!
Il verse des pleurs!
Et je suis coupable
De tous nos malheurs!

HERBERT, vivement à Christian.
Il faut partir!...

CHRISTIAN, vivement.
Crains ma colère!
Ne me viens pas braver ainsi!

LE BAILLI.
Tenez-le bien!

RODOLPHE et JUSTINE, à Christian.
Sortons d'ici!...

ENSEMBLE, très vif.

CHRISTIAN, à Marguerite.
Oh! perfidie!
Quoi! pour la vie,
Il faut gémir
De te chérir!
Ame cruelle!
Cœur infidèle!
Toi! me trahir!
Il faut mourir!

LE BAILLI, HERBERT et GRAPH, à Christian.
Point de furie!
Va, pour la vie,
Va-t'en gémir
De la chérir!
Et ta cruelle,
Ton infidèle,
Te dit de fuir
Sans discourir!

MARGUERITE.
Toute la vie,
Du sort trahie,
Je vais gémir
De le chérir!
Peine cruelle!
Que Dieu m'appelle!
C'est trop souffrir!
Il faut mourir!

LES VILLAGEOIS.
Toute la vie
Il l'a chérie;
Qu'il doit gémir!
Qu'il doit souffrir!
Cœur infidèle!
Oh! la cruelle!
Il va partir!
Il va la fuir!

(Rodolphe et Justine entraînent Christian hors de la maison. Marguerite rentre seule dans sa chambre. Les autres personnages regardent la sortie de Christian. — On baisse la toile.)

ACTE TROISIÈME.

La maison d'Herbert: une porte et une fenêtre dans le fond. Sur le premier et le deuxième plan, à gauche, deux portes latérales; sur le premier plan, à droite, un escalier conduisant à une chambre du premier étage. On peut se cacher sous l'escalier. Une lampe allumée sur une table.

SCÈNE I.
LE BAILLI, MARGUERITE.

(Sur les dernières mesures de la musique de l'entr'acte, entre, par la porte du fond, le bailli, conduisant gravement Marguerite par la main.)

LE BAILLI, avec embarras.

Écoutez-moi, ma chère enfant; votre mari, mon excellent neveu, est dans la chaumière à côté... à congédier ses amis... et il a de la peine! on a beau leur chanter la vieille chanson française... *Allez-vous-en, gens de la noce!*... ils sont attablés et demandent toujours un dernier coup de vin à la santé de la mariée..... ce qui n'en finit pas! Aussi, mon neveu, que cela impatientait, m'a fait signe de l'œil de vous emmener, ce qui n'a rien d'extraordinaire, vu ma qualité de grand parent et de grand-bailli. C'est ici le logement de mon neveu... et au premier sa chambre à coucher... Cela pourrait être mieux meublé; mais ce pauvre Herbert, vous le savez, n'est riche qu'en vertus. (Il attend que Marguerite lui parle, mais elle garde le silence.) Vous n'avez pas autre chose à me dire... ni moi non plus... Je m'en vais... Allons, ma nièce... allons, consolez-vous! Herbert va venir, et je vous engage, si, par hasard vous pensez à un autre....

MARGUERITE, pleurant.

Christian!

LE BAILLI.

Vous n'aviez pas besoin de me le nommer: j'en étais sûr!... Pauvre Christian! il était innocent!... C'est un malheur!... La justice peut se tromper, sur-tout quand c'est la première fois!... car c'était ma première affaire..... Du reste, je l'ai vu, je lui ai expliqué votre méprise, et il a compris aisément que vous vous étiez donnée à un autre par amour pour lui... ce qui est toujours une consolation... aussi, il ne reste pas au pays... il va partir!

MARGUERITE, vivement.

Il part!...

LE BAILLI.

Oui, ma nièce!... et moi aussi!... J'ai encore ce soir mille choses à faire; (à part.) quand ce ne serait que la sérénade d'usage à donner aux mariés... (Haut.) Adieu donc! du courage. Vous n'êtes pas folle de votre mari; mais je vous assure que cela n'est pas très nécessaire en ménage. Ma pauvre femme, quand elle m'épousa, ne pouvait pas me souffrir, et il n'en est pas résulté le plus petit inconvénient. Ainsi soit-il pour mon neveu... Ne vous dérangez pas... Bonsoir et bonne nuit, madame Herbert de Birminstel.

(Il sort par la porte du fond; au même instant paraît Christian à la croisée.)

SCÈNE II.
MARGUERITE, CHRISTIAN.

MARGUERITE, sans voir Christian.

La force m'abandonne; moi, la femme d'Herbert!... oublier Christian, ne plus le revoir, jamais !

CHRISTIAN.

Marguerite !

MARGUERITE.

Ah! ciel!

CHRISTIAN.

Un seul mot, je t'en supplie.

MARGUERITE.

Toi, dans cette maison!

CHRISTIAN.

Je n'ai pu partir sans te dire un dernier adieu !...

MARGUERITE.

Mais tu dois me haïr : je le mérite puisque j'ai pu te soupçonner d'un crime.

CHRISTIAN.

Non, je te plains et t'aimerai toujours.

MARGUERITE, pleurant et presque dans ses bras.

Oh! oui, pardonne-moi, je suis bien malheureuse!

CHRISTIAN.

Je le sais, Marguerite : ton sort m'afflige encore plus que le mien. Toi, tu dois oublier l'ami de ton enfance, et l'amour qui faisait ton bonheur sera le tourment de ta vie... pour moi, je puis du moins te rester fidèle, mon cœur est libre de t'aimer : je n'ai pas fait d'autres promesses, et à mon dernier soupir je puis songer à toi... je puis mourir enfin en prononçant ton nom... ne pleure pas, je suis moins à plaindre que toi.

(On entend la voix d'Herbert à la porte du fond, en dehors.)

HERBERT.

Bonsoir donc... bonsoir, mes amis.

MARGUERITE.

Grand Dieu !.... je suis perdue!.... va-t'en ! va-t'en!

(Christian veut s'élancer vers la fenêtre du fond; il en est empêché par les gens de la noce qui passent en dehors et crient à la fenêtre: « Bonsoir, les mariés ! »

HERBERT.

Merci... rentrez chez vous.

MARGUERITE.

Le voici.

CHRISTIAN.

Calme-toi.

(Il entre précipitamment dans la chambre à gauche.)

MARGUERITE, tombant sur un siège près de la chambre où s'est caché Christian.

Oh! mon Dieu! que je voudrais mourir !

SCÈNE III.

CHRISTIAN, caché; MARGUERITE, sur un siège; HERBERT, fermant en dedans la porte et la fenêtre.

HERBERT, près de Marguerite avec émotion.

ROMANCE.

PREMIER COUPLET.

Au serment qui nous lie
Je devrai pour jamais,
Le bonheur de ma vie
Ou des jours de regrets !
Je vous vois tout émue,
Ayez moins de frayeur,
Et, de grace, à ma vue
Rassurez votre cœur !...
C'est, hélas! à moi-même,
Aujourd'hui votre époux,
C'est à moi, qui vous aime,
A trembler près de vous !

DEUXIÈME COUPLET.

Dans vos yeux je viens lire,
Et daignez, par pitié,
M'accorder un sourire,
Un regard d'amitié !
Vous craignez ma présence.
Vous tremblez, je le vois ;
Pourquoi donc en silence
Tressaillir à ma voix?...
C'est, hélas! à moi-même,
Aujourd'hui votre époux;
C'est à moi, qui vous aime,
A trembler près de vous !

(On frappe à la porte du fond.)

Qui vient là ? (On frappe encore.) Qui que vous soyez, je n'ouvre point à pareille heure.

GRAPH, en dehors.

C'est moi... Graph !

HERBERT, avec effroi.

O ciel!

GRAPH.

Ouvre-moi! il le faut.

HERBERT.

A demain.

GRAPH.

A l'instant, et dans ton intérêt.

HERBERT.

J'y vais. (A Marguerite, lui montrant la porte qui est en haut de l'escalier.) Laissez-nous un instant, je vous prie; veuillez monter dans notre chambre.

(Marguerite monte et entre dans la chambre qui est au bout de l'escalier. — Herbert ouvre la porte du fond à Graph.)

SCÈNE IV.
HERBERT, GRAPH.

GRAPH.

Enfin ! c'est bien heureux !... tu te crois donc

déjà bien grand seigneur? Tu fais faire antichambre dans la rue... à tes amis... à tes associés?...

HERBERT, avec crainte.

Graph... du silence!... Ma femme est là-haut!...

GRAPH, baissant la voix.

C'est juste : j'oubliais que tu étais dans les douceurs de l'hymen.

HERBERT.

Que me veux-tu? qui t'amène?

GRAPH.

Notre sûreté... et de plus, une bonne affaire! le comte de Gruben, tu sais, ce général, qui, hier, dans les ruines, est venu... nous déranger et sauver le comte Rodolphe...

HERBERT.

Eh bien?

GRAPH.

Eh bien!... il quitte cette nuit le château.

HERBERT.

Que m'importe?

GRAPH.

Il va passer près d'ici... seul... dans une chaise de poste.

HERBERT.

Qu'est-ce que cela me fait?

GRAPH.

Il venait pour se marier... et avait, dit-on, avec lui, pour l'achat de la corbeille, une somme considérable...

HERBERT.

O ciel! et tu voudrais encore!...

GRAPH.

Ah! tu comprends enfin!... c'est à-la-fois nous enrichir et nous débarrasser d'un témoin dangereux... Bonne affaire!... J'ai pensé à toi, parceque tu es mon ami... je viens te chercher.

HERBERT.

Je ne te suivrai pas!... tu m'as entraîné... ce n'est que trop d'une faute!... l'argent que j'ai là me donne assez de remords!... (Il désigne de l'œil une petite armoire près de l'escalier. Graph regarde l'armoire avec un signe de satisfaction.) Laisse-moi ; je veux désormais vivre en honnête homme... cela me convient.

GRAPH.

Ça ne me convient pas à moi... Ah! ah! tu crois peut-être que quand on a une fois commencé... on peut s'arrêter à volonté... ça serait trop commode!... Non, mon garçon... j'ai besoin de toi, et tu viendras.

DUO.

(Mouvement vif.)

GRAPH.

Allons, partons!

HERBERT.

Je n'irai pas!

GRAPH.

Tu m'appartiens et tu viendras!

HERBERT.

Ah! je rougis de te connaître!

GRAPH.

Obéis-moi, je suis ton maître!

HERBERT.

Ah! laisse-moi!

GRAPH.

Partons!

HERBERT.

Non, non!

GRAPH.

Marchons!

HERBERT.

Non! non!

GRAPH.

Ah! le poltron!

Viens, viens!

HERBERT.

Non, non!

GRAPH.

Viens, viens!

HERBERT.

Non, non!

ENSEMBLE.

GRAPH.

A l'amitié ton cœur est traître!
Mais à me fuir ne songe pas!
Tu m'appartiens, je suis ton maître,
Tu m'appartiens et tu viendras!

HERBERT.

Ah! je rougis de te connaître,
A ton aspect, je tremble, hélas!
Un crime affreux t'a fait mon maître!
De ton pouvoir n'abuse pas!

HERBERT, l'implorant.

Près de la pauvre Marguerite,
Ah! laisse-moi quelques instants
Calmer le trouble qui m'agite,
Et mes remords et mes tourments!

GRAPH, souriant avec méchanceté.

Si tu ne m'obéis bien vite,
Pour embellir ce jour si doux,
Je vais apprendre à Marguerite
Le beau secret de son époux!

HERBERT.

O ciel! que dis-tu, misérable?

GRAPH.

Je t'avertis, je suis bon diable!

HERBERT.

Tu ris encor!

GRAPH, riant.

De ton effroi!

HERBERT.

Ah! scélérat!

GRAPH.

Pas plus que toi!

HERBERT.
Encore, encore un nouveau crime!
GRAPH.
Oui, pour te rendre mon estime!
(Vivement.)
Viens, viens!
HERBERT.
Hélas!
GRAPH.
Viens, viens!
HERBERT.
Hélas!
GRAPH.
Tu m'appartiens et tu viendras!
HERBERT.
Ah! je rougis de te connaître!
GRAPH.
Obéis-moi, je suis ton maître!
HERBERT.
Ah! laisse-moi!
GRAPH.
Viens, viens!
HERBERT.
Hélas!
GRAPH.
Allons, marchons!
HERBERT, chancelant.
Soutiens mes pas!
ENSEMBLE, très vif.
GRAPH, l'entraînant.
Avant le jour qui va paraître,
Allons, marchons, ne tardons pas!
Tu m'appartiens, je suis ton maître,
Tu m'appartiens et tu viendras!
HERBERT.
Ah! je rougis de te connaître,
Et tout mon sang frémit, hélas!
Un crime affreux t'a fait mon maître,
Je t'appartiens, je suis tes pas!
(Ils sortent précipitamment.)

SCÈNE V.

MARGUERITE, CHRISTIAN.

CHRISTIAN, fort troublé, sortant de la chambre à gauche.
Qu'ai-je entendu! (Montant l'escalier et appelant.) Marguerite!... Marguerite!...
MARGUERITE, sur l'escalier.
Quoi! seraient-ils partis?...
CHRISTIAN.
Oui! oh! les scélérats!
MARGUERITE.
Que dis-tu?...
CHRISTIAN.
Les assassins d'hier au soir!...
MARGUERITE.
Eh bien?

CHRISTIAN.
C'est Graph et ton mari!...
MARGUERITE.
Ah! tout mon sang se glace!
CHRISTIAN.
Je viens de les entendre.
MARGUERITE.
Quelle horreur!
CHRISTIAN.
Je cours prévenir un nouveau crime... Mais écoute, écoute! il y a du monde en-dehors...
MARGUERITE.
Je suis déshonorée si l'on nous voit ensemble!
CHRISTIAN.
Rentre dans ta chambre.
MARGUERITE.
Et toi?...
CHRISTIAN.
Va, ne crains rien.
MARGUERITE.
On entre...
CHRISTIAN.
Oui, du silence!
(Il se cache sous l'escalier.)

SCÈNE VI.

LE BAILLI; TOUT LE VILLAGE, avec des instruments pour une sérénade.

CHOEUR.
Tendres époux,
Écoutez-nous;
Auprès de vous
Nous voilà tous.
Ah! que pour vous
Ce jour est doux!
Ah! dormez-vous,
Tendres époux?

MARGUERITE, paraissant sous l'escalier.
Pourquoi ces chants?
CHOEUR.
Ils sont d'usage.
Honneur et bonheur au ménage!
LE BAILLI.
C'est moi, votre oncle le bailli!
Que mon neveu paraisse!... est-il donc endormi?
MARGUERITE.
Je suis seule.
LE BAILLI.
Comment! Herbert n'est point ici?
CHOEUR.
Herbert n'est point ici!
Quel singulier mari!
LE BAILLI.
Encore absent!... c'est incroyable!
CHOEUR.
Oh! c'est vraiment impardonnable!
LE BAILLI, à la porte du fond.
Il n'est pas loin, assurément!...

Paix !... écoutez !... quelqu'un s'avance !...
Un homme seul.

CHOEUR.

C'est lui !

LE BAILLI, fermant la porte.

C'est lui ! faisons silence !
Pour le surprendre il faut nous cacher un instant.

CHOEUR.

Point de bruit ! point de bruit ! cachons-nous dou-
[cement.

LE BAILLI, aux femmes.

Dans la chambre de Marguerite,
Vous, avec elle entrez bien vite,

MARGUERITE, rentrant.

Ah ! je respire à peine !

LE BAILLI, aux hommes.

Et vous tous, par ici,
Avec moi cachez-vous aussi.

TOUS, à voix basse.

Pour un instant faisons silence,
Oui, cachons-nous tous à-la-fois !
Et puis soudain en sa présence,
Un grand chorus tout d'une voix.

SCÈNE VII.

(Christian, caché sous l'escalier ; les femmes cachées dans la chambre de Marguerite; le bailli et les hommes cachés dans la chambre à gauche ; la porte du fond s'ouvre, et Graph paraît avec précaution. L'orchestre continue toujours en sourdine.)

GRAPH, seul, à voix basse.

L'imbécille !... il avait des remords !... il tremblait, il m'aurait fait pendre ! et m'exposer avec lui pour quelques florins que je pouvais retrouver ici sans danger ? Non, non !.. meilleure affaire !... meilleure idée !... un seul coup m'a débarrassé d'un associé poltron et gênant... et me voilà de droit son héritier !... ce que j'avais eu hier la faiblesse de partager avec lui... et de plus la dot de sa femme... tout est là... (Montrant l'armoire.) Tout cela m'appartient !... et je défie bien le ciel, dont on nous menace toujours, de se mêler maintenant de mes affaires !...

FINAL.

CHRISTIAN, le saisissant à la gorge.

Scélérat !...

GRAPH, se débattant.

Oh ! fureur !...

TOUT LE MONDE, arrivant.

Mais, qu'est-ce donc, grand Dieu ?

CHRISTIAN, au bailli.

Il vient d'assassiner !...

LE BAILLI.

Qui donc ?

CHRISTIAN.

Votre neveu !

(Les villageois se saisissent de Graph.)

MARGUERITE.

Qu'entends-je ! oh ! ciel !

CHRISTIAN, la serrant dans ses bras.

Oh ! Marguerite !

LE BAILLI.

Herbert !... ah ! scélérat ! qu'on l'entraîne au plus
[vite.

CHRISTIAN.

Et le crime d'hier, c'est lui qui l'a commis !

LE BAILLI.

Je vais m'évanouir ! et ne sais où j'en suis !

CHRISTIAN, à Marguerite.

Et maintenant, ô mon amie !
Tu m'es rendue, et pour la vie !

CHOEUR.

Trop long-temps la peine
Affligea leur cœur !
Et ce jour ramène
Pour eux le bonheur !

FIN DE MARGUERITE.

PARIS. — IMPRIMERIE NORMALE DE JULES DIDOT L'AÎNÉ,
n° 4, boulevart d'Enfer.

LE LAC DES FÉES,

OPÉRA EN CINQ ACTES.

Ballets de M. Coraly.
Décors de MM. Philastre et Cambon.

IMPRIMERIE DE E. DUVERGER,
RUE DE VERNEUIL, N° 4.

LE LAC DES FÉES

OPÉRA EN CINQ ACTES,

PAROLES

DE MM. SCRIBE ET MELESVILLE,

MUSIQUE DE M. AUBER,

REPRÉSENTÉ POUR LA PREMIÈRE FOIS,
SUR LE THÉATRE DE L'ACADÉMIE ROYALE DE MUSIQUE,

LE 1ᵉʳ AVRIL 1839.

PARIS.

BEZOU, LIBRAIRE,
RUE MESLAY, 34.

BARBA, LIBRAIRE, | JONAS,
PALAIS-ROYAL, A CÔTÉ DE CHEVET. | LIBRAIRE DE L'OPÉRA.

1839

CHANT.

ACTE PREMIER.

Coryphées.

Mlles Forster, Mercier, Adèle Dumilâtre, Saint-Just.

Mesd. Athalie, Laurent, Kolnberg, Marquet 1re, Provost, Dimier, Célarius 1re, Célarius 2e, Robert, Josset, Elise, Wiéthof, Célestine, Robin, Julia, Desjardins 2e, Victorine, Capon, Caroline, Gougibus, Paget, Courtois, Dabas, Potier.

ACTE DEUXIÈME.

MM. Bégrand, abbé; Isambert, soldat.

PEUPLE.

MM. Dugit, Huguet, Millot, Brillant, Briolle, Clément, Provost 1er, Ernest, Cornet 2e, Wiéthof, Provost 2e.

PEUPLE.

Mlles Haasnleut, Duc, Coupotte, Hénard 2e, Leclerq, Saulnier 2e, Géandron 1re, Géandron 2e, Délie, Géandron 3e, Bizor, Bounier, Grandjean, Pérès 2e, Rodriguez, Delapoterie, Lacoste 2e, Avroin, Potier, Guerino, Cassau.

ACTE TROISIÈME.

ÉTUDIANTS.

MM. Brillant, Constant, Huguet, Briolle, Durand, Barrez 2e.

GRISETTES.

Mlles Desjardins 2e, Marquet 1re, Laurent, Provost, Julia, Dimier.

SEIGNEURS.

MM. Lenfant, Grenier, L. Petit, Lefèvre, Ch. Petit, Mignot, Cornet 1er, Lenoir.

PAGES.

Mlles Galby, Baillet, Saulnier 3e, Pézée.

BOULANGÈRES.

Mlles Marinon, Verneuil, Duval, Géandron 3e, Lenoir, Lemaître, Gelot, Defrance, Brunet, Lafondé.

LES TROIS ROIS MAGES.

MM. Isambert, Bégrand, Caré.

ESCLAVES NOIRS.

MM. Provost 1er, Alex. Petit, Ponceau, Charvet.

PEUPLE.

Les dames et les enfants du deuxième acte.

DANSE.

ACTE TROISIÈME.

MM. Coust, Bacchus. Barrez 1er, Silène.

Mlle Maria, Ariane.

PAS DE TROIS ALLEMANDES.

Mlles Fitzjames 1re, Alexis, Noblet.

Coryphées.

MM. Quériau, Corali, Desplaces 2e, Honoré, Adice.

Mlles Albertine, Mercier, Forster, Dumilâtre 1re, Dumilâtre 2e, Saint-Just.

FAUNES.

MM. Guiffard, Gondoin, Chatillon, Cellarius, Ch. Petit, Clément, Millot, Dugit, Renauzy, Sauton, Scio, Fromage.

BACCHANTES.

Mlles Pérès 1re, Robin, Colson, Célarius 1re, Célarius 2e, Kolnberg, Caroline, Célestine, Victorine, Duménil 2e, Athalie, Wiéthof.

SATYRES.

MM. Ernest, Cornet 2e, Gourdoux, Rouyet, Jules, Dimier, Wiéthof, Lejeune, Maujin, Martin. Mlles Paget, Senti.

PETITES BACCHANTES.

Mlles Robert, Bénard 1re, Courtois, Josset, Chevalier, Deletre, Senti, Delbes, Toussaint, Dabas, Danse, Masson.

ACTE QUATRIÈME.

DAMES.

Mesd. Marinon, Verneuil, Duval, Lenoir, Lemaître, Brunet, Géandron 3e, Gélot, Defrance, Lafondé.

Les quatre Pages du troisième acte.

Les Seigneurs du troisième acte.

FEMMES DE CHAMBRE.

Mesd. Savatier, Lacoste.

PETITES FÉES.

Mlles Courtois, Senti, Potier.

ACTE CINQUIÈME.

Les Fées du premier acte. | La reine des Fées, Mlle Guérinot.

PERSONNAGES.

ACTEURS.

ALBERT, étudiant........................... MM. Duprez.
RODOLPHE DE CRONEMBOURG, seigneur châtelain........ Levasseur.
ISSACHAR, marchand juif........................... Wartel.
FRITZ. \} étudiants, compagnons d'Albert........... Ferdinand Prévost.
CONRAD. / Alexis Dupont.
PIKLER, truand.................................. Molinier.
MARGUERITE, aubergiste........................ Mmes Stolz.
ZÉILA, jeune fée................................ Nau.
EDDA, jeune fée. \}
UN JEUNE PATRE. / .... Elian Barthélemy.
CHOEUR DES FÉES.
CHOEUR DES ÉTUDIANTS.
CHOEUR DES SEIGNEURS QUI ACCOMPAGNENT RODOLPHE.
CHOEUR DES VALETS ET SERVANTES DE L'AUBERGE.
PAGES.
OFFICIERS.
SOLDATS.
MARCHANDS.
TRUANDS, COMPAGNONS DE PIKLER.

LE LAC DES FÉES

OPÉRA EN CINQ ACTES.

ACTE PREMIER.

Le théâtre représente un site dans les montagnes du Hartz. Au fond du théâtre, un lac circulaire entouré de rochers élevés, et qui n'a d'ouverture qu'en face du spectateur. A droite et à gauche, des chemins escarpés qui conduisent dans la montagne.

SCÈNE I.

ALBERT, FRITZ, CHOEUR DE JEUNES ÉTUDIANTS.

Au lever du rideau on aperçoit sur les rochers, à droite, Albert qui appelle ses compagnons. Ils gravissent le rocher, descendent le chemin escarpé et paraissent sur la scène.

INTRODUCTION.

CHOEUR D'ÉTUDIANTS.

A travers ces rochers terribles,
Ces montagnes inaccessibles,
Sans crainte avançons, compagnons !
Parcourons ces bois, ces vallons,
Et du sort ne doutons jamais ;
L'audace conduit au succès !

ALBERT, *regardant autour de lui.*

Les rochers élevés qui forment cette enceinte
Nous ferment le chemin.

FRITZ.

D'ici comment sortir ?

ALBERT.

As-tu peur ?

FRITZ.

Non, vraiment.

à part.
Mais je tremble de crainte.

haut.
C'est la faute d'Albert.

ALBERT.

J'ai voulu parcourir
Ces cantons inconnus.

FRITZ.

Ces montagnes terribles,
Ordinaire séjour des esprits invisibles.

ALBERT, *riant.*

Nous sommes égarés !

FRITZ.

Où trouver un chemin ?
Nous mourons à la fois et de soif et de faim.

ALBERT.

Tiens, vois-tu ce beau lac et son onde limpide?
Et puis ne vois-tu pas au haut de ce rocher
Ce jeune pâtre qui, timide,
Nous regarde de loin et n'ose s'approcher ?

LES ÉTUDIANTS, *au pâtre.*

Descends, descends !

FRITZ, *le couchant en joue.*

Ou crains cette arbalète !

ALBERT.

Il nous entend... et, tremblant pour sa tête,
Il se glisse en rampant le long de ce rocher.

LE CHOEUR, *pendant que le pâtre descend.*

A travers ces rochers terribles,
Ces montagnes inaccessibles,
Sans crainte avançons, compagnons !
Parcourons ces bois, ces vallons,
Et du sort ne doutons jamais ;
L'audace conduit au succès !

SCÈNE II.

LES PRÉCÉDENTS, LE PATRE. *Il s'avance en tremblant.*

ALBERT, *le rassurant et le prenant par la main.*
En quels lieux sommes-nous ?

LE PATRE.

Auprès du lac des Fées
Où quelque esprit malin vient d'égarer vos pas.
Aussi, fuyez ces bords ou craignez le trépas !

ALBERT.
Un trépas glorieux !

FRITZ, *voulant fuir.*

A de pareils trophées
Moi, je n'aspire pas.

ALBERT, *le retenant.*

Sur ce lac merveilleux
Achève ton récit.

LE PATRE.

On dit dans nos montagnes
Qu'une gentille fée et ses jeunes compagnes
Vers le milieu du jour viennent du haut des cieux
Se baigner dans cette onde et limpide et discrète.

ALBERT, *riant.*
C'est charmant.

LE PATRE.

Mais malheur à l'œil audacieux
Qui voudrait les surprendre !

FRITZ, *à ses compagnons.*

Amis, quittons ces lieux !

ALBERT.
Non pas ! restons encore.

FRITZ.

As-tu perdu la tête ?
Pour des étudiants comme nous...

ALBERT, *fièrement.*

Il est beau
De tenter une telle aventure.

FRITZ.

Il insiste !
Lui qui va de l'hymen allumer le flambeau,
Lui qui doit épouser la plus belle aubergiste
De ce canton !

ALBERT.
Qu'importe !

FRITZ, *au jeune pâtre qui, assis à gauche sur un quartier de rocher, s'est mis tranquillement à déjeuner.*

Ami, sais-tu, dis-moi,
Un chemin qui d'ici nous ramène à la ville,
A Cologne ?

LE PATRE, *se levant et laissant sur le banc de pierre son manteau et son chapeau.*

Un chemin ? Il en est un, je crois ;
Mais il faut le chercher, et ce n'est pas facile.

TOUS.
Eh bien ! cherchons, cherchons ; tu guideras nos pas.

FRITZ, *prenant le bras d'Albert.*
Allons, Albert.

ALBERT, *se dégageant et avec impatience.*
Eh ! oui, je ne vous quitte pas.

LE CHOEUR.

A travers ces rochers terribles,
Ces montagnes inaccessibles,
Sur ses pas, marchons, compagnons !
Parcourons ces bois, ces vallons ;
Mais ne nous exposons jamais ;
La prudence mène au succès.

Ils sortent tous par la droite, conduits par le pâtre. Albert, qui est resté le dernier, les laisse partir et revient sur le devant du théâtre pendant que ses compagnons s'éloignent.

SCÈNE III.

ALBERT, *seul.*

RÉCITATIF.

Ils s'éloignent ! je reste... et je ne saurais dire
Quel trouble ou quel espoir a fait battre mon cœur !
Songes que j'ai formés, amour auquel j'aspire,
Existez-vous, ou bien n'êtes-vous qu'une erreur?

CANTABILE.

De nos docteurs j'ai rêvé la science ;
L'étude, hélas ! ne remplit pas mon cœur !
J'avais rêvé l'amour et sa puissance ;
Je l'ai connu sans trouver le bonheur.

CAVATINE.

Gentille fée, au doux sourire,
Fille des airs, ange des cieux,
Est-ce auprès de vous que respire
Ce bonheur, objet de mes vœux?

Fée immortelle,
Ma voix t'appelle !
Flamme nouvelle
Vient m'embraser.
A mon délire
Daigne sourire,
Et que j'expire
Dans un baiser !

Viens, viens !

Gentille fée, au doux sourire,
Fille des airs, ange des cieux,
C'est auprès de toi que respire
Ce bonheur, objet de mes vœux.

On entend au loin dans les airs des sons harmonieux.

Mais quels accents se font entendre ?
Écoutons !

Le bruit augmente et s'approche.

Quel chant inconnu
Du haut du ciel semble descendre !
Filles des airs, m'auriez-vous entendu ?

Les chants aériens redoublent ; et Albert, hors de lui, se soutient à peine de surprise et d'émotion.

O surprise ! ô bonheur !
Et quel trouble enchanteur
Vient enivrer mon cœur !

SCÈNE IV.

ALBERT, *puis* ZÉILA *et* SES COMPAGNES.

Du haut des rochers à gauche on voit descendre sur le lac une troupe de jeunes filles portant un voile déployé qui les soutient dans les airs. Elles s'abattent dans le lac derrière les rochers à droite et disparaissent un instant aux yeux du spectateur.

ALBERT.

Du ciel, se détachant en brillantes étoiles,
Quelles divinités descendent vers ces lieux?
On dirait, au zéphir qui se joue en leurs voiles,
D'un navire léger qui sillonne les cieux?...

En ce moment Zéila et ses compagnes sortent de derrière les rochers, en robe de gaze et tenant leur voile à la main. D'autres fées sont déjà dans les eaux du lac où elles se baignent.

O mystère nouveau !... Spectacle gracieux !
Cachons-nous !... Dérobons mon bonheur à leurs yeux !

Il se cache dans un creux de rocher à droite, derrière un massif d'arbres verts. Zéila et toutes les fées descendent sur la scène.

CHŒUR.

Sur cette prairie,
Viens, ma sœur chérie.
De ce lac si pur
Que j'aime l'azur !
D'une aile légère
Descendons sur terre.
On trouve en ces lieux
Les plaisirs des cieux !

Elles forment des danses et des groupes gracieux.

ZÉILA.

Et pourtant les mortels, en leurs frayeurs étranges,
Redoutent notre aspect qu'on leur dit dangereux,
Lorsque c'est nous, filles des anges,
Nous qui les protégeons et qui veillons sur eux !
J'envoie aux belles fiancées,
Comme à leurs jeunes amoureux,
Le jour, de riantes pensées,
Et la nuit, des songes heureux !

CHŒUR.

Sur cette prairie,
Viens, ma sœur chérie.
De ce lac si pur
Que j'aime l'azur !
D'une aile légère
Descendons sur terre !...
On trouve en ces lieux
Les plaisirs des cieux !

Les danses recommencent, et les fées, qui s'apprêtent à se baigner, déposent sur les bancs de gazon ou sur les rochers le voile qu'elles tiennent à la main.

ZÉILA.

Mais dans nos courses vagabondes,
Pour braver à la fois et les airs et les ondes,
Conservons bien, mes sœurs, ce voile si léger...

DEUXIÈME FÉE.

Notre seul talisman !

ZÉILA.
Par lui point de danger!
Posé sur notre front, vers la voûte éternelle
Il nous permet de remonter soudain!
Et lorsque nous l'ôtons, c'est la simple mortelle
Qui reparaît!...

ALBERT, *à part et derrière le rocher à droite.*
O mystère divin!
Ah!... si j'osais!...

Il avance la main et prend le voile que Zéila vient de placer près du rocher où il est caché. Il serre ce voile dans son sein. Pendant ce temps Zéila à gauche s'apprête à se baigner. Elle va dénouer sa ceinture lorsqu'on entend dans le lointain des cris qui se répondent.

CHOEUR, *en dehors appelant.*
Albert!...

ZÉILA.
Au loin dans la montagne
Quels sont ces cris?

CHOEUR, *en dehors.*
Albert!!

ALBERT, *à part.*
Ce sont mes compagnons!

LE CHOEUR DES FÉES.
Loin des yeux indiscrets, fuyons!

Elles reprennent leur voile et s'enfuient en désordre vers le lac. Elles disparaissent derrière les rochers.

ZÉILA, *seule sur le devant du théâtre et cherchant à réparer le désordre de sa toilette.*
Attendez-moi!...

Elle aperçoit Fritz et ses compagnons qui paraissent sur les rochers à droite. Elle n'a plus le temps de fuir.
L'on vient!

Elle se cache précipitamment dans une embrasure de rocher à gauche, où, sans être aperçue de Fritz et de ses compagnons, elle reste en vue du spectateur.

SCÈNE V.

LES PRÉCÉDENTS, FRITZ, SES COMPAGNONS, ALBERT, *qui vient de sortir de sa cachette.*

FRITZ, *à Albert.*
Dans l'effroi qui nous gagne
Nous te cherchons, nous t'appelons!

ALBERT.
Vous marchiez d'un pied si rapide
Que je n'ai pu vous suivre et j'ai perdu vos pas!

FRITZ.
Nous avons, grâce à notre guide,
Découvert un sentier!... Viens, ne demeurons pas
Dans ce séjour maudit où quelque sort funeste
Nous menace...

ALBERT, *regardant autour de lui.*
Non pas!... J'y suis bien, et j'y reste!

ZÉILA, *à part.*
Il est brave, du moins!

FRITZ.
Si quelque esprit follet
Vient t'enlever!

ALBERT, *de même.*
Tant mieux!

ZÉILA.
Son audace me plaît!
Puis, il n'est pas trop mal pour un mortel...

FRITZ.
Allons,
Bon gré, mal gré, tu nous suivras!

LE CHOEUR, *voulant entraîner Albert.*
Partons!

ALBERT.
Laissez-moi!

FRITZ.
Je le veux!

ALBERT.
Laissez-moi, compagnons!

ENSEMBLE.

ZÉILA, *à part et sans être vu des étudiants.*
J'admire son courage;
Se fiant aux destins,
Il veut braver l'orage
Et même les lutins.

voyant qu'on l'entraîne.
Il a beau faire, hélas!
On entraîne ses pas.

FRITZ *et ses compagnons.*
N'entends-tu pas l'orage
Gronder dans le lointain?
Il faut, c'est le plus sage,
Nous remettre en chemin.

l'entraînant malgré lui.
Avec nous tu viendras,
Oui, tu suivras nos pas!

ALBERT.

Que m'importe l'orage ?
Je veux, c'est mon dessein,
Dans ce séjour sauvage
Rester jusqu'à demain.

ne pouvant résister au nombre.

Ah ! j'ai beau faire, hélas !
Il faut suivre leurs pas.

Albert, malgré ses efforts, est entraîné par Fritz et ses compagnons, et disparaît avec eux par le sentier à droite.

SCÈNE VI.

ZÉILA, *sortant du creux du rocher,* LES FÉES, *sortant du lac.*

LE CHOEUR.

Entends-tu les orages
Gronder dans le lointain ?
Du séjour des nuages
Reprenons le chemin.

DEUXIÈME FÉE, *à Zéila qui regarde toujours vers la droite.*

Zéila !... Zéila !... ne nous entends-tu pas !

ZÉILA, *suivant toujours Albert des yeux.*

A travers les rochers on entraîne ses pas !

DEUXIÈME FÉE.

Déjà les eaux du lac se soulèvent. Allons,
Il est temps !... Reprenons nos voiles et partons !

LE CHOEUR.

Quittons ces prairies ;
Oui, mes sœurs chéries,
De ce lac si pur
Se ride l'azur !
D'une aile légère
Quittons cette terre,
Et, filles des cieux,
Remontons vers eux.

Chacune des fées tient un voile à la main et disparaît derrière les rochers. Un instant après on les voit s'élever des bords du lac et remonter vers le ciel.

SCÈNE VII.

ZÉILA, *seule.*

Elle est restée la dernière, occupée qu'elle était à suivre Albert des yeux ; elle se retourne et voit les fées qui déjà sont parties.

AIR.

Mes sœurs !... mes sœurs !... attendez-moi de grâce !

cherchant son voile.

Mon voile !... mon voile !... Il était là, je crois !
Je l'avais mis à cette place !...
Voilà qu'elles partent sans moi !
Mes sœurs, mes sœurs, attendez-moi !

regardant au fond pendant que l'orage devient plus fort.

Elles s'élèvent dans les airs,
M'abandonnant pendant l'orage !
Là-haut... là-haut... dans ce nuage...
Je crois les voir encor...

poussant un cri d'effroi.

Ah ! je les perds !

Strette de l'air.

L'orage augmente,
Et d'épouvante
Je suis tremblante !
Où puis-je fuir ?
En vain j'appelle ;
Faible mortelle,
Terreur nouvelle
Vient me saisir !

apercevant le manteau et le chapeau de paille que le pâtre a oubliés sur le banc de rocher, elle s'en enveloppe.

Ah ! ce manteau... Mais où porter mes pas...
Ils parlaient d'un sentier...

cherchant à droite.

Cherchons... cherchons... hélas !...
L'orage augmente,
Et d'épouvante
Je suis tremblante !
Où puis-je fuir ?
En vain j'appelle ;
Faible mortelle,
Terreur nouvelle
Vient me saisir !...
Mes sœurs, mes sœurs, veillez sur moi !
Partons, partons, je meurs d'effroi !
Mes sœurs, protégez-moi !

Enveloppée dans le manteau elle disparaît par le sentier à droite, au moment où l'orage éclate dans toute sa force.

ACTE DEUXIÈME.

Le théâtre représente la cour d'une riche auberge, sur la route de Cologne. A gauche et à droite, des bâtiments auxquels on arrive par des escaliers extérieurs. Au fond, grande porte charretière donnant sur la grande route. A droite, un grand arbre sous lequel sont placées plusieurs tables.

SCÈNE I.

MARGUERITE, GARÇONS ET SERVANTES D'AUBERGE, VOYAGEURS.

Au lever du rideau, plusieurs voyageurs viennent d'arriver; des garçons d'auberge conduisent leurs chevaux à l'écurie. Des voyageurs s'asseyent près des tables et l'on s'empresse de les servir.

CHOEUR DES VALETS ET SERVANTES.
Encor des équipages
Et de nouveaux bagages;
Tant mieux pour nous, tant mieux!
Vivent les voyageurs quand ils sont généreux!

MARGUERITE, *sortant de chez elle et allant faire la révérence aux voyageurs qui descendent de cheval ou de litière.*

AIR.

Arrêtez-vous à notre porte,
Beau chevalier, noble seigneur;
Vous trouverez hôtesse accorte,
Bon vin et surtout bonne humeur!

à des voyageurs qui s'approchent d'elle et qui lui parlent bas.

Non, messeigneurs; portez ailleurs
Et vos soupirs et vos douceurs!

Adieu, conquêtes
Que j'avais faites;
Adieu fleurettes,
Adieu galants!
Pour votre peine
Suis inhumaine;
L'hymen m'enchaîne,
Il n'est plus temps!

Il faut vous taire;
Il faut bannir
Vœu téméraire,
Brûlant soupir!
L'hymen qui veille
Est mon gardien,
Et mon oreille
N'entend plus rien.

Adieu, conquêtes
Que j'avais faites;
Adieu fleurettes,
Adieu galants!
Pour votre peine
Suis inhumaine;
L'hymen m'enchaîne,
Il n'est plus temps!

Dans ce moment arrivent de nouveaux voyageurs et le chœur reprend.

LE CHOEUR.
Encor des équipages
Et de nouveaux bagages;
Tant mieux pour nous, tant mieux!
Vivent les voyageurs quand ils sont généreux!

Marguerite donne de nouveaux ordres à ses valets d'auberge et à ses servantes qui emmènent les voyageurs ou s'empressent de les servir.

SCÈNE II.

MARGUERITE, *restée seule et regardant autour d'elle.*

Comment Albert, mon prétendu,
N'est-il pas encor revenu?
De ces étudiants, ses jeunes camarades,
Je n'aime pas les longues promenades,

Et quand il sera mon mari
Il ne sortira plus qu'avec moi, Dieu merci!

Elle monte par l'escalier à gauche et on la voit entrer dans les chambres qui sont au premier étage.

SCÈNE III.

ALBERT, *entrant vivement par la porte du fond qui se referme quelque temps après qu'il est entré.*

Oui, toujours cette image!!!

se jetant sur une chaise.

O fée enchanteresse!
Ton souvenir m'enivre et me poursuit sans cesse
De mille sentiments incertains et confus;
Mes sens sont tour à tour charmés et combattus...

se levant brusquement.

Et cette jeune hôtesse à me plaire empressée!
Ah! je croyais l'aimer et je ne l'aime plus!
Et cependant elle est ma fiancée!...
Et cependant... le plus terrible encor,
Je lui dois vingt-cinq écus d'or!
Et comment m'éloigner? comment rompre avec elle
Avant de m'acquitter d'abord?

Apercevant un marchand, le juif Issachar, qui entre en ce moment.

SCÈNE IV.

ALBERT, ISSACHAR.

ALBERT.

Ah! le juif Issachar... providence mortelle
De nos étudiants!...

s'adressant à lui.

Veux-tu faire un effort
Pour moi, juif?

ISSACHAR.

Pourquoi pas? Que te faut-il, jeune homme?

ALBERT.

Prête-moi vingt-cinq écus d'or.

ISSACHAR.

Volontiers! mais pour cette somme
Quel gage m'est offert?

ALBERT.

Pas d'autre, en vérité,
Que moi!... ma personne!!!

ISSACHAR *lui tendant la main.*

Accepté.

ALBERT, *avec enthousiasme.*

O gloire d'Israël et de la synagogue!
Pour ce trait généreux je veux te mettre en vogue!
Tu seras révéré par moi, par mes amis,
Descendant d'Abraham et de Jacob!...

ISSACHAR, *lui donnant un papier qu'il vient d'écrire.*

Tiens... lis.
Et signe!

ALBERT, *lisant l'écrit.*

« Dans deux mois nous promettons de rendre
« Les vingt-cinq écus d'or qu'Issachar nous prêta.
« Si j'y manque... j'enchaîne à lui, dès ce jour-là,
« Ma liberté, mon sang!... »

s'arrêtant.

Qui! moi! j'irais me vendre?
Homme libre, je deviendrais
Ton vassal, ton esclave!

ISSACHAR.

Eh! mais,
Lorsque l'on n'a que sa personne
Pour seul trésor... il faut bien qu'on la donne!

ALBERT.

Non! laisse-moi!... Jamais, jamais
Ma main ne signera de semblables billets!

ISSACHAR, *s'éloignant et entrant dans l'intérieur de l'auberge.*

Soit!

ALBERT.

Et va-t-en rejoindre en enfer, où tu marches,
Abraham et Jacob, et tous les patriarches!

SCÈNE V.

ALBERT, *seul et regardant autour de lui.*

Et maintenant comment quitter ces lieux?
Comment chercher au loin la charmante sylphide
Que ce tissu léger me rappelle?

Il tire de son sein le voile de Zéila, le regarde et le presse plusieurs fois contre ses lèvres.

SCÈNE VI.

ALBERT, MARGUERITE, *sortant d'une chambre du premier étage, s'arrêtant sur le balcon et apercevant Albert.*

MARGUERITE.

Ah! grands dieux!
Le voici! Quel est donc ce voile précieux
Que sur sa bouche a pressé le perfide?
Je le saurai!

On frappe à la porte du fond qui a été refermée après l'entrée d'Albert.

ALBERT.

L'on vient!... Cachons à tous les yeux
Mon bonheur, mon trouble et mes vœux!

Il entre dans une des chambres à gauche pendant que Marguerite descend l'escalier.

MARGUERITE, *allant ouvrir.*

Qui frappe ainsi?

SCÈNE VII.

MARGUERITE, ZÉILA, *couverte d'un manteau et d'un chapeau de paille comme à la fin du premier acte.*

ZÉILA.

ROMANCE.

Premier couplet.

La nuit et l'orage
Ont égaré mes pas!
Et dans ce village
On ne me connaît pas!
Je n'ai qu'un seul droit
Et je le réclame!...
J'ai faim... j'ai bien froid!
Pitié... noble dame!
J'ai faim... j'ai bien froid!
Prenez pitié de moi!

Deuxième couplet.

Vous êtes si belle!
Dieu n'a pas fait pour vous
Une âme cruelle
Avec des yeux si doux!
Je n'ai qu'un seul droit
Et je le réclame!...
J'ai faim... j'ai bien froid!
Pitié... noble dame!

J'ai faim... j'ai bien froid!
Prenez pitié de moi!

MARGUERITE.

Vous recevoir!... et que savez-vous faire?

ZÉILA.

Rien, madame, mais j'apprendrai!

MARGUERITE.

Et vous n'avez jamais servi?

ZÉILA.

Non!
à part.
Au contraire!
haut.
N'importe!... je travaillerai
Pour rien!

MARGUERITE, *étonnée.*

Pour rien!

ZÉILA.

Je ne demande
Point de gages!

MARGUERITE, *à part.*

C'est différent!
On peut toujours, la pitié le commande,
Essayer à ce prix son zèle et son talent!
haut.
Mais pour rester ici d'abord il vous faut prendre
D'autres habits!...

lui montrant la porte de l'escalier qui est au fond du théâtre.

Vous en trouverez là!

ZÉILA.

Que de remercîments!

MARGUERITE, *lui faisant signe de sortir.*

C'est bien!

ZÉILA, *en sortant.*

Ah! me voilà
Servante! et sans rien craindre, au moins, je
    puis attendre.

Elle disparaît par l'escalier qui est au fond du théâtre.

SCÈNE VIII.

MARGUERITE, *seule et plongée dans ses réflexions.*

Oui, je veux éclaircir un soupçon outrageant!...
Oui... ce voile qu'Albert pressait si tendrement...

ACTE II, SCÈNE X.

C'était celui d'une rivale,
J'en suis certaine!... et de ce talisman,
Dont l'influence m'est fatale,
Je saurai m'emparer!... Malheur à lui... malheur!...

Elle va monter l'escalier par lequel Albert a disparu, lorsqu'un bruit de cors se fait entendre. Elle donne ordre à ses valets, qui accourent, d'ouvrir la grande porte de l'auberge, et elle-même va au-devant des voyageurs qui arrivent.

SCÈNE IX.

RODOLPHE, MARGUERITE, PIQUEURS ET ÉCUYERS.

Le comte Rodolphe de Cronembourg, précédé de ses piqueurs et de ses écuyers. Il vient de descendre de cheval, et l'on voit en dehors de la porte ses chevaux que l'on tient en bride et sa meute que l'on tient en lesse. Une fanfare bruyante annonce son arrivée. Marguerite court présenter ses hommages à Rodolphe, son seigneur, lui fait la révérence et l'engage à se reposer dans son auberge. Tout cela s'est fait sur la ritournelle de l'air suivant.

RODOLPHE.

AIR.

Sonne! sonne! bon piqueur!
Vous, mes vassaux, faites place!
C'est votre seigneur qui passe,
C'est Rodolphe le chasseur!
Sonne! sonne! bon piqueur!
Vivent l'amour et la chasse!
Sonne! sonne! bon piqueur!

à demi-voix.

Avec adresse, avec audace,
En vieux chasseur je suis la trace
De l'ennemi qui croit, hélas!
Pouvoir me dérober ses pas!
Adroit gibier, ou bachelette,
Vous voulez fuir!... mais je vous guette...

avec finesse.

Je vous suis... je vous tiens... tayaut!...
tayaut!
Et bientôt... et bientôt...

d'un air de triomphe.

Sonne! sonne! bon piqueur!
Vivent l'amour et la chasse!
Voici le vainqueur qui passe,
C'est Rodolphe le chasseur!
Sonne! sonne! bon piqueur!

En avant, compagnons!
Hardiment franchissons
Les fossés, les buissons!
A travers les moissons
Galopons ventre à terre...
A moi la plaine entière!!...
Gare!... gare!... tout est à moi,
Je règne!!... je suis roi!

Silence!... paysans!
Taisez-vous!... vils manants,
Craignez mon arquebuse.
Que m'importent vos prés
Par mes chiens labourés!...
Votre seigneur s'amuse!..

Votre enfant est blessé?...
Votre blé renversé?...
Mais le cerf est forcé!!!

En avant, compagnons!
Hardiment franchissons
Les fossés, les buissons!
A travers les moissons
Courons avec audace!
Amis!... vive la chasse!
Tayaut!... tayaut!... ici tout est à moi!
Je règne!... je suis roi!

A la fin de cet air les seigneurs de la suite de Rodolphe entrent dans les appartements à gauche; les piqueurs emmènent les chevaux et la meute du côté des écuries à droite.

SCÈNE X.

MARGUERITE, RODOLPHE.

MARGUERITE.

Vous allez, monseigneur, signaler votre adresse.

RODOLPHE.

Et suivant mon usage, ici, ma belle hôtesse,
De toi je viens quérir le coup de l'étrier!

Marguerite fait un signe; on lui apporte sur un plat d'argent un grand gobelet qu'elle remplit et qu'elle présente au comte Rodolphe.

RODOLPHE, *après avoir bu, s'adressant à demi-voix à Marguerite.*

Si tu l'avais voulu, dès longtemps, inhumaine,
Le seigneur châtelain serait ton chevalier!

riant avec fatuité.

Cela viendra!...

MARGUERITE,

Non pas!

RODOLPHE.

Dans mon riche domaine
Tu régneras un jour!... J'y compte, et je t'attends!

MARGUERITE.

Vous risquez, monseigneur, de m'attendre longtemps!

lui montrant Albert qui, triste et rêveur, descend de l'escalier à gauche, traverse le théâtre et va s'asseoir près des tables à droite, sans prendre part à ce qui se passe autour de lui.

Car voici mon mari qu'ici je vous présente!

RODOLPHE, *prenant Marguerite à part et à demi-voix.*

Qui?... lui?... ce freluquet?... ce jeune étudiant?...
A cet âge ils sont tous d'une humeur inconstante!...
Tandis qu'au mien c'est différent...
On n'aime qu'une femme!... on ne regarde qu'elle!
Et rien n'en peut distraire!...

apercevant Zéila qui entre habillée en servante, et courant auprès d'elle.

Ah! grand Dieu! qu'elle est belle!

SCÈNE XI.

ZÉILA, RODOLPHE, MARGUERITE, ALBERT, *assis à droite et rêvant.*

MARGUERITE, *retenant Rodolphe.*

Qu'avez-vous, monseigneur, et quel transport soudain?...
Pour vous dans la plus belle salle
Vous trouverez mon meilleur vin du Rhin!

à Zéila.

Vous, ma servante et ma vassale,

lui montrant Albert.

A mon futur époux... à votre maître enfin...
Servez son repas!

ZÉILA, *apercevant Albert qui ne la voit pas.*

Ciel!...

RODOLPHE, *regardant Zéila.*

Ah! vraiment, rien n'égale
Sa beauté!...

sortant en souriant.

Nous verrons!...

MARGUERITE, *à Zéila qui est restée immobile.*

Eh bien! m'entendez-vous?

ZÉILA.

Oui, madame...

à part et regardant Albert.

Son époux!!...

Marguerite sort par la porte à gauche avec Rodolphe. Zéila, tout en regardant de temps en temps Albert, dispose sur une table à droite le couvert et le souper.

SCÈNE XII.

ALBERT, ZÉILA.

ALBERT, *levant les yeux, la reconnaît et pousse un cri.*

Ah!... jamais l'on n'a vu ressemblance pareille!
Et quelque sortilége a fasciné mes yeux!

ZÉILA, *s'approchant de lui timidement.*

Maître, votre repas est prêt.

ALBERT.

Sa voix!... grands dieux!
Et cette voix aussi qui charmait mon oreille!

DUO.

Est-ce toi?
Réponds-moi!
Non... ma vue infidèle
Aura trompé mes sens!
Ces humbles vêtements
Sont ceux d'une mortelle!

s'approchant de Zéila.

Pourtant quand je te voi
Je sens flammes soudaines
Circuler dans mes veines...
Est-ce toi?
Réponds-moi!
Prends pitié de mes peines,
Est-ce toi?

ENSEMBLE.

ZÉILA, *affectant de ne pas l'entendre.*

Qui donc vous tourmente?
Moi! pauvre servante,
Je suis peu savante
Et ne comprends pas!

à part.

Si douce prière
Ne saurait déplaire,

ACTE II, SCÈNE XII.

Mais je dois me taire...
Ah! quel embarras!

ALBERT, à part.

O vue enivrante!
Déesse ou servante,
Mon doute s'augmente
Et redouble, hélas!

s'approchant d'elle.

O douce chimère!
Ombre si légère
Reste sur la terre,
Ne t'envole pas!

ALBERT.

Deuxième couplet.

Est-ce toi?
Réponds-moi!
Non... plus je l'examine,
L'autre est fille des cieux,
Et j'ai lu dans ses yeux
Sa céleste origine!

s'approchant de Zéila.

Mais, comme elle, je crois,
Comme elle, je le vois,
Ton œil noir étincelle
Et tu souris comme elle...
Est-ce toi?
Réponds-moi!
Ou déesse ou mortelle,
Est-ce toi?

ENSEMBLE.

ZÉILA.

Qui donc vous tourmente?
Moi, pauvre servante,
Je suis peu savante
Et ne comprends pas!

à part.

Si douce prière
Ne saurait déplaire,
Mais je dois me taire...
Ah! quel embarras!

ALBERT.

Erreur enivrante!
Déesse ou servante,
Mon trouble s'augmente
Et redouble, hélas!
O douce chimère!
Ombre si légère
Reste sur la terre,
Ne t'envole pas!

ZÉILA.

C'est assez vous railler d'une pauvre servante.

ALBERT, *vivement.*

Une servante?... En es-tu sûre?

ZÉILA, *souriant.*

Eh! oui!

ALBERT.

Bien vrai?... Fais-en serment!...

ZÉILA.

Je vous le jure ici!

ALBERT.

Ah! ce mot seul me ravit et m'enchante!
Déesse, hélas! je ne pouvais
T'aimer, ni t'épouser! mais femme, mais mortelle,
Rien ne peut plus nous séparer jamais!

ZÉILA.

Y pensez-vous?

ALBERT, *la regardant avec tendresse.*

Oui, voilà les attraits
Que mon cœur a rêvés et j'y serai fidèle.
A toi ma main et mon cœur!...

ZÉILA.

Lorsqu'ici
Vous devez être le mari
D'une autre!

ALBERT.

Ah! pour toi j'y renonce!

ZÉILA.

Elle est riche!

ALBERT.

Qu'importe!

ZÉILA.

Et moi!.. moi je n'ai rien!

ALBERT.

Si tu m'aimes, mon cœur ne veut pas d'autre bien.

ZÉILA.

Le malheur me poursuit!

ALBERT, *lui prenant la main.*

Et voici ma réponse:
A toi! toujours à toi!
Partout je veux te suivre,
Avec toi je veux vivre
Et mourir avec toi!

Oui, pour te protéger,
Je brave tout danger!

ENSEMBLE.

ALBERT.

A toi !... toujours à toi !
Partout je veux te suivre,
Avec toi je veux vivre
Et mourir avec toi !

ZÉILA.

Il me donne sa foi ;
Partout il veut me suivre,
Et l'erreur qui l'enivre
Me trouble malgré moi.

SCÈNE XIII.

ZÉILA, ALBERT, MARGUERITE, *entrant avec* RODOLPHE, *au moment où Albert est aux genoux de Zéila. Au cri qu'elle fait entendre accourent* ISSACHAR, *tous les voyageurs, voyageuses, garçons et filles de l'auberge.*

FINAL.

MARGUERITE.

Ah ! qu'ai-je vu !...

ZÉILA, *s'enfuyant à l'autre extrémité du théâtre.*

C'est fait de moi !

ENSEMBLE.

MARGUERITE, à *Albert.*

Parjure !... téméraire !
Outrager mon honneur !
La honte, la colère
S'emparent de mon cœur.

ALBERT.

Le dépit, la colère
S'emparent de son cœur.
Et comment la soustraire
A sa juste fureur ?

ZÉILA.

Le dépit, la colère
S'emparent de son cœur,
Et comment me soustraire
A sa juste fureur ?

RODOLPHE, ISSACHAR *et* LE CHOEUR.

Le dépit, la colère
S'emparent de son cœur.
Rien ne peut la soustraire
A sa juste fureur.

MARGUERITE.

Un tel affront d'une servante
Que la pitié m'avait fait accueillir !!
De chez moi sortez, insolente,
Sortez pour n'y plus revenir !

ZÉILA.

Ah ! dans la honte qui m'accable
Où porter mon sort misérable ?

ALBERT, *lui prenant le bras.*

Sur ton frère tu t'appuieras !

MARGUERITE.

Qui ? vous ?... quitter ces lieux ?

ALBERT.

Il le faut... car je l'aime !

MARGUERITE, à *part.*

O ciel !

ALBERT, *vivement à Zéila.*

Partons ! partons !... je guiderai tes pas !

MARGUERITE.

Vous l'espérez en vain ! vous ne le pouvez pas.

ALBERT.

Qui m'en empêcherait ?

MARGUERITE.

Vous-même !
L'honneur qui vous retient !

ISSACHAR, à *Rodolphe.*

Et vingt-cinq écus d'or
Qu'à son hôtesse il doit encor.

ALBERT, *troublé.*

Grand Dieu !

RODOLPHE.

C'est juste, et, gage précieux,
La loi veut qu'il demeure en otage en ces lieux !

ENSEMBLE.

MARGUERITE.

Rien ne peut le soustraire
Aux dettes de l'honneur.
Le dépit, la colère
S'emparent de mon cœur.

ALBERT.

Et comment me soustraire
Aux dettes de l'honneur ?
La honte, la colère
S'emparent de mon cœur.

ZÉILA.

Exilée, étrangère,

ACTE II, SCÈNE XIII.

Où fuir dans mon malheur ?
Qui donc sur cette terre
Sera mon protecteur ?

RODOLPHE, ISSACHAR et LE CHOEUR.

Rien ne peut le soustraire
Aux dettes de l'honneur.
Le dépit, la colère
S'emparent de son cœur,

RODOLPHE, à Zéila.

C'est moi, ma belle enfant, qui veux vous protéger ;
Venez en mon château.

ALBERT, à Zéila.

      C'est une offre traîtresse ;
Refusez !

RODOLPHE.

Ma seule vieillesse
Doit à vos yeux éloigner tout danger.

ZÉILA, *indécise, regardant tour à tour Albert et Rodolphe.*

Mon Dieu, que dois-je faire ?

ALBERT, *avec effroi.*

      Elle hésite !

bas à Issachar.

Tes vingt-cinq écus d'or, juif, donne-les-moi vite,
Et je signe à l'instant.

ISSACHAR, *avec joie.*

      Le billet de tantôt ?

ALBERT.

Tout ce que tu voudras.

ISSACHAR.

      C'est parler comme il faut !
Mettez là votre signature.

Il lui présente un papier qu'Albert signe vivement sur la table à droite.

RODOLPHE, *pendant ce temps, s'adressant à Zéila d'un air caressant.*

Oui, douter de ma foi serait me faire injure.

ALBERT.

Et la mienne pour elle est un meilleur garant.

à Marguerite, lui donnant la bourse d'Issachar.

Tenez, voilà votre or ! Je suis libre à présent !

ENSEMBLE.

ALBERT.

Ah ! la bonne affaire
Que j'ai faite là !
Le destin prospère
Me sourit déjà.
Fi de la richesse !
Vivent la gaîté,
Ma jeune maîtresse
Et la liberté !

ISSACHAR.

Ah ! la bonne affaire
Que j'ai faite là !
Le destin prospère
Me sourit déjà.
O folle jeunesse !
Sa témérité
Pour une maîtresse
Vend sa liberté.

RODOLPHE.

Ah ! la bonne affaire
Qui m'échappe là !
La jeune bergère
Me charmait déjà.
Trésor de jeunesse,
Naïve beauté !
Malgré ma vieillesse,
J'en suis enchanté !

MARGUERITE.

Ah ! le sort contraire
Me trahit déjà !
Malgré ma colère,
Il m'échappera.
Par cette promesse
Il a racheté
Sa jeune maîtresse
Et sa liberté.

ZÉILA.

Ah ! le sort prospère
M'exauce déjà,

regardant Marguerite.

Et de sa colère
Me délivrera !

regardant Albert.

Oui, dans ma détresse,
A sa loyauté
Livrons ma jeunesse
Et ma liberté !

RODOLPHE, *regardant Zéila, puis Albert.*

O riche proie, hélas ! qu'il vient de m'enlever !
Mais qu'on pourra peut-être retrouver.

s'approchant d'Issachar, à demi-voix.

L'affaire est bonne, ce me semble.

ISSACHAR, *de même.*

J'espère y gagner cent pour cent.

RODOLPHE, *de même.*

Je te les donne sur-le-champ ;
Veux-tu que nous traitions ensemble ?

ISSACHAR.

Comment ?

RODOLPHE.

Cède-moi ton billet.

ISSACHAR, *avec défiance.*

Au prix coûtant ?

RODOLPHE.

Non pas ! Pour le double.

ISSACHAR, *le lui donnant.*

C'est fait !

ENSEMBLE.

RODOLPHE.

Ah ! la bonne affaire
Que j'ai faite là !

montrant Albert.

Ce billet, j'espère,
M'en délivrera.
Oui, par mon adresse
J'aurai racheté
Sa jeune maîtresse
Ou sa liberté.

ISSACHAR.

Ah ! la bonne affaire
Que j'ai faite là !
Le billet prospère
Rapporte déjà.

regardant Rodolphe.

Oui, sur sa tendresse
J'avais bien compté ;
J'ai, par mon adresse,
Un gain mérité.

ALBERT.

Ah ! la bonne affaire
Que j'ai faite là !
Le destin prospère
Me sourit déjà.
Fi de la richesse !
Vivent la gaîté,
Ma jeune maîtresse
Et la liberté !

ZÉILA.

Ah ! le sort prospère
M'exauce déjà
Et de sa colère
Me délivrera !
Oui, dans ma détresse,
A sa loyauté
Livrons ma jeunesse
Et ma liberté !

MARGUERITE.

Ah ! le sort contraire
Me trahit déjà !
Malgré ma colère,
Il m'échappera.
Par cette promesse
Il a racheté
Sa jeune maîtresse
Et sa liberté.

LE CHOEUR.

Sonne ! sonne ! bon piqueur !
Voici l'instant de la chasse.
Du courage et de l'audace !
La chasse est le vrai bonheur !
Sonne ! sonne ! bon piqueur !

Rodolphe et ses gens, qui viennent de remonter à cheval, se disposent à repartir pour la chasse ; Albert, qui a pris le bras de Zéila, sort avec elle par la porte du fond. Marguerite, désespérée, tombe sur une chaise, et Issachar, de l'autre côté, au coin du théâtre, compte ses écus.

ACTE TROISIÈME.

La chambre d'un étudiant; porte basse au fond; deux portes latérales. Sur le premier plan, à gauche, une croisée.

SCÈNE I.

ZÉILA, ALBERT.

Albert est à gauche devant une table et écrit. Zéila, à droite, devant un métier à tapisserie, et travaille. Des livres et des cartons sont épars dans la chambre.

DUO.

ZÉILA *et* ALBERT.

Asile
Modeste et tranquille
Par toi le monde est oublié!
La vie
S'écoule si jolie
Quand chaque instant est égayé
Par le travail et l'amitié!

ALBERT.

Dans ma demeure aérienne
Qu'habite avec nous le bonheur,

montrant la porte à gauche et celle en face.

Là, votre chambre... ici la mienne!
C'est un frère...

ZÉILA, *lui tendant la main.*

Près d'une sœur!!

ALBERT, *se levant, se rapprochant d'elle et regardant sa tapisserie.*

Que c'est bien!

ZÉILA.

Trouvez-vous?

ALBERT.

Ces vases, ces trophées,
Ces fleurs naissent soudain sous vos doigts
assidus,
On dirait l'ouvrage des fées!

ZÉILA, *souriant.*

Et l'on se tromperait!

à part.

Car je ne le suis plus!

haut.

Mais un seul point, Albert, me trouble et m'inquiète!
Ces vingt-cinq écus d'or qui par vous étaient dus...

ALBERT, *tirant du tiroir de la table une bourse qu'il lui montre.*

Dès aujourd'hui j'acquitterai ma dette;
Vos travaux et les miens en paieront la valeur.
Combien, venant de vous, la liberté m'est chère!...

ZÉILA, *à part.*

Ah! je n'aurais jamais cru sur la terre
Que l'on trouvât tant de bonheur!

ENSEMBLE.

Asile
Modeste et tranquille
Par toi le monde est oublié.
La vie
S'écoule si jolie
Quand chaque instant est égayé

ZÉILA.

Par le travail et l'amitié!

ALBERT, *prenant la main de Zéila.*

Par l'amour et par l'amitié!

ZÉILA, *retirant sa main d'un air de reproche.*

L'amour, Albert?...

ALBERT.

Ah! j'ai fait la promesse

De n'en jamais parler!... Mais que ta rigueur
  cesse,
Et me rende un serment impossible à tenir!

ZÉILA, *baissant les yeux.*

Loin de toi veux-tu me bannir?

ALBERT, *timidement.*

CAVATINE.

J'avais juré de ne pas dire
Mes souffrances de chaque jour,

avec passion.

Mais malgré moi ma force expire;
Je meurs pour toi, je meurs d'amour!
  Et pourquoi te défendre
  D'un sentiment si doux!
  Pourquoi ne pas te rendre
A moi... ton amant... ton époux?...

Zéila, émue, se dégage de ses bras, s'éloigne, et Albert reprend à demi-voix.

J'avais juré de ne pas dire
Mes souffrances de chaque jour,
Mais malgré moi ma force expire;
Je meurs pour toi!... je meurs d'amour!

ENSEMBLE

ZÉILA.

Oh! mon Dieu! comment se défendre
Contre ce charme séducteur?
Tais-toi!... tais-toi... ta voix trop tendre
Porte le trouble dans mon cœur!
  Délire extrême...
  Laisse-moi... laisse-moi!
  Contre moi-même,
  Mes sœurs protégez-moi!
Mes sœurs!... mes sœurs, protégez-moi!

ALBERT.

Pourquoi plus longtemps te défendre?
Que ton cœur réponde à mon cœur!
A mes désirs daigne te rendre,
Et prononce enfin mon bonheur!
  A toi que j'aime
  J'engage ici ma foi!
  C'est le ciel même
Qui dans ce jour te donne à moi,
C'est le ciel qui te donne à moi!

Zéila éperdue est entre les bras d'Albert. Tout à coup par la fenêtre à gauche, qui est ouverte, on entend le chant des fées du premier acte. Zéila s'arrache avec force des bras d'Albert.

ZÉILA.

Ah! je les entends!... ce sont elles;
Elles viennent me protéger!
Du haut des airs leurs voix fidèles
Viennent m'arracher au danger!

ALBERT, *étonné.*

Que dis-tu?

ZÉILA.

Tais-toi!... ce sont elles!...
N'entends-tu pas leurs chants de regrets et
  d'amour?

On entend le chœur qui reprend en dehors.

Mes sœurs!... je ne suis plus qu'une pauvre
  mortelle.
Des cieux où votre voix m'appelle,
Mes sœurs!... mes sœurs!... je suis bannie et
  sans retour!

ALBERT.

Qu'entends-je?... Cette fée et si jeune et si belle
Dont vous me rappeliez les traits!...

ZÉILA.

C'était moi!

ALBERT.

Cette fée, hélas! que j'adorais...

ZÉILA, *vivement.*

C'était moi!...

ENSEMBLE.

ALBERT.

Malheur qui m'accable,
Destin déplorable!
A mon cœur coupable
Il ne reste rien!
Hélas! ma constance
Double ma souffrance;
Je perds l'espérance,
Je perds tout mon bien!

ZÉILA.

Malheur qui m'accable,
Destin implacable!
Pouvoir redoutable
Qui n'est plus le mien,
Céleste puissance
Qui vois ma souffrance,
Rends-moi l'espérance,
Rends-moi tout mon bien!

ZÉILA.

Tu sais tout, maintenant! Du ciel déshéritée,
Un pouvoir inconnu me retient ici-bas!

ACTE III, SCÈNE II.

ALBERT.

Non!... et cette puissance, hélas! si regrettée,
Va vous être rendue!...

ZÉILA, avec joie.

Ah! ne me trompe pas!

ALBERT.

Ce talisman, qui vous permet, cruelle,
De fuir loin de la terre et de monter aux cieux,
Ce voile mystérieux
Qui fait votre pouvoir et vous rend immortelle,
Je l'avais dérobé!... Vous le rendre aujourd'hui,
C'est vous perdre à jamais!...

le tirant de son sein.

N'importe!... le voici!

Il le lui donne.

ZÉILA, *le regardant avec joie et le portant à ses lèvres.*

Ah! c'est lui!... c'est bien lui!

ENSEMBLE.

ZÉILA.

O joie ineffable,
Bonheur qui m'accable!

regardant le voile.

Pouvoir redoutable,
Tu deviens le mien!
Oui, la Providence,
Calmant ma souffrance,
Me rend l'espérance,
Me rend tout mon bien!

ALBERT.

Malheur qui m'accable,
Destin implacable!
A ses yeux, coupable,
Je ne suis plus rien!
Hélas! ma constance
Double ma souffrance;
Je perds l'espérance,
Je perds tout mon bien!

ALBERT.

Adieu! toi que j'adore!
Adieu! toi que ce voile, hélas! va me ravir.

ZÉILA, *jouant avec le voile qu'elle roule dans ses mains.*

Ce voile... qui t'a dit qu'on voulût s'en servir?

ALBERT.

Qu'entends-je? et quel espoir vient m'abuser
encore!

ZÉILA, *lui tendant le voile.*

Tiens, Albert, reprends-le... Pour moi
Le ciel est ici près de toi!

ENSEMBLE.

O bonheur! ô délire!
A peine je respire!
Ta voix et ton sourire
M'ont entr'ouvert les cieux!
O délices suprêmes!
Nos désirs sont les mêmes;
Tu m'aimes... oui, tu m'aimes,
Je suis l'égal des dieux!

ZÉILA.

Je suis encore aux cieux.

SCÈNE II.

LES PRÉCÉDENTS, FRITZ, CONRAD, PLUSIEURS ÉTUDIANTS.

CONRAD.

Pardon!... nous vous dérangeons,
Pardon!... nous nous retirons.

ALBERT, *se hâtant de cacher le voile dans son sein.*

Ah! ce sont nos amis!... Qui chez nous les
amène?

CONRAD.

A vous, couple heureux,
Il est dans ces lieux
Permis d'oublier
L'univers entier!
Mais nous, qu'à ses plaisirs le monde encore
enchaîne.
Nous savons qu'aujourd'hui, de même qu'au-
trefois,
Cologne, la superbe ville,
Célèbre la fête des Rois!

ALBERT.

C'est juste!

CONRAD.

Au diable un travail inutile!
C'est jour de fête... nous venons
Pour vous chercher.

ALBERT.

Nous acceptons.

Il prend sur la table sa bourse qu'il serre dans son aumônière.

LE CHOEUR.

Vive la jeunesse!
Vivent les amours!
Fi de la sagesse
Et de ses discours!
Amitié, franchise
Et jamais d'argent,
Telle est la devise
De l'étudiant!

ZÉILA.

La belle vie!
Point de chagrin.
Gaîté, folie,
Joyeux refrain,
Douce existence,
Destin heureux!

à part, et regardant vers le ciel.

Là-haut, je pense,
On n'est pas mieux.

LE CHOEUR.

Vive la jeunesse!
Vivent les amours!
Fi de la sagesse
Et de ses discours!
Amitié, franchise
Et jamais d'argent,
Telle est la devise
De l'étudiant!

Albert prend le bras de Zéila et sort avec elle. Tous les étudiants les suivent.

SCÈNE III.

Le théâtre change et représente la grande place de Cologne, disposée pour la fête des Rois. A gauche du spectateur de riches boutiques de vaisselle ciselée, de tentures de Flandre, des boutiques d'armes; à gauche, des boutiques de bonbons et de pâtisserie; plus haut, l'entrée du jardin préparé pour les danses; au fond un large pont qui traverse la ville, et dans le lointain la cathédrale avec l'horloge et un cadran marquant les heures.

PEUPLE, JEUNES FILLES, SEIGNEURS, DAMES, BATELIERS DU RHIN, MARCHANDS, GARDES, PIKLER *et ses compagnons, puis successivement* MARGUERITE *et* RODOLPHE, ALBERT *et* ZEILA, PAGES, OFFICIERS.

On entend le son des cloches appelant le peuple à la fête.

CHOEUR GÉNÉRAL.

Noël, Noël! largesses!
Princes, barons et duchesses,
Bourgeois, manants, écoliers,
Pèlerins et cavaliers,
Largesses! largesses!
Accourez à notre voix,
Voici la fête des Rois!

PIKLER, *à ses compagnons.*

Nous, qui courons toutes les fêtes,
Gentilshommes de grands chemins,
Nous aimons, en fait de conquêtes,
Celles qui viennent de nos mains.
Dans ce jour, à nos vœux prospère,
Nous saurons, pour nous occuper,
Trouver quelque riche aumônière,
Ou bien quelque bourse à couper.

ENSEMBLE.

LE CHOEUR.

Noël, Noël! largesses!
Bourgeois, manants, écoliers,
Princes, barons et duchesses,
Pèlerins et cavaliers!
Largesses! largesses!
Accourez à notre voix,
Voici la fête des Rois!

PIKLER *et* SES COMPAGNONS.

Nous qui méprisons les largesses,
Gens d'esprit, d'audace et de front,
Nous aurons toujours des richesses
Tant que les autres en auront!

Marguerite paraît vêtue d'habits magnifiques, suivie de pages, d'officiers, et donnant le bras au comte Rodolphe.

CONRAD *et quelques étudiants, venant du jardin à droite et regardant du côté du pont.*

Avec ce cortége de reine
Vers nous qui dirige ses pas?
C'est au moins une châtelaine.

regardant.

Eh! mais, je ne me trompe pas!
C'est Marguerite!

LES ÉTUDIANTS.

Eh quoi! l'aubergiste jolie
Dont Albert a trompé les vœux!

CONRAD, *riant.*

Et qui vient, pour venger sa tendresse trahie,
De troquer son hôtellerie
Contre un galant presque aussi vieux
Que le château de ses aïeux.

LE CHOEUR, *saluant Marguerite.*

Hourra! pour la dame et maîtresse
De messire notre seigneur.

ACTE III, SCÈNE III.

RODOLPHE, *à Marguerite.*

Sur tes pas vois comme on s'empresse.

MARGUERITE, *à part avec dépit.*

Oui, que désormais la richesse
Me tienne au moins lieu de bonheur !

Rodolphe la fait asseoir à gauche devant un riche magasin où Marguerite marchande des étoffes et des pierreries; des dames et cavaliers vont aussi s'asseoir devant d'autres boutiques.
Entrent plusieurs autres étudiants en dansant, tenant leurs maîtresses sous le bras et entourant Albert et Zélia.

CHOEUR D'ÉTUDIANTS.

Nous voici, mes amis,
Nous voici réunis.

ALBERT, *gaîment.*

A nous, bonheur, gaîté, folie,
A nous tous les biens de la vie !

MARGUERITE, *à part.*

Les voir sans cesse tous les deux !

ALBERT, *voyant Marguerite.*

C'est Marguerite !

CONRAD.

Et son vieux comte.

MARGUERITE, *à Rodolphe, en lui montrant les deux amants.*

Quel scandale !...

RODOLPHE.

C'est une honte !...

Les deux couples passent l'un près de l'autre en se saluant d'un air railleur.

ALBERT *et* SES AMIS.

Quel regard fier et triomphant !

MARGUERITE, *piquée.*

Quel air moqueur et méprisant !

CHAQUE COUPLE, *à part.*

Oser tous deux paraître ici !
En public se montrer ainsi,
C'est indécent !... c'est inouï !

MARGUERITE, *avec colère.*

Me braver encor !

RODOLPHE, *à Marguerite.*

Patience !
N'ai-je pas là notre vengeance ?
Ce billet qu'Issachar avait reçu de lui,
montrant Albert.
Il est entre mes mains !... il échoit aujourd'hui,
A deux heures il faut qu'il soit payé... sinon
Il devient mon serf, mon esclave...

CONRAD, *qui est près d'eux, les a entendus et s'approche d'Albert.*

Ils parlent d'un billet... c'est quelque trahison
Que je redoute !

ALBERT.

Et que je brave !
Je peux le payer dès ce soir,
Car j'ai sur moi la somme !
J'ai de l'or !!

PIKLER, *qui est à côté d'Albert, entend ces derniers mots et dit à demi-voix à ses compagnons.*

C'est bon à savoir !
Observons bien ce gentilhomme
Et ne le quittons pas !
Partout suivons ses pas !

RODOLPHE.

Du silence,
La fête commence...

CRIEURS DE LA VILLE.

Prenez place... silence,
La fête des Rois commence !

LE CHOEUR.

Les Rois ! les Rois !
On va tirer les Rois !

De jeunes boulangères portant d'énormes corbeilles circulent au milieu de la foule et présentent à chacun des petits gâteaux ronds.

LE CRIEUR DE LA VILLE.

Prenez part au gâteau des Rois.

CONRAD, *prenant sa part du gâteau.*

Cette royauté n'est qu'un rêve;
Mais du hasard voyons le choix !
A qui va-t-il donner la fève ?

TOUS, *cherchant la fève dans leurs gâteaux.*

C'est moi ! c'est moi
Qui serai roi !
Ce sera moi !
Déjà je crois...
Je l'aperçoi...
Non... ce n'est rien ;
Mais cherchons bien...

ZEILA, *avec un cri de joie et montrant la fève qu'elle a trouvée.*

C'est moi ! c'est moi !...

MARGUERITE, *avec dépit.*

Encore elle !...

ALBERT, *gaîment.*

Le ciel est juste
Et nous soumet tous à sa loi!

On remet à Zéila un sceptre d'or.

CONRAD.

Mais quel sera le roi?

RODOLPHE, *s'avançant.*

Oui, voyons quel sera son roi!

ZÉILA.

Eh bien! avec ce signe auguste!
Partage mon pouvoir, Albert,
lui donnant la fève.
           et deviens roi!

MARGUERITE *et* RODOLPHE, *à part.*

Ah! quel affront pour moi!

CONRAD, *remplissant un verre.*

A la santé
De Sa Majesté!
Qui nous fera raison et qui le doit!

On présente à Zéila un verre qu'elle effleure du bout des lèvres.

TOUS.

La reine boit!... la reine boit!...

Des jeunes filles présentent à Zéila une couronne de fleurs, et en guise de sceptre, un thyrse qu'elle veut d'abord refuser et qu'Albert la force d'accepter.

ALBERT.

Premier couplet.

C'est le sort
Qui seul te donne
Sceptre d'or
Et nouveau trône!
Mais sans or
Et sans couronne,
Par la beauté tu règnerais encor.

Pouvoir d'un jour! heureux royaume
Que le hasard créa soudain!
Tu vas passer comme un fantôme
Et disparaître dès demain!
Mais sous la pourpre ou sous le chaume
T'aura suivi joyeux refrain.

à Zéila.

Oui, le sort
Ici te donne
Sceptre d'or
Et nouveau trône!
Mais sans couronne,
Par la beauté tu règnerais encor!

LE CHOEUR.

Reine! reine! souveraine!
Reine! reine! sois la mienne;
Verse! verse! à sa gloire
Je veux boire!
Célébrons
Ici sa gloire,
Et buvons! amis, buvons!

ALBERT.

Deuxième couplet.

Ni complots
Ni lois sinistres;
Point d'impôts
Ni de ministres!
Qu'en ce jour,
Au son des sistres,
Folie, amour
Règnent seuls à ta cour!

O royauté
Que les mansardes
Fêtent ainsi que les palais,
Jamais le fer des hallebardes
Ne cachera tes doux attraits!
Car notre reine n'a pour gardes
Que ses heureux et gais sujets!

Oui, le sort
Ici te donne
Sceptre d'or
Et nouveau trône!
Mais sans couronne,
Par la beauté tu règnerais encor!

LE CHOEUR.

Reine! reine!
Souveraine!
Reine! reine!
Sois la mienne!
Verse! verse! à sa gloire
Je veux boire
Célébrons
Ici sa gloire,
Et buvons, amis, buvons!

Pendant ce second couplet on a préparé à droite du théâtre une estrade que l'on a recouverte d'un tapis, et sur laquelle on fait asseoir Zéila et le nouveau roi.

LE CHOEUR.

Devant la reine inclinez-vous!
A genoux! à genoux!
Sujets, prosternez-vous!

Tout le monde s'incline; Rodolphe seul se lève, et, tenant le bras de Marguerite, il veut, ainsi que son cortége, passer devant Zéila sans la saluer.

CHOEUR GÉNÉRAL.

De par la reine et par nous tous,
Devant elle prosternez-vous !

Rodolphe et Marguerite, obligés d'obéir à la clameur publique, s'inclinent malgré eux avec humeur, et vont dans la foule cacher leur dépit.

MARCHE DES ROIS *.

Des *soldats* couverts d'une cuirasse, et ayant pour arme une haste, ouvrent la marche; suivent les principales corporations des métiers avec leurs insignes en tête; ce sont les seules dont les députations se trouvaient à ces fêtes :

Les *Fruitiers,* ayant pour insignes Adam et Ève mangeant du fruit défendu ;
Les *Brodeurs,* — Une vierge avec des objets de broderies ;
Les *Chausseliers,* — Des figures nues avec des chausses pendues à côté d'elles ;
Les *Orfèvres,* — Un vase d'argent ;
Les *Serruriers,* — Une serrure ; des clefs en sautoirs ;
Les *Armuriers,* — Un heaume posé sur un bouclier, avec dague et écusson armorié ;
Les *Selliers,* — Une selle de bataille ;
Les *Poissonniers,* — La roue de sainte Catherine avec des poissons ;
Les *Mariniers,* — Un vaisseau.

Des *soldats* ferment la marche des corporations. Viennent ensuite les docteurs et professeurs de la ville, puis les pèlerins et les naufragés qu'un vœu attachait à cette procession ; après eux marchent des hallebardiers.

Entrée des trois Rois-Mages, *Melchior, Balthazar* et *Gaspard,* suivant l'étoile lumineuse qui marche devant eux et qui les guide. Ils sont couverts d'oripeaux magnifiques, étincelants d'or, turbans surmontés de couronnes, et tels enfin que l'imagination à cette époque se peignait les Orientaux.

Ils sont précédés d'une troupe d'*esclaves noirs,* dont quelques-uns guident leurs chevaux richement caparaçonnés.

Marchent après eux des *grands seigneurs* qui, par dévotion, se mêlaient aussi à ces solennités ; ils sont couverts du grand manteau de cérémonie, en brocard d'or doublé d'hermine.

S'avance ensuite un gros de *stradiotes,* troupes étrangères, soudoyées par l'empereur Maximilien ; ils étaient choisis pour servir d'escorte aux Rois-Mages, à cause du caractère oriental de leur costume.

Au milieu d'une troupe de *monstres* bizarres et fantastiques apparaissent trois *hippogriphes* conduits par des *noirs*; des *fous* sonnant de la trompette sont montés dessus ; ils sont couverts d'un tabar aux armes de la ville de Cologne, qui porte de gueules à trois couronnes d'or, posées en fasce, coupé, bordé, diapré d'argent.

Enfin une troupe de jeunes *étudiants* et de *grisettes*

(*) Voir, pour la fête des Rois à Cologne, en 1800, les tableaux d'Albert Durer, Lucas de Leyde. Consulter Burgman, Lucas Cranach, et surtout un manuscrit allemand sur les trois Rois-Mages. *Bibl. royale,* 7832, col. 3.

arrivent sur un air de danse, et forment différentes valses.

Mais un grand bruit se fait entendre. Aux sons des flûtes, tambours et cymbales entrent *Bacchus* et *Ariane,* montés sur un char traîné par quatre *satyres.* Le *gros Sylène,* plongé dans l'ivresse, est négligemment jeté sur le devant du char. Des *satyres,* des *faunes* et des *bacchantes* à moitié ivres, dansent autour de lui *.

Après la marche commence le divertissement, terminé par un pas de Bacchus et d'Ariane et par une danse générale de bacchantes entourant le char de Silène.

Après les danses générales vont commencer les danses particulières. Conrad, un des étudiants, s'approche du trône.

CONRAD, *s'adressant à Zéila.*

Quand du plaisir voici l'heureux signal,
Notre reine veut-elle

à Albert.

Et le roi permet-il qu'un serviteur fidèle
Avec elle ouvre le bal ?

ALBERT, *avec dignité.*

Nous l'accordons ! et nous allons vous suivre !

PIKLER, *à part, à ses compagnons, montrant la bourse d'Albert, dont il vient de couper les cordons.*

Qu'à la danse il se livre !...
Il le peut sans danger,
Car il doit à présent être bien plus léger !
Voici sa bourse ! elle est à nous !

CHOEUR DE TRUANDS.

Et nous la partagerons tous !

CHOEUR GÉNÉRAL.

Reprise du chœur des étudiants.

Vive la jeunesse !
Vivent les amours !

Ils sortent tous.

SCÈNE IV.

MARGUERITE, RODOLPHE, *retenant Albert qui veut les suivre.*

RODOLPHE.

Un seul mot, s'il vous plaît, seigneur étudiant.

montrant l'horloge de la cathédrale qui sonne 2 heures.

Voici l'heure et le jour d'acquitter votre dette ;
Et votre liberté de ce billet dépend...

(*) Ces souvenirs mythologiques sont représentés non pas comme les anciens nous les ont transmis, mais tels que les comprenaient Albert Durer, Lucas de Leyde et leurs contemporains.

ALBERT, *riant.*

Ce billet-là, seigneur, en rien ne m'inquiète ;
Il vous sera payé...

RODOLPHE.

C'est vingt-cinq écus d'or !...

ALBERT, *souriant.*

Oui, vingt-cinq...

portant la main à sa bourse et ne la trouvant plus.

Ciel !... ô ciel !... mais tout à l'heure encor
Je les avais !... où sont-ils donc?... perdus?...

regardant les cordons qui ont été coupés.

Non, dérobés !... Ah ! je ne les ai plus...
Mon Dieu ! que devenir ?...

RODOLPHE, *avec ironie.*

Par un fâcheux échec
Les coffres du roi sont à sec !
Sa personne me reste en gage !
Assurons-nous d'abord de ce royal otage !

Il sort par la droite.

ALBERT, *tombant sur l'estrade à droite.*

Ah ! de tout mon bonheur et de moi c'en est fait !
La force m'abandonne !

MARGUERITE, *qui était prête à s'éloigner.*

Il chancelle !... il expire !...

accourant auprès de lui.

A cet aspect tout mon amour renaît !
Du secours !... du secours !... A peine s'il respire !

Elle entr'ouvre le pourpoint d'Albert pour lui donner de l'air et aperçoit le voile qu'il a caché sur son cœur.

O ciel !... ce voile séducteur,
Dont le charme odieux m'avait ravi son cœur !
Si je pouvais l'éloigner de sa vue
Sa tendresse à mes vœux serait enfin rendue !...

Elle prend le voile et le cache dans son sein.

Il revient ! il revient !

ALBERT, *encore à moitié évanoui.*

A moi... mes compagnons !...
Zéila, viens !... partons ! fuyons !

SCÈNE V.

LES PRÉCÉDENTS, RODOLPHE *et* PLUSIEURS HOMMES D'ARMES.

FINAL.

RODOLPHE.

Arrêtez et qu'on le saisisse ;
Il m'appartient... point de pitié.
De par mon droit et la justice
Comme un vassal qu'il soit lié.

ALBERT, *avec indignation, s'élançant vers Conrad qui entre.*

Me lier, m'enchaîner !!

CONRAD.

Un homme libre ! non !

criant.

Aux armes, mes amis !

Tous les étudiants accourent, s'élancent dans les boutiques d'armes et s'emparent des épées, des haches, des poignards.

RODOLPHE, *rassemblant ses hommes d'armes.*

Crime ! rébellion !
A moi, mes gens !

CHOEUR DES ÉTUDIANTS *et* DU PEUPLE.

A nous tous les colléges,
Franchises, priviléges !
Pour l'Université,
Liberté ! liberté !

Albert, Conrad et les étudiants, ainsi que le peuple, sont d'un côté, les armes à la main. Rodolphe, les officiers et les hommes d'armes, sont de l'autre, prêts à les attaquer. Marguerite et les femmes, effrayées, se réfugient en désordre dans les boutiques.

ENSEMBLE.

ALBERT, CONRAD, ÉTUDIANTS *et* PEUPLE

N'approchez pas,
Craignez mon bras !
Tant d'insolence
Mérite le trépas !
Oui, si tu fais un pas,
A ma vengeance
Tu n'échapperas pas !

RODOLPHE *et* SES GENS.

Ne fuyez pas,
Craignez mon bras !
Tant d'insolence
Mérite le trépas,
Oui, si tu fais un pas,
A ma vengeance
Tu n'échapperas pas !

MARGUERITE *et* SES FEMMES.

N'approchez pas,
Craignez leurs bras,
La résistance
Vous perdrait tous, hélas !
Si vous faites un pas
A leur vengeance
Vous n'échapperez pas !

RODOLPHE, *voulant saisir Albert.*
Force à la loi !
ALBERT, *croisant le fer.*
Malheur à toi !
LES FEMMES *et* LE PEUPLE, *criant.*
La paix de Dieu !

ENSEMBLE.

RODOLPHE.
Force à la loi !
ALBERT.
Malheur à toi !

SCÈNE VI.

LES PRÉCÉDENTS, ZEILA, *paraissant au fond du théâtre.*

ZEILA, *apercevant Albert, pousse un cri.*
Albert !... Albert !...

Elle s'élance entre lui et Rodolphe, au moment où Albert, qui avait tiré son épée, allait frapper Rodolphe ; elle reçoit le coup destiné à celui-ci.

ALBERT, *épouvanté et laissant tomber son épée.*
O rage insensée !
Zéila... Zéila... blessée !...
Son sang coule, et c'est moi !...

TOUS, *s'éloignant.*
O moment d'horreur et d'effroi !

Rodolphe saisit ce moment ; ses gardes environnent Albert, qui ne fait plus de résistance et qui tient Zéila dans ses bras. Conrad, les étudiants et le peuple sont placés aux deux côtés du théâtre.

ALBERT.
Ah ! ma raison s'égare !
Zéila !... mon amour,
C'est donc moi, moi, barbare,
Qui t'ai ravi le jour...
Oui, c'est ma main barbare
Qui t'a ravi le jour !...

ENSEMBLE.

RODOLPHE.
Allez ! qu'on les sépare ;
A ses pleurs, je suis sourd !
De mon bien je m'empare ;
C'est à moi sans retour.

MARGUERITE.
Le destin les sépare,
Et peut-être l'amour
Dans son cœur me prépare
Un fortuné retour.

OFFICIERS *et* HOMMES D'ARMES, *montrant Albert.*
Oui, la loi le déclare
Esclave dès ce jour.
montrant Rodolphe.
De son bien il s'empare ;
C'est à lui sans retour.

CONRAD *et* LES ÉTUDIANTS.
Le sort qui les sépare
A trahi leur amour,
Et ce tyran barbare
Reste inflexible et sourd.

ZÉILA.
Le destin... nous sépare...
Adieu donc... sans retour !...

ALBERT.
Elle renaît !... elle respire encore !...
aux gardes qui font un mouvement pour l'entraîner.
Un seul instant !... Ah ! de vous je l'implore !
Les gardes se retirent de quelques pas.

ALBERT, *à demi-voix à Zéila qu'il tient dans ses bras.*
Zéila, tu m'entends ?

ZÉILA.
Oui... je t'aime toujours !

ALBERT, *à demi-voix.*
Je n'ai plus qu'un moyen pour préserver tes jours...
A toi, déesse... une vie éternelle !...
En te rendant ce voile précieux
Pour jamais je te perds, mais je te rends les cieux !
Tiens, prends !
cherchant le voile dans son sein et ne le trouvant pas.
Grands dieux ! je ne puis rien pour elle !
avec désespoir.
Je ne l'ai plus...

ZÉILA, *fermant les yeux.*
Je meurs !

ALBERT, *hors de lui.*
Malheureux ! malheureux !

Ah! ma raison s'égare!
Zéila, mon amour!...
C'est moi, c'est moi, barbare,
Qui t'ai ravi le jour!

ENSEMBLE.

RODOLPHE.

Allez! qu'on les sépare;
A ses pleurs je suis sourd.

OFFICIERS et GARDES.

Oui, la loi le déclare
Esclave dès ce jour.

MARGUERITE.

Le destin les sépare
Et peut-être l'amour,

CONRAD et LES ÉTUDIANTS.

Le sort qui les sépare
A trahi leur amour.

Zéila est retombée évanouie; Rodolphe donne ordre à ses gens de l'emporter et de la secourir, pendant que les gardes entraînent Albert. Le peuple, les étudiants sortent en désordre.

ACTE QUATRIÈME.

Le château du comte Rodolphe. Une salle gothique magnifique, voûtée et soutenue par de larges piliers. Au fond, trois grandes croisées ouvertes donnant sur un lac. Sur le premier plan, portes à gauche et à droite.

SCÈNE I.

MARGUERITE, ALBERT.

MARGUERITE, *sortant mystérieusement de la porte à droite et conduisant Albert par la main.*

Celle que vous aviez trahie
Vient vers vous et brise les fers
Où Rodolphe voulait enchaîner votre vie!
J'ai gagné vos geôliers! Peut-être je me perds
Sans qu'un seul mot de vous, Albert, me remercie!
Pourquoi ce silence effrayant?
Répondez-moi!

vivement.

Non, non, quelqu'un s'avance!...
Taisez-vous!

écoutant.

On s'éloigne!... A votre délivrance
Je vais veiller!...

à demi-voix.

Restez ; je reviens à l'instant.

Elle sort.

SCÈNE II.

ALBERT, *seul. Il parcourt le théâtre en silence. Son air et sa démarche annoncent l'égarement de sa raison. Il s'arrête, regarde autour de lui, et dit à demi-voix et avec terreur :*

AIR.

C'est moi!... c'est moi qui l'ai frappée!...

frottant sa main.

Voyez-vous ces taches de sang
Dont ma main est encor trempée?
Elles ne s'en vont pas!

levant la tête avec fierté.

J'ai bien fait!... Ce tyran
M'appelait son esclave!!...

avec indignation.

Esclave!!!... Ah! mon épée
L'a fait rouler sanglant!... Et je le vois encor...

regardant à ses pieds et se relevant avec désespoir.

Non!... c'est ma Zéila! mon bonheur! mon trésor!
Ah! laissez-moi la baigner de mes larmes!
Ah! laissez-moi m'enivrer de ses charmes!
Pourquoi nous séparer?... pourquoi cette prison
Qui s'élève au sommet de la roche escarpée?

montrant ses bras.

Pourquoi ces fers?... Ah! vous avez raison.
Punissez-moi!... c'est moi qui l'ai frappée!

s'arrêtant, écoutant et croyant entendre l'air des fées au premier acte.

CAVATINE.

Quand viendra la déesse au bord du lac s'asseoir,
Livrant ses beaux cheveux à la brise du soir,
Et contemplant ses traits dans la plaine azurée!
Oh! les heureux instants et la belle soirée!
Pourquoi depuis longtemps
Est-elle différée?...
Viens!... je t'aime et j'attends!
Le ciel est pur, la prairie embaumée;
Les fleurs semblent s'épanouir ;
L'air est plus doux!... Ah! c'est ma bien-aimée
Qui sans doute va venir!

Alors au ciel plus de nuages,
Et dans mon cœur plus d'orages...
L'orage qui souvent mugit et retentit...
L'entendez-vous!...

écoutant.

Cette fois il s'enfuit!
Tout se tait, plus de bruit...
Plus de bruit...

L'orchestre s'éteint peu à peu et il reprend à voix basse.

Quand viendront les déesses,
Au bord du lac, le soir,
Nouer leurs blondes tresses
A ce riant miroir,
Oh! la belle soirée!
Pourquoi depuis longtemps
Est-elle différée?...
Viens!... je t'aime et j'attends!
Viens!... viens!...

s'arrêtant, puis marchant avec égarement et avec terreur.

Non, ne viens pas!...
Fuis ton ami!... fuis cette épée
Qui donne le trépas!!...

cachant sa tête dans ses mains et sanglotant.

C'est moi!... c'est moi qui l'ai frappée!...

Il tombe accablé sur un fauteuil à droite, et, absorbé dans sa douleur, il n'aperçoit même pas Marguerite qui rentre en ce moment et s'avance vers lui.

SCÈNE III.

ALBERT, MARGUERITE.

MARGUERITE.

Pour sortir de ce château-fort
Que de tous les côtés l'eau du lac environne,
Il fallait un esquif, et mon or me le donne!
Viens!... tout est prêt... partons!

ALBERT, *sans la reconnaître.*

Non! attendons encor;
Voici l'instant où sur le lac tranquille
Elle viendra!!!

MARGUERITE, *étonnée.*

Qui donc!

ALBERT.

Zéila!

MARGUERITE, *avec dédain.*

Zéila!!...
Moments perdus!... espérance inutile!
Ta Zéila ne viendra pas!

ALBERT, *douloureusement.*

Ah! tu dis vrai!... ma main lui donna le trépas!

MARGUERITE.

Non! elle existe encor!

ALBERT, *sans l'écouter.*

C'est moi qui l'ai frappée!

MARGUERITE.

Elle existe en ces lieux!!

ALBERT, *de même.*

C'est moi qui l'ai frappée!

MARGUERITE.

Mais par elle, vois-tu, ta flamme fut trompée...
Comme la mienne!!... Un traître! un séducteur!...
Rodolphe!... dans ces lieux la transporta mourante!
Et pour cette nouvelle amante
Il me dédaigne, moi!... qui lui donnai mon cœur!
Non... il ne l'eut jamais!... le dépit, la colère
Avaient troublé mes sens!... Toi seul eus mes amours!
Et pour preuve dernière,
Ingrat! je viens sauver tes jours!!

ALBERT, *sans lui répondre et reprenant le motif de sa cavatine.*

Quand viendront les déesses
Au bord du lac s'asseoir,
Livrant leurs blondes tresses
A la brise du soir...

MARGUERITE, *le regardant avec effroi et poussant un cri.*

Albert!... Ah! la douleur, la souffrance cruelle
Ont égaré sa raison!... Malheureux!
Ne me connais-tu pas?

ALBERT, *la regardant attentivement.*

Ah! vous n'êtes pas elle!

MARGUERITE, *avec chaleur.*

Mais je viens te sauver!

ALBERT, *froidement.*

Pourquoi?...

MARGUERITE.

Quittons ces lieux!
Près de moi tu peux vivre!...

ALBERT.

J'aime mieux
Mourir avec elle!

ACTE IV, SCÈNE IV.

MARGUERITE, *voulant l'entraîner.*

Partons !... bientôt il ne sera plus temps !
Rodolphe et ses amis... Le voici... je l'entends.

ENSEMBLE.

ALBERT, *achevant sa cavatine.*

Ah ! la belle soirée !
Pourquoi depuis longtemps
Est-elle différée ?...
Viens ! je t'aime et j'attends.

MARGUERITE.

Sa raison égarée
Le livre à ses tyrans !
Mon âme est déchirée
De regrets, de tourments !

SCÈNE IV.

LES PRÉCÉDENTS, RODOLPHE ET PLUSIEURS SEIGNEURS DE SES AMIS, PAGES ET HOMMES D'ARMES.

RODOLPHE, *apercevant Albert.*

Mon esclave !... qui donc osa briser ses fers ?
Et comment tes cachots se sont-ils entr'ouverts ?
Réponds !

MARGUERITE.

Hélas ! il ne pourrait le dire !
Peut-être dans le lac et du haut de la tour
Il s'est précipité dans son affreux délire !...
Car il n'a plus sa raison !

RODOLPHE.

Qu'est-ce à dire ?
Un fou !... tant mieux ! on prétend qu'à leur cour
Et princes et seigneurs en ont un !...

D'AUTRES SEIGNEURS.

C'est l'usage !

RODOLPHE.

Je prends celui-ci pour le mien !
Alors qu'il était sage il ne servait à rien,
Et de nous divertir il aura l'avantage !

Pendant ce temps les pages et valets ont apporté à gauche du théâtre une table servie.

A table, amis ! à table !

à Albert.

Et toi,
Viens nous verser à boire, et songe à ton emploi;
Amuse-nous !

COUPLETS.

ALBERT, *les regardant d'un air égaré et s'adressant à Marguerite qui est près de lui.*

Pourquoi cet air de joie
Dans leurs yeux effarés ?
Sous la pourpre et la soie
Quels sont ces nains dorés ?

RODOLPHE *et* LE CHOEUR DE SEIGNEURS, *à table et riant.*

Ah ! c'est charmant !
Divertissant !

ALBERT, *les regardant toujours et à Marguerite.*

Leur adresse semble occupée
A soutenir un verre plein...
Ils font bien... sans doute une épée
Serait trop lourde pour leur main.

LES SEIGNEURS, *se levant.*

Insolent !...

RODOLPHE, *riant et les retenant.*

Ah ! c'est charmant !
Divertissant !

MARGUERITE, *bas à Albert et voulant le faire taire.*

Ce sont de grands seigneurs puissants !

ALBERT, *étonné.*

De grands seigneurs !

MARGUERITE, *de même.*

Des courtisans !

ALBERT.

Ah ! je comprends... oui, je comprends !

LES SEIGNEURS, *élevant leur verre.*

Buvons ! buvons à nos maîtresses !
Buvons à nos exploits galants !

ALBERT.

Buvez à vos bassesses,
Vous boirez plus longtemps !

les menaçant.

Houra ! houra ! sur ces méchants !

ENSEMBLE.

LE CHOEUR, *à Albert.*

Tais-toi ! tais-toi ! silence !
Qu ma juste vengeance

Pour un vassal félon
N'aura pas de pardon !

RODOLPHE, *se moquant d'eux.*

Ah ! quelle extravagance !
Vous êtes en démence !
Mais vous oubliez donc
Qu'il n'a pas sa raison ?

MARGUERITE, *bas à Albert.*

Tais-toi ! tais-toi ! silence !
Redoute leur vengeance !
Pour toi point de pardon ;
Reviens à la raison !

MARGUERITE, *bas à Albert.*

Prends garde ! c'est Rodolphe !

ALBERT.

Ah ! c'est Rodolphe !... où donc ?

MARGUERITE, *le lui montrant.*

Devant tes yeux !

ALBERT, *le regardant attentivement.*

Eh oui !... je crois qu'elle a raison !

s'adressant à Marguerite.

Deuxième couplet.

Oui, cet air lourd et gauche,
Qu'il croit des plus galants...
Ce front, que la débauche
Flétrit plus que les ans...

LE CHOEUR, *riant, excepté Rodolphe.*

Ah ! c'est charmant,
Divertissant !

ALBERT, *continuant malgré les signes de Marguerite.*

C'est bien lui !... c'est ce noble comte...
La beauté qu'effraient ses feux,
En le voyant, rougit de honte...
Comme rougiraient ses aïeux !

RODOLPHE, *se levant.*

Insolent !

LES AUTRES SEIGNEURS, *riant et le retenant.*

Ah ! c'est charmant,
Divertissant !

MARGUERITE, *bas à Albert.*

Il est capable, en ses ressentiments,
Des forfaits les plus grands !

ALBERT, *avec ironie.*

Ah ! je comprends !... oui, je comprends !

RODOLPHE, *levant son verre.*

Buvons à nos tendres victimes !
Buvons à nos exploits galants !

ALBERT, *avec force.*

Non ; buvez à vos crimes,
Vous boirez plus longtemps !
Houra !... houra !... sur ces méchants !

ENSEMBLE.

RODOLPHE.

Tais toi ! tais-toi ! silence !
Ou ma juste vengeance
Pour un vassal félon
N'aura pas de pardon !

LES SEIGNEURS, *riant et retenant Rodolphe.*

Mais, plus que lui, je pense,
Vous êtes en démence !
Mais vous oubliez donc
Qu'il n'a pas sa raison ?

MARGUERITE, *bas à Albert.*

Tais-toi ! tais-toi ! silence !
Redoute sa vengeance !
Pour toi point de pardon ;
Reviens à la raison !

ALBERT *s'est assis sur un fauteuil, et malgré les menaces de Rodolphe il continue à chanter.*

Houra ! houra ! sur ces méchants !

RODOLPHE.

Tu ne te tairas pas !
Tu le veux !... Eh bien donc ! que ton juste trépas...

Il arrache des mains d'un de ses gardes une masse d'armes qu'il lève sur Albert. Celui-ci continue tranquillement à chanter; Rodolphe va lui briser la tête, lorsque de la porte à droite sort Zéila. Elle aperçoit le geste de Rodolphe, pousse un cri et retient son bras, qui allait frapper.

SCÈNE V.

LES PRÉCÉDENTS, ZÉILA.

ZÉILA, *arrêtant Rodolphe et poussant un cri.*

Ah !

A ce cri, Albert se lève, aperçoit Zéila et reste immobile.

ALBERT.

Qu'ai-je vu ?

ACTE IV, SCÈNE VI.

ENSEMBLE.

Quels voiles funèbres
Tombent de mes yeux !
Du sein des ténèbres
Quel jour radieux !
Mon âme si triste
A brisé ses nœuds ;
Je renais, j'existe,
J'ai revu les cieux !

ZÉILA, MARGUERITE, RODOLPHE ET LE CHOEUR,
regardant Albert.

Quels voiles funèbres
Tombent de ses yeux !
Du sein des ténèbres
Quel jour radieux !
O divine vue !
Céleste flambeau !
Sa raison perdue
Brille de nouveau !

ZÉILA, *voulant courir près d'Albert.*

Albert ! !

ALBERT, *tout-à-fait revenu à la raison.*

Zéila !... c'est elle !

RODOLPHE, *retenant Zéila par le bras.*

Arrêtez !...

aux seigneurs qui l'entourent.

Pour dompter cette âme si rebelle,
Quelques instants, mes amis, laissez-moi.

Ils sortent.

SCÈNE VI.

ZÉILA, RODOLPHE, ALBERT, MARGUERITE.

QUATUOR.

RODOLPHE, *à Zéila.*

Ainsi, jusqu'à ce jour, dédaigneuse et cruelle,
Vous avez refusé mon amour et ma foi !

ALBERT.

O bonheur !

RODOLPHE, *à Zéila, lui montrant Albert.*

Maintenant, vois-tu bien cet esclave
Qui nous insulte et qui nous brave !...
A toi, son sort !... Ce front, qui n'a pu se courber,
Sous la hache sanglante à l'instant va tomber !

ZÉILA.

Ciel !

RODOLPHE.

Mais, si plus douce ou moins fière,
Tu deviens ma compagne, à lui sa grâce entière !
Qu'il parte !... je lui rends sa liberté, ses droits...
Prononce donc ; ses jours dépendront de ton choix.

ENSEMBLE.

ALBERT.

O sort affreux ! plus d'espérance !
Il veut en vain nous désunir !
Repousse une horrible clémence,
Zéila, laisse-moi mourir !

ZÉILA.

O sort affreux ! plus d'espérance !
Que faire, hélas ! que devenir ?

à Rodolphe.

Suspends l'effet de ta vengeance
Et laisse-moi plutôt mourir !

RODOLPHE.

C'est mon arrêt, c'est ma sentence !
Oui, tel est notre bon plaisir !
De l'amour ou de la vengeance
Le bonheur à moi va s'offrir !
Allons ! allons ! il faut choisir !

MARGUERITE.

O sort affreux ! plus d'espérance !
Que faire, hélas ! que devenir ?
Mon Dieu ! détourne sa vengeance !
S'il meurt, je n'ai plus qu'à mourir !

RODOLPHE, *avec impatience.*

Allons ! c'est trop attendre ! et je choisis moi-même !

à ses hommes d'armes.

Frappez !

ZÉILA, *rassemblant toutes ses forces.*

Non, non ! qu'il vive !

ALBERT, *à part, avec douleur.*

Ah ! malheureux !

RODOLPHE, *à Albert.*

Rends grâce à ma bonté suprême !
Va, sois libre !... Ce jour verra combler mes vœux !...

ENSEMBLE.

(*Mouvement vif et animé.*)

RODOLPHE *et* MARGUERITE.

Enfin, non sans peine,

La belle inhumaine,
Sous mes/ses lois enchaîne
Elle et ses amours!
Tel est mon/son usage,
Et la plus sauvage,
Comme la plus sage,
Me/Lui cède toujours.

ALBERT.

Clémence inhumaine,
Qui brise ma chaîne!
Qu'en mon cœur la haine
Succède aux amours!
Je sors d'esclavage,
Et bientôt ma rage,
Vengeant mon outrage,
Tranchera ses jours!

ZÉILA.

O mortelle peine!
O prière vaine!
Le destin m'enchaîne,
Hélas! pour toujours!
Du moins de sa rage
Et de l'esclavage
L'hymen qui m'engage
A sauvé ses jours!

Rodolphe sort par la gauche; des dames du château emmènent Zéila par la droite. Albert et Marguerite restent seuls.

SCÈNE VII.

MARGUERITE, ALBERT.

ALBERT, *se jetant sur le fauteuil à droite, et rêvant.*

Elle est en sa puissance!... et la fille des cieux
Va s'enchaîner à lui par d'invincibles nœuds!...
Au prix de mon bonheur et de toute ma vie,
Et dussé-je à jamais renoncer à la voir,
Si je pouvais la rendre au ciel!... à sa patrie!
    Et retrouver ce voile!... son pouvoir,
    Son talisman!!

MARGUERITE, *qui s'est approchée de lui et qui vient d'entendre ces derniers mots, s'appuie sur le dos du fauteuil et lui dit:*

J'entends! un voile!
Caché, là... sur ton cœur!... un précieux tissu!

ALBERT, *vivement.*

Qui te l'a dit?

MARGUERITE.

Eh bien! qu'en ferais-tu?

ALBERT, *de même.*

Si mon ange, si mon étoile
Me le rendait... D'un infâme tyran
Je me vengerais!

MARGUERITE, *l'approuvant.*

Bien!

froidement.

Et si ce talisman
Etait entre mes mains!!

ALBERT, *hors de lui.*

Mon sang, ma vie entière
Ne pourraient pas m'acquitter envers toi!
O Marguerite! écoute-moi!...
Marguerite, entends ma prière!
Ce voile... au nom du ciel! ce voile, rends-le-moi!
Et je jure...

MARGUERITE.

Déjà, ne m'as-tu pas trahie?

ALBERT.

Quelles preuves alors te faut-il de ma foi?
Ordonne, et sur-le-champ tu seras obéie!...

MARGUERITE, *vivement.*

Ah! que dis-tu? tais-toi!... tais-toi!...
Rodolphe, impatient de sa belle conquête,
Presse de son hymen la pompe qui s'apprête!

SCÈNE VIII.

LES PRÉCÉDENTS, SEIGNEURS DES ENVIRONS, VASSAUX *et* VASSALES *du domaine de Rodolphe.*

CHOEUR ET MARCHE.

Du haut des tourelles altières
Flottez au vent, riches bannières!
Et nous, vassaux de monseigneur,
Chantons, célébrons son bonheur!
Joie infinie!
Il se marie!
Gloire au noble châtelain,
Notre seigneur suzerain!

RODOLPHE *entre, tenant Zéila par la main.*

Qu'elle est belle ma fiancée!

ZÉILA.

De terreur je me sens glacée!

ACTE IV, SCÈNE VIII.

RODOLPHE, *à son intendant et aux femmes du château.*

Apportez-lui tous mes joyaux
Et mes ornements les plus beaux !
Que pour l'autel on la pare au plus vite !
Allons, femmes, dépêchez-vous !

ALBERT, *au coin du théâtre à gauche, à Marguerite.*

Ah ! Marguerite ! Marguerite !...
Ce voile, rends-le-moi, je t'en prie à genoux !
Et si quelque soupçon reste en ton cœur jaloux,
Rends-le... non pas à moi !...

montrant Rodolphe.

Mais à sa fiancée,
A Zéila !

MARGUERITE, *étonnée.*

Comment ?

ALBERT.

Et je te le promets,
J'en jure par le Dieu qui lit dans ma pensée,
Zéila pour nous tous est perdue à jamais.

MARGUERITE, *à part et hésitant.*

Ah ! que dit-il ?

RODOLPHE, *qui pendant ce temps a causé au coin du théâtre à droite avec les seigneurs ses amis, se retourne et s'approche de Zéila que l'on pare en ce moment.*

Eh quoi !... pas encor prête !

à Marguerite.

Femme, que l'on s'empresse !

MARGUERITE, *avec dépit.*

Oui, noble conquérant,
La mariée aura terminé sa toilette
Dans un instant !

Marguerite sort par la porte à droite en jetant sur Albert un regard d'intelligence.

ZÉILA, *s'avançant sur le bord du théâtre.*

Mes sœurs !... mes sœurs !... ce fatal hyménée,
Le laisserez-vous s'accomplir ?
M'avez-vous donc abandonnée ?
Mes sœurs ! mes sœurs ! venez me secourir !
Du haut des cieux, venez me secourir !

On entend en dehors et par les croisées du fond le chant des fées du premier acte.

ENSEMBLE.

ZÉILA, *avec joie et écoutant.*

Ah ! que mon âme est émue !
O sons harmonieux !... chants mes premiers amours !
Mes sœurs ! mes sœurs ! vous m'avez entendue,
Et vous venez à mon secours !
. . . .
Oui, vous venez à mon secours !!

ALBERT.

Sort qui m'épouvante !
Fatal avenir !
De crainte et d'attente
Je me sens frémir !

RODOLPHE.

O sort qui m'enchante !
O doux avenir !
Mais que l'heure est lente,
Je me sens mourir !

En ce moment Marguerite portant un voile, et d'autres femmes portant l'une le bouquet et l'autre la couronne de mariée, sortent de la porte à droite et entourent Zéila.

LES FEMMES, *plaçant sur la tête de Zéila une couronne de roses blanches.*

Sur le front de la fiancée
Que la couronne soit placée,

MARGUERITE, *lui attachant le voile qu'elle vient d'apporter.*

Ainsi que ce beau voile blanc...

regardant Albert avec intention.

Gage d'un auguste serment !...

Le voile est attaché sur la tête de Zéila et flotte sur ses bras. Elle le regarde... le reconnaît.

ZÉILA.

Qu'ai-je vu ?...
Ce voile !!... Ah ! le ciel m'est rendu !

Au moment où Rodolphe s'avance pour lui donner la main, elle s'élève dans les airs. Tous les assistants effrayés de ce prodige se prosternent et tombent à genoux.

LE CHOEUR, *prosterné.*

O merveille inouïe !

ALBERT, *seul, debout et tendant ses bras vers Zéila qui s'élève dans les airs.*

Ange des cieux, vole vers ta patrie !

Zéila disparaît par la croisée à gauche, et s'élance dans la campagne. Tous les assistants poussent un cri d'étonnement, et pour la suivre encor des yeux, se précipitent en désordre hors de la salle d'armes.

ACTE CINQUIÈME.

Une plaine dans les airs, au milieu des nuages.

―――◆◆◆◆―――

SCÈNE I.

À gauche du spectateur, ZÉILA, redevenue fée, dort sur un nuage; à côté d'elle, et plus loin, debout ou assises sur d'autres nuages, EDDA et D'AUTRES FÉES forment différents groupes, jouent de la lyre ou se livrent à des danses; d'autres dirigent leur vol vers une région plus élevée. Des chœurs invisibles se font entendre.

LE CHOEUR.

Elle dort!... glissez en silence
Sur les nuages azurés;
Que sur son front plein d'innocence
Descendent les songes dorés!

ZÉILA, *rêvant.*

Albert!

EDDA, *à ses compagnes.*

Quel est ce nom? et que veut-elle dire?

ZÉILA, *avec douleur.*

Albert! Albert!

EDDA.

Voici trois jours que notre sœur
Est enfin revenue en ce céleste empire;
Et cependant elle est triste et soupire!
Soupirer au sein du bonheur!

LE CHOEUR.

Elle dort!... glissez en silence
Sur les nuages azurés;
Que sur son front plein d'innocence
Descendent les songes dorés!

On entend plusieurs accords de harpe et des sons de cor dans le lointain.

EDDA.

Ecoutez! écoutez! la reine nous appelle!
Courons, mes sœurs, courons près d'elle.

Toutes les fées s'envolent ou disparaissent sur les nuages qui les emportent.

EDDA, *s'approchant de Zéila qu'elle réveille.*

Zéila! Zéila! n'as-tu pas entendu?
La reine nous attend!

ZÉILA, *s'éveillant.*

Albert!... que me veux-tu?

regardant autour d'elle et apercevant Edda.

Ah! pardon!... je te suis.

Edda disparaît.

SCÈNE II.

ZÉILA, *seule.*

Sans doute à quelques fêtes!
Dans d'éternels plaisirs s'écoulent tous nos jours!
Toujours danser! chanter toujours!
C'est triste! et dans ces lieux, à l'abri des tempêtes,
Tout respire un céleste, un immortel ennui!
Albert!... auprès de toi ce n'était pas ainsi!

AIR.

Que Dieu daigne m'entendre!
Et qu'il t'élève à moi
Ou me laisse descendre
    Vers toi!
Mon bien-aimé... vers toi!
Qui me rendra mes chaînes

Et mes jours de douleur?
Mes tourments et mes peines,
Hélas! et mon bonheur?...
Albert... que Dieu daigne m'entendre!
Et qu'il t'élève à moi
Ou me laisse descendre
Vers toi!
Mon bien-aimé, vers toi!
Sur terre et loin de moi, que fait-il à présent?

Elle regarde au-dessous d'elle à travers les nuages.

De ma perte il ne peut supporter le tourment!
A sa douleur, à son amour fidèle,
Il veut périr!... et je suis immortelle!

avec douleur.

Je ne puis vivre, hélas! ni mourir avec lui!

SCÈNE III.

ZÉILA, EDDA *et* PLUSIEURS FÉES.

EDDA, *accourant avec joie près de Zéila.*

Aux yeux de tous notre reine aujourd'hui
Veut te parer d'une splendeur nouvelle.
Pour prix de ton exil, ma sœur, elle promet
D'exaucer ton premier souhait!

ZÉILA, *vivement.*

Qu'ai-je entendu?

EDDA.

Sa parole est sacrée!
Tu n'as qu'à demander et tu peux voir encor
Augmenter ta puissance, et sur un trône d'or,
A sa droite, t'asseoir brillante et révérée.
Elle paraît!...

SCÈNE IV.

Les nuages du fond s'entr'ouvrent et on aperçoit LA REINE DES FÉES *au milieu de sa cour, sur un trône d'or et environnée de rayons lumineux.*

ZÉILA, *sur le devant du théâtre et se prosternant.*

O reine! est-il vrai qu'aujourd'hui
Le plus cher de mes vœux par toi sera rempli?

LA REINE DES FÉES.

Je le jure! crois-en mon pouvoir tutélaire.

ZÉILA.

Eh bien donc! laisse-moi retourner sur la
terre
Sauver celui que j'aime et qu'hélas! j'ai quitté!
Laisse-moi renoncer à l'immortalité!

LA REINE DES FÉES.

Ma fille! Zéila! c'est toi qui nous délaisses!
Toi qui veux fuir tes sœurs et ce séjour chéri!

ZÉILA.

Reine! j'ai tes promesses.

LA REINE DES FÉES.

Malheureuse!

ZÉILA, *avec amour.*

Non pas! Je serai près de lui!

LA REINE DES FÉES.

Mais avant ce départ, hélas! que puis-je faire
Pour adoucir ton sort et pour charmer tes jours?
Demande.

ZÉILA.

Eh bien! fais qu'il m'aime toujours,
Et le ciel avec moi descendra sur la terre.

LA REINE DES FÉES.

J'exauce pour vous seuls une telle prière!
Allez, offrez tous deux au terrestre séjour
Le spectacle inconnu d'un immortel amour.
De votre vie embellissant les heures,
Du haut des célestes demeures,
Sur vous nous veillerons encor;
Et quand viendra le sort trancher vos destinées,
Nous descendrons sur un nuage d'or
Chercher vos âmes fortunées.

LE CHOEUR.

Adieu, notre sœur chérie;
Adieu, fille des cieux;
Ingrate qui nous fuis et quittes ta patrie!
En tous lieux te suivront et nos cœurs et nos
vœux.
Adieu, notre sœur chérie,
Adieu, fille des cieux!

Sur un geste de la reine des fées les nuages s'entr'ouvrent. Zéila descend des cieux. On la voit passer rapidement à travers les nuages qui, diversement colorés par le soleil, changent successivement d'aspect; enfin, après quelques minutes de voyage, on voit la terre apparaître, d'abord le sommet des montagnes, puis les édifices, les villes, les fleuves, les prairies, la maison, puis la chambre qu'habitait Albert au troisième acte. Albert, seul dans sa chambre et livré au désespoir, va mettre fin à ses jours... Il lève les yeux et voit sur un nuage Zéila qui descend vers lui en lui tendant les bras. Il s'y précipite et la toile tombe.

FIN.

POLICHINELLE.

OPÉRA COMIQUE EN UN ACTE.

Paroles de MM. Scribe et Ch. Duveyrier.

MUSIQUE DE M. MONTFORT.

REPRÉSENTÉ

Pour la première fois sur le théâtre royal de l'Opéra-Comique le 14 juin 1839.

PRIX : 6 SOUS.

PARIS,
CHEZ BARBA, PALAIS-ROYAL,
(TRESSE SON SUCCESSEUR),
Et chez tous les marchands de nouveautés.

1839

PERSONNAGES.	ACTEURS.
LOELIO.	M. Ernest Mocker.
Le marquis de BAMBOLINI, père de Laurette.	M. Henri.
LAURETTE, femme de Lœ'io.	Mlle Rossi.
La signora BOCHETTA, directrice du théâtre Santo Carlo.	Mme Boulanger.

La scène se passe à Naples, chez Lœlio.

La mise en scène exacte de cet ouvrage, transcrite par M. L. Palianti, fait partie de la collection des mises en scène publiées par le journal *La Revue et gazette des théâtres*, rue Sainte-Anne, 55.

POLICHINELLE.

OPÉRA COMIQUE EN UN ACTE.

Un salon élégant. — Au fond la porte principale et une large fenêtre avec balcon. — A droite la porte d'un cabinet, à gauche une porte conduisant aux appartements.

(Toutes les indications sont prises du théâtre.)

SCÈNE Ire.

LOELIO, LAURETTE.

Au lever du rideau, le déjeûner est servi sur un guéridon, à gauche. Lœlio et Laurette sont assis. Deux domestiques attendent au fond, la serviette à la main. Lœlio congédie les domestiques qui sortent.

DUO.

ENSEMBLE.

Quel plaisir d'être en ménage !
Quel plaisir ! ah ! c'est charmant !
Nos six mois de mariage
N'ont duré qu'un seul moment !

LŒLIO, *à Laurette qui le sert.*

Assez !... tu me gâtes, ma chère.
Chaque matin, pour ordinaire,
Repas exquis, vins délicats,
Tu me rendrais gourmand...

LAURETTE

Si vous ne l'étiez pas...
Mais je suis indulgente

LŒLIO *se levant.*

Tiens, j'ai fini, car je vois bien
Que pour toi tu ne veux plus rien !
Moi, je sais bien ce qui me tente...

LAURETTE

Voyons, Monsieur, ce qui vous tente...

LŒLIO.

Un baiser !...

LAURETTE.

Un mari... non vraiment ;
On dirait d'un amant !...
Mais si de vous je suis contente,
Si vous cédez quand je le veux...
Au lieu d'un, peut-être en aurez-vous deux !...

LŒLIO, *son verre à la main toujours près de la table.*

A la plus belle !

LAURETTE *assise.*

Au plus fidèle !

(Laurette se lève.)

LŒLIO.

Pour nous en ces lieux,
Loin de tous les yeux,
Sans cesse
Nouvelle ivresse !
Ces plaisirs si doux
Ont, pour un époux,
L'artrait d'un premier rendez-vous !
Pour toujours l'amour m'enchaîne,
Et près de toi,
Toi, ma belle souveraine,
Je vis plus heureux qu'un roi.

ENSEMBLE.

Pour nous en ces lieux, etc., etc.

LAURETTE.

N'oubliez pas qu'à leur reine
Tous les sujets
Doivent, et quoi qu'il advienne,
Fidélité pour jamais !

ENSEMBLE.

Pour nous en ces lieux,
Loin de tous les yeux,
Sans cesse
Nouvelle ivresse !...
Ces plaisirs si doux
Ont, pour deux époux,
L'attrait d'un premier rendez-vous !

(Ils quittent la table ; les domestiques l'emportent.)

LŒLIO. Ma bonne Laurette, ma chère petite femme, je n'ai jamais été plus heureux, plus content...

LAURETTE *lui voyant prendre son chapeau.* Et c'est pour cela que vous me quittez ?...

LŒLIO. Une affaire que je ne puis remettre... Je ne serai qu'un instant...

LAURETTE. A la bonne heure !... revenez vite... Moi, en vous attendant, je vais écrire à mon père, dont j'ai reçu une lettre il y a deux jours.

LŒLIO. Ah ! monseigneur le marquis de Bambolini... Et que t'écrit-il ?...

LAURETTE. Qu'il pourrait bien incessamment venir à Naples, où nous ne l'avons pas vu depuis notre mariage...

LŒLIO, *à part.* Ah ! diable !... (*Haut.*) J'en serais enchanté... mais, premier gentilhomme du vice-roi de Palerme, il lui serait impossible de quitter l'antichambre de son maître, dont il fait, comme le mobilier, partie indispensable et inamovible...

Laurette. C'est ce qui vous trompe... Il m'écrit qu'il va être probablement chargé d'une mission diplomatique très-importante près la cour de Naples... et que, s'il réussit, on lui fait espérer l'ordre de l'Eperon d'Or.

Loelio. Belle avance! pour un marquis ruiné... Cela l'aidera-t-il à relever les murs de son vieux castel, qui de tous côtés tombe de noblesse...

Laurette, *d'un ton de reproche.* Qu'est-ce que c'est?... Voyons, laissez-là votre chapeau, et répondez-moi... car toutes les fois qu'il est question de mon père, je l'ai bien remarqué, vous n'êtes plus aimable du tout... et tenez, depuis que nous parlons de lui, vous êtes contraint, embarrassé; on dirait que sa présence ici vous contrarierait... que vous la redoutez...

Loelio. Quelle idée!... je n'ai rien à cacher... je n'ai peur de rien... mais que veux-tu?... Ce n'est pas ma faute... si je ne puis me faire à l'orgueil du marquisat, à cette fierté du rang et de la naissance, qui a failli faire le malheur de ma vie... car je n'ai pas oublié qu'il m'a longtemps refusé ta main, qu'il ne voulait pas consentir à notre union...

Laurette. Parce que vous n'étiez qu'un pauvre petit étudiant...

Loelio. Issu de bonne et honnête bourgeoisie!... mais il ne voulait pour gendre qu'un noble, une excellence, une altesse... Par bonheur, et au bout de trois ans, ses principes ont fléchi devant la fortune que je lui ai offerte... (*Soupirant.*) Et on ne sait pas ce qu'elle coûte quelquefois!...

Laurette. Beaucoup de temps et d'efforts, quand c'est par le travail qu'on l'acquiert... mais le ciel est venu à notre secours... et grâce à un héritage que vous avez fait...

Loelio. La succession de ma tante...

Laurette. Vous disiez que c'était de votre oncle...

Loelio. Sans doute!... d'un oncle et d'une tante... les biens étaient confondus...

Laurette. Mon père ne vous a pas demandé d'où venaient vos richesses... il ne vous a pas fait de questions... et il y a des moments où je crois qu'il a eu tort...

Loelio. Comment?...

Laurette. J'observe bien des choses... et il y en a souvent de très-inquiétantes... Hier, cette femme voilée, qui, en passant près de nous, vous a dit, d'un air si gracieux et d'un ton si familier: Bonjour, Lœlio!...

Loelio, *à part.* Elle l'a entendu!...

Laurette. Quelle était cette dame?...

Loelio. Une comtesse!...

Laurette. De cette ville?...

Loelio Non!... qui habite en pays étranger...

Laurette. On a bien mauvais ton dans ce pays-là... Elle ne pouvait pas dire : M. Lœlio... Et où l'avez-vous connue?...

Loelio. Autrefois à Palerme, quand j'étais étudiant... Est-ce qu'on demande ces choses-là?... on croirait que tu es jalouse...

Laurette. Mais c'est que vous n'êtes pas franc... et il règne souvent en vous un air de mystère...

Loelio, *à part.* Que dit-elle?...

Laurette. Le matin, d'abord, vous vous enfermez des heures entières dans ce cabinet, où il ne m'est pas permis de pénétrer...

Loelio. Mon cabinet d'étude, ma bibliothèque...

Laurette. Très-bien!... mais le soir, vous sortez... vous ne rentrez que très-tard...

Loelio. Je te l'ai dit... des affaires, comme ce matin... pour cette succession... je souffre assez de te quitter...

Laurette. Et moi donc, je me tourmente, je m'inquiète... Quand je suis seule, je prends la résolution de vous quereller... mais vous revenez plus tendre, plus aimable, et j'oublie de me fâcher... j'oublie tout... Allons, Monsieur, allez-vous-en... moi, je vais écrire ma lettre à mon père... là, dans votre cabinet.

Loelio, *la retenant.* Non!... dans ta chambre...

Laurette. Pourquoi donc?... N'y a-t-il pas là tout ce qu'il faut pour écrire?...

Loelio. Oui... mais je t'ai priée... et tu m'as promis de ne jamais y entrer...

Laurette. C'est vrai!... c'est peut-être pour cela que j'en meurs d'envie... (*S'approchant.*) Mon ami, il y a donc là un secret?...

Loelio. Apparemment!...

Laurette. Vous m'avez promis de n'en jamais avoir pour moi...

Loelio. Celui-là n'a rien dont ton cœur doive s'alarmer... au contraire!... tu n'y verrais qu'une preuve d'amour de plus... oui, la plus grande qu'il soit jamais eu mon pouvoir de te donner...

Laurette. Eh bien, alors, pourquoi me la cacher?...

Loelio. Malgré moi, je te le jure... car le plus ardent de mes vœux, mon désir le plus cher, serait de te l'apprendre... mais dans ce moment... (*La regardant avec tendresse et inquiétude.*) Non... non... ce n'est pas possible encore...

Laurette. C'est bien ennuyeux!... Et quand donc?...

LOELIO. Dès que nous pourrons, comme je le désire, quitter l'Italie, et voyager en France... Jusque-là, si tu m'aimes, Laurette, n'entre jamais dans ce cabinet... n'y entre jamais, ou c'en est fait de notre amour, de notre bonheur...

LAURETTE. Ah! mon Dieu! c'est donc comme dans *Barbe-Bleue*... ce conté français que nous lisions dernièrement...

LOELIO. Peut-être!...

LAURETTE. Vous me dites cela pour m'effrayer!...: et vous n'en avez pas besoin... dès que vous me le défendez, cela suffit... je n'y entrerai pas... et puis, je n'en ai pas la clé...

LOELIO. C'est vrai!... et c'est plus prudent... Adieu!... ma Laurette... adieu!...
(*Il l'embrasse, et sort par la porte du fond, à gauche.*)

SCÈNE II.

LAURETTE seule.

Non! je n'en ai pas la clé... mais je sais où elle est... j'ai aperçu l'autre jour mon mari qui la cachait là... et si on voulait voir, je parierais qu'elle y est encore... (*Se levant sur la pointe du pied, et regardant dans un vase, sur la cheminée, près du cabinet, à droite.*) Oui, oui... elle y est... il est bien heureux que je ne sois pas curieuse... tant d'autres à ma place se moqueraient de la défense... mais moi, à quoi bon?... puisqu'il m'est fidèle... puisqu'il m'aime toujours... il le dit, du moins... mais les maris disent toujours cela... et puis, ils se trouvent un beau matin avoir des connaissances que vous ne connaissez pas... des passions voilées... comme cette femme, cette comtesse étrangère... — Bonjour, Loelio!... — Et s'il me trompe, pourtant je dois me défendre... c'est naturel... c'est légitime... et puis s'il ne me trompe pas, je l'en aimerai davantage... Allons! pas de danger, de crainte, et décidément je veux savoir ce qui en est... (*Elle s'approche du vase à pas de loup.*)

AIR.

J'ai bien peur... c'est ici... cette clé...
(*Elle va pour la prendre et se retourne tremblante.*)
      Qui vient là?...
(*Regardant autour d'elle.*)
Personne!... allons!... du cœur!...
     (*La prenant.*)
    La voilà!...
  (*Avec triomphe.*) La voilà!...

RÉCITATIF *animé et brillant.*
O bonheur! ô transports que cet instant fait naître!
Elle est en mon pouvoir!... et je vais donc connaître
Ce secret dont frémit mon cœur impatient!...
Courons!... (*Elle court à la porte et s'arrête.*)
  Mais pourtant, pourtant....
 (*Elle s'avance au bord du théâtre.*)

CANTABILE.

 Si tu m'aimes, Laurette,
 M'a-t-il dit en partant,
 Sois fidèle et discrète
 Et songe à ton serment.
  Si tu m'aimes,
  Si tu m'aimes,
Tu tiendras ton serment!
En moi, son cœur a confiance,
Et pour un caprice d'un jour
Je perdrais, par mon imprudence,
Et mon bonheur, et son amour!
 (*Avec expression et tendresse.*)
Si tu m'aimes, Laurette,
M'a-t-il dit en partant,
Sois fidèle et discrète
Et songe à ton serment!
  Ah! je t'aime!
  Je t'aime!
Et tiendrai mon serment!
(*Elle jette la clé sur la table.*)
EN RÉCIT, *s'asseyant près de la table.*
N'y songeons plus!... en attendant,
C'est toujours bien étonnant!
   (*Elle se lève.*)

CAVATINE.

Mais, pourquoi ce mystère?
Pourquoi vouloir se taire?
Malgré moi, j'ai beau faire,
J'y pense à chaque instant.
Désir qui me dévore,
Et qu'on veut que j'ignore,
Est bien plus vif encore
Sitôt qu'on le défend.
Ah! j'en ai bien envie.
Mon mari n'est pas là,
Et cette fantaisie
Qui donc la lui dira?...
Mon mari n'est pas là!
(*Elle reprend la clé sur la table, et s'arrête encore après avoir fait un pas.*)
Je sais bien, j'ai bien entendu
Qu'ici tantôt il me l'a défendu!
Mais pourquoi ce mystère? etc., etc.
(*Elle met la clé dans la serrure et va pour ouvrir. Elle entend parler en dehors, et, tout effrayée, elle retire la clé qu'elle jette dans le vase.*)

SCÈNE III.

LAURETTE, BAMBOLINI.

BAMBOLINI, *en dehors.* C'est bien, c'est bien! je m'annoncerai moi-même.

LAURETTE, *courant à lui.* Mon père!!...

BAMBOLINI, *l'embrassant.* Ma chère enfant!...

LAURETTE. Que je suis contente!... d'après votre lettre d'avant-hier, je ne m'attendais pas à vous revoir si tôt!...

BAMBOLINI. Ni moi non plus... mais la mission dont je te parlais, mission délicate dont le succès intéresse vivement le vice-roi... moi aussi... car c'est mon coup d'essai en diplomatie....

LAURETTE. Et vous arrivez ?...

BAMBOLINI. Je suis ici depuis hier soir !...

LAURETTE. Vous n'êtes pas descendu chez nous... chez vos enfants !...

BAMBOLINI. Je ne le pouvais pas... un envoyé extraordinaire du vice-roi de Sicile... il y a un cérémonial, une étiquette à observer... je suis descendu au palais du gouvernement, où, par parenthèse, j'étais fort mal logé... un entresol très-étroit...

LAURETTE. Et vous auriez été ici au premier, dans un superbe appartement...

BAMBOLINI. Que veux-tu ?... on est esclave de son rang et de sa grandeur... et il est des sacrifices plus cruels encore, ma pauvre enfant... quand je pense que moi, Théodoro, marquis Bambolino, Bambolini, j'ai donné ma fille unique, haute et noble demoiselle Bambolini, à un homme de finances, un banquier....

LAURETTE. Qui fait mon bonheur !...

BAMBOLINI. C'est fort heureux ! fort heureux !... il paraît que c'est un bourgeois qui a quelque noblesse dans les sentiments... c'est toujours ça, faute de mieux... et tu es lancée ici dans la meilleure société ?...

LAURETTE. Nous vivons très-retirés... je ne sors jamais et ne vois presque personne...

BAMBOLINI. Je n'entends pas cela !... que diable ! Aussitôt la noce il nous sépare, il t'amène à Naples, sous prétexte qu'il y a ses parents, ses amis...

LAURETTE. Il dit que tout le monde est encore à la campagne...

BAMBOLINI. N'importe !... je te présenterai, moi, moi-même, ainsi que mon gendre, chez le gouverneur et à la cour... parce que la fille du marquis de Bambolini doit éclipser tout le monde...

LAURETTE. Pour cela, vous serez satisfait... car mon mari ne me refuse rien !...

BAMBOLINI. C'est ce que j'ai remarqué en arrivant... vous devez mener grand train... le plus bel hôtel à la Chiaïa... ça m'a flatté... mais c'est peut-être aller un peu vite... louer tout de suite un palais...

LAURETTE. Nous l'avons acheté.

BAMBOLINI. Est-il possible ?... une somme énorme !...

LAURETTE. Que mon mari a payée comptant !...

BAMBOLINI. C'est donc une fortune plus belle encore qu'il ne me le disait... et il m'aurait donc trompé !... n'importe ! je le lui pardonne... j'ai justement besoin d'argent, et j'emprunterai à mon gendre plutôt qu'au banquier de la cour... c'est moins noble, mais plus convenable....

LAURETTE. Oh ! tout ce que vous voudrez... c'est moi qui suis son caissier... j'ai la clé de son coffre fort, qui, entre nous, est très-bien garni !...

BAMBOLINI. En vérité !... on gagne des monts d'or dans la banque... car il fait la banque...

LAURETTE. Non !

BAMBOLINI. Eh bien ! alors, quel est son état ?... que fait-il ?...

LAURETTE. Rien !...

BAMBOLINI. C'est plus noble !... mais à quoi passe-t-il son temps ?...

LAURETTE. Il m'aime toute la journée... le soir, par exemple, il me quitte.

BAMBOLINI. Tous les soirs ?...

LAURETTE. Oui !...

BAMBOLINI. Et il ne revient pas ?...

LAURETTE. Si fait !.... il revient toujours.... c'est-à-dire.... il y a un mois.... cela ne lui est arrivé qu'une fois... je l'ai attendu toute la nuit... il n'est rentré que le matin.

BAMBOLINI. Qu'est-ce que j'apprends-là !... et tu ne lui as pas fait une scène ?...

LAURETTE. Je crois que je lui ai pardonné....

BAMBOLINI. Comment !... pardonné !...

LAURETTE. Et puis il s'est justifié après... un ami blessé, un duel... que sais-je !....

BAMBOLINI. Ce n'est pas vrai !... et je vois ce que c'est... s'échapper tous les soirs... passer la nuit dehors... tantôt riche, et tantôt... c'est un joueur...

LAURETTE. O ciel !...

BAMBOLINI. Et je vais lui parler en conséquence !...

LAURETTE. Eh bien non... moi je croirais que c'est autre chose... il a commandé, sans m'en rien dire, un collier chez son bijoutier... et cette femme voilée que j'ai rencontrée hier...

BAMBOLINI. Une femme !.... une maîtresse !... à merveille !... tous les défauts... le jeu, les femmes... (*A Laurette.*) Eh ! bien... allons, ma fille... il ne s'agit pas de se tourmenter... du courage... du sang-froid...

LAURETTE. C'est que vous avez une manière de me rassurer qui me fait mourir de peur...

BAMBOLINI. Calme-toi !... je me charge de le confondre.... il s'agit seulement de trouver les moyens de savoir....

LAURETTE. Je les ai !...

BAMBOLINI. Et tu ne me dis pas !...

LAURETTE. C'est qu'il m'avait bien défendu....

BAMBOLINI. Raison de plus!...

LAURETTE, *montrant le cabinet*. Venez alors!... (*Apercevant Lœlio.*) C'est lui!... ah! mon Dieu!...

BAMBOLINI. Qu'est-ce que c'est!...

LAURETTE. Taisez-vous!...

BAMBOLINI. Je ne comprend pas....

SCENE IV.

LES PRÉCÉDENTS, LOELIO; *il vient du fond, va droit à la cheminée, prend la clé qui est dans le vase et va pour entrer dans le cabinet. Bambolini et Laurette font un pas pour le suivre; il les entend et se retourne.*

LOELIO. Que vois-je?... vous ici, monseigneur mon beau-père... et personne en bas pour me prévenir... soyez le bien venu... (*Il met la clé dans sa poche.*)

BAMBOLINI, *arrêtant Lœlio qui va pour l'embrasser*. Un instant, monsieur... j'ai avant tout des questions à vous adresser...

LOELIO. A moi?...

LAURETTE, *bas à son père*. Mon père... (*Observant Lœlio.*) Allons! il met la clé dans sa poche!...

TRIO.

BAMBOLINI *à Lœlio.*

Savez-vous bien que c'est un vice affreux
  Que de jouer avec furie!
Que l'on peut perdre à ce plaisir honteux
  L'honneur, le repos de la vie!
Et qu'on peut voir ainsi mourir sans un ducat
Le gendre d'un marquis et d'un homme d'état...

LŒLIO.

Savez-vous bien que c'est un tort affreux
  De ne pas réfléchir, beau-père...
  De tout juger un bandeau sur les yeux.
  Et qu'un arrêt si téméraire
Pourrait perdre à jamais, par un fâcheux éclat,
Le talent d'un marquis et d'un homme d'état.

BAMBOLINI.

Ah! vous croyez de moi vous railler de la sorte!

LŒLIO *indigné.*

Moi! jamais je ne joue... aussi, pour les ducats,
  Ma femme, tu l'attesteras,
Jamais je n'en demande, et toujours j'en apporte.

BAMBOLINI.

Est-il vrai?...

LŒLIO.

  Témoin encore aujourd'hui
  Du mois le tribut ordinaire
  Que je remets à notre trésorière,
  Les deux mille ducats que voici...

BAMBOLINI *stupéfait.*

  Que voici?...

ENSEMBLE.

LŒLIO *riant.*

De mon beau-père
L'humeur sévère
Et la colère
Tombent soudain!
Oui, la tempête
Déjà s'arrête,
Et dans sa tête
Il cherche en vain.

LAURETTE.

Allons, mon père
Que la colère,
Le ton sévère
Changent soudain.
Sage et discrète,
Votre Laurette
Est satisfaite
De son destin!

BAMBOLINI.

A la colère
De son beau-père
Ce téméraire
Croit se soustraire,
Mais c'est en vain.
Tout m'inquiète,
Et dans ma tête
Déjà s'arrête
Son destin!

LAURETTE *à Bambolini.*

Vous le voyez!... daignez lui rendre
Votre amitié..

BAMBOLINI.

Non! ne nous pressons point...
Il nous reste à traiter encore un second point!

LŒLIO *allant à lui.*

Qu'a-t-il donc?

BAMBOLINI *l'arrêtant.*

  Un instant mon gendre...
(*Le prenant par la main et l'amenant au bord du théâtre.*)
Savez-vous bien que c'est un crime affreux
  Que de courir de belle en belle
Lorsque chez soi l'on a, pour être heureux,
  Femme aimable, bonne et fidèle,
Quand cette femme enfin, brillant d'un double éclat,
Est fille d'un marquis ou d'un homme d'état.

LŒLIO.

Savez-vous bien que c'est un crime affreux
  Près d'une femme aimable et belle
Que de douter du pouvoir de ses yeux!
  Et croire un époux infidèle!...

BAMBOLINI.

Il raille encor!... Et moi, je prétends qu'on m'explique
A qui vous destinez ce présent magnifique.

LŒLIO.

Mais...

LAURETTE.

  Il se trouble...

BAMBOLINI *à Lœlio.*

  A quelque tendre objet?

LŒLIO.

  Peut-être!...

LAURETTE, *bas à son père*.
Il en convient!

BAMBOLINI.
Une femme?...

LŒLIO.
Adorable!...

BAMBOLINI.
Que vous aimez?...

LŒLIO.
Beaucoup!

LAURETTE.
Ah! c'est épouvantable!

LŒLIO.
Et dont la fête est aujourd'hui, je crois.
(*Il lui présente un écrin.*)

LAURETTE.
Mon chiffre!... Ah! c'est superbe!...

BAMBOLINI.
Eh! quoi,
C'était pour elle?...

LAURETTE.
Pour moi!

ENSEMBLE.

LŒLIO.
De mon beau-père
L'humeur sévère
Et la colère
Tombent soudain.
Oui, la tempête
Déjà s'arrête,
Et dans sa tête
Il cherche en vain!

LAURETTE.
Allons! mon père,
Plus de colère,
D'humeur sévère,
Prenez sa main!
Sur notre tête
Plus de tempête
Et que s'apprête
Un jour serein!

BAMBOLINI.
Allons! ma chère
Plus de colère,
D'humeur sévère,
Voici ma main!
La paix est faite,
Et pour ta fête
Qu'enfin s'apprête
Un jour serein!

TOUS TROIS ENSEMBLE.
Amour! confiance!
Et qu'en notre cœur
Avec l'espérance
Rentre le bonheur!
Heureuse famille!
Le ciel pour toujours
A de votre fille
Béni les amours!

BAMBOLINI.
Heureuse famille!
Je veux, pour toujours,
Je veux de ma fille
Bénir les amours!

(*Après le trio Bambolini embrasse Laurette et Lœlio.*)

LAURETTE, *à Lœlio*. Vous voyez comme mon père est bon!... à votre tour soyez aimable avec lui!...

LŒLIO. Je te le promets!...

BAMBOLINI, *examinant l'écrin*. Un collier de perles magnifiques.... c'est étonnant comme il ressemble à celui que j'ai vu souvent à la comtesse d'Altariva, la femme du gouverneur.

LŒLIO, *à part*. Je crois bien... c'est pour payer ses dettes qu'elle l'a vendu!... (*Haut.*) J'espère, mon cher beau-père, que vous restez quelque temps avec nous!...

BAMBOLINI. Trois jours!...

LŒLIO, *à part*. Tant mieux!...

LAURETTE. Ah! c'est bien peu!...

BAMBOLINI. Que veux-tu, ma chère enfant!... un ambassadeur n'est pas comme un autre... je ne peux pas rester un quart d'heure de plus... le vice-roi et surtout la vice-reine attendent mon retour avec une impatience....

LAURETTE. C'est donc bien important?...

BAMBOLINI. Vous allez en juger... car avec vous, mes enfants, et à condition d'un secret inviolable, je puis me relâcher de ma réserve diplomatique... Il existe un homme célèbre dans toute l'Italie.... un homme qui a fait une fortune étonnante, et qui dans ce moment, dit-on, est l'idole des Napolitains....

LŒLIO. Un prince?.... un général?....

BAMBOLINI. Non!... un Polichinelle!...

LAURETTE. Ah! il signor Pulcinella, dont tout le monde parle?...

BAMBOLINI. Lui-même!... on raconte de sa verve, de sa gaîté, de ses talents, des choses merveilleuses dont on voudrait juger à la cour de Palerme.... et c'est moi, premier gentilhomme de la chambre, moi, marquis Bambolini, envoyé extraordinaire, qui suis chargé d'engager pour la saison prochaine il signor Pulcinella....

LAURETTE. En vérité?...

BAMBOLINI. Mission aussi honorable que difficile... car il paraît que le roi et la reine l'aiment beaucoup, et que les Napolitains y tiennent terriblement!...

LŒLIO. Je le crois bien... ils se laisseraient enlever, sans rien dire, leur liberté ou leurs priviléges... Mais leur Polichinelle...

BAMBOLINI. Il y aurait une émeute!...

LAURETTE. Ça se pourrait!

BAMBOLINI. C'est bien ce que je crains... et cela exige tant de finesse et de ménagements...

LŒLIO. Que je vous engage à y renoncer...

BAMBOLINI. Non pas!... car si je réussis, on m'a promis l'Éperon-d'Or, ce qui est bien fait pour aiguillonner mon zèle, et piquer mon amour-propre... mais vous, qui êtes du pays, dites-moi avant tout, si cette réputation est réellement méritée?...

LAURETTE. Je n'en sais rien... je ne l'ai jamais vu... Mon mari n'a pas encore voulu m'y mener.

BAMBOLINI. En vérité!...

LOELIO. A quoi bon!... quel attrait peut offrir un spectacle pareil?... Un acteur difforme et ridicule, qui t'aurait inspiré moins de plaisir peut-être que de mépris...

LAURETTE. Non, Monsieur... d'abord, on le dit d'une bonne famille, et on assure que quand il n'a pas son masque, il est fort gentil...

BAMBOLINI. Ça m'est égal!...

LAURETTE. Il paraît qu'au carnaval et avec des jeunes gens de ses amis, il jouait les polichinelles avec tant de succès, que ça l'a décidé à abandonner ses études, et l'état d'avocat auquel il se destinait.

LOELIO. Une belle idée!...

LAURETTE. Certainement! puisqu'il a fait sa fortune et rétabli celle du théâtre... car on assure que sans lui, la signora Bochetta, l'impressaria, allait faire banqueroute, et que maintenant elle roule carrosse...

LOELIO. Et qui vous a dit tout cela?...

LAURETTE. Mon journal, ou j'apprends les nouvelles... car vous ne me racontez jamais rien... Et on citait dernièrement d'il signor Pulcinella, des réparties fort spirituelles, et mieux que cela, des actions honorables et courageuses qui m'ont donné de lui très-bonne opinion.

LOELIO, *ému*. Ah! et lesquelles?...

LAURETTE. D'abord, il y a quelque temps, le prince royal, qui avait toujours été le protecteur de Polichinelle, fut exilé, comme vous le savez, pour s'être montré favorable à la cause populaire.

BAMBOLINI. Celui qui règne aujourd'hui!...

LAURETTE. Et il quitta Naples, voyageant sous le nom du comte *del Sole*.

BAMBOLINI. Ce qui fit que nous autres, du parti de la cour, nous l'appelâmes alors M. de Beau Soleil.

LAURETTE. Et parmi le peuple, dont il avait défendu les droits... personne n'éleva la voix en sa faveur, excepté Polichinelle, qui le soir même au théâtre, et dans la parade des trois oranges, parut en vert... le vert c'était la couleur du prince... et son interlocuteur lui ayant demandé : « Orange verte, qu'attends-tu pour mûrir?... — Il répondit : Aspetto il sole, j'attends le soleil! » A ce mot, le peuple transporté, applaudit pendant une demi-heure... Le soir, Polichinelle fut arrêté, et passa la nuit à Château Neuf.

BAMBOLINI. C'était juste!...

LAURETTE. Oui... mais le lendemain, on voulait briser les portes de la prison... Ce peuple, qui n'avait pas défendu son prince, réclamait son Polichinelle avec tant de fureur, qu'on fut obligé de lui rendre la liberté...

BAMBOLINI. C'est une grande faiblesse!... Et l'autre trait?...

LAURETTE. Un vieux militaire se plaignait au Café de la Comédie de ce qu'un misérable histrion gagnait par an 20 mille ducats, tandis que lui, père de famille, ne pouvait pas en trouver trois mille, qu'il avait demandé à tout le monde... « Excepté à moi! » répondit Polichinelle, en les lui offrant... Une autre fois, enfin, deux jeunes officiers l'avaient insulté, et lui avaient ri au nez le matin; Polichinelle, qui ne leur reconnaissait ce droit-là que le soir, se battit avec eux, en blessa un, désarma l'autre... Et depuis ce temps, il est en vénération à Naples...

LOELIO, *riant*. Autant que St Janvier, patron de la ville...

LAURETTE. Oui, Monsieur...

BAMBOLINI. Savez-vous, mes enfants, une idée qui m'arrive!...

COUPLETS.

PREMIER COUPLET.

Le talent d'un ambassadeur,
Dans les moindres détails éclate..
On doit agir en connaisseur
Alors que l'on est diplomate!
Ne dites rien, j'ai mon projet :
Sans ébruiter la nouvelle,
Tous les trois, ce soir en secret,
Nous irons voir Polichinelle!...

DEUXIÈME COUPLET.

Et chez nous prenant son essor,
Quand sa gloire sera connue,
Et paré de l'Eperon d'Or,
Quand je passerai dans la rue
Voyez, diront-ils, me montrant,
Des diplomates le modèle;
C'est à lui, c'est à son talent,
Que nous devons Polichinelle!

LAURETTE. Oui, mon père... mais si ce matin vous ne retenez pas une loge, nous n'entrerons pas le soir!...

BAMBOLINI. Tu crois?... Alors, Lœlio va m'accompagner!

LOELIO. J'en suis désolé... mais j'ai ce matin des occupations... des affaires...

LAURETTE. Que tu négligeras pour mon père!...

LOELIO. Je le voudrais!... mais c'est impossible... Vous pouvez bien sortir ensemble... ça te promènera et lui aussi!...

BAMBOLINI. Eh bien! c'est aimable... Est-ce qu'il est toujours comme ça?...

LAURETTE. C'est d'ordinaire la bonté, la complaisance même... Il fait toujours tout ce que je veux!...

BAMBOLINI. C'est donc pour moi qu'il fait des extraordinaires...

LAURETTE. Je ne le reconnais pas... mais venez, mon père... (*A Lœlio.*) Fi! Monsieur, c'est très-mal!... vous m'aviez promis d'être gentil... vous verrez à votre tour...

BAMBOLINI. Eh bien! je t'attends... Et ta toilette?...

LAURETTE. Me voilà, mon père... ça ne sera pas long... (*A Lœlio.*) Monsieur, j'ai bien l'honneur de vous saluer... (*Ils sortent.*)

SCÈNE V.

LOELIO, *seul*.

Elle m'en veut!... la voilà fâchée!... Que serait-ce donc s'il me fallait renoncer à son amour, à son estime!...s'il me fallait rougir à ses yeux...Ah! jamais!... (*On frappe à la porte du cabinet.*) On a frappé, je crois!... Qui donc peut venir ainsi par mon escalier dérobé?...Il n'y a qu'une personne... (*Il va ouvrir.*) Signora Bochetta!...

SCENE VI.

LOELIO, BOCHETTA.

BOCHETTA, *entrant*. Moi-même, mon cher Lœlio!...

LOELIO, *avec colère*. Et quelles raisons?... quels motifs si puissants?...

BOCHETTA. Ne te mets pas en colère, et écoute-moi!... tu sais si je te suis dévouée... C'est tout naturel, après ce que tu as fait pour moi!...

LOELIO, *avec impatience*. Signora!...

BOCHETTA, *avec volubilité*. De tous les directeurs de spectacles qui ont jamais couru après la fortune, le plus gueux fut, sans contredit, le seigneur Gaspardo mon mari... Que la terre lui soit légère, autant que l'était la caisse de son théâtre... Il ne gagnait rien, mangeait tout, buvait le reste, et ne m'a laissé à sa mort d'autre bien que la liberté facultative de déposer mon bilan... ce que j'allais faire sans toi, mon sauveur, à qui je dois tout!...

LOELIO. C'est bien!...

BOCHETTA. Je te dois tout... j'en conviens... aussi, tu es le maître, tu commandes... et quelque bizarres que soient tes volontés, on s'y conforme...Tu n'arrives au théâtre que pour les répétitions, et le soir pour jouer ton rôle... dès que la représentation est finie tu disparais, on ne te voit plus; tu as voulu que personne ne connût ton domicile, excepté moi, qui peux seule y venir...et qui n'en abuse pas... tu le sais?...

LOELIO, *avec impatience*. Qui diable alors t'y amène aujourd'hui?... Pourquoi y viens-tu?...

BOCHETTA. Parce qu'il s'agit de mon avenir, de ma fortune... de bien plus encore... Le bruit se répand dans Naples qu'un premier gentilhomme de la cour de Palerme est venu ici pour t'enlever...

LOELIO. N'est-ce que cela?...

BOCHETTA. Pour t'engager du moins... car ton traité avec nous finit dans deux mois... et s'il fallait te céder ou te perdre... vois-tu bien, Lœlio, je crois que j'en mourrais...

LOELIO. Allons donc, signora, tu es folle!...

BOCHETTA. Que veux-tu?... je sens vivement!... je suis Napolitaine... J'ai été obligée de quitter les amoureuses et les princesses, parce que j'y mettais trop de vérité, trop de chaleur, trop de conscience... dans un duo de jalousie, j'aurais poignardé pour de vrai... Voilà comme j'étais... Ça m'aurait tuée!...

LOELIO, *souriant*. Et d'autres aussi!... mais tu peux te rassurer... je n'irai pas à Palerme!...

BOCHETTA. Tu me le promets?...

LOELIO. Je t'en donne ma parole... et je n'y ai jamais manqué...

BOCHETTA. Je le sais... et je ne vois pas alors pourquoi nous ne ferions pas tout de suite un second engagement... Tu es le maître des conditions... demande ce que tu voudras...

LOELIO. Je te remercie!...

BOCHETTA. Le double... ou plus encore... et même, si tu voulais, Lœlio, mais tu es trop modeste... Tu n'as pas d'yeux... tu ne vois pas que tu pourrais aspirer à tout ce qu'il y a de mieux et de plus élevé!...

LOELIO. Je n'ai pas d'ambition... je me trouve maintenant assez riche... trop riche même... Mon désir est de me retirer... de quitter l'Italie...

BOCHETTA. Renoncer à tes succès... à la faveur du roi... aux acclamations du public... ce n'est pas possible... J'ai remarqué d'ailleurs que toi, qui fais rire tout le monde, tu es presque toujours triste et mélancolique... Il y a quelque chose qui te tourmente, qui ne te convient pas!...

Loelio. Nullement!

Bochetta. J'ai engagé Mathéo, un jeune arlequin que l'on dit très-gentil... est-ce que ça t'inquiète?...

Loelio. En aucune façon!...

Bochetta. Je causais l'autre soir avec Léonardi le père noble, qui fait le galant, et qui veut toujours m'embrasser... est-ce que cela te déplaît?...

Loelio, *vivement*. Du tout!...

Bochetta. Enfin, les bourgeois, les commerçants de la ville... je dis des plus huppés... veulent tous m'épouser, parce que maintenant je suis très-riche et que j'ai voiture... C'est là ce qui te tourmente...

Loelio, *impatienté*. Eh! mon Dieu, non!...

Bochetta. J'ai l'ai deviné... mais sois tranquille!...

COUPLETS.

PREMIER COUPLET.

On ne m'y prendra plus,
Leurs soins sont superflus.
Ils n'obtiendront, hélas!
Mon cœur ni mes ducats!
Au défaut, si mon cœur
Désire un successeur
 Pour moi-même,
Oui, pour moi-même,
Je veux qu'on m'aime!
Mais si leur doux transport
Est pour mon coffre-fort,
De froideur mon cœur s'enveloppe,
Et je dis, comme Pénélope:
« Vous perdez tous, hélas!
« Vos soupirs et vos pas!
« Pour vous ne seront pas
« Mon cœur ni mes ducats! »

DEUXIÈME COUPLET.

J'en ai vu,
Tout ému,
Palpitant
Et tremblant
Me tenir des discours
De délire et d'amour!
J'avais lu çà déjà
Dans nos vers d'opéra.
Peine extrême! ô peine extrême!
J'en ai vu même,
Qui voulaient, furieux,
S'immoler à mes yeux!
Moi, qui savais comment on expire,
Je leur dis avec un sourire:
« Inutile trépas:
« Messieurs ne mourez pas,
« Pour vous ne seront pas
« Mon cœur ni mes ducats. »

Loelio. Je te remercie, Bochetta... mais je te réponds que ce n'est pas ça qui m'inquiète!...

Bochetta. Alors, c'est donc autre chose que tu ne veux pas m'avouer... que tu n'oses pas me dire!...

Loelio. C'est vrai!... et si ton dévoûment, ta reconnaissance sont aussi grands que tu me l'assures... tu ne me refuseras pas ce que j'ai à te demander...

Bochetta, *avec émotion*. Moi, te refuser... ce pauvre garçon... parle donc!... (*Avec tendresse.*) Ah! parle!...

Loelio. Eh bien! laisse-moi partir dès aujourd'hui!...

Bochetta, *stupéfaite*. Ah! mon Dieu!...

Loelio. Non pas pour aller à Palerme, ni signer aucun autre engagement, je te le jure... On n'entendra plus parler de moi... je quitterai l'Italie... j'irai en France...

Bochetta. Qu'est-ce que tu me dis là?...

Loelio. Bien entendu que je paierai l'indemnité que tu exigeras... Je suis trop riche, je te l'ai dit... et ne veux plus rien...

Bochetta. Et moi, je veux te garder... je veux que tu restes... et il ose me parler de dédit encore... il croit que je le ruinerais, moi qui lui dois tout... (*S'attendrissant.*) Ah! Lœlio!... ah! monsieur Lœlio... c'est affreux! c'est indigne à vous de m'avoir jugée ainsi...

Loelio. Allons! voilà qu'elle pleure à présent!...

Bochetta, *avec une transition brusque*. Oui, je pleure!... et puisque tu ne vois rien, que tu ne devines rien, je te déclare que je te garderai malgré toi... que je t'ai encore pour deux mois... deux mois entiers... que je ne te ferai pas grâce d'un jour, et que si tu m'en ravis un seul... ça sera autant de pris sur les miens... car je me tuerai!...

Loelio. Allons donc!...

Bochetta. Je te tuerai aussi... Quand ce jour-là je devrais faire relâche... ce sera comme je le dis!...

Loelio. Ça ne sera pas!...

Bochetta. C'est ce que nous verrons!... Oh! tu ne me connais pas...

Loelio. Ni toi non plus... Et puisque tu me refuses... puisque tu m'obstines, je te déclare que je suis malade, et que je ne jouerai pas ce soir!...

Bochetta. O ciel!...

Loelio. Ni demain!...

Bochetta. Mon cher Lœlio!...

Loelio. Ni après demain!...

Bochetta. Mon bon Lœlio!... une location superbe... une recette magnifique... tout est loué du haut en bas...

Loelio. Ça m'est égal!...

Bochetta. Trois jours de relâche!!!...

Loelio, *à part*. Juste le temps où restera mon beau-père... Après cela, peu m'importe!...

Bochetta. Et que dirais-je à la ville de Naples?...

Loelio. Tu lui diras que je suis malade...

car, décidément je le suis, et aucun pouvoir au monde ne me fera sortir de chez moi avant trois jours... C'est ma volonté ferme et irrévocable !... (*Il se jette sur un fauteuil et lui tourne le dos.*)

BOCHETTA, *à part.* Dieu ! ces grands talents ont-ils des caprices et des exigences... Voilà pourtant comme j'étais quand je jouais *Rosamonde !*... (*S'approchant de Loelio, après un instant de silence.*) Viendras-tu du moins à la répétition ?...

LOELIO, *sèchement.* Non !...

BOCHETTA. Et notre pièce nouvelle qu'on devait donner ce soir... *Polichinelle aux enfers.* Comment sauras-tu ton rôle ?...

LOELIO. Je l'apprendrai tout seul... là, dans mon cabinet d'étude et de travail...

BOCHETTA. Tu me le promets ?...

LOELIO, *la reconduisant vers le cabinet.* Oui, sans doute... Et toi, en revanche, tu me promets que d'ici à trois jours on me laissera tranquille, et que je n'entendrai plus parler de théâtre ?...

BOCHETTA, *s'éloignant.* Oui... oui... je te le promets !... (*Revenant.*) Adieu, Loelio !...

LOELIO, *allant à elle.* Comment, encore ?...

BOCHETTA, *poussant un grand soupir.* Ah ! crudel amante !!... (*Elle sort*).

SCÈNE VII.

LOELIO, *seul, regardant sortir Bochetta.*

RÉCITATIF.

Oui, je puis y compter... Sa promesse est certaine !
Et puisque je suis seul, allons ! tenons la mienne !
Étudions ce rôle, où mon jeu doit, hélas !
D'un public en délire exciter les éclats !

AIR.

Ah ! quel supplice ! ah ! quel martyre !
La mort dans l'âme être joyeux,
Et faire naître leur sourire,
Lorsque des pleurs sont dans mes yeux !
(*Essayant de chanter.*)
    Tra la, la, la, la, la,
(*S'arrêtant.*) Je ne peux !...
    Tra la, la, la, la, la,
Un nuage est devant mes yeux !
(*A lui-même, avec une colère concentrée.*)
Allons donc, malheureux,
Allons donc, soit gai ! soit joyeux !...
Il le faut, il le faut, un public, un tyran
De toi l'exige et l'attend !
Ah ! quel supplice ! ah ! quel martyre ! etc.

(*Revenant à lui et essuyant une larme.*)
Du courage ! essayons cette ignoble parade,
    La scène de la sérénade,
Du duel et de la bastonnade !...
Allons !... (*Comme s'il jouait de la mandoline. Mouvement de tarentelle.*)

    Tra, la, la, la, la, la,
    La, la, la, la, là, la,
    Sotto à tua finestra,
      E nella strada !
    Tra, la, la, la,
    Crudele per te sospira
    Povero Pulcinella !
    Tra, la, la, la, la, la,
    La, la, la, la, la,
(*Se retournant comme effrayé.*)
      Ah !...
(*Parlant en français.*)
    Seigneur Polichinelle,
    Chanter la tarentelle
    Au balcon de ma belle
    Mylady Baroco !...
(*Baragouinant.*)
    — Signor francèse
    Piu dolce piu cortese
    La sua bella englèse.
    Io non cognosco !
    — J'aurai raison
    De votre trahison
    — Mi sento tremare
    — Mi sento crepare !
    — Allons, faquin,
    L'épée en main !
    — Pulcinella
    Non ama la spada !
    Ah ! ah ! ah !
    Pulcinella
    Ama tropo la vita
    Per amar la spada !
(*Faisant en tremblant comme s'il portait ou parait des bottes.*)
Ah ! ah ! — Ah ! ah ! — Ah ! — Ah ! ah ! ah !
(*Jetant avec dépit son rouleau de papier et redevenant Loelio.*)
(*Avec force.*) Au diable ! au diable !
Tourment d'enfer, peine effroyable !
Je le sens là, ce n'est pas çà !
Ah ! quel métier que celui-là !
Auteurs, acteurs, allez au diable !
Jouera mon rôle qui voudra
Je ne suis plus Pulcinella !
(*Revenant à lui.*)
Si... par malheur, si ! je le suis encor...
Allons ! un nouvel effort !
(*Reprenant la scène et le mouvement de tarentelle.*)
    Tra, la, la, la, la, la, la,
    — Si la vie a pour vous des charmes,
    Tremblez, signor Pulcinella !
    Car un de nous deux en mourra !
    Je vous laisse le choix des armes !...
    — Le fusil ?
          — No !
    — L'espadon ?
          — No !
    — Le pistolet ?
          — No !
    — L'arquebuse ?
          — No !
    — Le canon ?
          — Non ! non ! non !
    — Comment donc voulez-vous mourir ?
    — Voglio, voglio morir
    Come un homo
    Di gran stomaco
    Isiemme veddiamo
    A qui piu mangiera
    Tra, la, la, la, la, la,
    Macaroni !...
    — Joli duel en vérité !

— Bella morte ! bella morte !
— Eh bien, poltron,
Tu vas mourir sous le bâton
— La bastonnata !...
(*Lazzis comme s'il recevait des coups de bâton.*)
Ah ! ah ! ah ! ah ! ah !
(*Avec fureur.*)
Au diable ! au diable !
Tourment d'enfer, peine effroyable,
Je le sens là, ce n'est pas ça !
Ah ! quel métier que celui-là !
Public, théâtre, allez au diable !...
Jouera mon rôle qui voudra !
Je ne suis plus Pulcinella !...
(*Il tombe dans son fauteuil accablé et anéanti.*)

SCENE VIII.

LOELIO, LAURETTE, *entrant par le fond, à gauche.*

LOELIO. C'est ma femme !.... qu'as-tu donc, chère amie ?... et pourquoi cet air triste ?...

LAURETTE. On le serait à moins... tu sais le plaisir que je me promettais pour ce soir ?...

LOELIO. Eh ! bien ?...

LAURETTE. C'est comme une fatalité... il y a relâche... une bande sur l'affiche....

LOELIO. En vérité !... (*A part.*) Bochetta m'a tenu parole !...

LAURETTE. M. Polichinelle est malade ; cela lui va bien... cela lui convient bien !...

LOELIO, *d'un air railleur.* C'est en effet bien impertinent !...

LAURETTE. Et moi qui l'aimais d'avance... je lui en veux, et ne lui pardonnerai jamais !...

LOELIO. Et tu auras raison !...

LAURETTE. Et vous, je ne sais pas ce que vous avez... mais, à votre petit air satisfait et railleur, on dirait que vous êtes enchanté de me voir contrariée...

LOELIO. Non, sans doute !...

LAURETTE. Par malheur votre contentement ne sera peut-être pas de longue durée... car il nous reste encore un espoir...

LOELIO. Et lequel ?...

LAURETTE. Nous sommes passés chez le gouverneur, qui ne croit pas à cette indisposition... car il a vu ce matin M. Polichinelle très-bien portant...

LOELIO, *à part.* Ah ! mon Dieu !...

LAURETTE. Vous voyez comme c'est affreux à lui... il a d'autres idées... quelque partie de plaisir... peut-être en ce moment est-il avec une femme... une femme qu'il aime !...

LOELIO. Laurette !...

LAURETTE. Oui, monsieur... il en est bien capable, d'après ce qu'on m'a dit de lui... mais le gouverneur a promis qu'il le forcerait à jouer...

LOELIO, *avec colère et entre ses dents.* C'est ce qu'on verra !...

LAURETTE. Certainement... on le verra... et ce sera d'autant plus facile que le roi devait ce soir même venir au spectacle, et alors il n'y aura pas moyen de refuser, et je suis enchantée.... eh ! bien, eh ! bien... qu'est-ce que je disais... vous voilà un air malheureux... une physionomie toute renversée, parce que je suis contente...

LOELIO. Moi ?... pouvez-vous penser !...

LAURETTE. C'est qu'il y a en vous aujourd'hui un esprit de contradiction qui fait que je n'ose plus rien vous dire de ce qui me fait plaisir... mon père a reçu une invitation de Sa Majesté... une audience du roi et de la reine !...

LOELIO. Pour quel motif ?...

LAURETTE. Sans doute pour le sujet de son ambassade... enfin dans l'instant même il va se rendre au palais, à la cour... il me propose de m'emmener... et j'ai mis le beau collier que vous m'avez donné ce matin... vous jugez si je suis contente !....

LOELIO. Il y a de quoi !...

LAURETTE, *timidement.* Je le serais encore plus, si vous vouliez m'accompagner... (*On frappe doucement à la porte du cabinet à droite. Loelio tressaille et se met à frapper de ses doigts sur la table près de laquelle il est assis*).

LAURETTE. Il me semble qu'on a frappé de ce côté !...

LOELIO. Du tout... c'est moi qui de mes doigts jouais sur cette table... Mais ton père t'attend pour te conduire à la cour... il va s'impatienter....

LAURETTE. Vous croyez ?... (*On frappe plus fort.*) Je jurerais cependant...

UN DOMESTIQUE, *entrant par le fond.* M. le marquis est très-pressé... et fait demander si madame est prête ?...

LOELIO. Tu vois !...

LAURETTE. Je suis à lui dans l'instant... il peut bien attendre !...

LOELIO. Ton père !... impossible !...

LE DOMESTIQUE. Le voilà qui monte !...

LOELIO. Il perd patience, c'est clair... et c'est moi qu'il accusera... allons, ma chère !... va donc !... va !...

LAURETTE, *en s'en allant.* Et moi qui me faisais une fête d'aller à la cour..... je voudrais déjà en être revenue !... Me voilà, mon père, je descends... (*Elle sort avec le domestique*).

SCÈNE IX.

LOELIO, *seul, puis* BOCHETTA.

Loelio, *allant fermer au verrou la porte par laquelle Laurette est sortie*. Mettons-nous d'abord en garde contre toute surprise... (*écoutant.*) Bien!... la voiture roule... elle s'éloigne... (*Allant au cabinet, où l'on frappe toujours*). Qu'est-ce que cela veut dire?.... (*Ouvrant à Bochetta.*) Encore toi?....

Bochetta. Comme c'est aimable!..... quand on vient pour lui rendre service et lui éviter des désagréments!...

Loelio. Et lesquels!...

Bochetta. Je ne devrais même pas vous en parler, pour vous apprendre...

Loelio, *la serrant dans ses bras.* Si, ma petite Bochetta, ma chère directrice!.... parle!... parle!... je t'écoute!...

Bochetta, *avec émotion.* Ah! Lœlio!...

Loelio, *brusquement.* Parle donc!...

Bochetta. Eh! bien, monsieur, ainsi que nous en étions convenus... et contre mes intérêts, j'ai fait annoncer relâche, en disant que vous étiez malade... je l'ai juré à tout le monde... et peut-être est-ce vrai?... car vous avez un air si singulier, vous n'êtes jamais à ce que vous faites!...

Loelio, *avec impatience.* Signora!...

Bochetta. J'aimais mieux mon mari.... il me battait, c'est vrai... mais il m'écoutait et il me regardait...

Loelio, *la regardant avec colère.* Eh! je ne fais que cela... j'attends avec une impatience et une fureur!...

Bochetta. A la bonne heure! au moins, vous vous animez!...

Loelio, *se contenant.* Eh! bien?...

Bochetta. Il vient d'arriver un ordre supérieur pour maintenir le spectacle...

Loelio. Je sais pourquoi... le roi devait y venir... Je cours près de lui... je le prierai... je le supplierai... (*A part.*) Je vais tout lui écrire, puisqu'il le faut!...

Bochetta. Oh! nous savons que le roi te veut beaucoup de bien, surtout depuis le jour où tu t'es fait mettre en prison pour lui, quand il n'était que prince royal... mais il ne s'agit pas de Sa Majesté.... il s'agit de l'ordre public...

Loelio. Et comment cela?...

Bochetta. Le gouverneur lui-même m'a fait venir, et m'a dit : « Le bruit court que « l'on veut enlever Pulcinella et le conduire « à Palerme... »

Loelio, *à part.* Maudit marquis, mon beau-père...

Bochetta, *continuant.* « Cela s'est ré- « pandu parmi le peuple, qui se remue, « s'agite et veut empêcher ce départ, au- « quel le relâche d'aujourd'hui donne une « nouvelle consistance.... J'ordonne donc « — c'est toujours le gouverneur qui parle « — que, malade ou non, Pulcinella pa- « raisse ce soir.... »

Loelio. Par exemple!...

Bochetta. « Quand on devrait le porter « au théâtre et le montrer, il faut qu'on le « voie, ou je le rends responsable du ta- « page qui arrivera... »

Loelio. Cela m'est égal!...

Bochetta. « Je le fais arrêter!... » voilà ce qu'il a dit!..

Loelio, *à part.* O ciel!.... et ma femme et mon beau-père... une pareille scène à leurs yeux!...

Bochetta. Alors, tout effrayée, je suis accourue pour te demander : Que faut-il faire?...

Loelio. Ce qu'il faut faire!..... est-ce que je le sais?.. (*Bochetta va s'asseoir près de la table, à gauche*). (*A part.*) Après tout, et sous un prétexte quelconque, je puis bien me dispenser d'accompagner ma femme au spectacle.... elle me boudera, voilà tout... et puis elle ira avec son père... et moi, pendant ce temps, avec mon masque sur la figure et la voix factice de Pulcinella, je peux jouer devant eux, à leurs yeux, sans être reconnu.... cela vaudra mieux que tout cet éclat, ce tapage...... (*Haut, à Bochetta.*) Je jouerai!...

Bochetta, *se levant vivement, et oubliant son mouchoir sur la table.* (*Avec joie*). Tu joueras ce soir?...

Loelio. Certainement!...

Bochetta. Dans la pièce nouvelle qui est annoncée... dans *Polichinelle aux Enfers ?...*

Loelio. Impossible, sans répétition.... et je ne peux pas sortir aujourd'hui avant l'heure du spectacle...

Bochetta. N'est-ce que cela?... tout est prévu!... Dès que j'ai eu fait part à nos camarades, qui t'aiment tous, des ordres du gouverneur et de ta maladie... « Ce pauvre Lœlio! se sont-ils écriés, qu'il ne se dérange pas!... nous irons chez lui... » Et ils sont tous venus avec moi.

Loelio. O ciel!...

Bochetta. Pas moyen de faire autrement... ils sont là!...

Loelio, *effrayé.* Ils sont là?...

Bochetta. Dans le cabinet où tu étudies toi-même.., où sont tes costumes...

Loelio, *à part.* Mais mon beau-père, mais ma femme... s'ils venaient à rentrer dans ce moment...

BOCHETTA. Tiens! les voilà qui commencent le chœur des démons...

CHŒUR *dans le cabinet.*
Le fer! le feu! la mort!
Sur eux frappons fort!
Fort!
Plongeons-les dans ce gouffre.
De salpêtre et de soufre
J'en jure par le Styx!
Pour lui fût-ce un phénix
Nix!

(*A la fin du chœur on frappe à la porte du fond à gauche.*)

LOELIO, *à Bochetta.* On a frappé... tais-toi!

LAURETTE, *en dehors.* Mon ami, ouvrez... c'est moi!...

BOCHETTA... Une voix de femme!...

LOELIO, *à part.* C'est la mienne!...

BOCHETTA, *à part.* Quel soupçon!... si c'était une rivale?...

LOELIO. Tais-toi! va-t-en!...

BOCHETTA. M'en aller!...

LOELIO. Et dis-leur de se taire... je vais les rejoindre... mais pas le moindre bruit, ou je fais manquer ta recette... je me tue...

BOCHETTA. Est-il possible!...

LOELIO, *avec force.* Je me tue!...

BOCHETTA. Ne te fâche pas... je m'en vais... (*Elle entre dans le cabinet.*)

SCENE X.

LOELIO, LAURETTE.

LAURETTE, *en entrant, avec émotion.* Pourquoi donc m'avez-vous fait attendre si longtemps?...

LOELIO, *embarrassé.* J'étais dans l'autre pièce... et n'ai pas entendu...

LAURETTE. Oui... depuis ce matin, nous ne nous entendons plus...

LOELIO, *à part.* Est-ce qu'elle se douterait de quelque chose?...

LAURETTE, *apercevant le mouchoir que Bochetta a laissé sur la table.* O ciel!...

LOELIO. Tu reviens donc de la cour?...

LAURETTE. Oui, Monsieur... mon père m'a présentée au roi!...

LOELIO. Vous êtes demeurés bien peu de temps!...

LAURETTE. Vous trouvez?... Et vous, Monsieur, pendant mon absence... vous êtes resté seul?... vous n'avez pas eu de visite?...

LOELIO. Non, certainement!...

LAURETTE. Vous en êtes bien sûr?...

LOELIO, *avec embarras.* Oui... certes!...

LAURETTE, *lui montrant le mouchoir sur la table.* Démentez donc alors ce gage qui vous accuse!...

LOELIO, *à part.* Dieu! que lui dire!... (*Haut.*) Certainement... au premier coup d'œil, chère amie... et pourtant je te jure...

LAURETTE. Vous me jurez!...

LOELIO, *voyant entrer Bambolini.* Dieu! le beau-père... il ne me manquait plus que ça!...

SCENE XI.

LES PRÉCÉDENTS, BAMBOLINI, *hors de lui.*

LAURETTE, *courant à lui.* Ah! mon père... si vous saviez?...

BAMBOLINI. Je sais tout!... (*A Lœlio, avec une colère concentrée.*) Oui, Monsieur, je sais tout!...

LOELIO, *à part.* C'est fait de moi!...

BAMBOLINI. Je connais enfin le secret fatal... le secret de sa mystérieuse conduite... je puis le dévoiler!...

LOELIO, *à demi-voix.* Ah! Monsieur! pas devant ma femme!...

BAMBOLINI. Déshonorer mon nom et ma famille!...

LOELIO, *de même.* Epargnez-moi la honte de rougir à ses yeux... je renvoie mes camarades, et je reviens m'expliquer avec vous, avec vous seul... D'ici là, je vous en conjure, du silence!... (*Il sort par le cabinet de droite.*)

SCENE XII.

LAURETTE, BAMBOLINI.

LAURETTE, *se jetant dans les bras de son père.* Ah! mon père, je suis bien malheureuse!... Je n'aurais jamais pu croire qu'il en aimât une autre!...

BAMBOLINI. Bah! si ce n'était que cela?...

LAURETTE. Et qu'y a-t-il donc de plus terrible, je vous prie... Quand je suis sûre qu'il était ici avec une maîtresse!...

BAMBOLINI. Si ce n'était que cela?...

LAURETTE. Est-ce qu'il en aurait deux?...

BAMBOLINI. C'est bien pire encore!...

LAURETTE. Mais c'est donc effroyable!...

BAMBOLINI. Epouvantable!... Et moi-même, malgré mon aplomb diplomatique, j'en suis resté stupide... Ça me dure encore... et ça pourra même bien me continuer... Imagine-toi, ce beau collier dont il t'avait fait cadeau...

LAURETTE, *le montrant.* Et dont je me suis parée pour vous suivre à la cour!...

BAMBOLINI. Tu n'as pas vu comme le

gouverneur qui était près de nous le regardait?...

LAURETTE, *naïvement.* Le regardait!... j'ai cru que c'était moi!...

BAMBOLINI. Du tout!... c'était le collier... Il m'a été facile de deviner d'où viennent les trésors amassés par mon gendre... Ce superbe bijou appartenait à la femme du gouverneur.

LAURETTE, *lui mettant la main sur la bouche.* Ah! taisez-vous!... ce n'est pas... ce ne peut pas être!...

BAMBOLINI. Tu te doutes bien que, saisi d'effroi, je n'ai rien dit... mais j'ai compris sur-le-champ qu'il existe dans Naples une bande redoutable, dont mon gendre est le chef... C'est quelque Jean Sbogard!...

LAURETTE, *avec force.* Non! cent fois non!... c'est quelqu'erreur!...

BAMBOLINI. Incrédule que tu es!... Lui-même tout-à-l'heure en est convenu... il me l'a avoué...

LAURETTE. Ah!...

BAMBOLINI. Mais il ne s'agit pas de ça... il s'agit de le sauver, et nous aussi... Qu'on ne se doute pas qu'il a été de notre famille... qu'ailleurs il se fasse pendre... incognito... dans le plus stricte incognito!... Songe donc que si cela se savait, il n'y aurait plus moyen de jamais obtenir l'Éperon d'Or... Beau-père d'un pendu!... vois-tu quel désagrément pour moi!...

LAURETTE, *pleurant.* Et pour lui, donc!...

BAMBOLINI. C'est son état!... il s'y attend... mais sois tranquille... j'ai un moyen certain de le faire évader... je viens ici le reprendre avec ma voiture... la voiture d'un ambassadeur sortira de Naples sans être examinée... Allons! ma fille, de la fermeté!...

LAURETTE, *tremblant.* Ah! c'est que j'ai bien peur!...

BAMBOLINI. Parbleu! si ce n'est que cela... et moi aussi... raison de plus... du courage, et surtout du silence!... (*En sortant.*) Beau-père d'un pendu!!!...

SCENE XIII.

LAURETTE, *sur le fauteuil à gauche,* LOELIO, *entr'ouvrant la porte à droite.*

LOELIO. Ils sont partis, à condition que je me rendrais sur-le-champ au théâtre... la salle est pleine, le public s'impatiente déjà... il est capable de tout briser... Partons!... (*Apercevant Laurette.*) Dieu! ma femme que j'oubliais...

LAURETTE, *l'apercevant, et se cachant la tête dans son mouchoir.* C'est lui!...

LOELIO, *à part.* Elle sait tout!... Malgré ma prière, son père lui a tout dit... (*Haut et timidement.*) Laurette!... (*Voyant qu'elle se tait.*) Elle ne me répond pas... elle détourne de moi les yeux... elle me méprise... Ah! voilà tout ce que je craignais... (*S'approchant d'elle.*) Tout est fini!... vous ne m'aimez plus!...

LAURETTE, *sans le regarder, et en pleurant.* Ah! ce qui me désole, c'est que, malgré moi, je vous aime encore... mais quand je devrais en mourir... cela s'en ira, je l'espère...

LOELIO. Et pourquoi donc?...

LAURETTE, *lui montrant le collier sans le regarder.* Tenez, Monsieur... tenez!...

LOELIO. Qu'est-ce que ça signifie?...

LAURETTE. Ce que ça signifie?... mais vous voyez bien que je sais tout... que mon père m'a tout appris... que je ne voulais pas le croire... (*Levant les yeux sur lui, elle pousse un cri.*) Ah! je ne le crois pas encore... ce n'est pas vrai!... n'est-ce pas?... non! non! ne réponds pas, ce n'est pas la peine... je te crois... ce collier n'était pas à la femme du gouverneur?...

LOELIO. Si!... c'est elle qui l'a vendu à l'insu de son mari... Il paraît qu'elle a fait courir le bruit qu'on le lui avait...

LAURETTE, *l'embrassant.* Assez! assez!... pardonne-moi!...

LOELIO. Quoi donc?...

LAURETTE. Pardonne-moi toujours, quoique je ne sois point coupable... ce n'est pas moi, c'est mon père qui croyait à ce cabinet mystérieux... à ces bandits, à Jean Sbogard...

LOELIO. Quoi! c'est cela qu'il t'a appris?...

LAURETTE. Oui, vraiment!...

LOELIO. Il ne t'a dit que cela?... pas autre chose?...

LAURETTE. Il n'en savait pas davantage!...

LOELIO, *avec joie.* Ah! l'excellent homme!... Ah! ma petite Laurette!...

LAURETTE. Mais alors, vous allez me dire le reste?...

LOELIO. Oui... oui... (*Regardant la pendule.*) Ciel! sept heures... (*A part.*) Je n'ai qu'un instant pour me rendre au théâtre et pour m'habiller... (*Haut.*) Ce que je puis te dire, du moins, et je l'atteste, c'est que j'ai toujours été fidèle à toi et à l'honneur!...

LAURETTE. Et déjà me quitter!... et ainsi tous les soirs!...

LOELIO. Il le faut!... il le faut pour notre avenir, pour notre bonheur... mais deux mois, deux mois encore, et je serai libre... et nous quitterons ces lieux, et tu diras, toi-même alors, que jamais amour n'égala le mien!...

LAURETTE. Je vous crois, mon ami, je crois d'avance à vos paroles... et je ne vous en demande aujourd'hui qu'une preuve... une seule!...

LOELIO. Toutes celles que tu voudras...
LAURETTE. Vous me le promettez?...
LOELIO. Je te le jure!...
LAURETTE. Eh! bien...

DUO.

LAURETTE.
La faveur que j'implore,
Mon cœur seul la comprend.
Près de moi reste encore,
Reste encore un moment!

LŒLIO.
Quoi! rester auprès d'elle!
Différer d'un instant...
Quand peut-être on m'appelle,
Quand déjà l'on m'attend!...

ENSEMBLE.
O jour d'ivresse!
Et de tendresse,
Tourments passés
Sont effacés.
A toi, ma vie!
Mon cœur oublie
Tout dans ce jour,
Hors mon amour!

LŒLIO *regardant la pendule.*
O ciel! déjà l'heure est passée!...
Ah! quel dommage! il faut partir!

LAURETTE.
Aussi, bien loin de ma pensée
Le projet de vous retenir.
(*Reprise du premier motif.*)

ENSEMBLE.
LAURETTE.
La faveur que j'implore,
Mon cœur, etc., etc.

LŒLIO.
Quoi! rester auprès d'elle,
Différer d'un, etc., etc.
(*La pendule sonne.*)

LŒLIO.
Ah! c'en est fait! je suis perdu, Laurette!... Adieu!...

LAURETTE *apercevant Bambolini.*
Mon père!

LŒLIO.
Ah! fuyons!...

SCÈNE XIV.

LES PRÉCÉDENTS, BAMBOLINI.

FINAL.

BAMBOLINI *le retenant.*
Imprudent!
Je voulais te sauver... impossible à présent;
Le peuple furieux t'a fermé la retraite,
Il brise ma voiture... il cerne la maison;
Entendez-vous mugir les flots de la tempête...
Ils viennent t'arrêter, te conduire en prison.

LŒLIO.
Mon Dieu! que faire!...

BAMBOLINI.
Ah! j'en perdrai la tête!

ENSEMBLE.
BAMBOLINI.
Je n'entends rien, je sais, hélas!
Que l'on demande son trépas.
Ah! quel affront! ah! quel éclat!
Surtout pour un homme d'état!

CHOEUR *en dehors.*
A nous, à nous Pulcinella!
Malheur à qui nous l'enleva.
Notre courroux le châtira,
Oui, nous voulons Pulcinella!

LAURETTE.
Pourquoi ces cris et ces éclats?
Ah! de frayeur je tremble, hélas!
Mais je ne t'abandonne pas,
Et partout je suivrai tes pas.

LŒLIO *à part.*
Dieu! quel tourment! quel embarras!
Que leur dire! que faire hélas!
Ah! malheureux Pulcinella!
Ah! voilà qui te trahira!

SCENE XV.

LES PRÉCÉDENTS, BOCHETTA.

BOCHETTA *courant à Lœlio.*
Malheureux! qu'as-tu fait...ton retard, ton absence
Ont confirmé le bruit qu'on t'avait enlevé...
Ils veulent tout briser... montre-toi, ta présence
Pourra seule calmer ce peuple soulevé!
(*Elle va ouvrir le balcon.*)

LŒLIO *s'avançant.*
Allons donc!

BAMBOLINI *se mettant devant lui.*
Téméraire!
Contre eux que veux-tu faire?
C'est courir au trépas...

LAURETTE.
Ils te tueront!...

LŒLIO.
Non pas!... non pas!...
(*Il se montre au balcon.*)

ENSEMBLE.
CHOEUR, *applaudissements au dehors.*
Viva, viva, Pulcinella,
On nous le rend... oui, le voilà,
Et parmi nous il restera.
Viva, viva Pulcinella!

BAMBOLINI.
Je n'entends rien, je sais, hélas!
Que l'on demande, etc., etc.

LAURETTE.

Pourquoi ces cris et ces éclats?
Ah! de frayeur, etc., etc.
(*A la fin de cet ensemble, Laurette aperçoit la porte du cabinet ouverte, elle s'y élance pendant que Lælio répond aux acclamations du peuple par des salutations.*)

BAMBOLINI.

Comment on l'applaudit pendant qu'il les salue.
(*Après les salutations de Lælio, on lance sur le balcon et dans l'appartement des couronnes et des bouquets.*)

BAMBOLINI *stupéfait.*

Un Jean Sbogard, à qui l'on jette de la rue
Des couronnes et des bouquets!
Je m'y perds, et de tels secrets
Qui me dira le mot?

LAURETTE *sortant du cabidet avec un habit de Polichinelle qu'elle jette sur le fauteuil à droite.*)
Le voici!...

BAMBOLINI.
Sort funeste!
Malheur nouveau! mon nom perdu, déshonoré.
(*A Lælio qui s'approche de lui.*)
Va-t-en! va-t-en!

LAURETTE.
Et moi, je te suivrai!

LÆLIO *avec transport.*

Quoi! tu m'aimes encor? que m'importe le reste!..
Ma femme!... .

BOCHETTA *à part, avec exaltation.*

Ah! ciel! sa femme! ah! les fureurs d'Oreste
Ne sont rien...

LÆLIO.
Qu'est-ce donc?

BOCHETTA *tranquillement et lui présentant une lettre.*
La réponse du roi!
(*Elle sort.*)

LÆLIO *à Bambolini.*

Lisez et vous verrez, qu'en tout temps, je l'atteste,
Votre honneur, votre nom seront sacrés pour moi!

BAMBOLINI *qui a lu la lettre.*

O surprise nouvelle!
Quoi! par égard pour mon gendre, le roi
Donne l'Eperon d'Or à moi!...
Moi, chevalier!...

LÆLIO *à part.*
De par Polichinelle!..

LAURETTE *à son père.*

Vous le voyez? pour nous quel heureux sort!

LÆLIO.
Honneur, fortune!

LAURETTE *montrant Lælio.*
Amour fidèle!

LÆLIO.
Profond secret!

LAURETTE.
Et mieux encor
Chevalier de l'Eperon d'Or!

BAMBOLINI *soupirant.*
Beau-père d'un Polichinelle!...

LAURETTE.
Allons! allons!... n'y pensez plus!

BAMBOLINI.
Beau-père d'un Polichinelle!!...
Ah! je crains pour ma race et si noble et si belle!
Que mes petits-enfants ne soient un jour bossus!

CHOEUR GÉNÉRAL *en dehors.*

Viva, viva Pulcinella!
On nous le rend, oui, le voilà!
Et parmi nous il restera,
Viva, viva Pulcinella!...

FIN.

A. PIHAN DE LA FOREST, Imprimeur de la Cour de Cassation,
rue des Noyers, n. 37.

LES TREIZE

OPÉRA-COMIQUE EN TROIS ACTES,

Paroles de MM. SCRIBE et Paul DUPORT,
Musique de M. F. HALÉVY ;

Représenté pour la première fois, à Paris, sur le théâtre royal de l'Opéra-Comique, le 15 avril 1839.

DISTRIBUTION DE LA PIÈCE :

HECTOR, colonel d'un régiment de lanciers napolitains....	M. Chollet.
ODOARD, feld-maréchal autrichien......................	M. Roy.
GENNAIO, fils de l'aubergiste.........................	M. Jansenne.
ISELLA, couturière napolitaine........................	Mme J. Colon-Leplus.
MATEO, vigneron.....................................	M. Léon.
Le Greffier du Barigel................................	M. Palianti.
Voiturins.	
Paysans.	
Onze jeunes Seigneurs.	

La scène se passe dans l'auberge du père de Gennaio, aux environs de Naples.

ACTE PREMIER.

Le théâtre représente un vestibule d'auberge en Italie, aux environs de Naples. Le fond, que soutiennent deux piliers, est ouvert et laisse apercevoir des treilles qui forment berceau. Au fond, à gauche, un bâtiment dépendant de l'auberge. Portes latérales sur le premier plan. (*Nota :* On peut jouer cet acte dans le décor du second.)

SCÈNE I.

GENNAIO, MATEO, BUVEURS, JOUEURS.

Au lever de la toile, à droite, plusieurs voiturins napolitains qui boivent ; à gauche, d'autres qui jouent aux dés ou à la mazza ; au milieu, quelques-uns, les coudes appuyés sur la table, ont l'air de causer à voix basse. Gennaio sert les groupes de droite et de gauche, et de temps en temps s'arrête pour écouter ce qui se dit dans le groupe du milieu.

INTRODUCTION.

CHŒUR DE BUVEURS ET DE JOUEURS.

Vive le vin, mes seuls amours !
    jeu,
Buvons encor, buvons toujours !
Jouons   jouons
Par saint Janvier, par tous les saints,
Lui seul embellit nos destins !
    Boire à plein verre
    Et ne rien faire,
    D'un voiturin

Napolitain
C'est la devise et le destin !

REPRISE DU CHŒUR.

Vive le vin, mes seuls amours ! etc.
       jeu,

SCÈNE II.

LES PRÉCÉDENTS, ODOARD.

ODOARD.
Eh ! les garçons ! l'hôtellerie !
GENNAIO, *s'avançant.*
Me voilà, monsieur le marquis !
ODOARD.
Tu me connais ?
GENNAIO.
        Qui donc en ce pays
Ne connaît point sa seigneurie ?
Monseigneur Odoard, marquis de Rosenthal !
En Autriche feld-maréchal,

1

Venu pour hériter ici du beau château
Qu'on voit là-bas sur le coteau.

ODOARD, *à Gennaio.*

Les voiturins de Naple, ici, dans cette auberge
Ne s'arrêtent-ils pas?

GENNAIO.

C'est moi qui les héberge.

ODOARD.

Bien! je veux pour ce soir un superbe souper;
Treize couverts!

GENNAIO.

On va s'en occuper.

ODOARD.

Et de plus il me faut, écoute,
Une chambre...

GENNAIO.

On va vous l'offrir.

ODOARD.

Qui donne sur la grande route.
(*à part.*)
C'est par là qu'elle doit venir.

CHŒUR DES CAUSEURS.

Ah! c'est affreux! c'est une horreur!
C'est à vous glacer de terreur.

GENNAIO, *allant à eux.*

Silence, amis! que l'on se taise!

ODOARD, *se retournant.*

Qu'est-ce donc?

GENNAIO.

Rien, rien, monseigneur;
Ils racontaient, et ça leur faisait peur,
Sur la société des Treize
Des histoires!...

ODOARD, *souriant.*

Les Treize! Eh bien! qu'en disait-on?

GENNAIO.

Vous ne le savez pas?

ODOARD, *riant.*

Qui, moi? non, mon garçon.

GENNAIO, *après avoir regardé autour de lui avec mystère.*

COUPLETS.

PREMIER COUPLET.

Il est dans Naples, la jolie,
Treize seigneurs beaux et galants,
Menant, dit-on, joyeuse vie,
Francs buveurs, tendres conquérants;
A l'amitié toujours fidèles,
Mais redoutables près des belles;
Et chacun dit en les voyant:
C'est un des Treize!
Soyez prudent;
C'est un des Treize!
Tremblez, amant,
Que votre belle ne leur plaise!
C'est un des Treize,
Tremblez, amant!

DEUXIÈME COUPLET.

Si vous voyez fille naïve
Plongée en un chagrin profond;
Si vous voyez, d'humeur pensive,
Un époux se frotter le front;
Entre amants s'il gronde un orage,
S'il survient du bruit en ménage,
Qui l'a causé? Tous vous diront:
C'est un des Treize!
Tremblez, jaloux!
C'est un des Treize!
Tremblez, époux,
Que votre femme ne leur plaise!
C'est un des Treize!
Tremblez, époux!

ODOARD, *riant.*

Moi, je crois vos frayeurs assez peu légitimes.

GENNAIO.

Ah! vous doutez encor?
(*montrant Matéo.*)
Tenez, tenez, voici
Une preuve vivante, une de leurs victimes,
Matéo, vigneron, qui, l'autre vendredi,
Devait se marier avec sa prétendue,
A Naple... et le matin...

ODOARD.

Eh bien donc?

GENNAIO.

Disparue!

ODOARD.

Enlevée!

ODOARD.

Et par qui?

GENNAIO.

Par l'un de ces Treize!...

MATÉO, *pleurant.*

Ah!

ODOARD.

Eh quoi! vraiment?

MATÉO, *de même.*

Ah!

ODOARD.

Ta jeune femme?

MATÉO, *de même.*

Ah!

ODOARD.

Par un de ces Treize?

MATÉO, *de même.*

Ah!

ODOARD.

J'y suis... n'est-ce pas une
Petite blonde?..

MATÉO, *de même.*

Ah! ah!..

GENNAIO.

Non! non, c'est une brune!

ODOARD.

C'est différent.

MATÉO, *de même.*

Ah! ah!

GENNAIO.

Rien ne le consolera.

ODOARD, *lui donnant une bourse.*

Tiens, mon garçon...

MATÉO, *riant.*

Ah! ah!

ODOARD.

Ces dix ducats?..

MATÉO, *de même.*

Ah! ah!

ACTE I, SCÈNE II.

GENNAIO.
Quoi ! c'est de l'or ?..

MATÉO, *de même.*
Ah ! ah !

(*Les voiturins témoignent leur admiration pour la générosité d'Odoard.*)

ENSEMBLE GÉNÉRAL.

Enfin ma/sa douleur cesse ;
Pour moi/lui plus de tristesse,
D'une telle largesse
Me/Le voilà confondu !

Le bonheur m'/l' accompagne
Si je perds ma compagne
Et s'il perd sa compagne
En un seul jour je/il gagne
Plus que je n'ai perdu.
Plus qu'il n'avait perdu.

TOUS, *excepté Odoard.*
Vive, vive, mes amis,
Vive, monseigneur le Marquis !

ODOARD, *distribuant de l'argent.*
Tenez, tenez, mes chers amis !

REPRISE DE L'ENSEMBLE.

Vive, vive, mes amis,
Vive monseigneur le Marquis !

(*Matéo et tous les voiturins sortent enchantés.*)

SCÈNE III.

ODOARD, GENNAIO.

ODOARD, *à part.*
Eh bien ! qu'on nous accuse encore... Voilà un pauvre diable qui se trouvera en bénéfice du côté de sa bourse... et de sa femme donc !...

GENNAIO, *s'avançant.*
C'est bien de l'honneur pour mon père qui est absent, et pour moi qui le représente de recevoir chez nous M. le marquis, et je ne comprends pas ce qui a pu procurer un tel honneur à notre hôtellerie !

ODOARD.
Ne sais-tu pas que notre roi se marie ? et qu'aujourd'hui ou demain l'on attend la princesse qu'il épouse ?

GENNAIO.
Certainement !

ODOARD.
Eh bien ! mon garçon, c'est moi qui commande l'escorte d'honneur chargée de conduire à Naples la nouvelle reine... J'attends qu'elle arrive !

GENNAIO.
Ce n'est pas par ici qu'elle doit passer... la grande route est à plus d'une lieue.

ODOARD.
Je le sais bien... et l'escorte est là !... Mais moi j'aime mieux attendre ici... j'ai mes raisons.

GENNAIO.
C'est différent !

ODOARD, *riant.*
Et si cela ne te gêne pas ?...

GENNAIO.
Au contraire, monseigneur ! car j'aurais justement une grâce à vous demander !...

ODOARD.
Toi ? Parle, mon garçon ! de quoi s'agit-il ?... Conte-moi ça pendant qu'on va me préparer une tasse de chocolat que j'irai prendre sur la terrasse... (*à part, pendant que Gennaio va donner un ordre à la cantonade.*) parce que de là je pourrai inspecter les carioles ou voiturins qui se rendent à Tarente. (*haut.*) Allons ! parle !

GENNAIO, *revenant.*
Voilà, monseigneur ! Luigi, votre cocher, vient de me dire que le colonel des lanciers était de vos amis !...

ODOARD.
Le comte Hector !...Oui, sans doute... il est de la société des Treize, dont tu parlais tout à l'heure !

GENNAIO.
Est-il bien possible ?... Parmi ces mauvais sujets-là il y a des colonels de lanciers ?...

ODOARD.
Il y a de tout... pourvu qu'on soit aimable et joli garçon... Il y aura bientôt une place vacante, un déserteur, un faux-frère, qui va se marier... Est-ce que tu veux le remplacer, et te faire recevoir dans les Treize ?...

GENNAIO.
Non, monsieur... mais dans les lanciers... C'est une belle arme... Je suis allé l'autre jour m'y faire engager ; mais il paraît que, pour se faire tuer dans ce corps-là, il faut des protections...

ODOARD.
Ah ! çà, mais pourquoi diable veux-tu te faire tuer ? Est-ce la pauvreté ?...

GENNAIO.
Au contraire ! je ne suis que trop riche... voilà mon malheur... parce que mon père, le maître de cette auberge, qui n'a que moi d'héritier, a des idées d'ambition... Il veut que la jeune fille que j'épouserai ait une dot... et justement celle que j'aime n'en a pas !

ODOARD.
De dot ?

GENNAIO.
Bien entendu ! C'est la seule chose qui lui manque... et c'est tout simple... une orpheline qui n'a jamais connu de parents... mais, du reste, la plus jolie fille...

ODOARD, *à part.*
Diable ! c'est bon à connaître !... (*haut.*) Et qui est-elle ?

GENNAIO.
Une couturière.

ODOARD.
Cela n'empêche pas !... au contraire... nous

aimons et nous protégeons beaucoup les couturières... Sa demeure ?...
GENNAIO.
Rue Tolède.
ODOARD, *étonné*.
Hein !... et son nom ?...
GENNAIO.
Joli comme elle... Isella !...
ODOARD, *à part*.
Dieu ! la même !... la grisette que nous poursuivons !
GENNAIO.
Monseigneur la connaît ?
ODOARD.
Du tout !... mais j'ai entendu dire que le comte Hector dont tu parlais avait des vues sur elle.
GENNAIO.
Mon colonel ?
ODOARD.
Qu'il avait même fait à ce sujet un pari avec l'un de ses amis, un de ses confrères qui la lui disputait... un joli cavalier...
GENNAIO.
Eh bien ! tous deux perdront leur temps... je ne les crains pas... car c'est celle-là qui est sage et honnête... la vertu même...
ODOARD, *à part*.
C'est ce qu'il faudra voir !...
GENNAIO.
Et si vous l'entendiez parler ?... un esprit... une éducation !..
ODOARD.
Vraiment ! elle en a ?
GENNAIO.
Les dimanches et fêtes... parce qu'elle les passe à lire des romans... ce qui lui a donné des sentiments et des principes... Enfin, croiriez-vous que, quand je lui ai avoué, l'autre jour, que mon père s'opposait à notre mariage... elle a eu tout de suite une attaque de nerfs ?... Hein !... c'est affectueux... et elle m'a mis à la porte, en me défendant de revenir chez elle. Aussi, mon parti est pris... et quoique votre ami le colonel ne me plaise plus guère... si vous pouvez me faire entrer dans les lanciers... ou dans un autre régiment !...
ODOARD, *vivement*.
Oui, dans un autre... plus estimable... et surtout plus nombreux... Je m'occuperai de ça... je vais y rêver sur la terrasse en prenant mon chocolat...
GENNAIO.
Bien reconnaissant de ce que vous voulez faire pour moi...
ODOARD.
Laisse donc ! tu ne te doutes pas du plaisir que j'y trouverai...
(*Il sort.*)

SCÈNE IV.
GENNAIO, *seul*.

A la bonne heure ! un coup de tête, un engagement. Je le dirai à mon père, pas plus tard que demain, quand il reviendra de Pouzzoles où il est allé aux provisions. Et peut-être que ça lui fera peur. Ah ! il lui faut des belles-filles de mille piastres ! il a la tyrannie de vouloir que je sois riche, que je sois à mon aise... Eh ben ! non ! je serai soldat ! je coucherai sur la dure, à la belle étoile; je mangerai du pain noir ! ça sera sa punition !... et peut-être ben qu'il reculera là-devant... Je l'espère du moins; et quoique Isella n'ait pas les mille piastres qu'il demande, il aimera mieux me voir marié que soldat... et moi aussi ! (*écoutant.*) Encore une voiture, un carrossin ! quelque artiste ! ils voyagent tous ainsi. (*regardant à la cantonade.*) Voilà le cocher qui descend !

SCÈNE V.
GENNAIO, *puis* HECTOR.

(*On entend chanter dans la coulisse sur la ritournelle de l'air suivant :* Tra, la, la !)

GENNAIO.
Que vois-je !... Eh oui ! le comte Hector, mon futur colonel, déguisé en voiturin... Qu'est-ce que cela veut dire ?...

AIR.

HECTOR, *entrant un fouet à la main*.
Le beau métier, le beau destin
Que le métier de voiturin !
Je suis Piétro le voiturin ;
Je pars demain, de grand matin,
Pour Bologne ou Florence,
Pour Turin, pour la France.
Mes chevaux sont fringants, bien dressés, bien nourris;
Messieurs, dans quinze jours je vous mène à Paris.
Venez à moi, jeune fillette;
De moi vous serez satisfaite.
Etes-vous près d'un jeune amant ;
Bien doucement, et sur la terre,
Je roule, roule mollement.
Jamais une fâcheuse ornière
Ne dérange le sentiment.
Le beau métier, le beau destin
Que le métier de voiturin !
Mais êtes-vous avec votre maman
Près d'un timide et tendre soupirant,
Mon fier coursier qui trotte, trotte, trotte,
Sur le pavé rudement vous cahote,
Et rapproche le sentiment.
Volez, volez, ma rapide calèche;
Clic ! clac ! clic ! clac ! pour vous favoriser
Mon fouet bruyant souvent empêche
D'entendre le bruit d'un baiser.
Le beau métier, le beau destin.

ACTE I, SCÈNE V.

Que le métier de voiturin !
(*Se retournant vers Gennaio qui le regarde toujours.*)
Allons ! garçon, à boire au voiturin !
Allons ! allons ! à boire au voiturin !

GENNAIO, *sortant en le regardant.*

On y va, monsieur !...

HECTOR, *seul, continuant l'air.*

Vrai dieu ! son erreur est complète,
Et ce joyeux déguisement
Livre ma nouvelle conquête
Au piège amoureux qui l'attend.

CANTABILE.

Que ma jeune conquête est fraîche et séduisante !
Quelle douce candeur, quelle grâce charmante !
Son cœur naïf encor s'ouvre à peine au désir.
Rose des champs ! heureux qui pourra te cueillir !

GENNAIO *rentre, tenant une bouteille et un verre.*

Voilà, monsieur, d'excellent vin.

HECTOR, *apercevant Gennaio, reprend le ton et les manières d'un voiturin.*

L'excellent vin ! mon cher ami,
(*buvant.*)
Oui, c'est du lacryma-christi !
Par saint Janvier, l'excellent vin !
Il est parfait ! il est divin !
A Livourne, à Florence,
A Milan, même en France
Il n'a pas son pareil ; il est vraiment exquis !
Non vraiment, non vraiment, non pas même à Paris !
Le beau métier, le beau destin
Que le métier de voiturin !

GENNAIO, *le regardant pendant qu'il boit.*

Il est amusant. Comme membre de la société des Treize, c'est quelque nouveau tour qu'il aura joué avec ce déguisement-là... quelque jeune fille qu'il enlève de bonne volonté... celle qu'il a amenée dans son carrosse... c'est cela même ! C'est drôle... (*regardant du côté par lequel Hector est entré.*) Ah ! mon Dieu ! Isella ! ma bonne amie ! Quelle horreur !

HECTOR.

Ah ! çà, l'ami, une chambre tout de suite, et la plus belle... Tu y feras porter un dîner pour deux !...

GENNAIO.

Pour deux !... (*à part.*) Est-ce qu'ils seraient déjà d'intelligence ?...

HECTOR.

Un bon voiturin ne doit jamais quitter ses pratiques... aussi, nous dînons ensemble, c'est mon usage... Il nous faut du Malvoisie, et du meilleur... Je ne regarderai pas au prix, pourvu que la bourgeoise soit contente.

GENNAIO, *à part.*

C'est ça ! pour voir si elle a le vin tendre !...

HECTOR.

Justement la voilà... Allons, en avant ! dégourdis-toi !

GENNAIO.

J'y vais, j'y vais... (*à part.*) mais je ne les perds pas de vue...

SCÈNE VI.

LES MÊMES, ISELLA.

ISELLA, *entrant avec une fille d'auberge qui porte ses cartons.*

Doucement ! prenez donc garde... Cahoter ainsi des échantillons de tulle et de gaze !... Vous ne savez donc pas que c'est notre réputation... ça se chiffonne d'un rien !

HECTOR, *montrant la chambre à la servante.*

Par là ! par là ! mam'selle. (*à Isella.*) Dam' ! c'est votre faute, la bourgeoise... Vous avez voulu vous arrêter dans cette auberge au lieu de pousser encore six lieues, jusqu'à la première couchée !...

ISELLA.

Eh bien ! voiturin, en faisant prix avec vous, en consentant à prendre votre carrosse, qui n'est autre qu'une véritable patache, est-ce que je n'ai pas mis pour condition que je m'arrêterais où je voudrais ?... (*à part, regardant autour d'elle.*) C'est drôle ! je ne vois pas Gennaio, et il me semble pourtant bien que c'est ici l'auberge de son père... (*haut, à Hector qui s'approche.*) Est-ce que je ne puis pas avoir des comptes à régler ici ?... Sachez, voiturin, qu'une couturière qui a de la délicatesse ne s'expatrie pas sans mettre ordre auparavant à toutes ses affaires... (*à part.*) même celles de cœur.

GENNAIO, *ouvrant la porte du cabinet.*

J'entendrai mieux comme ça !

ISELLA.

Au surplus, mon cher !...

GENNAIO, *à part.*

Son cher !

ISELLA.

Vous vous rappelez ce qui s'est passé entre nous ?

GENNAIO, *à part.*

O ciel !

ISELLA.

Si je vous ai donné la préférence sur les autres, vos concurrents, c'est parce que vous m'avez juré d'être toujours complaisant avec moi et d'obéir à mes moindres fantaisies...

GENNAIO, *à part.*

C'est ça ! elle a fait ses conditions !

ISELLA.

Aussi, vous n'avez pas eu à vous plaindre de moi, je l'espère... J'ai consenti à toutes vos demandes...

GENNAIO, *à part, en refermant la porte.*

Perfide Isella !

ISELLA, *très émue.*

Ah ! mon Dieu !

HECTOR.

Quoi donc ?

ISELLA.
Rien! rien... (*à part*.) J'ai cru entendre mon nom!
HECTOR.
Qu'est-ce que vous avez?...
ISELLA.
Une palpitation.
HECTOR.
Vous y êtes sujette?
ISELLA.
Quelquefois.
HECTOR, *à part*.
C'est bon à savoir!
ISELLA, *à part*.
C'est étonnant! j'aurais parié que c'était sa voix, qu'il m'appelait... C'est vrai! quand on a quelqu'un dans l'idée...
HECTOR.
Ne faut pas rester là, mam'selle... Voulez-vous que je vous conduise dans votre chambre?
ISELLA.
Oui... oui... volontiers!
HECTOR.
Allons! donnez-moi le bras... appuyez-vous ferme! Pauvre petite mère! c'est qu'elle est toute tremblante...

(*Il entre avec elle en la soutenant par la taille.*)

SCÈNE VII.

GENNAIO, *ensuite* ODOARD.

GENNAIO, *sortant du cabinet*.
Ensemble!... dans la même chambre!... Quelle horreur! il n'y a plus moyen d'en douter.
ODOARD, *à part, en entrant*.
Il vient d'entrer un voiturier dans la cour; il me dira s'il a rencontré la petite.
GENNAIO.
Ah! monsieur le marquis!...
ODOARD.
Quoi donc?
GENNAIO.
Celle dont je vous parlais tantôt... Isella... elle est ici!
ODOARD.
Ici!... (*à part*.) Quel bonheur! me voilà certain d'avoir l'avance sur Hector!...
GENNAIO.
Et c'est maintenant que j'ai recours à vous... Votre ami... le colonel...
ODOARD.
Ah! oui... cet engagement... nous verrons!
GENNAIO.
Du tout!... je n'en veux plus!... j'aimerais mieux ne me faire tuer de ma vie que de lui en avoir l'obligation... un séducteur qui s'est emparé de celle que j'aime!...

ODOARD.
Hein!... plaît-il?...
GENNAIO.
Oui, monseigneur... je l'ai bien reconnu, quoiqu'il soit déguisé en voiturin.
ODOARD.
En voiturin?... quelle ruse infernale!... (*à part*.) Ah! si j'y avais pensé!...
GENNAIO.
Et il l'enlève!
ODOARD.
De force?
GENNAIO.
Plût au ciel! ça serait une consolation... mais le pire, c'est qu'ils sont d'accord.
ODOARD.
Déjà!... Comment! cette vertu si sévère qui l'avait mis à la porte?...
GENNAIO.
C'est peut-être pour ça... elle aura épuisé avec moi toute sa résistance.
ODOARD.
C'est indigne! c'est affreux!... Où sont-ils?
GENNAIO.
Là... dans cette chambre... seuls... en tête-à-tête!
ODOARD.
En tête-à-tête!... quelle horreur!... Il faut les séparer tout de suite, et à tout prix!
GENNAIO.
A-t-il bon cœur!
ODOARD, *vivement*.
Oh! si je pouvais me débarrasser... (*se reprenant*.) te débarrasser d'Hector... l'éloigner seulement dix minutes d'Isella!...
GENNAIO.
Et pourquoi?
ODOARD.
Pour la prévenir des dangers qui l'environnent, la ramener à la vertu.
GENNAIO.
En dix minutes!... Et quand l'autre reviendrait, elle serait sauvée?
ODOARD.
Oui, sauvée!... (*à part*.) avec moi.
GENNAIO.
Dieu! l'honnête homme! le brave seigneur!... Si je peux vous aider!...
ODOARD.
Tais-toi; le voilà qui sort. Laisse-nous, et songe à ce que je t'ai dit.
GENNAIO.
J'en viendrai à bout, et tenez-moi pour une bête si je ne trouve pas quelque moyen de vous procurer un tête-à-tête avec ma maîtresse.
ODOARD.
Bien! c'est ce qu'il faut.

(*Gennaio sort.*)

SCÈNE VIII.

HECTOR, ODOARD.

HECTOR, *à la cantonade.*

C'est bon, c'est bon, mam'selle, on y va. (*à part.*) Que diable peut-elle vouloir au fils de l'aubergiste?... peut-être un ancien compte...

ODOARD.

Me trompé-je?... Hector!...

HECTOR, *à part.*

Odoard!... au diable!... (*haut.*) Enchanté!...

ODOARD.

Comment êtes-vous ici, mon cher?

HECTOR.

Et vous qui parlez, qui vous y amène? N'êtes-vous pas de l'escorte qui attend la jeune reine?

ODOARD.

Ah! vous le savez?

HECTOR, *s'inclinant.*

Je n'ai pas été étranger à un choix aussi honorable!

ODOARD, *avec dépit.*

Qui me fera rester loin de Naples deux jours, et peut-être plus.

HECTOR, *souriant.*

J'avais probablement mes raisons... et dans votre intérêt je vous engage à ne pas rester ici... La reine peut arriver d'un instant à l'autre...

ODOARD.

Vous êtes trop bon! mais rassurez-vous, je serai prévenu.

HECTOR.

Et comment?

ODOARD.

Deux ou trois piqueurs échelonnés sur la route... et le dernier, qui est à quelques cents pas d'ici, m'avertira sur son cor de chasse... vous savez? cette fanfare brillante...

HECTOR.

Que l'autre jour nous exécutions ensemble?

ODOARD.

Vous surtout! avec tant de succès!...

HECTOR.

Vous me faites rougir!

ODOARD.

Pourquoi donc?... vous avez tous les talents distingués... celui de piqueur... celui de cocher... et ce costume de voiturin...

HECTOR.

Un habit d'étude... pour m'exercer à conduire... c'est grand genre...

ODOARD.

Allons donc!

HECTOR.

Genre anglais!

ODOARD.

Allons donc! vous dis-je; je sais tout.

HECTOR.

Vrai?... Eh bien! alors, j'y mettrai de la confiance... Une idée admirable... diabolique... une idée digne de vous.. Hier, après notre séance, je m'en retournais à mon hôtel, rêvant à notre pari et à cette jeune beauté que vous me disputiez, lorsqu'en traversant la Chiaia j'aperçois sur la place notre jolie couturière entourée de muletiers, de voiturins qui se la disputaient. J'approche, et je l'entends conclure son marché avec l'un d'eux pour aller jusqu'à Tarente...

ODOARD.

Je le savais!

HECTOR.

Où elle doit se rendre...

ODOARD.

En passant par ici... Voilà pourquoi je l'attendais.

HECTOR.

J'ai fait mieux!

ODOARD.

Vous êtes parti avec elle?

HECTOR.

Justement!... J'accoste le voiturin, et sans marchander, costume, voiture, équipage, je lui achète tout en bloc, y compris la voyageuse, et ce matin je me présente en son lieu et place à ma nouvelle acquisition.

ODOARD.

Et elle vous a pris pour lui?

HECTOR.

A peine si elle l'avait regardé... et je me suis annoncé si naturellement comme celui avec qui elle avait traité la veille, que, grâce à cet aplomb, à cette candeur d'effronterie qui nous est prescrite par l'article trois de notre règlement...

ODOARD.

Que vous possédez à merveille!

HECTOR.

Et vous donc!... je l'ai entendue dire à ses compagnes en leur faisant ses adieux: C'est singulier! il ne m'avait pas semblé si bien hier!...

ODOARD.

Elle a dit cela?

HECTOR.

C'était de bon augure, et la suite a répondu à cette heureuse entrée en campagne.

ODOARD.

Quoi! vous vous êtes déclaré?

HECTOR.

Je m'en serais bien gardé... quand j'ai vu les avantages de ma position... On ne se défie pas d'un voiturin... c'est sans conséquence... on est là, près de lui... on cause... un cahot rapproche les distances... et, grâce au ciel et au gouvernement, les routes sont si mauvaises!... Et quand il faut descendre de voiture, il n'y a pas de marche-pied... c'est gênant... je suis obligé de la recevoir, de l'enlever dans mes bras... Et quand elle remonte en voiture... c'est bien mieux encore... une jambe charmante...

ODOARD, *avec humeur*.

C'est trop fort! et je ne la laisserai pas exposée plus longtemps à un pareil danger... Je la sauverai!

HECTOR.

Comment cela?

ODOARD.

En lui disant qui vous êtes... en la prévenant des piéges que vous lui tendez!!

HECTOR.

Avisez-vous-en! et de mon côté je l'avertis de se défier de vous!

ODOARD.

Je dénoncerai vos projets!

HECTOR.

Moi les vôtres!

ODOARD.

Elle sera perdue pour vous!

HECTOR.

Et vous ne l'aurez pas gagnée!

ODOARD.

Au fait, ça ne servirait qu'à nous annuler l'un par l'autre; et c'est d'autant plus honteux que j'avais invité pour ce soir tous nos compagnons... vous le premier... la lettre doit être à votre hôtel.

HECTOR.

Vraiment!

ODOARD.

Eh! oui... me croyant sûr du succès, j'ai commandé ici un souper de treize couverts, afin que nos amis fussent témoins de mon triomphe.

HECTOR.

Ils le seront du mien.

ODOARD.

Non pas!

HECTOR.

C'est ce que nous verrons!

ODOARD.

Plutôt y renoncer tous deux!

HECTOR.

Eh bien! eh bien! ne nous fâchons pas! mettons dans nos trahisons toute la loyauté possible, et faisons de franc-jeu une convention...

ODOARD.

Laquelle?

HECTOR.

Quelque stratagème, quelque mensonge que puisse inventer l'un de nous deux, l'autre ne le démentira pas... quitte à enchérir en rispostant par quelque chose de plus fort.

ODOARD.

Soit!... une assurance mutuelle!...

HECTOR.

Pour tromper avec publicité et concurrence. Et pour commencer, vous ne direz pas qui je suis.

ODOARD.

Je le jure sur l'honneur!

HECTOR.

J'ai l'avantage, et je le garde!

ODOARD.

Jusqu'à ce que je vous l'enlève.

HECTOR.

Ce qui vous sera difficile, car je ne quitte pas la petite d'un instant.

SCÈNE IX.

LES MÊMES, GENNAIO *et* UN GREFFIER.

GENNAIO, *à Hector*.

Eh vite! eh vite! monsieur, dépêchez-vous; on vous prie de vouloir bien passer...

HECTOR.

Où donc?

GENNAIO.

Chez le barigel, la première autorité du village... Voilà son greffier qui vient vous chercher.

HECTOR.

Je n'ai pas affaire à lui!...

GENNAIO.

Oui... mais il a affaire à vous!... On vous a dénoncé comme un faux voiturin... un muletier de contrebande... (*bas à Odoard*.) C'est moi qui l'ai dénoncé.

ODOARD, *bas à Gennaio*.

Bravo!... à merveille!...

HECTOR.

Que peut-on trouver à redire? Est-ce que je n'ai pas une voiture solide et en bon état?...

GENNAIO.

Une voiture!... Si vous croyez que ça suffit pour être voiturin... du tout!... c'est ce qu'il y a de moins nécessaire... La première chose c'est d'avoir une patente!

HECTOR, *à part*.

Ah! diable!

ODOARD, *gravement*.

Écoutez donc, mon cher, si vous n'avez pas de patente... c'est très mal!...

GENNAIO, *bas à Hector*.

Le barigel, qui est têtu comme une mule, vient de faire saisir les vôtres, que l'on a conduites au greffe!...

HECTOR.

Mes mules au greffe!...

ODOARD.

Ne craignez rien pour elles... il paraît qu'elles seront en bonne compagnie!...

GENNAIO.

Et on pourrait vous arrêter.

HECTOR.

M'arrêter!... Et mes pratiques qui resteraient ici!...

ODOARD.
Ne vous en inquiétez pas, je les conduirai dans ma voiture...

HECTOR, *vivement.*
Non pas! non pas!... Je cours parler à ce barigel... (*à part.*) Et comme il ne serait pas prudent de laisser ici trop longtemps l'ennemi en mon absence... je vais chercher quelque moyen pour le faire remonter à cheval, et l'éloigner au plus vite... (*haut au greffier.*) Allons, monsieur, allons chez le barigel...
(*Il sort vivement le premier.*)

SCÈNE X.

GENNAIO, ODOARD, LE GREFFIER.

GENNAIO, *se frottant les mains, à Odoard.*
Je vous avais bien dit que je l'éloignerais... Quand je me mêle d'une chose!...

ODOARD.
Cela ne suffit pas!... (*au greffier qui s'apprête à suivre Hector.*) Un instant, monsieur!... cet homme m'est suspect... Dites au barigel de le retenir; c'est moi qui l'y engage, moi, le feld-maréchal Odoard, commandant l'escorte d'honneur de la reine!...

LE GREFFIER.
Cela suffit!... on l'arrêtera!..

ODOARD.
D'abord!... et avant tout!

LE GREFFIER.
Et s'il n'y avait rien sur son compte?

ODOARD.
On a le temps de le savoir après!

LE GREFFIER.
C'est juste!...
(*Il sort.*)

SCÈNE XI.

ODOARD, GENNAIO, *puis* ISELLA.

ODOARD, *à Gennaio.*
Eh bien! qu'en dis-tu?

GENNAIO.
Vous êtes mon sauveur!...

ODOARD.
Maintenant, à Isella!...

GENNAIO.
Oui... entrez dans sa chambre... dites-lui la vérité... elle vous croira plutôt que moi!...

ISELLA, *sortant de sa chambre.*
Et ce voiturin qui ne m'envoie pas Gennaio!... (*Elle l'aperçoit.*) Ah! c'est lui!...

FINAL.
ENSEMBLE.

ISELLA.
Trouble extrême!
Il est là,
Lui que j'aime!
Et déjà,
A sa vue
Attendue,
De frayeur
Bat mon cœur!

GENNAIO.
Trouble extrême!
La voilà!
Moi qui l'aime,
Je sens là,
A sa vue
Imprévue,
La frayeur
Dans mon cœur!

ODOARD.
Joie extrême!
Isella,
Oui, je t'aime!
Je sens là,
A ta vue
Attendue,
Le bonheur
D'un vainqueur!

ISELLA, *à part.*
Quoi! je suis en sa présence
Sans qu'il cherche à me parler!

ODOARD, *bas à Gennaio.*
Va-t-en donc! ta violence
Ne ferait que nous troubler.

GENNAIO, *bas à Odoard.*
En vous seul j'ai confiance,
Hâtez-vous de lui parler!

ISELLA, *à demi-voix.*
St! st! st!

GENNAIO.
Je crois qu'elle m'appelle!..
(*Il fait un pas vers elle.*)

ODOARD, *le retenant.*
Du tout! du tout!..

GENNAIO.
Si fait!

ODOARD.
Non! non!

ISELLA, *à part, d'un ton très sentimental.*
Il ne vient pas, quand c'est moi qui l'appelle!
(*Par une transition brusque, et du ton dont on appelle un garçon en retard.*)
Holà! garçon!

GENNAIO, *courant vivement.*
Mademoiselle!

ISELLA.
Arrivez donc!

PLUSIEURS VOIX, *hors du théâtre, à grands cris.*
Eh! Gennaio!...

ODOARD, *bas à Gennaio.*
Tiens, là-bas on t'appelle!

2

GENNAIO.
Du tout! du tout!
ODOARD.
Si fait!
GENNAIO.
Non!
ODOARD.
Si?
GENNAIO.
Non! non!
ODOARD, *bas.*
Laisse-moi seul sermonner l'infidèle.
ISELLA, *très impatientée.*
Eh bien l'garçon,
GENNAIO.
Mademoiselle!

ENSEMBLE.

ISELLA.
Arrivez donc?
GENNAIO.
Pardon! pardon!
ODOARD.
Va donc! va donc!
ISELLA, *avec dépit à Gennaio qui est arrivé près d'elle.*
Pour vous parler la peine est assez grande!
ODOARD, *se plaçant entre eux deux.*
C'est qu'en bas on le demande!
ISELLA.
Eh bien! qu'en bas on attende!
GENNAIO, *à qui Odoard fait des signes pour qu'il s'en aille.*
Non, avant tout le devoir;
Mais monsieur pourra vous dire...,
Il va vous faire savoir...
Car lui, la vertu l'inspire.
VOIX DU DEHORS, *plus fortes que la première.*
Gennaio! Gennaio!
GENNAIO.
L'on y va! l'on y va!

ENSEMBLE.

GENNAIO.
Trouble extrême!
Fuyons-la! etc., etc.
ISELLA.
Trouble extrême!
Il s'en va! etc., etc.
ODOARD.
Joie extrême!
Isella, etc., etc.
(*Gennaio sort.*)
ODOARD, *avec joie.*
Je triomphe!.. Il s'en va!..
A moi seul Isella!..

(*Tout à coup on entend au dehors, et dans le lointain, un cor de chasse sonner une fanfare. Odoard s'arrête et écoute.*)

ODOARD.
Cette fanfare! ô ciel! quelle disgrâce!
La reine arrive! Eh! oui, c'est le signal!
Il faut partir! il faut céder la place...
Quand j'étais seul, et vainqueur d'un rival.
GENNAIO, *rentrant, à des paysans qui arrivent de tous côtés.*
Savez-vous, mes amis, pourquoi cette fanfare?

SCÈNE XII.

LES MÊMES, LE GREFFIER, *suivi de quelques gens de justice.*

LE GREFFIER, *à Odoard qui va sortir.*
Comme témoin auprès du barigelle
Vous êtes prié de passer.
ODOARD.
Près de la reine, où le devoir m'appelle,
Je cours! mais Gennaio pourra me remplacer;
Il dira tout... à lui vous pouvez vous fier.

ENSEMBLE.

ISELLA.
O contre-temps barbare
Qui de lui me sépare!
Je n'y comprends plus rien.
Quel est donc son dessein?
Je réfléchis en vain.
Dieu! voilà qu'on l'emmène;
Ah! pour moi quelle peine!
Sans le voir, quoi! partir!
C'est vraiment trop souffrir!
GENNAIO.
O contre-temps barbare
Qui d'elle me sépare!
Loin d'elle il faut partir;
Ah! c'est par trop souffrir!
Malgré moi l'on m'entraîne;
Quel ennui! quelle peine!
Loin d'elle il faut partir;
C'est vraiment trop souffrir!
ODOARD.
Forcé de m'éloigner, du moins je les sépare!
Ah! je suis en défaut,
Mais un temps de galop
Et j'y serai bientôt.
Quelle peine!
Quoi! déjà c'est la reine!
La voilà! sa venue
Imprévue
Met mon cœur
En fureur!
LE GREFFIER, *et le chœur à Gennaio.*
Allons donc! qu'on l'entraîne!
Faut-il donc tant de peine
Pour le faire obéir?
Il faut partir!

(*Le greffier et les gens de justice emmènent Gennaio. Odoard voudrait rester encore, mais les sons deviennent plus forts et plus pressants. Furieux il s'enfuit sans pouvoir parler à Isella, qui, demeurée seule, va s'asseoir sur la chaise près de la table en témoignant son étonnement de tout ce qui vient de se passer.*)

ACTE DEUXIÈME.

Le théâtre représente l'intérieur d'une salle de l'auberge. Portes latérales. A gauche, une table; des chaises au fond.

SCÈNE I.

HECTOR, *toujours habillé en voiturin, entrant par le fond.*

Ce n'est parbleu pas sans peine que je lui ai fait entendre raison... Ce maudit barigel agissait avec une obstination qui lui venait d'ordre supérieur... C'est ce cher Odoard qui m'avait fait mettre sous clef!... Croyez donc aux amis... Après tout, c'est un des Treize... un rival... et c'était de bonne guerre... Oui, mais, pour me tirer de là, il a fallu absolument me faire connaître, décliner mon nom et mes titres, ce que je ne voulais pas, parce que ce barigel est obligé d'envoyer son rapport au ministre de la police, à Naples... et cela va produire un éclat qui sera cause qu'on se moquera de moi si je ne réussis pas. Mais je réussirai... et déjà, pour commencer, ce vieux cor de chasse que j'ai aperçu chez le barigel... Ma foi! l'occasion était trop belle... et la brillante fanfare que j'ai envoyée aux échos a fait monter à cheval mon concurrent!... Deux lieues à faire pour aller présenter sa main à la jeune reine qu'il ne trouvera pas!... Mais il est capable de revenir ici ventre à terre... et, avant son retour, hâtons-nous de partir, et d'emmener avec moi ma conquête!

SCÈNE II.

HECTOR, ISELLA, *sortant de la chambre à gauche.*

HECTOR, *reprenant le ton de voiturin.*

Ah! çà, ma petite bourgeoise, est-ce que nous ne partons pas? Mes mules sont reposées et ne demandent qu'à se mettre en route... et moi aussi... On n'accorde ordinairement qu'une demi-heure aux voyageurs, et voilà plus d'une grande heure!...

ISELLA.

Ce n'est pas ma faute! je suis prête... j'ai dîné... un repas superbe, qui avait l'air d'être pour deux!...

HECTOR, *à part.*

Et qu'elle aura mangé seule... pendant que j'étais là-bas, sous les verrous... Ah! mon ami Odoard, je vous revaudrai cela.. (*haut.*) Nous pouvons donc partir?

ISELLA.

Quand vous voudrez!

HECTOR, *vivement et à part.*

J'aime mieux cela!... parce qu'une fois dans ma voiture... elle est chez moi, elle est à moi... et fouette cocher!... (*haut à Isella.*) Je vais atteler!

(*Il sort par le fond.*)

SCÈNE III.

ISELLA, *seule.*

Certainement! que je partirai!... et je voudrais déjà être loin d'ici... Conçoit-on ce Gennaio?... C'est pour le voir, pour lui parler, que je m'arrête dans cette auberge, et il évite ma présence!... et quand enfin je l'aperçois, quand je l'appelle, il s'en va!... Eh bien! moi aussi, je m'en irai... On a de l'amour-propre, de la fierté... et si ce n'étaient mes principes!...

COUPLETS.

PREMIER COUPLET.

Pauvre couturière,
Mais honnête et fière,
J'aime, et je ne veux
Qu'un seul amoureux.
J'ai fait la promesse
De l'aimer sans cesse!
Et probablement
Tiendrai mon serment.
Mais... mais... pourtant, hélas!
Ne vous y fiez pas.
Parfois la vengeance
Peut nous entraîner,
Et peut nous mener
Plus loin qu'on ne pense.
Gennaio, prends garde!
Cela te regarde;
Plus d'un grand seigneur
Peut m'offrir son cœur.

DEUXIÈME COUPLET.

Sans être coquette,
Nouvelle conquête
Peut m'offrir encor
Des titres, de l'or.

Mais de ces altesses
Et de leurs richesses
Toujours je rirai !
Car je l'ai juré !
Mais... mais...pourtant, hélas !
Ne vous y fiez pas !.. etc., etc.

SCÈNE IV.

ISELLA, ODOARD.

ODOARD, *entrant par le fond, à part.*

C'est elle !... elle n'est pas partie !... Ah ! mon ami Hector, vous paierez cher cette course-là... Décidément la reine n'arrive que demain, et j'ai devant moi toute une soirée qui vous sera fatale !

ISELLA.

Allons ! partons !

ODOARD, *à part.*

Diable ! pas de temps à perdre !... les grands moyens !... (*haut et criant vers la cantonade.*) Les imbéciles ! les butors !... adressez-vous donc à eux !

ISELLA, *se retournant.*

L'officier de ce matin !... A qui en avez-vous donc, monsieur ?

ODOARD.

Aux garçons de cette auberge... à Gennaio !

ISELLA, *s'approchant.*

Gennaio ?

ODOARD.

Il ne sait rien !

ISELLA.

C'est bien vrai !

ODOARD.

Un petit niais !

ISELLA.

Quelquefois !

ODOARD.

Lui qui va tous les jours à Naples... ne pouvoir m'indiquer dans la rue Tolède la personne que je cherche...

ISELLA.

La rue Tolède ?... Pardon, monsieur, j'y demeure moi-même..., et, vu que j'y connais beaucoup de monde, je serais peut-être susceptible de vous indiquer... si toutefois il n'y a pas d'indiscrétion à demander à monsieur le motif...

ODOARD.

Comment donc, il n'y a pas de mystère... Vous saurez, mademoiselle, que j'habite avec ma tante un château du voisinage.

ISELLA, *à part.*

Un château !... je m'en doutais à sa physionomie !

ODOARD.

Nous attendons une parente qui va se marier... des parures, des robes de noce à faire... et ma tante a ouï parler avec tant d'éloges d'une jeune artiste en couture qu'elle n'en veut pas employer d'autre, et me fait faire six lieues pour aller lui offrir de passer trois mois chez nous, à raison de mille piastres..

ISELLA, *à part.*

Mille piastres ! juste ce qu'il me faudrait pour ma dot ! Elle est bien heureuse, celle-là ! (*haut.*) Et son nom, monsieur, son nom à cette artiste ?

ODOARD.

Un nom fort agréable... Is... Is...la...

ISELLA, *vivement.*

Isella, peut-être ? près la fontaine, n° 5, à l'entresol, les volets verts ?

ODOARD.

Justement !

ISELLA.

Dieu ! quelle rencontre !

ODOARD.

Elle vous serait connue ? Alors, je vous demanderai si elle mérite en effet tout le bien qu'on en dit ?

ISELLA.

A cet égard-là, monsieur, je suis trop modeste ; comme c'est moi-même !

ODOARD.

Vous, mademoiselle ?... allons donc !

ISELLA.

Comment ! allons !

ODOARD.

Vous me pardonnerez de vous dire que ma tante est trop rigide pour que je lui amène ainsi la première venue...

ISELLA.

Mais, monsieur, il n'y a pas de première venue, puisque je vous dis que c'est moi !

ODOARD.

Vous le dites ! vous le dites... il faut des preuves... parce que ce qui nous a décidés en faveur de mademoiselle Isella, c'est qu'elle jouit d'une réputation...

ISELLA.

Intacte ! Précisément, monsieur... c'est bien moi, connue, j'ose le dire, pour la solidité des principes et des points arrière...

ODOARD.

Permettez ! il n'est pas aisé de m'en faire accroire... j'ai des renseignements... D'abord, une très jolie personne.

ISELLA, *les yeux baissés.*

Dam' ! monsieur...

ODOARD.

Je conviens que jusque-là le signalement est exact... On ajoute qu'elle a la main la plus blanche...

ISELLA, *avançant sa main.*

Si ce n'est que cela ?

ACTE II, SCÈNE IV.

ODOARD, *après lui avoir pris la main.*
Parfaitement conforme!... et des yeux, surtout!...
ISELLA.
Je ne les cache pas!
ODOARD.
C'est juste! c'est très juste! On disait même...
(*Il va pour lui prendre la taille.*)
ISELLA, *avec impatience.*
Ah! dam'! s'il faut un signalement si minutieux, il n'y a pas moyen de se reconnaître!
ODOARD.
Non, mademoiselle, non, cela suffit!... D'ailleurs je me fie à vous ; vous ne voudriez pas me tromper, abuser de ma crédulité...
ISELLA.
J'en suis incapable.
ODOARD.
Il n'y a plus qu'un obstacle, c'est que nous ne pouvons pas attendre... et vous devez être si courue... avoir une si nombreuse clientèle !
ISELLA.
Il est sûr que, Dieu merci, ce n'est pas l'ouvrage qui me manque, et qu'il m'en tombe de tous les côtés... Mais dans ce moment-ci je n'ai rien à faire... J'allais à Tarente, pour un mémoire qu'on peut remettre plus tard.
ODOARD.
Est-ce heureux! Et vous vous mettriez à ma disposition?..
ISELLA.
Quand vous voudrez.
ODOARD.
Pour me suivre dans ce beau château, qu'on voit là-bas sur la colline?
ISELLA.
Je n'ai point de préjugés contre les châteaux.
ODOARD, *à part.*
A merveille!... Une fois qu'elle y sera, je défie bien Hector!... (*haut.*) Allons! allons... mademoiselle!
ISELLA.
Le temps de prendre là-dedans mes cartons.
ODOARD.
Impossible! je suis trop pressé de satisfaire l'impatience de ma respectable tante!
ISELLA.
Mais, monsieur..
ODOARD.
On enverra tout chercher demain matin, et pour vous rassurer, voici un à-compte... cent ducats d'or, que je vous prie de recevoir d'avance, à condition que nous ne perdrons pas une minute...
(*Il lui donne une bourse.*)
ISELLA, *prenant la bourse, à part.*
Cent ducats d'or! il y met des procédés... (*haut.*) Allons, par égard pour madame votre tante...
ODOARD.
Qui vous en remerciera dans un quart d'heure... Venez, mademoiselle, ma calèche est attelée.
(*Ils vont pour sortir ; la porte du fond s'ouvre.*)

SCÈNE V.

LES MÊMES, HECTOR.

HECTOR, *entrant le fouet à la main.*
Eh ben! eh ben! dites donc, ma belle demoiselle... où donc est-ce que vous allez comme ça?... moi qui viens vous dire que les mules sont attelées!
ISELLA.
Ah! c'est vrai! mon cher, dans la précipitation, je vous avais oublié!...
HECTOR.
Comment, oublié?... Qu'est-ce que ça signifie?
ISELLA.
Ça signifie que monsieur m'emmène avec lui!
HECTOR, *à part.*
Comment diable s'y est-il pris?... (*haut.*) Fi! mademoiselle, fi!...
ISELLA.
Comment, fi?...
HECTOR, *à Isella.*
Oui... un inconnu... qui viendra me débaucher mes pratiques!
ISELLA.
Débaucher! ah! que c'est voiturin!... D'abord, quant à inconnu, il ne l'est pas... il s'est fait connaître, il a un château où je l'accompagne.
ODOARD.
Volontairement, et sans effort, mademoiselle vous le dira!...
ISELLA.
Sans doute! et dans sa calèche... une calèche! Ainsi, voiturin, on ne va pas sur vos brisées... ce n'est plus le même genre!
HECTOR.
Je me soucie bien de sa calèche, moi! On ne vexe pas comme ça le pauvre monde... et ma voiture que vous avez louée, les trois places que vous avez retenues pour être seule?
ISELLA.
C'est juste! on ne veut pas vous faire du tort; je vas vous les payer, vos places!
ODOARD.
Du tout, mademoiselle, c'est moi que cela regarde... Que vous faut-il, mon cher?
HECTOR, *bas.*
Laissez-moi donc tranquille! (*haut.*) Non, mademoiselle, ça ne se passera pas ainsi... vous m'avez pris pour un voyage, il faut que vous voyagiez; je ne connais que ça!
ISELLA.
Ah! çà, a-t-il la tête dure! c'est pis que ses bêtes... Puisqu'on vous dédommage.

HECTOR, *vivement et avec sa voix naturelle.*
Est-ce que c'est possible!... Et le plaisir d'être avec vous, de vous contempler, de vous admirer... qui m'en dédommagera?
ISELLA, *étonnée.*
Hein! plaît-il! Quel langage!
HECTOR, *à part.*
Dieu! je m'oublie! (*haut.*) Je veux dire, petite mère, que nous autres, ce n'est pas tant l'argent, mais l'honneur de la chose... *corpo di Bacco*!
ISELLA, *l'observant.*
Ah! oui, des jurons! C'est trop tard! il y a un mystère là-dessous... il s'est coupé... Vous n'êtes pas un voiturin... ce n'est pas un voiturin!...
ODOARD, *bas à Hector.*
Ce n'est pas moi qui vous ai trahi!
HECTOR, *à Isella.*
Comment, pas un voiturin! Qu'est-ce que je suis donc, alors?
ISELLA.
C'est moi qui vous le demande; car enfin, ma réputation compromise devant monsieur... qui pourrait supposer...
ODOARD, *à Isella.*
Ah! mademoiselle...
ISELLA, *à Hector.*
Répondez, inconnu équivoque... répondez!... Pourquoi ce costume?... seriez-vous un amoureux déguisé, par hasard?
HECTOR.
Un amoureux... moi!
ISELLA.
Dam'! j'en ai tant lu dans les romans!..
ODOARD.
Pour moi, je ne dis rien!
ISELLA, *à part.*
Il se trouble!... c'est un amoureux!... Quelle horreur! et la police souffre ça! (*haut à Hector.*) Qui êtes-vous, monsieur? quel était votre projet?... Vous espériez donc me séduire?
ODOARD, *d'un air de componction.*
Oh! je ne puis le croire. (*bas à Hector.*) Si vous vous tirez de là, mon cher ami...
HECTOR, *d'un ton hypocrite.*
Hélas! mademoiselle, quelle erreur est la vôtre! et si vous me connaissiez mieux, combien vous vous reprocheriez vos soupçons!
ISELLA.
Tout ça, c'est des phrases! il me faut du positif!
HECTOR.
Eh bien! il n'est plus temps de feindre ni de se taire, et dès que nous allons être seuls et sans témoins...
ISELLA.
Seuls!... Quelle audace!...
ODOARD.
Il ne doute de rien!

ISELLA.
Moi, seule avec vous! mais ça serait un tête-à-tête...
ODOARD.
Pas autre chose.
HECTOR.
Il le faut pour mon bonheur!
ISELLA.
C'est ça... et le mien?
ODOARD.
L'honneur de mademoiselle...
HECTOR.
Ne court aucun risque... mais je dois me justifier à ses yeux... je dois repousser une injuste prévention... et pour lui déclarer la vérité tout entière, pour obtenir son estime et sa confiance, je ne lui demande que dix minutes!...
ODOARD, *à part.*
Quel diable de mensonge veut-il lui faire?
ISELLA.
Dix minutes!
HECTOR.
Pas davantage.
ISELLA.
C'est pour me parler d'amour?
HECTOR.
Non, mademoiselle.
ISELLA.
Je suis sûre que si!
HECTOR.
Je vous jure le contraire!
ISELLA.
Ah! je voudrais bien le voir!... D'abord, si vous m'en dites un mot, j'appelle tout de suite monsieur... (*montrant Odoard.*) qui est sage, lui... qui n'a que de bonnes intentions...
ODOARD.
Certainement!... mais ma tante qui nous attend! Notre voyage qui est pressé....
ISELLA.
Rien que dix minutes!
ODOARD.
Mais votre sagesse?...
ISELLA.
Oh! en dix minutes!.. C'est pour le confondre... A son embarras seul je gage qu'il ment... C'est un amoureux... il va me faire une déclaration, c'est sûr!
ODOARD.
Raison de plus pour le fuir...
ISELLA.
Pourquoi donc? Vous serez là... tout près...
ODOARD.
N'importe! s'il osait?...
ISELLA.
Soyez tranquille... je crierai... Oh! vous ne me connaissez pas... je crierai!...
ODOARD, *à part.*
Allons, c'est une garantie!... (*haut, et tirant*

ACTE II, SCÈNE VI.

sa montre.) Nous disons donc dix minutes...
(*à part, en sortant.*) Au fait, en si peu de temps...
(*à Hector.*) C'est convenu... allons, je m'en vais...

SCÈNE VI.

HECTOR, ISELLA.

ISELLA, *à part, et pendant qu'Hector ferme la porte sur Odoard.*

Ce qui m'amuse, c'est de voir les détours et les phrases respectueuses qu'il va employer, car ma vue seule lui impose...

DUO.

HECTOR, *redescendant vers Isella d'un air exalté.*

Enfin, nous sommes seuls !.. viens donc, viens dans
    mes bras !..

ISELLA, *effrayée et reculant.*

Qu'a-t-il donc ! quelle frénésie !..

HECTOR, *de même.*

Viens, te dis-je !..

ISELLA.

Finissez, monsieur, ou bien je crie !

HECTOR, *d'un ton de reproche.*

Quoi ! ton cœur ne te dit rien ?..

ISELLA.

Rien du tout !

HECTOR, *avec douleur.*

Hélas !
La voix du sang est donc une chimère ?
Elle ne peut reconnaître son frère !

ISELLA, *interdite.*

Lui, mon frère !

HECTOR.

Tais-toi !

ISELLA.

Mon frère !.. se peut-il ?..

HECTOR, *rapidement, avec chaleur et désordre.*

Le voilà ce secret qu'entre tes mains je livre !
Proscrit et fugitif, le malheur et l'exil
Loin de Naples longtemps nous a forcés de vivre.
Par nous abandonnée à des mains étrangères,
Dans un état obscur...

ISELLA.

Oui, dans les couturières...

HECTOR, *de même.*

Mais le roi nous rappelle... il nous rend notre honneur !
Nos titres, nos trésors... et bien plus, une sœur !..
Et c'est vous !..

ISELLA.

Moi !

HECTOR.

Vous !

ISELLA.

Moi ?

HECTOR.

Ma sœur !

ISELLA.

Sa sœur !

HECTOR.

Ma sœur !

ENSEMBLE.

O nature ! ô sympathie !
O secret pressentiment
Par qui l'âme est avertie
Du bonheur qui nous attend !
Est-ce erreur ? est-ce imposture ?
Non, non, c'est la voix du sang !
C'est l'accent de la nature !
C'est le cri du sentiment !

HECTOR.

Eh quoi ! rien encor jusqu'ici
Ne t'avait révélé ce frère, cet ami
    Donné par la nature ?

ISELLA.

Non ; et pourtant de moi vous vous teniez si près,
Que dans plus d'un cahot, et comme un fait exprès,
Votre joue a touché la mienne...

HECTOR.

La nature !..

ISELLA.

Et puis, pour monter en voiture,
Ou pour en descendre, parfois
Vous me serriez la taille à m'étouffer, je crois !..

HECTOR.

La nature ! la nature !

REPRISE DE L'ENSEMBLE.

ISELLA.

Oui, c'est mon frère que j'entends !
Mais pour moi, qui jamais n'ai connu mes parents,
Je voudrais bien savoir le nom de ma famille.

HECTOR.

Ah ! tu veux le savoir ?

ISELLA.

Ça me fera plaisir !

HECTOR.

N'as-tu pas mainte fois entendu retentir
Un grand nom, qui dans Naples brille,
Celui d'Hector Fiera-Mosca ?

ISELLA.

Fiera-Mosca !.. j'ai lu quelque part ce nom-là.

HECTOR.

C'est le nôtre, ma sœur, et notre maison compte
Princes, ducs et marquis... mais c'est du dernier
    comte
Que nous descendons tous les deux !

ISELLA, *avec admiration.*

Un comte !..

HECTOR, *jetant le manteau qui le couvre et paraissant en costume élégant.*

Et j'en reprends le costume à tes yeux !

ISELLA, *avec joie.*

Un comte ! moi comtesse ! Ah ! quel bonheur soudain !
Et quel honneur pour notre magasin !

HECTOR, *avec tendresse et expression.*

Longtemps, sur la rive étrangère,
Me berçant d'un espoir flatteur,
Je rêvais à ce jour prospère
Qui devait me rendre ma sœur.

Je disais, pour calmer ma peine :
Ce jour-là ma sœur laissera
　Ma main presser la sienne...
ISELLA.
Je n'empêche pas ; la voilà.
HECTOR, *la pressant contre lui.*
Son cœur battra contre le mien.
ISELLA.
Le voulez-vous ? je le veux bien.
HECTOR.
Et surtout cette sœur si chère
Ne me dira plus *vous !*
ISELLA.
　　　Plus *vous.*
HECTOR.
Ah ! c'est si mal avec un frère !
ISELLA.
Dam' ! si tu veux...
HECTOR.
　　　C'est bien plus doux !
ISELLA, *vivement.*
Mais, bien sûr, je suis comtesse ?
HECTOR.
Peux-tu douter de ta noblesse ?
Et pour dernière preuve, prends
Cette bague de notre mère.
Elle est à toi, ma chère.
ISELLA.
Dieu ! les beaux diamants !
Trois cents piastres ?...
HECTOR.
Au moins.
ISELLA.
　　　Ah ! les beaux diamants !

ENSEMBLE.

Quoi ! je suis comtesse !
J'en perdrai l'esprit !
Honneur et richesse,
Pouvoir et crédit !
J'ose à peine y croire.
Dans aucun roman
Je n'ai lu d'histoire
Ni d'événement
Plus invraisemblable
Et plus étonnant.
Ah ! c'est admirable !
C'est vraiment charmant !
HECTOR, *à part.*
Oui, par mon adresse
Son cœur est séduit.
Audace et finesse,
Et l'on réussit.
Sans m'en faire accroire
Je dis franchement
Que rien à ma gloire
Ne manque à présent.
Grâce à cette fable,
Je suis triomphant.
Ah ! c'est admirable !
C'est vraiment charmant.
ISELLA.
A tout le monde ici je vais le dire.

HECTOR.
Au contraire, il nous faut le plus profond secret.
ISELLA.
Et pourquoi donc ?
HECTOR.
　　　Cela nuirait
A de vastes projets dont je saurai t'instruire.
Attendons que tu sois présentée à la cour.
ISELLA, *avec explosion.*
A la cour !... est-il vrai ?.., moi ! j'irais à la cour ?
J'irais en robe à queue ?
HECTOR.
　　　Oui, vraiment.
ISELLA.
　　　　　A mon tour
Je pourrais en porter !... moi qui jusqu'à ce jour
En faisais... Quel bonheur !
HECTOR.
　　　Mais silence ; il le faut.
ISELLA.
Ah ! je ne dirai pas un mot.

REPRISE DE L'ENSEMBLE.

ISELLA, *avec volubilité.*
Ah ! je suis comtesse ! etc.
Des laquais et des pages,
Et de beaux équipages...
Quoi ! j'irais à la cour !...
Quel plaisir ! quel beau jour !
HECTOR.
Oui, par mon adresse, etc.
ISELLA.
O mon frère !
HECTOR.
O ma sœur !
ISELLA.
O délire !
HECTOR.
O bonheur !

ENSEMBLE.

O délire ! ô bonheur !

(*Ils tombent dans les bras l'un de l'autre et s'embrassent. Paraissent Odoard et Gennaio.*)

SCÈNE VII.

LES MÊMES, ODOARD, GENNAIO, *entrant chacun par une porte opposée.*

ODOARD.
Que vois-je !
GENNAIO.
Ah ! mon Dieu !
HECTOR, *tirant sa montre.*
Les dix minutes ! je suis en règle !
ODOARD.
Comment, mademoiselle !...
ISELLA.
Ah ! dam' !

HECTOR, *faisant un signe à Isella.*
Silence!...
GENNAIO.
On ne vous a donc pas dit que c'était un colonel de lanciers!...
ISELLA.
Si vraiment!
GENNAIO.
Le comte Hector?
ISELLA, *avec dignité.*
De Flera-Mosca!...
HECTOR, *avec calme.*
Elle sait tout.
ODOARD, *à part.*
Et ne pas connaître quelle ruse il a employée!
HECTOR, *à Isella.*
Je vais faire préparer une voiture... Nous partirons ensemble... sur-le-champ, n'est-ce pas?
ISELLA.
Tout ce qu'il te plaira!
ODOARD.
Elle le tutoie!
GENNAIO, *qui est resté comme abasourdi.*
Je voudrais être sourd!
(*Il se bouche les oreilles.*)
HECTOR, *la reconduisant vers sa chambre.*
C'est bien... En attendant, retourne dans ta chambre, prends tes cartons et partons à l'instant!... (*arrivé près de la porte.*) Ah! encore une fois dans mes bras!...
ISELLA, *s'y jetant.*
De tout mon cœur!
ODOARD.
Elle se laisse faire!
GENNAIO, *stupéfait.*
Je voudrais être aveugle!
(*Il se cache les yeux avec ses mains.*)
ISELLA, *rentrant et jetant un coup d'œil sur Gennaio; à part.*
Pauvre Gennaio!
(*Elle sort.*)
HECTOR, *bas à Odoard, en s'en allant.*
Maintenant, mon cher ami, si vous vous tirez de là, j'en serai charmé... et je ne vous en empêche pas... vous le voyez!...
(*Il sort.*)
ODOARD, *à part.*
Morbleu! je suis battu!... J'y renonce... Du diable si j'attends nos amis... Il ne me reste qu'à prendre mon manteau et à partir!
(*Il sort.*)

SCÈNE VIII.

GENNAIO, *puis* ISELLA.

GENNAIO, *seul.*
Je suis stupide!... j'ai le cauchemar... J'ai beau l'avoir vu et entendu, je ne peux croire encore...
ISELLA, *entr'ouvrant sa porte, et à part.*
Il est seul; faut le consoler... On a beau être grande dame... ça n'empêche pas d'être sensible... au contraire... (*s'approchant.*) Gennaio!
GENNAIO.
Encore elle!... Laissez-moi, je vous déteste!...
ISELLA.
Ingrat!... Moi qui ce matin avais quitté Naples en pensant à lui... moi qui avais voulu passer par ce village, m'arrêter dans cette auberge, exprès pour le voir un instant!
GENNAIO, *avec transport.*
Pas possible!... Ah! pardon!... Et je t'accusais!... Ah! ce n'est plus de l'amour que j'ai, c'est de l'ivresse, de l'adoration... (*se ravisant et avec explosion.*) c'est de la bêtise... car enfin, l'autre?...
ISELLA.
Ah! dam'!... on part sans penser à rien... mais s'il arrive des circonstances...
GENNAIO.
Ah! elle appelle ça des circonstances!... un mauvais sujet... qui se permet des choses... que moi seul...
ISELLA, *vivement, lui mettant la main sur la bouche.*
Chut! oublie ça!... Maintenant que je suis une grande dame...
GENNAIO.
Toi?
ISELLA.
Dieu! ça m'est échappé!... Mais c'est égal, je te connais... tu es discret... tu n'en parleras à personne!...
GENNAIO.
Laisse-moi donc tranquille... Ce grand seigneur, ce comte Hector ne te prendra jamais pour sa femme.
ISELLA.
Je crois bien... est-ce que ça se peut!
GENNAIO.
Tu ne seras que sa maîtresse.
ISELLA, *avec dignité.*
Pour qui me prenez-vous, Gennaio?... On voit bien que vous ignorez quel sang coule dans mes veines... et si ce n'était pas un secret, je n'aurais qu'un mot à dire pour vous faire tomber à mes pieds.
GENNAIO.
D'un mot?... Je t'en défie!
ISELLA.
Tu m'en défies!... Eh bien! au fait... ton estime en dépend... je tiens à ton estime... Apprends donc...
GENNAIO.
Quoi!

SCÈNE IX.

LES MÊMES, ODOARD.

ODOARD, *rentrant avec son manteau, à part.*
Allons!...
ISELLA.
Que je suis sa sœur!

GENNAIO.

Sa sœur?

ODOARD.

Sa sœur!...

ISELLA, *apercevant Odoard.*

Allons, l'autre!... v'là que tout le monde va le savoir.

ODOARD, *à part.*

Sa sœur!... Ah! par exemple, je n'aurais pas deviné celle-là!.. (*haut.*) Comment, mademoiselle, vous auriez pour frère le comte Hector?...

SCÈNE X.

LES MÊMES, HECTOR.

HECTOR.

De Fiera-Mosca... Oui, monsieur... je voulais le cacher... mais puisque les titres sont connus, permettez que je vous présente ma sœur... la comtesse ma sœur!

ODOARD, *saluant profondément.*

Mademoiselle...

ISELLA, *faisant une grande révérence.*

Monsieur!...

GENNAIO.

Allons donc! ce n'est pas possible!

ODOARD.

Si fait, mon garçon, si fait... Quoi! mon cher Hector, mademoiselle est cette jeune personne égarée dans nos révolutions... et dont je vous ai si souvent entendu regretter la perte?

HECTOR.

Oui, mon cher Odoard... (*bas.*) C'est très bien... c'est loyal... vous le prenez comme il faut.

ODOARD.

Que je suis heureux de la voir dans les bras de son vénérable frère... d'autant mieux que je m'y trouve encore plus intéressé que lui-même.

HECTOR.

Hein!... plaît-il?...

ISELLA.

Qu'est-ce que cela veut dire?

ODOARD.

C'est ce qu'il me sera facile de vous expliquer par un récit succinct et véridique.

HECTOR, *à part.*

Est-ce qu'il se flatterait d'imaginer un mensonge plus fort que le mien!..

ODOARD.

Vous vous rappelez, mon cher comte, que nos deux maisons se tenaient par les liens de l'amitié et de la politique... Pour les resserrer encore, elles résolurent, à la naissance de mademoiselle, de profiter d'un privilége accordé aux grandes familles...

HECTOR, *à part.*

Où veut-il en venir?

ODOARD.

On obtint une dispense de Rome, une autorisation de la cour... on nous conduisit en grande pompe dans une chapelle magnifiquement décorée... je crois y être encore... Mademoiselle était dans son berceau... on posa sa jeune main dans la mienne... je n'avais que cinq ans alors... je n'étais pas encore en état d'apprécier, comme aujourd'hui, mon bonheur... mais enfin la cérémonie n'en fut pas moins célébrée avec toutes les formalités nécessaires... et maintenant, vous le voyez, mademoiselle m'appartient... elle est ma femme!

HECTOR, *à part.*

Sa femme!...

ISELLA.

Moi, mariée!...

GENNAIO, *à part.*

Il ne me manquait plus que ça!

ODOARD.

J'en prends à témoin M. le comte, votre frère... Qu'il parle... qu'il rende hommage à la vérité... Je suis sûr qu'il ne me démentira pas!... J'y compte!

HECTOR, *à part.*

Oh! notre convention!... (*haut.*) Certainement... je ne peux pas dire le contraire!...

ODOARD.

Vous entendez?... il en convient!

HECTOR.

Mais avant tout, permettez... Il faudrait au moins savoir où est le contrat de mariage qui prouve que ma sœur est votre femme?

ODOARD.

Où il est?... à côté de l'extrait de baptême qui prouve que ma femme est votre sœur!

HECTOR.

C'est juste!

ODOARD.

Et maintenant, marquise de Rosenthal, suivez votre époux!

FINAL.

GENNAIO, *stupéfait.*

O ciel!

ISELLA.

Quoi! me voilà marquise?
A chaque instant redouble ma surprise.

HECTOR.

Un mot, pourtant, marquis, un seul...

ODOARD.

Je le permets.

HECTOR.

Vos droits, comme mari, sont, je le reconnais,
Aussi sacrés que les miens comme frère.

ODOARD.

C'est la vérité tout entière.

ACTE II, SCÈNE X.

HECTOR.
Mais vous comprenez bien que le rang de ma sœur,
Les usages du monde et surtout sa pudeur...
Car, avant tout, c'est par là qu'elle brille...
ODOARD, *avec impatience.*
Eh bien?
HECTOR, *gravement.*
Eh bien! ce n'est qu'au sein de ma famille
Que je puis en vos bras la remettre.
ODOARD.
Très bien.
HECTOR.
Jusque-là, c'est de droit, je reste son gardien;
Et dans sept ou huit jours peut-être...
ODOARD, *à part.*
Huit jours! il sera temps ..
(haut.)
Non, monsieur, Dieu merci!
C'est à moi d'ordonner.
HECTOR.
C'est moi qui suis le maître.
ODOARD, *prenant la main d'Isella.*
Une femme avant tout doit suivre son mari.
HECTOR, *prenant l'autre main.*
Un frère a sur sa sœur une entière puissance.
ODOARD.
Au nom de la morale...
HECTOR.
Au nom de la décence...
ODOARD, *s'échauffant.*
Je défendrai mes droits!
HECTOR, *de même.*
Je défendrai les miens!
ODOARD.
C'est moi qu'elle suivra!
HECTOR.
C'est moi, je le soutiens!
TOUS DEUX, *se menaçant.*
C'est moi! c'est moi! c'est moi!
ISELLA, *effrayée, s'élançant entre eux deux.*
Grands dieux! entre beaux-frères
Arrêtez, suspendez ces combats sanguinaires!
HECTOR et ODOARD.
Non, non, qu'elle prononce, ou mon bras furieux...
ISELLA, *allant de l'un à l'autre.*
Mon frère!... mon mari!...
(à part.)
Je tremble...
(haut.)
Eh bien! donc, je suivrai...
HECTOR.
Lequel de nous?
ISELLA.
Tous deux.
(Geste de colère de Gennaio, d'Hector et d'Odoard.)
Tous trois nous partirons ensemble.

ENSEMBLE.
ISELLA.
O terrible chance!
On peut en tout temps
Choisir, je le pense,
Entre deux amants;
Mais comment donc faire
Quand il faut ici
Choisir entre un frère
Ou bien un mari?

HECTOR et ODOARD, *à part.*
O la belle avance!
Entre deux amants
Choisir, par décence,
Deux en même temps!
Et que peut-on faire
Quand on est ainsi
Placée entre un frère
Ou bien un mari?
GENNAIO.
Ah! quelle souffrance!
Quel affreux tourment!
Non, plus d'espérance
Pour un pauvre amant.
O destin contraire,
Qui m'a tout ravi!
Ah! c'est trop d'un frère
Et trop d'un mari!

HECTOR, *faisant la moue.*
Partir tous trois, c'est sans doute agréable.
ODOARD, *de même.*
Mais il fait nuit.
HECTOR.
Le temps est détestable.
GENNAIO.
Et les brigands par ici sont nombreux.
ISELLA.
Des brigands!... ah! je tremble...
(regardant Gennaio.)
Et peut-être en ces lieux
On pourrait s'arrêter jusqu'à demain?...
ODOARD, *vivement.*
Sans doute.
HECTOR, *de même.*
Attendons à demain pour nous remettre en route.
ISELLA, *à part et regardant Gennaio.*
A Gennaio, du moins, je ferai mes adieux.
HECTOR.
Et cette nuit l'on peut, dans cette hôtellerie...
GENNAIO, *vivement.*
Vous loger très commodément.
ODOARD.
A merveille!... Un appartement,
(montrant Hector.)
Là, pour monsieur le comte.
HECTOR, *à Gennaio.*
Un autre, je t'en prie,
Pour monsieur le marquis.
ISELLA.
Et puis moi?
ODOARD.
Dieu merci!
Une femme, avant tout, doit suivre son mari.
HECTOR.
Un frère a sur sa sœur une entière puissance.
ODOARD.
Au nom de la morale...
HECTOR.
Au nom de la décence...
ODOARD.
Je défendrai mes droits!
HECTOR.
Je défendrai les miens!

ODOARD.
C'est moi qu'elle suivra !
HECTOR.
C'est moi, je le soutiens.
TOUS DEUX.
C'est moi ! c'est moi ! c'est moi ! je le soutiens !
Eh bien ! qu'elle prononce, ou mon bras furieux...
ISELLA.
Eh bien ! je vais encor me prononcer.
LES TROIS HOMMES, *avec émotion.*
Grands dieux !
ISELLA.
Je choisis de loger seule.
GENNAIO, *à part.*
Ah ! que c'est heureux !

ENSEMBLE.

ISELLA.

O terrible chance !
On peut en tout temps
Choisir, je le pense,
Entre deux amants ;
Mais comment donc faire
Quand il faut ici
Choisir entre un frère
Ou bien un mari ?

GENNAIO.

O douce espérance
Pour un pauvre amant !
Ah ! dans ma souffrance
Je gagne un instant.
Mais comment donc faire ?...
Que ne puis-je ici
Remplacer un frère
Ou bien un mari !

HECTOR *et* ODOARD.

Ah ! la belle avance !
Ce choix trop prudent
Prive d'espérance
L'un et l'autre amant.
O destin contraire !
Comment faire ici ?
Ah ! c'est trop d'un frère
Ou trop d'un mari.

GENNAIO.
Cela se rencontre à merveille.
(*à Odoard et à Hector.*)
Voilà d'abord ici deux chambres pour vous deux.
(*à Isella.*)
Vous, c'est au fond du cloître, une chambre pareille,
(*à part.*)
Numéro quatre. Elle sera loin d'eux.
(*haut.*)
Ainsi chacun sera content.
HECTOR *et* ODOARD, *à part, de mauvaise humeur.*
Oui, joliment, joliment !

ENSEMBLE, *à demi-voix et à part.*

LES TROIS HOMMES.

Voici la nuit ;
Allons, sans bruit,
Chez soi que chacun se retire.
Comment revoir
Avant ce soir
La beauté pour qui je soupire ?
Pour m'inspirer quelque moyen,
Sois, amour, mon ange gardien ;
Pour m'inspirer quelques moyens,
Viens, amour, viens, viens, viens.

ISELLA.

Voici la nuit ;
Allons, sans bruit,
Chez soi que chacun se retire.
Adieu, bonsoir ;
(*à part.*)
Un doux espoir
Et me berce et vient me sourire.
Honneur ! ô toi, mon seul soutien,
Sois toujours mon ange gardien,
Sois toujours mon ange gardien !
Sois mon ange gardien !

(*Gennaio donne un flambeau à Isella qui sort par le fond ; Hector entre dans la chambre à gauche, et Odoard dans celle de droite. Gennaio reste le dernier et donne un tour de clef à la serrure d'Odoard, puis à celle d'Hector, et sort par le fond.*)

ACTE TROISIÈME.

Le théâtre représente un ancien cloître qui est dépendant de l'auberge et où sont plusieurs chambres de voyageurs. Au fond, un escalier conduisant à une galerie qui règne dans toute la largeur du théâtre; sur cette galerie donnent les portes de plusieurs chambres qui font face au spectateur. A droite de la galerie, une fenêtre donnant sur la campagne. Sur les premiers plans, portes latérales, et au fond, sous la galerie, une porte d'entrée.

SCÈNE I.

ISELLA, *tenant un bougeoir et entrant par la porte à droite.*

Dans l'ancien cloître, m'a-t-il dit... chambre numéro 4... Voilà-t-il des cours et des corridors que je traverse!.. Il paraît que Gennaio m'a placée presque à l'autre bout de la maison...(*regardant les numéros des chambres.*) 2, 3, 4...C'est là-haut! (*montrant la chambre dont la porte donne sur la galerie.*) Ce n'est pas trop beau pour une comtesse!... mais il y a des moments où il faut oublier son rang... oui, son rang... car enfin il n'y a plus de doute...

RONDEAU.

Oui, je suis une grande dame;
Mon sort est fixé sans retour,
Et ma famille me réclame
Pour aller briller à la cour.
Quel sort brillant et sans nuages
Sans la douleur de Gennaio!
Mais calme-toi; mon sort nouveau,
Je veux qu'ici tu le partages;
Console-toi, mon Gennaio.
De mes bienfaits, oui je t'accable,
Et veux te voir brillant, aimable,
Avec l'habit fashionable,
    Des diamants
    Et des gants blancs.
Car je suis une grande dame, etc.
    Dans ma riche voiture,
    Quand chacun me verra
    Brillante de parure,
    Comme mon cœur battra!
Pour voir mon équipage
On court de toutes parts;
Chevaux, laquais et pages,
Etonnent les regards.
Je vais, je le parie,
Et dès le premier jour,
Faire mourir d'envie
Les dames de la cour.
Je danserai toujours,
    La danse est mes amours.
Chez moi, les soirs de grand gala,
Toute la ville arrivera;
Des étrangers, Russes, Anglais,
Belges, Prussiens, surtout Français,
Car j'aime beaucoup les Français.

Ils me verront,
Me lorgneront,
M'admireront,
Et me feront
    Des compliments,
    Vifs et galants.
Puis, quand du bal
Part le signal :
« Madame la duchesse,
Ah! madame, je voudrais
Danser avec votre altesse. »
Moi, je réponds : « Mon altesse
Aime beaucoup les Français. »
Je crois d'ici voir ce Français.
« Madame, on n'a pas plus de grâce!
— Monsieur me flatte et m'embarrasse.
— D'honneur, vous dansez à ravir,
Et je crois voir une sylphide.
— Monsieur, ce discours m'intimide;
Vous allez me faire rougir.
— Pour vous, madame, on perd la tête!
— Monsieur, vous êtes bien honnête. »
Et puis, avec un Allemand
Je veux valser légèrement.
Ah! quel contraste! un Allemand,
Comme il tourne avec sentiment.
    Je valserai,
    Je tournerai,
    Je passerai,
    Et lui dirai :
(*Imitant une danseuse qui a des vertiges.*)
« Pressez moins fort;
« Dans cet effort
« Mon cœur s'en va!
« Arrêtez là!
« Je n'y vois plus,
« Tout est confus;
« Je ne sens rien,
« Tenez-moi bien. »
Mais je n'oublierai point les airs de ma patrie;
Notre tarentelle chérie
Viendra, par ses piquants attraits,
Mettre le comble à mes succès.
Ah! vraiment, vit-on jamais
Plus d'entrain, plus de folie?
Je les vois tous stupéfaits
S'écrier : « Qu'elle est jolie! »
C'est à qui m'applaudira.
Ces vœux, ce bruyant délire,
Gennaio les entendra,
Et tout bas pourra se dire :
« Chacun vise à sa faveur,
« Moi seul j'ai su la séduire;

« Oui, je suis son seul vainqueur. »
Hein ! quel bonheur !
Que c'est flatteur !
Combien son cœur,
Son tendre cœur,
Sera content de mon bonheur !
Oui, je suis une grande dame ;
Mon sort est fixé sans retour,
Et ma famille me réclame
Pour aller briller à la cour.

(*On entend ouvrir la porte du fond.*)

Hein ! qui vient là ? qui entre ainsi chez moi ?

SCÈNE II.

ISELLA, GENNAIO.

GENNAIO.

Pardon, mam'selle... (*se reprenant.*) madame la comtesse, je veux dire... J'ai eu peur que vous ne puissiez pas trouver votre chambre... et je venais vous conduire...

ISELLA.

Vous êtes bien bon !

GENNAIO.

Vous pourriez avoir peur dans ce côté de la maison, dans ce vieux cloître qui est désert, et vous trouverez là-haut ma tante que j'ai priée d'aller passer la nuit près de vous !...

ISELLA.

Je vous remercie d'avoir pensé à ma sûreté !...

GENNAIO.

Ce n'est pas à la vôtre.... c'est à la mienne... parce que, malgré moi, il me semble encore que... Ah ! tenez... j'en mourrai !...

ISELLA.

Quoi ! tu pleures ?

GENNAIO.

C'est plus fort que moi... je ne me consolerai jamais de vous voir comtesse.

ISELLA.

Ça ne te fait pas plaisir ?

GENNAIO.

Ça me fait enrager !

ISELLA.

D'avoir été aimé d'une grande dame ?

GENNAIO.

Qui ne m'aime plus !

ISELLA.

Si vraiment !... et si je peux te rendre bien riche !...

GENNAIO.

Je ne le veux pas !

ISELLA.

Si je peux t'emmener avec moi dans mon palais !...

GENNAIO.

Et comment ?... vous avez un frère, vous avez un mari !... Toutes les places sont prises... Il n'y en aurait plus qu'une... (*d'un ton insinuant.*) pour quelqu'un qui vous aimerait bien !...

ISELLA.

Ce n'est pas possible !

GENNAIO.

Pas même celle-là !... à cause ?...

ISELLA.

A cause de mon rang !... Je voudrais pour la moitié de ma fortune être née comme toi dans l'état le plus humble, le plus roturier !...

GENNAIO.

Ah ! que vous êtes bonne !

ISELLA.

Dieu ! que je le voudrais !... Mais la tyrannie de la noblesse et de la naissance !...

GENNAIO.

Ce n'est pas votre faute !

ISELLA.

On n'est pas maîtresse de son sort !

GENNAIO.

Aussi, je vous passerais encore votre frère... mais ce que je ne vous pardonne pas... c'est l'autre... votre mari... Est-ce que vous l'épouserez tout-à-fait... et pour de vrai ?...

ISELLA.

Il faudra bien !

GENNAIO, *avec colère.*

Ah ! voilà ce qui me désespère et me met en fureur !... Vous ne penserez plus à moi ?...

ISELLA.

Si vraiment !... de temps en temps !...

GENNAIO.

Vous ne m'aimerez plus du tout !...

ISELLA.

Un petit peu !... si c'est possible ! et sans qu'on le sache !...

GENNAIO, *avec joie.*

Bien vrai ?...

ISELLA.

Ainsi, calme-toi, console-toi !

GENNAIO.

Me consoler ! quand demain je vais vous perdre !... Ah ! si j'osais ! mais je n'ose pas... une comtesse !

ISELLA.

Dis toujours.

GENNAIO.

Eh bien ! un petit baiser, un seul !

ISELLA, *hésitant.*

Écoute donc... je ne sais pas si avec mon rang c'est permis.

GENNAIO, *vivement.*

Oui, mam'selle !

ISELLA, *avec dignité.*

Et si les grandes dames !...

GENNAIO.

Oui, mam'selle !... D'ailleurs, ce baiser-là, c'est à Isella que je le demande !

ACTE III, SCÈNE II.

ISELLA.

Alors, dépêche-toi! et que la comtesse n'en sache rien!

GENNAIO, *l'embrassant.*

Isella!

ISELLA, *se dégageant de ses bras.*

Laissez-moi! laissez-moi!... laisse-moi, Gennaio... Ah! mon Dieu! qu'est-ce que je fais! je le tutoie... C'est étonnant comme on s'oublie! (*reprenant le bougeoir sur la table et montant l'escalier du fond.*) Bonsoir! bonsoir!

GENNAIO.

Et, quoi qu'il arrive, vous n'ouvrirez à personne?

ISELLA.

Je te le promets!... Bonsoir! à demain!

(*Elle entre dans la chambre qui est au premier étage, en face du spectateur, n° 4. Le théâtre n'est plus éclairé.*)

SCÈNE III.

GENNAIO, *seul et regardant Isella entrer dans sa chambre.*

Oui, demain, la quitter pour jamais!... O inégalité des rangs! C'est égal, ce baiser de tout à l'heure a pour un instant rapproché les distances, et il me semble que maintenant je suis moins malheureux! Allons, retirons-nous, et allons dormir... si je le peux!... J'ai enfermé chez eux les deux autres; c'est tranquillisant... Malgré cela, et pour plus de sûreté, j'ai bien envie d'enfermer aussi Isella... Trois précautions valent mieux qu'une!

(*Il monte doucement l'escalier.*)

SCÈNE IV.

GENNAIO, *sur l'escalier;* ODOARD, *entrant par la porte à gauche.*

ODOARD.

Conçoit-on cet Hector! avoir l'audace de m'enfermer dans mon appartement!... J'avais beau frapper et briser toutes les sonnettes, personne ne venait à mon aide, et si je n'avais eu l'idée de démonter moi-même la serrure, je restais prisonnier toute la nuit!... (*Dans ce moment Gennaio retire de la porte d'Isella la clef qu'il met dans sa poche.*) Hein!... j'ai cru entendre... Non... Dans l'ancien cloître, lui a dit Gennaio, la chambre n° 4. Moi qui ai souvent logé dans cette auberge, je connais le local... c'est ici!... Et maintenant il n'y a plus de temps à perdre; les amis que j'ai invités peuvent arriver d'un instant à l'autre!...

DUETTO.

ODOARD.

En bon militaire
Moi qui fis la guerre,
Avec audace,
Contre la place,
Tentons soudain
Un coup de main.

GENNAIO, *qui descend l'escalier, écoute.*

Hein?

ODOARD.

Oui, d'un pas alerte,
A la découverte
Marchons sans crainte;
Par cette feinte
Que le plus fin
L'emporte enfin!

GENNAIO, *écoutant toujours et descendant l'escalier.*

Hein?

ODOARD.

Pendant que la belle,
A l'amour rebelle,
Ici sommeille,
Moi je veille.
Heureux destin!
Bonheur certain.

GENNAIO.

Hein?

ODOARD.

Oui, voilà sa porte;
L'amour qui m'escorte
Saura sans peine
Tourner le pêne.
Le dieu malin
Guide ma main.

GENNAIO.

Hein?

(*Pendant qu'Odoard va à tâtons vers l'escalier du fond, Gennaio, sur la ritournelle, descend la scène à pas de loup et chante à son tour.*)

Sans savoir la guerre,
Je pourrai, j'espère,
Mettre en fuite
Tout de suite
Ce vaurien;
Tenons-nous bien.

(*Odoard pendant ce temps a monté l'escalier et s'est approché de la porte d'Isella, qu'il a trouvée fermée.*)

ODOARD.

Hein?

GENNAIO.

Ici je protége
Le fort qu'on assiége,
Et puis j'empêche
Toute brèche;
Par ce moyen
Il n'aura rien.

ODOARD, *écoutant.*

Hein?

(*Odoard redescend et rencontre Gennaio au bas de l'escalier.*)

ODOARD.

Eh quoi! c'est toi?

GENNAIO, *à part.*

Le mari! le mari!

ODOARD.

Eh! mais, la clef?

GENNAIO.

Elle n'est pas ici.

ODOARD, *vivement.*

L'aurait-on prise?

GENNAIO.

Eh! oui, ce grand seigneur.

ODOARD.

Hector?

GENNAIO, *affirmativement.*

Hector.

ODOARD, *avec colère.*

Et tu l'as laissé faire?

GENNAIO.

Le grand mal! N'est-ce pas un frère?

ODOARD.

Son frère? Eh! non... et c'est là ton erreur! C'est une ruse.

GENNAIO.

Ciel! c'est un faux frère!

ODOARD.

Eh! oui.

Reste là; veille bien sur lui. Empêche-le d'entrer.

GENNAIO

Soyez tranquille.

ODOARD.

Je prends un flambeau.

GENNAIO.

Bien.

ODOARD.

Et puis, à domicile, S'il le faut, je m'installe ici toute la nuit.

GENNAIO.

C'est dit.

ENSEMBLE.

ODOARD.

En bon militaire
Moi qui fis la guerre,
Je saurai vite
Le mettre en fuite.
Oui, je revien,
Observons bien.
Bien.
Ici je protége
Le fort qu'on assiége.
Oui, je l'empêche
De battre en brèche;
Par ce moyen
Il n'aura rien,
Rien.

GENNAIO.

Sans savoir la guerre,
Par mon savoir-faire
J'espère vite
Le mettre en fuite;
Contre un vaurien
Tenons-nous bien.
Bien.
Ici je protége
Le fort qu'on assiége,
Je les empêche
De battre en brèche.
Par ce moyen
Ils n'auront rien,
Rien.

(*Odoard sort par la porte de droite sur le premier plan.*)

SCÈNE V.

GENNAIO, *puis* HECTOR.

GENNAIO, *regardant Odoard s'éloigner.*

Voyez-vous! sans la précaution que j'avais prise, en voilà un qui... (*entendant du bruit et voyant par la fenêtre du fond à droite, Hector qui enjambe sur la galerie.*) Ah! mon Dieu! voilà l'autre!

HECTOR, *sur la galerie.*

Voyez-vous cette ruse d'Odoard!... M'enfermer dans ma chambre, et croire qu'un pareil obstacle m'arrêterait!... J'ai sauté par ma fenêtre, et j'arrive par celle-ci... Voilà les chemins que j'aime... Nous disons, le vieux cloître... ce doit être ici... n° 4... c'est difficile à voir sans lumière... Mais on peut frapper... (*Il frappe successivement aux portes de la galerie.*) On ne répond pas!

GENNAIO, *à part.*

Elle m'a promis de ne pas répondre.

HECTOR.

COUPLETS.

PREMIER COUPLET.

Ouvre-moi.
Quoi! ta porte est fermée?
Quand je suis près de toi
Ne sois pas alarmée!
O ma sœur bien-aimée,
Ouvre-moi.

(*Parlé.*)

C'est plus bas sans doute!

(*Il redescend l'escalier et frappe à la porte de droite.*

DEUXIEME COUPLET.

Ouvre-moi
Ce réduit solitaire!
D'où provient ton effroi
Quand c'est la voix d'un frère
Qui dit avec mystère:
Ouvre-moi?

HECTOR, *tâtant la porte.*

Et de clefs nulle part!... Cela m'est suspect... et quand je devrais appeler... (*Il s'avance vers la porte du fond, et rencontrant Gennaio qui cherche à s'en aller, le ramène par l'oreille.*) Qui va là?...

GENNAIO.

Moi... Gennaio!

HECTOR.

D'où viens-tu?

GENNAIO.

Je ne viens pas... J'étais là... je dormais dans ce fauteuil.

HECTOR.

Toi qui dois avoir toutes les clefs de la maison, vite, celle du n° 4!

GENNAIO, *interdit.*

Comment?...

HECTOR.

La clef de la chambre où est ma sœur... J'ai à lui parler... Cette clef, te dis-je!

GENNAIO.

Je ne l'ai plus... Ce n'est pas moi qui l'ai!

HECTOR.

Et qui donc?

GENNAIO, *troublé.*

Qui donc?... M. le marquis... Il me l'a demandée tout à l'heure, et l'a mise dans sa poche.

HECTOR.

Et tu l'as souffert?

GENNAIO.

Dam'! il n'y avait rien à dire... un mari!

HECTOR.

Un mari!... il ne l'est pas plus que toi... C'est un séducteur... un des Treize!

GENNAIO.

Lui aussi!... quelle horreur!... (*à part.*) Non, quel bonheur! ce n'est pas le mari!

HECTOR.

Et s'il t'a pris cette clef, ce n'est pas sans dessein... Il va sans doute revenir sans bruit, au milieu de la nuit... Mais je reste ici... je ne quitte pas la place!

GENNAIO.

Vous ferez bien.

HECTOR.

Et pour mieux éclairer ses projets ténébreux, va chercher de la lumière.. va vite!...

GENNAIO.

Oui, monsieur!... (*à part.*) Avoir cette clef et ne pouvoir s'en servir!... et ne pouvoir instruire Isella du complot qui la menace et moi aussi!

HECTOR, *renvoyant Gennaio.*

Mais va donc!... dépêche-toi!...

GENNAIO.

Je m'en vas.

(*Il sort par la porte du fond.*)

SCÈNE VI.

HECTOR, *seul.*

C'est que maintenant il ne s'agit plus de vaincre, mais de vaincre promptement... Onze heures viennent de sonner... nos compagnons invités par Odoard vont arriver pour être témoins d'un triomphe... Et s'ils l'étaient d'une défaite!... si je n'étais pas vainqueur... ou, ce qui est encore pire, si Odoard l'était!.. (*écoutant.*) On vient!... écoutons.

(*Il s'approche de la porte à droite qui s'ouvre; Odoard paraît tenant à la main un flambeau. Le théâtre redevient éclairé.*)

SCÈNE VII.

ODOARD, HECTOR.

FINAL.

ODOARD.

Hector!

HECTOR.

Odoard! je respire...
J'ai cru que l'on fermait cette porte... mais non.
Il est encor là!

ODOARD.

Pourrait-on
Savoir ici qui vous attire?

HECTOR.

Moi! je ne puis dormir!

ODOARD.

Ni moi non plus.

HECTOR.

Je crois
Que je serai mieux là, dans ce fauteuil.

ODOARD.

Et moi
Je pense comme vous.

(*Ils vont s'asseoir aux deux côtés opposés du théâtre.*)

DUO.

TOUS DEUX, *à haute voix.*
Bonsoir, donc! bonsoir!
Pas de mauvais rêve.
(*à part.*)
Pour peu qu'il se lève
Je pourrai le voir.
(*haut, de la voix de gens qui s'endorment.*)
Bonsoir!
(*Chacun d'eux levant la tête, à part.*)
Dort-il?
Oui! bien!
(*Ils essaient de se lever, s'entendent et se disent en même temps.*)
Plaît-il?
Moi? rien.

HECTOR.
Si pour nous endormir nous chantions un refrain?
(*Il chante.*)
Pêcheur napolitain,
Déjà l'aube t'éclaire!
Sur ta barque légère
Elance-toi soudain.
(*Odoard.*)
Répétez avec moi.

ODOARD.
Non, je vous remercie.
Mais faisons mieux!

HECTOR.
Quoi donc?

ODOARD.
Une partie
De quinze!

HECTOR.
Volontiers! rien n'est plus ennuyeux,
Et l'on s'endort quand on s'ennuie.
Et les dés?

ODOARD.
Cette table en est, je crois, garnie.
(*Odoard prend les dés, les agite dans son cornet, et au moment de les rouler sur la table, il s'arrête et dit froidement à Hector:*)
Mon cher Hector!

HECTOR, *de même.*
Mon très cher Odoard!

ODOARD.
Savez-vous, à parler sans détour et sans fard,

HECTOR.
Qu'à nos propres dépens tout notre talent brille,

ODOARD.
A garder la vertu de cette jeune fille,

HECTOR.
Et que nous sommes des niais...

ODOARD.
Ah! j'allais vous le dire.

HECTOR.
Et moi, je le pensais.

ENSEMBLE.

Contre tout projet téméraire
Nous la défendons tous les deux,
Et la duègne la plus sévère
Ne la protégerait pas mieux.
O la bonne folie!
Quelle plaisanterie!
Garder fille jolie
En tuteurs amoureux!
S'ils avaient connaissance
De notre extravagance,
Nos confrères, je pense,
Riraient bien de nous deux.

HECTOR.
Allons! craignons la raillerie!
C'est trop longtemps être dupes tous deux!
Résignons-nous, faisons un seul heureux!

ODOARD.
C'est bien! voilà de la philosophie!

HECTOR, *d'un air malin, regardant Odoard.*
L'un de nous deux a la clef, je le croi.

ODOARD, *de même.*
Vous le savez tout aussi bien que moi.

HECTOR.
Trésor tout-à-fait nul...

ODOARD.
Inutile avantage...

HECTOR.
Si l'un empêche ici l'autre d'en faire usage.

ODOARD, *vivement.*
C'est très vrai! très bien calculé!

HECTOR.
Voici des dés... jouons la clef!

ODOARD.
C'est dit! le plus haut point la gagnera.

HECTOR.
Au vainqueur elle appartiendra!
(*Tous deux se sont assis et agitent leurs dés.*)

HECTOR.
Amour, que nos débats par toi soient décidés!

ODOARD.
Amour, guide ma main et dirige les dés!

HECTOR, *jouant.*
Je commence...

ODOARD, *regardant.*
A vous, cinq et quatre!
Ce n'est pas mal!

HECTOR.
O destin fortuné!

ODOARD.
Mais je suis loin de me laisser abattre...
A moi!...
(*jouant.*)
Double cinq!... j'ai gagné!

HECTOR.
C'est juste, et je serai fidèle à ma promesse...
Et, quoique je sois désolé,

ACTE III, SCÈNE VII.

Le champ d'honneur est à vous... je vous laisse...
(*Il va pour sortir.*)

ODOARD, *le retenant.*
Un instant, mon cher... et la clef?...

HECTOR.
Servez-vous-en, je l'abandonne!...

ODOARD.
Mais pour que je m'en serve, il faut qu'on me la donne!...

HECTOR.
De l'ironie alors qu'on est vainqueur!
C'est abuser de son bonheur!

ODOARD.
Trève, monsieur, à cette raillerie!

HECTOR.
C'est vous, monsieur, qui vous raillez de moi!

ODOARD.
De mauvais goût est la plaisanterie!

HECTOR.
Monsieur!...

ODOARD.
Monsieur! quelle mauvaise foi!

ENSEMBLE.
De cette trahison
Vous me rendrez raison!

(*On entend en dehors une ritournelle de sérénade. Ils s'arrêtent et écoutent.*)

(*à voix basse.*)
Silence! taisons-nous!
Silence! entendez-vous?

ENSEMBLE.

CHŒUR, *en dehors.*
Honneur au galant séducteur!
Chantons, célébrons son bonheur!
Digne de nous! digne des Treize!
Pour qu'il séduise et pour qu'il plaise,
Il paraît et revient vainqueur!
Célébrons, chantons le vainqueur!

ODOARD *et* HECTOR, *à part, avec dépit.*
Ce sont nos amis... Quel honneur!
Ils viennent chanter mon bonheur!
Ah! quel affront! quel déshonneur!

HECTOR.
Ils viennent fêter le vainqueur!

ODOARD.
Ce n'est pas moi.

HECTOR.
Ni moi! n'importe!
N'en convenons jamais pour nous, pour notre honneur.

ODOARD.
Proclamons hardiment qu'un de nous est vainqueur.

HECTOR.
Mieux que ça... tous les deux!

ENSEMBLE, *à demi-voix.*
A leur joyeuse escorte

Nous pouvons maintenant, sans crainte, ouvrir la porte.
(*Ils vont doucement ouvrir la porte du fond au moment où Gennaio entre au-dessus de leurs têtes, par la croisée du fond à droite.*)

SCÈNE VIII.

LES PRÉCÉDENTS, GENNAIO, *sur l'escalier, au fond.*

GENNAIO.
Pour instruire Isella d'un complot infernal
(*montrant la croisée.*)
Je prends le chemin même ouvert par mon rival!

(*Il ouvre la porte d'Isella et ressort aussitôt en la ramenant sur le balcon. Il lui explique par pantomime tout ce qui vient de se passer. Hector et Odoard amènent sur le théâtre leurs amis, auxquels ils viennent d'ouvrir la grande porte du fond.*)

SCÈNE IX ET DERNIÈRE.

HECTOR, ODOARD, ONZE OFFICIERS, *en brillant uniforme, qui entrent; ensuite* GENNAIO *et* ISELLA.

LE CHŒUR.
Honneur au galant séducteur!
Chantons, célébrons son bonheur!
Digne de nous, digne des Treize!
Pour qu'il séduise et pour qu'il plaise,
Il paraît et revient vainqueur!
Chantons, célébrons le vainqueur!

ODOARD *et* HECTOR, *s'inclinant.*
Messieurs, messieurs, c'est trop d'honneur!

HECTOR, *apercevant Gennaio et Isella qui descendent.*
Qu'ai-je vu?... Gennaio!...

ODOARD, *de même.*
Grands dieux! c'est Isella!

CHŒUR, *à part.*
Qu'ont-ils donc?

ISELLA.
Nous allons vous expliquer cela.
A l'instant on vient de m'apprendre
Que je perds à la fois mon frère et mon époux!
Et je venais vous rendre
Tout ce qu'hélas! j'avais reçu de vous.

TOUS, *à Hector et Odoard.*
Qu'est-ce donc?..

HECTOR.
Rien!...
(*à Isella.*)
Gardez cette dot, taisez-vous!

Soyez unis, au nom d'un frère !
ODOARD.
Et d'un époux !
LE CHŒUR.
Mais dites-nous au moins qui de vous l'emporta,
Et quel est le vainqueur ?
HECTOR et ODOARD, *montrant Gennaio.*
Le vainqueur ? le voilà !

CHŒUR DES TREIZE *et* PAYSANS, *qui paraissent en dehors pendant la fin de cette scène, tenant des torches à la main.*
Honneur au galant séducteur !
Chantons, célébrons, etc., etc.

(*Gennaio et Isella se tenant par-dessous le bras vont faire la révérence à Hector et à Odoard; puis au milieu du théâtre ils se donnent la main, tandis qu'Hector et Odoard étendent les leurs pour les bénir.*)

FIN DES TREIZE.

NOTA. La mise en scène exacte de cet ouvrage, transcrite par M. L. PALIANTI, fait partie de la collection des mises en scène publiées par le journal *la Revue et Gazette des Théâtres*, rue Sainte-Anne, 55.

IMPRIMERIE DE E. DUVERGER, RUE DE VERNEUIL, N° 4.

LE SHÉRIF

OPÉRA-COMIQUE EN TROIS ACTES,

PAROLES DE M. SCRIBE,

MUSIQUE DE M. HALÉVY,

Représenté pour la première fois, à Paris, sur le théâtre de l'Opéra-Comique, le 2 septembre 1839.

DISTRIBUTION DE LA PIÈCE:

SIR JAMES TURNER, grand-shérif de la ville de Londres.........	MM. HENRI.
AMABEL D'INVERNESSE, gentilhomme irlandais................	MOREAU-SAINTI.
EDGARD FALSINGHAM, jeune capitaine corsaire...............	ROGER.
YORIK, matelot..	FLEURY.
TRIM, tavernier...	PALIANTI.
UN DOMESTIQUE...	VICTOR.
CAMILLA, fille du shérif...	Mmes ROSSI.
KEATT, cuisinière du shérif......................................	CINTI-DAMOREAU.
MATELOTS, CONSTABLES, DOMESTIQUES.	

La scène se passe à Londres.

ACTE PREMIER.

Le théâtre représente un quai de la ville de Londres. A gauche, un bel et riche hôtel dont la porte est en fer et toutes les fenêtres garnies de barreaux. A droite une taverne; au fond, la vue de la Tamise et de ses vaisseaux.

SCÈNE I.

YORIK et les MATELOTS, TRIM, le maître de la taverne, qui va et qui vient.

(Au lever du rideau Yorik et plusieurs matelots sont assis, immobiles devant la taverne, autour d'une table, et fument gravement sans faire un seul geste.)

LE CHŒUR.
Fumons, fumons, fumons, bons matelots !
Il n'est point de maux

Que la pipe
Ne dissipe.
Fumons, fumons, fumons, bons matelots !
LES MATELOTS, se levant.
On nous attend sur la Tamise ;
Il est temps de rentrer au port.
TRIM.
Un instant !... payez-moi d'abord.
Argent comptant, c'est ma devise.
YORIK.
Au diable soit ce tavernier !

La mise en scène exacte de cet ouvrage, transcrite par M. L. PALIANTI, fait partie de la collection des mises en scène publiées par le journal la Revue et Gazette des Théâtres, rue Sainte-Anne, n. 55.

Ils tiennent tous à se faire payer.

TRIM, montrant la porte de la maison à gauche.
Ou bien au grand shérif, ce magistrat sévère,
Je porte plainte...

YORIK.
Allons, veux-tu te taire?

(avec peur.)
Le shérif! le shérif!...

TRIM, montrant l'hôtel.
C'est ici son logis.

LES MATELOTS, se consultant.
Qui de nous paiera, mes amis?
Est-ce toi?

D'AUTRES.
Ma foi! non.

YORIK.
Je ne porte pas d'or,
Ce n'est pas mon usage.

TOUS.
Eh bien! tirons au sort.

(Les matelots, réunis en groupe à droite, tirent entre eux à qui paiera. Pendant ce temps, Edgard, enveloppé d'un manteau, paraît au fond. Il s'approche de l'hôtel, et, après avoir examiné la maison, il frappe plusieurs fois à la porte qui ne s'ouvre pas.)

EDGARD.
Quoi! personne?... pas de réponse?
(Il examine attentivement les fenêtres.)

LES MATELOTS, à droite.
C'est Yorik qui paira, sur lui le sort prononce.
YORIK, fouillant dans sa ceinture et dans ses poches.
Il s'agit de trouver ma bourse.

TRIM.
C'est le cas.

YORIK, fouillant toujours.
Que diable est-elle devenue?

TRIM, s'approchant de lui.
Eh! mais, l'auriez-vous donc perdue?

YORIK.
Non...je croirais plutôt que je n'en avais pas.
(se fouillant toujours.)
C'est égal, le hasard peut faire...

EDGARD, qui s'est avancé, le reconnaît et lui jette une bourse.
Tu dis vrai, camarade.

YORIK, le regardant.
O ciel! Edgard! c'est lui!
Comme moi matelot naguère,
(regardant son uniforme.)
Maintenant officier!

EDGARD, lui tendant la main.
Et toujours ton ami.

AIR.

Enfants de l'Angleterre,
La mer nous est prospère
Et nous protége tous.
Sur ces vagues légères,
Voguons, hardis corsaires;
L'Océan est à nous.

La mer et la fortune
Sont, objets de mes vœux,

Deux beautés dont chacune
Rit à l'audacieux.
Demain avant l'aurore,
Et sur mon brick léger,
Je vais chercher encore
Et fortune et danger.

Enfants de l'Angleterre, etc.

Avec nous l'Espagne est en guerre,
Et, poursuivant ses pavillons,
A nous, amis, sa flotte entière,
A nous ses riches galions!
Voulez-vous tous me suivre
Et monter sur mon bord?
Dès demain je vous livre
Ses soldats et son or.

(voyant qu'ils sont émus.)
Voulez-vous, voulez-vous ses soldats et son or?
Demain je pars; demain, quand le jour va paraître,
Le rendez-vous est ici près du port.
De votre capitaine,
Allons, suivez les pas;
Dès demain je vous mène
A la gloire, aux combats.

LE CHŒUR.
De notre capitaine,
Allons, suivons les pas;
Dès demain il nous mène
A la gloire, aux combats.

(Tous les matelots s'éloignent. Yorik et Edgard restent seuls en scène.)

SCÈNE II.

EDGARD, YORIK.

YORIK.
Mais que je te regarde encore... je ne te reconnais plus... Toi, mon garçon, toi capitaine!... le fils du pilote Falsingham! Avec ça que tu as maintenant une tournure de gentleman, et que pour un rien je t'ôterais mon chapeau comme à un lord... Il paraît que tu as bien fait ton chemin...

EDGARD.
Ah! ce n'est rien encore... car d'ici à quelques mois, vois-tu bien... il faut que je sois tué ou que j'aie fait fortune.

YORIK.
C'est drôle!... Tu n'avais pas l'air autrefois de tenir aux guinées...

EDGARD.
J'y tiens maintenant... j'y tiens beaucoup.

YORIK.
Et combien te faut-il donc?

EDGARD.
Des tonnes d'or...

YORIK.
Et pourquoi?

EDGARD.
C'est mon secret.

ACTE I, SCÈNE II.

YORIK.

Des secrets avec moi... ton ami... ton compagnon... (s'asseyant à la table près de la taverne.) Mets-toi là, et conte-moi ça... (criant.) A boire !... c'est le capitaine qui paie... Demain je serai Yorik ton contre-maître... aujourd'hui nous sommes encore camarades... Et d'abord à ta santé... puisque tu régales...

EDGARD.

Merci !... j'aime mieux payer sans boire.

YORIK.

Et moi, j'aime boire sans payer... voilà la différence... Parle ; je t'écoute.

EDGARD.

Après la première expédition que nous fîmes ensemble...

YORIK.

Et qui fut belle... cinquante piastres de bénéfice... Cela dut te mettre en humeur de recommencer.

EDGARD.

Ma foi, non !... je n'y pensais guère... je ne pensais à rien, qu'à toi, qui venais de partir en croisière... Et moi, j'étais sur mon nouveau vaisseau, à l'ancre dans la Tamise... fumant ma pipe et regardant couler l'eau...

YORIK.

Occupation habituelle du marin.

EDGARD.

Lorsque j'aperçois de loin une embarcation élégante. C'étaient de jeunes dames, des ladys se promenant sur la Tamise, conduites par un pilote ignorant qui venait de chavirer.

YORIK.

Le maladroit !

EDGARD.

Tu te doutes bien que j'avais déjà jeté ma veste, et j'arrivai bien à temps pour saisir par ses beaux cheveux noirs une pauvre jeune fille qui avait déjà perdu connaissance... je la ramenai à bord... je la rappelai à la vie... et ses yeux s'ouvraient pour me remercier... et elle me serrait les mains... Et je la trouvais si belle que, troublé, hors de moi, je n'entendais rien... je la regardais... lorsqu'arriva une riche voiture... et des domestiques... et un homme... c'était son père... Il m'offrit de l'or... je refusai... Je ne voulais rien... que la voir... la voir encore... suivre ses traces... savoir où elle demeurait, et ne plus la quitter... Mais comment avouer que je n'étais rien... qu'un paysan, un matelot ? J'aurais rougi de le lui dire... car je l'aimais déjà comme un insensé que j'étais... Aussi, le peu d'or que je possédais, mes cinquante piastres, je les employai à m'acheter un bel habit... à me mettre comme un lord, comme un élégant, à la suivre partout, dans les spectacles de Londres, dans les promenades... Et puis, quand je l'avais vue, quand je lui avais parlé... quand seulement je lui avais adressé de loin un salut qu'elle avait daigné me rendre... j'étais heureux pour toute la journée... je rentrais dans mon taudis, où je m'endormais avec joie et sans souper, afin de briller un jour de plus sur le pavé de Londres. Mais ça ne pouvait durer... mes piastres venaient de finir... et décidé à en gagner de nouvelles... à faire fortune à tout prix, je m'embarquai sur un corsaire, dont je suis aujourd'hui le capitaine...

YORIK.

C'est aller vite !

EDGARD.

Je le crois bien... tous tués... ou à peu près... excepté moi... En attendant, et sentant bien mon ignorance, je m'efforçais de me rendre digne d'elle et de ne plus rougir à ses yeux... Quand je ne me battais pas, je tâchais de m'instruire... autant qu'un marin peut le faire à bord... Enfin maintenant j'ai presque le droit de me déclarer et d'oser l'aimer... mais ça ne suffit pas pour l'épouser... Comme je le disais, Yorik, il me faut de l'or... il me faut beaucoup d'or... Voilà pourquoi je suis si avide... car elle est fille unique, et son père est riche, puissant et considéré... c'est le premier magistrat de Londres, et c'est là qu'il demeure.

(Il montre l'hôtel.)

YORIK.

C'est la fille du shérif... du grand shérif...

EDGARD.

Oui, sir James Turner... Le connais-tu ?

YORIK.

Qui ne le connaît pas ?... le chef suprême de la justice, un homme terrible, adroit et malin... l'effroi des voleurs de Londres, qu'il a tous découverts... Avec lui les fripons n'ont plus rien à faire... c'est un état perdu... Aussi la ville de Londres lui a voté des remercîments et des statues...

EDGARD.

En vérité !

YORIK.

Il est en honneur à la cour et en grande estime près du roi, depuis que, avec une sagacité inouïe, il a retrouvé les diamants de la couronne, qu'on avait dérobés... et il est question d'augmenter encore son traitement et ses dignités...

EDGARD.

Tant pis !...

YORIK.

Mais depuis quelque temps, au lieu de jouir tranquillement de son bonheur et de l'effroi général qu'il inspire, il est sombre, bourru et grondeur... Toutes les fenêtres de la maison ont été grillées... il a des portes en fer à doubles verrous...

EDGARD.

Serait-ce à cause de sa fille ?

YORIK

Il ne reçoit personne... il ne laisse personne pénétrer chez lui.

EDGARD.

C'est donc cela que tout à l'heure j'ai frappé vainement... et je vais encore...

YORIK.

Que veux-tu faire ?

EDGARD.

Aller droit à sa fille!... lui dire : « Je vous aime ! »

YORIK.

On te jettera par les fenêtres.

EDGARD.

Bah ! elles sont grillées...

YORIK.

Eh bien ! on te mettra à la porte... parce que, tout corsaire que tu es, tu n'es pas adroit... Ce n'est pas ainsi qu'il faut s'y prendre... J'ai des intelligences dans la place... Keatt, la cuisinière, ma cousine et mon amoureuse... et nous saurons par elle... Tais-toi, la porte s'ouvre... C'est l'heure où elle va au marché.

SCÈNE III.

KEATT, sortant de la maison du shérif, son panier sous le bras; EDGARD, assis près de la table à droite et faisant semblant de boire; YORIK, debout près de lui.

KEATT.

AIR.

Ah ! qu'une cuisinière
A de mal ici-bas !
C'est vraiment sur la terre
Le pire des états.
Que de soins, de tracas,
De talents, d'embarras,
Pour des maîtres ingrats
Que l'on nourrit, hélas !
Ah ! qu'une cuisinière
A de mal ici-bas !
C'est le marché... Quel bruit ! à peine l'on s'entend.
« Venez à moi, venez ici, ma belle enfant.
— Cette truite saumonée,
Combien ? — Combien ? Pour vous, une guinée.
— Laissez donc ; la moitié. — Croyez-vous, milady,
Qu'on ait volé ce qu'on donne ici ?
Voyez la belle Dulcinée,
Avec son air effarouché,
Comme elle est bonne ménagère.
Sans doute elle a sa dot à faire,
Et veut, sur le gain du marché,
Epouser quelque pair d'Angleterre.
— Impertinente !... taisez-vous.
— Moi ! me taire ?... c'est plutôt vous ;
Redoutez mon courroux. »
Alors c'est encore pis ;
Et les injures et les cris.
Et puis, en rentrant au logis,
Voilà qu'un maître sévère,
Prompt à vous calomnier,
Vous accuse encore de faire
Danser l'anse du panier.
Ah! qu'une cuisinière, etc.
Dans la maison quel esclavage !
Penser toujours à son ménage,
Ne jamais paraître en public,
Ni d'un galant voir le visage...

(apercevant Yorick, à qui elle fait la révérence.)

Bonjour, bonjour, monsieur Yorik.

(continuant son air.)

N'oser jamais sur son passage
S'arrêter pour causer un peu.

(s'approchant de Yorik, lui parlant avec volubilité, et sans attendre la réponse.)

Et comment va notre cousine ?
Est-elle toujours triste et chagrine ?
D'amour, dit-on, elle se mine.
Et puis Sarah, notre voisine,
Qu'doit épouser l'sergent Clifford,
Si bon garçon, un peu butor,
Qui boit toujours, qui jure si fort,
Hein ! est-ce qu'il n'est pas encor mort ?...
Vous, ça va bien ?... Merci, moi d'même ;
Oui, je m'porte assez bien encor.

(à part et continuant son air.)

Il va me dire encor qu'il m'aime,
Et comme hier soir m'en conter.

(à Yorik qui s'approche.)

Non, je ne puis vous écouter...
N'avoir pas l'temps de l'écouter,

(à part.)

L'amant qui vient vous en conter.
Ah ! ah ! ah ! qu'une cuisinière
A de peine ici-bas, etc.

TRIO.

YORIK, la retenant au moment où elle veut s'en aller.

Un instant, ma belle Ketty.

KEATT.

Non, ne m'arrêtez pas ainsi.
Plus que jamais notre maître est sévère ;
Le shérif depuis quelque temps
Nous fait damner.

YORIK, bas à Edgard, qui est toujours assis.

Entends-tu bien ?

EDGARD, de même.

J'entends

KEATT.

Il ne boit pas, il ne dort guère,
Et jour et nuit il rôde en tous les sens.

YORIK, bas à Edgard.

Entends-tu bien ?

EDGARD.

J'entends, j'entends.

KEATT, continuant.

Je ne sais à quelles rubriques,
Quelles pratiques diaboliques,
Tous ses instants sont employés ;
Mais il est dans les lunatiques,
Et voilà quinze domestiques
Qu'il a tour à tour renvoyés.

ACTE I, SCÈNE III.

ENSEMBLE.

KEATT.

On n'y saurait rien comprendre ;
Mais souvent, quand je le vois,
Ah ! je ne puis me défendre
D'en avoir peur malgré moi ;
J'ai peur, j'ai peur malgré moi.

EDGARD.

Que faire ? quel parti prendre ?
Amour, amour, guide-moi ;
Un seul instant viens me rendre
Celle qui reçut ma foi.
Amour, amour, guide-moi.

YORIK.

Autant que j'ai pu comprendre,
Il est peu d'espoir pour toi ;
Le seul parti qu'il faut prendre,
C'est de l'éloigner, crois-moi.
Partons, partons ; viens, suis-moi.

EDGARD, bas à Yorik et vivement.

Parle-lui donc de sa fille.

YORIK, de même avec calme.

      Un instant.

(à Keatt.)

Il a, dit-on, une charmante enfant.

KEATT.

Miss Camilla... c'est autre chose.

CANTABILE.

Fraîche comme une fraîche rose
Et belle comme un beau printemps,
De cette fleur à peine éclose
Déjà s'approchent mille amants.

EDGARD, à part.

Ô ciel !

YORIK, le retenant.

Tais-toi.

KEATT, même motif du cantabile.

    Pour nous tous indulgente et bonne,
Sa grâce égale ses appas ;
Et pour vertus le ciel lui donne
Celles que son père n'a pas.

YORIK, à Keatt.

Quoi ! vraiment, son père est ainsi ?

KEATT.

Oui, le grand shérif est ainsi.
Et de grand matin aujourd'hui
Avec sa fille il est sorti.

YORIK.

  Sorti !

EDGARD, à part.

    Sorti !

KEATT.

Et même j'ai cru voir que notre demoiselle
Avait des larmes dans les yeux.

EDGARD, bas à Yorik.

Demande donc pourquoi.

YORIK, à Keatt.

     Pourquoi donc pleurait-elle ?

KEATT, à demi voix.

C'est encore un secret. L'on attend dans ces lieux,
Ce soir même ou demain, un prétendu pour elle.

EDGARD, poussant un cri.

Dieu !

KEATT, étonnée, le regardant.

Qu'a donc ce monsieur ? et d'où vient son émoi ?

EDGARD.

C'est que ce prétendu... ce prétendu, c'est moi.

KEATT, surprise.

Quoi ! vous êtes celui qu'épouse ma maîtresse ?

EDGARD.

Eh ! oui, vraiment.

KEATT.

   Le fils du marquis d'Invernesse ?
Un très noble et riche marquis ?

EDGARD.

Moi-même ; et j'arrivais à l'instant ..

KEATT.

       Quelle joie !
De Dublin ?

EDGARD.

  De Dublin, ainsi que tu le dis.
Mais ta maîtresse, il faut que je la voie.

KEATT.

D'abord elle est sortie.

EDGARD, voulant entrer dans la maison.

     Eh bien ! je l'attendrai.
Ouvre-moi.

KEATT.

   Quand monsieur sera rentré ;
C'est son ordre formel.

YORIK.

    Mais un futur...

KEATT.

        N'importe !
En l'absence du grand shérif,
Nous avons l'ordre défensif
De n'ouvrir sous aucun motif ;
Mais dès que monsieur rentrera...

YORIK, regardant vers la droite et bas à Edgard.

Ah ! grand Dieu ! prends bien garde ;
J'ai cru l'apercevoir.

EDGARD, regardant du même côté et à part.

   Oui, c'est lui ; le voilà.

(haut à Keatt.)

Une visite indispensable
M'appelle en la Cité...

(lui donnant de l'argent.)

    Mais tiens ;
Pour toi, ma belle enfant.

KEATT, prenant l'argent.

    Il est vraiment aimable.

EDGARD.

Dans l'instant même je reviens.

ENSEMBLE.

KEATT, regardant Edgard.

Ah ! pour mademoiselle
Le sort est moins fatal.
Je m'y connais mieux qu'elle ;
Il n'est vraiment pas mal.
C'est l'époux que son père
Vient de lui désigner,
Et sans gémir, j'espère,
On peut se résigner.

EDGARD.

Dans ma douleur mortelle
Je brave un sort fatal,
Si je puis auprès d'elle

Devancer mon rival,
Oui, celle qui m'est chère
Ne saurait condamner
Une ruse de guerre
Qu'amour doit pardonner.

(Il sort.)

YORIK.

Il en perd la cervelle;
Et, par un sort fatal,
Il prend près de sa belle
Le nom de son rival.
Le ciel, la chose est claire,
Vient de l'abandonner;
Où sa ruse de guerre
Peut-elle le mener?

(Il sort.)

SCÈNE IV.

KEATT, seule.

Certainement, c'est un prétendu bien gentil... Je suis sûre que mam'selle s'y fera et que le mariage aura lieu... Je voudrais être aussi sûre du mien avec mon cousin Yorik, qui est si bon enfant... et qui ferait un aussi bon mari... Vous me direz : « Il n'est pas beau!» Moi, je les aime comme ça... Il a tant d'amour!... Il est vrai qu'un matelot qui n'a que ça, et une cuisinière qui est honnête, c'est comme si nous n'avions rien... (regardant vers la droite.) Ah! c'est notre maître et mam'selle qui rentrent à l'hôtel... (regardant Turner qui marche lentement et sans rien dire.) Toujours aussi agréable que d'habitude.

SCÈNE V.

KEATT, CAMILLA et TURNER.

TURNER, levant la tête.

Qui rôde ainsi autour de ma maison?.. Ah! c'est cette petite Keatt dont je me défie... Je me défie de tout le monde... Que fais-tu là?... que dis-tu?

KEATT.

Je ne dis rien.

TURNER.

A quoi penses-tu?

KEATT.

Pardine! monsieur, s'il faut même vous rendre compte de mes pensées... Faudra-t-il mettre ça sur le livre des dépenses?

TURNER, avec colère.

A quoi penses-tu?

KEATT, froidement.

A vous.

TURNER, étonné.

Ah! à moi?

KEATT.

Oui ; je me disais que vous étiez d'une égalité d'humeur étonnante... bourru hier... bourru aujourd'hui... vous ne changez jamais.

TURNER.

En revanche tu sais que je change de domestiques.

KEATT.

Pardine! renvoyez-moi comme les quatorze, quinze dernières... je ne demande pas mieux... pour la gaîté qui règne dans la maison...

CAMILLA, d'un ton de reproche.

Keatt!..

KEATT.

Et pour réjouir mam'selle, je vais lui annoncer du nouveau... Son prétendu qui est arrivé.

CAMILLA, à part.

O ciel!

TURNER.

Vraiment?... Et comment l'as-tu trouvé?...

KEATT.

Ma foi!... très jeune, très agréable... et malgré ses préventions, je suis sûre que mam'selle sera de mon avis.

TURNER.

On le dit un peu grave, un peu sérieux...

KEATT.

Ma foi, non!... une physionomie franche, ouverte et riante... Je ne sais pas comment vous pourrez vous arranger avec un gendre comme celui-là!...

TURNER.

Encore!...

KEATT.

Il voulait entrer... je lui ai dit vos ordres...

TURNER.

Qui n'étaient pas pour lui.

KEATT.

Vous avez dit : Pour tout le monde!... Il est allé faire une visite dans la Cité...

TURNER.

Et quand il reviendra... reçois-le sur-le-champ!...

KEATT.

C'est vous sans doute qui aurez ce plaisir... je vais au marché... Quand il y a un prétendu... une noce dans une maison, il faut faire d'avance ses provisions... (bas à Camilla qui est toujours pensive.) N'ayez pas peur, mam'selle... je vous dis qu'il est très gentil... vous pouvez vous en rapporter à moi... (rencontrant un regard du shérif.) Je m'en vais, monsieur... je m'en vais.

(Elle sort en courant.)

SCÈNE VI.

CAMILLA, TURNER.

TURNER, à part, froidement.

J'avais tort de m'en défier... elle est trop gaie et trop impertinente... Les domestiques qui vous trompent sont toujours honnêtes et doucereux... Ce n'est pas elle... (rêvant.) mais qui donc?...

CAMILLA, prête à rentrer dans l'hôtel, se retourne, et voyant que son père ne la suit pas, elle revient vers lui.

Eh bien! mon père... ne venez-vous pas?

TURNER, sans l'écouter.

Si je pouvais trouver quelque combinaison... quelque ruse adroite et ingénieuse qui me mît sur la voie...

CAMILLA.

Eh bien!... vous ne m'entendez seulement pas!

TURNER.

Je te demande pardon... j'avais là une idée...

CAMILLA.

Et laquelle?

TURNER.

Une idée fixe... qui me poursuit... qui me consume... qui me tuera, si cela dure.

CAMILLA.

O ciel!... est-ce là la cause du changement que je remarque en vous?

TURNER.

Oui, mon enfant... Je ne dors plus... il y a un tourment qui me mine... un secret que je ne puis découvrir, et que je poursuis sans cesse... Ce n'est qu'à toi, ma fille, à toi seule que je le confie... et encore parce que je n'y tiens plus... parce que mes forces sont épuisées.

CAMILLA.

Vous, à qui j'ai toujours vu une tête si forte... si puissante...

TURNER.

Écoute-moi... écoute-moi bien... Chacun a sa vocation ici-bas... l'un est né poëte, l'autre homme d'état, celui-ci homme de génie; moi, je suis né lieutenant de police... Aussi, quand j'ai été nommé shérif de la ville de Londres, je n'avais plus rien à désirer, tous mes rêves étaient remplis... j'étais dans ma sphère, dans mon élément, j'étais heureux... et comme le bonheur donne de l'esprit, de l'adresse, du talent, j'en ai montré... j'ai même plus d'une fois, à ce qu'on a daigné dire, déployé du génie... le génie de la police... Tous mes prédécesseurs n'étaient rien auprès de moi... Il n'y a pas un complot, pas une ruse, pas une pensée que je n'aie pénétré, deviné et déjoué... La cour et la ville m'accablaient d'éloges, d'honneurs et de récompenses... J'acceptais pour leur être agréable... car moi j'aurais exercé gratis, et pour mon plaisir... Aussi, grâce à mon activité, chacun dort tranquille dans la ville de Londres... il n'y a pas un seul voleur... je les ai mis tous en fuite... Et sais-tu maintenant où ils se sont réfugiés?...

CAMILLA.

Non vraiment!...

TURNER.

Chez moi... dans mon hôtel.

CAMILLA.

Impossible!

TURNER.

C'est ce que je me dis... et cependant cela est... Hier encore, une tabatière en or que le roi m'avait donnée... une tabatière ornée de son portrait... disparue... enlevée.

CAMILLA.

Et vous n'avez pas quelque soupçon?

TURNER.

J'en ai toujours... Un nommé Brik Bolding, que j'ai fait pendre! La corde aura cassé, ou un autre aura pris sa place, car depuis sa mort j'ai reçu de lui une lettre où il me prévient qu'il est revenu de l'autre monde exprès pour se venger, me piller, me voler, et même me pendre...

CAMILLA.

O ciel!

TURNER.

Par réciprocité!...

CAMILLA.

Quelle horreur!

TURNER.

Ce n'est pas tant la chose que l'affront, le déshonneur et la rage de ne pouvoir surprendre cet infâme Brik Bolding et ses compagnons... Depuis cette maudite lettre, je suis sur pied... sur le qui-vive... Je les attends... je les guette, sans rien saisir, et sans oser en parler à personne, tant j'ai peur de devenir la risée de toute la ville. « Cet homme, qui voit tout, qui connaît tout, ne sait même pas ce qui se passe chez lui... Avec les sommes immenses que le roi et le gouvernement mettent à sa disposition, il ne peut rien découvrir dans son hôtel; comment découvrirait-il au dehors le moindre complot contre la sûreté de l'État ou la fortune des particuliers? » Tu comprends, il faudrait renoncer à ma place, à ma réputation... et à la terreur que j'inspire... car nous autres, dès qu'on n'a plus peur de nous... dès qu'on ne nous déteste pas... dès qu'on nous aime enfin... notre état est perdu... C'est affligeant.. mais c'est ainsi!...

CAMILLA.

Mon pauvre père!

TURNER.

Je n'ai du reste négligé aucun moyen... J'ai soupçonné tous mes domestiques... j'en ai pris d'autres que j'ai fait arrêter et qu'il a fallu relâcher faute de preuves... J'ai fait de ma maison une forteresse... des barreaux à toutes les fenêtres, et à toutes les serrures des pièges à casser les bras... C'est à se pendre... je finirai par là !...

CAMILLA.

O ciel !

TUNER, vivement.

Non !... non !... On dirait que ce sont eux qui ont réussi dans leurs menaces... et je mourrais de chagrin si je leur donnais ce plaisir-là... J'ai fait entourer l'hôtel et les rues du quartier par toutes mes brigades de sûreté... mes agents ordinaires ; c'est peut-être un tort... Tous mes fidèles sont connus... leur aspect avertit les voleurs... et leur dit : « Prends garde !... » Il me faudrait des amateurs dont on ne se défiât pas... Il me faudrait... (apercevant Yorik.) Voici peut-être mon affaire... (à sa fille.) Attends un instant.

SCÈNE VII.

LES MÊMES, YORIK.

YORIK, à part.

Encore ce maudit shérif... Qu'est-ce qu'il a donc à rôder ainsi ?... Il y a quelque bonne prise dans les environs... V'là qui me regarde... je n'aime pas ça.. Quelque honnête homme qu'on soit, il semble que ces yeux-là vous portent malheur !

TURNER.

Approche ici !

YORIK, à part.

Impossible d'éviter l'abordage !

TURNER.

On te nomme Yorik, matelot ?

YORIK.

Je n'en disconviens pas.

TURNER.

Tu as servi à bord du corsaire *l'Aventure* ?

YORIK.

C'est mon état.

TURNER.

Tu as gagné quelque argent que tu bois là dans cette taverne jusqu'à ce que tu n'aies plus rien...

YORIK.

C'est mon usage.

TURNER.

Ce qui ne tardera pas... car tu as joué hier tes derniers schellings avec un gaillard de mauvaise mine, qui, d'après son signalement, ressemble fort à un nommé Brik Bolding, un fripon, qui t'a gagné.

YORIK.

C'est vrai !... Je crois, Dieu me damne !... qu'il sait tout... et à moins qu'il ne fût sous la table...

TURNER.

De plus, tu fais la cour à Keatt, ma servante.

YORIK, se récriant.

Pour ce qui est de ça !...

TURNER.

A qui tu ne déplais pas.

YORIK, vivement.

Vous croyez !

TURNER.

N'as-tu pas dit que je savais tout ?

YORIK.

C'est vrai... Mais vous êtes si malin...

TURNER.

Tu l'es aussi sans qu'il y paraisse... On dirait qu'il n'y a là que de la pipe, du genièvre, et pas une pensée...

YORIK, se fâchant.

Par exemple !

TURNER.

C'est ce qu'il me faut !...

YORIK.

Pourquoi alors ces compliments-là ?... car vous n'êtes pas homme à me les faire pour rien... Que voulez-vous de moi ?

TURNER.

Je m'en vais te le dire.

QUATUOR.

TURNER.

Contre moi l'on trame sans cesse
Ici des complots ténébreux,
Et je prétends avec adresse
Les déjouer... si je le peux.

YORIK.

Vous ferez bien.

TURNER.

On te dit fin, habile ;
Bon pied, bon œil.

YORIK.

Sur terre et contre l'ennemi.

TURNER.

Justement ; c'est un ennemi
Qu'il nous faut surveiller ici,
Et dans cette taverne où tu demeures...

YORIK.

Oui !

TURNER.

Il te sera, je crois, facile,
Et sans éveiller le soupçon,
De signaler tous ceux qui dans un but hostile
Rôdent autour de ma maison.

YORIK, étonné.

Qui ? moi !

TURNER.

Sans doute.

YORIK.

Moi,
Me charger d'un pareil emploi !

TURNER.

Toi-même.

YORIK.

Moi !

ENSEMBLE.

YORIK.
Pour la mitraille et pour la canonnade
Je suis à vous, marchons tambour battant;
Mais pour l'affût, la guerre d'embuscade,
Je ne suis pas de votre régiment.

TURNER.
Allons, allons, mon brave camarade,
Tu changeras bientôt de sentiment.
Que la raison ici te persuade;
Écoute-moi, mais plus modérément.

CAMILLA.
Pour la mitraille et pour la canonnade
C'est un soldat intrépide et vaillant;
Mais s'enrôler dans toute autre brigade,
Il ne le peut, tel est son sentiment.

TURNER.
Réfléchis donc qu'en ces lieux tu demeures,
Et que sans te gêner je te mets seulement
En faction pendant deux ou trois heures.
(tirant sa montre et lui montrant le cadran.)
Tiens, jusque là ; ce n'est rien qu'un instant.

KEATT, après l'ensemble est rentrée du marché, a été déposer son panier dans la maison, et vient près de Camilla ; elle aperçoit la montre que Turner fait voir à Yorik.

La montre de monsieur !

YORIK.
C'est une belle montre
Que vous avez là, monseigneur.

TURNER, *souriant.*
N'est-ce pas ?... Dans mainte rencontre
Elle a tenté plus d'un voleur.
Mais de me l'enlever, morbleu ! je les défie ;
Et ma fille et ma montre ici sont deux trésors
A l'abri de leurs coups.

YORIK, *souriant.*
Et pourtant, je parie
Que si l'on voulait bien...

TURNER.
Inutiles efforts !

YORIK.
De mes talents je ne puis pas répondre ;
Mais on prétend qu'ici, dans la ville de Londres,
Les voleurs, les amants, sont des gens bien adroits.

TURNER.
Pour cela je les brave.
(lui offrant sa montre et lui faisant signe de la prendre.)
Et vois toi-même, vois.

YORIK prend dans sa main la montre, qui sonne aussitôt d'elle-même.
Tin, tin, tin, tin, tin, tin, tin, tin.
(étonné.)
Que diable cela peut-il être ?
Tin, tin, tin, tin.

TURNER, *reprenant la montre qui se tait aussitôt.*
Ainsi toujours elle sonne soudain
Alors qu'elle est touchée, et par une autre main
Que celle de son maître.
Tu vois, elle est muette ; et toi...
(lui rendant la montre qui recommence à sonner.)
Tin, tin, tin, tin.

ENSEMBLE.

Tin, tin, tin, tin, tin, tin,
Son argentin
Et divin
Pour éveiller les gens d'armes :
Tin, tin, tin, tin, tin, tin.
Bruit terrible et malin
Et cloche d'alarmes
Qui sonne soudain
Le tocsin :
Tin, tin, tin, tin, tin.

TURNER.
Aussi je pardonne d'avance
A qui pourra me la ravir.

YORIK.
C'est bon, et de votre indulgence
J'aurai soin de les prévenir ;
Mais, pour des gens d'humeur entreprenante,
(regardant Camilla.)
Vous avez des trésors encor plus précieux,
Et dont le seul aspect les tente.

TURNER.
L'heure qui doit combler leurs vœux
N'a pas encor sonné pour eux.

YORIK.
Vous croyez ?

TURNER.
Oui, je le crois.
(lui montrant la montre.)
Vois toi-même, vois.

ENSEMBLE.

Tin, tin, tin, tin, tin, tin,
Son argentin
Et divin
Pour éveiller les gens d'armes :
Tin, tin, tin, tin, tin, tin.

TURNER.
Bruit terrible et malin
Et cloche d'alarmes
Qui sonne soudain
Le tocsin :
Tin, tin, tin, tin.

YORIK, *regardant du côté de la taverne.*
Mais malgré ce tocsin
Et la cloche d'alarmes,
Réussira notre dessein.
Tin, tin, tin,
Tin, tin, tin, tin, tin.
(Camilla rentre dans la maison avec son père.)

SCÈNE VIII.

KEATT, YORIK.

YORIK.
Est-il étonnant celui-là !... vouloir que j'observe... Par état, passe encore... si c'était pour mon compte... par exemple, quand je serai marié...

KEATT.
Non pas ! c'est alors surtout qu'il ne faudra voir que par mes yeux, et quand je le dirai...

YORIK.
C'est convenu !
KEATT, regardant au fond.
Tiens... tiens... regarde donc !
YORIK.
Faut-il ?...
KEATT.
Puisque je te le dis...
YORIK.
Ce domestique en livrée jaune...
KEATT, voyant qu'il se dirige vers la maison du shérif.
Eh bien ! eh bien ! où va-t-il donc ?... Monsieur... monsieur... où allez-vous ?

SCÈNE IX.

LES PRÉCÉDENTS, LE DOMESTIQUE, portant une malle sur ses épaules.

LE DOMESTIQUE.
Où je vas ?... chez monsieur le shérif, James Turner...
KEATT.
On n'entre pas !
LE DOMESTIQUE.
Moi, Thomas Burchell, valet de chambre du chevalier Amabel d'Invernesse, son gendre...
YORIK, à part.
Ah ! diable !...
KEATT.
M. Amabel est votre maître ?...
LE DOMESTIQUE.
Voyez plutôt sa malle que voici...
YORIK.
Ah ! Il est à Londres !...
KEATT.
C'te demande... il était là tout à l'heure.
LE DOMESTIQUE, vivement et ôtant la malle de dessus son épaule.
Arrivé avant moi... Pas possible !...
KEATT.
Ça a l'air de vous effrayer !...
LE DOMESTIQUE, froidement.
La peur d'être grondé...
KEATT.
Rassurez-vous..... Il est en course dans la cité...
LE DOMESTIQUE, remettant vivement la malle sur son épaule.
J'entre alors, si vous voulez bien le permettre...
KEATT, lui faisant la révérance.
Je vais vous conduire... (ouvrant la porte, et le faisant passer devant elle). Passez devant...(à Yorik.) Ils ont de singulières figures en Irlande !
(Elle rentre dans la maison.)

SCÈNE X.

YORIK, EDGARD.

YORIK, apercevant Edgard qui entre.
Dieu ! Edgard !... Il était temps !
EDGARD.
Eh bien ! quelles nouvelles ?
YORIK.
De mauvaises... on vient d'arriver...
EDGARD.
Qui donc ?
YORIK.
Le valet de ton rival, précédant son maître.
EDGARD.
Raison de plus pour parler à Camilla.
YORIK.
Non pas... car le shérif est rentré avec sa fille... et si tu as devant lui une reconnaissance avec ton valet de chambre qui ne te reconnaît pas... gare les explications...
EDGARD.
C'est vrai !
YORIK.
Tu vois ! tu donnais droit sur la côte pour y échouer.
EDGARD.
Que faire, alors ?
YORIK.
N'entre pas... attends plutôt là, dans cette taverne, que le damné shérif sorte de chez lui, ce qui ne peut tarder... il ne reste jamais en place, et dès qu'il s'éloignera, tu frapperas...
EDGARD.
C'est juste !
YORIK.
Keatt, qui te connaît et qui a des ordres, te conduira elle-même près de sa maîtresse.
EDGARD.
C'est bien ; mais le prétendu ?
YORIK.
Je ne quitte pas la place... je l'empêche d'entrer, quand je devrais l'enlever... Tiens, tiens... (On entend gronder dans la maison du shérif.) Prends garde et serre tes voiles... voilà un grain qui arrive... Que te disais-je ? c'est le shérif.
EDGARD.
A merveille !.. Je vais guetter son départ.
(Il s'élance dans la taverne à droite.)

SCÈNE XI.

YORIK, TURNER, sortant de chez lui d'un air agité et courant à Yorik qu'il aperçoit.

FINAL.

TURNER, à Yorik qu'il embrasse.
Bien joué ! bien joué ! bravo, mon camarade !

Reçois mes compliments ainsi que l'accolade.
La partie est gagnée, et le coup est fort beau.
Bravo! camarade, bravo!
YORIK, étonné.
Qu'avez-vous donc? pourquoi ces railleries?
TURNER.
Allons donc, fais donc l'ignorant.
J'étais rentré dans mon appartement,
Et là, comme en nos colonies
Que longtemps j'habitai, sur un bon canapé
Je venais de m'étendre, à rêver occupé;
Et dans ce peu d'instants, malgré ma porte close,
La fenêtre grillée et les doubles verrous,
Quelqu'un s'est introduit, dont la main assez leste
A, sans me réveiller, eu l'art d'enlever, zeste!
Ma montre si sonore.
YORIK.
Ô ciel! que dites-vous?
TURNER.
Pourquoi cette surprise?
Conviens-en
Franchement;
Quel talent!
Quel talent surprenant!
Conviens-en franchement.

SCÈNE XII.

LES MÊMES, KEATT, sortant de l'hôtel.

KEATT, au shérif.
Ma maîtresse, qui s'inquiète
De vous avoir vu sortir,
Vous demande.
TURNER, à Yorik.
Eh! tiens, voici venir
L'objet de ta flamme secrète,
La belle Keatt, à qui tu veux t'unir.
KEATT.
Comment! il vous l'a dit, lorsque moi je l'ignore?
TURNER.
Tous deux je vous marie, et je fais plus encore,
Je lui donne une dot.
KEATT, avec joie.
Grands dieux! il se pourrait!
TURNER.
Si tu me dis à l'instant ton secret.
KEATT.
Un secret! un secret! ah! monsieur, parlez vite.
YORIK, avec impatience.
Elle aussi!
KEATT, étonnée.
Comment! il hésite!
TURNER, bas à Yorik.
Et si dans tes refus tu prétends persister,
A la fin, songes-y, je te fais arrêter.
YORIK, hors de lui.
M'arrêter! m'arrêter!
TURNER.
Tais-toi.
Quel est cet étranger, à la marche incertaine,
Qui rôde autour de mon hôtel?

SCÈNE XIII.

LES PRÉCÉDENTS, AMABEL, s'avançant lentement en regardant l'hôtel du shérif.

AMABEL.
Je crois
Que c'est là son logis. M'y voici, non sans peine.
TURNER.
Que voulez-vous ici, jeune étranger?
AMABEL, montrant l'hôtel.
Ce que je veux? Eh! mais, j'y viens loger.
De sir Turner, shérif de cette ville,
On vient de m'indiquer ici le domicile.
TURNER.
Et qui donc êtes-vous?
AMABEL, riant.
Ce que je suis?
TURNER, avec impatience.
Eh! oui.
AMABEL, riant.
Je suis, mon cher, je suis son gendre
Qu'il attend, et j'arrive à l'instant.
TURNER, à Keatt, à demi-voix.
Est-ce lui?
KEATT, de même.
Non, c'est un imposteur qui voudrait nous surprendre;
Le véritable est mieux, bien mieux que celui-ci.
TURNER, regardant alternativement Amabel et Yorik.
J'entends, j'entends.

ENSEMBLE.

TURNER.
Les fripons de Londre
Sur moi viennent fondre;
Mais je vais confondre
Leurs ruses d'enfer.
D'eux tous j'ai l'usage;
Rien qu'à son langage,
Rien qu'à son visage,
J'ai tout découvert.

KEATT.
Ah! c'est à confondre!
Veux-tu bien répondre?
Il n'est pas dans Londre
D'esprit moins ouvert.
Notre mariage.
A parler t'engage,
Un pareil langage
Est pourtant bien clair.

YORIK.
Que puis-je répondre.
C'est à vous confondre.
Sur moi viennent fondre
Vingt tourments divers.
(montrant Turner.)
De son doux langage,
(montrant Keatt.)
De son bavardage,
Ah! morbleu! j'enrage!
Morbleu! je m'y perds.

AMABEL.
Ah! j'en puis répondre,

C'est à vous confondre.
De Dublin à Londre
Je viens prendre l'air.
Grand Dieu! quel voyage!
Brouillard et nuage,
De plus un orage,
Et le mal de mer.
TURNER, bas à Keatt.
Rentre auprès de ma fille, à présent moi je sais
Ce que je dois faire.
(Keatt rentre dans l'hôtel.)
TURNER, à Amabel.
Avancez.
(lui montrant Yorik.)
Connaissez-vous ce visage,
Mon gentilhomme?
AMABEL, après avoir regardé Yorik avec étonnement
Non.
TURNER, à Yorik.
Et toi?
(regardant Amabel.)
Pas davantage;
Je ne l'ai jamais vu.
AMABEL.
Moi non plus.
TURNER, froidement.
C'est assez.
(à Yorik.)
Ainsi tu ne dis rien?
YORIK.
J'en ai le bon vouloir;
Mais, d'honneur! je ne puis.
TURNER.
C'est ce que l'on va voir.

(Il fait un signe après avoir remonté la scène, et une vingtaine de constables vêtus de noir se précipitent sur le théâtre.)

ENSEMBLE.

TURNER et plusieurs habitants de Londres, qui sont accourus en foule avec les constables, montrant Amabel et Yorik.
Point de pitié! que l'on saisisse
Et ce coupable et ce complice.
En prison, en prison conduisez-les tous deux;
Nous connaîtrons par eux
Ce complot ténébreux.
En prison, en prison conduisez-les tous deux.
AMABEL.
N'approchez pas, gens de police,
Ou de vous tous j'obtiens justice.
Faquins! redoutez en ces lieux
L'effort de mon nom glorieux.
CHŒUR DES CONSTABLES.
Au chef suprême de la police,
Qu'à l'instant même on obéisse.
En prison, en prison conduisons-les tous deux,
Oui, nous sommes les plus nombreux;
Ne craignons rien, saisissons-les tous deux;
En prison, en prison conduisons-les tous deux.
YORIK.
Moi, je me ris de la police;
Que pas un seul ne me saisisse,
Ou craignez mon bras furieux.
Fussiez-vous encor plus nombreux,
Redoutez mon bras furieux.
(Malgré leur résistance, on entoure et entraîne Yorik et Amabel. Turner les suit, et Edgard sortant de la taverne se dirige vers la maison du shérif.)

ACTE DEUXIÈME.

La maison du shérif; l'appartement de Camilla. Porte à gauche; à droite, une croisée; au fond, une galerie vitrée.

SCÈNE I.

CAMILLA, à gauche, travaillant devant un métier à tapisserie; KEATT, à droite, près d'une table, écrivant le compte du mois.

DUO.

CAMILLA, rêvant.
Oui, c'est bien lui, c'est son courage
Qui seul préserva mes jours;
Et malgré moi son image
A mes yeux s'offre toujours.
KEATT, écrivant.
Il faut de l'ordre en ménage,
Et je compte tous les jours;
Mais Yorik et son image
Me feront tromper toujours.
CAMILLA, se levant.
J'ai beau faire, inutile effort!
KEATT.
Voyons pourtant, comptons encor.

ENSEMBLE.

CAMILLA.
Fuyez, fuyez, vaine chimère;
Plus d'espérance mensongère;
Il faut me soumettre et me taire,
Il faut me soumettre à mon père.
Souvent j'ai rêvé dans l'absence
Et son retour et sa présence.

KEATT.
Hier j'ai d'abord acheté
Du chocolat et puis du thé,
Du lait, du beurre et des radis...
Choufleurs, épinards, salsifis;
Et pour la pâte des puddings,
J'ai payé combien de schellings?...

Je ne sais plus; Yorik en ce moment passait,
Et je crois qu'il me regardait.
Était-ce trois schellings?... Non, c'était deux, je crois;
Ou trois ou deux, n'importe... mettons trois.

ENSEMBLE.

CAMILLA.
O souvenir tyrannique
Qui redoublez mes regrets!
Et vous, espoir chimérique,
Éloignez-vous pour jamais.

KEATT.
C'est unique, diabolique;
Ça vous rendrait colérique.
A compter plus je m'applique,
Et moins je m'y reconnais;
Le total le plus modique
Sous ma plume se complique.
L'amour et l'arithmétique
Ensemble n'iront jamais.

KEATT, additionnant.
Trois et deux font cinq, et cinq font dix,
Et deux font douze, et douze et six
Font dix-huit... Sur dix-huit je pose...
(se remettant à rêver.)
Et puis ce soir,
Lorsqu'Yorik viendra me voir,
Quel plaisir!
(se remettant à compter.)
Sur dix-huit, je pose un; le voilà,
Et retiens huit... Et quand il me dira...
(regardant le total.)
Quatre-vingt-un schellings! Ah! mon Dieu! tant que ça?
Vraiment, sans qu'on y pense,
C'est étonnant comme on dépense;
Quatre-vingt-un schellings! eh! non, ce n'est pas ça.

REPRISE DE L'ENSEMBLE.
CAMILLA.
O souvenir tyrannique, etc.
KEATT.
C'est unique, diabolique, etc.

(A la fin du duo, on frappe en dehors, à la porte de la rue.)

KEATT, allant regarder par la fenêtre du balcon.
C'est le prétendu... Je vais lui ouvrir... (Elle sort.)

CAMILLA, seule.
Le prétendu!... il avait bien besoin d'arriver... Moi, qui commençais à oublier ma frayeur, voilà qu'elle me reprend... Il ne risque rien d'être aimable... de l'être pour deux... (s'asseyant sur un fauteuil à gauche.) car je ne lui dirai rien...

••••••••••••••••••••••••••••••••

SCÈNE II.

KEATT, paraissant au fond et amenant EDGARD;
CAMILLA, assise, leur tournant le dos.

KEATT, à Edgard.
Oui, monsieur, c'est jouer de malheur!... Voilà monsieur le shérif qui vient de sortir, et qui sera désolé de manquer encore une visite... Mais mam'selle est là, qui vous fera les honneurs en l'absence de son père... (prenant par la main Edgard qui tremble.) Ah! n'ayez pas peur... et ne tremblez pas ainsi.... Ma jeune maîtresse n'est pas trop effrayante... tenez!... (Elle l'amène devant Camilla qui se lève, le regarde et s'écrie : O ciel!...

TRIO.

CAMILLA.
O trouble! ô surprise nouvelle!
C'est bien lui, c'est lui! le voilà!
Et le ciel à mes vœux fidèle
Dans mon cœur avait lu déjà.

KEATT.
Mon avis était-il fidèle?
Regardez, c'est lui; le voilà!
Une autre fois, mademoiselle
A mon goût s'en rapportera.

EDGARD.
Enfin je la revois, c'est elle;
Et devant mes yeux la voilà.
Peut-être à mon amour fidèle
Son cœur un jour pardonnera.

KEATT, à Camilla.
Eh bien! votre frayeur mortelle?...
CAMILLA, à demi-voix.
Se dissipe.
KEATT, souriant.
Déjà!
CAMILLA, avec étonnement.
Quoi! c'est le prétendu?...
(naïvement.)
Ah! si je l'avais su!...
EDGARD, avec joie.
Qu'entends-je!... et que dit-elle?
CAMILLA.
Pourquoi feindre devant celui
Que me destina mon père?
Devant vous, mon sauveur?
EDGARD.
O jour pour moi prospère,
Si de vos souvenirs il ne fut pas banni!

CAMILLA.

ROMANCE.

Je vois encor la vague mugissante
Et le danger qui menaçait mes jours.
Je ne sais pas si c'était d'épouvante,
Mais je sais bien que j'y pensais toujours.
Je vois encor celui dont la vaillance
Au sein des flots s'élance à mon secours.
Je ne sais pas si c'est reconnaissance;
Mais je sais bien que j'y pensais toujours.

EDGARD, avec transport.
Camilla! c'en est trop... Apprenez donc...
(s'arrêtant.)
KEATT.
Eh bien!
Qu'avez-vous?
EDGARD, troublé et se modérant.
Moi! je n'ai rien.

ENSEMBLE.

EDGARD.
Ah! comment détruire
Ce rêve enchanté?
Et comment l'instruire
De la vérité?
Que l'amour prolonge
Cette douce erreur,
Séduisant mensonge
Qui fait mon bonheur.

CAMILLA.
Moment de délire!
Moment enchanté!
Où le cœur peut dire
Sa félicité.
Ce n'est plus un songe,
Une vaine erreur;
Que le ciel prolonge
Ce jour de bonheur!

KEATT.
O tendre délire
D'un cœur enchanté
Qui n'ose dire
Sa félicité!
Que l'amour prolonge
Pareille candeur;
Il prend pour un songe
Un si grand bonheur.

KEATT, à Camilla.
Je vois donc que cette alliance,
Qui déjà vous faisait frémir,
Coûte bien moins à votre obéissance;
Et je pourrais même d'avance,
(à Edgard.)
Si ce n'était la peur de vous faire rougir,
Fiancer des époux qui bientôt vont s'unir.

CAMILLA.
Quelle folie!

KEATT, prenant la main d'Edgard.
Ah! que de peine!
Allons, votre main dans la sienne.

EDGARD, troublé et tenant la main de Camilla.
De crainte et d'amour je frémis.

KEATT, les regardant et riant.
Et moi...
(d'un ton solennel, étendant les mains.)
Je vous unis!

ENSEMBLE.

EDGARD, tenant la main de Camilla.
Ah! comment détruire, etc.

CAMILLA.
Moment de délire! etc.

KEATT.
O tendre délire, etc.

CAMILLA et KEATT.
Avenir séducteur!
O moment enchanteur
Qui fait battre $\frac{mon}{son}$ cœur
D'amour et de bonheur!

EDGARD.
O séduisante erreur!
O moment enchanteur
Qui fait battre mon cœur
D'amour et de bonheur!

EDGARD, à voix basse à Camilla.
Miss Camilla... il faut que je vous parle.

CAMILLA.
Vous le pouvez!

EDGARD, avec embarras.
J'aimerais autant que Keatt ne fût pas là.

CAMILLA, étonnée.
Pour quelle raison?

(Keatt va pour sortir et rencontre le domestique qui entre par la porte vitrée.)

SCÈNE III.

LES PRÉCÉDENTS, LE DOMESTIQUE.

KEATT.
Ah! c'est monsieur Thomas Burchell, votre valet de chambre.

EDGARD, à part.
O ciel!

KEATT.
A qui j'ai fait les honneurs de la maison... Je l'ai promené partout... (au domestique.) Vous cherchez votre maître?... (montrant Edgard.) le voilà!

LE DOMESTIQUE, s'avançant.
Mon maître!

EDGARD, à part.
Je suis perdu!

LE DOMESTIQUE, qui pendant ce temps a regardé Edgard des pieds à la tête, s'approche, le salue avec respect et lui dit froidement:
Je viens prendre les ordres de monsieur...

EDGARD, étonné et à voix basse.
Quoi! tu me reconnais?

LE DOMESTIQUE, jetant un coup d'œil sur Camilla.
Il paraît que cela vous arrange, mon capitaine... Et moi aussi.

EDGARD, à voix basse.
Tu as raison... tu n'y perdras pas.

LE DOMESTIQUE, de même.
J'y compte bien!

EDGARD, de même.
Où est le chevalier Amabel, ton autre maître?

LE DOMESTIQUE.
En prison!

EDGARD.
Qui l'y a mis?

LE DOMESTIQUE.
Son beau-père!

EDGARD.
Qui te l'a dit?

LE DOMESTIQUE.
Qu'importe, si j'en suis sûr?

EDGARD.
J'ai donc du temps?

LE DOMESTIQUE.
Oui... mais n'en perdez pas... (Edgard, pendant

ce temps, a tiré sa bourse et la lui glisse dans la main.) Et si je peux vous être utile...

KEATT, regardant par la fenêtre du balcon.

Monsieur le shérif qui revient... et il n'est pas seul !

EDGARD, à part.

Grand Dieu !...

LE DOMESTIQUE, bas, en souriant.

Ça vous effraie déjà !... (à Keatt qui veut sortir.) Ne vous dérangez pas, ma belle enfant... je vais ouvrir la porte.

(Il sort.)

SCÈNE IV.

LES MÊMES, excepté LE DOMESTIQUE.

KEATT.

Les domestiques irlandais sont galants... (regardant Edgard.) comme des maîtres !

CAMILLA, à Edgard.

Venez... je vais vous présenter à mon père.

EDGARD, troublé.

Impossible dans ce moment... je n'oserais ainsi... Ma toilette n'est pas convenable.

KEATT.

Vous êtes superbe !

CAMILLA, souriant.

Ah ! vous êtes plus coquet pour mon père que pour moi... Je vais le lui dire.

EDGARD, vivement.

Non... non... je vous en conjure... ne lui parlez pas encore de mon arrivée.

CAMILLA.

Et pourquoi donc ?

EDGARD.

Vous le saurez... Un instant encore... et je n'aurai plus de secret pour vous.

KEATT, vivement.

Un secret ?

EDGARD.

D'où dépend mon bonheur, mon avenir... Que votre père ignore que je suis arrivé... Une demi-heure de silence... pas davantage... me le promettez-vous ?

CAMILLA.

C'est bien singulier !

EDGARD.

C'est la première grâce que je vous demande... l'obtiendrai-je ?

CAMILLA, après un instant de silence.

Je vous le promets... Keatt, conduis monsieur à son appartement.

(Edgard sort par la porte à gauche avec Keatt.)

SCÈNE V.

CAMILLA, puis TURNER.

CAMILLA.

Ne pas vouloir se présenter d'abord aux yeux de son beau-père !... Est-ce étonnant !... Et l'on dit que les Anglais sont bizarres... les Irlandais le sont bien plus... (souriant.) Après cela, c'est peut-être un cadeau qu'il attend... une surprise qu'il réserve à mon père... Le voici !...

TURNER, entrant en rêvant.

Oui... quand la fatalité s'attache à un homme en place, il va de sottise en sottise... Et j'y suis, j'y marche, je ne sors pas de là.

CAMILLA.

Qu'avez-vous donc, mon Dieu ?

TURNER.

Ce que j'ai, mon enfant !... Je suis déshonoré, perdu de réputation ; je viens de faire une ânerie, un pas de clerc, où ne serait pas tombé un commençant, un constable surnuméraire... Si cela s'ébruite... c'est fini... je ne m'en relèverai pas... Il n'y a que toi qui puisses me sauver et tout réparer.

CAMILLA.

Comment cela ?

TURNER.

Si tu refuses encore, si tu hésites même comme ce matin, à épouser ce jeune Irlandais le fils du marquis d'Inverness...

CAMILLA.

Eh bien ?

TURNER.

Il faut que je donne ma démission.

CAMILLA.

Ah ! vous ne la donnerez pas !

TURNER.

Est-il possible !... Tu consentirais ?...

CAMILLA.

Dame !... pour que vous restiez en place...

TURNER.

Ah ! mon enfant... ma chère enfant, tu dis vrai.. tu m'auras sauvé... car si mon gendre s'était fâché, s'il avait réclamé, c'était fait de moi... j'étais dans ses mains, dans sa dépendance...

CAMILLA.

Il y a donc un mystère ?

TURNER.

Certainement.

CAMILLA.

Je m'en doutais, et je serai enchantée de le connaître par vous, plutôt que par lui... Parlez donc ; qu'y a-t-il ?

TURNER.

Il y a que, par une méprise, une maladresse inconcevable, n'écoutant qu'un premier mouvement de colère... j'ai poussé la manie de l'arrestation jusqu'à faire arrêter moi-même mon gendre...

CAMILLA.
Que me dites-vous là?

TURNER.
Qu'à l'instant où il débarquait à Londres, et se rendait à mon hôtel... saisi, appréhendé au corps par mes fidèles agents, qui exécutent toujours sans raisonner et sans réfléchir... il a été traîné en prison...

CAMILLA, à part.
Ah! mon Dieu!.. je conçois qu'il ne voulût pas le voir!

TURNER.
Il était furieux!... et moi stupéfait... car, à la seule inspection de ses papiers et des lettres de son père, j'ai reconnu sur-le-champ la vérité... Il voulait porter plainte, demander des dommages et intérêts... et si à cet affront s'était joint celui d'un refus, il n'y aurait pas eu moyen de l'apaiser... il aurait ébruité l'affaire et pouvait me perdre...

CAMILLA.
Je ne le crois pas, mon père... et vous auriez tort de craindre...

TURNER.
Maintenant, oui... parce que tout s'arrange, parce qu'il devient mon gendre, parce que tu l'épouses... Tu me l'as promis, du moins...

CAMILLA.
Quand vous le voudrez.

TURNER.
Voilà qui est parler... Cette nouvelle va lui rendre sa belle humeur... car il était encore en colère...

CAMILLA, souriant.
Je ne le pense pas!

TURNER.
Et moi, j'en suis sûr... je suis venu avec lui...

CAMILLA, étonnée.
Que dites-vous?

TURNER.
Que depuis sa sortie de prison je ne l'ai pas quitté; je l'ai amené avec moi, je l'ai accablé de politesse; je viens de lui donner mon propre appartement, où il est occupé avec son valet de chambre à réparer le désordre de son costume... ses manchettes, son jabot déchiré... et, pour un petit maître irlandais, les prisons de Londres ne sont pas d'une propreté fashionable... Il lui a fallu le temps de paraître avec tous ses avantages... Tiens, tiens... le voici qui vient te présenter ses hommages.

SCÈNE VI.

LES MÊMES, AMABEL, entrant par le fond.

CAMILLA, à part.
Ah! je ne sais ce que je dois croire et trembler de connaître la vérité.

AMABEL, entrant.
Pardon, beau-père, si je me suis fait attendre; mais ces marauds m'avaient mis dans un état...

TURNER, qui a été au-devant d'Amabel.
Elle m'a dit à moi-même qu'elle consentait d'avance à ce mariage; c'est à vous maintenant de lui plaire.

AMABEL, avec fatuité.
Ce ne sera pas là le plus difficile... Croyez bien, belle miss...
(Il s'approche et la salue.)

SCÈNE VII.

LES PRÉCÉDENTS, KEATT, accourant.

KEATT, à Camilla.
Mademoiselle!... mademoiselle!...

TURNER.
Qu'est-ce?... que viens-tu nous annoncer?

KEATT, troublée en apercevant Turner.
Que... que le souper est servi... (bas à Camilla.) Il est installé... (montrant la porte à gauche.) là!.. dans son appartement.

TURNER, à Amabel.
Alors, mon gendre... à table!

KEATT, étonnée.
Son gendre!...

AMABEL, à Keatt.
Oui, ma belle enfant, c'est moi-même!

KEATT, de même.
Le prétendu!... le vrai!

CAMILLA, à voix basse.
Tais-toi!

KEATT, de même.
Eh bien!... et l'autre?...

CAMILLA, rapidement et à voix basse.
Fais-le sortir... mais sache auparavant son nom et ses desseins.

TURNER, à Amabel.
Mylord, la main à ma fille!
(Amabel offre la main à Camilla. Il sort avec elle ainsi que Turner par le fond, pendant que Keatt stupéfaite les regarde s'éloigner.)

SCÈNE VIII.

KEATT seule, puis EDGARD.

KEATT.
Voilà qui est singulier!.. (montrant la porte du fond.) un là-bas... (montrant la porte à gauche.) un autre ici... (allant à la porte à gauche qu'elle ouvre et appelant Edgard.) Monsieur, monsieur, paraissez, s'il vous plaît!

EDGARD, paraissant.
Eh bien!... qu'y a-t-il?

KEATT.
Ce qu'il y a!.. vous osez le demander, quand

il nous arrive de tous les côtés des prétendus que c'est à ne plus s'y reconnaître, et qu'on ne peut plus distinguer le véritable...

EDGARD, à part.

O ciel!

KEATT, à part.

Il se trouble!... ce n'est pas lui!... c'est l'autre qui sera le vrai, et c'est grand dommage... (haut.) Parlez, monsieur; pourquoi vous introduire ainsi dans une maison respectable?

EDGARD, à part et troublé.

Que lui dire, mon Dieu!.. (haut.) Ecoute, Keatt, tu connais Yorik?

KEATT.

Je crois bien... un amoureux!

EDGARD.

Eh bien! je suis comme lui!

KEATT, vivement.

Vous m'aimez?

EDGARD.

Non pas toi... ta maîtresse! Edgard Falsingham, un honnête corsaire...

KEATT.

Un bel état!... et votre domestique en livrée?

EDGARD.

C'est celui de l'autre!

KEATT.

Et il vous a reconnu?...

EDGARD.

Grâce à ma bourse que je lui ai glissée... ce qui fait que je n'en ai plus... mais je suis le camarade, le compagnon d'Yorik; il me protège; fais comme lui... Que je voie Camilla un instant, c'est tout ce que je te demande.

(On a sonné à plusieurs reprises.)

KEATT.

Impossible!... on m'appelle!

EDGARD.

Eh bien! je t'attendrai... et ce soir, quand tout le monde sera retiré... ici, dans cet appartement...

KEATT.

Par exemple!.. c'est celui de mam'selle.

EDGARD, vivement.

Le sien!

KEATT.

Vous ne pouvez pas y rester... pas plus que dans la maison; car si monsieur vous y découvrait, vous seriez perdu et moi aussi... Il faut donc que vous partiez à l'instant.

EDGARD, regardant autour de lui.

Et quand je le voudrais... comment?

KEATT.

Pendant qu'ils sont à table... descendez l'escalier à droite, la seconde porte à gauche... elle donne sur la rue. Mais dépêchez-vous, parce que dans une demi-heure toutes les portes seront (On sonne de nouveau.) fermées à clef et aux verrous.. Tenez, tenez... on sonne encore... Partez, et demain matin devant la taverne nous causerons de cela avec Yorik. (On sonne encore.) Ah! mon Dieu!... et le rôti sera brûlé!... (courant.) On y va!... on y va!... (à Edgard.) Partez vite... Adieu!... à demain...

(Elle sort en courant.)

SCÈNE IX.

EDGARD, seul.

Demain! belle protection!... demain je pars!... Et je quitterais ces lieux, quand cet appartement est le sien.. quand je puis obtenir enfin cette entrevue si désirée!... Non, vraiment; je reste... arrivera ce qu'il pourra!... Et si mon rival le trouve mauvais, tant mieux... c'est ce que je demande... Oui, je resterai... mais en attendant où me cacher!... (allant à gauche.) Ce corridor, par où l'on passera peut-être!... ce ne serait pas prudent... (allant à droite.) Mais là... un balcon qui donne sur la rue... une quinzaine de pieds, sans doute... et en cas de malheur ce serait bien vite franchi... (s'avançant sur le balcon.) Ah! il y a une grille!..... N'importe!..... on vient!...

(Il referme la porte et reste sur le balcon.)

SCÈNE X.

TURNER, KEATT, AMABEL, CAMILLA.

TURNER, causant avec Keatt.

Oui, mademoiselle, un très mauvais souper... et très mal servi encore...

KEATT.

On ne réussit pas toujours!... c'est un rôti manqué... Vous qui parlez, vous ne vous trompez peut-être jamais!

TURNER.

C'est bien... Allumez des bougeoirs pour tout le monde.

KEATT, près de la table à droite.

Oui, monsieur...(à part.) Il n'y verra pas plus clair pour ça... (regardant autour d'elle.) Grâce au ciel! plus personne...

CAMILLA, s'approchant de Keatt, en lui parlant pendant qu'elle allume les bougeoirs.

Est-il parti?

KEATT.

Oui, mam'selle.

CAMILLA.

Et ses desseins?..

KEATT, de même, à voix basse.

Un amoureux... je m'en doutais... Edgard Falsingham, un corsaire... mais honnête à ce qu'il dit. Je vous donnerai tous les détails demain en revenant du marché. (Elle présente un bougeoir

3

tout allumé à Turner qui s'avançait pour l'écouter.) Voilà, monsieur...

TURNER, à Amabel.

Allons, mon gendre... voici l'heure de se retirer...

AMABEL.

Déjà!

TURNER.

A Londres on se couche de bonne heure... Dites bonsoir à votre prétendue!

AMABEL.

J'aurais bien voulu auparavant, et sans attendre jusqu'à demain, lui offrir de la part de mon père...

TURNER.

De monsieur le marquis?

AMABEL.

Les présents qu'il envoie à sa belle-fille...
(Il tire de sa poche un écrin qu'il présente à Turner.)

TURNER.

Un écrin magnifique... et des pierreries montées avec une élégance..

AMABEL.

C'est moi qui les ai choisies... c'est moi qui ai dessiné la monture... On se plaît à Dublin à me reconnaître quelque goût... (regardant Camilla.) Je ne sais pas s'il en sera de même en ce pays...

TURNER.

Allons, ma fille, réponds donc!

CAMILLA.

C'est trop beau, trop riche pour moi, et je n'oserais accepter...

AMABEL.

D'un prétendu! Pourquoi donc?

TURNER.

C'est de droit... c'est l'usage...

AMABEL, choisissant dans l'écrin.

Et vous ne refuserez pas du moins cette bague... une étincelle de peu de valeur... un anneau de fiançailles que je me permettrai, avec l'autorisation paternelle, de passer moi-même à ce joli doigt... ou je croirai que ce qui vous déplaît n'est pas le présent, mais le futur... (Il rit.) Ah! ah! ah!... c'est ce que nous appelons, nous autres fashionables, un jeu de mots... C'est joli, n'est-ce pas?

TURNER.

Très joli... J'autorise ma fille à garder la bague, et, par précaution, je vais serrer moi-même l'écrin... (allant au secrétaire à gauche.) J'ai mes clefs qui sont là... (en détachant une du trousseau.) Voici celle de ma caisse, et je vais...

AMABEL, le retenant.

Demain, vous avez le temps...

TURNER.

Ce soir même, à l'instant... et avant de me coucher, je ferai ma ronde accoutumée..... (à Amabel.) Bon soir, mon gendre... Votre appartement est de ce côté; Keatt va vous conduire... dormez bien, monsieur le chevalier... à demain...

(à Camilla.) Bonsoir, ma fille... bonsoir... Ah! ferme bien ce secrétaire...

(Il sort par la galerie du fond.)

AMABEL, saluant Camilla.

Bonsoir, mademoiselle.

KEATT, derrière lui, tenant le bougeoir.

Monsieur, je vous attends.

AMABEL, à Camilla.

Pardon!... Moi, qui tout à l'heure vous parlais de bon goût, si demain je ne me présente pas à vos yeux dans une tenue aussi élégante que le réclamerait la circonstance... J'avais apporté de Dublin les modes les plus nouvelles, des habits délicieux...

KEATT, tenant toujours le bougeoir.

Monsieur, je vous attends.

AMABEL.

Eh bien! attends... (à Camilla.) Ils étaient dans une malle qui m'a été volée en descendant de voiture.

KEATT.

Une malle à votre adresse, avec trois serrures...

AMABEL.

Précisément!

KEATT.

Vous la trouverez dans votre appartement.

AMABEL.

Est-il possible?... Et comment y est-elle?...

KEATT.

Apportée par votre valet de chambre.

AMABEL.

Il est resté en route, tant il était malade du mal de mer... et je suis exactement sans domestique

CAMILLA.

Et celui qui nous servait à table?

AMABEL.

Ce n'est pas à moi.

CAMILLA.

A qui donc?

AMABEL.

A monsieur votre père.

CAMILLA.

Nullement!

AMABEL.

Il m'a dit au moment où j'arrivais que monsieur le shérif mettait à ma disposition, une attention du beau-père...

KEATT.

C'est différent!

AMABEL.

Dont je lui sais gré... Moi qui ne connais pas la ville de Londres et qui me perdrais sans un guide...

KEATT, tenant toujours le bougeoir.

Monsieur, je vous attends!

AMABEL.

Je suis à toi... (à part) Ah! ma malle est retrouvée... J'en suis ravi à cause de la veste brodée au petit point, et l'habit pailleté à grandes

ACTE II, SCÈNE X.

palmes... Tous mes moyens de séduction... (haut.) Bonsoir, mademoiselle...
(Il sort par la porte à gauche, précédé de Keatt qui l'éclaire.)

SCÈNE XI.
CAMILLA, puis EDGARD.

CAMILLA.

RÉCITATIF.

Enfin donc je suis seule... Ah ! je respire à peine,
Et ma raison s'arrête, égarée, incertaine,
Sur tant d'événements bizarres et confus
Dont le fil se dérobe à mes yeux éperdus.

DUO.

EDGARD, sortant du balcon à droite.
Elle est seule, avançons.

CAMILLA, se retournant.
Ah ! grand Dieu ! qu'ai-je vu ?
Monsieur ! monsieur !...

EDGARD.
Silence ! ou bien je suis perdu !
Si vous lisiez dans ma pensée,
Votre cœur, loin de me bannir,
Plaindrait une flamme insensée
Dont, hélas ! je me sens mourir.

CAMILLA.
Quand vous osez, sous un faux nom,
Chez mon père vous introduire...

EDGARD.
Oui, je vous ai trompée, oui, je veux tout vous dire.
Pour vous l'amour égara ma raison.
Simple marin, j'ai cru dans ma folie
Que, pour vous plaire et pour vous mériter,
Il suffisait d'aimer, de vous donner sa vie !
Je l'ai fait, et je veux encore le tenter.
Demain je pars ; demain, sur la mer en furie
Je trouverai la mort, ou bien, aux yeux de tous,
La fortune, la gloire, et le droit d'être à vous.
Mais, mais...

ENSEMBLE.

EDGARD.
Avant que j'expire
Si loin de vos yeux,
J'ai voulu vous dire
Mes derniers adieux ;
J'ai voulu vous dire :
A vous, pour toujours,
Et même délire
Et mêmes amours !

CAMILLA, à part.
Ma colère expire ;
Pourtant je ne peux
Ni ne dois souscrire,
Hélas ! à ses vœux.
Mais comment lui dire,
Comment, sans retour,
Défendre et proscrire
Un pareil amour ?

EDGARD.
On veut que de l'hymen vous subissiez les lois ;
Eh bien ! trois mois encore... oui, oui, pendant trois mois,
Refusez cet hymen ; c'est ma seule prière,
Et j'aurai succombé, Camille, ou, près de vous,
Riche, heureux, je reviens pour réclamer d'un père
Le nom de votre époux.
Trois mois, trois mois ; me le promettez-vous ?

CAMILLA, avec émotion et après avoir hésité.
Je le promets !

ENSEMBLE.

EDGARD.
O joie ! ô délire !
O transport heureux !
Je puis donc vous dire
Mes tendres adieux !
Je puis donc vous dire :
A vous, pour toujours,
Et même délire
Et mêmes amours !

CAMILLA.
A voir son délire,
Je sens qu'en ces lieux
Ma colère expire
Et cède à ses vœux.
Comment s'en dédire ?
Comment en ce jour
Défendre et proscrire
Un pareil amour ?

CAMILLA, écoutant.
Quel est ce bruit ? je tremble, hélas !

(Camilla se cache près de la porte à gauche, et Edgard sur la fenêtre du balcon. On aperçoit au fond, à travers la galerie, Turner marchant en tournant le dos au spectateur. Il tient à la main une lanterne, avance lentement, examine tout avec soin et disparaît.)

CAMILLA.
C'est mon père qui fait sa ronde,
Seul il veille en la nuit profonde ;
S'il nous voyait...

EDGARD.
Non ; n'entendez-vous pas
Le bruit éloigné de ses pas ?

NOCTURNE A DEUX VOIX.

CAMILLA.
La nuit plus sombre
Étend son ombre ;
Il vous faut fuir,
Il faut partir.
De la prudence
Et du silence ;
Partez d'ici,
Partez, ami.

EDGARD.
La nuit plus sombre
Étend son ombre ;
Mais comment fuir ?
Comment partir ?
Vaine prudence !
Quelle souffrance !
Quitter ainsi
Ce lieu chéri !

EDGARD.
M'éloigner! et comment?
Par quels moyens quitter ces lieux à présent?
CAMILLA.
Le moindre bruit peut causer notre perte.
EDGARD.
Si du balcon, du moins, la grille était ouverte.
CAMILLA.
Ah! c'est trop de dangers!
EDGARD.
Non, pas pour un marin;
Et l'espace par moi serait franchi soudain
Si j'avais cette clef.
CAMILLA, allant prendre dans le secrétaire le trousseau de clefs.
Elle est là; mais je tremble.
EDGARD.
Et moi je ne crains rien; l'amour qui nous rassemble
Veillera sur mes jours :
Le ciel protège mes amours!
(regardant sa main qu'il presse dans la sienne.)
Mais pourquoi garder d'un rival
Ce gage, dont l'aspect me blesse?
Laisse-moi l'arracher... Que cet anneau fatal
Disparaisse
Et ne te laisse
Qu'un souvenir...
CAMILLA, mettant la main sur son cœur.
Que rien ne pourra bannir!

ENSEMBLE.

A toi! toujours à toi!
J'engage ici ma foi.
Je veux, telle est ma loi,
Vivre et mourir pour toi.
A toi! toujours à toi!

(Il sort par la croisée. On entend frapper à la porte à gauche. Camilla effrayée referme la porte du balcon.)
KEATT, en dehors.
Mam'selle, mam'selle, ouvrez donc;
Entendez-vous ce bruit dans la maison?
(Camilla va lui ouvrir.)
KEATT, entrant en scène.
On crie, on appelle.
CAMILLA.
Il me semble
Que c'est la voix de mon père.
(à part.)
Ah! je tremble
Que de sa fuite il n'ait quelque soupçon!

SCÈNE XII.

CAMILLA, KEATT, TURNER et AMABEL,
entrant par le fond.

TURNER.
Oui, je l'atteste, oui, mon gendre;
Je l'ai vu de mes yeux.
CAMILLA, à son père.
Que venez-vous d'apprendre?
TURNER.
Encor volé! volé! Ces bijoux, cet écrin,
Que sous double serrure et dans la chambre verte
J'avais ce soir moi-même enfermé de ma main,
Disparus!
TOUS.
Disparus?
AMABEL.
La caisse était ouverte.
TURNER.
Fermée à double tour... et la place est déserte!
Ainsi de cet écrin et si riche et si beau
Il ne reste plus rien.
AMABEL.
Rien que ce seul anneau.
Eh bien! ô ciel! où donc est-il?
CAMILLA, embarrassée et montrant son doigt..
Moi! je l'ignore.
J'avais là cette bague, et, sans avoir rien vu...
TURNER.
Volée aussi! volée encore!
KEATT.
Quoi! prise à votre main?
TURNER.
Adresse sans pareille!
AMABEL.
Sans violence?
CAMILLA, vivement.
Oh! non.
KEATT.
Et sans qu'elle s'éveille!
Cela, vraiment,
Devient très effrayant!

ENSEMBLE.

CAMILLA, à part.
Je ris de leur terreur,
Car, au fond de mon cœur,
Je crois bien, en honneur,
Connaître le voleur.
Je connais le lutin
Invisible et malin
Qui fait un tel larcin
Et disparait soudain.

LES AUTRES.
O surprise! ô terreur!
Je tremble de fureur!
Quel est donc ce voleur,
De bijoux amateur?
Quel est donc ce lutin
Invisible et malin
Qui fait un tel larcin
Et disparait soudain?

AMABEL, à Turner.
Et sans bruit?
TURNER.
Si, vraiment; un bruit à ma serrure
M'a réveillé. De loin, et dans le corridor,
J'ai vu fuir un gaillard qui ressemblait très fort,
Du moins pour la tournure,
A votre domestique.
AMABEL.
Au vôtre.
TURNER.
Il est à vous.
AMABEL.
Non pas.

ACTE II, SCÈNE XII.

CAMILLA, à part.
Celui d'Edgard !
TURNER.
Que dites-vous, mon gendre ?
AMABEL.
Je ne le connais pas.
TURNER.
Ni moi. C'est à se pendre !
Ou plutôt à les pendre tous.

ENSEMBLE.

TURNER et AMABEL.
O surprise ! ô terreur !
Je tremble de fureur !
Quel est donc ce voleur,
De bijoux amateur ?
Quel est donc ce lutin
Invisible et malin
Qui fait un tel larcin
Et disparait soudain ?

CAMILLA et KEATT.
O surprise ! ô terreur !
Je tremble au fond du cœur !
Quel est donc ce voleur
Qui cause ma frayeur ?
Quel est donc ce lutin
Invisible et malin
Qui fait un tel larcin
Et disparait soudain ?

KEATT.
Mais dans la rue entendez-vous ce bruit ?
TURNER.
Ah ! c'est la voix de mes constables ;
On arrête quelqu'un.
(Il sort.)

AMABEL.
Dieu ! quels cris effroyables !
Nous ne pourrons donc pas reposer de la nuit ?
Si c'est ainsi qu'on dort à Londre,
Ah ! c'est vraiment de quoi confondre !...
J'aurai demain les yeux battus,
Le teint plombé ; c'est un abus
Quand on est dans les prétendus.

SCÈNE XIII.

LES MÊMES, TURNER, rentrant environné d'une vingtaine de constables.

CHŒUR DE CONSTABLES.
En constable intelligent,
Et fidèle et diligent,
Je viens, pour l'honneur du corps,
Vous transmettre mes rapports,
Où tout vous est raconté ;
C'est l'exacte vérité.
Voilà, voilà la vérité.

TURNER.
L'un après l'autre, mes amis ;
Mettez de l'ordre en vos récits.
PREMIER CONSTABLE.
D'abord chez vous, je dois vous le faire connaitre,
Des voleurs se sont introduits.

TURNER.
Belle avance !
DEUXIÈME CONSTABLE.
Et, de plus, ils se sont enfuis.
TROISIÈME CONSTABLE.
Par la porte.
QUATRIÈME CONSTABLE.
Par la fenêtre.
CINQUIÈME CONSTABLE.
Par les toits.
SIXIÈME CONSTABLE.
Non, par le balcon.
PREMIER CONSTABLE.
J'étais là ; je le sais, peut-être ?
DEUXIÈME CONSTABLE.
Par la porte.
TROISIÈME CONSTABLE.
Par la fenêtre.
QUATRIÈME CONSTABLE.
C'est par le haut de la maison.
CINQUIÈME CONSTABLE.
Ils étaient deux.
SIXIÈME CONSTABLE.
Ils étaient trois...
PREMIER CONSTABLE.
Que j'ai vus comme je vous vois.
DEUXIÈME CONSTABLE.
J'en ai vu quatre réunis.
TROISIÈME CONSTABLE.
Moi j'en ai compté jusqu'à dix.
TOUS.
En constable intelligent, etc.
TURNER.
Silence ! et ne parlez qu'un ou deux à la fois,
Si vous pouvez.
(au premier constable.)
Toi, d'abord, je te crois
Et t'écoute.
PREMIER CONSTABLE.
A mon poste en la rue, en silence,
Cette nuit j'observais, et j'aperçois d'abord
Entr'ouvrir ce balcon, puis un homme s'élance.
TURNER, courant à la croisée.
Il a dit vrai ! la grille en est ouverte encor !
PREMIER CONSTABLE.
Nous allions le saisir lorsque la porte s'ouvre,
Et dans l'ombre mon œil découvre
Un autre bandit, un second
Qui parait, et, levant les yeux vers le balcon :
« Garde à vous ! capitaine, a-t-il dit à voix basse ;
On est sur pied dans la maison.
Fuyez. »
CAMILLA, à part.
Ah ! grands dieux !
TURNER.
Quelle audace !
PREMIER CONSTABLE.
J'appelle alors.
TOUS LES CONSTABLES.
Nous arrivons.
DEUXIÈME CONSTABLE.
Moi le premier.
TROISIÈME CONSTABLE.
C'est moi.

QUATRIÈME CONSTABLE.
C'est moi, mes compagnons.
PREMIER CONSTABLE.
Et tous deux nous allions les prendre...
DEUXIÈME CONSTABLE.
Lorsque vingt coups de poing sont venus nous surprendre.
PREMIER CONSTABLE.
C'étaient d'autres bandits qui, pour sauver leur chef,
Sur nous sont tombés de rechef.
TURNER.
D'où venaient-ils?
DEUXIÈME CONSTABLE.
De la maison.
TROISIÈME CONSTABLE.
Non, de la rue.
DEUXIÈME CONSTABLE.
Eh! non, de ce balcon.
CINQUIÈME CONSTABLE.
Ils étaient deux.
SIXIÈME CONSTABLE.
Ils étaient trois,
Que j'ai vus comme je vous vois.
TURNER, avec impatience.
Enfin ils se sont tous enfuis?
PREMIER CONSTABLE.
Oui, tous les quatre réunis.
CINQUIÈME CONSTABLE.
Non, tous les cinq.
SIXIÈME CONSTABLE.
Tous les six.
PREMIER CONSTABLE.
Moi, j'en ai compté jusqu'à dix.
TOUS.
En constable intelligent, etc.
TURNER.
Et vous ne tenez rien, je le vois.
PREMIER CONSTABLE.
Si vraiment.
TURNER.
Et qu'est-ce donc?
PREMIER CONSTABLE.
Ces clefs, qu'en s'enfuyant
Avait laissé tomber le chef de cette bande.
TURNER, les prenant.
Ces clefs!... Ah! ma surprise est grande;
Ce sont les miennes!
KEATT, regardant.
Oui; je les reconnais bien.
(les montrant à Camilla.)
Voyez plutôt... Qu'avez-vous donc?
CAMILLA, troublée.
Moi? rien.

ENSEMBLE.

KEATT.

Ainsi donc, au supplice
Échappent ces bandits!
Et quelque sort propice
Défend qu'ils ne soient pris.
Mais c'est vraiment terrible!
Et cet adroit voleur
D'une frayeur terrible
Me glace au fond du cœur.

CAMILLA.

O tourment! ô supplice!
Malgré moi je frémis!
Et quel soupçon se glisse
En mes sens interdits!...
Non, ce n'est pas possible;
Et pourtant dans mon cœur
Pénètre un doute horrible
Qui glace de terreur.

TOUS LES AUTRES.

Ainsi donc, au supplice
Échappent ces bandits!
Oui, quelque sort propice
Défend qu'ils ne soient pris.

TOUS LES CONSTABLES.
Parcourons la Cité, tâchons de les surprendre.
TURNER.
A celui qui pourra les rattraper, les prendre,
Vingt écus d'or!
TOUS LES CONSTABLES.
Ah! vive monseigneur!
Nous les prendrons.
(criant.)
Au voleur! au voleur!
TURNER, les retenant.
Voulez-vous bien vous taire, et voulez-vous finir?
C'est à les faire fuir!
TOUS, à voix basse.
Au voleur! au voleur!... Que monseigneur y compte,
Nous les ramènerons ici.
KEATT, à Camilla.
Pourvu qu'on s'en empare!
CAMILLA, à part.
Ah! pour comble de honte,
Me faut-il donc encor faire des vœux pour lui!

ENSEMBLE.

KEATT.

Dieu veuille qu'au supplice
On mène ces bandits,
Et par un sort propice
Qu'enfin donc ils soient pris!
Car c'est vraiment terrible,
Et cet adroit voleur
D'une frayeur terrible
Me glace au fond du cœur.

CAMILLA.

O tourment! ô supplice!
Malgré moi je frémis!
Et quel soupçon se glisse
En mes sens interdits...
Non, ce n'est pas possible;
Et pourtant dans mon cœur
Pénètre un doute horrible
Qui glace de terreur.

TOUS LES AUTRES.

Cette fois, au supplice
Conduisons ces bandits;
Et que le sort propice
Permette qu'ils soient pris.

(Ils sortent tout en désordre. Keatt et Camilla rentrent dans l'appartement à gauche. Amabel reprend son bougeoir et sort par le fond.)

ACTE TROISIÈME.

Le théâtre représente la cour de la maison du shérif, entourée de murs. A gauche, sur le premier plan, les appartements du rez-de-chaussée. Au fond, du même côté, les étages plus élevés du bâtiment, avec un escalier extérieur qui y conduit et qui donne sur la cour. A droite, au premier plan, la cuisine; au fond, la porte cochère. Au milieu de la cour, une pompe.

SCÈNE I.

KEATT entre par la porte cochère, tenant son panier aux provisions sous le bras. Sur la ritournelle de l'air suivant, elle entre dans la cuisine, y prend deux chaises qu'elle place dans la cour, s'asseoit sur l'une, place sur l'autre son panier, dont elle veut faire l'examen; puis découragée elle se lève.

AIR.

Je n'ai plus de cœur à l'ouvrage,
J'ai perdu plaisir et courage;
Au doux espoir de mon ménage
Il faut renoncer pour toujours,
Ainsi qu'à mes amours.
V'là ma maîtresse qu'on marie;
L'on compte sur moi pour le festin.
Ah dam'! sur la pâtisserie,
Sur les crèmes, sur le pudding,
Autrefois j'avais du talent.
Ah! j'en avais!...
(soupirant.)
Ah! j'en avais! mais maintenant
Je n'ai plus de cœur à l'ouvrage,
J'ai perdu plaisir et courage;
A nos projets de mariage
Il faut renoncer pour toujours,
Ainsi qu'à mes amours.

CAVATINE.

Gentille grisette,
Qui, seule en cachette,
Rêvez un mari,
Même un bon ami,
D'un amour trop tendre
Sachez vous défendre,
Et, croyez-moi bien,
N'aimez jamais rien.

Que le sentiment
Cause de tourment!
Ah! n'aimez personne!
Le mal que ça donne
Est, hélas! trop grand
Près de l'agrément
Que l'on en ressent.

Gentille grisette, etc.

(Mouvement de valse.)
En silence,
Quand j'y pense,
De souffrance
Je languis.
Moi, plus fraîche
Que la pêche,

Je dessèche,
Je maigris.
(se regardant avec complaisance.)
Ce qui reste
N'est pas mal,
On l'atteste;
C'est égal.
Gentille grisette, etc.

SCÈNE II.

KEATT, CAMILLA, sortant des appartements à gauche et rêvant.

KEATT, à part.
C'est mam'selle; depuis trois mois elle est comme ça!... depuis trois mois elle n'est guère plus gaie que nous...

CAMILLA.
Ah! c'est toi, Keatt... Qu'y a-t-il de nouveau? que dis-tu?...

KEATT.
Je dis de bonnes nouvelles pour vous... (à demi-voix.) On assure que monsieur Edgard doit arriver aujourd'hui.

CAMILLA, froidement.
Oui; Yorik me l'a appris.

KEATT.
Eh bien!... ça ne change rien à vos idées?

CAMILLA.
Rien du tout.

KEATT.
Vous épousez toujours ce soir à minuit ce gentilhomme irlandais qui est si drôle?

CAMILLA.
Mon père l'exige, et il a raison... Voici assez longtemps que monsieur le chevalier d'Inverness attend mon consentement.

KEATT.
Il l'attend à son aise; il court tous les plaisirs et passe dehors la moitié de la nuit... Hier encore je l'ai entendu rentrer à trois heures du matin, et il n'était pas seul...

CAMILLA.
Que veux-tu dire?

KEATT.
Il causait avec des gens qui avaient de singulières physionomies.

CAMILLA.
Ses amis; il en a beaucoup.

KEATT.
Oui; car il dépense beaucoup d'argent... Je sais même qu'il joue, et qu'il perd toujours.

CAMILLA.
On le dit.

KEATT.
Ça ne vous effraie pas?

CAMILLA.
Ça m'est égal!

KEATT.
Sans compter qu'il était fat en Irlandais, et qu'il l'est maintenant à l'anglaise... les deux manières réunies... ce qui le rend souverainement ridicule.

CAMILLA.
Tant mieux!... S'il était autrement je serais peut-être obligée de l'aimer, et ça me désolerait.

KEATT.
Pourquoi?

CAMILLA, vivement.
Du reste, et malgré ses défauts, c'est, dit-on, un honnête homme, un galant homme... et c'est si rare!...

KEATT.
Pas tant que l'on croit; mais parfois le monde est si injuste, et la justice aussi... Ne voilà-t-il pas ce pauvre Yorik que votre père avait fait arrêter à cause de cette montre merveilleuse qu'on lui avait, disait-il, enlevée... et Yorik a été traduit devant les juges.

CAMILLA.
Eh bien! n'a-t-il pas été acquitté?

KEATT.
Je le crois bien... pas la moindre preuve...

CAMILLA.
Son innocence n'a-t-elle pas été reconnue?

KEATT.
Oui; mais depuis que le jury l'a déclaré innocent, personne ne veut plus le voir, excepté vous, mam'selle, et ma famille ne veut plus que je l'épouse... Et comme je lui ai continué le même attachement qu'avant son innocence, c'est sur moi que ça rejaillit; et voilà qu'on me soupçonne dans le quartier.

CAMILLA.
Allons donc!

KEATT.
Certainement; les vols continuent chez nous avec la même audace, et chacun se dit : C'est quelqu'un de la maison, c'est des domestiques, car c'est toujours eux qu'on accuse... et comme on les a tous renvoyés, excepté moi, que vous m'avez toujours défendue, vous comprenez... C'est clair, c'est la servante.

CAMILLA.
C'est absurde.

KEATT.
Jusqu'à monsieur qui me soupçonne aussi! Et ça sera de même tant qu'on n'aura pas découvert le vrai coupable. Aussi, si on n'en vient pas à bout, ce ne sera pas de notre faute à Yorik et à moi!

CAMILLA.
Et de quoi vous mêlez-vous?... en quoi cela vous regarde-t-il?

KEATT.
Eh bien! par exemple! en quoi ça nous regarde!... Il n'y a que cela qui puisse nous justifier... moi d'abord; et, dans l'intérêt de la justice, j'ai commencé par soupçonner tout le monde, vos voisins, vos amis, jusqu'à M. Edgard, le petit amoureux, que je croyais le chef de la bande.

CAMILLA, vivement.
O ciel!

KEATT.
Dam'! on ne l'avait pas revu depuis le coup, et il s'était introduit ici sous un nom supposé, soi-disant par passion, et peut-être pour ouvrir la porte aux autres.

CAMILLA, avec reproche.
Keatt!...

KEATT.
Témoin, cet autre coquin, son domestique, avec qui il avait l'air de s'entendre... Tout cela était possible... mais Yorik m'a dit tant de bien de lui!... et puis je me suis rappelé que je l'avais renvoyé pendant votre souper, et qu'il avait quitté la maison bien avant l'événement.

CAMILLA, avec émotion.
C'est assez.

KEATT.
Et puis, d'ailleurs, comment aurait-il pu avoir ce trousseau de clefs?

CAMILLA, de même.
Cela suffit.

KEATT, avec impatience.
Non, mam'selle, cela ne suffit pas; mais patience, je crois bien que Yorik et moi nous sommes sur la voie... nous avons commencé des découvertes...

CAMILLA.
Que je vous défends de continuer.

KEATT.
Et pourquoi donc?

CAMILLA.
Parce que... parce que c'est renouveler un éclat inutile, et que toute la ville de Londres ne s'est déjà que trop occupée de cette maudite affaire... Tais-toi, on vient.

KEATT.
C'est votre prétendu.

CAMILLA.
Et mon père... Ne dis rien, je t'en conjure... et surtout devant lui. Adieu!
(Elle rentre par la porte à gauche.)

KEATT.
Eh bien! et moi... et Yorik! Est-elle bonne, mam'selle! mais elle a beau dire... je parlerai.

SCÈNE III.

KEATT, allant s'asseoir sur la chaise devant sa cuisine, s'occupe à coudre; TURNER et AMABEL, sortant de la droite.

TURNER.

Je vous dis, mon gendre, que c'est absurde de jouer ainsi... encore hier deux cents guinées...

AMABEL.

C'est bon genre... et je ne suis pas embarrassé pour payer... ce n'est pas ça qui m'effraie!

TURNER.

Oui, mais c'est effrayant pour un beau-père.

AMABEL.

Que voulez-vous? J'étais garçon, je jouais de mon reste; mais aujourd'hui que je me marie...

TURNER.

A la bonne heure!... ce sera, j'espère, la dernière fois... Voici la dot... vingt mille livres sterlings dans ce portefeuille de maroquin rouge... Je les remets entre vos mains... je vous les donne... Prenez-y bien garde!

AMABEL.

N'ayez pas peur!

TURNER.

C'est que tout s'égare, tout disparaît dans cet hôtel.

AMABEL.

Quand on n'a pas l'esprit de le garder et de le défendre... Vous autres, Anglais, n'entendez rien à la police.

TURNER.

Mon gendre!

AMABEL.

C'est bien autre chose à Dublin... et si j'étais de vous, si j'étais à votre place... ce ne serait pas long.

TURNER.

Que feriez-vous?

AMABEL.

Ce que je ferais!... je ferais arrêter celui qui se faisait passer pour mon valet de chambre.. et qui n'est autre, dit-on, que le fameux Brik Bolding.

TURNER, à demi-voix.

Eh bien! je m'en suis emparé... et il a avoué qu'il introduit dans la maison... il se disposait à ouvrir la porte à ses camarades, afin de nous dévaliser... mais qu'à ma voix il s'est enfui sans pouvoir exécuter son dessein.

AMABEL.

Vous croyez ça!

TURNER.

Je lui ai offert sa grâce, s'il indiquait seulement les moyens employés par lui... il a répondu: « Je ne demanderais pas mieux... mais ce n'est pas moi. »

AMABEL.

Mon Dieu! ces gens-là sont si malins... Vous ne les connaissez pas.

TURNER, avec impatience.

Plutôt que de parler il s'est laissé pendre!

AMABEL, de même.

Ils sont si obstinés!

TURNER.

Pendu!... je vous dis.

AMABEL.

En êtes-vous bien sûr?

TURNER.

Je l'ai vu cette fois... vu de mes deux yeux... et malgré cela les vols ont continué.

AMABEL, riant.

Vous croyez?... Pauvre shérif!

TURNER.

Voilà pourquoi je vous dis de veiller sur ce portefeuille, de prendre garde à tout le monde... (à demi-voix, apercevant Keatt.) et même à cette jeune fille qui nous écoute... Je me défie d'elle.

AMABEL, riant.

Vraiment! c'est sur elle que portent vos soupçons... Allons... allons!... vous n'êtes pas fort... et il faudra que je finisse par m'en mêler. Aujourd'hui, par malheur, je n'ai pas le temps... je me marie... je vais en attendant serrer cette dot tout uniment dans ma chambre, dans mon secrétaire... j'en réponds... et si vous voulez me confier de même le reste de vos guinées... je vous jure, beau-père, que les voleurs ne les prendraient pas... Adieu!... je sors, je vais au club, et je rentre m'habiller pour la cérémonie... (Il sort en riant.) Ah! ah! ce pauvre shérif!

SCÈNE IV.

KEATT, TURNER.

TURNER.

Qu'a-t-il donc, mon gendre, avec cet air goguenard?... Est-ce que par hasard il aurait quelque idée? Non... non... c'est impossible... et je reconnais bien là son aplomb ordinaire... (à Keatt qui s'est approchée de lui.) Que me veux-tu?... et que fais-tu là?

KEATT.

J'attendais le départ du gentleman pour vous parler.

TURNER.

Et qu'as-tu à me dire?

KEATT.

Que mam'selle se marie, et comme, une fois

4

qu'elle sera partie, il n'y aura plus moyen de sortir de la maison, je viens vous demander mon compte.

TURNER.

Ton compte?... Ah! tu veux me quitter... tu veux t'en aller... Voilà qui confirme mes soupçons.

KEATT.

Vous m'avez dit la même chose quand je vous ai annoncé le mois dernier que je resterais chez vous.

TURNER.

C'est vrai... parce que ceux qui restent... et ceux qui s'en vont... Tout le monde me trompe.

KEATT.

Et si je vous prouvais que vos soupçons sont injustes... et que je suis une honnête fille?

TURNER.

Toi?

KEATT.

Moi-même!

TURNER.

Au fait!... et après ce que j'ai vu... tout est possible.

KEATT.

Eh bien! il y a quelque temps, j'avais cru entendre du bruit la nuit... une nuit d'orage, il avait plu beaucoup... et en descendant le matin dans cette cour je vis sur la terre l'empreinte de plusieurs pas venant des appartements et se dirigeant vers la rue... Donc on s'était introduit dans la maison, et l'on en était sorti.

TURNER.

A merveille!

KEATT.

Je suivis la trace, qui, arrivée près de ce mur, s'arrêtait tout à coup... Donc on avait passé pardessus le mur.

TURNER.

Très bien!

KEATT.

Et derrière des fagots adossés à la muraille j'aperçus une chaussure, une seule... C'était celle du fripon, qui en franchissant le mur avait laissé tomber...

TURNER.

Son soulier...

KEATT.

Non... sa pantoufle... une pantoufle superbe... Et alors j'ai dit à Yorik : Elle est toute neuve, et en cherchant quel est le cordonnier de Londres qui l'a faite, on saura peut-être par lui à qui elle a été vendue.

TURNER, avec enthousiasme.

Bravo! bravo! C'est une servante qui nous donne des leçons!... Je te nommerai alderman... ou plutôt je te ferai épouser quelque constable... Continue... continue...

KEATT.

Par malheur, il n'y a guère à Londres que cinq ou six mille cordonniers... C'est égal... Yorik et moi nous nous sommes mis en campagne.

COUPLETS.

PREMIER COUPLET.

Ma pantoufle à la main
Sortant chaque matin,
J'allais à l'aventure.
« Entrez, ma belle enfant,
Disait-on galamment;
On vous prendra mesure.
— Monsieur, connaissez-vous ceci?
— Oui.
— Serait-ce de votre façon?
— Non.
— Ne sauriez-vous rien sur ce point?
— Point.
— Chez mon voisin on vous dira
Ça. »
J'y courais; mais chez le voisin
La même réponse, et soudain,
Ma pantoufle à la main,
Et le cœur tout chagrin,
Je demeurais de là :
Ah!
O saint Patrice! ô patron de l'Irlande!
Tu voyais que ma peine était grande;
Oui, pour toi,
Tu le vois,
Je suis pleine de foi.

DEUXIÈME COUPLET.

Enfin, près de ces lieux,
Hier chez un fameux
J'entre toute tremblante;
Un cordonnier vanté,
Et qui dans la Cité
Pour sa coupe élégante
Dès longtemps est cité.
« Connaissez-vous ce soulier-ci?
— Oui.
— En ignorez-vous la façon?
— Non.
— Par vos mains serait-ce en effet
Fait?
— Dans un instant on vous dira
Ça. »
Il l'examine alors ainsi.
Mon bon ange, soyez béni!
Ah! c'était bien de lui!
Et, le cœur tout saisi,
Je demeurais de là :
Ah!
O saint Patrice! ô patron de l'Irlande!
Grâce à toi, que ma joie était grande! etc.

TURNER.

O des servantes le vrai modèle!.. achève... Ce brave cordonnier se rappelle-t-il à qui il a vendu...

KEATT.

Attendez donc... Il a tant de pratiques qu'il m'a demandé quelques jours pour aller aux informations, et j'ai là une lettre et un paquet cacheté que je n'ai pas voulu ouvrir sans vous.

TURNER, vivement.

Sa déclaration... Ah! tu me sauves la vie; car aujourd'hui même j'étais décidé à me tuer.

KEATT, effrayée.

Que dites-vous?

TURNER, à demi-voix.

Une somme considérable des deniers publics, que m'avait confiée le lord-maire...disparue... et c'était ce soir que l'on devait me les redemander. Aussi, après avoir remis à mon gendre la dot de ma fille, le bien de sa mère, j'étais décidé à m'aller jeter dans la Tamise...J'y allais, quand tu viens comme un ange sauveur... (Il défait le paquet que Keatt a pris dans son panier sur la chaise devant la cuisine.) Lisons : « Moi, Dixon, cordonnier... » Je le connais, un honnête homme!

KEATT.

Un excellent cordonnier.

TURNER.

C'est le mien... (Il lit.) « Moi, Dixon, j'atteste que la pantoufle en maroquin ci-jointe fut taillée, cousue et vendue par moi, le seize août dernier, ainsi que le constatent mes livres, à sir James Turner, le grand shérif ! »

KEATT, stupéfaite.

O ciel!

TURNER, regardant la pantoufle.

C'est vrai!.. c'est vrai!.. Et ces infâmes voleurs sont venus chez moi voler jusqu'à mes pantoufles... Attends donc!...Non, non ; celles-ci, je ne les ai jamais mises... j'en avais fait présent, je me le rappelle...

KEATT.

A qui donc ?

TURNER.

A mon gendre, qui les avait trouvées superbes...

KEATT.

Votre gendre!.. Ce serait lui ?

TURNER.

Allons donc!... impossible!... Et cependant, quelques jours après il s'est plaint d'en avoir perdu une...

KEATT.

Vous le voyez!

TURNER.

Lui, mon gendre... me voler!.. A quoi bon?...

KEATT.

Dam'! on dit qu'il est joueur !

TURNER.

En effet, il joue!

KEATT.

Et il est lié, dit-on, avec tant de mauvais sujets !

TURNER.

Tais-toi, tais-toi, et va-t-en !

KEATT.

Mais, monsieur...

TURNER.

Va-t-en, te dis-je; et pas un mot, où je te chasse.

(Keatt fait la révérence et sort.)

SCÈNE V.

TURNER, seul.

Mon gendre!... je n'y puis croire encore... Cependant, cet air railleur qu'il avait tout à l'heure... il semblait en savoir plus qu'il ne disait... et les mauvaises connaissances qu'il a faites ici à Londres... D'ailleurs un joueur ne respecte rien; il pillerait son père, à plus forte raison son beau-père... (poussant un cri.) Ah! mon Dieu!... et la dot de ma fille que je viens de lui remettre... Courons!... (appelant.) A moi!... (s'arrêtant.) Je ne peux pourtant pas le faire arrêter... je ne fais que cela... ce serait la seconde fois; et un jeune homme, le fils d'un marquis. Mais est-ce bien son fils?... sous cet air fat et imbécile, si c'était un garçon d'esprit, si ses lettres et ses papiers avaient été dérobés à mon véritable gendre, et si, depuis trois mois... cela expliquerait tout... j'avais reçu, nourri, logé dans ma maison quelque chef de bandits, quelque compagnon, quelque vengeur de ce Brik Bolding que j'ai fait pendre... Car enfin, ce Brik Bolding était bien son domestique... ils sont entrés tous deux ici ensemble!... et si à mon tour je m'étais mis moi-même la corde au cou... C'est à n'y rien reconnaître... Avec ça, je le sens, ma tête s'affaiblit, je ne dors plus... (On entend un bruit léger dans les appartements à gauche.)Qu'est-ce donc?... qui vient là?... Encore eux !..(apercevant Camilla.) Non; ma fille !

CAMILLA.

Ah! mon père... quelqu'un que je n'attendais pas, et qui arrive à l'instant. Ce n'est pas moi... c'est vous qui devez le recevoir.

TURNER.

Qui donc ?

SCÈNE VI.

CAMILLA, TURNER, EDGARD, en uniforme d'officier supérieur de marine. Il entre par la porte à gauche, veut courir près de Camilla, mais il aperçoit Turner qu'il salue respectueusement.

TRIO.

EDGARD.

Je reviens, je reviens;

Ce fer, qui toujours m'accompagne,
Nous a livré l'or de l'Espagne ;
Et tous mes serments, je les tiens
    (à Camilla.)
Je vous ai promis la victoire ;
Riche de fortune et de gloire,
Je reviens, je reviens !

TURNER, *qui pendant le couplet l'a examiné avec attention.*

Mais ce jeune marin, que le ciel nous ramène,
Est celui qui jadis te sauva.

    CAMILLA, *tremblante.*
        Je le croi.

    EDGARD.
Edgard Falshingham, capitaine
Au service du roi.
    (*regardant Camilla qui se tait.*)
Je sais que par obéissance
Elle cède à l'hymen dont on veut l'enchaîner.

    TURNER, *regardant Camilla.*
O ciel !

    EDGARD.
Mais qu'à moi seul elle a daigné donner
Ce cœur, mon seul bien sur la terre.

    TURNER, *gravement.*
Serait-il vrai, ma fille ?

    CAMILLA, *avec émotion.*
        Non, mon père.

    EDGARD, *frappé d'étonnement.*
Qu'entends-je !... et les serments, gages de votre foi ?

    CAMILLA.
Je dois les oublier, l'honneur m'en fait la loi.

    ENSEMBLE.

    EDGARD.
Et j'ai donné mes jours pour elle !
Et j'ai cru sa flamme éternelle !
Ah ! mon Dieu ! que ne suis-je mort
En la croyant fidèle encor !

    CAMILLA.
Qu'ici mon silence fidèle
Dérobe sa honte éternelle ;
Qu'il puisse échapper à son sort,
Et que Dieu le protége encor !

    TURNER, *à part.*
Et moi, j'aimerais mieux pour elle
Un amant constant et fidèle,
Dont au moins on connaît le sort,
Et qui revient tout cousu d'or.

    EDGARD.
Pour un tel châtiment quelle fut mon offense ?

    CAMILLA.
Vous me le demandez ?... Ah ! vous le savez bien.

    EDGARD.
Non, par le ciel !

    CAMILLA, *à demi-voix.*
        Sachez-moi gré de mon silence ;
Partez, et ne demandez rien.

    EDGARD.
Non, non, vous direz tout.

    CAMILLA, *à part.*
        Ah ! grand Dieu ! quelle audace !

    TURNER.
Que dois-je ici soupçonner ?

    CAMILLA, *vivement.*
        Rien, de grâce !
(*avec émotion et cherchant à s'enhardir.*)
Le seul mystère en ce refus,
C'est que j'en aime un autre...
    (à Edgard.)
        Et ne vous aime plus.

    ENSEMBLE.

    EDGARD, *avec douleur.*
Et j'ai donné mes jours pour elle ! etc.

    CAMILLA.
Qu'ici mon silence fidèle, etc.

    TURNER.
Et moi, j'aimais autant pour elle, etc.

    CAMILLA.
Je dois aimer, j'aime celui
Que pour époux mon père m'a choisi.

    TURNER, *à demi-voix.*
Mais es-tu bien sûre de lui ?

    CAMILLA, *regardant Edgard avec intention.*
Oui, vraiment ; c'est un galant homme,
Et que pour tel chacun renomme.

    TURNER.
Mais es-tu bien sûre de loi ?

    CAMILLA.
Pouvez-vous en douter ?

    TURNER.
        Non ; mais je veux aussi
(à part.)
Veiller sur la dot et sur lui.

    ENSEMBLE.

    CAMILLA.
Ah ! pour lui je tremble ;
Cachons ma frayeur ;
Tous les maux ensemble
Déchirent mon cœur.
(à Edgard, à demi-voix.)
Pour grâce dernière,
Partez de ces lieux ;
C'est là ma prière
Et mes derniers vœux.

    EDGARD.
De courroux je tremble ;
Adieu, mon bonheur.
Tous les maux ensemble
Déchirent mon cœur.
Mais bientôt, j'espère,
Rival odieux !
Ma juste colère
Trompera tes vœux.

    TURNER.
Pour la dot je tremble ;
Mais, guerre aux trompeurs ;
Surveillons ensemble
Tous les ravisseurs.

Et mon savoir-faire
Saura dans ces lieux
Déjouer, j'espère,
Leurs plans ténébreux.

(Turner sort avec Camilla.)

SCÈNE VII.

EDGARD, puis YORIK.

EDGARD, seul.

Me recevoir avec un pareil mépris !... m'avouer hautement son indifférence pour moi... son amour pour un autre?...Et je l'aime encore... et je reste dans cette maison dont elle vient de me chasser! Non! c'est trop m'avilir! (Il va sortir, aperçoit Yorik qui entre par la porte du fond et se jette dans ses bras.) Ah! Yorik !

YORIK, l'embrassant.

Mon capitaine !

EDGARD.

C'est toi que je revois !

YORIK.

Et bien malheureux depuis ton départ !

EDGARD.

Oui, tu n'as pu nous suivre, je le sais... mais sois tranquille, je n'ai que faire de richesses à présent... nous partagerons... ou plutôt, tout ce que j'ai est à toi.

YORIK.

Merci, camarade! tous les trésors du monde ne me rendraient pas ce que j'ai perdu.

EDGARD.

Que veux-tu dire ?

YORIK.

Ils m'ont soupçonné, ils me soupçonnent encore... moi, Yorik !

EDGARD.

Allons donc !

YORIK.

Et pourquoi ?... parce qu'il y a un coquin invisible, un diable incarné que je n'ai pu saisir... Mais si je mets la main dessus...

AMABEL, dans l'appartement à gauche, à Camilla.

Non... vous avez beau dire... je parlerai !...

YORIK, prêtant l'oreille, à Edgard.

N'entends-tu pas ?

EDGARD.

Que se passe-t-il donc ici ?

SCÈNE VIII.

LES PRÉCÉDENTS, CAMILLA et AMABEL, entrant ensemble, KEATT, sortant de sa cuisine.

KEATT.

Eh! mon Dieu! d'où vient ce bruit?

CAMILLA, à Amabel.

Oui, si j'ai sur vous quelque pouvoir, vous garderez le silence.

AMABEL.

Non pas... je parlerai...

CAMILLA, d'un ton suppliant.

Taisez-vous ! taisez-vous !

AMABEL.

Je ne me tairai pas sur un pareil crime.

EDGARD, KEATT et YORIK.

Un crime !... parlez !...

CAMILLA, à part.

Je me soutiens à peine !

AMABEL, à Edgard et Yorik.

Oui, mon officier... oui, mes amis... apprenez qu'un portefeuille qui contenait vingt mille livres sterlings...

EDGARD, YORIK et KEATT.

Eh bien !

AMABEL.

Je l'avais reçu tantôt des mains du shérif, et placé dans ma chambre... dans un secrétaire fermant à clef... Cette clef, la voici... Je rentre à l'instant... le secrétaire ouvert... le portefeuille disparu !...

EDGARD et YORIK.

Disparu !...

EDGARD.

Depuis quand ?

AMABEL.

Depuis une demi-heure.

KEATT, à Edgard.

Juste depuis que vous êtes ici !

EDGARD.

Certainement... nous aurions pu empêcher...

AMABEL.

Empêcher !... Impossible !... On n'y conçoit rien... C'est horrible !... c'est infâme... c'est du plus mauvais genre... Je veux le crier, et miss Camilla m'en empêche !...

CAMILLA.

Eh ! sans doute... l'expérience nous a prouvé que les plaintes, que le bruit... tout était inutile.

AMABEL.

Je veux au moins prévenir le shérif...

CAMILLA.

Il saura assez tôt une pareille nouvelle... Accablé de fatigue, il repose en ce moment... Ne l'éveillez pas...

AMABEL, à Camilla.

Soyez tranquille... Mais il faut que je découvre...

(Il sort.)

EDGARD.

Mais nous, du moins, nous voici... (à Yorik.) Viens... courons !

CAMILLA, pâle et tremblante, à Edgard.

Non ! restez, monsieur !...

SCÈNE IX.

LES MÊMES, excepté AMABEL.

FINAL.

EDGARD, à Camilla.
Eh quoi! nous empêcher de courir sur sa trace!

YORIK.
Nous empêcher de le punir!

EDGARD.
Ou, du moins de le découvrir.

CAMILLA.
Épargnez vous ce soin, de grâce!
Je le connais.

KEATT.
Quoi! vous le connaissez?

TOUS.
Parlez! parlez!

CAMILLA, à part.
D'effroi tous mes sens sont glacés!

EDGARD.
Livrez-le vite à la justice;
Qu'il soit puni de ses forfaits.

CAMILLA.
Loin de vouloir le livrer, je dirais...
(avec émotion.)
Je lui dirais :
(bas à Edgard.)
Que le remords seul te punisse;
Et pour échapper au supplice...

EDGARD, étonné.
Que dit-elle?

CAMILLA, de même.
Fuis, malheureux!

EDGARD.
Que dit-elle?

CAMILLA, de même.
Fuis de ces lieux!

EDGARD, stupéfait.
Moi! grands dieux!

(Il veut parler à Camilla; en ce moment sortent des appartements Amabel et les gens de la noce.)

SCÈNE X.

CHŒUR.
Amis, qu'en cette demeure
Eclatent nos chants joyeux;
Voici minuit, voici l'heure
Qui va combler tous leurs vœux.

EDGARD, interrompant le chœur.
Arrêtez tous! Avant que ce jour ne s'achève,
D'un infâme soupçon
Qui contre moi s'élève
Je veux avoir raison.

KEATT, prêtant l'oreille.
Silence donc! silence!...
Écoutez.

YORIK.
Pourquoi?

KEATT.
Sois attentif.
D'où vient ce bruit?

CAMILLA.
Qui donc vers nous s'avance?
O ciel! mon père!

TOUS.
Le shérif!

SCÈNE XI.

LES PRÉCÉDENTS, TURNER.

(Au fond de la cour, et sur l'escalier extérieur, on voit apparaître Turner, les vêtements en désordre, tenant à la main une lampe et descendant lentement les marches de l'escalier qui conduit à la cour.)

LE CHŒUR, à demi-voix et l'observant.
Le long de cette rampe
Il se glisse sans bruit.
Voyez-vous cette lampe
Dont la clarté le conduit?

CAMILLA et KEATT.
O miracle! ô merveille!
O spectacle effrayant!
On dirait qu'il sommeille;
Il s'avance en dormant!

TURNER, toujours dans l'état de somnambulisme, pose près de la pompe la lampe qu'il tenait; puis il s'approche au bord du théâtre.
Ma fille!... sa dot!... mon gendre!...

TOUS, avançant la tête.
Écoutons.

TURNER.
Ils voudraient bien me prendre
Ce portefeuille.
(Il tire de son sein un portefeuille en maroquin rouge.)

AMABEL.
O ciel! le mien!

KEATT, lui imposant silence.
Parlez plus bas!

TURNER.
Mais ces adroits coquins n'y réussiront pas;
Car je suis là... je veille sur leurs pas.

KEATT et LE CHŒUR.
O surprise! ô merveille!
O spectacle effrayant!
Oui, vraiment, il sommeille
Et nous parle en dormant.

TURNER s'approche de la pompe qui est au milieu de la cour.
Ils ont juré, je connais leurs menaces,
De m'enlever mes bijoux et mon or.
(soulevant une pierre qui est près de la pompe.)
Mais, à leurs mains habiles et rapaces,

ACTE III, SCÈNE XI.

Je saurai les soustraire encor.
(Il va déposer le portefeuille dans l'ouverture que recouvrait la pierre.)

KEATT, à genoux, de l'autre côté de l'ouverture et regardant.

Qu'ai-je vu!... quel trésor!...

(prenant dans le trou une boîte.)

Cet écrin!...

AMABEL.

C'est le mien!

KEATT, retirant plusieurs objets qu'elle remet à Amabel qui les fait passer à Camilla.

Ces bijoux et cet or!...
Tenez donc!... tenez!... Encore!... encor!...

CAMILLA, KEATT, EDGARD, YORIK.

Ah! pour nous quel bonheur!
Voilà donc le voleur!

AMABEL et LE CHŒUR, criant en riant.

Au voleur! au voleur!

TURNER, s'éveillant au bruit et tout troublé.

Qu'est-ce donc? qu'est-ce donc?

YORIK, le secouant par le bras.

Nous tenons le voleur!

TURNER.

Vous le tenez?... ô Providence!...
Qu'on le pende à l'instant!

KEATT, riant.

Dressez donc la potence
Pour monsieur le shérif!...

(regardant Turner qui a repris sa montre et qui la fait sonner.)

Tin, tin, tin, tin, tin, tin.

(à Yorik.)

Bénis ce tocsin
Qui soudain te donne
Mon cœur et ma main,
Et qui pour nous sonne
L'heure de l'hymen!

CHŒUR GÉNÉRAL.

Vive à jamais, vive le grand shérif!
Des magistrats le plus actif;
Il ne pouvait, dans son adresse extrême,
Être trompé que par lui-même.
Vive à jamais, vive le grand shérif!

FIN DU SHÉRIF.

IMPRIMERIE DE E. DUVERGER, RUE DE VERNEUIL, N° 4.

ACTE V, SCÈNE VII.

LA CALOMNIE,

COMÉDIE EN CINQ ACTES ET EN PROSE,

PAR M. EUGÈNE SCRIBE (DE L'ACADÉMIE FRANÇAISE),

Représentée pour la première fois au Théâtre Français, par les Comédiens ordinaires du Roi, le 20 février 1840.

> Courage!.. et poursuivons ma route! j'ai donc marché sur quelque reptile, puisqu'il siffle et qu'il mord!
> (LA CALOMNIE, act. II, sc. I.)

DISTRIBUTION :

RAYMOND, premier ministre..	M. FIRMIN.
LUCIEN DE VILLEFRANCHE, son ami, député................	M. GEFFROY.
CÉCILE DE MORNAS, pupille de Raymond.......................	Mlle PLESSY.
HERMINIE DE GUIBERT, sœur de Raymond.....................	Mlle ANAÏS.
M. DE GUIBERT, banquier, mari d'Herminie.....................	M. PROVOST.
LA MARQUISE DE SAVENAY, cousine de Cécile.................	Mme DESMOUSSEAUX.
LE VICOMTE DE SAINT-ANDRÉ, employé aux affaires étrangères....	M. MENJAUD.
COQUENET, habitant de Dieppe......................................	M. SAMSON.
BELLEAU, garçon de bains..	M. ARMAND DAILLY.

La scène se passe dans l'hôtel des bains, à Dieppe.

ACTE I.

Le théâtre représente un salon des bains. Porte au fond et croisées donnant sur des jardins et sur la mer. A droite et à gauche, deux portes de chaque côté donnant sur des chambres ou sur d'autres salons. Au fond, un piano, des tables de jeu. A gauche, sur le devant du théâtre, une table ronde couverte de brochures et de journaux.

SCÈNE I.

BAIGNEURS et COQUENET, assis à gauche, autour de la table ronde, et lisant des journaux; entrent HERMINIE et CÉCILE; puis, derrière elles, BELLEAU et Mme SAVENAY, à qui LUCIEN donne le bras.

LUCIEN, à Belleau.
Les appartemens de ces dames seront-ils bientôt prêts?

BELLEAU.
Dans l'instant!.. Jamais il n'y eût plus de monde, que cette année, aux bains de Dieppe... Avez-vous écrit vos noms sur le livre des voyageurs?..

HERMINIE.
Eh! mon Dieu, non...

BELLEAU, lui donnant le livre.
Ça occupe toujours!..

(Les trois dames et Lucien, écrivent leurs noms.)

COQUENET, de l'autre côté à gauche.*
Ce sont des voyageurs et des voyageuses qui arrivent. (Lisant tout haut son journal.) « Grace à la sagesse de l'administration, et à l'activité déployée par nos ministres, le commerce et l'industrie renaissent de toutes parts... » Est-ce étonnant... voilà ma gazette qui, aujourd'hui, dit du bien de l'administration... Il faut qu'il y ait eu de grandes améliorations... et ça me fait plaisir... (Regardant le titre.) Eh non!.. je m'étais trompé de journal, ce n'est pas le mien... Garçon, celui du département !..

BELLEAU, lui en donnant un.
Voilà, Monsieur... je le lisais...

COQUENET, lisant.
« La faiblesse et la stupidité de l'administration... » A la bonne heure... « ont paralysé toutes les sources de l'industrie... » C'est bien, je me retrouve... me voilà chez moi... avec celui-ci, je sais toujours d'avance ce que je vais lire.

BELLEAU.
Eh bien! alors, qu'est-ce que vous y gagnez?

COQUENET.
Ça m'instruit, ça me tient au courant... (Lisant.) « Par malheur, pour le pays, le personnage le plus influent est M. Raymond qui, jadis avocat médiocre, est devenu ministre... on ne sait comment... »

LUCIEN, vivement.
On ne sait comment?..
(Herminie lui fait signe de se taire.)

COQUENET, continuant.
« Risque de tout perdre... » Ça se pourrait bien... et ça ne m'étonnerait pas, d'après ce qu'on sait de lui...

PREMIER BAIGNEUR.
Un homme indigne !

DEUXIÈME BAIGNEUR.
Mauvais citoyen !

PREMIER BAIGNEUR.
Mauvais administrateur !

TROISIÈME BAIGNEUR.
Mauvais fils !

COQUENET.
Voilà ce que je ne lui pardonne pas ; il paraît qu'il a chassé son père de chez lui... Vous m'avouerez que c'est atroce.

LUCIEN, passant au milieu du théâtre.
Lui ! Raymond ?.. le connaissez-vous, Monsieur ?..

COQUENET.
Parfaitement... par mon journal... car, du reste, nous ne nous sommes jamais vus... ce qui est tout naturel... lui, premier ministre, et moi, Coquenet, propriétaire électeur de la ville de Dieppe, que je n'ai jamais quittée... attendant toujours, pour aller à Paris, l'arrivée du chemin de fer par les plateaux.

BELLEAU.
Et vous l'attendrez long-temps, grace au ministre !.. On dit, ici, qu'il a reçu des sommes énormes, des messageries de la rue Notre-Dame-des-Victoires, que la vapeur allait ruiner.
(Il sort**.)

* Les acteurs sont placés dans l'ordre suivant : Les trois Baigneurs et Coquenet à la table, à gauche ; Belleau au milieu du théâtre, allant et venant ; Herminie, Cécile, Mme de Savenay, assises à droite ; Lucien debout derrière leur fauteuil.
** Les Baigneurs, Coquenet, Lucien, Herminie, Cécile, Mme de Savenay.

LUCIEN.
Mais c'est absurde !..

HERMINIE, le retenant.
Y pensez-vous, Lucien... faire un éclat... vous, son ami intime...

COQUENET, toujours à table, à ceux qui l'écoutent.
Et encore, ce n'est pas lui qu'on doit accuser le plus... c'est sa famille, c'est sa sœur.

HERMINIE, se levant.
Monsieur !..

LUCIEN, la retenant à son tour, et à mi-voix.
Voulez-vous donc vous faire connaître ?..

COQUENET, continuant.
Sa sœur, qui est, dit-on, ambitieuse, intrigante... impérieuse.

PREMIER BAIGNEUR.
C'est elle qui gouverne et qui accapare toutes les places.

HERMINIE, que Lucien retient toujours.
C'est trop fort !..
(Lucien l'oblige à se rasseoir et reste près d'elle.)

PREMIER BAIGNEUR.
Témoin son mari... un banquier, un sot, un important... un être nul, qui vient d'obtenir ce riche emprunt.

COQUENET.
En vérité !.. moi qui ne demanderais qu'une recette... et qui ne peux pas l'obtenir.

DEUXIÈME BAIGNEUR.
Une affaire magnifique.

TROISIÈME BAIGNEUR.
Un million de bénéfice !

COQUENET.
Et en disposer pour un des siens... au lieu de la donner à quelqu'un de l'opposition... qu'on aurait gagné.

PREMIER BAIGNEUR.
Comme c'est gouverner !..

COQUENET.
Ça fait pitié...

DEUXIÈME BAIGNEUR.
C'est d'une maladresse...

TROISIÈME BAIGNEUR.
Pas tant !.. car on dit que le banquier partage avec son beau-frère le ministre...

COQUENET.
Vous croyez ?

PREMIER BAIGNEUR.
C'est possible...

DEUXIÈME BAIGNEUR.
C'est probable...

BELLEAU.
C'est sûr...

TOUS.
Il n'y a pas de doute !

CÉCILE, qui s'est contenue jusqu'alors, s'adressant à Herminie et à Mme de Savenay.
Et vous pouvez écouter, de sang-froid, de telles calomnies ?

Mme DE SAVENAY, à voix basse.
Que faites-vous, Cécile... vous, sa pupille...

HERMINIE, de même.
Son enfant...

CÉCILE, se levant.
Et c'est justement pour cela que je prends sa défense... * il ne m'appartient pas à moi, jeune

* Tout le monde se lève, les trois Baigneurs, Coquenet, Lucien qui retient Cécile, Cécile, Herminie, Mme de Savenay.

fille, de juger les talens ou les opinions de l'homme d'état... mais je sais que mon tuteur est un honnête homme, je sais que la modique fortune de l'orpheline a prospéré entre ses mains, et que lui n'a rien, ne possède rien... Oui, Messieurs, cet homme si avide et si gorgé d'or a contracté des dettes pour doter sa sœur.
HERMINIE.
Cécile... Cécile... plus bas.
CÉCILE.
Et pourquoi donc quand on l'attaque tout haut?
HERMINIE, à part.
Comme si on disait ces choses-là.
COQUENET.
Pardon... Mademoiselle... pardon, nous ne savions pas!.. sans cela... je me serais bien gardé!.. ce que vous nous racontez, d'ailleurs, me paraît si positif... moi, d'abord, dès qu'on me dit quelque chose... je le redis fidèlement sans aucune espèce d'intention.
HERMINIE.
Comme un écho!..
COQUENET.
C'est vrai... je n'ai jamais inventé une syllabe.
HERMINIE, bas à Mme de Savenay.
Monsieur les répète...
Mme DE SAVENAY, de même.
Et pour les pensées...
HERMINIE, de même.
Cela ne le regarde pas... ça dépend de celui qui précède.
BELLEAU, entrant.
Le bateau à vapeur qui arrive!..
(Tous te lèvent et prennent leurs chapeaux.)
COQUENET.
Le bateau de Brighton!.. je cours sur la jetée... c'est notre seule occupation de jour... à nous autres bourgeois de Dieppe!.. Mesdames...
(Il les salue et sort.)

SCÈNE II.
LUCIEN, CÉCILE, Mme DE SAVENAY, HERMINIE.

Mme DE SAVENAY.
Y pensez-vous, Cécile? prendre ainsi la parole et vous mettre en scène devant des étrangers... des... bourgeois!..
CÉCILE.
J'ai eu tort, ma cousine, puisque vous me désapprouvez... et que M. Lucien me semble de votre avis... par son silence... du moins.
LUCIEN.
Non, Mademoiselle... je conçois votre indignation... et moi-même je la partageais en entendant outrager ainsi un camarade de collége, un ami d'enfance à qui je dois mon bonheur... car c'est à lui que je dois mon mariage. Mais ce mariage auquel il vent assister, doit être célébré sans bruit et sans éclat... d'abord à cause de la santé de Madame la Marquise... et puis le Ministre qui ne peut s'absenter de Paris que pour vingt-quatre heures, désirait arriver ici sans être connu... et, dans cette petite ville, où la curiosité s'éveille d'un rien... je crains que la scène de tout à l'heure...

HERMINIE.
Oh! vous, d'abord, vous craignez tout! le moindre bruit vous effraie... le moindre propos vous arrête... sans cesse aux aguets pour interroger la rumeur publique, vous vous laissez guider par elle; et vous vous demandez : qu'est-ce qu'on va dire?
LUCIEN.
J'en conviens... et devant vous, Cécile, devant vous que j'aime... j'avouerai hautement ce besoin d'estime, cette crainte des jugemens du monde...
CÉCILE.
Qui est d'un honnête homme.
HERMINIE.
Ou d'un poltron... car enfin vous êtes l'ami et le camarade de mon frère, vous pensez comme lui au fond du cœur... oui, Monsieur, par inclination vous êtes ministériel... mais la peur de l'opinion vous empêche d'être... de la vôtre; et à la Chambre... vous votez contre nous de crainte des journaux et des épigrammes... qui vous empêchent de dormir!.. Bien plus... ici même, quoique épris et amoureux autant que peut l'être un député, vous avez été un an à avouer votre amour... et pourquoi?.. parce que Mademoiselle Cécile de Mornas est la cousine de Madame la marquise de Savenay, d'un sang noble et légitimiste... et que vous vous répétez sans cesse : que dira le monde?.. que dira mon journal?... que dira l'extrême gauche?.. Enfin, pour être heureux et pour épouser celle que vous aimez, vous avez été obligé de demander permisssion...
LUCIEN, avec fierté.
A qui, s'il vous plaît?..
HERMINIE.
A la révolution de juillet... qui y consent... ou qui du moins ferme les yeux... à condition que vous redoublerez, contre son tuteur, contre le le Ministre, vos attaques...
LUCIEN.
Dites mes conseils, les conseils d'un frère; et s'il les suivait plus souvent, s'il bravait moins l'opinion publique, que je respecte, il ne serait pas en butte aux outrages et aux calomnies dont on l'abreuve chaque jour.
HERMINIE.
Et qui n'ont pas le sens commun...
Mme DE SAVENAY, d'un ton grave.
Peut-être... madame... peut-être!
CÉCILE.
Quoi, ma cousine, vous pourriez croire...
HERMINIE, à part.
Je déteste les marquises.
Mme DE SAVENAY.
Nous attendons!.. Mais enfin, il y a un vieux proverbe, bien peuple, bien trivial, en qui j'ai la bourgeoisie d'avoir confiance... c'est qu'il n'y a pas de feu sans fumée... et dans ce que dit le monde... quelque absurde que ce soit... il y a toujours au fond quelque chose de vrai... toujours.
CÉCILE.
Quoi, ma cousine, vous n'adoptez pas que la calomnie...
Mme DE SAVENAY.
Non, ma chère, la calomnie n'existe pas...

n'y crois pas... passe pour de la médisance, et si elle ose élever la voix, c'est qu'on lui en donne sujet... car dans la haute société... on n'invente pas... on raconte...*

HERMINIE, avec intention.
Il est alors des gens de qui on raconte beaucoup.

Mme DE SAVENAY, avec hauteur.
Vous en connaissez, Madame?..

HERMINIE, la regardant.
De très proches...

Mme DE SAVENAY.
Dans votre famille, sans doute... et sans aller plus loin, votre crédit sur votre frère... et cet emprunt que votre mari vient d'obtenir, suffiraient pour justifier une partie des reproches qu'on adresse au Ministre.

HERMINIE, avec ironie.
Vous croyez?

LUCIEN, vivement.
J'en étais sûr!.. je le lui ai dit... et malgré mes instances... malgré mes prières... il a cédé à vos sollicitations...

HERMINIE.
Je n'ai jamais prétendu leur être agréable, au contraire... et j'espère bien que mon mari n'en restera pas-là... qu'il ira plus haut!..

LUCIEN, avec chaleur.
Quoi! vous oseriez plus encore... et le pays, et la presse, et le monde.... que ne dira-t-on pas?

HERMINIE.
C'est juste!.. c'est votre phrase... je l'attendais.

LUCIEN.
Et qu'y répondez-vous?..

HERMINIE, gaîment.
Que je compte sur votre mariage... pour faire diversion... et pour occuper le monde!.. Il aura lieu de s'étonner et de causer à son tour, en voyant d'un côté tant d'empressement et d'ardeur... (Montrant Cécile.) de l'autre, tant de calme et de réserve... et il trouvera sans doute piquant de vous voir plus tard rencontrer dans votre ménage l'opposition que vous aimez tant à la Chambre... (Apercevant une femme de chambre qui entre.) Pardon, Monsieur, pardon, Mesdames... on nous annonce que nos appartemens sont prêts... et je vais m'occuper de ma toilette, pour recevoir mon frère et mon mari.
(Elle leur fait la révérence et sort.)

SCÈNE III.
CÉCILE, Mme DE SAVENAY, LUCIEN.

Mme DE SAVENAY, à Cécile, avec dépit.
Je permettrais encore les ministres... mais leurs femmes et leurs sœurs... je ne peux pas m'y résoudre! Il y a dans cette petite bourgeoise... une parodie de grande dame, qui me suffoque... elle n'a pas même de quoi être impertinente... et elle l'est...

CÉCILE, souriant.
Comme une duchesse.

Mme DE SAVENAY, avec colère.
Elle! je l'en défie! elle aura beau faire... elle n'aura jamais cette impertinence de bon ton qui est de naissance, et que les parvenus ne peuvent acquérir... Venez-vous, Cécile?..

LUCIEN, se mettant devant elle.
Pardon, mademoiselle, un mot, de grace.... vous pouvez bien l'accorder à un prétendu... et devant Mme la Marquise, votre parente... (Cécile et la marquise reviennent près de lui.*) Je vous ai vue cet hiver à Paris... et je me suis dit : « Ou je ne me marierai jamais, ou elle sera ma femme...» Et Raymond, mon camarade et mon ami, à qui je ne cachai pas mes espérances et mes craintes, m'aida à vaincre tous les obstacles... Comme votre tuteur, il ne réglait que votre fortune... votre main dépendait de vous et de votre respectable parente, Mme de Savenay, qui par sa position et sa naissance pouvait me repousser, moi, homme nouveau... Il a triomphé de sa résistance... il a obtenu son consentement, plus encore!.. le vôtre... oui... je ne m'abuse pas... c'est son crédit sur vous... c'est son influence, bien plus que mon mérite qui vous a décidée... et dans ma joie, dans mon égoïsme, je n'ai rien examiné, rien vu, que mon bonheur; je n'ai pas pensé au vôtre... mais aujourd'hui... et pour la première fois... je crains que l'obéissance seule...

CÉCILE, souriant.
Je comprends! la phrase de madame Guibert a produit son effet...

LUCIEN, vivement.
Non, sans doute, (Avec embarras.) mais, elle a remarqué... votre froideur... et ainsi que le prétendait tout à l'heure madame la Marquise... si dans les discours du monde, il y a quelque chose de véritable... si cette union doit vous coûter une larme ou un regret... si enfin... je ne suis pas aimé... comme je vous aime...

CÉCILE, gravement.
Je vous entends, Monsieur... et vous n'aurez point fait en vain un appel à ma franchise.

Mme DE SAVENAY.
Cécile... que voulez-vous dire?

CÉCILE.
Tout ce que je pense, Madame... (Après un instant de silence, et se retournant du côté de Lucien.) Orpheline de bonne heure, j'ai à peine connu mon père, qui, quoique d'une noble et ancienne famille, avait préféré son pays à sa noblesse... il avait pris du service sous l'Empereur... et s'était battu...

Mme DE SAVENAY, avec dédain.
Comme un roturier, comme un soldat.

CÉCILE.
Il était devenu général et intime ami...

Mme DE SAVENAY, de même.
De l'usurpateur...

CÉCILE.
A qui il resta plus fidèle que la fortune... Aussi, proscrit après Waterloo et mort dans l'exil, il confia, par son testament, l'administration du peu de biens qu'il me laissait à un jeune homme, un avocat pauvre et obscur... qu'il avait élevé, à qui il avait, autrefois, fait obtenir une

---
* Lucien pendant ce temps a remonté le théâtre, et en redescendant se trouve à la gauche d'Herminie. — Cécile, Mme de Savenay, Herminie, Lucien.

* Mme de Savenay, Cécile, Lucien.

bourse au Lycée impérial... Ce jeune homme, c'était Raymond. votre ami... et votre camarade d'études...

LUCIEN, avec chaleur.

Je sais ce que vous devez à son zèle et à ses talens... je sais que lors des lois d'indemnité, c'est lui qui fit valoir vos droits.

CÉCILE.

Qui les fit triompher dans ce procès...

LUCIEN.

Qui commença sa réputation.

CÉCILE.

Et qui changea en une brillante fortune le modeste héritage de l'orpheline... Madame de Savenay, ma parente, consentit alors à me retirer de la pension où mon tuteur m'avait placée, et voulut bien m'emmener avec elle, ici, en Normandie, dans son château... où nous vivions la plus grande partie de l'année. Le reste du temps se passait à Paris... Et là, monsieur, dès que je fus en âge de m'établir, je me vis entourée de jeunes gens aimables et brillans, qui se disaient mes adorateurs et qui m'offraient leurs hommages... à moi, ou à ma fortune, je n'examinerai pas... Mais ce que je puis vous attester, Monsieur, c'est que, libre de choisir parmi eux, je l'aurais fait si leur mérite m'avait dicté quelque préférence... Tous m'étaient également indifférens... Un seul, peut-être, parla quelque temps à mon cœur ou à mon imagination... sans le savoir... sans m'en rendre compte... je crus l'aimer... je l'aimais peut-être...

LUCIEN, vivement.

Et lui...

CÉCILE.

Ne s'en doutait seulement pas, et n'a jamais pensé à moi! Il avait raison... tout nous séparait... je ne pouvais lui appartenir... et je ne comprends pas d'attachement possible, en opposition avec le devoir... C'est vous dire, Monsieur, que cette chimère n'existe plus... Vous vous êtes présenté... vous avez demandé ma main... Mon tuteur m'a dit : « Monsieur Lucien » de Villefranche est mon ami d'enfance et mon » adversaire politique... Mais c'est un homme de » mérite, un homme d'honneur... Il t'aime éper» dûment, il te rendra heureuse, je te le jure, » aie confiance en moi. » Et j'ai répondu : Mon ami, disposez de ma main... Voilà, Monsieur, comment je vous ai connu, et comment je me suis engagée à vous ; fidèle à mes sermens et à mes devoirs, je me conduirai en honnête femme, en amie dévouée, je serai digne de vous et de votre estime... je le sens... je vous le promets ! Et maintenant, en échange de l'amour ardent et passionné que vous éprouvez dites-vous pour moi, vous me demandez des sentimens pareils, que vous blâmeriez, peut-être, s'ils existaient déjà, mais que le temps amènera bientôt sans doute, et lorsqu'il en sera ainsi, je ferai comme aujourd'hui, Monsieur, je vous dirai la vérité... je vous la dirai toujours !.. et maintenant que vous savez tout, croyez-vous en moi?

LUCIEN.

Oui, plus qu'en moi-même !.. j'étais un insensé.. j'exigeais ce que je ne puis obtenir encore, et ce que j'attendrai du temps et de mes soins !.. Pour commencer... confiance entière et absolue; et, quoiqu'il arrive... quoi qu'on puisse dire...

SCÈNE IV.

BELLEAU, LE VICOMTE DE SAINT-ANDRÉ, Mme DE SAVENAY, CÉCILE, LUCIEN.

LE VICOMTE, à Belleau.

Comment, pour moi, ton ancien maître, il n'y aurait pas d'appartement !.. Arrange-toi ! il m'en faut un... et ce qu'il y aura de mieux... Quand on se décide à être malade, il faut que ce soit avec agrément, on ne pas s'en mêler... Ah! des dames, (Saluant.) je ne m'attendais pas à cette heureuse rencontre.

LUCIEN, bas à Cécile qui salue.

Quel est ce jeune homme?.. qui vous salue d'un air si intime.

CÉCILE.

Je n'en sais rien... il faut bien qu'il me connaisse ; mais je ne pourrais pas dire son nom.

Mme DE SAVENAY.

Ni moi non plus, et il se trompe probablement... mais dans le doute...

(Elle fait la révérence au Vicomte qui la salue encore, et les deux femmes sortent avec Lucien par une des portes à droite.)

SCÈNE V.

BELLEAU, LE VICOMTE DE SAINT-ANDRÉ.

LE VICOMTE, suivant Cécile des yeux.

Une charmante personne... que je connais certainement et beaucoup... où diable l'ai-je vue? peut-être à l'Opéra... allons donc... à moins que ce ne soit aux premières loges... c'est possible.... Sais-tu qui sont ces dames?... Qui les amène?

BELLEAU, naïvement.

Non, monsieur... je n'ai pas encore eu le temps de causer avec leurs femmes de chambre ; mais elles ont écrit leurs noms sur la liste des voyageurs.

LE VICOMTE.

Ah! voyons... (Lisant.) La marquise de Savenay et Mlle Cécile de Mornas... Je ne connais pas... et cependant... (Vivement.) Eh oui! c'est cela même... cette jeune personne qu'il y a six mois j'ai rencontrée.

BELLEAU.

Vous la connaissez...

LE VICOMTE, avec distraction.

Infiniment... c'est-à-dire de vue... de souvenir... un fâcheux souvenir que j'avais eu le bonheur d'oublier... et voilà qu'ici même... au moment de mon arrivée... quand par ordonnance du médecin... il m'est défendu de me fâcher ou de me contrarier... Après tout, ce n'est pas ma faute... au diable les idées tristes. (Chantant.) Tra, la, la, la... Dis-moi un peu... s'amuse-t-on à Dieppe?

BELLEAU.

Oui, monsieur... pas autant qu'à Paris quand j'étais votre groom !..

LE VICOMTE.

Danse-t-on?.. y a-t-il des concerts?.. y a-t-il spectacle?..

BELLEAU.

Oui, monsieur... tous les soirs, au salon... on fait de la musique. De plus, nous avons ici des amateurs qui jouent le vaudeville dans la semaine, et la tragédie le dimanche.

LE VICOMTE.

C'est trop de plaisir... je vais me croire à Paris!.. et moi à qui l'on a ordonné de le quitter pour me reposer et me mettre au régime...

BELLEAU.

Vous, Monsieur...

LE VICOMTE.

Il n'y a pas moyen d'y vivre... je donne ma démission!.. des amis... des maîtresses... des créanciers! c'est drôle, dans les livres ou dans les comédies... j'ai cru que ce serait gai... pas du tout, c'est exigeant... quand on doit maintenant... il faut payer...

BELLEAU.

C'est selon.

LE VICOMTE.

Eh oui... mon cher... sinon, on devient mauvais genre... les gens comme il faut ne font plus de dettes... c'est une mode comme une autre... c'est bizarre, mais c'est ainsi... je m'en suis aperçu... moi, le vicomte de Saint-André... ça me faisait du tort...

BELLEAU.

Vous devez donc beaucoup?..

LE VICOMTE, riant.

Parbleu... si je voulais comme tant d'autres écrire mes mémoires... Si encore je m'étais amusé... mais je ne connais rien d'ennuyeux comme la vie de plaisirs que je mène depuis dix-huit mois... Au lieu d'aller à mon ministère des affaires étrangères... où mon oncle m'a fait entrer... tous les jours au Bois de Boulogne, au Jockei-Club, ou au balcon de l'Opéra... faire le matin l'état de postillon, et le soir un métier de dupe... obligé d'admirer, d'adorer ces dames, et de se battre pour elles... oui, le diable m'emporte! ça m'est arrivé une fois... contre un honnête homme qui sifflait... et qui avait raison... la petite était détestable ce soir-là... mais enfin... (Respirant avec satisfaction.) Et grace au ciel... elle m'a trahi!

BELLEAU.

Ce qui vous désole.

LE VICOMTE.

Au contraire; je ne suis plus obligé de crier *brava*! j'ai reconquis mon indépendance... je suis libre... et ruiné!..

BELLEAU.

Vraiment!

LE VICOMTE, se jetant sur le fauteuil à gauche près de la table et feuilletant le livre des voyageurs.

Une belle occasion pour être sage et pour étudier!

BELLEAU.

Vous!

LE VICOMTE.

Pourquoi pas?.. ça me changera... c'est du nouveau, et je ne penserai plus qu'à ça... (Regardant toujours le livre des voyageurs.) Ah! Mme de Guilbert... elle est ici... la femme du banquier et la sœur du Ministre... Voilà les femmes que j'aime... aimable, spirituelle, méchante, excellente... tout cela à la fois... et coquette, et envieuse, et vaniteuse... et ambitieuse... c'est un charme... une femme complète, si elle avait des passions... mais elle n'a pas le temps!

BELLEAU.

Vous la connaissez?

LE VICOMTE, vivement.

Du tout... du tout... la sagesse... la vertu même!.. je connais son mari... un important... un fat... un vantard, et le bavard le plus ennuyeux... il rit toujours... et il n'y a rien de triste comme la gaîté des sots... il est aussi du Jockei-Club... et c'est lui qui m'a gagné, l'autre semaine, mon dernier billet de mille francs... Je vois qu'il n'a pas accompagné sa femme, et j'aurais du moins ici un avantage... c'est que je ne l'entendrai pas... (Entendant rire dans la coulisse.) Allons, décidément, je suis maudit!.. me poursuive jusqu'ici, jusqu'à Dieppe. (A Belleau.) Vite, mon appartement... et un bain... je n'ai plus qu'à m'aller jeter à la mer. (Belleau sort.)

SCÈNE VI.

LE VICOMTE, sur un fauteuil, tenant toujours le livre des voyageurs, et tournant le dos à de Guilbert; DE GUIBERT, entrant par le fond avec COQUENET.

DE GUIBERT, entrant en riant, et tenant Coquenet par la main.

C'est toi, Coquenet, toi, que j'ai rencontré en descendant de voiture... Comme on se retrouve!.. qui m'eût dit que le rivage de Dieppe présenterait d'abord Pylade aux yeux d'Oreste!

COQUENET.

Depuis quinze ans que nous ne nous sommes vus!

DE GUIBERT.

Chez maître Durand, notre avoué... à l'étude où je faisais des romances... et Mme Durand... te rappelles-tu Mme Durand?.. et Didier, le maître clerc... mais je me tais... parce que de ce temps-là, déjà, vous m'accusiez d'être mauvaise langue et satyrique comme Juvenal... toi, c'est différent... tu as toujours été bon enfant... physionomie candide traduite de l'allemand... naturel excellent et inoffensif.

COQUENET.

Tu es bien bon!

DE GUIBERT, riant toujours.

Tu croyais toujours tout ce qu'on te disait... es-tu marié?..

COQUENET.

Pourquoi me demandes-tu cela?

DE GUIBERT, riant.

Je te demande : es-tu marié?.. Le tout pour s'amuser...

COQUENET.

Moi... le mariage ne m'amuse pas beaucoup!.. attendu que Mme Coquenet m'a gratifié de quatre enfans...

DE GUIBERT, riant.

Qui te ressemblent... j'en suis sûr.

COQUENET.

Les avis sont partagés... elle m'en fait espérer un cinquième... et quoique j'aie quelque fortune... quoique je sois, Dieu merci, un des plus imposés du département... tu comprends qu'avec cinq enfans, un pauvre propriétaire n'est jamais riche; aussi je ne rêve qu'aux moyens d'avoir quelque bonne place... J'avais là une pétition pour notre député... qui ne l'est plus.

DE GUIBERT.

Est-ce qu'il lui serait arrivé un accident?

COQUENET.

Il a été nommé pair, ce qui nous oblige à une réélection.

DE GUIBERT.

Tu peux te passer de lui... je t'aurai ça... j'obtiens tout ce que je veux... c'est-à-dire ma femme qui est sœur du Ministre...

COQUENET, avec admiration.

Quoi! mon ami Guibert... tu es beau-frère du ministère?

DE GUIBERT.

Comme tu vois, pas plus fier pour ça... une position superbe... en passe d'arriver à tout... et j'arriverai... (A demi-voix.) il en est question.

COQUENET.

Est-il possible?

DE GUIBERT, de même.

Ça ne me serait jamais venu à l'idée... mais ma femme le veut... elle y tient, il faut que cela soit... je serai obligé un de ces jours d'être ministre pour avoir la paix dans le ménage...

COQUENET.

Moi, je ne demande pas tant, et si je pouvais être nommé à la recette de Dieppe, vacante par décès du titulaire...

DE GUIBERT.

Nous verrons ça.

COQUENET.

Ça ne rapporte que quinze mille francs... mais en revanche, on n'a rien à faire... place honorable qui irait à mes goûts et à mes moyens; car je vis sans ambition, sans intrigue, sans cabale... lisant mon journal et faisant ma partie de whist ou d'échecs...

DE GUIBERT.

La vie de province!.. la douce médiocrité. *Aurea mediocritas.*

COQUENET.

Oui, mon ami, *aurea* si j'avais des appointemens, si j'avais cette place... par malheur, nous avons des concurrens...

DE GUIBERT.

Il y en a toujours.

COQUENET.

M. Rabourdin, un ancien employé, qui a des droits...

DE GUIBERT.

Qu'est-ce que ça fait!.. si tu te mets bien avec ma femme... je te présenterai... c'est elle que ça regarde... car nous ne nous mêlons jamais d'affaires, ni de politique, nous autres jeunes gens fashionables du Jockei-Club, nous autres *lions* parisiens.

COQUENET.

Tu es donc lion?.. tu es donc jeune?..

DE GUIBERT.

Plus que jamais!.. car je suis riche... et à Paris, avec de l'argent, on n'a pas d'âge... on plaît toujours... on ne veillit pas, au contraire... le Pactole, vois-tu bien, est la fontaine de Jouvence... Aussi, vivent le plaisir! le scandale et les aventures, je te les dirai, car je les connais toutes! sans compter celles dont je suis le héros, parce que tu sens bien qu'un banquier, je ne peux pas y suffire... parole d'honneur... Silence!.. c'est ma femme!

SCÈNE VII.

LE VICOMTE, toujours à gauche, près de la table, lisant et tournant le dos aux autres interlocuteurs; DE GUIBERT, COQUENET, HERMINIE, entrant par une des portes à droite, et s'arrêtant un instant devant une des glaces qui sont près de la porte.

COQUENET.

Ah! mon Dieu! c'est-là ta femme?..

DE GUIBERT.

Mme de Guibert!..

COQUENET.

La sœur du ministre?

DE GUIBERT, allant au-devant d'elle.

Elle-même... je vais te présenter*.

HERMINIE.

Enfin, Monsieur, vous voilà! et ce n'est pas sans peine! prendre le bateau à vapeur jusqu'au Hâvre pour arriver plus vite...

DE GUIBERT.

Nous allions comme le vent... Mais que veux-tu!.. trois cent cinquante passagers... au lieu de quatre-vingt... le tout par égard pour l'ordonnance de police... Nous touchions fond à chaque instant... de sorte que mon voyage maritime... s'est fait... par terre... (Riant.) Je suis destiné aux aventures... Voici, chère amie... j'ai l'honneur de te présenter...

(Il remonte le théâtre pour chercher Coquenet, et Herminie aperçoit, en face d'elle, le Vicomte, qui vient de se lever; elle passe près de lui.**)

HERMINIE.

Monsieur de Saint-André!..

DE GUIBERT, riant et lâchant la main de Coquenet.

Le petit Vicomte... ici... à Dieppe... Qui diable l'amène?.. Il vient me demander sa revanche... le billet de mille francs... les dix fiches que je lui ai gagnées, avant hier, au whist!.. Ça va... je ne demande pas mieux.

LE VICOMTE.

Non, vraiment, je ne m'y exposerai pas... vous êtes trop heureux... M. de Guibert... tout vous réussit... Après cela, ce n'est pas votre bonheur au jeu que j'envierais le plus... ici, surtout.

HERMINIE.

Savez-vous qu'on a raison de venir à Dieppe, ne fût-ce, Monsieur, que pour vous apercevoir.., car, à Paris, on ne vous voit plus... c'est indigne...

---

* Le Vicomte, de Guibert, Herminie, Coquenet, qui a remonté et se tient au fond du théâtre.

** Le Vicomte, Herminie, de Guibert, Coquenet.

DE GUIBERT.
Je crois bien... il ne sort pas des coulisses de l'Opéra.

HERMINIE, à son mari.
Où, sans doute, Monsieur le rencontrait?

DE GUIBERT.
Du tout!.. je le sais par ouï dire... par la renommée...

HERMINIE, à son mari.
Avec qui, en effet, vous êtes très bien... (Au Vicomte.) Et vous venez à Dieppe?..

LE VICOMTE, gravement.
Par régime, Madame... par sagesse.

HERMINIE.
En vérité!..

LE VICOMTE, de même.
C'est comme j'ai l'honneur de vous l'affirmer!..

DE GUIBERT.
Allons donc... faites donc le discret... comme si on ne le connaissait pas... Il a des intentions... il va tous les ans faire des passions dans les départemens.

LE VICOMTE.
Moi...

DE GUIBERT.
Conquérir chaque année de nouvelles provinces... Pas plus tard qu'il y a six mois... cette fameuse aventure, dont j'ai été témoin

LE VICOMTE, vivement.
Monsieur...

DE GUIBERT.
Une histoire impayable... invraisemblable... de quoi faire un drame romantique!.. et si je vous la disais...

LE VICOMTE, avec colère.
Monsieur... vous m'avez donné votre parole de n'en jamais parler... ni à moi, ni à personne au monde...

DE GUIBERT, de même.
Aussi je n'en parle pas... je ne dis rien... Il n'est pas moins vrai... que si je voulais...

LE VICOMTE, de même.
Encore, morbleu!..

DE GUIBERT, de même.
Mais je ne veux pas... je suis connu pour ma discrétion... et ma fidélité... à mes amis... A propos de ça... j'en ai un que j'oubliais... où donc est-il?.. (Se retournant vers Coquenet, qui se tient à l'écart.) Avance donc!.. Voici, Madame, un de mes anciens camarades... que je vous présente...

HERMINIE.
Monsieur...

DE GUIBERT.
Monsieur Coquenet, père de famille, propriétaire notable de la ville de Dieppe.

COQUENET.
Moi-même.

DE GUIBERT.
Homme paisible et sans ambition, qui désire une place de quinze mille francs, ici, à Dieppe, pour servir sa patrie et être utile à ses concitoyens.

COQUENET.
Moi-même...

DE GUIBERT.
Et un mot de toi, chère amie... une apostille au bas de sa pétition... (A Coquenet.) As-tu ta pétition?

COQUENET, cherchant dans sa poche.
J'en ai toujours!

DE GUIBERT.
Ma femme se chargera de la présenter à mon beau-frère le ministre... N'est-il pas vrai?

HERMINIE, froidement.
Non, Monsieur!

DE GUIBERT.
Comment, non?

HERMINIE, froidement.
Je craindrais qu'on ne m'accusât de vouloir accaparer toutes les places...

DE GUIBERT.
Allons donc!

HERMINIE, de même.
C'est déjà trop d'avoir parlé pour mon mari... si j'osais demander plus, on me taxerait d'ambition... d'intrigues, peut-être.

DE GUIBERT, à Coquenet.
Et qui donc?.. des sots et des imbécilles... n'est-il pas vrai?..

COQUENET, balbutiant.
Certainement... mais (Regardant Herminie.) Quand on ne connaît pas les personnes...

DE GUIBERT.
Tu as raison... dès que ma femme te connaîtra mieux, elle se décidera à parler pour toi.

COQUENET.
Je crains que non...

DE GUIBERT, à demi-voix, avec importance.
Je m'en charge... j'en fais mon affaire!.. s'il le faut même... je dirai : Je le veux!..

COQUENET, vivement.
Dis-le!

DE GUIBERT.
Pas devant le monde?..

COQUENET.
C'est juste!

DE GUIBERT, lui prenant le papier.
Laisse-moi ta pétition, et reviens.

HERMINIE, qui pendant ce temps a causé bas avec le Vicomte.
Oui, Monsieur, nous allons, avant le dîner, faire une promenade en mer, et je compte sur vous...

(Le vicomte s'incline et sort, par la porte à gauche, pendant que Coquenet sort par le fond.)

SCÈNE VIII.
HERMINIE, s'asseyant près de la table, à gauche; DE GUIBERT.

DE GUIBERT.
Maintenant que nous sommes seuls... je te demande pourquoi tu n'as pas mieux accueilli mon ami Coquenet?

HERMINIE, toujours assise.
Votre ami?

DE GUIBERT.
Que je n'ai pas vu depuis quinze ans, j'en conviens... et une amitié qui a eu quinze ans d'intérim n'est pas des plus violentes... mais c'est égal, je me suis mis en avant... on n'aime pas à avoir l'air d'un zéro... et si ce n'est pour lui... du moins pour moi; et pour ma considération

personnelle, je te prie d'avoir égard à cette pétition.

HERMINIE, la prenant et la jetant sur la table, et frappant dessus, de la main, avec impatience.

Je vous prie, moi, de ne plus m'en parler!..

DE GUIBERT, avec vivacité.

Et moi, je veux!..

HERMINIE, se levant.

Qu'est-ce que c'est?..

DE GUIBERT, baissant le ton.

Je veux savoir pour quelle raison?..

HERMINIE.

La raison c'est que M. Coquenet est un sot; c'est que votre ami est un ennemi, qui, ce matin encore et sans me connaître, a répété ici des calomnies sur moi et sur le Ministre.

DE GUIBERT.

Il aurait répété de même des éloges, car de sa nature, il est de l'avis de tout le monde, ne contrarie jamais personne ; et si tu savais combien il est bon enfant.

HERMINIE, sèchement.

C'est assez, c'est trop nous occuper de lui... Quelles nouvelles de Paris?.. avez-vous vu mon frère? est-il venu avec vous?..

DE GUIBERT.

Il n'arrivera que ce soir, il y avait conseil des ministres... il paraît, comme tu me l'as dit, qu'il est question de remanier... de modifier le cabinet.

HERMINIE.

Oui... un changement aux finances... lui avez-vous parlé?

DE GUIBERT.

J'ai hasardé quelques mots... qu'il n'a pas eu l'air de comprendre.

HERMINIE.

C'est votre faute, il fallait aborder franchement la question; il croit avoir fait beaucoup, en vous faisant obtenir cet emprunt... il vous croit enchanté.

DE GUIBERT.

Le fait est que je suis très content...

HERMINIE, avec vivacité.

Ce n'est pas vrai, vous ne l'êtes pas... et avec le haut rang que vous occupez dans la banque il vous faut plus que cela... il le faut... pour moi... sinon pour vous... oui, Monsieur, je ne porte envie à personne, mais je veux que personne ne l'emporte sur moi... je suis malheureuse, vous le savez, quand je vois une plus belle voiture, une parure plus brillante que la mienne... Eh bien! s'il faut vous le dire... j'ai une amie de pension, une amie intime dont le mari est ministre... je veux que le mien le soit aussi... ou tout au moins sous-secrétaire d'état... pourquoi ne le seriez-vous pas?

DE GUIBERT.

Mais ma femme...

HERMINIE, vivement.

A tout autre ministère, je ne dis pas... il faut des talens qui se voient... mais aux finances, on en a sans que cela paraisse... des comptes, des calculs... c'est un mérite de chiffres, et vous serez placé là à merveille, je pose zéro... et retiens... ce que vous voudrez... on ne s'amuse pas à vérifier, et on vous croit un grand homme sur parole.

DE GUIBERT.

C'est possible... mais tu connais ton frère... il a haussé les épaules sans me répondre, et je n'ai pas osé continuer.

HERMINIE.

Eh bien! moi... j'oserai... je parlerai...

DE GUIBERT.

Encore si j'étais député... il me craindrait peut-être...

HERMINIE.

Eh bien! Monsieur, il faut l'être, ça n'est pas si difficile.

DE GUIBERT.

Il est capable de s'y opposer... car lorsqu'une fois il a dit non...

HERMINIE.

Il faudra bien qu'il dise : Oui!.. il me doit le prix de ma complaisance... Savez-vous pourquoi j'ai quitté Paris?.. pourquoi, à la prière du Ministre, je suis venue ici à Dieppe ainsi que vous?..

DE GUIBERT.

Par agrément, je le suppose... du moins, jusqu'ici, je l'ai pris ainsi.

HERMINIE.

Non, Monsieur; pour signer au contrat de mariage de M. Lucien de Villefranche, l'ami de mon frère, et notre ennemi, à nous : lui qui ne perd pas une occasion de nuire à notre fortune... lui qui a tenté, mais en vain, de s'opposer à votre dernière entreprise!.. il me l'a avoué à moi-même.

DE GUIBERT.

Et pourquoi, je vous le demande, avons-nous la bonté de faire ce voyage?

HERMINIE.

Parce qu'il épouse une jeune personne de Normandie, dont la famille vient cette saison aux bains de Dieppe... un ange que mon frère admire... en un mot, son incomparable pupille... Mlle Cécile de Mornas.

DE GUIBERT.

Cette beauté de province, dont j'ai si souvent entendu parler depuis notre mariage... est-elle aussi bien qu'il le dit?..

HERMINIE.

Elle vient d'arriver avec une de ses parentes, Mme de Savenay... qui est marquise... et bégueule... il y a déjà antipathie entre nous! quant à la jeune fiancée... mon frère m'a recommandé l'amabilité, les prévenances, la tendresse... ordre ministériel, auquel j'ai obéi... et j'y ai du mérite, car je la déteste déjà.

DE GUIBERT.

Et pourquoi?..

HERMINIE, avec volubilité.

Parce que, de tout temps, mon frère me l'a présentée comme l'emblême de toutes les vertus; le type, le modèle de la perfection... je n'aime pas les modèles... Et une fois mariée avec M. Lucien, le plus ennuyeux des hommes... une autre perfection dans son genre, elle et son mari, habiteront avec mon frère, qui les adore, et ne pourra rien leur refuser... ce sera dans son intérieur, une opposition continuelle qui ruinera

notre influence et notre crédit!.. Soyez donc sœur d'un ministre pour ne rien obtenir... pas la moindre faveur... pas la plus petite injustice! Et bien d'autres inconvéniens... à Paris, à l'Opéra, aux Italiens, elle sera toujours avec moi, dans la loge du Ministre...
DE GUIBERT.
Qu'est-ce que ça fait?
HERMINIE, avec impatience.
Cela fait, Monsieur, qu'elle est jolie... ce qui est fort désagréable.
DE GUIBERT.
Ah! elle est jolie?..
HERMINIE.
Eh bien! n'allez-vous pas vous en occuper et l'adorer aussi... je vous défends de la regarder. (Se retournant et apercevant Cécile au fond du théâtre.) Eh! la voilà!.. cette chère enfant! arrivez donc, ma toute belle!..

SCÈNE XI.

COQUENET, entrant par la gauche et s'adressant à DE GUIBERT, HERMINIE, allant au-devant de CÉCILE, Mme DE SAVENAY et de LUCIEN, qui entrent par la droite.

COQUENET, à Guibert et à voix basse.
Eh bien! as-tu dit : Je veux?
DE GUIBERT, de même.
Tu m'as compromis... tu ne me dis pas que ce matin...
COQUENET, de même.
C'est ma faute!.. mais qu'importe, si tu es le maître...
DE GUIBERT, de même.
Certainement... aussi, plus tard, nous verrons... tâche, en attendant, de te mettre bien avec elle...
(Il continue à causer à voix basse avec Coquenet, en tournant le dos aux trois dames.)
HERMINIE, à Mme de Savenay et à Cécile.
Oui, Mesdames, c'est mon mari, qui ne vous connaît pas encore, et qui meurt d'envie de vous être présenté.
Mme DE SAVENAY, bas à Lucien.
N'est-ce pas le banquier dont on parlait ce matin?
LUCIEN.
Lui-même.
(Herminie a pris la main de son mari qui causait toujours avec Coquenet et le présente aux deux dames; Guibert passe près d'elles et les salue.*)
DE GUIBERT, regardant Cécile.
Eh mais! je ne me trompe pas... j'ai déjà eu le plaisir de voir ces dames...
CÉCILE.
Où donc, Monsieur?

* Coquenet, Herminie, de Guibert, Cécile, Mme de Savenay, Lucien.

DE GUIBERT.
L'année dernière... en Normandie... à Rouen!
CÉCILE.
Je ne me rappelle pas... mais c'est possible... (A Mme de Savenay.) Lors de votre procès.
Mme DE SAVENAY.
Nous y sommes restées un jour.
DE GUIBERT.
C'est cela même... (Bas à Herminie.) Quoi!.. c'est là Cécile de Mornas... la prétendue de notre ami Lucien... j'en suis enchanté...
HERMINIE, vivement.
Et pourquoi donc?..
DE GUIBERT, en riant et à voix basse.
Une aventure, ma chère... une aventure que je sais sur son compte...
HERMINIE, avec joie.
Il serait possible!..

SCÈNE X.
LES MÊMES, BELLEAU.

BELLEAU.
Le canot est prêt... et quand ces Messieurs et Dames voudront partir...
HERMINIE, à Cécile, à Mme de Savenay et à Lucien qui sortent.
Nous vous suivons... (Vivement à son mari.) Qu'est-ce que c'est?..
DE GUIBERT.
Ah! par exemple... je ne puis le dire...
HERMINIE.
Et moi, je veux le savoir.
COQUENET, s'avançant.
Si je pouvais être utile à Madame...
HERMINIE.
Merci, Monsieur!.. cela dépend de mon mari... qui parlera... (En riant et donnant la main à son mari pour sortir.) Ah! la jeune personne modèle a déjà eu des aventures... C'est délicieux! c'est charmant!.. (Elle sort avec de Guibert.)
COQUENET.
Ah bah! des aventures... elle?.. à son âge?.. c'est inconcevable!..
BELLEAU, s'approchant de lui.
Qu'est-ce donc?
COQUENET.
Rien... (A demi-voix.) On prétend que cette jeune personne, qui était là tout à l'heure, a déjà eu un amant!.. (Il sort.)
BELLEAU, seul, riant.
Ah!.. elle a eu des amans!.. Fiez-vous donc aux demoiselles du grand monde!.. Elle a eu des amans!.. (Il entend des sonnettes de différens côtés de l'hôtel.) Voici! on y va!
(Il sort en courant.)

FIN DU PREMIER ACTE.

ACTE II.

Même décor.

SCÈNE I.

RAYMOND, tenant sous le bras une liasse de papiers, LUCIEN.

LUCIEN.

Enfin, te voilà, mon cher Raymond... comme tu arrives tard !..

RAYMOND.

Que veux-tu ? on n'est pas le maître... quand on est ministre... on ne s'appartient plus, et il faut renoncer souvent aux joies de la famille ou de l'amitié ! Le conseil a fini si tard... j'ai cru que je ne partirais pas... et au moment de monter en voiture, les affaires sont encore venues m'assaillir jusque sur le marche-pied... Tiens, tu vois ce que j'ai emporté avec moi... (Lui montrant une liasse de papier qu'il tient.) J'en ai lu une partie en route... (Allant les poser sur la table, à gauche, où est restée la pétition de Coquenet.) Et puis, le voyage, la rapidité de la course, l'air plus pur qui me rafraîchissaient le sang, ont donné, malgré moi, une autre direction à mes idées... le papier est tombé de mes mains, le présent a disparu... je me suis retrouvé au milieu de nos souvenirs de jeunesse... dans la cour du Lycée... le jour de mon premier prix, au concours général... vous, mes rivaux et mes amis, vous m'entouriez, vous m'applaudissiez... tandis que mon vieux père me serrait, en pleurant, dans ses bras... Mon pauvre père !.. J'ai fait toute la route avec lui... avec toi... je me revoyais auprès du foyer paternel... choyé, chéri de tous... j'avais tout oublié... j'étais heureux... j'étais aimé !.. je n'étais plus ministre !..

LUCIEN.

Et ton rêve va continuer, je l'espère... ici... avec ta famille, avec ta jolie pupille...

RAYMOND, gaîment.

Oui, j'ai laissé là-bas les ennemis et les haines... j'ai congé pour vingt-quatre heures... Eh bien ! Monsieur le marié, que dites-vous de votre prétendue ?

LUCIEN.

Nous revenons, à l'instant, d'une promenade en mer, que nous avons faite tous ensemble en t'attendant ; j'étais à côté d'elle, et il me semble, si toutefois c'est possible, que, d'aujourd'hui, je l'aime plus encore !.. si jolie et si modeste... et puis cette grace, ce charme, cet art parfait des convenances...

RAYMOND, souriant de sa chaleur.

En effet, la tête n'y est plus... et tu as raison, c'est un vrai trésor que je te donne-là... et que chacun eût envié !.. Ah ! s'il était permis à un homme d'état d'être amoureux... si ma jeunesse, déjà flétrie et usée par les travaux, avait pu me laisser la moindre prétention de plaire, c'est une conquête que je t'aurais disputée... (Riant.) Oui, Monsieur, moi, son tuteur, j'aurais bravé le ridicule... j'y suis fait !.. et cette fois, du moins, c'aurait été pour être heureux... car voilà la femme qu'il m'eût fallu... bonté, douceur, saine raison, jugement solide... et quand je la compare à mon étourdie, à mon évaporée de sœur... En as-tu été content, depuis qu'elle est ici?..

LUCIEN.

Certainement... nous venons d'avoir la discussion la plus animée...

RAYMOND.

Où donc ?

LUCIEN.

Pendant notre promenade sur mer.

RAYMOND.

Un combat naval ?

LUCIEN.

Justement ! une bataille rangée... Cécile et moi, d'un côté, te défendions contre ta sœur et son mari, qui t'attaquaient vivement.

RAYMOND, souriant.

En vérité ! c'est amusant... Et le sujet de l'attaque ?

LUCIEN.

Elle prétend que tu ne fais rien pour ta famille...

RAYMOND.

Et ce que j'ai fait obtenir dernièrement à son mari...

LUCIEN.

Précisément... lui confier une opération aussi importante, c'était déjà un tort... ou du moins une faiblesse à toi d'avoir cédé...

RAYMOND.

Oui, si, parmi les concurrens, il y avait eu des hommes de mérite... Mais ceux que l'on me proposait, je te le prouverai, n'étaient point d'honnêtes gens... de plus, ils étaient tous aussi nuls... et j'ai cru pouvoir, sans grande injustice, accorder, à mon beau-frère, la palme de la nullité... et de la probité !

LUCIEN.

N'importe ! tout autre choix valait mieux... car c'était celui-là qui devait exciter, contre toi, le plus de clameurs...

RAYMOND.

Un pareil motif est bon pour toi, que les clameurs effraient... mais pour moi, c'est tout le contraire... tu sais bien que, dans les jours de combat, elles m'excitent et m'encouragent.

LUCIEN.

Tu ignores donc ce que l'on a dit et imprimé ! On prétend que cet emprunt vaut des sommes immenses, et que tu les partages avec ton beau-frère.

RAYMOND, froidement.

Vraiment ! ils disent cela ? Parbleu, j'en suis charmé, et tu me fais grand plaisir... Est-ce tout ?.. n'as-tu rien de mieux à m'annoncer?..

LUCIEN.

En vérité, je t'admire, toi et ton sang-froid... une pareille attaque me fait bouillir le sang dans les veines...

RAYMOND.

Toi, je le crois bien... tu n'y es pas fait... tu n'y es pas habitué !.. Nous avons pris tous les deux des chemins différens, qui aboutiront, peut-être, au même but... moi, marchant sur la calomnie et l'attaquant de front... toi, tremblant à son approche, et courbant la tête pour la laisser passer. Soins inutiles!.. quelque bas que l'on s'incline, fût-ce même dans la fange... on l'y trouverait encore... c'est là qu'elle habite, et je te le prédis, mon pauvre Lucien, tu ne la désarmeras pas plus que moi... tu as beau prodiguer les caresses et les poignées de main, t'abonner à tous les journaux, faire la cour à tout le monde...

LUCIEN, avec fierté.
Excepté au pouvoir.

RAYMOND.
Eh morbleu! il y a peu de bravoure à l'attaquer aujourd'hui... le courage serait, peut-être, de le défendre, et tu ne l'oses pas.

LUCIEN.
Je défends ce que le monde approuve... je repousse ce qui est blâmé par lui... et toi, au contraire, tu prends à tâche de le froisser dans ses opinions, de le heurter dans ses jugemens! frondeur et misantrope, tu sembles estimer les gens en proportion du mal que l'on en pense! S'il est au contraire quelqu'un que tout le monde s'accorde à louer, et qui réunisse tous les suffrages...

RAYMOND.
Celui-là n'aura pas le mien.

LUCIEN.
Et pourquoi?

RAYMOND.
Parce qu'il y a vingt à parier contre un, que ces suffrages sont usurpés!.. Si un joueur gagne à tous les coups, c'est que les dés sont pipés... si toutes les opinions, tous les journaux s'accordent à louer quelqu'un... c'est qu'ils sont gagnés ou vendus... car l'approbation universelle est impossible!.. les jugemens humains se composent de blâme plus que de louanges... d'erreurs plus que de vérités... et celui dont le mérite et le talent sont en discussion, celui qui a quelques amis et beaucoup d'ennemis... celui-là... je l'estime, je l'aime et je le défends... mais l'ami de tout le monde doit être... selon moi...

LUCIEN, riant.
Un réprouvé...

RAYMOND, s'échauffant.
Oui, sans doute, car pour être l'ami de tout le monde, il l'a donc été des méchans, des sots, des intrigans... non, non, il faut avoir ceux-là pour antagonistes, pour adversaires... il faut se faire honneur de leur haine, se glorifier de leurs outrages... et, comme chez nous, tu ne peux pas le nier, les méchans sont en grand nombre... en immense majorité... j'en conclus que celui qui a le plus d'ennemis...

LUCIEN, riant.
Est le plus honnête homme!

RAYMOND.
Certainement! je m'en vante... et à chaque nouveau pamphlet, à chaque nouvelle injure... je me frotte les mains et je me dis : « Courage! poursuivons ma route!.. j'ai donc en chemin marché sur quelque reptile puisqu'il siffle et qu'il mord. »

LUCIEN.
Et ces morsures multipliées te laissent toujours invulnérable!..

RAYMOND.
Autrefois... dans les commencemens... je ne dis pas que j'eusse la force d'âme d'y rester insensible... mais quand j'ai vu comment se forgeaient et se propageaient les calomnies, quand j'ai vu surtout d'où elles partaient, et comment une fois lancées, il n'y avait plus moyen de les retenir... quand j'ai vu les gens les plus raisonnables, les plus spirituels, accueillir des absurdités, par cela même qu'elles étaient en circulation, et qu'on les répétait autour d'eux... j'ai pris le parti, non de les discuter, mais de les fouler aux pieds... et de les repousser dans leur bourbier natal!.. Si tu savais qu'elle a été ma vie!.. je ne te parle pas de ma carrière politique, qui appartient à tout le monde! je ne te rappellerai pas les reproches dont ils m'accablent!.. avilir ma patrie, la livrer à l'étranger, la partager même... ils l'ont dit!.. comme si cela était possible!.. moi... un ministre du roi!.. moi! un Français, moi qui donnerais ma vie pour la prospérité et la gloire de mon pays... (Avec émotion.) enfin, ils l'ont dit!.. peu importe!..

LUCIEN.
Cette idée seule t'émeut.

RAYMOND.
Non... non... cela m'est indifférant... je te le jure; mais ce qui ne l'est pas, ce qui ne pouvait pas l'être... c'est quand je me suis vu attaqué dans ma vie privée, dans mes sentimens les plus chers... Fils d'un vigneron de la Bourgogne, qui a donné pour mon éducation le peu qu'il possédait, j'ai eu le bonheur de répondre dignement à ses soins et à ses sacrifices... mais si, grace à lui, j'ai fait de brillantes études et remporté des prix dans nos concours, si plus tard, comme avocat, je me suis distingué dans quelques affaires importantes, si j'ai obtenu au barreau une réputation d'honneur et de talent, que l'on ne contestait pas alors, Dieu sait que ces couronnes et ces succès, je les rapportais tous à mon père... Eh bien! quand après de pénibles luttes et de glorieux combats, soutenus pour la défense de nos droits, la cause de la liberté eût enfin triomphé! quand le vote de mes concitoyens m'eût porté à la chambre, et que plus tard la confiance du roi m'eût appelé au pouvoir... en entrant dans le somptueux hôtel du ministre, moi, fils de paysan, ma première pensée fut pour mon père... « Non, me dit-il, » je suis bien vieux! le séjour de Paris m'effraie... » je préfère mon repos et ma retraite... c'est » mon désir, mon fils!.. » Ce désir, je devais le respecter, cette retraite, je l'embellis de mon mieux... je l'entourai de toute l'aisance que je pouvais lui donner... et un matin, je lis dans une feuille publique, que moi, sorti de la classe du peuple, je rougissais de devoir le jour à un paysan... à un vigneron... et que j'avais chassé mon père de mon hôtel.

LUCIEN.
Chassé!

RAYMOND.

C'était imprimé !.. et mille voix le répétaient à ma honte... Hors de moi, éperdu... je courus chez mon père...: « Que vous le vouliez ou non, cette fois, lui dis-je, il faut venir, il y va de mon honneur... on accuse votre fils d'être un ingrat, d'être un infâme... venez?.. » J'avais ce jour-là, dans mon salon, des députés, de hauts dignitaires, l'élite de la société de Paris... J'amenai mon père, je le leur présentai, et m'inclinant devant lui, je m'écriai : Dites-leur, mon père, dites-leur à tous si votre fils vous respecte et vous honore.

LUCIEN.

C'était bien !.. très bien... il n'y avait rien à répondre à cela.

RAYMOND, avec ironie.

Ah! tu le crois... tu crois qu'on impose jamais silence à la calomnie... le lendemain tous répétaient que reconnaissant l'indignité de ma conduite, j'avais voulu la réparer par ce coup de théâtre qu'ils tournaient en ridicule... en vain mon père proclama hautement et attesta ma tendresse et mes soins pour lui... on prétendit que ces réclamations tardives étaient dictées par moi; que je l'avais forcé à les écrire; que la pension que je lui faisais en était le prix; que je la retirerais, s'il parlait jamais et disait la vérité... et maintenant, j'aurais beau dire et beau faire, les plus honnêtes gens du monde ont cette conviction, quand on parle d'un mauvais fils, tous les regards se tournent de mon côté... ou plutôt se détournent de moi !.. que faire? quel parti prendre?.. se brûler la cervelle?.. j'y ai pensé d'abord... je l'avoue.

LUCIEN.

O ciel !

RAYMOND, avec amertume.

Mais, loin de désarmer la calomnie, c'eût été pour elle une preuve de plus... Voyez-vous, auraient-ils dit, l'effet des remords...

LUCIEN.

Y penses-tu ?

RAYMOND.

Oui, mon ami, oui, tu ne les connais pas... et plus tard, quand la vieillesse, quand les chagrins, peut-être, termineront les jours de mon père... ils diront que j'en suis cause... ils diront que je l'ai tué... ils m'appelleront parricide... je m'y attends... Eh bien ! soit ! redoublez vos clameurs, je les brave et les méprise... un mot, mon père... un seul mot !.. votre bénédiction au parricide !.. et que Dieu nous juge !..

LUCIEN, avec émotion.

Raymond...

RAYMOND.

Mais pour les jugemens des hommes... jugemens d'iniquités et d'erreurs... je ne veux pas même en appeler, ni leur faire l'honneur de me défendre devant ce qu'ils appellent le tribunal de l'opinion publique... Fais ce que dois, advienne que pourra : c'est maintenant ma seule devise, et je marche bravement au milieu de leurs injures, qui peu à peu me sont devenues indifférentes, et qui, maintenant, font mon bonheur... (Avec exaltation.) Oui... pamphlétaires et calomniateurs, je ne ferais pas un pas pour vous désarmer; si je savais qu'une mesure me rendît populaire à vos yeux, je serais tenté de la rétracter ! c'est votre estime, ce sont vos éloges que je redoute... et approuvé par vous, je dirais presque comme cet Athénien que le peuple applaudissait ; Est-ce que j'ai dit quelque sottise...

LUCIEN, souriant.

Allons, allons... te voilà comme toujours ! ardent, exagéré, dépassant le but, et allant trop loin.

RAYMOND.

Je ne te ferai pas le même reproche.

LUCIEN.

Je m'en félicite !

RAYMOND.

Tant pis pour toi.

LUCIEN.

Tant mieux ; taisons-nous, voici ta pupille.

SCÈNE III.

RAYMOND, CÉCILE, LUCIEN.

CÉCILE, courant à Raymond.

Ah ! Monsieur, nous vous attendions avec tant d'impatience,.. et votre retard nous avait bien inquiétés... Il ne vous est rien arrivé ?

RAYMOND.

Rien, ma chère enfant, que la contrariété de ne pas te voir plus tôt.

CÉCILE.

Quel dommage que vous n'ayez pas pu être de notre promenade en mer !..

RAYMOND.

C'est égal... je n'étais pas absent pour vous... je le sais... je sais que tu m'as défendu...

CÉCILE.

Vous n'en aviez pas besoin.

RAYMOND.

Si vraiment... mes défenseurs sont trop rares pour que je ne les compte pas avec reconnaissance !.. comment se porte Mme de Savenay, ta noble cousine?..

CÉCILE.

Beaucoup mieux... depuis deux heures seulement qu'elle est à Dieppe... elle prie M. Lucien de vouloir bien passer dans son appartement pour une grave conférence, dit-elle, où je ne dois pas assister...

RAYMOND.

C'est juste... les affaires d'intérêts regardent les grands parens et les tuteurs... (Prenant sur la table les papiers qu'il y a posés à la première scène.) J'ai là un projet de contrat à vous soumettre. (A Lucien.) Examinez-le en m'attendant, et puis fais moi le plaisir de placer tous ces papiers dans la chambre que vous me destinez. (Cécile ramasse un papier qui était en dessous et qui tombe; elle le lui présente.) Qu'est-ce que c'est que ça?..

CÉCILE.

C'était là, sur cette table, avec vos papiers...

RAYMOND, lisant.

« M. le Ministre... la recette de Dieppe est » vacante par décès du titulaire... et j'ose me » mettre sur les rangs... » (S'arrêtant et reployant le papier.) Au diable les pétitions... à peine arrivé, elles m'assaillent déjà... et je vous demande comment on a pu me glisser celle-ci... à moins que ce ne soit au moment où je descendais de voiture... (La mettant au milieu des papiers que tient Lucien.) Nous avons le temps de lire, rien ne presse.

LUCIEN.
Il faudrait voir, cependant...
RAYMOND.
C'est tout vu! c'est un intrigant... auquel je ne répondrai même pas.
LUCIEN.
C'est quelqu'un de cette ville... quelqu'un peut-être d'influent... et c'est un nouvel ennemi que tu vas te faire...
RAYMOND.
Ça m'est égal!
LUCIEN.
On en a toujours assez.
RAYMOND.
Peu m'importe!
LUCIEN, s'adressant à Cécile.
Je vous demande, Mademoiselle, quel est le plus raisonnable? je m'en rapporte à vous.
RAYMOND.
Et moi aussi... prononce!.. qui de nous deux à tort?
CÉCILE, timidement.
Eh! mais... tous les deux, peut-être... (Vivement.) Pardon... mais il me semble, à moi, qui ne m'y connais guère, (Montrant Lucien.) que si l'un craignait un peu moins les discours du monde... si l'autre les redoutait un peu plus...
RAYMOND, riant.
Bravo! nous tomberions dans le juste-milieu.
CÉCILE.
Non, mais vous seriez tous deux, peut-être, bien près de la perfection.
RAYMOND, la regardant d'un air galant et railleur.
Nous y sommes dans ce moment.
CÉCILE.
Ah! Monsieur se moque de moi! ce n'est pas bien.
RAYMOND, à Lucien.
N'ai-je pas dit vrai?.. et pour t'en rapprocher le plus tôt possible... va parler affaire... je vous rejoins dans l'instant.
(Lucien sort par la porte à droite.)

SCÈNE III.
CÉCILE, RAYMOND.

RAYMOND.
Eh bien! ma chère enfant, maintenant que tu le connais, ne t'ai-je pas dit la vérité... et à part ses opinions, qui n'ont pas le sens commun, n'est-ce pas un excellent homme?
CÉCILE.
Oui, Monsieur.
RAYMOND.
Crois-tu être heureuse avec lui?
CÉCILE.
Je l'espère...
RAYMOND.
Ça ne suffit pas!.. je veux que tu en sois sûre... car ton père, à qui je dois tout, m'a légué le soin de ton bonheur... et si je me trompais!.. parle, mon enfant, ouvre-moi ton âme... autrefois, quand tu étais élevée près de moi, je ne te l'aurais pas demandé... te voyant tous les jours, je devinais, je prévenais tes moindres désirs... jusqu'à douze à quatorze ans, tu as été ma fille... je t'avais regardé comme telle... mais alors, et quoiqu'ayant le double de ton âge, les convenances et ma position m'ont forcé de t'éloigner, de te remettre entre les mains d'une parente, qui ne pouvait t'aimer comme moi, mais qui, plus heureuse, ne t'a pas quittée... s'est emparée à mon préjudice de ton amitié, de ta confiance...
CÉCILE.
Jamais...
RAYMOND.
Et maintenant que je ne sais plus comme autrefois lire dans tes yeux et dans ton cœur... je suis obligé de te demander : Que veux-tu Cécile, que désires-tu?
CÉCILE, avec émotion.
Rien, Monsieur... le choix que vous avez fait doit assurer mon bonheur... et s'il en était autrement, ce ne serait pas votre faute... mais la mienne... aussi je n'hésite pas... car vous êtes mon père... et je dois vous obéir.
RAYMOND.
Ce n'est pas ainsi que je l'entends ; et malgré mon amitié pour Lucien, s'il se présente une personne que tu préfères, si tu es aimée de quelqu'un... je ne te reprocherai rien... que de ne pas me dire la vérité.
CÉCILE.
Je vous l'ai dite, Monsieur, je ne suis aimée de personne.
RAYMOND.
Bien vrai!..
CÉCILE.
De personne, je vous le jure... excepté de M. Lucien... et je pense comme vous, sous tous les rapports, c'est un choix convenable et honorable.
RAYMOND.
A la bonne heure... je m'en vais le lui dire... Adieu, mon enfant, adieu... (Il fait quelques pas pour sortir, s'arrête et la regarde.) Cécile, tu as encore quelque chose à me demander?
CÉCILE.
C'est vrai, Monsieur... et je n'osais pas.... (Raymond revient vivement près d'elle.) c'est-à-dire avec vous, Raymond... j'oserais bien... mais ce que j'ai à demander, c'est au Ministre... et j'ai peur.
RAYMOND.
Pourquoi donc?.. si c'est juste...
CÉCILE.
Ah! c'est de toute justice... Des marins... des pêcheurs... ceux qui tantôt conduisaient notre barque... ils sont bien pauvres, ils ont beaucoup d'enfans, qui n'ont qu'eux pour vivre... et malgré cela, lors de la dernière tempête... ils se sont exposés pendant toute une nuit... l'un a ramené à bord trois passagers... et l'autre en a sauvé quatre... et ils n'ont eu pour toute récompense... que la joie de leurs enfans, qui croyaient avoir perdu leur père... Ai-je tort, Monsieur,

de m'intéresser à eux et de vous les recommander?

RAYMOND.
Non, sans doute... je m'occuperai d'eux... dès aujourd'hui, dès ce matin... tu peux le leur dire.

CÉCILE.
J'y vais à l'instant! quel bonheur!.. de leur porter la promesse formelle du Ministre... du Ministre lui-même...
(Coquenet entre par une des portes de gauche; il entend ces derniers mots, et voit Raymond embrasser Cécile sur le front. Cécile sort par la porte du fond.)

SCÈNE IV.

COQUENET, RAYMOND. (Il tire de sa poche un carnet et prend les notes sur la demande que Cécile vient de lui adresser.)

COQUENET, à part, pendant que Raymond achève d'écrire.
Du Ministre lui-même!.. c'est lui qui vient d'arriver... et puisque sa sœur refuse jusqu'à présent de parler en ma faveur... si je profitais de l'occasion pour faire mes affaires moi-même... ça n'est pas défendu... et comme je ne suis pas censé le connaître, cela n'en fera que plus d'effet. (Il s'approche de la table, y prend un journal, et salue Raymond qui lui rend son salut.) Monsieur arrive, à ce que je vois?

RAYMOND.
Oui, Monsieur.

COQUENET.
Il vient peut-être de Paris?

RAYMOND.
Oui, Monsieur!..

COQUENET.
Je vous en fais mon compliment...

RAYMOND.
Il n'y a pas de quoi.

COQUENET.
Si vraiment, si vous étiez hier à la Chambre?

RAYMOND.
J'y étais...

COQUENET.
Vous pouvez vous vanter d'avoir entendu un fameux discours... celui qu'a prononcé le Ministre, et qui a tenu toute la séance... Quel homme, Monsieur, que ce gaillard-là! comme il les a retournés, vers la fin, surtout!

RAYMOND.
C'est l'endroit qui a excité le plus de murmures...

COQUENET.
Qu'est-ce que ça fait?..

RAYMOND, se rapprochant de lui.
Ah! cela ne vous fait rien?..

COQUENET.
Non, Monsieur, cela n'empêche pas que ce ne soit un superbe discours... et un homme d'un talent immense, prodigieux... (Avec brusquerie.) Si vous ne pensez pas comme moi, tant pis pour vous... voilà mon opinion...

RAYMOND, souriant.
Que j'estime... (A part.) Surtout pour sa rareté...

COQUENET, continuant avec chaleur.
C'est un homme d'état, celui-là... le seul que nous ayons... ou je ne m'y connais pas...

RAYMOND, à part, de même.
Ma foi, il faut venir à Dieppe, pour entendre ces choses-là... (Haut.) On s'occupe donc de lui, en ce pays?

COQUENET.
Il y est adoré...

RAYMOND, à part et de même.
Ah! bah!.. Et le télégraphe qui ne m'en dit rien...

COQUENET.
On lui dresserait des statues...

RAYMOND, part.
Pour m'en jeter demain les débris à la tête... N'importe! (Haut.) C'est une très aimable ville, que la vôtre, Monsieur...

COQUENET.
Oui, l'air y est pur, la population éclairée, les fonctionnaires y sont très bien... Nous venons, avant-hier, d'en perdre un très estimé...

RAYMOND.
Je le savais.

COQUENET, à part.
Déjà!.. (Haut.) C'est la nouvelle du pays... cela fait une place vacante... et l'on compte plusieurs concurrens...

RAYMOND.
Je m'en doute... car moi, qui suis de Paris, et qui ne peux rien, j'ai déjà reçu une pétition à ce sujet...

COQUENET.
Est-il possible?

RAYMOND.
On me l'a remise au moment où je descendais de voiture.

COQUENET.
Vous m'avouerez que c'est d'une indiscrétion, pour ne pas dire plus!.. et j'en suis fâché pour notre endroit... (A part.) Ce ne peut être que Rabourdin, le sous-directeur, le seul qui ait des chances... (Haut.) Du reste, je connais ici tout le monde... et si vous me disiez le nom de l'individu qui devrait être au bas de la demande?

RAYMOND.
Je ne l'ai pas lu... je n'ai pas achevé la pétition...

COQUENET.
Franchement, vous avez bien fait... je me doute de qui cela peut être...

RAYMOND, riant.
D'un intrigant... d'abord... c'est ce que j'ai pensé.

COQUENET.
Et vous avez eu raison.

RAYMOND.
Cela ne m'empêche pas cependant de voir... d'examiner... de prendre des renseignemens... Et vous, Monsieur, qui êtes de cette ville...

COQUENET.
Voilà quinze ans que je n'en suis sorti...

RAYMOND.
Vous qui me paraissez un citoyen estimable, et en l'opinion duquel on peut avoir confiance...

COQUENET.
Vous me faites trop d'honneur...

RAYMOND.

Dites-moi, puisque vous semblez connaître ce candidat, si c'est un homme capable... un homme de talents?

COQUENET, d'un air dubitatif.

Eh! eh!

RAYMOND.

Jouit-il de quelqu'estime... de quelque considération?..

COQUENET, de même.

Eh! eh!..

RAYMOND.

C'est donc, sous tous les rapports, la médiocrité et la nullité même?

COQUENET, de même.

Eh! eh!..

RAYMOND.

Vous y mettez une discrétion et une délicatesse que j'apprécie... vous n'osez me dire que ce choix n'est pas convenable?

COQUENET.

Franchement... il y a mieux que cela à choisir... et pour peu que l'on ne se presse pas et qu'on attende...

RAYMOND.

Je vous remercie, Monsieur... Sans avoir d'action directe dans cette affaire... il se peut que je sois consulté, que l'on demande mon avis, et alors, je me souviendrai de celui que vous avez eu l'obligeance de me donner.

(Il salue Coquenet et sort.)

SCÈNE V.
COQUENET, seul.

Je n'ai rien dit : pas un mot, pas une syllabe... ce n'est pas moi qu'on accusera d'avoir voulu calomnier personne, et je défie la méchanceté la plus acharnée de citer une seule de mes paroles... D'ailleurs, un rival! un concurrent! c'est de bonne et légitime défense... chacun pour soi... Dieu et les ministres pour tout le monde... Et puis, Rabourdin est garçon... et je suis père de famille... Voilà vingt ans qu'il est dans l'administration... vingt ans qu'il a une place, et je n'en ai jamais eu... Que diable! il faut de la justice... A bas le cumul et le monopole...

SCÈNE VI.
HERMINIE, DE GUIBERT, COQUENET.

HERMINIE, entrant en causant avec son mari.

Oui, Monsieur, vous pensiez ce matin à la députation pour arriver au ministère... il y a dans cette ville, à ce qu'on vient de m'apprendre, une réélection que l'on peut contester... et faire tourner à votre profit...

DE GUIBERT.

Certainement!..

HERMINIE.

Eh bien! alors, tandis que vous êtes dans le pays, tâchez d'obtenir des voix... de gagner des gens influens...

DE GUIBERT.

Je ne demande pas mieux... c'est toi qui les repousses. (A demi-voix.) Voilà, mon ami Coquenet... propriétaire... électeur... un des plus imposés du département... que tu refuses d'appuyer...

HERMINIE.

Et qui vous dit cela!.. est-ce qu'il faut faire attention à un mouvement de dépit et de mauvaise humeur... est-ce qu'on ne change pas d'idées vingt fois par jour...

DE GUIBERT.

Tu l'entends, mon ami... (A demi-voix.) Je t'avais bien dit qu'elle finissait par faire tout ce que je voulais... tu seras nommé... ma femme parlera pour toi au Ministre.

COQUENET.

C'est ce que j'ai déjà fait...

DE GUIBERT.

Tu l'as donc vu?

COQUENET.

Nous venons de causer ensemble... dans un incognito réciproque, et quoiqu'il ignore qui je suis, je le crois très bien disposé pour moi!... si, maintenant... Madame veut me proposer... comme receveur... une idée qui viendrait d'elle... parce que moi, je ne peux plus... me mettre en avant... je crois que nous l'emporterons.

HERMINIE.

Je ne demande pas mieux... je sais même en ce moment le moyen de tout obtenir de mon frère... les deux places ensemble... à une condition!

DE GUIBERT.

Et laquelle?

HERMINIE.

C'est que vous me raconterez dans tous ses détails l'aventure dont vous m'avez dit un mot ce matin... l'aventure arrivée à Mlle Cécile de Mornas.

DE GUIBERT, vivement.

Impossible, ma chère... impossible... c'est un secret trop important.

HERMINIE.

Raison de plus! vous parlerez... ou je suis muette... je ne dis rien à mon frère...

COQUENET.

Un moment... il y va de notre fortune... et il ne s'agit pas ici d'une discrétion déplacée... toi, qui en fait d'aventures, racontes toujours avec tant de facilité...

DE GUIBERT.

Oui; mais celle-ci... j'ai promis de la garder pour moi...

COQUENET.

Et tu tiens ta parole... ta femme est un autre toi-même... ton ami aussi...

DE GUIBERT.

Je le sais bien... mais cela me ferait de fâcheuses affaires avec le Ministre...

HERMINIE, vivement.

Le Ministre...

DE GUIBERT, de même.

Avec d'autres personnes encore!.. des mauvaises têtes... des férailleurs... moi je n'aime à me battre que le moins possible... et ça n'aurait qu'à en venir-là...

COQUENET.

Si ça se savait!.. mais nous nous tairons...

DE GUIBERT.

Toi, je ne dis pas... tu seras comme moi... tu auras peur !.. mais ma femme... tu ne la connais pas...

HERMINIE.

Et moi, Monsieur, je vous déclare que vous avez excité, et redoublé ma curiosité à un tel point, que je veux... j'exige que vous parliez à l'instant même, ou je me brouille avec vous, je ne vous revois de ma vie...

DE GUIBERT, à voix basse.

Eh bien ! donc... et puisque vous me promettez tous deux le secret... je vous dirai tout ce que je peux vous dire... apprenez que l'année dernière... dans une maison... (Se reprenant.) Dans un château... où j'ai rencontré Cécile pour la première fois... j'ai vu, le matin au point du du jour, un beau jeune homme sortir de son appartement...

HERMINIE.

Vous l'avez vu...

DE GUIBERT.

De mes propres yeux vu... et il ne peut, à cet égard, me rester aucun doute... car le mystérieux inconnu que je connais très bien me l'a avoué, lui-même, en me faisant jurer le silence le plus profond.

HERMINIE.

A merveille... et cet inconnu, quel est-il ?

DE GUIBERT.

Voilà, par exemple, ce que je ne vous dirai pas... je lui ai promis le secret, et je n'irai pas à plaisir me compromettre... en vous révélant un nom tout-à-fait inutile au piquant de l'anecdote.

HERMINIE.

Vous avez raison ! d'autant que j'ai deviné... je sais qui !..

DE GUIBERT.

Silence alors et n'allez pas me compromettre.

HERMINIE.

C'est mon frère.

DE GUIBERT.

Non pas !

HERMINIE.

J'en suis sûre... à votre effroi d'abord, et à votre inquiétude... et puis l'adoration que Raymond a pour sa pupille, les louanges dont il l'accable... le crédit qu'il lui accorde à nos dépens... (A Guibert qui veut parler.) Vous avez beau vous fâcher, c'est lui... Monsieur, c'est lui !..

COQUENET.

Il est de fait que je l'ai trouvé ici, tout à l'heure, qui l'embrassait !

HERMINIE, avec joie.

Vous l'entendez !.. je n'en dirai rien... mais j'en suis enchantée.

DE GUIBERT.

Ce n'est pas vrai !..

HERMINIE.

Ah ! Monsieur mon frère, vous qui me faites toujours de la morale.

DE GUIBERT.

Ce n'est pas vrai vous dis-je.

HERMINIE.

Vous osez le nier...

DE GUIBERT.

Permettez ! je ne dis pas que le Ministre ne soit pas actuellement fort bien avec elle, ça ne me regarde pas... mais ce n'est pas lui dont je veux parler !.. la vérité avant tout... il ne faut compromettre personne.

COQUENET, gravement.

Alors, c'est un autre...

HERMINIE, gaîment et en riant.

Ça en fait deux !.. c'est gentil.

DE GUIBERT.

Ma femme !.. point de suppositions hasardées, je vous en prie...

HERMINIE.

Alors, Monsieur, point de demi-confidences... quel est donc ce séducteur si discret... si timide... qui n'ose paraître et qu'on n'ose nommer devant moi ?..

COQUENET.

Je le connais...

HERMINIE, remontant le théâtre pour voir si personne ne vient.

Vous me le direz.*

COQUENET, bas à l'oreille.

C'est toi-même, mon gaillard... c'est toi...

DE GUIBERT, avec embarras et à demi-voix.

Veux-tu te taire... devant ma femme...

COQUENET, lui faisant signe qu'il gardera le silence.

J'en étais sûr...

HERMINIE, qui a remonté près de la porte à droite, redescend le théâtre en courant et revient se placer entre eux deux.

Silence... c'est mon frère...**

COQUENET.

Parlez-lui... je m'en vais... j'aime mieux ne pas être là... mais je reviendrai... car voici bientôt l'heure où tout le monde se réunit au salon.

(Il sort par la gauche.)

SCÈNE VII.

DE GUIBERT, HERMINIE, RAYMOND.

RAYMOND, qui est entré en lisant un papier, lève les yeux et aperçoit Herminie et Guibert.

Ah ! bonjour, ma petite sœur ! (Donnant la main à Guibert.) Bonjour, mon cher Guibert.

HERMINIE.

Vous avez fait bon voyage ?

RAYMOND.

Excellent !

HERMINIE.

J'en suis ravie, et je le suis, surtout, de vous voir !.. vous savez qu'il y a long-temps que je ne vous ai rien demandé...

RAYMOND.

Je le crois bien... j'arrive !..

HERMINIE.

Aussi, j'ai deux pétitions à vous adresser !.. deux !.. ça vous étonne !

RAYMOND, souriant.

Non, parbleu... ce qui m'étonnerait, ce serait si tu n'en avais pas !..

HERMINIE.

La première... mais je vous préviens d'abord qu'elle ne vous compte pas... c'est pour un ami... une personne de cette ville... M. Coquenet !

* De Guibert, Coquenet, Herminie.
** De Guibert, Herminie, Coquenet.

RAYMOND.
Coquenet!.. justement... (Montrant le papier qu'il tient à la main.) J'étais à lire sa pétition... une pétition qui m'a été remise au moment de mon arrivée!..

HERMINIE.
Il demande la place de receveur.

RAYMOND, montrant la pétition.
Je le vois bien!

DE GUIBERT.
Que sollicite aussi un M. Rabourdin, mais Coquenet... est notre ami...

HERMINIE.
Un ami intime...

RAYMOND, avec intention.
Que tu connais... tu es sûre de le connaître?..

HERMINIE.
Pas beaucoup!.. mais mon mari...

RAYMOND.
Tu me permettras alors d'attendre de plus amples informations... car quelqu'un de ce pays... quelqu'un tout-à-fait désintéressé dans la question, m'a fait, sur lui, un rapport très défavorable...

HERMINIE.
Quelqu'envieux!..

RAYMOND.
Il n'en avait pas l'air... quoique paraissant le connaître mieux que personne, il y a mis une discrétion... enfin, comme je te l'ai dit... je m'informerai, et saurai qui de vous deux à raison... voyons maintenant ta demande principale!..

HERMINIE.
Ne l'avez-vous pas devinée... le peu de mots que vous a dits mon mari... la tendresse que j'ai pour lui... et que vous prenez pour de l'ambition...

RAYMOND.
Je comprends... c'est toi qui lui as donné ces idées de pouvoir.

HERMINIE, avec câlinerie.
Eh bien! oui... toute ma joie, tout mon orgueil, serait de le voir votre collègue...

RAYMOND, imitant son ton.
Eh bien! non... ce n'est pas possible...

HERMINIE.
Et pourquoi donc?.. il est capable ou il ne l'est pas?

RAYMOND.
C'est évident! voyons le dilemme?

HERMINIE.
S'il est capable... faites-le nommer...

RAYMOND.
C'est juste... et s'il ne l'est pas?..

HERMINIE, vivement.
Raison de plus... car vous l'êtes, vous!.. et vous ordonnerez, vous gouvernerez sous son nom... tout n'en ira que mieux... il y aura, enfin, unité dans le gouvernement...

RAYMOND.
Le raisonnement est supérieur et je n'ai rien à y répondre, qu'un seul mot : Non.

HERMINIE, avec colère.
Vous osez dire : Non...

RAYMOND, froidement.
Je l'ose, et je t'engage même à ne plus m'en parler... et à n'y plus penser.

HERMINIE.
Moi, j'y penserai toujours... je vous en parlerai sans cesse, et il faudra bien que vous cédiez, ou je dirai partout de vous un mal affreux.

RAYMOND.
Permis à toi... et tu trouveras de l'écho... il ne manquera pas de monde pour faire ta partie.

HERMINIE.
Ils font bien... ils ont raison... je suis de leur avis... c'est indigne de traiter ainsi sa sœur... une sœur qui vous aime...

DE GUIBERT.
Il est de fait, mon beau-frère, que vos procédés envers nous...

RAYMOND.
Et toi aussi... qui t'en mêles?.. c'est charmant d'être ministre... on vous accuse de tout immoler à votre famille, et votre famille se plaint qu'on la sacrifie...

HERMINIE.
Ah! j'aurais plus de pouvoir, plus de crédit sur vous, si au lieu d'être sœur... j'étais votre pupille... (De Guibert lui fait signe de se taire.)

RAYMOND.
Sans contredit, car si tu étais Cécile, tu ne demanderais que des choses raisonnables.

HERMINIE.
Raisonnables ou non, je serais sûre de les obtenir...

DE GUIBERT, à demi-voix.
Ma femme, au nom du ciel... (Haut et pour rompre la conversation.) Voici toute la société des bains qui se rend au salon, car tous les soirs on fait de la musique.

SCÈNE VIII.

HERMINIE, à l'extrême gauche; LE VICOMTE DE SAINT-ANDRÉ, entrant sur ces derniers mots; DE GUIBERT, au milieu du théâtre; CÉCILE, Mme DE SAVENAY, allant s'asseoir à droite; LUCIEN, appuyé sur leur fauteuil, RAYMOND, allant causer avec elles; BAIGNEURS et BAIGNEUSES qui entrent dans le salon, s'asseyent sur des canapés, se placent à des tables, que l'on dresse, ou à la table ronde, et lisent des journaux ou des brochures; DES DAMES s'approchent du piano qui est ouvert, d'autres travaillent, pendant que BELLEAU va et vient, et offre des rafraîchissemens à tout le monde.

LE VICOMTE, à de Guibert.
De la musique... c'est ce qu'on dit, et nous allons rire.

DE GUIBERT.
Et ma femme qui a promis de chanter.

LE VICOMTE, à Herminie, en s'inclinant.
Alors, nous ne rirons plus, nous admirerons... et j'en ai grand besoin... je m'ennuie déjà ici...

DE GUIBERT, souriant.
Et les plaisirs... et les amours?..

LE VICOMTE.
Bah! c'est toujours la même chose... et il me prend souvent l'envie de me lancer dans le sérieux et dans l'utile, pour m'amuser.

DE GUIBERT.
Prenez garde, vous devenez philosophe !..
LE VICOMTE, levant les yeux et apercevant Raymond, à droite, en face de lui. A part.
M. Raymond !.. (Il s'approche et le salue.)
RAYMOND, lui rendant son salut*.
N'est-ce pas M. le vicomte de Saint-André...
LE VICOMTE
Attaché aux affaires étrangères.
RAYMOND.
Que j'ai eu l'honneur de rencontrer quelques fois. (Souriant.) Non pas à son ministère...
LE VICOMTE, de même,
C'est vrai... ce n'est pas là qu'on me trouve... mais en revanche, là, comme ailleurs, on a dû vous dire beaucoup de mal de moi... et cela sans doute m'a fait du tort dans votre esprit...
RAYMOND, froidement.
Cela m'a prévenu en votre faveur, et m'a fait penser qu'il n'était pas impossible que vous eussiez du mérite.
LE VICOMTE, étonné.
Monsieur...
RAYMOND.
Sans cela, comment expliquer cet acharnement contre un jeune étourdi, qui n'a encore employé son temps qu'à faire des folies et des dettes... A votre âge, on n'a que des camarades... on n'a pas encore l'honneur d'avoir des ennemis... Courage, jeune homme, c'est bon signe, cela promet !.. mais ça ne suffit pas... il faut justifier cette haine.
LE VICOMTE.
Ah ! que l'on m'en offre les occasions.
RAYMOND.
Eh bien ! nous verrons, et pour commencer, il faut vous éloigner de Paris... nous trouverons moyen de vous employer.
LE VICOMTE.
Je suis prêt à partir, et suis à vos ordres, M. le Ministre.
TOUS LES BAIGNEURS, à demi-voix.
Le Ministre...
(Ils causent entre eux et regardent Raymond, qui retourne s'asseoir près de Cécile et de Mme Savenay, et cause avec elles : pendant ce temps, entre Coquenet, qui s'approche de M. et de Mme de Guibert.)

SCÈNE IX.
LES MÊMES, COQUENET.

COQUENET, à demi-voix, à Mme de Guibert.**
Eh bien ! mon aimable protectrice, quelles nouvelles ?..
HERMINIE.
Mauvaises pour tout le monde...
COQUENET.
Ah bah !..
HERMINIE.
On vous a desservi auprès de lui.

* Herminie s'asseyant près de la table, à gauche ; de Guibert se promenant au fond avec des personnes des bains ; le Vicomte et Raymond, sur le devant du théâtre ; Cécile, Mme de Savenay, Lucien, à droite.

** Coquenet, Herminie, de Guibert, à gauche ; le vicomte de Saint-André, au fond, se promenant ; Cécile, Lucien, Mme de Savenay, Raymond, assis à droite.

DE GUIBERT.
On lui a dit de toi un mal affreux...
COQUENET.
Et qui donc ?..
DE GUIBERT.
Quelqu'un de l'endroit...
COQUENET, vivement.
Je sais qui... ce ne peut être que Rabourdin... mon concurrent.
DE GUIBERT.
C'est possible.
COQUENET.
C'est évident... c'est le seul qui ait intérêt à me nuire... et vous conviendrez que c'est indigne... que c'est infâme... d'employer de pareils moyens pour réussir... je le dirai partout...
DE GUIBERT.
Et tu feras bien...
HERMINIE.
Du reste, tout n'est pas perdu... le Ministre, qui ne vous connaît pas encore, a promis de prendre des informations.
COQUENET.
C'est ce que je demande... parce que, n'en déplaise à Rabourdin, je veux agir franchement et loyalement... mais si, en attendant, je puis lui rendre la pareille et trouver quelque occasion de lui nuire en dessous...
(Pendant ces derniers mots, des baigneurs ont porté au milieu du théâtre et sur le devant le piano qui était au fond de l'appartement.)
DE GUIBERT, à haute voix.
Ne disait-on pas que ces dames allaient nous faire de la musique ?.. (A sa femme qui est assise.) Le quatuor de *la Dame du Lac*, que tu étudiais tout à l'heure...
HERMINIE.
Je suis bien en train de chanter...
DE GUIBERT.
Tu l'as étudié avec Mlle Cécile...
CÉCILE, vivement.
Oh ! du tout !.. (Bas à Lucien qui est près d'elle.) Je n'oserai jamais devant tout ce monde...
HERMINIE, à part.
Ça la contrarie... (Se levant vivement et passant près d'elle*.) Eh ! bien, voyons... je suis à vos ordres... nous ne chantons pas assez bien pour nous faire prier... et si Mlle Cécile y consent...
CÉCILE.
Pardon, Madame, nous n'avons pas achevé de répéter ce morceau... et puis, pour ce quatuor, il manque deux personnes... la voix de basse d'abord...
DE GUIBERT.
C'est moi... je chante tous les rôles de Lablache.
RAYMOND, à part, en souriant.
Belle recommandation pour être ministre.
DE GUIBERT, montrant un jeune homme en gants jaunes qui est près de lui.
Et voici M. de Sivry, un ténor délicieux... qui, de plus, accompagne à merveille. (Le jeune homme s'incline et se met en devoir d'ôter ses gants. — A Herminie.) Allons, ma chère amie... (Allant à Cécile.) Allons, Mademoiselle... il n'y a

* Coquenet, le Vicomte, de Guibert, Herminie, Cécile, Lucien, Mme de Savenay, Raymond.

plus à refuser... vous feriez manquer ce morceau...

CÉCILE, souriant.

Je le ferai manquer bien mieux encore... en acceptant...

LUCIEN, à demi-voix et d'un air de prière.

N'importe, Mademoiselle, on vous regarde, et c'est fixer l'attention.

CÉCILE.

J'obéis.

HERMINIE, avec bonté.

Et vous avez raison. (A part.) Elle ira tout de travers...

DE GUIBERT, offrant la main à Cécile, qu'il conduit au piano.

Nous demanderons à la société cinq minutes de répétition à demi-voix.

(Guibert, sa femme et Cécile se groupent près de M. de Sivry, qui vient de s'asseoir au piano, et tous quatre étudient à voix basse; pendant ce temps, Coquenet, qui était à gauche du théâtre, a remonté par le fond derrière le piano, et est descendu à droite où l'on vient de dresser une table de whist.*)

COQUENET, présentant une carte à Raymond.

Monsieur voudrait-il être de notre whist?

RAYMOND, prenant la carte.

Très volontiers...

(Coquenet retourne à la table de whist et compte les fiches et les jetons.)

LUCIEN, à Raymond qu'il prend par le bras.

J'ai vu tout à l'heure, dans l'autre salon, des dames qui regardaient Cécile en chuchottant et en causant avec ce M. de Sivry qui accompagne au piano... quel est-il?..

RAYMOND.

Je l'ignore. (Lui montrant Belleau, qui dans ce moment leur présente un plateau de rafraîchissemens.) Mais demande au garçon des bains; ces gens-là savent tout.

(Il retourne près du piano où M. de Sivry et les dames préludent à voix basse.)

LUCIEN, pendant que Belleau lui présente le plateau, prend un verre d'eau sucré.

Dis-moi, Belleau... quel est ce jeune homme... là... au piano?..

BELLEAU.

Près de la jeune personne? (D'un air malin.) Hein! comme ils se regardent... et comme ils ont l'air de s'entendre?.. (Avec finesse et à voix basse.) C'est peut-être un des trois...

LUCIEN, étonné.

Comment... un des trois?..

BELLEAU.

Oui... l'on prétend qu'elle a déjà eu trois aventures...

* Le vicomte de Saint-André, de Guibert, près du piano; M. de Sivry, au piano; Cécile, Herminie, de l'autre côté du piano; Coquenet, à la table de whist; Mme de Savenay, l'aidant à préparer le jeu; Raymond, Lucien, Belleau.

LUCIEN, remettant son verre sur le plateau.

Morbleu!..

BELLEAU.

Prenez donc garde, vous avez manqué renverser mon plateau...

LUCIEN, cherchant à se contenir.

Pardon... (Cherchant à rire.) Eh!.. de qui le sais tu!..

BELLEAU.

De personne... on en parlait tout à l'heure dans l'autre salon, et tout le monde vous le dira... c'est connu...

(Il va présenter son plateau à d'autres personnes.)

LUCIEN, à part.

Non... ce n'est pas possible... c'est absurde!.. ce n'est pas d'elle qu'il a voulu parler!.. ou plutôt j'ai mal entendu, je ne suis pas dans mon bon sens...

COQUENET, lui montrant la table qui est prête.

Si Monsieur veut tirer les cartes... (Lucien va à la table, retourne une carte et revient près de Coquenet.) Vous avez l'as de cœur.

LUCIEN, s'efforçant de sourire.

Oui, Monsieur... mais une question... vous qui étiez tout à l'heure dans l'autre salon... avez-vous entendu dire que cette jeune personne qui est au piano...

COQUENET, à voix basse.

Silence... il ne faut pas parler de cela... vous savez donc aussi?..

LUCIEN, dans le dernier trouble.

Mais... à peu près...

COQUENET, à voix basse.

Ils disent trois ou quatre intrigues... mais ce n'est peut-être pas vrai... il ne faut jamais croire que la moitié de ce que l'on dit...

(Lucien fait un geste de fureur et veut s'éloigner; Mme de Savenay se présente à lui à sa gauche.)

Mme DE SAVENAY.

J'ai un *deux*, vous êtes mon partner... venez, Monsieur.

LUCIEN, hors de lui.

Oui, Madame.

(Il se retourne et trouve de l'autre côté Raymond et Coquenet.)

RAYMOND et COQUENET, l'entraînant.

Allons... plaçons-nous.

DE GUIBERT, au piano.

Enfin... nous sommes prêts... nous commençons!..

(M. de Sivry, qui est au piano, joue la ritournelle. — Raymond, Coquenet, Mme de Savenay viennent de s'asseoir à la table de whist. — Lucien debout encore, et prêt à s'asseoir, regarde du côté du piano. — Les chanteurs, tenant leurs papiers de musique, vont commencer le morceau. — LA TOILE TOMBE.)

FIN DU DEUXIÈME ACTE.

ACTE III.

Même décor.

SCÈNE I.
LUCIEN, seul.

Je n'ai pas dormi de la nuit... je ne sais à quelle idée m'arrêter, ni quel parti prendre... Il faut que je parle à Raymond... car, enfin, rien n'est encore terminé !.. excepté Mme de Guibert et son mari, personne ici ne sait que ce contrat doit se signer aujourd'hui... personne ne me connaît pour le prétendu, et de ce côté, du moins, j'échapperai aux railleries et au ridicule... Mais sur les propos de ce garçon de bains et de ce Coquenet, le type des badauds de province... renoncer à celle que j'aime, à un mariage avantageux, sans raisons, sans motifs... sans preuves !.. Il est vrai que j'ose à peine interroger... tant j'ai peur qu'ils ne devinent tous l'intérêt que je porte à Cécile... Mais enfin, des preuves... personne n'en donne... il n'y en a pas... et cependant, cela se dit, cela se répète, et.... tout à l'heure encore... là... dans ce salon, n'ai-je pas entendu, près de moi, les suppositions les plus extravagantes sur Cécile, sur sa famille, sur tout ce qui l'entoure... et une fois que je serai marié, ils ne m'épargneront pas... bien plus, ils diront que je l'ignorais rien... ce Coquenet l'attestera... lui, qui est venu hier tout me raconter à moi-même !.. Je savais tout... et j'ai passé outre, parce que Cécile est riche, de haute naissance... pupille du ministre... Ils le diront... je les entends déjà croasser de tous côtés autour de moi... J'en ai le frisson... j'en ai la fièvre !.. Allons, consultons Raymond, lui seul peut me donner un bon conseil... C'est lui !.. quelle contrariété ! il est avec sa sœur.

SCÈNE II.
HERMINIE, RAYMOND, LUCIEN.

HERMINIE.
Comment, Monsieur, vous ne déjeunez pas avec nous ?..

RAYMOND, *avec son chapeau et ses gants.*
Non vraiment !.. le vicomte de Saint-André a trahi, hier soir, mon incognito, et il faut que j'aille ce matin avec le sous-préfet et les notables de la ville, à trois lieues d'ici, poser la première pierre d'un phare qui doit éclairer la côte... Impossible de me soustraire à cet honneur, qui va me valoir quelques quolibets... N'est-ce pas Lucien ?.. vous allez dire, vous autres, que le ministère a beau établir des phares, il n'y voit pas plus clair pour cela...

LUCIEN.
Mon ami, j'aurais voulu te parler...

RAYMOND.
Est-ce à ce sujet ?..

LUCIEN.
Non, pour autre chose...

RAYMOND.
Impossible, en ce moment... ces Messieurs vont venir me prendre en voiture... si même ils ne m'attendent déjà... mais je reviendrai pour dîner... un grand dîner, où j'aurai l'élite de la population... les titres sont connus... il faut en accepter les charges... Mais ce soir... pour nous dédommager (*Frappant, en riant, sur l'épaule de Lucien.*) le contrat que nous signerons...

LUCIEN.
C'est justement à propos de cela... que je voudrais te faire part... d'une inquiétude... que j'ai.

RAYMOND.
Je devine... ta corbeille qui n'arrive pas... Sois tranquille, tout était commandé avant mon départ, et choisi avec un goût... Ce n'est pas moi qui m'en suis chargé... c'est ma sœur... qui a présidé à tout cela !

LUCIEN.
Quoi ! c'est Madame qui a eu cette complaisance ?..

RAYMOND.
Elle en a été ravie ! les femmes aiment toutes à se mêler des corbeilles de noce... (*A sa sœur.*) Et quand celle-là arrivera-t-elle ?

HERMINIE.
Aujourd'hui, je le suppose; du moins on me l'a formellement promis... le premier magasin de Paris !..

RAYMOND.
Ce n'est pas une raison d'exactitude... au contraire !.. N'importe... j'aime à y croire... et tantôt nous jouirons de l'effet...

LUCIEN, *à demi-voix.*
Oui... mais comme je te le disais... je désirerais te parler ?..

HERMINIE, *faisant la révérence.*
Je vous demande bien pardon, Monsieur, j'étais arrivée avant vous.

RAYMOND.
Quoi !.. même en famille, on se dispute chez moi les audiences... Parlez vite... les dames d'abord... c'est de droit...
(*Lucien va s'asseoir sur un des fauteuils.*)

HERMINIE.
Deux mots suffiront... Je vois avec peine, Monsieur, que vous ne me rendez jamais justice...

RAYMOND.
Si, vraiment... j'ai pu te reprocher de l'étourderie, de la frivolité... jamais de torts sérieux !.. et si chaque jour ils m'attaquent dans mon honneur... ils ont du moins respecté le tien !.. C'est une joie et une consolation réservées à notre vieux père, qui n'en a plus d'autres...

HERMINIE.
Eh bien ! Monsieur, s'il en est ainsi... vous savez ce que je vous ai dit hier ?..

RAYMOND.
Tu m'as dit tant de choses...

HERMINIE.
Pour cette nomination... dont j'ai promis de vous parler sans cesse, quoi qu'il m'en coûte...

RAYMOND.
Ça ne te coûtera plus rien, tu n'auras plus cette peine... notre nouveau collègue est nommé...

HERMINIE, avec joie.
Il serait vrai?..

RAYMOND.
Et ce n'est pas ton mari...

HERMINIE, avec colère.
Ah! c'est une trahison!..

LUCIEN, avec étonnement et se levant.
Comment! il était sur les rangs?..

RAYMOND.
Tu l'entends!.. voilà Lucien... voilà nos amis, eux-mêmes, qui haussent les épaules à l'idée seule d'une pareille prétention... et si j'avais pu l'accueillir un instant, ils s'y seraient opposés.

LUCIEN, avec chaleur.
Oui, vraiment... pour ton honneur...

RAYMOND.
Je ne le leur fais pas dire...

HERMINIE, à Lucien.
Et moi, Monsieur, je me rappellerai ce mot-là...

RAYMOND, se retournant vers Lucien.
A toi, maintenant... parle...

LUCIEN.
Pas devant ta sœur...

HERMINIE.
Je comprends... encore quelque perfidie... quelque complot contre moi...

SCÈNE III.

HERMINIE, RAYMOND, LUCIEN, BELLEAU.

BELLEAU, entrant et s'adressant à Raymond.
M. le Sous-Préfet... et toutes les autorités sont en bas dans une calèche... Les voilà qui descendent et demandent M. le Ministre.

RAYMOND.
Je cours au-devant d'eux... (A Lucien, qui veut le retenir.) Mon cher ami, à mon retour, nous causerons... il ne faut jamais qu'un ministre se fasse attendre... ça donne le temps de dire du mal de lui...

BELLEAU, naïvement.
Oh non! M. le Ministre... ils n'oseraient pas... car en arrivant, j'ai entendu M. le Sous-Préfet qui disait aux autres : Taisez-vous donc, il est ici!..

RAYMOND, riant, à Lucien.
A merveille!.. ils avaient déjà commencé... (A Belleau.) Passe devant... dis-leur que je vais avoir l'avantage (En riant.) de les interrompre...
(Il sort par le fond.)

SCÈNE IV.

HERMINIE, LUCIEN.

HERMINIE.
Je vois, Monsieur, que j'essaierais en vain de balancer votre crédit, et surtout celui de votre prétendue, de votre fiancée, à qui l'on a rien à refuser...

LUCIEN, étonné.
Que voulez-vous dire?..

HERMINIE.
Qu'au moment même où je sollicitais en vain, Cécile venait d'obtenir du ministre, cinq ou six places vacantes, ici, à Dieppe. Des pilotes, des gens du port, des commis, ont été nommés à sa recommandation... elle dispose de tous les emplois, et désormais quand je voudrai obtenir quelque faveur, c'est à elle que je m'adresserai... (Avec ironie.) ou plutôt à celui qui aura tout pouvoir par elle... (Lui faisant la révérence.) à vous, Monsieur, son heureux époux!..
(Elle le salue et sort.)

SCÈNE V.

LUCIEN, seul, avec agitation.
Et elle aussi... dont les complimens ironiques... elle sait tout... et pour que ces bruits soient arrivés jusqu'à son oreille, il faut donc que de tous les côtés on les répète, ce qui est déjà aussi terrible que si ça était réellement... car enfin, quand tout le monde le dit, tout le monde ne peut avoir tort... il est impossible que de pareils bruits se répandent et circulent aussi hardiment sans une cause, sans un prétexte... il faut donc que réellement il y ait quelque chose... (Se retournant vers le fond.) Mme de Savenay et Cécile... Allons, et quoi qu'il m'en coûte... il faut connaître la vérité...

SCÈNE VI.

LUCIEN, à l'écart, près de la table où sont les journaux, CÉCILE, Mme DE SAVENAY.

CÉCILE, gaîment à Mme de Savenay, et sans voir Lucien.
C'est bien étonnant... comment, ma cousine, vous n'avez pas remarqué?..

Mme DE SAVENAY.
Quoi donc?..

CÉCILE.
Quand nous sommes entrées au salon, et pendant que nous le traversions, il s'est fait tout-à-coup un grand silence... et tout le monde avait un air si extraordinaire...

Mme DE SAVENAY.
Un air de déférence... on sait dans ce pays ce qu'est la marquise de Savenay... et leur respect...

CÉCILE, toujours gaîment.
Était bien grand!.. ils baissaient tous les yeux... sans nous adresser la parole... et à peine étions-nous passé... j'entendais derrière nous un bourdonnement... qui cessait dès que vous retourniez la tête.

Mme DE SAVENAY, gravement.
De nouvelles arrivées... surtout quand elles ont quelque distinction dans les manières... sont toujours sûres d'attirer l'attention... ici, dans cette petite ville... où l'on n'a rien à faire qu'à regarder.

ACTE III, SCÈNE VI.

CÉCILE.
Je le crois bien... tout à l'heure, dans la cour, quand ces pauvres pêcheurs sont venus me remercier... de la gratification que je leur avais fait obtenir du Ministre...

LUCIEN, s'avançant.
C'est donc vrai !..

CÉCILE, l'apercevant.
Ah ! Monsieur... vous étiez là ?..

LUCIEN.
Oui, Mademoiselle... (Vivement.) Mais cette gratification dont vous parlez ?..

CÉCILE.
Vous savez... ces marins qui hier conduisaient notre barque, et qui, plusieurs fois déjà, ont exposé leurs jours pour des naufragés... Ils sont bien misérables, et je voulais vous prier de parler en leur faveur, mais mon tuteur est si bon ! il m'a enhardie... j'ai osé lui raconter leur dévouement... et jugez de mon bonheur !.. ils ont eu une gratification et sont nommés gardes-côtes.

LUCIEN.
Pas autre chose !.. (Avec trouble.) Je veux dire... voilà tout.

CÉCILE.
Cela suffit, puisqu'ils sont enchantés !.. et pendant qu'eux, leurs femmes et leurs enfans me remerciaient dans la cour, avec tant de joie, que j'en étais attendrie... je me retourne et je vois toute la société du salon, dont les figures étaient appliquées contre les carreaux des fenêtres... et ils me regardaient tous avec un air de raillerie que je ne puis vous rendre... Est-ce parce que j'avais des larmes dans les yeux ? c'est mal... Il paraît que dans ce pays ils sont très moqueurs.

Mme DE SAVENAY.
C'est possible... mais ils ont du bon... surtout une sévérité de mœurs et de principes que j'approuve... Ce matin, et pendant que je prenais mon bain... les femmes de chambre de l'établissement causaient entre elles d'une jeune personne d'ici... qu'elles traitaient de la bonne manière.

CÉCILE.
Pauvre jeune fille !..

Mme DE SAVENAY.
Et leur indignation m'a fait plaisir !.. une demoiselle de haute naissance, qui, à peine âgée de dix-huit ans, a déjà eu quatre inclinations... pour ne pas dire plus !.. Concevez-vous cela ?.. concevez-vous un scandale pareil ?..

CÉCILE, souriant.
Peut-être aussi est-ce un mensonge ?.. car cela me paraît si invraisemblable.

Mme DE SAVENAY.
Invraisemblable ou non, j'admets... (car je suis toujours portée à l'indulgence...) j'admets qu'il y ait seulement inconséquence... ou étourderie... n'importe ?.. elle n'a que ce qu'elle mérite... Dès qu'une femme fait parler d'elle... elle est dans son tort... de ce côté-là... je suis sans pitié... Est-ce qu'on a jamais rien dit de moi ?..

CÉCILE.
Non, sans doute.

Mme DE SAVENAY.
Pourquoi ?.. parce qu'il n'y avait rien... où il n'y a rien, le monde perd ses droits ; car je le répéterai sans cesse, au fond de tous les jugemens humains... il y a toujours quelque chose !.. n'est-ce pas, M. Lucien ?.. Eh ! mon Dieu !.. qu'avez-vous donc ?.. comme vous voilà pâle et troublé...

LUCIEN, passant entre les deux femmes.*
J'en conviens... mais c'est de colère... et d'indignation... car moi aussi... je connais la jeune personne dont vous parliez tout à l'heure...

Mme DE SAVENAY, souriant.
Ah ! la demoiselle aux quatre inclinations...

LUCIEN.
Oui, Madame... et je cherche en vain à m'expliquer... qui a pu donner lieu à d'aussi absurdes suppositions ?..

CÉCILE, vivement et sautant de joie.
Elle n'est donc pas coupable... Ah ! que vous me faites plaisir... (A Mme de Savenay.) Vous voyez ? je m'en doutais d'avance... parlez, Monsieur... contez-nous cela !.. vous la connaissez donc ?

LUCIEN, avec trouble.
Oui... sans doute... et beaucoup...

Mme DE SAVENAY, sèchement.
Je ne vous en fais pas mon compliment.

LUCIEN, avec émotion.
J'ajouterai que vous, Madame, vous pouvez l'apprécier encore mieux que moi... car elle est de votre société intime...

Mme DE SAVENAY.
Est-il possible ?

CÉCILE, naïvement.
Alors... et moi aussi... je la connais donc ?.. (Avec joie.) Dieu, que je suis contente de l'avoir défendue... car de toutes mes amies de pension... il n'en est pas une, grâce au ciel, de qui un pareil soupçon puisse seulement approcher... son nom, Monsieur... son nom ?..

LUCIEN.
Oui, vous le saurez... oui, quelque coup que je puisse vous porter... je dois tout vous dire... ne fût-ce que pour chercher avec vous, et la cause de ces outrages... et les moyens de les punir...

Mme DE SAVENAY.
Parlez donc !

CÉCILE.
Parlez... cette jeune fille si indignement accusée...

LUCIEN.
C'est vous !..

CÉCILE, poussant un cri et passant près de Mme de Savenay.**
Moi !.. moi !.. grand Dieu !..

Mme DE SAVENAY, avec indignation.
Une personne qui est sous mon égide et ma protection... on ose avoir besoin de la défendre !

CÉCILE, lui prenant les mains.
Ah ! je vous remercie !..

LUCIEN.
Oui... je pense comme vous... oui, sa vue seule devrait réduire ses ennemis au silence.... et cependant, ni vous, ni moi, ne pouvons empêcher les bruits les plus injurieux, les plus invraisemblables, de se glisser dans l'ombre et de se répandre...

* Cécile, Lucien, Mme de Savenay.
** Lucien, Cécile, Mme de Savenay.

Mme DE SAVENAY.
Et comment?.. et par qui?

CÉCILE.
Oui, Monsieur... achevez... je puis, je veux tout entendre, ce droit de défense que je réclamais pour une autre... on ne me le refusera pas, à moi, je l'espère, et pour me défendre, il faut au moins connaître ceux qui m'accusent... Et d'abord... ces personnes qui m'aiment... non, vous avez dit mieux... que j'ai aimées... qu'elles sont-elles?

LUCIEN.
Je l'ignore!.. mais à quelques mots... que j'ai entendus, là, au salon... où j'écoutais incognito... à quelques railleries, que j'ai cru comprendre... (A Cécile.) et que m'a répétées Mme de Guibert... la malignité s'exerçait sur la reconnaissance et sur l'amitié bien naturelles que vous portiez à votre tuteur...

Mme DE SAVENAY.
Là... je vous l'ai toujours dit!.. vous en parlez sans cesse avec un enthousiasme, une exaltation!.. ce matin encore... ici, quand tout le monde l'attaquait, vous avez pris hautement la parole... vous vous êtes posée son avocat...

CÉCILE.
J'ai eu tort... sans doute.... mais cependant...

Mme DE SAVENAY.
Les jeunes personnes ne veulent jamais rien croire... il n'en faut pas davantage pour donner lieu aux remarques, aux commentaires, aux interprétations...

LUCIEN.
Auxquelles la scène de tout à l'heure a prêté une nouvelle force... cette gratification... cette place accordé à de pauvres gens...

Mme DE SAVENAY.
Vous voyez bien!.. Qu'aviez-vous besoin de solliciter pour ces gens-là?.. vous saviez bien que le Ministre céderait à vos instances... et que cela ferait jaser... car il ne sait rien vous refuser...

LUCIEN, avec inquiétude.
En vérité...

Mme DE SAVENAY.
Ce n'est pas comme à moi qui, dernièrement encore, n'ai pu même pu obtenir une place de garçon de bureau, pour mon vieux valet de chambre... Mais, dès qu'il s'agit d'elle, tout est bien... tout est juste!.. et c'est plutôt par la faute de Raymond que seront venus de tels bruit, car il fait partout, de Cécile, un tel éloge... c'est une telle admiration... que moi, qui vous parle, j'ai cru souvent qu'il l'aimait...

LUCIEN et CÉCILE.
Lui?..

Mme DE SAVENAY, avec dignité.
En tout bien... tout honneur, s'entend... car j'étais toujours là... et ce n'est pas devant moi, et dans ma maison, qu'on pourrait supposer...

LUCIEN, avec impatience.
Et bien! c'est ce qui vous trompe... les suppositions ne respectent rien... et je ne voulais pas... je craignais de vous dire que vous-même n'étiez pas épargnée.

Mme DE SAVENAY, passant devant lui.*
Moi, la marquise de Savenay!.. Je voudrais bien voir qu'on se permît...

LUCIEN.
J'ai entendu, à côté de moi, quelqu'un du pays murmurer, à l'oreille de son voisin, que c'était vous qui aviez favorisé, ou du moins toléré de pareils sentimens.

Mme DE SAVENAY, poussant un cri.
Ah! c'est une infâme et atroce calomnie, que rien au monde ne pourrait justifier.

LUCIEN.
On ajoutait que c'était le prix de la pension de dix mille francs que vous veniez d'obtenir du Ministre.

Mme DE SAVENAY.
Mais c'est une horreur qui n'a pas de nom...

LUCIEN, vivement et avec joie.
Ce n'est donc pas vrai?.. cette pension n'existe pas?

Mme DE SAVENAY.
Si, Monsieur... mais, d'abord, elle n'est que de cinq mille francs...

LUCIEN, avec impatience.
Eh! qu'importe le chiffre?..

Mme DE SAVENAY.
Il importe, Monsieur, qu'elle avait été accordée, sous la Restauration, aux loyaux services du marquis de Savenay, et que, supprimée arbitrairement à la révolution de juillet... elle m'a été rendue dernièrement avec justice...

LUCIEN.
Par qui?..

Mme DE SAVENAY.
Par le Ministre... par Raymond.

LUCIEN, avec force.
Vous voyez donc bien qu'il y a, dans leurs mensonges mêmes, une apparence de vérité... et comme vous le dites vous-même...

Mme DE SAVENAY.
Mais c'est à étrangler toute la ville de Dieppe... Il faudrait donc, pour leur complaire, renoncer à une pension qui m'est due...

CÉCILE.
Ma pauvre cousine...

Mme DE SAVENAY.
Et c'est vous, Mademoiselle, qui êtes cause de tout cela... ce sont vos étourderies... vos inconséquences qui rejaillissent sur moi,... et me compromettent.

CÉCILE.
J'espère que non, Madame; de pareils bruits sont trop absurdes, pour que la raison n'en fasse pas justice... (Passant près de Lucien, et avec dignité.**) Mais si, malgré leur invraisemblance, ils pouvaient, Monsieur, influer, un instant, sur votre esprit ou sur votre cœur... vous êtes libre, je vous rends vos promesses.. Ce mariage n'est connu que de mon tuteur et de sa famille; le reste du monde l'ignore, et la rupture n'en causera ni bruit, ni scandale.

LUCIEN.
Moi, renoncer à vous, quand je vous aime plus que jamais... quand je voudrais, au prix de tout mon sang, confondre ces infâmes!..

* Lucien, Mme de Savenay, Cécile.
* Lucien, Cécile, Mme de Savenay.

CÉCILE.

Laissez-moi achever... Je ne puis rien contre des outrages dont j'ignore l'origine et la cause; je ne puis convaincre ceux qui m'ont jugée sans m'entendre et sans me connaître; mais je puis vous dire, à vous, Monsieur : Je ne suis pas coupable... je n'ai rien à me reprocher, et je n'ai qu'une preuve à vous donner... mon serment... S'il suffit, à vos yeux, pour répondre à toutes les calomnies... si dans ce moment, où tout m'accable, vous seul croyez en moi... ce sera un gage d'estime, que je n'oublierai jamais... une marque de tendresse qui vous acquiert, dès aujourd'hui, cet amour que vous réclamiez hier... et ma vie entière se passera à vous le prouver... Maintenant, Monsieur, prononcez... j'attendrai votre réponse.

(Elle salue et sort.)

SCÈNE VII.
LUCIEN, Mme DE SAVENAY.

LUCIEN, avec désespoir.

Ah ! ce n'est pas moi qu'il faut convaincre... je crois plus que jamais à sa pureté, à sa vertu... mais les autres !..

Mme DE SAVENAY, avec dignité.

Cela me regarde !.. car, maintenant, je suis intéressée plus qu'elle à faire connaître la vérité, et ce sera facile.

LUCIEN, avec doute.

Vous croyez ?

Mme DE SAVENAY.

J'en suis sûre !.. Quelques misérables ont pu, dans l'ombre, répandre de pareils bruits ; mais quand, moi, la marquise de Savenay... je me montrerai... ils n'oseront soutenir mon regard, et un mot de moi suffira pour les confondre... Qu'ils viennent... je les attends !..

LUCIEN, avec impatience.

Mais c'est qu'ils ne viendront pas !.. et, en attendant, ces bruits circulent, et que leur opposerez-vous ?..

Mme DE SAVENAY.

La vérité...

LUCIEN, avec impatience.

Et ils ne voudront pas l'entendre... Il y a tel mensonge, qui, répété par la foule, acquiert la force de l'évidence ; on ne discute plus une calomnie qui circule ; c'est une monnaie que l'on reçoit, que l'on rend, qui a cours partout ; et, loin d'en effacer l'empreinte, la circulation ne fait que la rendre plus palpable et plus saillante... Vous-même, souvent, l'avez accueillie de bonne foi, sans vous en douter... et, peut-être, vous finirez encore, comme les autres, par vous laisser entraîner au torrent !..

Mme DE SAVENAY.

Parlez pour vous...

LUCIEN.

Moi, jamais...

Mme DE SAVENAY.

Vous, Monsieur ?.. mais moi... je saurai y résister... et faire triompher la vérité... il y a en elle un accent auquel on ne peut se méprendre, surtout quand il vient d'une voix puissante et imposante... Je vous l'ai dit, Monsieur... cela me regarde... ne vous en mêlez pas !.. Qui vient là?

LUCIEN.

Un monsieur du pays.

Mme DE SAVENAY.

C'est par lui qu'il faut commencer.

SCÈNE VIII.
COQUENET, LUCIEN, Mme DE SAVENAY.

COQUENET, après l'avoir saluée.

N'est-ce pas Mme la marquise de Savenay que j'ai l'honneur de saluer ?..

Mme DE SAVENAY, avec hauteur.

Moi-même, Monsieur...

COQUENET.

Mademoiselle votre nièce... ou votre cousine... n'est pas ici ?.. Je l'aime autant... je n'aurais peut-être pas osé m'adresser à elle... tandis qu'à vous, Madame, je le préfère.

Mme DE SAVENAY, de même.

Pour quelles raisons... qu'y a-t-il?

COQUENET.

Vous voyez, Madame... quelqu'un qui n'espère qu'en vous... un père de famille indignement calomnié... car la malignité n'épargne personne...

Mme DE SAVENAY.

A qui le dites-vous ?..

COQUENET.

Je le sais, Madame, je sais tout ce qu'on a dit sur Mlle Cécile, votre nièce...

LUCIEN.

Et vous n'avez pas craint de le répéter hier soir, à moi, Monsieur, qui connais ces dames...

COQUENET, vivement.

On me l'avait dit, Monsieur, je vous le jure... mais j'étais dans l'erreur, je me trompais... je le reconnais, maintenant...

LUCIEN, avec joie.

Est-il possible ?

Mme DE SAVENAY, à Lucien, d'un air de triomphe.

Eh bien ! vous le voyez, Monsieur, il n'est pas si difficile d'éclairer ces gens-là !..

LUCIEN.

Parlez, de grâce... je vous écoute ?..

COQUENET.

C'est tout ce que je demande... (Passant entre eux deux.*) Eh bien ! Madame, je sollicitais une place, où j'avais des droits, et que j'allais obtenir, lorsque M. Rabourdin, mon concurrent, m'a représenté, au Ministre, comme un homme sans capacité, sans talent, sans considération... oui, Monsieur, lui, mon concurrent... lui-même !.. c'est connu de toute la ville... chacun vous le dira, car je ne m'en suis pas caché... et quoi qu'il arrive, c'est un homme perdu de réputation... Aussi, moi, qui vous parle, j'aimerais mieux ne pas avoir de place... que de l'avoir à ce prix-là... mais enfin on m'attaque... je dois me défendre... vous comprenez, et c'est pour mon honneur, maintenant, que je tiens à être nommé, pas pour autre chose.

LUCIEN et Mme DE SAVENAY, avec impatience.

Eh bien ! Monsieur ?..

* Lucien, Coquenet, Mme de Savenay.

COQUENET.

Je m'étais d'abord adressé à Mme de Guibert, la sœur du Ministre, dont le crédit a échoué... et alors... j'ai eu l'heureuse idée d'implorer votre protection toute puissante...

Mme DE SAVENAY.

A moi, Monsieur, qui n'ai aucun pouvoir...

COQUENET.

Cela vous plaît à dire... (Hésitant.) Mais vous savez mieux que moi... et nous savons tous, que par Mademoiselle votre nièce...

LUCIEN et Mme DE SAVENAY.

Comment?

COQUENET.

Vous pouvez tout sur elle... qui peut tout sur le Ministre... témoin encore ce matin... ces places nombreuses qui ont été accordées par Mlle Cécile, à votre recommandation...

Mme DE SAVENAY, avec indignation, voulant parler.

Monsieur!..

COQUENET, continuant plus vivement.

Témoins, ces quinze mille francs de pension que vous avez obtenus pour vous-même...

Mme DE SAVENAY, avec colère.

Quinze mille francs!..

LUCIEN, de même, à Mme de Savenay.

Otez-leur donc, maintenant, de l'idée!..
(Lucien remonte le théâtre et redescend à droite près de Mme de Savenay.*)

COQUENET, continuant toujours.

Et pourquoi, je vous le demande, refuser votre protection à un honnête homme... à un père de famille... vous ne l'aurez jamais accordée à quelqu'un qui vous soit plus dévoué, plus reconnaissant... (Baissant la voix.) et s'il le faut même... s'il faut des sacrifices...

Mme DE SAVENAY, poussant un cri d'indignation.

Ah! je suffoque... je me trouve mal... et quand je devrais traduire celui-ci devant le procureur du roi...

COQUENET, étonné.

Moi, mon Dieu! que vous ai-je donc fait?..

LUCIEN, à demi-voix et avec impatience.

Eh! Madame! comme je vous l'ai dit... vous voyez bien qu'il n'a pas cru vous offenser, qu'il est de bonne foi, et ce qu'il y a de pire, c'est qu'il n'est pas le seul...

COQUENET.

Ils me l'ont tous conseillé... et Mme de Guibert m'a dit : « Mon cher protégé, je ne puis rien pour vous... mais voyez ces dames, qui ont tout pouvoir... c'est la seule manière d'arriver... » Après cela, si je m'y prends mal... excusez-moi?..

Mme DE SAVENAY, se contenant à peine.

Ah! c'est de Mme de Guibert que vient tout cela?..

LUCIEN, à demi-voix.

Modérez-vous, de grace... elle est avec son mari et avec un étranger...

Mme DE SAVENAY.

Tant mieux, plus il y aura de témoins, plus le démenti sera éclatant... et voici l'occasion que j'attendais pour les faire rentrer tous dans la poussière... soyez tranquille, ce ne sera pas long...

* Coquenet, Mme de Savenay, Lucien.

═══════════════════════════════

SCÈNE IX.

COQUENET, M. DE GUIBERT, HERMINIE, donnant le bras au VICOMTE DE SAINT-ANDRÉ, Mme DE SAVENAY, LUCIEN.

HERMINIE, donnant le bras au Vicomte et s'adressant à son mari.

Oui, Monsieur, il y a ici, à Dieppe, des ouvrages, en ivoire, délicieux!.. Une de mes amies en a acheté pour mille écus! et je veux, comme elle... encourager les arts!.. ne venez-vous pas avec nous?..

DE GUIBERT, se jetant dans le fauteuil, à gauche.

Je n'aime pas les arts!.. parce que c'est moi toujours qui paie les mémoires.

HERMINIE, tenant toujours le bras du Vicomte.

Eh bien! nous irons sans vous.

COQUENET, passant entre Guibert et sa femme, et bas à Herminie.*

Je joue de malheur, j'ai encore échoué!..

HERMINIE, riant.

Ce pauvre Coquenet.

Mme DE SAVENAY, s'approchant d'elle et à haute voix.

Je suis enchantée de vous voir, Madame... j'allais chez vous!..

HERMINIE.

Aviez-vous quelques nouvelles à me donner?

Mme DE SAVENAY, malgré les efforts de Lucien pour l'engager au silence.

Non, des nouvelles... mais une leçon...
(Herminie s'arrête, de Guibert se lève, se rapproche de sa femme, et le Vicomte, quittant le bras d'Herminie, se met dans le fauteuil que vient de quitter Guibert; Coquenet s'assied de l'autre côté de la table.**)

HERMINIE, à Mme de Savenay.

Venant de vous, Madame, elle n'a rien qui puisse blesser... je suis encore dans l'âge où on les reçoit, et depuis long-temps, Madame est dans celui où on les donne!

DE GUIBERT, lui faisant signe de se taire.

Ma femme!..

HERMINIE.

J'attends ce que Madame veut m'apprendre...

Mme DE SAVENAY, avec une colère concentrée.

Je vous apprendrai donc que lorsqu'une personne de mon rang veut bien recevoir une personne du vôtre... lorsqu'elle daigne admettre, dans son intimité, la femme d'un homme de rien...

DE GUIBERT.

Madame!..

Mme DE SAVENAY.

Je veux dire d'un homme d'argent... c'est la même chose, à mes yeux... Il ne faut pas pour cela que ces gens-là oublient leur origine et leur père, vigneron en Bourgogne... (Geste d'Herminie et de Lucien.) Je ne lui connais pas, du moins, d'autre titre.

* De Guibert, assis dans un fauteuil; Coquenet, Herminie, le Vicomte, Mme de Savenay, Lucien.

** Coquenet, à la table, lisant; le Vicomte, de Guibert, Herminie, Mme de Savenay, Lucien.

LUCIEN, à demi-voix, à Mme de Savenay.
Eh! Madame! de grace...
Mme DE SAVENAY.
Non, Monsieur... il est bon de prouver que nous sommes placées trop haut, pour que leurs calomnies puissent nous atteindre.
HERMINIE.
Des calomnies, Madame?
Mme DE SAVENAY.
Celles que vous avez répandues contre Cécile et contre moi...
HERMINIE, froidement.
Moi, Madame... je n'ai rien dit... je n'ai fait qu'écouter, voilà tout... Est-ce ma faute si j'ai beaucoup entendu?..
Mme DE SAVENAY.
Et moi, je vais croire, Madame, et je crois déjà, que tous ces bruits mensongers ont été, non pas écoutés, mais inventés par vous.
HERMINIE, avec indignation.
Par moi!.. vous pourriez supposer...
Mme DE SAVENAY.
Je ne suppose rien que votre silence ne prouve... j'en appelle à ces messieurs... qu'ils prononcent!
(Coquenet et le Vicomte, qui étaient assis, se lèvent, et Lucien se rapproche de la Marquise.)
HERMINIE, hors d'elle-même.
Ah! c'en est trop!.. le ciel m'est témoin que je voulais me taire!.. mais puisqu'on a presque publiquement provoqué cette explication... puisqu'on appelle calomnies des vérités... il faut bien que je me résigne à donner des preuves...
DE GUIBERT, voulant l'empêcher de parler.
Ma femme...
HERMINIE.
Eh! Monsieur, n'ayez pas peur!.. je ne nommerai personne... Peu importent les noms, si les faits subsistent... et il me suffira de rappeler à Madame, que l'année dernière, dans un château où elle se trouvait avec sa jeune parente... une personne digne de foi a vu... cela est assez évident... (Appuyant sur le mot.) vu, de grand matin, un bel inconnu, sortant d'un appartement!..
Mme DE SAVENAY, vivement.
Quelle indignité!..
HERMINIE, lui faisant la révérence.
Était-ce du vôtre, Madame?.. mes suppositions n'ont jamais été jusque-là.
Mme DE SAVENAY.
Mensonge et fausseté! dont on ne pourrait trouver de témoin...
HERMINIE.
Ce témoin existe... il est ici.
Mme DE SAVENAY.
Et quel est-il?
HERMINIE.
Mon mari...
DE GUIBERT, passant près de Mme de Savenay.*
Permettez...
HERMINIE, continuant avec chaleur.
Qui, devant moi, (Montrant Coquenet.) et devant Monsieur, l'a attesté...

* Coquenet, le Vicomte, Herminie, de Guibert, Mme de Savenay, Lucien.

COQUENET, passant près d'Herminie.*
C'est vrai... il m'a avoué à voix basse... que c'était lui!.. lui-même... la vérité avant tout...
HERMINIE, avec colère.
Ah! voilà ce que j'ignorais... (Se retournant vers son mari.) et s'il était vrai...
DE GUIBERT, à sa femme.
Je te jure que non...
HERMINIE, à demi-voix.
Alors, et comme je vous le disais... c'était donc Raymond!..
TOUS.
Raymond!
LUCIEN, avec colère et passant entre Mme de Savenay et de Guibert** qu'il interpelle.
C'était donc Raymond!..
HERMINIE, de l'autre côté, à son mari.
Était-ce vous?
LUCIEN, de l'autre côté.
Était-ce Raymond?
DE GUIBERT, entre les deux, avec embarras.
Mais, Monsieur... mais, ma femme...
LUCIEN et HERMINIE.
Répondez!
DE GUIBERT.
Ni l'un, ni l'autre...
LUCIEN et Mme DE SAVENAY.
Qui donc, alors?
DE GUIBERT, avec un embarras toujours croissant.
Qui donc?.. eh! mais... que vous dirai-je?.. un jeune homme fort bien... fort aimable! probablement... une première inclination...
LUCIEN, à part.
O ciel!
DE GUIBERT.
Qui aura sans doute commencé à Paris... (Vivement.) Un amour pur... platonique... j'en suis persuadé!
HERMINIE, à son mari, avec impatience.
Mais enfin, Monsieur... cette personne...
LUCIEN.
Oui... nous voulons la connaître... ou sinon...
DE GUIBERT, avec embarras.
Eh bien!.. eh bien!.. vous êtes tous témoins que ce n'est pas ma faute... que je ne voulais compromettre personne... mais puisque j'y suis contraint et forcé... c'est M. de Saint-André!..
LE VICOMTE***, courant à lui avec colère.
M. de Guibert!..
HERMINIE, au Vicomte.
Vous, Monsieur!.. est-il possible?..
LE VICOMTE, à de Guibert, de même.
Vous m'aviez juré le secret...
DE GUIBERT.
Je ne dis pas non!.. mais dans la position où je me trouvais... quand, à son corps défendant... il faut dire la vérité...
LE VICOMTE, de même.
Eh! qu'en savez-vous? qui vous le prouve?
DE GUIBERT.
C'est autre chose... ça ne me regarde plus!.. que ça ne soit pas... j'y consens... je le veux

* Le Vicomte, Coquenet, Herminie, de Guibert, Mme de Savenay, Lucien.
** Le Vicomte, Coquenet, Herminie, de Guibert, Lucien, la marquise de Savenay.
*** Coquenet, Herminie, le Vicomte, de Guibert, Lucien, Mme de Savenay; Baigneurs et Baigneuses accourant, au bruit, des salons voisins, et se tenant au fond.

bien... Mais je vous ai vu... mais vous en êtes convenu ! à ce mariage, à ce contrat... que l'on ignorait encore !..

LE VICOMTE, de même.
Monsieur !..

DE GUIBERT.
Vous me l'avez dit, à moi ! et plus tard, devant d'autres personnes que je pourrais citer, vous ne l'avez pas nié...

LE VICOMTE, avec feu.
Et si je vous ai abusés... si je me suis vanté... si j'ai menti... si, par inconséquence, vanité ou tout autre motif peut-être... j'ai compromis une personne que je ne connaissais même pas...

DE GUIBERT, vivement.
Convenons-nous de ça ?.. à la bonne heure !.. je ne demande pas mieux... je le préfère même pour moi (Regardant Lucien.) et pour tout le monde.

LE VICOMTE.
Et cela est ainsi... (A voix haute.) Oui, Messieurs, c'est la vérité que j'atteste et que je proclame... et si vous, M. de Guibert, si vous, ou tout autre, osiez maintenant révoquer en doute cette déclaration solennelle.... ce serait m'insulter moi-même, et me faire, dans mon honneur, un outrage dont je lui demanderais raison. (Il sort.)

SCÈNE X.

Plusieurs baigneurs à gauche ont entouré COQUENET ; DE GUIBERT, HERMINIE, sont près de lui, du même côté ; de l'autre, à droite, LUCIEN, debout, près de Mme DE SAVENAY, qui vient de tomber dans un fauteuil ; plusieurs autres baigneurs et baigneuses, au fond, réunis par groupes, causent à voix basse sur ce qui vient d'arriver.

COQUENET, sur le devant du théâtre, prenant sa prise de tabac et causant avec les baigneurs qui l'entourent.
C'est un brave jeune homme... un galant homme... qui se conduit bien... il fait ce qu'il doit faire.

DE GUIBERT, à demi-voix.
Parbleu ! il ne pouvait guère agir autrement.

HERMINIE, stupéfaite.
Comment ! c'était lui !.. et l'année dernière encore !..

DE GUIBERT, riant.
Eh ! Madame... le temps ne fait rien à l'affaire.

HERMINIE, avec impatience.
Si, Monsieur !.. en tout temps, c'est très mal... c'est indigne !..

(Elle continue à parler bas avec Coquenet et son mari.)

Mme DE SAVENAY, assise de l'autre côté.
Je ne puis en revenir encore !

LUCIEN.
Ni moi non plus... (A part, avec douleur et colère.) Mais ce premier attachement dont elle-même nous parlait hier !..

Mme DE SAVENAY.
Il faut qu'elle parte ! qu'elle s'éloigne ! et quant à ce mariage, à ce contrat... que l'on ignorait encore !..

LUCIEN, à part.
Grace au ciel !.. (Se retournant.) Dieu ! c'est elle !..

(A l'entrée de Cécile, chacun fait un mouvement et garde le silence.)

SCÈNE XI.

COQUENET, DE GUIBERT, HERMINIE, CÉCILE, entrant par le fond ; LUCIEN, Mme DE SAVENAY, BAIGNEURS et BAIGNEUSES par groupes, au fond du théâtre.

CÉCILE, traversant vivement le théâtre, et courant gaîment à Lucien.
Ah ! Monsieur, que je vous remercie ! votre réponse ne s'est pas fait attendre ! la réponse la plus aimable, la plus gracieuse ! une corbeille magnifique... qui m'arrive à l'instant... de votre part.

HERMINIE.
Une corbeille... (A part) C'est la mienne.

CÉCILE.
Vous la verrez.

HERMINIE.
Je la connais.

CÉCILE.
C'est délicieux, n'est-ce pas... et puis ce qui vaut mieux, ce qui est plus précieux encore pour moi... c'est le moment même que vous avez choisi pour me l'offrir... c'est une marque d'estime et de courage que j'attendais de vous.

LUCIEN, troublé.
Mademoiselle !

CÉCILE.
C'est dire hautement que vous me rendez justice, que vous ne craignez pas, aux yeux de tous, d'avouer et de défendre votre fiancée... votre femme...

TOUS, à demi-voix, avec étonnement.
Sa femme !

COQUENET, à demi-voix, à de Guibert, montrant Lucien.
La femme... de ce Monsieur...

DE GUIBERT.
Eh ! oui... sans doute...

COQUENET.
Et moi qui lui ai dit ce qui en étaient... combien je suis fâché...

CÉCILE, à Lucien, l'amenant au bord du théâtre.
Ne venez-vous pas voir, ainsi que ces dames, votre beau présent ?

LUCIEN, à demi-voix, avec émotion et douleur.
Pardon, Mademoiselle... je voudrais... et je ne sais comment vous expliquer... que des considérations imprévues... des obstacles plus forts mêmes que mes sentimens, m'obligent à différer des projets... impossibles en ce moment à réaliser !..

(Il la salue et sort. — Quelques personnes sortent après lui.)

SCÈNE XII.
LES MÊMES, excepté LUCIEN.
CÉCILE, étonnée.

Comment... il s'éloigne?.. (S'avançant vers plusieurs personnes du salon, qui s'éloignent également et sortent de l'appartement.) On m'évite... on détourne les yeux... (Courant à Mme de Savenay, qui est toujours assise.) Ah! Madame... Madame... qu'est-ce que cela veut dire?

Mme DE SAVENAY, se levant et d'une voix grave.

En ce moment, Mademoiselle, je m'abstiendrai de toute réflexion!.. ailleurs... et plus tard... je vous parlerai... et vous dirai ce que je pense!..

(Elle sort, et par les différentes portes du salon, tout le monde s'éloigne lentement.)

COQUENET, voyant Cécile qui, chancelante, s'appuie sur un fauteuil.

Pauvre jeune fille!.. elle me fait de la peine!.. (A part.) Mais voyez pourtant, comme tout finit par se savoir!

(Tout le monde a disparu; Herminie seule veut courir à Cécile, mais M. de Guibert retient sa femme, l'entraîne et sort avec elle et Coquenet.)

SCÈNE XIII.
CÉCILE, seule, et se soutenant à peine

Madame de Savenay me méprise et me repousse... ma famille elle-même!.. ah! c'est le dernier coup!.. Qu'ai-je donc fait, mon Dieu! et maintenant qui implorer?.. à qui demander justice?.. et dans mon malheur... (Raymond paraît à la porte du salon à droite.) que me reste-t-il?

SCÈNE XIV.
CÉCILE, RAYMOND, à la porte du fond.
RAYMOND.

Moi! moi! mon enfant!..

CÉCILE, se jetant dans ses bras.

Ah! mon ami, mon ami... mon sauveur!.. défendez-moi. (S'arrachant de ses bras.) Non, non... je n'ose même pas implorer votre protection... ils me soupçonneraient... ils m'accuseraient... ils diraient...

RAYMOND.

Eh! qu'importe?.. En traversant l'autre salon... leurs clameurs sont parvenues jusqu'à moi!.., je n'y ai rien compris... sinon que tu étais leur victime... et j'accours... Ah! il y a injustice! il y a calomnie... me voilà!.. elle me connaît... elle sait que je n'ai pas l'habitude de reculer devant elle... Allons, ma fille, allons, ne tremble pas... relève ta tête... regarde-la en face... et si, à sa vue, le courage te manque... appuie-toi sur ce bras qui ne te manquera pas!..

(Il emmène Cécile par la porte du fond.)

FIN DU TROISIÈME ACTE.

ACTE IV.

Même décor.

SCÈNE I.
LE VICOMTE DE SAINT-ANDRÉ, BELLEAU.
(Saint-André se promène vivement et sans parler, Belleau le suit.)

BELLEAU.

Monsieur, voici le moment de prendre votre bain.

LE VICOMTE, se promenant.

Laisse-moi tranquille!..

BELLEAU.

Après cela, il sera trop tard... et quand on est malade...

LE VICOMTE, de même.

Je ne le suis plus...

BELLEAU.

Déjà?.. Ce que c'est que l'eau de mer!..

LE VICOMTE.

Non, je souffre horriblement... j'ai la tête en feu... j'ai couru chez ces dames pour m'avouer coupable, leur demander pardon... Elles n'ont pas voulu me recevoir, elles ont raison... j'en veux à moi-même... et à tout le monde! J'ai beau répéter: Cela n'est pas... cela n'est pas!.. ils ne veulent pas me croire... au contraire! mon insistance leur semble une preuve de plus...

BELLEAU.

Dame! Monsieur, soyez franc... avec eux, c'est bon... mais avec moi... vous pouvez en convenir...

LE VICOMTE.

Et toi aussi!.. quand je te dis que cela n'est pas...

BELLEAU.

Si Monsieur a ses raisons... je le veux bien...

LE VICOMTE.

Des raisons... et lesquelles... si ce n'est le tort que, malgré moi, et sans le vouloir... j'ai fait à cette jeune personne.

BELLEAU.

Si ce n'est que cela, Monsieur est bien bon!.. on dit déjà tant de choses... sans vous compter...

LE VICOMTE, avec colère.

Encore, morbleu!..

BELLEAU.

Eh bien! en vous comptant... on dit tant de choses d'elle... et de sa tante, surtout... une pension de vingt mille francs qu'elle a acquise...

LE VICOMTE.

Qu'est-ce que cela signifie?..

BELLEAU.

Ça signifie, s'il faut vous l'avouer... que, parmi tous ces messieurs, la manière dont vous la défendez...

LE VICOMTE.
Eh bien! achève?..
BELLEAU.
Eh bien! les jeunes gens comme il faut... les jeunes gens de Paris, que nous avons ici, disent que ça n'est pas naturel... que cela étonne de Monsieur... et que décidément, il faut qu'il ait des motifs...
LE VICOMTE.
Des motifs?.. et que peuvent-ils supposer?..
BELLEAU.
Je ne vous le dirai pas... Mais voilà M. Coquenet qui causait, tout à l'heure avec eux...
LE VICOMTE.
Ah! je saurai, du moins par lui...

SCÈNE II.
BELLEAU, LE VICOMTE DE SAINT-ANDRÉ, COQUENET.

COQUENET, allant à lui et lui donnant la main.
Bravo! jeune homme, bravo! une noble conduite qui vous fera honneur près des dames... toutes celles de la ville raffolent déjà de vous, à ce que m'a dit Mme Coquenet, et vous aurez encore plus de succès ici qu'à Paris
LE VICOMTE.
Encore un à qui on ne l'ôtera pas de l'idée.
COQUENET.
Voyez-vous, ce qu'on estime le plus en province, c'est la discrétion!.. peut-être, parce qu'elle y est plus rare qu'ailleurs.
LE VICOMTE.
Mais, Monsieur...
COQUENET.
Et puis, non-seulement c'est généreux... mais c'est adroit... Aussi, vous y gagnerez... car on gagne toujours à se bien conduire... et si vous étiez convenu de la moindre chose... vous étiez perdu.
LE VICOMTE.
Comment cela, s'il vous plaît?..
COQUENET.
A cause du Ministre!.. qui eût été furieux... On ne se laisse pas impunément enlever une si jolie maîtresse.
LE VICOMTE, étonné et regardant Belleau, qui, de la tête, lui fait signe que oui.
C'est la maîtresse du Ministre?..
COQUENET.
Qui n'eût jamais accordé, à un rival, la place qu'il vous a promise... tandis que maintenant, et en récompense...
LE VICOMTE.
Quoi, Monsieur... vous pourriez croire...
COQUENET.
Ce n'est pas moi qui le dis.... ce sont ces messieurs, vos amis intimes... qui prétendent que, d'ordinaire, vous ne défendez pas la réputation des dames... au contraire... mais que, dans cette occasion... et pour faire son chemin, on peut déroger, une fois, par hasard, à ses principes.
LE VICOMTE.
Mais c'est une infamie... Moi, capable d'un mensonge, d'une bassesse, pour flatter un ministre, pour obtenir une place... Je suis donc à leurs yeux, un indigne, un misérable... C'est pour cela que, tout à l'heure, Dervière a détourné la tête et ne m'a pas salué...
COQUENET.
Allons donc, vous vous trompez.
LE VICOMTE.
Non, non... et je lui en demanderai raison... Mais apprenez-moi tout... racontez-moi ce qu'ils ont dit?..
COQUENET.
Rien que d'inoffensif et de tout naturel... ils prétendent que, maintenant, vous voilà ministériel, et qu'avant trois mois, vous serez secrétaire d'ambassade... grace à ce désaveu...
LE VICOMTE.
Que je regrette maintenant... Oui, j'ai eu tort... c'est ma faute... et pour un rien, je dirais que c'est vrai...
BELLEAU.
Dame!.. si c'est vrai, dites-le?..
LE VICOMTE.
Eh non! morbleu! cela n'est pas!..
COQUENET, froidement.
Alors, ne le dites pas, et ça reviendra au même! car maintenant, que vous le disiez ou non, ce sera exactement la même chose.
LE VICOMTE.
Eh! Monsieur, vous me feriez damner, et si vous n'étiez pas un homme respectable... c'est à vous d'abord que je m'adresserais...
COQUENET, effrayé.
Par exemple!..
LE VICOMTE, le rassurant.
Eh non!.. je sais bien que ce n'est pas votre faute, que vous êtes innocent de tout ceci... Mais enfin, je ne sais plus que dire, ni que faire... je n'oserai plus défendre cette jeune personne... Et d'un autre côté, cependant, et de peur de paraître ministériel, je ne peux pas trahir ma conscience et la vérité...
COQUENET.
Silence! voici le Ministre...

SCÈNE III.
BELLEAU, COQUENET, LE VICOMTE DE SAINT-ANDRÉ, RAYMOND.

LE VICOMTE, à part.
Tant mieux! je voudrais qu'il me cherchât querelle!.. ça me justifierait... et s'il sait ce qui s'est passé...
RAYMOND, avec bonté.
Ah! M. de Saint-André...
LE VICOMTE, d'un air de hauteur.
Oui, Monsieur, moi-même...
RAYMOND.
J'arrive! mais avant mon départ, je m'étais occupé de vous.
COQUENET, à demi-voix.
Vous voyez déjà!.. c'est une place!.. (A part.) Est-il heureux!..
(Il remonte le théâtre et redescend à droite, où il s'assied.)
RAYMOND.
Vous trouverez chez vous une lettre qui, je crois, ne vous déplaira pas!

ACTE IV, SCÈNE IV.

LE VICOMTE, balbutiant.

Mais, Monsieur... je ne sais... si je peux... si je dois...

RAYMOND, avec bonté.

Vous me remercierez après... voyez d'abord, et puis... nous en causerons avec vous et avec votre oncle... (Le congédiant de la main.) Allez!.. (Il remonte le théâtre, et s'adressant à Belleau qui est resté au fond.) Dites à M. Lucien de Villefranche que je suis de retour... et que je l'attends ici... dans ce salon.

BELLEAU.

Oui, excellence... (Montrant l'autre salon.) Il était là tout à l'heure à causer avec ces messieurs.

(Il entre dans le salon à droite. — Raymond redescend le théâtre, s'assied près de la table à gauche, et prend un journal qu'il lit ; pendant ce temps, le Vicomte a traversé le théâtre, et s'adresse à demi-voix, à Coquenet, qui est assis à droite *.)

LE VICOMTE.

Si c'est une place... je refuse !

COQUENET, haussant les épaules.

Allons donc !..

LE VICOMTE, de même.

Je refuserai... je vous le jure.

(Il sort.)

COQUENET, à part, toujours assis, à droite, pendant que Raymond, qui lui tourne le dos, est à gauche, et lit un journal.

Pour en avoir alors une meilleure... car il obtiendra maintenant tout ce qu'il voudra... ce que c'est que d'être joli garçon et de plaire aux maîtresses des grands seigneurs... Je suis enchanté d'avoir fait sa connaissance... ça sera toujours une protection contre mes ennemis... et contre les attaques de ce Rabourdin.

RAYMOND, jetant avec impatience sur la table le journal qu'il vient de lire et apercevant Coquenet.

Pardon, Monsieur, je ne vous avais pas vu depuis hier... depuis notre dernière rencontre... dont je me félicite... car tous les renseignemens que vous avez eu la bonté de me donner... sont exactement conformes aux informations que j'ai prises depuis...

COQUENET, avec joie.

N'est-il pas vrai ? (A demi-voix et secouant la tête.) C'était un mauvais choix !..

RAYMOND.

Très mauvais... comme vous me le disiez... un homme sans capacité... sans considération...

COQUENET, de même.

C'est bien cela... et de plus, un infâme calomniateur !..

RAYMOND.

Est-il possible !.. en auriez-vous la preuve ?..

COQUENET, en confidence.

Il m'a calomnié moi-même... et pas plus tard qu'hier... moi !.. moi, qui vous parle !..

RAYMOND.

Cela suffit, Monsieur, et si, comme je n'en doute pas, cela est aussi vrai que le reste... je vous jure qu'il ne sera pas nommé.

* Raymond, à gauche près de la table ; le Vicomte, debout, près de Coquenet, assis à droite.

COQUENET, vivement.

C'est tout ce que je veux... et maintenant, Monsieur le Ministre... car je sais aujourd'hui à qui j'ai l'honneur de parler... j'aurais aussi une demande à vous adresser...

RAYMOND.

Je suis à vos ordres, Monsieur... (Voyant Lucien qui entre.) mais dans un autre moment si vous le voulez bien... car voici un ami, avec qui j'ai à traiter une affaire importante.

COQUENET.

Je m'en doute bien... et je vais, en attendant, rédiger une petite note que je vous apporterai...

RAYMOND, le retenant au moment où il va sortir.

Comment, Monsieur?.. vous vous doutez?..

COQUENET, avec un air de finesse.

Oui, je sais à peu près ce dont il s'agit... et l'on vous dira avec quelle force je me suis élevé contre ces bruits absurdes et mensongers...

RAYMOND.

Que nous réduirons à leur juste valeur... je vous le promets... avec l'aide des honnêtes gens... Je compte sur la vôtre, Monsieur !

COQUENET.

Elle vous est acquise... Je vais rédiger ma petite note... (Il salue et sort.)

SCÈNE IV.

LUCIEN, qui est entré lentement et d'un air sombre, RAYMOND.

RAYMOND.

Eh bien ! tu voulais me parler ce matin avant mon départ... j'ai moi-même à causer avec toi... Eh ! mon Dieu ! quel air sombre et menaçant... qu'as-tu donc ?

LUCIEN.

Ce que j'ai... tu me le demandes?.. Ils disent tous, (Montrant la porte à droite.) et d'ici tu peux les entendre, que tu t'es joué de moi... que tu m'as trompé... abusé...

RAYMOND, riant avec ironie.

En vérité ?

LUCIEN.

Que tu as voulu me rendre la fable de tous... m'avilir... et qu'alors je dois t'en demander compte et me battre avec toi... Voilà ce qu'ils disent.

RAYMOND.

A merveille ! on a toujours le temps de se battre... on n'a pas toujours celui de parler raison... et, puisque nous sommes seuls, expliquons-nous. Qu'as-tu à me reprocher ? Je ne sais rien ! je n'ai vu encore que Cécile, qui, elle-même, ignore sur quelles preuves, sur quels témoignages on la condamne ; j'aurais pu demander... interroger... les nouvelles ne m'auraient pas manqué... mais tronquées, dénaturées, et surtout amplifiées et embellies... Je n'ai voulu entendre que toi, qui te dis l'offensé, et j'ai promis d'avance à Cécile, qui est dans les larmes, à Mme de Savenay, qui voulait partir, qu'aujourd'hui même, ce soir, à ce dîner où j'ai invité toute la ville de Dieppe, je prouverais clairement, hautement, que Cécile est innocente et pure ; que ceux qui l'attaquent sont infâmes, et ceux qui les croient absurdes !.. à commencer par toi... Accuse-la maintenant?.. je suis prêt à la défendre !

LUCIEN.

Ce n'est pas moi qui l'accuse... c'est cette rumeur soudaine et générale qui s'élève contre elle ! c'est la voix publique...

RAYMOND.

Qu'est-ce que c'est que la voix publique ? où commence-t-elle ? où finit-elle ?.. et, pour la composer, combien faut-il de clameurs et de sots réunis ?.. des bruits ne sont pas des preuves... il m'en faut d'autres... il me faut des faits...

LUCIEN, avec embarras.

Eh bien... on dit... on prétend...

RAYMOND.

Des faits...

LUCIEN, baissant la voix.

Eh bien... on lui donne des amans... on lui en donne plusieurs...

RAYMOND, froidement.

Quels sont-ils ?..

LUCIEN.

Toi, d'abord...

RAYMOND, avec un contentement ironique.

A la bonne heure... voilà une calomnie qui ne procède point par détour et par faux-fuyant... une calomnie franche et nette... comme je les aime... Examinons-la... Je ne te dirai pas que Cécile est la fille de mon bienfaiteur, de mon second père... de celui à qui je dois tout... qu'il me l'a confiée à son lit de mort... que je l'ai élevée comme mon enfant... et qu'on ne déshonore pas son enfant !.. Ce serait peut-être une raison pour toi... ce n'en est pas une pour la calomnie, qui s'accommode à merveille d'ingratitude et d'inceste... et qui tient d'avance pour vraisemblable tout ce qui est infâme ; mais je te donnerai des argumens plus positifs... je te parlerai de calculs... d'intérêts... des miens... et cette fois, peut-être, on pourra me croire. Si j'avais aimé Cécile... si j'en avais été aimé... pourquoi ne pas l'épouser ?.. Non-seulement elle est jeune... elle est belle... mais elle est riche... par mes soins et par mes efforts, par les trésors que j'ai disputés autrefois et arrachés pour elle à l'indemnité... Elle est riche !.. et je n'ai rien !.. tu le sais, toi !.. tu en as les preuves... (Avec orgueil.) Oui, quoi qu'ils aient pu dire, je suis honnête homme... et, grace au ciel, je n'ai rien... et, au lieu de m'assurer un avenir légitime et honorable, en épousant celle que j'aime et dont je suis aimé, j'aurais préféré sa honte à ma fortune... j'aurais fait, comme vous dites, ma maîtresse... au lieu d'en faire ma femme ? Pourquoi ?.. Pour déshonorer exprès la fille de mon bienfaiteur... pour être infâme à plaisir...

LUCIEN.

Non, non... cela n'est pas !

RAYMOND.

Voilà ce qu'ils proclament, cependant !.. et tu as pu les croire ?.. et j'ai voulu, disais-tu, t'avilir et te tromper en te faisant épouser une jeune fille que tu aimais, que tu m'avais supplié de t'accorder, que tu étais trop heureux d'obtenir, pour qui se présentaient chaque jour de nombreux partis... et je les ai éloignés... je t'ai choisi... parce que je te savais un honnête homme... et que je voulais le bonheur de ma pupille, de ma Cécile qui me chérit... comme un ami... comme un frère... entends-tu bien, car moi, l'on ne peut m'aimer autrement... Mais si vos calomnies eussent été véritables, si malgré mes rides précoces et mes cheveux blanchis avant l'âge, il eût été possible, comme vous le disiez, que je fusse aimé de cette jeune fille... mets-toi bien dans l'idée que je ne l'eusse cédée ni à toi, ni à aucun autre, car j'aurais trouvé en elle la compagne que j'avais rêvée, la consolation de mes chagrins, le bonheur de ma vie entière... et loin de renoncer à un pareil trésor... je te l'aurais disputé au prix de mon sang, au prix même de notre amitié !.. et cependant je te l'ai donné à toi... qui pour récompense me soupçonnes et m'accuses... à toi, qui, loin de me défendre, m'attaques et me défies ; à toi enfin, qui, loin de m'entendre, voulais d'abord te battre avec moi... (Geste de Lucien.) Rassure-toi... j'ai tout dit... et maintenant, si tu le veux, nous pouvons finir par-là !..

LUCIEN.

Non, non... tout est faux et absurde... pour toi... du moins... que je crois... que je révère... mais les autres !..

RAYMOND.

Eh bien ! pourquoi n'en serait-il pas de même des autres ?.. pourquoi n'y aurait-il pas mensonge sur eux comme sur moi ?..

LUCIEN.

C'est impossible... pourquoi une insistance... une animosité pareilles ?.. Qui peut en vouloir à cette jeune fille ?..

RAYMOND.

Voilà le grand mot !..

LUCIEN.

Qui donc a intérêt à la calomnier ?..

RAYMOND.

Personne... et cela n'empêche pas !.. la calomnie est la seule chose qu'ici-bas on fasse gratis et sans intérêt !.. Il y a dans le cœur humain un instinct malin et malfaisant qui porte notre croyance au mal plutôt qu'au bien... De là, dans le monde, cette espèce d'aide, d'appui, d'assistance tacite et mutuelle, que l'on prête de soi-même au développement et à la propagation d'un mensonge !.. Par ce moyen, la calomnie est partout... et le calomniateur nulle part ; nulle part on ne trouve un traître de mélodrame, assez maladroit pour affirmer hautement une imposture réelle et positive, dont un soufflet ou dont les tribunaux feraient justice... Jamais, dans la société, on ne dit la chose qui n'est pas... mais on l'a dit autrement qu'elle est... on la dit de manière à la dénaturer, à l'altérer dans son intention, à la changer dans ses détails... la malignité fait le reste... Et grace à l'ignorance, à la sottise et aux causeries de salon, la vérité la plus limpide et la plus claire, se trouve imperceptiblement passée à l'état complet de mensonge !..

LUCIEN.

Je conçois cela pour des étrangers... mais des parens !..

RAYMOND.
Ça n'y fait rien.

LUCIEN.
Ton beau-frère, par exemple, M. de Guibert!

RAYMOND.
Il appartient à la majorité de la société... c'est un sot!..

LUCIEN.
Mais ta sœur... Herminie?..

RAYMOND.
Autre majorité... celle des étourdies et des coquettes... Misère et vanité que tout cela!.. Les vrais coupables ne sont pas nos ennemis qui nous attaquent.... c'est leur état.... ils le font en conscience!.. ceux qui ne font pas le leur, ce sont nos amis qui ne nous défendent pas... qui cèdent, qui nous abandonnent... c'est Mme de Savenay, qui voulait partir et que j'ai retenue... c'est toi qui repousse Cécile et qui l'accable!..

LUCIEN.
Moi! j'ai gardé le silence?..

RAYMOND.
Ah! voilà nos amis!.. ils se taisent!.. c'est-là leur seul courage!.. ils se taisent au milieu des clameurs... et morbleu! c'est quand mugit la tempête qu'il faut élever la voix! Ils entendront la mienne... car le bruit ne m'effraie pas... et quand on attaque mes amis... entends-tu bien... je ne recule pas... je reste près d'eux! devant eux!.. et si tu veux suivre mon exemple...

LUCIEN.
Peux-tu en douter?..

RAYMOND.
Je m'en vais te dire ce que nous devons faire.

LUCIEN.
D'abord ne pas nous battre!..

RAYMOND.
C'est convenu!.. la réputation de Cécile n'y eût pas résisté... et un duel eût été pour elle le coup de la mort... ensuite... la meilleure manière de vaincre la calomnie, est de remonter à sa source... Eh bien! essayons!.. remontons tous les deux à l'origine de tous ces bruits?.. Par qui ces premières rumeurs te sont-elles parvenues?.. cherche... rappelle-toi...

LUCIEN.
Que sais-je?.. c'était hier, ici, dans ce salon! (En ce moment, Belleau, venant de la porte du fond, se dirige vers la porte à gauche, portant un plateau sur lequel est un thé complet. Il pose un instant le plateau sur la table à gauche, remet en ordre les cuillers et les tasses, et sort.)

LUCIEN, au moment où Belleau est entré.
Tiens... Belleau, le garçon de bains... qui le premier.

RAYMOND.
Cela ne m'étonne pas... ça devait partir d'aussi bas!.. Eh bien! cette opinion publique dont tu parlais... en voici un fragment... un honorable fragment...

LUCIEN, à demi-voix et entre ses dents.
Un misérable...

RAYMOND, de même.
Que tu méprises quand il est seul... et devant qui tu t'inclines quand ils sont plusieurs..... Après!.. quel autre encore?..

LUCIEN.
Eh mais... tout le monde!

RAYMOND, avec impatience.
Qui, enfin?..

SCÈNE V.
LUCIEN, RAYMOND, COQUENET.

LUCIEN, apercevant Coquenet qui sort de la porte à droite, tenant sa note à la main.
Eh! parbleu! M. Coquenet, ici présent!..

RAYMOND, étonné.
M. Coquenet!..

LUCIEN.
Qui m'a parlé de trois ou quatre intrigues...

RAYMOND, étonné.
Quoi!.. c'est-là M. Coquenet!..

COQUENET, avec embarras, et serrant la pétition dans sa poche.
Moi-même... que vous ne connaissiez pas...

RAYMOND.
Et que j'apprends à connaître... Flétrir une jeune fille... que rien ne vous donnait le droit d'accuser... ni même de soupçonner...

COQUENET, vivement.
On me l'avait dit, Monsieur... et je le croyais... je le croyais... et pourquoi?...

RAYMOND.
Parce que vous la connaissiez, sans doute?..

COQUENET.
Parce que je ne la connaissais pas... parce que je ne l'avais jamais vue... parce que j'ignorais l'intérêt que vous y portiez... et que de plus, le fait m'était attesté... par une personne honorable... un de vos parens...

RAYMOND.
Et qui donc?..

COQUENET.
Je cite mes autorités... M. de Guibert...

RAYMOND.
Mon beau-frère...

COQUENET.
Qui m'a avoué... ou plutôt donné à entendre... que lui-même...

RAYMOND.
Lui! qui a vue Cécile, hier, pour la première fois...

COQUENET.
Il est vrai qu'aujourd'hui... (Montrant Lucien.) et devant Monsieur... il est convenu que ce n'était pas lui... mais un de ses amis... un jeune homme... qui le nie... qui s'en défend...

RAYMOND, à Lucien.
Eh bien!.. tu le vois... le nombre diminue en avançant... et tout se réduit déjà à un seul... qu'n'en convient pas... c'est sur une supposition, ou même démentie, que l'on joue l'honneur... la réputation d'une femme..... Mais enfin cela vient de Guibert. Cela me regarde maintenant. (A Lucien.) Toi, vois ces dames... rassure-les!.. console-les... je vais faire dire à mon beau-frère... que je l'attends... ici.

COQUENET.
J'y vais moi-même... et je vous l'envoie... trop heureux de déjouer avec vous toutes les calomnies... et de contribuer ainsi au triomphe de la vérité!..
(Il sort par le fond et Lucien par la porte à droite.)

SCÈNE VI.
RAYMOND, seul.

Ah! M. de Guibert!.. je vous apprendrai!.. Et quant à ce jeune homme dont il a parlé... je saurai... je connaîtrai par lui!..

SCÈNE VII.
LE VICOMTE, RAYMOND.

RAYMOND, *apercevant le Vicomte qui s'est approché de lui et qui le salue.*
Ah !.. M. de Saint-André !.. vous avez reçu?

LE VICOMTE, *avec émotion.*
Oui, M. le Ministre... cette mission... dont vous voulez bien me charger !.. et je venais vous dire... qu'à mon grand regret, je ne pouvais accepter cette marque de faveur...

RAYMOND.
Et pourquoi donc, s'il vous plaît?

LE VICOMTE.
Parce que, dans la situation où je suis... elle m'empêcherait de dire la vérité... et surtout de souffletter ceux qui en douteraient.

RAYMOND.
Je vous avoue... que je ne comprends pas.

LE VICOMTE.
Je me suis trouvé malgré moi, et par ma faute cependant, mêlé à des bruits injurieux contre Mlle Cécile de Mornas... et quand j'ai pris sa défense et voulu la justifier... ils ont tous prétendu que j'avais pour but, non de proclamer la vérité, mais d'obtenir, par là, votre faveur... Et vous savez ce qui en est?..

RAYMOND.
Je sais qu'ils sont capables de tout... et je vous comprends maintenant... Mais ces bruits dont vous parliez...

LE VICOMTE.
Sont de toute fausseté, et j'ai beau le crier... à tout le monde... à de Guibert... lui-même, qui m'accuse...

RAYMOND, *vivement.*
Ah ! nous y voilà !.. C'est vous... que de Guibert prétend avoir été aimé de Cécile...

LE VICOMTE.
Je ne l'avais jamais vue.

RAYMOND, *se frottant les mains.*
Bravo !.. je m'en doutais... c'est toujours comme cela...

LE VICOMTE.
Et cependant, ce n'est pas lui qui est le plus coupable..

RAYMOND, *apercevant de Guibert, qui entre, et courant après lui.*
C'est ce que nous allons voir... venez ici, Monsieur, venez...

SCÈNE VIII.
LUCIEN, RAYMOND, DE GUIBERT.

DE GUIBERT, *étonné.*
Qu'y a-t-il donc ?.. Coquenet vient de me raconter que vous étiez furieux contre moi.

RAYMOND, *à de Guibert.*
Et ce n'est pas sans raison !.. Vous avez osé dire...

LE VICOMTE, *vivement à Raymond.*
Vous ne m'avez pas laissé achever... tout ce qu'il a avancé était faux... (*Montrant de Guibert.*) Oui, Monsieur... et cependant par mon imprudence, par mon étourderie, par ma faute, enfin, il avait le droit de parler ainsi... et je dois convenir que même en se trompant... même en calomniant, il était de bonne foi...

DE GUIBERT, *avec bonhomie.*
Certainement, je suis toujours de bonne foi... qui ose en douter?..

RAYMOND, *au Vicomte.*
Achevez, Monsieur... achevez?.. Comme tuteur de Cécile... j'ai droit à une explication...

LE VICOMTE, *avec trouble.*
Je le sais, Monsieur.

DE GUIBERT.
Et moi aussi, pour moi-même, qui, aux yeux de mon beau-frère, suis calomnié !..

RAYMOND, *lui faisant signe de se taire.*
Il suffit.

LE VICOMTE, *à Raymond.*
Certainement, je ne demanderais pas mieux... mais l'embarrassant est de vous la donner, cette explication, sans compromettre, peut-être, d'autres personnes.

RAYMOND.
Vous ne les nommerez pas ; je ne vous demande pas les noms... mais les faits.

LE VICOMTE.
C'est qu'ils sont, eux-mêmes, difficiles à raconter... ici... dans ce moment, sans y avoir réfléchi... sans y être préparé...

RAYMOND.
Bah !.. un jeune homme d'esprit, comme vous, doit avoir le talent de tout dire.

DE GUIBERT.
D'ailleurs, nous comprendrons à demi-mot...

LE VICOMTE, *à Raymond.*
J'aimerais mieux ne confier cet aveu qu'à vous seul...

RAYMOND.
Impossible !.. ce n'est pas devant moi... c'est devant mon beau-frère que la calomnie a eu lieu... c'est devant lui, surtout, qu'il importe de la rétracter.
(*Il fait passer le vicomte entre de Guibert et lui.**)

DE GUIBERT.
C'est de toute raison... et de toute équité...

LE VICOMTE, *avec hésitation.*
Je le sens bien... et malgré cela... (*Comme prenant du courage.*) Eh bien ! donc, Messieurs... il y a six mois, à Rouen, où je me trouvais... il y avait, à l'hôtel d'Angleterre... une femme.

DE GUIBERT.
Mariée ?..

LE VICOMTE, *froidement.*
Non... une veuve...

DE GUIBERT.
Peu importe... il y a des veuves fort aimables.

LE VICOMTE.
Et celle-là était charmante... jeune... spirituelle et distinguée...

DE GUIBERT.
Comme elles le sont toutes...

LE VICOMTE.
Enfin, elle était seule avec une femme de chambre... je l'avais connue à Paris, je l'avais saluée souvent dans sa loge, aux Italiens... je la retrouvais à Rouen !.. Deux Parisiens... en pays étranger... c'est-à-dire en province... Elle aimait les arts... nous faisions de la musique... nous chantions des romances...

RAYMOND.
Très bien... très bien...

LE VICOMTE.
Des mélodies de Schoubert.

DE GUIBERT.
Nous comprenons.

LE VICOMTE.
Et un jour... celui de son départ... à la suite

---
* Raymond, le Vicomte, de Guibert.

d'une discussion... une discussion musicale... des plus vives... nous ne devions plus nous revoir. (A Raymond.) Comme, en effet, je ne l'ai plus revue... je vous le jure.

DE GUIBERT.

Peu importe !

LE VICOMTE.

Je sortais de chez elle, lorsque, dans un corridor de l'hôtel, je me trouve vis-à-vis (Montrant de Guibert.) de Monsieur.

DE GUIBERT.

J'arrivais de Paris, par le bateau à vapeur... quatre heures du matin... la rencontre était romantique... Ah! mon gaillard, lui dis-je en riant, d'où venez-vous?..

LE VICOMTE.

Et dans ma surprise... dans mon trouble... ne voulant ni compromettre, ni nommer la personne véritable... je lui désignai, de la main, et à tout hasard, la porte d'un appartement qui était près de moi... en lui recommandant le silence...

DE GUIBERT.

Porte en citronnier, n° 12; je la vois encore...

LE VICOMTE.

Le soir, une jeune personne charmante traverse, avec sa vieille parente, le salon de l'hôtel, pour monter en voiture, et quitter la ville... Et quel fut mon étonnement en entendant M. de Guibert, qui ne la connaissait pas alors plus que moi... et d'autres jeunes gens de l'hôtel, à qui il avait raconté cette histoire... me féliciter, en riant, sur ma bonne fortune! Ici, Monsieur, commence une faute inexcusable et que je ne me pardonnerai jamais... Certes, je me défendis de l'honneur qu'on m'attribuait.

DE GUIBERT.

C'est vrai, j'en suis témoin.

LE VICOMTE.

Mais pas aussi bien, peut-être... que je le devais... Que voulez-vous? ces dames étaient inconnues dans l'hôtel... je ne les avais jamais vues... je ne devais plus les revoir... et l'amour-propre... la vanité de jeune homme... d'autres raisons... plus puissantes encore peut-être... la crainte de compromettre une personne à qui je devais le secret... vous comprenez...

RAYMOND.

Je comprends, Monsieur, qu'alors, vous ayez cru pouvoir agir ainsi, mais, maintenant, les choses sont arrivées au point que la justification de Cécile ne peut plus être complète, que par le nom de cette personne...

LE VICOMTE, vivement.

Jamais, Monsieur... jamais!.. Sa position, le rang qu'elle occupe dans le monde... Plutôt mourir que la perdre de réputation.

RAYMOND, sévèrement.

Cette femme est-elle donc tellement respectable, dans sa faute, qu'il faille lui sacrifier l'honneur d'une jeune fille, pure et innocente...

LE VICOMTE.

Non, sans doute... Mais si ce n'est pas pour elle... c'est pour les siens... c'est pour sa famille... de nobles et d'honnêtes parens... que j'estime... que je respecte...

RAYMOND.

Qu'importe, Monsieur... les fautes sont personnelles... la vérité avant tout... votre devoir est de la faire connaître...

DE GUIBERT.

Oui, jeune homme... vous parlerez... vous direz tout...

LE VICOMTE, à Raymond.

J'ai dit tout ce que je pouvais dire... ne m'en demandez pas davantage?.. Du restez... parlez... ordonnez?.. prescrivez-moi ce qu'il faut faire?.. j'obéirai..... mais, je vous en prie... je vous en supplie...

SCÈNE IX.

COQUENET, sortant de la première porte à gauche; HERMINIE, sortant de la seconde porte à gauche; RAYMOND, LE VICOMTE DE SAINT-ANDRÉ, DE GUIBERT.

HERMINIE, qui est entré sur les trois dernières lignes et les a entendues.

Ah! M. le Vicomte qui sollicite aussi...

RAYMOND, vivement.

Oui, ma sœur.

COQUENET, à Herminie, lui montrant la première porte, à gauche, d'où il sort.

On vient d'apporter les ouvrages en ivoire, que vous avez choisis... (Sur ce mot, Guibert remonte le théâtre et redescend près de sa femme. *) Le marchand est là qui vous attend...

HERMINIE, à Coquenet.

Je suis à lui!.. (Se retournant vers son frère et lui montrant M. de Saint-André.) J'espère qu'il sera plus heureux que moi, et que vous lui accorderez ce qu'il vous demande.

LE VICOMTE, à Raymond, avec prière.

Je l'espère aussi.

HERMINIE, à Raymond, avec gaîté.

Il le faut d'abord!.. un charmant cavalier... l'amabilité et la complaisance mêmes. (Revenant à gauche du théâtre, près de Coquenet, pendant que les trois hommes, à droite, continuent à causer ensemble à voix basse.) L'année dernière, tandis que Monsieur mon mari me laissait seule, à Rouen... il m'a tenu fidèle compagnie... Nous faisions de la musique... nous chantions des mélodies de Schoubert.

LES TROIS HOMMES, se retournant vivement et frappés de surprise.

O ciel!..

RAYMOND, retenant, par la main, de Guibert, qui veut courir à sa femme.

Silence... Il le faut!..

HERMINIE, étonnée et riant.

Qu'ont-ils donc tous les trois?..

(En ce moment, des portes du fond et de côté, entrent toutes les personnes des bains.)

DE GUIBERT, toujours retenu par Raymond.

Ce que j'ai... ce que j'ai... voilà du monde... (A part.) Et ne pouvoir pas même être furieux à mon aise!..

RAYMOND, bas à Saint-André.

Je vous rejoins à l'instant, Monsieur! je vous rejoins!..

(Le vicomte de Saint-André sort par une des portes de droite, au moment où, d'une des portes de gauche, sort le marchand, dont Coquenet a parlé, tenant un coffret à la main. A sa vue, Herminie remonte le théâtre et, entourée de plusieurs dames, examine, pendant la scène suivante et sur une des tables du fond, les ouvrages en ivoire, que l'on vient d'apporter.)

* Coquenet, Herminie, de Guibert, Raymond, le Vicomte.

SCÈNE X.

COQUENET, sur le devant du théâtre; DE GUIBERT, Mme DE SAVENAY, LUCIEN, RAYMOND.

Mme DE SAVENAY, à Raymond.

Enfin, Monsieur, comme je l'ai toujours dit, et comme j'en étais sûre, nous avons donc la preuve évidente de toutes ces calomnies..... M. Lucien me l'a attesté...

RAYMOND, troublé.

Oui, Madame, oui... à ne pouvoir en douter.

LUCIEN, d'un air de triomphe et s'adressant aussi à Raymond.

Ah! tu avais raison! tu disais bien qu'aux yeux de tous, tu lui rendrais justice...

RAYMOND, avec embarras.

Certainement... oui, je l'ai dit, et je le répète... Mais dans ce moment et devant tout ce monde... je ne le peux.

LUCIEN.

Au contraire, c'est devant eux... devant les autres encore... (Il veut faire un pas vers le fond; Raymond le retient par la main.) Qu'as-tu donc?.. toi que j'ai vu si hardi... si confiant... (Le regardant.) te voilà pâle et troublé... Hésiterais-tu? aurais-tu des doutes...

RAYMOND.

Des doutes... quand d'un mot... je peux lui rendre l'honneur... Oui, quoi qu'il arrive... (A part.) et fût-ce même aux dépens du mien... je le dois... (Il fait un pas en avant, de Guibert en fait un au-devant de lui, Raymond s'arrête.) Non, non... mon pauvre père!... il en mourrait... (A Lucien.) Plus tard... à toi seul... et d'ici là, si mon témoignage ne te suffit pas... (Montrant de Guibert.) voici la première cause de cette calomnie!

LUCIEN.

Lui!..

RAYMOND.

Il sait mieux que personne combien elle est injuste...

(Il sort et entre dans l'appartement à droite, où vient d'entrer le Vicomte.)

SCÈNE XI.

COQUENET, HERMINIE, Mme DE SAVENAY, DE GUIBERT, LUCIEN.

(Au moment où Raymond vient de sortir, Herminie, qui était restée au fond de l'appartement, avec les dames qui l'entouraient, renvoie le marchand et redescend le théâtre.)

LUCIEN, à de Guibert.

Eh bien! Monsieur, puisque vous êtes au fait de tout...

HERMINIE, gaîment.

En vérité...

LUCIEN.

Parlez! nous vous écoutons?..

Mme DE SAVENAY.

Oui, Monsieur... j'ai le droit de vous demander ces preuves de l'innocence de Cécile... donnez-nous-les.

LUCIEN.

Pour que je les proclame... que je les rende publiques...

DE GUIBERT.

Il ne manquerait plus que cela!.. Je vous déclare, Monsieur, que je n'ai rien à dire... ni à vous, ni à personne...

HERMINIE.

C'est qu'alors, il ne sait rien...

COQUENET.

C'est malheureusement probable...

DE GUIBERT, furieux, à femme.

Je ne sais rien, dites-vous?.. je ne sais rien... je sais tout!..

HERMINIE.

Eh bien! alors, parlez... qui vous en empêche?..

DE GUIBERT.

Ce qui m'en empêche. Vous me le demandez?..

LUCIEN.

Eh oui, Monsieur, on vous le demande!.. C'était déjà trop d'avoir accusé, ce matin, devant moi, une personne que je dois défendre... Mais la savoir innocente de vos calomnies, pouvoir la justifier et ne pas le faire, c'est un procédé que je ne veux pas qualifier... un procédé dont j'ai le droit de vous demander compte... et je vous déclare, ici, Monsieur... que vous parlerez...

Mme DE SAVENAY, COQUENET, HERMINIE.

Oui, sans doute, parlez, parlez!..

LE GUIBERT, regardant sa femme, voulant et n'osant parler.

J'en suffoque... oser... là, devant moi... ce sang-froid!.. Non... je ne parlerai pas!..

LUCIEN, avec force et lui prenant la main.

Vous parlerez... ou nous nous battrons!..

DE GUIBERT, hors de lui.

Eh bien! soit... Monsieur!.. aussi bien, il faut que ma colère tombe sur quelqu'un... Nous nous battrons... je l'aime autant... nous nous battrons!

CÉCILE, sortant de l'appartement, à droite, et entendant ces derniers mots.

Se battre! O ciel!..

(Elle chancelle, prête à se trouver mal; Coquenet et Mme de Savenay courent à elle, la soutiennent et l'emmènent dans son appartement.)

LUCIEN, à de Guibert.

Je suis à vos ordres.

DE GUIBERT.

Je suis aux vôtres.

(Ils s'élancent vers la porte du fond, Herminie et toutes les personnes des bains se précipitent sur leurs pas, et sortent en désordre.)

FIN DU QUATRIÈME ACTE.

ACTE V.

Même décor.

SCÈNE I.

Mme DE SAVENAY, paraissant à la porte du fond; CÉCILE, sortant de l'appartement à droite.

CÉCILE, avec inquiétude.

Eh bien! Madame... quelles nouvelles?

Mme DE SAVENAY.

Mauvaises!... ce combat a eu lieu!..

CÉCILE.

C'est fait de moi!..

Mme DE SAVENAY.

J'ignore les détails... mais il paraît que M. de

ACTE V, SCÈNE II.

Saint-André est intervenu dans l'affaire, et que quelqu'un a été blessé... très légèrement, il est vrai !.. N'importe... l'éclat est toujours le même... et après un tel événement, malgré tous mes efforts pour vous défendre... et même pour vous croire...
CÉCILE.
Quoi ! Madame...
Mme DE SAVENAY.
Tenez, Cécile, ne faisons pas de phrases et parlons franchement. Il y a encore un moyen de vous sauver, et notre parenté... quoique éloignée... l'intérêt que je vous porte, les calomnies même dont j'ai été l'objet et qu'il est urgent de dissiper... tout me faisait un devoir de tenter un dernier effort en votre faveur.
CÉCILE, avec impatience.
Permettez-moi, seulement...
Mme DE SAVENAY.
Écoutez-moi, d'abord, vous me répondrez après... ou plutôt il n'y a rien à répondre. M. le Marquis de Sommerville, le pair de France, l'oncle du Vicomte de Saint-André, arrivait aujourd'hui à Dieppe pour sa santé... et vous jugez de son indignation en apprenant la conduite de son neveu... car le Marquis est religieux et moral !.. Je l'ai beaucoup connu autrefois !.. beaucoup... et entre gens de qualité, on s'entend aisément, on parle la même langue. Il a compris comme moi qu'un mariage était indispensable... il se charge d'y décider son neveu... son seul héritier...
CÉCILE, de même.
Mais, Madame...
Mme DE SAVENAY.
Il cherchait pour lui un riche parti... car le Vicomte est sans fortune... la vôtre est fort belle... la famille consent... moi aussi...
CÉCILE, ne se contenant plus.
Et moi, Madame... je refuse !
Mme DE SAVENAY.
Après ce qui s'est passé !..
CÉCILE.
Mais il ne s'est rien passé... et puisque vous daignez, dites-vous, me porter quelque intérêt... quelque amitié... je vous en demande une preuve... la plus grande de toutes... emmenez-moi, partons d'ici ?
Mme DE SAVENAY.
Eh ! que ne dira-t-on pas ?
CÉCILE.
Tout ce qu'on voudra... pourvu que je parte... que je m'éloigne...
Mme DE SAVENAY.
Il y a dans cette résolution subite quelque nouveau mystère.
CÉCILE.
Aucun, Madame.
Mme DE SAVENAY.
Si, Mademoiselle... et comme je ne veux pas, encore à mon insu, jouer un rôle indigne de moi... j'entends que vous n'ayez plus ni secrets ni restrictions. Il me semble d'ailleurs, qu'après tout ce que j'ai fait pour vous... j'ai quelques droits à votre confiance... parlez, et je consens à vos demandes... je vous emmène à l'instant même.
CÉCILE, avec impatience et douleur.
Mais que voulez-vous que je vous dise ?.. je n'ai rien à vous avouer.

Mme DE SAVENAY.
Quoi ! M. de Saint-André ?..
CÉCILE.
Je ne le connaissais pas ; je l'ai vu hier pour la première fois ; je n'y ai jamais pensé...
Mme DE SAVENAY.
Ainsi, vous ne l'avez jamais aimé... vous n'aimez personne.,, vous me le jurez devant Dieu !..
CÉCILE, avec embarras.
Ah ! Madame...
Mme DE SAVENAY, vivement.
C'est donc vrai !..
CÉCILE, vivement.
Ah ! le ciel m'est témoin que c'est dans ce moment seulement que je vois clair en mon cœur...
Mme DE SAVENAY.
A la bonne heure, au moins... voilà parler... pourquoi ne l'avoir pas fait plus tôt ?
CÉCILE.
Mais c'est que plus tôt, je ne pouvais me rendre compte des sentiments que j'éprouvais !.. il me semblait que c'était de l'amitié, de la reconnaissance... pas autre chose... et cependant, me défiant de moi-même... je cherchais à combattre... à éloigner ces idées... j'y avais réussi, je consentais à me marier... je m'efforçais d'aimer celui qu'on m'avait destinait... Mais quand j'ai vu que celui-là aussi, que tout le monde, que vous-même... vous m'abandonniez !.. qu'une seule personne osait me défendre, me protéger et exposer son honneur pour sauver le mien !.. alors, que vous dirai-je ?.. pénétrée d'estime, d'admiration, de tendresse... j'ai compris ce que j'éprouvais pour lui !.. et loin d'en rougir, il me semblait que cela lui était dû... que j'en étais fière !.. Voilà mon crime... si c'en est un... et c'est à vous seule, que je l'aurai confié, Madame... (A demi-voix et avec expression.) Je l'aime !
Mme DE SAVENAY.
Lui ! Raymond !
CÉCILE.
Le plus noble... le plus généreux des hommes !
Mme DE SAVENAY.
Ce qui ne l'a pas empêché de séduire une jeune personne confiée à sa garde et à la mienne.
CÉCILE.
Non, Madame... il ignore ce que je viens de vous confier...
Mme DE SAVENAY.
Allons donc !
CÉCILE.
Il ne s'en doute même pas... il ne le saura jamais... et la preuve, c'est que je vous supplie de m'emmener avec vous... de partir à l'instant même...

SCÈNE II.
Mme DE SAVENAY, COQUENET, qui est entré sur ces derniers mots ; CÉCILE.

COQUENET.
Pardon... mais je crains qu'en ce moment, ce ne soit pas très prudent...
CÉCILE.
Et pourquoi donc ?..
COQUENET.
A cause du bruit que fait dans la ville ce malheureux duel... combat d'autant plus fâcheux, que ce matin déjà le Ministre devait se battre

avec M. Lucien... Tout le monde s'y attendait... et il paraît qu'il n'a pas voulu...
CÉCILE.
Ce n'est pas vrai!
COQUENET.
Certainement... mais c'est le bruit général!.. Comme ils disent aussi que M. de Saint-André, qui vient d'intervenir dans l'affaire... s'est battu à la place du Ministre... C'est absurde!.. Mais, vrai ou non, c'est affreux, blessé comme il est...
Mme DE SAVENAY.
Ah! c'est le Vicomte qui est blessé?..
CÉCILE.
Légèrement... à ce qu'on dit...
COQUENET.
Très dangereusement... je craignais de vous l'apprendre...
CÉCILE, retenant un mouvement d'indignation.
Achevez...
Mme DE SAVENAY.
Vous y étiez?
COQUENET.
Non, Madame... je venais de quitter Mademoiselle... à qui j'avais, ainsi que vous, prodigué mes soins... et quand je suis arrivé... c'était fini... Mais je le tiens d'un témoin digne de foi... qui a tout vu, et chacun plaint ce pauvre jeune homme... chacun est furieux contre le Ministre... (Geste de Cécile.) Ça n'a pas le sens commun... mais enfin c'est une clameur... un haro général... dont il ne se relèvera pas.... Il sera peut-être obligé de donner sa démission... (A part.) S'il pouvait au moins me nommer avant...
Mme DE SAVENAY.
Et les têtes sont ainsi montées contre lui...
COQUENET.
Au point que, s'il sortait... le peuple lui jeterait des pierres...
CÉCILE.
Ah! mon Dieu!
COQUENET.
C'est pour cela, Mesdames (c'est bien injuste... et je ne sais comment vous le dire)... mais à cause de lui... on vous en veut...
Mme DE SAVENAY
Qu'est-ce à dire?
COQUENET.
Il y a des groupes sur la place... et si l'on apercevait la berline... à vos armes...
Mme DE SAVENAY.
Les armes de Savenay!..
COQUENET.
C'est pour cela!.. votre voiture est connue... la mienne ne l'est pas... un cabriolet de ville... que vous pouvez prendre chez moi... et qui vous conduira à la première poste...
CÉCILE.
Ah! comment vous remercier...
COQUENET.
Trop heureux de vous être agréable... quoique ce matin Madame votre parente m'ait bien mal accueilli... mais vous, je l'espère...
CÉCILE.
Ah! croyez que ma reconnaissance... (A Mme de Savenay.) Voilà le seul ici qui m'ait montré quelque intérêt...
COQUENET.
Suivez-moi, Mesdames, par une des portes latérales...
CÉCILE.
Oui, partons... partons!..

SCÈNE III.

COQUENET, Mme DE SAVENAY, CÉCILE, RAYMOND.

RAYMOND.
Partir!.. et pourquoi donc?..
CÉCILE.
Mais tout ce qui arrive... tous ces bruits effrayans!..
RAYMOND, souriant.
Tout va à merveille... je suis accouru avec M. de Saint-André juste au moment où le combat commençait... Impossible de faire entendre raison aux deux adversaires... et c'est en me jetant entre eux que j'ai reçu cette égratignure, (Montrant sa main enveloppée d'un morceau de taffetas noir.) seule goutte de sang qui ait coulé dans cette mémorable affaire...
Mme DE SAVENAY.
On prétendait que M. de Saint-André était blessé...
CÉCILE.
Et très dangereusement...
COQUENET.
C'est Belleau, le garçon de bains, qui m'a dit le tenir d'un témoin occulaire...
RAYMOND.
« Et voilà justement comme on écrit l'histoire! » Croyez donc, après cela, aux récits des grandes batailles... Du reste, après la guerre... la paix!.. elle vient d'être signée... M. de Saint-André et moi, avons donné à Lucien des raisons si claires, si évidentes, si positives... que celui-ci a tendu la main à son adversaire...
COQUENET.
En vérité...
(Il va s'asseoir près de la table à gauche, et y reste à lire les journaux jusqu'à la fin de la scène.)
RAYMOND, à Cécile.
Maintenant... comme je te l'avais promis... plus de soupçons... ils sont tous dissipés... Lucien va venir réclamer de toi cette main qui lui appartient... pour laquelle il a combattu... et tout à l'heure, à table, devant notre brillante société de Dieppe et de Paris, nous annoncerons officiellement votre mariage...
CÉCILE, avec embarras.
Non... non... Monsieur, je vous prie!
RAYMOND.
Qu'est-ce à dire?
CÉCILE.
Je suis heureuse... que M. Lucien me rende justice... quelle que tardive qu'elle soit... Mais celui qui a pu soupçonner... m'accuser...
RAYMOND.
Allons, allons... nous sommes tous sujets à l'erreur... et par son caractère... lui, plus qu'un autre peut-être!.. Mais n'oublies pas que même, te croyant coupable, il t'aimait toujours, te défendait et se battait pour toi!.. moyen qui devait te compromettre plus encore, mais qui, enfin, est une preuve, sinon de sa raison, au moins de sa tendresse.
CÉCILE.
Oui, Monsieur... mais hier encore, vous m'avez laissée libre de mon choix...
RAYMOND.
Hier, sans doute, sur un mot de toi, j'aurais tout rompu. Mais aujourd'hui, mon enfant, ce n'est plus possible... l'éclat de ce duel, les bruits qui l'ont précédé... ont rendu ce mariage

ACTE V, SCÈNE VI.

nécessaire... indispensable... et pour toi, Cécile, pour ton honneur... je te le demande... je t'en supplie, au nom de la raison... au nom de l'amitié...

CÉCILE, *hésitant.*
Ah! Monsieur...

RAYMOND.
Ton père m'a remis ses droits... tu le sais... et s'il était là... il te dirait lui-même : « Il le faut, ma fille, je l'exige ! »

CÉCILE, *à demi-voix, à* Mme *de Savenay.*
Vous l'entendez, Madame !.. vous avais-je dit la vérité ?..

Mme DE SAVENAY, *à Raymond.*
Mais cependant, Monsieur, s'il était des obstacles...

CÉCILE, *vivement et à voix basse, à* Mme *de Savenay.*
Silence... au nom du ciel... (Haut.) Dès que vous le voulez, Monsieur... et quoi qu'il m'en coûte... j'obéirai... je ne partirai pas. (A Coquenet.) Merci, Monsieur, de vos soins, de vos bons offices... que je n'oublierai jamais. (A Mme de Savenay.) Venez, Madame.
(Elle sort, avec Mme de Savenay, par la porte à droite.)

SCÈNE IV.
COQUENET, RAYMOND.

RAYMOND, *étonné.*
Elle vous remercie, Monsieur...

COQUENET.
De ce que j'ai pu faire pour elle et pour réparer des torts involontaires... Cela, je l'espère, balancera à vos yeux tout le mal que mes ennemis vous ont dit de moi !

RAYMOND.
Des ennemis !.. M. Coquenet, vous n'en avez pas d'autres que vous-même ! (Lui remettant un papier.) Voici la pétition que j'avais reçue hier en arrivant...

COQUENET, *y jetant les yeux.*
Une des miennes !.. est-il possible !

RAYMOND.
Sur laquelle vous m'avez donné votre avis !

COQUENET, *vivement.*
Vous êtes trop juste pour y ajouter foi !.. Il y a eu erreur ! il y a eu calomnie !..

RAYMOND, *souriant.*
Non, Monsieur, ce n'était malheureusement que de la médisance !.. car tous les faits allégués contre vous, et par vous, sont de la plus grande exactitude !

COQUENET, *vivement.*
C'est par hasard !.. c'est sans savoir ce que je faisais !..

RAYMOND.
Mais vous le saviez quand vous avez répandu dans toute la ville les bruits les plus injurieux contre votre rival et votre concurrent !.. quand vous accusiez M. Rabourdin de dénonciations et d'intrigues auprès de moi !.. et je ne l'avais pas même vu !.. Ah! me suis-je dit, il y a contre celui-ci injure et calomnie, ce doit-être un honnête homme... et c'était vrai !.. Je sors de chez lui... il a la place !..

COQUENET.
Est-il possible ?..

RAYMOND.
C'est à vous qu'il le doit, Monsieur,

COQUENET. *hors de lui.*
Mais, moi... je vous jure...

RAYMOND.
Il suffit !.. laissez-moi.
(Il passe à gauche, près de la table, et s'assied.)*

COQUENET, *à part.*
C'est une machination infernale... (Frappant sur sa pétition qu'il tient à la main.) Il y a là-dessous une intrigue que l'on saura... On saura tout... Je vous salue, Monsieur...et vous laisse...
(A part.) Mais ça ne se passera pas ainsi; je vais tout raconter par la ville, et on connaîtra dès demain la vérité par le journal du département. (Il sort.)

SCÈNE V.
RAYMOND, *toujours assis près de la table.*

Enfin, et non sans peine, tout est arrangé ! Lucien va venir... il sait la vérité, et maintenant ce secret est le sien... c'est le nôtre !.. Ma sœur ne sera pas compromise, et son déshonneur n'abrégera pas les jours de mon père. De Guibert m'a promis le silence... avec sa femme... à qui moi, je me réserve de parler... Et, Cécile une fois mariée, tous ces bruits tomberont d'eux-mêmes. (Apercevant Cécile qui entre.) Eh mais! que me veux-tu?

SCÈNE VI.
RAYMOND, CÉCILE.

CÉCILE, *avec émotion.*
Vous m'avez dit, Monsieur, que mon devoir était d'épouser M. Lucien, que mon honneur, que ma réputation dans le monde dépendaient de ce mariage !

RAYMOND.
Et je le pense encore.

CÉCILE, *lui remettant une lettre qu'elle tient à la main.*
Tenez !

RAYMOND, *regardant l'écriture.*
C'est de Lucien ?

CÉCILE, *avec émotion.*
Oui, Monsieur, il sait comme vous et par vous que je n'ai rien à me reprocher, il en a la preuve... mais, cette preuve, il ne peut la donner à ce monde qui m'accuse et me croit coupable.

RAYMOND, *qui a parcouru la lettre.*
Ah ! l'indigne !.. il t'estime !.. il t'honore !.. il t'aime !.. et n'ose, en t'épousant, braver d'injustes calomnies... que je voudrais... et que maintenant je ne puis réduire au silence. (Froissant la lettre avec colère.) Ah ! tout est fini entre nous, et je cours !..

CÉCILE, *se jetant au-devant de lui.*
Où donc?

RAYMOND.
Lui demander compte de ton honneur qui me fut confié ! de ton honneur qui m'est aussi cher que le mien !..

CÉCILE, *avec force.*
Et que vous allez perdre à jamais !.. (Raymond pousse un cri et s'arrête.) Vous voyez que j'avais raison de vouloir partir... Et, quant à ces calomnies qui m'accablent, je ferai comme vous, mon ami, je les mépriserai.

RAYMOND.
Moi, mon enfant, c'est bien différent... Un

* Raymond, Coquenet.

homme doit avoir ce courage, il peut braver l'opinion; mais une femme... mais toi... pauvre jeune fille... c'est impossible! tu seras accablée par elle.

CÉCILE.

Eh bien donc! je me résignerai à mon sort... je vivrai pure, innocente... et déshonorée!.. déshonorée à leurs yeux... mais non pas aux vôtres, n'est-il pas vrai?..

RAYMOND.

Non... car tu es pour moi l'honneur même... Et ne pouvoir la défendre! (Avec rage.) Et, pour la première fois de ma vie, reculer devant la calomnie... lui céder la victoire... lui abandonner sa victime... la lui laisser flétrir comme coupable... quand j'ai la conscience, la conviction de son innocence... Ah! mon cœur se révolte à cette idée, et quand je devrais défier le monde entier... (S'arrêtant.) Mais elle a dit vrai... Je me battrais contre cet infâme... contre eux tous... mon sang et ma vie ne la justifieraient pas... au contraire!.. (Avec inspiration.) Mais mon nom!.. mon nom, peut-être!.. (Allant à elle.) Cécile!.. veux-tu m'épouser?..

CÉCILE, poussant un cri et tombant à ses pieds.

Ah!..

RAYMOND.

Tu ne peux pas m'aimer!.. je le sais, c'est impossible!.. mais moi, je t'aimerai tant... je t'honorerai, je t'aimerai comme l'image de la vertu... et, peut-être, un jour... l'amitié... la reconnaissance... (Cherchant à la relever.) Réponds... le veux-tu?.. le veux-tu?..

CÉCILE, se jetant dans ses bras en pleurant.

Ah! Monsieur!..

SCÈNE VII.

LES MÊMES, Mme DE SAVENAY.

Mme DE SAVENAY, voyant Raymond qui presse Cécile contre son cœur et qui l'embrasse, pousse un cri et détourne les yeux.

Quelle indignité! (Allant à Cécile.) Cette fois, Mademoiselle, je ne serai plus votre dupe... Voilà donc cet amour pur et platonique que vous avez eu tant de peine à m'avouer...

RAYMOND.

Que dit-elle?..

Mme DE SAVENAY.

Cette tendresse que vous lui portiez depuis si long-temps en secret, et dont il ne se doutait même pas...

CÉCILE, étendant la main vers elle.

Ah! taisez-vous.

RAYMOND, avec joie.

Non, non... parlez!.. Il serait possible... elle vous aurait dit...

Mme DE SAVENAY, avec dignité.

Ce que vous savez mieux que moi, Monsieur... Je vois maintenant ce que je dois penser, ce que je dois croire... Tout n'était que trop vrai, et je n'entends plus servir de manteau à une liaison coupable, qui dure depuis trop long-temps à mon insu...

RAYMOND, la retenant par la main.

Non, Madame, vous resterez, et, ainsi qu'eux tous, vous saurez la vérité!

SCÈNE VIII.

BELLEAU, qui se tient à gauche, à l'écart; plusieurs BAIGNEURS, COQUENET, HERMINIE, RAYMOND, CÉCILE, Mme DE SAVENAY; au fond, plusieurs HOMMES et FEMMES des bains.

RAYMOND.

Messieurs, des bruits injurieux ont circulé ici, depuis hier... vous les connaissez comme moi... (Regardant Coquenet.) et mieux peut-être!.. je déclare, devant vous, qu'ils sont faux et calomnieux... Cette conviction... je ne puis, je le sais, la faire passer dans vos esprits... je ne puis vous forcer à croire mes paroles... mais, peut-être, croirez-vous mes actions... Je vous ai invités, Messieurs... (Prenant Cécile par la main.) pour vous présenter ma femme!..

COQUENET et BELLEAU.

Sa femme!..

Mme DE SAVENAY, avec satisfaction, HERMINIE, avec dépit.

Il l'épouse!..

COQUENET, aux personnes des bains qui l'entourent.

Ça ne m'étonne pas! ils disent tous qu'elle est si riche.

CÉCILE, à Mme de Savenay, avec joie et à voix basse.

Eh bien! Madame...

Mme DE SAVENAY, avec fierté.

Il le devait...

CÉCILE.

Quoi, vous croyez encore...

Mme DE SAVENAY.

N'en parlons plus. (Élevant la voix.) Je consens...

BELLEAU, à Coquenet.

Je crois bien... cela fera doubler la pension de 25,000 francs, qu'elle a déjà...

HERMINIE, à Raymond, à demi-voix et au bord du théâtre.

Je ne puis vous empêcher, Monsieur, de nous donner Mademoiselle pour belle-sœur... mais je déclare que je ne la verrai pas... et ne la recevrai pas!

RAYMOND, solennellement.

Vous la recevrez et la respecterez... (Il lui parle bas à l'oreille, en la faisant passer près de Cécile.) ou sinon!..

HERMINIE, effrayé.

Ah Monsieur!.. (S'inclinant du côté de Cécile, comme pour lui demander pardon.) Ah! Cécile!..

(Cécile la relève et l'embrasse.)

COQUENET, regardant les deux femmes qui s'embrassent.

Sa pauvre sœur!.. la forcer ainsi de... C'est un despote!

BELLEAU.

C'est un tyran!..

COQUENET.

C'est un homme infâme!..

FIN.

Imprimerie de Mme De Lacombe, rue d'Enghien, 12.

LA GRAND'MÈRE,

ou

LES TROIS AMOURS,

COMÉDIE EN TROIS ACTES, DE M. E. SCRIBE,
(DE L'ACADÉMIE FRANÇAISE),

Représentée pour la première fois, à Paris, sur le théâtre du Gymnase-Dramatique, le 14 mars 1840.

DISTRIBUTION :

MADAME DE CHAVANNES...	Mme VOLNYS.
ADINE, sa petite-fille..	Mlle J. FALCON.
M. DE BRESSON, ancien militaire......................................	M. FERVILLE.
AMÉDÉE, lieutenant de vaisseau.......................................	M. RHOZEVIL.
DIDIER, jeune agent de change.......................................	M. NUMA.
UN DOMESTIQUE.	

La scène se passe à Paris, dans l'hôtel de Madame de Chavannes.

ACTE I.

Un salon. Porte au fond. Deux portes latérales.

SCÈNE I.

DIDIER ; puis BRESSON.

DIDIER, tenant sous le bras une liasse de papiers et arrangeant sa cravate devant une glace.

Est-il étonnant !.. vouloir que je le présente à Mme de Chavannes, ma cliente... Je vais lui remettre sa lettre... elle fera ce qu'elle voudra... Voilà une cravate détestable...

(Il continue à arranger sa cravate.)

BRESSON, entrant par la porte du fond et parlant à la cantonnade.

Ces dames ne sont pas encore visibles... eh bien ! j'attendrai... Ne vous inquiétez pas de moi, et surtout ne les dérangez pas... (Apercevant Didier.) Quelqu'un de la maison...

DIDIER, se retournant.

Un étranger !..

BRESSON.

J'aurais désiré parler à Mme de Chavannes...

DIDIER.

Je l'attends.

BRESSON, s'asseyant.

Moi de même... Monsieur est son parent, peut-être ?

DIDIER.

Je suis son agent de change.

BRESSON.

Ah ! agent de change...

DIDIER.

Voilà quinze jours que j'ai traité. Didier, successeur de M. Galuchard.

BRESSON.

Galuchard... mon ancien et vieil agent de change.

DIDIER.

Monsieur est mon client ? j'en suis enchanté... Une charge superbe que j'ai achetée huit cent mille francs... tout compris...

BRESSON.

Moi aussi... à ce qu'il paraît !..

DIDIER.

Cela va sans dire...

BRESSON.

Et ma confiance... s'il vous plaît ?

DIDIER.

Elle est de droit !.. elle est inhérente à ma charge ; et puis il ne faut pas croire que les jeunes agens de change n'entendent pas les affaires aussi bien que les anciens ; vous verrez, monsieur, que je ne néglige rien...

BRESSON.

Pas même l'art de mettre sa cravate.

DIDIER, riant.

Vous étiez là... vous m'avez vu... c'est vrai...

66

Vous comprenez que pour payer huit cent mille francs quand on ne les a pas... il faut un mariage, un beau mariage ; c'est ce que me répète ma mère, et cela exige une tenue continuelle : la cravate de chez Bodier et les gants jaunes... Le matin au manége, et le soir au bal... Les affaires me donnent un mal affreux, à moi surtout qui suis un peu lourd, un peu gauche... et qui m'entends mieux à faire un report qu'une déclaration ; mais il le faut ! Il me faut une dot de cinq cents à six cents pour le moins...

BRESSON, étonné.
Ah !.. c'est de rigueur...

DIDIER.
Tout le monde vous le dira... Trois cents pour un notaire, cinq cents pour un agent de change... c'est le tarif ! Il y avait une jeune personne charmante, une cousine, qui m'aurait convenu à merveille !.. Nous nous adorions ; mais que voulez-vous ?... une femme de deux cents... pas possible ; elle a été obligée d'épouser un avoué.

BRESSON.
Qui en a couru la chance !

DIDIER.
Comme nous la courons tous !.. Des chances terribles... On ne nous plaint pas assez... il faut du courage dans notre état... et si nous n'avions pas là, pour nous dédommager, des clients... de bons clients...

BRESSON.
Je comprends maintenant pourquoi il faut que je sois le vôtre !..

DIDIER.
Vrai... vous le devez... par délicatesse !.. D'ailleurs, vous me jugerez et je me flatte que vos affaires seront en bonnes mains...

BRESSON.
Eh bien ! nous verrons... J'arrive de Rio-Janeiro avec des fonds à placer, et j'avais pensé à des propriétés.

DIDIER, vivement.
N'achetez pas !..

BRESSON.
C'est mauvais ?..

DIDIER.
Au contraire ; c'est trop sûr, ça ne rapporte rien... achetez-moi des rentes.

BRESSON.
On parle de les rembourser...

DIDIER.
Les députés qui n'en ont pas ; mais qui, en revanche, ont notre estime... car ils poussent à la vente et enrichissent les agens de change... témoin, Mme de Chavannes qui, ce matin, m'a dit de vendre.

BRESSON.
Mme de Chavannes vend ses rentes ?..

DIDIER.
Pour payer les dettes de feu son mari !

BRESSON.
Il est donc mort ! vous en êtes bien sûr !

DIDIER.
J'ai assisté à l'inventaire... il y a dix-huit mois...

BRESSON.
Et sa femme

DIDIER.
Quoique séparée de biens, elle veut tout payer, de sorte que, liquidation faite, elle ne sera pas riche.

BRESSON, vivement.
Tant mieux !

DIDIER, étonné.
Comment, monsieur ! et qui donc êtes-vous ?

BRESSON.
Son ami intime... celui de son mari... ce pauvre Chavannes... il n'était pas fort, mais un grand nom... un ancien noble ! L'Empereur les aimait... ce qui ne l'empêchait pas d'en faire de nouveaux... Moi, par exemple, simple houzard, puis colonel, puis général, puis comte de l'Empire... moi, Bresson... fils d'un maître de poste.

DIDIER.
Vous, monsieur le Comte ?..

BRESSON.
C'est là mon origine... elle m'a porté bonheur : je devais réussir dans la cavalerie, et c'est dans une charge de mes houzards que j'ai dégagé ce diable de Chavannes qui s'était laissé cerner par les Autrichiens... et je lui ai même épargné un coup de sabre qui lui aurait fait du tort, car il était beau garçon... Moi, c'est différent !.. Je ne risquais rien... au contraire... ça m'a embelli... Voilà comment nous avons fait connaissance... Et plus tard, à Erfurt... quand il m'a présenté à sa femme... quand je l'ai vue pour la première fois... Voilà de ces jours... de ces momens qu'on n'oublie pas.

DIDIER, avec finesse.
Je vous soupçonne, général, d'en avoir été amoureux.

BRESSON.
Cette malice... voilà trente ans que je ne fais que ça... et je le dis à tout le monde... Mais alors, je me taisais... car il y avait là deux rivaux avec qui je ne pouvais pas me mesurer... deux empereurs... rien que cela... Oui, morbleu... à Erfurt, tous les deux passaient leurs soirées chez elle... tous les deux lui faisaient la cour et ils n'ont rien obtenu... Elle a reçu de sang-froid, et sans s'émouvoir, les hommages de Napoléon, d'Alexandre et de bien d'autres... car c'était une vertu terrible, et si aimable cependant ; aussi je vous demande par quelle fatalité... moi, officier de fortune, sans usage du monde, sans éducation, j'allai tomber amoureux d'une femme chez qui se trouvaient réunis le bon ton et la grace, la finesse de l'esprit, l'élégance des manières... C'était absurde... je me le disais... cela n'y faisait rien ; et, ne sachant à qui m'en prendre, ça me mettait dans des rages qui retombaient toujours sur l'ennemi... Voilà comment je suis devenu général... par mauvaise humeur... C'est à elle que je le dois...

DIDIER.
En vérité !

BRESSON.
Oui, morbleu !.. partout j'ai fait mon chemin... excepté auprès d'elle ! et le temps ne m'a point changé ; je l'aime comme le premier jour... Je suis resté jeune de cœur... comme elle est res-

tée jeune de tournure et de visage... du moins, il y a deux ans, quand je l'ai quittée...

DIDIER.
Vous la retrouverez de même, gracieuse et fraîche, malgré ses beaux cheveux blancs.

BRESSON.
Des roses sous la neige !.. Toujours le même âge... je m'en doutais ?.. Elle s'arrête, et moi je vais toujours... ce n'est pas ma faute !.. Et sa famille ?..

DIDIER.
Il ne lui reste que sa petite-fille... Mlle Adine, qui est riche, celle-là ! et qu'elle veut marier. Un beau parti... pour un agent de change.

BRESSON, souriant.
Vous y pensez... mon gaillard !

DIDIER.
Moi ! je pense à tout... et si quelque parent... si quelque ami, général, donnait cette idée-là à Mme de Chavannes... il ne serait pas impossible... C'est elle !..

BRESSON, se levant vivement.
Ah ! mon Dieu ! (Il se tient un peu à l'écart.)

SCÈNE II.
DIDIER, Mme DE CHAVANNES, BRESSON.

Mme DE CHAVANNES.
Bonjour, mon cher Didier... (Se retournant et courant à Bresson en poussant un cri de surprise.) Ah ! vous ici !.. vous, général ! et depuis quand ?

BRESSON.
Débarqué avant-hier au Hâvre... arrivé ce matin à Paris.

Mme DE CHAVANNES.
Votre première visite est pour moi... je vous en remercie.

BRESSON.
Vous êtes bien bonne... car je l'aurais voulu que je n'aurais pas pu faire autrement... Mais les affaires avant tout... Voilà M. Didier qui veut vous parler; et moi, dans ce moment... je n'ai besoin que de vous voir ! Ainsi ne vous gênez pas.

DIDIER.
C'est ce projet de liquidation que je veux vous soumettre... et puis, un ami... un camarade de collége arrivé depuis quelques jours à Paris; et apprenant que j'avais l'honneur d'être votre agent de change, me supplia de le présenter chez vous.

Mme DE CHAVANNES.
Vraiment !.. et quel est-il ?

DIDIER.
Cette lettre vous le fera connaître... Un officier... un jeune homme charmant.

BRESSON, se levant.
Un jeune homme !

Mme DE CHAVANNES.
Présenté par vous... cela suffisait ! sa lettre est inutile... Demain, nous en causerons, ainsi que du projet de liquidation.

DIDIER, bas à Bresson.
N'oubliez pas de parler pour moi.

BRESSON.
Soyez tranquille.

DIDIER.
Je cours à la Bourse. (Saluant.) Général... Madame... (Il sort.)

SCÈNE III.
Mme DE CHAVANNES, BRESSON.

BRESSON, commençant avec un peu d'embarras.
Il m'a l'air original, votre jeune agent de change... Du reste, un brave garçon !.. D'abord, il s'en va !.. c'est bien à lui... et puis il m'a appris des choses que je savais... mais qui m'ont fait plaisir.

Mme DE CHAVANNES.
Et lesquelles, mon ami ?

BRESSON.
Mon ami !.. voilà un mot de vous que je n'ai jamais pu entendre sans émotion... et pourtant il y a bien des années que vous me l'avez adressé pour la première fois.

Mme DE CHAVANNES.
Oui, je vous vois encore, blessé et couvert de sang, me ramener mon mari que vous veniez de sauver !.. une belle action !

BRESSON.
Qui m'a coûté cher... C'est un des beaux traits de ma vie qui m'a fait le plus de tort... pas dans le moment... mais plus tard... quand je me suis avisé de vous aimer... quand je vous aurais disputée au monde entier... Mais tout cela, vous l'avez oublié... ou plutôt vous ne l'avez jamais vu...

Mme DE CHAVANNES, souriant.
C'est égal... il y a de ces choses dont on ne s'aperçoit pas... mais dont on se souvient.

BRESSON.
Au moins, vous me rendez justice ; j'ai fait tout ce que j'ai pu pour me guérir.

Mme DE CHAVANNES.
Vous vous êtes marié...

BRESSON.
Ou plutôt, on m'a marié... Notre Empereur, qui se mêlait de tout, me dit un jour : « Bresson, tu perds ton temps. — J'en ai à perdre. — Madame de Chavannes a un mari. — J'attendrai. — Et, en attendant, tu es le plus pauvre de mes généraux. — C'est votre faute. — C'est vrai ! aussi j'ai pensé à toi : Je t'offre un million de dot... la fille d'un de nos fournisseurs. — Mais le père ? — Tu lui diras que je le veux. — Mais la fille ? — Je le veux. — Mais, moi, Sire ? — Toi, tu m'obéiras... sinon je te laisse à Paris, et nous allons sans toi nous faire tuer en Russie. » Que voulez-vous ?.. le lendemain j'étais marié, et quinze jours après sur la route de Moscou... Une rude épreuve !

Mme DE CHAVANNES.
Que cette campagne-là !

BRESSON.
Eh non !.. je vous parle de mon mariage ! Une femme avec laquelle il n'y avait ni paix, ni trève... Il est vrai, qu'eût-elle été charmante, vous étiez toujours là... je comparais !.. Ce n'était pas sa

faute... mais la vôtre... Enfin, la pauvre femme est morte, me laissant une fille qui est tout son portrait !.. Depuis, et à la Restauration, j'ai déposé l'épaulette... Associé avec mon beau-père, j'ai parcouru le Mexique et le Brésil, faisant fortune pour tuer le temps, et revenant en France, riche... au moment où, par bonheur, vous ne l'êtes plus !

Mme DE CHAVANNES.
Moi !..

BRESSON.
Oui... oui; ce n'est pas pour rien que j'ai causé une demi-heure avec votre agent de change. Je sais que M. de Chavannes, qui agissait en grand seigneur, a dissipé plus que son patrimoine... que vous voulez vendre le vôtre pour payer ses dettes; et moi, votre ami, je ne le souffrirai pas... Oui, Madame, mes biens sont à vous... disposez-en... et je vous dirai : merci.

Mme DE CHAVANNES.
Y pensez-vous !

BRESSON.
Ah! si vous êtes fière... c'est autre chose... si vous ne voulez rien accepter de mon amitié... tant pis pour vous... prenez-y garde ! je vais me présenter comme mari.

Mme DE CHAVANNES.
Vous !

BRESSON.
Voilà ce que vous y aurez gagné !.. excepté que ce n'est plus moi qui vous rends un service... c'est vous, au contraire, à qui je devrai tout; mais, moi, je ne suis pas comme vous, je ne suis pas fier, je me résigne à la reconnaissance, et ma vie entière se passera à vous la prouver.

Mme DE CHAVANNES.
Ah !.. je ne sais comment vous remercier.

BRESSON.
En acceptant !..

Mme DE CHAVANNES.
Je le voudrais... je vous le jure... mais je ne le peux.

BRESSON.
Vous ne le pouvez pas?

Mme DE CHAVANNES, avec expansion.
Non, mon ami.

BRESSON, avec colère.
Ah! vous êtes une femme née pour mon tourment... une femme...

Mme DE CHAVANNES, lui serrant la main.
Qui est votre meilleure amie, et qui, pour cela même, ne veut pas compromettre votre bonheur... car vous exigez d'elle un sentiment qu'elle ne peut vous donner...

BRESSON.
Vous me donnerez ce que vous pourrez...

Mme DE CHAVANNES.
Vous seriez malheureux...

BRESSON.
Qu'est-ce que ça vous fait? si c'est là mon bonheur !

Mme DE CHAVANNES.
Vous auriez des regrets.

BRESSON.
Ça me regarde !

Mme DE CHAVANNES.
Et moi aussi... moi, qui vous aime...

BRESSON.
Dites plutôt que vous n'aimez personne... que votre cœur froid et indifférent ignore ce que c'est qu'une passion violente et durable...

Mme DE CHAVANNES, avec émotion.
Qu'en savez-vous ?.. qui vous dis que je n'ai point passé ma jeunesse à combattre et à vaincre; à me cacher à tous les yeux, à tromper tout le monde, et vous tout le premier...Ah! je peux tout dire maintenant, j'en ai le droit, par malheur... Eh bien! oui... il a existé quelqu'un au monde qui a eu mes pensées, mon âme, ma vie tout entière, et il n'en a jamais rien su !.. Il était jeune... il était brave... tout le monde l'aimait... et il n'aimait que moi... Ami intime de mon mari, je le voyais tous les jours... et pour mieux cacher à ses yeux cet amour qui me consumait... il fallait affecter l'indifférence, l'éloignement, la haine... oui, il a cru que je le haïssais... et j'ai été témoin de son désespoir qui doublait le mien... Enfin, et prête à succomber... j'ai voulu mettre entre nous une double barrière... je l'ai marié... je lui ai donné une femme jeune, riche, charmante... j'ai souri à leur union... j'ai fait des vœux pour leur bonheur... et vous croyez que je ne sais pas aimer !

BRESSON.
Je le crois !.. je le crois maintenant... et celui-là quel est son nom ?.. quel est-il ?..

Mme DE CHAVANNES.
Il est mort !..

BRESSON.
C'est bien heureux pour lui.

Mme DE CHAVANNES.
Mort! il y a bien long-temps de ce que je vous dis là... bien des années se sont écoulées... bien des chagrins sont arrivés à mon aide, pour affaiblir celui-là; mais rien n'a pu l'effacer entièrement... malgré moi, vous le voyez, je retrouve en vous le racontant des larmes que je croyais taries... En vain, je suis libre... en vain la mort de mon mari me rend maîtresse de ma main... il y a là des souvenirs qui vivent dans mon cœur et m'empêchent d'en disposer !.. De ce côté-là, je ne suis pas veuve encore !.. c'est un engagement plus fort que les lois, que ma raison !.. que moi-même !.. Et maintenant, mon ami, croyez-vous que je sache aimer ?

BRESSON.
Ah !.. que trop !.. que trop, mille fois !.. comme à l'ordinaire... vous avez raison! et moi, je n'ai rien à dire... mais si cependant un jour cela s'effaçait...

Mme DE CHAVANNES, vivement.
Je vous le dirais...

BRESSON.
A la bonne heure... j'attendrai... c'est que voilà vingt ans que j'attends...

Mme DE CHAVANNES, avec bonté, et prenant sur la table le billet que lui a remis Didier.

Eh bien, alors... quand on a attendu vingt ans...

BRESSON.

C'est juste... on peut bien encore... pourvu que vous me permettiez de vous en parler de temps en temps...

Mme DE CHAVANNES.

Quand vous voudrez.

BRESSON.

Eh bien, parlons-en... ce matin... ce soir!

Mme DE CHAVANNES, qui a lu le billet.

Ah! mon Dieu!..

BRESSON.

Qu'avez-vous donc?

Mme DE CHAVANNES.

Rien... mais ce nom... cette signature...

BRESSON.

N'est-ce pas cette lettre que vous a remise votre agent de change, un jeune homme qui demande à vous être présenté?

Mme DE CHAVANNES, se mettant à écrire.

Précisément.

BRESSON.

C'est tout simple, et vous voilà toute émue...

Mme DE CHAVANNES.

Nullement... cela a rapport à une affaire que vous m'aviez fait oublier... que j'ai promis d'examiner... et dans ce moment,..

BRESSON.

Je vous gêne...

Mme DE CHAVANNES.

Oh! non!..

BRESSON.

Cela veut dire oui... Je m'en vais!

Mme DE CHAVANNES.

Pas pour long-temps, j'espère... je vous ai dit que je passais ici la soirée... je compte sur vous.   (Elle se lève et sonne.)

BRESSON.

Et vous avez parbleu bien raison...

Mme DE CHAVANNES, à un domestique.

Cette lettre sur-le-champ... à son adresse... (Au général.) Je ferai votre piquet... nous causerons de votre fille... de son mariage...

BRESSON.

Et quant au nôtre, j'aurai de la patience... si vous me promettez que personne ne sera plus heureux que moi...

Mme DE CHAVANNES.

Je vous le jure...

BRESSON.

C'est toujours ça... adieu... à ce soir.

(Il sort.)

SCÈNE IV.
Mme DE CHAVANNES, puis ADINE.

Mme DE CHAVANNES, regardant Bresson qui s'éloigne.

Pauvre homme! un véritable ami que j'ai là!.. sa vue réveille en moi tous mes souvenirs de jeunesse... et quand il me quitte, il me semble voir le passé qui s'en va... (Se retournant et apercevant Adine qui entre.) Heureusement, voici l'avenir!.. voici ma petite-fille!.. Bonjour, mon enfant.

ADINE, tenant son ouvrage à la main.

Bonjour, ma bonne mère.

Mme DE CHAVANNES, s'asseyant à droite.

Il y a bien long-temps que je ne t'ai vue.

ADINE.

C'est ce que je me disais... aussi j'arrive. Voulez-vous que je vous fasse de la musique... que je vous chante les romances que vous aimez...

Mme DE CHAVANNES.

J'aime mieux causer avec toi...

ADINE.

Et moi aussi... vous avez toujours de bonnes idées. (S'asseyant.) Vous ne songez qu'à mes plaisirs...

Mme DE CHAVANNES.

Mets-toi là... plus près... j'ai de grandes confidences à te faire.

ADINE, avec joie.

Des secrets!..

Mme DE CHAVANNES.

Précisément!

ADINE.

Quel bonheur!.. le cœur me bat!..

Mme DE CHAVANNES, après un instant de silence.

On ne dit jamais rien aux petites filles... c'est un tort!

ADINE.

C'est bien vrai! elles sont souvent obligées de deviner.

Mme DE CHAVANNES.

Et souvent tout de travers.

ADINE.

Vous voulez me parler du bal de ce soir.

Mme DE CHAVANNES.

Du tout... je veux te parler de mariage...

ADINE, sautant sur sa chaise.

Ah! mon Dieu!

Mme DE CHAVANNES.

Voilà que tu as peur...

ADINE.

Dam!.. vous ne me prévenez pas!

Mme DE CHAVANNES.

Te voilà prévenue!..

ADINE, avec inquiétude.

Eh bien! alors... parlez vite!.. vous avez un parti... vous avez quelqu'un.

Mme DE CHAVANNES.

Personne!..

ADINE.

A la bonne heure!..

Mme DE CHAVANNES.

Je veux te consulter... car entre nous, il est très difficile de te marier.

ADINE.

Vous croyez... il ne me semblait pas!...

Mme DE CHAVANNES.

D'abord... tu es très riche... et il est à craindre qu'on ne t'épouse que pour ta fortune...

ADINE.

Ah!.. quelle idée... comment donc faire?

Mme DE CHAVANNES.

Bien réfléchir... bien examiner avant de nous prononcer... cela me regarde.

ADINE.
Bon!.. c'est une peine de moins.

Mme DE CHAVANNES.
Pour cela, c'est à toi de m'indiquer ceux qui, dans les réunions, dans les soirées, sont galans et assidus auprès de toi... ceux en un mot qui te font la cour.

ADINE.
Je comprends...

Mme DE CHAVANNES.
Y en a-t-il?

ADINE.
Beaucoup! du moins en dansant avec moi... ils me donnent à entendre que je suis jolie... et comme ils le disent tous, il faut croire qu'il y a quelque chose de vrai.

Mme DE CHAVANNES.
Eh bien, ma chère enfant, parmi ceux-là, as-tu distingué quelqu'un?

ADINE.
Ce n'est pas aisé... ils dansent... ou plutôt ils marchent tous de même... ils ont le même esprit... les mêmes phrases... les mêmes gants jaunes... il n'y a pas de raison pour avoir de préférence...

Mme DE CHAVANNES.
Tu ne peux cependant pas les choisir tous. Et d'abord M. Didier, notre agent de change, j'ai remarqué que tu causais volontiers avec lui.

ADINE.
C'est vrai!...

Mme DE CHAVANNES.
Il a donc de l'esprit?

ADINE.
Lui! le pauvre jeune homme, il n'y pense seulement pas!

Mme DE CHAVANNES.
Il a donc un bon caractère...

ADINE.
Je n'en sais rien! Mais il dit toujours du bien de ses amis... puis, il me parle de la Bourse... d'emprunts... de fin courant, cela m'instruit... Enfin, nous nous entendons très bien... je l'aime beaucoup... mais je ne l'épouserais pas!..

Mme DE CHAVANNES.
C'est bien!.. tu m'avais fait peur à ton tour... et je me rassure...

ADINE.
Pourquoi donc?

Mme DE CHAVANNES.
Parce que... parce que je vois que, grace au ciel, tu n'as encore choisi personne...

ADINE.
Mais, ma bonne maman, est-ce qu'il y a nécessité de ne choisir que parmi ceux qui sont ici.

Mme DE CHAVANNES.
Comment cela?

ADINE.
Est-ce que les autres sont exclus du concours?

Mme DE CHAVANNES.
Que veux-tu dire?.. Il y a donc quelqu'un que tu aurais distingué?

ADINE.
Je n'en sais rien! mais j'y pense toujours! et depuis mon voyage de Toulon...

Mme DE CHAVANNES.
Comment... c'est l'an dernier, quand tu as été aux îles d'Hyères avec ta tante...

ADINE.
Oui, maman, et si vous voulez que je vous raconte...

Mme DE CHAVANNES.
Certainement!.. nous autres grand'mères ne sommes au monde que pour cela!.. Tu es donc arrivée avec ta tante à Toulon...

ADINE.
Où son mari, le vice-amiral, est préfet maritime, et pendant deux mois que nous y sommes restées, il venait tous les soirs chez le préfet des jeunes officiers de marine, qui étaient très aimables... un surtout...

Mme DE CHAVANNES, avec joie.
Amédée de Versigny...

ADINE.
Vous le connaissez!..

Mme DE CHAVANNES.
Je ne l'ai pas encore vu!.. mais je connaissais son père; c'est à ma recommandation que ta tante avait reçu le fils... l'avait invité chez elle...

ADINE.
J'ai cru que c'était par hasard!

Mme DE CHAVANNES.
Un hasard arrangé entre grands parens.

ADINE.
Et pourquoi donc?

Mme DE CHAVANNES.
Amédée, qui, maintenant a perdu tous les siens, se trouve bien jeune encore à la tête d'une immense fortune... C'est enfin ce qu'on appelle dans le monde un excellent parti, et sans avoir encore à ce sujet des idées bien arrêtées... sachant qu'il était à Toulon à la même époque que toi, j'ai désiré que vous eussiez quelques occasions de vous rencontrer...

ADINE.
Et vous avez bien fait!.. c'est un si bon jeune homme! et dans toutes ses manières il y avait tant de bonhomie... tant de franchise... Toutes mes cousines l'adoraient et le lui disaient...

Mme DE CHAVANNES.
Et toi?

ADINE.
Oh! moi!.. je ne lui disais pas!..

Mme DE CHAVANNES, vivement.
Est-ce qu'il te faisait la cour?.. Est-ce qu'il t'a adressé des mots de tendresse?..

ADINE.
Jamais!.. il n'y songeait pas!.. il ne songeait qu'à ses études, à ses épaulettes de lieutenant, à sa frégate, qui, dans quelques jours devait mettre à la voile. Il nous parlait de son père...

Mme DE CHAVANNES.
Son père?

ADINE.
Qui était tombé sur le champ de bataille, et qu'il voulait venger un jour... Et alors si vous aviez vu quelle expression animait tous ses traits; et ses yeux où brillaient quelques larmes... O mon Dieu! comme les vôtres en ce moment...

Mᵐᵉ DE CHAVANNES, se hâtant de les essuyer.

C'est que je t'écoute, et cela m'intéresse beaucoup...

ADINE.

N'est-ce pas?.. Eh bien! ce n'est rien encore! voilà le plus intéressant : La veille du jour où la frégate devait quitter la rade, le préfet donnait un grand bal, et je ne sais pas pourquoi, je ne conçois pas qu'on danse un jour comme celui-là. J'étais triste, j'étais souffrante, je ne voulais pas paraître à cette soirée ! Oh! Mademoiselle, me dit Amédée, venez-y, venez, je vous en conjure et cela portera bonheur à ceux qui partent. Alors, répondis-je, je m'efforcerai d'y aller! mais je ne danserai qu'une contredanse... rien qu'une... Il demanda que ce fût avec lui, c'était tout naturel : il partait. Il me demanda aussi, avec la permission de ma tante, à m'offrir un bouquet de bal... Je vous raconte tout cela, parce que vous verrez tout à l'heure combien c'est important. Le soir arrive, je m'étais trouvée mieux dans la journée, j'avais pu m'occuper de ma toilette, et il paraît qu'elle était très jolie, très élégante, que rien n'y manquait excepté le bouquet... et j'attendais!.. Le bal commence, point de fleurs, point de cavalier!.. On venait m'inviter de tous les côtés, M. Amédée ne paraît pas; je refusais tout le monde, et quand j'aurais voulu accepter, je n'aurais pas pu, car je souffrais, j'avais la fièvre, j'étais prête à pleurer, je me sentais mourir... Enfin, minuit sonne...

Mᵐᵉ DE CHAVANNES.

Et il paraît?..

ADINE.

Du tout!.. il ne paraît pas!.. Le lendemain de grand matin, sa frégate avait appareillé... on l'apercevait en mer, toutes voiles dehors.

Mᵐᵉ DE CHAVANNES.

Je conçois alors que tu sois fâchée contre lui.

ADINE, vivement.

Je ne le suis plus !

Mᵐᵉ DE CHAVANNES.

Comment cela ?

ADINE.

M. Didier parlait cet hiver d'un de ses camarades de collége dont il venait de recevoir des nouvelles, un lieutenant de frégate... Et j'écoute toujours quand il est question d'officiers de marine, il lui était arrivé des aventures très singulières, entr'autres, à Toulon, la veille de son départ... en toilette de bal et un bouquet à la main. Il s'était jeté à la mer pour sauver un mousse de son équipage qui se noyait dans le port...

Mᵐᵉ DE CHAVANNES.

Est-il possible ?

ADINE.

Je n'ai plus entendu le reste!.. J'étais si contente, si heureuse, et depuis ce moment-là, je donnerais tout au monde pour le revoir et pour lui demander pardon de l'avoir méconnu. Mais par malheur, c'est un rêve.

Mᵐᵉ DE CHAVANNES, souriant.

Qui peut se réaliser...

ADINE.

Et le moyen!.. puisqu'il est absent; puisqu'il est toujours sur sa frégate!..

Mᵐᵉ DE CHAVANNES.

J'ai peut-être plus de pouvoir que tu ne crois; et si je voulais bien, je pourrais comme une fée le faire apparaître !

ADINE.

Lui?

Mᵐᵉ DE CHAVANNES, souriant.

Lui et sa frégate... il ne me faudrait pour cela qu'un coup de baguette...

ADINE

Alors, donnez-le donc !

SCÈNE V.
Les Mêmes, UN DOMESTIQUE.

LE DOMESTIQUE, annonçant.

M. Amédée de Versigny!

ADINE, poussant un cri.

Ah !..

Mᵐᵉ DE CHAVANNES, courant à elle et avec intention.

Maladroite !.. tu t'es fait mal !..

ADINE, la comprenant.

Oui, maman, oui ; mon pied a rencontré ce meuble...

Mᵐᵉ DE CHAVANNES.

Je te disais bien de prendre garde. (Au Domestique.) Priez M. Amédée de monter. Le Domestique sort.—A Adine.) Eh bien ! eh bien ! te voilà toute tremblante.

ADINE.

Oh! ne vous jouez pas de moi ! Comment cela se fait-il ?

Mᵐᵉ DE CHAVANNES.

De la manière la plus simple, et la moins romanesque. Sachant son arrivée à Paris, je cherchais quelque moyen adroit de l'attirer chez moi. Lorsque lui-même a demandé à m'être présenté. Voilà toute ma magie...

ADINE.

Je vais donc le voir ?

Mᵐᵉ DE CHAVANNES.

Non pas ! tu vas me faire le plaisir de nous laisser?..

ADINE.

Vous ne voulez pas que je reste avec vous ?

Mᵐᵉ DE CHAVANNES.

Tu sais si bien maîtriser tes émotions... tout à l'heure devant ce domestique !.. Que serait-ce devant lui... Ainsi, va-t'en !..

ADINE.

Qu'est-ce que je vais faire pendant ce temps-là ; à quoi songer ?

Mᵐᵉ DE CHAVANNES.

A ta toilette pour ce soir...

ADINE.

C'est si ennuyeux!

Mᵐᵉ DE CHAVANNES.

Mais cela occupe... c'est lui !.. va-t'en... va-t'en...

(Adine sort en courant, par la porte à gauche.)

SCÈNE VI.
Mᵐᵉ DE CHAVANNES, AMÉDÉE.

Mᵐᵉ DE CHAVANNES, le regardant.
Oui... oui... il y a bien quelques traits de son père. Mais ce n'est pas lui !

AMÉDÉE, qui s'est approché et qui salue respectueusement.
C'est bien indiscret à moi, Madame, d'avoir sollicité sans aucun titre, un honneur comme celui-là...

Mᵐᵉ DE CHAVANNES, à part.
Un peu timide, un peu gauche !

AMÉDÉE.
Mais la reconnaissance m'en faisait un devoir.

Mᵐᵉ DE CHAVANNES.
La reconnaissance !..

AMÉDÉE.
Oui, Madame, et ici mon embarras redouble... car je ne puis douter de toutes vos bontés, et je ne sais vraiment pas le moyen de les expliquer et surtout de les justifier. Partout et grace à vous, moi, pauvre jeune homme obscur et inconnu... j'ai trouvé bon accueil, bienveillance et protection...

Mᵐᵉ DE CHAVANNES.
Que dites-vous, Monsieur ?

AMÉDÉE.
N'espérez pas le nier, je le sais ; depuis peu il est vrai, mais j'en ai la preuve. A Toulon, c'est grace à votre recommandation que j'ai été reçu chez le Préfet, et dans les meilleures maisons... et non-seulement dans notre pays, mais sous un ciel étranger, à Rio-Janeiro ! au moment où je débarque, je trouve là un Français qui avait l'air de m'attendre : le général Bresson, qui m'offre sa maison, sa table et sa bourse.

Mᵐᵉ DE CHAVANNES.
Le Général est si bon et si hospitalier...

AMÉDÉE.
Je le sais... mais il ne m'a pas laissé ignorer que c'était à la recommandation d'un de ses amis, d'un ami qu'il ne voulait pas nommmer. Et ce n'est rien encore : à peine arrivé à Paris, je reçois une lettre du ministère de la marine, un avancement que je méritais peut-être, mais que je n'aurais osé demander... Et là seulement j'apprends enfin que c'est vous qui avez sollicité pour moi ; que sur des attestations du Préfet de Toulon et du général Bresson, vous avez fait valoir mes services, vanté ma conduite ! que sais-je enfin ? C'est à vous que je dois tout et vous sentez bien qu'il est impossible que cela se passe ainsi, que vous n'échapperez pas à ma reconnaissance ; et quant aux bienfaits dont vous m'avez accablé...

Mᵐᵉ DE CHAVANNES, riant.
Vous venez m'en demander raison ?

AMÉDÉE.
Oui, madame.

Mᵐᵉ DE CHAVANNES.
Vous l'aurez. Et d'un seul mot, j'étais l'amie de votre famille, de votre père... Vous étiez bien jeune quand il est mort... et tant que votre mère a vécu, vous n'aviez besoin de l'amitié de personne... mais depuis...

AMÉDÉE.
Ah ! madame !..

Mᵐᵉ DE CHAVANNES.
Il m'a semblé que je vous devais la mienne... et sans vous demander si vous la vouliez... Je vous l'ai donnée.

AMÉDÉE.
Et si je l'avais toujours ignoré, si je ne l'avais pas découvert...

Mᵐᵉ DE CHAVANNES.
Peu importait ! (A part et levant les yeux au yeux.) Il y a quelqu'un qui l'aurait su !

AMÉDÉE, avec chaleur.
Madame, je ne suis qu'un marin qui s'entend mal à exprimer ce qu'il éprouve et qui connaît peu les usages du monde... mais s'il y en a un qui permette de se faire tuer pour vous ! c'est tout ce que je demande.

Mᵐᵉ DE CHAVANNES.
Eh mais ! je n'en demande pas tant, car je tiens à votre amitié et je veux la conserver.

AMÉDÉE.
Elle est à vous à tout jamais ! je le jure !

Mᵐᵉ DE CHAVANNES, lui tendant la main.
Tenez parole, et nous serons quittes. Étranger à Paris, vous y connaissez peu de monde.

AMÉDÉE.
Presque personne.

Mᵐᵉ DE CHAVANNES.
Eh bien ! quand vous aurez un instant à nous donner, vous trouverez ici quelque société, des amis... moi d'abord, à qui vous devez quelque affection, et puis Adine, ma petite fille que vous avez vue à Toulon et à qui vous devez une condanse...

AMÉDÉE.
C'est vrai, madame... et c'est bien mal à moi.

Mᵐᵉ DE CHAVANNES, souriant.
Vous vous acquitterez, j'en suis sûre ! vous n'êtes pas homme à mourir insolvable ! Enfin, agissez, je vous prie, sans façons, sans cérémonie ; et, pendant tout le temps que vous resterez à Paris, regardez ma maison comme la vôtre.

AMÉDÉE, vivement.
Je ne la quitterai pas !

Mᵐᵉ DE CHAVANNES.
Je ne suis pas si exigeante ! vous y viendrez quand vous aurez quelques chagrins ou quelques joies... et que vous aurez besoin d'un ami qui y prenne part. Vous pourrez me les confier !.. Je suis indulgente et surtout discrète.

AMÉDÉE, avec reconnaissance.
Ah ! madame !..

Mᵐᵉ DE CHAVANNES.
Nous autres femmes, nous sommes de très bonnes confidentes ! l'habitude que nous avons prise de cacher nos secrets, nous permet aisément de garder ceux des autres... Vous subirez en revanche quelques conseils, quelques sermons ! il faut vous y attendre ; je gronde les gens que j'aime... les autres, je les laisse faire !

AMÉDÉE.
J'ose me flatter que vous me gronderez !

Mᵐᵉ DE CHAVANNES.
Cela ne vous effraye donc pas ?

ACTE I, SCÈNE V.

AMÉDÉE.
Au contraire ! j'ignore comment cela s'est fait, je suis arrivé ici tout tremblant ; en vous demandant, j'aurais presque désiré que vous ne fussiez pas visible... j'avais entendu si souvent parler de votre beauté, de votre esprit, de vos succès dans le monde... que tout cela me faisait peur !.. j'étais mal à mon aise !..

Mme DE CHAVANNES.
Je l'ai bien vu... et maintenant...

AMÉDÉE.
Il me semble que je vous connais depuis longtemps, que je vous ai quittée hier...

Mme DE CHAVANNES.
C'est très bien ce que vous me dites là... et de plus c'est vrai ; car hier j'étais avec vous, je pensais à votre situation, à votre avenir...

AMÉDÉE.
Ah ! je n'ai plus rien à désirer... Il.ne me manquait qu'une famille, et je l'ai trouvée ici !

Mme DE CHAVANNES.
Cela vous suffira pendant quelque temps... mais bientôt d'autres idées, d'autres projets, d'autres liens peut-être...

AMÉDÉE.
Jamais, madame, jamais ! je resterai comme je suis, je ne me marierai pas ! j'y suis décidé !

Mme DE CHAVANNES, à part avec effroi.
Ah ! mon Dieu ! (Haut et d'un air riant.) Et pourquoi donc ?

AMÉDÉE, avec embarras.
Pour des raisons très graves... pour des motifs... que... que...

Mme DE CHAVANNES, vivement.
Que je ne vous demande pas. (A part.) Mais il faudra bien que de lui-même... il me les dise... (Haut et souriant.) Je suis persuadée de la sincérité de vos résolutions... mais je ne le suis pas autant de votre fermeté à les tenir...

AMÉDÉE.
Qui vous le fait penser ?

Mme DE CHAVANNES.
Des raisons qui vous étonneraient beaucoup si je vous les disais...

AMÉDÉE.
Et lesquelles, de grace ?

Mme DE CHAVANNES.
Mais, d'abord... votre caractère que je connais...

AMÉDÉE, vivement.
Vous le connaissez... et comment cela ?

Mme DE CHAVANNES, gaîment.
Ah ! vous voilà intrigué ! et vous allez vous croire au bal de l'Opéra ! Pensez-vous donc, monsieur, que je sois une femme assez légère, assez étourdie pour aimer les gens sans les connaître,... pour les recommander à un ministre avant d'avoir pris sur eux des renseignemens...

AMÉDÉE, étonné.
Quoi, madame...

Mme DE CHAVANNES.
Et vous allez voir si ceux qu'on m'a donnés sont exacts... D'abord, monsieur, vous êtes franc, loyal, vous avez un bon cœur... mais une tête très légère, qui s'exalte et se passionne aisément.

AMÉDÉE.
C'est possible !

Mme DE CHAVANNES.
A peine sorti du collége, et pour avoir une seule fois entendu plaider un des premiers avocats de Paris, vous vouliez sur-le-champ embrasser la carrière du barreau.

AMÉDÉE.
C'est vrai !

Mme DE CHAVANNES.
Puis à la suite d'une maladie terrible où Dupuytren vous avait sauvé la vie... vous vouliez dans votre enthousiasme devenir médecin.

AMÉDÉE, étonné.
C'est vrai !

Mme DE CHAVANNES.
Et vous le seriez peut-être, s'il ne vous était tombé sous la main la vie de Dugai-Trouin et de Tourville, ce qui vous a décidé à vous faire marin...

AMÉDÉE, stupéfait.
C'est ma foi vrai !.. et je n'en reviens pas ! mais on a dû vous dire aussi que depuis trois ans, fidèle à l'état que j'avais embrassé...

Mme DE CHAVANNES.
Vous y avez mis un zèle, une ardeur que vos chefs étaient obligés de modérer... vous passiez les nuits à l'étude et les jours à la manœuvre, vous auriez voulu à vous seul attaquer une frégate ennemie ; aussi chacun vous rend justice... Une fois dans une bonne route, rien ne vous arrête ; mais si vous en preniez une mauvaise, ce serait très dangereux.

AMÉDÉE.
Eh bien ! ce que vous me dites là m'effraye... car je sens que c'est très juste... Souvent malgré moi, je me laisse entraîner... tout en disant : ce n'est pas bien ! mais le moyen de résister, ou de revenir sur ses pas... Ainsi, je vous le jure, cette passion, cet amour qui me tourmente et que je me reproche...

Mme DE CHAVANNES, à part.
Grand Dieu !

AMÉDÉE.
Je ne voulais pas y céder !

Mme DE CHAVANNES, s'efforçant de sourire.
Quoi vraiment !.. une inclination ! une folie !

AMÉDÉE.
Plût au ciel ! mais c'est sérieux ! c'est un premier amour, un attachement fatal, qui me rend si malheureux !

Mme DE CHAVANNES, vivement.
Elle est mariée !

AMÉDÉE, d'un ton de reproche.
Quelle idée ! moi, porter le trouble, le déshonneur dans un ménage...

Mme DE CHAVANNES.
C'est bien ! votre père aurait parlé ainsi... mais alors, et si comme je n'en doute point, cette jeune personne est digne de vous, qui vous arrête ? vous êtes riche, vous êtes libre... offrez-lui votre main.

AMÉDÉE, avec embarras.
Ah ! c'est qu'il y a des obstacles !..

Mme DE CHAVANNES.
Qu'on peut surmonter !.. (Avec franchise.) Il

faut aimer ses amis pour eux-mêmes, et dès qu'il sagit de votre bonheur, parlez? Si mon amitié, si mes conseils...

AMÉDÉE.

Non... non! c'est trop de bontés, mille fois... Non pas qu'elle ne mérite tous les hommages... mais il y a entre nous le monde et ses préjugés!

Mme DE CHAVANNES, à part.

Ah! mon Dieu!.. qu'est-ce que cela peut-être?

AMÉDÉE.

Et d'un autre côté, je voudrais rompre, que e ne le pourrais pas!.. Elle en mourrait!..

Mme DE CHAVANNES.

Vous croyez!

AMÉDÉE.

Elle se tuerait! elle me l'a dit! et plutôt que de m'exposer à des remords éternels, j'aime mieux être malheureux et me conduire en honnête homme!.. je serai fidèle à mes sermens, je ne me marierai pas, je sacrifierai mon avenir... Mais pardon, pardon, madame; je ne conçois pas comment j'ai pu vous faire un tel aveu... Je ne le voulais pas, et il m'est échappé... tant ce charme irrésistible qui vous entoure, avait malgré moi attiré ma confiance...

Mme DE CHAVANNES.

Eh bien! donnez-la-moi tout entière!.. Achevez!

AMÉDÉE.

Cela me serait impossible!.. Je vous en supplie, ne m'interrogez pas!

Mme DE CHAVANNES.

Un mot seulement!.. Si votre père vivait, vous approuverait-il?

AMÉDÉE, baissant les yeux.

Je... je ne le crois pas!

Mme DE CHAVANNES, avec dignité.

Vous aviez raison... nous n'en parlerons plus! mais nous parlerons de votre père, des projets qu'il formait sur vous, de ses espérances... et quand vous viendrez me voir... si vous venez...

AMÉDÉE.

Ah! maintenant plus que jamais!.. car il me semble que j'ai besoin de vos conseils... Ici, je respire, je me crois en sûreté...

Mme DE CHAVANNES.

Alors, venez!

AMÉDÉE.

Tous les jours... si vous le voulez bien.

Mme DE CHAVANNES.

Moi! je ne demande pas mieux!.. Mais... vous le permettra-t-on?

AMÉDÉE.

Ah! madame!.. je suis désespéré! car j'aurais donné tout au monde pour mériter votre estime, et je vois que je l'ai perdue.

Mme DE CHAVANNES.

Ce serait bien mal récompenser votre confiance et votre franchise... Ne vous ai-je pas dit que j'étais indulgente pour mes amis et pour leurs erreurs! Adieu, Amédée! à bientôt!..

AMÉDÉE.

J'ai reçu pour ce soir, une invitation du Ministre de la marine...

Mme DE CHAVANNES.

Il faut y aller!

AMÉDÉE.

Vous y verrai-je?

Mme DE CHAVANNES.

Je ne crois pas... Je suis un peu souffrante... Mme de Nerville ma nièce, veut bien se charger de ma petite-fille... Je saurai par elle, des nouvelles de la soirée, et des vôtres!

(Amédée la salue et sort.)

SCÈNE VI.

Mme DE CHAVANNES, seule et le regardant sortir.

Quel dommage!.. Il ne faut plus y penser! il ne peut épouser Adine! pauvre enfant!.. Mais si ce n'est pour elle, c'est pour lui-même qu'il faut sauver... ou l'amitié n'est qu'un vain mot ou je ne peux le laisser ainsi courir à sa perte... car je devine aisément quel espèce d'attachement a pu le subjuguer. Jeune, sans expérience, avec un caractère aussi prompt à se passionner, il s'est persuadé qu'il était amoureux et que par honneur, par délicatesse, il devait continuer à l'être... mais il ne l'est pas! c'est évident! Dabord, et grace au ciel, il est son maître, point de grands parens, point d'obstacles qui s'opposent à cette inclination... elle ne saurait durer; aussi, je me garderai bien de la combattre ou de lui en parler... il vaut mieux peu à peu et sans qu'il s'en s'en doute, lui offrir des comparaisons, qui bientôt, tourneront à notre avantage; car, après tout, j'en suis sûre, Adine, ma petite-fille est plus jeune, plus aimable, plus jolie... Ah! ce n'est pas une raison... à son âge on manque de tact et d'adresse... Eh bien! ne suis-je pas là pour la guider, pour la conseiller; le motif est si louable! être coquette pour une bonne action... on l'est si souvent pour rien!.. Oui, oui, ne perdons pas courage... veillons sur elle et surtout sur lui!.. je le dois! Pendant qu'il était là, je l'ai promis à son père... je le croyais revoir et entendre... mais quelle différence; son père était mieux! bien mieux... d'abord, il plaçait mieux ses inclinations, et ensuite...

SCÈNE VII.

ADINE, Mme DE CHAVANNES.

ADINE, entr'ouvrant la porte à gauche.

Eh bien! il est parti?..

Mme DE CHAVANNES.

Oui, mon enfant!..

ADINE, vivement.

Vous l'avez vu... vous lui avez parlé! N'est-ce pas qu'il est bien, qu'il est aimable, et surtout raisonnable et sage comme une demoiselle?..

Mme DE CHAVANNES.

Certainement...

ADINE, avec impatience.

Dites-moi donc alors qu'il vous plaît, que vous en êtes contente...

Mme DE CHAVANNES, froidement.

Pour moi... oui!.. pour toi, c'est différent!

ACTE I. SCÈNE VII.

ADINE.
Comment cela?

Mme DE CHAVANNES.
Tu te le représentais comme un héros de roman, un être idéal, un être à part!.. et il n'en est rien; c'est un fort brave jeune homme...

ADINE, appuyant.
Qui est parfait!..

Mme DE CHAVANNES.
Non, mon enfant. Il a quelques défauts, et beaucoup de bonnes qualités... il est en un mot, comme tous les jeunes gens, à leur entrée dans le monde, susceptibles du bien ou du mal, selon la direction qu'on leur imprime; et je suis persuadée que si Amédée est entouré de vrais amis, de gens raisonnables, s'il voit la bonne société...

ADINE.
La vôtre?..

Mme DE CHAVANNES.
Il viendra tous les jours... il me l'a promis.

ADINE.
Vous voyez!..

Mme DE CHAVANNES.
Je suis persuadée que ce sera un honnête homme, un bon mari... qui saura un jour t'apprécier, et qui finira par t'aimer...

ADINE, étonnée.
Comment, qui finira...

Mme DE CHAVANNES.
Oui, mon enfant... car, jusqu'à présent, il n'a pas encore commencé...

ADINE.
Qu'est-ce que vous me dites là?

Mme DE CHAVANNES.
La vérité!.. Avant tout, je dois te l'apprendre... qui te la ferait connaître, si ce n'est moi? Eh bien!.. eh bien!.. qu'as-tu donc?.. te voilà tremblante... ma pauvre fille... tu l'aimes donc bien?..

ADINE.
Plus que je ne peux vous dire... et je n'y survivrai pas.

Mme DE CHAVANNES.
Si, mon enfant...

ADINE.
Non, maman... je vous le jure!..

Mme DE CHAVANNES.
Allons, de la raison! du courage!

ADINE, pleurant.
Je n'en ai plus! C'est si mal à lui de ne pas m'aimer...

Mme DE CHAVANNES.
Cela peut venir.

ADINE, essuyant ses pleurs.
Vous croyez!.. et comment cela?..

Mme DE CHAVANNES.
Il te connaît à peine... il y a un an qu'il ne t'a vue...

ADINE.
C'est vrai!..

Mme DE CHAVANNES.
Depuis ce temps, tu es bien embellie.

ADINE.
C'est ce que je me disais ce matin!

Mme DE CHAVANNES.
Et puis, tu as un bon cœur, un bon caractère, une foule de bonnes qualités.

ADINE, avec impatience.
Cela ne se voit pas.

Mme DE CHAVANNES.
Peut-être!.. Il y a moyen de les faire valoir, de paraître à son avantage... il n'est pas défendu de plaire.

ADINE.
Certainement... Mais, pour plaire, comment faire?

Mme DE CHAVANNES, souriant.
Comment?

ADINE, d'un air suppliant.
Oui!.. c'est à vous que je le demanderai!..

Mme DE CHAVANNES, souriant.
Je n'ai pas de mémoire... Pour toi, cependant, je tâcherai de me rappeler; et d'abord, ce soir, à ce bal... où tu dois aller... (La regardant.) Voilà une coiffure qui ne te va pas du tout; nous la changerons.

ADINE.
Oui, maman...

Mme DE CHAVANNES.
Il y sera aussi.

ADINE.
Vous faites bien de me le dire... je danserai de mon mieux...

Mme DE CHAVANNES.
Non, vraiment... comme à l'ordinaire... avec simplicité...

ADINE.
Je ne danserai qu'avec lui.

Mme DE CHAVANNES.
Garde-t'en bien... ne fais pas plus attention à lui qu'à un autre... peut-être même un peu moins!.. Ce n'est pas lui qui doit te trouver aimable... c'est tout le monde... afin que tout le monde le lui dise.

ADINE.
Il faudra donc, en dansant, faire des frais, avoir de l'esprit! Et en avoir exprès... c'est terrible!.. Avec les autres, c'est possible... mais, lui, s'il me parle...

Mme DE CHAVANNES.
Point de recherche, point d'affectation... du naturel.

ADINE.
C'est aisé, quand on n'y pense pas; mais si je tâche d'en avoir, je n'en aurai plus! Et si je me trouble... si vous n'êtes plus là pour venir à mon aide, et que mon embarras lui apprenne ce qu'il faudrait lui taire?.. Non, non, c'est trop difficile... je ne pourrai jamais. Avant, je ne dis pas; mais maintenant, et avec l'idée de lui plaire... Je ne parviendrai qu'à lui paraître sotte, maussade, insupportable. Il me prendra en aversion... et, alors, je n'aurai plus qu'à mourir de chagrin.

Mme DE CHAVANNES, à part.
Elle a raison; elle n'y entendra jamais rien! Pour séduire, il faut du calme, du sang-froid... on n'en a plus quand on aime... et j'allais remettre en ses mains des armes trop dangereuses pour qui ne sait pas s'en servir!

ADINE.
Eh bien, vous ne me répondez pas! Que dois-je faire?

Mme DE CHAVANNES.
Rien, mon enfant, absolument rien... que de te montrer, pour prouver à M. Amédée qu'il n'a pas le sens commun! C'est déjà un assez bon argument à employer; et, pour le reste, je m'en charge : tu n'iras pas seule à ce bal, je t'y mènerai.

ADINE, avec joie.
Vous, qui vouliez passer la soirée ici...

Mme DE CHAVANNES.
Je me sacrifie! (Gaiment.) J'ai idée que je m'y amuserai... que j'y servirai utilement tes intérêts!..

ADINE.
Ah! que vous êtes bonne!

Mme DE CHAVANNES.
Et avant peu, je l'espère...

SCÈNE VIII.
ADINE, Mme DE CHAVANNES, BRESSON.

BRESSON.
Me voilà!..

Mme DE CHAVANNES.
Ah! c'est vous, mon ami!

BRESSON.
Moi-même, qui viens passer ici la soirée et faire mon piquet...

Mme DE CHAVANNES.
C'est impossible... nous sortons pour affaires!

ADINE, avec joie.
Ma bonne maman va au bal.

BRESSON.
Au bal?..

Mme DE CHAVANNES.
J'y suis obligée... chez le ministre de la marine, qui sera ravi de vous voir... Nous vous emmenons.
(Un domestique entre, prend une table à jeu qui est près de la fenêtre, et la place au milieu du salon, et y pose des flambeaux.)

BRESSON.
Moi!..

Mme DE CHAVANNES.
Sans doute... Vous serez témoin de mes conquêtes... si j'en fais; mais, pour cela, il faut s'occuper de sa toilette... Je vous laisse avec ma petite-fille qui est déjà prête, et qui vous tiendra compagnie.

BRESSON.
Et mon piquet?..

Mme DE CHAVANNES.
Elle le sait très bien... elle l'a appris pour moi. Ainsi, mon ami, ne vous impatientez pas!

ADINE, près de la table où elle va s'asseoir.
Je suis à vos ordres, Général.

BRESSON, s'asseyant.
C'est moi qui suis aux vôtres... La petite-fille au piquet! la grand'mère au bal!.. Je ne m'y reconnais plus.
(Il s'assied vis-à-vis Adine, à la table à droite, Mme de Chavannes sort par la porte à gauche.)

FIN DU PREMIER ACTE.

ACTE II.

Même décoration.

SCÈNE I.
Mme DE CHAVANNES, coiffée en cheveux et en robe blanche du matin très élégante. BRESSON.

BRESSON, avec humeur.
Enfin ce matin on peut vous parler, car hier soir à ce bal, il y avait cercle autour de vous!

Mme DE CHAVANNES.
Cela vous fâche!

BRESSON.
Certainement! impossible de vous aborder! c'est tout au plus si l'on pouvait de loin apercevoir votre toilette que tout le monde trouvait charmante.

Mme DE CHAVANNES.
Vraiment!

BRESSON, avec humeur.
Et où je n'ai trouvé, moi, rien de remarquable!

Mme DE CHAVANNES.
C'est précisément ce qu'il fallait et vous ne pouviez pas me faire un compliment plus adroit! car, dans cette toilette qui m'a coûté une demi-heure de méditation, il y avait tout un problème à résoudre, une juste limite à saisir, une transition entre le passé et le présent....

BRESSON.
Tant de choses dans un habillement de femme! (Regardant son négligé du matin.) Et dans celui-ci que je trouve très bien y a-t-il aussi quelque idée profonde?

Mme DE CHAVANNES, souriant.
Peut-être!.. n'est-ce pas sans desseins que j'ai tâché ce matin de cacher quelques années, et de faire oublier mes cheveux blancs; mais vous autres hommes vous ne voyez rien!..

BRESSON.
Vous croyez ça!.. eh bien! j'ai fait hier des observations dont, en ami, je dois vous faire part! vous n'y prenez pas garde! ce n'est plus de l'amabilité! c'est de la coquetterie! vous n'étiez pas ainsi autrefois, vous n'aviez pas ce désir de plaire,

ce besoin d'hommages !.. et vous devez être satisfaite, ils ne vous ont pas manqué ! ce jeune homme est resté là presque toute la soirée... toute la nuit dernière votre chaise !

Mme DE CHAVANNES.
Je dois convenir qu'il a été rempli de soins et d'attentions !

BRESSON.
Je crois bien ! au lieu de danser le galop, il a préféré causer avec vous !

Mme DE CHAVANNES.
S'il aime mieux les paroles que la musique...

BRESSON.
Enfin, madame, c'est se compromettre.

Mme DE CHAVANNES.
Oui, si je n'avais été aimable qu'avec lui... mais il me semble qu'avec tout le monde, à commencer par le ministre...

BRESSON.
Parbleu... si vous croyez que cela m'ait fait plaisir...

Mme DE CHAVANNES.
De quoi alors vous plaignez-vous, et d'où viennent vos alarmes? ma réputation est faite... il n'y a pas de danger...

BRESSON.
Pas de danger pour vous, certainement... mais il peut y en avoir pour d'autres, pour ce jeune homme.

Mme DE CHAVANNES.
Quelle idée !

BRESSON.
Se voir accueilli et distingué par une femme que tout le monde entoure d'hommages et d'adorations, il y a de quoi séduire, tourner une jeune tête... de meilleures que la sienne n'y résisteraient pas, j'ai bien vu l'effet que cela produisait sur lui.

Mme DE CHAVANNES.
Vous vous êtes abusé !

BRESSON.
J'en suis sûr !

Mme DE CHAVANNES.
Et quelle preuve ?

BRESSON.
Ah ! il vous faut des preuves... eh bien ! il m'a fait ses confidences, car je l'ai connu beaucoup, ce jeune homme.

Mme DE CHAVANNES.
Oui, je le sais... au Brésil.

BRESSON.
Où je l'ai reçu autrefois à votre recommandation; je l'aimais, je l'ai toujours trouvé très bien, très convenable jusqu'à hier soir... il est venu à moi les yeux brillans et animés... N'est-ce pas, général, elle est charmante ? quelle grâce, quel esprit, et quel éclat; et moi, sans vouloir le contredire je cherchais à modérer son enthousiasme.

Mme DE CHAVANNES, avec reproche.
Et pourquoi donc? s'il vous plaît.

BRESSON, embarrassé.
Parce que... parce qu'il parlait trop haut !.. De toutes les femmes qui sont ici, disait-il, c'est celle que je préfère; et je ne suis pas le seul, car tout à l'heure devant moi, on est venu l'inviter.

Mme DE CHAVANNES.
C'est vrai ! un danseur égaré qui se trompait.

BRESSON.
Et elle est si bonne, ajoutait-il, je lui dois tant de reconnaissance... tenez, général, je voudrais me battre pour elle, comprenez-vous?.. Je comprenais très bien ! On est venu dans ce moment lui proposer de jouer... ah ! bien oui, il était trop occupé, il a refusé!.. mais le côté perdant s'adressait toujours à lui, Amédée, cinq napoléons, dix, quinze... Il avait de l'or plein sa poche, et pariait sans compter... il vous regardait toujours! Enfin un étourdi, un extravagant qui, cédant à l'influence du premier mouvement, agit d'abord, réfléchit après; et il n'en faut pas davantage j'espère, pour vous prouver...

Mme DE CHAVANNES, souriant.
Que vous êtes bien maladroit, mon cher ami; car enfin, sans le vouloir, vous me le rendez intéressant ce jeune homme.

BRESSON.
Moi !..

Mme DE CHAVANNES.
Sans doute !

BRESSON.
Si ce n'est que cela !.. attendez... j'en ai appris bien d'autres en causant ce matin avec Didier, mon agent de change, et son camarade de collége; c'est par les camarades de collége que l'on connaît la jeunesse... (En confidence.) Notre ami Amédée a une passion !..

Mme DE CHAVANNES.
Je le sais !

BRESSON.
Qu'il avait faite à Bordeaux et qu'il a retrouvée à Paris, une grisette qui le trompe et qui joue les grands sentimens pour se faire épouser... car il a une très belle fortune ce garçon-là, dont il peut disposer et qui ne durera pas long-temps du train dont il y va.

Mme DE CHAVANNES.
En vérité!..

BRESSON.
Il prête à tous ses amis, c'est-à-dire à tout le monde; et de peur qu'il ne lui arrive de mauvaises idées ou qu'il ne tombe en mauvaises mains, vous devriez me seconder dans mes anciens projets; j'avais pensé à ma fille Paméla dont je ne sais que faire... une fille à marier.

Mme DE CHAVANNES, à part.
Et lui aussi !.. (Haut.) Est-elle jolie?

BRESSON.
Oui si on regarde sa dot qui est superbe... du reste, cette chère enfant, elle a une épaule un peu... ce n'est pas sa faute, ni la mienne... car enfin je ne suis pas beau, mais je suis droit, je suis bien fait; du reste et maintenant qu'on redresse la taille... c'est moins que rien, et pour peu que vous m'aidiez de votre influence.

Mme DE CHAVANNES, souriant.
Je le voudrais... mais je dois vous avouer franchement que j'ai sur lui d'autres vues.

BRESSON.
Et lesquelles ?..

Mme DE CHAVANNES.
Je ne peux pas encore les dire...

BRESSON.
Et pourquoi donc?
UN DOMESTIQUE, annonçant.
M. Amédée!
BRESSON.
Comment, déjà!.. avant midi, j'espère que vous ne le recevrez pas.
Mme DE CHAVANNES.
Si vraiment... qu'il entre.
BRESSON.
Est-ce que par hasard vous l'attendiez.
Mme DE CHAVANNES.
Non... mais j'étais sûre qu'il viendrait! (A Bresson qui fait un mouvement d'impatience.) Bientôt, mon cher ami, bientôt, je n'aurai plus de secret pour vous... Vous aurai-je à dîner?..
BRESSON.
J'allais vous le demander?
Mme DE CHAVANNES.
Et vous faites bien!..
BRESSON.
Me permettez-vous de vous amener Paméla.
Mme DE CHAVANNES.
Je vous en prie en grace... (A part.) Nous gagnerons cent pour cent, à son voisinage!
BRESSON.
Vous êtes trop bonne!..
AMÉDÉE, entrant.
Madame... Général...
BRESSON.
Je vous salue, monsieur.
(Il salue brusquement Amédée, et sort par le fond.)

SCÈNE II.
Mme DE CHAVANNES, AMÉDÉE.

AMÉDÉE.
Il me tardait, madame, d'apprendre de vos nouvelles et de savoir si vous n'étiez pas bien fatiguée de vos succès d'hier.
Mme DE CHAVANNES.
Mes succès! vous êtes bien bon!
AMÉDÉE.
Au fait vous devez y être habituée, et c'est mon étonnement seul qui aurait droit de paraître extraordinaire... mais d'abord, je ne m'attendais pas à vous rencontrer; vous m'aviez annoncé que vous ne sortiriez pas; et quand j'ai vu un espèce de mouvement dans le bal, quand j'ai vu tous les yeux se tourner du même côté et que je vous ai reconnue, jugez de mon bonheur, qu'augmentait encore la surprise... dès ce moment je n'ai plus été seul, et le bal m'a paru charmant.
Mme DE CHAVANNES.
C'est qu'en effet il était fort brillant... il y avait de très jolies femmes.
AMÉDÉE, la regardant.
Oui, madame...
Mme DE CHAVANNES.
De jeunes femmes.
AMÉDÉE, la regardant toujours.
C'est ce que je me disais!
Mme DE CHAVANNES.
Et puis je vous dois des remercîmens; vous avez fait danser ma petite-fille!

AMÉDÉE.
Qui était accablée d'invitations; et c'est à vous sans doute que j'ai dû un tour de faveur... dont j'ai senti tout le prix... car nous n'avons fait que causer de vous... j'admirais comme elle cette estime générale et profonde qui vous environnait!.. Je conçois que par des talens supérieurs ou par le rang dont il brille, un homme puisse produire dans le monde un pareil effet... mais une femme! cela suppose chez elle tant de vertus, un mérite si constant et si bien apprécié...
Mme DE CHAVANNES.
Mon cher Amédée, je n'aime pas la flatterie.
AMÉDÉE.
Aussi n'en est-ce pas!.. et si je vous racontais tout ce que j'ai entendu, toutes les observations que j'ai faites.
Mme DE CHAVANNES.
En vérité... vous avez eu le temps et le loisir d'observer! tant mieux! voilà déjà qui me rassure pour vous.
AMÉDÉE.
En quoi donc?
Mme DE CHAVANNES.
C'est une amélioration dans votre état... car un cœur bien épris vous laisse insensible et distrait au milieu du monde; ne vous permet de rien voir, de rien remarquer.
AMÉDÉE.
Ah! madame! ne me rappelez pas de pareils souvenirs, vous m'aviez promis de les oublier et si vous saviez combien je suis malheureux de cette confidence... surtout depuis hier soir...
E^{me} DE CHAVANNES.
Et pourquoi?
AMÉDÉE.
Que voulez-vous? ayant de bonne heure perdu tous mes parens, jeté à bord d'un vaisseau, au milieu de marins, mes camarades, il fallait bien sous peine de m'exposer à leurs railleries... prendre un peu de leurs manières, de leurs mœurs qui ne sympathisaient pas trop avec les miennes... mais n'importe je l'ai fait... je m'y suis habitué, je ne connaissais plus d'autre société ni d'autres plaisirs; mais hier, transporté tout-à-coup dans ce monde élégant, distingué et poli, me retrouvant au milieu de la bonne compagnie, il me semblait rentrer chez moi; et comme un exilé qui revient, je regardais, j'admirais... j'étais heureux! ce bon ton, ces bonnes manières, ce charme qui ne se donne point, mais qui naît de lui-même et qui se gagne parfois... je retrouvais tout cela en vous écoutant.
Mme DE CHAVANNES.
Vous étiez disposé à voir tout en beau!
AMÉDÉE.
Et par un rapprochement bien singulier, hier, pendant cette conversation qui fesait oublier les heures, je songeais en moi-même à ce que me disait autrefois mon père quand il me parlait...
Mme DE CHAVANNES, vivement.
De qui donc?
AMÉDÉE.
D'une femme, d'un ange... dont il nous traçait un portrait si gracieux et si séduisant que

je ne pouvais y croire!.. C'est en vous voyant qu'il m'a paru possible, et que je l'ai compris!

Mme DE CHAVANNES, avec émotion.
Ah! il vous a parlé d'une femme... qu'il vous a nommée...

AMÉDÉE.
Jamais!..

Mme DE CHAVANNES.
Mais il vous en parlait!..

AMÉDÉE.
Très souvent!.. devant moi et devant ma mère qui lui devait son bonheur, son mariage, et tous les deux la bénissaient... Mais ce n'est pas d'elle qu'il s'agit, c'est de vous! Et à ce bal, quand se pressaient autour de votre fauteuil tous ces hommes que distinguaient ou leurs titres ou leur mérite; et que je les voyais, honorés d'un sourire ou fiers d'un regard que vous laissiez tomber sur eux... je me disais : Quel rêve! quel avenir de bonheur!.. Si un pareil guide était donné à ma jeunesse! S'il m'était permis, comme à une divinité protectrice, de lui vouer un culte assidu et un attachement éternel!..

Mme DE CHAVANNES.
Enfant que vous êtes!.. quelle folie est la vôtre, et combien je vous punirais si j'acceptais ce dévouement sans bornes que vous m'offrez.

AMÉDÉE.
Jamais! car il y a là un cœur prêt à vous obéir et qui serait trop heureux d'exécuter vos ordres.

Mme DE CHAVANNES.
Je n'en ai point à vous donner! heureusement pour vous... car il en est qui peut-être vous embarrasseraient beaucoup!..

AMÉDÉE.
Aucun, Madame, aucun! parlez, exigez!.. quels qu'ils puissent être je serai prêt à tous les sacrifices.

Mme DE CHAVANNES, avec intention.
Il en est que l'amitié la plus vraie n'a pas le droit d'exiger... mais qu'elle ne peut s'empêcher de désirer ardemment.

AMÉDÉE, vivement.
Et ce désir seul est une loi pour moi...

Mme DE CHAVANNES.
Prenez garde! prenez garde!.. réfléchissez auparavant... n'écoutez pas selon votre coutume... le premier mouvement qui toujours vous entraîne! et qu'une résolution sage et sensée ne soit pas exécutée par vous comme le serait une folie!

AMÉDÉE.
Mais c'est la raison elle-même, que votre voix vient enfin de me faire entendre, c'est la raison qui depuis long-temps me conseillait de rompre des liens dont je rougissais, dont j'étais honteux et qui faisaient mon malheur... mais que voulez-vous? on s'habitue à être malheureux, on se façonne à ce joug comme à tout autre... et pour le briser... il faut de la force, du courage... c'est là ce qui me manquait... et vous me l'avez donné... que ne ferais-je point pour acquérir votre estime, pour être digne de vous... car vous m'avez promis...

Mme DE CHAVANNES.
Bien peu de chose... aussi j'espère mieux encore pour vous et pour votre bonheur... ce soin-là du moins désormais me regarde... car je crois vous avoir dit que mon amitié n'oubliait rien et tenait compte de tout ce qu'on faisait pour elle!
(Amédée baise la main de Mme de Chavannes et sort au moment où entre Adine qu'il salue.)

SCÈNE III.
ADINE, Mme DE CHAVANNES.

Mme DE CHAVANNES, se retournant et apercevant Adine.
Ah! te voilà! arrive vite! Amédée sort d'ici; tout va bien! et voici déjà un grand pas de fait!

ADINE, froidement.
Vous êtes bien bonne et je vous en remercie... mais c'est tout-à-fait inutile!

Mme DE CHAVANNES, étonnée.
Pourquoi donc?

ADINE.
Attendu que je n'aime plus du tout Monsieur Amédée!

Mme DE CHAVANNES.
Ah! mon Dieu!.. déjà! et qui a produit ce changement d'idée... sans doute des motifs graves...

ADINE.
Très graves!..

Mme DE CHAVANNES.
Est-ce qu'hier, à ce bal, il aurait dansé plus souvent avec d'autres qu'avec toi.

ADINE.
Oh! mon Dieu non!.. je l'observais du coin de l'œil... il était très bien... il était avec vous, il ne vous a presque pas quittée et j'étais tranquille, parce qu'avec vous il n'y a pas de danger...

Mme DE CHAVANNES.
Je te remercie.

ADINE.
Il m'a invitée plusieurs fois à danser... et je n'ai accepté qu'une seule... ce n'était pas sa faute... j'étais toujours engagée... ce qui me faisait de la peine et en même temps quelque satisfaction parce qu'il aura pu voir qu'il y avait foule!.. mais à la dernière contredanse où j'avais pour cavalier M. Didier... il m'a parlé de son ami... c'était tout naturel... il était là... en face de nous!.. et comme il avait un air pensif et préoccupé. — Qu'a-t-il donc, lui demandai-je? — Ne faites pas attention, me répond-il en riant... il rêve à ses amours. — Ses amours! Vous sentez alors qu'afin d'en savoir davantage j'ai pris un air dégagé et indifférent qui ne pouvait donner aucun soupçon...

Mme DE CHAVANNES.
Je m'en rapporte bien à toi et à ton adresse!

ADINE.
Eh! oui, me dit-il... une passion... comme tous les officiers de marine... et dans ce moment il y avait une maudite contredanse.. un

chassé huit qui était si bruyant que l'on pouvait à peine s'entendre... j'avais une envie de parler, et il fallait danser... la mesure était là qui vous pressait... et le cornet à piston qui dominait toutes les voix!... Quelle vilaine invention!... Vous m'acheverez cette histoire, lui dis-je!... pendant qu'il me reconduisait à ma place : « Non pas, parce que nous autres jeunes gens nous sommes discrets entre nous... » Mais vous comprenez bien qu'il ne m'en fallait pas davantage... parce que M. Didier à qui je rends justice, n'a pas assez d'esprit pour inventer des histoires pareilles... il est si bon enfant!..

Mme DE CHAVANNES.
Et si bavard!.. de quoi se mêle-t-il?

ADINE.
Il m'a rendu un grand service! parce qu'enfin M. Amédée était bien le maître de ne pas m'aimer... de n'aimer personne... et quand vous me l'avez appris, vous avez bien vu que cela ne me faisait rien... que je ne lui en voulais pas... mais en aimer une autre... c'est ce que je ne pardonne pas... en aimer une autre!..

Mme DE CHAVANNES.
Eh! mon Dieu... déjà peut-être ne l'aime-t-il plus.

ADINE.
Et qu'est-ce que cela fait? est-ce qu'on peut épouser quelqu'un qui avant son mariage a aimé une autre que sa femme... est-ce que cela s'est vu?..

Mme DE CHAVANNES.
Ma chère enfant...

ADINE.
Moi, d'abord, je ne le pourrais pas... surtout quand il a eu une passion... car c'est le terme dont on s'est servi... et quelle est elle cette passion?.. pour qui l'a-t-il éprouvée?..

Mme DE CHAVANNES.
Est-ce que je le sais?.. peut-être pour toi!

ADINE.
Pour moi!.. quand il vous a dit à vous-même...

Mme DE CHAVANNES.
Il ne m'a rien dit... il a été discret... mais avec M. Didier son camarade... peut être l'a-t-il été moins...

ADINE.
Vous croyez!...

Mme DE CHAVANNES.
Je l'ignore... mais ce que je te demande en grâce, c'est d'éviter à l'avenir de pareilles conversations... de t'en rapporter à moi... et non à M. Didier...

ADINE.
Je l'aime bien mieux... et dès que vous me répondez...

Mme DE CHAVANNES.
Je ne réponds encore de rien... mais je puis t'assurer, et j'espère que tu auras confiance en moi, que je suis très contente de M. Amédée... qu'il ne faut que de la patience... et que s'il n'a pas encore pour toi une grande passion...

ADINE.
Quand il voudra!.. je ne suis pas exigeante...

Mme DE CHAVANNES.
Aucune autre, dans ce moment du moins...

ADINE.
Voilà tout ce que je demande...

SCÈNE IV.
ADINE, Mme DE CHAVANNES, BRESSON.

BRESSON, entrant d'un air effaré.
Eh bien! Madame, voici de belles nouvelles.... et si c'est là le secret que vous me réserviez... j'aurais pu attendre... rien ne pressait...

Mme DE CHAVANNES.
Qu'avez-vous donc?

BRESSON.
Je viens de voir M. Amédée...

ADINE, à part.
Amédée...

BRESSON.
Je l'ai rencontré dans la rue... il vous quittait...

Mme DE CHAVANNES, vivement.
C'est bien! nous allons en causer... (A Adine.) Donne des ordres pour le dîner, car nous avons aujourd'hui le Général et Mlle Pamela sa fille... puis d'autres personnes encore... tu comprends...

ADINE.
Oui, maman... ne vous inquiétez de rien je tâcherai de vous remplacer... et je reviendrai dessiner là... au petit salon.

(Elle sort par la porte à droite.)

SCÈNE V.
Mme DE CHAVANNES, BRESSON.

Mme DE CHAVANNES.
Eh bien! qu'est-ce donc, Général, vous arrivez là soudain avec un air effaré qui semble crier : au feu!

BRESSON.
On crie au feu!.. quand il y a le feu!.. et il y est!.. Je vous disais bien ce matin qu'avec vos amabilités et vos coquetteries... ça ne pouvait pas manquer d'arriver!.. il est amoureux... amoureux fou... ça va vite avec ces têtes-là! il me rencontre... il me saute au col... Général... c'est fini!.. je n'hésite plus!.. je vais rompre avec Herminie...

Mme DE CHAVANNES.
Herminie!.. qu'est-ce que c'est que cela?..

BRESSON.
Est-ce que je sais?.. est-ce que je connais Mlle Herminie... Elle le veut, elle l'exige... a-t-il continué et je suis trop heureux de lui obéir... je n'aime plus désormais que la vertu et la bonne société... Adieu Herminie... je cours chez mon agent de change... car il faut des égards... des consolations... un coupon de rentes... n'est-ce pas, Général? Enfin un flux de paroles et d'idées où je n'ai rien compris sinon que la tête... n'y était plus... absence totale!

Mme DE CHAVANNES.

Et c'est là ce qui vous effraie !.. des extravagances, que vous ne pouvez soupçonner... que quelques mots de raison auront bientôt calmées! Laissez-le faire... nous verrons après...

BRESSON.

Le laisser faire...

Mme DE CHAVANNES.

Sans doute... car l'intention est bonne...

BRESSON.

Si ce n'était que celle-là... certainement... mais il en a bien d'autres... d'autres encore que vous ne pouvez soupçonner... que vous ne devinerez jamais... l'intention la plus folle... c'est-à-dire la plus raisonnable... mais en même temps la plus extraordinaire, la plus étourdissante... et quand vous la connaîtrez, vous ferez comme moi, vous vous recrierez... vous direz que cela n'est pas... et cependant cela est.

Mme DE CHAVANNES, avec impatience.

Et dites donc tout de suite !

BRESSON.

Il veut vous épouser !

Mme DE CHAVANNES, riant.

Ah!.. vraiment!.. et qui a pu lui donner une idée comme celle-là ?

BRESSON, avec humeur.

Eh! parbleu! c'est moi !

Mme DE CHAVANNES.

Vous, Général...

BRESSON.

Eh! oui... car il n'y pensait pas... il avait d'autres idées... des idées de jeune homme... car à ces Messieurs... ce n'est pas l'amour-propre qui leur manque... et sans qu'il me l'exprimât clairement... je voyais bien que par la suite... avec le temps... il espérait... et je lui dis : halte-là !.. halte-là, jeune homme... vous ne connaissez pas la femme dont vous parlez... une femme qui a refusé d'autres hommages que les vôtres... une femme digne de toute l'admiration, de tous les respects et que tout le monde enfin serait trop heureux d'épouser. Ah! vous avez raison, s'est-il écrié... quelle idée... quelle bonne idée vous me donnez là... c'est le seul moyen de passer toutes mes soirées auprès d'elle! quelle maison agréable, quelle société charmante... et cœtera, et cœtera... Là-dessus sa tête se monte... il forme en un instant mille plans et mille projets... qu'on ne pouvait ni suivre, ni interrompre... et sans m'écouter, il me quitte en courant pour rejoindre son notaire...

Mme DE CHAVANNES, se levant.

M'épouser! c'est aussi par trop fort; je ne voulais pas que cela en vînt jusque-là !..

BRESSON.

Et jusqu'où vouliez-vous donc... s'il vous plaît?..

Mme DE CHAVANNES.

Calmez-vous... je vous expliquerai mes projets... il le faut bien pour que vous m'aidiez... car je ne puis me confier qu'à vous seul... et tout serait perdu... si ma petite-fille se doutait... silence, la voici.

SCÈNE VI.

BRESSON, Mme DE CHAVANNES, ADINE.

ADINE, bas à Mme de Chavannes, avec joie.

Vous aviez raison, ma mère, tout va bien... tout va à merveille !..

Mme DE CHAVANNES, à part.

Joliment ! (Haut.) Qui te l'a dit ?

ADINE.

M. Didier..

Mme DE CHAVANNES.

Encore lui... il est donc partout.

ADINE.

Il est là dans le petit salon... où il venait d'arriver... et où il mettait en ordre des papiers qu'il vous apporte... moi je ne lui demandais rien... vous me l'aviez défendu ! c'est lui qui m'a dit à demi-voix et d'un air goguenard : Amédée sort de chez moi... il s'agit de bien autre chose en ce moment... Et moi j'ai dit tout uniment : Qu'est-ce donc? Il était impossible de ne pas dire : Qu'est-ce donc? et il m'a répondu : Il est question d'un mariage. — Où donc? — Ici.

BRESSON, à Mme de Chevannes.

Vous l'entendez !

ADINE.

Alors, j'ai balbutié... je suis devenue toute rouge...

BRESSON, voulant détromper Adine.

Qu'est-ce qu'elle dit ?

Mme DE CHAVANNES, l'interrompant vivement.

Silence !

ADINE.

Dans ce moment, la porte s'ouvre... c'est Amédée... (Se reprenant.) C'est M. Amédée qui entrait... et toute déconcertée, je l'ai salué à la hâte, lui disant que j'allais vous prévenir de l'arrivée de ces Messieurs... Et ils sont là, ils causent...

Mme DE CHAVANNES.

Eh bien ! c'est bon !.. ils attendront... (A Bresson.) Venez, mon ami... venez... (A Adine.) Toi, mon enfant, rentre dans ton appartement...

(Elle sort, avec Bresson, par la porte à gauche.)

SCÈNE VII.

ADINE, s'en allant.

Oui, maman... (Regardant à droite.) C'est dommage !.. mais c'est égal... je suis contente... je suis heureuse... je peux m'en aller... Non pas, car les voilà... ça ne serait pas honnête; et maintenant, d'ailleurs, que je sais tout !..

(Elle se met, dans le coin à gauche, à sa tapisserie.)

SCÈNE VIII.

ADINE, DIDIER, AMÉDÉE.

AMÉDÉE, causant à demi-voix avec Didier et entrant, par la porte à droite, sans apercevoir Adine, qui est à gauche.

Oui, mon ami, je suis libre, tout est fini, et

bien plus heureusement que je ne croyais... Pauvre Herminie !..

DIDIER.
Elle a un peu pleuré?

AMÉDÉE.
Du tout! en voyant mon air triste, elle s'est mise à rire... moi aussi !.. Jamais rupture ne s'est faite plus gaîment... je ne croyais pas qu'il fût si facile de se quitter bons amis...

DIDIER.
Et le petit coupon de rente de douze cents francs est accepté?

AMÉDÉE.
Fort gentiment... sans façons... sans cérémonie... entre amis... cela m'a touché... et pour le reste de mes projets... Tu as vu mon notaire, qui est le tien...

DIDIER.
Oui, mon ami ! il s'occupe de ton contrat ; un contrat sublime !.. ses clercs pleuraient en l'écrivant...

AMÉDÉE.
Et comme nous en sommes convenus, il viendra tantôt l'apporter à Mme de Chavannes et le lui soumettre ?

DIDIER.
Oui, mon ami.

AMÉDÉE.
Mais comme il n'y a encore rien de fait; silence, ici, avec tout le monde...

DIDIER.
Excepté...

AMÉDÉE.
Personne! ou je te retire mon amitié...

DIDIER.
Mais, cependant...

AMÉDÉE.
Ma clientelle...

DIDIER.
C'est différent... je me tairai !.. (Se retournant et apercevant Adine.) Ah !.. c'est Mlle Adine... elle est si occupée qu'elle ne nous a pas vus... Elle est jolie, n'est-ce pas?

AMÉDÉE.
Charmante !.. elle ressemble à sa mère !

DIDIER.
Le général Bresson a déjà parlé pour moi... et si tu veux aussi me seconder...

AMÉDÉE.
Sois donc tranquille... je n'aurai qu'un mot à dire... et puis, si tu n'es pas assez riche... je suis là, je te prêterai pour payer ta charge.

DIDIER.
O généreux ami !..

ADINE, part.
Qu'est-ce qu'ils ont donc à parler bas? (Elle se lève et feignant de les apercevoir.) Ah! mon Dieu! ces Messieurs...

AMÉDÉE.
Qui se sont lassés d'attendre et de ne pas vous voir...

ADINE.
Ma mère était à causer avec le Général... elle y est encore... mais elle ne tardera pas à paraître, car elle sait que vous êtes ici...

DIDIER.
Nous ne sommes pas pressés...

AMÉDÉE.
Surtout, si vous nous restez...

ADINE.
Je crains de vous gêner... vous avez à parler affaires...

AMÉDÉE.
Pas du tout... je venais, au contraire, proposer une partie de plaisir à Mme de Chavannes et à vous... J'ai appris, hier soir, au bal, par Mme de Nerville, votre cousine, que j'avais vue à Toulon, et avec qui j'ai renouvelé connaissance, qu'il y avait, ce matin, une course au bois de Boulogne...

DIDIER.
C'est vrai !.. un pari très intéressant... Miss Annette contre Taglioni... et de là une course au clocher...

AMÉDÉE.
Tu sais cela... toi?..

DIDIER.
Certainement !.. je suis abonné au journal des Haras !.. Il faut cela, quand on est agent de change, quand on a, comme moi, des cliens... élevés! des cliens à cheval... Voilà pourquoi je vais au manège... et au bois de Boulogne... On est flatté d'avoir un agent de change qui monte à cheval !

ADINE, riant.
Les affaires vont bien plus vite !

DIDIER, bas à Amédée.
Elle a de l'esprit, n'est-ce pas?

AMÉDÉE.
Mme de Nerville qui va à cette course, me proposait une place dans sa calèche... elle en avait même deux... J'ai bien mieux aimé qu'elle vous les offrît, et j'ai pensé que si vous vouliez me permettre d'accompagner votre voiture...

DIDIER.
En écuyer cavalcadour...

AMÉDÉE.
Ce serait très agréable pour moi !

ADINE.
Et pour nous aussi... une très bonne idée que vous avez eue... je suis sûre que ma bonne-maman y consentira... elle fait tout ce que je veux... Et puis la matinée est superbe...

DIDIER.
Il y aura un monde fou! j'en suis.

AMÉDÉE.
A merveille !.. Tu verras mon cheval... il est charmant, il fera de l'effet...

DIDIER.
Et toi aussi... parce qu'un marin qui monte à cheval, c'est déjà assez phénomène...

ADINE.
Pas plus qu'un financier...

DIDIER.
C'est ce que nous verrons... nous joûterons...

AMÉDÉE, vivement.
Volontiers... je parie vingt-cinq louis...

DIDIER.
Je les tiens... Ces dames seront juges de la course...

ADINE, sautant de joie.

Quel bonheur... comme nous allons nous amuser...

DIDIER.

Je suis sûr de gagner!.. je tiens l'officier de marine... (Chantant.)
Le roi des mers ne m'échappera pas!

SCÈNE IX.

ADINE, BRESSON, Mme DE CHAVANNES, habillée comme au premier acte; AMÉDÉE, DIDIER.

ADINE, courant en sautant au-devant de Mme de Chavannes.

C'est ma mère!

BRESSON, donnant le bras à Mme de Chavannes.

Maintenant que je suis au fait... soyez tranquille.. ne craignez pas de vous appuyer ! je suis là pour cela.

ADINE.

O mon Dieu, ma bonne maman, comme vous avez l'air souffrant !

Mme DE CHAVANNES, s'asseyant et portant la main à sa tête.

Je souffre, en effet, et beaucoup.

ADINE.

Serait-ce votre migraine ?

Mme DE CHAVANNES.

Je ne m'en vantais pas ! et je vous le cachais à tous, pour ne pas vous inquiéter... Mais c'est tout simple... tout naturel... il faut s'y attendre! Bonjour, Amédée, bonjour, mon cher Didier ; nous ne pourrons pas parler affaires, ce matin, comme je l'espérais...

DIDIER.

Il faut bien vous en garder !

AMÉDÉE.

Il vaut mieux vous distraire...

ADINE.

Certainement...

AMÉDÉE.

Il faut prendre l'air... il faut sortir...

DIDIER.

C'est ce qu'il y a de plus raisonnable...

Mme DE CHAVANNES.

Non... j'aime mieux rester chez moi !

ADINE, bas à Amédée, avec effroi.

Ah! mon Dieu !..

AMÉDÉE, de même.

Comment faire ?

Mme DE CHAVANNES.

Cela se passera dans mon fauteuil... avec du calme et du repos... Nous ferons un piquet, n'est-ce pas, Général ?..

BRESSON.

C'est un beau jeu!..

AMÉDÉE.

Oui, mais le matin...

Mme DE CHAVANNES.

Cela n'y fait rien !.. je le jouerais toute la journée... Le jouez-vous, Amédée ?

AMÉDÉE.

Non, Madame !..

Mme DE CHAVANNES.

C'est un grand tort... Il faut l'apprendre... nous le faisons ici, tous les soirs, et nous vous admettrons à notre partie... à moins que vous ne préfériez le whist...

AMÉDÉE.

Je ne le connais pas non plus.

Mme DE CHAVANNES.

Mais, mon cher ami, votre éducation a été horriblement négligée, et vous aurez besoin d'études sérieuses... Je vous mettrai entre les mains du vieux commandeur de Sauvecour, un dilettante du whist, un professeur ! Il a joué avec M. de Talleyrand, c'est tout dire ! Et au bout de deux ou trois mois de leçons un peu assidues...

BRESSON.

Vous pouvez bien en mettre quatre !

AMÉDÉE, à part.

Miséricorde !

Mme DE CHAVANNES.

Mettons en quatre ! Vous verrez, mon jeune ami, que nos plaisirs graves et sérieux en valent bien d'autres! une fois que vous y serez... vous ne pourrez plus quitter...

BRESSON.

C'est bien plus attrayant que vos soirées à la mode !

Mme DE CHAVANNES.

Où, pour ma part, je n'irais jamais !

ADINE.

Vous y allez cependant, et très souvent !

Mme DE CHAVANNES.

Pour toi, ma chère enfant, à cause de toi ! jusqu'à ce que tu sois mariée... Mais comme j'espère que cela ne tardera pas.

DIDIER, bas à Amédée.

Tu l'entends !

Mme DE CHAVANNES, avec intention et regardant Amédée.

Il me sera permis alors d'adopter des occupations plus conformes à mes goûts, de rechercher ce bonheur sédentaire qui consiste dans le repos, dans un petit cercle de vieux amis qui, étrangers au reste du monde, se comprennent entre eux et vivent des mêmes souvenirs.

BRESSON.

Voilà ce que nous aimons !

Mme DE CHAVANNES.

Toi, pendant ce temps, tu iras tous les soirs, avec ton mari, à l'Opéra, au concert, au bal !

DIDIER.

Certainement !

Mme DE CHAVANNES.

A chacun ses plaisirs ! c'est trop juste !

ADINE, avec embarras.

Je suis bien de votre avis... (Bas à Amédée.) Aidez-moi donc un peu...

AMÉDÉE, de même.

Je n'ose plus lui en parler.

DIDIER, de même.

Et pourtant l'heure avance.

Mme DE CHAVANNES, les regardant.

Qu'avez-vous donc, mes enfans ?

ADINE.

Rien, bonne maman ! (S'approchant d'elle.)

Quand je serai mariée, pourrais-je aller au bois de Boulogne... voir les courses de chevaux.

Mme DE CHAVANNES.
Sans contredit...

ADINE.
Mais d'ici là, et tant que je n'aurai pas de mari... c'est vous qui m'y conduirez... n'est-il pas vrai?

Mme DE CHAVANNES.
Oui, certes !

ADINE.
Eh bien ! il se présente, aujourd'hui, pour vous, une belle occasion...

Mme DE CHAVANNES.
Et laquelle ?

ADINE, à Amédée.
Parlez, maintenant, Monsieur, cela vous regarde !

DIDIER, bas à Amédée.
Est-elle gentille ?

AMÉDÉE.
C'est que je voulais vous prévenir de la part de Mme de Nerville...

Mme DE CHAVANNES.
Je sais... elle vient de m'écrire qu'à deux heures elle serait à ma porte.

ADINE.
Et les voilà bientôt !..

BRESSON.
Pas encore...

ADINE.
Si... si...

Mme DE CHAVANNES.
Aussi, je suis désolée de ne pouvoir sortir.

ADINE.
Mais vous le pouvez... Demandez à ces Messieurs... ils ne voudraient pas vous tromper, ni moi non plus : vous vous portez à merveille... vous êtes charmante...

AMÉDÉE.
C'est notre avis !

BRESSON.
Et moi, je pense comme la jeunesse...

ADINE.
Et dans une bonne calèche... par un beau soleil... et puis, ces Messieurs nous accompagneront à cheval... ils ont un pari dont nous serons témoins... ce sera charmant ; cela m'amusera et ça vous fera du bien.

Mme DE CHAVANNES.
Vous croyez donc que je puis m'exposer, au grand air, sans danger...

TOUS, avec joie.
Pas le moindre... au contraire.

Mme DE CHAVANNES.
Vous me faites plaisir... non pour le bois de Boulogne; cela m'est impossible... j'avais d'autres engagemens plus importans...

ADINE et AMÉDÉE.
Ah ! mon Dieu !

Mme DE CHAVANNES.
J'avais promis à un nouveau prédicateur, que je protége... à l'abbé de Gervault, d'aller, aujourd'hui, l'entendre à Saint-Thomas-d'Aquin... et j'étais désolée d'y manquer... Mais dès que vous m'assurez tous que ma santé me permet de sortir...

SCÈNE X.
Les Mêmes, UN DOMESTIQUE.

LE DOMESTIQUE.
Mme de Nerville fait dire à ces dames qu'elle les attend en bas dans sa voiture...

ADINE.
C'est bien la peine !

AMÉDÉE, avec un peu de dépit.
Quel dommage !..

Mme DE CHAVANNES, à Adine.
Eh ! pourquoi donc, mon enfant ?.. je ne veux pas que mon absence te prive du plaisir que tu te promettais... tu seras très bien avec ta cousine.

ADINE, avec joie.
Quoi !.. vous consentez ?..

Mme DE CHAVANNES.
Sans hésiter ! Et, puisqu'elle nous offrait deux places, le Général prendra la mienne et sera ton cavalier...

BRESSON.
Moi ?..

Mme DE CHAVANNES.
Je ne vous propose pas d'être le mien... vous n'aimez pas les sermons... ce n'est point dans vos habitudes... Amédée me donnera le bras...

ADINE.
O ciel !..

AMÉDÉE, avec embarras.
Certainement, Madame... c'est avec grand plaisir !

Mme DE CHAVANNES.
Il m'a promis d'être à mes ordres... et avec lui, j'en use sans façons...

BRESSON, à demi-voix.
J'aime mieux Saint-Thomas-d'Aquin...

Mme DE CHAVANNES, à qui on apporte son chapeau, son shall et un livre de prières.
Vous n'avez pas le choix.

ADINE, à part.
Au lieu de le laisser venir avec nous... il m'aurait fait la cour... Les grand'mères sont maladroites !

DIDIER, bas à Amédée.
Une si belle partie !

AMÉDÉE, avec impatience.
Est-ce que je peux refuser ? Mets-toi à ma place.

DIDIER.
Non pas !..

AMÉDÉE.
Il n'y a qu'une chose qui me fâche... c'est mon cheval anglais que j'ai dit d'amener ici...

DIDIER.
Sois tranquille... je le monterai...

Mme DE CHAVANNES, qui, pendant ce temps, a mis son chapeau et son shall.
Allons, partez... il sera trop tard... Général, votre bras à ma fille... Amédée, le vôtre...

AMÉDÉE.
Oui, Madame... (Donnant le bras à Mme de

Chavannes et parlant à Didier.) Prends bien garde, il est très vif... aie la ma main légère...
DIDIER.
N'aies donc pas peur...
ADINE, tenant le bras de Bresson.
Adieu, M. Amédée...

Mme DE CHAVANNES, à Amédée, lui donnant son livre de prières.
Voulez-vous bien vous charger de mon livre ?
AMÉDÉE, le prenant.
Avec plaisir... (Il donne son bras à Mme de Chavannes, tient de la main droite le livre de messe, et dit, en regardant Bresson, Adine et Didier, qui s'éloignent:) Vont-ils s'amuser !..

FIN DU DEUXIÈME ACTE.

ACTE III.

Même décoration.

SCENE I.
Mme DE CHAVANNES; puis BRESSON.

Mme DE CHAVANNES, seule et réfléchissant.
Pauvre enfant !.. elle pleure !.. Je lui ai fait du chagrin ! et elle ne m'en veut pas !.. et elle obéit sans murmure !.. Quel trésor pour un mari !
BRESSON, paraissant à la porte du fond qu'il entr'ouvre, et s'avançant sur la pointe du pied.
Eh bien ! quelles nouvelles ?
Mme DE CHAVANNES, se retournant, et gaîment.
Venez donc, Général.
BRESSON.
Je suis tout fier d'être d'une conspiration... cela ne m'est jamais arrivé ! et d'une conspiration sous vos ordres !.. Que se passe-t-il ? Où en sommes-nous ? Vous n'étiez pas encore de retour quand nous avons ramené Mlle Adine, et vous êtes restés à Saint-Thomas-d'Aquin plus longtemps que nous au bois de Boulogne.
Mme DE CHAVANNES.
Oh ! j'ai fait durer le plaisir long-temps ! près de trois heures !
BRESSON.
Miséricorde !
Mme DE CHAVANNES.
Si vous aviez vu ce pauvre jeune homme assis près de moi, dans une immobilité et un recueillement qu'il a soutenus long-temps avec un courage digne d'un meilleur sort... Puis, de guerre lasse! et perdant patience, regardant les voûtes de l'église, comptant les cierges, analysant les boiseries, se penchant pour entrevoir les traits de quelques dévotes, nos voisines, et arrêté dans ses découvertes par des voiles impitoyables ou des chapeaux en promontoire ; enfin, son embarras, son malaise, que trahissaient malgré lui des bâillemens plus ou moins bien interceptés; cela formait l'ennui le plus divertissant ! et, pour comble de bonheur, il semblait que le prédicateur lui-même voulût me seconder ! Il a été assommant !
BRESSON, riant.
Sans être du complot !

Mme DE CHAVANNES.
Sans être du complot !.. Aussi, l'amour de ce pauvre Amédée n'en reviendra pas !
BRESSON.
Vous croyez?
Mme DE CHAVANNES.
La recette est infaillible ! Un amant vous pardonnerait peut-être de le tromper... mais de l'ennuyer... jamais ! Et, ce n'est rien encore ! à la sortie de l'église, trois jeunes gens de ses amis, des officiers comme lui, s'arrêtent au moment où nous montions en voiture... ils aperçoivent Amédée tenant sous son bras mon livre de prières, et Thisbé, ma petite chienne anglaise !.. L'effet a été magique ! Leur salut malin, leur sourire moqueur et la rougeur subite de mon jeune écuyer, m'ont prouvé que le coup avait porté, que le ridicule était à ses yeux un crime plus grand encore que l'ennui ; et, quand nous sommes remontés en voiture, il cherchait en vain à cacher son humeur ; il m'écoutait à peine, il n'était plus à la conversation ; il est vrai, et vous vous en doutez bien, que je la ramenais toujours avec art sur des sujets qui lui rappelaient sa mésaventure... aussi la route lui paraissait longue, il lui tardait d'arriver. Il a respiré plus à l'aise quand on a ouvert les portes de l'hôtel, et moi, profitant sans pitié de mes avantages, je l'ai invité à dîner aujourd'hui, en lui recommandant de venir de bonne heure... Je l'exige !
BRESSON.
Et pourquoi donc ?
Mme DE CHAVANNES.
L'exigence, mon cher ami, l'exigence est d'un effet rapide et immanquable ! Il n'y a pas d'amour qui puisse y résister !.. Voilà, je l'espère, de la grandeur d'âme, de l'héroïsme !.. Il n'y a qu'une mère capable d'un pareil sacrifice... Oui, monsieur, on ne renonce pas aisément aux adorations, même à celles dont on ne sait que faire ; à plus forte raison quand il s'agit de changer des déclarations d'amour en déclarations de guerre... car, si je continue ainsi, avant peu il me détestera.
BRESSON.
Vous croyez.

Mme DE CHAVANNES,
J'en réponds.
BRESSON, avec satisfaction.
J'ai peur que vous ne puissiez y parvenir.
Mme DE CHAVANNES.
Même si je le veux !..
BRESSON.
Vous pouvez tout, excepté cela !.. et je ne serai tout-à-fait tranquille que lorsque je le verrai amoureux fou de mademoiselle Adine.
Mme DE CHAVANNES.
Nous y arriverons... je l'espère !
BRESSON.
Et par quels moyens?
Mme DE CHAVANNES.
Cela me regarde ! et, si vous voulez me seconder un peu pour marier ma petite-fille, je vous promets à mon tour de marier la vôtre... C'est trop juste... j'ai un parti pour elle !
BRESSON.
Me voici à vos ordres !.. Que faut-il faire?
Mme DE CHAVANNES.
Obéir d'abord à tout ce que je demanderai.
BRESSON.
C'est dit.
Mme DE CHAVANNES.
Quelque absurde que ce soit...
BRESSON.
C'est convenu.
Mme DE CHAVANNES.
Que vous le compreniez ou non...
BRESSON.
Je n'ai pas besoin de comprendre !..
Mme DE CHAVANNES.
Ensuite, et dans toutes les occasions, dire du bien de ma petite-fille.
BRESSON.
C'est facile !
Mme DE CHAVANNES.
Et du mal de moi.
BRESSON.
Je ne pourrai jamais !
Mme DE CHAVANNES.
Quand c'est moi qui vous le demande !..
BRESSON.
Ça ne suffit pas... encore faut-il qu'il y ait moyen... qu'il y ait quelques sujets.
Mme DE CHAVANNES.
Oh ! soyez tranquille... je vous en donnerai ! Silence !.. c'est M. Amédée.

SCÈNE II.
Mme DE CHAVANNES, BRESSON, AMÉDÉE.

Mme DE CHAVANNES, avec un peu d'aigreur.
Vous vous faites bien attendre, monsieur; j'aurais voulu, avant le dîner, vous demander votre bras pour faire quelques visites... Je vous l'avais dit... vous l'avez oublié... Je ne vous en ferai pas de reproches... vous aviez d'autres occupations, sans doute !
AMÉDÉE.
Mais non, madame !.. il y a plus de trois quarts-d'heure que je suis ici !

Mme DE CHAVANNES.
Alors, c'était trop tôt !
AMÉDÉE.
On m'a dit que vous étiez à votre toilette, et j'ai attendu là... (Montrant la porte, à droite.) dans le salon !.. car pour ce qui est de mon exactitude...
Mme DE CHAVANNES.
L'exactitude consiste à arriver à propos; et il était impossible de choisir plus mal son moment!
AMÉDÉE, déconcerté.
C'est ce que j'ai vu, madame ! (Bas à Bresson.) Est-ce qu'elle a quelquefois des caprices ?
BRESSON, se récriant.
Elle !!! (Mme de Chavannes le pousse et il ajoute à demi-voix.) toujours !
AMÉDÉE.
Du reste, madame, j'ai trouvé au salon mademoiselle Adine !
BRESSON, avec satisfaction.
Ah !
Mme DE CHAVANNES, à demi-voix.
Je venais de l'y envoyer. (Haut, à Amédée.) Je crains qu'elle ne vous ait tenu une assez maussade compagnie !.. elle était d'une humeur !..
AMÉDÉE.
Je n'ai pas vu cela, madame ! elle était fort aimable; et cependant... elle avait les yeux rouges... elle avait pleuré !
Mme DE CHAVANNES.
Ce n'est rien... une petite scène que nous venions d'avoir ensemble !
BRESSON, étonné.
Est-il possible !.. vous qui jam... (Il rencontre un regard de Mme de Chavannes; il se reprend et continue d'un air de reproche.) Je veux dire... encore... comment, madame, encore !..
Mme DE CHAVANNES.
Eh bien! oui... je vous avais promis de prendre sur moi, mais elle m'a contrariée... impatientée... nos discussions ordinaires ont recommencé... Cela m'impressionne... cela m'exalte... cela me donne sur les nerfs !.. Et vous savez combien je suis à plaindre... Je ne peux pas me mettre en colère sans avoir une migraine !
AMÉDÉE, timidement.
Et madame est sujette aux migraines ?..
BRESSON.
Deux ou trois fois par jour.
AMÉDÉE, à part, pendant ce temps.
Ce que c'est que de voir les personnes dans l'intimité !.. Au premier coup-d'œil on ne se serait jamais douté...
Mme DE CHAVANNES, à Amédée.
Et pendant les trois quarts-d'heure que vous êtes resté au salon, mademoiselle Adine n'a pu résister au plaisir de vous raconter ses chagrins !..
AMÉDÉE.
Non, madame !.. c'est moi qui ai eu l'indiscrétion de lui demander... d'insister... et, touchée de l'intérêt, de l'amitié que je lui témoignais... elle s'est mise à fondre en larmes... et m'a tout dit.
Mme DE CHAVANNES, bas à Bresson.
C'est ce que j'espérais !

AMÉDÉE.

Votre conversation de tout à l'heure... les projets que vous aviez sur elle... l'intention formelle où vous étiez de la marier sur-le-champ !..

Mme DE CHAVANNES, avec ironie.

Et, en chevalier généreux, prêt à secourir les opprimés, vous vous êtes promis de défendre cette victime de la tyrannie contre des parens injustes et barbares !..

AMÉDÉE.

Eh non ! madame.

Mme DE CHAVANNES, de même.

De la soustraire à leurs coups !..

AMÉDÉE, avec impatience.

Eh non ! madame ! (Bas à Bresson.) Car elle m'impatiente et me donnerait aussi... la migraine ! (Haut.) Je me suis promis, me rappelant la bienveillance que vous avez daigné me témoigner, de vous raconter seulement ce dont j'avais été le témoin... et de m'en rapporter après cela à votre prudence et surtout à votre cœur.

BRESSON.

C'est bien !..

Mme DE CHAVANNES.

Démarche pleine de tact et de jugement... à laquelle je répondrai en peu de mots : Il est aisé, monsieur, d'accuser et de blâmer des parens, (Geste négatif d'Amédée.) car vous me blâmez, vous me trouvez tyrannique, ridicule, odieuse...

AMÉDÉE.

Moi !.. madame !

Mme DE CHAVANNES.

Cela doit être... et je m'y attends !.. Vous ne pouvez connaître les motifs qui me font agir... motifs que tout le monde ignore et que je veux bien vous confier, à vous, monsieur !.. persuadée qu'alors vous serez de mon avis et que vous voudrez bien employer, près d'Adine, votre crédit.

AMÉDÉE.

Mais, je n'en ai aucun...

Mme DE CHAVANNES.

Beaucoup, au contraire !.. vous l'avez encouragée, consolée; vous avez pris part à ses peines, peut-être à ses larmes... et des gens qui ont pleuré ensemble, s'entendent si vite !..

AMÉDÉE, bas à Bresson.

C'est inconcevable comme elle m'agace et me prend sur les nerfs !.. quand elle le ferait exprès...

BRESSON, de même.

Elle en est bien capable.

Mme DE CHAVANNES.

Je vous dirai donc, en confidence, Monsieur, que j'ai cru, depuis quelque temps, remarquer en ma petite-fille, un attachement secret et profond !..

AMÉDÉE, avec émotion.

Que me dites-vous là?

Mme DE CHAVANNES, continuant.

Pour une personne qui ne peut pas l'épouser, qui est engagée, qui aime ailleurs !

AMÉDÉE.

Ce n'est pas possible.

Mme DE CHAVANNES.

Cela est, cependant; et alors pour détourner ses idées, pour leur donner une autre direction, pour assurer son bonheur, j'ai fait choix d'un époux riche, estimé, qui réunit toutes les qualités... et pour vous le prouver, il suffira de vous le nommer. (Montrant Bresson.) C'est Monsieur.

AMÉDÉE.

Ah ! mon Dieu !..

BRESSON.

Mais, Madame !..

Mme DE CHAVANNES, bas à Bresson.

Silence ! je le veux !..

BRESSON, bas.

Mais c'est absurde !..

Mme DE CHAVANNES, bas.

Raison de plus ! (Haut, et paraissant discuter.) Eh bien ! oui, Monsieur, où est le mal ?.. Vous ne vouliez pas que ce mariage fût connu encore; mais un peu plus tôt, un peu plus tard ? qu'importe ? (A Amédée.) Maintenant, vous savez tout, vous voilà aussi dans notre confidence, et vous pouvez adresser vos félicitations à Monsieur.

AMÉDÉE, avec embarras.

Certainement... Monsieur... je vous fais mes complimens sur un mariage aussi... extraordinaire.

Mme DE CHAVANNES.

Oui, je crois que personne ne s'y attendait.

BRESSON, à part.

Pas même moi !..

Mme DE CHAVANNES.

J'avais d'abord pensé à votre ami... M. Didier...

AMÉDÉE.

Est-il possible !..

Mme DE CHAVANNES.

Il est jeune, il est aimable... et puis, il est agent de change... Mais, Monsieur s'est présenté... M. le comte Bresson, et avec son nom et sa fortune, il n'y avait pas à hésiter !..

AMÉDÉE, à part.

Qu'est-ce que cette pauvre jeune fille a donc fait à sa grand'mère !.. elle lui en veut, c'est sûr !.. Il y a comme ça des haines de familles !.. mais ça ne se passera pas ainsi... c'est impossible !..

Mme DE CHAVANNES, bas à Bresson.

Eh bien !.. qu'en dites-vous ?.. Croyez-vous qu'il me déteste ?

BRESSON, de même.

Grace au ciel... ça commence...

AMÉDÉE, bas à Bresson.

Monsieur... il faut que je vous parle... à vous... à vous seul...

Mme DE CHAVANNES.

Hein ?.. qu'est-ce ?..

BRESSON, bas.

Rien... C'est une affaire qui m'arrive...

Mme DE CHAVANNES, de même.

Ah ! mon Dieu !.. je reste, alors...

BRESSON, de même.

N'ayez donc pas peur... allez... laissez-moi faire...

Mme DE CHAVANNES, de même.

Je compte sur vous...

BRESSON.

Soyez tranquille.

(Mme de Chavannes sort par la porte à gauche.)

SCÈNE III.
BRESSON, AMÉDÉE.

BRESSON, à part, gaîment.
Les mariages m'ont toujours porté malheur. (Haut.) Eh bien, Monsieur, parlez?

AMÉDÉE, avec embarras.
Eh bien, général... je voulais... je venais...

BRESSON.
Eh morbleu!.. allez droit au but... Vous venez me chercher querelle?

AMÉDÉE.
Moi!.. à qui vous avez rendu tant de services! moi!.. jeune homme inconnu, m'attaquer à vous! à une des gloires de notre pays!.. c'est un honneur qu'on serait fier d'accepter; mais pour le demander, il faut avoir des droits... et je n'en ai aucun... pas même celui de défendre cette jeune fille; et c'est dans votre intérêt à vous, dans celui de la raison, que je me permets, général, des observations...

BRESSON.
Que je suis prêt à entendre!.. car vous êtes un brave jeune homme!.. et de plus honnête et poli, ce qui n'est pas le défaut de la jeunesse actuelle! ainsi, parlez!.. Vous dites donc que ce mariage...

AMÉDÉE.
Me semble pour vous...

BRESSON.
Dites franchement...

AMÉDÉE.
Me semble... peu convenable!

BRESSON.
C'est possible!.. C'est-à-dire, que selon vous, M. Didier aurait mieux convenu...

AMÉDÉE.
Non pas par son mérite... mais par son âge!.. car, au vôtre, général, à soixante ans vouloir épouser une fille de dix-sept.

BRESSON.
Et pourquoi pas?.. vous qui parlez, vous vouliez bien, vous me l'avez dit, épouser à vingt-cinq...

AMÉDÉE, vivement.
Quelle différence!..

BRESSON.
Il me semble qu'elle est toute à mon avantage... Une jeune personne charmante que tout le monde admire!.. Hier soir, à ce bal, chacun s'empressait autour d'elle, tant elle a de grace et de charme... Vous étiez occupé de sa mère... vous n'y avez pas fait attention!

AMÉDÉE.
Si fait... si fait!.. ça n'empêche pas!..

BRESSON.
Je ne vous parle pas de sa fortune qui est superbe, de sa famille qui est puissante, considérée... tout cela est indépendant de son mérite; mais je vous parlerai de son caractère qui est charmant, de son cœur si bon, si affectueux! et de son esprit... car elle en a!..

AMÉDÉE.
Je le sais bien, et depuis long-temps!.. car, si je vous disais qu'à Toulon le premier jour que je l'ai vue!.. Mais depuis... tant d'autres idées...

qui en étaient si loin... qui ne la valaient pas... et tout à l'heure, dans ce salon... en causant avec elle... il me semblait...

BRESSON, avec chaleur.
Que vous étiez de mon avis... car c'est un ange... c'est un trésor...

SCÈNE IV.
LES MÊMES, ADINE.

BRESSON, continuant.
Tenez... tenez... la voici... regardez vous-même... comme elle est jolie... regardez donc...

AMÉDÉE.
Eh! parbleu!.. je le vois bien!..

BRESSON, avec chaleur.
Et vous ne voulez pas qu'on l'aime!

AMÉDÉE.
Mais si, vraiment!

BRESSON, avec chaleur.
Vous ne concevez pas qu'on veuille en faire sa femme, sa compagne, son amie!..

AMÉDÉE, de même.
Si, général!.. mais pas vous!

ADINE, s'avançant vivement.
Comment... ce mari qu'on me destinait...

AMÉDÉE.
C'est le général.

BRESSON.
Oui, mon enfant... c'est moi!.. (La regardant.) Eh bien, qu'avez-vous donc...

AMÉDÉE, effrayé.
Elle se trouve mal.

ADINE, revenant à elle.
Du tout!.. mais la surprise... l'émotion...

AMÉDÉE, bas à Bresson.
Eh bien, qu'en dites-vous?

BRESSON.
Que je ne m'y connais guère... mais que ça ressemble bien à un refus!

ADINE, vivement.
Non, Monsieur; ma mère ne peut vouloir que mon bonheur, et soumise à sa volonté... j'obéirai.

BRESSON, effrayé.
Ah! mon Dieu!.. Pensez-vous bien à ce que vous dites...

ADINE.
Oui, Monsieur... dussé-je en mourir.

BRESSON.
Et moi, je ne le veux pas... je ne le souffrirai pas!

AMÉDÉE, vivement.
Ah! j'en étais sûr... vous êtes un galant homme, un homme d'honneur, vous refusez!.. vous renoncez à sa main...

BRESSON.
Permettez! permettez!.. Et ma parole!.. et ce que j'ai promis à sa mère...

AMÉDÉE.
Vous vous dégagerez!..

BRESSON.
Ce n'est pas facile! et si vous étiez à ma place!..

AMÉDÉE, vivement.

plût au ciel!..

BRESSON, de même.

Et pourquoi?..

AMÉDÉE, avec embarras.

Pourquoi?.. pourquoi?.. Parce que quand on le veut bien.. quand on a une volonté ferme et du caractère...

BRESSON.

Il faut donc en avoir...

ADINE.

Dam!.. si c'est possible...

BRESSON.

Et vous m'aiderez... me seconderez...

AMÉDÉE.

Nous vous le promettons...

ADINE.

Nous serons tous deux pour vous... c'est-à-dire... contre vous...

BRESSON.

A merveille!.. avec de tels alliés, je n'ai plus peur... nous voilà trois!..

AMÉDÉE.

Contre une!.. (Bas, à Bresson.) Contre cette mère que je déteste!

BRESSON, vivement et avec joie.

Vrai!.. allons... allons... Eh bien... je vais essayer...

AMÉDÉE.

C'est cela... Général...

BRESSON.

Vous êtes un brave garçon que j'estime, que j'aime... Soyez tranquille!

AMÉDÉE et ADINE.

C'est ça! c'est ça!.. du courage... du courage, Général. (Il sort par la porte à gauche.)

SCÈNE V.
AMÉDÉE, ADINE.

ADINE.

Ah! s'il ne m'épouse pas!.. comme je vais l'aimer!.. qu'il est bon! qu'il est aimable!.. et vous aussi!.. Et combien me voilà honteuse maintenant, d'avoir pleuré tout à l'heure devant vous!.. Il faut m'excuser... ma pauvre tête n'y était plus!.. et je vous demande pardon de mes confidences, de mes pleurs et de l'amitié que je vous ai montrée... j'avais tant de chagrin!..

AMÉDÉE.

Je le bénis maintenant, puisqu'il m'a valu la confiance et l'amitié d'une sœur!

ADINE.

D'une sœur... oui, vous avez raison, c'est bien le mot.

AMÉDÉE.

Aussi, quel bonheur pour moi, si nous pouvons réussir!.. si je peux faire rompre votre mariage...

ADINE, naïvement.

Ah!.. si jamais je peux vous rendre le même service!.. croyez, Monsieur, que ma reconnaissance...

AMÉDÉE.

Ah! ne vous occupez pas de moi... mon bonheur n'est plus possible... mais le vôtre, du moins... et si par mon crédit auprès du général et auprès de votre mère, je puis les décider à à un autre choix...

ADINE.

Pourquoi donc?

AMÉDÉE.

Je pensais que c'était vous rendre service...

ADINE.

Et vous pensiez fort mal... Je ne veux rien... je ne désire rien... que de rester libre... de rester comme je suis... Dites-le bien à ma mère... dites-le à tout le monde...

AMÉDÉE.

Il n'est donc pas vrai, comme on me l'a assuré, qu'il est quelqu'un que vous préférez... que vous aimez?..

ADINE, vivement.

Ce n'est pas vrai!.. ce n'est pas vrai!.. qui vous l'a dit?

AMÉDÉE.

Votre mère, elle-même.

ADINE, naïvement.

Est-ce indiscrète elle!

AMÉDÉE.

C'est donc la vérité?

ADINE, avec embarras.

Non, Monsieur... tout le monde peut se tromper... ma bonne-maman toute la première... (Avec inquiétude.) Et j'espère, au moins, qu'elle ne vous a pas nommé la personne?..

AMÉDÉE.

Nullement... puisque je vous la demande... puisque vous seule la connaissez... et cette personne... mérite-t-elle votre amitié?

ADINE.

Peut-être... car je ne sais pas seulement si elle m'aime... elle ne me l'a jamais dit!

AMÉDÉE.

Ah! il ne l'ose pas! il se reconnaît si peu digne d'un tel bien... mais, si au prix de sa vie entière, il voulait expier ses torts et mériter son pardon... Répondez, répondez... pourrait-il l'obtenir?

ADINE.

Mais dam!.. cela dépend de lui... si comme le prétend M. Didier... il n'a point de passion...

AMÉDÉE, troublé.

O ciel!.. (Vivement.) Une seule!.. c'est la première!.. c'est la seule véritable, et qui dure toujours!..

ADINE, écoutant.

Taisez-vous donc!.. on parle dans la chambre de ma mère!..

AMÉDÉE, de même.

Oui... j'entends sa voix... celle du général...

ADINE.

Une autre personne encore... qui vient d'arriver...

AMÉDÉE.

Je reconnais... c'est mon notaire...

ADINE, avec joie.

Il parle de contrat.

AMÉDÉE, s'éloignant, et à part.
Ah! mon Dieu!.. celui que je lui avais recommandé, ce matin, d'apporter ici, à Mme de Chavannes! et pour elle!.. Je n'y pensais plus... je l'avais oublié!..

ADINE.
Qu'y a-t-il donc?.. Est-ce que cela va mal?..

AMÉDÉE.
Du tout!.. (A part.) Ce maudit contrat que je voudrais ravoir au prix de tout mon sang... Mais, déjà, sans doute, elle l'a lu... elle sait tout... Et que va-t-on penser de moi?.. Que va dire sa petite-fille, dont un instant j'ai voulu devenir le grand-père!..

ADINE, toujours près de la porte.
Mais, tenez-vous donc tranquille... on ne peut plus rien entendre...

AMÉDÉE.
Me voilà perdu... abîmé... couvert de ridicule aux yeux de ces deux femmes... de tout le monde...

ADINE.
C'est ma mère!..

AMÉDÉE, voulant s'enfuir.
C'est fait de moi!

ADINE, le retenant.
Eh bien, Monsieur, vous vous enfuyez?.. Vous qui étiez si brave!.. restez donc!.. car je tremble de peur!..

AMÉDÉE.
Et moi, de rage, je n'ai plus qu'à me brûler la cervelle... C'est le seul moyen d'éviter un éclat.

SCÈNE VI.
ADINE, Mme DE CHAVANNES, AMÉDÉE, BRESSON.

Mme DE CHAVANNES, entrant lentement et se plaçant entre eux deux.
Voici un événement auquel j'étais loin de m'attendre, et que vous ne croirez jamais !

AMÉDÉE, détournant la tête.
Nous y voilà!

ADINE, timidement.
Qu'y a-t-il donc?

Mme DE CHAVANNES.
Le Général qui refuse!

BRESSON, bas à Adine.
J'ai tenu ma parole.

ADINE, à part.
Ah! l'excellent homme!

Mme DE CHAVANNES.
Il m'a parlé en faveur de Didier. (A Amédée.) Votre ami... que vous protégez... à ce qu'il dit.

AMÉDÉE, vivement et regardant Adine.
Parce que je pensais... parce que je croyais...

ADINE, de même.
Oui, ma bonne maman, Monsieur se trompait... il sait bien, maintenant, que je ne veux pas encore me marier.

Mme DE CHAVANNES.
Bien vrai?..

AMÉDÉE.
Oui, Madame. Mademoiselle me le disait tout à l'heure.

Mme DE CHAVANNES, gravement.
C'est fâcheux!.. nous aurions fait les deux noces ensemble.

AMÉDÉE.
O Ciel!

ADINE, avec émotion.
Comment, les deux noces?

Mme DE CHAVANNES.
Eh! oui, sans doute, M. Amédée se marie, il épouse une personne qu'il aime... qu'il adore!

ADINE, avec joie.
Est-il possible?

Mme DE CHAVANNES.
Et à qui il donne tous ses biens... C'est du moins ce que m'a dit son notaire, en me remettant ce contrat que M. Amédée veut absolument soumettre à mes conseils et à ceux de mes amis.

ADINE, vivement.
Et vous l'avez lu?

Mme DE CHAVANNES, montrant le papier qui est cacheté.
Pas encore. (Faisant le geste de rompre le cachet.) Mais nous allons, ici, avec le Général, et en famille...

AMÉDÉE.
Non, Madame... non, de grace, ne le regardez pas... Je voudrais en ce moment...

Mme DE CHAVANNES, avec malice.
Y faire peut-être des changemens.

ADINE.
Pourquoi donc?..

AMÉDÉE, avec embarras.
Oui, Madame, un changement important...

Mme DE CHAVANNES.
Nous le ferons ensemble.

ADINE, vivement.
Certainement, certainement... (A Mme de Chavannes, qui lit tout bas.) Eh bien donc?..

Mme DE CHAVANNES, lisant.
C'est très délicat, très généreux... il donne tous ses biens à sa future.

ADINE.
Et cette future... son nom?..

Mme DE CHAVANNES, avec malice.
Je ne peux pas lire... Ah dam! je n'ai pas, comme toi, mes yeux de quinze ans.

ADINE, à part.
Dieu!.. quelle patience!

Mme DE CHAVANNES, avec intention.
Et puis, quand il écrivait ce nom, il n'y voyait pas sans doute... ou il voyait mal. (Prenant son lorgnon.) Mais, maintenant, cela devient plus clair... et l'on peut facilement voir le nom de celle qu'il aime.

ADINE.
Et c'est...

Mme DE CHAVANNES.
Toi, mon enfant.

ADINE.
Ah! je m'en doutais bien.

(Amédée a poussé un cri et est tombé à genoux devant le fauteuil de Mme de Chavannes: Adine, de son côté, en fait autant.)

AMÉDÉE.
Grace et pardon!

Mme DE CHAVANNES, assise entre eux deux.
C'est bien!.. voilà votre vraie place, à genoux,

ACTE III, SCÈNE VII.

près de mon grand fauteuil. (Les regardant quelque temps en silence.) Enfans que vous êtes, nous avez-vous donné assez de mal, à moi (Montrant Bresson.) et à Monsieur !

BRESSON, s'essuyant le front.
J'en suis tout en nage.

Mme DE CHAVANNES.
Et tout cela pour vous amener là...

ADINE et AMÉDÉE.
Que dites-vous ?

Mme DE CHAVANNES, étendant ses mains sur leur tête.
Que votre grand'mère vous bénit. (A Amédée, l'amenant au bord du théâtre, et à voix basse.) Eh bien, Monsieur, êtes-vous content du changement que j'ai fait ?

AMÉDÉE.
Est-il possible !.. vous consentez...

Mme DE CHAVANNES.
Pas maintenant, mais dans trois ou quatre mois. (A Amédée, qui fait un geste d'impatience, et l'amenant au bord du théâtre, et à voix basse.) Car, de bon compte, mon cher ami, voici trois amours en vingt-quatre heures ; c'est conforme aux règles d'Aristote, mais non à celles d'un bon ménage.

AMÉDÉE.
Ah ! maintenant, c'est pour toujours !

Mme DE CHAVANNES.
J'aime à le croire... car, cette fois, du moins, toutes les convenances se trouvent réunies... Mais, pour plus de sûreté, nous attendrons.

BRESSON.
Trois mois, quand ils s'aiment...

Mme DE CHAVANNES, à demi-voix.
Raison de plus ; ils s'adoreront !

ADINE.
Il n'a donc jamais aimé que moi ?..

Mme DE CHAVANNES, regardant Amédée en riant.
Certainement !

BRESSON.
Et ce pauvre Didier... qui, après tout, est un excellent garçon ?..

Mme DE CHAVANNES.
Je lui ai tout dit, et j'ai pour lui en vue maintenant un autre mariage qui réussira peut-être.

BRESSON.
Comment cela ?..

SCÈNE VII.
AMÉDÉE, ADINE, Mme DE CHAVANNES, BRESSON, DIDIER.

DIDIER, vêtu en noir, et s'avançant près de Bresson qu'il salue.
Je viens, Monsieur, et sous les auspices de Mme de Chavannes, vous demander en mariage Mlle Paméla, votre fille, dont les vertus me conviennent à merveille.

BRESSON, lui tendant la main.
Monsieur, c'est moi qui me trouve très heureux et très honoré... (Bas à Mme de Chavannes.) Vous lui avez dit l'inconvénient ?..

Mme DE CHAVANNES, de même.
Oui, Général, ainsi que la dot... et tout lui convient.

BRESSON, de même.
A merveille !

DIDIER, à part.
Ma charge est payée !

BRESSON.
Ma tâche est remplie !

Mme DE CHAVANNES, entre ses enfans, et leur prenant les mains.
La mienne aussi !

FIN.

LES
MARTYRS,

OPÉRA EN QUATRE ACTES,

Paroles traduites par M. Eugène Scribe,

MUSIQUE DE M. DONIZETTI,

Divertissement de M. Corali.

REPRÉSENTÉ POUR LA PREMIÈRE FOIS

Sur le Théâtre de l'Académie Royale de Musique,

Le   avril 1840.

PRIX : 1 FRANC.

CHEZ SCHONENBERGER, ÉDITEUR DE MUSIQUE, COMMISSIONNAIRE,
BOULEVARD POISSONNIÈRE, 10.

| CHEZ CH. TRESSE, SUCCESSEUR DE J.-N. BARBA, | CHEZ MARCHANT, |
| Palais-Royal, galerie de Chartres, 2 et 3; | Boulevard Saint-Martin, 12. |

1840.
(23)

PARIS.—IMPRIMERIE DE BOURGOGNE ET MARTINET, RUE JACOB, 30.

AVERTISSEMENT.

Corneille traduit en opéra !! Quelle impiété littéraire !
Les *messieurs* qui de nos jours ont affiché le plus de mépris pour nos grands auteurs classiques vont, comme tous les faux dévots, crier le plus haut à la profanation.
Deux mots de réponse :
J'ai fait pour une tragédie de Corneille ce que nos pères avaient fait pour une tragédie de Racine : l'*Iphigénie en Aulide*, traduite en opéra, a fait connaître à la France une des plus belles partitions de l'immortel Gluck*.
Ensuite, et s'il est vrai, comme l'attestent nos plus illustres compositeurs, que la musique veuille avant tout des passions et des effets dramatiques, et que l'opéra le meilleur soit celui qui présente le plus de belles situations, on concevra sans peine que tous les ouvrages de Corneille doivent offrir, comme ils offrent en effet, de magnifiques sujets d'opéra !
J'aurais voulu respecter et conserver intacts tous les vers de Polyeucte, mais la musique a des exigences auxquelles on doit se soumettre ; de plus, il a fallu traduire les principaux morceaux, airs, duo, trio et finales, d'après la partition déjà faite du *Poliuto*, composé pour le théâtre de Saint-Charles, et défendu avant sa représentation par la censure de Naples. Si je me suis permis de supprimer les quatre confidents ou confidentes de Corneille, c'est que l'opéra doit mettre en action ce que la tragédie met en récit. Je n'ai hasardé, du reste, d'autres changements que ceux qui avaient été conseillés et indiqués, avant moi, par Laharpe et par Andrieux.
Quant au rôle du père et du gouverneur Félix, j'ai suivi l'idée donnée par Voltaire, qui désirait qu'à ce caractère pusillanime et peu digne de la tragédie, on substituât celui d'un zélé défenseur des divinités du paganisme ; fanatique dans sa croyance comme Polyeucte dans la sienne.

Eugène SCRIBE.

* Je pourrais ajouter *Iphigénie en Tauride* de Guimond Delatouche, mis en opéra pour Gluck et pour Piccini, qui traitèrent en même temps le même sujet ; le *Cid de Corneille*, mis en opéra par Guillard, sous le titre de *Chimène*, pour *Sacchini*, etc., etc.

PERSONNAGES.	ACTEURS.
FÉLIX, gouverneur de l'Arménie au nom de l'empereur Décius.	M. Dérivis.
PAULINE, sa fille.	Mme. Dorus-Gras.
POLYEUCTE, son gendre	M. Duprez.
SÉVÈRE, proconsul envoyé par l'empereur	M. Massol.
CALLISTHÈNES, prêtre de Jupiter	M. Serda.
NÉARQUE, chrétien ami de Polyeucte.	M. Wartel.
Un Chrétien	M. Molinier.

Jeunes filles, suivantes de Pauline.
Choeur du peuple, habitants et habitantes de Mélitène.
Choeur des Chrétiens.
Choeur des prêtres de Jupiter.
Soldats des différentes armes composant une légion romaine.
Licteurs.
Sacrificateurs.
Gladiateurs.
Choeur de danseurs et de danseuses, paraissant dans les cérémonies publiques ou religieuses.

La scène se passe à Mélitène, capitale de l'Arménie.

LES MARTYRS.

ACTE PREMIER.

Le théâtre représente des catacombes ; on y descend par un escalier taillé dans le roc. — A droite du spectateur, sur les premiers plans, des tombeaux romains, dont un se distingue par sa magnificence. — A gauche, vers le troisième ou quatrième plan, l'entrée d'une caverne qui conduit à d'autres tombeaux. Il fait nuit. Plusieurs groupes de chrétiens sont descendus dans les catacombes. Une partie est déjà dans les souterrains, l'autre est encore au haut de l'escalier.

SCÈNE Ire.

NÉARQUE, POLYEUCTE, CHOEUR DE CHRÉTIENS.

CHOEUR.

O voûte obscure, ô voûte immense,
Où règne la paix des tombeaux,
Que rien ne trouble ton silence,
Que rien n'éveille nos bourreaux !
   Marchons sans crainte
   Dans cette enceinte
   Pieuse et sainte
  Où Dieu conduit nos pas !
   Dans le mystère
   Et la prière
  Attendons, frère,
  Un glorieux trépas !
   Prions, mon frère,
   Jusqu'à l'instant
   Où notre sang
  Doit rendre hommage
  Et témoignage
  Au fils du Dieu vivant !

(Ils entrent tous dans la caverne à gauche pour y célébrer les mystères ; Polyeucte s'apprête à les suivre, Néarque l'arrête.)

SCÈNE II.

NÉARQUE, POLYEUCTE.

NÉARQUE.

Arrête, Polyeucte, et dans l'instant suprême
Où tu viens réclamer l'eau sainte du baptême,
Chrétien nouveau, le Dieu dont nous suivons la loi
A-t-il mis dans ton cœur et l'audace et la foi ?

POLYEUCTE.

Oui, son culte divin et m'anime et m'enflamme.

NÉARQUE.

Toi naguère l'ami de nos persécuteurs !
Toi gendre de Félix, de ce tyran infâme
Qui contre les chrétiens signala ses rigueurs !..

POLYEUCTE, avec enthousiasme.

Dieu m'a parlé ! Dieu seul règnera dans mon âme !

NÉARQUE.

Tu braveras pour lui la mort, le déshonneur,
Et plus encor... les pleurs d'une épouse chérie ?

POLYEUCTE.

Ah ! pour elle j'aspire à l'immortelle vie !

Tu sais combien je l'aime, et tu vis ma douleur,
Quand Pauline à mes vœux allait être ravie.
J'implorais tous nos dieux, pour prolonger ses jours!
« Rendez-la-moi, disais-je!! » et nos dieux étaient
[sourds!
Alors dans mon amour, dans ma fureur peut-être,
Vers le Dieu des chrétiens que je persécutais,
J'élevais malgré moi mon cœur et je disais :
De la terre et des cieux si vous êtes le maître,
Montrez votre pouvoir! rendez-moi tout mon bien,
Rendez-moi ce que j'aime!... et je serai chrétien!
Sur ma tête soudain retentit le tonnerre,
Et Pauline rouvrit ses yeux à la lumière!....
Et des Cieux réjouis j'entendis les accents!
C'était la voix de Dieu, qui disait : Je t'attends!

AIR.

Que l'onde salutaire
S'épanche sur mon front!
Et les maux de la terre
Pour moi disparaîtront!
Je dirai tes louanges
Au ciel comme ici-bas!
Roi du ciel et des anges,
Reçois-moi dans tes bras!

NÉARQUE.

Roi du ciel et des anges,
Reçois-le dans tes bras!
Allons, suis-moi!
(Ils s'avancent vers la caverne à gauche, et s'arrêtent en voyant un chrétien descendre précipitamment par l'escalier du fond.)

SCÈNE III.

NÉARQUE, POLYEUCTE, UN CHRÉTIEN.

NÉARQUE.

Que viens-tu nous apprendre?

LE CHRÉTIEN.

D'un cortége nombreux entendez-vous les pas?
De loin, j'ai reconnu les féroces soldats
Du gouverneur Félix!

POLYEUCTE, à Néarque.

Ils viennent vous surprendre!

NÉARQUE.

Cette enceinte est sacrée et pour eux et pour nous!
De leurs nobles aïeux ils renferment les tombes,
Et ces noirs souterrains, ces vastes catacombes,
Nous permettent, ami, de braver leur courroux.

POLYEUCTE.

Ah! dût-il éclater, c'est le but où j'aspire!
Le baptême pour moi sera près du martyre!
Marchons!.. Dieu nous attend!
(Ils entrent dans la caverne à gauche, dont la porte se referme sur eux.)

SCÈNE IV.

(Paraissent plusieurs jeunes filles romaines et des esclaves portant des vases, des trépieds, de l'encens, des fleurs et de l'eau lustrale. Pauline est au milieu d'elles et s'avance lentement. — Elles descendent de l'escalier taillé dans le roc, et sont suivies de plusieurs soldats qui s'arrêtent sur les marches de l'escalier.)

PAULINE, à une de ses femmes.

Éloignez de ces lieux
Ces gardes, que Félix nous donna pour escorte!
(Montrant le cénotaphe qui est à droite.)
Dans ce séjour de paix je ne crains rien.. j'apporte
Au tombeau de ma mère et mes pleurs et mes
[vœux.
(Elle se prosterne sur les marches du tombeau. — Pendant ce temps, une de ses femmes fait un signe aux soldats qui se retirent et disparaissent.)

PAULINE.

Pour rendre Proserpine à nos désirs propice
Offrons d'abord, mes sœurs, un pieux sacrifice;
Répandez l'eau lustrale, allumez ces flambeaux
En l'honneur de nos dieux, protecteurs des tom-
[beaux.

CHOEUR DE JEUNES FILLES.

HYMNE A PROSERPINE.

Jeune souveraine,
O puissante reine,
Ton sceptre d'ébène
Régit les enfers!
Quelle beauté mâle
Règne en ton front pâle
Où brillent l'opale
Et les cyprès verts.
Daigne nous sourire
De ce sombre empire
Soumis à tes lois,
Et reçois ces roses
Fraîchement écloses,
Belles comme toi!

(On effeuille des roses sur le tombeau, et les jeunes filles reprennent l'*Hymne à Proserpine.*)

Jeune souveraine,
O puissante reine,
Ton sceptre, etc.

(On allume le feu sacré dans les trépieds. — On répand de l'eau lustrale, et on attache aux angles du tombeau des couronnes de verveine, tandis que les jeunes filles forment des groupes et des danses funéraires pendant le chœur précédent.)

PAULINE, à ses compagnes.

Allez! laissez-moi maintenant.

UNE DE SES FEMMES.

Seule dans ces caveaux!

PAULINE.

Oui, pendant un instant!
(Voyant qu'elles hésitent à obéir.)
Je le veux!!...
(Toutes les femmes remontent l'escalier du fond et disparaissent.)

SCÈNE V.

PAULINE, seule et s'approchant du tombeau.

Toi qui lis dans mon cœur, ô ma mère,
O toi, qui fus témoin de l'amour de Sévère,
De ces nœuds par toi-même approuvés!... et, qu'hé-
[las!
A pour jamais brisés le destin des combats,
De l'époux généreux que me donna mon père,
Redis-moi les vertus, le noble caractère;
Dis-moi qu'il faut l'aimer..., et pour mieux le chérir,
De l'amant qui n'est plus chasse le souvenir!

AIR.

Qu'ici ta main glacée
Bénisse ton enfant!
Bannis de sa pensée
Cruel et doux tourment!
Image, qui m'est chère,
Mais moins que mon honneur,
Fuyez!... Et toi, ma mère,
Reviens calmer mon cœur.
Entends ma voix, ma mère,
Rends le calme à mon cœur!

(A la fin de cet air, on entend dans la caverne, à gauche, les chants des chrétiens, et Pauline écoute avec effroi.)

PRIÈRE DES CHRÉTIENS en dehors, pendant que Polyeucte reçoit le baptême.

O toi, notre père,
Qui règnes sur terre

Comme dans les cieux,
Ta gloire immortelle
A lui se révèle,
Et, chrétien fidèle,
Il tiendra ses vœux!

(Pauline, qui s'est approchée de la caverne et qui a écouté attentivement, pousse un cri à ces derniers mots et revient en tremblant au bord du théâtre.)

PAULINE.

Qu'ai-je entendu?... les chants de cette secte impie,
De ces Nazaréens, infâmes, odieux,
En horreur à la terre aussi bien qu'à nos dieux!
Fuyons!... ou bien, c'en est fait de ma vie.

(En ce moment la porte de la caverne s'ouvre. — Plusieurs chrétiens sortent et gagnent l'escalier du fond.)

PAULINE, revenant au bord du théâtre.

Il est trop tard!

(Tombant à genoux.)

S'il faut succomber sous leurs coups,
Vengez-moi, Dieux puissants!

SCÈNE VI.

PAULINE, sur le devant du théâtre, à genoux près du tombeau de sa mère; tous les chrétiens sortent de la caverne et entourent NÉARQUE et POLYEUCTE.

POLYEUCTE, s'avançant et apercevant sa femme pousse un cri de surprise.

Pauline!!..

PAULINE, avec effroi et ne pouvant en croire ses yeux.

Mon époux!

(A ce cri, Néarque et les chrétiens s'avancent; d'autres, sur un signe de Néarque, vont se poser de distance en distance sur l'escalier du fond et semblent veiller sur leurs compagnons.)

FINALE.

POLYEUCTE, prenant sa femme par la main en l'amenant au bord du théâtre.

Imprudente! téméraire!
Qui t'amène parmi nous?
(Montrant les chrétiens.)
Du Dieu saint qui les éclaire
Viens-tu braver le courroux?

PAULINE.

O blasphème!.. ô sacrilége!
Polyeucte. . mon époux,
De Jupiter qui nous protége
Ose braver le courroux.

POLYEUCTE, *montrant les chrétiens.*

Je suis leur ami... leur frère.

PAULINE, *avec douleur.*

Toi! partager leur erreur?

POLYEUCTE.

Mes yeux s'ouvrent à la lumière!

PAULINE.

Leur Dieu n'est qu'un imposteur!

POLYEUCTE.

Il mérite ma croyance.

PAULINE.

Sur lui mépris et pitié!

POLYEUCTE.

Et j'adore la puissance...

PAULINE.

D'un fourbe!.. d'un crucifié!

NÉARQUE ET LES CHRÉTIENS, *à genoux.*

Prions!.. prions pour elle!
Viens! et du haut des cieux,
O lumière éternelle!
Brille enfin à ses yeux!
Prions!.. prions pour elle
Qui méconnaît les cieux.

PAULINE.

Châtiment aux impies,
Anathème sur eux,
Et sur toi qui renies
Et ton culte et tes dieux!

POLYEUCTE.

Tais-toi, je t'en supplie;
Et vous, du haut des cieux,
A l'éternelle vie
Ouvrez enfin ses yeux.
Oui, prions pour l'impie
Qui méconnaît les cieux!

} ENSEMBLE.

PAULINE, *pressant Polyeucte dans ses bras.*

En vain ils veulent te séduire;

Polyeucte... si tu me chéris,
Abjure un funeste délire,
Reviens à nous!

POLYEUCTE.

Je ne le puis.

PAULINE.

Eh bien! pour sauver ce que j'aime,
A mon père, à l'instant, j'irai
Dénoncer leur culte abhorré.

POLYEUCTE.

Va donc me dénoncer moi-même!

PAULINE, *tremblante.*

Que dis-tu?

POLYEUCTE.

Leur sort est le mien!
Sur mon front a coulé l'eau sainte du baptême!

NÉARQUE.

Il est à nous!

TOUS.

Il est chrétien!

PAULINE.

Châtiment aux impies!
Anathème sur eux,
Et sur toi qui renies
Et ton culte et tes dieux!

POLYEUCTE.

Tais-toi, je t'en supplie;
Et vous, du haut des cieux,
A l'éternelle vie
Ouvrez enfin ses yeux!
Oui, prions pour l'impie
Qui méconnaît les cieux.

NÉARQUE et LE CHOEUR.

Prions! prions pour elle!
Viens, et du haut des cieux,
O lumière éternelle,
Brille enfin à ses yeux!
Prions! prions pour elle,
Prions le Roi des cieux!

} ENSEMBLE.

(Pendant cet ensemble, des chrétiens venus du dehors ont parlé vivement à ceux qui sont restés en sentinelles sur l'escalier, et l'un de ceux-là descend vers Néarque.)

NÉARQUE, *au chrétien qui s'avance vers lui effrayé.*

Quel danger nous menace, et d'où vient ta terreur?

ACTE I, SCÈNE VI.

LE CHRÉTIEN.

Un favori de l'empereur,
Un proconsul farouche, impitoyable,
Aujourd'hui même arrive, et son bras redoutable
Vient stimuler encor l'ardeur de nos bourreaux,
Et réclamer pour nous des supplices nouveaux.

NÉARQUE, froidement.

Nous sommes prêts !

POLYEUCTE, avec enthousiasme.

Oui, bravant leur colère,
Je cours me dévouer à leurs coups.

PAULINE, se jetant au-devant de lui.

Ah ! tais-toi !
Au proconsul, et surtout à mon père,
Cache un secret que gardera ma foi !

POLYEUCTE.

Moi !.. renier le Dieu qui m'anime et m'éclaire !

PAULINE.

Si tu m'aimes, tais-toi !.. tais-toi !
Ou je meurs à tes pieds de douleur et d'effroi !

(Polyeucte relève Pauline qu'il serre avec amour contre son cœur, et pendant ce temps le chœur reprend à demi-voix.)

PAULINE.

Si tu m'aimes, silence !
Je t'implore à genoux.
Redoute leur vengeance,
Et sauve mon époux.

POLYEUCTE.

Objet de ma constance,
Amour de ton époux,
Que Dieu, dans sa clémence,
T'appelle parmi nous.

NÉARQUE et LE CHŒUR.

Dans l'ombre et le silence,
Amis, séparez-vous.
Dieu prend notre défense ;
Dieu veillera sur nous.

} ENSEMBLE.

(Pauline entraîne Polyeucte. — On les voit gravir l'escalier taillé dans le roc. — Néarque et les chrétiens s'apprêtent à les suivre. — La toile tombe.)

FIN DU PREMIER ACTE.

ACTE DEUXIÈME.

Le cabinet de travail de Félix, gouverneur d'Arménie. — Au fond, des licteurs qui attendent ses ordres. — A droite, plusieurs secrétaires à qui Félix achève de dicter un édit.

SCÈNE Ire.

FÉLIX, au premier secrétaire.

Achevez! Pollion, — transcrivez ces édits
Par qui sont les chrétiens condamnés et proscrits!

AIR.

Dieux des Romains, dieux tutélaires,
Je servirai votre courroux!
Dieux puissants qu'adoraient nos pères,
Je veux vivre et mourir pour vous!

Par vous, glorieuse et féconde
Rome, élève un front immortel!
A vous donc l'empire du ciel,
Comme à nous l'empire du monde!

Dieux des Romains, dieux tutélaires,
Je servirai votre courroux!
Dieux puissants qu'adoraient nos pères,
Je veux vivre et mourir pour vous!

SCÈNE II.

LES PRÉCÉDENTS, plusieurs officiers du palais;
PAULINE qui entre pensive et rêveuse.

FÉLIX, allant au-devant d'elle.

Viens, ma fille; je sais que ta pieuse haine
Déteste, comme moi, cette race chrétienne
Et se réjouira d'un édit rigoureux
Qui punit l'imposture et défend les vrais dieux!
Tiens, lis!
(Il prend sur la table un exemplaire de l'édit et le lui donne.)

PAULINE, le regardant et à part.

O ciel!...
(Lisant avec émotion.)
« Au nom de l'empereur Décie,
» Félix, ancien consul, gouverneur d'Arménie...

FÉLIX, voyant qu'elle s'arrête.

Poursuis donc!

PAULINE, continuant.

» A quiconque oserait en ces lieux
» Donner ou recevoir le baptême...
(A part.)
Grands dieux!!
» La mort!! »
(Tremblante, elle est prête à laisser échapper l'écrit dont Félix s'empare, et qu'il montre aux officiers.)

FÉLIX.

La mort!!!... Vous le voyez... J'atteste,
Par Jupiter lui-même et le courroux céleste,
Que, fût-ce sur ma fille et sur mon propre sang,
Tomberait sans pitié ce juste châtiment!

STRETTA DE L'AIR.

Mort à ces infâmes,
Et livrez aux flammes

Leurs enfants, leurs femmes,
Leur or et leurs biens.
Oui, pour cette race,
Ni pitié, ni grâce;
Qu'à jamais s'efface
Le nom des chrétiens!

(Remettant l'édit aux licteurs qui attendent.)

Publiez cet édit!...

(Les licteurs sortent.)

Toi qui tiens la foudre,
Jupiter vengeur,
Viens réduire en poudre
Un peuple imposteur.

(En ce moment on entend en dehors publier l'édit. Les sons de la trompette accompagnent la reprise de la *stretta*.)

Mort à ces infâmes
Et livrez aux flammes
Leurs enfants, leurs femmes,
Leur or et leurs biens.

Oui, pour cette race, etc., etc., etc.

LES SECRÉTAIRES ET LES ESCLAVES.

Oui, pour cette race,
Ni pitié, ni grâce;
Qu'à jamais s'efface
Le peuple chrétien.

PAULINE, à part.

Tout mon sang se glace,
La mort le menace!
Ni pitié, ni grâce,
Car il est chrétien!

ENSEMBLE.

(Les secrétaires et les officiers sortent.)

SCÈNE III.

FÉLIX, PAULINE, tombant tremblante sur un siége.

FÉLIX, s'approchant d'elle.

D'où te vient, mon enfant, cette sombre tristesse,
Et ces pleurs que souvent j'ai surpris dans tes yeux?
Est-ce le souvenir d'un amour malheureux?

PAULINE.

Sévère eut mes serments! Sévère eut ma tendresse,
Et j'en conviens sans crime!!... Un glorieux trépas
A frappé ce héros au milieu des combats!
Et son ombre, sans doute, à pardonné... Mon père,
Quand j'accceptai de vous l'époux que je révère!...

(Avec exaltation.)

Et que j'aime!... Oui, mon cœur est à lui sans retour.

(A part.)

Depuis que ses dangers ont doublé mon amour.

(On entend dans le lointain un air de marche et une musique militaire.)

SCÈNE IV.

FÉLIX, PAULINE, CALLISTHÈNES le grand-prêtre, et plusieurs prêtres l'accompagnent. — Magistrats du peuple et plusieurs des principaux citoyens.

CALLISTHÈNES, s'adressant à Félix.

Déjà l'on voit au loin, dans nos immenses plaines,
Briller les étendards des légions romaines!
Voici le proconsul nommé par l'empereur,
Son favori, dit-on, et son ambassadeur.

FÉLIX.

Quel est-il?

CALLISTHÈNES.

Un héros connu dans les batailles,
Et dont Rome long-temps pleura les funérailles!
Triomphant..., mais blessé..., presque mort..., ce guerrier
Chez le Parthe vaincu fut deux ans prisonnier!
Et de notre empereur la faveur tutélaire,
Pour rendre à nos soldats un chef si redouté,
Par deux mille captifs l'a, dit-on, racheté!

FÉLIX.

Et quel est ce héros?

CALLISTHÈNES.

C'est le jeune Sévère!

PAULINE et FÉLIX, poussant un cri.

Sévère! Sévère!...

(Félix veut s'approcher de sa fille pour l'engager à modérer son émotion. Mais Callisthènes l'entraîne au-devant du proconsul, ils sortent.)

PAULINE, *seule et ne pouvant réprimer un élan de joie.*

Sévère existe !... Un dieu sauveur,
Des sombres bords nous le renvoie !
Transports d'ivresse et de bonheur
 Qui font battre mon cœur !

(*S'arrêtant.*)

Que dis-je ? ô ciel !... coupable erreur !
A tous les yeux cachons ma joie !
Devant vos lois, devoir ! honneur,
Tais-toi !... tais-toi, mon cœur !

(*Elle rentre dans son appartement.. Le théâtre change et représente la grande place de Mélitène, ornée de superbes édifices, portiques, statues, obélisques. A l'extrémité un arc de triomphe.*)

SCÈNE V.

(*La foule du peuple se précipite sur la place pour voir arriver le Proconsul; des licteurs paraissent les premiers et font ranger le peuple. On voit paraître sous l'arc de triomphe la tête des légions romaines, les Vélites, les soldats de trait, les soldats pesamment armés, les aigles et les étendards. Puis Sévère sur un char magnifique traîné par quatre chevaux attelés de front. De jeunes filles dansent autour du char, jettent des fleurs ou agitent des branches de lauriers. — Viennent ensuite des députations des principaux métiers. — Puis des esclaves, des joueurs de flûte, des gladiateurs. — Un dernier détachement des soldats romains termine le cortége qui défile aux cris de joie du peuple et pendant le chœur suivant.*)

CHOEUR.

Gloire à vous, Mars et Bellone !
Gloire à toi, jeune héros !
La victoire te couronne
Et partout suit tes drapeaux !
Par ton bras, heureuse et fière,
Rome voit les rois vaincus !
Et le sceptre de la terre
Est aux fils de Romulus !

SÉVÈRE, *qui est descendu de son char et s'avance au milieu du peuple.*

RÉCITATIF.

Valeureux habitants de l'antique Arménie,
Je viens dans vos cités, au nom de l'empereur,
Arrêter les efforts de cette secte impie
Qui sème en vos foyers la discorde et l'erreur !
Esclaves révoltés, qu'ils fléchissent la tête,
Que dans l'ombre adorant leur prétendu prophète
Ils respectent nos lois, nos temples et nos dieux...
Et mon bras protecteur va s'étendre sur eux !

(*A part et s'avançant au bord du théâtre.*)

La clémence est facile, alors qu'on est heureux !

CAVATINE.

Amour de mon jeune âge,
Toi dont la douce image
Au sein de l'esclavage
Soutint ma vie et mon espoir !
Les dieux qui daignèrent m'entendre
A ma tendresse vont te rendre !...
Pauline !... je vais te voir !

Beau jour qui vient luire,
Air pur que je respire,
Tout semble ici me dire :
Je vais la voir !...

SCÈNE VI.

LES PRÉCÉD. FÉLIX *le gouverneur, suivi des édiles et des magistrats de la ville, venant au-devant de* SÉVÈRE.

SÉVÈRE, *avec joie.*

C'est son père !
 (*Avec inquiétude et regardant autour de lui.*)
  Et Pauline !
   (*A part.*)
    Ah ! sans doute elle ignore
Que pour l'aimer Sévère existe encore !

FÉLIX, *s'avançant vers Sévère.*

Les dieux ont conservé des jours si précieux !
Et quand notre empereur près de nous vous envoie,
A l'aspect d'un héros souffrez qu'un peuple heureux
Laisse éclater, seigneur, ses transports et sa joie.

(*Félix présente la main à Sévère, et tous les deux, suivis des Édiles et des autres magistrats, vont se placer sur une tribune à droite. — Le divertissement commence.*)

ACTE II, SCÈNE VIII.

Un combat de gladiateurs. — Deux troupes opposées l'une à l'autre s'attaquent, se poursuivent, et forment différents groupes. — Enfin les deux chefs en viennent aux mains, et après une lutte opiniâtre l'un d'eux est renversé. — Son adversaire va l'immoler; Sévère se lève de son siége, étend la main et lui fait grâce. — Aux gladiateurs succèdent des danses grecques et romaines; des jeunes filles forment des pas d'ensemble ou séparés, et finissent par apporter au pied de la tribune où est Sévère une couronne d'or qu'elles lui présentent. Les clairons résonnent, les aigles et les étendards s'inclinent.

Félix se lève et descend de la tribune ainsi que Sévère, tous les deux s'avancent au bord du théâtre.)

FÉLIX, à Sévère.

De Décius, notre souverain maître,
Vous m'apportez, seigneur, les suprêmes décrets !

SÉVÈRE.

Plus tard je les ferai connaître !
Mais sa bonté pour moi rêva d'autres projets !
Et me cherchant d'avance une épouse chérie,
Il prétend, pour sa dot, lui donner l'Arménie.

FÉLIX, à part.

O ciel !

SÉVÈRE.

    Me permettant de choisir !... et mon choix,
Vous le devinez bien, devait tomber sur celle
Que j'avais tant aimée, et que toujours fidèle
J'aime plus que jamais !...

(Apercevant Pauline, qui à côté de Polyeucte et suivie de ses femmes descend du palais de son père et s'avancé au milieu de la place.)

    C'est elle !... je la vois !

SCÈNE VII.

LES PRÉCÉD. PAULINE, POLYEUCTE, jeunes filles qui les accompagnent. — NÉARQUE et quelques chrétiens s'avançant derrière Polyeucte.

PAULINE, à part et s'avançant lentement.

Soutenez-moi ! Divinités suprêmes !

SÉVÈRE, à part.

O moments désirés qu'enviraient les dieux mêmes !

(Allant au-devant d'elle avec tendresse.)

Je revois en ces lieux Pauline !!...

PAULINE, avec dignité et lui montrant Polyeucte.

    Et son époux !

SÉVÈRE stupéfait.

O ciel ! que dites-vous ?

FINALE.

(A part.)
Je te perds, toi que j'adore,
Je te perds et sans retour,
Et je dois cacher encore
Ma fureur et mon amour !
La perfide, l'infidèle,
Me ravit, hélas ! son cœur,
Quand j'aurais donné pour elle,
Et mes jours et mon bonheur !

POLYEUCTE, regardant Sévère et s'adressant à Néarque.

C'est là ce proconsul, ce guerrier magnanime
Qui, des chrétiens zélé persécuteur,
Vient exercer contre eux, sa brillante valeur ?

SÉVÈRE.

De César blâmez-vous le décret légitime ?

POLYEUCTE.

Défendre le malheur vous paraît-il un crime ?

PAULINE, à Sévère qui fait un geste de surprise.

Ah ! Polyeucte honore et respecte un héros !

POLYEUCTE.

Polyeucte a toujours méprisé les bourreaux !

SÉVÈRE.

Obéir à César est un devoir !...

POLYEUCTE.

    Peut-être
Au-dessus de César il est un autre maître.

SÉVÈRE, s'avançant vers lui d'un air menaçant.

Et lequel ?

PAULINE, à demi-voix à Polyeucte et lui faisant signe de se taire.

Ah ! de grâce !...

SCÈNE VIII.

LES PRÉCÉD. CALLISTHÈNES et plusieurs prêtres.

CALLISTHÈNES, à Félix et à Sévère.

    O blasphèmes nouveaux !
Outrageant des nos dieux la majesté suprême,
Cette nuit en secret, au milieu des tombeaux,
Un nouveau prosélyte a reçu le baptême !

POLYEUCTE, vivement et s'adressant à Sévère.

Eh bien ! que tardez-vous à punir leurs forfaits ?
Valeureux proconsul, vos licteurs sont-ils prêts !

SÉVÈRE, froidement.

Ils feront leur devoir !

PAULINE, à demi-voix et à mains jointes conjurant Polyeucte de se taire.

Ah ! j'ai votre promesse !

SÉVÈRE, à Callisthènes.

Poursuivez le coupable.

PAULINE, à Polyeucte qui s'avance et veut parler.

Ah ! pour moi taisez-vous !

NÉARQUE, bas à Polyeucte et sévèrement.

Pour vos frères !.. du moins.

(A ce mot Polyeucte s'arrête et baisse la tête, pendant que Pauline, qui ne le quitte pas, continue près de lui ses instances.)

SÉVÈRE, regardant Pauline près de son époux.

Ah! pour lui sa tendresse
Redouble la fureur de mes transports jaloux.

POLYEUCTE, à part et montrant Pauline.

{ ENSEMBLE.

Dieu puissant qui vois mon zèle,
Que ta foi règne en son cœur.
Puisses-tu prendre pour elle
Et mes jours et mon bonheur !
Oui, sur celle que j'adore
Fais enfin briller le jour,
Et son âme qui t'ignore
Brûlera d'un saint amour.

PAULINE, à part montrant Polyeucte.

Dieux puissants qu'ici j'implore,
Et qu'il brave en ses discours,
Malgré lui, veillez encore !
Sur sa gloire et sur ses jours !

SÉVÈRE, à part regardant Pauline.

Je te perds, toi que j'adore,
Je te perds, et sans retour,
Et je dois cacher encore
Ma fureur et mon amour.

NÉARQUE ET LES CHRÉTIENS.

Dieu puissant, toi que j'adore,
Que leurs yeux s'ouvrent au jour !
Et leur âme qui t'ignore
Brûlera d'un saint amour !

CALLISTHÈNES, FÉLIX ET LE CHOEUR.

Jupiter, toi que j'implore,
Que par toi de ce séjour
Cette race qui t'abhorre
Soit bannie et sans retour !

(Callisthènes et les prêtres s'approchent de Sévère et lui font signe qu'il est attendu au temple. Le cortège se remet en marche. Félix, Sévère, et Callisthènes s'avancent à la tête des prêtres; les soldats les suivent et le peuple les entoure en poussant des cris de joie, pendant que Néarque et Pauline entraînent Polyeucte. La toile tombe.)

} ENSEMBLE.

FIN DU DEUXIÈME ACTE.

ACTE TROISIÈME.

L'appartement des femmes. — La chambre à coucher de Pauline.

SCENE Ire.

PAULINE, seule, assise près d'une table et rêvant; ensuite SÉVÈRE.

Dieux immortels, témoins de mes justes alarmes,
Je confie à vous seuls mes tourments et mes larmes.
Eloignez de mon cœur un fatal souvenir
Dont mon honneur s'indigne et que je veux bannir!
(Se retournant et apercevant Sévère qui vient d'entrer dans son appartement et qui s'arrête près d'elle.)
Ah!.. qui vous a permis de franchir cette enceinte?

SÉVÈRE.

Qui perdit tout espoir ne connaît plus la crainte...
Je sais tout!.. oui, je sais quel destin rigoureux,
Pauline, t'a forcée à subir d'autres nœuds!

PAULINE.

L'époux que j'ai choisi méritait ma tendresse...
Je l'aime!!..

SÉVÈRE.

Par pitié, laisse-moi l'ignorer!
Laisse-moi croire encore, avant que d'expirer,
Que la mort seule, et non l'oubli de ta promesse,
Aura pu nous séparer.

DUO.

En touchant à ce rivage,
Tout semblait m'offrir l'image
D'un jour pur et sans nuage,
Doux présage
Du bonheur!

Soudain gronde le tonnerre
Qui dissipe une erreur si chère,
Et je reste sur la terre,
Seul, en proie à ma douleur!

PAULINE, à part.

Souvenir cruel et tendre
Que sa voix vient de me rendre!
Malgré moi je crains d'entendre
Et de plaindre ses tourments!
Du passé craignons les charmes.
Dieux témoins de mes alarmes,
A ses yeux cachez mes larmes
Et le trouble de mes sens.
(S'adressant à Sévère qui s'avance vers elle.)
Quel était votre espoir?

SÉVÈRE.

Un seul!.. de te revoir!

PAULINE.

Tais-toi!.. le châtiment
Tous les deux nous attend,
Toi, si tu parles!.. moi, si j'écoute!.. Va-t'en!

SÉVÈRE.

Quoi! te quitter encore!

PAULINE.

Tu le dois!

SÉVÈRE.

Je ne peux.
Mais toi, ton cœur ignore
Et l'amour et ses feux!

PAULINE.

Si Dieu te laissait maître
De lire dans ce cœur,
Tu n'oserais peut-être
L'accuser!..

SÉVÈRE, avec joie.

O bonheur!

PAULINE.

Qu'ai-je dit?.. trouble extrême!

SÉVÈRE.

O moment enchanteur!

PAULINE.

Je m'abuse moi-même!..

SÉVÈRE.

Laisse-moi mon erreur,
Doux rêve de bonheur!

PAULINE.

ENSEMBLE.

Ne vois-tu pas qu'hélas! mon cœur
Succombe et cède à sa douleur!
Mais, par amour ou par pitié,
Que cet aveu soit oublié!
Laisse à mon âme un seul espoir,
Le sentiment de son devoir!
Que mon courage et mes efforts,
Du moins, m'épargnent les remords!..
Pour expirer c'est désormais
  Assez de mes regrets!
Va-t'en! va-t'en, et pour jamais!

SÉVÈRE.

Ne vois-tu pas que ta rigueur
Déchire et brise, hélas! mon cœur?
Ainsi, toujours et sans pitié,
Tout mon amour est oublié,
Et je n'ai plus même l'espoir
De te parler, de te revoir!
Mais tu le veux, il faut encor,
Et loin de toi, chercher la mort!
Pour la trouver c'est désormais
  Assez de mes regrets.
Adieu, je pars, et pour jamais!
  Adieu, pour jamais!

Puisse le ciel, content des maux qu'il me destine,
Combler de jours heureux Polyeucte et Pauline!

PAULINE.

Puisse trouver Sévère, après tant de malheur,
Une félicité digne de sa valeur!

SÉVÈRE.

Il la trouvait en toi!

PAULINE.

Je dépendais d'un père!

SÉVÈRE.

Devoir qui fait ma perte et qui me désespère!

PAULINE.

Va-t'en! va-t'en! mon triste cœur
Succombe et cède à sa douleur!
Oui, par tendresse ou par pitié,
Que mon amour soit oublié!
Etc., etc.

SÉVÈRE.

Oui, loin de toi mon triste cœur
Succombe et cède à sa douleur!
Ainsi, toujours et sans pitié,
Tout mon amour est oublié!
Etc., etc.

(A la fin de ce duo, Sévère sort par la porte à droite. — Pauline tombe anéantie sur son fauteuil, et se relève vivement, au moment où Polyeucte entre en rêvant par la porte à gauche.)

SCÈNE II.

PAULINE, POLYEUCTE.

PAULINE.

C'est Polyeucte!... mon époux!

POLYEUCTE, se parlant à lui-même.

Coupable erreur!.. mensonge insigne!
Dont ma raison murmure, et dont mon cœur s'in-
[digne.

PAULINE.

D'où viennent cette air sombre et ce secret cour-
[roux?

POLYEUCTE.

Pour fêter dignement ce proconsul barbare,
Un pompeux sacrifice au temple se prépare.

PAULINE.

Mon père me l'a dit!. nous y paraîtrons tous!
Ne m'y suivrez-vous pas?

POLYEUCTE.

Moi!... que je sacrifie
Aux faux dieux encensés par votre idolâtrie!...
Moi qui suis de la croix l'étendard triomphant.

ACTE III, SCÈNE IV.

PAULINE.

Ah! je vous le demande!

POLYEUCTE.

Et Dieu me le défend!

PAULINE.

Si vous m'aimiez, cruel!..

POLYEUCTE.

AIR :

Si je t'aimais!!.. je t'aime,
Moins peut-être que Dieu, mais bien plus que moi-
[même.
   Mon seul trésor, mon bien suprême,
   Tu m'es plus chère que moi-même,
   Et Dieu seul partage avec toi
     Mon amour et ma foi !

Mais paraître à ce temple où vous allez courir !
C'est servir les faux dieux... les tiens!... plutôt
[mourir!
Tu pleures... ah! pardon... hélas! j'avais des armes
Contre la mort... mais non contre tes larmes!
Et ce cœur insensible aux glaives des bourreaux,
Et s'émeut et se brise, entendant tes sanglots !

   Tu le vois, je t'aime
Peut-être autant que Dieu, mais bien plus que moi-
[même.
   Calme tes pleurs, mon bien suprême,
   Je cède à tes larmes!... je t'aime!
   Et Dieu seul partage avec toi
     Mon amour et ma foi !

SCÈNE III.

POLYEUCTE, PAULINE, FÉLIX.

FÉLIX, à Polyeucte.

O mon fils!.. ce guerrier, cet ami si fidèle,
Ce Néarque!...

POLYEUCTE.

Achevez...

FÉLIX.

C'est un traître!.. un rebelle !
Un chrétien !!

PAULINE, vivement.

On vous trompe!...

FÉLIX.

Il en convient lui-même!
Il fait plus! il répand ses dogmes imposteurs!...
Un nouveau prosélyte embrassant ses erreurs
Par ses mains l'autre nuit a reçu le baptême!
Mais Néarque s'obstine à nous taire son nom.

(Polyeucte fait un geste pour se nommer.)

PAULINE, se jetant au-devant de lui et s'adressant
à son père.

Ah! pour des insensés n'est-il pas de pardon?

FÉLIX.

Aux autels de nos dieux conduit en sacrifice,
Il va dans les tourments révéler son complice !

(A Polyeucte qui tressaille, et lui prenant le bras.)

Evitez ce spectacle!.. et du temple sacré,
Vous... son ami...

PAULINE, vivement.

Fuyez!.. ne venez pas!

POLYEUCTE, froidement et à demi-voix.

J'irai!...

(Pauline s'éloigne avec son père en jetant sur Polyeucte un regard suppliant et en le conjurant de ne pas la suivre, puis elle lève les yeux au ciel avec joie en voyant qu'il reste.)

SCÈNE IV.

POLYEUCTE, seul.

CAVATINE DE L'AIR :

   Oui, j'irai dans leurs temples !
   Bientôt tu m'y verras ;
   Dieu saint qui me contemples,
   Et qui conduis mon bras !
   Par ton souffle inspiré,
    J'irai !...

Oui, l'instant est venu!.. Dieu m'appelle et m'in-
[spire !
Oui, je dois d'un ami partager le martyre !
Allons, et, des bourreaux pour hâter le signal,
Allons briser ces dieux de pierre et de métal !
Abandonnons nos jours à cette ardeur céleste!
Faisons triompher Dieu!... qu'il dispose du reste !

(Il sort. — Le théâtre change. — On voit le temple de Jupiter où l'on arrive par un large escalier très élevé. — Autour du temple un bois sacré.)

SCÈNE V.

CALLISTHÈNES et les prêtres sortent du temple portant les trépieds, les vases sacrés et les images des dieux, qu'ils placent sur les marches qui conduisent au temple.

(Le peuple sort du bois sacré. — On allume le feu dans les trépieds.)

CHOEUR DES PRÊTRES ET DU PEUPLE.

HYMNE A JUPITER.

Dieu du tonnerre,
Ton front sévère
Emeut la terre
Et fait aux cieux
Trembler les dieux !

Juge implacable
Et redoutable !
Pour le coupable
Impitoyable !...
Doux et clément
Pour l'innocent !

Entrent FÉLIX, SÉVÈRE ET PAULINE.

(Des prêtres et des jeunes filles portant des couronnes d'olivier, ornent l'autel de guirlandes de verveine et de bandelettes sacrées. — Le sacrifice commence. — De jeunes prêtres présentent au sacrificateur les vases sacrés et les coupes pour les libations. — D'autres font brûler de l'encens dans les encensoirs. — On amène les victimes. — Le prêtre prend le gâteau salé fait de farine et de miel, et l'arrose de vin au-dessus de l'autel. — Il goûte le vin, le donne à goûter aux assistants qui l'environnent. — Sur un geste du prêtre les sacrificateurs immolent la victime que l'on apporte sur l'autel où les auspices viennent examiner et consulter ses entrailles. — Le sacrifice fini, le prêtre se lave les mains, récite les prières consacrées et fait les dernières libations.)

CHOEUR DES FEMMES.

Ta main couronne
Flore et Pomone,
Par toi rayonne
L'épi qui donne
A nos travaux
Tributs nouveaux !

CHOEUR DES PRÊTRES, montrant la statue de Jupiter.

Mort à l'impie
Qui l'injurie
Et le défie !
Qu'il soit proscrit,
Qu'il soit maudit !

Oui, point de grâce !
Punis l'audace
De cette race
Qui nous menace !
Et par l'enfer,
O Jupiter,...

(On amène Néarque enchaîné.)

Mort à l'impie,
Etc., etc., etc.

CALLISTHÈNES, à Sévère.

A tes pieds, proconsul, on traîne la victime !

SÉVÈRE.

Qu'a-t-il fait ?

NÉARQUE.

Adorer son Dieu... voilà son crime !

SÉVÈRE.

Adorez-le dans l'âme, et n'en témoignez rien,
Et nos lois, à ce prix, protègent le chrétien.

CALLISTHÈNES.

Mais son zèle fougueux, bravant toutes limites,
Va cherchant parmi nous de nouveaux prosélytes !
Hier encor... réponds ?...

PAULINE, à part.

Je frémis de terreur !

CALLISTHÈNES.

Quel était ton complice ?...

SÉVÈRE.

Au nom de l'empereur,
Quel est-il ?

CALLISTHÈNES.

Quel est-il ? réponds, ou les tortures...

NÉARQUE, froidement.

Ni toi, ni tes bourreaux, n'en avez d'assez sûrs,
Et tes faux dieux n'ont pas de pouvoir assez grand
Pour forcer un chrétien à trahir son serment !

FINALE.

SÉVÈRE.

Quoi ! des dieux la voix sainte
Ne peut rien obtenir ?

CALLISTHÈNES ET LES PRÊTRES.

Son nom ?.. son nom ?..

ACTE III, SCÈNE V.

PAULINE, à part.

De crainte
Je me sens défaillir !
(Néarque se tait, moment de silence.)

CALLISTHÈNES.

Que la mort nous délivre
De ses impiétés !
Allez, et qu'on le livre
Au fer des bourreaux !..

POLYEUCTE, sortant du temple et paraissant au haut de l'escalier.

Arrêtez !..

PAULINE, à part.

O ciel !..

POLYEUCTE.

Vous demandez son complice ?.. c'est moi !

TOUS.

Qui ? lui !.. grands dieux !..

PAULINE.

Ah ! je me meurs d'effroi !

SÉVÈRE, FÉLIX, CALLISTHÈNES ET LES PRÊTRES.

Lui !..

POLYEUCTE.

Moi-même !.. moi !..

ENSEMBLE.

SÉVÈRE, CALLISTHÈNES, FÉLIX ET LE CHŒUR.

Le parjure qu'il profère
A d'effroi glacé la terre,
Et le ciel ne tonne pas !
Dieux puissants, vous qu'il blasphème,
Frappez-le de l'anathème,
Punissez ses attentats !

PAULINE.

L'insensé, le téméraire,
Se dévoue à leur colère !

POLYEUCTE.

Feu divin, sainte lumière,
Qui m'embrase et qui m'éclaire,
Je m'élance de la terre,
Et je brave le trépas !
Oui, l'eau sainte du baptême,
De la foi vivant emblème,
Me rapproche de Dieu même,
Qui du ciel me tend les bras !

NÉARQUE.

Feu divin, sainte lumière,
Qui m'embrase et qui m'éclaire,
Etc., etc.

FÉLIX.

Lui-même a voulu son supplice.

CALLISTHÈNES.

Entraînez-les !

FÉLIX.

Qu'on obéisse !

PAULINE.

Suspendez cet arrêt, mon père, un seul instant ;
Daignez m'entendre !

CALLISTHÈNES.

Il est coupable !

PAULINE, à Félix.

Le dieu qu'il offense est clément ;
(A Callisthènes.)
Ah ! plus que lui ne sois pas implacable !
Ecoute ma prière, et prends pitié de moi !
(Elle se jette aux genoux de Callisthènes.)

POLYEUCTE, courant à Pauline.

O comble d'infamie !
Leur demander ma vie !
Relève-toi !

PAULINE, étendant les bras vers tout le monde.

Grâce !..

POLYEUCTE.

Relève-toi !

(Il la relève et monte les degrés du temple sur lesquels Néarque est placé au milieu des prêtres.)

PAULINE, sur le devant du théâtre.

Dieux immortels, prenez donc sa défense !

POLYEUCTE, du haut des marches.

Inutile espérance !
Tes dieux ne peuvent rien ; et sous mes coups ven-
[geurs
Tombez, dieux imposteurs !

(Il renverse les idoles et les vases sacrés qui sont à sa droite et à sa gauche, et il les foule aux pieds.)

CALLISTHÈNES, FÉLIX, SÉVÈRE, PAULINE.

O délire! ô fureur!
Jours de deuil et d'horreur!

POLYEUCTE ET NÉARQUE.

Oui, sous nos coups vengeurs,
Tombez, tombez, dieux imposteurs

LE PEUPLE ET LES PRÊTRES, à Sévère.

C'est à ton bras vengeur
A punir leur fureur.

POLYEUCTE, avec exaltation.

Je crois en Dieu, roi du ciel, de la terre,
Seul Dieu puissant, que je crains et révère,
Et devant lui, dieux d'argile et de pierre,
Tombez, tombez sous mon bras triomphant!
De vos bourreaux que la hache s'apprête!
O saint martyre!.. ô pieuse conquête!..
Déjà pour nous, déjà la palme est prête;
Dieu nous appelle et le ciel nous attend!

PAULINE.

O sort affreux! ô comble de misère!
Maudit au ciel et maudit sur la terre,
A qui pourrais-je adresser ma prière?
Dieu des chrétiens!.. toi qu'il dit si puissant,
Ah! si ton bras peut calmer la tempête,
Et le ravir à la mort qui s'apprête,
Devant ton front je vais courber ma tête,
Et proclamer ton culte triomphant.

SÉVÈRE, FÉLIX, CALLISTHÈNES, LES PRÊTRES
ET LE PEUPLE.

Dieux infernaux, prenez votre conquête.
A vos tourments je voue ici sa tête!
Que le fer brille et la flamme s'apprête!
Ils sont maudits, et l'enfer les attend!

CALLISTHÈNES, aux prêtres, leur faisant signe.

Obéissez!

PAULINE.

Non, je ne puis le croire!

(A Félix.)
Tout coupable qu'il est, c'est ma vie et mon bien!

FÉLIX.

Qu'il reconnaisse alors nos dieux!

POLYEUCTE.

Je suis chrétien!..

FÉLIX.

Adore-les, te dis-je, ou meurs!

POLYEUCTE.

Je suis chrétien!..

(Félix fait un signe et les prêtres emmènent Polyeucte.)

PAULINE.

Où le conduisez-vous?

CALLISTHÈNES.

A la mort!

POLYEUCTE.

A la gloire!

POLYEUCTE ET NÉARQUE.

Je crois en Dieu, roi du ciel, de la terre,
etc., etc.

PAULINE.

O sort fatal! ô comble de misère!
etc., etc.

SÉVÈRE.

O sort fatal, ô devoir trop austère!
etc., etc.

CALLISTHÈNES, LES PRÊTRES ET LE PEUPLE.

Dieux infernaux, prenez votre conquête,
etc., etc.

(On entraîne Polyeucte et Néarque dans l'intérieur du temple. — Tout le monde sort en désordre.)

FIN DU TROISIÈME ACTE.

ACTE QUATRIÈME.

L'appartement intérieur du gouverneur d'Arménie. — Félix est assis près d'une table. — Pauline est à genoux près de lui.

SCÈNE Ire.
FÉLIX, PAULINE.

FÉLIX.
L'arrêt est prononcé, tous chrétiens sont rebelles !

PAULINE.
N'écoutez point pour lui ces maximes cruelles,
En épousant Pauline il s'est fait votre sang !

FÉLIX.
Je regarde sa faute et ne vois plus son rang !

PAULINE.
Mais il est aveuglé !

FÉLIX.
Mais il se plaît à l'être :
Qui chérit son erreur ne veut pas la connaître !

PAULINE.
Mon père !.. au nom des dieux !

FÉLIX.
Ne les réclamez pas,
Ces dieux dont l'intérêt demande son trépas.

PAULINE.
Ils écoutent nos vœux !

FÉLIX.
Eh bien ! qu'il leur en fasse.

PAULINE.
Au nom de l'empereur, dont vous tenez la place !

FÉLIX.
L'empereur le condamne, et Sévère aujourd'hui
Vient faire exécuter ses décrets !

PAULINE, avec effroi.
Ah ! c'est lui !

SCÈNE II.
LES PRÉCÉDENTS, SÉVÈRE.

TRIO.

SÉVÈRE, s'adressant à Félix et sans voir d'abord Pauline.
Le peuple s'indigne et murmure ;
Il croit qu'oubliant votre foi,
Vous voulez, magistrat parjure,
Soustraire un coupable à la loi.

FÉLIX, à demi-voix à Pauline.
Tu l'entends ?

SÉVÈRE.
Il veut sa victime !

PAULINE.
Et votre zèle légitime
Vient la chercher, sans doute ?..

SÉVÈRE, apercevant Pauline.
O ciel !

PAULINE, se tournant vers son père.
Mais vous écouterez les pleurs de votre fille !

FÉLIX.

L'empereur et les dieux sont plus que ma famille!

PAULINE, à son père.

Eh bien, vous m'y forcez, cruel !
(Se jetant aux pieds de Sévère.)
Oui, par la foi jurée,
Par ton ancien amour,
Éperdue, éplorée....
Je t'invoque à mon tour !
Oui, de celui qui m'aime
J'embrasse les genoux,
Et m'adresse à lui-même
Pour sauver mon époux !

FÉLIX, à sa fille.

Levez-vous ! levez-vous,
Ou craignez mon courroux !

SÉVÈRE, troublé.

Pauline... à mes genoux !
Pour sauver son époux !

PAULINE.

Pour sauver mon époux
J'embrasse tes genoux !

SÉVÈRE, cherchant à se défendre.

Cruelle !..

PAULINE.

Oui, je le sens, cruelle est ma demande !
Conserver un rival dont vous êtes jaloux,
C'est un trait de vertu qui n'appartient qu'à vous !
Mais plus l'effort est grand, plus la gloire en est
[grande.

SÉVÈRE.

Tu le veux !..tu le veux !..compte sur mon secours,
Je défends Polyeucte et sauverai ses jours !

PAULINE.

O dévoûment sublime !
O digne et noble cœur !
A ta voix magnanime
Je devrai le bonheur !

SÉVÈRE.

Arrachons la victime
A leur juste fureur !
Et qu'au moins son estime
Me reste en ma douleur !

FÉLIX.

Qui défend la victime
Approuve son erreur ;
C'est partager son crime
Aux yeux du ciel vengeur !

SÉVÈRE.

Dussé-je de ce peuple irriter la fureur,
Et plus encor !... ma désobéissance
De l'empereur dût-elle attirer la vengeance.
(A Pauline.)
Je braverai, pour vous, le peuple et l'empereur !

PAULINE.

O dévoûment sublime,
etc., etc.

SÉVÈRE.

Arrachons la victime,
etc., etc.

FÉLIX.

Qui défend la victime,
etc., etc.

SÉVÈRE, entraînant Félix.

Oui, venez arracher Polyeucte au trépas !
Je l'ai dit !... je le veux !

FÉLIX, avec dignité.

Moi, je ne le veux pas !

PAULINE ET SÉVÈRE, étonnés.

Qui ?... vous ?...

FÉLIX.

Oui, moi ! qui seul règne en cette province !
(A Sévère.)
Moi, plus que vous, fidèle à l'honneur, à mon prince !
(Prenant un papier sur la table.)
Qui signai, ce matin, cet édit... qu'en ces lieux
J'ai publié moi-même à la face des dieux !
Où je voue à la mort le chrétien et l'impie,
Fût-ce ma propre fille !...

SÉVÈRE.

Et ce fatal serment,
Vous le tiendrez ?

FÉLIX.

Même au prix de mon sang !
Ce qu'autrefois Brutus a fait pour sa patrie,

ACTE IV, SCÈNE IV.

Je le fais pour le ciel !... J'imite vos chrétiens !...
Ils meurent pour leur Dieu !... je mourrais pour les
[miens !

FÉLIX.

Leur voix immortelle
Réchauffe mon zèle.
Oui, que l'infidèle
Soit puni par eux !
Que ce sacrifice
Par moi s'accomplisse.
Qui sert la justice,
Sert aussi les dieux !

PAULINE, à son père.

D'un chrétien rebelle
Épouse fidèle,
A toi j'en appelle.
Écoute mes vœux !
Qu'à ma voix propice
Ton cœur s'attendrisse,
Et que je fléchisse
Mon père et les dieux !

SÉVÈRE, à Félix.

A tes lois rebelle,
Ce glaive fidèle
Combattra pour elle
En face des dieux !
Pour elle propice,
Ma main protectrice
Brave ta justice,
Le peuple et les dieux !

ENSEMBLE.

(On entend des cris au-dehors.)

FÉLIX.

Entendez-vous ces cris ?

SÉVÈRE.

Je trouverai des armes !...

FÉLIX.

Que vos propres soldats tourneront contre vous !

PAULINE, à son père en lui montrant Sévère.

Ainsi donc, plus que lui, sans pitié pour mes lar-
[mes...

FÉLIX.

Non !... et je puis encor te rendre ton époux !
Malgré tous ses forfaits...

(Se tournant au fond du côté du peuple.)
Et malgré leur menace.
Qu'il abjure son culte !

PAULINE.

O ciel !...

FÉLIX.

Et je fais grâce !
Qu'il se repente !... et je sauve ses jours !
Mais toi seule à nos dieux peux le rendre !...

PAULINE.

Ah ! j'y cours !

(Pauline sort en courant, le théâtre change.)

(Un caveau grillé près du cirque; caveau où les condamnés attendaient l'instant du supplice.)

SCÈNE III.

POLYEUCTE, étendu sur un banc de pierre et
se réveillant.

Rêve délicieux dont mon âme est émue,
C'était Pauline !... oui, c'est elle que j'ai vue...
Sur un nuage d'or s'élevant vers le ciel !...
Et tous deux... prosternés aux pieds de l'Éternel...
« Ton Dieu sera le mien... et ta vie est ma vie !... »
Disait-elle... O bonheur !.. ô célestes amours !...
Et j'entendais au loin une sainte harmonie,
Et les cieux répétaient... : « Réunis pour toujours ! »
Toujours !... toujours !... Ah ! ce n'est point un rêve,

(Écoutant.)

J'entends encor ces chants retentir jusqu'à moi !
Dieu des chrétiens, vers qui ma prière s'élève,
Appelle à toi Pauline !...

SCÈNE IV.

POLYEUCTE, PAULINE.

PAULINE, paraissant au fond.

Oui, c'est lui que je vois !...

(Courant à lui et l'embrassant.)
Mon époux !... Polyeucte !

POLYEUCTE, toujours à genoux.

Ah ! je priais pour toi !

PAULINE, vivement.

Je veux sauver tes jours !

POLYEUCTE.

Je veux sauver ton âme!...
L'éclairer aux rayons d'une céleste flamme !

PAULINE.

Que dis-tu, malheureux?... qu'oses-tu souhaiter?

POLYEUCTE.

Ce que de tout mon sang je voudrais acheter!
(Priant.)
Seigneur, de vos bontés il faut que l'obtienne !
Elle a trop de vertus pour n'être pas chrétienne !
Avec trop de mérite il vous plut la former
Pour ne pas vous connaître et ne pas vous aimer !

PAULINE.

C'est peu de me quitter, tu veux donc me séduire?...

POLYEUCTE.

C'est peu d'aller au ciel, je veux vous y conduire !

PAULINE.

Vaines illusions !

POLYEUCTE, avec enthousiasme.

Célestes vérités !

PAULINE, de même.

Étrange aveuglement!

POLYEUCTE, de même.

Éternelles clartés !

DUO.

PAULINE.

Pour toi, ma prière,
Ardente et sincère,
D'un juge et d'un père
Fléchit le courroux !
Des dieux qu'il encense
Reprends la croyance;
Soudain sa clémence
Me rend un époux !

POLYEUCTE.

Qu'importe ma vie,
Sauvée ou ravie,
Si Dieu, que je prie,
Te guide au bonheur?...
O Dieu que j'adore!
O Dieu qu'elle ignore!

Descends !... je t'implore !...
Et parle à son cœur !
(A Pauline qui lui fait un geste suppliant.)
Les biens de la terre
Ne sont rien pour moi ;
Toi seule m'es chère,
Je pleure sur toi !

PAULINE.

Mais songe au martyre,
Au fer des bourreaux !

POLYEUCTE.

Le Dieu qui m'inspire
A fait des héros !
Et sa céleste flamme
Embrasant ton âme,
Peut faire, s'il le veut, des miracles nouveaux !
(Avec extase.)
Viens ! ô céleste flamme !
Viens éclairer son âme !
(En ce moment l'harmonie céleste se fait entendre,
un rayon lumineux traverse le caveau.)

PAULINE, avec la plus grande émotion.

Prodige soudain...
Lumière immortelle,
A moi se révèle !...
Une ardeur nouvelle
Embrase mon sein !...

POLYEUCTE, avec joie et crainte.

Mon cœur n'y peut croire.

PAULINE, avec enthousiasme.

Le jour a lui.

POLYEUCTE.

Céleste victoire !..
Tu veux donc aussi...

PAULINE.

La mort et la gloire !

POLYEUCTE.

Peut-être ton âme
S'abuse en sa foi !

PAULINE.

Que Dieu qui m'enflamme
Réponde pour moi !

ACTE IV, SCÈNE V.

POLYEUCTE.

Mais songe au martyre,
Au fer des bourreaux!

PAULINE.

Le Dieu qui t'inspire
A fait des héros!

POLYEUCTE.

Il est donc vrai!.. ma crainte est vaine;
La foi sainte brille à tes yeux!
(A Pauline qui se met à genoux et étendant les mains sur sa tête.)
Des mains d'un époux sois chrétienne,
Et que ma voix t'ouvre les cieux!
(La relevant.)
Lève-toi!.. Dieu qui nous rassemble
Nous réserve le même sort!
Et maintenant, marchons ensemble,
Marchons à la gloire, à la mort!
(Le bruit des harpes célestes recommence.)

ENSEMBLE.

O sainte mélodie!
Concerts harmonieux!
Par vous l'âme ravie
S'élance vers les cieux!
Allons, chrétien fidèle,
Allons, voici l'instant;
C'est Dieu qui nous appelle,
C'est Dieu qui nous attend!

Toujours unis tous deux
Sur terre et dans les cieux!..
Marchons!.. marchons!..

O sainte mélodie!
Accents religieux!
Par vous l'âme ravie
S'élance vers les cieux!
etc., etc.

(En ce moment des gardes paraissent. — Ils veulent séparer Pauline de Polyeucte, mais elle ne veut plus le quitter et ils sortent tous les deux en se tenant embrassés. — Les gardes les suivent.)

(Le théâtre change et représente un vaste péristyle qui conduit au cirque. — On aperçoit au fond et à travers une grille, une partie du cirque, ses gradins couverts de spectateurs, la loge du proconsul et du gouverneur, et dans la partie inférieure, les caveaux garnis de barres de fer, où sont renfermées les bêtes féroces.)

SCÈNE V.

(Une partie du peuple garnit déjà les immenses gradins de l'amphithéâtre. — Une autre partie du peuple se précipite dans l'arène et cherche des places.)

CHOEUR.

Il nous faut des jeux et des fêtes.
A la mort ces chrétiens odieux!
Traînez-les, livrez-les aux bêtes,
Qu'ils soient déchirés à nos yeux!
(Pendant ce chœur, Félix, Sévère et les licteurs sont entrés par les portes à droite du péristyle. — Callisthènes et les prêtres entrent par la porte à gauche.)

CALLISTHÈNES, s'adressant à Félix.

Au peuple impatient nous devons ce spectacle.
Seigneur, à ses plaisirs c'est mettre trop d'obstacle.

SÉVÈRE, bas à Félix.

Polyeucte à ses pleurs a-t-il voulu céder?

FÉLIX, de même à Sévère et avec inquiétude.

Ma fille ne vient pas!

CALLISTHÈNES, à Félix.

C'est trop long-temps tarder!

LE PEUPLE.

A la mort les chrétiens!.. Que la fête commence!

CALLISTHÈNES.

C'est à vous, gouverneur, de rendre la sentence.
(Félix monte lentement les degrés qui conduisent à sa tribune.)

CALLISTHÈNES ET LE PEUPLE.

Commencez!..

FÉLIX, debout, du haut de sa tribune et avec émotion.

Livrez donc aux lions furieux
Les chrétiens endurcis dans leur crime, et tous ceux
Qui voudraient désormais partager leur croyance!

LE PEUPLE, s'écartant et démasquant la porte à droite.

Ils viennent!.. les voici!

SCÈNE VI.

FÉLIX, sur la tribune; SÉVÈRE, sur les marches de la tribune; CALLISTHÈNES et les prêtres au pied de la tribune; POLYEUCTE et PAULINE, amenés par les licteurs au milieu du cirque. Tous les deux sont habillés de blanc.

FÉLIX, les apercevant.

Grands dieux!

SÉVÈRE, de même.

O désespoir!

Pauline!..

FÉLIX, du haut de la tribune et lui tendant les bras.

Que fais-tu, ma fille?

PAULINE, froidement.

Mon devoir!

FINALE.

Notre Dieu, notre foi sont les mêmes,
Et je dois partager son trépas!

TOUS.

Toi!..

PAULINE.

Frappez!

CALLISTHÈNES, aux prêtres et au peuple.

Entendez ses blasphèmes!

SÉVÈRE, descendant les marches de l'escalier.

Elle invente un forfait qui n'est pas!

CALLISTHÈNES.

Viens-tu donc pour défendre le crime...
Ou les dieux?

SÉVÈRE.

Ah! je veux lui parler!
(S'approchant de Pauline.)
Du devoir innocente victime,
Quoi! tu meurs!

PAULINE.

Sans pâlir! sans trembler!

SÉVÈRE.

En épouse!..

POLYEUCTE, avec fierté.

En chrétienne!..

CALLISTHÈNES.

O fureur!

SÉVÈRE, à Pauline.

Daigne entendre ma voix qui te prie,
Non pour moi, qui renonce au bonheur!
(Lui montrant Félix évanoui entre les bras de ceux qui l'entourent.)
Mais forcé de frapper une fille chérie,
Vois ton père expirer de douleur!

PAULINE et POLYEUCTE.

Unis sur la terre,
Unis dans les cieux!
Pour vous, pour mon père,
Nous prierons tous deux!

CHOEUR DU PEUPLE.

Il nous faut et des jeux et des fêtes.
A la mort ces chrétiens odieux!
Traînez-les! livrez-les tous aux bêtes,
Et qu'ils soient déchirés à nos yeux.

SÉVÈRE.

Daigne entendre ma voix qui te prie,
Non pour moi, qui renonce au bonheur!
Mais perdant une fille chérie,
Vois ton père expirer de douleur!

FÉLIX, revenant à lui.

Je te perds, ô ma fille chérie,
Rien ne peut t'arracher à l'erreur!
Et par moi tu vas perdre la vie,
O ma fille! ô devoir! ô douleur!

CALLISTHÈNES ET LE PEUPLE.

Plus de retards!

SÉVÈRE, avec colère et les menaçant.

Ah! cruels!

PAULINE.

Dieu propice!

ACTE IV, SCÈNE VI.

(Montrant Sévère.)
Sur mon père et sur lui veille encor !

POLYEUCTE, aux bourreaux qui l'entourent.
Je suis prêt !

CHOEUR DU PEUPLE.
Hâtez donc leur supplice !

SÉVÈRE.
Ah ! comment les soustraire à la mort ?
(On entend en dehors les trompettes sacrées.)

CALLISTHÈNES.
Ah ! voici le signal du supplice !
(On entend en dehors du cirque le chant des chrétiens.)

CHOEUR DES CHRÉTIENS, en dehors.
Gloire à toi, notre père !
Pour toi, le seul vrai Dieu,
Nous disons à la terre
Un éternel adieu !

POLYEUCTE.
Entends-tu les chrétiens ?

PAULINE.
Gloire à Dieu !

CALLISTHÈNES ET LE PEUPLE.
Aux lions livrez-les !

SÉVÈRE ET FÉLIX.
Ah ! d'un père,
Par pitié, respectez la douleur !

(Les licteurs amènent au milieu du cirque Néarque et plusieurs chrétiens enchaînés, et qui viennent se grouper autour de Polyeucte et de Pauline. — Et pendant le chœur suivant les Belluaires se tiennent près des grilles où sont renfermées les bêtes féroces, prêts à les ouvrir au signal de Callisthènes.)

CHOEUR DES PRÊTRES.
Juge implacable
Et redoutable !
Pour le coupable
Impitoyable !
Doux et clément
Pour l'innocent !
Mort à l'impie
Qui l'injurie,
Et le défie !
Qu'il soit proscrit
Qu'il soit maudit !

POLYEUCTE, PAULINE, NÉARQUE ET LES CHRÉTIENS.
O sainte mélodie,
Concerts doux et pieux,
Par vous l'âme ravie
S'élance vers les cieux !
Allons ! chrétien fidèle,
Allons, voici l'instant ;
C'est Dieu qui nous appelle,
C'est Dieu qui nous entend !

} ENSEMBLE.

(Sur un signal que donne Callisthènes, le peuple qui était encore dans le cirque s'enfuit effrayé. — Sévère tire son épée et veut se mettre devant Pauline ; mais il est entraîné malgré lui par ses soldats. — Les Belluaires viennent d'ouvrir les grilles. — Tous les spectateurs poussent un cri. — Félix se voile la tête et tombe évanoui. — Tous les chrétiens se mettent à genoux. — Pauline s'est précipitée dans les bras de Polyeucte qui seul debout attend la mort. — Un rugissement se fait entendre. — Les lions vont s'élancer. — La toile tombe.)

FIN DES MARTYRS.

SCHONENBERGER, ÉDITEUR DE MUSIQUE, BOULEVARD POISSONNIÈRE, 10,
ASSORTIMENT POUR LA COMMISSION ET L'EXPORTATION.

LA
FILLE DU RÉGIMENT,

OPÉRA-COMIQUE EN DEUX ACTES,

PAROLES DE MM. SAINT-GEORGES ET BAYARD,
MUSIQUE DE G. DONIZETTI.

Catalogue des Morceaux de Chant.

Nos 1. *Prière* à 3 voix de femme. Sainte Madone.
2. *Couplets.* Pour une femme de mon nom.
3. *Duo.* La voilà, la voilà.
4. *Chanson du régiment.* Chacun le sait.
5. *Duo.* Quoi! vous m'aimez, si je vous aime.
6. *Cavatine.* Ah, mes amis, quel jour de fête!
7. *Romance.* Il faut partir.
8. *Valse.* Suppliant à genoux.
9. *Trio.* Le jour naissait dans...
10. *Cavatine.* C'en est donc fait et mon sort va changer.
11. *Terzetto.* Tous les trois réunis.
12. *Romance.* Je viens conduit par l'espérance.

Partitions et arrangements pour tous instruments.
QUADRILLES DE CONTREDANSES PAR MUSARD.

OPÉRAS ARRANGÉS POUR PIANO SEUL,
avec accompagnement *ad libitum* de flûte ou violon.

		fr.			fr.
ROSSINI.	No 1. Armide	18	ROSSINI.	No 18. Scala di Seta	18
—	2. Barbiere	18	—	19. Semiramide	24
—	3. Bruschino	18	—	20. Tancredi	18
—	4. Cenerentola	18	—	21. Torvaldo et Dorliska	18
—	5. Demetrio et Polibio	18	—	22. Turco in Italia	18
—	6. Donna del Lago	18	—	23. Zelmira	18
—	7. Edoardo et Christina	18	BELLINI.	24. Pirata	24
—	8. Élisabetta	18	—	25. Norma	24
—	9. Gazza ladra	18	—	26. Straniera	24
—	10. Inganno fortunato	18	DONIZETTI.	27. Anna Bolena	24
—	11. Italiana in Algeri	18	—	28. Belisario	24
—	12. Maometto (Siége de Corinthe)	20	BEETHOVEN.	29. Fidelio	30
—	13. Matilde di Sabran	18	MOZART.	30. Flûte enchantée	24
—	14. Mosè in Egitto (Moïse)	18	MERCADANTE.	31. Il Giuramento	24
—	15. Otello	18	DONIZETTI.	32. Elisire d'amore	24
—	16. Pietra di Paragone	18	—	33. Roberto d'Évreux	24
—	17. Ricciardo et Zoraïde	18			

SYMPHONIES DE BEETHOVEN,
ARRANGÉES POUR LE PIANO SEUL,
PAR FRÉDÉRIC KALKBRENNER.

1re livraison. Symphonie en *ut.*
2e — — en *ré.*
3e — — héroïque.
4e — — en *si.*
5e — — en *ut.*
6e livraison. Symphonie pastorale.
7e — — en *la.*
8e — — en *fa.*
9e — — en *ré,* 1re partie.
10e — — — 2e partie.

Dix livraisons, chaque: 10 fr.—Réunies, cartonnées à la Bradel: 90 fr.—Reliées très richement: 110 fr.
Ornées de deux beaux portraits des auteurs.

LES MARTYRS.

OPÉRA EN QUATRE ACTES,

PAROLES

DE M. SCRIBE,

MUSIQUE DE

DONIZETTI.

Catalogue des Morceaux de Chant.

N°		
1.	*Duo*. Chanté par MM. Duprez et Wartel	Arrêtons-nous, Polyeucte.
1 bis.	*Prière*. Extrait chanté par M. Duprez	Que l'onde salutaire.
1 ter.	*La même*, transposée pour contralto.	—
2.	*Duetto*.	Jeune souveraine.
3.	*Air*. Chanté par Mme Dorus-Gras	Toi qui lis dans mon cœur.
3 bis.	*Le même*, pour voix de contralto.	—
4.	*Duo*. Chanté par M. Duprez et Mme Dorus-Gras	Objet de ma constance.
5.	*Air*. De basse, chanté par M. Dérivis	Dieu des Romains.
5 bis.	*Le même*, transposé pour ténor.	—
6.	*Cavatine*. Chanté par Mme Dorus-Gras	Sévère, existe un Dieu sauveur.
6 bis.	*La même*, pour voix de contralto.	—
7.	*Romance*. Basse-taille, chantée par M. Massol	Valeureux habitants.
7 bis.	*La même*, pour ténor.	—
8.	*Cavatine*. Chantée par M. Massol	Je te perds, toi que j'adore.
8 bis.	*La même*, transposée pour ténor.	—
9.	*Duo*. Chanté par M. Massol et Mme Dorus-Gras . . .	Dieux immortels.
10.	*Duo*. Sopr. et basse chanté par M. Duprez et Mme Dorus-Gras.	Quel était votre espoir.
11.	*Air*. Chanté par M. Duprez	Mon seul trésor, monbien.
11 bis.	*Le même*, transposé.	—
12.	*Romance*. Chantée par M. Duprez	Oui, j'irai dans leur temple.
12 bis.	*La même*, transposée.	—
13.	*Trio*. Chanté par MM. Dérivis, Massol et Mme Dorus-Gras.	L'arrêt est prononcé ! tout chrétien...
14.	*Duo*. Chanté par M. Duprez et Mme Dorus-Gras . . .	Rêve délicieux dont mon âme est émue.

Grande partition. — Parties d'orchestre. — Partition pour chant, avec accompagnement de piano. — Partition pour piano solo. — Arrangements pour tous instruments sur des motifs de cet opéra. — Quadrilles par Musard, pour piano à deux et quatre mains, orchestre. — Duos et Solos pour tous instruments.

Musique élémentaire.

PIANO.

	fr. c.
H. BERTINI, Grande méthode complète et progressive. . . . . cartonnée.	45 »
— La même, en anglais	60 »
— Id. en espagnol.	60 »
— 1res leçons destinées aux petites mains 2 suites, chaque.	9 »
— 2e série de leçons, suites aux précédentes. 2 suites.	10 »
— 3e Id. Id. . . . . 2 suites.	12 »
— Op. 122. Études artistiques, ouvrage spécial destiné aux artistes et aux personnes qui veulent devenir de première force. Nos 1 et 2, chaque.	21 »
— Les deux réunis et brochés.	42 »
CRAMER. Quarante deux études, 2e livre.	18 »
KALKBRENNER. Symphonies de Beethoven arrangées pour piano seul, ouvrage destiné à servir d'étude supplémentaire à toutes les méthodes pour acquérir le plus haut degré de style et de perfectionnement. 10 livraisons, chaque.	10 »
réunies et cartonnées.	90 »
SCHAD. Exercices journaliers pour les commençants. . . . . 2 suites, chaque.	6 »
SCHMIDT. Exercices préparatoires. 1re, 2e et 3e liv., chaque.	9 »
VIGUERIE. Méthode. . 1re, 2e et 3e partie.	9 »
4e partie.	6 »
— Méthode espagnole.	10 »
WOLFART. Petite méthode de piano, spéciale pour les enfants, et dédiée aux mères de famille	12 »

SOLFÉGE ET MÉTHODE DE CHANT.

MERCADANTE. Études de chant, acc. de piano,	15 »
RODOLPHE. Solfége avec la basse chiffré. . .	15 »
— Nouvelle édition, avec accomp. de piano par Miné	18 »
— Le même ouvrage en espagnol.	30 »
SERVIER. Méthode élémentaire de chant, avec acc. de piano	15 »

VIOLON.

BRUNI. Méthode claire et facile, nouvelle édition augmentée par *Mayseder et Mazas*. . . .	18 »
FIORILLO. Op. 3. Trente-six études . . .	9 »
MAYSEDER. Six études.	4 50
PAGANINI. L'art de jouer du violon, avec un traité des sons harmoniques simple et doubles, par Ch. Guhr	18 »
ROY. Petite méthode pour commençants. nouv. édition.	3 75

CONTREBASSE.

HAUSÉ. Méthode.	12 »
— Quatre-vingt-dix Exercices. Études, suite à la méthode.	12 »

CLARINETTE.

BAISSIÈRES FABER. Méthode élémentaire à six et treize clefs	12 »
BROD. Études caractéristiques	7 50
ROY. Petite méthode pour les commençants. nouv. édition.	3 75

FLUTE.

	fr. c.
F. DEVIENNE. Méthode complète, nouvelle édition augmentée par *Tulou et Berbiguier*.	18 »
HUGOT. Vingt études ou exercices. . . .	9 »
ROY. Petite méthode à une et plusieurs clefs.	3 65
COCHE. Nouvelle méthode de flûte pour le nouveau système de Bœhm.	48 »

HAUTBOIS

BROD. Grande méthode complète.	45 »
— Id. divisée, 1re suite	24 »
WENY. Op. 9. Études mélodiques adoptées au Conservatoire . . 2 suites, chaque.	10 »

BASSON.

OZI. Grande méthode complète.	24 »
— Petite méthode	9 »

HARPE.

BOCHSA. Grande méthode complète. . . .	45 »
— Petite méthode pour les commençants. .	15 »
— Méthode pour harpe à double mouvement	12 »
— Op. 34. Grandes études . . Nos 1 et 2.	18 »
— Op. 62. Vingt-cinq études faciles . .	15 »
— Op. 318. Quarante études très faciles. 2 suites.	7 50
DESARGUS. Op. 6. Vingt-quatre études . .	6 »

COR.

DAUPRAT, Grande méthode complète. . . .	60 »
— Méthode . . . . 1re partie.	36 »
2e partie.	30 »
— Instructions aux compositeurs sur la manière d'employer le cor	30 »
— 330 Études pour premier cor. 2 suites, chaq.	7 50
— Traité du cor à pistons.	3 »
GALLAY. Op. 54. Douze grandes études mélodiques.	10 »

CORNET A PISTONS.

BOUCHÉ. Méthode complète à deux et trois pistons.	12 »
ROY. Petite méthode pour les commençants.	3 75

FLAGEOLET.

ROY. Petite méthode complète, nouv. édition.	3 75

GUITARE.

CARPENTRAS. L'art de pincer la guitare. . .	7 50
ROY. Petite méthode. . . . nouv. édition.	3 75

Petite Encyclopédie Instrumentale,

COLLECTION COMPLÈTE
DE
TABLATURES ET GAMMES,
OU
Méthode abrégée en Tableaux Synoptiques,
RÉDIGÉE PAR AD. LEDHUY.

No 1. Flûtes ordinaires.	No 11. Cor à pistons.	No 21. Contrebasse.
2. Flûtes de Bœhm.	12. Trombonne.	22. Harpe.
3. Clarinettes.	13. Trombonne à pistons.	23. Guitare.
4. Hautbois.		24. Piano.
5. Basson.	14. Flageolets.	25. Accordéon.
6. Serpent.	15. Ophicléide.	26. Du chant en chœurs.
7. Trompette d'harmonie.	16. Trompe de chasse.	
	17. Trompette à pistons.	27. Soprano.
8. Trompette à clefs.	18. Violon.	28. Contralto.
9. Cornets à pistons.	19. Viole alto.	29. Ténor.
10. Cor d'harmonie.	20. Violoncelle.	Basse-taille.

Chaque : 2 fr. — Chaque, collé sur carton : 3 fr. 75 c.

MUSIQUE NOUVELLE POUR PIANO.

CONCERTOS.

	fr.	c.
DOHLER. Op. 1er concerto, pour piano	12	»
MENDELSHON BARTHOLDY. Op. 40, concerto en ré.	12	»
HUMMEL. Op. post. dernier concerto.	12	»

QUATUORS.

	fr.	c.
HUMMEL. 3e symphonie de Beethoven, l'héroïque, arrangée pour piano, flûte, violon et violoncelle	15	»
— 4e — en si, —	15	»
— 5e — en ut, —	15	»
— 6e — pastorale en fa, —	15	»
— 7e — en la, —	15	»
— Grande symphonie de Romberg. —	15	»

TRIOS.

	fr.	c.
H. HERZ. Grand trio pour piano, violon et violoncelle	12	»
H. HERZ ET TULOU. Le même, pour piano, flûte et violoncelle.	12	»
F. HUNTEN. Op. 91. Trio brillant, pour piano, violon et violoncelle.	12	»
RIES. Op. 143. Trio pour piano, violon et violoncelle.	12	»

DUOS.

	fr.	c.
OSBORNE ET LOUIS, sur Torquato Tasso, de Donizetti, piano et violon.	7	50
— sur l'Elisire d'amore.	7	50
— sur Roberto d'Évreux.	7	50
SCHOBERLECHNER et CAVALINI, sur il Guiramento de Mercadante.	7	50
BATTA ET OSBORNE, sur Torquato Tasso, pour piano et violoncelle.	7	50
— sur l'Elisire d'amore.	7	50
— sur Roberto.	7	50
CHOPIN. Introd. et polonaise.	7	50
OSBORNE ET TULOU, sur Torquato Tasso, piano et flûte.	7	50
— sur l'Élisire.	7	50
— sur Roberto.	7	50

PIANO A QUATRE MAINS.

	fr.	c.
CZERNY. Op. 461. No 1. Rondino. Non piu andrai.	5	»
— 2. Variations sur une tyrolienne.	5	»
— 3. Variations sur un air anglais	5	»
H. HERZ. Grande valse dramatique.	5	»
— Thème original	9	»
— Mélodie suisse	7	50
— Mélodie italienne.	7	50
— Variations sur le Chalet.	7	50
— Tyrolienne de Mercadante.	6	»
— Marche de Rossini.	6	»
— Cavatine du Pirate.	6	»
— Souvenir de la Suisse.	7	50
— Chant des Alpes	7	50

PIANO SEUL.

	fr.	c.
CZERNY. Op. 475. Rondo sur la Cachucha.	5	»
— 482. Invitation à la danse.	6	»
— 483. No 1. Alegretto sentimentale.	5	»
— 2. Rondo alegro passionné.	5	»
— 484. Rondino gracioso.	6	»
— 485. Var. sur les Étoiles d'amour de Strauss.	6	»
— 486. Rondo sur le bal des artistes de Strauss.	6	»
— Trois fantaisies sur Belisario, Nos 1, 2, 3, chaque	6	»
DOHLER. Variation brillante sur la Straniera.	7	50
— sur J. Capuletti.	6	»
— sur la Norma.	7	50
— 1er Concerto.	12	»
— Deux fantaisies sur l'Elisire d'amore, chaque.	6	»
— Dernière pensée musicale de Bellini.	6	»
— Fantaisie et variation sur Anna Bolena.	7	50
— Amusement de salon.	6	»
— Rondino sur les Somnambules de Strauss.	6	»
— sur la Festa della Rosa.	6	»
L. GOMION. Les Napolitains.		
No 1. Sur Torquato Tasso.	6	»
2. Sur l'Elisire d'amore.	6	»
3. Sur Roberto d'Évreux.	6	»
CLARA WIECK. Scherzo.	6	»
H. HERZ. Les Rivales. No 1. Mélodie suisse.	7	50
— 2. Mélodie italienne.	7	50
— Fantaisie dramatique sur les Huguenots.	7	50
— Grandes variations, composées pour Thalberg	9	»
— Souvenir de voyage, grande fantaisie.	7	50
F. HUNTEN. Op. 83. No 1. Mélodie suisse.	6	»
— 2. Thème de Donizetti.	6	»
— 3. Mélodie italienne.	6	»
— Op. 98. No 1. L'invitation de Weber, varié.	4	50
— 2. Romance de Rossini.	4	50
— 3. Mélodie autrichienne.	4	50
— 4. Air styrien.	4	50
— 5. Thème de Mercadante.	4	50
— Op. 99. No 1. Le Galop. Air de ballet.	4	50
— 2. La Montagnarde.	4	50
— 3. La Polonaise.	4	50
— 4. La Contredanse.	4	50
— 5. La Valse.	4	50
LISZT. Cinq amusements.		
No 1. Cansonnetta et galop.	5	»
2. Tyrolienne.	5	»
3. Sérénade.	5	»
4. Rondoletto.	5	»
5. Bolero.	5	»
MENDELSHON BARTHOLDY. Andante cantab.	6	»

Quadrill. par MUSARD, à 2 et 4 mains, sur l'Elisire d'amore, Roberto d'Évreux, Princesse de Grenade, etc.

MUSIQUE NOUVELLE DE CHANT.

COLLECTION
DES
Mélodies ou Lieder de H. Proch,
MAITRE DE CHAPELLE DE S. M. L'EMPEREUR D'AUTRICHE,

Paroles françaises par Crevel de Charlemagne.

N° 1.	Chant de l'absence,	dédié à Duprez.	N°. 15.	La Nostalgie,	dédiée à Mlle d'Henin.
2.	Ma richesse,	— à Mme de Sparre.	16.	Je pense à toi,	— à Mlle Rossi.
3.	Le cor des Alpes,	— à Géraldi.	17.	Bonheur tranquille,	— à Levasseur.
4.	Aux étoiles,	— à Dérivis.	18.	Adieu,	— à Mme Damoreau.
5.	Oh! si j'avais des ailes,	— à Mlle Nau.	19.	Rêves d'amour,	— à Dorus Gras.
6.	La Batelière du Rhin,	— à Alexis Dupont.	20.	Mes Plaintes,	— à Jen. Colon Leplus.
7.	La Reconnaissance,	— à Ponchard.	21.	Le retour,	— à Eugénie Garcia.
8.	Combat du cœur,	— à Rondoneau.	22.	Désir de l'âme,	— à Masset.
9.	L'oiseau mourant,	— à Mocker.	23.	De ma fenêtre,	— à Marie.
10.	Ton regard,	— à Mme Stoltz.	24.	Au bord du Ruisseau,	— à Roger.
11.	Dans la vallée,	— à Couder.	25.	Le petit Poisson rouge,	— à Mlle Mens.
12.	Les deux Rêves,	— à Massol.	26.	L'image de la Rose,	— à Mme Boulanger.
13.	Pense-t-elle à moi,	— à Richelmi.	27.	Chant du Poëte,	— à madame la comtesse Merlin.
14.	Chant du Croate,	— à Wartel.			

Nota. Ces Mélodies jouissent en Allemagne d'une réputation égale à celles de François Schubert.

MASINI. La Pêche	Mélodie, Paroles de Mme Tastu.	LABARRE. Ne tresse plus ta chevelure.
— Quinze ans.	—	— Reviens, ma mère.
— Le Milicien.	—	— Annette, la coquette.
— Les archers . à 2 voix.	—	— Ma Chimère.
— Les airs du Pays.	—	— Pauvre Jeanne.
— Quand je te vois.	—	— Les Berceuses. . . . Noct. à 2 voix.
— Fête des bergers .	—	— Le Prisonnier de guerre.
— Chasse au chamois, à 2 voix.	—	— Tes regards cherchent Paris.
— La veille des noces, à 2 voix.	—	— La Belle Fermière.
— Blonde Hélène.	—	— Sœur Marguerite.
— Batelière du Lac	—	— L'Archer génois.
— Cantique du mois de Mai.	—	— M'aimerez-vous autant ?
MERCADANTE. Le retour désiré.	Barcarole.	— Le Chant du matelot.
Le Printemps.	Pastorale.	— Les Deux Amis.
L'asile du Pèlerin	Mélodie. —	— Ne m'oubliez pas.
Le Pâtre suisse	Tyrolienne.	— Le mont Saint-Michel.
La Sérénade du marinier.	Sérénade.	— Les deux Printemps.
Le Zéphir.	Polonaise.	DOHLER. La Séparation, mélodie, avec acc. de cor, ou violoncelle.
La Plainte d'un mourant.	Romance.	FANNA. Le Giaour. . . Air de basse, dédié à Géraldi.
La Zingarella espagnole.	Bolero.	GALLAY. 2 morceaux de concert, pour chant et cor, acc. de piano.
La Pêche	Duo. 2 soprano.	N° 1. Air de l'Élisire d'amour de Donizetti.
Le Toast	Ténor et basse.	2. Air de Roberto d'Évreux.
La Chasse.	2 ténors.	3. L'Appel du chasseur, air de Mercadante.
Le Galop	2 basses.	

Chez Schonenberger, éditeur de musique, boulevard Poissonnière, 10,
ASSORTIMENT POUR LA COMMISSION ET L'EXPORTATION.

ZANETTA,

ou

JOUER AVEC LE FEU,

OPÉRA-COMIQUE EN TROIS ACTES

PAROLES DE MM. SCRIBE ET DE SAINT-GEORGES,

MUSIQUE DE M. AUBER,

Représenté pour la première fois, sur le théâtre royal de l'Opéra-Comique, le 18 mai 1840.

DISTRIBUTION :

CHARLES VI, roi des Deux-Siciles.............................	M. Mocker.
NISIDA, princesse de Tarente.............................	Mlle Rossi.
RODOLPHE DE MONTEMART, favori du roi....................	M. Couderc.
Le Baron MATHANASIUS DE WARENDORF, médecin et conseiller de l'électeur de Bavière.............................	M. Grignon.
ZANETTA, jardinière du château royal de Palerme.............	Mme Cinti-Damoreau.
DIONIGI, } Seigneurs de la cour..................... {	M. Sainte-Foy.
RUGGIERI,	M. Emon.
TCHIRCOSSHIRE, heiduque du baron....................	M. Haussard.
DAMES DE LA COUR.	

La scène se passe en Sicile, à Palerme, de 1740 à 1744.

ACTE I.

Le théâtre représente des jardins élégans dans le château royal de Palerme. — A droite du spectateur, un bosquet; à gauche, une table richement servie.

SCÈNE I.

RODOLPHE, MATHANASIUS, DIONIGI, RUGGIERI et plusieurs JEUNES SEIGNEURS achèvent de déjeuner au moment où finit l'ouverture. TCHIRCOSSHIRE est debout derrière MANATHASIUS et lui sert à boire.

CHOEUR.

A quoi bon s'attrister sur les maux de la vie,
A table, mes amis, gaîment on les oublie...
Et jusques aux bords quand ma coupe est remplie,
Je respire, je bois et je nargue soudain
    Le chagrin !

DIONIGI.
Bravo!.. mais assez de musique.

RUGGIERI.
C'est juste, on ne s'entend pas; et avec vos tarentelles, vous n'avez pas permis à Monsieur le docteur de placer un mot.

MATHANASIUS, gravement.
Nous autres allemands, nous pensons beaucoup, mais nous parlons peu, surtout à table. (Au domestique qui lui verse à boire.) N'est-ce pas Tchircosshire ?

TCHIRCOSHIRE.
Ia.

RODOLPHE.
Et moi, au risque d'être indiscret, je me permettrai d'adresser une question à M. le baron Mathanasius de Warendorf, médecin et conseiller intime de l'électeur de Bavière, ou plutôt de Sa Majesté impériale Charles VII, et je lui demanderai comment il est ici, en Sicile, au moment où son maître se fait proclamer, à Franc-Fort, empereur d'Allemagne ?

MATHANASIUS, froidement.
Je vais vous le dire, Messieurs. J'ai une prétention !.. c'est qu'en médecine, comme en toute autre autre chose, je ne me suis jamais trompé. (Tendant son verre à son domestique.) N'est-ce pas Tchircosshire ?

TCHIRCOSHIRE.
Ia.

RODOLPHE.
Vous êtes bien heureux.

MATHANASIUS.
Or, il a paru en Espagne et en Sicile une maladie qui, selon moi, menace d'envahir l'Europe... une fièvre...

RODOLPHE.

D'ambition?

MATHANASIUS.

Non, une autre encore... une espèce de fièvre jaune!

RUGGIERI.

La maladetta qui cause tant de ravages?

MATHANASIUS.

Fléau brutal et sans égards, qui n'épargne ni les empereurs, ni les bourgeois! aussi, par ordre supérieur, et dans l'intérêt de la science, je suis venu ici pour étudier et observer.

RODOLPHE.

S'il en était ainsi, vous n'auriez pas amené avec vous la jolie Malthilde de Warendorf, votre femme, pour l'exposer de vous-même au danger! Et il faut monsieur le docteur, que quelqu'autre motif vous retienne depuis un mois auprès de notre jeune roi Charles VI.

MATHANASIUS.

Un grand souverain, messieurs, jeune, brave et galant! qui a conquis avec son épée le royaume de Naples!.. je bois à sa santé.

RODOLPHE.

Monsieur le baron ne répond pas...

MATHANASIUS, tenant son verre.

Impossible; je bois, au roi, Messieurs.

TOUS, se levant.

Au Roi!

RUGGIERI.

Et maintenant à nos dames!

MATHANASIUS.

C'est trop juste!

RUGGIERI.

Que chacun boive à celle dont il est le chevalier... moi d'abord à la comtesse Bianca!

DIONIGI.

A la belle Zagorala... la divine chanteuse!

MATHANASIUS.

Moi, Messieurs, je bois à ma femme.

TOUS.

C'est de droit.

DIONIGI.

Et toi, Rodolphe?

RODOLPHE.

Moi, Messieurs, je suis fort embarrassé.

RUGGIERI.

En effet, je ne connais à Palerme ni à Naples aucune dame qui reçoive ses hommages.

MATHANASIUS.

Me sera-t-il permis d'adresser à mon tour une question à M. le comte Rodolphe de Montemart, et de lui demander comment, lui, jeune, riche, de haute naissance, favori d'un roi; il n'a pas fait un choix parmi nos jeunes siciliennes.

RODOLPHE.

Beautés divines et piquantes... (Levant son verre.) A leurs attraits, messieurs.

MATHANASIUS.

M. le Comte ne répond pas?

RODOLPHE, tenant son verre et du même ton que le baron.

Impossible, je bois.

RUGGIERI.

Et tu nous la feras connaître?

RODOLPHE.

Dès qu'elle existera... dès que j'en aurai une.

REPRISE DU CHOEUR.

Buvons donc, mes amis, buvons à l'inconnue!
Qu'un fortuné hasard la présente à nos yeux!
Qu'elle paraisse, et peut-être à sa vue
(Montrant Rodolphe.)
Nous allons comme lui brûler des mêmes feux.

(Ils sont tous debout et trinquent près de la table. Le roi paraît au fond du théâtre, ils l'aperçoivent et quittent la table.)

SCÈNE II.

LES MÊMES, LE ROI, paraissant au fond du théâtre.

MATHANASIUS.

Le Roi, Messieurs!

LE ROI, gaiment.

Ne vous dérangez pas... nous ne sommes plus à Naples; et dans cette maison de plaisance, point de cérémonial, point d'étiquette, le roi n'est pas ici... il n'y a que Charles, votre ami et votre camarade, qui regrette de n'être pas arrivé plus tôt, pour prendre part à votre toast... est-il temps encore?

RUGGIERI.

Toujours, sire.

LE ROI.

Ruggieri, mon échanson, verse donc, et maintenant, Messieurs, à qui buviez-vous?

RUGGIERI.

A la passion de Rodolphe.

LE ROI, posant le verre.

Ah!

MATHANASIUS.

A sa passion à venir... à celle qu'il aura.

LE ROI, avec amertume.

Vraiment! et vous, M. le Baron, vous avez bu à ces souhaits?

MATHANASIUS.

Certainement; oserais-je demander à votre Majesté, pourquoi elle ne nous imite pas?

LE ROI.

Cela devient inutile, puisque vous avez déjà porté une pareille santé, je bois alors à la vôtre, M. de Warendorf.

MATHANASIUS.

C'est bien de l'honneur pour moi.

LE ROI, buvant.

Je le désire!.. (S'adressant aux jeunes gens.) Messieurs, j'ai pensé à nos plaisirs de la journée. Ce soir, nous avons un bal, et ce matin une expédition navale.

MATHANASIUS.

Voilà un prince qui connaît le prix des instans.

LE ROI, à Ruggieri et autres seigneurs.

Je vous ai compris dans la promenade en mer, et la partie de pêche que nous devons faire aujourd'hui avec ma sœur, la princesse de Tarente, et toutes les dames de la cour.... Les yachts sont commandés pour midi.

MATHANASIUS.

Votre Majesté me permettra-t-elle de l'acompagner?

LE ROI, d'un air aimable.
Certainement, ainsi que madame la Baronne, votre femme.
RODOLPHE.
Aurais-je l'honneur de suivre Votre Majesté?
LE ROI, froidement.
Rien ne vous y oblige, vous avez d'autres occupations, dont je serais désolé de vous distraire.
(Rodolphe salue profondément et sort.)
DIONIGI, pendant ce temps, vivement et à voix basse.
Mais il est donc en disgrace?
RUGGIERI, de même.
En disgrace complète.
DIONIGI, de même.
Lui, le favori! (Au roi, d'un air joyeux.) Ah! Sire, nous ne pouvions le croire.
RUGGIERI, au roi, du même air.
Il est donc vrai que le comte Rodolphe...
LE ROI.
Assez, assez, Messieurs!.. (Avec dignité.) Voici le roi qui revient, laissez-nous!.. (Tous saluent respectueusement et sortent. A Mathanasius qui veut les suivre.) Vous, M. de Warendorf, demeurez, je vous prie.

SCÈNE III.
LE ROI, MATHANASIUS.

LE ROI.
Monsieur le baron, j'ai entendu dire que vous étiez non-seulement un savant docteur, mais un homme fort plein de tact et de finesse.
MATHANASIUS.
Je l'ignore, Sire! mais j'ai la prétention de ne m'être jamais trompé.
LE ROI.
C'est ce que l'on dit. On assure même que votre maître, l'électeur de Bavière, actuellement le puissant empereur Charles VII, vous emploie souvent dans des affaires importantes; (Mathanasius s'incline sans répondre.) dans des négociations délicates et secrètes, où, sans caractère officiel, vous lui rendez plus de services que bien des ambassadeurs reconnus et accrédités. (Mathanasius s'incline de nouveau.) J'ai cru même, je l'avouerai, qu'une mission de ce genre vous attirait à ma cour... et que la *maladetta*, cette fièvre terrible et contagieuse, que vous êtes venu observer en Sicile, n'était qu'un prétexte.
MATHANASIUS.
C'était l'exacte vérité.
LE ROI.
Eh bien! alors. (Hésitant.) Mais je crains de vous fâcher.
MATHANASIUS.
Un diplomate ne se fâche jamais.
LE ROI.
Comment vous, si fin, si adroit, n'avez-vous pas deviné ce que j'ai découvert, moi, qui, par mon état de prince, ne dois jamais rien voir, comment n'avez-vous pas compris que ce jeune imprudent... ce Rodolphe, au mépris du respect que vous deviez trouver dans ma cour, ose en secret porter ses vues sur une personne dont l'honneur est le vôtre?

MATHANASIUS, froidement.
Eh qui donc?
LE ROI, avec impatience.
Votre femme, puisqu'il faut vous avertir du danger... votre femme, la baronne Malthilde, à qui il a fait, dès son arrivée, la cour la plus assidue...
MATHANASIUS.
D'accord... mais il a bien vu que cela ne me convenait pas, et il s'est bien gardé de continuer ses poursuites.
LE ROI, avec chaleur.
Parce qu'ils s'entendent, parce qu'ils sont d'intelligence... et vous n'êtes ni ému, ni troublé?
MATHANASIUS.
Un diplomate ne s'émeut jamais! et si je ne craignais à mon tour de fâcher Votre Majesté...
LE ROI.
De ce côté, vous n'avez rien à craindre.
MATHANASIUS.
Je lui dirais que je ne conçois pas qu'un prince si habile, si éclairé, n'ait pas déjà deviné ce que j'ai cru découvrir, moi, étranger à sa cour. (S'arrêtant.) Mais, pardon, si j'ose...
LE ROI, souriant.
Achevez, Monsieur, achevez! je ne crains rien... pas même la vérité.
MATHANASIUS.
C'est comme moi! je la cherche toujours!.. mon état est de la trouver.
LE ROI.
Et le mien de l'entendre... j'ai peu de mérite dans cette occasion... car je ne suis pas comme vous; je n'ai pas de femme!..
MATHANASIUS, lentement.
Mais vous avez une sœur?
LE ROI, vivement.
Monsieur...
MATHANASIUS.
Je puis me tromper, quoique ce ne soit pas mon habitude... mais ce Rodolphe, qui combattit à vos côtés, son compagnon d'armes et de plaisirs, admis matin et soir dans l'intérieur du palais et de votre famille, n'aura peut-être pu voir sans danger la princesse de Tarente, dont on vante dans toute l'Europe la beauté, l'esprit, les talens?
LE ROI.
Qui vous le fait présumer?
MATHANASIUS.
Ce jeune seigneur, si aimable et si brillant, n'adresse ses hommages à personne, et n'a point de passion reconnue... Votre Majesté comprend... ce qui fait supposer quelque sentiment profond et secret, qu'il a grand intérêt à cacher!
LE ROI, avec hauteur.
Et vous pourriez croire que c'est ma sœur?
MATHANASIUS, saluant.
Votre Majesté pensait bien que c'était ma femme.
LE ROI.
La sœur de son souverain, le sang de Philippe V! non... non... ce n'est pas possible!... une pareille ingratitude, un pareil crime, n'aurait pas de châtiment assez grand... et vous vous trompez docteur... vous vous trompez!

MATHANASIUS.
Ce serait donc la première fois.
LE ROI.
C'est votre femme, vous dis-je ! votre femme qu'il aime et dont il est aimé... Silence !.. la princesse vient de ce côté, seule et rêveuse... pas un mot devant elle, et observons...
MATHANASIUS.
Je ne demande pas mieux... comme mari et comme diplomate.
(Tous les deux s'éloignent, en se promenant, par le bosquet à droite.)

SCÈNE IV.
LA PRINCESSE, seule.
AIR.

Plus doucement l'onde fuit et murmure,
  Les fleurs semblent s'épanouir !
O verts gazons !.. doux zéphirs, onde pure,
  Sauriez-vous donc qu'il va venir ?

De cette cour qui m'environne,
J'ai trompé les yeux surveillans ;
Libre des soins de la couronne,
Me voilà seule ! et je l'attends !..
  Je l'attends !..

Plus doucement, etc.

CAVATINE.

Pauvre princesse,
Dans la tristesse,
Il faut sans cesse
Passer ses jours !
Ennui suprême,
Le diadème,
Nous défend même
Pensers d'amour.
Dans ces demeures,
Royal séjour !
Toutes les heures
Sont tour à tour
A la fortune,
A la grandeur;
Et jamais une
Pour le bonheur !
Pauvre princesse, etc.

(Elle reste à gauche assise et absorbée dans ses réflexions.)

SCÈNE V.
LA PRINCESSE, à gauche ; LE ROI, MATHANASIUS, sortant du bosquet à droite.

TRIO.
MATHANASIUS, bas au Roi.
Oui, si vous daignez m'approuver,
Et croire à mon expérience,
Cette ruse peut vous prouver,
Leur mutuelle intelligence.
LE ROI.
Soit, essayons !
LA PRINCESSE, levant les yeux et les apercevant, à part.
    O fâcheux contre-temps !
Mon frère et ce docteur...

(Regardant autour d'elle.)
Lorsqu'ici je l'attends !
Puisse-t-il à présent ne pas venir !
(Le Roi salue sa sœur et Mathanasius s'incline.)
MATHANASIUS, s'inclinant.
    Madame !
(Tous les deux s'inclinent et tournent le dos au bosquet sous lequel Rodolphe paraît.)
LA PRINCESSE, à part avec effroi, apercevant Rodolphe qui se trouve en face d'elle.
C'est lui !..
(Elle lui fait signe de la main de s'éloigner. Rodolphe disparaît vivement dans le bosquet.)
Dérobons-leur le trouble de mon âme !
(Avec gaîté, à Mathanasius.)
Salut à vous, savant docteur !
Pourquoi cet air mélancolique,
Qui jette un voile de douleur
Sur votre front scientifique ?
MATHANASIUS, bas au Roi.
Vous allez voir à l'enjoûment,
Succéder la pâleur mortelle !
(Haut.)
Hélas ! un horrible accident,
Dont on nous apprend la nouvelle.
LA PRINCESSE.
Qu'est-ce donc ?
MATHANASIUS.
    Un infortuné,
Victime, hélas ! de son audace,
Par un cheval fougueux, renversé, puis traîné...
Il est mort, dit-on, sur la place.
LA PRINCESSE.
Mais c'est horrible !.. et dites-moi, de grace,
Qui donc ?
MATHANASIUS, bas au Roi.
Regardez bien !
(S'adressant à la Princesse.)
    Rodolphe !
LA PRINCESSE tressaille, puis répond froidement.
    Ah ! c'est fâcheux.
(Au Roi.)
Pour vous, Sire ! un ami !.. puis mourir à la chasse,
Lui ! qui dansait si bien... l'accident est affreux !..

ENSEMBLE.

LE ROI.
Son maintien est le même,
Ni trouble, ni pâleur !
De votre stratagème,
Que dites-vous, Docteur ?
MATHANASIUS.
Ma surprise est extrême,
Ni trouble, ni pâleur,
Ce n'est pas lui qu'elle aime ;
Oui, j'étais dans l'erreur.
LA PRINCESSE.
Ah ! c'est un stratagème,
Pour éprouver mon cœur ?
Cachons-leur que je l'aime,
Conservons leur erreur.
LA PRINCESSE, à Mathanasius.
Et vous l'avez vu ?
MATHANASIUS, troublé.
    Non, vraiment !
On me l'a dit, et l'accident
N'est peut-être pas véritable !
LA PRINCESSE, froidement.
Il n'aurait rien d'invraisemblable ;

ACTE I, SCÈNE VI.

Rodolphe était de son vivant,
Étourdi, léger, imprudent!..
LE ROI, bas à Mathanasius.
Grand diplomate... eh bien! qu'ai-je dit?
MATHANASIUS.
Quel soupçon...
LE ROI.
Vous le voyez, moi seul avait raison!

ENSEMBLE.

MATHANASIUS.	LE ROI.
Dupe de ma ruse,	Dupe de sa ruse,
Je suis sans excuse;	Le docteur s'abuse,
Et de moi s'amuse	Et de lui s'amuse
Un amant heureux.	Un amant heureux.
Dans le fond de l'âme,	Oui, ce trait infâme,
Le courroux m'enflamme;	De fureur m'enflamme,
Et c'est de ma femme	Car c'est de sa femme
Qu'il est amoureux.	Qu'on est amoureux.

LA PRINCESSE.
L'amour qui m'excuse,
Ici, les abuse!
Oui, par cette ruse,
Trompons-les tous deux.
L'honneur le réclame,
Qu'au fond de mon âme,
Imprudente flamme
Se cache à leurs yeux.

LE ROI, bas à Mathanasius.
Ainsi donc, votre expérience,
Savant docteur, vous a trahi!
Cette secrète intelligence,
N'est pas entre ma sœur et lui!
LA PRINCESSE, à part.
De le revoir, plus d'espérance!
Ils ne s'en iront pas d'ici.
MATHANASIUS, à part, avec douleur
Il est donc vrai, le corps diplomatique,
Jusqu'à ce point peut s'abuser, hélas!
LA PRINCESSE, à Mathanasius.
On doit m'attendre au salon de musique,
J'y vais voir votre femme...
MATHANASIUS.
Oserais-je en ce cas,
De Votre Altesse, accompagner les pas?

ENSEMBLE.

MATHANASIUS.	LE ROI.
Dupe de ma ruse,	Dupe de sa ruse,
Je suis sans excuse, etc.	Le docteur s'abuse, etc.

LA PRINCESSE.
L'amour qui m'excuse,
Ici, les abuse, etc.

(Mathanasius a offert sa main à la Princesse; tous les deux sortent par la gauche.)

SCÈNE VI.
LE ROI, seul; puis RODOLPHE.

LE ROI.
Oui, oui, ce n'était que trop vrai! je ne m'étais pas abusé! et c'est ce qui double mon dépit... (Avec froideur.) Ah! c'est vous, monsieur le Comte?..

RODOLPHE.
Moi-même, Sire, qui viens prendre congé de Votre Majesté... Votre accueil de ce matin me dit assez que j'ai perdu vos bonnes graces...
LE ROI, froidement.
Est-ce à tort? et m'accuserez-vous d'injustice, quand notre amitié fut trahie par vous?
RODOLPHE, à part.
C'est fait de moi! il sait tout!
LE ROI.
Depuis l'Espagne, où nous avons été élevés ensemble, mes projets, mes peines, mes chagrins, ne vous ai-je pas tout confié?.. et vous...
RODOLPHE.
Grace, Sire, grace!.. Je veux, je dois tout vous avouer...
LE ROI.
Parlez donc!.. Je vous attends.
RODOLPHE, dans le plus grand trouble.
Eh bien! oui, c'est de la folie, de la démence... une passion absurde, impossible; mais croyez qu'au prix de ma vie... le plus grand mystère... le plus profond secret...
LE ROI.
Il est trop tard, Monsieur! J'ai tout découvert... j'ai tout dit.
RODOLPHE.
A qui donc?
LE ROI.
A son mari.
RODOLPHE, stupéfait.
Son mari!..
LE ROI.
Oui, à lui-même.
RODOLPHE, à part.
Qu'allais-je faire? nous n'y sommes plus.
LE ROI.
C'est moi... votre ami... qui vous ai dénoncé... qui ai prévenu le baron de Warendorf... qui l'ai mis en garde contre vos projets coupables!
RODOLPHE.
Mais, Sire...
LE ROI.
Que vous ayez adressé vos hommages à toute autre personne, peu m'importait!.. mais séduire la femme d'un ambassadeur, sous mes yeux, à ma cour, malgré l'hospitalité, malgré le droit des gens... voilà ce que je ne pardonne pas, dans l'intérêt des mœurs et de ma couronne.
RODOLPHE.
Et Votre Majesté a raison. Aussi ne lui répondrai-je qu'un seul mot: c'est que je n'aime et n'aimerai jamais la Baronne.
LE ROI.
Que dis-tu?
RODOLPHE.
Qu'elle m'est tout-à-fait indifférente.
LE ROI.
Tu me trompes!
RODOLPHE.
Je le jure par l'honneur... et si je connaissais un ami qui en fût épris, loin de le traiter en rival, j'offrirais de le servir.
LE ROI, avec empressement.
J'accepte.

RODOLPHE.

Vous, Sire?..

LE ROI, gaîment.

Oui, je l'aimais sans le lui dire, et, te croyant préféré, j'étais furieux contre elle, jaloux contre toi... et, dans ma colère, j'ai été injuste... je t'ai trahi... Pardonne-moi, Rodolphe!

RODOLPHE.

Ah! Sire...

LE ROI.

Non, c'est mal! J'ai fait cause commune avec un mari; ça ne se doit pas, et j'en serai puni... car, maintenant, j'ai éveillé ses soupçons; le voilà sur ses gardes. Il est fin, il est adroit... et réussir sera difficile...

RODOLPHE, souriant.

Moins que vous ne croyez!..

LE ROI.

Ah! s'il était vrai... dès aujourd'hui, je me déclarerais.

RODOLPHE.

Je ne vois pas ce qui pourrait vous en empêcher... (riant.) à moins que ce ne soit le droit des gens?

LE ROI, de même.

Tais-toi! tais-toi!.. je te tiendrai au courant. Tu viens d'abord avec nous à cette promenade en mer, à cette partie de pêche...

RODOLPHE.

Je n'en suis donc plus exclus?

LE ROI, avec bonté.

Est-ce que je peux te quitter et me passer de toi?.. Et ta passion, nous en causerons. Un amour, disais-tu, absurde, impossible. En quoi donc?.. cela dépend-il de moi?

RODOLPHE, avec émotion.

Non, non... de mon père... de ma famille.

LE ROI.

Une mésalliance?..

RODOLPHE.

Oui, justement. J'en ai honte, j'en rougis; n'en parlons jamais... je vous en prie.

LE ROI.

Au contraire... et, quels que soient les obstacles, Rodolphe, compte sur ton roi... et, mieux encore, sur ton ami.   (Il sort.)

SCÈNE VII.

RODOLPHE, seul.

Ah! c'est indigne à moi! Trahir mon maître, mon bienfaiteur... Hélas! j'avais perdu la raison; tout m'avait enivré: l'amour d'une princesse, l'éclat du rang suprême. Quel autre eût eu le courage de résister à tant de charmes... à tant d'illusions?.. et si je suis coupable... eh bien! il y va de mes jours; le danger ennoblit tout... et, quoi qu'il arrive maintenant, il n'y a plus à se repentir; le sort en est jeté.

SCÈNE VIII.

RODOLPHE, LA PRINCESSE.

LA PRINCESSE, avec agitation.

Vous encore!.. vous ici!.. Dieu soit loué!.. Je sors du salon de musique, où mon frère vient d'entrer... et, toujours suivie de ces dames d'honneur, qui ne me quittent jamais, je me promenais dans ces jardins, lorsque j'ai aperçu de loin des fleurs que j'ai désirées... elles sont occupées à les cueillir.

RODOLPHE.

Et je puis vous dire toutes mes craintes.

LA PRINCESSE, lui faisant signe de s'éloigner d'elle.

N'approchez pas! On a des soupçons... le Roi lui-même...

RODOLPHE.

Il n'en a plus.

LA PRINCESSE.

Mais ce docteur, ce baron de Warendorf... il faut, à ses yeux, aux yeux de toute la cour, dissiper jusqu'au moindre doute.

RODOLPHE.

Et comment faire?.. Mon Dieu! à peine si mes regards osent de loin rencontrer les vôtres. Et, du reste, dans cette cour nombreuse qui vous entoure, je ne parle à personne.

LA PRINCESSE.

C'est là le mal. Cela est remarqué, et, dans notre intérêt même, il faudrait, avec quelque assiduité, s'occuper de toute autre.

RODOLPHE.

Que dites-vous?

LA PRINCESSE.

Oui, Monsieur... c'est moi qui vous le demande.

RODOLPHE.

Jamais...

LA PRINCESSE.

Il faut que l'on puisse vous croire amoureux. (Vivement.) Qu'il n'en soit rien, je vous en prie; mais qu'on le dise, qu'on le répète, que ce soit reconnu, que ce soit le bruit général... et, alors, nous sommes sauvés!

RODOLPHE.

Moi, qui ne pense qu'à vous au monde, comment voulez-vous que j'adresse des hommages à une autre?

LA PRINCESSE.

On prend sur soi.... on fait son possible.

RODOLPHE.

Et qui choisir? mon Dieu!..

LA PRINCESSE.

La baronne de Warendorf... vous aviez commencé à vous occuper d'elle.

RODOLPHE.

Par votre ordre!

LA PRINCESSE.

C'était bien.

RODOLPHE.

Vous me l'avez défendu.

LA PRINCESSE.

C'est vrai; sa coquetterie m'effrayait... mais maintenant...

RODOLPHE.

Maintenant, impossible... par ordre supérieur... Le Roi...

LA PRINCESSE.

Comment?..

RODOLPHE, gaîment.

Le Roi lui-même en est épris.

LA PRINCESSE, de même.
Bien, bien; n'en parlons plus... mais, alors, cela vous regarde... qui vous voudrez.
RODOLPHE.
La duchesse de Buttura?..
LA PRINCESSE.
Oh! non... elle est trop belle!.. Si vous veniez à l'aimer...
RODOLPHE.
Eh bien! la comtesse de Velletri?.. une figure si insignifiante...
LA PRINCESSE.
Oui... mais elle a tant d'esprit... Elle vous plairait... et, à la cour, il y en a tant d'autres...
RODOLPHE.
Eh! mon Dieu! non... je n'y pensais plus. J'ai déjà parlé au Roi d'une passion romanesque et impossible... d'une mésalliance... Dans le trouble où j'étais, je ne savais que lui dire.
LA PRINCESSE.
Silence!.. on vient.

SCÈNE IX.
LES MÊMES, ZANETTA.

ZANETTA, tenant une corbeille de fleurs et faisant la révérence.

PREMIER COUPLET.

Voici la jardinière,
Qui choisit, pour vous plaire,
Ses plus jolis bouquets!
Ces fleurs, par moi chéries,
Que pour vous j'ai cueillies,
Madame, acceptez-les!
Prenez, noble Princesse;
C'est la seule richesse
De l'humble Zanetta!
Son bouquet, le voilà,
   Le voilà,
    Là!

DEUXIÈME COUPLET.

Voyez, dans ma corbeille,
Près la rose vermeille,
Le blanc camélia!
Voyez, ces fleurs nouvelles,
Qui sont fraîches et belles
Comme vous, Signora.
Prenez, noble Princesse;
C'est la seule richesse
De l'humble Zanetta!
Son bouquet, le voilà,
   Le voilà,
    Là!

LA PRINCESSE.
Eh mais!.. ce présent est très gracieux, très aimable... et vous aussi, ma belle enfant!.. Qui êtes-vous?..
ZANETTA.
Zanetta... la jardinière du château. C'est mon père qui est le concierge... Piétro Thomassi... un ancien militaire... un brigadier... un grand seigneur lui a fait avoir cette place, à cause de ses blessures.

LA PRINCESSE.
Le grand seigneur a fort bien fait, et je l'approuve.
ZANETTA.
J'ai aperçu des dames de votre suite qui, par vos ordres, cueillaient des fleurs. J'en demande pardon à Votre Altesse, mais toutes grandes dames qu'elles sont, elles ne s'y connaissent pas du tout... tandis que moi, j'ai choisi, tout de suite, ce qu'il y avait de mieux.
LA PRINCESSE.
Je vous en remercie. (A Rodolphe.) Je ne l'avais pas encore vue.
RODOLPHE, la regardant à peine.
Ni moi non plus.
ZANETTA.
Je crois bien!.. quand la cour vient ici, vous ne sortez pas de vos appartemens dorés, et vous ne descendez jamais dans nos jardins, qui en valent cependant la peine... je m'en vante!..
LA PRINCESSE.
C'est un tort que je réparerai... et, en attendant, ma chère Zanetta, je veux me charger de toi et de ton avenir.
ZANETTA.
Ça se pourrait bien!
LA PRINCESSE, riant.
Comment? cela se pourrait bien!.. Je te dis que cela est.
ZANETTA.
Eh bien! ça ne m'étonne pas, et je m'y attendais presque.
LA PRINCESSE, étonnée.
Et pour quelles raisons?
ZANETTA.
Je vais vous le dire : Il y a, dans les environs de Palerme, une vieille sybille qui, pour un demi-carolus, apprend l'avenir à tout le monde.
LA PRINCESSE.
Et tu l'as consultée?
ZANETTA.
Pas plus tard qu'hier... et en regardant, avec sa lunette, dans ma main, elle m'a dit : « Voilà une ligne qui indique que vous ferez fortune... que vous aurez un ou deux seigneurs... peut-être plus qui vous feront la cour... finalement, vous serez une grande dame... » Or, la sorcière dit toujours vrai quand on la paie comptant, et j'ai payé d'avance.
LA PRINCESSE.
Alors, il n'y a pas de doutes possibles?
ZANETTA.
Aussi, vous voyez... ça commence déjà... voilà votre protection qui arrive, et peut-être d'autres encore...
LA PRINCESSE, souriant.
En effet, cela ne m'étonnerait pas... Petite, tu viendras tous les matins renouveler les fleurs du pavillon. En attendant, arrange-moi, pour ce matin, un bouquet à la place de celui-ci (Montrant celui qu'elle détache de sa ceinture.) et un autre pour le bal de ce soir.
ZANETTA,
Votre Altesse a raison, cela vaudra toujours mieux (Montrant le bouquet que la Princesse tient à la main.) que vos fleurs artificielles... quelque belles qu'elles soient...

(Zanetta s'approche du bosquet, à droite, où est une table, sur laquelle elle a placé sa corbeille. Elle y prend des fleurs qu'elle assortit, et dont elle forme un bouquet.)

LA PRINCESSE, pendant ce temps, prenant Rodolphe à part.

Écoutez-moi, Rodolphe : Vous voyez cette jeune fille... c'est d'elle dont il faut que vous soyez l'amoureux en titre.

RODOLPHE.

Votre Altesse n'y pense pas?

LA PRINCESSE.

Si vraiment!..

RODOLPHE.

Mais, c'est d'une extravagance...

LA PRINCESSE.

Tant mieux! on s'en occupera davantage... plus ce sera absurde et bizarre et plus cela fera du bruit à la cour; c'est justement ce qu'il faut pour détourner de nous l'attention publique.

RODOLPHE.

Permettez, cependant...

LA PRINCESSE.

N'est-ce pas d'ailleurs cette inclination romanesque et impossible, cette mésalliance que vous avez promise à mon frère?.. vous lui tenez parole.

RODOLPHE.

Mais quelqu'envie que j'aie de vous plaire et de vous obéir, je ne pourrai jamais...

LA PRINCESSE, souriant.

C'est ce que je veux.

RODOLPHE.

Il me sera impossible d'être galant et assidu auprès de cette paysanne... de cette petite niaise.

LA PRINCESSE.

Vous n'en aurez que plus de mérite. Tout dépend d'ailleurs de l'imagination : ce que vous lui direz, persuadez-vous que c'est à moi que vous l'adressez.

RODOLPHE.

Ah! cruelle!.. vous me raillez encore?

LA PRINCESSE.

Non! mais je le veux... je l'exige... ou plutôt, j'ai tort de parler en princesse. (Lui tendant la main.) Mon ami, je vous en prie. Et à mon tour, pour reconnaître un si beau dévouement... (Lui présentant le bouquet de fleurs artificielles qu'elle tenait à la main.) Tenez... gardez ces fleurs, et quelque demande que vous m'adressiez un jour... je jure, ma parole royale, de vous l'accorder sur-le-champ... à la vue seule de ce bouquet!..

RODOLPHE, avec transport.

Ah! Madame!..

LA PRINCESSE, retirant sa main.

Imprudent!.. (S'avançant vers Zanetta.) Eh bien! ce bouquet est-il prêt?

ZANETTA.

Oui, Madame... et digne d'une reine, comme probablement vous le serez un jour !

LA PRINCESSE, vivement.

Non pas... je l'espère! (Bas à Rodolphe.) Je vous laisse... faites votre déclaration ; mais hâtez-vous, car je vais m'arranger pour vous envoyer des témoins.

(Elle sort en laissant son éventail sur la table du bosquet et en faisant signe à Rodolphe de faire la cour à Zanetta.)

SCÈNE X.
RODOLPHE, ZANETTA.

DUO.

RODOLPHE, à part.

M'imposer un devoir semblable!
Ah! pour moi, quel mortel ennui!
Et dans le dépit qui m'accable,
Que faire?.. et que lui dire ici?..

ZANETTA, à part.

Qu'il est gentil, qu'il est aimable!
Et qu'il me paraît bien ainsi!..
Mais, hélas! quel chagrin l'accable,
Et dans ses traits quel sombre ennui!
Qui peut donc l'attrister ainsi?

S'approchant de lui timidement, après une révérence.

Je voudrais bien, monseigneur, mais je n'ose
Vous aborder!..

RODOLPHE.

Pourquoi pas?.. tu le peux?

ZANETTA, avec compassion.

Vous avez l'air si malheureux!

RODOLPHE, vivement.

Tu dis vrai!

ZANETTA.

C'est bien mal!.. qui donc ainsi s'expose
A vous fâcher?

RODOLPHE, à part.

La pauvre enfant,
Me le demande ingénument!
Et ne sait pas, morbleu, qu'elle seule en est cause!.
(Haut.)
Mais, à mon tour, Zanetta, je voudrais..,

ZANETTA, vivement.

Quoi donc?

RODOLPHE, s'approchant d'elle, avec embarras.

C'est que vois-tu...
(A part et s'éloignant d'elle.)
Je ne pourrai jamais!

ENSEMBLE.

RODOLPHE.

Vous, qui brillez par vos conquêtes,
Apprenez-moi comment vous faites,
Pour exprimer sans embarras,
L'amour que vous n'éprouvez pas?
Moi, je le veux... et ne peux pas!
J'essaie en vain, je ne peux pas;
Non, non, je ne peux pas?

ZANETTA.

Quoi! détourner ainsi la tête,
Lorsqu'à l'écouter je m'apprête!..
Mais, on ne doit peut-être pas,
Aux grands seigneurs, parler, hélas!
Je n'ose plus faire un seul pas!..
Je n'ose pas!
Non, non, je n'ose pas!

RODOLPHE, à part, et cherchant à se donner du courage.

A ma promesse, allons! soyons fidèle...
Mais, avant de tomber aux genoux d'une belle,

ACTE I, SCÈNE X.

Il faut lui dire au moins son nom !
(Haut.)
Ma belle enfant,
Savez-vous qui je suis ?
ZANETTA.
Depuis long-temps !
RODOLPHE, étonné.
Comment ?
ZANETTA.
Depuis plus de trois ans !.. c'était lors de la guerre...
Le comte Rodolphe, autrefois,
S'arrêta dans notre chaumière !
Il l'a sans doute oublié ?
RODOLPHE.
Non !..
(A part, riant.)
Je crois
Que j'y suis enfin !
(Haut, avec chaleur.)
Non, ma chère !
J'en ai toujours gardé fidèle souvenir.
ZANETTA.
Serait-il vrai ?
RODOLPHE.
Rien n'a pu le bannir !
Et s'il faut que je vous apprenne
Ces noirs chagrins, cette secrète peine,
Sur lesquels votre cœur interrogeait le mien...
ZANETTA, avec émotion.
Eh bien ! monseigneur ?..
RODOLPHE, hésitant.
Eh bien ! eh bien !..
ENSEMBLE.
RODOLPHE, à part, et s'éloignant d'elle.
Ah ! dites-moi comment vous faites,
Vous qui brillez par vos conquêtes ?
Comment peindre sans embarras,
L'amour que l'on n'éprouve pas ?
Moi, je le veux... et ne peux pas !
J'essaie en vain, je ne peux pas,
Non, non, je peux pas !
ZANETTA.
Quoi ! détourner ainsi la tête,
Lorsqu'à l'écouter je m'apprête,
Mais c'est bien étonnant, hélas !
Pourquoi donc ne parle-t-il pas ?
Oui... l'on dirait qu'il n'ose pas !
Il n'ose pas.
RODOLPHE, regardant du côté du bosquet.
Dieu ! le Baron qui vient de ce côté !
Et que vers nous, sans doute, envoya la Princesse.
Allons ! allons ! il le faut... le temps presse !
Et j'ai déjà trop long-temps hésité !..

(En ce moment paraît le Baron dans le bosquet. Il aperçoit et prend sur la table l'éventail que la Princesse a laissé, et qu'elle lui a envoyé chercher. Il va s'éloigner, lorsqu'il aperçoit Rodolphe en tête-à-tête avec Zanetta. Il fait un geste de surprise et de curiosité, et se retire dans l'intérieur du bosquet en faisant signe qu'il va écouter.)

RODOLPHE qui, pendant ce temps, a suivi de l'œil le Baron, s'adresse à haute voix et avec véhémence à Zanetta.
Eh bien ! à votre cœur, il faut faire connaître,
Ce secret dont le mien, enfin n'est plus le maître...
ZANETTA étonnée.
Que dit-il ?..
RODOLPHE.
Je voulais et vous fuir et bannir
Un amour, dont mon nom m'oblige de rougir ;
Mais malgré mes combats, malgré vous et moi-même,
Il le faut... il le faut !.. Zanetta, je vous aime !

(Zanetta pousse un cri. Le Baron avance sa tête dans le bosquet, fait un geste de joie et de surprise, et se retire en indiquant qu'il écoute toujours.)

STRETTE DU DUO.

ENSEMBLE.

ZANETTA.
Non... non... non, c'est un songe
Qui se prolonge !
Et plus j'y songe,
Plus j'ai frayeur
Que soudain cesse,
Si douce ivresse,
Et disparaisse
Rêve enchanteur !

RODOLPHE, à part et riant.
Ah ! l'heureux songe !
L'adroit mensonge !
Qu'amour prolonge
Sa douce erreur !
Feinte tendresse
Qui l'intéresse !..
(Montrant le bosquet.)
Et dont l'adresse
Trompe un trompeur !

ZANETTA, vivement et avec joie.
Quoi ! dès long-temps ?..
RODOLPHE.
Mon cœur soupire !
ZANETTA.
Et vous m'aimez ?
RODOLPHE.
Sans te le dire !
Cherchant de loin à te revoir !
ZANETTA, ingénument.
C'est donc ça que parfois, le soir,
Sous ma fenêtre solitaire,
On s'avançait avec mystère.
RODOLPHE, souriant.
C'était moi !
ZANETTA.
Puis on fredonnait
Sur la guitare, un air discret...
RODOLPHE, de même.
C'était moi !..
ZANETTA.
Que j'entends encor !.. tra, la, la, la.
RODOLPHE.
Justement ! c'est bien celui-là.
ZANETTA, redisant l'air.
Tra, la, la, la, la, la, la, la, la, la.
RODOLPHE, à part, et souriant, et pendant qu'elle chante.
D'autres, si je crois m'y connaître,
Venaient alors incognito !
ZANETTA, ingénument.
Moi, qui n'ouvrais pas ma fenêtre,
Croyant que c'était Gennaio !
Et c'était vous !
RODOLPHE.
C'était moi-même !
ZANETTA, avec expression.
Ah ! Monseigneur !.. si j'avais su !..
RODOLPHE, sans l'écouter. Avec passion.
Silence !.. Je t'aime !.. je t'aime !..

(A part et regardant du côté du bosquet.)

J'espère au moins qu'il a tout entendu !
(A haute voix.)
Je t'aime !.. je t'aime !

ENSEMBLE.

ZANETTA.

Non... non... non, c'est un songe,
Qui se prolonge,
Et plus j'y songe,
Plus j'ai frayeur !
Que soudain cesse, etc.

RODOLPHE.

Ah ! l'heureux songe !
L'adroit mensonge, etc.

SCÈNE XI.
LES MÊMES, LE BARON.
FINAL.

A la fin de ce duo, le Baron sort du bosquet et s'adresse à Zanetta, qu'il salue.)

LE BARON.
A merveille, mademoiselle !
RODOLPHE à part.
Tout va bien !
ZANETTA, effrayée et se réfugiant près de Rodolphe.
O terreur mortelle !

ENSEMBLE.
(Mystérieusement et à demi-voix.)

O ciel ! il écoutait !
Il sait notre secret !
Que vais-je devenir ?
De honte, il faut mourir !

RODOLPHE, à part, gaîment.

Vivat !.. il écoutait !
Il sait notre secret !
Et pour mieux nous servir
Il va tout découvrir.

MATHANASIUS, à part.

Ce bosquet indiscret
M'a livré leur secret !..
Ah ! pour moi, quel plaisir !
J'ai su le découvrir.

ZANETTA, allant au Baron, d'un air suppliant.

Monsieur, vous me promettez bien,
D'être discret...
MATHANASIUS.
Ne craignez rien !
ZANETTA.
Vous le jurez ?
MATHANASIUS.
Eh ! oui ! sans doute !
C'est pour me taire que j'écoute !
RODOLPHE, bas à Zanetta.
C'est le roi !.. c'est sa sœur !
(Zanetta se retire à l'écart.)

SCÈNE XII.
LES MÊMES, LE ROI, entrant, donnant la main à LA PRINCESSE.

(En apercevant la Princesse, le Baron va au-devant d'elle et lui présente son éventail, en lui indiquant qu'il a eu beaucoup de peine à le retrouver, et qu'il était là, dans le bosquet. Pendant que la Princesse et Mathanasius sont à droite du spectateur, et Zanetta un peu au fond du théâtre au milieu, le Roi prend Rodolphe à part à gauche du spectateur.)

LE ROI, bas à Rodolphe, avec joie.
Je me suis déclaré !
RODOLPHE, de même.
Fort bien !
LE ROI.
O sort prospère !
La charmante Baronne a reçu sans colère
L'hommage de son prince et l'offre de son cœur !
RODOLPHE, bas.
Et son époux, l'habile diplomate ?
LE ROI.
Ne sait rien !
MATHANASIUS, passant mystérieusement près du Roi, et à voix basse.
Je sais tout !
(Voyant l'étonnement du Roi.)
Ou du moins, je m'en flatte !
Ma femme est innocente, et votre sœur aussi !
LE ROI.
Vraiment !
MATHANASIUS, montrant Rodolphe.
Celle qu'il aime en secret... est ici !
LE ROI.
Eh ! qui donc ?
MATHANASIUS, montrant Zanetta qui se tient à l'écart.
Regardez !
LE ROI, haussant les épaules.
Allons donc !
MATHANASIUS.
Vraiment oui !
Je l'ai vu !
LE ROI.
Pas possible !
LA PRINCESSE.
Eh mais ! chacun son goût.
LE ROI, réfléchissant, et prenant à part le Baron et la Princesse.
C'est donc ça que tantôt...
ZANETTA, les voyant tous trois en groupe, s'approche de Rodolphe, et lui dit avec dépit en montrant le Baron.
Allons, il leur dit tout !

ENSEMBLE.

ZANETTA.

Par lui, chacun connaît
Déjà notre secret !
Que vais-je devenir ?
De honte, il faut mourir !
LE ROI, à Rodolphe.
Quoi ! c'est là ton secret ?
(Regardant Zanetta.)
C'est fort bien en effet !
Et l'on peut sans rougir,
A ton choix applaudir.
MATHANASIUS.
Ce bosquet indiscret,
M'a livré leur secret !
Ah ! pour moi, quel plaisir,
Je l'ai su découvrir !

ACTE I, SCÈNE XIII.

LA PRINCESSE.
Très bien ! il écoutait !..
Il connaît leur secret,
Et pour mieux nous servir,
Il va le découvrir.

RODOLPHE, au Roi.
Oui ! c'est là mon secret,
Votre cœur le connaît ;
Et dussé-je en rougir,
Je prétends la chérir.

SCÈNE XIII.
LES MÊMES, SEIGNEURS et DAMES DE LA COUR.

CHOEUR.
Le temps est beau, la mer est belle,
Entendez-vous les matelots ?
La tartane qui nous appelle,
Est prête à sillonner les flots !

RODOLPHE, pendant ce temps, s'approche de Nisida et lui dit à demi-voix et tendrement.
A mon serment, je suis fidèle !
D'un pareil dévoûment, vous me devez le prix !

LA PRINCESSE, à Rodolphe.
Prenez garde !..
(Lui montrant Zanetta.)
Restez auprès de votre belle !
(Souriant.)
C'est le devoir d'un amant bien épris.

MATHANASIUS, à Dionigi et à Ruggièri, avec qui il cause.
Voilà le fait ! n'en dites rien !..

RUGGIÈRI, qui a causé avec d'autres seigneurs.
Voilà le fait ! n'en dites rien !..
Du roi lui-même, je le tien !
(Chacun se répète à voix basse la nouvelle qui circule dans tous les groupes en se montrant Zanetta.)

ZANETTA, à part, avec douleur, les regardant.
Encor ! encor !

LA PRINCESSE et RODOLPHE, à part, les regardant.
Très bien !.. très bien !

ENSEMBLE.

ZANETTA.
De nous ils semblent rire !
Ah ! mon cœur se déchire,
On vient de tout leur dire,
C'est affreux ! c'est bien mal !
(Montrant Rodolphe.)
Il me maudit peut-être ?..
(Montrant le Baron.)
Et c'est lui ! c'est ce traître,
Qui leur a fait connaître
Ce mystère fatal !

CHOEUR.
C'est charmant ! il faut rire
De son tendre martyre !
C'est vraiment du délire,
C'est trop original.

Daphnis va reparaître,
Et cet amour champêtre,
A la cour fait renaître
Le genre pastoral !

RODOLPHE.
Oui, messieurs, l'on peut rire
De mon tendre délire,
De l'objet qui m'inspire
Un amour sans égal !..

RODOLPHE et LA PRINCESSE, montrant le Baron.
Oui, lui-même, ce traître
Ne peut s'y reconnaître ;
Le bonheur va renaître !
Je brave un sort fatal.

ZANETTA, voyant tous les regards tournés vers elle.
Sur moi s'arrêtent tous les yeux !
Pourquoi ?.. pour un seul amoureux !
(Pleurant.)
On croirait que les grandes dames,
A la cour n'en ont jamais vu !..

RODOLPHE, allant à elle en souriant, et cherchant à la consoler.
Quoi ! tu pleures vraiment ?

ZANETTA.
Oui, je lis dans leurs âmes,
Ils vont tous m'accabler, et je l'ai bien prévu !
(Essuyant ses yeux.)
Avec ces dames si hautaines,
Je ne troquerais pas mon sort !

RODOLPHE.
Et pourquoi ?

ZANETTA.
Leurs plaisirs sont moins doux que mes peines !

RODOLPHE, étonné.
Que dit-elle ?

LE ROI, prenant amicalement le bras de Rodolphe qu'il emmène.
Allons, viens !

RUGGIÈRI, voyant Rodolphe à qui le Roi donne le bras.
Il n'est donc pas encor
En disgrace ?

LE ROI.
Partons !..

CHOEUR.
C'est charmant !.. il faut rire
De son tendre martyre !
C'est vraiment du délire,
C'est trop original !
L'âge d'or va paraître,
Et cet amour champêtre,
A la cour fait renaître
Le genre pastoral.

TOUS.
Le temps est beau, la mer est belle !
Voici les cris des matelots !
Partons ! le plaisir nous appelle,
Partons ! lançons-nous sur les flots !

(Le Baron donne la main à la Princesse. Le Roi tient Rodolphe sous le bras, et cause avec lui. Le reste de la cour les suit. Zanetta, restée seule, les regarde s'éloigner.)

FIN DU PREMIER ACTE.

ACTE II.

Un riche boudoir, dans le cabinet du roi.

SCÈNE I.
MATHANASIUS, LE ROI.

(Assis près l'un de l'autre, et causant intimement.)

LE ROI, à Mathanasius.
Voilà donc enfin, M. le Baron, le motif qui vous amenait à ma cour.

MATHANASIUS.
J'en conviens!

LE ROI.
Et la fièvre épidémique... la maladetta... ce fléau terrible.

MATHANASIUS.
Un heureux prétexte dont je me suis servi pour déguiser ma mission.

LE ROI.
Et pourquoi, depuis un mois, gardez-vous un silence absolu sur cette mission, et ne m'en parlez-vous qu'aujourd'hui?

MATHANASIUS.
Je vais vous l'avouer avec franchise.

LE ROI.
Laquelle?

MATHANASIUS.
Franchise définitive... la dernière... mon *ultimatum*. L'Empereur, un matin que je lui tâtais le pouls, me dit : «Mathanasius, toi qui ne t'es »jamais trompé... j'ai bien envie de t'envoyer à »Naples. Il y a là une princesse belle, spirituelle, »savante, distinguée dans les arts... possédant »plusieurs langues; enfin, une princesse accom-»plie, comme toutes celles qui sont à marier... »mais dès qu'il s'agit de mariage, je tiens avant »tout à la pureté, à la rigidité des principes... »et ce que je ne saurais point par un ambassa-»deur officiel, je puis l'apprendre par toi... que »je charge de tout voir et de tout observer.»

LE ROI.
A merveille! inquisition intérieure dans ma famille... espionnage!..

MATHANASIUS.
Honorable... ce que nous appelons diplomatie intime. « Si les renseignemens que tu me »donnes sont fidèles et satisfaisans, continua »l'Empereur, ta fortune est faite, mais si tu me »trompes ou te laisses tromper, je te fais jeter »dans une forteresse pour le reste de tes jours.»

LE ROI.
J'en ferais autant à sa place.

MATHANASIUS.
Vous comprenez alors avec quelles craintes, quelle circonspection je m'avançais! croyant deviner ou pressentir du côté de la princesse une nuance de préférence pour le comte Rodolphe... je me serais bien gardé d'avouer à Votre Majesté le but de ma mission!.. mais aujourd'hui que j'ai reconnu mon erreur, je puis enfin, comme j'y suis autorisé, remettre à Votre Majesté cette lettre autographe de mon auguste maître... et celle-ci, pour Son Altesse Royale la princesse de Tarente.

LE ROI.
Je vais lui en donner communication.

MATHANASIUS.
Dès aujourd'hui?

LE ROI.
Dès aujourd'hui. Silence, on vient!

MATHANASIUS.
Le comte Rodolphe!.. c'est encore un secret pour lui!

LE ROI.
Pour tout le monde.

SCÈNE II.
LES MÊMES, RODOLPHE.

RODOLPHE, au Roi.
Je viens savoir des nouvelles de Votre Majesté.

MATHANASIUS, vivement.
C'était aussi l'objet de ma visite.

RODOLPHE, au Roi.
Elle ne s'est pas ressentie de l'accident de ce matin?

LE ROI.
Pas le moins du monde

MATHANASIUS.
C'est la faute de ma femme!

LE ROI.
C'est la mienne; j'ai voulu retenir le bracelet que Mme la Baronne laissait tomber à la mer... un mouvement trop brusque m'a précipité moi-même... et sans ce pauvre Rodolphe.

MATHANASIUS.
Qui m'a prévenu et s'est élancé.

LE ROI.
Sans savoir nager plus que moi.

RODOLPHE, souriant.
Nous autres, grands seigneurs, on ne nous apprend rien. Aussi ai-je été bien heureux à mon tour de trouver ce brave marin qui m'a porté au rivage... où il est arrivé évanoui... je l'ai fait transporter dans mon palais, et si vous voulez, monsieur le docteur, me faire le plaisir de le visiter.

MATHANASIUS
C'est un devoir! je m'y rends à l'instant... et j'irai après rassurer ma femme qui est fort inquiète de Votre Majesté.

LE ROI, avec joie.
En vérité!.. j'espère que nous la verrons ce soir, au bal de la cour.

MATHANASIUS.
J'irai avec elle.

LE ROI.
Mais elle viendra auparavant au concert de ma sœur?

MATHANASIUS.
Je l'y accompagnerai.

LE ROI, à part, avec dépit
Toujours avec elle!..

ACTE II, SCÈNE IV.

MATHANASIUS.
De cette manière, je ne quitterai pas ce soir Votre Majesté; et si elle a besoin de mon zèle et de mes talens.

LE ROI.
Mon seul vœu serait de pouvoir les utiliser, car je porte grande envie à votre souverain... qui peut à son gré... à sa volonté... vous envoyer où il lui plaît.

MATHANASIUS.
Votre Majesté est trop bonne, et je ne peux lui prouver ma reconnaissance... que par un attachement de tous les instans. (Il sort.)

SCÈNE III.
LE ROI, RODOLPHE.

LE ROI.
COUPLET.

C'est vraiment un homme terrible,
Il ne sait point vous laisser,
On ne peut s'en débarrasser.
Soupçonneux! susceptible,
Il tient à ses droits.
Et se montre à la cour, jaloux comme un bourgeois!
C'est vraiment un mari terrible!
A qui donc nous adresser!
Qui poura m'en débarrasser.
C'est ton seul appui
Qui peut aujourd'hui
M'épargner l'ennui
D'un pareil mari.

RODOLPHE, riant.
Pour moi,
Si noble emploi!..
C'est trop d'honneur, mon roi!

LE ROI, gaîment.
Ton ami, ton roi
N'espère qu'en toi!
Soyons tous unis,
Contre les maris.

DEUXIÈME COUPLET.

Que ce soir ton zèle s'applique
A ne pas t'en séparer;
Dans le parc cherche à l'égarer!
Parle lui politique
Ou bien gouvernement
Pendant qu'à sa moitié je parle sentiment,
Oui, pendant que la politique
Du mari va s'emparer,
Les amours vont nous égarer.

REPRISE.

C'est ton seul appui
Qui peut aujourd'hui, etc.

RODOLPHE.
Mais la Baronne... qui la préviendra?..

LE ROI.
C'est déjà fait : une lettre que je lui ai fait remettre, dans un bouquet, par cette petite Zanetta, qui ne s'en doutait pas.

RODOLPHE.
Que dites-vous ?

LE ROI.
Sais-tu, mon cher ami, qu'elle est charmante, délicieuse, originale?.. Nos jeunes seigneurs, qui se moquaient d'abord de ton choix, te portent tous envie... ils en raffolent... et c'est à qui te l'enlèvera.

RODOLPHE.
En vérité !..

LE ROI.
C'est à qui lui fera les offres les plus brillantes, et je les conçois... il est certain que c'est bien plus piquant que toutes les beautés de la cour; et moi-même, je te le jure !.. si pour le moment, je n'en adorais pas une autre... et puis si ce n'était la maîtresse d'un ami... (Apercevant Zanetta qui passe la tête par la porte du fond.) Mais, tiens... tiens! la voici qui te cherche sans doute. (A Zanetta.) N'aie pas peur !.. tu peux entrer. (A Rodolphe.) Je ne veux pas... moi, qui lui devrai un tête-à-tête, déranger les tiens... adieu! adieu !.. tu vois que je suis bon prince.
(Il sort en prenant le menton à Zanetta.)

SCÈNE IV.
RODOLPHE, ZANETTA.

ZANETTA.
Ah! vous voilà, Monsieur !.. on a assez de peine à vous trouver. Je ne vous ai pas revu depuis votre belle promenade en mer.

RODOLPHE.
Et tu étais inquiète ?

ZANETTA.
Du tout... j'ai su ici la première qu'il ne vous était rien arrivé.

RODOLPHE.
La première ?.. et comment ?

ZANETTA.
Par quelqu'un qui était... qui était là grace au ciel ! près de vous... et qui m'a appris que vous étiez sauvé !.. sans cela !..

RODOLPHE, souriant.
Sans cela !.. qu'aurais-tu fait ?

ZANETTA, tranquillement.
Tiens !.. c'te demande... il n'y avait plus rien à faire! (Négligemment.) La mer est assez grande... il y a place pour tout le monde.

RODOLPHE.
Que dis-tu ?

ZANETTA.
C'est tout naturel.. où vous restez, je reste.... où vous allez... j'irai!

RODOLPHE.
Toi! Zanetta ?

ZANETTA.
Ah!.. ce que je dis là... vous n'en auriez jamais rien su... si je vous en parle aujourd'hui, c'est parce que vous m'avez parlé le premier... parce que vous m'avez avoué ce matin que vous m'aimiez.

RODOLPHE.
Et cet amour-là ne t'a pas étonnée ?

ZANETTA, tranquillement.
Mais non !.. moi je vous aimais tant... il se peut bien que ça se gagne !.. et depuis deux ans,

RODOLPHE, *surpris.*
Deux ans?..

ZANETTA.
Dame!.. vous savez bien... depuis la chaumière.

RODOLPHE, *avec embarras.*
Certainement... cette chaumière.

ZANETTA.
Quand je vous vis apporter... tout pâle... et sans connaissance... un grand coup de sabre... là, à la poitrine!.. Ah! la vilaine chose que la guerre!

RODOLPHE.
Oui, oui... à la bataille de Bitouto! je crois me rappeler.

ZANETTA.
Pardine! un coup de sabre comme celui-là, ça ne s'oublie pas... j'étais aussi pâle que vous. Et mon père qui disait : « Est-elle bête, elle a peur d'un blessé. » Ce n'était pas de la peur que j'avais...

RODOLPHE.
Oui... près de mon lit... une jeune fille qui me soignait... qui tenait ma main!..

ZANETTA.
C'était moi... Vous m'avez donc vue?..

RODOLPHE, *vivement et lui serrant la main.*
Mais certainement!..

ZANETTA.
Je ne le croyais pas... car le lendemain, quand votre père, le général, vint vous chercher... à peine aviez-vous repris connaissance... Mais il ne nous oublia pas... lui... Et cette place de concierge, ici... dans ce château...

RODOLPHE.
C'est mon père qui vous l'a fait obtenir... qui s'est chargé d'acquitter ma dette.

ZANETTA.
Juste! et le battement de cœur que j'ai eu la première fois que je vous ai aperçu dans les jardins, avec une foule de seigneurs... Ah! je n'en voyais qu'un seul!.. mais je serais morte plutôt que de vous parler...Seulement, une fois... Mais ça n'est pas bien... et je ne sais pas si je dois vous le dire...

RODOLPHE.
Dis toujours!

ZANETTA.
ROMANCE.
Premier couplet.

Dans ces magnifiques jardins,
Où je me tiens sans qu'on me voie,
Un jour s'échappa de vos mains,
Un riche et beau mouchoir de soie ;
Je m'approchai, bien lentement...
Je le ramassai doucement,
    En tremblant...
Et tout ce qu'en mon trouble extrême,
J'éprouvai dans ce moment-là...

(*Montrant le mouchoir qu'elle porte noué en écharpe autour de son cou.*)

Demandez-lui? (BIS.) mieux que moi-même,
    Il vous le dira!

Deuxième couplet.

C'était mal! et je sentais bien,
Qu'à ma place, une honnête fille

Eût dû vous rendre votre bien...
Je le cachai sous ma mantille !
Tous les jours je le regardais...
    Lui parlais !..
Et tous les soirs, je lui disais
    Mes secrets...

(*Elle porte vivement le mouchoir à ses lèvres, sans que le Comte la voie.*)

Et tout ce qu'en mon trouble extrême,
J'ai pensé depuis ce jour là...

(*Détachant son mouchoir et le présentant au Comte.*)

Demandez-lui ? (BIS.) mieux que moi-même.
    Il vous le dira!

RODOLPHE, *prenant le mouchoir.*
Merci, Zanetta! merci!.. je le garderai... comme souvenir... de votre amitié... d'une amitié qui me rend plus coupable que je ne croyais.

ZANETTA.
En quoi donc?

RODOLPHE.
Mais si, par exemple, il m'était impossible de la reconnaître... en ce moment, du moins...

ZANETTA.
Ah! je ne suis pas pressée... maintenant que vous m'aimez, j'ai de la patience... La sorcière, dont je vous parlais ce matin et que j'ai consultée, en lui montrant cette écharpe, m'a bien prédit que la personne de qui je la tenais m'aimerait et m'épouserait.

RODOLPHE, *vivement.*
Par exemple !

ZANETTA.
C'est étonnant, n'est-ce pas? Voilà déjà la moitié de la prédiction accomplie... le plus difficile... (*Négligemment.*) Pour le reste... quand vous le voudrez... (*Geste de Rodolphe.*) Non... j'ai voulu dire : quand vous le pourrez... peut-être jamais !.. Qu'importe !.. je vous attendrai toute ma vie, s'il le faut.

RODOLPHE, *vivement et faisant un geste vers elle.*
Zanetta !..

ZANETTA.
Qu'avez-vous donc?

RODOLPHE.
Je t'ai fait peur !..

ZANETTA.
Non... mais au geste que vous avez fait, j'ai cru que vous vouliez m'embrasser.

RODOLPHE.
Et cela ne te fâchait pas?

ZANETTA.
Du tout !.. un fiancé...

(*Rodolphe l'embrasse.*)

SCÈNE V.
LES MÊMES, MATHANASIUS.

MATHANASIUS.
Pardon, si je vous dérange encore...

ZANETTA.
Ah! mon Dieu! c'est comme un fait exprès... celui-là arrive toujours au bon moment.

MATHANASIUS.
Je viens de voir, par vos ordres, M. le Comte,

ce brave homme... ce marin... à qui vous devez la vie.

RODOLPHE.
Eh bien?..

MATHANASIUS.
Il était déjà sur pied... ce ne sera rien... et vous-même vous pourrez le remercier au palais, où il demeure.

RODOLPHE.
Comment?

MATHANASIUS.
C'est le concierge du château.

RODOLPHE, à Zanetta.
Ton père?..

ZANETTA.
Que j'aime encore plus depuis qu'il vous a sauvé...

RODOLPHE.
Et tu ne me le disais pas...

ZANETTA.
Tiens!.. est-ce que vous parlez jamais des services que vous rendez...

RODOLPHE, à part, avec colère.
Son père!.. Il est dit que ces gens-là m'accableront de bienfaits... et moi, par reconnaissance, j'ai été justement choisir sa fille pour la tromper, l'abuser indignement... Ah! si je l'avais su... Mais il en est temps encore... (Haut.) Zanetta! je m'acquitterai envers ton père... et dussé-je partager avec lui ma fortune...

ZANETTA.
Ah! ce n'est pas cela qu'il demande... il n'y tient pas!.. et il y a autre chose qui, j'en sûre, lui ferait bien plus de plaisir...

RODOLPHE.
Parle! et je te le jure, par tout mon pouvoir, par tout mon crédit près du roi...

ZANETTA.
Voici ce que c'est : Mon père est un ancien soldat, qui a reçu trois blessures sur le champ de bataille... Ce n'est pas tout : l'année dernière encore, lorsque la princesse de Tarente fit ce voyage *incognito* dans la Calabre, il faisait partie de l'escorte qui repoussa si vaillamment les brigands... Aujourd'hui, en présence de M. le Baron et des autres seigneurs qui étaient dans la chaloupe royale, il vous a sauvé la vie... à vous qui défendiez celle du Roi... Et maintenant, Paolo Tomassi, soldat... voudrait, non de l'or, mais des titres de noblesse.

MATHANASIUS.
La noblesse, à lui?

RODOLPHE.
Et à qui donc la réservez-vous, si ce n'est aux nobles actions?.. Zanetta, ton père sera noble, je le jure!.. M. le Baron et les autres seigneurs ne te refuseront pas une attestation, par écrit, de ce qu'ils ont vu ce matin. Tu demanderas en même temps, à la Princesse, un mot de sa main, sur ce qui est arrivé en Calabre... Tu m'apporteras tout cela... aujourd'hui, le plus tôt possible; je présenterai la demande et les pièces à l'appui, au Roi... à la Chancellerie... et dès demain, ce sera une affaire terminée.

ZANETTA.
Ah! Monseigneur, quelle reconnaissance.
(Regardant vers la porte du fond.) Voici le Roi.

RODOLPHE, à Zanetta.
Vas vite écrire ta pétition.

ZANETTA.
Ce ne sera pas long... et je reviens!
(Elle sort par la porte du fond, après avoir fait une révérence au Roi et à la Princesse qui entrent.

SCÈNE VI.

LES MÊMES, LE ROI, entrant en donnant la main à LA PRINCESSE.

LE ROI, à demi-voix.
Oui, ma sœur... ce mariage est glorieux pour notre maison et utile à l'état... nous y donnons notre consentement.

LA PRINCESSE.
O ciel!

LE ROI.
Et nous comptons sur le vôtre... demain, vous partirez avec le Baron!

MATHANASIUS, bas à la Princesse.
En attendant le retour de Sa Majesté, je suis entré dans ce boudoir, où l'on m'avait précédé. (A demi voix, en souriant.) Le Comte en perd décidément l'esprit.

LA PRINCESSE, souriant.
En vérité.

MATHANASIUS.
Je l'ai trouvé ici, en tête-à-tête, avec cette jeune fille qu'il embrassait...

LA PRINCESSE, avec hauteur, se retournant vers Rodolphe, qui est à sa gauche.
Comment?

RODOLPHE, avec embarras.
Il l'a fallu... il nous regardait.

LA PRINCESSE.
N'importe! c'était de trop... (Rapidement.) Il faut que je vous parle aujourd'hui.

RODOLPHE, de même.
Et comment?

LA PRINCESSE.
Je vous le dirai...

LE ROI.
Venez, mon cher Baron, j'ai une réponse à vous rendre.

MATHANASIUS.
Réponse que j'attends avec grande impatience.

LA PRINCESSE, bas à Rodolphe, avec joie.
Ils s'en vont!..

LE ROI, à Rodolphe.
Ne nous quittez pas, Rodolphe; j'ai auparavant à vous donner, pour ce soir, des ordres importans... vous savez...

RODOLPHE.
Oui, Sire; mais...

LE ROI.
Venez, vous dis-je.

LA PRINCESSE, à part.
Allons, impossible de se voir!
(Le Roi, Mathanasius et Rodolphe sortent.)

SCÈNE VII.

LA PRINCESSE, ZANETTA, rentrant, un papier à la main.

DUO.

LA PRINCESSE, à part, s'asseyant.

Contre l'hymen, qu'ordonne un frère,
Et dont l'aspect me fait trembler,
Seule, en ces lieux, que puis-je faire?
Comment le voir et lui parler?

ZANETTA, s'approchant de la Princesse qui vient de s'asseoir.

La voilà seule!.. et, pour mon père,
C'est le moment de lui parler!
Pourtant, je ne sais comment faire;
Malgré moi, je me sens trembler!

(S'avançant plus près de la Princesse, qui a la tête appuyée sur sa main.)

Madame!..

LA PRINCESSE.

Que veux-tu?

ZANETTA.

Souvent, vous avez dit,
Qu'en Calabre, autrefois, lors de votre voyage...
Paolo Tomassi...

LA PRINCESSE.

S'est bravement conduit!

ZANETTA, timidement.

C'est mon père!

LA PRINCESSE, avec indifférence.

Vraiment!

ZANETTA.

Pour ce trait de courage,
Le comte Rodolphe...

LA PRINCESSE, vivement, et levant la tête.

Ah!

ZANETTA.

Voulait le présenter
Au Roi... Mais il fallait d'abord le témoignage
De Votre Altesse...

LA PRINCESSE.

Ah! je dois attester...

ZANETTA, déployant sa pétition.

Oui, là... sur cet écrit, que je vais lui porter...

LA PRINCESSE, vivement.

A Rodolphe?..

ZANETTA.

Oui, vraiment!

LA PRINCESSE, de même.

A lui seul?

ZANETTA.

A l'instant.

LA PRINCESSE, à part.

O hasard prospère,
Qui vient me servir!
Moyen téméraire,
Qui peut réussir!..
De ma messagère,
Empruntant le nom,
Par elle, j'espère,
Tromper le soupçon!

(Elle s'assied près de la table et se dispose à écrire.)

ZANETTA, lui indiquant le bas de la page.

C'est là, Madame... au bas!

LA PRINCESSE s'arrêtant.

Eh! dis-moi, sais-tu lire?

ZANETTA.

J'écris aussi...

(Montrant le papier.)

Voyez plutôt; très couramment.
La langue du pays s'entend!

LA PRINCESSE, souriant.

Et l'espagnol? et l'allemand?

ZANETTA.

C'est différent!.. mais j'espère m'instruire.

LA PRINCESSE, ayant achevé d'écrire, ploie la pétition en quatre, et la tenant toujours à la main.

Et tu pourras parler à Rodolphe?

ZANETTA.

Oui, vraiment?

LA PRINCESSE.

Il est avec le Roi!

ZANETTA.

C'est égal, en sortant,
Chez lui, m'a-t-il dit, il m'attend!

LA PRINCESSE.

A lui seul?

ZANETTA.

Oui, vraiment!

ENSEMBLE.

A ton secours,
Quand j'ai recours,
Hasard heureux,
Comble mes vœux!
Ta main propice
Et protectrice
Veille toujours
Sur les amours!

ZANETTA, regardant le papier que vient de lui remettre la Princesse.

Ah! c'est bien écrit de sa main.
C'est drôle, je n'y puis rien lire,
C'est donc du grec ou du latin.

(Cherchant à lire.)

Mein lieber, ich muss Durchaus,
Sie diesen, abend sehen.
Eh! quoi, cela veut dire
De protéger mon père?..

LA PRINCESSE.

Eh! oui, vraiment!

ZANETTA.

Main lib... ich muss Durchaus.

LA PRINCESSE.

Main lib...

ZANETTA.

Ah! c'est charmant!

ENSEMBLE.

ZANETTA, à la Princesse.

Oui, ces mots écrits
De la main d'une altesse,
Vont être remis
A leur adresse!

(A part.)

Billet,
Discret,
Qui sert ma tendresse,
Et doit ici,
Me rapprocher de lui.
O doux espoir! heureux momens!
Il est un dieu pour les amans!
Habile messagère,
Ah! je saurai me taire;
Je comprends
Tout le sens

De ces mots importans,
Et je vais leste et vive,
Porter cette missive;
Talisman,
D'où dépend
Le bonheur qui m'attend.
Oui, ces mots écrits, etc.

LA PRINCESSE.
Que ces mots écrits
De la main d'une altesse,
Soient par toi remis,
A leur adresse.

(A part.)
Billet,
Discret,
Qui sert ma tendresse,
Et doit ici,
Me rapprocher de lui !
O doux espoir ! heureux momens !
Il est un dieu pour les amans !
Habile messagère,
Il faut surtout se taire !
Tu comprends
Tout le sens
De ces mots importans,
A l'instant leste et vive,
Porte cette missive ;
Talisman,
D'où dépend
Le bonheur qui m'attend !
Oui, ces mots écrits, etc.

LA PRINCESSE.
C'est dit, c'est convenu.

ZANETTA.
A Rodolphe, à lui-même !

LA PRINCESSE.
A lui-même !..

ZANETTA.
Je porte cet ordre suprême !

LA PRINCESSE.
A lui-même !..

ZANETTA.
Ne craignez rien... c'est entendu !

ENSEMBLE.

ZANETTA.	LA PRINCESSE.
Oui, ces mots écrits	Oui, ces mots écrits
De la main, etc.	De la main, etc.

(La Princesse sort par le fond.)

SCÈNE VIII.
ZANETTA, seule; puis MATHANASIUS.

ZANETTA.
Voilà une aimable Princesse !.. Courons vite... Ah ! voilà monsieur le Baron, ce seigneur allemand... si j'osais, pendant que j'y suis... lui demander aussi une apostille... Mais je n'ose pas, il a l'air si occupé...
(Elle tourne timidement autour de Mathanasius, qui vient de s'avancer au bord du théâtre.)

MATHANASIUS, se frottant les mains.
Ma fortune est assurée, car, grace à moi, cette glorieuse alliance est enfin conclue... Je viens d'en expédier la nouvelle à ma cour, par un vaisseau fin voilier, qui s'éloigne du port à l'instant, et l'Empereur, mon auguste maître, va me devoir une épouse, jeune, belle, et surtout vertueuse, je m'en vante... Ça m'a donné bien de la peine, mais aussi, je suis sûr de mon fait. (Se retournant et apercevant Zanetta qui a sa pétition à la main et n'ose l'aborder.) Qu'est-ce que c'est? qu'y a-t-il ?..

ZANETTA.
C'est cette pétition en faveur de mon père... que vous avez promis de signer.

MATHANASIUS, gaîment.
Très volontiers, ma chère enfant... j'y suis tout disposé !

ZANETTA.
La Princesse a déjà daigné y mettre, de sa main, une apostille.

MATHANASIUS.
Et je vais faire de même... trop heureux de placer mon nom à côté de celui de très noble, très haute, très vertueuse Princesse. (Lisant.) Ah ! mon Dieu !..

ZANETTA, à part.
Qu'a-t-il donc?

MATHANASIUS.
Ces mots écrits de sa main, et en allemand : (A part.) « Mon ami... il faut absolument que je » voie ! Au lieu d'aller au bal, dites-vous » malade, et, ce soir, à dix heures... au pavil- » lon de Diane... Je vous attends. »

ZANETTA, à part.
Eh bien ! il hésite...

MATHANASIUS.
Non, non. (A part.) « Je vous attends ! au pa- » villon de Diane. » Ce n'est pas possible, et je ne puis croire que la Princesse...

ZANETTA.
Vous en doutez?.. C'est bien d'elle... c'est de sa main... elle l'a écrit tout à l'heure... ici, devant moi.

MATHANASIUS.
Celle que j'ai choisie pour impératrice. Ah ! si mes dépêches n'étaient pas parties... mais comment rejoindre ce vaisseau, qui est déjà en pleine mer ? Non, non ; c'est ici qu'est le danger, et pour préserver maintenant mon Empereur et son auguste tête...

ZANETTA.
Eh bien, Monsieur, écrivez donc.

MATHANASIUS, s'asseyant.
M'y voici. Je vais t'apostiller, te recommander. (A part.) Là, avant l'écriture de la Princesse... il y a de la place. (Écrivant.) Et une ligne seulement. (Après avoir écrit.) Tiens, mon enfant... tiens, porte tout cela à celui que l'on t'a dit, que l'on t'a désigné.

ZANETTA.
Je n'irai pas loin... le voici.

MATHANASIUS, à part, avec colère.
Rodolphe !.. Quand je le disais ce matin...

SCÈNE IX.
LES MÊMES, RODOLPHE, LE ROI, DIONIGI, RUGGIERI et quelques COURTISANS.

ZANETTA, courant à Rodolphe.
Tout va à merveille... ma pétition... vous savez bien... j'ai la signature de la Princesse...

Tenez, tenez... et la recommandation de M. le Baron.

RODOLPHE.

C'est bien.

ZANETTA.

Lisez tout de suite... et surtout ne me faites pas languir, comme il arrive toujours avec vous autres, messieurs de la cour.

RODOLPHE, souriant.

Sois tranquille, mon enfant... sois tranquille...
(Zanetta sort.)

MATHANASIUS.

Monsieur le Comte a l'air bien joyeux...

RODOLPHE, ouvrant la pétition.

Oui, jamais je ne me suis senti plus dispos et mieux portant.

LE ROI, qui causait bas avec les courtisans, s'avançant au bord du théâtre.

Oui, Messieurs, je vous annoncerai, demain, solennellement et officiellement, une importante nouvelle, qui convient fort à M. le Baron.

MATHANASIUS, à part, faisant la grimace.

Joliment.

RODOLPHE, qui vient de lire.

O ciel !.. ce soir... à dix heures, feignez d'être malade !

MATHANASIUS, l'observant.

C'est bien pour lui.

LE ROI.

Nouvelle qui vous plaira, j'en suis sûr ; car ce sont de nouveaux plaisirs qui nous arrivent... sans compter ceux d'aujourd'hui.

DIONIGI.

Le concert sera charmant.

RUGGIÉRI.

Et le bal délicieux !

LE ROI.

Quoique ma sœur ne puisse y paraître qu'un instant.

RUGGIÉRI et DIONIGI.

En vérité !

LE ROI.

Elle sera obligée de se retirer de bonne heure.

MATHANASIUS, à part, avec colère.

C'est bien cela... tout s'accorde !

LE ROI, bas à Mathanasius.

A cause du départ de demain et des préparatifs nécessaires... Vous savez?

MATHANASIUS, à part.

Oui, je ne sais que trop bien.

LE ROI.

Mais nous... nous y passerons gaîment toute la nuit... N'est-ce pas, Rodolphe?.. (Le regardant.) Ah ! mon Dieu ! qu'as-tu donc ?

RODOLPHE.

Rien, Sire ; je ne me sens pas bien... une douleur soudaine et rapide...

MATHANASIUS, à part.

A merveille !.. cela commence. (Haut.) Vous, qui, tout à l'heure encore, vous portiez si bien.

RODOLPHE.

Oui, c'est inattendu... un frisson... une chaleur intérieure... une fièvre qui n'a rien d'apparent.

LE ROI.

Eh mais ! voilà M. le Baron !.. un docteur distingué... qui ne se trompe jamais. Il nous dira ce que c'est.

RODOLPHE, à part.

Ah ! diable... cela devient plus difficile.

MATHANASIUS, lui tâtant le pouls et secouant la tête.

Hum ! hum !..

TOUS.

Eh bien ! eh bien !..

MATHANASIUS.

C'est grave... très grave !..

RODOLPHE, ne pouvant retenir un éclat de rire.

En vérité !..

MATHANASIUS.

Vous riez !.. et vous avez tort ; ce n'est pas risible... Vous êtes dans un état qui peut devenir très dangereux.

RODOLPHE, à part.

Ah ! l'excellent docteur !.. C'est charmant !

MATHANASIUS.

Il y va de la vie... jeune homme !

LE ROI, vivement.

Serait-il possible ?

RODOLPHE.

Il me seconde à merveille ! (Feignant de souffrir.) Ah !.. je crains bien qu'il ne me soit impossible d'aller ce soir à ce concert, à ce bal !

MATHANASIUS.

Comme docteur, je le défends ! Vous resterez ici, de peur d'aggraver le mal, qui n'est déjà que trop considérable ; et, si de simples mesures de précaution ne suffisent pas, j'ai, de plus, une ordonnance d'un effet immanquable... que je vais faire préparer... si vous voulez bien me le permettre.

LE ROI.

Comment donc?..

MATHANASIUS, faisant signe à son valet, qui est resté au fond, et lui parlant à part.

Tchircosshire, il faut me trouver trois lazzaronis armés de leur escopette, trois bravis dont tu sois sûr.

TCHIRCOSSHIRE.

Ia !

MATHANASIUS.

Qu'avant dix heures du soir ils soient en embuscade dans les bosquets qui entourent le pavillon de Diane.

TCHIRCOSSHIRE.

Ia !

MATHANASIUS.

Et s'ils voient un homme vouloir escalader le balcon...

TCHIRCOSSHIRE.

Ia !

MATHANASIUS, faisant le geste de tirer.

Cinquante ducats à chacun !.. cela rentrera dans les fonds secrets de l'ambassade.

TCHIRCOSSHIRE.

Ia ! (Il s'éloigne.)

RODOLPHE, pendant ce temps et bas au Roi.

Je suis désolé, Sire, de ce contre-temps... Vous qui comptiez sur moi pour retenir ce soir le docteur.

LE ROI, à demi-voix.

Je n'en ai plus besoin ; j'ai mieux que cela. Tu sauras tout demain matin.

RODOLPHE.

Bonne chance à Votre Majesté !

ACTE II, SCÈNE XI.

LE ROI, sortant.
Adieu, Rodolphe... adieu!

RUGGIÉRI, s'apprêtant à le suivre.
Adieu, mon cher. Je suis vraiment bien peiné; mais nous viendrons te tenir fidèle compagnie... nous viendrons tour à tour assidûment.

DIONIGI, bas à Mathanasius.
Ah ça! docteur, qu'est-ce qu'il a donc, décidément?

MATHANASIUS.
Quoi! vous ne l'avez pas deviné?.. Cette maladie terrible... contagieuse... qui ne fait pas de grâce...

RUGGIÉRI, s'éloignant de Rodolphe.
O ciel!.. la maladetta!

MATHANASIUS.
Précisément... Je lui disais bien que, s'il n'y prenait garde, il y allait de sa vie.

DIONIGI, s'éloignant de Rodolphe avec frayeur.
Adieu, Rodolphe, adieu!

RUGGIÉRI, de même.
Adieu, mon cher, à bientôt!

DIONIGI.
Certainement, à bientôt!

RUGGIÉRI.
Adieu! adieu! au plaisir!

(Ils sortent tous.)

SCÈNE X.

RODOLPHE, seul et riant.

A merveille! l'effroi va se répandre, ainsi que la nouvelle. Ils s'éloignent rapidement, et j'entends derrière eux se fermer toutes les portes!.. (Après un moment de silence.) A dix heures!.. elle va m'attendre! Et, ce matin, elle m'a dit en me donnant ce bouquet, ce ruban : (Tirant lentement le bouquet de son sein.) Quelque prière... quelque demande que vous m'adressiez... (Souriant.) C'est clair!.. (Regardant la pendule.) Huit heures, à peine... Il y a loin encore, et, d'ici-là, je crois que je puis être tranquille pour ma soirée; les visites ne m'importuneront pas, et personne ne se dérangera du bal pour venir ici s'exposer au terrible fléau. C'est une belle invention que la *maladètta*!.. admirable épreuve pour connaître et apprécier ses véritables amis!.. Moi, qui en ai tant d'ordinaire!.. moi, qui en suis accablé... (Regardant autour de lui.) Me voilà seul!.. (Souriant.) C'est l'amitié réduite à sa plus simple expression!.. et je peux, sans peine, compter ceux qui m'aiment. (Il se rassied dans son fauteuil.)

SCÈNE XI.

RODOLPHE, ZANETTA.

(Zanetta s'est avancée doucement au milieu de l'appartement. Elle jette un coup-d'œil sur Rodolphe, qui est étendu dans le fauteuil, va tranquillement prendre une chaise et vient s'asseoir à côté de lui, sans rien dire. Après un instant de silence, Rodolphe lève la tête, la regarde et pousse un cri.)

RODOLPHE.
Ah!

ZANETTA, froidement.
Me voilà!..

RODOLPHE.
Toi, Zanetta!

ZANETTA, de même.
Oui, mon ami. Je ne faisais pas de bruit... j'ai cru que vous dormiez!

RODOLPHE, avec surprise et attendrissement.
Comment!.. tu sais donc?..

ZANETTA.
Tous ces jeunes seigneurs, qui étaient ici, nous l'ont dit en s'en allant.

RODOLPHE, avec admiration.
Et tu viens!..

ZANETTA.
Tiens... cette surprise!.. (D'un ton de reproche.) Eh bien, par exemple! est-ce que vous ne m'attendiez pas?.. Je suis votre fiancée... votre femme... c'est ici ma place, et m'y voilà!.. (Négligemment.) Voyons, Monsieur, comment ça va-t-il?

RODOLPHE, hors de lui, et comme accablé.
Je n'en sais rien... je ne peux te dire ce que j'éprouve.

ZANETTA.
Allons!.. allons, du courage!.. ce ne sera rien!.. bien d'autres en sont revenus... Le docteur a-t-il ordonné quelque chose?.. non!.. tant mieux!.. je m'y entends mieux que lui, et je ne vous quitterai pas!.. c'est-à-dire jusqu'à ce soir... parce que mon père ne sait pas que je suis ici.

RODOLPHE.
En vérité!..

ZANETTA.
Il me croit retirée dans ma chambre... il croit que je dors!.. dormir!.. ah! bien oui!.. pendant qu'il fait, comme concierge du château, sa ronde ordinaire dans les jardins, je me suis échappée, sans lui en parler... parce que, quoiqu'il ait confiance en vous... de me voir ainsi venir toute seule... ici, vous soigner... il n'aurait peut-être pas voulu!.. (Avec fermeté.) Et moi, je voulais!..

RODOLPHE.
Que je te remercie!..

ZANETTA
A condition que je m'en irai de bonne heure.

RODOLPHE.
Rassure-toi!.. je te renverrai avant dix heures.

ZANETTA.
Sitôt!.. et pourquoi?..

RODOLPHE.
C'est convenable.

ZANETTA.
Vous croyez?

RODOLPHE, rêvant.
Et puis à dix heures... il faudra...

ZANETTA.
Quoi donc?..

RODOLPHE.
Rien... rien!.. une autre idée qui m'occupait... mais nous avons le temps d'ici-là... (Regardant la pendule.) Une heure, au moins.

ZANETTA.
Eh bien! comment vous trouvez-vous?..

RODOLPHE, la regardant.
Ah! bien mieux... depuis que tu es là!

ZANETTA.
J'en étais sûre !.. voilà pourquoi je suis venue.
(Lui passant la main sur le front et sur les lèvres.)
La peau est très bonne... encore un peu sèche...
un peu brûlante... (Retirant vivement sa main que
Rodolphe vient d'embrasser.) Ah ça ! Monsieur,
voulez-vous être malade ?.. oui ou non ?..

RODOLPHE.
C'est ta faute Zanetta ! tu es une garde-malade
si séduisante, si dangereuse... (La repoussant de la
main.) Tiens, Zanetta... laisse-moi... éloigne-toi.

ZANETTA.
Est-ce que ça va plus mal ?.. est-ce que vous
souffrez ?..

RODOLPHE.
Oui, cela me fait mal... de parler.

ZANETTA.
Oh ! alors, taisez vous ! je ne vous ferai plus
causer... Voulez-vous que je vous lise quelque
chose ?

RODOLPHE.
Si tu veux !

ZANETTA.
Je ne lis pas trop bien !.. à moins que vous
n'aimiez mieux que je chante ?..

RODOLPHE.
Tu chantes donc ?..

ZANETTA.
Pas trop mal !.. nous autres siciliennes, nous
savons toutes chanter... et puis, si ça vous ennuie... si ça vous endort... ce sera toujours ça
de gagné pour un malade.
(Rodolphe est assis dans un fauteuil sur l'avant-scène,
et Zanetta est placée sur un tabouret près de lui.)

RÉCITATIF.

Écoutez donc sans peur !.. je cesserai
Dès que je vous endormirai !

CANTABILE.

Sur les rivages de Catane,
Et sous les beaux mûriers en fleurs,
Etait gentille paysanne
Aux brunes et fraîches couleurs !
Le rossignol chantait comme elle ;
Chacun se disait : Qu'elle est belle !
Chacun lui faisait les yeux doux...
(S'arrêtant et regardant Rodolphe.)
Dormez-vous, monseigneur ? dormez-vous ?

RODOLPHE.
Je n'ai garde !.. sais-tu que c'est fort bien chanter ?.
L'heure est encore loin ! j'ai le temps d'écouter.

ZANETTA.
Mais, du pays, cette merveille,
Tout-à-coup languit dans les pleurs ;
Et cette rose si vermeille,
Perd son éclat et ses couleurs !
Plaisirs, amours, s'éloignent d'elle,
De cette voix, jadis si belle,
Le rossignol n'est plus jaloux...
(S'arrêtant.)
Dormez-vous, monseigneur ? dormez-vous ?

RODOLPHE.
Impossible, ma chère !.. en t'écoutant chanter.
(Regardant la pendule.)
Plus d'un quart d'heure encor, j'ai le temps d'écouter.

ZANETTA.
CAVATINE.

Qu'avait-elle,
Cette belle ?
Qui causait
Ce regret,
Ce chagrin
Si soudain ?
Voulait-elle
Ou dentelle,
Ou brillant
Diamant ?
Voulait-elle
Un amant ?
Non, vraiment !..
Car elle en avait tant...
Et pourtant,
Quand on lui demandait
Les tourmens qu'elle avait,
Francesca se taisait,
Soupirait
Et pleurait.
Ah ! ah ! ah ! ah !

Vous ne pouvez croire
Une telle histoire ?
Le fait est prouvé,
Il est arrivé !
Aucun ne l'ignore,
Et moi, je sens là
Que peut-être encore
Il arrivera !

Car j'ai su,
J'ai connu
Quel était
Son secret !
Elle aimait,
Adorait...
— Eh ! qui donc ?
Un garçon
Du canton ?..
— Mon dieu ! non.
— Ce sergent
Si vaillant ?
Ce Beppo
Jeune et beau,
Qui portait
Un plumet
Élégant ?..
— Non, vraiment !
Elle aimait
En secret...
Le seigneur du pays,
Un séduisant marquis...
Et lui, ne voyait pas
La pauvre fille, hélas !
Qui, pour lui, languissait
Et pleurait...
Ah! ah! ah! ah!..

Vous ne pouvez croire,
Une telle histoire...
Le fait est prouvé,
Il est arrivé !
Aucun ne l'ignore,
Et moi je sens là

ACTE II, SCÈNE XI.

Que peut-être encore
Il arrivera...

(A Rodolphe qui se lève.) Ah ! ce n'est pas tout encore !

RODOLPHE.

Tant mieux !

ZANETTA.

Vous allez voir comment ça finit, et comment elle fut payé de son amour, la pauvre fille !

    Un jour le seigneur passe
    Pour aller à la chasse ;
    Seigneurs l'accompagnaient,
    Les cors retentissaient.
    Sur son chemin, il voi,
    S'avancer un convoi ;
    Filles de nos campagnes,
    Portaient, d'un pas tremblant,
    Une de leurs compagnes
    Ceinte d'un voile blanc !..
    — Ah ! dit-il, qu'elle est-elle ?
    — C'est Francesca, la belle,
    Qui n'a vécu qu'un jour...
    Et qui mourut d'amour !..
    — Vraiment, dit-il... la pauvre enfant...
    Mais à la chasse on nous attend... —
    Le cor au loin retentissait...
    Et le convoi passait !..

    Vous ne pouvez croire,
    Une telle histoire !
    Le fait est prouvé,
    Il est arrivé !
    Aucun ne l'ignore,
    Et moi je sens-là
    Que peut-être encore
    Il arrivera !

RODOLPHE, très ému.

Ta chanson est touchante !..

ZANETTA.

    Et véritable, hélas !

RODOLPHE.

Du moins, elle est charmante !
(Lui prenant la main.)
    Et toi bien plus encore.

ZANETTA, retirant sa main.

Y pensez-vous, Monsieur ? un malade !

RODOLPHE.

    Non pas,
Je suis guéri !..

ZANETTA, gaîment.

    Alors donc, je m'en vas !

RODOLPHE, la retenant.

J'entends toujours ta voix et flexible et sonore !..

ZANETTA, souriant.

Dormez, Monsieur, n'écoutez pas !

RODOLPHE.

Je vois toujours ces traits et ces yeux que j'adore !

ZANETTA.

Dormez, et ne regardez pas !

DUO.

RODOLPHE, la retenant.

    Eh quoi ! vouloir sans cesse
    Partir !

ZANETTA.

    Il faut que je vous laisse
    Dormir.

RODOLPHE.

    Lorsqu'en mon cœur s'élève
    L'espoir !..

ZANETTA.

    Bonne nuit et bon rêve...
    Bonsoir.

RODOLPHE.

    Un seul instant, ma chère,
    Encor !

ZANETTA.

    Je vais près de mon père,
    Qui dort !

RODOLPHE.

    Quand mes sens sont par elle,
    Charmés !..

ZANETTA.

    A mes ordres fidèle,
    Dormez !

ENSEMBLE.

ZANETTA, que Rodolphe retient.

    Ne restons pas ensemble,
    Il est tard, il me semble ;
    Je tressaille et je tremble,
    Et d'amour, et d'effroi !
    Rodolphe, ô toi que j'aime !
    O toi, mon bien suprême,
    De ma tendresse extrême,
    Sauve-moi ! défends-moi !

RODOLPHE.

    Restons encore ensemble,
    L'heure est loin, il me semble !
    Près de moi son cœur tremble,
    Et d'amour et d'effroi !..
    Oui, je vois qu'elle m'aime,
    Et la sagesse même,
    En ce moment suprême,
    Céderait comme moi !

(Dans ce moment, on entend sonner, au loin, l'horloge de la ville.)

RODOLPHE.

C'est dix heures... ô ciel ! ah ! revenons à nous !

ZANETTA, regardant la pendule.

Eh ! non ; c'en est bien onze !

RODOLPHE.

    Onze heures ! que dit-elle ?

ZANETTA, lui montrant le cadran.

Voyez plutôt !
(Prête à partir.)
    Bonsoir.

RODOLPHE, qui a été regarder le cadran.

    Grand Dieu ! mon rendez-vous !
Il n'est plus temps !.. Quelle excuse ? laquelle ?
On m'attendait !..
(Haut.)
    Et moi, sans m'être méfié,
Près de toi, j'ai tout oublié.

ZANETTA, s'approchant de Rodolphe, qui vient de se jeter dans un fauteuil.

Et moi de même ; il faut que je vous quitte,
Il se fait tard, bien tard...
(Gaîment.)
    Et vous êtes guéri !
Mon père doit avoir terminé sa visite,
Et tout serait perdu, s'il me trouvait ici.

(Elle gagne la porte à droite, et prête à sortir lui envoie un baiser.)

Adieu donc! bonne nuit!..
(On entend en dehors fermer les verroux de la porte à droite, puis ceux de la porte à gauche.)
Ah! grand Dieu!
RODOLPHE.
Qu'avez-vous?
ZANETTA.
Mon père qui faisait sa ronde accoutumée,
De cette porte a tiré les verroux,
Et me voilà... près de vous enfermée!
RODOLPHE, gaîment.
Enfermés tous les deux par lui!
(A part.)
Du rendez-vous, j'ai passé l'heure,
Et maintenant je vois qu'ici
(Haut.)
Il faut bien, Zanetta, qu'avec toi, je demeure!
(Lui prenant la main.)
Eh quoi! tu trembles?
ZANETTA.
Oui!
Je ne puis dire, hélas! le trouble extrême,
Dont tous mes sens sont agités,
Je crains la nuit, notre amour... et moi-même!
(Lui montrant la croisée du fond.)
Si vous m'aimez, Monsieur, partez!
RODOLPHE.
Moi, partir! quand jamais, à mes yeux enchantés,
Tu ne parus plus belle...

ZANETTA.
O trouble extrême!
Si vous m'aimez, partez! partez!..
ENSEMBLE.
A sa voix, il me semble
Que j'hésite, et je tremble,
L'amour qui nous rassemble,
La défend malgré moi!
(Il serre Zanetta contre son cœur; elle glisse entre ses bras et tombe à ses pieds.)
RODOLPHE.
Pauvre fille! elle m'aime,
Je dois, ô trouble extrême,
Partir à l'instant même,
L'honneur m'en fait la loi.
Oui, que de l'honneur seul, la voix soit écoutée,
Et pour être plus sûr de tenir mes sermens,
(S'approchant du balcon du fond, dont il ouvre la fenêtre.)
Adieu, je pars!
(Il s'élance dans les jardins et disparaît.)
ZANETTA, seule, à genoux sur le devant du théâtre.
Et moi!.. moi, qu'il a respectée,
Je l'aime plus encore!
(On entend dans les jardins plusieurs coups de feu; elle pousse un cri.)
Ah! qu'est-ce que j'entends!
(Elle court au balcon du fond, et y tombe évanouie.)

FIN DU DEUXIÈME ACTE.

ACTE III.

Le théâtre représente un pavillon circulaire à l'italienne. Une coupole soutenue par des colonnes, qui, de tous les côtés, donnent du jour et laissent apercevoir les jardins.—Au fond, un grand escalier de marbre, par lequel on descend dans le parc.—Deux portes latérales donnant dans d'autres appartemens.—Dans les entre-deux des croisées, des consoles en marbre sur lesquelles sont des vases de fleurs.

SCÈNE I.

(Au lever du rideau, toutes les dames d'honneur de la Princesse sont assises à travailler. La Princesse entre lentement sur la ritournelle de l'air qui suit. Les Dames se lèvent et la saluent avec respect, puis se rassoient sur un signe de la Princesse.)

LA PRINCESSE.
RÉCITATIF.
Pendant toute la nuit, mon attente fut vaine!..
Dans mon mortel effroi, je compte les instans.
Il ne vient pas!.. affront plus cruel que ma peine...
Moi, fille de roi, je l'aime et je l'attends!..

AIR.
Dans l'âme délaissée,
Que l'amour a blessée,
La douce paix ne renaîtra jamais!
Cette mer irritée,
Que le vent soulevait,
Cesse d'être agitée,
Et le calme renaît;
Mais, dans l'âme offensée
Que l'amour a blessée,
La douce paix ne renaîtra jamais!..
(La Princesse va s'asseoir devant son métier à tapisserie.)

SCÈNE II.

LES MÊMES, MATHANASIUS, montant par l'escalier du fond.

UN PAGE, annonçant.
M. le baron Mathanasius de Warendorf.
MATHANASIUS, s'approchant de la Princesse et la saluant.
Qui vient faire sa cour à Votre Altesse et s'informer de son auguste santé... Vous avez hier quitté le bal de bien bonne heure.
LA PRINCESSE.
Oui... j'étais indisposée...
MATHANASIUS, avec intention.
Je l'ai bien vu... Votre Altesse semblait absorbée, et, contre son ordinaire, prêtait peu d'attention aux nouvelles que je lui racontais.
LA PRINCESSE.
Et que vous aviez peut-être composées exprès pour moi... Je vous en demande pardon, et j'espère que ce matin vous m'en dédommagerez... Qu'y a-t-il de neuf?.. que dit-on à la cour?
MATHANASIUS.
Des choses fort extraordinaires... et qui pourront peut-être divertir ces dames.
LA PRINCESSE.
Je ne demande pas mieux.

MATHANASIUS.

C'est une aventure piquante, mystérieuse et tragique, arrivée cette nuit... une anecdote secrète et inexplicable.

LA PRINCESSE.

Un mot seulement... Est-elle vraie?..

MATHANASIUS.

Authentique... elle a, du reste, fait déjà assez de bruit... et ces dames ont dû entendre hier, à minuit, dans les jardins, plusieurs coups de feu...

LA PRINCESSE, avec distraction.

Oui... je crois me rappeler... j'étais déjà renfermée dans mon appartement.

MATHANASIUS.

C'était presque sous vos fenêtres... à deux pas...

LA PRINCESSE.

J'y ai fait peu d'attention, j'ai cru que c'était le signal d'un feu d'artifice...

MATHANASIUS.

C'était mieux que cela... (L'examinant.) Un homme, dit-on, descendant d'un balcon... ou essayant d'y monter... c'est ce dont on n'a pu s'assurer... La vérité est que c'était aux environs du pavillon de Diane...

LA PRINCESSE, à part, avec intention.

O ciel!

MATHANASIUS.

Et des gens fidèles... que l'on ne connaît pas, que l'on n'a plus revus... mais que l'on suppose des gardiens du château ou des jardins...

LA PRINCESSE.

Eh bien! Monsieur...

MATHANASIUS.

Ont fait feu dans l'ombre...

LA PRINCESSE.

Mais c'est affreux!.. Sans savoir qui ce pouvait être?..

MATHANASIUS.

Un voleur... un malfaiteur... pas autre chose... ou pire encore, un conspirateur...

LA PRINCESSE.

Qui vous l'a dit?

MATHANASIUS.

Je le présume... malheureusement rien ne le prouve... car le coupable...

LA PRINCESSE, vivement.

N'a pas été atteint?..

MATHANASIUS.

Si vraiment... on a vu ce matin quelques gouttes de sang sur les marches de marbre du pavillon.

LA PRINCESSE, à part.

Ah! le malheureux... je ne lui en veux plus, je lui pardonne!

MATHANASIUS.

Et l'on prétend que le fugitif a été atteint au bras...

LA PRINCESSE, vivement.

Qu'en savez-vous?

MATHANASIUS.

On l'a dit... c'est une rumeur... un bruit... comme tous les bruits qui courent... et il s'en répand souvent de si singuliers... de si absurdes...

LA PRINCESSE.

Lesquels?

MATHANASIUS.

On prétend... mais c'est de la dernière invraisemblance, qu'un rendez-vous mystérieux... qu'un amant d'une de ces dames. (Brouhaha parmi les dames d'honneur.) Je vous ai dit que c'était absurde... Du reste, si quelqu'un de la cour est le héros de cette aventure nocturne, il sera facile de le reconnaître...

LA PRINCESSE, avec émotion.

Et comment?..

MATHANASIUS.

A la blessure qu'il a reçue... Le premier bras en écharpe que nous verrons paraître...

LA PRINCESSE.

O ciel!..

MATHANASIUS.

A moins que prudemment ce chevalier malencontreux ne reste chez lui et ne s'abstienne de se montrer... ce qui voudra dire exactement la même chose...

LA PRINCESSE, à part.

Je suis perdue!..

UN PAGE, annonçant.

M. le comte Rodolphe de Montemart.

SCÈNE III.

LES MÊMES, RODOLPHE.

(Rodolphe entre vivement, salue de loin et avec respect la Princesse et les dames qui l'entourent.)

LA PRINCESSE, avec émotion.

C'est lui!..

(Tous les regards se tournent vers Rodolphe, qu'on examine curieusement. Rodolphe s'approche de Mathanasius et lui tend la main gauche, que celui-ci secoue vivement.)

MATHANASIUS, à part et regardant le bras de Rodolphe.

C'est étonnant...

RODOLPHE, traversant et s'approchant de la Princesse.

Son Altesse se porte-t-elle bien?

LA PRINCESSE, avec émotion.

Et vous, M. le Comte, on vous disait souffrant.

MATHANASIUS.

Oui... hier soir... cette attaque de fièvre si subite... nous avait tous effrayés.

RODOLPHE.

Tout cela s'est dissipé... et ce matin, il n'en reste aucune trace...

MATHANASIUS, vivement, en lui prenant la main droite qu'il secoue plus fortement que l'autre.

J'en suis enchanté... (A part.) Rien!.. pas blessé...

LA PRINCESSE, stupéfaite, à part.

Ah! je reprends ma colère...

MATHANASIUS.

Que sont-ils donc venus me raconter...

LA PRINCESSE, à Rodolphe, lui montrant son métier à tapisserie.

Que pensez-vous de ce dessin, M. le Comte?

RODOLPHE, s'approchant.

Délicieux!

LA PRINCESSE, à voix basse.
Je vous ai attendu hier.

RODOLPHE, de même et avec embarras.
Un obstacle terrible... imprévu... (Haut et ayant l'air d'examiner la tapisserie.) Ce bouquet me semble nuancé avec une délicatesse admirable...

LA PRINCESSE, à voix haute.
Vous trouvez?..

RODOLPHE, à voix basse.
Une affaire diplomatique, dont le Roi m'avait chargé. (Haut.) Ces couleurs-là sont un peu sombres peut-être...

LA PRINCESSE, avec intention.
Oui... il faudrait éclaircir, si c'est possible... (Bas.) Le Roi aurait-il des soupçons?..

RODOLPHE.
Je le crains... car retenu hier et renfermé par lui... (Au Baron qui s'approche, et lui montrant l'ouvrage de la Princesse.) N'est-ce pas, M. le Baron... il y a là un peu de confusion?

LA PRINCESSE.
Un peu d'obscurité...

MATHANASIUS, examinant la broderie.
Oui... oui... je suis de l'avis de Votre Altesse, tout cela me semble fort obscur... (A part.) Impossible d'y rien comprendre... et d'autant plus que j'ai vu de mes yeux... des taches de sang... Qui donc alors cela peut-il être?

LE PAGE, annonçant.
Le Roi, Messieurs!
(Tout le monde se lève.)

SCÈNE IV.
LES MÊMES, LE ROI, ayant le bras en écharpe.

LA PRINCESSE, courant à lui.
Eh! mon Dieu!.. qu'a donc Votre Majesté?..

LE ROI.
Rien, ma chère sœur... moins que rien... une égratignure... Hier, en sortant du bal, où il faisait une chaleur étouffante... j'ai voulu prendre l'air... dans les jardins...

LA PRINCESSE.
Et vous êtes tombé?

LE ROI.
Non... je me promenais... tranquillement... du côté de l'appartement de ces dames et du vôtre... le pavillon de Diane...

MATHANASIUS, à part.
Les maladroits!..

LE ROI, gaîment.
Lorsque tout-à-coup... j'ignore qui diable s'amuse à chasser dans mon parc à cette heure-là... plusieurs coups de feu partis d'un bosquet...

RODOLPHE et LA PRINCESSE.
Blessé... blessé...

LE ROI.
Cela ne vaut pas la peine d'en parler... Mais si je peux découvrir les braconniers à qui je dois cette surprise... je les ferai pendre...

MATHANASIUS, à part, avec terreur.
Ah! mon Dieu!..

LE ROI.
Non pour moi... mais pour ces dames, que cela pouvait effrayer...

RODOLPHE, bas.
Quelle imprudence, Sire...

LE ROI, de même.
Que veux-tu... j'avais un rendez-vous de la Baronne...

RODOLPHE, bas.
Et tenter de gravir ce balcon...

LE ROI, de même, en riant.
Du tout, je descendais...

SCÈNE V.
LES MÊMES, ZANETTA, tenant une corbeille de fleurs.

QUINTETTE.

LE ROI à Rodolphe.
Mais, tiens! c'est Zanetta, c'est l'objet de ta flamme!
(A Zanetta.)
Que cherches-tu, ma belle? Est-ce lui?

ZANETTA.
Vraiment, non!
Je viens, par l'ordre de Madame,
De fleurs, garnir ce pavillon.

LA PRINCESSE, regardant Zanetta.
Des larmes dans tes yeux?

ZANETTA, les essuyant vivement.
Qui? moi?

LA PRINCESSE.
Je le vois bien!

RODOLPHE, vivement et se retenant.
Quoi! tu pleures?

ZANETTA.
Non, ce n'est rien!
(Se remettant à pleurer.)

COUPLETS.

1.

Ah! ah! ah! ah! ah! ah! ah!
Si je suis encor tout émue,
C'est que mon père m'a battue,
Et quand il bat, c'est de bon cœur!
Et pourquoi m'a-t-il chapitrée?
Pour avoir passé la soirée,
Hier, auprès de monseigneur.
(Elle montre Rodolphe.)

LA PRINCESSE, à part.
Avec lui! la soirée!..

ZANETTA continuant.
Et mon cher père que j'honore,
Et que j'ai toujours révéré,
M'a dit : Corbleu! je te battrai
Si jamais ça t'arrive encore!
Et j'ai grand peur, car d'après ça,
Il est bien sûr qu'il me battra!
Ah! ah! ah! ah! ah! ah! ah!

2.

C'est malgré moi, je vous l'atteste,
Mais où l'on est, il faut qu'on reste,
Quand on se trouve emprisonné,
Il le serait encor, peut-être,

ACTE III, SCÈNE VI.

S'il n'eût sauté par la fenêtre,
Alors qu'onze heures ont sonné!

LA PRINCESSE, à part.
Onze heures!..

ZANETTA, continuant.
Et mon cher père que j'honore,
Et que j'ai toujours révéré,
M'a dit : Corbleu ! je te tuerai,
Si jamais tu l'aimes encore!..
Et j'ai grand peur, car d'après ça,
Il est bien sûr qu'il me tuera !
Ah ! ah ! ah ! ah ! ah ! ah ! ah !

ENSEMBLE.
LA PRINCESSE, à part.
L'on me trompe, l'on m'abuse!
C'est un mensonge, une ruse,
Que bientôt je connaîtrai,
Et qu'ici je déjouerai;
Je saurai tout... je le saurai !

MATHANASIUS, à part.
On nous trompe, on nous abuse,
Tout ceci, n'est qu'une ruse,
Que bientôt je connaîtrai,
Et qu'ici je déjouerai !
Je saurai tout... je le saurai !

ZANETTA.
Lorsque mon père m'accuse,
A ses yeux, jamais d'excuse,
Il l'a dit !.. il l'a juré !
Je te battrai !.. te battrai,
Je te battrai !.., je te tuerai !

LE ROI, à part, regardant Mathanasius.
De son sang-froid, je m'amuse,
Grace au ciel! de notre ruse,
Il n'aura rien pénétré,
Notre amour est ignoré,
Oui, notre amour est ignoré!

RODOLPHE, à part, regardant la Princesse.
Pour qu'à ses yeux je m'excuse,
Comment trouver quelque ruse ?
Un moyen désespéré...
Non, jamais, je ne pourrai !
Non, non, jamais ! je ne pourrai !

LE ROI, à la Princesse qui voudrait interroger Zanetta.
Allons, venez, ma sœur;
Vous savez bien, qu'avec monsieur l'ambassadeur,
Nous devons ce matin, causer.

LA PRINCESSE, à Rodolphe.
Monsieur le Comte,
Mon éventail, mes gants?
(Bas à Rodolphe qui les lui présente.)
Que veut dire ce que j'apprends ?

RODOLPHE, à voix basse et avec embarras.
Rien de plus simple... et quand vous saurez tout...

LA PRINCESSE, à voix basse.
J'y compte !
(Voyant le Roi qui s'approche et lui présente la main, elle dit à voix haute à Rodolphe qui fait quelques pas pour sortir.)
J'ai des ordres pour aujourd'hui,
A vous donner !..

RODOLPHE, s'inclinant.
Je demeure !

LA PRINCESSE.
De chez le Roi, quand tout à l'heure
Je sortirai, veuillez m'attendre ici!

MATHANASIUS, à part.
Ici !

ENSEMBLE.
LA PRINCESSE.
L'on me trompe, l'on m'abuse, etc.
LE ROI.
De son sang-froid, je m'amuse, etc.
MATHANASIUS.
On nous trompe, on nous abuse, etc.
ZANETTA.
Lorsque mon père m'accuse, etc.
RODOLPHE.
Pour qu'à ses yeux, je m'excuse, etc.
(Le Roi, la Princesse, Mathanasius sortent par la porte à gauche, les dames d'honneur par le fond.)

SCÈNE VI.

RODOLPHE, sur le devant de la scène, ZANETTA, mettant des fleurs dans les vases du pavillon.

RODOLPHE.
Des ordres !.. des ordres !.. et que lui dire ?.. comment me justifier ? tromper et mentir encore... rougir à ses yeux !.. ah ! quelle honte!.. quel esclavage !.. mieux vaut tout lui avouer... mais c'est exposer à sa colère cette pauvre jeune fille, qui pour moi déjà n'a que trop souffert.... et son père, ce brave soldat, qui la croit coupable...

ZANETTA, avec un soupir de résignation.
C'est là le plus terrible... mais n'importe, c'est pour vous !

RODOLPHE.
Zanetta !

ZANETTA.
Vous d'abord ! vous toujours !

RODOLPHE.
Ah ! je suis un indigne !.. je suis un ingrat !.. tant de générosité, tant de dévouement... pour moi qui combats et qui hésite encore... Écoute, Zanetta, il faut que je te l'avoue... il faut que tu saches la vérité... (Avec passion.) Je t'aime !

ZANETTA, en riant.
Eh bien !.. cette nouvelle !.. je le sais bien, et depuis long-temps.

RODOLPHE, avec entraînement.
Non, tu ne sais pas ce que j'ai ressenti depuis hier... jamais, jusqu'ici, je n'avais éprouvé d'attachement pareil... d'amour véritable... c'est ce qui fait que maintenant j'essaierais en vain de le cacher, malgré mes efforts on le verra, on s'en apercevra.

ZANETTA.
Pardine ! ce n'est pas un secret, tout le monde le sait !.. et voilà pourquoi mon père veut me tuer... parce que je vous ai aimé... « Insensée ! m'a-t-il dit, ne vois-tu pas que ce grand seigneur veut t'abuser et te séduire. » (Geste de Rodolphe.) Soyez tranquille, je vous ai défendu !.. Je lui ai dit qu'hier encore vous vouliez m'épouser... que c'est moi qui n'avais pas voulu à cause de votre famille, et du Roi, et de la cour.

RODOLPHE, la regardant avec émotion.
Pauvre fille.

ZANETTA.
Mais ces vieux militaires ça n'entend rien... « Et s'il en est ainsi, a-t-il continué... porte-lui » seulement la promesse que je vais t'écrire... »

et moi j'ai refusé ! je n'ai pas besoin de promesse, votre parole vaut mieux encore !

RODOLPHE, troublé.

Ah ! Zanetta.

ZANETTA.

Mais alors il ne veut pas me laisser près de vous, et nous allons partir aujourd'hui, dans un instant... il prépare la barque qui doit nous emmener.

RODOLPHE, avec agitation.

Partir !.. tu as raison ! c'est ce que je devrais faire !.. oui, je m'expliquerai... je quitterai la cour,.. je partirai avec toi.

ZANETTA, vivement.

Ça n'est pas possible, mon père ne voudra jamais... ou il vous parlera encore d'engagement et de promesse.

RODOLPHE, avec chaleur.

Ah ! s'il ne tenait qu'à moi... si j'étais libre...

ZANETTA.

Quoi ! vraiment !

RODOLPHE.

Je voudrais plus encore.

ZANETTA, avec joie.

Non, non, pas davantage... Ça suffit pour mon père.

RODOLPHE.

Mais écoute-moi, Zanetta, écoute-moi...Dieu ! la princesse !..

ZANETTA.

Qu'importe ?

RODOLPHE, troublé.

Devant elle, devant le roi, pas un mot, ou tout serait perdu.

ZANETTA.

Je n'en parlerai qu'à mon père... car maintenant nous pouvons partir tous les trois...et, dès que la barque sera prête, je viendrai vous le dire ici.

RODOLPHE, très agité.

Non ! qu'on ne te revoie plus.

ZANETTA.

Eh bien! alors, je chanterai au pied de ce pavillon... ce sera le signal.

RODOLPHE.

Tout ce qu'il te plaira... mais va-t-en ! va-t-en vite.

(Il la pousse vivement vers le fond et Zanetta sort.)

SCÈNE VII.

LA PRINCESSE, RODOLPHE, au fond du théâtre.

LA PRINCESSE, entrant avec agitation.

Oui... il n'y a que ce parti... il ne m'en reste pas d'autre... (Apercevant Rodolphe qui redescend.) Ah ! vous voilà, Monsieur... les instans sont précieux... et d'abord... ces explications que vous me devez...

RODOLPHE, avec embarras.

Je l'ai dit à Votre Altesse... une conférence secrète dont le Roi m'avait chargé avec l'ambassadeur de France...

LA PRINCESSE.

Hier soir !

RODOLPHE.

Oui... Madame.

LA PRINCESSE, avec ironie.

L'ambassadeur était parti hier matin.

RODOLPHE, à part.

O ciel! (Haut et vivement.) Pour tout le monde, mais pas pour nous... et à l'issue de cette conférence, enfermé, comme je vous l'ai dit, prisonnier dans ce pavillon, je serais encore sous les verrous, sans la fille du concierge qui hier soir m'a enfin délivré.

LA PRINCESSE.

Comment cela ?

RODOLPHE.

En m'ouvrant une persienne qui donnait sur les jardins, et par laquelle, pour vous rejoindre, je suis sorti, mais trop tard, d'une prison que je devais, je le crains bien, à la défiance du Roi.

LA PRINCESSE, vivement.

Vous le croyez ?

RODOLPHE, de même.

J'en suis sûr !.. car lui, pendant ce temps, rôdait à ma place, et en sentinelle, sous votre balcon...

LA PRINCESSE.

Oui... oui... il avait des soupçons... et d'après ce mariage qu'ils ont résolu.

RODOLPHE.

Que dites-vous ?

LA PRINCESSE.

Eh oui ! monsieur... ce baron Mathanasius, qui nous épiait... est un envoyé de l'archiduc de Bavière, il venait demander ma main, que mon frère a accordée...

RODOLPHE.

Il serait vrai ?

LA PRINCESSE.

Voilà depuis hier ce que je voulais vous dire... mais ne pouvant ni vous voir, ni m'entendre avec vous... il m'a fallu me confier à l'une de mes dames d'honneur, la comtesse Bianca, pour les préparatifs.

RODOLPHE.

Lesquels ?

LA PRINCESSE, avec expression.

Vous me le demandez ?

DUO.

A cet hymen, pour me soustraire,
Je n'avais plus qu'un seul espoir!
Loin de la cour et de mon frère,
C'est de fuir avec vous, ce soir !

A Rodolphe qui tressaille.)

Quoi ! vous tremblez !

RODOLPHE.

Pour vous, Madame !
Sur les desseins par vous formés !
Lorsque le trône vous réclame !..

LA PRINCESSE, avec amour et exaltation.

Que m'importe !.. si vous m'aimez!

ENSEMBLE.

LA PRINCESSE.

Oui, le sceptre et l'empire,
Ne sont rien pour mon cœur !
Et l'amour qui m'inspire
Suffit à mon bonheur !

RODOLPHE, à part.

Que répondre ?.. que dire?
Infidèle et trompeur,

Le remords me déchire
Et vient briser mon cœur!
LA PRINCESSE.
Venez! partons!.. voici l'instant!
(On entend dans la coulisse, à gauche, Zanetta chanter l'air qui sert de signal pour le départ.)
Tra la, la, la, la, la, la, la!
RODOLPHE, à part et avec trouble.
Grand Dieu! c'est Zanetta!.. c'est elle!
LA PRINCESSE.
Partons!
RODOLPHE, montrant la princesse.
Ici, l'honneur m'appelle.
(Montrant à gauche Zanetta.)
Et là... c'est l'amour qui m'attend!
LA PRINCESSE, au bord du théâtre et à demi-voix, pendant qu'en dehors on entend toujours à haute voix la chanson de Zanetta.
La route encor nous est ouverte!..
RODOLPHE, de même.
Pour moi, je crains peu le danger,
Mais c'est courir à votre perte!
LA PRINCESSE, de même.
Non, l'amour doit nous protéger.
RODOLPHE, de même.
Ah! pour vous, bravant le supplice,
Je puis accepter le trépas,
Mais, non, ce noble sacrifice,
Qu'hélas! je ne mérite pas!
LA PRINCESSE, étonnée et le regardant avec jalousie.
Que dit-il?..

ENSEMBLE.
LA PRINCESSE, le regardant.
Quel trouble l'agite?
Il tremble... il hésite!
Moi-même, interdite,
Je me sens frémir!
Le doute me lasse!
Quel sort nous menace?
Ah! parlez de grace!
Dussé-je en mourir.
RODOLPHE.
Je tremble... j'hésite,
Le remords agite
Mon âme interdite...
Ah! que devenir!
Le sort qui m'enlace
Partout me menace!
Tout mon sang se glace,
Je me sens mourir.
ZANETTA, au dehors.
Tra la, la, la, la,
La, la, la, la, la, etc.
RODOLPHE, troublé.
Oui, Madame, ce nom et ce titre d'épouse...
LA PRINCESSE.
Dont vous êtes digne.
RODOLPHE, hésitant.
Oui, par mon dévoûment, mais...
LA PRINCESSE, avec une colère concentrée.
Rodolphe, écoutez-moi?.. Je ne suis pas jalouse,
Si jamais je l'étais...

ENSEMBLE.
LA PRINCESSE, le regardant.
Quel trouble l'agite? etc.
RODOLPHE.
Je tremble, j'hésite, etc.
ZANETTA, au dehors.
Tra la, la, la, la, etc.

STRETTE DU MORCEAU.
LA PRINCESSE.
Parlez!.. parlez!..
RODOLPHE.
Pitié pour un misérable!
LA PRINCESSE.
Non, non... que ses forfaits par moi soit châtiés.
RODOLPHE,
Grace pour un coupable!
LA PRINCESSE, avec colère.
Mais, enfin, ce coupable,
Où donc est-il?..
RODOLPHE, tombant à genoux.
A vos pieds!
Cet amour qui pour nous d'abord ne fut qu'un jeu,
Est maintenant plus fort que ma raison.

SCÈNE VIII.
LES MÊMES, LE ROI, MATHANASIUS, ZANETTA.
(Le Roi et Mathanasius entrent par le fond, et Zanetta par la porte à gauche. A leur vue Rodolphe se relève vivement, mais le Roi l'a aperçu. Tout cela s'est exécuté sur les dernières mesures du morceau précédent.)
LE ROI.
Grand Dieu!
(A Mathanasius.)
Punissons qui nous a trahi!
ZANETTA, avec effroi.
Le punir... lui!
LE ROI, à sa sœur, montrant Mathanasius.
La comtesse Bianca, dont on paya le zèle,
Nous a de vos projets fait un rapport fidèle.
LA PRINCESSE, à part.
C'est fait de moi!..
RODOLPHE, à demi-voix, à la Princesse.
Non, tant que je vivrai!
LE ROI.
Et ces apprêts de départ... cette fuite...
J'en saurai le motif!..
ZANETTA.
Ah! je vous le dirai!
Ne punissez que moi... moi seule!..
LE ROI.
Parle vite?
(Sévèrement.)
Et ne m'abuse pas!.. ou sinon!..
ZANETTA, tremblante.
Oui, mon Roi!
LE ROI.
Eh bien! ce départ qu'il médite?..
ZANETTA.
C'était avec moi!
MATHANASIUS et LE ROI.
Avec elle!..
ZANETTA.
Avec moi!
LE ROI, d'un air d'incrédulité.
Quoi! cet enlèvement, cette fuite?..
ZANETTA.
Avec moi!
LE ROI.
Et ce secret mariage?
ZANETTA.
Avec moi.
LE ROI.
Un mariage!.. avec toi!..
ZANETTA, timidement.
Pas encore!.. Mais du moins en voici la promesse,
Qu'il allait me signer!..
(Elle remet le papier au Roi.)

LA PRINCESSE, avec colère.
    O ciel !
RODOLPHE, vivement au Roi, et lui montrant la Princesse.
            Oui, Son Altesse
Daignait nous protéger, et d'un cœur pénétré,
Je l'en remerciais... quand vous êtes entré !
(Le Roi s'est rapproché de Mathanasius, à qui il a montré ce papier.)
        LE ROI.
Qu'en dites-vous ?
    MATHANASIUS, à voix basse.
            Je n'ai rien à répondre !
Mais on nous trompe !..
        LE ROI, de même.
            Eh bien ! je saurai les confondre.
    (A voix haute et froidement.)
    A cet hymen, je consens de grand cœur !
(En ce moment, entrent le Chancelier et plusieurs seigneurs de la cour, qui se placent à gauche, et des dames d'honneur de la Princesse, qui se placent à droite.)
        ZANETTA, sautant de joie.
Est-il possible !.. Non , c'est sans doute une erreur !
Moi, sans nom, sans naissance !..
        LE ROI.
            Eh bien ! donc je te donne
Un nom, un titre, un rang !.. Relève-toi, Baronne !
Et nous signerons tous ! Moi, d'abord, puis ma sœur.
(Il fait signe au Chancelier qui est à la gauche du théâtre, de s'asseoir à la table, et d'écrire le contrat.)
        LA PRINCESSE, bas à Rodolphe.
Jamais !
        RODOLPHE.
Au nom du ciel ! pour vous, pour votre honneur !
        LA PRINCESSE, à voix basse.
Plutôt nous perdre , vous et moi-même !
        RODOLPHE, à part.
                O terreur !
(Le Roi, après avoir donné les ordres au Chancelier, qui écrit, passe à droite, entre Rodolphe et sa sœur.*)
ZANETTA, qui vient de causer avec Mathanasius.
Moi, baronne et comtesse !..
    (Prenant les bouquets qui sont restés dans la corbeille sur la table.)
    Adieu, mes fleurs chéries,
Pour la dernière fois, je vous aurai cueillies !
Mais avant d'abdiquer, laissez-moi, grace à vous,
M'acquitter des bienfaits qu'ici je dois à tous !
(Présentant un premier bouquet à Mathanasius.)

        PREMIER COUPLET.

        A vous, monseigneur
        L'ambassadeur,
        La jardinière
        Vous offrira
        Ce présent-là.
        Pour vous, c'est bien peu,
        Mais, mon seul vœu
        Est de vous plaire,
        Cette fleur-là
        Vous le dira !
    (Passant devant Rodolphe et s'adressant au Roi.)
        DEUXIÈME COUPLET.

    Vous , mon Roi, dont la puissance
    M'a donné rang et naissance,
    Et mieux encor, le droit heureux
    (Montrant Rodolphe.)
    De le chérir à tous les yeux.
    Quand chacun blâmait

* Les acteurs sont rangés dans l'ordre suivant : Le premier à gauche du spectateur, Mathanasius, le Chancelier, à la table, qui écrit, le Roi, qui lui dicte, Zanetta, Rodolphe, la Princesse, puis toutes les dames d'honneur qui viennent d'entrer et se tiennent à la gauche de la Princesse.

** Les acteurs sont dans l'ordre suivant : Mathanasius, le Chancelier à la table, Zanetta, Rodolphe, le Roi, la Princesse.

        Et proscrivait
        Mon mariage,
        Cette main-là
        Nous protégea !
        A vous, dès ce jour,
        Et mon amour,
        Et mon hommage...
    (Tenant un bouquet qu'elle va lui offrir.)
        Cette fleur-là
        Vous le dira !
(En ce moment, le Chancelier fait signe au Roi que tout est prêt ; le Roi quitte Zanetta et passe près de la table à gauche.*)
ZANETTA, qui s'est approchée de la Princesse, lui offre son dernier bouquet.
    Vous, fille de roi ,
    Daignez de moi
    Prendre ce gage.
RODOLPHE, saisissant ce bouquet et lui donnant à la place le bouquet de fleurs artificielles qu'il vient de tirer de son sein, — A demi-voix.
    Non pas !.. mais celui-ci.
ZANETTA, étonnée et troublée, présente le bouquet à la Princesse, en regardant toujours Rodolphe.
    Daignez... recevoir... les fleurs... que voici !
LA PRINCESSE, apercevant et reconnaissant le bouquet du premier acte, qu'elle a donné à Rodolphe.
    O ciel !.. je me perdais !.. et pour lui !..
LE ROI, qui après avoir signé à la table à gauche passe à droite près de sa sœur.
    Qu'as-tu donc ?..
        LA PRINCESSE, avec émotion.
            Rien !.. rien !..
(Le Roi lui fait signe d'aller signer. La Princesse traverse le théâtre, s'approche de la table à gauche, hésite un instant, puis signe vivement, et dit avec ironie à Rodolphe et à Zanetta.)
        Noble hymen ! hymen auguste !..
    Qui nous semble et digne et juste,
    Nous l'approuvons et de grand cœur.
(Se retournant vers Mathanasius.)
    Partons !.. monsieur l'ambassadeur !..
    Partons !
        ENSEMBLE.
LE ROI, à Mathanasius, lui montrant sa sœur.
    Emmenez l'épouse chérie,
    Pour votre Roi, par vous choisie !
        LA PRINCESSE.
    Oui, ma fierté, par lui trahie,
    A retrouvé son énergie.
MATHANASIUS, tenant la main de la Princesse, et se frappant le front.
    C'est une aventure inouïe,
    Qui confond ma diplomatie !
        RODOLPHE, à la Princesse.
    A vous le sceptre que l'on envie !
    (A part, regardant Zanetta.)
    A moi !.. le bonheur de la vie !..
        ZANETTA, à la Princesse.
    A vous le sceptre que l'on envie !
    (A part, regardant Rodolphe.)
    A moi !.. le bonheur de la vie !..
        CHŒUR.
    C'est une faveur inouïe !
    Le Roi lui-même les marie !
(Mathanasius a présenté respectueusement sa main à la Princesse, qui s'éloigne en jetant sur Rodolphe et Zanetta un regard de dédain. Les seigneurs et dames de la cour se sont rangés en haie pour les laisser passer. Le Roi, en signe de réconciliation, tend la main à sa sœur tandis que Rodolphe serre tendrement Zanetta contre son cœur. — La toile tombe.)

* Les acteurs sont dans l'ordre suivant : Mathanasius, le Chancelier et le Roi, à la table, Rodolphe, Zanetta, qui passe près de la Princesse, la Princesse.

            FIN.

Imprimerie de M⁽ᵉ⁾ De Lacombe, rue d'Enghien, 12

L'OPÉRA A LA COUR,

OPÉRA-COMIQUE EN QUATRE PARTIES,

PAROLES DE MM. SCRIBE ET DE SAINT-GEORGES,

MUSIQUE ARRANGÉE PAR MM. GRISAR ET A. BOIELDIEU,

Représenté pour la première fois, à Paris, sur le théâtre royal de l'Opéra-Comique, le 16 juillet 1840.

DISTRIBUTION :

LE PRINCE ERNEST.....................................	M. ROGER.
LE DUC DE WALDEMAR................................	M. MASSET.
LE COMTE MAGNUS.....................................	M. BOTELLI.
M. DE BAMBERG, gouverneur du prince Ernest.........	M. CHOLLET.
CORNÉLIUS, maître de chapelle du Grand-Duc.........	M RICQUIER.
LE GRAND-DUC...	M. HENRI.
LA PRINCESSE AMÉLIE, fille du Grand-Duc............	Mme EUGÉNIE GARCIA.
Mlle MINA DE BARNHEIM, première demoiselle d'honneur de la princesse.	Mme HENRI POTIER.

La scène se passe à la cour du Grand-Duc.

PREMIÈRE PARTIE.

Le théâtre représente un appartement du palais du Grand-Duc.

SCÈNE I.

lever du rideau, à droite de l'acteur, LA PRIN-
SSE AMÉLIE est occupée à broder ; près d'elle,
E COMTE MAGNUS et LE DUC DE WALDE-
R ; à gauche MINA ; près d'elle, ERNEST
t BAMBERG.

INTRODUCTION.

MAGNUS et WALDEMAR, à la Princesse.

S'il vous était possible
De lire dans mon cœur,
De votre âme insensible
S'éteindrait la rigueur !..

MINA, à Ernest, à demi-voix.

ue vos deux rivaux font assaut de tendresse
Auprès de la Princesse,
ous qui, comme eux, prétendez à sa foi...
ous vous taisez !...

BAMBERG.

Vous, mon Prince, et pourquoi ?

ERNEST, avec humeur.

Je ne sais qu'aimer et ne sais pas le dire...

MINA.

un tort !..

BAMBERG.

Et ça m'en fait à moi, Monseigneur,
Votre professeur et votre gouverneur...
evrait vous apprendre à parler.

ERNEST.

Je ne l'ose.

MINA.

On se déclare en vers, Monseigneur, comme en prose ;
Et si j'étais de vous, moi, j'aurais proposé
Ces séguidilles espagnoles ,
Ce bel air sur lequel vous avez composé,
Tantôt, d'amoureuses paroles.

ERNEST.

Non, non, jamais, je ne l'aurais osé.

ENSEMBLE.

ERNEST.

Non ! il m'est impossible
De vaincre sa froideur,
Et son cœur insensible
Rirait de ma douleur.

MINA et BAMBERG.

Il n'est pas impossible
De vaincre sa rigueur,
Et la plus insensible
N'a-t-elle pas un cœur.

AMÉLIE, souriant, à Magnus et à Waldemar.

Non ! il n'est pas possible
D'adoucir mes rigueurs,
Et mon cœur inflexible
Se rit de vos douleurs.

MAGNUS et WALDEMAR.

S'il vous était possible
De lire dans mon cœur...
De votre âme insensible
S'éteindrait la rigueur !

SCÈNE II.
LES MÊMES, LE GRAND-DUC, CORNÉLIUS.

ERNEST.
C'est le Grand-Duc!
AMÉLIE, se levant et allant à lui.
Mon père!
BAMBERG.
Et son ami fidèle,
Maître Cornélius, son maître de chapelle.
MINA, à demi-voix.
Qui nous enseigne ici la musique.
BAMBERG.
En ce cas,
Il a l'art d'enseigner ce qu'il ne connaît pas.
MINA, souriant.
Quel blasphème!..
LE GRAND-DUC, à Magnus et à Waldemar.
Bonjour, Duc! et vous, noble Comte,
Pour la chasse, tantôt, ici, sur vous je compte.
(S'adressant à Amélie, dont il prend la main.)
Long-temps je te laissai maîtresse de ton choix,
Ma fille ; mais, enfin, il faut qu'on se prononce...
Aujourd'hui, je le veux.
MAGNUS, s'inclinant.
Et quels que soient nos droits...
WALDEMAR.
Chacun, avec respect, attend votre réponse.
AMÉLIE, se tournant vers Cornélius.
Maître Cornélius, n'est-ce pas le moment
De ma leçon de musique?..
CORNÉLIUS.
Oui, vraiment.
MAGNUS.
Nous est-il permis de rester?..
AMÉLIE.
Sans doute...
(A Cornélius.)
Que dirons-nous?..
CORNÉLIUS.
Quelque air de moi...
LE GRAND-DUC, s'asseyant au milieu du théâtre, dans un fauteuil.
J'écoute.
J'adore sa musique... il n'est rien de pareil...
Elle me rafraîchit, me calme, me délasse...
Et me procure seule un doux et bon sommeil,
Que je ne puis trouver... pas même après la chasse.
CORNÉLIUS, s'inclinant.
C'est trop d'honneur.
LE GRAND-DUC.
Voilà bientôt dix ans
Qu'il a ce privilége...
MINA.
Exclusif.
CORNÉLIUS.
Je m'applique
A le garder toujours... car, en fait de musique,
(A part.)
On n'entend que la mienne.
AMÉLIE, à Cornélius.
Eh bien! je vous attends.
CORNÉLIUS, montrant à Mina des papiers qui sont sur la table.
Vous n'avez qu'à choisir... prenez un de mes airs.
(Mina prend un papier sur la table, le montre à Ernest, puis le remet à Amélie.)

ERNEST, bas à Mina.
O ciel! que faites-vous?..
MINA, de même.
Elle entendra vos vers!..

AMÉLIE.
PREMIER COUPLET.

Nisida, la cruelle,
 Rit des vœux
 Amoureux,
Et Giuseppo près d'elle
 Se mourait
 Et chantait :
« Je n'ose te le dire,
» Et pour toi, chaque jour,
» En secret je soupire
» Et je me meurs d'amour. »
Mais la beauté trop sévère
Lui répondit : « Pour me plaire,
» Il faut souffrir et se taire !.. »
Et dans sa peine, hélas ! le pauvre amant,
A ses rivaux, s'en allait chantant :
« Nisida, la cruelle,
 » Rit des vœux
 » Amoureux,
» Et soupirer pour elle
 » C'est languir
 » Et mourir !.. »

ENSEMBLE.

D'une beauté cruelle,
Redoutez la rigueur ;
Mieux vaut vivre loin d'elle,
Que mourir de douleur !..

AMÉLIE.
DEUXIÈME COUPLET.

De ton indifférence,
Je pourrais me venger !..
Pour guérir ma souffrance,
Je fais vœu de changer.
Je sais une autre belle,
Jeune blonde aux yeux bleus,
Qui, pour moi, moins cruelle,
Accueillera mes vœux !
Et la beauté si sévère
Lui dit : « Eh bien! allez plaire
» A cette jeune bergère !.. »
Mais son amant qui l'entend et frémit...
Loin d'obéir, hélas ! lui répondit :
« Nisida, la cruelle,
 » Rit des vœux
 » Amoureux,
» Et soupirer pour elle
 » C'est languir
 » Et mourir !.. »

ENSEMBLE.

D'une beauté cruelle,
Redoutez la rigueur ;
Mieux vaut vivre loin d'elle,
Que mourir de douleur !..
LE GRAND-DUC, à Cornélius, qui semble lui demander un avis.
Vous vous gâtez, maître Cornélius,
Et je ne vous reconnais plus...
CORNÉLIUS, suffoqué.
Comment donc, Monseigneur!

LE GRAND-DUC.
Méthode détestable!
Cet air joyeux et sautillant
Ne m'aura pas permis de dormir un instant;
Je ne veux plus rien de semblable.
CORNÉLIUS, troublé.
J'avais fait cet air-là, je ne sais pas comment!..
C'est un moment d'erreur!.. aussi je me conforme
A vos sages avis.
LE GRAND-DUC.
Voyez-vous, en fait d'air,
Et quand il ne faut pas que je dorme,
Je n'en connais qu'un seul; qui, d'un chasseur expert
Doit exciter la louange et l'estime,
C'est un vieil air français, que je trouve sublime,
Celui du bon roi Dagobert.
Le bon roi Dagobert,
Était un chasseur encor vert.
MINA et AMÉLIE.
Le grand saint Éloi,
Ministre du roi...
ENSEMBLE.
Tra, la, la , la, la,
Tra, la, la, la,
La, la, la.
TOUS, au Grand-Duc, en riant.
Ah! c'est charmant!
C'est ravissant!
Je suis de votre sentiment!
Oui! c'est charmant!

LE GRAND-DUC.
A tantôt, Messieurs!..
AMÉLIE.
Maître Cornélius, j'aurais à vous parler.
CORNÉLIUS.
Je suis aux ordres de mon écolière.

(Le Grand-Duc sort par la droite avec Cornélius, Amélie va pour les suivre, Ernest s'approche d'elle, elle lui fait une froide révérence, puis elle sort en faisant un salut gracieux à Magnus et à Waldemar, qui s'éloigne par le fond.)

SCÈNE III.
ERNEST, BAMBERG, MINA.

ERNEST, à Bamberg.
C'est aujourd'hui qu'elle doit faire connaître celui de nous qu'elle préfère... et tu le vois, tous les saluts gracieux sont pour mes rivaux... à peine laisse-t-elle tomber un regard sur moi...
BAMBERG.
Je n'ai jamais prétendu que les princesses n'eussent pas de caprices!..
MINA.
Et pourquoi, s'il vous plaît, n'en auraient-elles pas ?
BAMBERG.
Les demoiselles d'honneur en ont bien... et voici Mlle Mina de Barnheim, qui chaque jour met à l'épreuve la philosophie de votre gouverneur...
ERNEST, avec dépit.
Ah! tu as de la philosophie!.. tu es bien heureux... moi je n'en ai pas... aussi, dès aujourd'hui je quitte la cour et la princesse.
MINA.
Vous ne l'aimez donc pas ?..
ERNEST.
Plus que jamais !
BAMBERG.
Voilà pourquoi il s'en va ?
MINA.
Ce n'est pas le moyen d'arriver!.. à la cour, il faut de la patience.
ERNEST.
Je n'en ai plus, j'y renonce.
MINA.
Quand toutes les chances étaient pour vous...
ERNEST, vivement.
Est-il possible ?
BAMBERG.
C'est ce que je ne cesse de vous dire.
MINA.
Ce départ ruinerait toutes vos espérances.
BAMBERG.
Et les miennes! il faut que son Altesse soit mariée... il le faut!.. ma fortune en dépend... son auguste père qui a toute confiance en moi, m'a dit: « M. de Bamberg, vous avez appris à
» mon fils, ce qui est nécessaire à un prince...
» — Monseigneur, je lui ai appris tout ce que
» je savais : la danse, l'équitation, l'éloquence
» et le cornet à piston. — Il faut plus encore...
» il faut que vous lui donniez une femme... il y
» a présentement en Allemagne trois princesses
» qui lui conviennent... aidez-le à choisir... s'il
» revient marié, je vous donne vingt mille flo-
» rins de pension, sans compter trois cordons
» et deux croix par-dessus le marché... mais si
» mon fils reste célibataire, comme ce sera l'ef-
» fet de vos mauvais conseils... je vous fais en-
» fermer !.. »
MINA.
O ciel!..
BAMBERG.
Il y va de ma liberté.
MINA.
Si son Altesse ne perd pas la sienne!..
BAMBERG.
Et c'est bien le prince le plus difficile à gouverner et à marier...
ERNEST, d'un ton de reproche.
Bamberg !..
BAMBERG, s'inclinant.
Pardon, mon prince !.. (A Mina.) Je m'en rapporte à vous-même... la première de nos prétendues, la princesse Brigitte, accueillait notre recherche de la manière la plus favorable... j'étais enchanté... Monseigneur ne l'était pas... elle était trop dévote, trop mystique... ne sortait pas de son oratoire... nous en prîmes congé un dimanche avant le sermon... La princesse Catherine, la seconde, était un esprit fort qui lisait Voltaire, Jean-Jacques et Georges Sand... j'étais ravi, et Monseigneur indigné... scandalisé... vous conviendrez que c'est terrible... de deux en aimerez-vous une ? nullement!.. Monseigneur se met à en adorer une troisième... et laquelle ?.. celle qui dédaigne tous les partis et ne veut pas se marier... voilà où nous en sommes... c'est à se désespérer !..

MINA.

Pas encore!..

ERNEST.

Je n'ai cependant pu obtenir d'Amélie un seul aveu!..

MINA.

Vos deux rivaux n'en ont pas obtenu davantage... et je sais, moi, sa première demoiselle d'honneur, que plusieurs fois elle parlé de vous avec intérêt...

ERNEST, avec joie.

Ah! s'il était vrai!..

MINA.

J'étais là... elle a même ajouté avec un soupir : ah! quel dommage!..

ERNEST.

Quel dommage!..

BAMBERG.

Quoi?

MINA.

C'est ce que j'ai demandé... et sans avoir l'air de m'entendre, Son Altesse a ajouté lentement : Quel dommage qu'il ne soit pas ce que j'ai rêvé.

ERNEST.

Et qu'a-t-elle rêvé?

BAMBERG.

Il faudrait le savoir!..

MINA.

Voilà justement ce que j'ignore...

ERNEST.

Et qui donc serait plus instruit?

MINA.

Personne!..

BAMBERG.

C'est juste!.. quand on n'a pas confiance en sa demoiselle d'honneur, c'est comme si vous vous cachiez de moi, votre précepteur, votre gouverneur et votre serviteur!.. il n'y aurait plus d'espoir!..

MINA.

Peut-être, cependant!..

ERNEST.

Comment cela?

MINA.

Il y a quelqu'un ici qui jouit près d'elle et près du Grand-Duc, d'un crédit illimité.

BAMBERG.

Et qui donc?

MINA.

Cornélius, son maître de musique.

BAMBERG.

Un intrigant et un sot!..

MINA.

Deux raisons pour parvenir!..

ERNEST.

Mais il ne sait rien!..

MINA.

Il a su gagner, et mieux encore conserver la faveur du maître... la princesse le consulte... ils ont des conférences mystérieuses... dans ce moment encore...

ERNEST.

Tu crois qu'il possède son secret?

MINA.

Je le parierais!..

BAMBERG.

Et pour le faire parler?..

MINA.

Il n'y a peut-être qu'une personne... et c'est moi...

ERNEST, vivement.

Ah! ma fortune et ma vie!..

BAMBERG.

Moi de même... ma pension, mes cordons et mes croix... je mets tout à vos pieds, ainsi que mon amour... car je vous aime, vous le savez...

ERNEST.

Je l'atteste!. et la preuve... c'est qu'il est jaloux... jaloux comme une tigre.

MINA.

C'est bien!.. ou plutôt, c'est mal!.. dans ce moment, du moins... car pour réussir, il me faut séduire maître Cornélius...

BAMBERG.

Je m'y oppose!..

MINA.

C'est déjà fait!..

BAMBERG.

Quoi! cette vieille double-croche oserait vous aimer?..

MINA.

Depuis long-temps!.. et pourquoi pas?.. la musique est le chemin du cœur!..

BAMBERG.

Pas la sienne!..

MINA, regardant à droite.

Le voici!.., éloignez-vous!..

BAMBERG.

M'éloigner!..

ERNEST.

Eh! oui, sans doute... il le faut!

BAMBERG.

Je ne veux pas!..

ERNEST, haut, devant Cornélius qui entre.

Je vais chez le Grand-Duc... M. de Bamberg, suivez-moi!..

BAMBERG.

Oui, monseigneur... (Bas à Mina.) Ne lui plaisez pas trop...

MINA, souriant.

Je tâcherai!..

(Ernest et Bamberg sortent par le fond.)

SCÈNE IV.

MINA, CORNÉLIUS.

CORNÉLIUS.

A quoi pensait Mlle de Barnheim?..

MINA.

Je ne vous ferai pas la même demande... vous ne répondriez pas!

CORNÉLIUS.

Si vraiment!

MINA.

Alors, vous mentiriez!..

CORNÉLIUS.

Jamais, avec vous!.. mais ce n'est pas de moi qu'il s'agit... c'est de l'objet qui tout à l'heure vous occupait.

MINA.

Vous serez discret?..

CORNÉLIUS.

Toujours!..

MINA.
Eh bien! la personne qui m'occupait... c'était vous...
CORNÉLIUS.
Est-il possible!..
MINA.
Je réfléchissais... car je réfléchis quelque fois; et je me disais : Maître Cornélius veut me tromper...
CORNÉLIUS.
Moi!..
MINA.
Oui... il y a ici quelqu'un qui veut tromper l'autre... vous balbutiez... vous hésitez... vous avez des projets!..
CORNÉLIUS.
Par exemple!..
MINA.
PREMIER COUPLET.

Non, monsieur; en vain
Vous cachez votre dessein...
J'y vois clair, je voi
Vos projets sur moi !..
Dans les salons de Son Altesse
Vous vous placez à mes côtés,
Dans les concerts, à moi s'adresse
La romance que vous chantez !..
Vous n'y prenez pas garde,
Mais on tient des propos...
Quand votre œil me regarde
Vous chantez toujours faux!..
Non, monsieur, en vain
Vous cachez votre dessein!..
J'y vois clair... je voi
Vos projets sur moi!..

DEUXIÈME COUPLET.

Monsieur voudrait me compromettre,
Il balbutie en me parlant,
Il ose même se permettre
De rougir et d'être tremblant...
Tout prouve qu'il m'adore,
Tout le fait croire... eh bien !
Jusqu'à présent encore,
Il ne m'en a dit rien...
(Geste de Cornélius.)
Non, non, non... en vain
Je connais votre dessein...
J'y vois clair... j'y voi
Vos projets sur moi!..

CORNÉLIUS.
Si je n'ai pas parlé... c'est que je n'osais pas... vous aviez toujours un air railleur qui me faisait perdre la mesure... et vous n'avez jamais voulu me comprendre...
MINA, gravement.
Une demoiselle d'honneur ne comprend que les déclarations positives et légales... et vous ne m'avez jamais demandée en mariage !
CORNÉLIUS.
C'était mon seul vœu, mon seul désir... bien plus, cela assurait mon avenir et mes intérêts...
MINA.
En vérité!..
CORNÉLIUS.
Mais je vous connais... vous m'auriez refusé.
MINA, avec coquetterie.
Qu'en savez-vous?.. on demande toujours !

CORNÉLIUS.
Eh bien! charmante Mina... si je vous offrais mon cœur, ma main et ma fortune, que diriez-vous!..
MINA.
Je dirais : non !..
CORNÉLIUS.
O ciel!..
MINA, d'un ton de reproche.
Pour vous apprendre.
CORNÉLIUS.
Mais vous vous laisseriez fléchir !..
MINA, baissant les yeux.
C'est possible!.. après quelques mois d'épreuves... si j'étais bien sûre de vos sentiments et du consentement de la Princesse...
CORNÉLIUS, avec joie.
Elle consentira !..
MINA.
Et si d'ailleurs votre avenir, votre position à la cour...
CORNÉLIUS.
Superbe !.. depuis dix ans premier maître de chapelle, premier compositeur... homme de talent... homme de génie!..
MINA.
Et si des rivaux plus heureux...
CORNÉLIUS.
Impossible!... j'ai pris mes précautions..... voyez-vous, Mina, nous sommes de véritables artistes... nous ne sommes pas comme ces compositeurs français ou italiens qui se déchirent entre eux... nous autres Allemands ne sommes ni envieux, ni jaloux... et pourvu, par exemple, qu'on nous laisse seuls, nous n'irons jamais attaquer nos confrères... ici, vous le voyez... jamais d'intrigues ni de cabales, tous les ouvrages réussissent...
MINA.
C'est vrai !
CORNÉLIUS.
Pourquoi?.. parce que j'ai eu soin de fermer la lice à tous ces esprits remuans et brouillons qui dans ce moment font du bruit en Europe... qu'ils en fassent ailleurs... mais pas ici... j'ai voulu que cette petite principauté restât calme et paisible au milieu de la tempête... j'ai voulu que l'orage des trombonnes, des grosses caisses et des renommées importunes ne parvînt point jusqu'à elle...
MINA.
C'était difficile!..
CORNÉLIUS.
Et pourtant, j'en suis venu à bout...
MINA.
Comment cela?
CORNÉLIUS.
En imitant Napoléon et son système continental... j'ai établi pour les opéras étrangers, une ligne de douanes des plus actives... toutes les partitions, duos, trios, quintettes de fabrications étrangères sont impitoyablement arrêtées aux limites de ce petit duché que j'ai déclaré en état de blocus musical.
MINA.
Et le Grand-Duc?
CORNÉLIUS.
C'est par ses ordres !.. il ne se connaît pas en

musique et ne veut que la mienne... je lui ai persuadé que toutes les autres étaient dangereuses, perturbatrices et révolutionnaires... témoin *la Marseillaise*, *la Parisienne* et *la Muette de Portici* qui causé la révolution de Belgique.

MINA.
C'est donc cela que depuis dix ans, depuis que vous êtes maître de chapelle... nous n'avons pas entendu un opéra nouveau.

CORNÉLIUS.
Ils sont tous à la frontière... au lazaret... une quarantaine perpétuelle... de plus, et par prudence, j'ai étendu la mesure à mes confrères... les compositeurs qui seraient tentés de voyager.

MINA.
Ils n'entrent point dans ce duché ?

CORNÉLIUS.
Si vraiment !,. c'est l'ordre du Granc-Duc... ils peuvent entrer... avec un passeport signé de ma main... et je n'en signe jamais !

MINA.
Je comprends alors que vous régniez seul et sans partage.

CORNÉLIUS.
C'est le seul moyen... du reste, personne ne se plaint... ma lyre suffit à la consommation musicale du pays... j'ai calmé tous les mécontens, endormi tous les partis... le Grand-Duc s'est fait à mes partitions... sa fille a eu plus de peine... et quoique élevée par moi... quoique formée par mes soins... elle a un instinct musical, qui lui fait soupçonner possible, une autre musique que la mienne.

MINA.
Il serait vrai !..

CORNÉLIUS.
Oui... elle me parlait l'autre jour, d'inspiration, de génie... je ne sais pas qui lui donne de ces idées-là... mais il faudrait, dans notre intérêt, les empêcher de se développer.

MINA.
C'est que des idées, il est difficile de les faire arrêter par la douane... d'autant que la princesse en a beaucoup... (D'un air de mystère.) et d'assez singulières... d'assez extravagantes !..

CORNÉLIUS, de même.
Ah ! vous savez !..

MINA.
Avec moi, sa demoiselle d'honneur, c'est comme avec vous.

CORNÉLIUS.
Elle pense tout haut !

MINA.
Et si je vous disais ce qu'elle a rêvé pour son mariage !..

CORNÉLIUS.
Silence !.. je croyais qu'il n'y avait que moi au monde dans son secret !..

MINA, d'un air tendre.
Oh ! vous et moi, maintenant.

CORNÉLIUS.
C'est tout un !

MINA.
Comme vous dites... et nous pouvons causer sans crainte... Que pensez-vous de cette idée ?

CORNÉLIUS.
Laquelle ?

MINA.
Celle dont nous parlions tout à l'heure...

CORNÉLIUS.
L'idée qu'elle a de n'épouser qu'un homme de talent... un artiste.

MINA, à part, avec joie.
Ah ! c'est cela !.. (Haut.) Justement.

CORNÉLIUS.
Je pense qu'il faut la lui laisser... attendu qu'elle nous est favorable !.. ce qui la désole, c'est son existence d'apparat et d'étiquette qui continuera encore avec un grand seigneur qu'elle épousera... mais la vie aventureuse, la gloire, le malheur, la misère même !.. les beaux-arts et une mansarde... voilà ce qui lui sourit... voilà ce qu'elle a rêvé !.. et ce qui peut nous servir... mais, adieu ! je me rends près de Monseigneur qui ma fait demander pour midi...

MINA.
Et vous restez là à causer !

CORNÉLIUS.
J'oublie tout auprès de vous... (A part, regardant sa montre.) J'ai encore un quart d'heure... (Haut.) Adieu, ma toute belle... adieu !
(Il sort par la droite.)

SCÈNE V.
MINA, seule ; puis BAMBERG.

MINA.
Voilà donc ce grand secret !.. une princesse qui aspire à être artiste !.. je crois bien... elle n'est pas difficile !.. (Apercevant Bamberg qui sort d'une porte à gauche.) Ah ! vous voilà !.. venez vite.

BAMBERG.
Je sais tout !..

MINA.
Comment cela ?..

BAMBERG.
Croyez-vous donc que je n'ai pas écouté !.. cela m'intéressait trop vivement... et le commencement de votre conversation...

MINA, riant.
Était effrayant.

BAMBERG.
Pour moi !

MINA,
Et pour votre maître !.. Vous savez ce qu'on exige de lui !.. est-ce un génie ?..

BAMBERG.
C'est moi qui l'ai élevé !.. un garçon de mérite, je m'en vante !.. mais du génie... si on m'avait prévenu d'avance... si j'avais su que ce fût nécessaire à un prince pour se marier !..

MINA.
Enfin, monsieur, est-il musicien ?..

BAMBERG.
Tout au plus ! moi qui sais par cœur la musique ancienne et nouvelle, moi l'admirateur de tous les grands maîtres morts et vivans... je suis censé lui avoir appris le cor anglais... le bruit en a couru... mais personne ne peut se vanter de nous avoir jamais entendu exécuter le moindre concerto, et pour bonnes raisons.

MINA.
Silence !... c'est la princesse !..

BAMBERG.
Que faire?.. c'est aujourd'hui... c'est ce soir qu'elle doit déclarer son choix.

MINA.
Il n'y a plus d'espoir!..

BAMBERG.
Il n'y a plus d'espoir?.. alors, nous ne risquons rien, et je me charge de tout!..

SCÈNE VI.
Les Mêmes, AMÉLIE.

AMÉLIE, à Bamberg, qui la salue respectueusement en prenant un air triste.
Eh! mon Dieu, M. de Bamberg, quel air sombre et mélancolique! qu'avez-vous donc?

BAMBERG, avec un soupir.
Rien, Madame!

AMÉLIE.
Voilà pourtant un soupir qui atteste un profond désespoir... et je vais en accuser Mina, qui n'en fait jamais d'autres!..

MINA.
Moi, Madame!

AMÉLIE, à Bamberg.
Puis-je offrir ma médiation?

BAMBERG.
Il ne faudrait pas moins qu'un pareil appui, pour me sauver et me rendre les bonnes graces de mon maître, qui vient de s'emporter contre moi.

AMÉLIE, vivement.
Quoi! le prince Ernest, que je croyais d'un caractère si doux et si facile...

BAMBERG.
Lui, Madame? Vous ne le connaissez pas... c'est la bonté, l'amabilité même avec tout le monde... excepté avec moi... parce que moi, son gouverneur, moi, investi de la confiance de son père... je suis obligé de combattre ses défauts et ses mauvais penchans.

AMÉLIE.
Que me dites-vous là?

MINA, à Bamberg.
Y pensez-vous?

BAMBERG.
Oui, certes!.. et ce n'est pas sans motifs que je parle ainsi.

AMÉLIE.
Achevez... achevez, de grace! le prince aurait des défauts?..

BAMBERG.
Incorrigibles!

AMÉLIE.
Est-ce qu'il aimerait le jeu?

BAMBERG.
Il le déteste... il n'a jamais joué de sa vie.

MINA, à part, riant.
Pas même du cor anglais.

AMÉLIE.
Il est donc fier, orgueilleux?

BAMBERG.
Quand il parle de vous!

AMÉLIE.
Il a donc de l'ambition?

BAMBERG.
Celle de vous plaire... je ne lui en connais pas d'autres.

AMÉLIE.
Mais alors, que lui reproche-t-on, et que fait-il donc?

BAMBERG.
Ce qu'il fait, Madame?.. Le désespoir de son père et le mien, par les goûts les plus singuliers... les plus bizarres pour un prince.

AMÉLIE.
Est-il possible!

BAMBERG.
Il oublie son rang, sa naissance, ses aïeux, pour s'abaisser à la profession... je dirai presque au métier d'artiste.

AMÉLIE.
Lui?..

BAMBERG.
En secret, Madame... en secret... Ne le croyez pas plus coupable qu'il n'est... personne ne s'en est jamais douté... et si ce n'est son père et moi, témoins de ses folies, de ses extravagances musicales...

AMÉLIE.
Comment?

BAMBERG.
Oui, Madame, il compose... il compose lui-même... lui... un prince!.. Voilà le secret que nous voudrions cacher au monde entier. En vain, avant son départ, son père lui avait fait jurer de renoncer à jamais à cette déplorable manie... il persiste.

AMÉLIE.
En vérité!..

BAMBERG.
C'est plus fort que lui... c'est comme un démon qui l'entraîne.

AMÉLIE, vivement.
Je conçois.

BAMBERG.
Et, tout à l'heure encore, je l'ai surpris griffonnant une cavatine.

AMÉLIE, avec joie.
S'il était vrai!..

BAMBERG.
Qu'il a déchirée à mon aspect... Mais je l'avais vue... je l'avais vue, j'en suis sûr... et, alors, avec tout le respect que je lui dois, je me suis emporté : je lui ai parlé de son père... de sa promesse. Il m'a répondu en prince... il m'a envoyé promener, m'a défendu de le revoir, et s'est éloigné en fredonnant la stretta de son infernale cavatine. Voilà l'exacte vérité... et vous comprenez, Madame, que si vous ne prenez pas ma défense...

AMÉLIE.
Oui, oui... comptez sur moi... Mais, dites-moi, c'est donc depuis quelque temps qu'il a ces idées-là?

BAMBERG.
Il les a toujours eues... c'est une fièvre... un délire qui ne le quitte pas... et je ne saurais vous dire le nombre de partitions qu'il a déjà composées... incognito!.. Enfin, Madame, j'en rougis pour lui et je ne sais comment vous l'avouer... un opéra tous les mois... en secret, toujours en secret. Et si je vous confie le sien...

c'est à la condition que vous aurez l'air de l'ignorer... que vous ne lui en parlerez jamais ; car, alors, je serais perdu, et je n'aurais plus qu'à me brûler la cervelle.

AMÉLIE.
Ne craignez rien... le voici !

MINA, à part.
Ah ! mon Dieu ! c'est trop tôt...

BAMBERG, de même.
Lui qui ne sait rien !..

AMÉLIE, à Bamberg.
Il a l'air rêveur !

BAMBERG, à la princesse.
Encore sa cavatine qui l'occupe !

SCÈNE VII.

ERNEST, venant du fond à droite et traversant le théâtre en rêvant ; BAMBERG sur le devant, à gauche ; AMÉLIE à droite et près d'elle ; MINA.

AMÉLIE, à Mina, à demi-voix.
Dis-lui que je voudrais lui parler.
(Elle descend sur l'avant-scène, à droite. Pendant ce temps, Mina a passé au fond du théâtre, près d'Ernest, qui se trouve entre Bamberg et Mina.)

MINA, à Ernest.
Monseigneur !

ERNEST.
Qu'est-ce donc ?

MINA, à demi-voix.
Votre cause est gagnée.

BAMBERG, de même.
Si vous voulez...

ERNEST, étonné.
Que faut-il faire ?

MINA, à demi voix.
Dire comme nous.

BAMBERG, de même.
Et ne jamais nous démentir.
(Ernest s'approche d'Amélie, qu'il salue.)

AMÉLIE.
Je sais, Monseigneur, que vous vous êtes emporté, ce matin, contre M. de Bamberg, votre gouverneur.

ERNEST, surpris.
Moi, Madame ?.. (Il aperçoit les gestes de Mina et de Bamberg, qui lui font signe de dire oui.) Je ne dis pas non... mais.

AMÉLIE.
Je ne vous demande pas pour quel motif... je vous prie seulement, et à ma recommandation, de lui rendre vos bonnes graces.

ERNEST.
Je ne sais si je dois... (Regardant Bamberg et Mina, qui lui font un signe affirmatif, il tend la main à Bamberg.) Bamberg !

BAMBERG, serrant la main d'Ernest.
Ah ! mon prince... c'est trop de bontés !

AMÉLIE à Ernest.
Je vous en remercie... et vous avez eu raison de pardonner ; car, malgré ses torts, c'est un fidèle serviteur qui vous est dévoué... et même le mal qu'il m'a dit de vous...

ERNEST.
Il aurait osé !..

AMÉLIE.
Oui... Et cela ne vous a pas desservi... au contraire... peut-être même, si vous aviez eu plus de franchise... si vous m'aviez avoué la vérité...

ERNEST, avec chaleur.
Ah ! ne l'aviez-vous pas devinée !.. ne saviez-vous pas que je vous aime !.. Et s'il faut aujourd'hui me voir préférer un rival... il ne vous obtiendra, du moins, qu'au prix de mon sang !

AMÉLIE, vivement.
Ah ! cela n'ira pas là, je l'espère... je tâcherai du moins que mon choix ne vous coûte pas aussi cher.

ERNEST, avec joie.
Que dites-vous ?

AMÉLIE.
Il ne vous appartient pas de blâmer les personnes réservées et mystérieuses... vous qui dérobez à tous les yeux de bien autres secrets.

ERNEST.
Moi, Madame !.. Je puis vous attester...

AMÉLIE, vivement.
On m'a tout dit... on vous a trahi !

ERNEST, regardant Mina et Bamberg.
Ah ! l'on m'a trahi !

BAMBERG.
Oui, Monseigneur. J'ai avoué, à mon grand regret, votre amour, votre passion... votre fanatisme pour la musique... (A demi-voix.) C'est le seul moyen de lui plaire.

MINA.
Et maintenant vous ne pouvez plus le nier.

ERNEST.
Je conviens qu'en effet...

AMÉLIE.
A la bonne heure !.. Me voilà dans votre confidence, et je n'en abuserai pas... mais cependant j'ai un projet qui me rendrait bien heureuse... et qu'il ne tiendrait qu'à vous d'accomplir.

ERNEST.
Ah ! parlez, Madame... parlez !

AMÉLIE.
C'est un homme de talent que Cornélius, mon maître de musique ; tout le monde l'affirme, et lui aussi. Ses opéras sont fort beaux ; mais ils sont tous de lui... et, une fois par hasard, je voudrais en entendre un autre... un de vous, par exemple.

ERNEST, stupéfait.
De moi, Madame ?

AMÉLIE.
Que vous composeriez ici... exprès pour moi.

ERNEST.
Y pensez-vous !.. Moi, qui jamais de ma vie...

AMÉLIE.
Je sais ce que vous allez m'objecter... les reproches, la colère de votre père, si cela se savait ; mais cela ne se saura pas... ce sera un secret pour tout le monde, excepté pour moi seule.

ERNEST.
Écoutez-moi, de grace !

AMÉLIE.
Cet ouvrage, composé par vous, paraîtra sous le nom d'un ami discret, qui vous sera dévoué... un ami intime... votre gouverneur, par exemple.

PARTIE I, SCÈNE VIII.

ERNEST.
Lui!

AMÉLIE.
Il se charge de tout... cela le regarde.

ERNEST.
A cette condition-là, j'accepte, je consens.

BAMBERG, avec embarras.
Moi, Madame !..

MINA.
Eh! oui, sans doute... l'idée est admirable !..

AMÉLIE.
Nous jouerons votre opéra ici, à la cour... vous me donnerez un rôle, le plus beau... et les autres à Mina et à vous-même... et bien mieux encore, mes nobles prétendans, le comte Magnus et le duc de Waldemar joueront pour me plaire, et sans le savoir, dans l'ouvrage d'un rival... c'est charmant... (A Ernest.) Ah! je le veux !.. hâtez-vous, seulement, combien vous faudra-t-il de temps?..

ERNEST, ayant l'air de consulter Bamberg.
Bamberg !.. combien crois-tu qu'il nous faille de temps?..

BAMBERG.
Avec votre prodigieuse facilité, je ne peux pas dire... cela dépend du sujet... on peut le chercher long-temps... (Bas à Ernest.) c'est toujours ça de gagné. (Haut.) C'est très long pour en trouver un bon !..

AMÉLIE.
J'en ai un... là dans ce livre que je parcourais tout à l'heure... dans l'histoire d'Angleterre... une ruse, un déguisement... des gens que l'on trompe... cela ira à merveille...

MINA, à part.
A la circonstance !..

AMÉLIE.
Ainsi, c'est dit, c'est convenu, mystère profond pour tout le monde !..

MINA.
A commencer par Cornélius.

AMÉLIE.
Cela va sans dire, et pour tout le monde aussi, l'ouvrage sera de M. de Bamberg.

ERNEST.
Qui se charge de tout !..

BAMBERG.
Un instant, cependant...

ERNEST, à voix basse.
Je le veux, tu m'as mis dans cet embarras... c'est à toi de m'en tirer, ou sinon...

AMÉLIE, bas à Mina montrant Ernest.
A merveille! voici déjà sa tête qui travaille... (Haut.) Prince, votre main... passons chez mon père qui attend de moi aujourd'hui, une réponse, une décision...

MINA.
Sur le choix d'un époux...

ERNEST.
Et cette réponse, quand la donnerez-vous?..

AMÉLIE.
Quand je la donnerai?.. le jour de la représentation de notre opéra...

ERNEST, vivement.
Ah! s'il en était ainsi! (A Bamberg.) Je le veux, entends-tu, je le veux... (Il sort avec Amélie.)

BAMBERG.
Et comment?..

MINA, imitant Ernest.
Moi aussi, je le veux! ou si non...
(Elle sort avec Amélie et Ernest.)

SCÈNE VIII.
BAMBERG, seul.

RÉCITATIF.

Pour obéir aux lois d'un prince qui commande,
Écarter ses rivaux et servir mes amours.
Où trouver une idée assez forte, assez grande,
Ou plutôt à quel Dieu, faut-il avoir recours?..

AIR.

Vous, dont je veux envahir le domaine,
  O divin Rossini !
          (Motif du Barbier.)
Et vous, Chérubini,
       (Motif des Deux Journées.)
Vous à qui les bons airs jadis coûtaient si peu !
          (Motif de la Dame Blanche.)
Méhul, Berton, Hérold, Boïeldieu.
Vous tous qui maintenant régnez sur notre scène,
Vous, savant Halevy,
          (Motif de l'Éclair.)
   Vous aussi,
Vous, puissant Meyerbeer,
       (Motif de Robert-le-Diable.)
Vous surtout gracieux, inépuisable Auber.
          (Motif de Fra-Diavolo.)
Pour composer notre opéra,
Il me faudrait la verve admirable,
Et le talent incomparable
De tous ces grands hommes-là.
Est-ce l'amour ou le génie,
Qui fit ainsi chanter l'un deux,
Quand il créa cet air mélodieux?
          (Motif de Gulistan.)
« Ah! que mon âme était ravie,
» Dans cet instant délicieux !
» Il me semblait, dans l'autre vie,
» Partager le bonheur des dieux. »
Puis tout-à-coup, le tambour bat,
C'est un brave joyeux qui revient du combat.
          (Motif de la Dame Blanche.)
« Ah! quel plaisir d'être soldat !
» On sert, par sa vaillance,
» Et son prince et l'état.
» Et gaîment on s'élance
» De l'amour au combat...
»Ah! quel plaisir d'être soldat !..
Puis ses amis, puis sa maîtresse,
A son retour, chacun s'empresse,
  Ah! quel beau jour!
          (Motif de Jeannot et Colin.)
« Ami de notre enfance,
» Te voilà revenu !. »
Mais, dites-moi, Jeanne fût-elle
A son amant, toujours fidèle?..
  Eh bien ! eh bien !
  Vous ne répondez rien !
          (Motif de la Fiancée.)
  Garde à vous (BIS.)
  Enfans de la patrie,
  Qui risquez votre vie.

Pour nous protéger tous,
Garde à vous! (TER.)
Pour prix de la constance,
Souvent pendant l'absence,
Qui prend place chez vous?
L'ennemi! — Garde à vous!

Que voulez-vous dire? Quoi! tu ne comprends pas? Non, je vous le jure. Eh bien! approche-toi, qu'on ne m'entende pas.

C'est bien ; assez ; j'entends,
Je comprends.
(Reprise du motif de la Dame Blanche.)
Ah! quel plaisir d'être soldat! etc.
Comme ils savaient chanter les refrains du village!
(Motif du Chaperon rouge.)
Tra la la la la,
Et puis ce chant joyeux de buveurs,
(Motif du Comte Ory.)
Tra la la la la!
Et puis ce chant de vainqueurs,
(Motif de Guillaume Tell.)
Tra la la la la!

RÉCIT.

Mais quelle idée, et quel trait de lumière!
Pour composer un chef-d'œuvre parfait,
Que par malheur je ne puis faire,
Pourquoi ne pas le prendre ici tout fait?
(Motif de Zampa.)
Bannissons toute modestie,
Maîtres, au renom si vanté,
A moi vos chants, votre génie,
Et je vole avec vous, à l'immortalité!

FINAL.

(Motif des États de Blois.)
Rivaux, tressez-moi des couronnes ;
Car votre maître, le voilà!
Sonnez, sonnez et clairons et trombonnes ;
Oui, je tiens là, mon opéra!

Merci, Meyerbeer, Auber, Hérold, Berton, Nicolo, Boïeldieu, Grétry, Adam, Donizetti, Halevy, Rossini, Bellini.

Et Tutti Quanti.
Merci!
Oui, je tiens là,
Mon opéra!

SCÈNE IX.

FINAL.

BAMBERG, ERNEST, MINA, entrant en courant.

MINA, à Ernest.
Eh! bien, eh! bien, quelle nouvelle?
ERNEST.
Ah! pour moi! bonheur sans pareil,
Je crois enfin être aimé d'elle,
Mais je crains l'instant du réveil,
(A Bamberg.)
Eh! bien, eh! bien, quelle nouvelle?..
BAMBERG.
Les arts protégent les amours,
Et vous aurez, grace à mon zèle.

Fait un opéra dans huit jours!
ERNEST, lui sautant au cou.
O mon sauveur!
MINA.
Quoi! dans huit jours!..
BAMBERG.
Un grand opéra dans huit jours!
ERNEST.
Mais comment?
BAMBERG.
J'en réponds!..
(Montrant Amélie qui arrive.)
Engagez-vous toujours!..

SCÈNE X.

LES MÊMES, AMÉLIE, sortant de la droite.

AMÉLIE, s'approchant d'Ernest.
Eh! bien, de votre lyre empruntant le secours,
Pour composer un chef-d'œuvre semblable,
Quel temps demandez-vous?
ERNEST, hésitant.
Huit jours!
AMÉLIE, étonnée.
Un chef-d'œuvre en huit jours!
BAMBERG.
Il en est bien capable,
Ça ne lui coûte rien!
AMÉLIE.
Quel talent admirable!
BAMBERG, avec exaltation.
Les arts protégent les amours!..

ENSEMBLE.

MINA et AMÉLIE.
Quel plaisir! je vois d'avance
Notre ouvrage et son effet,
Jusque-là, Messieurs, silence!
Gardons bien notre secret!
ERNEST.
Je renais à l'espérance ;
Mais quel est donc ce projet?
Jusque-là dans silence!
Attendons, amant discret!..
BAMBERG.
J'ai pour moi bonne espérance,
Je réponds de mon projet,
Mais silence et patience!
Gardez bien notre secret!

SCÈNE XI.

LES MÊMES, LE GRAND-DUC et CORNÉLIUS,
entrant par le fond.

LE GRAND-DUC.
Ma fille, il faut enfin que ton cœur se prononce,
Tu dois à leurs amours,
Fixer un jour heureux ou fatal,
AMÉLIE, après un instant de silence.
Ma réponse,
Vous l'aurez, je le jure...
LE GRAND-DUC.
Et quand donc?..
AMÉLIE, regardant encore.
Dans huit jours!..

ENSEMBLE.

ERNEST.
Ah! malgré mon espérance,
Je redoute son projet;
Mais enfin, dans le silence,
Attendons, amant discret!

LE GRAND-DUC.
Je renais à l'espérance,
Tous mes vœux sont satisfaits;
Ce serment comble d'avance
Mes désirs et mes projets!

CORNÉLIUS.
Quelle est donc son espérance?
Quels sont ses nouveaux projets?
Pour moi, dans sa défiance,
Aurait-elle des secrets!..

MINA et AMÉLIE.
Quel plaisir! je vois d'avance
Notre ouvrage et son effet;
Jusque-là, dans le silence!
Gardons bien notre secret!

BAMBERG.
Du courage et confiance,
Je réponds de mon projet,
Mais silence et patience!
Gardons bien notre secret!

AMÉLIE, au Grand-Duc.
Mais pour mieux célébrer le jour où l'hyménée,
Par un choix solennel ici m'enchaînera,
Je prétends qu'une fête à la cour soit donnée...
Je veux que nous ayons un nouvel opéra...

CORNÉLIUS, vivement.
Un tel sujet déjà m'inspire!
Parlez, et je suis prêt!..

AMÉLIE.
Non, je veux, Dieu merci!
Laisser quelques instans reposer votre lyre,
C'est un autre que j'ai choisi...

CORNÉLIUS.
Un autre... ô ciel!.. un autre... et lequel?..

AMÉLIE, montrant Bamberg.
Le voici!

CORNÉLIUS.
Quel est-il donc pour l'emporter ainsi?..

AMÉLIE.
Un nouvel Amphyon inconnu jusqu'ici...

ENSEMBLE.

CORNÉLIUS, avec colère.
O vengeance! ô colère!
L'aspect seul d'un confrère
Est comme une vipère
Qui me fait tressaillir.
Quel affront! quel outrage!
Ah! je sens à ma rage,
Qu'il me faut sans partage,
Régner seul ou mourir!

LE GRAND-DUC.
Un destin plus prospère
Sourit au cœur d'un père,
La voilà moins sévère,
Elle va s'attendrir!
Oui, que l'hymen l'engage,
Et dans ce mariage.
Déjà tout me présage,
Et bonheur et plaisir!

LES AUTRES.
Voyez-vous sa colère!
L'aspect seul d'un confrère
Soudain le désespère
Et le fait tressaillir.
Redoublons de courage,
Déjà pour notre ouvrage,
Son courroux nous présage
Et bonheur et plaisir!

CORNÉLIUS, à Amélie.
Quoi! monsieur de Bamberg est un compositeur?..

AMÉLIE.
Artiste de mérite!..

BAMBERG, modestement.
Ou plutôt amateur!

CORNÉLIUS, à part, montrant Bamberg.
Ah! si je l'avais su, ma main mieux inspirée.
De ce pays, jamais ne t'eût permis l'entrée!..

BAMBERG à Cornélius.
Débuter près de vous est un honneur déjà...

CORNÉLIUS, à Bamberg.
Moi, je veux que pour tous la lice soit ouverte.

BAMBERG.
C'est penser en artiste!..

CORNÉLIUS, lui tendant la main.
Oui, certe...
(A part.)
Tomber ton opéra!

ENSEMBLE.
REPRISE GÉNÉRALE.

CORNÉLIUS, avec colère.
O vengeance! ô colère!
L'aspect seul d'un confrère
Est comme une vipère
Qui me fait tressaillir.
Quel affront! quel outrage!
Ah! je sens à ma rage,
Qu'il me faut sans partage,
Régner seul ou mourir!

LE GRAND-DUC.
Un destin plus prospère
Sourit au cœur d'un père,
La voilà moins sévère,
Elle va s'attendrir!
Oui, que l'hymen l'engage,
Et dans ce mariage,
Déjà tout me présage,
Et bonheur et plaisir!

LES AUTRES.
Voyez-vous sa colère!
L'aspect seul d'un confrère
Soudain le désespère
Et le fait tressaillir.
Redoublons de courage,
Déjà pour notre ouvrage,
Son courroux nous présage
Et bonheur et plaisir!

(Le Grand-Duc sort en donnant la main à Amélie; Ernest et Mina les suivent; Bamberg et Cornélius s'éloignent chacun d'un côté opposé, en jetant des signes de menaces qu'ils changent en profonds saluts dès qu'ils se regardent.

FIN DE LA PREMIÈRE PARTIE.

DEUXIÈME PARTIE.

Le théâtre représente l'avant-scène du théâtre de la cour, dont le rideau est baissé.

SCÈNE I.
BAMBERG, entrant par la droite; MINA, par la gauche en costume pour jouer l'opéra.

BAMBERG, à Mina.
Eh bien! notre royale troupe est-elle prête?..
MINA.
Chacun s'habille ou repasse son rôle... le décor est déjà placé... là, derrière cette toile... sur le théâtre de la cour... et il est superbe!..
BAMBERG, regardant par le trou de la toile.
Magnifique!.. admirable!.. du gothique tout pur... (A Mina.) C'est drôle, un tête-à-tête sur l'avant-scène...
MINA.
Il faut bien s'y donner rendez-vous... tout est encombré de monde sur le théâtre... les loges, les foyers... heureusement, il n'y a encore personne dans la salle... mais en vérité monsieur, c'est bien la peine d'être jolie pour vous... vous ne me regardez seulement pas... voyez, déjà en costume... mais je vous en veux... moi qui vous avais demandé de la poudre et des mouches...
BAMBERG, riant.
A une paysanne écossaise?..
MINA.
Qu'importe!.. la poudre me va si bien!..
BAMBERG.
C'est admirable la comédie de société!.. Et la princesse?..
MINA.
Ah! quelle ardeur! quel zèle!.. je crois vraiment qu'elle aime notre jeune protégé... car elle retenait sa musique si facilement...
BAMBERG.
Je crois bien!..
MINA.
Tous les morceaux étaient appris aussitôt que composés... et ce dont elle ne revenait pas, c'est que tout a été prêt en secret, comme le prince le lui avait promis... un opéra complet...
BAMBERG.
En huit jours!.. mon maître a un fameux talent, je m'en vante!..
MINA.
Et le plus admirable, c'est que tous les morceaux sont charmans!..
BAMBERG.
Ce n'est pas là ce qui m'étonne!.. quand je me mêle de quelque chose... ce qui m'inquiète c'est mon maître... toujours doux, timide, modeste... il n'aura jamais l'air d'un auteur!..
MINA.
Puisque vous êtes censé l'être!..
BAMBERG.
Aux yeux de tous... mais aux yeux de la princesse, cet admirable ouvrage est de lui... il l'oublie à chaque instant, ainsi que son rôle... car la princesse a voulu qu'il jouât un rôle...

MINA.
Un petit paysan... mon amoureux... c'est gentil!..
BAMBERG.
Eh! non... ça ne l'est pas... il ne peut pas se mettre dans la tête la musique qu'il a composée, sa propre musique... Eh! tenez... le voici... je crains quelque malheur!..

SCÈNE II.
LES MÊMES, ERNEST, venant de la droite il est aussi en costume.

ERNEST, un papier de musique à la main.
Ah! mes amis, mes chers amis... quel contretemps!..
BAMBERG.
Les costumes ne sont pas prêts?..
ERNEST.
Eh! si vraiment!.. ils sont magnifiques... je viens de voir le duc de Waldemar en baronnet Anglais, et le comte Magnus en roi d'Angleterre... ils sont écrasans de beauté... une basse taille digne du trône!..
BAMBERG.
Eh bien! alors... qu'y a-t-il donc?
MINA.
Une indisposition... un rhume?..
ERNEST.
Eh non! tout le monde se porte à merveille... excepté moi!.. imagine-toi que la princesse vient de me faire appeler dans sa loge où elle s'habillait... ah! mon ami, qu'elle était belle!..
BAMBERG.
Robe de velours... frange d'or?..
ERNEST.
Est-ce que j'ai regardé... je ne voyais qu'elle.
MINA.
Et être admis dans un pareil moment!..
BAMBERG.
Ce sont les priviléges de l'opéra.
MINA, à Ernest.
Vous êtes trop heureux!..
ERNEST.
Oui, c'est vrai!.. mais je suis désespéré... parce qu'avec un air si gracieux et un sourire enchanteur, elle m'a dit à voix basse: *Caro maestro*, mon cher compositeur, voilà un passage de ma cavatine qu'il faudrait changer à l'instant.
MINA.
Eh bien?..
ERNEST.
Eh bien!.. je suis resté stupéfait, et dans un état d'imbécillité qu'elle a pris pour de l'inspiration... elle attendait toujours le passage demandé... lorsque heureusement, le Grand-Duc son père est entré dans sa loge... je me suis esquivé... et voilà... (Lui montrant le papier.)

Tiens... c'est ici... à cet endroit... mets autre chose!..

BAMBERG.
Est-ce que je peux?..

ERNEST.
Cela te regarde!..

MINA.
Vous qui avez tant de talens!..

BAMBERG.
J'en ai certainement!.. et beaucoup... pour composer des airs entiers... mais pas pour les corriger.

MINA.
Et comment vous y êtes-vous pris pour avoir du talent?..

BAMBERG.
Eh parbleu!.. je l'ai pris tout fait!.. dans l'embarras où était monseigneur... dans l'obligation d'improviser un opéra, je cherchais qui je choisirais pour guide parmi tous nos grands maîtres... et alors, il m'est venu une idée... une idée admirable... c'est de prendre les leurs... j'ai pris tout ce qui m'a convenu... à droite, à gauche... j'ai composé avec toutes ces richesses, un opéra économique qui ne me coûte rien... (Faisant le geste de couper avec des ciseaux.) Rien que la main d'œuvre!..

ERNEST et MINA.
Mais c'est d'une audace!..

BAMBERG, vivement.
C'est de la modestie!.. je n'aurais pas fait mieux... je le reconnais... par exemple, je n'ai pas pu tout prendre... mon opéra n'aurait jamais fini... mais avec un peu de Boïeldieu, de Weber, de Mozart et de Rossini... j'ai fait encore un petit chef-d'œuvre en un acte fort agréable... quant à l'unité... à l'ensemble à la couleur locale, c'est la chose dont on se passe le plus aisément... Les dilettanti n'y tiennent pas.

ERNEST.
Et si on s'aperçoit de la ruse?..

BAMBERG.
Grâce à maître Cornélieus qui a mis le royaume en interdit... la lumière musicale n'a pu encore y pénétrer... et si demain, après demain... dans quelques jours, on découvre que le geai s'est paré des dépouilles du paon!.. qu'importe?.. je m'accuse... je prends tout sur moi... vous, pendant ce temps, vous aurez obtenu l'aveu et la main de la princesse... et alors ce n'est plus moi, c'est vous que l'harmonie regarde...

ERNEST.
Mais ce passage qu'elle me demande!..

BAMBERG.
Vous l'auriez changé à l'instant... mais cela demanderait dans l'orchestre, dans l'instrumentation ne craignez pas les grands mots... des changemens des transpositions, impossibles au moment de commencer... promettez-lui s'il le faut, un autre air pour ce soir... elle l'aura.

ERNEST.
Mais le plus redoutable de tous... maître Cornélius ton rival, qui te déteste... qui t'abhorre.

BAMBERG.
Et qui à ma vue seule éprouve de doubles quintes de fureur et de rage.

MINA.
Nous l'avons jusqu'ici éloigné des répétitions, car la princesse a voulu qu'elles fussent secrètes.

ERNEST.
Mais il assistera à la représentation... et il a toujours assez de talent et d'érudition pour reconnaître les morceaux qu'il entendra.

BAMBERG.
Oui... si il les entend!..

MINA.
Mais il ne le pourra pas!..

ERNEST.
Comment cela?..

BAMBERG.
Il a reçu ce matin un exprès d'un oncle à lui... d'un oncle dont il est l'héritier et qui demeure à vingt-cinq lieues d'ici... cet exprès envoyé par moi, lui enjoint de partir à l'instant même, s'il veut trouver son oncle vivant... un oncle à succession!..

ERNEST.
Et il est parti... vous en êtes sûr?..

MINA.
Bien malgré lui!.. mais je l'ai vu... il m'a fait ses adieux, et est monté en voiture devant moi...

ERNEST.
A la bonne heure!.. je respire!..

BAMBERG.
Parbleu! sans cela tout était perdu.
(On entend Cornélius parler à gauche dans la coulisse.)

MINA et ERNEST.
O ciel!..

BAMBERG.
C'est fait de nous!.. le voici...

ERNEST.
Que faire à présent?..

BAMBERG.
Comment nous en débarrasser!..

MINA.
Je m'en charge... laissez-moi seule avec lui!..

BAMBERG.
Comment, seule avec lui!..

MINA.
Je le veux, Monsieur... je le veux!..

BAMBERG.
Maudits musiciens!.. avec eux on ne sait sur quoi compter... on espérait une fugue et voilà une rentrée!..
(Il sort avec Ernest par la droite.)

SCÈNE III.

MINA, CORNÉLIUS, entrant par la gauche.

CORNÉLIUS, à part, en entrant.
Il y a quelque chose!..

MINNA, allant à Cornélius.
Quoi! c'est vous?.. déjà de retour?.. vous avez donc été en chemin de fer?..

CORNÉLIUS.
Non... à la première poste, j'ai rencontré, devinez qui?.. mon oncle lui-même... maître Tulipatzer assis devant une tranche de jambon et une bouteille de vin du Rhin... je me suis dit: un singulier régime pour un malade!..

MINA.
C'était peut-être un autre?

CORNÉLIUS.
C'était lui... c'était trop lui... et en parfaite santé... il m'a sauté au col... on lui avait appris les fêtes qui ont lieu dans cette résidence... il venait pour y assister... espérant par ma protection une place que je viens de lui faire obtenir au troisième amphithéâtre... mais il n'en est pas moins vrai, que cet exprès, cet homme à cheval envoyé ce matin par lui...

MINA, à demi-voix.
Vous m'en croirez si vous voulez... mais il y a quelque chose!

CORNÉLIUS.
C'est ce que je me disais en entrant!..

MINA.
J'ai surpris quelques mots d'un complot tramé contre vous, pour vous enlever votre place et ma main...

CORNÉLIUS.
O ciel!..

MINA.
Complot qu'il faut déjouer à l'instant...

CORNÉLIUS.
Pour cela il faut le connaître!..

MINA.
Je vais entrer en scène... et une fois la pièce commencée, je ne pourrai plus vous parler!..

CORNÉLIUS.
Comment faire, alors?..

MINA.
Pendant l'ouverture qui dure un quart-d'heure, montez à ma loge et attendez-moi... je vous rejoins...

CORNÉLIUS.
J'y vais... et je redescends pour ruiner mon rival!..

(Il sort par la gauche, Mina va pour le suivre.)

SCÈNE IV.
BAMBERG, MINA.

BAMBERG, la prenant par la main.
Arrêtez, Mina... que disiez-vous à maître Cornélius?.. vous lui avez parlé bas!..

MINA.
Croyez-vous?..

BAMBERG.
Je l'ai vu!..

MINA.
Et vous êtes jaloux!..

BAMBERG.
Non... mais je voudrais savoir ce qu'il vous demandait!..

MINA, froidement.
Un rendez-vous!..

BAMBERG.
Et vous l'avouez tranquillement?..

MINA.
Un tête-à-tête dans ma loge...

BAMBERG.
La loge où vous changez de costume?..

MINA.
Un boudoir délicieux... Il s'y rend dans ce moment, il monte l'escalier, il ouvre la porte... il entre... mais tout à coup je me glisse derrière lui... je donne un tour de clé... et je le tiens prisonnier pendant toute la représentation...

BAMBERG.
Est-il possible?..

MINA.
Quitte à lui rendre sa liberté au chœur final... Comprenez-vous, maintenant?..

BAMBERG.
Ah! je comprends que vous êtes un ange... et grace à vous nous sommes sauvés!.. (Regardant dans la salle.) Ah! mon Dieu! qu'est-ce que je vois là... on ouvre la loge du Grand-Duc... le public va entrer dans la salle... et l'ouverture va commencer... vous l'entendrez... elle plaira à Monseigneur... un air de chasse admirable... une chasse tout entière...

MINA.
Que vous avez composée?..

BAMBERG.
Oui... avec Méhul!.. (Prenant la main de Mina et la posant sur son cœur.) Mettez votre main là... hein! comme le cœur me bat...

MINA.
Comme à un père véritable?..

BAMBERG.
Parole d'honneur! on finit souvent par se persuader!..

(On entend frapper les trois coups.)

BAMBERG.
On frappe les trois coups!.. à mon poste!..

MINA.
Moi au mien!..

BAMBERG et MINA, ensemble.
Et à la grace d'Appollon!..

(Ils sortent chacun de leur côté; le théâtre reste vide et l'orchestre exécute l'ouverture du JEUNE HENRI DE MÉHUL.)

FIN DE LA DEUXIÈME PARTIE.

TROISIÈME PARTIE.

PERSONNAGES.	ACTEURS.
ÉDOUARD, roi d'Angleterre..	Le Comte Magnus.
GEORGES, comte de Worcester, son ami et son confident...............	Le Duc de Waldemar.
LE DUC DE NORFOLK, père d'Éthel..	Le Grand-Écuyer.
ÉTHEL, fille du duc de Norfolk..	La Princesse Amélie.
WILLIAMS, jeune paysan...	Le Prince Ernest.
LUCY, jeune paysanne...	Mina.

Seigneurs de la cour d'Angleterre ; Vassaux du duc de Norfolk ; Paysans et Paysannes.

Le théâtre représente une salle très riche du palais du duc de Norfolk. Portes au fond, avec vitraux gothiques, donnant sur des jardins. Portes latérales.

SCÈNE I.
GEORGES, LUCY, Jeunes Filles entourant le Comte et lui offrant des fleurs.

LUCY.
(Wéber. — Robin des bois.)
PREMIER COUPLET.

En ce beau jour,
Lorsque l'amour,
Monseigneur, vous engage,
Que le destin
D'un doux hymen
N'ait jamais de nuage.

CHŒUR.

Nous venons vous offrir nos vœux,
Que Dieu les exauce en ces lieux,
Pour votre mariage.

LUCY.
DEUXIÈME COUPLET.

Dans ce canton,
L'hymen, dit-on,
De celui que l'on aime
Porte bonheur...
Et plus d'un cœur
En espère un de même.

CHŒUR.

Puissions-nous trouver en ces lieux,
Monseigneur, selon nos vœux
Un mari qui nous aime.
(Lucy entre dans l'appartement d'Éthel, avec les jeunes filles.)

SCÈNE II.
GEORGES, seul.
RÉCITATIF.

Elle est là, près de moi, celle à qui, pour la vie,
Dans un instant je vais m'unir.
Ah! pourquoi ce bonheur qui comble mon désir
Est-il donc obtenu par une perfidie.
(Avec mystère.)
En y songeant, malgré moi, je frémis.
D'Édouard, de mon roi, trompant la confiance,
Moi, qu'il avait choisi parmi tous ses amis,
Pour venir en ces lieux, de sa noble alliance,
Savoir si la Comtesse était digne en ce jour.
En la voyant, j'écoutai mon amour,
J'oubliai mon devoir... j'oubliai la prudence...
J'oubliai d'un sujet la digne et sainte loi.

Et cette main, cette main noble et chère,
Que je devais demander pour mon roi,
Cachant mon secret à son père,
J'osai la demander pour moi!

SCÈNE III.
GEORGES, LE DUC DE NORFOLK, ÉTHEL, en habit de mariée, LUCY, Jeunes Filles, Paysans et Paysannes.

CHŒUR.
(Boïeldieu. — Les Deux Nuits.)

Vous que l'hymen appelle
A des nœuds solennels ;
A l'antique chapelle
Venez d'un cœur fidèle
Jurer flamme éternelle
Aux pieds des saints autels.

LE DUC, à Georges, lui présentant Éthel.

Comte de Worcester, en vous donnant la main
De mon Éthel, de ma fille chérie,
J'assure pour jamais le bonheur de sa vie,
Et j'obtiens un ami par cet heureux hymen.

GEORGES, avec émotion, à part.

Mon Dieu! mon Dieu! que dois-je faire!..
Les tromper, les trahir... ou la perdre à jamais.
Ah! du bonheur, quand je suis aussi près,
Dois-je hésiter encore?..
(Haut.)
Aux vœux de votre père,
Consentez-vous, Éthel?..

ÉTHEL, avec tendresse, à Georges.

Vous connaissez mes vœux,
Mon cœur peut-il trembler au moment d'être heureux!

CHŒUR, reprise.

Vous que l'hymen appelle
A des nœuds, etc.

(Georges donne la main à Éthel ; le Duc les suit ; les Paysans les accompagnent ; les cloches sonnent ; ils sortent tous. Au moment où Lucy va s'éloigner, Williams entre et la retient.)

SCÈNE IV.
WILLIAMS, LUCY.
DUETTO.
(Don Juan de Mozart.)

WILLIAMS.

Un seul instant, ma belle,

Ah! reste auprès de moi...
Laisse un amant fidèle
Te parler de sa foi.

LUCY.

Là-bas, à la chapelle,
Ah! monsieur, laissez-moi
Voir comment une belle
Engage son cœur et sa foi!

WILLIAMS.

Je te dirais, ma chère...

LUCY.

Non, je crains vos tendres discours...

WILLIAMS.

Combien tu sais me plaire.

LUCY.

Vous me le dites tous les jours!

WILLIAMS.

Écoute-moi, mes doux amours!

LUCY.

Ne parlons plus de nos amours!

WILLIAMS.

Viens donc à la chapelle...

LUCY.

Avec vous... et comment?..

WILLIAMS.

Mais pour prendre modèle
Sur cet hymen charmant.

LUCY.

D'un doux hyménée
La chaîne fortunée
Viendra combler mes vœux.

WILLIAMS.

D'un doux hyménée
La chaîne fortunée
Viendra nous rendre heureux!

(Lui offrant son bras.)

Viens, ma Lucy!

LUCY, lui donnant le bras.

Viens, mon mari!

TOUS DEUX.

Ah! quel mari gentil!

(Ils sortent bras dessus, bras dessous, par le côté.)

SCÈNE V.

On entend une fanfare de cor, et LE ROI ÉDOUARD paraît, suivi de QUELQUES SEIGNEURS, qui sortent sur un signe qu'il leur fait un moment après leur entrée.

LE ROI, seul.

RÉCITATIF.

(Boïeldieu.)

Enfin, je vais connaître par moi-même
Si je dois garder de l'espoir...
Celle à qui j'ai voulu donner le rang suprême,
Dans un instant, je vais la voir!

CANTABILE.

Au sein de ce lieu solitaire,
Des rois, oubliant la grandeur,
Loin de la cour, mon cœur espère
Trouver ici beauté, candeur!

(Ricci.—Romeo e Giulietta.)

Jamais mon âme,
A noble dame,
De douce flamme
N'offrit l'ardeur.
Le bruit des armes
Et ses alarmes
Ont seuls des charmes
Pour mon cœur!
Destin prospère,
Seul sur la terre,
En toi j'espère
Dans ce beau jour.
Fleur solitaire,
Dans le mystère,
De l'Angleterre
Attend l'amour!

Jamais mon âme,
A noble dame,
De tendre, etc.

SCÈNE VI.

LE ROI, WILLIAMS.

WILLIAMS, entrant très gaîment.

(Grisar.)

Ah! le beau jour! ah! quel délire!
Pour les époux, Dieu! quel bonheur!

LE ROI, à part.

Des époux... que dit-il?..

WILLIAMS, apercevant le Roi.

Ah! pardon, monseigneur...
Que cherchez-vous ici?..

LE ROI.

Réponds... quelle est la fête
Que l'on célèbre en cet instant?..

WILLIAMS.

Un mariage...

LE ROI.

Qui s'apprête?

WILLIAMS.

Qui s'apprête?.. non pas, vraiment!
Il est fait... notre demoiselle
Est comtesse de Worcester!

LE ROI, à part.

O ciel! quelle injure mortelle!

WILLIAMS, surpris.

D'où vient donc ce courroux si fier?..
Et qui donc êtes-vous?..

LE ROI.

Qui je suis?.. ah! peut-être
On le saura trop tôt ici...

(A part.)

Quoi! Georges ne serait qu'un traître
Et pour son prince un ennemi!..

ENSEMBLE.

WILLIAMS.	LE ROI.
Malgré moi je tremble,	Le traître, qu'il tremble!
Son regard me semble,	Le sort nous rassemble,
Rempli de fureur!	Et pour son malheur.

LE ROI, à part.

Modérons-nous!

(A Williams.)

Écoute, et du silence.

(Il tire des tablettes et écrit vivement.)
A Worcester, remets ces mots.
(Il lui remet les tablettes.)
WILLIAMS.
C'est bon,
J'obéirai !
LE ROI.
Pendant ma courte absence,
Qu'il les lise... et bientôt, de son indigne offense,
Je reviendrai lui demander raison.

ENSEMBLE.

WILLIAMS.	LE ROI.
Malgré moi, je tremble,	Le traître, qu'il tremble !
Son regard me semble	Le sort nous rassemble,
Rempli de fureur !	Et pour son malheur.

(Il sort.)

SCÈNE VII.
WILLIAMS, LE DUC DE NORFOLK, GEORGES, ÉTHEL, LUCY, LES PAYSANS et LES JEUNES FILLES, sortant de la chapelle.

GEORGES, à Éthel, avec amour.
Venez, venez, belle comtesse !
ÉTHEL.
Pour moi quelle douce ivresse !
CHŒUR, aux époux.
Ah ! pour vous, pour vous, quel beau jour
De bonheur, d'hymen et d'amour !
WILLIAMS, s'approchant de Georges.
Pardon, Monseigneur, un message
Que vient d'apporter en ces lieux
Un étranger du plus sombre visage.
GEORGES, gaîment.
Eh quoi ! dans ce moment heureux,
Dans ce jour d'amour, de tendresse,
Qui pourrait troubler notre ivresse ?
CHŒUR.
Qui pourrait troubler leur bonheur ?..
WILLIAMS, lui remettant les tablettes.
Lisez ! lisez !
GEORGES, lisant.
O ciel ! pour moi quelle terreur !
Le sceau du roi !.. cet écrit de lui-même...
Je reconnais sa main !
CHŒUR.
Grand Dieu ! quel trouble extrême !
Et d'où vient sa sombre frayeur ?
GEORGES.
Je suis perdu !
CHŒUR.
Parlez !
GEORGES.
Je suis perdu ! c'en est fait de ma vie !
CHŒUR.
Parlez ! parlez !
GEORGES.
Édouard en ces lieux !
CHŒUR.
Le Roi !
GEORGES.
Je suis perdu ! ma perfidie
Doit recevoir son prix... il sait tout !
LE DUC, ÉTHEL, CHŒUR.
Ah ! parlez !

GEORGES, avec désespoir.
Éthel, pardonnez-moi... vous tous, ici, tremblez !
CHŒUR.
Expliquez-vous !
GEORGES, au Duc.
De la part de mon maître,
Je venais demander la main
De votre fille.
LE DUC ET LE CHŒUR.
O ciel !
GEORGES, au Duc.
L'amour m'a rendu traître
A mon prince, à l'honneur... jusqu'à vous-même,
enfin !
LE DUC.
Malheureux !
GEORGES.
Du Roi, de sa fureur mortelle,
Seul je saurai braver les coups !
Mais dans ma perte, ô douleur éternelle,
Je vous entraîne tous !
(A Éthel.)

ROMANCE.
(Boïeldieu.—Charles de France.)

Pardonnez-moi, pardonnez-moi, Madame,
En vous privant de l'amour de mon roi,
Mon cœur comptait sur son ardente flamme,
Pardonnez-moi !
Éthel, pardonnez-moi !

Pardonnez-moi !
Le ciel, d'une couronne,
Devait orner votre front, je le voi,
C'est le malheur que mon amour vous donne,
Pardonnez-moi !
Éthel, pardonnez-moi !..

CHŒUR.
Pardonnez-lui !
Éthel, pardonnez-lui,
(Sur la reprise du chœur, Éthel tend la main à Georges, et sort suivie de tout le monde, excepté Georges.)

SCÈNE VIII.
GEORGES ; puis LE ROI.

GEORGES, seul.
Le Roi, dans cet écrit, m'ordonne de l'attendre ;
Ah ! que répondre à sa fureur !
Je frémis de le voir, je frémis de l'entendre,
Pour la première fois, la peur trouble mon cœur !
Le voici !
(Le Roi entre, Georges se jette à ses pieds.)

DUO.
(Mercadante. — Élisa et Claudio.)

O mon maître, ô mon prince, pardon !
LE ROI.
Non, non, point de pardon
Pour une trahison !
GEORGES.
Grâce !
LE ROI.
Point de pardon
Pour une trahison !
A ton prince, à ton maître infidèle,

Tu fis une injure mortelle!
Oui, mon courroux doit te punir!
Celui qui vint me trahir...
Point de pitié... je dois punir!

GEORGES.
De l'amour, la douce flamme
Vint hélas, troubler mon âme!

LE ROI.
Tout par toi fut oublié,
Et l'honneur et l'amitié.

GEORGES.
O mon prince, ayez pitié
De l'amour, de l'amitié,
Punissez-moi!

LE ROI.
Traître à l'honneur!

GEORGES.
Écoutez-moi!

LE ROI.
Crains ma fureur!

GEORGES.
Punissez-moi!

LE ROI.
Ami trompeur,
Il faut, il faut que je sévisse,
Sujet rebelle, oui, ton supplice
Me vengera de mon malheur!

ENSEMBLE.

GEORGES.
Non, je ne crains pas le supplice,
Mais je perds ici
Mon ami!

LE ROI.
Ah! pour mon cœur, affreux supplice!
Être trahi
Par son ami!

GEORGES.
Pour celle que j'adore,
O mon roi, je t'implore,
Garde-moi tous les coups
De ton juste courroux.

LE ROI.
Ah! quand sa voix m'implore
Pour celle qu'il adore,
Il excite les coups
De mon juste courroux!

GEORGES.
Ah! pardonnez-moi cette injure!

LE ROI.
Non, non, je romprai cet hymen!

GEORGES.
La mort plutôt, je vous conjure!

LE ROI.
Ce serait un trop doux destin!

GEORGES.
Eh bien! d'un cœur fidèle,
Vous ferez un rebelle,
Désormais, je ne vois
Qu'un tyran dans mon roi!

LE ROI, avec colère.
Sujet traître! rebelle!
Ami lâche, infidèle!
Désormais, tu ne vois
Qu'un vengeur dans ton roi!

Écoute-moi, pourtant... avant que ma colère
Ne frappe un coupable en ces lieux,
Si la femme qui t'est chère,
N'était pas digne de mes feux...

GEORGES.
Eh bien?..

LE ROI.
Je te pardonnerais, peut-être.

GEORGES, à part.
Ah! je dois perdre cet espoir!

LE ROI.
A l'instant, je veux la connaître!

GEORGES, à part.
Il l'aimera, dès qu'il pourra la voir!

LE ROI.
On vient!

GEORGES.
Ah! je cours!

LE ROI, le retenant.
Arrête! et du silence!

GEORGES.
C'est elle!

LE ROI.
A ce prix seul, j'abjure ma vengeance;
Tais-toi!

SCÈNE IX.

Les Mêmes, ÉTHEL, sous les habits villageois de Lucy, LUCY, sous les habits de la Comtesse, et conduite par le duc de Norfolk.

QUATUOR.
(Rossini. — Bianca et Faliero.)

GEORGES, apercevant Éthel sous les habits de Lucy.
O ciel! quel changement!

ÉTHEL, bas à Georges.
Je vous sauve!

LUCY, à part.
Que j'ai peur!

LE ROI, regardant Lucy qui lui fait de grandes révérences; à part.
Observons!

GEORGES, à Éthel, à demi-voix.
Chère Éthel!

LE DUC, saluant le Roi.
Ah! Sire, quel honneur!

ÉTHEL, bas à Georges.
Dans mon amour, j'ai trouvé du courage,
Mais je meurs de frayeur,
Et crains que mon visage,
Ne dise ici le trouble de mon cœur.

LE ROI, saluant Lucy.
Honneur à vous, belle comtesse!

LUCY, faisant gauchement la révérence.
Ah! Monseigneur, que de bonté!

LE ROI.
On n'a pas plus de gentillesse.

LUCY, naïvement.
Au servic' de Vot' Majesté!

LE ROI, à part.
Ah! sans regret, je le confesse,
Ici, je perds cette beauté!
Pour une reine, la comtesse,
Serait trop gauche, en vérité!
(A Georges.)

De ton maître,

Ami, voici la main!
  GEORGES, à part.
 Je sens renaître
Le bonheur en mon sein!
  LUCY, à part.
  Leur adresse
  A réussi!
  ÉTHEL, à part.
Ah! pour mon cœur quelle tristesse,
Et combien je tremble pour lui!
Mon Dieu! protégez-nous, ici!

   ENSEMBLE.
   LUCY.
Grace au ciel, d'un sort contraire,
J'éviterai la rigueur,
Et vais bientôt, je l'espère,
Quitter un rang éphémère,
Pour l'amour et le bonheur!

   ÉTHEL.
En ce jour, destin sévère,
Combien je crains ta rigueur,
Sans pitié dans ta colère,
Tu compromets mon bonheur.

  LE ROI, examinant Éthel, à part.
Quelle est donc cette étrangère
Au regard plein de douceur?
Sous ses habits de bergère,
Que de grace et de candeur!

   GEORGES.
Chère Éthel, d'un sort sévère,
Tu m'évites la rigueur;
Et du prince, la colère
Épargnera mon bonheur.

(Le Roi qui n'a cessé d'examiner la Comtesse déguisée la retient au moment où elle veut s'éloigner, et, sur un geste impératif, force Georges très ému à sortir en donnant la main à la fausse comtesse.)

SCÈNE X.
LE ROI, ÉTHEL, tremblante.

  LE ROI, à Éthel.
Que craignez-vous, ma chère enfant?
D'honneur, on n'est pas plus jolie!
  ÉTHEL, à part.
Mon Dieu! me serais-je trahie!
  LE ROI, avec galanterie.
Ce n'est pas de l'effroi, vraiment,
Que je veux vous causer, ici, ma belle, en ce moment!

   DUO.
  (Donizetti.—Torquato Tasso.)

En admirant de si doux charmes.
Mon cœur, ici, vous rend les armes,
Près de moi, pourquoi tant d'alarmes?
 Qui peut donc vous troubler?..
C'est moi seul qui doit trembler!
Grandeur, puissance et majesté
Sont aux genoux de la beauté!

   ÉTHEL.
 Simple bergère
 Ne saurait plaire
A votre âme noble et fière...
  La grandeur
  De mon cœur
Ne pourrait faire le bonheur!

   LE ROI.
 Simple bergère
 Saurait me plaire
Mieux qu'une dame noble et fière...
  Sa candeur,
  De mon cœur
Pourrait faire ici le bonheur!

   ENSEMBLE.
   LE ROI.
D'où vient l'ardeur qui m'agite?..
Mon cœur, ici, bat plus vite,
Et quand son regard m'évite
Le mien lui parle d'amour!

   ÉTHEL.
D'où vient l'effroi qui m'agite!
Mon cœur, ici, bat plus vite,
Et quand mon regard l'évite
Le sien me parle d'amour!

   LE ROI.
Écoute!
  ÉTHEL, avec effroi.
  O ciel!
  LE ROI, avec passion.
   Non, jamais jusqu'à toi
Je ne vis tant d'attraits!
  ÉTHEL, avec terreur.
   O mon Dieu! rien n'égale
Mon trouble et mon effroi!
  LE ROI.
Et je t'offre en ce jour ma tendresse royale
Si ton cœur veut m'aimer!
  ÉTHEL, fuyant.
   Laissez-moi!
  LE ROI.
Tu me fuis?..
  ÉTHEL.
  Laissez-moi!
  LE ROI.
Tu me fuis... moi, ton roi!..
Que faut-il pour vous plaire?..
Eh quoi! l'amour sincère
Du roi de l'Angleterre
Ne peut toucher ce cœur!
Et quand je mets à vos genoux
L'éclat du diadème
Le Roi n'attend qu'un mot de vous:
Ce mot si doux... je t'aime!..

   ÉTHEL.
Ah! Sire, calmez ma frayeur...
Non, non... l'amour sincère
Du roi de l'Angleterre
Ne peut plaire à mon cœur!
Et dussé-je à votre courroux
M'offrir ici moi-même...
(Avec énergie.)
Je vous le dis... ce n'est pas vous,
Ce n'est pas vous que j'aime!
  LE ROI.
Un mot encor!
  ÉTHEL.
  Je meurs d'effroi!
  LE ROI.
Quoi! tu me fuis... moi, ton roi!..

REPRISE DE LA CABALETTA.

LE ROI.
Que faut-il pour vous plaire ?..
Eh quoi ! l'amour, etc.

ÉTHEL.
Ah ! Sire, calmez ma frayeur...
Non, non... l'amour, etc.

Sur la strette très animée du duo, le Roi serre Éthel dans ses bras avec transport; la porte s'ouvre et Georges s'élance dans l'appartement, suivi de plusieurs seigneurs. Tous les paysans paraissent au fond.)

SCÈNE XI.

LES MÊMES, GEORGES, WILLIAMS, LUCY, LE DUC DE NORFOLK, PAYSANS, PAYSANNES.

GEORGES, au Roi, avec force.
Arrêtez ! arrêtez !
S'agit-il de la vie !
La femme que vous insultez
C'est la mienne !

LE ROI.
O perfidie !

GEORGES.
C'est la Comtesse !

ÉTHEL, courant dans les bras de Georges.
C'est mon époux !
Du trépas, dans ses bras, je puis braver les coups !

LE ROI, furieux.
C'en est trop !
(Montrant Georges.)
Deux fois par ce traître,
Je fus trompé ! je fus trahi !
Qu'il périsse ! et sa mort peut-être,
Fera trembler les lâches comme lui !
(Aux Seigneurs.)
Qu'on l'entraîne !
(On entoure Georges, qui remet son épée.)

FINALE.
(Rossini. — Otello, deuxième acte.)

ÉTHEL, courant au Roi.
Pitié ! pitié ! plus de vengeance !
Ouvrez votre cœur à ma voix !

Songez que la clémence,
Ah ! Sire, est la vertu des rois !
(Tombant à ses pieds.)
Grâce à celui que j'aime,
Dans ce moment suprême,
Pitié pour lui ! pitié pour moi !

ENSEMBLE.

CHOEUR GÉNÉRAL, au Roi.
Dans cet instant suprême,
Ah ! voyez son effroi,
Grâce à celui qu'elle aime,
Pardonnez-lui, grand Roi !

LE ROI, à part.
Par son injure extrême,
Pas de pitié chez moi ;
Il a dans ce jour même,
Deux fois trahi son roi !

GEORGES, à part.
Dans sa fureur extrême,
Pas de pitié pour moi !
Mais loin de ce que j'aime,
La mort est sans effroi !

(Éthel s'est évanouie sur les derniers mots qu'elle prononce.)

LE ROI, à Georges.
Comte de Worcester, le Roi ne peut fléchir
Devant un tel affront à son rang, à son trône ;
Mais quand ton maître doit punir !
(Lui tendant la main.)
C'est un ami qui te pardonne.

CHOEUR GÉNÉRAL.
(God save the king.)
Que Dieu sauve le Roi !
A lui, ma foi !
Que Dieu garde à nos vœux,
Ce prince généreux,
Et qu'il vive à jamais,
Par ses bienfaits !

(Pendant ce chœur, Éthel revient peu à peu de son évanouissement; son premier regard aperçoit le Roi; elle recule saisie d'effroi, le Roi la prend par la main avec douceur, et lui montre Georges; elle se jette dans ses bras. Le duc de Norfolk, Éthel et Georges, s'inclinent avec reconnaissance devant le Roi. Les paysans agitent leurs chapeaux, les gardes se groupent au fond, prêts à partir.)

FIN DE LA TROISIÈME PARTIE.

QUATRIÈME PARTIE.

SCÈNE I.

CORNÉLIUS accourt vivement par le fond; BAMBERG entre par le côté, à droite ; puis LE GRAND-DUC, par la gauche.

CORNÉLIUS, avec force aux personnages qui sont en scène.
Arrêtez !.. arrêtez ! (Au public.) N'applaudissez pas !.. n'applaudissez pas ! (Vivement à Amélie.) Ce n'est pas pour vous que je dis cela, Madame... (Montrant Magnus et Waldemar.) ni pour ces messieurs, non plus. Au contraire, vous surtout, Madame, bravo !.. bravo ! mais c'est égal, c'est une indignité !

TOUS.
Bravo ! bravo !.. charmant ! délicieux !..

CORNÉLIUS.
Eh ! non... c'est un blasphème !.. un sacrilége ! (Au Grand-Duc, qui entre.) Pardon, Monseigneur !

LE GRAND-DUC à Cornélius.
Ah ! vous voilà... vous que j'ai fait chercher en vain pendant toute la représentation !.. d'où sortez-vous donc ?

CORNÉLIUS.
Je sors... un garçon de théâtre vient de m'ouvrir... et je descends de là-haut.

LE GRAND-DUC.
Du paradis ?

CORNÉLIUS.
Oui... du paradis... c'est-à-dire d'une loge où

je n'étais pas au paradis... là... sur le théâtre... une loge obscure où je ne voyais rien.
MINA, à part.
Nous sommes sauvés !
CORNÉLIUS.
Mais où j'ai tout entendu !
MINA, de même.
Nous sommes perdus !
LE GRAND-DUC à Cornélius.
Vous avez entendu l'ouvrage ?..
AMÉLIE.
Et vous osez en dire du mal !.. vous le trouvez ?..
CORNÉLIUS.
Je le trouve magnifique... admirable... un vrai chef-d'œuvre... ou, pour mieux dire, une réunion de chefs-d'œuvre, dont Monseigneur ne connaît pas encore tout le prix.
LE GRAND-DUC.
Que voulez-vous dire ?
AMÉLIE.
Expliquez-vous.
CORNÉLIUS.
Vous allez tout savoir.
MINA, bas à Bamberg.
C'est fait de nous !..
BAMBERG, de même, à Mina.
Pas encore.
CORNÉLIUS.
Apprenez, Madame, et vous, Monseigneur... apprenez que cet opéra n'est pas...
BAMBERG, à haute voix.
N'est pas de moi !..
CORNÉLIUS.
C'est ce que j'allais dire.
BAMBERG.
Et je le dis !
LE GRAND-DUC.
Et de qui donc est-il ?
BAMBERG.
D'un grand seigneur... d'un prince... le prince Ernest.
TOUS.
Est-il possible !
MINA.
Il a dit vrai.
AMÉLIE.
Je le savais.
BAMBERG.
Nous le savions aussi... Oui, messieurs... quoique grand seigneur, mon maître est un artiste dont le génie...
CORNÉLIUS.
Permettez... permettez... ces morceaux-là sont de messieurs...
BAMBERG.
Laissez-moi achever !..
CORNÉLIUS.
De divers compositeurs...

BAMBERG, élevant la voix.
De mon maître... qui, pour mieux cacher son talent, a gardé un continuel incognito... C'est lui qui, depuis bien des années, et sous des noms différens, inonde l'Europe de ses ouvrages.
CORNÉLIUS, à Mina, à demi-voix.
Quoi ! tous ces messieurs que je retenais en quarantaine à la frontière ?..
MINA, de même.
C'était le prince Ernest !..
LE GRAND-DUC.
Qu'ai-je entendu ?.. un prince artiste !.. un prince musicien dans ma famille !.. Jamais je n'y consentirai... je le refuse !
ERNEST.
Ah ! s'il en est ainsi... j'abdique ma gloire musicale.
BAMBERG, voulant le faire taire.
Y pensez-vous, mon Prince ?..
MINA, de même.
Mais songez donc...
ERNEST, vivement.
Peu m'importe !.. Si, de toute manière, il faut perdre celle que j'aime... je dirai la vérité. Oui, Monseigneur... apprenez que je ne suis pas plus musicien que vous... (Se reprenant.) Non... je veux dire que Monsieur, (Montrant Cornélius.) et que jamais je n'ai été coupable du moindre opéra... de la moindre cavatine !
AMÉLIE, avec reproche, à Ernest.
Est-il possible !.. m'avoir abusée à ce point !
ERNEST.
Oui, Madame... je n'ai pas eu le courage de démentir une ruse dont Bamberg était l'auteur... J'ai mérité votre colère, j'en conviens... mais, comme tout à l'heure vous le disiez si bien vous-même au roi d'Angleterre...

REPRISE DU FINAL D'OTELLO.
Songez que la clémence est la vertu des rois;
Le pardon n'est-il pas le plus beau de leurs droits
Grace pour qui vous aime !
TOUS, excepté Amélie.
Grace pour qui vous aime !
AMÉLIE, avec abandon, à Ernest.
Comment résister plus long-temp
A de si doux et si tendres accens !..
CHOEUR GÉNÉRAL, à Amélie.
Un jour heureux
Pour votre Altesse,
Noble Princesse,
Brille à nos yeux.
Vive votre Altesse,
En ce jour heureux,
Qui comble nos vœux !

(Bamberg prend le bras de Mina, aux yeux de Cornélius désappointé: le Grand Duc tend la main au Comte et au Duc, à qui il semble exprimer ses regrets: Ernest tient la main de la Princesse.)

FIN.

Imprimerie de Mme Dᴇ Lᴀᴄᴏᴍʙᴇ, rue d'Enghien, 12.

JAPHET,

ou
LA RECHERCHE D'UN PÈRE,

COMÉDIE EN DEUX ACTES ET EN PROSE,

PAR MM. EUGÈNE SCRIBE ET ÉMILE VANDERBURCH,

Représentée pour la première fois au Théâtre-Français, par les Comédiens ordinaires du Roi, le 20 juillet 1840.

DISTRIBUTION :

JAPHET	M. MAILLARD.	LA MARQUISE	Mlle MANTE.
TIMOTHÉE	M. REGNIER.	ESTHER	Mlle DOZE.
SCHOON	M. PROVOST.	PLUMCAKE	M. SAMSON.

La scène se passe à Londres.

ACTE I.

Un appartement meublé simplement, chez Japhet.

SCÈNE I.
LA MARQUISE, ESTHER, JAPHET.

(Ils sont assis. Japhet est près d'une table, et prend quelques notes.)

JAPHET.
Soyez tranquille, madame la Marquise, je n'oublierai pas ces circonstances, et je les prends en écrit; mais repoussez leurs offres, c'est un piége.

LA MARQUISE.
Vous croyez donc que nous gagnerons encore notre procès?..

JAPHET.
N'avons-nous pas déjà un premier jugement qui nous est favorable.

LA MARQUISE.
Grâce à vous... grâce à votre talent...

JAPHET.
C'est moi, au contraire, qui vous devrai ma réputation et mon avenir.

LA MARQUISE.
Ne m'en remerciez pas !.. Sir Kennet, ce vieil et célèbre avocat, votre maître et votre patron, était tombé malade au moment de plaider ma cause...

JAPHET.
Et vous avez daigné me la confier... à moi... inconnu au barreau de Londres... à moi, dont c'était la première affaire.

LA MARQUISE.
Vous la connaissiez si bien... vous l'aviez étudiée avec tant de soins et de zèle...

ESTHER.
Sans contredit !.. Et moi, cependant, si j'osais donner un avis... à votre place, ma tante... je ne plaiderais pas.

LA MARQUISE.
Et pourquoi ?

ESTHER.
N'êtes-vous pas assez riche ?

LA MARQUISE.
Je suis assez riche, certainement, mais on ne l'est jamais assez... Mon nom, mon rang à soutenir... Les sommes que chaque année j'ai l'habitude de donner à la paroisse... Enfin, je ne puis faire d'économies... Et ces biens que l'on me dispute... ces biens de lord Ephelston, dont je suis la plus proche parente... et l'unique héritière... serviraient, alors, si vous gagnez ce procès, à l'établissement de ma nièce...

JAPHET troublé.
Ah! c'est à cela que vous destinez...

LA MARQUISE.
Oui, Monsieur. Un parti superbe qui se présente pour elle; et si je perdais, je ne pourrais la doter.

ESTHER.
Qu'importe, j'attendrais et je ne plaiderais pas.

LA MARQUISE.

Quand sir Japhet nous assure que notre cause est excellente.

JAPHET.

Oui, Madame... Refusez la transaction que l'on vous propose... Vous avez un titre incontestable... authentique... et je réponds que vous gagnerez !

ESTHER.

D'abord !... et malgré tout le talent de Monsieur... vous pouvez perdre ; sans compter les soins, les inquiétudes que vous donne ce procès, et les ennemis que de tous côtés il vous suscite... Et tout cela pour moi, pour me faire une fortune égale à celle d'un lord, que je ne connais même pas, qui fait encore la guerre en Chine ou au Canada.

LA MARQUISE.

Une alliance admirable !

ESTHER.

Moi, je ne suis pas de ces personnes qui n'estiment et n'admirent que ce qui vient de loin... Je crois qu'on peut trouver le bonheur à moins de frais !.. et plus près de soi !

LA MARQUISE.

Ma nièce, ma nièce... dès qu'il s'agit de procès ou de mariage, vous n'y entendez rien... c'est nous que cela regarde ! (A Japhet.) Nous la rendrons heureuse malgré elle. Sans adieu, mon cher avocat ; vous aurez tous les papiers dont vous avez besoin, je ne les confierai à personne, et je vous les apporterai, moi-même, aujourd'hui si je le peux !

JAPHET.

Je suis à vos ordres, Madame.

SCÈNE II.
JAPHET, puis TIMOTHÉE.

JAPHET.

Ah ! je suis fou d'aimer cette jeune personne... Moi, aspirer à la main d'une fille titrée... moi, dont la réputation a commencé d'hier... moi, qui suis sans fortune... et plus encore sans parens... sans famille... enfant obscur et délaissé... à qui on n'a pas même daigné jeter un nom... Eh bien ! ce nom, je ne le devrai qu'à moi... à moi seul... Je m'en ferai un plus honorable, plus noble, peut-être, que celui qu'on m'a refusé.

TIMOTHÉE, ouvrant la porte.

Ah ! il est seul !

JAPHET.

Timothée !... Que viens-tu faire ?

TIMOTHÉE.

Je viens... je viens t'embrasser... Je n'y tenais pas... voilà trois jours que je ne t'ai vu.

JAPHET.

Et ton magasin ?... et le marchand chez lequel je t'ai placé ?...

TIMOTHÉE.

Il peut se passer de moi, ce matin... Il a une vingtaine de commis... il en a plus que de pratiques... Et moi, je n'ai qu'un ami... qu'un frère... je n'ai que toi de famille. Et dès que nous sommes séparés, je n'ai plus de gaîté... plus de plaisir... je tourne au spleen... je suis malade... Mais je t'ai vu... ça va mieux !

JAPHET.

Mon pauvre Timothée, crois qu'il m'a fallu aussi toute ma raison... pour prendre un parti semblable...

TIMOTHÉE.

Oui, je sais bien comme toi que, chacun de notre côté, nous devons travailler... qu'il faut se faire un état... Quand on n'a ni fortune... ni parens... Pauvres petits malheureux... exposés tous les deux, le même jour... il y a vingt-quatre ou vingt-cinq ans, aux Enfans-Trouvés... frères de hasard et de rencontre...

JAPHET.

Depuis... frères de cœur et d'amitié...

TIMOTHÉE.

C'est là que nous nous sommes vus pour la première fois... Moi, Timothée, avec une assez piteuse mine et de misérables haillons... Mon camarade Japhet, avec un beau fourreau de soie, et un visage rayonnant de prince... Moi, fils de quelque porte-balle de la Cité... toi, enfant de quelque lord qui, partant pour la guerre d'Amérique, n'avait pas eu le temps de te chercher un gouverneur.

JAPHET.

Tais-toi... tais-toi...

TIMOTHÉE.

Non, morbleu !.. je suis fier de toi... je te respecte... je t'honore... et quand je parle de mon ami Japhet, je suis toujours tenté de dire : Milord !

JAPHET, souriant.

Allons donc !

TIMOTHÉE.

Ce sera ainsi... tu le verras !.. Tu es d'une noble famille... c'est certain... c'est positif !.. Quand nos vêtemens ne seraient pas là pour nous servir d'indices... nos inclinations seules prouveraient assez la différence de nos conditions... Chez ce vieux curé irlandais, qui nous avait retirés tous deux de l'hospice pour être enfans de chœur... j'étais toujours à courir, à me quereller, à boxer... et toi, à étudier dans ses livres. Et, comme c'était un savant... il t'a pris en affection... il t'a donné de l'éducation... et à moi, il ne me donnait jamais que des commissions, des ouvrages dans la maison... Ça m'allait... ça me convenait... du zèle... de l'activité... du dévouement... voilà ma partie... Des talens, du mérite... voilà la tienne... Aussi, pendant que je ne faisais rien... toi, tu acquérais de la science pour nous deux... de la réputation pour nous deux... de l'argent pour nous deux... Oui... oui, je te dois tout... je ne vis que par toi... et je ne peux pas m'acquitter...

JAPHET.

Allons donc !.. est-ce que de ton côté, tu ne fais pas ce que tu peux...

TIMOTHÉE.

Oui... mais je ne peux rien... je ne peux pas travailler assis dans un bureau... face à face avec des livres, qui ont l'air de me narguer, et qui me mettraient en fureur... tu as voulu me placer dans l'étude d'un notaire et d'un procureur... j'y serais mort... avant de comprendre... Tu l'as vu, je dépérissais déjà...

ACTE I, SCÈNE II.

JAPHET.
Aussi, je t'en ai retiré...

TIMOTHÉE.
Pour me placer chez ce banquier, ton client... encore des livres... des maudits livres... et en partie double... encore:.. Ah! avec ceux-là, goddem... j'ai cru que nous nous fâcherions, et que leurs damnés chiffres me rendraient fou... sans compter que je faisais à chaque instant, et quoique honnête homme, des erreurs de millions et de milliards... Que la Banque d'Angleterre elle-même en était stupéfaite, et que notre caissier, qui ne s'y retrouvait plus, a été obligé de me mettre à la porte pour rétablir l'ordre dans la maison...

JAPHET.
A la bonne heure... mais chez le marchand de soieries où tu es maintenant, pour auner du quinze-seize, il ne faut pas de génie...

TIMOTHÉE.
Non, mais il faut de la patience... et je n'en ai pas!.. Il faut rester dans un comptoir... et j'aime le grand air... Ah! si j'avais osé!.. sans t'en rien dire, je me serais fait soldat... je ne suis bon qu'à cela...

JAPHET.
Je ne le veux pas... T'exposer aux fatigues... aux dangers...

TIMOTHÉE.
Et pire encore... A te quitter... à ne plus te voir... toi qui es ma famille et ma patrie! Ça serait pour moi comme le mal du pays... je n'y résisterais pas... Et dernièrement, cependant... ça a bien manqué m'arriver...

JAPHET.
Oui... au bord de la Tamise, où tu regardais couler l'eau au lieu d'être à ton magasin.

TIMOTHÉE, vivement.
J'y allais!.. par le plus long... Mais il y avait ce jour-là, sur le port, une presse de matelots... des coups, des querelles... une affaire dont je ne t'ai rien dit... parce que tu m'aurais grondé...

JAPHET.
Et dont cependant... j'ai su quelque chose... Mais n'en parlons plus... Il se fait tard... maître Gibson, ton marchand, va t'attendre.

TIMOTHÉE, avec embarras et se grattant l'oreille.
Non... j'ai idée qu'il ne m'attend pas!..

JAPHET.
Pourquoi donc?

TIMOTHÉE.
Je t'en prie... Japhet... ne te fâche pas... mais il n'y a pas moyen que j'y retourne... je ne peux pas y vivre... Il est là une vingtaine de commis avec qui je me suis battu ce matin... moi seul... contre eux tous...

JAPHET.
Est-il possible?..

TIMOTHÉE.
L'un d'eux avait fait quelques plaisanteries sur les bâtards... Ça nous touche... ça nous regarde...

JAPHET.
Eh bien!.. est-ce que ça n'est pas vrai?

TIMOTHÉE.
Non!.. ce n'est pas vrai!... Pour toi, du moins... qui es fils d'un duc et pair... Pour moi... c'est différent... ça m'est égal...

JAPHET.
Alors, si cela ne te fait rien, pourquoi te fâcher?..

TIMOTHÉE.
Parce que... parce que... j'avais d'anciens comptes à régler avec eux... Et puis, que veux-tu? je n'étais pas fâché de trouver une occasion de sortir du commerce...

JAPHET.
Et que veux-tu faire?.. malheureux?

TIMOTHÉE.
Me livrer à une entreprise que j'ai conçue, et qui me semble bien plus profitable. Il ne sera pas dit que moi, qui te dois tout... je ne t'aurai jamais servi à rien!.. Tu as beau plaider et commencer à te faire connaître... le peu que tu gagnes... je le dépense... Il faut trop de temps pour que le talent devienne de la fortune... Et moi, je t'en veux une... tout de suite... Je te veux de la naissance, des honneurs, des titres... Tu en as... tu dois en avoir, il ne s'agit que de les retrouver... et je m'en charge.

JAPHET.
Y penses-tu?

TIMOTHÉE.
Je ne pense qu'à cela... c'est mon idée fixe...

JAPHET.
Eh! je ne le sais que trop! et depuis longtemps déjà, je m'en suis aperçu... c'est devenu chez toi une monomanie... Nous ne rencontrons pas un lord ou une grande dame, que tu ne trouves tout de suite, entre eux et moi, quelques traits de ressemblance... un air de famille... Et vingt fois cette conviction, que tu te formes, a donné lieu aux méprises et aux désappointemens les plus désagréables... car, dans tout ce que tu imagines, il n'y a jamais apparence de vérité...

TIMOTHÉE.
Jamais!.. voilà comme tu exagères toujours... Tout à l'heure, par exemple, au moment où je montais l'escalier... cette dame qui sortait de chez toi...

JAPHET, riant.
Lady Suntherland? ma cliente.

TIMOTHÉE.
C'est frappant...

JAPHET.
C'est absurde... Une dame pieuse... une dévote!..

TIMOTHÉE, se grattant l'oreille.
Il est de fait que si c'est une dévote!... pourtant, ça s'est vu... enfin, elle ou une autre, je retrouverai ton illustre famille... ton noble père. Ni les courses, ni les démarches, ni les peines... rien ne me coûtera... Et maintenant que me voilà maître de mon temps, et libre comme l'air, je ne veux pas d'autre occupation... d'autre état....

JAPHET.
Que de courir à la recherche d'un père...

TIMOTHÉE.
Oui, sans doute....

JAPHET.
Qui n'existe pas....

TIMOTHÉE.
Qui existe.... J'ai de l'espoir... j'ai des preu-

ves.... des commencemens de preuve.... des renseignemens.... des indices....

JAPHET, allant s'asseoir à la table à gauche.

Encore quelque folie... et puis, tu ne t'en aperçois pas, Timothée, avec cette habitude que tu as prise d'être toujours aux aguets, d'écouter, d'épier, d'interroger.... tu deviens remuant, intrigant, et bavard surtout!...

TIMOTHÉE.

C'est ça, tu me grondes.... j'ai tous les défauts.... on a toujours tort quand on ne réussit pas.... mais le succès me donnera raison!... Tiens, voici d'abord une annonce que j'ai fait insérer dans ce journal.

JAPHET.

Une annonce.... qu'est-ce que je te disais.... cela a-t-il le sens commun?...

TIMOTHÉE, prenant sur la table un livre qu'il va replacer dans la bibliothèque, qui est au fond.

Lis toujours, à la troisième colonne.

JAPHET, lisant haut.

« Le docteur Irving, qui a trouvé un remède »infaillible contre l'hydrophobie, doit en faire »incessamment l'épreuve devant l'Académie »royale de médecine. Il ne lui manque qu'un »sujet. Il offre à la personne qui voudra bien lui »en servir, 200 guinées, lui garantissant tout »danger. S'adresser, pour les autres conditions, »à M. Schoon, apothicaire, Billing-Street, chargé »de payer la somme. » — Que diable cela veut-il dire?.. Un remède contre l'hydrophobie?

TIMOTHÉE, revenant près de lui.

Eh non!... ce n'est pas cela!... le paragraphe au-dessous.

JAPHET.

Alors, dis-le donc.... (Lisant.) « Les personnes »qui auraient des renseignemens relatifs à la »naissance d'un enfant, déposé le 15 juillet 1816 »à l'Hôtel des Enfans-Trouvés, sont priées d'en »donner avis à sa noble famille. S'adresser au »sieur Timothée Dixon, Billing- treet, 42, qui »promet une récompense de cent livres s'er-»ling. » Mais quelle extravagance.... C'est me compromettre.

TIMOTHÉE.

En quoi donc? Il n'est pas question de toi, qui cherches une famille.... mais de ta noble famille, qui cherche un de ses descendans, égaré dans quelque révolution.... ou quelque guerre d'Amérique... Et c'est moi, l'intendant, l'homme d'affaires, le parent, si tu l'aimes mieux.... qu'on a chargé de prendre des renseignemens....

JAPHET.

Qui n'arriveront pas.

TIMOTHÉE.

Qui sont arrivés.... Une lettre où l'on me demande un entretien particulier.... c'est ce noble père.... ce grand seigneur... qui va peut-être venir lui-même.... car je lui ai donné rendez-vous ici, chez toi.

JAPHET.

Chez moi!... Quelqu'intrigant que je ne veux pas voir.

TIMOTHÉE.

Que je recevrai.

JAPHET.

Quelque fripon, qui veut t'attraper une demi-guinée.

TIMOTHÉE.

Je ne dis pas que quelquefois déjà, cela ne me soit arrivé.

JAPHET.

Tu vois bien.

TIMOTHÉE.

Mais, maintenant, je suis sur mes gardes... et je ne lâcherai pas un schelling qu'on ne m'ait dit d'abord, et avant tout, quel costume portait l'enfant... ou les deux enfans, moi compris!... qu'on ne m'ait parlé du chapelet que tu avais au cou, et que j'ai conservé, qu'on ne m'ait montré la moitié correspondante à cette médaille brisée, trouvée sur moi.... Tu vois, par ce moyen...

JAPHET.

Je vois, mon cher ami, mon bon Timothée, que le mieux serait de renoncer à tes folles idées.... ce n'est pas à elles qu'il faut demander notre avenir!.... c'est à l'étude et au travail.... ceux-là ne vous manquent et ne vous trompent jamais. Reste donc ici, puisqu'il le faut.... Mais je t'en supplie ne t'y occupe de rien.... ne t'inquiète de rien... je suffirai à tout... Adieu, je rentre.

TIMOTHÉE.

Pour travailler?

JAPHET.

Oui....

TIMOTHÉE.

Surcroît de peine....

JAPHET.

Surcroît de plaisir.... car c'est pour nous deux... Je ne suis visible pour personne... entends-tu?... que pour la marquise de Suntherland.

TIMOTHÉE, seul avec attendrissement.

Oui, Japhet.... oui, mon frère... (vivement.) Rester tranquille.... ne m'occuper de rien.... quand il se tue pour moi.... non, ce ne sera pas ainsi; non, M. le Marquis... non, M. le Duc.... car avec un cœur comme celui-là... il doit l'être!.. il est impossible qu'il ne le soit pas.... Eh bien! puisque ça le fâche.... puisque ça le contrarie.... je ne lui parlerai plus de mes démarches.... j'agirai sans rien dire.... Mais, par amitié.... par amour-propre.... et pour mon honneur à moi.... je veux découvrir sa noble famille.... je veux lui trouver un père.... et je lui en trouverai un, aussi bien conditionné que possible. Je sais bien qu'il aurait pu me répondre.... mais il n'a pas voulu me le dire de peur de m'humilier : Mon pauvre Tim, travaille d'abord pour toi-même; commence par trouver tes parens, à toi, tu chercheras les miens ensuite.... Ah! bien oui, mes parens... je ne m'en inquiète guère!... quelque malheureux porte-balle, quelque gros butor de matelot... cela me rappelle que dernièrement j'ai manqué en boxer un dans Bound-Street, et, le bras levé, je me suis arrêté court, en me disant : C'est peut-être mon père... L'idée seule qu'on peut à chaque instant heurter sa parenté vous rend affectueux avec tout le monde... je suis toujours tenté d'ôter mon chapeau ou de donner une poignée de main à ceux qui passent près de moi...Bonjour, mon oncle, bonjour, ma cousine... Il y a en bas une petite marchande de gauffres qui doit être de ma famille... de la grande famille!... nous en sommes tous, et dès que mon cher Japhet sera reconnu et placé grand seigneur... si je me trouve un père qui soit bon enfant... je lui ferai avoir dans l'hôtel de mon ami le marquis, une petite place de concierge ou d'intendant; il faut faire quelque chose pour les siens... Mais, dans ce moment.... Ah! mon Dieu.... il me semble que l'on a frappé à la porte!... c'est sans doute ce respectable lord... le père de mon ami...

SCÈNE III.
TIMOTHÉE, MAITRE SCHOON.

SCHOON.
M. Timothée Dixon.,. s'il vous plaît ?

TIMOTHÉE.
C'est ici, Milord ; donnez-vous la peine d'entrer. (A part.) Ça se voit tout de suite... c'est un grand seigneur déguisé.

SCHOON.
Je vous demanderai la permission de m'asseoir, je suis horriblement fatigué...

TIMOTHÉE.
Faites donc comme chez vous, Milord. (A part.) Il a beau faire ! quelle taille distinguée... quel air vénérable... il y a des gens qui sont nobles malgré eux ! (A demi-voix.) Nous sommes seuls, et vous pouvez sans crainte me faire connaître votre rang et votre nom...

SCHOON.
Mon nom... mon rang... vous voulez plaisanter, jeune homme... Je me flatte cependant d'être assez connu dans notre bonne ville de Londres... Pas un marchand de la Cité qui ne vous parle avantageusement de maître Jacobus Schoon, apothicaire.

TIMOTHÉE.
Hein !... plaît-il ?... vous êtes apothicaire ?

SCHOON.
Pharmacien, comme ils disent maintenant, si vous l'aimez mieux.

TIMOTHÉE, à part.
On ne peut pas tomber de plus haut !... (Haut.) Et comment se fait-il que vous veniez pour sir Japhet... avocat ?...

SCHOON.
Je viens, avec une autre personne, pour un nommé Timothée Dixon !... Serait-ce vous ?..

TIMOTHÉE, interdit.
Pour moi,.. Ah ! mon Dieu !...

SCHOON, le regardant.
Eh ! oui... il me semble bien que c'est vous-même....

TIMOTHÉE, à part.
C'est de mon côté... c'est de ma famille !... Après tout... apothicaire! je pouvais tomber plus mal !... c'est même mieux que je n'avais droit d'attendre... (Haut, avec sentiment.) Honnête vieillard, vous daignez donc me reconnaître !...

SCHOON, qui a mis ses lunettes.
Parfaitement... pour vous avoir soigné... il y a trois mois... lors d'une discussion à coups de poing, avec ces matelots... qui vous avaient laissé pour mort devant ma boutique...

TIMOTHÉE.
C'est donc cela que je ne remettais pas vos traits ?...

SCHOON.
Je le crois sans peine... une heure sans connaissance, même pendant qu'on vous rapportait chez maître Gibson, votre marchand... Et sans les ventouses que j'ai eu l'heureuse idée de vous appliquer entre les deux épaules...

TIMOTHÉE.
Très bien !... très bien !... je me rappelle maintenant... Vous m'apportez votre mémoire...

SCHOON.
Il est payé depuis long-temps.

TIMOTHÉE.
Et par qui ?

SCHOON.
Par un jeune avocat... dont vous me parliez tout à l'heure, M. Japhet...

TIMOTHÉE.
Encore lui !... et il ne m'en a rien dit... O Japhet! c'est moi qui te ruine... c'est moi qui suis cause de... (Se retournant vers Schoon.) Mais, alors, je ne devine pas, M. Schoon, le motif de votre visite...

SCHOON.
Ce n'est pas étonnant... vous n'avez pas remarqué que, depuis mon arrivée, vous parlez toujours, et que vous ne m'avez pas laissé le temps de placer une parole...

TIMOTHÉE.
C'est juste... chacun son tour...

SCHOON.
Eh bien !... je viens au sujet d'une annonce que vous avez fait insérer dans le *Morning-Chronicle*.

TIMOTHÉE.
O ciel !... vous savez, en ce cas, de quoi il s'agit !

SCHOON.
Pas le moins du monde... Voici le fait en deux mots : J'ai soigné, pendant quelques jours, chez moi, un nommé Gondolfin...

TIMOTHÉE.
Lord Gondolfin...

SCHOON.
Eh non !... au haut de ma maison... dans un grenier, un pauvre diable d'assez mauvaise mine, et qu'au premier abord je vous aurais livré pour un vrai gibier de potence.

TIMOTHÉE.
Ce n'est pas cela... ce n'est pas cela, du tout.

SCHOON.
Eh ! si vraiment... c'est cela !... laissez-moi donc achever... Mon hôtesse, qui est une excellente femme, lui servait de garde-malade, et pour le distraire lui lisait le journal.

TIMOTHÉE, avec compassion.
Pauvre homme !...

SCHOON.
J'arrive pour voir l'effet d'une potion que je lui avais fait prendre le matin, comme elle lui lisait les annonces... et à côté de la mienne sur l'hydrophobie...

TIMOTHÉE.
C'est vrai, nous la lisions tout à l'heure, s'adresser chez M. Schoon, apothicaire.

SCHOON.

C'est moi-même... après mon annonce, venait la vôtre.

TIMOTHÉE.

Celle qui commence par ces mots : « Les personnes qui auraient des renseignemens relatifs à la naissance...

SCHOON.

Justement... à cette lecture, le malade parut violemment agité... il essaya de se soulever, et me fit signe de m'approcher, indiquant qu'il avait un aveu pénible à me faire.

TIMOTHÉE.

Je sue à grosses gouttes... et il a parlé?..

SCHOON.

Il l'aurait fait à l'instant même, sans une paralysie qu'il avait sur la langue.

TIMOTHÉE.

Que le diable l'emporte!.. il y avait tant de maladies à son choix... il n'en manque pas, et il faut justement que ce soit celle-là... n'importe, conduisez-moi vers lui! je le ferai causer.

SCHOON.

Cela vous sera difficile, il est mort depuis environ trois-quarts d'heure.

TIMOTHÉE.

Mort! quelle fatalité!.. il ne pouvait pas attendre.

SCHOON.

Il n'a eu que le temps de griffonner, et avec peine, ce peu de mots que je vous apporte.

(Il lui remet un papier.)

TIMOTHÉE.

Un nom... Tristram Plucmake, pas davantage; n'importe, nous voilà sur la trace... silence, M. Schoon, silence!

SCHOON.

Il s'agit donc d'une affaire bien délicate?..

TIMOTHÉE.

Excessivement délicate... au fait, pourquoi ne vous dirai-je pas la chose, mon brave M. Schoon, vous êtes un honnête homme... serviable, plein d'humanité, apothicaire, d'ailleurs, ce qui annonce que vous êtes investi de la confiance publique et particulière; sachez donc qu'il s'agit de rendre un héritier légitime à une famille des plus riches et des plus puissantes... un fils unique!

SCHOON.

En vérité!

TIMOTHÉE.

A moins qu'il n'y ait des frères et sœurs, ce dont nous n'avons aucunes preuves légales... votre zèle, dans une telle affaire, serait dignement récompensé.

SCHOON.

Fi donc... je ne demande rien; je suis au-dessus de cela; vous sentez bien... le plaisir d'obliger... voilà tout, et la pratique de l'honorable famille, si cela se trouve...

TIMOTHÉE.

Vous l'aurez, honnête M. Schoon... je vous en réponds... vous qui m'avez prodigué vos soins... mais achevez votre ouvrage : il s'agit de nous mettre en rapport avec sir Plumcake, et, pour cela, il faut le trouver à tout prix...

SCHOON.

Ce ne sera pas difficile... il m'attend dans la rue... (Appelant par la fenêtre.) Hé!... par ici...

TIMOTHÉE.

Lord Plumcake...

SCHOON, vivement.

C'est un lord?..

TIMOTHÉE.

Ça vous étonne?..

SCHOON.

Ça me fait plaisir... parce qu'il se fournit chez moi à crédit... c'est un voisin en face... que j'avais prévenu en venant ici... mais je n'osais pas le faire monter

TIMOTHÉE.

Ah! mon Dieu!

SCHOON.

Le voici!..

TIMOTHÉE, regardant Plumcake qui vient d'entrer en habit noir râpé.

Qu'est-ce que c'est que ça?..

SCHOON.

Je vous laisse, parce que j'ai mes affaires... et vous me tiendrez au courant de celle-ci... (A demi-voix.) Ah! c'est un lord!.. personne ne le connaît dans le quartier... et je ne m'en serais jamais douté. (Il sort.)

TIMOTHÉE, à part.

Ni moi non plus, depuis que je le vois.

SCÈNE IV.
PLUMCAKE, TIMOTHÉE.

TIMOTHÉE, à part.

Quel désappointement... bon Dieu!.. enfin, il faut bien prendre son parti, et son père, comme on le trouve...

PLUMCAKE.

On m'a assuré que M. Thimothée Dixon... désirait me voir pour une affaire importante, je me suis hâté d'accourir...

TIMOTHÉE.

Vous êtes bien bon; avez-vous connu autrefois un nommé Gondolfin?

PLUMCAKE.

Permettez, n'allons pas plus loin!.. je devine dans quel but vous vous adressez à moi... mais il m'est impossible de répondre à votre confiance, je ne travaille plus dans ce genre-là...

TIMOTHÉE.

Que voulez-vous dire?..

PLUMCAKE.

Que la société Gondolfin, Plumcake et Cie est dissoute depuis long-temps... et que je me suis définitivement retiré des affaires...

TIMOTHÉE.

Lesquelles?

PLUMCAKE.

Celles que vous savez! autrefois, bien entendu, car maintenant, j'ai choisi une autre partie, la partie opposée.

TIMOTHÉE.

Je ne sais rien, et vous demanderai quel métier vous exerciez?

PLUMCAKE.

Mais, à peu près tous... excepté celui d'honnête homme...

TIMOTHÉE.
Par exemple...

PLUMCAKE.
C'est la seule spéculation que nous n'ayons pas essayée... et nous avions tort, car je vois maintenant que c'était la plus simple et la moins compliquée.

TIMOTHÉE.
Comment cela?..

PLUMCAKE.
Si vous saviez, Monsieur, sans compter les inquiétudes, les dangers... et autres inconvéniens... attachés à l'état... combien il faut d'esprit et d'imagination pour être coquin... c'est étonnant ce qu'on en dépense... tandis que la vertu n'en exige pas... elle n'en a pas besoin... c'est la profession la plus facile à exercer; aussi, Monsieur je l'ai choisie comme un repos... comme une retraite... sans compter... et c'est surtout ce qui m'a encouragé dans ma nouvelle spéculation, que tout calcul fait, elle est bien plus productive... donne moins de peine, et rapporte plus... c'est un bénéfice clair et net...

TIMOTHÉE, regardant son costume.
Bénéfices... que, d'après votre costume, vous n'avez guère encore réalisés...

PLUMCAKE.
Les commencemens d'établissement sont toujours un peu durs... on a de la peine à se faire connaître... à se distinguer, surtout quand on commence tard... ce n'est pas ma faute, c'est celle de mon ami Gondolfin... qui avait de grands talens dans l'autre partie... et qui m'y avait lancé de bonne heure...

TIMOTHÉE.
Ah! Gondofin était...

PLUMCAKE.
Comme tant d'autres, un... spéculateur qui a fait souvent de mauvaises spéculations... celle-là, je crois en était une... et quoique depuis longtemps je l'aie perdu de vue... je présume qu'il finira mal...

TIMOTHÉE.
C'est fait!..

PLUMCAKE.
Comment cela?..

TIMOTHÉE.
Il est mort!..

PLUMCAKE, froidement.
Où ça?

TIMOTHÉE.
De maladie... dans un grenier.

PLUMCAKE.
Eh bien! Monsieur, cet homme-là m'a bien trompé... je lui ai toujours prédit une fin plus élevée... vous me direz qu'un grenier... c'est déjà quelque chose... mais c'est mieux que raisonnablement ses amis ne pouvaient l'espérer... il y a comme ça des chances!

TIMOTHÉE.
Oui, je vois qu'il a eu du bonheur... mais avant de mourir il vous a désigné...
(Montrant le papier.)

PLUMCAKE.
Pour la suite de ses affaires... impossible, Monsieur... je vous en ai expliqué la raison.

TIMOTHÉE.
Vous êtes dans l'erreur, il s'agit, au contraire, d'une bonne action.

PLUMCAKE.
Ça m'étonne de lui... mais je vous l'ai dit, il était capable de tout!.. Pour moi, alors, c'est différent... ça rentre dans ma nouvelle spécialité, et quoique j'y sois un peu gauche... vu le manque d'habitude... je ne demande pas mieux que de vous seconder..... si j'y trouve quelqu'avantage.

TIMOTHÉE.
Bien entendu.

PLUMCAKE.
Car il faut que la vertu rapporte... sans cela ça ne serait pas moral!

TIMOTHÉE.
C'est juste!.. voici, Monsieur, ce dont il s'agit... silence, on vient...

SCÈNE V.

LA MARQUISE, TIMOTHÉE, PLUMCAKE.

TIMOTHÉE, à demi-voix.
C'est une grande dame... qui ne restera qu'un instant.

PLUMCAKE.
Madame la marquise de Suntherland!

TIMOTHÉE.
Vous la connaissez?

PLUMCAKE.
Beaucoup... nous étions liés autrefois avec ce qu'il y avait de mieux. (Saluant.) Mme la Marquise ne remet pas mes traits?

LA MARQUISE.
Non, Monsieur.

PLUMCAKE, à part.
Il n'y a pas de mal... et je l'aime autant... (Haut.) Je suis pourtant un ancien serviteur de la famille.

LA MARQUISE.
Si vous êtes de la paroisse, présentez-vous à l'hôtel le vendredi... mon intendant est chargé de distribuer les secours. (A Timothée.) M. Japhet?

TIMOTHÉE.
Il est, dans son cabinet, à travailler.

LA MARQUISE.
Toujours...

TIMOTHÉE.
Il ne fait que cela... je lui disais encore dans notre dernière conférence.

LA MARQUISE.
Monsieur est aussi avocat?

TIMOTHÉE.
Non, Madame... je lui disais... il n'y a pas de raison, tu finiras par te tuer.

LA MARQUISE.
Ah! vous le tutoyez?

TIMOTHÉE.
Oui, c'est mon habitude.

LA MARQUISE.
Monsieur est quaker, peut-être?

PLUMCAKE.
Ah! vous êtes quaker?

TIMOTHÉE.
Quelque chose d'approchant. Sir Japhet a

défendu sa porte pour tout le monde... excepté pour Mme la Marquise.
LA MARQUISE.
Je l'en remercie... et j'en profite...
TIMOTHÉE, ouvrant la porte à gauche.
Madame la marquise de Suntherland.
La Marquise le salue, passe devant lui et entre dans le cabinet.)

SCÈNE VI.
TIMOTHÉE, PLUMCAKE.

TIMOTHÉE.
Elle n'y est plus... à nous deux, maintenant.
PLUMCAKE.
De quoi s'agit-il?
TIMOTHÉE, lui donnant le journal.
Lisez ce journal, cet article vous dira tout... il avait frappé de surprise votre ami Gondolfin... qui devait nous donner à ce sujet des renseignemens... suspendus par indisposition.
PLUMCAKE, qui a jeté les yeux sur l'article.
Ah! ah!
TIMOTHÉE.
C'est justement ce qu'il dit en lisant.
PLUMCAKE, relisant.
« Les personnes qui auraient des renseigne-
» mens relatifs à la naissance d'un enfant déposé
» le 15 juillet 1816»... (S'arrêtant.) Permettez... l'enfant...
TIMOTHÉE.
Eh bien!
PLUMCAKE.
Lequel? car je me rappelle parfaitement qu'il y en eut deux... déposés ensemble... et à la même heure.
TIMOTHÉE.
C'est juste... c'est bien cela!.. vous êtes au fait de l'événement!..
PLUMCAKE.
Comme si j'y avais été.
TIMOTHÉE.
Vous savez tout?
PLUMCAKE.
Jusque dans les moindres détails.
TIMOTHÉE, lui sautant au cou.
Ah! mon ami, mon cher ami... (S'essuyant le front.) Enfin, nous y voilà... ce n'est pas sans peine!.. asseyez-vous!.. je vous écoute... cet enfant... ou ces deux enfans... si vous voulez, car pendant que nous y sommes, ça n'en coûtera pas plus... quelle est cette noble famille... parlez, mais parlez donc... qu'attendez-vous?
PLUMCAKE.
J'attends que vous commenciez.
TIMOTHÉE.
Quoi donc?
PLUMCAKE.
Les éclaircissemens.
TIMOTHÉE.
C'est vous.
PLUMCAKE.
C'est vous... je ne connais qu'une manière de voir clair en affaire...
(Faisant le geste de compter de l'argent.)

TIMOTHÉE.
Je vous comprends... honorable Plumcake... et j'y ai pensé... lisez la fin de l'article.
PLUMCAKE.
Je l'ai lu, cent livres sterling de récompense.
TIMOTHÉE.
Après?
PLUMCAKE.
Non... avant!.. dès qu'il s'agit de s'éclairer... il vaut mieux que la lumière marche devant que derrière!..
TIMOTHÉE.
Vous, qui êtes un honnête homme... vous qui exercez maintenant la vertu.
PLUMCAKE.
Certainement, je l'exerce, mais pas gratis!..
TIMOTHÉE.
Fi donc!..
PLUMCAKE.
Comment, Monsieur, tous les états du monde rapportent, y compris ceux de tailleur et de procureur... et l'état le plus beau, le plus noble, ne rapporterait rien... ça ne serait pas juste... je dis plus, ça serait décourageant... ça dégoûterait de la vertu... et j'y tiens... Monsieur... j'y tiens, dans ce qui en est pour moi la base et le fondement... cent guinés sur-le-champ... et autant après... si vous êtes content...
TIMOTHÉE.
Comment, morbleu!
PLUMCAKE.
C'est d'un honnête homme, car, enfin, si vous n'étiez pas satisfait... c'est possible... je ne dis pas non!..
TIMOTHÉE.
Quoi, Monsieur, vous ne pourriez pas me faire crédit...
PLUMCAKE.
La vertu n'en fait pas... avec elle, point de retards, point de délais!..
TIMOTHÉE.
Diable d'homme!.. c'est juste, Monsieur, c'est juste... et si ça ne dépendait que de moi, je vous compterais cette somme sur-le-champ... mais vous comprenez qu'il faut que je transmette vos propositions à la famille qui m'a chargé de cette affaire...
PLUMCAKE.
Ah! Monsieur est l'homme d'affaire...
TIMOTHÉE.
L'intendant.
PLUMCAKE.
De la famille...
TIMOTHÉE.
Oui, Monsieur, de la noble famille. (A part.) S'il pouvait la nommer... (Haut.) La famille de... de...
PLUMCAKE.
La famille de l'enfant!.. dès que vous aurez sa réponse...
TIMOTHÉE.
Aujourd'hui, probablement...
PLUMCAKE.
Eh bien! je repasserai ici, sur les trois heures, avec les pièces à l'appui...
TIMOTHÉE.
Les preuves...

PLUMCAKE.

Je ne marche jamais sans cela... prêt à les échanger contre les deux cents guinées... comptant...

TIMOTHÉE.

Nous avions dit cent...

PLUMCAKE.

Je m'en repends maintenant... le repentir est toujours permis... et comme a dit un poète français :

Dieu fit du repentir la vertu des mortels...

C'est la mienne... je suis, M. l'intendant, votre tout dévoué... (Il sort.)

SCÈNE VII.
TIMOTHÉE, seul.

Va-t'en au diable, avec ta vertu... la vertu la plus obstinée... la plus juive... Dire que je touche au port... que nous y sommes... que nous tenons les honneurs... les titres... les trésors, et que nous ne pouvons les saisir, faute de deux cents guinées... si je dis ça à Japhet... il se moquera de moi... il ne voudra pas me les donner... je le sais... D'ailleurs, il ne les a pas... et il n'est pas homme à les emprunter pour les jeter à un aventurier, à un intrigant... qui d'abord, et avant de parler, veut tenir cet argent... que peut-être il ne gagnera pas... si vraiment... il a bien dit qu'ils étaient *deux*... il a l'air sûr de son fait... il sait tout!.. et cette vérité qu'il me cache... si je pouvais la découvrir sans payer l'impôt et la taxe... si je pouvais y arriver gratis... en me passant de lui... ça serait plus beau... et plus économique... mais comment?.. impossible... (Jetant un cri.) Ah!.. ah! mon Dieu!.. tout à l'heure... cette Marquise... cette grande dame... que sur-le-champ il a reconnue... dont il a été long-temps le domestique... s'il a été à son service... est-ce qu'il ne pourrait pas par elle... ou par quelqu'un des siens, avoir été employé dans cette affaire... dont il semble posséder tous les détails... Suntherland... la Marquise de Suntherland... a un beau nom... un nom qui nous irait... ce doit être lord Suntherland son époux... son honorable époux... en tous cas, qu'est-ce que je risque de voir... d'essayer d'en parler d'une manière détournée... je verrai toujours bien... et, alors... c'est elle... c'est comme un fait exprès... c'est le ciel qui l'envoie!

SCÈNE VIII.
LA MARQUISE, TIMOTHÉE.

TIMOTHÉE.

C'est une dévote... je peux toujours lui parler du ciel... c'est une manière d'entrer en conversation...

LA MARQUISE.

C'est ce jeune quaker, l'ami de mon avocat.

TIMOTHÉE.

Mille pardons, Mme la Marquise... d'oser vous demander quelques instans d'entretien sur une affaire grave...

LA MARQUISE.

Sur mon procès?..

TIMOTHÉE.

Sur une affaire plus importante encore... pour une dame aussi vertueuse, aussi pieuse que vous...

LA MARQUISE.

Que voulez-vous dire ?

TIMOTHÉE.

A peine le sais-je moi-même... mais vous devez me comprendre... c'est un mystère... une révélation...

LA MARQUISE.

Grand Dieu!..

TIMOTHÉE, à part.

Elle se trouble... elle sait quelque chose... (Haut.) Mystère connu de moi seul...

LA MARQUISE.

Comment cela... qui a pu vous instruire?..

TIMOTHÉE.

Vous savez donc de quoi il s'agit?..

LA MARQUISE.

Peut-être, Monsieur... mais encore...

TIMOTHÉE.

Il s'agit d'un secret de famille... de l'honneur des Suntherland...

LA MARQUISE.

Silence!..

TIMOTHÉE, à part.

Elle sait tout... (Haut.) Et avant d'en parler à votre mari...

LA MARQUISE.

Je n'en ai pas!..

TIMOTHÉE, avec effroi.

Quoi, vous êtes veuve... le Marquis de Suntherland... votre honorable époux, n'existerait plus...

LA MARQUISE, baissant les yeux.

Je n'ai jamais été mariée...

TIMOTHÉE.

Pas mariée... alors, comment se fait-il?..

LA MARQUISE.

Silence, au nom du ciel... mon honneur... ma réputation... les ennemis que j'ai en ce moment... vous ne voulez pas me perdre...

TIMOTHÉE.

Non certainement...

LA MARQUISE.

Silence donc!.. vous me le promettez... vous me le jurez...

(Elle va fermer la porte, à gauche du cabinet de Japhet.)

TIMOTHÉE, à part.

C'est une nouvelle tuile qui me tombe sur la tête... je cherchais un père... et il se trouve que c'est une mère... je comprends maintenant, son rang, sa naissance... et pas mariée... tout lui faisait un devoir... de cacher à tous les yeux... et c'est Plumcake... qui aura été chargé par elle... c'est clair comme le jour...

LA MARQUISE.

Eh bien! Monsieur?..

TIMOTHÉE.

Eh bien, Madame, je m'entendrai avec vous... avec vous seule...

LA MARQUISE.
Mais, d'abord, quel intérêt vous guide et vous fait agir?..
TIMOTHÉE.
Celui de la vérité, d'abord!.. c'est quelque chose... et d'autres motifs encore... qui font qu'avant de m'expliquer... je tiens à tout savoir...
LA MARQUISE.
Ce n'est ici ni le lieu, ni le moment.
TIMOTHÉE.
C'est juste...
LA MARQUISE.
Mais, dans deux heures, chez moi... à mon hôtel... à l'hôtel de Suntherland... je vous attendrai...
TIMOTHÉE.
J'y serai... je vous le promets... et, d'ici là... discrétion inviolable...
LA MARQUISE.
J'y compte, Monsieur, j'y compte... adieu...
(Elle sort.)

SCÈNE IX.
TIMOTHÉE, seul; puis JAPHET.

Père inconnu... mais il y a une mère... une mère non mariée... qui peut nous reconnaître... nous laisser sa fortune... de son côté, pas d'héritiers, pas de collatéraux!.. du nôtre, pas un seul parent!.. avantage que nous avons toujours, nous autres anonymes... il faut bien que ça serve à quelque chose! et c'est moi... moi seul, qui ai découvert tout cela, sans le secours de Plumcake... et je ne sais si je dors, si je veille, si c'est bien moi, Timothée Dixon... (Apercevant Japhet.) Ah! mon ami!
(Il lui saute aucou.)
JAPHET.
Qu'as-tu donc?
TIMOTHÉE.
Rien... je n'ai rien à dire...

JAPHET.
Cela se trouve bien, car je n'aurais pas le temps de t'écouter... je vais au palais.
TIMOTHÉE.
Je n'ai rien à te dire... car tu ne me croirais pas... mais plus tard, quand je serai sûr de mon fait. (A demi-voix.) Oui, mon ami, oui... ce qu'il y a de mieux dans ce genre-là... une famille superbe...
JAPHET.
Tu perds la tête... adieu!.. je suis en retard et il fait un temps affreux.
TIMOTHÉE.
C'est bien... où te verrai-je aujourd'hui? car j'aurai à te parler.
JAPHET.
En sortant du palais, j'irai chez ma cliente, lady Suntherland... de là...
TIMOTHÉE.
Bien!.. je t'y trouverai... ou plutôt je t'y attendrai.
JAPHET.
Et pourquoi?
TIMOTHÉE.
Cela me regarde... sois tranquille... tu verras, la vue n'en coûte rien.
JAPHET, regardant autour de lui.
Où est donc mon chapeau.
TIMOTHÉE, le lui donnant.
Tu verras que tu es millionnaire.
JAPHET.
Et mon parapluie.
TIMOTHÉE.
Voilà, je te le permets encore pour aujourd'hui.
JAPHET.
Adieu!
TIMOTHÉE, le regardant et avec exaltation.
C'est la dernière fois que tu vas à pied... (A Japhet qui le regarde d'un air étonné.) Allez, milord, allez!
(Japhet sort par le fond; Timothée par la porte à droite.)

FIN DU PREMIER ACTE.

ACTE II.
Un riche salon dans l'hôtel de Suntherland.

SCÈNE I.
ESTHER, SCHOON.

ESTHER.
Vous croyez donc, maître Schoon, que cela suffira.
SCHOON.
Quelques gouttes d'éther, sur un morceau de sucre, pas autre chose... car je ne vois rien d'alarmant dans l'état de Mme la Marquise.
ESTHER.
Et vous ne trouvez pas nécessaire d'envoyer chercher un médecin?
SCHOON.
A moins que vous ne vouliez décidément la rendre malade... Je tiens peu aux médecins... surtout depuis qu'ils veulent se passer des pharmaciens... et qu'ils ne font plus rien prendre chez nous... mauvais système!.. innovation dangereuse! qui tuera beaucoup de monde.
ESTHER.
Vous croyez?
SCHOON.
Ça commence d'abord par tuer... les apothicaires... et quand il n'y aura plus d'apothicaires, on verra les suites...
ESTHER.
Mais l'indisposition de ma tante n'en aura pas?

ACTE II, SCÈNE II.

SCHOON.
Des spasmes... voilà tout... Comment cela lui a-t-il pris?

ESTHER.
C'est ce maudit procès qui en est cause... elle venait de chez son avocat, elle est rentrée fort troublée, fort agitée... s'est assise et s'est trouvée mal.

SCHOON.
Ce n'était qu'un mouvement nerveux... les fibres du cerveau tendus par une préoccupation continuelle... c'est comme moi, quand je compose!.. quand j'ai composé ma fameuse pâte pour les cors aux pieds... vous ne pouvez pas vous imaginer comme cela influait sur mon organisation cérébrale... Mais ici, grace au ciel, il n'y a pas d'apparence de fièvre... j'apporte une petite potion calmante, pour procurer à Mme la Marquise une bonne nuit... Sans adieu, Miss... j'ai quelques cliens à visiter... et une autre affaire qui m'occupe... nous avons demain une séance à l'Académie royale de Médecine... des expériences du docteur Irving... sur l'hydrophobie.... si ça peut être agréable à vous et à Mme la Marquise... je connais le docteur... et j'aurai des billets... des premières places.

ESTHER.
Dans ce cas, j'aime mieux être loin, le plus loin possible... et je vous remercie, M. Schoon... à tantôt... vous reviendrez... vous n'y manquerez pas?

SCHOON.
Je vous le promets. (Il sort.)

SCÈNE II.
ESTHER, puis LA MARQUISE.

ESTHER.
Je ne veux plus qu'elle pense à ce procès.... pas plus qu'à ce mariage... l'un est aussi inutile que l'autre... là voilà encore triste et rêveuse!..

LA MARQUISE, à part.
Comment ce mystère a-t-il pu être pénétré? enfin, il est connu de lui, de bien d'autres peut-être... il n'y a plus à hésiter.

ESTHER.
Vous souffrez toujours.

LA MARQUISE.
Oui... d'abord, il y a des émotions qu'on a peine à maîtriser! des positions auxquelles il faut renoncer... non sans peine, non sans effroi, et puis, à force de les envisager, on s'y fait, on s'y habitue, et quand une fois on a pris son parti... on s'étonne de n'avoir pas eu plus tôt ce courage.

ESTHER.
Quoi! il serait vrai... ce procès, vous y renoncez? ah! vous avez bien raison.

LA MARQUISE.
Non, mon enfant... car ce n'est pas pour moi, c'est pour toi que je l'ai entrepris.

ESTHER.
Pour moi que vous vous donnez tant de peine, que vous compromettez votre santé... n'en faites rien, je vous supplie... car je ne sais comment vous expliquer... comment vous dire... mais j'ai un aveu à vous faire...

LA MARQUISE.
Toi aussi!..

ESTHER.
Vous désirez gagner ce procès pour me doter, pour me marier, pour me rendre heureuse?

LA MARQUISE.
Sans contredit...

ESTHER.
Eh bien! s'il devait arriver tout le contraire?

LA MARQUISE.
Comment cela?

ESTHER.
Si le choix que vous avez fait... je ne sais comment me faire comprendre.

LA MARQUISE.
Tu ne connais pas le marquis de Schressbury, tu ne l'as jamais vu.

ESTHER.
C'est vrai!.. mais il n'est pas le seul au monde, il y en a d'autres que lui...

LA MARQUISE.
Qu'est-ce à dire?

ESTHER.
Voilà que vous vous fâchez...

LA MARQUISE.
De ton manque de confiance.

ESTHER.
Je n'osais pas... vous aimez les marquis, et celui-là ne l'est pas.

LA MARQUISE.
Qu'importe!.. si le choix est convenable... s'il a une belle fortune...

ESTHER.
Il n'en a pas du tout... voilà pourquoi je ne trouvais pas nécessaire d'en avoir...

LA MARQUISE.
Au contraire... raison de plus... mais rassure-toi, mon enfant, il se peut qu'un jour tu en aies une considérable...

ESTHER.
Que je pourrai lui offrir?

LA MARQUISE.
Un instant... pourvu qu'il ait du talent, du mérite, une honnête famille... un nom honorable.

ESTHER.
Il a tout cela, j'en suis sûre.

LA MARQUISE.
Eh bien! je vais lui écrire... ou plutôt écris-lui toi même, en mon nom, que je suis prête à agréer sa recherche... mais que je demande à le voir... à le connaître.

ESTHER.
Il n'en est pas besoin... vous le connaissez... vous l'estimez... vous le voyez presque tous les jours...

LA MARQUISE.
Qui donc? achève.

ESTHER.
Je ne puis, car voici du monde qui vous arrive.

UN DOMESTIQUE, annonçant.
M. Timothée Dixon.

LA MARQUISE.
O ciel! laisse-nous.

ESTHER.
Oui, ma tante, je vous laisse. (A demi-voix.) avec un de ses amis!

LA MARQUISE.
Que dis-tu?

ESTHER, s'enfuyant.
Adieu! (A part.) Je vais écrire à M. Japhet, au nom de ma tante. (Elle sort.)

SCÈNE III.
LA MARQUISE, TIMOTHÉE.

LA MARQUISE.
Un de ses amis... je conçois maintenant... et ses discours de ce matin et l'entretien qu'il m'a demandé! il avait intérêt à connaître et à découvrir les secrets d'une famille... où son ami désire entrer.

TIMOTHÉE, après avoir salué.
Me voici, Madame la Marquise, exact au rendez-vous.

LA MARQUISE.
C'est bien.

TIMOTHÉE, à la Marquise.
Pardon, Madame.

LA MARQUISE.
Vous doutez, Monsieur, que le peu de mots que vous m'avez dit ce matin m'ont jetée dans un grand trouble.

TIMOTHÉE.
Je le crois bien... aborder aussi brusquement un pareil sujet... je m'en accuse.

LA MARQUISE.
Et moi, je vous remercie... le premier moment a été tout entier à l'effroi... et le second...

TIMOTHÉE.
J'en étais sûr, à des émotions plus douces, plus naturelles... et je ne vois pas pourquoi on s'en défendrait... qu'est-ce qui n'a pas été jeune, Madame?.. tout le monde l'a été... plus ou moins...

LA MARQUISE.
Je vous rends grace de tant d'indulgence... surtout me croyant capable...

TIMOTHÉE.
Madame...

LA MARQUISE.
Mais je ne le suis pas, Monsieur...

TIMOTHÉE, à part.
Si elle me prouve cela...

LA MARQUISE.
Ou, du moins, je ne le suis pas autant que vous pourriez le penser... des événemens, des circonstances...

TIMOTHÉE.
Les circonstances... c'est ce que j'allais vous dire... elles n'en font jamais d'autres... sans les circonstances, il n'arriverait jamais de malheurs; aussi, croyez, Madame, que j'ai toujours fait la part des circonstances... une bonne part... bien large... ainsi, de ce côté, soyez tranquille...

LA MARQUISE.
Je ne le serai qu'après m'être justifiée à vos yeux... car je sais maintenant le motif qui vous fait agir... je le sais... et la vérité que vous désirez connaître... c'est moi qui tiens aujourd'hui à vous l'apprendre.

TIMOTHÉE.
Alors, nous sommes parfaitement d'accord... de plus, nous sommes seuls, ainsi, parlez!

LA MARQUISE.
J'avais été élevée avec un de mes cousins, Arthur Ephelston.

TIMOTHÉE.
Ephelston... n'est-ce pas un lord... un pair d'Angleterre?..

LA MARQUISE.
Oui, Monsieur...

TIMOTHÉE.
Ancienne famille... immense fortune... Dieu! que je suis content...

LA MARQUISE.
Et de quoi?

TIMOTHÉE.
De ce qu'il était votre cousin... car un cousin jeune et aimable... vaut toujours mieux...

LA MARQUISE.
Non, vraiment... car on l'aime... et quand il est destiné à une autre... quand il est forcé d'obéir à un père inflexible...

TIMOTHÉE.
Les pères ne sont ici-bas que pour notre tourment... moi, qui vous parle, il y en a un qui m'en a donné du tourment... et de la peine...

LA MARQUISE.
Le vôtre?..

TIMOTHÉE, vivement.
Jamais... de ce côté-là... je dois lui rendre justice... mais, continuez... Lord Ephelston...

LA MARQUISE.
Se soumit à la volonté paternelle... il se maria! moi, je jurai de rester libre... je tins parole; je refusai tous les partis, et quelques années après, lorsque par des événemens trop longs à vous raconter, lord Ephelston eût perdu sa femme et son fils, maître de sa main... il me l'offrit... je l'acceptai...

TIMOTHÉE.
Je ne vois pas alors les circonstances malheureuses... dont vous parlez...

LA MARQUISE, baissant les yeux.
Confians dans notre tendresse, dans notre foi mutuelle... nous nous regardions comme époux! pour consacrer cette union... nous n'attendions que le temps voulu par les convenances du veuvage, lorsqu'un événement affreux... lord Ephelston, blessé mortellement dans une partie de chasse...

TIMOTHÉE.
Ah! mon Dieu!..

LA MARQUISE.
Expira... sans avoir pu réparer... une imprudence que le soin de ma réputation me força de cacher à tous les yeux...

TIMOTHÉE.
Je comprends...

LA MARQUISE.
Voilà ma faute, Monsieur... celle que vous m'avez reprochée avec raison...

TIMOTHÉE.
Je n'ai rien reproché... mais je pensais qu'une noble et généreuse dame, telle que vous... ne voudrait pas enlever plus long-temps à son enfant, son nom... son état.

LA MARQUISE.
Vous dites vrai... ma position dans le monde me faisait chaque jour hésiter... mais vos discours... votre sévère franchise m'ont éclairée sur mes

véritables devoirs... je suis décidée à tout braver...
TIMOTHÉE.
A la bonne heure...
LA MARQUISE.
A expirer mes torts envers mon enfant...
TIMOTHÉE.
C'est tout ce que nous demandons...
LA MARQUISE.
Et dès demain, aux yeux de tous... je la reconnais pour ma fille !..
TIMOTHÉE.
Votre fille !.. ô ciel !..
LA MARQUISE.
Qu'avez-vous donc ?..
TIMOTHÉE.
Rien, Madame... rien... (A part.) C'était une fille !..
LA MARQUISE.
Ne voulant me priver ni de sa vue, ni de ses caresses, je l'avais élevée près de moi, présentée dans le monde, comme ma parente, comme ma nièce... cela ne suffit pas... je le vois, maintenant surtout, que d'autres vues... d'autres idées, dont elle m'a parlé... et dont nous causerons plus tard... J'attends M. Japhet, votre ami, et notre avocat... il nous indiquera la marche à suivre... mais avant qu'il ne vienne, je cours près d'Esther... près de ma fille... tout lui avouer, et lui apprendre, Monsieur, que c'est à votre généreuse intervention qu'elle devra son nom, son sang et sa fortune... (Elle sort.)

SCÈNE IV.
TIMOTHÉE, seul.

Je parlais de tuile !.. en voilà une ! ou plutôt c'est toute une toiture... une maison... un palais, c'est l'édifice que j'avais élevé... qui s'écroule tout entier... m'écrase et m'aplatit... une fille... bon Dieu ! une fille ! et c'est pour la faire reconnaître de ses illustres parens que je me suis donné tant de mal ! ça vous casse les bras ! ma parole d'honneur, je suis foudroyé... anéanti... Dieu ! (Regardant par la porte du fond, qui s'ouvre.) Japhet qui monte le grand escalier ! Moi qui lui avais donné rendez-vous ici... moi qui m'étais vanté de lui livrer une famille tout entière... je n'en ai pas même le commencement... un père... un malheureux père... sont-ils donc devenus si rares... qu'on ne puisse en trouver un... même d'occasion...

SCÈNE V.
TIMOTHÉE, JAPHET.

JAPHET, à part, et serrant une lettre dans sa poche.
C'est le seul parti à prendre... j'avouerai tout, c'est mon devoir...
TIMOTHÉE.
Que dis-tu donc?
JAPHET.
Je dis que tout est conjuré sur moi... tout jusqu'au bonheur qui m'accable...
TIMOTHÉE.
Tu es bien heureux... je vois que ton procès est gagné...
JAPHET.
Non... la cause est remise à huitaine... mais, en sortant du palais... j'ai reçu une lettre...
TIMOTHÉE.
Et de qui?
JAPHET, avec embarras.
Dans la position... où nous sommes... je n'ai pas osé t'avouer... qu'il était une personne... noble... riche... que je voudrais, et que maintenant je ne puis te nommer... que j'aime... et dont je suis aimé...
TIMOTHÉE.
Le grand mal.
JAPHET.
On me propose sa main... on m'offre de l'épouser...
TIMOTHÉE.
Acceptons toujours.
JAPHET.
On connaît mon manque de fortune, et ce n'est pas un obstacle; mais on exige, et c'est tout naturel, une naissance et une famille honorables, on me demande quel est mon nom... quel est mon père?..
TIMOTHÉE.
Eh! parbleu, je me le suis assez demandé depuis ce matin...
JAPHET.
Que leur répondre?
TIMOTHÉE.
Que tu es noble, je l'atteste...
JAPHET.
Et rien ne le prouve...
TIMOTHÉE.
Rien ne prouve le contraire... et, dans le doute... il y a autant de chances pour nous... dis-leur seulement d'attendre quelques jours... il me reste un espoir... j'ai une famille en vue...
JAPHET.
Celle dont tu me parlais?..
TIMOTHÉE.
Non, celle-là a manqué...
JAPHET.
Tu vois bien, toutes tes recherches n'ont pas le sens commun.
TIMOTHÉE.
Écoute donc... c'était trop beau... c'était gratis... et, dans ce monde, on n'a rien pour rien... mais j'en ai un autre immanquable...
JAPHET.
Laisse-moi tranquille...
TIMOTHÉE.
C'est plus cher, il est vrai... et je n'ai pas le premier schelling... ni toi non plus... mais, plus tard... sur ce que nous gagnerons... nous pourrons amasser...
JAPHET, avec impatience.
C'en est assez.
TIMOTHÉE.
De quoi, avoir un père...
JAPHET.
Va-t'en au diable...

TIMOTHÉE.

Si je t'en ai un... sur mes économies, à moi, tu ne peux pas m'en empêcher.

JAPHET.

Si, vraiment; je te défends de t'en occuper et de me compromettre davantage... je dois la vérité tout entière, à la noble famille qui veut bien m'accueillir... et quand elle saura qui je suis, si elle me refuse... si elle me repousse, je ne pourrai lui en vouloir... mais je sais le parti qui me reste à prendre...

TIMOTHÉE.

Et lequel?

JAPHET.

J'irai... j'irai me jeter à la Tamise!..

TIMOTHÉE.

Ingrat!.. tu m'abandonnerais donc, moi, ton ami, qui me ferais tuer, non pas pour moi, car je ne te ressemble pas, je n'aurais jamais ces idées-là pour mon compte, mais pour toi, pour te rendre heureux...

JAPHET.

Pardon, mon bon Timothée... mon frère...

TIMOTHÉE.

Oui... ton frère... nous n'avons pas déjà tant de parens dans le monde... il n'y a que nous deux... et si je perds la moitié de ma famille... que veux-tu que je fasse de l'autre?..

JAPHET.

Tu as raison, je suis un insensé...

TIMOTHÉE.

Et puis ce père, que j'aurai enfin rencontré... arriverait donc pour ne plus retrouver son fils... car je ne pourrais plus le lui rendre... et il me demanderait comme à Caïn : Qu'as-tu fait de ton frère? tu comprends bien que ça ne se peut pas, que je réponds de toi...

JAPHET.

Je n'y pense plus, te dis-je... je n'y pense plus...

TIMOTHÉE.

Alors, embrasse-moi donc... (Ils se jettent dans les bras l'un de l'autre.) et laisse-moi faire.

JAPHET.

Oui, à condition que tu ne feras rien. J'entre chez la Marquise, lui rendre compte de l'audience d'aujourd'hui... et je reviendrai te reprendre.

TIMOTHÉE.

C'est bien, entre chez la Marquise; tu y trouveras du changement... grace à moi.

JAPHET.

Comment cela?

TIMOTHÉE, apercevant Schoon.

C'est M. Schoon, l'apothicaire. Je ne peux pas t'expliquer devant lui, mais on te dira ce que j'ai fait... et peut-être ça te donnera-t-il confiance en moi... Va toujours.

(Japhet sort par la porte à droite.)

SCÈNE VI.

TIMOTHÉE, SCHOON.

TIMOTHÉE.

C'est vrai... j'aurai pu trouver une mère à cette petite fille, dont je ne me soucie pas... et je ne trouverais pas un père à mon ami,.. à mon meilleur ami. Allons donc !.. surtout quand il ne s'agit que de deux cents guinées.

SCHOON.

Est-ce que Mme la Marquise se trouverait plus indisposée?

TIMOTHÉE.

Non... vénérable monsieur Schoon. (A part.) Deux cents guinées... si je les empruntais à M. Schoon...

SCHOON.

Je viens de rencontrer votre nouvelle connaissance, ce brave Plumcake, que je vous ai envoyé ce matin, et qui doit, à ce qu'il m'a dit, se rendre chez vous à trois heures.

TIMOTHÉE, à part.

Tant mieux, il ne m'y trouvera pas. Il est vrai que j'ai dit tout haut devant l'hôtesse que je me rendais à l'hôtel Suntherland.

SCHOON.

Il viendra vous y rejoindre ; car il avait, disait-il, des papiers à vous remettre.

TIMOTHÉE, avec dépit.

Je le sais bien... Que pensez-vous de ce Plumcake?

SCHOON.

Vous me disiez un lord.

THIMOTHÉE.

Je me trompais !

SCHOON.

C'est un pauvre diable... qui a grand besoin d'argent.

TIMOTHÉE.

Lui en prêteriez-vous ?

SCHOON.

Je n'en ai jamais prêté à personne.

TIMOTHÉE.

C'est bon à savoir.

SCHOON.

Et ce n'est pas à mon âge qu'on change ses habitudes... mais je lui ai offert les moyens de gagner sur-le-champ cent guinées que j'ai là.

TIMOTHÉE.

Quels moyens?

SCHOON.

Vous n'avez donc pas lu ce matin, dans le journal, mon annonce à côté de la vôtre?

TIMOTHÉE, avec émotion.

Si, vraiment... Eh bien !..

SCHOON.

C'est demain que devaient avoir lieu, à l'Académie royale, les expériences du docteur Irving... Mais, quelque infaillible que soit sa recette, il n'a encore pu trouver personne qui voulût tenter l'épreuve.

TIMOTHÉE.

Eh bien !..

SCHOON.

Eh bien ! je l'ai proposée à Plumcake... qui pouvait la risquer, car il n'a rien à perdre... Il a refusé.

TIMOTHÉE.

Ah! il a refusé?.. C'est donc bien dangereux?

SCHOON.

Dame ! c'est chanceux... Tous les jours on se trompe... surtout les médecins.

TIMOTHÉE.

Mais, que ça réussisse ou non,... on est sûr des deux cents guinées?..

SCHOON.

On les touche sur-le-champ... en signant l'engagement que j'ai là... et que je rapporte au docteur.

TIMOTHÉE.

Ah! vous l'avez là?.. je voudrais bien le voir.

SCHOON.

Très volontiers... le voici bien en règle. C'est original, n'est-ce pas? (A Timothée, qui court brusquement à la table.) Eh bien! que faites-vous?.. vous signez?

TIMOTHÉE, lui présentant le papier.

Les deux cents guinées?

SCHOON.

Y pensez-vous?

TIMOTHÉE.

Les deux cents guinées... il me les faut à l'instant.

SCHOON.

Mais le danger...

TIMOTHÉE.

Ça m'est égal.

SCHOON.

Il y va de la vie.

TIMOTHÉE.

Qu'est-ce que ça vous fait?.. est-ce la vôtre? C'est la mienne... ça me regarde. Tenez, vous dis-je... tenez; j'ai signé, ne voulez-vous pas maintenant me voler mon argent?

SCHOON, lui donnant des billets de banque.

Non... non... le voici... Mais permettez-moi de vous dire...

TIMOTHÉE, sans l'écouter.

Ah! mes chères bank-notes, je vous tiens donc... sans vous devoir à personne.... qu'à moi!

SCHOON.

Mais, mon cher ami... il a perdu la tête...

TIMOTHÉE.

La perte n'est pas grande... (Montrant sa tête.) car elle n'est pas belle!.. Si c'était la vôtre, M. Schoon, ce serait différent.

SCHOON.

Vous êtes bien bon... mais je ne sais, en conscience, si je dois consentir...

TIMOTHÉE.

Que vous le vouliez ou non... c'est fait... c'est signé. Allez dire au docteur que, demain, je suis à lui... je suis son bien, puisqu'il m'a acheté et payé... Allez... allez vite.

SCHOON.

Oui, Monsieur... Je vais le prévenir que nous avons, enfin, un sujet... il n'y comptait plus... Mais, aujourd'hui... dites-moi...

TIMOTHÉE.

Aujourd'hui, je suis encore à moi... je m'appartiens.

SCHOON.

C'est trop juste.

TIMOTHÉE.

On vient... c'est Plumcake... laissez-moi.

SCHOON.

Oui, mon cher ami, je m'en vas. (Il sort.)

SCÈNE VII.

TIMOTHÉE, PLUMCAKE.

TIMOTHÉE.

Le voilà parti!.. (A Plumcake.) A nous deux, maintenant... J'ai vu la famille... la noble famille; elle consent au sacrifice que vous exigez... aux deux cents guinées...

PLUMCAKE.

Comptant.

TIMOTHÉE.

Je les ai là. A mon tour, je compte sur une franchise entière et sur une vertu...

PLUMCAKE.

Que je vous garantis solide!.. D'abord, elle est toute neuve et n'a presque pas servi.

TIMOTHÉE.

Voici l'argent.

PLUMCAKE.

Voici les preuves... mais pour que vous puissiez utilement en faire usage, je dois les faire précéder d'un petit précis historique, ou notice biographique... Ne vous effrayez pas, ça ne vous coûtera pas plus cher; les biographies sont aujourd'hui pour rien. Monsieur, tel que vous me voyez, je descends aussi d'une famille célèbre... mon père, maître Plumcake, s'était distingué dans la haute pâtisserie, et, plus heureux que Christophe Colomb, il avait donné son nom à une espèce de gâteaux, découverte et inventée par lui.

TIMOTHÉE.

Les Plumcakes?.. C'est donc cela que je me disais...

PLUMCAKE.

Vous connaissiez?

TIMOTHÉE.

J'en ai mangé.

PLUMCAKE.

Cela seul me dispense de tout commentaire comme de tout éloge... Or donc, Monsieur... mon illustre père était premier cuisinier... premier chef chez lord Ephelston.

TIMOTHÉE.

Permettez... permettez... je connais aussi ce nom.

PLUMCAKE.

Un cousin de Lady Suntherland.

TIMOTHÉE.

C'est juste... Arthur...

PLUMCAKE.

Vous l'avez dit... lord Arthur Ephelston. J'ai été élevé dans ses cuisines... Quelle table, Monsieur!.. quelle maison!.. le paradis terrestre. Il ne tenait qu'à moi d'y rester et d'y vivre... mais, au lieu d'étudier sous mon père, le plus honnête des cuisiniers, une spécialité dans son genre... au lieu de sucer ses doctrines, si solides et si succulentes... je préférais le bruit et la fumée... celle des estaminets, que je hantais habituellement avec des jeunes gens de mon âge, les plus mauvais sujets du quartier, entre autres, un nommé Gondollin.

TIMOTHÉE.

Nous y voilà!

PLUMCAKE.

Un maître d'armes... un joueur, un tapageur... du reste, un homme de génie et d'imagination. Par malheur, il n'en avait jamais que de mauvaises, et, dans toutes nos spéculations, c'était lui qui concevait... Moi, je n'étais homme d'affaires qu'à la suite et en sous ordre... Et quelles affaires, Monsieur! Si vous saviez ce que l'on gagne dans cette branche de commerce... que nous avions choisie par paresse, et qui nous donnait plus de mal que n'en ont tous les négocians à leur comptoir... ou les employés à leur bureau. Et que de fois, la nuit, battant le pavé de Londres, ou, couché sous une porte cochère, le corps gelé et l'estomac vide... j'ai pensé à cette cuisine si bonne et si chaude, où j'avais été élevé... à cette table honnête et exquise, où mon père s'arrondissait... tandis que moi... vous voyez!.. La vertu, Monsieur, il n'y a que la vertu pour se bien porter au moral, comme au physique!

TIMOTHÉE.
Je n'en doute pas!.. mais Gondolfin...

PLUMCAKE.
Gondolfin, s'il y avait pensé, aurait été encore plus malheureux que moi... car il s'était marié à une brave et honnête femme... les extrêmes se touchent!.. Elle était morte en laissant un enfant, un garçon... qui s'élevait par la grace de Dieu... car il ne mangeait pas tous les jours... ni nous non plus... table d'hôte économique... rien par tête... Il y avait de quoi la perdre, lorsqu'un matin, nous voyons arriver Gondolfin avec un jeune enfant. « Un nouveau convive que je vous amène. nous cria-t-il à nous, qui en avions déjà un sur les bras... à nous, qui ne savions comment vivre. C'est celui-là qui nous donnera à dîner, nous dit-il. » Et voici quels étaient son idée et son plan... car les idées ne lui manquaient jamais... Assis sur un banc, en été, dans une promenade publique, il avait remarqué un enfant traîné dans son berceau... par une femme de chambre au service de lord Ephelston... Il connaissait, par moi, tous les gens de la maison. Le jour baissait ; elle retournait à l'hôtel. Mais, accostée en route, par un jeune soldat aux gardes... la nourrice, distraite, marchait lentement, et s'arrêtait même des minutes entières, écoutant son interlocuteur et ne pensant plus au charriot qui était derrière elle, et qui renfermait son jeune maître.

TIMOTHÉE.
Quoi!.. c'était le fils de lord Ephelston?

PLUMCAKE.
Son fils unique... et son héritier!..

TIMOTHÉE.
O Japhet! oh! mon ami, j'en étais sûr... (Serrant Plumcake dans ses bras.) Mon ami... mon bon ami!

PLUMCAKE.
Attendez donc... vous m'étouffez...

TIMOTHÉE.
Le ciel m'en préserve... ça vous empêcherait de continuer... Eh bien! donc?

PLUMCAKE.
Eh bien! au moment d'une station plus longue, et au détour d'une rue, Gondolfin avait saisi l'enfant, l'avait caché sous son manteau, et toujours courant nous l'apportait...

TIMOTHÉE.
Et pourquoi? dans quelle intention?

PLUMCAKE.
La voici : Demain, nous dit-il, l'illustre famille fera des recherches, publiera des annonces... promettra une récompense considérable...

TIMOTHÉE.
Je comprends.

PLUMCAKE.
Nous attendrons quelques jours, afin de stimuler... de redoubler leurs inquiétudes... et leur générosité... D'ici là, nous rédigerons, à loisir, une relation vraisemblable et intéressante de la manière dont j'aurai cherché, découvert et rapporté le noble enfant...

TIMOTHÉE.
C'était bien!

PLUMCAKE.
C'était mal!.. Dans notre état, on ne pense pas à tout, et dans le nombre de nos affaires, Gondolfin en avait oublié une, conçue par lui, quelques jours auparavant... affaire qui nous avait mis en opposition directe avec le septième commandement du décalogue...

TIMOTHÉE.
Le bien d'autrui ne prendras...

PLUMCAKE.
Je ne sais pas au juste le texte... mais je sais qu'il n'y avait pas de temps à perdre... Prévenus qu'on était sur nos traces... Il fallait quitter Londres à l'instant. Or, partir avec deux enfans, était un voyage d'agrément trop pénible... d'un autre côté... les abandonner était impossible... Gondolfin ne voulait pour rien au monde renoncer...

TIMOTHÉE.
A son fils...

PLUMCAKE.
Non, à sa spéculation... et pour la retrouver plus tard, capital et intérêts... je fus chargé de porter le soir même, 15 juillet 1816, les deux jeunes garçons...

TIMOTHÉE.
O nature!.. je m'en étais douté... ce Gondolfin... ce mauvais sujet... ce père insensible...

PLUMCAKE.
Pas tant que vous le pensez... car au moment où j'allais partir... par un reste de tendresse paternelle, et pour que son enfant fût traité avec plus de soins et d'égards, mon tendre ami couvrit son fils des riches habits du petit duc...

TIMOTHÉE.
O ciel!

PLUMCAKE.
Et, par contre-coup, n'ayant pas d'autre costume à lui donner, le jeune lord endossa la livrée du fils de la maison... un misérable haillon...

TIMOTHÉE.
Ce n'est pas possible... tu te trompes... répète moi ça? Quoi! le jeune lord portait un fourreau de serge rouge...

PLUMCAKE.
Un morceau de rideau déguenillé...

TIMOTHÉE.
Avec des pièces...

ACTE II, SCÈNE VII.

PLUMCAKE.
En drap noir... et à son cou, une vieille plaque de commissionnaire, brisée par nous en deux parties égales...

TIMOTHÉE.
J'ai le frisson, je n'y vois plus clair... laisse-moi m'asseoir...

PLUMCAKE, défaisant le paquet.
Cette moitié, précieusement gardée... la voici...

TIMOTHÉE.
Parbleu, voici l'autre...

PLUMCAKE.
C'est bien cela... de plus, le reçu délivré par l'hospice., la déclaration de Gondolfin et la mienne...

TIMOTHÉE.
Rien n'y manque...

PLUMCAKE.
De plus, la lettre adressée dans le temps par lord Éphelston à tous les journaux, et contenant le signalement exact de l'enfant qu'il réclamait... *Cheveux blonds... très blonds!*...

TIMOTHÉE, se regardant dans la glace à côté de lui.
C'est bien cela!... Japhet qui est brun...

PLUMCAKE, lisant.
Petit, faible et chétif.

TIMOTHÉE.
C'est ça...

PLUMCAKE.
Nez retroussé... bouche grande...

TIMOTHÉE.
Énorme!..

PLUMCAKE.
Et comme signe particulier une fraise remarquable et très saillante placée entre les deux épaules...

TIMOTHÉE.
Plus de doute... je me rappelle maintenant que, dans ma dernière maladie... elle a excité l'attention de... de celui... parbleu, c'était le vénérable M. Schoon, lui-même... il me l'a dit : Vous avez là, mon cher ami...

PLUMCAKE.
Quoi! ce serait vous...

TIMOTHÉE.
Eh oui!... c'est moi... ce malheureux...

PLUMCAKE.
Vous, Milord!..

TIMOTHÉE, accablé.
Encore une tuile! une tuile d'or!.. plus lourde que les autres...

PLUMCAKE.
Oui, c'est bien vous... tout le prouve, et vous arrivez à temps.... Figurez-vous que, dans ce moment, trois ou quatre parens éloignés se disputent votre immense fortune, et c'est lady Suntherland, votre plus proche cousine, qui allait gagner.

TIMOTHÉE.
Grace à Japhet... son avocat...

PLUMCAKE.
Et grâce à votre absence... Mais, vous voilà... le procès est fini... vous entrez dans vos biens, dans vos titres.... vous paraissez à la cour.... vous siégez au parlement...

TIMOTHÉE, vivement.
Tais-toi... tais-toi...

PLUMCAKE.
Et pourquoi donc, Milord?

TIMOTHÉE.
Tais-toi, te dis-je! (A demi-voix.) Oui... il n'est que trop vrai... oui, cette noble famille est la mienne... je le sens, maintenant... car en pensant que j'en suis, j'en rougis de honte pour elle...

PLUMCAKE.
Et pourquoi donc?

TIMOTHÉE.
Tu me le demandes... moi, ignorant et bête brute, qui sais à peine lire et écrire... moi qui serais peut-être mieux placé derrière une voiture que dedans, tu veux que j'aille... jamais! jamais!.. Je suis un brave et honnête garçon qui, dans une place d'intendant ou de factotum, exercerais noblement mon état... Mais l'état de noble, de milord, de duc et pair... je le déshonorerais!.. je n'en suis pas digne... chacun sa place... chacun son métier, comme on dit... et le royaume sera bien gardé...

PLUMCAKE.
Parbleu, Milord, votre seigneurie est bien bonne... Si tout le monde pensait comme elle, la moitié des places seraient vides...

TIMOTHÉE.
Et toi, malheureux... qui viens m'annoncer ça comme un coup de foudre... à moi, qui étais là tranquille et qui ne te demandais rien...

PLUMCAKE.
Vous m'en avez supplié...

TIMOTHÉE.
Pas pour moi... pas pour mon compte... Mais, enfin, pourquoi n'as-tu pas fait plus tôt des recherches... des démarches...

PLUMCAKE.
Votre seigneurie oublie que mon ami Gondolfin et moi voyagions à l'étranger... à cause de cette ancienne affaire... du septième commandement... mais au bout de vingt et quelques années, à ce que disent les lois... la justice, qui n'a pas de rancune, oublie tout... c'est ce qu'ils appellent *prescription*... On peut, alors, se représenter comme si de rien n'était, et vivre en honnête homme... impunément... c'est ce que j'ai fait... et je m'en trouve bien... puisque mon retour à la vertu vous rend votre fortune et vos titres...

TIMOTHÉE.
Eh! bien, mon bon Plumcake... il faut continuer...

PLUMCAKE.
C'est bien mon intention... voilà un début qui m'encourage...

TIMOTHÉE.
Et dans lequel je t'aiderai si tu veux me seconder.

PLUMCAKE.
A vos ordres, Milord.

TIMOTHÉE.
Pour moi, d'abord... et puis en mémoire de ton ancien camarade Gondolfin... si tu as pour lui quelque amitié.

PLUMCAKE.
Aucune.

TIMOTHÉE.

C'est égal... si tu lis les journaux, tu dois connaître mon ami Japhet?

PLUMCAKE.

Un jeune avocat... plein d'instruction, de talent, d'éloquence... l'espoir du barreau.

TIMOTHÉE.

Lui-même.... Eh bien! mon garçon... ce jeune homme qui jouit de la considération universelle... cet homme d'honneur et de probité... c'est le fils de ce coquin... ton ancien associé.

PLUMCAKE.

Gondolfin?.. pas possible.

TIMOTHÉE.

C'est ce que je me dis !.. est-ce que l'éducation ferait plus que la naissance... ça serait fâcheux... car l'éducation est plus difficile à acquérir que l'autre... Enfin, s'il y a quelqu'un qui soit digne d'être riche, d'être lord et de siéger au parlement... ce n'est pas moi... c'est lui!

PLUMCAKE.

Y pensez-vous?

TIMOTHÉE.

Oui, mon garçon, ce n'est rien que la noblesse, il faut encore la manière de s'en servir ; et, si tu veux, sans lui en parler... sans rien dire à personne... nous pouvons arranger cela de façon qu'il prenne mon père... et que je prenne le sien... ça m'est égal... il est mort...

PLUMCAKE.

Et comment voulez-vous...

TIMOTHÉE.

Ça te regarde... tu as ces titres... ces papiers, ces preuves... est-ce qu'il n'y aurait pas moyen de changer ta déclaration... celle de Gondolfin? de mettre *brun* au lieu de l'autre couleur? Et pour les autres signes... vois... cherche... moi, je ne sais pas... je suis pour une tromperie comme toi pour une bonne action... je suis gauche... je n'y entends rien...

PLUMCAKE.

Ni moi non plus, depuis que j'ai de la vertu.

TIMOTHÉE.

Sans doute... tu as de la vertu... mais tu as aussi de la mémoire... et en te rappelant... excepté que cette fois, c'est en tout bien tout honneur... et puis cent guinées... cent autres guinées... que tu gagneras pour un motif honnête et généreux...

PLUMCAKE.

Oui, Milord, j'entends bien... le but est honnête... sans cela, je ne m'en mêlerais pas... et je vois bien un moyen qui changerait tout, à jamais... sans qu'on pût y revenir.

TIMOTHÉE.

C'est cela... pars vite.

PLUMCAKE.

Oui, Milord.

TIMOTHÉE.

Et, pour commencer, ne m'appelle plus milord... ça m'agace... ça m'irrite... appelle-moi M. Tim... C'est lui... c'est Japhet... lord Japhet... lord Ephelston... va-t-en, prends tout cela... et reviens au plus tôt m'apporter mes lettres de roture et recevoir tes cent guinées.

PLUMCAKE.

Oui, Mil... oui, M. Tim... (A part.) En voilà un qui n'a pas son pareil. (Il sort.)

SCÈNE VIII.
JAPHET, TIMOTHÉE.

JAPHET, *apercevant Timothée.*

Ah! mon ami !... bonne nouvelle.

TIMOTHÉE.

Et moi aussi !.. un bonheur n'arrive jamais sans l'autre.

JAPHET.

Cette personne dont je te parlais... je l'ai vue ainsi que sa famille... j'ai tout dit... tout avoué... et cet aveu ne m'a pas nui... au contraire.

TIMOTHÉE.

Est-il possible?..

JAPHET.

Ma franchise a provoqué la leur... par un hasard... par un bonheur inouï... dont je me félicite... celle que j'aime est comme moi par sa naissance...

TIMOTHÉE.

En vérité... c'est étonnant comme il y en a.

JAPHET.

Et quoique destinée un jour à une grande fortune, elle ne repousse point mes vœux..... ou m'accepte, moi qui n'ai rien... tu juges de mon ivresse, de ma reconnaissance... et si je puis jamais m'acquitter envers elle...

TIMOTHÉE.

Tu le peux... tu es riche... tu es noble... tu es le fils d'un lord... fils légitime.

JAPHET.

Que dis-tu ?

TIMOTHÉE.

La vérité, cette fois... j'en ai vu les preuves... et bientôt, tu les auras toi-même entre les mains.

JAPHET.

Tu ne me trompes pas?

TIMOTHÉE.

Je l'atteste... par tout ce qu'il y a de plus vrai au monde... par notre amitié...

SCÈNE IX.
ESTHER, LA MARQUISE, JAPHET, TIMOTHÉE.

JAPHET.

Venez, Madame, venez... prenez part à ma joie... voici un ami dont le zèle a enfin pénétré ce mystère qui faisait son désespoir...

ESTHER.

Est-il possible ?

JAPHET.

Oui, Madame... preuve en main... déclaration écrite et authentique.

ESTHER.

Quel bonheur !

TIMOTHÉE.

C'est le fils... l'héritier légitime d'un pair d'Angleterre... d'un grand seigneur dont vous me parliez ce matin... de lord Ephelston.

LA MARQUISE.
Grand Dieu!.. mon cousin!..
ESTHER, tombant sur un fauteuil à droite.
Mon père!
JAPHET, tombant sur un fauteuil à gauche.
Vous, ma sœur!
TIMOTHÉE.
Justement..... vous êtes parens..... et de très près... je m'en vante... Est-ce heureux... eh bien! qu'a-t-il donc?.. et Mademoiselle aussi... ils se trouvent mal tous les deux... c'est de joie.
JAPHET.
Eh non!.. c'est juste... c'est de désespoir... celle que j'aime... que j'allais épouser... c'est ma sœur!
TIMOTHÉE.
Ah! mon Dieu!.. (Avec trouble, à la Marquise.) C'est juste... ce que vous me disiez ce matin... le Duc, qui ayant perdu sa femme et son fils... devait vous épouser... et alors les circonstances... Qu'est-ce que j'ai fait là?
JAPHET.
Ma perte et mon supplice... car, enfin... obscur... ignoré... sans fortune... sans naissance... j'étais heureux... elle pouvait être à moi... mais, maintenant, ta fatale découverte...
TIMOTHÉE.
Permettez..... permettez..... (A Japhet.) Pardonne-moi... j'ai cru bien faire... c'était pour toi... pour ton bonheur, que je t'avais fait grand seigneur... mais dès que ça te contrarie... tu n'es plus rien.
JAPHET.
Que dis-tu?
TIMOTHÉE.
Je te reprends ta naissance... tes titres... ta fortune.
JAPHET.
As-tu perdu la tête?
TIMOTHÉE, se frappant le front.
C'est vrai!.. je ne le peux plus... c'est maintenant en son nom... les preuves... les déclarations... tout est changé, falsifié... impossible de nous reconnaître dans nos pères... nous qui n'en avions pas, nous n'en avons que trop maintenant... et puisque j'ai pour jamais causé ton malheur.
JAPHET.
Où vas-tu?
TIMOTHÉE.
Me jeter par la fenêtre.

SCÈNE X.

LES MÊMES, PLUMCAKE, SCHOON.

SCHOON.
Arrêtez, vous ne le pouvez pas.
TIMOTHÉE.
C'est juste... je l'oubliais... je ne m'appartiens plus... je ne peux pas même me tuer.
JAPHET.
Qu'est-ce que cela veut dire?
PLUMCAKE.
Je vais vous l'expliquer... si Milord veut me le permettre. (Geste d'étonnement.) Oui, Mesdames, lord Ephelston, fils et héritier du duc de ce nom...

ESTHER et la MARQUISE.
Que dit-il?
SCHOON.
Laissez-le achever.
PLUMCAKE.
Vous m'aviez prié, en altérant ces preuves et ces actes, de transporter à M. Japhet, votre fortune et vos titres.
JAPHET.
Est-il possible?
PLUMCAKE.
Supercherie louable et généreuse, sans doute, mais, enfin, c'est était une... il y avait doute, et dans le doute la vertu s'abstient... j'ai été droit au respectable M. Schonn, qui m'a fait vivement sentir les dangers d'une substitution qui enlevait à vous un rang qui vous était dû... et à lui une riche clientelle qui lui appartenait déjà... il m'a menacé, dans l'intérêt de la vérité, de tout révéler! alors, et dussiez-vous me blâmer... m'accabler de reproches, me retirer votre confiance...
JAPHET, vivement.
Tu n'as rien fait?
PLUMCAKE.
Rien du tout...
JAPHET.
Tu es un honnête homme... tu as eu raison!
TIMOTHÉE.
Oui... puisqu'au lieu de le rendre heureux, je faisais son malheur... et tu auras de même les cent guinées promises.
JAPHET.
Et ces cent autres que j'y ajoute!
PLUMCAKE.
O vertu!.. j'ai donc eu raison de te préférer, puisque tu rapportes le double!..
JAPHET, parcourant les papiers.
Oui... c'est bien cela... oui, Tim est grand seigneur.
TIMOTHÉE.
Ce ne sera pas pour long-temps... j'ai promis, j'ai signé... un lord n'a que sa parole... un lord doit être honnête homme, ce sera mon seul mérite, et j'y tiens... Le docteur Irving compte sur moi et m'attend... M. Schoon vous le dira.
SCHOON.
Non, Milord... ce n'est plus possible... l'Académie a fait sur son remède un rapport défavorable, et l'autorité défend que demain l'expérience en soit tentée.
ESTHER, à Timothée.
Ainsi, vous nous restez,.. ainsi donc, et d'après ce que j'ai appris ce matin... vous êtes mon frère.
TIMOTHÉE, avec embarras.
Ce n'est pas ma faute... et je vous en demande pardon..... j'aurais voulu vous donner mieux, mais on n'est pas son maître... on ne se fait pas soi-même.
JAPHET, lui frappant sur l'épaule.
C'est ce qui vous trompe... Milord... avec du travail, du temps, de la persévérance, tu deviendras digne du rang qui t'appartient et du nom que tu portes.
TIMOTHÉE.
C'est possible... mais d'ici là vous m'aiderez à être grand seigneur. (A Japhet.) Tu me diras ce

qu'il faudra dire à la chambre... tu me feras mes discours.

PLUMCAKE.
Ou bien, comme beaucoup d'autres, en ne parlant jamais...

TIMOTHÉE.
C'est encore un moyen...

JAPHET, le prenant à part.
Toi, qui sais tout... as-tu découvert quelque chose sur mon père?

TIMOTHÉE.
Certainement. (Bas à Plumcake, qui veut parler.) Tais-toi, tais-toi toujours. (Haut, à Japhet.) Ce n'est pas comme je l'espérais... un grand seigneur... ni un millionnaire.

JAPHET.
Qu'importe, si c'était un honnête homme.

TIMOTHÉE.
Oh! de ce côté-là. (A part.) Il n'est plus là pour dire le contraire. (Haut.) Un brave homme, un ancien militaire, qui s'est distingué dans la carrière des armes!

PLUMCAKE, à part.
Je crois bien! un maître d'armes.

TIMOTHÉE.
Du reste, pas un schelling à la succession... mais tu n'en as pas besoin... oui, morbleu, vous avez voulu que je fusse un lord... le chef de la famille, et comme tel, je veux que tu épouses ma sœur... avec qui j'entends partager également la fortune de mon père, qui est aussi le sien... n'importe à quel titre.

LA MARQUISE, vivement.
Quoi, Monsieur.

TIMOTHÉE.
Ne parlons pas des autres parens... c'est inutile maintenant... personne ne les réclame! restons comme nous sommes; et sans bruit, sans éclat; goûtons, entre nous, dans notre intérieur, le bonheur de la famille, de l'amitié...

PLUMCAKE.
Et de la vertu!.. la meilleure de toutes les spéculations.

FIN.

LE VERRE D'EAU,

OU

LES EFFETS ET LES CAUSES,

COMÉDIE EN CINQ ACTES ET EN PROSE,

PAR M. EUGÈNE SCRIBE,

DE L'ACADÉMIE FRANÇAISE;

Représentée pour la première fois au Théâtre-Français, par les comédiens ordinaires du Roi, le 17 novembre 1840.

DISTRIBUTION DE LA PIÈCE.

LA REINE ANNE	Mlle Plessy.
LA DUCHESSE DE MARLBOROUGH, sa favorite..........	Mlle Mante.
HENRI DE SAINT-JEAN, VICOMTE DE BOLINGBROKE....	M. Menjaud.
MASHAM, Enseigne au régiment des Gardes.................	M. Maillard.
ABIGAIL, cousine de la duchesse de Marlborough	Mlle Doze.
LE MARQUIS DE TORCY, envoyé de Louis XIV............	M. Fonta.
THOMPSON, huissier de la chambre de la reine...............	M. Mathieu
Un membre du parlement....................................	M. Robert.

La scène se passe à Londres, au Palais Saint-James. — Les quatre premiers actes dans un salon de réception. — Le dernier dans la chambre de la reine.

ACTE PREMIER.

Le théâtre représente un riche salon du palais Saint-James. — Porte au fond. — Deux portes latérales. — A gauche du spectateur, une table et ce qu'il faut pour écrire ; à droite, un guéridon.

SCÈNE I.

Le Marquis DE TORCY, BOLINGBROKE, entrant par la gauche du spectateur; MASHAM, dormant sur un fauteuil, près de la porte à droite.*

BOLINGBROKE.

Oui, monsieur le marquis, cette lettre parviendra à la reine, j'en trouverai les moyens, je vous le jure, et elle sera reçue avec les égards dus à l'envoyé d'un grand roi.

M. DE TORCY.

J'y compte, monsieur de Saint-Jean. Je confie mon honneur et celui de la France à votre loyauté, à votre amitié.

BOLINGBROKE.

Vous avez raison... Ils vous diront tous que Henri de Saint-Jean est un libertin et un dissi-

* L'acteur le premier inscrit doit être en scène le premier à la gauche du spectateur.

pateur; esprit brouillon et capricieux, écrivain passionné, orateur turbulent... je le veux bien... mais aucun d'eux ne vous dira que Henri de Saint-Jean ait jamais vendu sa plume, ou trahi un ami.

M. DE TORCY.

Je le sais, et je mets en vous mon seul espoir !

(Il sort.)

SCÈNE II.

BOLINGBROKE.

O chances de la guerre et destinée des rois conquérans! l'ambassadeur de Louis XIV ne pouvoir obtenir dans le palais Saint-James une audience de la reine Anne!... et, pour lui faire parvenir une note diplomatique, employer autant d'adresse et de mystère que s'il s'agissait d'une galante missive... Pauvre marquis de Torcy... si sa négociation ne réussit pas... il en mourra !... tant il aime son vieux souverain... qui se flatte encore d'une paix honorable et glorieuse... La vieillesse est l'âge des mécomptes..

MASHAM, dormant.

Ah ! qu'elle est belle !

BOLINGBROKE.

Et la jeunesse... l'âge des illusions... Voilà un jeune officier à qui le bien vient en dormant !

MASHAM, de même.

Oui, je t'aime... je t'aimerai toujours !

BOLINGBROKE.

Il rêve, le pauvre jeune homme ! Eh ! mais c'est le petit Masham, et je me trouve ici en pays de connaissance...

MASHAM, dormant toujours.

Quel bonheur ! .. quelle brillante fortune !... c'est trop pour moi !

BOLINGBROKE, lui frappant sur l'épaule.

En ce cas, mon cher, partageons !

MASHAM, se levant et se frottant les yeux.

Hein !.. qu'est-ce que c'est... monsieur de Saint-Jean qui m'éveille !

BOLINGBROKE, riant.

Et qui vous ruine !...

MASHAM.

Vous, à qui je dois tout !... Pauvre écolier, pauvre gentilhomme de province, perdu dans la ville de Londres, je voulais, il y a deux ans, me jeter dans la Tamise, faute de vingt-cinq guinées, et vous m'en avez donné deux cents que je vous dois toujours !...

BOLINGBROKE.

Pardieu, mon cher, je voudrais bien être à votre place, et je changerais volontiers avec vous...

MASHAM.

Pourquoi cela ?

BOLINGBROKE.

Parce que j'en dois cent fois davantage.

MASHAM.

O ciel ! vous êtes malheureux !

BOLINGBROKE.

Non pas !... je suis ruiné, voilà tout !... mais jamais je n'ai été plus dispos, plus joyeux et plus libre... Pendant cinq années les plus longues de ma vie, riche et ennuyé de plaisirs, j'ai mangé mon patrimoine... Il fallait bien s'occuper... A vingt-six ans... tout était fini !...

MASHAM.

Est-il possible ?

BOLINGBROKE.

Je n'ai pas pu aller plus vite !... Pour rétablir mes affaires, on m'avait marié à une femme charmante... impossible de vivre avec elle... un million de dot... autant de défauts et de caprices... J'ai rendu la dot... j'y gagne encore !... Ma femme brillait à la cour, elle était du parti des Marlborough, elle était wigh... vous comprenez que je devais être tory ; je me suis jeté dans l'opposition ; je lui dois cela !... je lui dois mon bonheur ! car, depuis ce jour, mon instinct et ma vocation se sont révélés ! c'était là l'aliment qu'il fallait à mon ame ardente et inactive ! Dans nos tourmentes politiques, dans nos orages de tribune, je respire, je suis à l'aise, et comme le matelot anglais sur la mer, je suis chez moi, dans mon élément, dans mon empire... Le bonheur, c'est le mouvement !... le malheur c'est le repos !... Vingt fois, dans ma jeunesse inoccupée, et surtout dans mon ménage, j'avais eu comme vous l'idée de me tuer.

MASHAM.

Est-il possible ?

BOLINGBROKE.

Oui... les jours où il fallait conduire ma femme au bal !... Mais maintenant je tiens à rester ! je serais désolé de partir !... je n'en ai pas le temps... je n'ai pas un moment à moi... membre de la chambre des communes et grand seigneur journaliste... je parle le matin, et j'écris le soir... En vain le ministère wigh nous accable de ses triomphes, en vain il domine en ce moment l'Angleterre et l'Europe... seul avec quelques amis, je soutiens la lutte, et les vaincus ont souvent troublé le sommeil des vainqueurs... Lord Malborough, à la tête de son armée, tremble devant un discours de Henri de Saint-Jean, ou un article de notre journal l'*Examinateur*. Il a pour lui le prince Eugène, la Hollande et cinq cent mille hommes... J'ai pour moi, Swif, Prior et Atterbury... A lui l'épée, à nous la presse ! nous verrons un jour à qui la victoire... L'illustre et avare maréchal veut la guerre qui épuise le trésor et qui remplit le sien... moi, je veux la paix et l'industrie, qui, mieux que les conquêtes, doivent assurer la prospérité de l'Angleterre. Voilà ce qu'il s'agit de faire comprendre à la reine, au parlement et au pays.

MASHAM.

Ce n'est pas facile.

BOLINGBROKE.

Non... car la force brutale et matérielle, les succès emportés à coups de canon étourdissent tellement le vulgaire, qu'il ne lui vient jamais à l'idée qu'un général vainqueur puisse être un sot, un tyran ou un fripon... et lord Marlborough en est un ! je le prouverai... je le montrerai glissant furtivement sa main victorieuse dans les coffres de l'état.

MASHAM.

Ah ! vous ne direz pas cela...

BOLINGBROKE.

Je l'ai écrit... je l'ai signé... l'article est là... il paraîtra aujourd'hui... je le répèterai demain, après-demain... tous les jours... et il y a une voix qui finit toujours par se faire entendre, une voix qui parle encore plus haut que les clairons et les tambours... celle de la vérité !... Mais pardon...

je me croyais au parlement, et je vous fais subir un cours de politique, à vous, mon jeune ami, qui avez bien d'autres rêves en tête... des rêves de fortune et d'amour.

MASHAM.

Qui vous l'a dit?

BOLINGBROKE.

Vous-même!... Je vous crois très discret quand vous êtes éveillé; mais je vous préviens qu'en dormant vous ne l'êtes pas.

MASHAM.

Est-il possible?

BOLINGBROKE.

Je vous ai entendu vous féliciter en rêve de votre bonheur, de votre fortune, et vous pouvez me nommer sans crainte la grande dame à qui vous la devez.

MASHAM.

Moi?

BOLINGBROKE.

A moins que ce ne soit la mienne!... auquel cas je ne vous demande rien!... je comprendrai...

MASHAM.

Vous êtes dans l'erreur! je ne connais pas de grande dame! Il est quelqu'un, j'en conviens, qui, sans se faire connaître, m'a servi de protecteur... un ami de mon père... vous peut-être?...

BOLINGBROKE.

Non vraiment...

MASHAM.

Vous êtes le seul cependant que je puisse soupçonner. Orphelin et sans fortune, mais fils d'un brave gentilhomme tué sur le champ de bataille, j'avais eu l'idée de demander une place dans la maison de la reine : la difficulté était d'arriver à sa majesté, de lui présenter ma pétition; et un jour d'ouverture du parlement, je me lançai intrépidement dans la foule qui entourait sa voiture; j'y touchais presque lorsqu'un grand monsieur, heurté par moi, se retourne et, croyant avoir affaire à un écolier, me donne sur le nez une chiquenaude.

BOLINGBROKE.

Pas possible!

MASHAM.

Oui, monsieur... je vois encore son air insolent et ricaneur... je le vois, je le reconnaîtrais entre mille, et si jamais je le rencontre... Mais dans ce moment la foule, en nous séparant, m'avait jeté contre la voiture de la reine à qui je remis ma pétition... elle resta quinze jours sans réponse. Enfin je reçois une lettre d'audience de sa majesté!... Vous jugez si je me hâtai de me rendre au palais, paré de mon mieux, et à pied pour de bonnes raisons... J'étais près d'arriver, lorsqu'à deux pas de Saint-James, et vis-à-vis d'un balcon où se tenaient de belles dames de la cour, un équipage qui allait plus vite que moi m'éclabousse de la tête aux pieds, moi et mon pourpoint de satin, le seul dont je fusse propriétaire... et pour comble de fatalité, j'aperçois à la portière de la voiture... ce même individu, l'homme a la chiquenaude... qui riait encore... Ah! dans ma rage, je m'élançai vers lui; mais l'équipage avait disparu, et furieux, désespéré, je rentrai à mon modeste hôtel, ayant manqué mon audience.

BOLINGBROKE.

Et votre fortune!

MASHAM.

Au contraire! je reçus le lendemain, d'une personne inconnue, un riche habit de cour, et, quelques jours après, la place que je demandais dans la maison de la reine. J'y étais à peine depuis trois mois, que j'avais reçu ce que je désirais le plus au monde, un brevet d'enseigne dans le régiment des gardes.

BOLINGBROKE.

En vérité! Et vous n'avez aucun soupçon sur ce protecteur mystérieux.

MASHAM.

Aucun!... il m'assure de sa constante faveur, si je continue à m'en rendre digne... Je ne demande pas mieux... ce qui me paraît seulement gênant et ennuyeux... c'est qu'il me défend de me marier...

BOLINGBROKE.

Ah! bah!

MASHAM.

Craignant sans doute que cela ne nuise à mon avancement.

BOLINGBROKE, riant.

C'est là la seule idée que cette défense ait fait naître en vous?

MASHAM.

Oui, sans doute.

BOLINGBROKE, de même.

Eh bien! mon cher ami, pour un ancien page de la reine et pour un nouvel officier dans les gardes, vous êtes d'une innocence biblique...

MASHAM.

Comment cela?

BOLINGBROKE, de même.

C'est que ce protecteur inconnu, est une protectrice...

MASHAM.

Quelle idée!

BOLINGBROKE.

Quelque grande dame, qui vous porte intérêt...

MASHAM.

Non, monsieur... non, cela n'est pas possible!

BOLINGBROKE.

Qu'y aurait-il d'étonnant?... La reine Anne, notre charmante souveraine, est une personne fort respectable, et fort sage, qui s'ennuie royalement... je veux dire autant que possible!... mais à sa cour, on s'amuse beaucoup!... toutes nos ladys ont de petits protégés, de jeunes officiers fort aimables, qui, sans quitter le palais de Saint-James, arrivent à des grades supérieurs.

MASHAM.

Monsieur!...

BOLINGBROKE.

Fortune d'autant plus flatteuse qu'elle n'est due qu'au mérite personnel.

MASHAM.

Ah! c'est une indignité... et si je savais...

BOLINGBROKE, allant s'asseoir près de la table à gauche.

Après cela... je peux me tromper, et si réellement c'est quelque grand seigneur ami de votre père... laissez venir les événemens... laissez-vous faire! Ah! si on vous ordonnait de vous marier... je ne dis pas... mais on vous le défend... il est clair que ce n'est pas un ennemi... au contraire... et lui obéir n'est pas si difficile...

MASHAM, debout près du fauteuil où est assis Bolingbroke.

Mais si vraiment... quand on aime quelqu'un... quand on est aimé...

BOLINGBROKE.

J'y suis!... l'objet de vos rêves! la personne à qui vous pensiez tout à l'heure en dormant?

MASHAM.

Oui, monsieur... la plus aimable, la plus jolie fille de Londres, qui n'a rien... ni moi non plus... et c'est pour elle que je désire les honneurs et la richesse... j'attends, pour l'épouser, que j'aie fait fortune.

BOLINGBROKE.

Vous n'êtes pas encore très avancé... et elle de son côté?

MASHAM.

Bien moins encore!... orpheline comme moi, demoiselle de boutique dans la Cité, chez un riche joaillier... maître Tomwood...

BOLINGBROKE.

Ah! mon Dieu!

MASHAM.

Qui vient de faire banqueroute... Elle se trouve sans place et sans ressource.

BOLINGBROKE, se levant.

C'est la petite Abigaïl...

MASHAM.

Vous la connaissez?

BOLINGBROKE.

Parbleu, du vivant de ma femme... je veux dire quand elle vivait près de moi... j'étais un abonné assidu des magasins de Tomwood... ma femme aimait beaucoup les diamans, et moi, la bijoutière... Vous aviez raison, Masham, une fille charmante, naïve, gracieuse, spirituelle...

MASHAM.

Eh! mais, à la manière dont vous en parlez.. est-ce que vous en auriez été amoureux?...

BOLINGBROKE.

Pendant huit jours! et peut-être plus! si je n'avais pas vu que je perdais mon temps... et je n'en ai pas à perdre... maintenant surtout... mais j'ai gardé à cette jeune fille... une amitié véritable, et voici la première fois que j'éprouve un regret... non d'avoir perdu ma fortune, mais de l'avoir si mal employée... je serais venu à votre aide... je vous aurais mariés... mais pour le présent des dettes, des créanciers qui sortent de dessous terre... et pour l'avenir pas même l'espérance... les biens de ma famille reviennent tous à Richard Bolingbroke, mon cousin, qui n'a pas envie de me les laisser... car, par malheur, il est jeune, et comme tous les sots il se porte à merveille... mais nous pourrions peut-être à la cour... chercher pour Abigaïl...

MASHAM.

C'est ce que je disais... une place de demoiselle de compagnie, près de quelque grande dame qui ne soit ni impérieuse, ni hautaine...

BOLINGBROKE, secouant la tête.

Ce n'est pas aisé à trouver.

MASHAM.

J'avais pensé à la vieille duchesse de Northumberland, qui, dit-on, cherche une lectrice.

BOLINGBROKE.

Cela vaut mieux... elle n'est qu'ennuyeuse à périr.

MASHAM.

Et j'avais conseillé à Abigaïl de se présenter chez elle, ce matin; mais l'idée seule de venir au palais de la reine la rendait toute tremblante.

BOLINGBROKE.

N'importe... l'espoir de vous y trouver, elle y viendra... et tenez... tenez... monsieur l'officier des gardes, que vous disais-je?.. la voici.

∞∞∞∞∞∞∞∞∞∞∞∞∞∞∞∞∞∞∞∞∞∞∞∞∞∞∞∞∞∞∞∞∞∞∞

SCÈNE III.

BOLINGBROKE, ABIGAIL, MASHAM.

ABIGAIL.

M. de Saint-Jean! (Elle se retourne vers Masham à qui elle tend la main.)

BOLINGBROKE.

Lui-même, ma chère enfant; et il faut que vous soyez née sous une heureuse étoile!... la première fois que vous venez à la cour, y trouver deux amis!... rencontre bien rare en ce pays!...

ABIGAIL, gaîment.

Oui, vous avez raison, j'ai du bonheur!... surtout aujourd'hui...

MASHAM.

Vous voilà donc décidée à vous présenter chez la duchesse de Northumberland?

ABIGAIL.

Vous ne savez pas! j'ai appris que la place était donnée...

MASHAM.

Et vous êtes si joyeuse?

ABIGAIL.

C'est que j'en ai une autre!... plus agréable, je crois... et que je dois...

ACTE I, SCENE III.

MASHAM.

A qui donc ?

ABIGAIL.

Au hasard.

BOLINGBROKE.

Cela vaut mieux !... c'est le plus commode et le moins exigeant des protecteurs.

ABIGAIL.

Imaginez-vous que parmi les belles dames qui fréquentaient les magasins de M. Tomwood, il y en avait une fort aimable, fort gracieuse, qui s'adressait toujours à moi, pour acheter... or, en achetant des diamans... on cause.

BOLINGBROKE.

Et miss Abigaïl cause très bien...

ABIGAIL.

Il me semblait que cette dame n'était pas très heureuse dans son ménage... qu'elle était esclave dans son intérieur, car elle me répétait souvent avec un soupir... Ah! ma petite Abigaïl, que vous êtes heureuse ici, vous faites ce que vous voulez... Si on peut dire cela... moi qui, enchaînée à ce comptoir, ne pouvais le quitter... et ne voyais M. Masham que le dimanche après la messe, quand il n'était pas de service à la cour... Enfin, un jour... il y a près d'un mois, la belle dame eut la fantaisie d'une toute petite bonbonnière en or, d'un travail exquis... presque rien... trente guinées !... Mais elle avait oublié sa bourse... et je dis : On enverra ce bijou à l'hôtel de milady... Mais milady, que cela semblait embarrasser, hésitait à nommer son hôtel, sans doute à cause de son mari... à qui elle ne voulait pas dire... il y a des grandes dames qui ne disent pas à leur mari... et je m'écriai : Gardez, gardez, milady, je prends tout sur moi. — Vous daignez donc être ma caution ? répondit-elle, avec un sourire charmant... C'est bien, je reviendrai !... — Mais pas du tout, c'est qu'elle ne revint pas...

BOLINGBROKE, riant.

La grande dame était une friponne.

ABIGAIL.

J'en eus bien peur... car un mois s'était écoulé... M. Tomwood était bien mal dans ses affaires, et les trente guinées dont j'avais répondu, je les devais à lui... ou à ses créanciers... C'était là ce qui me désolait, et dont pour rien au monde je n'aurais osé parler à personne... mais j'étais décidée à vendre tout ce que je possédais... mes plus belles robes, même celle-ci, qui me va bien, à ce qu'on dit.

BOLINGBROKE.

Très bien.

MASHAM.

Et qui vous rend encore plus jolie, si c'est possible.

ABIGAIL.

Voilà pourquoi j'avais tant de peine à me décider... Enfin j'étais résolue... lorsque hier au soir, une voiture s'arrête à la porte, une dame en descend, c'était milady... « Bien des affaires trop longues à m'expliquer l'avaient retenue... et puis elle ne pouvait sortir de chez elle à sa volonté... et elle tenait cependant à venir elle-même s'acquitter... » Tout en parlant elle avait remarqué que j'avais encore des larmes dans les yeux, quoique je me fusse hâtée de les essuyer à son arrivée. Il fallut bien alors lui raconter et ma détresse, et ma position, et l'embarras où je me trouvais.. elle avait tant de bonté... et moi tant de chagrin !... Enfin, je lui parlai de tout, excepté de M. Masham... et quand elle sut que je voulais, ce matin, me présenter chez la duchesse de Northumberland... c'est elle qui me dit : N'y allez pas, vous seriez trop malheureuse... d'ailleurs la place est donnée... Mais moi, mon enfant, je tiens dans le monde et à la cour une maison assez considérable... où, par malheur, je ne suis pas toujours la maîtresse... n'importe, je vous y offre une place... voulez-vous l'accepter ?...» Et je me jetai dans ses bras en lui disant : Disposez de moi et de ma vie... je ne vous quitterai plus, je partagerai vos peines et vos chagrins...—C'est bien, me dit-elle avec émotion ; présentez-vous demain au palais, et demandez la dame dont je vous donne le nom. — Elle écrivit alors sur le comptoir deux mots que j'ai pris, que j'ai là... et me voici...

MASHAM.

C'est très singulier...

BOLINGBROKE.

Et ce papier, peut-on le voir ?

ABIGAIL, le lui donnant.

Certainement !...

BOLINGBROKE, souriant.

Ah! ah! rien qu'à sa bonté, je l'aurais devinée. (A Abigaïl.) Ce mot a été écrit devant vous, par votre nouvelle protectrice ?...

ABIGAIL.

Oui vraiment... Est-ce que, par hasard, vous connaîtriez cette écriture ?

BOLINGBROKE, froidement.

Oui, mon enfant... c'est celle de la reine.

ABIGAIL, avec joie.

La reine !... est-il possible ?

MASHAM, de même.

La reine vous donne une place auprès d'elle... et sa protection !... et son amitié !... voilà votre fortune assurée à jamais !

BOLINGBROKE, passant entre eux deux.

Attendez, mes amis, attendez... ne vous réjouissez pas trop d'avance !

ABIGAIL.

C'est la reine qui l'a dit, et une reine est maîtresse chez elle !

BOLINGBROKE.

Pas celle-là... Douce et bonne par caractère,

mais faible et indécise, n'osant prendre un parti sans prendre l'avis de ceux qui l'entourent, elle devait nécessairement se laisser subjuguer par ses conseillers et ses favoris, et il s'est trouvé près d'elle une femme à l'esprit ferme, résolu et audacieux, au coup d'œil juste et prompt, qui vise toujours droit et haut!.. c'est lady Churchill, duchesse de Marlborough, plus grand général que son mari lui-même, plus adroite qu'il n'est vaillant, plus ambitieuse qu'il n'est avare, plus reine enfin que sa souveraine, qu'elle conduit et dirige par la main... la main qui tient le sceptre.

ABIGAIL.
La reine aime donc beaucoup cette duchesse?
BOLINGBROKE.
Elle la déteste!... en l'appelant sa meilleure amie!... et sa meilleure amie le lui rend bien!
ABIGAIL.
Et pourquoi ne pas rompre avec elle... pourquoi ne pas se soustraire à une domination insupportable?
BOLINGBROKE.
Cela, mon enfant, est plus difficile à vous expliquer... Dans notre pays... en Angleterre, Masham vous le dira, ce n'est pas la reine, c'est la majorité qui règne; et le parti wigh, dont Marlborough est le chef, a non seulement pour lui l'armée, mais le parlement!... La majorité leur est acquise! et la reine Anne, dont on vante le règne glorieux, est forcée de subir des ministres qui lui déplaisent, une favorite qui la tyrannise et des amis qui ne l'aiment pas. Bien plus... ses intérêts de cœur, ses desirs les plus chers l'obligent presque à faire la cour à l'altière duchesse, car son frère, le dernier des Stuarts, que la nation a banni, ne peut être rappelé en Angleterre que par un bill du parlement, et ce bill, c'est encore la majorité, c'est le parti Marlborough qui peut seul l'appuyer et le faire réussir... La duchesse l'a promis... aussi tout cède à son influence. Surintendante de la reine, elle ordonne, règle, décide, nomme à tous les emplois, et un choix fait sans son aveu excitera sa défiance, sa jalousie, son refus peut-être. Voilà pourquoi, mes amis, la reine me paraît aujourd'hui bien hardie, et la nomination d'Abigaïl bien douteuse encore!

ABIGAIL.
Ah! s'il en est ainsi... si cela dépend seulement de la duchesse, rassurez-vous... j'ai quelque espoir!
MASHAM.
Et lequel?
ABIGAIL.
Je suis un peu sa parente.
BOLINGBROKE.
Vous, Abigaïl?
ABIGAIL.
Eh! oui vraiment... par mésalliance! un cousin à elle, un Churchill s'était brouillé avec sa noble famille en épousant ma mère!

MASHAM.
Est-il possible?... parente de la duchesse
ABIGAIL.
Parente bien éloignée... et jamais je ne m'étais présentée devant elle, parce qu'elle avait refusé autrefois de recevoir et de reconnaître ma mère... mais moi... pauvre fille... qui ne lui demanderai rien, que de ne pas me nuire... que de ne pas s'opposer aux bontés de la reine..
BOLINGBROKE.
Ce n'est pas une raison... vous ne la connaissez pas... Mais cette fois du moins je puis vous servir, et je le ferai... dussé-je m'attirer sa haine!
ABIGAIL.
Ah! que de bontés!
MASHAM.
Comment les reconnaître jamais?
BOLINGBROKE.
Par votre amitié.
ABIGAIL.
C'est bien peu!
BOLINGBROKE.
C'est beaucoup!... pour moi homme d'état... qui n'y crois guère... (Vivement.) Je crois à la vôtre et j'y compte!... (Leur prenant la main.) Entre nous désormais... alliance offensive et défensive!

ABIGAIL, souriant.
Alliance redoutable!
BOLINGBROKE.
Plus que vous ne croyez peut-être, et grace au ciel, la journée sera bonne! deux succès à emporter!.. la place d'Abigaïl... et une autre affaire qui me tient au cœur... une lettre que je voudrais à tout prix faire arriver ce matin entre les mains de la reine... j'en attends et j'en cherche les moyens... Ah! si Abigaïl était nommée! si elle était reçue parmi les femmes de Sa Majesté, tous mes messages parviendraient en dépit de la duchesse.

MASHAM, vivement.
N'est-ce que cela?... je puis vous rendre ce service.
BOLINGBROKE.
Est-il possible!
MASHAM.
Tous les matins à dix heures, et les voici bientôt, je porte à sa majesté, pendant son déjeuner, (Prenant le journal sur la table à droite.) la Gazette du monde élégant et des gens à la mode, qu'elle parcourt en prenant son thé; elle regarde les gravures, et parfois me dit de lui lire les articles de bals et de raouts.
BOLINGBROKE.
A merveille!... quel bonheur que la royauté lise le journal des modes... c'est le seul qu'on lui permette... (Glissant une lettre sous la couverture du journal.) La lettre du marquis au milieu des vertugadins et des falbalas. Et pendant que nous y sommes... (Tirant un journal de sa poche.)

ABIGAIL.

Que faites-vous?

BOLINGBROKE.

Un numéro du journal l'*Examinateur* que je glisse sous la couverture. Sa Majesté verra comment l'on traite le duc et la duchesse de Marlborough... elle et toute sa cour en seront indignées... mais ça lui donnera quelques instans de plaisir... et elle en a si peu!... Voilà dix heures, allez, Masham... allez!

MASHAM, sortant par la porte à droite.

Comptez sur moi!

SCÈNE IV.

ABIGAIL, BOLINGBROKE.

BOLINGBROKE.

Vous le voyez! le traité de la triple alliance produit déjà ses effets... c'est Masham qui nous protége et nous sert!

ABIGAIL.

Lui! peut-être!... mais moi qui suis si peu de chose!

BOLINGBROKE.

Il ne faut pas mépriser les petites choses, c'est par elles qu'on arrive aux grandes!... Vous croyez peut-être, comme tout le monde, que les catastrophes politiques, les révolutions, les chutes d'empire, viennent de causes graves, profondes, importantes... Erreur! Les états sont subjugués ou conduits par des héros, par des grands hommes; mais ces grands hommes sont menés eux-mêmes par leurs passions, leurs caprices, leurs vanités; c'est-à-dire par ce qu'il y a de plus petit et de plus misérable au monde. Vous ne savez pas qu'une fenêtre du château de Trianon, critiquée par Louis XIV et défendue par Louvois, a fait naître la guerre qui embrase l'Europe en ce moment! C'est à la vanité blessée d'un courtisan que le royaume a dû ses désastres; c'est à une cause plus futile encore qu'il devra peut-être son salut. Et sans aller plus loin... moi qui vous parle, moi Henri de Saint-Jean, qui jusqu'à vingt-six ans fus regardé comme un élégant, un étourdi, un homme incapable d'occupations sérieuses... savez-vous comment tout d'un coup je devins un homme d'état, comment j'arrivai à la chambre, aux affaires, au ministère?

ABIGAIL.

Non vraiment.

BOLINGBROKE.

Eh bien! ma chère enfant, je devins ministre parce que je savais danser la sarabande; et je perdis le pouvoir parce j'étais enrhumé.

ABIGAIL.

Est-il possible?

BOLINGBROKE, regardant du côté de l'appartement de la reine.

Je vous conterai cela un autre jour, quand nous aurons le temps. Et maintenant! sans me laisser abattre, je combats à mon poste, dans les rangs des vaincus!...

ABIGAIL.

Et que pouvez-vous faire?

BOLINGBROKE.

Attendre est espérer!

ABIGAIL.

Quelque grande révolution?...

BOLINGBROKE.

Non pas... mais un hasard... un caprice du sort.. un grain de sable qui renverse le char du triomphateur.

ABIGAIL.

Ce grain de sable, vous ne pouvez le créer?

BOLINGBROKE.

Non... mais si je le rencontre, je peux le pousser sous la roue... Le talent n'est pas d'aller sur les brisées de la Providence, et d'inventer des événemens, mais d'en profiter. Plus ils sont futiles en apparence, plus, selon moi, ils ont de portée... les grands effets produits par de petites causes... c'est mon système... j'y ai confiance, vous en verrez les preuves.

ABIGAIL, voyant la porte s'ouvrir.

C'est Masham qui revient!

BOLINGBROKE.

Non... c'est mieux encore!... c'est la triomphante et superbe duchesse...

SCÈNE V.

ABIGAIL, BOLINGBROKE, LA DUCHESSE.

ABIGAIL, à demi-voix, et regardant du côté de la galerie, à droite, par laquelle la duchesse est censée s'avancer.

Quoi! c'est là la duchesse de Marlborough?...

BOLINGBROKE, de même.

Votre cousine... pas autre chose...

ABIGAIL.

Sans la connaître je l'avais déjà vue... au magasin. (A part, et la regardant venir.) Eh oui... cette grande dame qui est venue dernièrement acheter des ferrets en diamans.

LA DUCHESSE, qui s'est avancée en lisant un journal, lève les yeux et aperçoit Bolingbroke qu'elle salue.

Monsieur de Saint-Jean!

BOLINGBROKE.

Lui-même, madame la duchesse, qui s'occupait de vous en ce moment.

LA DUCHESSE.

Vous me faites souvent cet honneur, et vos continuelles attaques...

BOLINGBROKE.
Je n'ai pas d'autre moyen de me rappeler à votre souvenir.
LA DUCHESSE, montrant le journal qu'elle tient à la main.
Rassurez-vous, monsieur, je vous promets de ne pas oublier votre numéro d'aujourd'hui.
BOLINGBROKE.
Vous avez daigné lire...
LA DUCHESSE.
Chez la reine, d'où je sors à l'instant.
BOLINGBROKE, troublé.
Ah! c'est là...
LA DUCHESSE.
Oui, monsieur!... l'officier des gardes de service venait d'apporter le *Journal des gens à la mode*...
BOLINGBROKE.
Où je ne suis pour rien...
LA DUCHESSE, avec ironie.
Je le sais! Depuis long-temps votre règne est passé! mais dans les feuilles de ce journal, et à côté du vôtre était une lettre du marquis de Torcy...
BOLINGBROKE.
Adressée à la reine....
LA DUCHESSE.
C'est pour cela que je l'ai lue.
BOLINGBROKE, avec indignation.
Madame!...
LA DUCHESSE.
C'est du devoir de ma charge! Surintendante de la maison de sa majesté, c'est par mes mains que doivent passer d'abord toutes les lettres. Vous voilà averti, monsieur, et quand il y aura contre moi quelque épigramme, quelque bon mot que vous tiendrez à me faire connaître, vous n'aurez qu'à les adresser à la reine, c'est le seul moyen de me les faire lire!
BOLINGBROKE.
Je me le rappellerai, madame; mais du moins, et c'est ce que je voulais, sa majesté connaît les propositions du marquis?
LA DUCHESSE.
C'est ce qui vous trompe... je les avais lues... cela suffisait... le feu en a fait justice.
BOLINGBROKE.
Quoi, madame...
LA DUCHESSE, lui faisant la révérence et s'apprêtant à sortir, aperçoit Abigaïl qui est restée au fond du théâtre.
Quelle est cette belle enfant qui se tient là timide et à l'écart... quel est son nom?
ABIGAIL, s'avançant, et faisant la révérence. *
Abigaïl.
LA DUCHESSE, avec hauteur.
Ah! la jolie bijoutière!... C'est vrai... je la reconnais... Elle n'est vraiment pas mal, cette petite... Et c'est là cette personne dont m'a parlé la reine?...
ABIGAIL, vivement.
Ah! sa majesté a daigné vous parler...
LA DUCHESSE.
Me laissant maîtresse d'admettre ou de refuser... Et, puisque cette nomination dépend de moi seule... je verrai... j'examinerai avec impartialité et justice.
BOLINGBROKE, à part. *
Nous sommes perdus!
LA DUCHESSE.
Vous comprenez, mademoiselle, qu'il faut des titres.
BOLINGBROKE, s'avançant.
Elle en a.
LA DUCHESSE, étonnée.
Ah! monsieur s'intéresse à cette jeune personne!...
BOLINGBROKE.
A l'accueil affectueux que vous daignez lui faire, j'ai cru que vous l'aviez deviné.
LA DUCHESSE.
Aussi je l'aurais admise avec plaisir; mais pour entrer au service de la reine, il faut tenir à une famille distinguée.
BOLINGBROKE.
C'est par là qu'elle brille!...
LA DUCHESSE.
C'est ce qu'il faudra voir... il y a tant de gens qui se disent nobles et qui ne le sont pas!...
BOLINGBROKE.
Aussi mademoiselle, qui craint de se tromper, n'ose vous avouer qu'on l'appelle Abigaïl Churchill.
LA DUCHESSE, à part.
O ciel!
BOLINGBROKE.
Parente fort éloignée, sans doute... mais enfin, cousine de la duchesse de Marlborough, de la surintendante de la reine, qui, dans sa sévère impartialité, hésite et se demande si elle est d'assez bonne maison pour approcher de Sa Majesté. Vous comprenez, madame, que pour moi, qui suis un écrivain usé et passé de mode, il y aurait dans le récit de cette aventure de quoi me remettre en vogue auprès de mes lecteurs, et que le journal l'*Examinateur* aurait beau jeu dès demain à s'égayer sur la noble duchesse, cousine de la demoiselle de boutique... Mais rassurez-vous, madame, votre amitié est trop nécessaire à votre jeune parente, pour que je veuille la lui faire perdre; et à la condition qu'elle sera aujourd'hui admise par vous dans la maison de sa majesté, je m'engage sur l'honneur à n'avoir jamais rien su de cette anecdote, quelque piquante qu'elle soit... J'attends votre réponse.

* Pendant les six lignes qui précèdent, Bolingbroke a remonté le théâtre, et redescend à l'extrême droite du spectateur : Abigaïl, la Duchesse, Bolingbroke.

* Bolingbroke, Abigaïl, la Duchesse.

LA DUCHESSE, fièrement.

Je ne vous la ferai point attendre. Je devais présenter mon rapport à la reine sur l'admission de mademoiselle, et qu'elle soit ou non ma parente, cela ne changera rien à ma décision; je la ferai connaître à sa majesté... à elle seule !... Quant à vous, monsieur, il vous suffira de savoir que je n'ai jamais rien accordé à la menace, arme impuissante, du reste, que je dédaigne... et si j'y ai recours aujourd'hui, c'est que vous m'y aurez forcée... Quand on est publiciste, monsieur de Saint-Jean, et surtout quand on est de l'opposition, avant de vouloir mettre de l'ordre dans les affaires de l'État, il faut en mettre dans les siennes. C'est ce que vous n'avez pas fait.... Vous avez des dettes énormes... près d'un million de France, que vos créanciers impatients et désespérés m'ont cédé pour un sixième payé comptant... J'ai tout racheté... moi si avide, si intéressée... Vous ne m'accuserez pas cette fois de vouloir m'enrichir... (Souriant.) car ces créances, sont, dit-on, désastreuses... mais elles ont un avantage... celui d'emporter la contrainte par corps... avantage dont je n'ai pu profiter encore avec un membre de la chambre des communes... mais demain finit la session, et si la piquante anecdote dont vous parliez tout à l'heure paraît dans le journal du matin... le journal du soir annoncera que son spirituel auteur, M. de Saint-Jean, compose en ce moment, à Newgate, un traité sur l'art de faire des dettes... Mais je ne crains rien, monsieur, vous êtes trop nécessaire à vos amis et à l'opposition pour vouloir les priver de votre présence, et quelque pénible que soit le silence pour un orateur aussi éloquent, vous comprendrez mieux que moi encore la nécessité de vous taire.

(Elle fait la révérence et sort.)

SCÈNE VI.

ABIGAIL, BOLINGBROKE.

ABIGAIL.

Eh bien! qu'en dites-vous ?

BOLINGBROKE, gaîment.

Bien joué, vrai Dieu !... très bien... c'est de bonne guerre... J'ai toujours dit que la duchesse était une femme de tête et surtout d'exécution. Elle ne menace pas; elle frappe... Et cette idée de me tenir sous sa dépendance en acquittant mes dettes... c'est admirable !... surtout de sa part... Ce que n'auraient pas fait mes meilleurs amis, elle l'a fait... elle a payé pour moi... il faut alors qu'elle ait une haine... qui excite mon émulation et mon courage... Allons, Abigail, du cœur !

ABIGAIL.

Non, non... je renonce à tout, il y va de votre liberté !

BOLINGBROKE, gaîment.

C'est ce que nous verrons ! et par tous les moyens possibles... (Regardant une pendule qui est sur un des panneaux à droite.) Ah ! mon Dieu ! voici l'heure de la chambre... je ne peux y manquer !... je dois parler contre le duc de Marlborough qui demande des subsides... Je prouverai à la duchesse que je m'entends en économie... je ne voterai pas un scheling... Adieu ! je compte sur Masham, sur vous, et sur notre alliance !...

(Il sort par la porte à gauche.)

SCÈNE VII.

ABIGAIL, puis MASHAM.

ABIGAIL, prête à partir.

Belle alliance !... où tout va mal... excepté pour Arthur, cependant !...

MASHAM, accourant pâle et effrayé par la porte du fond.

Ah ! grace au ciel, vous voilà ! je vous cherchais.

ABIGAIL.

Qu'y a-t-il donc ?

MASHAM.

Je suis perdu !

ABIGAIL.

Et lui aussi !...

MASHAM.

Dans le parc de Saint-James et au détour d'une allée solitaire... je viens tout à coup de me trouver face à face avec lui.

ABIGAIL.

Qui donc ?

MASHAM.

Mon mauvais génie, ma fatalité... vous savez... l'homme à la chiquenaude. Du premier coup d'œil, nous nous étions reconnus, car en me regardant il riait... (Avec rage.) il riait encore !!! Et alors, sans lui dire un mot, sans même lui demander son nom... j'ai tiré mon épée... lui, la sienne... et... et... il ne rit plus.

ABIGAIL.

Il est mort ?

MASHAM.

Oh ! non... non... je ne crois pas... mais je l'ai vu chanceler. J'ai entendu du monde qui accourait, et me rappelant ce que j'entendais dire l'autre jour... ces lois si sévères sur le duel...

ABIGAIL.

Peine de mort !

MASHAM.

Si on veut... cela dépend des personnes.

ABIGAIL.

N'importe, il faut quitter Londres.

MASHAM.

C'est ce que je ferai dès demain.

ABIGAIL.

Dès ce soir.

MASHAM.

Mais vous... mais M. de Saint-Jean ?..

ABIGAIL.

Il va être arrêté pour dettes, et je n'aurai pas ma place!... mais c'est égal... Vous d'abord... vous avant tout... éloignez-vous!...

MASHAM.

Oui; mais avant de partir, je voulais au moins vous dire que je n'aimerais jamais que vous... je voulais vous voir... vous embrasser...

ABIGAIL, vivement.

Alors dépêchez-vous donc!...

MASHAM, se jetant dans ses bras.

Ah!

ABIGAIL, se dégageant.

Adieu!... adieu!... et si vous m'aimez, qu'on ne vous revoie plus!

(Tous deux se séparent et s'éloignent.)

ACTE DEUXIÈME.

SCÈNE I.

LA REINE, un Huissier du palais.

LA REINE.

Tu dis, Thompson, que ce sont des membres de la chambre des communes?

THOMPSON.

Oui, madame... qui demandaient audience à votre majesté.

LA REINE, à part.

Encore des adresses et des discours... quand je suis seule, quand la duchesse est ce matin à Windsor... (Haut.) Tu as répondu que des affaires importantes... des dépêches arrivées à l'instant...

THOMPSON.

Oui, madame, c'est ce que je dis toujours.

LA REINE.

Et que je ne recevais pas...

THOMPSON.

Avant deux heures... Ils m'ont alors remis ce papier, en ajoutant qu'ils viendront à deux heures présenter leurs hommages et leurs réclamations à votre majesté.

LA REINE.

La duchesse y sera... cela la regarde; c'est bien le moins qu'elle m'épargne ce soin-là... J'en ai tant d'autres...(A Thompson.) Sais-tu quels étaient ces honorables?

THOMPSON.

Ils étaient quatre, et je n'en connaissais que deux, pour les avoir vus ici quand ils étaient ministres, et qu'à leur tour ils faisaient attendre les autres.

LA REINE, vivement.

Qui donc?

THOMPSON.

Sir Harley et M. de Saint-Jean.

LA REINE.

Oh!... et ils sont partis?

THOMPSON.

Oui, madame...

LA REINE.

Tant pis... je suis fâchée de ne pas les avoir reçus... M. de St-Jean, surtout!... Quand il était au pouvoir... tout allait au mieux... mes matinées étaient moins longues... je ne m'ennuyais pas tant... et aujourd'hui, en l'absence de la duchesse, cela se rencontrait à merveille... c'était comme un fait exprès... un bon hasard. — J'aurais pu causer avec lui, et l'avoir renvoyé c'est d'une maladresse...

THOMPSON.

Madame la duchesse me l'avait tant recommandé... règle générale : toutes les fois que M. de St-Jean se présentera...

LA REINE.

Oh!... c'est la duchesse!... c'est différent! Et M. de St-Jean n'a rien dit?

THOMPSON.

C'est lui qui venait d'écrire, dans le salon d'attente, le papier que j'ai remis à votre Majesté.

LA REINE, prenant vivement le papier sur la table.

C'est bien. — Laisse moi.

(Thompson sort.)

LA REINE. (Lisant.)

« Madame,
» Mes collègues et moi demandions audience à
» V. M.! Eux pour affaires d'État, et moi, pour
» jouir de la vue de ma souveraine, qui depuis si
» long-temps m'est interdite. » Pauvre sir Henri!
« Que la duchesse éloigne de vous ses ennemis
» politiques, je le conçois; mais sa défiance va
» jusqu'à repousser une pauvre enfant dont la
» tendresse et les soins eussent adouci les ennuis
» dont on accable votre majesté. — On lui refuse
» la place que vous vouliez lui donner près de
» vous, en alléguant qu'elle est sans famille ;
» et je vous préviens, moi, qu'Abigaïl Churchill
» est cousine de la duchesse de Marlborough. »
(S'arrêtant.) Est-il possible !... (Lisant) « Ce seul
» fait vous donnera la mesure du reste... que
» votre majesté en profite et veuille bien en
» garder le secret à son fidèle serviteur et
» sujet, etc. » Oui... oui, c'est la vérité.—Henri de Saint-Jean est un de mes fidèles serviteurs... mais ceux-là, je ne suis pas libre de les accueillir... lui, surtout... ancien ministre, je ne puis le voir sans exciter la défiance et les plaintes des nouveaux! Ah! quand ne serai-je plus

reine, pour être ma maîtresse! Dans le choix même de mes amis, demander avis et permission aux conseillers de la Couronne, aux Chambres, à la majorité... à tout le monde enfin... c'est à n'y pas tenir... c'est un esclavage odieux, insupportable, et ici du moins, je ne veux plus obéir à personne, je serai libre chez moi, dans mon palais. — Oui, et quoi qu'il puisse arriver, j'y suis décidée. (Elle sonne, Thompson paraît.) Thompson, rendez-vous à l'instant dans la Cité, chez maître Tomwood, le joaillier... vous demanderez miss Abigaïl Churchill, et vous lui direz qu'elle vienne à l'instant même au palais. —Je le veux, je l'ordonne moi, la reine !... allez !...

THOMPSON.

Oui, madame. (Il sort.)

LA REINE.

L'on verra si quelqu'un ici a le droit d'avoir une autre volonté que la mienne, et d'abord la duchesse, dont l'amitié et les conseils continuels... commencent depuis longtemps à me fatiguer... Ah ! c'est elle !... (Elle s'assied et serre dans son sein la lettre de Bolingbroke.)

SCÈNE II.

LA REINE, LA DUCHESSE, entrant par la porte du fond.

LA DUCHESSE a remarqué ce mouvement et s'approche de la reine qui reste assise et lui tourne le dos.

Oserais-je demander à sa majesté de ses nouvelles ?

LA REINE sèchement.

Mauvaises... je suis souffrante... indisposée...

LA DUCHESSE.

Sa majesté aurait eu quelques contrariétés...

LA REINE, de même.

Beaucoup !

LA DUCHESSE.

Mon absence peut-être...

LA REINE, de même.

Oui, sans doute... je ne vois pas la nécessité d'aller ce matin à Windsor... quand je suis ici accablée d'affaires, obligée d'écouter des réclamations et des adresses du parlement.

LA DUCHESSE.

Vous savez donc ce qui se passe ?

LA REINE.

Non vraiment...

LA DUCHESSE.

Une affaire très grave... très fâcheuse.

LA REINE.

Ah ! mon Dieu.

LA DUCHESSE.

Qui existe déjà dans la ville une certaine fermentation. — Je ne serais pas étonnée qu'il y eût du bruit...

LA REINE.

Mais c'est affreux... On ne peut donc pas être tranquille ? — Nous avions pour aujourd'hui, avec ces dames, une promenade sur la Tamise...

LA DUCHESSE.

Que votre majesté se rassure... nous veillerons à tout... Nous avons fait arriver à Windsor un régiment de dragons, qui, au premier bruit, marcherait sur Londres.—Je viens de m'entendre avec les chefs, tous dévoués à mon mari et à votre majesté.

LA REINE.

Ah ! c'est pour cela que vous étiez à Windsor ?...

LA DUCHESSE.

Oui, madame... et vous m'accusiez...

LA REINE.

Moi... duchesse...

LA DUCHESSE, souriant.

Ah ! vous m'avez fort mal accueillie... j'ai vu que j'étais en disgrâce.

LA REINE.

Ne m'en veuillez pas, duchesse, j'ai aujourd'hui les nerfs dans un état d'agacement..

LA DUCHESSE.

Dont je devine la cause... votre majesté aura reçu quelque fâcheuse nouvelle...

LA REINE.

Non vraiment...

LA DUCHESSE.

Qu'elle veut me laisser ignorer de peur de m'affliger ou de m'inquiéter... Je connais sa bonté...

LA REINE.

Vous êtes dans l'erreur.

LA DUCHESSE.

Je l'ai vu... Car à mon arrivée, vous avez caché un papier avec un empressement... et une émotion tels... qu'il m'a été facile de deviner que cela me concernait... moi !...

LA REINE.

Non duchesse... Je vous le jure... Il s'agit tout uniment d'une jeune fille... (Tirant la lettre de son sein.) qui m'est recommandée par cette lettre... une jeune fille que je veux.... que je désire placer auprès de moi...

LA DUCHESSE, souriant.

En vérité !... rien de mieux alors... et si votre majesté veut permettre...

LA REINE serrant la lettre.

C'est inutile... je vous en ai déjà parlé... c'est la petite Abigaïl.

LA DUCHESSE, à part.

O ciel !... (haut) et celui qui vous la recommande si vivement...

LA REINE.

Peu importe... j'ai promis de ne pas le nommer... et de ne pas montrer sa lettre.

LA DUCHESSE.

A cela seul... je le devine !... c'est M. de Saint-Jean.

LA REINE, troublée.
Je ne dis pas que...
LA DUCHESSE, vivement.
C'est lui, madame, j'en suis sûre...
LA REINE.
Eh bien! oui... c'est la vérité!
LA DUCHESSE, avec une colère qu'elle s'efforce de contenir.
Ah! je comprends que nos ennemis l'emportent, puisque notre reine nous livre à eux, au moment où nous combattons pour elle... Oui, madame, aujourd'hui même, a été présenté au parlement le bill qui rappelle en Angleterre le prince Édouard votre frère, et qui le déclare après vous l'héritier du trône. Ce bill, qui déjà soulève la répugnance de la nation et les murmures du peuple, c'est nous qui le soutenons contre Henri de Saint-Jean et le parti de l'opposition, au risque d'y perdre notre popularité, et plus tard notre pouvoir. Voilà ce que nous faisons pour notre souveraine; et elle, loin de nous seconder, entretient pendant ce temps des correspondances secrètes avec nos adversaires déclarés; et c'est pour eux enfin, qu'elle nous abandonne et nous trahit...

LA REINE, à part, avec impatience.
Encore une scène de plaintes et de jalousie... en voilà pour toute la journée. (Haut.) Eh! non, duchesse... tout cela n'existe que dans votre imagination, qui dénature et exagère tout. Cette correspondance n'a rien de politique, et ce qu'elle renferme est d'une nature telle...

LA DUCHESSE.
Que votre majesté craint de me la montrer...

LA REINE, avec impatience.
Par égard pour vous. (La lui donnant.) Car elle contient des faits que vous ne pouvez nier.

LA DUCHESSE, parcourant la lettre.
N'est-ce que cela? l'attaque est peu redoutable.

LA REINE.
Ne vous êtes-vous pas opposée à l'admission d'Abigaïl?

LA DUCHESSE.
Et c'est ce que je ferai encore de tout mon crédit auprès de votre majesté.

LA REINE.
Il n'est donc pas vrai, comme on l'assure, qu'elle est votre cousine?...

LA DUCHESSE.
Si madame... j'en conviens, je l'avoue hautement; c'est pour cela même que je n'ai point voulu la placer auprès de vous. On m'accuse depuis si long-temps, moi surintendante de votre maison, de donner tous les emplois à mes amis, à mes parens, à mes créatures; de n'entourer votre majesté que de ma famille ou de gens à ma dévotion; nommer Abigaïl serait donner contre moi un prétexte de plus à la calomnie; et votre majesté est trop juste et trop généreuse pour ne pas me comprendre.

LA REINE, avec embarras et à moitié convaincue.
Oui certainement... je comprends bien... mais j'aurais voulu cependant que cette pauvre Abigaïl...

LA DUCHESSE.
Ah! soyez tranquille sur son sort... je lui trouverai loin de vous, loin de Londres, une position brillante et honorable. C'est ma cousine, c'est ma parente.

LA REINE.
A la bonne heure...

LA DUCHESSE.
Et puis d'ailleurs, l'intérêt que votre majesté daigne lui porter... Je suis si heureuse quand je puis prévenir ou deviner ses intentions... C'est comme ce jeune homme... cet enseigne dans les gardes, que l'autre jour votre majesté avait eu l'air de me recommander.

LA REINE.
Moi?... qui donc?

LA DUCHESSE.
Le petit Masham, dont elle m'avait fait l'éloge.

LA REINE, avec un peu d'émotion.
Oui, c'est vrai, un jeune militaire, qui tous les matins me lit le Journal des modes.

LA DUCHESSE.
J'ai trouvé moyen de le faire passer officier aux gardes. Une occasion admirable, dont personne ne se doutait, pas même le maréchal... qui a signé presque sans le savoir... et ce matin le nouveau capitaine viendra remercier votre majesté.

LA REINE, avec joie.
Ah!... il viendra!

LA DUCHESSE.
Je l'ai mis sur la liste d'audience.

LA REINE.
C'est bien! je le recevrai. Mais si les journaux de l'opposition crient à l'injustice, à la faveur...

LA DUCHESSE.
C'est le maréchal... ça le regarde... ce n'est plus un emploi dans votre maison.

LA REINE, allant s'asseoir près de la table à gauche.
C'est juste!

LA DUCHESSE.
Vous voyez bien que quand cela est possible, je suis la première à vous seconder.

LA REINE, assise, et se tournant vers elle.
Vous êtes si bonne!

LA DUCHESSE, debout près du fauteuil.
Mon Dieu non! au contraire... je le sens bien... mais j'aime tant votre majesté, je lui suis si dévouée.

LA REINE, à part.
Après tout, c'est vrai!

LA DUCHESSE.
Et les rois ont si peu d'amis véritables!... d'amis qui ne craignent pas de les fâcher... de les heurter, de les contrarier... Que voulez-vous, je ne sais ni flatter... ni tromper... je ne sais qu'aimer...

LA REINE.
Oui, vous avez raison, duchesse, l'amitié est une douce chose...

LA DUCHESSE.
N'est-il pas vrai?... Qu'importe le caractère? le cœur est tout... (La reine lui tend la main que la duchesse porte à ses lèvres.) Votre majesté me promet qu'il ne sera plus question de cette affaire... elle a pensé me faire perdre vos bonnes graces... elle m'a rendue si malheureuse...

LA REINE.
Et moi aussi!

LA DUCHESSE.
Le souvenir en serait trop pénible. Qu'elle soit à jamais oubliée.

LA REINE.
Je vous le promets.

LA DUCHESSE.
Ainsi c'est convenu... vous ne reverrez plus cette petite Abigaïl?...

LA REINE.
Certainement.

SCÈNE III.

Les Précédens, THOMPSON, ABIGAIL.

THOMPSON.
Miss Abigaïl Churchill!

LA DUCHESSE, à part, et s'éloignant.
O ciel!

LA REINE, avec embarras.
Au moment même où nous en parlions... c'est un singulier hasard.

ABIGAIL.
Votre majesté m'a ordonné de me rendre auprès d'elle.

LA REINE.
C'est-à-dire... ordonné... j'ai dit que je désirais... J'ai dit : Voyez si cette jeune personne...

LA DUCHESSE.
C'est juste... il faut bien que votre majesté la voie, pour lui annoncer que sa demande ne peut être admise...

ABIGAIL.
Ma demande... je n'aurais jamais osé... c'est sa majesté qui d'elle-même... et dans sa bonté... a daigné me proposer...

LA REINE.
C'est vrai!... mais des raisons majeures... des considérations politiques...

ABIGAIL, souriant.
Pour moi!...

LA REINE.
M'obligent à regret... à renoncer à un rêve que j'aurais été heureuse... de réaliser... Ce n'est

* La Reine, Abigaïl, la Duchesse. (Thompson sort par le fond après avoir annoncé.)

plus moi... c'est madame la duchesse votre parente... qui désormais se charge de votre sort... Elle m'a promis pour vous... loin de Londres.. une position honorable... (Avec dignité, passant près de la duchesse et prenant le milieu du théâtre.) et j'y compte...

ABIGAIL, à part.
O ciel!

LA DUCHESSE.
Je m'en occuperai... dès aujourd'hui... (A Abigaïl.) Attendez-moi, je vous parlerai en sortant de chez la reine... à qui mon devoir est d'obéir en tout.

LA REINE, à demi-voix, à Abigaïl.
Remerciez-la donc!...

(Abigaïl reste immobile ; mais pendant que la duchesse remonte le théâtre, elle baise vivement la main de la reine.)

ABIGAIL, à part.
Pauvre femme!

(La reine s'éloigne avec la duchesse par la porte à droite.)

SCÈNE IV.

ABIGAIL, seule, et regardant sortir la reine.

Ah! que je la plains!... M. de Saint-Jean avait raison... il les connaît bien... ce n'est pas celle-là qui est reine... c'est l'autre!... et je me laisserais protéger, c'est-à-dire tyranniser par elle!... Plutôt mourir!... Je refuserai... Et cependant maintenant plus que jamais nous aurions besoin d'amis et de protecteurs... car depuis hier... depuis le départ d'Arthur... je n'ai pas vu M. de Saint-Jean... Je ne sais ce qu'il devient... de sorte que j'ai peur toute seule... (Avec effroi.) C'est ici, dans le palais de la reine, dans les jardins de Saint-James... avec un grand seigneur, sans doute, qu'il s'est battu... Il n'y a pas de grace à espérer... et s'il n'a pas déjà gagné le continent... c'en est fait de ses jours. Ah! je ne demande plus rien pour moi, mon Dieu!... et j'avais tort de me plaindre... L'abandon, la misère, j'accepte tout sans murmurer. Qu'il soit sauvé, qu'il vive! et je renonce au bonheur... je renonce à mon mariage.

SCÈNE V.

BOLINGBROKE, ABIGAIL.

BOLINGBROKE, qui est entré avant la fin de la scène précédente.
Eh! pourquoi donc, palsambleu! moi je ne renonce à rien...

ABIGAIL.
Ah! monsieur Henri, vous voilà... venez... ve-

nez.. je suis bien malheureuse, tout est contre moi... tout m'abandonne.

BOLINGBROKE, gaîment.

C'est dans ces momens-là que mes amis me voient arriver. Voyons, ma petite Abigaïl, qu'y a-t-il?

ABIGAIL.

Il y a que cette fortune que vous nous aviez promise...

BOLINGBROKE.

Elle a tenu parole... elle est venue exacte au rendez-vous.

ABIGAIL, étonnée.

Comment cela?

BOLINGBROKE.

Ne vous ai-je pas parlé de lord Richard Bolingbroke, mon cousin.

ABIGAIL.

Non vraiment.

BOLINGBROKE.

Le plus impitoyable de mes créanciers, quoiqu'il fût comme moi de l'opposition! C'est lui qui avait vendu mes dettes à la duchesse de Malborough. Du reste, l'être le plus nul, le plus incapable.

ABIGAIL.

Je ne croirai jamais qu'il fût de la famille.

BOLINGBROKE.

Il en était le chef. A lui tous les biens... à lui l'immense fortune des Bolingbroke...

ABIGAIL.

Eh bien! ce cousin...

BOLINGBROKE, riant.

Regardez-moi bien. N'ai-je pas l'air d'un héritier?

ABIGAIL.

Vous, monsieur de Saint-Jean?...

BOLINGBROKE.

Moi-même... maintenant lord Henri de Saint-Jean, vicomte de Bolingbroke, seul et dernier membre de cette illustre famille, et possesseur d'un superbe héritage, pour lequel je viens demander justice à la reine.

ABIGAIL.

Comment cela?

BOLINGBROKE, lui montrant la porte du fond qui s'ouvre.

Avec mes honorables collègues que voici... les principaux membres de l'opposition.

ABIGAIL.

Et pourquoi donc?

BOLINBROKE, à demi-voix.

Outre l'héritage, mon cousin laisse encore des espérances... celles d'une émeute dont sa mort sera peut-être la cause; c'est le premier service qu'il rend à notre parti... et jamais, à coup sûr, il n'aura fait autant de bruit de son vivant. Silence!... c'est la reine.

SCÈNE VI.

ABIGAIL, à droite du spectateur, plusieurs SEIGNEURS et DAMES DE LA COUR viennent se placer près d'elle. Sir HARLEY et les MEMBRES DE L'OPPOSITION, à gauche, se groupant autour de Bolingbroke. LA REINE, LA DUCHESSE DE MARLBOROUGH et plusieurs DAMES D'HONNEUR sortant des appartemens à droite et se plaçant au milieu du théâtre.

BOLINGBROKE, cherchant ses expressions, et s'efforçant de s'échauffer.

Madame, c'est un sincère ami de son pays, et de plus un parent désolé, qui accourt au nom de la patrie en pleurs, demander justice et vengeance. Le défenseur de nos libertés, lord Richard, vicomte de Bolingbroke, mon noble cousin... hier, dans votre palais... et dans les jardins de Saint-James...

ABIGAIL, à part.

O ciel!...

BOLINGBROKE.

A été frappé en duel... si l'on peut appeler duel... un combat sans témoins, où son adversaire, protégé dans sa fuite, a été soustrait à l'action des lois...

LA DUCHESSE.

Permettez...

BOLINGBROKE.

Et comment ne pas croire alors que ceux qui l'ont fait évader sont ceux qui avaient armé son bras... comment ne pas croire que le ministère.. (A la duchesse et aux seigneurs qui témoigent leur impatience et haussent les épaules.) Oui, madame, je l'accuse, et les cris du peuple irrité parlent encore plus haut que moi... j'accuse les ministres... j'accuse leurs partisans... leurs amis... je ne nomme personne, mais j'accuse tout le monde... d'avoir voulu se défaire, par trahison, d'un adversaire aussi redoutable que lord Richard Bolingbroke, et je viens déclarer à sa majesté, que si des troubles sérieux éclatent aujourd'hui dans sa capitale, ce n'est pas à nous, ses fidèles sujets, qu'elle doit s'en prendre... mais à ceux qui l'entourent, et dont l'opinion publique réclame depuis long-temps le renvoi!

LA DUCHESSE, froidement.

Avez-vous terminé?

BOLINGBROKE.

Oui, madame.

LA DUCHESSE.

Maintenant voici la vérité... prouvée par les rapports authentiques que j'ai reçus ce matin.

ABIGAIL, à part.

Je meurs d'effroi.

LA DUCHESSE.

Il est malheureusement trop vrai... qu'hier dans une allée du parc de Saint-James.. lord Richard s'est battu en duel...

BOLINGBROKE.
Avec qui?
LA DUCHESSE.
Avec un cavalier, dont il ignorait lui-même le nom... et la demeure...
BOLINGBROKE.
Je demande à votre majesté si cela est vraisemblable...
LA DUCHESSE.
Cela est cependant... ce sont les dernières paroles de lord Richard entendues par le peu de personnes qui étaient là... des employés du palais... que vous pouvez voir et interroger.
BOLINGBROKE.
Je ne doute point de leur réponse!... les places honorables qu'ils occupent en sont un sûr garant. Mais enfin... si, comme madame la duchesse le prétend, le véritable coupable est échappé, sans qu'on l'aperçût, ce qui supposerait une grande connaissance des appartemens et détours du palais, comment se fait-il qu'on n'ait pris aucune mesure pour le découvrir?
ABIGAIL, à part.
C'est fait de nous!
BOLINGBROKE.
Comment se fait-il que nous soyons obligés de stimuler le zèle, d'ordinaire si actif, de madame la surintendante, qui, par sa charge, a l'entière surveillance et la haute main dans la maison de la reine... comment les ordres les plus sévères ne sont-ils pas déjà donnés?...
LA DUCHESSE.
Ils le sont!
ABIGAIL, à part.
O ciel!
LA DUCHESSE.
Sa majesté vient de prescrire les mesures les plus rigoureuses dans cette ordonnance...
LA REINE.
Dont nous confions l'exécution à madame la duchesse (La remettant à Bolingbroke.) et à vous, monsieur de Saint-Jean... je veux dire mylord Bolingbroke, à qui ce titre, et les liens du sang qui vous unissaient au défunt, imposent plus qu'à tout autre le devoir de poursuivre et de punir le coupable.
LA DUCHESSE.
On ne dira plus, je l'espère, que nous le protégeons et que nous voulons le soustraire à votre vengeance.
LA REINE.
Mylord et messieurs, êtes-vous satisfaits?
BOLINGBROKE.
Toujours, quand on a vu votre majesté et qu'on a pu s'en faire entendre.

(La reine salue de la main Bolingbroke et ses collègues qui s'inclinent profondément, et rentre avec la duchesse et ses femmes dans ses appartemens à droite. Le reste de la foule s'écoule par les portes du fond.)

SCÈNE VII.

ABIGAIL suit un instant les membres de l'opposition qui se retirent par la porte du fond, puis elle redescend le théâtre à gauche. BOLINGBROKE.

BOLINGBROKE.
A merveille!... mais s'ils croient que c'est fini... ils se trompent bien... grace à cette ordonnance, j'arrêterai plutôt toute l'Angleterre... (Se retournant vers Abigail qui, se soutenant à peine, s'appuie sur un gauteuil à gauche.) Ah! mon Dieu!... qu'avez-vous donc?
ABIGAIL.
Ce que j'ai!... vous venez de nous perdre.
BOLINGBROKE.
Comment cela?
ABIGAIL.
Ce coupable que vous avez dénoncé à la vengeance du peuple et de la cour... celui que vous êtes chargé de poursuivre... d'arrêter... de faire condamner...
BOLINGBROKE.
Eh bien!...
ABIGAIL.
Eh bien... c'est Arthur!
BOLINGBROKE.
Quoi?... ce duel... cette rencontre.
ABIGAIL.
C'était avec lord Bolingbroke votre cousin, qu'il ne connaissait pas... mais qui depuis long-temps l'avait insulté.
BOLINGBROKE, poussant un cri.
J'y suis!... l'homme à la chiquenaude... Oui, ma chère, une véritable chiquenaude... c'est elle qui a été la cause de tout... d'un duel, d'une émeute... du superbe discours que je viens de prononcer... et plus encore, d'une ordonnance royale.
ABIGAIL.
Qui vous prescrit de l'arrêter?
BOLINGBROKE, vivement.
L'arrêter!... allons donc! Celui à qui je dois tout, un rang, un titre et des millions! non... non... je ne suis pas assez ingrat, assez grand seigneur pour cela. (Prenant l'ordonnance qu'il veut déchirer.) Et plutôt, morbleu... (S'arrêtant.) O ciel!... et tout un parti qui compte sur moi... et l'opposition entière que j'ai déchaînée contre ce malheureux duel... et puis enfin, aux yeux de tous... c'est mon parent... c'est mon cousin...
ABIGAIL.
Que faire, mon Dieu!...
BOLINGBROKE, gaîment.
Parbleu!... je ne ferai rien... que du bruit... des articles et des discours, jusqu'à ce que vous ayez la certitude qu'il est en sûreté, et qu'il a quitté l'Angleterre... Je me montre alors, et je le

fais poursuivre dans tout le royaume avec une rage qui met à l'abri mes sentimens et ma responsabilité de cousin!

ABIGAIL.

Ah! que vous êtes bon!... que vous êtes aimable... C'est bien, c'est à merveille... Et comme depuis hier qu'il nous a quittés, il doit être loin maintenant... (Poussant un cri en apercevant Masham.) Ah!...

○○

SCÈNE VIII.

ABIGAIL, MASHAM, BOLINGBROKE.

BOLINGBROKE, l'apercevant.

C'est fait de nous!... Malheureux! qui vous ramène?... pourquoi revenir sur vos pas?

MASHAM, tranquillement.

Je ne suis jamais parti.

ABIGAIL.

Hier, cependant, vous m'avez fait vos adieux.

MASHAM.

Je n'étais pas sorti de Londres, que j'ai entendu galoper sur mes traces... c'était un officier qui me poursuivait, et qui, mieux monté que moi, m'eut bientôt rattrapé. J'eus un instant l'idée de me défendre... mais déjà je venais de blesser un homme... et en tuer un second qui ne m'avait rien fait... vous comprenez... Je m'arrêtai et lui dis : (Portant la main à son épée.) Mon officier, je suis à vos ordres. — Mes ordres, me dit-il, les voici : et il me remit un paquet que j'ouvris en tremblant.

ABIGAIL.

Eh bien!

MASHAM.

Eh bien!... c'est à confondre!... c'était ma nomination d'officier dans les gardes.

BOLINGBROKE.

Est-il possible?

ABIGAIL.

Une pareille récompense!...

MASHAM.

Après ce que je venais de faire!... Demain matin, continue mon jeune officier, vous remercierez la reine ; mais aujourd'hui nous avons un repas de corps... tous nos camarades du régiment ; je me charge de vous présenter... venez... je vous emmène!... Que répondre?... Je ne pouvais pas prendre la fuite... c'était donner des soupçons, me trahir... m'avouer coupable...

ABIGAIL.

Et vous l'avez suivi?...

MASHAM.

A ce repas, qui a duré une partie de la nuit.

ABIGAIL.

Malheureux!...

MASHAM.

Et pourquoi cela?

BOLINGBROKE.

Nous n'avons pas le temps de vous l'expliquer. Qu'il vous suffise de savoir... que l'homme qui vous avait raillé et insulté était Richard Bolingbroke, mon parent.

MASHAM.

Que dites-vous?

BOLINGBROKE.

Que votre premier coup d'épée m'a valu soixante mille livres sterling de revenu ; je désire que le second vous en rapporte autant... Mais en attendant, c'est moi que l'on a chargé de vous arrêter.

MASHAM, lui présentant son épée.

Je suis à vos ordres.

BOLINGBROKE.

Eh! non... je n'ai pas de brevet d'officier à vous offrir... ni de repas de corps...

ABIGAIL.

Heureusement... car il vous suivrait.

BOLINGBROKE.

Tout ce que je vous demande, c'est de ne pas vous trahir vous-même... Moi, d'abord, je vous chercherai très peu, et si je vous trouve, ce sera votre faute et non la mienne.

ABIGAIL.

Jusqu'ici, grâce au ciel, on n'a encore aucun soupçon, aucun indice.

BOLINGBROKE.

Evitez d'en faire naître : restez tranquille, restez chez vous, ne vous montrez pas.

MASHAM.

Ce matin il faut que j'aille chez la reine.

BOLINGBROKE.

Tant pis!...

MASHAM.

De plus... voici une lettre qui m'ordonne justement tout le contraire de ce que vous me recommandez.

ABIGAIL.

Une lettre de qui?

MASHAM.

De mon protecteur inconnu! celui sans doute à qui je dois mon nouveau grade... On vient de remettre chez moi ce billet et cette boîte...

L'HUISSIER, paraissant à la porte des appartemens de la reine.

Monsieur le capitaine Masham!

MASHAM.

La reine qui m'attend... (Remettant à Abigail la lettre et à Bolingbroke la boîte.) Tenez... et voyez. (Il sort.)

○○

SCÈNE IX.

ABIGAIL, BOLINGBROKE.

ABIGAIL.

Qu'est-ce que cela signifie?

BOLNGBROKE.

Lisons !

ABIGAIL, lisant la lettre.

« Vous êtes officier ! j'ai tenu ma parole... tenez
» la vôtre en continuant à m'obéir ; tous les ma-
» tins montrez-vous à la chapelle, et tous les soirs
» au jeu de la reine. Bientôt viendra le moment
» où je me ferai connaître... D'ici là, silence et
» obéissance à mes ordres, sinon, malheur à
» vous !... »

ABIGAIL.

Et quels ordres, je vous le demande

BOLINGBROKE.

Celui de ne pas se marier.

ABIGAIL.

Une protection à ce prix-là, c'est terrible

BOLINGBROKE.

Plus que vous ne croyez, peut-être ?

ABIGAIL.

Et pourquoi ?

BOLINGBROKE, souriant.

C'est que ce protecteur mystérieux...

ABIGAIL.

Un ami de son père !... un lord !

BOLINGBROKE, de même.

Je parierais plutôt pour une lady.

ABIGAIL.

Allons donc ! Lui ! Arthur ! un jeune homme si
rangé, et surtout si fidèle !

BOLINGBROKE.

Ce n'est pas sa faute, si on le protége malgré
lui et incognito.

ABIGAIL.

Ah ! ce n'est pas possible, et ce post-scriptum
nous dira peut-être...

BOLINGBROKE, gaîment.

Ah ! il y a un post-scriptum ?

ABIGAIL, lisant avec émotion.

« J'envoie à M. le capitaine Masham les insi-
» gnes de son nouveau grade. »

BOLINGBROKE, ouvrant la boîte qu'il tient.

Des ferrets en diamans d'un goût et d'une magnificence... c'est bien cela.

ABIGAIL, les regardant.

O ciel !... je sais qui ! Ces diamans, je les reconnais ! Ils ont été achetés dans les magasins
de maître Tomwood et vendus par moi, la semaine dernière...

BOLINGBROKE.

A qui ?... parlez ?

ABIGAIL.

Oh ! je ne le puis !... je n'ose... A une bien
grande dame, et je suis perdue si Arthur en est
aimé.

BOLINGBROKE.

Que vous importe ! s'il ne l'aime point, s'il ne
s'en doute même pas ?

ABIGAIL.

Il le saura... je vais tout lui dire...

BOLINGBROKE, la tenant par la main.

Non... si vous m'en croyez... il l'ignorera toujours !

ABIGAIL.

Pourquoi donc ?

BOLINGBROKE.

Ma pauvre enfant !... vous ne connaissez pas
les hommes ! Le plus modeste et le moins fat a
tant de vanité ! Il est si flatteur de se savoir aimé
d'une grande dame !... Et s'il est vrai que celle-là
soit si redoutable...

ABIGAIL.

Plus que je ne peux vous le dire.

BOLINGBROKE.

Et quelle est-elle donc ?

ABIGAIL, montrant la duchesse qui entre par la galerie à droite.

La voici !

BOLINGBROKE, vivement et lui prenant la lettre
qu'elle tient.

La duchesse !... (A Abigail qu'il renvoie.) Laissez-nous... laissez-nous.

ABIGAIL.

Elle m'avait dit de l'attendre...

BOLINGBROKE, la poussant par la porte à gauche.

Eh bien ! c'est moi qu'elle trouvera !... (A part.)
O fortune tu me devais cette revanche...

~~~~~~~~~~~~~~~~~~~~~~~~~~~~~~~~~~~~~~

SCÈNE X.

BOLINGBROKE, LA DUCHESSE. Elle entre
rêveuse. Bolingbroke s'approche et la salue respectueusement.

LA DUCHESSE.

Ah ! c'est vous, mylord... je cherchais cette
jeune fille...

BOLINGBROKE.

Oserais-je vous demander un moment d'audience ?

LA DUCHESSE.

Parlez... auriez-vous quelque indice, quelque
renseignement sur le coupable que nous sommes
chargés de poursuivre ?

BOLINGBROKE.

Aucun encore !... et vous, madame ?

LA DUCHESSE.

Pas davantage...

BOLINGBROKE, à part.

Tant mieux.

LA DUCHESSE.

Alors, que voulez-vous ?

BOLINGBROKE.

D'abord m'acquitter de tout ce que je vous dois !
la reconnaissance m'en faisait un devoir ! Et devenu riche, par hasard, mon premier soin a été de
faire remettre chez votre banquier un million de

France, pour payer les deux cent mille livres, auxquelles vous aviez eu la confiance d'estimer mes dettes.

LA DUCHESSE.

Monsieur...

BOLINGBROKE.

C'était beaucoup!... je n'en aurais pas donné cela, et pour bonnes raisons!... Par l'événement, et malgré vous, il se trouve que vous y aurez gagné trois cents pour cent... j'en suis ravi... vous voyez, comme vous me faisiez l'honneur de me le dire, que l'affaire n'est pas si désastreuse...

LA DUCHESSE, souriant.

Mais si vraiment!... pour vous!

BOLINGBROKE.

Non, madame: vous m'avez appris que pour parvenir, la première qualité de l'homme d'État était l'ordre qui mène à la fortune, laquelle conduit à la liberté et au pouvoir, car grace à elle on n'a plus besoin de se vendre, et souvent on achète les autres...

Cette leçon vaut bien un million sans doute! Je ne le regrette pas et je mettrai désormais vos enseignemens à profit.

LA DUCHESSE.

Je comprends! n'ayant plus à craindre pour votre liberté... vous allez me faire une guerre plus violente encore.

BOLINGBROKE.

Au contraire... je viens vous proposer la paix.

LA DUCHESSE.

La paix entre nous!... c'est difficile.

BOLINGBROKE.

Eh bien! une trêve... une trêve de vingt-quatre heures!

LA DUCHESSE.

A quoi bon?... Vous pouvez quand vous voudrez commencer l'attaque dont vous m'avez menacée; j'ai dit moi-même à la reine et à toute la cour qu'Abigaïl était ma parente; mes bienfaits ont devancé vos calomnies, et je venais annoncer à cette jeune fille que je la plaçais à trente lieues de Londres, dans une maison royale, faveur recherchée par les plus nobles familles du royaume!

BOLINGBROKE.

C'est fort généreux : mais je doute qu'elle accepte!

LA DUCHESSE.

Pour quelle raison, s'il vous plaît?

BOLINGBROKE.

Elle tient à rester à Londres.

LA DUCHESSE, avec ironie.

A cause de vous peut-être?

BOLINGBROKE, avec fatuité.

C'est possible!

LA DUCHESSE, gaîment.

Eh! mais... je commence à le croire!... l'intérêt que vous lui portez... l'insistance, la chaleur que vous mettez à la défendre... (Souriant.) Là, vraiment, mylord, est-ce que vous aimeriez cette petite?

BOLINGBROKE.

Quand ce serait?...

LA DUCHESSE, gaîment.

Je le voudrais!

BOLINGBROKE.

Et pourquoi?

LA DUCHESSE, de même.

Un homme d'État amoureux, il est perdu!... il n'est plus à craindre!...

BOLINGBROKE.

Je ne vois pas cela!... Je connais de hautes capacités politiques qui mènent de front les amours et les affaires... qui se délassent des préoccupations sérieuses par de plus douces pensées et sortent parfois des détours de la diplomatie pour entrer dans de piquantes et mystérieuses intrigues. — Je connais entr'autres une grande dame, que vous connaissez aussi, qui, charmée de la jeunesse et de la naïveté d'un petit gentilhomme de province, a trouvé bizarre et amusant (je ne lui suppose pas d'autre intention) de devenir sa protectrice invisible... sa providence terrestre, et sans jamais se nommer, sans apparaître à ses yeux, elle s'est chargée de son avancement et de sa fortune... (Geste de la duchesse.) C'est intéressant, n'est-ce pas, madame?... Eh bien! ce n'est rien encore! — Dernièrement, et par son mari qui est un grand général, elle a fait nommer son protégé officier dans les gardes, et, ce matin même, l'a prévenu mystérieusement de son nouveau grade, en lui en envoyant les insignes... des ferrets en diamans que l'on dit magnifiques...

LA DUCHESSE, avec embarras.

Ce n'est guère vraisemblable... et à moins que vous ne soyez bien sûr...

BOLINGBROKE.

Les voici!... ainsi que la lettre qui les accompagnait. (A demi-voix.) Vous comprenez qu'à nous deux... car nous deux seulement connaissons ce secret, nous pourrions perdre cette grande dame!... Des places ainsi données sont sujettes au contrôle des chambres et de l'opposition... Vous me direz qu'il faut des preuves... mais ce riche présent acheté par elle... cette lettre dont l'écriture, quoique déguisée, pourrait aisément être reconnue, tout cela donnerait lieu à une effroyable publicité que cette grande dame pourrait peut-être braver; mais elle a un mari... ce général dont je parlais... un caractère violent et emporté, dont un pareil scandale exciterait la fureur... car un grand homme, un héros tel que lui, devait penser que les lauriers préservaient de la foudre...

LA DUCHESSE, avec colère.

Monsieur!...

BOLINGBROKE, changeant de ton.

Madame la duchesse!... parlons sans métaphore. — Vous comprenez que ces preuves ne peuvent rester entre mes mains, et que mon intention est de les rendre à qui elles appartiennent...

LA DUCHESSE.

Ah! s'il était vrai!...

BOLINGBROKE.

Entre nous, point de promesses, ni de protestations. — Des faits! — Abigaïl sera admise aujourd'hui par vous dans la maison de la reine... et tout ceci vous sera remis.

LA DUCHESSE.

A l'instant...

BOLINGBROKE.

Non... dès son entrée en fonctions... et il dépend de vous que ce soit dès demain... dès ce soir...

LA DUCHESSE.

Ah! vous vous méfiez de moi et de ma parole?

BOLINGBROKE.

Ai-je tort?

LA DUCHESSE.

La haine vous aveugle.

BOLINGBROKE, galamment.

Non!... car je vous trouve charmante!... et si au lieu d'être dans des camps opposés, le ciel nous eût réunis, nous aurions gouverné le monde!

LA DUCHESSE.

Vous croyez...

BOLINGBROKE.

Rien de plus vrai! Livré à moi-même, je suis toujours la franchise personnifiée!

LA DUCHESSE.

Eh bien! donnez m'en une preuve... une seule, et je consens.

BOLINGBROKE.

Laquelle?

LA DUCHESSE.

Comment avez-vous découvert ce secret?

BOLINGBROKE.

Je ne puis l'avouer sans compromettre une personne...

LA DUCHESSE.

Que je devine!... Vous êtes riche maintenant, et comme vous me le disiez tout à l'heure... vous avez acheté à prix d'or... convenez-en, les aveux du vieux William, mon confident.

BOLINGBROKE, souriant.

C'est possible.

LA DUCHESSE.

Le seul de mes serviteurs en qui j'eusse confiance!

BOLINGBROKE.

Mais, silence avec lui.

LA DUCHESSE.

Avec tous!

BOLINGBROKE.

Ce soir la nomination d'Abigaïl...

LA DUCHESSE.

Ce soir, cette lettre...

BOLINGBROKE.

Je le promets, — trêve loyale et franche pour aujourd'hui!...

LA DUCHESSE.

Soit! (Elle lui tend la main que Bolingbroke porte à ses lèvres.) (A part.) Et demain la guerre!...

(Elle sort par la porte à droite et Bolingbroke par la porte à gauche.)

ACTE TROISIÈME.

SCÈNE I.

ABIGAIL, tenant un livre, LA REINE, tenant à la main un ouvrage de tapisserie, entrent par la porte à droite. — Abigaïl se tient debout près de la reine, qui va s'asseoir à droite du spectateur, près du guéridon.

ABIGAIL.

Je ne puis revenir de mon bonheur, et quoique depuis deux jours je ne quitte plus votre majesté, je ne puis croire encore qu'il me soit permis, à moi, la pauvre Abigaïl, de vous consacrer ma vie.

LA REINE.

Ah! ce n'est pas sans peine!... Tu as dû penser, lorsque je t'ai si froidement accueillie, que tout était perdu. Mais, vois-tu bien, ma fille, on ne me connait pas... J'ai l'air de céder... je cède même pendant quelque temps; mais je ne perds pas de vue mes projets, et, à la première occasion qui se présente de montrer du caractère... C'est ce qui est arrivé!

ABIGAIL.

Vous avez parlé à la duchesse en reine!

LA REINE, naïvement.

Non, je ne lui ai rien dit; mais elle a bien vu à ma froideur que je n'étais pas satisfaite... et d'elle-même, quelques heures après, elle est venue, d'un air embarrassé, m'avouer, qu'après tout, et quels que fussent les obstacles qui s'opposaient à ta nomination, elle devait faire céder les convenances à ma volonté... et, exprès pour la punir... j'ai encore hésité quelques instants... et puis j'ai dit que décidément... je voulais!

ABIGAIL.

Que de bontés! (Montrant le livre qu'elle tient à la main.) Votre majesté veut-elle?... (La reine lui fait signe qu'elle est prête à l'entendre.—Abigail va chercher un tabouret, se place près de la reine, ouvre le livre et lit.) Histoire du parlement!...

LA REINE, avec un geste d'ennui et posant la main sur le livre.

Sais-tu que j'avais bien raison de te désirer... car, depuis que tu es avec moi, ma vie n'est plus la même! Je ne m'ennuie plus, je pense tout haut... je suis libre... je ne suis plus reine...

ABIGAIL, toujours le livre à la main.

Les reines s'ennuient donc?

LA REINE, lui prenant des mains le livre qu'elle jette sur le guéridon qui est près d'elle.

A périr!... Moi surtout... S'occuper toute la journée de choses qui ne disent rien au cœur, ni à l'imagination. N'avoir affaire qu'à des gens si positifs, si égoïstes, si arides. Avec eux j'écoute... avec toi je cause: tu as des idées si jeunes et si riantes!

ABIGAIL.

Pas toujours!... je suis si triste parfois!

LA REINE.

Ah! il y a une tristesse qui ne me déplait pas... comme hier, par exemple, quand nous parlions de mon pauvre frère, qu'ils ont exilé.. et que je ne puis revoir ni embrasser, moi, la reine.... que par un bill du parlement que je n'obtiendrai peut-être pas!

ABIGAIL.

Ah! c'est affreux.

LA REINE.

N'est-ce pas?... Et, pendant que je parlais, je t'ai vu pleurer; et, depuis ce moment-là, toi, qui as su me comprendre, je t'aime comme une compagne, comme une amie.

ABIGAIL.

Ah! qu'ils ont raison de vous appeler la bonne reine Anne.

LA REINE.

Oui, je suis bonne. Ils le savent, et ils en abusent... Ils me tourmentent, ils m'accablent d'embarras, d'affaires et de demandes; il leur faut des places; ils en veulent tous! et tous la même... tous la plus belle!

ABIGAIL.

Eh bien! donnez leur des honneurs et du pouvoir... moi, je ne veux que vos chagrins.

LA REINE, se levant et jetant son ouvrage sur le guéridon.

Ah! c'est ma vie entière que tu me demandes, et que je te donnerai. Tu me tiendras lieu de ceux que je regrette, car nous sommes tous exilés... eux en France, et moi sur ce trône.

ABIGAIL.

Et pourquoi rester isolée et sans famille, vous qui êtes jeune... qui êtes libre?

LA REINE.

Tais-toi... tais-toi!... C'est ce qu'ils disent tous, et, à les en croire, il faudrait se donner à un époux que je n'aurais pas choisi; n'écouter que la raison d'État, accepter un mariage imposé par le parlement et la nation... Non, non... j'ai préféré ma liberté... j'ai préféré à l'esclavage, la solitude et l'abandon.

ABIGAIL.

Je comprends... quand on est princesse, on ne peut donc pas choisir soi-même... ni aimer personne?

LA REINE.

Non vraiment!

ABIGAIL.

Comment!... en idée, en rêve, il n'est pas permis de penser à quelqu'un?

LA REINE, souriant.

Le parlement le défend.

ABIGAIL.

Et vous n'oseriez le braver? Vous n'auriez pas ce courage... vous, la reine?

LA REINE.

Qui sait? je suis peut-être plus brave que tu ne crois!

ABIGAIL, vivement.

A la bonne heure!

LA REINE.

Je plaisante!... C'est, comme tu le disais... un rêve! une idée... un avenir mystérieux, des projets chimériques où l'imagination se complaît et s'arrête... des songes que l'on fait, éveillé, et qu'on ne voudrait peut-être pas réaliser... même quand ce serait possible. En un mot, un roman à moi seule que je compose... et qui ne sera jamais lu.

ABIGAIL.

Et pourquoi donc pas? une lecture à nous deux... à voix basse... que j'en connaisse seulement le héros.

LA REINE, souriant.

Plus tard... je ne dis pas.

ABIGAIL.

C'est quelque beau seigneur, j'en suis sûre.

LA REINE.

Peut-être! Tout ce que je sais, c'est que depuis deux ou trois mois, à peine lui ai-je adressé la parole... et lui, jamais!... C'est tout simple... à la reine...

ABIGAIL.

C'est vrai.... c'est gênant d'être reine! Mais, avec moi, vous m'avez promis de ne pas l'être!... Alors, entre nous, à vos momens perdus, nous pourrons parler de l'inconnu... sans craindre le parlement!

LA REINE.

Tu as raison!... ici il n'y a pas de dangers! et ce qu'il y a de charmant, Abigail, ce que j'aime en toi, c'est que tu n'es pas comme eux tous, qui me parlent toujours d'affaires d'État!... toi, jamais!...

ABIGAIL.
Ah! mon Dieu!...
LA REINE.
Qu'as-tu donc?
ABIGAIL.
C'est que justement j'ai une demande à vous adresser, une demande très importante de la part...
LA REINE.
De qui?...
ABIGAIL.
De lord Bolingbroke... Ah! que c'est mal!... ses intérêts que j'oubliais!... et qu'il venait de nous confier, à moi... et à M. Masham...
LA REINE, avec émotion.
Masham!...
ABIGAIL.
L'officier qui est aujourd'hui de service au palais. — Imaginez-vous, madame, qu'autrefois Bolingbroke avait rencontré, dans son voyage en France, un digne gentilhomme... un ami... qui lui avait rendu les plus grands services, et il voudrait, à son tour, obtenir pour cet ami...
LA REINE.
Une place?... un titre?...
ABIGAIL.
Non... une audience de votre majesté, ou du moins une invitation pour ce soir au cercle de la cour.
LA REINE.
C'est la duchesse qui, en qualité de surintendante, est chargée des invitations, je vais donner son nom. (Passant près de la table à gauche et s'asseyant pour écrire.) Quel est-il?
ABIGAIL.
Le marquis de Torcy.
LA REINE, vivement.
Tais-toi.
ABIGAIL.
Et pourquoi donc?
LA REINE, toujours assise.
Un seigneur que j'estime, que j'honore!... mais un envoyé de Louis XIV, et si l'on savait même que tu as parlé pour lui...
ABIGAIL.
Eh bien?
LA REINE.
Eh bien!... il n'en faudrait pas davantage pour exciter des soupçons, des jalousies, des exigences... c'est l'amitié la plus fatigante!... et si je voyais le marquis...
ABIGAIL.
Mais lord Bolingbroke y compte... il y attache une importance... il prétend que tout est perdu, si vous refusez de le recevoir!
LA REINE.
En vérité!
ABIGAIL.
Et vous, qui êtes la maîtresse, qui êtes la reine... vous le voudrez, n'est-ce pas?

LA REINE, avec embarras.
Certainement... je le voudrais...
ABIGAIL, vivement.
Vous promettez?
LA REINE.
Mais c'est que... silence!

SCÈNE II.

LA DUCHESSE, LA REINE, ABIGAIL.

LA DUCHESSE, entrant par la porte du fond.
Voici, madame, des dépêches du maréchal... et puis, malgré l'effet qu'a produit le discours de Bolingbroke... (Elle s'arrête en appercevant Abigaïl.)
LA REINE.
Eh! bien... achevez.
LA DUCHESSE, montrant Abigaïl.
J'attends que mademoiselle soit sortie.
ABIGAIL, s'adressant à la reine.
Votre majesté m'ordonne-t-elle de m'éloigner?
LA REINE, avec embarras.
Non.. car j'ai tout à l'heure des ordres à vous donner... (Avec une sécheresse affectée.) Prenez un livre. (A la duchesse d'un air gracieux.) Eh bien! duchesse?...
LA DUCHESSE, avec humeur.
Eh bien! malgré le discours de Bolingbroke, les subsides seront votés, et la majorité, jusqu'ici douteuse, se dessine pour nous, à la condition que la question sera nettement tranchée, et qu'on renoncera à toute négociation avec Louis XIV!
LA REINE.
Certainement.
LA DUCHESSE.
Voilà pourquoi l'arrivée à Londres et la présence du marquis de Torcy produisaient un si mauvais effet; et j'ai eu grandement raison, comme nous en étions convenues, de promettre en votre nom que vous ne le verriez pas, et qu'aujourd'hui même il recevrait ses passeports...
ABIGAIL, près du guéridon à droite où elle est assise et laissant tomber son livre.
O ciel!
LA DUCHESSE.
Qu'avez-vous?
ABIGAIL, regardant la reine d'un air suppliant.
Ce livre... que j'ai laissé tomber!
LA REINE, à la duchesse.
Il me semble, cependant... que sans rien préjuger, on pourrait peut-être entendre le marquis..
LA DUCHESSE.
L'entendre... le recevoir... pour que la majorité incertaine et flottante se tourne contre nous et donne gain de cause à Bolingbroke!
LA REINE.
Vous croyez!...
LA DUCHESSE.
Mieux vaudrait cent fois retirer le bill, ne pas

le présenter ; et si votre majesté veut en prendre sur elle les conséquences, et s'exposer au bouleversement général qui en sera la suite...

LA REINE, effrayée et avec humeur.

Eh! non, mon Dieu! qu'on ne m'en parle plus... c'en est trop déjà! (Elle va s'asseoir près de la table à gauche.)

LA DUCHESSE.

A la bonne heure!... Je vais annoncer au maréchal ce qui se passe, et en même temps écrire, pour le marquis de Torcy, cette lettre que je soumettrai à l'approbation et à la signature de votre majesté...

LA REINE.

C'est bien!

LA DUCHESSE.

Ici... à trois heures, en venant la prendre pour aller à la chapelle !

LA REINE.

A merveille... je vous remercie!...

LA DUCHESSE, à part.

Enfin ! (Elle sort.)

ABIGAIL, qui pendant ce temps est toujours restée assise près du guéridon.

Pauvre marquis de Torcy... nous voilà bien ! (Elle se lève et va replacer près de la porte du fond le tabouret qu'elle y avait pris.)

LA REINE, à gauche et prenant les dépêches que la duchesse lui a remises.

Ah! quel ennui! Entendrai-je donc toujours parler de bill, de parlement, de discussions politiques?... et ces dépêches du maréchal... qu'il me faut lire, comme si je comprenais quelque chose à ces termes de guerre ! (Elle parcourt le rapport.)

SCÈNE III.

LA REINE, ABIGAIL, MASHAM, paraissant à la porte du fond, près d'Abigaïl.

ABIGAIL.

Eh! mon Dieu, que voulez-vous ?

MASHAM, à voix basse.

Une lettre de notre ami !

ABIGAIL.

De Bolingbroke !... (Lisant vivement.) « Ma » chère enfant... Puisque la fortune vous sourit, » je conseille à vous et à Masham de parler au » plus tôt de votre mariage à la reine. Mais pen- » dant que vous êtes en faveur... moi, je suis » perdu!... Venez à mon aide !... Je suis là... je » vous attends!... il y va de notre salut à tous. » Ah ! j'y cours.

(Elle sort par la porte du fond et Masham la suit.)

SCÈNE IV.

LA REINE, MASHAM.

LA REINE, toujours assise, se retournant au bruit de ses pas.

Qu'est-ce! (Masham s'arrête.) Ah! c'est l'officier de service. C'est vous, monsieur Masham !

MASHAM.

Oui, madame... (A part.) Si j'osais, comme Bolingbroke nous le conseille, lui parler de notre mariage...

LA REINE.

Que voulez-vous ?

MASHAM.

Une grâce de votre majesté.

LA REINE.

A la bonne heure!... vous qui ne parlez jamais... qui ne demandez jamais rien !...

MASHAM.

C'est vrai, madame, je n'osais pas... mais aujourd'hui...

LA REINE.

Qui vous rend plus hardi ?

MASHAM.

La position où je me trouve... et si votre majesté daigne m'accorder quelques instans d'audience...

LA REINE.

Dans ce moment c'est difficile... des dépêches de la plus haute importance...

MASHAM, respectueusement.

Je me retire!...

LA REINE.

Non!... je dois avant tout justice à mes sujets; je dois accueillir leurs réclamations et leurs demandes... et la vôtre a rapport sans doute à votre grade?

MASHAM.

Non, madame !

LA REINE.

A votre avancement?...

MASHAM.

Oh! non, madame, je n'y pense pas !

LA REINE, souriant.

Ah!... et à quoi pensez-vous donc?

MASHAM.

Pardon... madame !... je crains que ce ne soit manquer de respect à la reine que d'oser ainsi lui parler de mes secrets.

LA REINE, gaîment.

Pourquoi donc? j'aime beaucoup les secrets! Continuez, je vous prie! (Lui tendant la main.) et comptez d'avance sur notre royale protection.

MASHAM, portant la main à ses lèvres.

Ah ! madame !...

LA REINE, retirant sa main, avec émotion

Eh bien!...

ACTE III, SCENE VI.

MASHAM.

Eh bien! madame... j'avais déjà et sans m'en douter un protecteur puissant.

LA REINE, faisant un geste de surprise.

Ah! bah!

MASHAM.

Cela vous étonne?...

LA REINE, le regardant avec bienveillance.

Non!... cela ne m'étonne pas...

MASHAM.

Ce protecteur... qui jamais ne s'est fait connaître... me défend sous peine de sa colère...

LA REINE.

Eh bien!... vous défend...

MASHAM.

De jamais me marier!

LA REINE, riant.

Vous!!... vous avez raison!... c'est une aventure!... et des plus intéressantes..(Avec curiosité.) Achevez, achevez... (Se retournant avec humeur, vers Abigaïl qui rentre.) Qu'est-ce donc?... qui se permet d'entrer ainsi?...

SCÈNE V.

LES MÊMES, ABIGAIL.

LA REINE.

Ah! c'est toi Abigaïl?... plus tard je te parlerai.

ABIGAIL.

Eh! non, madame, c'est sur-le-champ! Un ami qui vous est dévoué... et qui me demande avec instance de le faire arriver jusqu'à votre majesté!

LA REINE, avec humeur.

Toujours interrompue et dérangée... pas un instant pour s'occuper d'affaires sérieuses!... Que me veut-on?... quelle est cette personne?

ABIGAIL.

Lord Bolingbroke.

LA REINE, avec effroi et se levant.

Bolingbroke!...

ABIGAIL.

Il s'agit, dit-il, de la question la plus grave, la plus importante!

LA REINE, à part, avec impatience.

Encore des réclamations, des plaintes, des discussions... (Haut.) C'est impossible... la duchesse va venir.

ABIGAIL.

Eh bien! avant qu'elle ne revienne!

LA REINE.

Je t'ai dit que je ne voulais plus être tourmentée, ni entendre parler d'affaires d'État!... D'ailleurs maintenant cette entrevue ne servirait à rien!

ABIGAIL.

Alors, voyez-le toujours, ne fût-ce que pour le congédier... car j'ai dit qu'on le laissât monter.

LA REINE.

Et la duchesse que j'attends et qui va se rencontrer avec lui?... Qu'avez-vous fait?

ABIGAIL.

Punissez-moi, madame, car le voici!

LA REINE, avec colère et traversant le théâtre.

Laissez-nous!

ABIGAIL, à Bolingbroke qu'elle rencontre au fond du théâtre et à voix basse.

Elle est mal disposée!

MASHAM, de même.

Et vous n'y pourrez rien!

BOLINGBROKE.

Qui sait?... le talent... ou le hasard!... celui-là surtout!... (Abigaïl et Masham sortent.)

SCÈNE VI.

BOLINGBROKE, LA REINE qui a été s'asseoir sur le fauteuil, à droite, près du guéridon.

LA REINE, à Bolingbroke qui s'approche d'elle et la salue respectueusement.

Dans tout autre moment, Bolingbroke, je vous recevrais avec plaisir, car, vous le savez, j'en ai toujours à vous voir... mais aujourd'hui et pour la première fois...

BOLINGBROKE.

Je viens pourtant vous parler des plus chers intérêts de l'Angleterre... et le départ du marquis de Torcy...

LA REINE, se levant.

Ah! je m'en doutais!... et c'est justement là ce que je craignais. Je sais, Bolingbroke, tout ce que vous allez me dire... j'apprécie vos motifs et vous en remercie... Mais, voyez-vous, ce serait inutile; les passeports du marquis vont être signés...

BOLINGBROKE.

Ils ne le sont pas encore! et s'il part, c'est la guerre plus terrible que jamais, c'est une lutte qui n'aura pas de terme... et si vous daigniez seulement m'écouter...

LA REINE.

Tout est arrangé et convenu... j'ai donné ma parole... s'il faut même vous le dire... j'attends la duchesse pour cette signature... elle va venir à trois heures, et si elle vous trouvait ici...

BOLINGBROKE.

Je comprends...

LA REINE.

Ce seraient de nouvelles scènes!... de nouvelles discussions... que je ne serais pas en état de supporter... Et vous, Bolingbroke, dont je connais le dévoûment... vous qui êtes, pour moi, un ami véritable...

BOLINGBROKE.

Vous m'éloignez... vous me congédiez pour accueillir une ennemie... Pardon, madame ! je vais céder la place à la duchesse... mais l'heure où elle doit venir n'a pas encore sonné, accorderez-vous au moins à mon zèle et à ma franchise le peu de minutes qui nous restent ?... Je ne vous imposerai pas la fatigue de me répondre... vous n'aurez que celle de m'écouter : (La reine, qui était près de son fauteuil, s'y laisse tomber et s'assied. — Regardant la pendule.) Un quart d'heure, madame, un quart d'heure !... c'est tout ce qui m'est laissé pour vous peindre la misère de ce pays. Son commerce anéanti, ses finances détruites, sa dette augmentant chaque jour, le présent dévorant l'avenir... Et tous ces maux provenant de la guerre... d'une guerre inutile à notre honneur et à nos intérêts. Ruiner l'Angleterre pour agrandir l'Autriche... payer des impôts pour que l'empereur soit puissant et le prince Eugène glorieux... continuer une alliance dont ils profitent seuls... Oui, madame... si vous ne croyez pas à mes paroles, s'il vous faut des faits positifs, savez-vous que la prise de Bouchain, dont les alliés ont eu tout l'honneur, a coûté sept millions de livres sterling à l'Angleterre ?

LA REINE.

Permettez, mylord !...

BOLINGBROKE, continuant.

Savez-vous qu'à Malplaquet nous avons perdu trente mille combattans, et que dans leur glorieuse défaite les vaincus n'en ont perdu que huit mille. Et si Louis XIV eût résisté à l'influence de madame de Maintenon, qui est sa duchesse de Marlborough à lui ; si, au lieu de demander aux salons de Versailles un duc de Villeroi pour commander ses armées... Louis XIV eût interrogé les champs de batailles et choisi Vendôme ou Catinat... savez-vous ce qui serait arrivé à nous et à nos alliés ?... Seule contre tous, la France en armes tient tête à l'Europe ; et bien commandée elle lui commande. Nous l'avons vu et peut-être le verrions-nous encore : ne l'y contraignons pas !

LA REINE.

Oui, Bolingbroke, oui, vous qui voulez la paix... vous avez peut-être raison... Mais je ne suis qu'une faible femme, et pour arriver à ce que vous me proposez... il faut un courage que je n'ai pas... Il faut se décider entre vous et ces personnes qui, elles aussi, me sont dévouées...

BOLINGBROKE, s'animant.

Qui vous trompent... je vous le jure... je vous le prouverai.

LA REINE.

Non... non... laissez-moi l'ignorer !... Il faudrait encore s'irriter... en vouloir à quelqu'un... je ne le puis.

BOLINGBROKE, à part.

Oh ! qu'attendre d'une reine qui ne sait pas même se mettre en colère? (Haut.) Quoi ! madame, s'il vous était démontré d'une manière évidente,

irrécusable, qu'une partie de nos subsides entre dans les coffres du duc de Marlborough, et que c'est là le motif qui lui fait continuer la guerre...

LA REINE, écoutant et croyant entendre la duchesse.

Silence... j'ai cru entendre.. Partez, Bolingbroke... on vient...

BOLINGBROKE.

Non, madame... (Continuant avec chaleur.) Si j'ajoutais qu'un intérêt non moins vif et plus tendre fait redouter à la duchesse une paix fatale et gênante, qui ramènerait le duc à Londres et à la cour...

LA REINE.

Voilà ce que je ne croirai jamais...

BOLINGBROKE.

Voilà cependant la vérité !... Et ce jeune officier qui tout à l'heure était ici... Arthur Masham peut-être... pourrait vous donner de plus exacts renseignemens...

LA REINE, avec émotion.

Masham... que dites-vous ?

BOLINGBROKE.

Qu'il est aimé de la duchesse...

LA REINE, tremblante.

Lui !... Masham !...

BOLINGBROKE, prêt à sortir.

Lui... ou tout autre, qu'importe ?

LA REINE, avec colère.

Ce qu'il m'importe, dites-vous?... (Se levant vivement.) Si l'on m'abuse, si l'on me trompe !... si l'on met en avant les intérêts de l'État, quand il s'agit de caprices, d'intrigues, ou d'intérêts particuliers... Non, non... il faut que tout s'explique ! Restez, mylord, restez moi, la reine, je veux... je dois tout savoir ! (Elle va regarder du côté de la galerie à droite et revient.)

BOLINGBROKE, à part pendant ce temps.

Est-ce que par hasard... le petit Masham ?... O destins de l'Angleterre, à quoi tenez-vous ?

LA REINE, avec émotion.

Eh bien! Bolingbroke, vous disiez donc que la duchesse...

BOLINGBROKE, observant la reine.

Désire la continuation de la guerre...

LA REINE, de même.

Pour tenir son mari éloigné de Londres.

BOLINGBROKE, de même.

Oui, madame...

LA REINE.

Et par affection pour Masham...

BOLINGBROKE.

J'ai quelques raisons de le croire.

LA REINE.

Lesquelles ?

BOLINGBROKE, vivement.

D'abord c'est la duchesse qui l'a fait entrer à la cour dans la maison de sa majesté.

LA REINE.

C'est vrai !

BOLINGBROKE, de même.
C'est par elle qu'il a obtenu le brevet d'enseigne.
LA REINE.
C'est vrai !
BOLINGBROKE.
Par elle enfin que, depuis quelques jours, il a été nommé officier dans les gardes.
LA REINE.
Oui, oui, vous avez raison, sous prétexte que moi-même, je le voulais... je le désirais... (Vivement.) Et j'y pense maintenant, ce protecteur inconnu... dont Masham me parlait...
BOLINGBROKE.
Ou plutôt cette protectrice...
LA REINE.
Qui lui défendait de se marier...
BOLINGBROKE, près de la reine et presque à son oreille.
C'était elle... Aventure romanesque, qui souriait à sa vive imagination ! C'est pour se livrer sans contrainte à de si doux loisirs, que la noble duchesse retient son mari à la tête des armées et fait voter des subsides pour continuer la guerre !... (Avec intention.) La guerre qui fait sa gloire, sa fortune... et son bonheur... bonheur d'autant plus grand qu'il est ignoré, et que, par un piquant hasard, dont elle rit au fond du cœur, les augustes personnes qui croient servir son ambition... servent en même temps ses amours !... (Voyant le geste de colère de la reine.) Oui, madame...
LA REINE.
Silence !... c'est elle !...

SCÈNE VII.

BOLINGBROKE, LA REINE, LA DUCHESSE.

LA DUCHESSE, sortant de la porte à droite, s'avance fièrement. Elle aperçoit Bolingbroke près de la reine et reste stupéfaite.
Bolingbrogke !... (Bolingbroke s'incline et salue.)
LA REINE, qui pendant cette scène cherche toujours à cacher sa colère, s'adressant froidement à la duchesse.
Qu'est-ce, milady ?... Que voulez-vous ?
LA DUCHESSE, lui tendant les papiers qu'elle tient à la main.
Les passeports du marquis de Torcy... et la lettre qui les accompagne !
LA REINE, séchement.
C'est bien !... (Elle jette les papiers sur la table.)
LA DUCHESSE.
Je l'apporte à signer à votre majesté.
LA REINE, de même et allant s'asseoir à la table à gauche.
Très bien !... Je lirai... j'examinerai.
LA DUCHESSE, à part.
O ciel !... (Haut.) Votre majesté avait cependant décidé que ce serait aujourd'hui même... et ce matin...
LA REINE.
Oui, sans doute... Mais d'autres considérations m'obligent à différer...
LA DUCHESSE, avec colère et regardant Bolingbroke.
Ah ! je devine sans peine !... et il m'est aisé de voir à quelle influence votre majesté cède en ce moment !
LA REINE, cherchant à se contenir.
Que voulez-vous dire ?... et quelle influence ? Je n'en connais aucune... je ne cède qu'à la voix de la raison, de la justice et du bien public...
BOLINGBROKE, debout près de la table et à droite de la reine.
Nous le savons tous !...
LA REINE.
On peut empêcher la vérité d'arriver jusqu'à moi... mais dès qu'elle m'est connue... dès qu'il s'agit des intérêts de l'État... je n'hésite plus !
BOLINGBROKE.
C'est parler en reine...
LA REINE, s'animant.
Il est évident que la prise de Bouchain coûte sept millions de livres sterling à l'Angleterre...
LA DUCHESSE.
Madame !...
LA REINE, s'animant de plus en plus.
Tout calculé... il est constant qu'à la bataille de Hochstett, ou de Malplaquet, nous avons perdu trente mille combattans.
LA DUCHESSE.
Mais, permettez...
LA REINE, se levant.
Et vous voulez que je signe une lettre pareille, que je prenne une mesure aussi importante, aussi grave... avant de connaître au juste... et de savoir par moi-même ?... Non, madame la duchesse... je ne veux pas servir des desseins ambitieux... ou d'autres ! et je ne leur sacrifierai pas les intérêts de l'état.
LA DUCHESSE.
Un mot seulement...
LA REINE.
Je ne puis... Voici l'heure de nous rendre à la chapelle... (A Abigaïl qui vient de sortir par la porte à droite.) Viens, partons !
ABIGAIL.
Comme votre majesté est émue !
LA REINE, à demi-voix et l'amenant sur le bord du théâtre.
Ce n'est pas sans raison !... Il est un mystère que je veux pénétrer... et cette personne dont nous parlions tantôt, il faut absolument la voir, l'interroger...
ABIGAIL, gaîment.
Qui ?... l'inconnu ?
LA REINE.
Oui... tu me l'amèneras, cela te regarde !

ABIGAIL, de même.

Pour cela, il faut le connaître!

LA REINE, se retournant et apercevant Masham qui vient d'entrer par la porte du fond et lui présente ses gants et sa Bible, dit tout bas à Abigaïl.

Tiens, le voici!

ABIGAIL, immobile de surprise.

O ciel!

BOLINGBROKE, qui est passé près d'elle.

La partie est superbe!

ABIGAIL.

Elle est perdue!...

BOLINGBROKE.

Elle est gagnée!

(La reine, qui a pris des mains de Masham les gants et la Bible, fait signe à Abigaïl de la suivre. — Toutes deux s'éloignent. — La duchesse reprend avec colère les papiers qui sont sur la table, et sort; Bolingbroke la regarde d'un air de triomphe.)

ACTE QUATRIÈME.

SCÈNE I.

LA DUCHESSE DE MARLBOROUGH.

C'est inouï!... Pour la première fois de sa vie elle avait une volonté!... une volonté réelle! Faut-il l'attribuer aux talens de Bolingbroke?... Ou serait-ce déjà l'ascendant de cette petite fille?... (D'un air de mépris.) Allons donc! (Après un instant de silence.) Je le saurai!... En attendant et tout à l'heure, en sortant de la chapelle où toutes deux, je crois, nous avons prié avec le même recueillement... elle était seule... Bolingbroke et Abigaïl n'étaient plus là... et elle a résisté encore!... et il a fallu employer les grands moyens!... Ce bill pour le rappel des Stuarts... J'ai promis qu'il passerait aujourd'hui même à la chambre... si le marquis partait!... et j'ai ses passeports... je les ai... pour demain seulement... Vingt-quatre heures de plus, peu importe?... Mais tout en signant, la reine qui ne tient à rien... pas même à sa mauvaise humeur... a conservé avec moi un ton d'aigreur et de sécheresse qui ne lui est pas ordinaire... Il y avait de l'ironie, du dépit... une colère secrète et concentrée qu'elle n'osait laisser éclater... (En riant.) Décidément elle déteste sa favorite!... je le sais et c'est ce qui fait ma force!... La faveur basée sur l'amour s'éteint bien vite!... mais quand elle l'est sur la haine... cela ne fait qu'augmenter... et voilà le secret de mon crédit... Qui vient là?... Ah! notre jeune officier.

SCÈNE II.

MASHAM, LA DUCHESSE.

MASHAM.

C'est la redoutable duchesse, dont Abigaïl m'a tant recommandé de me défier... J'ignore pourquoi?... N'importe... ayons en toujours peur... de confiance! (Il la salue respectueusement.)

LA DUCHESSE.

N'est-ce pas monsieur Masham, le dernier officier aux gardes nommé par le duc de Marlborough?

MASHAM.

Oui, milady. (A part.) Ah! mon Dieu! elle va me faire destituer.

LA DUCHESSE.

Quels titres aviez-vous à cette nomination?

MASHAM.

Fort peu, si l'on considère mon mérite; autant que qui que ce soit, si l'on compte le zèle et le courage.

LA DUCHESSE.

C'est bien!... j'aime cette réponse, et je vois que milord a eu raison de vous nommer...

MASHAM.

Je voudrais seulement qu'à cette faveur il en ajoutât une autre?

LA DUCHESSE.

Il vous l'accordera; parlez.

MASHAM.

Est-il possible?

LA DUCHESSE.

Quelle est cette faveur?

MASHAM.

C'est de m'offrir l'occasion de justifier son choix en m'appelant près de lui sous nos drapeaux.

LA DUCHESSE.

Il le fera... croyez-en ma parole...

MASHAM.

Ah! madame... tant de bontés!... vous qu'on m'avait représentée... comme une ennemie...

LA DUCHESSE.

Eh! qui donc?

MASHAM.

Des personnes qui ne vous connaissaient pas, et

qui désormais partageront pour vous mon dévoûment.

LA DUCHESSE.

Ce dévoûment, puis-je y compter... puis-je le réclamer ?

MASHAM.

Daignez me donner vos ordres.

LA DUCHESSE, le regardant avec bienveillance.

C'est bien! Masham, je suis contente de vous. (Lui faisant signe d'avancer.) Approchez.

MASHAM, à part.

Quels regards pleins de bonté! je n'en reviens pas.

LA DUCHESSE.

Vous m'écoutez, n'est-ce pas?

MASHAM.

Oui, milady. (A part.) Que peut-elle me vouloir ?

LA DUCHESSE.

Il s'agit d'une mission importante dont la reine m'a chargée, et pour laquelle j'ai jeté les yeux sur vous. Vous viendrez me rendre compte chaque jour du résultat de vos démarches, vous entendre avec moi et prendre mes ordres pour arriver à la découverte du coupable.

MASHAM.

Un coupable ?

LA DUCHESSE.

Oui, un crime audacieux et qui ne mérite point de grâce, a été commis dans le palais même de Saint-James. Un membre de l'opposition, que du reste j'estimais fort peu, Richard Bolingbroke...

MASHAM, à part.

O ciel !

LA DUCHESSE.

A été assassiné !

MASHAM, avec indignation.

Non, madame, il a été tué loyalement et l'épée à la main, par un gentilhomme, insulté dans son honneur !

LA DUCHESSE.

Eh bien! si vous connaissez son meurtrier... il faut nous le livrer, vous me l'avez promis, et nous avons juré de le poursuivre.

MASHAM.

Ne poursuivez personne, madame, car c'est moi !...

LA DUCHESSE.

Vous, Masham !

MASHAM.

Moi-même.

LA DUCHESSE, vivement, et lui mettant la main sur la bouche.

Taisez-vous !... taisez-vous !.. que tout le monde l'ignore! Quelles clameurs ne s'élèveraient pas contre vous, attaché à la cour et à la maison de la reine !... (Vivement.) Il n'y a rien à vous reprocher... rien, j'en suis sûre... Tout s'est passé loyalement... vous me l'avez dit ; et qui vous voit, Masham, ne peut en douter... Mais la haine de nos ennemis et votre nomination d'officier aux gardes le jour même de ce combat... dont elle semble la récompense...

MASHAM.

C'est vrai !

LA DUCHESSE.

Nous ne pourrions plus vous défendre.

MASHAM.

Est-il possible !.., un pareil intérêt !...

LA DUCHESSE.

Il n'y a qu'un moyen de vous sauver... Ce que vous désiriez tout-à-l'heure si ardemment : il faut partir pour l'armée.

MASHAM.

Ah! que je vous remercie !

LA DUCHESSE, avec émotion.

Pour peu de jours, Masham... le temps que cette affaire s'apaise et s'oublie... Vous partirez dès demain, et je vous donnerai pour le maréchal des dépêches que vous viendrez prendre chez moi.

MASHAM.

A quelle heure?

LA DUCHESSE.

Après le cercle de la reine.. ce soir !... Et de peur qu'on ne soupçonne votre départ, prenez garde que personne ne vous voie !

MASHAM.

Je vous le jure! Mais je ne puis en revenir encore... vous que je craignais... vous que je redoutais... Ah! dans ma reconnaissance... je dois vous ouvrir mon ame tout entière...

LA DUCHESSE.

Ce soir vous me direz cela... Du silence! on vient.

SCÈNE III.

LES MÊMES, ABIGAIL, entrant tout émue par la porte à droite.

ABIGAIL.

Seul avec elle... un tête-à-tête !...

LA DUCHESSE, à part.

Encore cette Abigaïl, que je rencontrerai sans cesse. (Haut.) Qui vous amène ?... que voulez-vous ?... que demandez-vous ?

ABIGAIL, troublée et les regardant tous deux.

Rien.. je ne sais pas... je craignais... (Se rappelant ses idées.) Ah !... si, vraiment... je me rappelle... la reine veut vous parler, madame...

LA DUCHESSE.

C'est bien... je m'y rendrai plus tard...

ABIGAIL.

A l'instant même, madame, car la reine vous attend !

LA DUCHESSE, avec colère.

Eh bien! dites à votre maîtresse...

ABIGAIL, avec dignité.

Je n'ai rien à dire à personne... qu'à vous, madame la duchesse, à qui j'ai transmis les ordres de ma maîtresse et de la vôtre.

(La duchesse fait un geste de colère, puis elle se reprend, se contient et sort.)

SCÈNE IV.

MASHAM, ABIGAIL.

MASHAM.

Y pensez-vous, Abigaïl? lui parler ainsi?

ABIGAIL.

Pourquoi pas?... j'en ai le droit. Et vous, monsieur, qui vous a donné celui de prendre sa défense?

MASHAM.

Tout ce qu'elle a fait pour nous... Vous qui me l'aviez représentée si impérieuse, si terrible...

ABIGAIL.

Si méchante!... je l'ai dit, et je le dis encore.

MASHAM.

Eh bien! vous êtes dans l'erreur... Vous ne savez pas tout ce que je dois à ses bontés... à sa protection.

ABIGAIL.

Sa protection!... Comment! qui vous a dit?...

MASHAM.

Personne... c'est moi, au contraire, qui viens de lui avouer mon duel avec Richard Bolingbroke, et dans sa générosité elle a promis de me défendre... de me protéger.

ABIGAIL, sèchement.

A quoi bon?... M. de Saint-Jean n'est-il pas là?... Je ne vois pas alors qu'il y ait besoin de tant d'autres protections!

MASHAM, étonné.

Abigaïl... je ne vous reconnais pas... d'où vient ce trouble... cette émotion...

ABIGAIL.

Je n'en ai pas... je suis venue... j'ai couru... tant j'étais pressée d'obéir à la reine... Il ne s'agit pas de moi... mais de la duchesse... Que vous a-t-elle dit?

MASHAM

Elle veut, pour me soustraire au danger, que je parte demain pour l'armée...

ABIGAIL, poussant un cri.

Vous faire tuer!... pour vous soustraire au danger... Et vous croyez que cette femme-là vous aime... (Se reprenant.) non... je veux dire... vous porte intérêt... vous protége.

MASHAM.

Oui, sans doute... je lui ai dit que j'irais prendre ses dépêches pour le maréchal... ce soir, chez elle...

ABIGAIL.

Vous avez dit cela, malheureux!..

MASHAM.

Où est le mal!

ABIGAIL.

Et vous irez?

MASHAM.

Oui vraiment... Et elle était pour moi si affable, si gracieuse, que lorsque vous êtes venue j'allais lui parler de nos projets et de notre mariage...

ABIGAIL, avec joie.

En vérité!... (A part.) Et moi qui le soupçonnais... (Haut et avec émotion.) Pardon, Arthur... ce que vous me dites là est bien...

MASHAM.

N'est-ce pas?... et ce soir chez elle... bien certainement je lui en parlerai.

ABIGAIL.

Non... non, je vous en conjure... ne vous rendez pas à ses ordres... trouvez un prétexte...

MASHAM.

Y pensez-vous? c'est l'offenser... c'est nous perdre!

ABIGAIL.

N'importe!... cela vaut mieux...

MASHAM.

Et pour quelle raison?...

ABIGAIL, avec embarras.

C'est que... ce soir et à peu près à la même heure... la reine m'a chargée de vous dire qu'elle voulait vous voir, vous parler, et qu'elle vous attendrait peut-être!... ce n'est pas sûr!

MASHAM.

Je comprends!... et alors j'irai chez la reine...

ABIGAIL.

Non, vous n'irez pas non plus!

MASHAM.

Et pourquoi donc?

ABIGAIL.

Je ne puis vous l'apprendre... Prenez pitié de moi! car je suis bien tourmentée, bien malheureuse...

MASHAM.

Qu'est-ce que cela veut dire?

ABIGAIL.

Écoutez-moi, Arthur... m'aimez-vous, comme je vous aime?

MASHAM.

Plus que ma vie...

ABIGAIL.

C'est ce que je voulais dire!... Eh bien! quand même j'aurais l'air de nuire à votre avancement, ou à votre fortune, et quelque absurdes que vous semblent mes avis ou mes ordres, donnez-moi votre parole de les suivre sans m'en demander la raison.

MASHAM.

Je vous le jure!

ABIGAIL.
Pour commencer, ne parlez jamais de notre mariage à la duchesse.

MASHAM.
Vous avez raison, il vaut mieux en parler à la reine.

ABIGAIL, vivement.
Encore moins !...

MASHAM.
C'est pour cela, cependant ! que ce matin je lui ai demandé une audience... et je suis sûr qu'elle nous protégerait... car elle m'a accueilli avec un air si aimable et si bienveillant.

ABIGAIL, à part.
Il appelle cela de la bienveillance.

MASHAM.
Et elle m'a tendu gracieusement sa belle main... que j'ai baisée. (A Abigaïl.) Qu'avez-vous, la vôtre est glacée ?...

ABIGAIL.
Non... (A part.) Elle ne m'avait pas dit cela ! (Haut.) Et moi aussi, Masham, je suis déjà en grande faveur auprès de la reine... je suis comblée de ses bontés, de son amitié, et cependant, pour notre bonheur à tous deux, mieux eût valu rester pauvres et misérables et ne jamais venir ici à la cour, au milieu de tout ce beau monde, où tant de dangers, tant de séductions nous environnent.

MASHAM, avec colère.
Ah ! je comprends... quelques-uns de ces lords... de ces grands seigneurs... On veut nous séparer, nous désunir... vous ravir à mon amour...

ABIGAIL.
Oui, c'est à peu près cela. Silence, on frappe : c'est Bolingbroke, à qui j'ai écrit de venir ! Lui seul peut me donner avis et conseil.

MASHAM.
Vous croyez ?...

ABIGAIL.
Mais pour cela, il faut que vous nous laissiez !

MASHAM, étonné.
Moi !...

ABIGAIL.
Ah ! vous m'avez promis obéissance...

MASHAM.
Et je tiendrai tous mes sermens !
(Il lui baise la main et sort par la porte du fond.)

SCÈNE V.

ABIGAIL, pendant qu'il s'éloigne, le regardant avec amour.

Ah ! Arthur !... que je t'aime !... plus qu'autrefois... plus que jamais ! peut-être aussi parce qu'elles veulent toutes me l'enlever... Oh ! non, je l'aimerais sans cela ! (On frappe encore à la porte à gauche.) Et mylord que j'oubliais... je perds la tête...
(Elle va ouvrir la porte à gauche à Bolingbroke.)

SCÈNE VI.

BOLINGBROKE, ABIGAIL.

BOLINGBROKE, entrant gaîment.
J'accours aux ordres de la nouvelle favorite, car vous le serez... je vous l'ai dit, et l'on en parle déjà...

ABIGAIL, sans l'écouter.
Oui... oui, la reine m'adore et ne peut plus se passer de moi ! Mais venez ou tout est perdu !

BOLINGBROKE.
O ciel !... est-ce que le marquis de Torcy ?

ABIGAIL, se frappant la tête.
Ah ! c'est vrai !... je n'y pensais plus !... La duchesse est venue dans le cabinet de la reine... celle-ci a signé !...

BOLINGBROKE, avec effroi.
Le départ de l'ambassadeur !...

ABIGAIL.
Oh ! ce n'est rien encore !... imaginez-vous que Masham...

BOLINGBROKE.
Le marquis s'éloigne de Londres...

ABIGAIL, sans l'écouter.
Dans vingt-quatre heures ! (Avec force.) Mais si vous saviez...

BOLINGBROKE, avec colère.
Et la duchesse...

ABIGAIL, vivement.
La duchesse n'est pas la plus à craindre !... un autre obstacle plus redoutable encore...

BOLINGBROKE.
Pour qui ?

ABIGAIL.
Pour Masham !

BOLINGBROKE, avec impatience.
Traitez donc d'affaires d'État avec des amoureux... Je vous parle de la paix, de la guerre, de tous les intérêts de l'Europe...

ABIGAIL.
Et moi, je vous parle des miens ! L'Europe peut aller toute seule, et moi, si vous m'abandonnez, je n'ai plus qu'à mourir !

BOLINGBROKE.
Pardon, mon enfant, pardon... vous d'abord. C'est que, voyez-vous, l'ambition est égoïste et commence toujours par elle !

ABIGAIL.
Comme l'amour !

BOLINGBROKE.
Eh bien ! voyons ? Vous dites donc que la reine a signé.

ABIGAIL, avec impatience.

Oui... à cause d'un bill qu'on doit présenter.

BOLINGBROKE.

Je sais!... et la voilà au mieux avec la duchesse!

ABIGAIL, de même.

Non... elle la déteste... elle lui en veut... j'ignore pourquoi... et elle n'ose rompre...

BOLINGBROKE, vivement.

Une explosion qui n'attend plus que l'étincelle... d'ici à vingt-quatre heures, c'est possible!... Et vous ne lui avez pas représenté que le marquis s'éloignant demain, on ne s'engageait à rien en le recevant aujourd'hui! que par égard pour un grand roi, et en bonne politique... la politique de l'avenir, il fallait accueillir avec faveur son envoyé... Lui avez-vous dit cela?

ABIGAIL, d'un air distrait.

Je crois que oui... je n'en suis pas sûre!... Un autre sujet m'occupait.

BOLINGBROKE.

C'est juste... voyons cet autre sujet?

ABIGAIL.

Ce matin, vous m'avez vue effrayée, désespérée, en apprenant que la duchesse avait des idées... de... protection sur Arthur... Eh bien! ce n'était rien!... une autre encore... une autre grande dame... (Avec embarras.) dont je ne puis dire le nom.

BOLINGBROKE, à part.

Pauvre enfant!... elle croit me l'apprendre. (Haut.) Comment le savez-vous?

ABIGAIL.

C'est un secret que je ne puis trahir... ne me le demandez plus!

BOLINGBROKE, avec intention.

J'approuve votre discrétion, et ne chercherai même pas à deviner... Et cette personne... duchesse ou marquise, aime aussi Masham?

ABIGAIL.

C'est bien mal, n'est-ce pas? c'est bien injuste! Elles ont toutes des princes, des ducs, des grands seigneurs qui les aiment... moi, je n'avais que celui-là!... Et comment le défendre, moi, pauvre fille? comment le disputer à deux grandes dames?

BOLINGBROKE.

Tant mieux!... c'est moins redoutable qu'une seule...

ABIGAIL, étonnée.

Si vous pouvez me prouver cela?

BOLINGBROKE.

Très facilement... Qu'un grand royaume veuille conquérir une petite province, il n'y a pas d'obstacles, elle est perdue! Mais qu'un autre grand empire ait aussi le même projet, c'est une chance de salut; les deux hautes puissances s'observent, se déjouent, se neutralisent, et la province menacée échappe au danger, grace au nombre de ses ennemis... Comprenez-vous?

ABIGAIL.

A peu près... Mais le danger le voici! La duchesse a donné rendez-vous à Masham, ce soir, chez elle, après le cercle de la reine...

BOLINGBROKE.

Très bien...

ABIGAIL, avec impatience.

Eh! non, monsieur, c'est très mal!

BOLINGBROKE.

C'est ce que je voulais dire!

ABIGAIL.

Et en même temps l'autre personne... l'autre grande dame, veut également le recevoir chez elle, à la même heure...

BOLINGBROKE.

Que vous disais-je? Elles se nuisent réciproquement... Il ne peut pas aller aux deux rendez-vous!

ABIGAIL.

A aucun, je l'espère!... Heureusement, cette grande dame ne sait pas encore, et ne saura que ce soir au moment même... si elle sera libre, car elle ne l'est pas toujours... pour des raisons que je ne puis expliquer..

BOLINGBROKE, froidement.

Son mari?

ABIGAIL, vivement.

C'est cela même... et si elle peut réussir à lever tous les obstacles...

BOLINGBROKE.

Elle y réussira, j'en suis sûr.

ABIGAIL.

Dans ce cas-là, pour prévenir moi et Arthur, elle doit, ce soir, et devant tout le monde, se plaindre de la chaleur et demander négligemment un verre d'eau!

BOLINGBROKE.

Ce qui voudra dire : Je vous attends, venez?

ABIGAIL.

Mot pour mot.

BOLINGBROKE.

C'est facile à comprendre.

ABIGAIL.

Que trop!... Je n'ai rien dit de tout cela à Arthur... c'est inutile, n'est-ce pas?... Car je ne veux point qu'il aille à ce rendez-vous... ni à l'autre! plutôt mourir! plutôt me perdre!

BOLINGBROKE.

Y pensez-vous?

ABIGAIL.

Oh! pour moi, peu m'importe!... mais pour lui!... plus j'y réfléchis!... Ai-je le droit de détruire son avenir, de l'exposer à des vengeances redoutables, à des haines puissantes, dans ce moment surtout, ou à cause de ce duel... il peut être découvert et arrêté... Que faut-il faire?... Conseillez-moi.... Je ne sais que devenir et je n'ai d'espoir qu'en vous!

BOLINGBROKE, qui pendant ce temps à réfléchi, lui prend vivement la main.

Et vous avez raison! oui, mon enfant... oui, ma petite Abigail, rassurez-vous!... Le marquis de Torcy aura ce soir son invitation, il parlera à la reine!

ABIGAIL, avec impatience
Eh! monsieur...

BOLINGBROKE, vivement.
Nous sommes sauvés! Masham, aussi... et sans le compromettre, sans vous perdre, j'empêcherai ces deux rendez-vous.

ABIGAIL.
Ah! Bolingbroke!... si vous dites vrai... à vous mon dévouement, mon amitié, ma vie entière!... On ouvre chez la reine... partez! si l'on vous voyait!...

BOLINGBROKE, froidement, apercevant la duchesse.
Je puis rester, on m'a vu.

SCÈNE VII.

LES MÊMES, LA DUCHESSE, sortant de l'appartement à droite. — La duchesse, apercevant Bolingbroke et Abigaïl, fait à celle-ci une révérence ironique. — Abigaïl la lui rend et sort. Bolingbroke est resté placé entre les deux dames.

BOLINGBROKE, avec ironie.
Grace au ciel! la voix du sang agit enfin! et vous voilà à merveille avec votre parente!... cela me donne de l'espoir pour moi!

LA DUCHESSE, de même.
En effet, vous m'avez prédit qu'un jour nous finirions par nous aimer.

BOLINGBROKE, galamment.
J'ai déjà commencé! et vous madame?

LA DUCHESSE.
Je n'en suis encore qu'à l'admiration pour votre adresse et vos talens.

BOLINGBROKE.
Vous pourriez ajouter pour ma loyauté.. j'ai tenu fidèlement toutes mes promesses de l'autre jour!

LA DUCHESSE.
Et moi, les miennes! j'ai nommé la personne avec qui vous étiez tout à l'heure en tête-à-tête, et la voilà placée, par vous, près de la reine, pour épier mes desseins et servir les vôtres.

BOLINGBROKE.
Comment vous rien cacher? vous avez tant d'esprit!

LA DUCHESSE.
J'ai du moins celui de déjouer vos tentatives, et miss Abigaïl, qui, d'après vos ordres, a voulu faire inviter ce soir le marquis de Torcy...

BOLINGBROKE.
J'ai eu tort.. ce n'était pas à elle... c'est à vous, madame, que je devais m'adresser... et je le fais... (S'approchant de la table et y prenant une lettre imprimée.) Voici des lettres d'invitation, que vous, surintendante de la maison royale, avez seule le droit d'envoyer... et je suis persuadé que vous me rendrez ce service...

LA DUCHESSE, riant.
Vraiment milord!... un service... à vous?

BOLINGBROKE
Bien entendu qu'en échange je vous en rendrai un autre plus grand encore... c'est notre seule manière de traiter ensemble! Tout l'avantage pour vous... deux cents pour cent de bénéfice... comme pour mes dettes.

LA DUCHESSE.
Milord aurait-il encore intercepté ou acheté quelque billet... Je le préviens que j'ai pris des mesures générales et définitives contre le retour d'un pareil moyen. J'ai plusieurs lettres charmantes de milady vicomtesse de Bolingbroke votre femme... (A demi-voix et en confidence.) je les ai obtenues de lord Evandale...

BOLINGBROKE, de même et souriant.
Au prix coûtant, sans doute?

LA DUCHESSE, avec colère.
Monsieur...

BOLINGBROKE.
N'importe le moyen!... vous les avez... et je ne prétends pas vous les ravir... ni vous menacer en aucune sorte!... au contraire, quoique la trêve soit expirée... je veux agir comme si elle durait encore, et vous donner, dans votre intérêt, un avis...

LA DUCHESSE, avec ironie.
Qui me sera agréable?

BOLINGBROKE, souriant.
Je ne le pense pas! et c'est peut-être pour cela que je vous le donne. (A demi-voix.) Vous avez une rivale!

LA DUCHESSE, vivement.
Que voulez-vous dire?

BOLINGBROKE.
Il y a une lady à la cour, une noble dame qui a des vues sur le petit Masham. Les preuves, je les ai. Je sais l'heure, le moment, le signal du rendez-vous.

LA DUCHESSE, tremblante de colère.
Vous me trompez...

BOLINGBROKE, froidement.
Je dis vrai... aussi vrai que vous-même l'attendez ce soir chez vous après le cercle de la reine...

LA DUCHESSE.
O ciel!

BOLINGBROKE.
C'est là, sans doute, ce que l'on veut empêcher... car on tient à vous le disputer... à l'emporter sur vous... Adieu madame. (Il veut sortir par la porte à gauche.)

LA DUCHESSE, avec colère et le suivant jusque près de la table qui est à gauche.

Ce que vous disiez tout à l'heure... le lieu... du rendez-vous?... le signal?... parlez!

BOLINGBROKE, lui présentant la plume qu'il prend sur la table.

Dès que vous aurez écrit cette invitation au marquis de Torcy. (La duchesse se met vivement à la table.) Invitation de forme et de convenance... qui, en accordant au marquis les égards et les honneurs qui lui sont dus, vous permet de rejeter ses propositions et de continuer la guerre avec lui... comme avec moi... (Voyant que la lettre est cachetée, il sonne. — Un valet de pied paraît. Il lui donne la lettre.) Ce billet au marquis de Torcy... hôtel de l'Ambassade... vis-à-vis le palais... (Le valet de pied sort.) Il l'aura dans cinq minutes.

LA DUCHESSE.

Eh bien! milord... cette personne...

BOLINGBROKE.

Elle doit être ici ce soir, au cercle de la reine.

LA DUCHESSE.

Lady Albermale, ou lady Elworth... j'en suis sûre.

BOLINGBROKE, avec intention.

J'ignore son nom; mais bientôt nous pourrons la connaître... car si elle peut échapper à ses surveillans, si elle est libre, si le rendez-vous avec Masham doit avoir lieu ce soir... voici le signal convenu entre eux...

LA DUCHESSE, avec impatience.

Achevez... achevez, de grace!

BOLINGBROKE.

Cette personne demandera tout haut à Masham un verre d'eau.

LA DUCHESSE.

Ici même... ce soir...

BOLINGBROKE.

Oui vraiment... et vous pourrez voir par vous-même si mes renseignemens sont exacts.

LA DUCHESSE, avec colère.

Ah! malheur à eux... je ne ménagerai rien...

BOLINGBROKE, à part.

J'y compte bien!

LA DUCHESSE.

Et quand, devant toute la cour, je devrais les démasquer...

BOLINGBROKE.

Modérez-vous... voici la reine et ces dames...

SCÈNE VIII.

LA REINE et LES DAMES de sa suite entrant par la porte à droite; SEIGNEURS de la cour et MEMBRES du parlement entrant par le fond. — Les dames titrées vont se ranger en cercle, et s'asseoir à droite; ABIGAIL et QUELQUES DEMOISELLES d'honneur se tiennent debout derrière elles. — A gauche et sur le devant du théâtre, BOLINGBROKE et QUELQUES MEMBRES du parlement. — A droite, LA DUCHESSE observe toutes les dames. — Du même côté, MASHAM et QUELQUES OFFICIERS.

LA DUCHESSE, à part, et regardant toutes les dames.

Laquelle?... Je ne puis deviner... (A la reine qui s'approche.) Je vais faire préparer le jeu de la reine.

LA REINE, cherchant des yeux Masham.

A merveille... (A part.) Je ne le vois pas.

LA DUCHESSE, à voix haute.

Le tri de la reine! (S'approchant de la reine, et à voix basse.) Les réclamations devenaient si fortes, qu'il a fallu, pour la forme seulement, envoyer une invitation au marquis de Torcy.

LA REINE sans l'écouter, et cherchant toujours.

Très bien!... (Apercevant Masham.) C'est lui!...

LA DUCHESSE.

Cela contentera l'opposition.

LA REINE, regardant Masham.

Oui... et cela fera plaisir à Abigaïl...

LA DUCHESSE, avec ironie.

Vraiment?...

(La duchesse donne des ordres pour le jeu de la reine. — Pendant ce temps, un membre du parlement s'est approché, à gauche, du groupe où se tient Bolingbroke.)

LE MEMBRE DU PARLEMENT.

Oui, messieurs, je sais de bonne part que toutes les négociations sont rompues.

BOLINGBROKE.

Vous croyez?...

LE MEMBRE DU PARLEMENT.

Le crédit de la duchesse est tel, que l'ambassadeur n'a pas été admis.

BOLINGBROKE.

C'est inouï!...

LE MEMBRE DU PARLEMENT.

Et il part demain, sans avoir même pu voir la reine.

UN MAITRE DES CÉRÉMONIES, annonçant.

Monsieur l'ambassadeur, marquis de Torcy!

(Étonnement général; tout le monde se lève et le salue. — Bolingbroke va au devant de lui, le prend par la main, et le présente à la reine.)

LA REINE, d'un air gracieux.

Monsieur l'ambassadeur, soyez le bien venu, nous avons grand plaisir à vous recevoir.

LA DUCHESSE, bas à la reine.

Rien de plus... de grace, prenez garde!

LA REINE, se tournant vers Bolingbroke qui est de l'autre côté, lui dit à demi-voix:

Je savais que cette invitation vous serait agréable, et vous voyez que quand je le peux...

BOLINGBROKE, s'inclinant avec respect.

Ah! madame... que de bontés!...

LE MARQUIS, bas à Brolingbroke.

Je reçois à l'instant une lettre à mon hôtel.

BOLINGBROKE, de même.
Je le sais...
LE MARQUIS, de même.
Cela va donc bien?
BOLINGBROKE, de même.
Cela va mieux... mais bientôt, je l'espère...
LE MARQUIS, de même.
Quelque grand changement survenu dans la politique de la reine?...
BOLINGBROKE, de même.
Cela dépendra pour nous...
LE MARQUIS, de même.
Du parlement ou des ministres?
BOLINGBROKE, de même.
Non, d'un allié bien léger... et bien fragile...
(On vient d'apporter au milieu du théâtre une table de tri et l'on a disposé un fauteuil et deux chaises.)
LA DUCHESSE, de l'autre côté, et s'adressant à la reine.
Quelles sont les personnes que sa majesté veut bien désigner pour ses partners?
LA REINE.
Qui vous voudrez... choisissez vous-même.
LA DUCHESSE.
Lady Abercrombie...
LA REINE.
Non! (Montrant une dame qui est près d'elle.) Lady Albermale.
LADY ALBERMALE.
Je remercie votre majesté!...
LA DUCHESSE, à part.
Et moi aussi. (Regardant lady Albermale.) Par ce moyen elle ne lui parlera pas. (Haut.) Et pour la troisième personne?
LA REINE.
La troisième? — Eh! mais... (Apercevant le marquis de Torcy qui s'approche d'elle.) Monsieur l'ambassadeur... (Mouvement général d'étonnement et joie de Bolingbroke.)
LA DUCHESSE, bas à la reine, avec reproche.
Un pareil choix... une pareille préférence...
LA REINE, de même.
Qu'importe!
LA DUCHESSE, de même.
Voyez l'effet que cela produit.
LA REINE, de même.
Il fallait choisir vous-même.
LA DUCHESSE, de même.
On va penser... on va croire...
LA REINE, de même.
Tout ce qu'on voudra!
(Le marquis de Torcy, qui a remis son chapeau à un des gens de sa suite, présente sa main à la reine qu'il conduit à la table du tri et s'assied entre elle et lady Albermale. — La duchesse, toujours observant, s'éloigne de la table avec humeur et passe du côté gauche.)

BOLINGBROKE, près d'elle et à voix basse.
C'est trop généreux, duchesse... Vous faites trop bien les choses... le marquis admis au jeu de la reine, le marquis faisant la partie de sa majesté; c'est plus que je ne demandais...
LA DUCHESSE, avec dépit.
Et plus que je n'aurais voulu...
BOLINGBROKE.
Ce qui ne m'empêche pas de vous en savoir le même gré! d'autant qu'il est homme à profiter de cette faveur... il a de l'esprit... Et tenez, il a l'air de causer d'une manière fort aimable... avec sa majesté.
LA DUCHESSE.
En effet... (Elle veut faire un pas.)
BOLINGBROKE, la retenant.
Mais au lieu de les interrompre, nous ferons mieux d'observer et d'écouter... car voici, je crois le moment.
LA DUCHESSE.
Oui... mais aucune de ces dames...
LA REINE, jouant toujours et ayant l'air de répondre au marquis.
Vous avez raison, monsieur le marquis, il fait dans ce salon... une chaleur étouffante... (Avec émotion et s'adressant à Masham.) Monsieur Masham! (Masham s'incline.) je vous demanderai un verre d'eau!
LA DUCHESSE, poussant un cri et faisant un pas vers la reine.
O ciel!
LA REINE.
Qu'avez-vous donc, duchesse?
LA DUCHESSE, furieuse et cherchant à se contenir.
Ce que j'ai... ce que j'ai... quoi! votre majesté... il serait possible...
LA REINE, toujours assise et se retournant.
Que voulez-dire, et d'où vient cet emportement?
LA DUCHESSE.
Il serait possible que votre majesté oubliât à ce point...
BOLINGBROKE et LE MARQUIS, voulant la calmer.
Madame la duchesse!...
LADY ALBERMALE.
C'est manquer de respect à la reine.
LA REINE, avec dignité.
Quoi donc!... qu'ai-je oublié?
LA DUCHESSE, troublée et cherchant à se remettre.
Les droits... l'étiquette... les prérogatives des différentes charges du palais... C'est à une de vos femmes qu'appartient le droit de présenter à votre majesté...
LA REINE, étonnée.
Tant de bruit pour cela!... (Se retournant vers la table de jeu.) Eh bien! duchesse, donnez-le-moi vous-même...
LA DUCHESSE, stupéfaite.
Moi!

BOLINGBROKE, à la duchesse à qui Masham présente en ce moment le plateau.

Je conviens, duchesse, qu'être obligée de présenter vous-même... là, devant eux... c'est encore plus piquant...

LA DUCHESSE, se contenant à peine, et prenant le plateau que Masham lui présente.

Ah!...

LA REINE, avec impatience.

Eh bien, madame... m'avez-vous entendu? et ce droit réclamé avec tant d'instance...

(La duchesse, d'une main tremblante de colère, lui présente le verre d'eau qui glisse sur le plateau et tombe sur la robe de la reine.)

LA REINE, se levant avec vivacité.

Ah! vous êtes d'une maladresse...

(Tout le monde se lève, et Abigaïl descend à droite près de la reine.)

LA DUCHESSE.

C'est la première fois que sa majesté me parle ainsi.

LA REINE, avec aigreur.

Cela prouve mon indulgence!

LA DUCHESSE, de même.

Après les services que je lui ai rendus.

LA REINE, de même.

Et que je suis lasse de m'entendre reprocher.

LA DUCHESSE.

Je ne les impose point à votre majesté, et s'ils lui sont importuns... je lui offre ma démission.

LA REINE.

Je l'accepte!

LA DUCHESSE, à part.

O ciel!...

LA REINE.

Je ne vous retiens plus... Milords et mesdames, vous pouvez vous retirer.

BOLINGBROKE, bas à la duchesse.

Duchesse, il faut céder!...

LA DUCHESSE, à part, avec colère.

Jamais!... Et Masham... et ce rendez-vous... non, il n'aura pas lieu! (Haut à la reine.) Encore un mot, madame!... En remettant à votre majesté ma place de surintendante.. je lui dois compte des derniers ordres dont elle m'avait chargée.

BOLINGBROKE, à part.

Que veut-elle faire?

LA DUCHESSE, montrant Bolingbroke.

Sur la plainte de milord et de ses collègues de l'opposition, vous m'avez ordonné de découvrir l'adversaire de Richard Bolingbroke...

BOLINGBROKE, à part.

O ciel!

LA DUCHESSE, à Bolingbroke.

C'est vous maintenant qui en répondez, car je vous le livre. Arrêtez donc et sur-le-champ monsieur Masham, que voici!

LA REINE, avec douleur.

Masham!... il serait vrai!...

MASHAM, baissant la tête.

Oui, madame!..

LA DUCHESSE, contemplant la douleur de la reine, et bas à Bolingbroke.

Je suis vengée!...

BOLINGBROKE, de même et avec joie.

Mais nous l'emportons!

LA DUCHESSE, fièrement.

Pas encore, messieurs!

(Sur un geste de la reine, Bolingbroke reçoit l'épée que Masham lui présente. — La reine, appuyée sur Abigaïl, rentre dans ses appartemens et la duchesse sort par le fond. — La toile tombe.)

ACTE CINQUIÈME.

Le théâtre représente le boudoir de la reine. — Deux portes au fond. — A gauche, une fenêtre avec un balcon. — A droite, la porte d'un cabinet conduisant aux petits appartemens de la reine. — A gauche, une table et un canapé.

SCÈNE I.

BOLINGBROKE, entrant par la porte du fond à gauche.

« Après la séance du parlement, dans le boudoir » de la reine », m'a écrit Abigaïl!! M'y voici! toutes les portes se sont ouvertes devant moi!... Est-ce sa majesté elle-même... est-ce ma gentille alliée qui désire me parler?... Peu importe... La duchesse et la reine sont furieuses l'une contre l'autre, l'explosion habilement préparée a enfin eu lieu... ce devait être. Ces deux augustes amies qui depuis si long-temps se détestaient, n'attendaient qu'une occasion pour se le dire.... Et connaissant le caractère orgueilleux et emporté de la duchesse... je me doutais bien que dans son premier mouvement... Mais j'attendais mieux!... je croyais qu'aux yeux de toute la cour, elle allait reprocher à la reine, et cette intrigue secrète... et ce rendez-vous... Elle m'a trompé... elle s'est arrêtée à temps!... elle s'est modérée... mais les premiers coups sont portés... La duchesse en disgrace, les wighs furieux, le bill rejeté ; bouleversement général. Je disais bien que de ce verre d'eau dépendait le destin de l'état... (Réfléchissant.) Alors... et dès que je serai ministre...

SCÈNE II.

BOLINGBROKE, ABIGAIL, sortant par la porte du fond à droite.

ABIGAIL.
Ah! milord! vous voilà !
BOLINGBROKE.
Oui... je m'occupais du ministère.
ABIGAIL.
Lequel?
BOLINGBROKE.
Le mien... quand j'y serai... ce qui ne tardera pas.
ABIGAIL.
Au contraire !... nous en sommes plus loin que jamais !
BOLINGBROKE.
Que me dites-vous ?
ABIGAIL.
Laissez-moi me rappeler... D'abord, pendant que j'étais dans le boudoir de la reine... à travailler avec elle et à parler de Masham... (Vivement.) Qui ne risque rien... n'est-ce pas ?
BOLINGBROKE.
Prisonnier sur parole, chez moi, dans le plus bel appartement de l'hôtel.
ABIGAIL.
Et pour la suite...
BOLINGBROKE.
Rien à craindre, si nous l'emportons...
ABIGAIL, naïvement.
Ah ! vous me faites trembler !
BOLINGBROKE, vivement.
Et moi aussi !... Achevez donc !
ABIGAIL.
Eh bien ! sont arrivés chez la reine... milady... milady... une grande dame qui est dévote...
BOLINGBROKE.
Lady Abercrombie ?
ABIGAIL.
C'est cela... avec lord Devonshire et Walpool.
BOLINGBROKE.
Des amis de la duchesse...
ABIGAIL.
Qui venaient d'eux-mêmes...
BOLINGBROKE.
C'est-à-dire envoyés par elle.
ABIGAIL.
Annoncer à la reine que la disgrâce de la surintendante produirait les plus fâcheux effets... que le parti wigh étoit furieux... et qu'à la séance de ce soir le bill pour les Stuarts serait rejeté.

BOLINGBROKE.
Et la reine, qu'a-t-elle répondu ?
ABIGAIL.
Elle ne répondait rien... incertaine... indécise... cherchant autour d'elle un avis, et de temps en temps me regardant comme pour savoir le mien.
BOLINGBROKE.
Qu'il fallait donner.
ABIGAIL.
Est-ce que je m'y connais ?
BOLINGBROKE.
Qu'importe ?... demandez à la moitié des conseillers de la couronne !... Enfin, qu'est-il arrivé ?
ABIGAIL.
La reine hésitait encore, lorsque lady Abercrombie lui a parlé à voix basse...
BOLINGBROKE.
Qu'a-t-elle pu lui dire?
ABIGAIL.
Je l'ignore !... J'étais bien près cependant... et je n'ai rien entendu qu'un nom... celui de lord Evendale... et celui de Masham !... (Vivement.) Oh ! celui-là, j'en suis sûre... Et la reine jusque-là froide et sévère, a dit, d'un air de bonté : N'en parlons plus, qu'elle vienne ! je la reverrai.
BOLINGBROKE, avec colère.
La duchesse ! rentrer dans ce palais dont je la croyais pour jamais bannie...
ABIGAIL.
Et dans mon trouble, tout ce qui m'est venu à l'idée a été de vous écrire sur-le-champ : Venez ! pour vous apprendre ce qui se passait et ce qui a été convenu.
BOLINGBROKE.
Avec qui ?
ABIGAIL.
Entre la reine et ces messieurs, au sujet de cette réconciliation.
BOLINGBROKE, avec impatience.
Eh bien !
ABIGAIL.
Eh bien !... il a été convenu que la duchesse, qui a donné hier sa démission de surintendante, viendra aujourd'hui remettre à la reine sa clé des petits appartemens. (Montrant la porte à droite.) Cette clé qui lui permettait d'entrer chez la reine à toute heure, et sans être vue !...
BOLINGBROKE, avec impatience.
Je le sais !
ABIGAIL.
La reine refusera de la reprendre; la duchesse alors voudra tomber aux pieds de sa majesté, qui la relèvera... et elles s'embrasseront, et le bill passera et le marquis de Torcy, aujourd'hui même...
BOLINGBROKE.
O faiblesse de femme et de reine !... et au moment où nous tenions la victoire.
ABIGAIL.
Y renoncer à jamais !

BOLINGBROKE.

Non... non, la fortune et moi nous nous connaissons trop bien pour nous quitter ainsi !... je l'ai narguée si souvent qu'elle me le rend parfois... mais elle me revient toujours !... Cette reconciliation... cette entrevue... à quel moment ?

ABIGAIL.

Dans une demi-heure !

BOLINGBROKE.

Il faut que je parle à la reine !...

ABIGAIL.

Elle est renfermée avec les ministres qui viennent d'arriver... C'est pour cela qu'on m'a renvoyée.

BOLINGBROKE, se frappant la tête.

Mon Dieu !... mon Dieu, que faire ?... Il faut pourtant que je la voie, que je sache comment s'est tout à coup éteinte cette haine attisée par moi, et qu'à tout prix je rallumerai ! Mais pour tout cela une demi-heure !...

ABIGAIL, lui montrant la porte du fond, à gauche, qui s'ouvre.

Quel bonheur !... c'est la reine !

BOLINGBROKE, respirant.

Je savais bien qu'entre la fortune et moi le dernier mot n'était pas dit... Laissez-nous, Abigaïl, laissez-nous... Veillez à l'arrivée de la duchesse, et quand elle paraîtra, venez nous avertir !...

ABIGAIL.

Oui, milord !... Que Dieu le protége !...

(Abigaïl sort par la porte du fond à droite.)

SCÈNE III.

LA REINE, BOLINGBROKE.

LA REINE, à part.

Oui, pourvu qu'à ce prix j'achète le repos, j'y suis décidée !... (Levant les yeux, et gaîment.) Ah ! c'est vous, Bolingbroke, je suis heureuse de vous voir ! je viens de passer la journée la plus ennuyeuse...

BOLINGBROKE, souriant, avec ironie.

J'apprends le nouveau trait de clémence de votre majesté !... c'est magnanime à elle d'oublier ainsi le scandale d'hier.

LA REINE.

L'oublier, dites-vous ?... plût au ciel ! Mais le moyen !... il n'est question que de cela, et si vous saviez depuis ce matin... depuis hier... tout ce qui s'est passé au sujet de ce malheureux verre d'eau, tout ce qu'il m'a fallu entendre... J'en ai mal aux nerfs... aussi je ne veux plus qu'on m'en parle.

BOLINGBROKE.

Et l'on vous reconcilie ?...

LA REINE.

Bien malgré moi... mais il a fallu en finir...

Vous qui êtes pour la paix... vous ne vous étonnerez pas des sacrifices que j'ai faits pour l'obtenir... Et puis cette pauvre duchesse. (Geste d'étonnement de Bolingbroke.) Mon Dieu... je ne la défends pas... m'en préserve le ciel ! mais on l'accuse parfois si injustement... vous tout le premier ! (Étourdiment.) Je ne parle pas des derniers subsides et de la prise de Bouchain... je n'ai pas eu le temps de vérifier... (Gravement.) Mais le petit Masham... ce que vous m'en aviez dit !...

BOLINGBROKE.

Eh bien !...

LA REINE, souriant, avec contentement.

Erreur complète !

BOLINGBROKE, à part.

C'est donc cela !

LA REINE.

Elle n'y pense seulement pas, au contraire.

BOLINGBROKE.

Vous croyez ?

LA REINE, souriant.

J'ai pour cela d'excellentes raisons, des preuves évidentes qu'on m'a données, et dont il ne faut pas parler !... c'est qu'elle est au mieux avec lord Evendale !

BOLINGBROKE, souriant.

Votre majesté appelle cela une raison !..

LA REINE, d'un ton sévère.

Certainement. (Riant.) Et puis, réfléchissez... raisonnez, Bolingbroke, car cette pauvre duchesse que j'ai accusée aussi... je ne sais pas comment cela ne m'était pas venu à la pensée... si elle avait aimé Masham, est-ce qu'hier elle l'aurait ainsi dénoncé devant toute la cour et fait arrêter par vous ?

BOLINGBROKE, à demi-voix.

Et si elle n'avait cédé alors qu'à un mouvement de colère et de jalousie... dont elle se repent maintenant ?

LA REINE.

Que voulez-vous dire ?

BOLINGBROKE, riant et toujours à demi-voix.

La duchesse avait soupçonné... ou cru deviner... qu'hier au soir, Masham devait avoir une entrevue mystérieuse...

LA REINE, à part.

O ciel !

BOLINGBROKE.

Avec qui ?... on l'ignore !... il est même douteux que ce soit vrai... mais, si votre majesté le désire... je saurai... je découvrirai...

LA REINE, vivement.

Non... non, c'est inutile...

BOLINGBROKE.

Ce qu'il y a de certain, c'est qu'hier au soir, à la même heure, après le cercle de votre majesté, la duchesse devait avoir, chez elle, un rendez-vous avec Masham.

LA REINE.

Un rendez-vous ?

BOLINGBROKE, vivement.
Oui, madame!
LA REINE, avec colère.
Hier!... avec lui!... ils s'entendaient... ils étaient donc d'intelligence?
BOLINGBROKE, vivement et avec chaleur.
Et, jugez aujourd'hui de son désespoir et de son regret, d'avoir, dans un moment de dépit, renoncé à sa place de surintendante! Privée de son pouvoir et de son crédit, elle ne peut plus défendre Masham, qui est mon prisonnier; privée de ses entrées au palais et des moyens d'y pénétrer à toute heure, elle ne peut plus, comme autrefois, le voir ici sous vos yeux, sans danger et sans soupçons... voilà pourquoi elle tenait à cette réconciliation qu'elle vous a fait demander; voilà pourquoi une fois rentrée ici... à la cour...
LA REINE, à part.
Jamais!

SCÈNE IV.

BOLINGBROKE, LA REINE, ABIGAIL, accourant par la porte du fond à droite.

ABIGAIL, tout ému, accourant près de Bolingbroke.
Milord... milord...
LA REINE, avec colère.
Qu'y a-t-il?
ABIGAIL.
Je venais annoncer que j'avais vu entrer dans la cour du palais la voiture de Mme la duchesse!
LA REINE.
La duchesse! (Passant au milieu du théâtre.) Eh! qui lui a donné l'audace de se présenter devant moi?
ABIGAIL.
Elle venait... offrir à sa majesté, au sujet de l'événement d'hier, des excuses...
LA REINE.
Que je n'admets pas... Je peux pardonner les injures qui me sont personnelles; jamais celles dirigées contre la dignité de ma couronne... et hier, à dessein, et non par hasard, la duchesse a eu, dans son orgueil, l'intention de manquer à sa souveraine et de l'outrager.
BOLINGBROKE.
Intention manifeste!
THOMPSON, se présentant à la porte du fond.
Milady duchesse de Marlborough attend dans la salle de réception les ordres de sa majesté.
LA REINE.
Abigaïl, allez les lui porter. Dites lui que nous ne pouvons la recevoir; que nous avons disposé de la place qu'elle occupait auprès de nous!.. qu'elle ait dès demain à nous renvoyer son brevet de surintendante, et surtout les clés de nos appartemens, qui désormais lui sont interdits, ainsi que notre présence... Allez...

ABIGAIL, stupéfaite.
Quoi, il serait possible...
BOLINGBROKE, froidement.
Allez donc, miss Abigaïl, obéissez à la reine.
ABIGAIL.
Oui, milord. (A part.) Ah! ce Bolingbroke est un démon!

(Abigaïl sort par la porte du fond à gauche.)

SCÈNE V.

BOLINGBROKE, LA REINE.

BOLINGBROKE, s'approchant de la reine qui vient de se jeter dans son fauteuil à droite du spectateur.
Bien, ma souveraine, très bien!
LA REINE, avec exaltation, et comme fière de son courage.
N'est-ce pas! Ils m'ont crue faible, et je ne le suis pas.
BOLINGBROKE.
Nous le voyons bien!
LA REINE, avec colère.
C'est aussi trop abuser de ma patience!
BOLINGBROKE.
C'est un état de choses intolérable...
LA REINE.
Et qui ne peut durer.
BOLINGBROKE, vivement.
C'est ce que nous disons depuis long-temps!... Parlez!... mes amis et moi, sommes prêts à exécuter vos ordres!
LA REINE, se levant.
Mes ordres... certainement!... je vous les donnerai! et c'est à vous, Bolingbroke, à vous que je me confie... Mais, dites-moi... et Masham?...
BOLINGBROKE.
Est toujours mon prisonnier, et nous nous occuperons de cette affaire dès que le nouveau ministère sera formé, la chambre dissoute, et le duc de Marlborough rappelé!
LA REINE, avec agitation.
C'est bien!... je vais donner l'ordre de le mettre en jugement.
BOLINGBROKE, vivement.
Le maréchal?
LA REINE.
Eh! non... Masham!...
BOLINGBROKE, à part.
Toujours Masham!...
LA REINE, de même.
Et sa punition... car je veux qu'il soit puni... condamné... je le veux!
BOLINGBROKE, à part.
O ciel!
LA REINE.
Il vous a privé d'un parent que vous aimiez.. et puis la duchesse sera furieuse!

BOLINGBROKE, vivement.

Au contraire... elle sera enchantée !... ils sont brouillés... une guerre à mort.

LA REINE, dont la colère tombe tout à coup.

Ah !... (D'un ton radouci.) Vous ne me disiez pas cela !

BOLINGBROKE, à demi-voix, et riant.

Elle a découvert à n'en pouvoir douter que Masham ne l'aimait pas, qu'il ne l'avait jamais aimée... qu'il en aimait une autre !

LA REINE, vivement.

En êtes-vous sûr !... qui vous l'a dit ?

BOLINGBROKE, de même.

Mon jeune prisonnier !... qui me l'a avoué à moi ! un amour mystérieux... une personne de la cour qu'il adore en secret, et sans le lui dire... je n'ai pu en savoir davantage.

LA REINE, avec contentement.

Voilà qui est bien différent... (Se reprenant.) Je veux dire bien singulier... (En riant.) et il faudra que nous causions de tout cela.

BOLINGBROKE.

Oui, madame !... (vivement.) Dès ce soir, votre majesté aura la liste de mes nouveaux collègues, avec lesquels, dès long-temps, je me suis entendu !... L'ordonnance de dissolution...

LA REINE.

C'est bien !

BOLINGBROKE, de même.

Les préliminaires pour les conférences à ouvrir avec le marquis de Torcy.

LA REINE, de même.

A merveille !

BOLINGBROKE.

Et dès que votre majesté aura donné sa signature...

LA REINE.

Certainement !... Mais, ne fût-ce que pour connaître et déjouer les projets de la duchesse, ne serait-il pas prudent d'interroger Masham ?

BOLINGBROKE.

Oui, vraiment... pourvu que ce soit en secret et sans que l'on puisse s'en douter !

LA REINE.

Et pourquoi ?

BOLINGBROKE.

Parce que je réponds de lui !... parce que je ne dois le laisser communiquer avec qui que ce soit, et surtout avec des personnes de la cour... mais ce soir... quand tout le monde sera retiré... quand il n'y aura plus de danger d'être vu...

LA REINE.

Je comprends !

BOLINGBROKE, remontant le théâtre, et s'approchant de la porte du fond.

Je délivrerai mon prisonnier que nous interrogerons... ou plutôt que votre majesté voudra bien interroger, car je n'en aurai pas le loisir...

LA REINE, avec joie.

C'est bien !... c'est bien... (En ce moment la duchesse entr'ouvre un instant la porte à droite.)

LA DUCHESSE, apercevant Bolingbroke.

Dieu ! Bolinbroke ! (Elle referme vivement la porte.)

LA REINE, s'arrêtant à ce bruit.

Silence !

BOLINGBROKE.

Qu'est-ce donc ?

LA REINE, montrant le cabinet à droite.

Rien.... j'avais cru entendre de ce côté. (Revenant à lui gaîment.) Non... A ce soir !... à bientôt.

BOLINGBROKE, s'éloignant.

Masham sera ici... avant onze heures.

(Bolingbroke est sorti par la porte du fond à gauche.)

SCÈNE VI.

LA REINE, qui vient de le reconduire, aperçoit, en redescendant le théâtre, ABIGAIL qui entre par la porte du fond à droite.

LA REINE, allant s'asseoir sur le canapé à gauche.

Ah ! te voilà, petite ! eh bien !... et la duchesse ?

ABIGAIL.

Ah ! si vous saviez !

LA REINE, s'asseyant.

Viens ici près de moi !... (A Abigaïl qui hésite à s'asseoir près de la reine.) Viens donc ! Qu'a-t-elle dit ?

ABIGAIL.

Rien !.. mais la colère et l'orgueil contractaient tous ses traits !...

LA REINE, souriant.

Je le crois sans peine ! car le message dont je t'ai chargée près d'elle lui désignait d'avance celle qui désormais allait la remplacer.

ABIGAIL, étonnée.

Que dites-vous ?

LA REINE.

Oui, Abigaïl, oui, tu seras tout pour moi... ma confidente, mon amie. Oh ! ce sera ainsi ! car d'aujourd'hui je commande, je règne !.. Achève ton récit... Tu crois donc que la duchesse est furieuse ?

ABIGAIL.

J'en suis sûre ! car en descendant le grand escalier, elle a dit à la duchesse de Norfolk qui lui donnait le bras... (C'est miss Price qui l'a entendue, et miss Price est une personne en qui l'on peut avoir confiance.) Elle a dit : « Quand je devrais » me perdre, je déshonorerai la reine !... »

LA REINE.

O ciel !...

ABIGAIL.

Et puis elle a ajouté : « Il vient de m'arriver » d'importantes nouvelles dont je profiterai... » Mais elles se sont éloignées, et miss Price n'a pu en entendre davantage !

LA REINE.

De quelles nouvelles voulait-elle parler ?

ABIGAIL.
De nouvelles importantes !
LA REINE.
Qu'elle vient d'apprendre !...
ABIGAIL.
Peut-être des nouvelles politiques...
LA REINE.
Ou plutôt cette entrevue que nous avions proetée pour hier au soir ?
ABIGAIL.
Où est le mal ?
LA REINE.
A coup sûr !... car hier si je désirais et devant toi interroger Masham... c'était pour une affaire grave et importante... pour savoir jusqu'à quel point on m'abusait... pour connaître enfin la vérité !
ABIGAIL.
Ce qui est bien permis ! surtout à une reine !
LA REINE.
Tu crois ?
ABIGAIL.
C'est un devoir ! (Vivement.) et puis enfin qu'aurait-elle à dire ?... Vous ne l'avez pas vu, (A part.) grace au ciel ! (Avec satisfaction.) Et maintenant qu'il est prisonnier... c'est impossible !
LA REINE, avec embarras.
Et si cela ne l'était pas !
ABIGAIL, effrayée.
Que voulez-vous dire ?
LA REINE, avec joie.
Tu ne sais pas, Abigail, il va venir, je l'attends !
ABIGAIL, vivement.
Vous, madame ?
LA REINE, lui prenant la main.
Qu'as-tu donc ?
ABIGAIL, avec émotion.
Je tremble !... j'ai peur.
LA REINE, avec reconnaissance et se levant.
Pour moi !... Rassure-toi !... aucun danger...
ABIGAIL.
Et si la duchesse le savait dans le palais... dans votre appartement !.. à une pareille heure !.. Mais non, votre majesté l'espère en vain... Masham est confié à la garde de Bolingbroke qui ne peut, sans s'exposer lui-même, lui rendre la liberté !... et c'est impossible...
LA REINE, lui montrant la porte du fond à gauche qui vient de s'ouvrir.
Tais-toi !... le voici !
ABIGAIL, voulant courir à Masham.
O ciel !
LA REINE, la retenant.
Ne me quitte pas !
ABIGAIL, avec jalousie.
Oh ! non madame, non certainement !

SCÈNE VII.

MASHAM, LA REINE, ABIGAIL.

(Masham s'avance lentement, salue respectueusement la reine, qui avec émotion et sans lui parler lui fait signe de la main d'avancer.)

LA REINE, bas à Abigaïl.
Ferme ces portes... et reviens !
(Abigaïl ferme la porte du cabinet à droite et celles du fond et revient vivement se placer près de la reine.)

MASHAM.
Lord Bolingbroke m'envoie présenter à votre majesté ces papiers qu'il ne pouvait, dit-il, confier qu'à moi, et qui sont de la dernière importance !..

LA REINE, avec bonté et prenant les papiers.
C'est bien, je vous remercie !

MASHAM.
Je dois les lui reporter avec la signature de votre majesté.

LA REINE.
C'est vrai !... je l'oubliais !... (Elle passe près de la table à gauche et s'assied.—Regardant les papiers.) Ah ! mon Dieu ! comme en voilà !...
(Elle ôte ses gants, prend une plume et signe vivement et sans les lire les diverses ordonnances. — Pendant ce temps, Masham s'est approché d'Abigaïl qui est de l'autre côté, à l'extrémité à droite.)

MASHAM.
Eh ! mon Dieu ! miss Abigaïl, comme vous voilà pâle !

ABIGAIL, à demi-voix, avec émotion.
Écoutez-moi, Arthur... j'ai le crédit... le pouvoir de la duchesse !

MASHAM, avec joie.
Est-il possible ?

ABIGAIL, de même.
La faveur de la reine ! Et je suis décidée à repousser tous ces biens... à y renoncer...

MASHAM, étonné.
Eh ! pourquoi ?...

ABIGAIL.
Pour vous !... Quelque fortune qui vous puisse arriver, en feriez-vous autant ?

MASHAM, vivement.
Pouvez-vous le demander ?

ABIGAIL, tremblante.
Eh bien ! Arthur, vous êtes aimé d'une grande dame... la première de ce royaume...

MASHAM.
Que dites-vous ?

ABIGAIL.
Silence !... (Lui montrant la reine qui a achevé de signer, et qui s'avance vers lui.) La reine vous parle.

LA REINE.
Voici les ordonnances que Bolingbroke vous avait chargé d'apporter à notre signature...

MASHAM.

Je remercie votre majesté, et vais annoncer à milord qu'il est ministre!

LA REINE.

C'est généreux à vous, car le premier usage qu'il fera du pouvoir sera sans doute de poursuivre l'adversaire de Richard Bolingbroke, son cousin.

MASHAM.

Je ne crains rien!... il sait comment ce duel s'est passé!

LA REINE.

Et puis, vous avez pour vous de hautes protections... la nôtre d'abord, et, bien mieux, encore celle de la duchesse! (Elle va s'asseoir sur le canapé à gauche du spectateur.—Masham est debout devant elle, et Abigaïl debout derrière le canapé sur lequel elle s'appuie en regardant Masham.) On m'a assuré, Masham, mais vous n'en conviendrez pas, car vous êtes discret, on m'a assuré que vous l'aimiez...

MASHAM.

Moi, Madame... jamais!

LA REINE.

Et pourquoi donc vous en défendre? la duchesse est fort belle, fort aimable, et le rang qu'elle occupe...

MASHAM.

Ah! qu'importe le rang et la puissance... on y songe peu quand on aime. (Regardant Abigaïl qui est debout derrière la reine.) Et j'aime ailleurs!...

(Abigaïl fait un geste d'effroi.)

LA REINE, baissant les yeux.

Ah! c'est différent... Et celle que vous aimez est donc bien belle!

MASHAM, avec amour et regardant Abigaïl.

Plus que je ne peux vous dire... (Se reprenant.) Je veux dire que je l'aime... que je suis heureux et fier de cet amour; et punissez-moi, madame, si même ici, devant vous et à vos pieds, j'ose l'avouer...

LA REINE, se levant brusquement.

Taisez-vous!... N'entendez-vous pas?...

ABIGAIL, montrant la porte du cabinet à droite.

On frappe à cette porte!

MASHAM, montrant les portes du fond.

Ainsi qu'à celle-ci!

ABIGAIL.

Et ce bruit au dehors!... les appartemens se remplissent de monde.

LA REINE.

Comment fuir maintenant?... (A part avec effroi.) Et cette phrase de la duchesse! (Haut.) Et si on le voit ici...

ABIGAIL.

Là, sur ce balcon...

(Masham s'élance sur le balcon à gauche; Abigaïl referme la fenêtre.)

LA REINE.

C'est bien... va leur ouvrir.

ABIGAIL.

Oui, madame... mais du calme.. du sang-froid.

LA REINE.

Oh! j'en mourrai!

SCÈNE VIII.

LES MÊMES. Abigaïl va ouvrir les portes du fond.— Paraissent LA DUCHESSE DE MARLBOROUGH et plusieurs SEIGNEURS de la cour; BOLINGBROKE entre après eux. — Abigaïl va également ouvrir la porte à droite, d'où sortent plusieurs demoiselles d'honneur.

LA REINE.

Qui ose ainsi, à cette heure... dans mes appartemens... Ciel! la duchesse... * Une pareille audace!...

LA DUCHESSE, regardant autour d'elle dans l'appartement.

Me sera pardonnée par votre majesté, car il s'agit d'importantes nouvelles... d'où dépend le salut de l'État!

LA REINE, avec impatience.

Lesquelles?

LA DUCHESSE, examinant toujours l'appartement.

Des nouvelles qui mettent en rumeur... et agitent toute la ville... (A part, regardant le balcon.) Il ne peut être que là. (Haut.) Lord Marlborough m'apprend que l'armée française vient d'attaquer à Denain les lignes du prince Eugène, et a remporté une victoire complète.

BOLINGBROKE, froidement.

C'est vrai!

LA DUCHESSE, courant à la fenêtre, Abigaïl fait quelques pas pour la retenir et se trouve ainsi placée entre la duchesse et la reine.

Tenez... entendez-vous les cris furieux de ce peuple?...

BOLINGBROKE.

Qui demande la paix!...

LA DUCHESSE, qui vient d'ouvrir la fenêtre, et poussant un cri.

Ah!... monsieur Masham... dans l'appartement de la reine!...

LA REINE, à part, et voyant paraître Masham.

C'est fait de moi! **

ABIGAIL, bas à la reine.

Non!... je l'espère!... (Tombant à ses genoux.) Grace, madame!... grace!... c'est moi qui à votre insu... l'avais reçu cette nuit...

* La Duchesse, la Reine, Abigaïl, Bolingbroke.

** Masham qui vient de sortir du balcon à gauche, la Duchesse, Abigaïl, la Reine, Bolingbroke; au fond, Seigneurs et Dames de la cour.

ACTE V, SCENE VIII.

LA DUCHESSE, avec colère.

Quelle audace !... Vous osez soutenir...

ABIGAIL, baissant les yeux.

La vérité !

MASHAM, s'inclinant.

Que sa majesté nous punisse tous deux !

LA REINE, bas à Bolingbroke.

Bolingbroke, sauvez-nous !

BOLINGBROKE, s'avançant vers les seigneurs de la cour qui sont dans le fond et prenant le milieu du théâtre.

Permettez ?... J'ai à vous dire...

LA DUCHESSE, s'adressant à Bolingbroke.

Et moi... Je demanderai à milord, comment un prisonnier confié à sa garde est libre en ce moment, et par quel motif ?

BOLINGBROKE, se tournant vers l'assemblée.

Un motif auquel vous auriez tous cédé comme moi, milords ! M. Masham m'a demandé, sur sa parole et sur son honneur de gentilhomme, la permission de faire ses adieux à Abigaïl Churchill ! sa femme...

LA REINE et LA DUCHESSE, poussant un cri.

O Ciel !...

LA REINE, avec agitation.

Messieurs !... messieurs !... (Leur faisant signe de s'éloigner.) Un instant... je vous prie !...

(Ils s'éloignent tous de quelques pas ; la reine reste seule sur le devant du théâtre avec Bolingbroke.)

LA REINE, à demi-voix.

Ah ! qu'avez-vous fait ?...

BOLINGBROKE, de même.

Vous m'avez dit de vous sauver... (A la reine qui ne peut cacher son émotion.) Allons, ma souveraine... et puis, fallait-il laisser déshonorer cette jeune fille qui venait de se dévouer pour votre majesté ?

LA REINE, avec courage et comme ayant pris sa résolution.

Non !... (à demi-voix.) dites-leur d'approcher.

(Bolingbroke fait un signe ; Abigaïl et Masham, qui s'étaient tenus à l'écart, s'avancent timidement.*)

LA REINE, avec émotion et à voix basse à Abigaïl.

Abigaïl... ce que vous venez d'entendre... il faut que cela soit... ne le démentez pas... Encore cette preuve de dévoûment... et ma reconnaissance... mon amitié vous sont à jamais acquises...

ABIGAIL, à la reine, avec épanchement.

Ah ! madame... si vous saviez...

BOLINGBROKE, lui coupant la parole.

Silence !... (Il fait un signe à Masham qui à son tour s'avance près de la reine.)**

LA REINE.

Quant à vous, Masham...

BOLINBROKE, bas à Masham.

Refusez !

LA REINE.

Je sais que d'autres idées, peut-être .. mais, par le dévoûment que vous lui portez... votre reine vous le demande...

MASHAM.

Moi, madame...

LA REINE.

Elle vous l'ordonne !

(Tous deux s'inclinent et passent à droite du théâtre.)

LA REINE, s'adressant aux personnes de la cour et prenant le milieu du théâtre.

Milords et messieurs, les graves événemens que Mme la duchesse vient de nous apprendre vont hâter des mesures que nous méditions depuis longtemps. Sir Harley, comte d'Oxford, et lord Bolingbroke, mes nouveaux ministres, vous expliqueront demain nos intentions. Nous rappelons milord duc de Marlborough dont le talent et les services deviennent désormais inutiles, et décidée à une paix honorable, nous entendons que, dans le plus bref délai, les conférences s'ouvrent à Utrecht, entre nos plénipotentiaires et ceux de la France.

BOLINGBROKE, qui est placé à droite entre Masham et Abigaïl, bas à Abigaïl.

Eh bien, Abigaïl... mon système n'a-t-il pas raison ? Lord Marlborough renversé... l'Europe pacifiée...

MASHAM, lui remettant les papiers que la reine a signés.

Bolingbroke, ministre !...

BOLINGBROKE.

Et tout cela grace à un verre d'eau !

* La Duchesse au fond du théâtre, Bolingbroke, Masham, Abigaïl, la Reine.

** La Duchesse au fond, Bolingbroke, Masham, la Reine, Abigaïl qui a passe derrière la Reine et s'est placée à sa gauche et à l'extrême droite du théâtre.

FIN DU VERRE D'EAU.

NOTA. La mise en scène exacte de cet ouvrage, transcrite par M. L. PALIANTI, fait partie de la collection des mises en scène publiées par le journal *la Revue et Gazette des Théâtres*, rue Ste-Anne, 55.

Imprimerie de BOULÉ ET COMP., rue Coq-Héron, n. 3.

LIVRES A TRÈS BON MARCHÉ
Chez Ch. TRESSE,
ACQUÉREUR DES FONDS DE J.-N. BARBA ET V. BEZOU,

Palais-Royal, derrière le Théâtre-Français.

Les personnes qui prendront pour 50 fr. et au dessus, recevront leurs commandes franches de port et d'emballage dans toute la France. — Les envois sont suivis en remboursement.

Œuvres d'Elzéar Blaze.

CHASSEUR (le) CONTEUR, ou *les chroniques de la chasse*, contenant des histoires, des contes, des anecdotes, et par-ci, par-là, quelques hableries sur la chasse, depuis Charlemagne jusqu'à nos jours, 1 vol. in-8. 7 fr. 50 c.

CHASSEUR (le) au chien d'arrêt, contenant les habitudes, les ruses du gibier, l'art de le chercher et de le tirer, le choix des armes, l'éducation des chiens, leurs maladies, etc., 2ᵉ édition, Paris, 1837. 7 fr. 50 c.

La première édition de ce livre instructif et amusant a été épuisée en six mois.

CHASSEUR (le) au chien courant, contenant les habitudes, les ruses des bêtes, l'art de les guetter, de les juger, de les détourner, de les attaquer, de les tirer ou de les prendre de force; l'Education du limier, des chiens courans, leurs maladies, etc., 2 vol. in-8. 15 fr.

CHASSEUR (le) aux filets, ou la Chasse des dames, contenant les habitudes, les ruses des petits oiseaux, leurs noms vulgaires et scientifiques; l'art de les prendre, de les nourrir et de les faire chanter en toute saison; la manière de les engraisser, de les tuer et de les manger; 1 vol. in-8. 7 fr. 50 c.

ALMANACH (l') des Chasseurs, contenant les opérations cynégétiques de chaque mois de l'année, des pronostications faites suivant les calculs du savant Mathieu Lænsberg, des anecdotes sur la chasse, la vie miraculeuse de saint Hubert, patron des chasseurs, 1 vol. in-18, 1839. 1 fr.

VIE (la) militaire sous l'Empire, ou Mœurs de la garnison, du bivouac et de la caserne, 2 vol. in-8. 15 fr.

ÉPITRE EN VERS, à Bouffé, artiste du théâtre du Gymnase, par Arnal, acteur du théâtre du Vaudeville. 1 vol. in-8. imprimé sur papier *vélin*, 3 fr.

TRAITÉ de vénerie et de chasse, par Goury de Champgrand. Paris, 1769, 1 vol. in-4, fig. 6 fr.

ABRÉGÉ des antiquités nationales, ou Recueil de monumens pour servir à l'histoire de France, par Millin, 4 vol. in-4, 250 planches, 1837. 30 fr.

CHEFS-D'OEUVRE de Châteaubriand : Génie du Christianisme, 3 vol. in-8; les Martyrs, 2 vol., — René et Atala, 1 vol. in-18; grand-raisin vélin, grand papier. 3 fr. le vol. au lieu de 15 fr.

Chaque ouvrage se vend séparément.

COLLECTION de 104 portraits des hommes illustres des 17ᵉ et 18ᵉ siècles, dessinés et gravés par Edeling, etc., et une notice sur chacun d'eux, par Perrault. 2 vol. in-folio, cartonné en un vol., par Bradel, 12 fr., broché, 10 fr.

COLLECTION de Mémoires sur la Révolution de 89; par Necker, 4 vol. De Bouillé, 2 vol. Précis et Tableau par Rabault de St-étienne et Norvins. 2 vol. Prise de la Bastille par Dussaulx, 1 vol. Tiers-Etat, par Boissy d'Anglas, 1 vol. Louvet, auteur de Faublas, 2 vol. En tout, 12 vol. in-18. 15 fr.

COURS complet d'instruction à l'usage de la jeunesse, par Galland, 6 très forts vol. in-12, ornés de 69 pl. 5 r

DESCRIPTION des pierres gravées du cabinet du duc d'Orléans, au nombre de 173 planches et un portrait, 2 vol. pet. in-fol. Au lieu de 120 fr., net, 12 fr.; cartonné à la Bradel. 15 fr.

Cette description, dont le premier volume a été fait par l'abbé Armand, le deuxième par Lachaud et Leblond, explique, reproduit la plus belle collection connue en ce genre d'antiquités. Trois hommes d'esprit se sont associés pour nous faire connaître les trésors que renfermait un des plus curieux cabinets de l'Europe : leur livre offre la lecture la plus piquante et la plus instructive. Jusqu'ici le prix élevé de cet ouvrage ne lui avait laissé accès que dans quelques rares bibliothèques; aujourd'hui le prix auquel il est côté les lui ouvre toutes.

DICTIONNAIRE étymologique de la langue française, par Ménage, 3 vol. in-folio. Ancien prix, 72 fr.; 24 fr. broché, et demi-reliure en 2 vol. 30 fr.

DICTIONNAIRE de l'Académie française, revu et corrigé par elle-même. 2 vol. in-4. 5ᵉ édit., 1835, et supplément. 10 fr.

DICTIONNAIRE des Beaux-Arts, par Millin, de l'Institut, conservateur des médailles des bibliothèques et professeur d'antiquités, etc., 6 vol. in-8, au lieu de 42 fr. 12 fr.

DICTIONNAIRE philosophique de Voltaire, 8 très forts vol. in-12, beau papier. 8 fr.
— *Idem*, 9 vol. in-18, gr. raisin vélin. Doyen, 1820. 8 fr.

Chaque volume de cette édition a coûté 2 fr. de fabrication.

ÉPHÉMÉRIDES universelles, ou Tableau politique, littéraire, scientifique ou anecdotique, représentant pour chaque jour de l'année un extrait des annales de toutes les nations et de tous les siècles, par MM. V. Arnault, Bory de Saint-Vincent, Dulaure, Guizot, Norvins et autres écrivains célèbres. 13 forts vol. in-8, qui contiennent la matière de 30 vol. in-8. 30 fr.

Le tome XIII et dernier contient la table par ordre chronologique et alphabétique.

Les derniers volumes 3 à 13 se vendent séparément 3 fr.

HISTOIRE politique et militaire du prince Eugène, vice-roi d'Italie, pour faire suite à l'Histoire de Napoléon par Norvins. 2 beaux vol. in-8, cartes et fig. Au lieu de 15 fr. 6 fr.

HISTOIRE de Jeanne d'Arc, par Michaud et Poujoulat, 1 vol. in-8, portr. 2 fr.

HISTOIRE des Proverbes, Adages, Sentences, Apophtegmes dérivés des mœurs, des usages, de l'esprit et de la morale de tous les peuples anciens et modernes, précédée de l'Histoire abrégée de chaque peuple, par Méry, 3 forts vol. in-8. 12 fr.

HISTOIRE des environs de Paris, par Dulaure. 14 vol. in-8 br. en 7 forts vol., ornés de 100 fig. et d'une très belle carte sur une étendue de 44 lieues sur 68. 30 fr.

HISTOIRE philosophique et politique de la Russie depuis les temps les plus reculés jusqu'au règne de Nicolas; par Esnaux et Chennechot. 5 forts vol. in-8, impr. sur très beau pap. br. satiné. Ancien prix, 35 fr. 7 fr.

HISTOIRE de Turenne, contenant les mémoires et correspondances écrits par lui, et publiés par Ramsay, 4 forts vol. in-12, et atlas de 13 grandes planches. Au lieu de 24 fr. 3 fr.

Cet ouvrage, qui renferme une foule de mémoires, de lettres et de pièces intimes et originales, aurait dû

LE GUITARRERO,

OPÉRA COMIQUE EN TROIS ACTES,

Paroles de M. Scribe,
de l'Académie Française.

MUSIQUE DE M. F. HALÉVY,

REPRÉSENTÉ POUR LA PREMIÈRE FOIS A PARIS SUR LE THÉATRE ROYAL DE L'OPÉRA-COMIQUE LE 21 JANVIER 1841.

PERSONNAGES.	ACTEURS.	PERSONNAGES.	ACTEURS.
FRA-LORENZO.	M. Moreau-Sainti.	FABIUS.	M. Emon.
RICCARDO.	M. Roger.	OTTAVIO.	M. Daudé.
MARTIN DE XIMENA.	M. Grignon.	MANUELA.	Mme Boulanger.
DON ALVAR DE ZUNIGA.	M. Botelli.	ZARAH.	Mme Cappeville.

La scène se passe à Santarem, château royal de l'Estramadure, à une douzaine de lieues de Lisbonne. — En 1660.

ACTE PREMIER.

Le théâtre représente la principale place de Santarem. Dans le lointain le château royal de Santarem. A gauche, l'hôtel de Villaréal ; à droite, l'hôtel du *Soleil d'Or*, principale hôtellerie de la ville. On y arrive par quelques marches, et les fenêtres sont préservées de la chaleur par un auvent ou une tente qui fait saillie sur la rue.

SCÈNE PREMIÈRE.

Au lever du rideau, ALVAR DE ZUNIGA, venant de la promenade à droite, au fond du théâtre, s'arrête un instant sous les fenêtres à gauche de l'hôtel de Villaréal qu'il regarde avec colère ; au même moment, FABIUS et OTTAVIO sortent de l'hôtellerie à droite et aperçoivent Alvar.

FABIUS.

Eh ! c'est notre ami Alvar de Zuniga !

OTTAVIO.

Tous nos convives sont déjà arrivés, et toi, notre amphitryon, te voilà le dernier au rendez-vous !

FABIUS.

Le repas n'est pas encore commandé ?

ZUNIGA, *se frappant le front.*

C'est vrai ; je vous ai invités chez le maître Nunnez Mugnoz, qui n'a pas son pareil pour les olla-podrida à la reine... Holà, seigneur hôte-

NOTA. La mise en scène exacte de cet ouvrage, transcrite par M. L. Palianti, fait partie de la collection de mises en scène par le journal *La Revue et Gazette des Théâtres*, rue Sainte-Anne, 55.

lier! (*A l'Hôtelier qui paraît et salue.*) Je paie double!... que dans un quart d'heure tout soit prêt ; et songe bien qu'il ne s'agit pas ici de traiter des hobereaux portugais, tes compatriotes, mais des officiers du régiment de la reine... des Espagnols, vos vainqueurs et vos maîtres. Allez... (*L'Hôtelier s'incline et sort.*) Pardon, mes amis, j'arrivais ne rêvant que la joie et le plaisir, mes regards se sont tournés de ce côté (*montrant l'hôtel à gauche*), et d'autres projets, d'autres idées...

FABIUS.

Ah! ah! l'hôtel de Villaréal...

OTTAVIO.

Il a pensé comme nous à la belle Zarah.

FABIUS.

Qu'il adore.

ZUNIGA.

Que je déteste.

FABIUS.

Allons donc!

ZUNIGA.

Je la déteste, vous dis-je... et pour nous autres gentilshommes de Séville ou de Cordoue, qui avons du sang africain dans les veines, triompher d'une maîtresse est moins doux que de s'en venger quand elle nous a outragés dans notre honneur.

OTTAVIO.

Allons donc!... de quoi as-tu à te plaindre?

ZUNIGA.

Ce que j'ai!...

OTTAVIO.

Elle est fière, orgueilleuse, et ne peut souffrir les Espagnols, qui règnent en maîtres dans son pays... Que nous importe?

ZUNIGA.

Ah! si ce n'était que cela...

OTTAVIO.

Eh bien! voyons, soyons francs... elle a refusé tes hommages et ta main?

ZUNIGA.

Oui, par Notre-Dame del Pilar!... elle m'a refusé.

OTTAVIO.

Eh bien! moi aussi.

FABIUS.

Et moi de même.

OTTAVIO.

Aussi, quand elle sera mariée, nous verrons... jusque là je lui pardonne.

FABIUS.

Moi, je ne lui pardonne pas, car la dot était magnifique, et à chaque pas je rencontre des gens furieux contre elle.

OTTAVIO.

Ta famille?

FABIUS.

Non... mes créanciers.

ZUNIGA, *avec colère.*

Ils ne perdent que de l'argent.

FABIUS.

Et toi une maîtresse.

ZUNIGA.

Si ce n'était que cela, vous dis-je!... d'abord, il suffit qu'une femme me dédaigne pour que je la déteste...

OTTAVIO.

Moi, je la plains. voilà tout.

ZUNIGA.

Mais elle a osé plus encore... l'affront le plus cruel... le plus sanglant que puisse recevoir un noble Espagnol... cette nuit, au bal, chez doña Manuela, sa tante; vous n'y étiez pas?

OTTAVIO.

Nous étions de service au château.

ZUNIGA.

Elle avait laissé tomber un riche pendant d'oreille en diamans... plusieurs Portugais se précipitèrent pour le ramasser, et entre autres un négociant de Lisbonne, Martin de Ximena, à qui je l'arrachai des mains, et qui, prudemment, vous vous en doutez bien, garda le silence... Présentant alors ma conquête à la belle Zarah, je lui demandai la permission de replacer moi-même ce brillant trophée... elle allait refuser, elle en faisait le geste, lorsque doña Manuela sa tante, Portugaise de naissance, mais femme supérieure et distinguée...

OTTAVIO.

Qui adore les Espagnols et la cour de Madrid.

ZUNIGA.

Dona Manuela lui ordonna d'accorder cette récompense à un preux chevalier qui venait de la mériter... Alors, n'osant attirer plus long-temps les regards de l'assemblée, qui déjà étaient fixés sur nous, la rebelle, l'orgueilleuse Zarah fut obligée de se soumettre, et pendant que je rattachais ce diamant à son oreille, pendant que sa joue était là, près de moi, j'osai, aux yeux de tous, y porter mes lèvres... Alors, la fière beauté se relevant avec indignation et tournant vers moi ses yeux noirs qui lançaient des éclairs : Vous n'êtes point un gentilhomme, s'écria-t-elle. Et de son gant elle me frappa au visage, devant toute l'assemblée, devant tous ces Portugais... moi Espagnol, moi Alvar de Zuniga!

FABIUS.

Et tu l'as supporté?

ZUNIGA.

Ah! c'est ce qui me met la rage dans le cœur! Que faire?... Qu'auriez-vous fait à ma place? Comment se venger d'un tel outrage!... sur une femme!... une femme, entendez-vous?... Croyez-vous encore que je l'aime?... et comprenez-vous la honte et la colère qu'il m'a fallu dévorer lorsque, affectant un air riant et enjoué, j'ai dit à sa tante, qui m'adressait des excuses, qu'une si douce punition était encore une faveur, et qu'une si belle main ne déshonorait pas?... Mort Dieu! par Philippe, notre roi, j'ai juré tout haut la paix, mais tout bas la vengeance... et je l'obtiendrai... Je vous perdrai, ma belle Zarah! ou j'y perdrai mon nom.

FABIUS.

Et comment feras-tu?

ZUNIGA.

Je l'ignore... mais il faudra bien un jour qu'elle choisisse... qu'elle aime quelqu'un...

OTTAVIO.

Elle refuse tous les partis !

ZUNIGA.

On a parlé de don Juan de Guimarens, que lui destine la cour de Lisbonne... et quoique ce soit un de mes amis...

FABIUS.

Si elle ne l'aime pas, tu la débarrasseras d'un prétendant qui l'ennuie.

ZUNIGA.

Tu as raison... cette vengeance-là ne suffit pas ; il en faut une qui puisse l'humilier, elle... personnellement, et lui rendre affront pour affront.

VOIX, *dans l'intérieur de l'hôtellerie.*

A table ! à table !

FABIUS.

Voici nos amis qui s'impatientent.

OTTAVIO, *qui a remonté le théâtre, pendant que plusieurs jeunes seigneurs sortent de l'hôtellerie à droite.*

Silence!... silence!... je vois de loin quelqu'un qui s'avance mystérieusement sous ses fenêtres.

ZUNIGA.

Un jeune seigneur... lequel ?

OTTAVIO, *regardant toujours vers la gauche.*

Attends donc !

ZUNIGA.

Un riche cavalier...

OTTAVIO.

Eh ! non, un homme du peuple couvert d'un mauvais manteau.

ZUNIGA.

C'est un amant déguisé... un rival...

FABIUS, *regardant.*

C'est possible ! car il porte une guitare.

SCÈNE II.
LES MÊMES, RICCARDO.

On entend dans la coulisse à gauche un prélude de guitare, et l'on ne voit pas encore la personne qui joue. Zuniga veut s'élancer de ce côté ; les jeunes officiers et seigneurs ses amis, qui viennent de sortir de l'hôtellerie, le retiennent, et le morceau commence à demi-voix sur le motif de l'air qu'on exécute dans la coulisse.

LES JEUNES SEIGNEURS, *montrant Zuniga.*

D'un rival imaginaire
Le voilà soudain jaloux ;
A Zuniga, qu'ils retiennent.
Modérez votre colère,
Écoutez !... ainsi que vous !

ZUNIGA.

Ah ! malheur au téméraire !
Qu'il redoute mon courroux ;
A ses amis.
Mais je calme ma colère,
Et j'écoute, ainsi que vous.

FABIUS.

Comme nous, près de l'inhumaine
Il perdra son temps et sa peine !

Mais il s'avance... taisons-nous !

Les jeunes gens se retirent sous l'auvent de l'hôtellerie à droite, et Riccardo s'avance sous le balcon de l'hôtel de Villaréal, à gauche.

AIR.

RICCARDO, *s'accompagnant sur la guitare, et tournant le dos aux jeunes gens qui l'écoutent.*

N'entends-tu pas, ô maîtresse chérie !
  Ces accens
  Et ces chants
Qui disent mes tourmens ?
Ne vois-tu pas que mon âme et ma vie
  Sont en toi ?
  Et sans toi
Le jour n'est rien pour moi !
Tant que les flots heureux du Tage
Caresseront son doux rivage,
  Partout je te suivrai
  Et je dirai :
  O maîtresse chérie,
  A toi mes seuls amours,
  A toi toujours
  Le destin de ma vie !
Tra la, la, la, la, la, la, la.

OTTAVIO, *à ses amis, à voix basse.*

Comme nous, près de l'inhumaine
Il n'aura pas perdu sa peine !

La fenêtre s'entr'ouvre...

On voit s'ouvrir la persienne ; mais Riccardo, qui est sous le balcon, ne voit pas et n'est pas vu. Zuniga s'élance du côté à droite, au bruit qu'il fait, la persienne se referme sur-le-champ.

ZUNIGA.

Eh bien ! je connaîtrai
Quel est ce rival préféré !
Et des craintes que j'ai conçues
Je veux me délivrer !...

Regardant Riccardo, qu'il a saisi par le bras, et qu'il amène sur le devant du théâtre.

Grand Dieu !

C'est un guitarrero !... c'est un chanteur des rues !

RICCARDO, *timidement et baissant la tête.*

Oui, messeigneurs !

ZUNIGA.

Approche un peu !
Je le connais... et plus je le regarde...
Il habite une humble mansarde
Vis-à-vis mon hôtel !

RICCARDO, *de même.*

C'est vrai !

ZUNIGA, *s'adoucissant et avec bonté.*

Tiens, mon garçon !
Lui donnant quelques pièces d'or.
Sur ta guitare, achève ta chanson !

Riccardo hésite un moment, puis, sur un geste impératif de Zuniga, il prend sa guitare et joue sans chanter le motif qu'on a déjà entendu.

ENSEMBLE.

Reprise du premier chœur.

ZUNIGA, *à part.*

Ah ! je ris de ma colère !
Quoi ! de lui j'étais jaloux !
Écoutant Riccardo.
A sa main vive et légère
J'applaudis, ainsi que vous.

LES SEIGNEURS, *riant.*

Voilà donc le téméraire
Dont son cœur était jaloux !
Montrant Zuniga, qui écoute et applaudit.
Il abjure sa colère,

Il écoute, ainsi que nous.
Le morceau finit par une ritournelle brillante, exécutée par Riccardo.
ZUNIGA *et ses amis, applaudissant.*
Mais c'est un vrai talent, qu'il faut encourager.
OTTAVIO.
Nous autres grands seigneurs, nous devons protéger
Les artistes !
FABIUS.
Demain, viens passer la soirée
A mon hôtel... l'hôtel de Médina-Cœli.
OTTAVIO.
Moi, pour après-demain je te retiens aussi !
FABIUS.
Moi, pour l'autre semaine !... et, par nous célébrée,
Ta réputation va s'accroître !
ZUNIGA, *le regardant.*
Pour moi,
Je lui destine un autre emploi !
Par un air distingué sous ses haillons il brille !
Es-tu de Santarem ?
RICCARDO.
Non pas ; j'arrive, hélas !
Et n'y connais personne...
ZUNIGA, *vivement.*
On ne t'y connait pas ?
RICCARDO.
Sans un ami...
ZUNIGA.
C'est bien !
RICCARDO.
Sans parents, sans famille...
ZUNIGA.
Encore mieux !...
FABIUS, *qui était entré un instant dans l'hôtellerie, en sort en disant à haute voix.*
Le dîner nous attend !
TOUS.
C'est charmant...
Nouvelle agréable !
Les amours au diable !
Conspirons à table
Contre la beauté !
Que des vins d'Espagne
L'ivresse nous gagne !
Pour seule compagne
Prenons la gaieté !
Pendant que les jeunes gens entrent dans l'hôtellerie.
ZUNIGA, *s'approchant de Riccardo.*
Attends-moi dans une heure ici !
Ici... tu comprends ?
RICCARDO.
A merveille !
FABIUS, *et les jeunes seigneurs, revenant sur leurs pas.*
Eh bien ! que fais-tu donc ? ce mot à ton oreille,
Ce mot si doux n'a-t-il pas retenti :
Le repas est servi ?
TOUS.
Le repas est servi !!!
ENSEMBLE.
CHŒUR.
Nouvelle agréable !
Les amours au diable !
Conspirons à table
Contre la beauté !
Que des vins d'Espagne
L'ivresse nous gagne !
Pour seule compagne
Prenons la gaieté !
Vive la gaieté !
RICCARDO.
Et moi, misérable,

Que le sort accable !
Sous un joug semblable
Courbons ma fierté !
La peine accompagne
Le pain que je gagne ;
Pour seule compagne
J'ai la pauvreté !
Ils entrent tous dans l'hôtellerie ; Riccardo reste seul en scène.

SCÈNE III.

RICCARDO. *seul et s'asseyant sur un banc où il rêve.*

L'attendre... je ne le crois pas... mais ils sont généreux... ils ont promis de me faire gagner de l'or... bien plus !... ils m'en ont donné ! (*Regardant la bourse que lui a jetée Zuniga.*) Oui, en voilà beaucoup.... jamais, moi, pauvre diable, je n'en ai vu autant... Cela se rencontre mal, car aujourd'hui cela ne me servira plus à rien... et si avant de partir je pouvais faire un heureux, ce serait toujours ça de gagné, et le premier bonheur qui me serait arrivé en ma vie !
On entend dans l'hôtellerie et de loin le motif du dernier chœur.

SCÈNE IV.

RICCARDO ; MARTIN, *enveloppé d'un manteau brun fort simple et d'un mauvais chapeau noir, s'avance au bord du théâtre en rêvant.*

RICCARDO, *écoutant les chants qui partent de l'hôtellerie, et qui continuent toujours en diminuant.*

Ah ! ce sont nos jeunes seigneurs ; ils rient, ils s'amusent... ce n'est pas à eux qu'il faut s'adresser. (*Se retournant et apercevant Martin.*) Voici peut-être ce que je cherche... oui, ce mauvais chapeau noir... ce manteau râpé... c'est Dieu qui me l'envoie. (*Se levant et allant à lui.*) Camarade... (*il lui frappe sur l'épaule ; Martin étonné se retourne. La musique cesse en ce moment de se faire entendre*) avez-vous besoin d'argent ?

MARTIN, *étonné.*
Cette demande...
RICCARDO.
Vous en faut-il ?... vous faut-il de l'or ?
MARTIN, *vivement.*
Oui, certes (*lui prenant la main*), et maintenant surtout.
RICCARDO.
Tenez, voici tout ce que je possède... prenez ! vous serez mon héritier.
MARTIN.
Moi, jeune homme ? et que vous donnerai-je pour cela ?
RICCARDO.
Donnez-moi votre main, pour qu'avant de mourir j'aie serré la main d'un ami... et maintenant, adieu, camarade, adieu.

MARTIN, *le retenant avec force au moment où il veut s'enfuir.*

Qu'est-ce que c'est?... qu'est-ce que c'est, jeune homme?... vous voulez vous tuer?...

RICCARDO.

Vous tenterez en vain de vous y opposer...

MARTIN.

Eh! qui vous dit qu'on veuille vous empêcher?... vous avez peut-être raison, et alors je serai le premier à vous dire : Partez, mon garçon, que rien ne vous arrête! permis à vous de vous tuer... c'est la seule liberté qu'on ait maintenant en Portugal, et il faut bien qu'on en profite... Mais peut-être avez-vous tort de commencer par ce parti-là... peut-être auparavant y en a-t-il encore quelques autres... On essaie... on demande conseil... j'en ai quelquefois donné de bons à mes amis... on vous le dira... Martin de Ximena.

RICCARDO.

Vous! ce riche négociant?

MARTIN.

Il n'y paraît pas, n'est-il pas vrai? ils me disent tous avare, et mon extérieur leur donne raison... mais j'ai quelques amis, voyez-vous, quelques amis qui souffrent, et j'économise pour eux jusqu'au dernier maravédis... ce qui n'empêche pas que ma bourse ne soit à votre service.

RICCARDO.

Monsieur...

MARTIN.

J'ai bien reçu la vôtre... vous ne serez pas plus fier que moi, je l'espère.

RICCARDO.

Je ne tiens pas à la fortune; je me trouve assez riche... et je n'ai rien.

MARTIN.

Diable! vous êtes plus philosophe que moi, qui croyais l'être... Pourquoi alors renoncer à la vie?... qui vous la rend intolérable? quelque passion déçue... l'ambition?

RICCARDO.

Non, monsieur.

MARTIN.

C'est juste! à votre âge, on n'a pas le temps... Il s'agit donc d'un désespoir amoureux? (*Riccardo fait un mouvement, Martin lui saisit vivement la main.*) J'ai dit vrai!

RICCARDO.

Eh bien! oui, monsieur... j'aime sans espérance.

MARTIN.

Il y en a toujours!

RICCARDO.

Celle que j'aime est une grande dame... la première famille de ce pays.

MARTIN.

Ce n'est pas une raison pour se tuer... au contraire : avec de la patience on arrive aux richesses, avec du courage on arrive aux honneurs.

RICCARDO.

Mais je n'arriverai jamais à avoir deux ou trois cents ans de noblesse... il faut cela pour lui plaire, pour aspirer à sa main, et je ne suis rien qu'un chanteur des rues, un joueur de guitare, le fils d'un soldat!

MARTIN.

Et tu n'as pas suivi l'état de ton père?

RICCARDO.

Il ne l'a pas voulu... il m'a défendu de servir l'Espagnol, et m'a dit en mourant : Tiens, mon enfant, garde mon épée, non pour nos oppresseurs, mais contre eux!

MARTIN, *poussant un cri.*

Ah!

RICCARDO, *vivement.*

Qu'est-ce donc?

MARTIN, *froidement.*

Rien!... il faut toujours obéir à son père... mon garçon, et faire exactement ce qu'il t'a dit.

RICCARDO.

Aussi ai-je suivi ses ordres... et puisqu'il fallait vivre, je pris sous mon bras, non une épée, mais une guitare... j'allais chantant nos vieux airs portugais... la romance du roi Sébastien; et quand je disais son cri de guerre : « Enfans de la Lusitanie, aux armes! » les Espagnols me menaçaient et me faisaient taire... mais tous les habitans des campagnes vidaient leur escarcelle dans la mienne... et j'arrivai ainsi à Lisbonne, riche et content... La fortune peut-être m'y attendait... Mais voilà qu'un jour, à la porte de la cathédrale, s'arrête une riche voiture... j'en vis descendre une jeune dame, qui ne fit pas seulement attention à moi, pauvre misérable perdu dans la foule... Mais moi... je ne la quittai pas des yeux... je la suivis dans l'église, ce jour-là, et le lendemain, et tous les jours... Que vous dirai-je? Je m'enivrais du plaisir de la voir... en secret et me cachant d'elle, car il me semblait que si un de ses regards tombait sur moi, ce ne pouvait être qu'un regard de mépris... et je l'aimais déjà trop pour en être méprisé... La nuit seulement, ne craignant plus d'être vu, j'allais sous ses fenêtres... j'osais, comme un noble cavalier, lui chanter des romances d'amour, les plus belles que j'avais apprises, ou que parfois même je composais... une surtout qui semblait lui plaire... dans le pavillon où elle s'arrêtait, sur la terrasse où elle prenait l'air... dans la barque qui l'emportait sur le Tage... Partout ce chant arrivait jusqu'à elle, et j'étais le plus heureux des hommes... Je ne demandais pas d'autre bonheur... hélas! il ne devait pas durer!

MARTIN.

Pauvre garçon!

RICCARDO.

Un matin, ses fenêtres étaient fermées, et impossible de savoir ce qu'elle était devenue!... J'allais dans tous les lieux de réunion... dans les églises, dans les promenades... je ne la voyais plus, elle avait quitté Lisbonne... Un soir, enfin, il y a trois jours, j'entendis prononcer son nom... vous jugez si j'écoutais!... « Oui, disait-on, don Juan de Guimarens doit l'épouser; c'est un mariage arrangé par la vice-reine... Débarqué aujourd'hui à Lisbonne, don Juan doit dans trois ou quatre jours la rejoindre à Santarem... » Un quart d'heure après, j'étais en marche... faible, souffrant, tombant de fatigue et de besoin... et pour vivre, pour achever ma route, obligé de chanter... chanter, la mort dans le cœur... enfin je suis arrivé... je me suis traîné jusqu'ici...

MARTIN.
Et quel était ton espoir?

RICCARDO.
De la revoir encore une fois avant qu'elle n'appartînt à un autre... et ce matin... de loin, derrière sa jalousie... je l'ai aperçue!... Protégé par son balcon, qui me défendait contre ses regards, je lui ai fait mes adieux... mes derniers adieux... et j'allais... j'allais ne plus souffrir, quand vous m'avez arrêté.

MARTIN, *lui frappant sur l'épaule.*
Je comprends! (*Lentement.*) Je ne te traiterai pas d'insensé... je te plaindrai, car, pour la première fois, j'ai rencontré un amour vrai et désintéressé!

RICCARDO.
Vous voyez donc bien qu'il faut que je meure, car jamais il n'y a eu au monde de malheur pareil au mien...

MARTIN, *froidement et secouant la tête.*
Peut-être!

RICCARDO.
En connaissez-vous?

MARTIN, *de même.*
Oui... mais tu ne les comprendrais pas... Aussi, à Dieu ne plaise que je m'oppose à ton dessein... Je te demande seulement un service...

RICCARDO.
Ah! je suis à vous, sur l'honneur!...

MARTIN.
Et par ton vieux père le soldat!

RICCARDO.
Je le jure, pourvu que vous ne me forciez pas de vivre!

MARTIN.
Sois tranquille... je te prie seulement de m'attendre huit jours!

RICCARDO, *étonné.*
Que voulez-vous dire?

MARTIN, *froidement.*
Si d'ici là ton sort n'a point changé, si la Providence, que tu accuses, n'est pas venue à ton secours, si enfin tu veux toujours partir... eh bien! mon garçon, viens me trouver, et il est possible que nous partions ensemble.

RICCARDO.
Vous, grand Dieu!

MARTIN.
Pourquoi pas? me refuses-tu pour compagnon de voyage?

RICCARDO.
Non, sans doute.

MARTIN.
Et tu as raison... Même en renonçant à la vie, il y a encore manière de l'employer, et puisque tu n'en veux plus, puisque tu n'en fais rien, je la prends, et j'en ferai bon usage.

RICCARDO.
Comment cela?

MARTIN.
Ne t'en inquiète pas! j'arrangerai cela comme pour moi... D'ici là cependant, et comme devant faire route ensemble, compte sur mon aide, sur mon secours... Dès que tu auras besoin de moi, je serai là.

RICCARDO.
Ah! monsieur!

MARTIN, *lui serrant la main.*
Adieu donc! et à bientôt!
Il sort.

SCÈNE V.
RICCARDO *seul, puis* ZUNIGA.

RICCARDO, *le regardant s'éloigner.*
Je ne sais... mais depuis que j'ai un protecteur, un ami pareil, je reprends courage et confiance; il me semble que tout n'est pas encore désespéré. Attendons, je le lui ai juré!

SCÈNE VI.
RICCARDO. ZUNIGA.

ZUNIGA, *sortant de l'hôtellerie à droite.*
Ah! te voilà exact au rendez-vous!

RICCARDO.
C'est vrai... mais j'y ai peu de mérite, je l'avais oublié.

ZUNIGA.
Tu avais tort, car je viens ici pour t'enrichir.

RICCARDO.
Moi, monseigneur?

ZUNIGA.
Toi-même!

RICCARDO, *à part.*
Ah! Martin de Ximena avait raison... c'est quand on s'en va que la fortune arrive, et j'avais tort de partir si vite. (*Haut, et souriant.*) Par malheur, monseigneur, ma fortune à moi n'est pas facile; il y a trop à faire.

ZUNIGA, *à demi-voix.*
Il n'y a rien d'impossible, rien où tu ne puisses aspirer.

RICCARDO.
Que dites-vous?

ZUNIGA, *de même.*
Quels que soient tes désirs ou tes vœux, je peux encore aller plus loin. Tu ne sais donc pas que tu m'as rendu un immense service dont il me tarde de m'acquitter?

RICCARDO.
Comment cela?

ZUNIGA, *après un instant d'hésitation.*
Où étais-tu hier au soir?

RICCARDO.
J'errais... dans les rues... assez tard... jusqu'à minuit.

ZUNIGA, *avec embarras.*
Je le sais bien... Mais à onze heures... onze

heures et demie... peut-être plus tard... où passais-tu?

RICCARDO.

Derrière le couvent de l'Asssomption, et seul, assis sur une pierre, je jouais de ma guitare.

ZUNIGA.

C'est bien cela. As-tu entendu des pas et un cliquetis d'épée dans une des rues voisines?

RICCARDO.

Tout était désert et tranquille.

ZUNIGA.

Le bruit de ta guitare t'empêchait d'entendre... mais moi, que ces trois spadassins avaient attaqué avec une rage mystérieuse et silencieuse, j'allais succomber sous leurs coups, lorsqu'aux premiers sons de ta guitare ils se sont enfuis d'un côté, moi de l'autre, cherchant pour l'honneur de ma belle à disparaître au plus vite, et sans oser même, ce que je me reprochais, courir te remercier.

RICCARDO, *étonné*.

Il serait possible!... Et tout-à-l'heure, avec vos amis, quand vous m'avez reconnu, pourquoi ne pas m'avoir parlé de cette aventure?

ZUNIGA, *avec embarras*.

Ah! pourquoi? j'avais mes raisons.

RICCARDO.

Et lesquelles?

ZUNIGA.

Silence!... (*A demi-voix*.) La belle dame de chez qui je sortais est une parente, une sœur de l'un d'entre eux, et tu comprends que, pour tout le monde, c'est un grand mystère... mais la reconnaissance est là...

Montrant son cœur.

DUO.

ZUNIGA.

Entre nous, fidèle alliance,
Et qu'ici tout soit de moitié!
Reçois de ma reconnaissance
Mes trésors et mon amitié!

RICCARDO.

A le croire encor je balance!
Du sort je m'étais défié:
Et le sort m'offre la puissance,
Et la fortune et l'amitié!

ZUNIGA.

Tu n'habiteras plus une obscure mansarde:
Dans mon riche palais, près de moi je te garde.

RICCARDO.

Ah! monseigneur!... c'est trop, vraiment!

ZUNIGA.

Habillé comme un gentilhomme,
Te voilà mon ami, mon frère, mon parent!

RICCARDO.

Ah! monseigneur!...

ZUNIGA.

Te voilà de mon sang,
Et pour noble l'on te renomme!
Aux plus riches partis tu pourras t'allier!

RICCARDO.

Jamais!...

ZUNIGA.

Et pourquoi donc?... Je veux te marier!

RICCARDO.

Et moi je ne veux pas!

ZUNIGA, *avec effroi, et à part*.

O ciel!

RICCARDO.

Le mariage
A pour moi peu d'appas:
Son esclavage
Ne me séduirait pas!
Beauté trop fière
Craindrait ma pauvreté,
Et je préfère
Misère et liberté!

ZUNIGA.

Le mariage
A pour lui peu d'appas:
Son esclavage
Ne le séduirait pas! etc., etc.
C'est fâcheux! je t'aurais donné des équipages,
De somptueux habits, des valets et des pages?
De l'or, des titres même... et mieux que tout cela
J'avais jeté les yeux sur la belle Zarah!

RICCARDO, *poussant un cri d'étonnement*.

Que dites-vous?...

ZUNIGA.

Je le voulais!
Mais... mais...
Le mariage
A pour toi peu d'appas:
Son esclavage
Ne te séduirait pas;
Beauté sévère
Révolte ta fierté;
Ton cœur préfère
Misère et liberté!...

RICCARDO, *hors de lui*.

Ah! taisez-vous... car je tremble et je n'ose...
Non... non... c'est se jouer de moi... de ma raison!

ZUNIGA.

Je n'ai qu'un seul moyen d'éloigner ce soupçon:
Je réponds de l'hymen qu'ici je te propose:
Acceptes-tu?...

RICCARDO, *se soutenant à peine*.

Qui?... moi!... grands dieux!

ZUNIGA.

Le veux-tu?

RICCARDO.

Si je le veux!...
O bonheur! ô délire!
A peine je respire...
Quel espoir vient luire
A mon cœur, à mes yeux?
Je jure obéissance!
Et surtout du silence!
A vous mon existence
Pour un seul jour heureux!

ZUNIGA, *à part*.

Oui, j'ai su le séduire...
Oui, je vois son délire!
Et l'espoir vient sourire
A mon cœur furieux!

A Riccardo.

Du sang-froid, du silence!
Surtout de la prudence!

A part.

Grâce à lui, la vengeance
Brille enfin à mes yeux!

RICCARDO.

Mais comment réussir en de pareils projets?

ZUNIGA.

Tu le sauras... espoir et confiance!
Réponds-moi seulement de ton obéissance,
Mon amitié te répond du succès!

ENSEMBLE.

RICCARDO.
O bonheur! ô délire!
A peine je respire!
Quel espoir vient sourire
A mon cœur, à mes yeux!
Je jure obéissance!
Et surtout du silence!
A vous mon existence
Pour un seul jour heureux!

ZUNIGA.
Oui, j'ai su le séduire,
Oui, je vois son délire!
Et l'espoir vient sourire
A mon cœur furieux!
Du sang-froid, du silence!
Surtout de la prudence!
A part.
Grâce à lui, la vengeance
Enfin brille à mes yeux!

Il l'entraîne et sort avec lui. Ils s'éloignent par le fond, en entendant dona Manuela et Lorenzo qui sortent de l'hôtel de Villaréal, à gauche.

SCÈNE VII.
DONA MANUELA, FRA LORENZO DE VASCONCELLOS.

FRA LORENZO, *tenant un bouquet de roses à la main.*

Non, dona Manuela, je ne souffrirai pas que vous preniez la peine de me reconduire.

MANUELA.
Je sortais, monseigneur, avec Zarah ma nièce, qui va me rejoindre; nous allons promener ce soir sur la terrasse du château royal.

FRA LORENZO.
C'est là que se réunit tout le beau monde, le monde élégant, et sans les dépêches que je reçois de Lisbonne, je vous aurais offert mon bras.

MANUELA.
Ah! c'est trop d'honneur!... votre excellence daigner nous servir de cavalier!

FRA LORENZO.
Et pourquoi pas?... Lorsque mon oncle Vasconcellos, secrétaire d'état, pour ne pas dire premier ministre à Lisbonne, m'envoya ici à Santarem, comme intendant de la province, vous avez été tous effrayés, n'est-il pas vrai?... vous avez dit : Un inquisiteur qui arrive... l'inquisiteur de Coïmbre!... Il vous semblait voir d'avance des chaînes, des tortures, des cachots... pas du tout; au lieu d'un juge terrible et sévère... un homme aimable, un homme du monde.

MANUELA.
La galanterie même... un inquisiteur charmant!

FRA LORENZO.
C'est ce que disent les dames, et c'est le but où j'aspire... Je voudrais faire aimer par moi-même la domination espagnole... Mon oncle Vasconcellos n'y entend rien... il est fastidieux avec ses rigueurs... et mieux que ça, il est presque ridicule... A quoi bon se fâcher?... Moi, je commande tout avec grâce, avec bon ton, avec dou-

ceur... même la torture... si j'y étais obligé... ce serait avec les égards et la politesse que l'on se doit... entre gens comme il faut... Mais rassurez-vous, ce n'est pas mon système.

MANUELA.
En vérité!

FRA LORENZO.
J'en ai un autre beaucoup plus simple, et dont l'emploi est extrêmement facile quand on connaît le cœur humain... aussi c'est le seul mode de gouvernement que j'emploie.

MANUELA.
Et quel est-il?

FRA LORENZO.
Le voici : je dis *combien?*... Tout est dans ce mot!... S'il s'agit de quelques mécontens attachés à l'ancien ordre de choses, et que rien ne pourra gagner ou convertir... je leur demande *combien?* Comprenez-vous?

MANUELA.
Oui, monseigneur!

FRA LORENZO.
A-t-on à craindre quelque brouillon, quelque écrivain, dont on vante le patriotisme et l'indépendance?... Je dis tout uniment : *Combien?...* Le lendemain, c'est un homme à nous qui crie : Vive l'absolutisme!... pour nos doublons, ou plutôt pour ceux des Portugais... qui paient toujours, de sorte qu'on achète leurs consciences avec leur argent... ça ne sort pas du pays.

MANUELA.
C'est admirable!... Et vous espérez par ce moyen maintenir la tranquillité?

FRA LORENZO.
Oui, séñora, je réponds de tout.

MANUELA.
Dieu soit loué! car, quoique Portugaise, ce que je déteste le plus, ce sont les révoltes et les séditions, cela dérange toutes mes habitudes, toutes mes heures... celles de la messe, de la sieste et de la promenade... Aussi je dis sans cesse à mes compatriotes : Vous avez, comme autrefois, des bal, des fêtes, une cour à Lisbonne, une vice-reine qui vient de me nommer camericra-mayor, qui me laisse mes titres, mes dignités et ma fortune... Qu'est-ce qu'il vous manque?... Il vous faut absolument des maîtres... eh bien! vous avez un gouvernement espagnol, des ministres espagnols, une garnison espagnole... tenez-vous donc tranquilles... Eh bien! non... ils ne sont pas contens!

FRA LORENZO.
Ils ne sont pas raisonnables.

MANUELA.
A commencer par ma nièce Zarah!

FRA LORENZO.
Qui a parfois des idées assez exaltées... Mais dans la conférence qu'avec votre permission nous venons d'avoir ensemble, j'en ai été assez content... je lui ai dit les intentions de la vice-reine; je lui ai fait comprendre que Zarah de Villaréal était, par son immense fortune, un parti trop considérable pour qu'on lui laissât épouser

tugais... que l'intention de la vice-reine et du ministre Vasconcellos mon oncle, était qu'elle fît un choix parmi nos jeunes seigneurs espagnols, et que, sans lui désigner positivement don Juan de Guimarens... on lui verrait avec plaisir donner la préférence à un personnage aussi distingué..... Tout cela présenté avec douceur et adresse.

MANUELA.
Eh! qu'a-t-elle répondu?

FRA LORENZO.
Elle a répondu non.

MANUELA.
Ah! mon Dieu!

FRA LORENZO.
Les femmes répondent toujours non, vous le savez; mais elle y viendra.

MANUELA.
Vous ne connaissez pas ma nièce.

FRA LORENZO.
Je connais le cœur humain, et dès qu'elle aura vu don Juan, elle sera de mon avis... d'abord on dit que c'est un charmant cavalier, qui, déjà riche, revient du Mexique avec une immense fortune... Parlez-en à Martin de Ximena, votre banquier et l'ami de votre famille, qui le connaît parfaitement, et dès demain...

MANUELA.
C'est donc demain qu'il arrive?

FRA LORENZO.
On le prétend, et parmi les lettres que je reçois de Lisbonne, en voici une de don Juan de Guimarens... lui-même, pour un seigneur de cette ville... Alvar de Zuniga, son ami, à qui il annonce, sans doute, le jour de son arrivée. Je vais faire remettre ce message à l'hôtel de Zuniga, (*apercevant Zarah*) et présente mes hommages à la senora, ainsi qu'à sa fière et superbe nièce, qui bientôt, je l'espère, fera alliance avec l'Espagne.

Il sort.

SCÈNE VIII.
ZARAH, MANUELA.

MANUELA.
Serait-il vrai, Zarah?.. et cette aversion que tu as montrée jusqu'ici contre le mariage...

ZARAH, *souriant*.
Je n'en ai aucune... j'en ai seulement contre les maris que vous m'avez présentés, le comte de Médina et ses amis, qui m'accepteraient pour payer leurs dettes... le marquis Alvar de Zuniga, surtout... ce seigneur insolent qui me regardait comme un tribut appartenant au vainqueur.

MANUELA.
N'en dis pas de mal, il a oublié ton insulte.

ZARAH.
Je n'ai pas oublié la sienne... et si, au lieu d'un éventail, ma main eût porté une épée... Mais nous ne sommes que des femmes, on peut nous offenser sans courage et sans crainte.

MANUELA.
Raison de plus pour choisir un défenseur.

ZARAH.
Je ne dis pas non.

MANUELA.
Don Juan de Guimarens, dont on fait tant d'éloges?

ZARAH.
Permis à lui de se présenter.

MANUELA.
Et tu accueilleras ses hommages?

ZARAH.
A une condition... c'est qu'il me plaira... je ne l'en empêche pas.

MANUELA.
Et déjà tu es prévenue contre lui.

ZARAH, *secouant la tête*.
Ah! si ce n'était que cela!

MANUELA.
O ciel! tu es prévenue pour un autre?

ZARAH, *souriant*.
C'est possible.

MANUELA.
Et quel est-il?

ZARAH.
Cela va vous étonner... je n'en sais rien, je ne le connais pas.

MANUELA.
Eh! par Notre-Dame del Pilar, où l'as-tu vu?

ZARAH.
Je ne l'ai jamais vu... et cela n'empêche pas.

MANUELA.
Miséricorde!... dona Zarah, ma nièce, a perdu la raison.

ZARAH, *souriant*.
Je n'en voudrais pas répondre.

AIR.

Il existe un être terrible,
Protecteur magique et puissant;
A mes yeux toujours invisible,
Et près de moi toujours présent!
Tremblez!... peut-être il nous entend!
Quand frémit le feuillage,
C'est lui!
Lorsque gronde l'orage,
C'est lui!
Dans cette fleur que j'aime,
C'est lui!
Et jusqu'en mon cœur même...
C'est lui!
Toujours lui!
Oui.
Il existe un être terrible,
Protecteur magique et puissant, etc.
Oui, je le crains, et pourtant je l'attends!
Et lorsque loin de lui, je compte les instans...
Soudain.....

L'orchestre fait entendre le motif du premier air de Riccardo.

CAVATINE

Je crois entendre
Sa voix si tendre
Qui vient me rendre
Le trouble au cœur!
Et ce doux rêve
Qu'amour achève,
Soudain fait trêve

A ma douleur !
A mes regards sans jamais apparaître,
Il me suit... il m'appelle... et s'envole soudain !
Sous mon balcon, sous ma fenêtre,
Ce matin encor !... ce matin !...
Je crus entendre
Sa voix si tendre, etc.
Oui ! oui, voilà le secret de mon cœur !
Voilà d'où vient mon trouble et mon bonheur !

DONA MANUELA.

Taisez-vous ! taisez-vous, ma nièce... Si l'on pouvait soupçonner une pareille extravagance, que diraient les nobles seigneurs que voici et que vous avez tous dédaignés ?

SCÈNE IX.

MANUELA, ZARAH, *sur le devant du théâtre;* FRA LORENZO, ZUNIGA, *entrant par le fond;* OTTAVIO *et* FABIUS, *sortant de l'hôtellerie et prenant le café sous la tente de l'hôtellerie.*

ZUNIGA, *entrant en causant avec Lorenzo.*

Je vous remercie, monseigneur, de la lettre que vous venez d'envoyer à mon hôtel.

FRA LORENZO.

Elle était de don Juan de Guimarens ?

ZUNIGA.

De lui-même.

FRA LORENZO.

Je m'en doutais...

ZUNIGA.

Mais, dans son impatience, il l'avait précédée...

FRA LORENZO.

Le jeune don Juan est ici ?

ZUNIGA.

Descendu à mon hôtel, où je viens de l'embrasser et de lui offrir l'hospitalité. C'est chez moi qu'il logera. Il s'habille pour se rendre à la promenade du château, où il espère rencontrer ces dames.

FRA LORENZO, *aux deux dames à gauche.*

Que vous disais-je ?... Je ne vous quitte pas, car je veux être témoin de l'entrevue !

Il continue à parler bas avec les deux dames, et remonte avec elles le théâtre en se promenant.

OTTAVIO, *à droite du théâtre.*

Ah ! Guimarens est ici !

ZUNIGA, *s'approchant et à demi-voix.*

Au contraire... cette lettre m'apprend qu'en ce moment peut-être il n'existe plus !... Un duel politique que l'on tient secret et pour cause...

FABIUS.

Un duel !

ZUNIGA.

Avec un Portugais... le jeune duc de Bragance, qui lui a donné un coup d'épée et qui a disparu... on est à sa poursuite... et ce pauvre Guimarens...

FABIUS.

Ne viendra pas !

ZUNIGA.

Un autre prendra son nom et sa place, et si vous me secondez...

FABIUS.

Quel est ton dessein ?

ZUNIGA.

D'aller dans ma vengeance aussi loin que possible !... N'importe à quel moment la ruse se découvre... il y aura dans cette aventure assez de scandale pour faire oublier la scène du soufflet... Silence ! à vos rôles !

SCÈNE X.

A gauche du théâtre, MANUELA, ZARAH, LORENZO DE VASCONCELLOS, *causant ensemble. A droite,* ZUNIGA, FABIUS, OTTAVIO *et* QUELQUES JEUNES SEIGNEURS, *occupés sous l'auvent de l'hôtellerie à prendre du café. Par le fond, précédé de* PAGES *et d'une escorte brillante, paraît* RICCARDO; DES DAMES *et* DES BOURGEOIS DE LA VILLE, *qui se rendaient à la promenade du château, s'arrêtent et regardent son arrivée.*

FINAL.

ZUNIGA, *à demi-voix aux dames.*

Voici ses valets et ses pages.

FABIUS *et* OTTAVIO, *apercevant Riccardo qui entre, vont au-devant de lui et lui tendent la main.*

C'est bien lui, je le reconnais !

ZUNIGA, *s'approchant de Fra Lorenzo et lui montrant Riccardo.*

Sa longue absence et les voyages
N'ont point du tout changé ses traits.
Ne trouvez-vous pas ?

FRA LORENZO, *naïvement.*

C'est possible !
Mais moi qui ne l'ai jamais vu...

ZUNIGA, *à Fra Lorenzo.*

C'est juste !

RICCARDO, *troublé, et rendant les saluts à Ottavio et aux jeunes seigneurs.*

A votre accueil... messieurs... je suis sensible !...

ZUNIGA, *bas à Riccardo.*

Allons, du cœur !... te voilà trop ému !

RICCARDO, *à demi-voix et tremblant.*

C'est un mensonge !...

ZUNIGA, *de même.*

Eh ! non... une innocente ruse
Qu'on pardonne à l'amour, et que l'amour excuse !
Fais-toi d'abord aimer, je réponds du pardon !

RICCARDO, *de même.*

Ah ! s'il était vrai !

ZUNIGA, *de même.*

Pourquoi non ?

A haute voix.

Je veux te présenter !

FRA LORENZO, *passant et le prenant par la main pour le conduire à Zarah.*

Honneur que je réclame !

ZUNIGA, *bas, en riant, à ses amis.*

C'est bien plus gai !...

FRA LORENZO, *présentant Riccardo à Zarah.*

Voici, madame
Juan de Guymarens, issu du sang royal,
Beau cavalier !

A demi-voix.

Comment le trouvez-vous ?

ZARAH, *d'un air indifférent.*

Pas mal !
Comme les autres, du reste !

Le regardant plus attentivement.

Non !... il est mieux cependant

ZUNIGA, *s'avançant près d'elle, d'un air railleur.*
Et pourquoi?
ZARAH, *le regardant avec dédain.*
Il a l'air plus modeste!
OTTAVIO, *bas à Zuniga.*
As-tu compris?
ZUNIGA, *de même.*
Très-bien!... cela s'adresse à moi!
ZUNIGA *et* SES AMIS, *à demi-voix.*
C'est lui que nous préfère
Cette beauté si fière;
Tout va bien! tout va bien!
Quel bonheur est le mien!
Sa grâce et son maintien
Ne font soupçonner rien.
Tout va bien, tout va bien!
MANUELA *et* FRA LORENZO.
Cette beauté si fière
Est pour lui moins sévère;
Tout va bien! tout va bien!
Quel bonheur est le mien!
Son air et son maintien,
Son aimable entretien,
Tout me paraît très-bien!
ZUNIGA, *à Riccardo, lui faisant signe d'avancer.*
Va donc!...
RICCARDO, *passant près de Zarah.*
(*Motif de la romance du premier morceau.*)
Où trouverai-je, ô belle et noble dame!
Des accens
Et des chants
Pour vous assez touchants?
ZARAH, *à part, avec émotion, regardant Riccardo.*
Qu'entends-je!
RICCARDO, *continuant.*
Oui, désormais, et ma vie et mon âme
Sont à vous,
Et par vous
Feraient bien des jaloux!
ENSEMBLE.
ZARAH, *troublée et le regardant toujours.*
Oui, j'ai cru reconnaître
Cette voix... ces accens!...
Et soudain je sens naître
Le trouble en tous mes sens.
RICCARDO, *à part, examinant son émotion.*
Elle a cru reconnaître
Cette voix... ces accens...
Et son trouble fait naître
Le trouble en tous mes sens.
ZUNIGA *et* TOUS SES AMIS.
C'est lui que nous préfère
Cette beauté si fière, etc., etc.
FRA LORENZO *et* MANUELA.
Cette beauté si fière
Est déjà moins sévère, etc., etc.

SCÈNE XI.

LES MÊMES, MARTIN DE XIMENA.

FRA LORENZO, *l'apercevant de loin, et allant au-devant de lui.*
Martin de Ximena!... venez, accourez donc!
MARTIN.
Et pourquoi, monseigneur?
FRA LORENZO.
Il nous vient du Mexique
Un seigneur dont vingt fois vous m'avez dit le nom.
Juan de Guimarens!

MARTIN, *se frottant les mains.*
Excellente pratique!
Qui me devait beaucoup!...
ZUNIGA *et* SES AMIS, *à demi-voix, pendant que Martin s'avance.*
Tout va mal! tout va mal!
O hasard infernal!
Mon complot conjugal
Va, par un sort fatal,
Mal.
Tout va mal... tout va mal!
MARTIN, *à Lorenzo, et cherchant des yeux.*
Où donc est-il? qu'enfin je le revoie!...
FRA LORENZO, *prenant par la main Riccardo, qui détourne la tête.*
Je vous le présente!
MARTIN, *le regardant, fait un geste de surprise.*
Ah!...
Puis il s'incline avec respect, et dit froidement:
Combien je suis content
D'offrir mon humble hommage et d'exprimer ma joie
Au noble Guimarens sur l'heureux changement...
RICCARDO, *d'un air suppliant.*
Monsieur!...
MARTIN, *continuant avec le même sang-froid.*
De sa santé!
FRA LORENZO, *étonné.*
Comment!...
MARTIN, *regardant Riccardo en souriant.*
Il allait mal, et va bien maintenant!
ENSEMBLE.
ZUNIGA *et* SES AMIS.
O bonheur! ô surprise nouvelle!
Le hasard a servi nos desseins.
O beauté dédaigneuse et rebelle,
Je tiens donc tes destins dans mes mains!
Je punis ta fierté qui m'offense,
Et gaîment te soumets à mes lois.
Et folie. et plaisir, et vengeance,
En un jour tous les biens à la fois!
RICCARDO.
O bonheur! ô surprise nouvelle!
Il tenait mon destin en ses mains!
Et sa voix indulgente et fidèle
A servi, protégé mes desseins!
Mon bonheur a passé ma croyance!
La voilà! je l'entends! je la vois!
Les amours, les honneurs, l'opulence,
En un jour tous les biens à la fois!
ZARAH.
C'est bien lui, c'est sa voix, oui, c'est elle,
Dont la nuit m'apportait les refrains!
D'un amant si discret, si fidèle,
Quels étaient les désirs, les desseins?
Même encor, redoutant ma présence,
Il hésite, il frémit, je le vois!
Son amour, son effroi, son silence,
Tout me charme et me trouble à la fois!
MARTIN.
Je conçois sa surprise nouvelle:
Je tenais dans mes mains ses destins;
Mais ma voix indulgente et fidèle
A servi, protégé ses desseins.
Il commence à chérir l'existence,
Et du ciel ne maudit plus les lois!
Les amours, les honneurs, l'opulence,
En un jour tous les biens à la fois!
MANUELA.
O bonheur! ô surprise nouvelle!
D'où vient donc ce caprice soudain?

Quoi ! ce cœur à l'hymen si rebelle
Tout-à-coup a changé de dessein !
Oui, son rang, sa valeur, sa naissance,
Lui devaient mériter un tel choix !
Les amours, la beauté, l'opulence,
C'est avoir tous les biens à la fois !
　　　　FRA LORENZO.
Vous voyez que ce cœur si rebelle
Tout-à-coup a changé de dessein.
Je l'ai dit, à mes ordres fidèle,
Tout s'empresse et tout cède soudain !
Oui, son rang, sa valeur, sa naissance,
Lui devaient mériter un tel choix !
Ses amours, la beauté, l'opulence,
C'est avoir tous les biens à la fois !
　　ZUNIGA, *bas à Riccardo, lui montrant Martin.*
Tu le connaissais donc ?
　　　　RICCARDO, *troublé.*
　　　Oui, sans doute... un ami
Qui me connaît à peine... et me protège aussi !
　　　　MARTIN, *bas, à Riccardo.*
Je te l'avais promis !... tu vois que je commence !
　　　　ZUNIGA, *bas, à Martin.*
Vous voilà du complot !
　　　　MARTIN, *naïvement.*
　　　　　　Tous ceux que l'on voudra !

Ça vous arrange !... moi de même... touchez là !
　　　　RICCARDO, *à voix basse, à Martin.*
　Croyez, monsieur, qu'en ma reconnaissance
Tous mes jours sont à vous !
　　　　MARTIN, *de même.*
　　　　　J'y compte bien, oui-dà !
Et les réclamerai quand le moment viendra !

　　　　　　ENSEMBLE.
　　　　ZUNIGA *et* SES AMIS.
O bonheur ! ô surprise ! etc., etc.
　　　　MARTIN.
Je conçois sa surprise, etc., etc.
　　　　ZARAH.
C'est bien lui, c'est sa voix, etc., etc.
　　　　MANUELA.
O bonheur ! ô surprise ! etc., etc.
　　　　RICCARDO.
O bonheur ! ô surprise ! etc., etc.
　　　　FRA LORENZO.
Vous voyez que ce cœur, etc., etc.

Zunigo et Martin font signe à Riccardo d'offrir sa main à Zarah : elle l'accepte. Manuela prend le bras de Lorenzo, et ils se dirigent vers la promenade, suivis de Zuniga et des jeunes Seigneurs. La toile tombe.

ACTE DEUXIEME.

Un riche salon de l'hôtel Villaréal, avec une galerie au fond.

SCÈNE PREMIÈRE.
DONA MANUELA, FRA LORENZO.
Tous deux assis et prenant du chocolat.

　　　　FRA LORENZO.
Eh bien ! senora, que vous avais-je annoncé ?
　　　　MANUELA.
Je n'en puis revenir encore, et votre excellence est un grand politique.
　　　　FRA LORENZO.
L'usage des affaires, l'habitude du cœur humain, voilà tout. Don Juan de Guimarens est à peine ici depuis huit jours ! et déjà... (*Avançant sa tasse.*) Je vous demanderai une seconde tasse. Croyez donc après cela aux protestations des jeunes filles : *Je n'en veux pas... je ne voudrai jamais.*
　　　　MANUELA.
Ce n'était pas ainsi de mon temps... quand on disait non, c'était non !
　　　　FRA LORENZO, *souriant avec malice.*
Mais on ne le disait pas.
　　　　MANUELA.
Monseigneur...
　　　　FRA LORENZO.
Vous avez là du chocolat admirable !
　　　　MANUELA.
Trop heureuse que votre excellence ait bien voulu l'accepter.
　　　　FRA LORENZO.
Vous disiez donc que la belle Zarah ne s'oppose plus à ce mariage.
　　　　MANUELA.
Mieux que cela ! elle a pour son fiancé une préférence qu'elle ne cherche plus à cacher... surtout depuis l'événement d'hier...

　　　　FRA LORENZO, *se levant.*
Qui m'a fait un mal affreux !... Quand on est venu me dire : Le feu... le feu est à l'hôtel Villaréal, j'allais me mettre à table... j'ai dit : Que l'on sonne les cloches, qu'on récite des neuvaines, et j'ai prié moi-même... en dînant !
　　　　MANUELA.
Que de bontés !
　　　　FRA LORENZO.
Aussi vous voyez, cela n'a pas eu de suites.
　　　　MANUELA.
Pas d'autres que l'incendie du pavillon où était ma nièce... les flammes avaient déjà tellement gagné, qu'aucun de vos soldats n'osait se hasarder... lorsque don Juan...
　　　　FRA LORENZO, *buvant son chocolat.*
C'est superbe, c'est espagnol ; enlever sa maîtresse au milieu des flammes... il y a de quoi se faire adorer.
Tous deux se lèvent ; Manuela sonne, et un valet emporte la table sur laquelle ils déjeunaient.
　　　　MANUELA.
Aussi je crois que cela commence... Et lorsque Alvar de Zuniga et ses amis, qui étaient accourus au bruit, se sont écriés : Pourquoi différer encore ? demain le mariage, demain la noce... Zarah n'a rien répondu.
　　　　FRA LORENZO, *souriant.*
Qui ne dit mot...
　　　　MANUELA.
Et c'est aujourd'hui, dans la cathédrale de Santarem... Alvar est le témoin de son ami... il y a mis un dévouement, une activité... c'est lui qui s'est chargé de tous les détails ; l'acte de

mariage a été dressé par ses soins... et la bénédiction nuptiale sera donnée par Francesco d'Iriarte, son chapelain.

FRA LORENZO.
A quelle heure?

MANUELA.
A deux heures.

FRA LORENZO.
Je ferai mon possible pour y assister.

MANUELA.
Quel honneur pour nous!

FRA LORENZO.
Cela dépend du courier que j'attends de Lisbonne... Voilà huit jours que je n'en ai reçu.

MANUELA.
Serait-ce inquiétant?

FRA LORENZO.
Au contraire! pas de nouvelles! bonnes nouvelles!... Il circulait il y a huit jours des bruits si absurdes... on parlait de menées et d'intrigues en faveur de la famille de Bragance... Les Bragance: je vous demande qu'est-ce qui les connaît? mon oncle Vasconcellos mettait déjà sur pied ses affidés et ceux du saint office... et moi, je haussais les épaules. (*Riant.*) Les Portugais se révolter!... c'est impayable!... Je dis impayable, car ils n'ont pas d'argent... ils n'en ont pas... et nous en avons... alors mettez dans la balance, et voyez!

MANUELA.
C'est juste!

FRA LORENZO.
Pour soulever les gens il faut quelque chose, et ils n'ont rien. Ainsi rassurez-vous, belle senora, et que rien ne trouble les fêtes de ce jour.

MANUELA, *regardant du côté de l'appartement à droite.*
Voici le marié, tout entier à ses rêves de bonheur, et déjà prêt pour la cérémonie. Je cours à ma toilette.

FRA LORENZO.
Moi, je passe au palais, à l'intendance, et je reviens présenter à la belle mariée mes complimens et mes bouquets.

Dona Manuela fait une révérence à Fra Lorenzo, qui sort par le fond. Elle sort par la porte à gauche, au moment où Riccardo entre par la droite en rêvant.

SCÈNE II.

RICCARDO, *richement habillé, entre en rêvant sur la ritournelle de l'air suivant.*

CANTABILE.
D'un rêve heureux goûtant les charmes,
Long-temps je croyais sommeiller!
Long-temps en proie à mes alarmes,
Je redoutais de m'éveiller!
Regardant autour de lui et touchant ses habits.
Mais non, ce n'est point un rêve
Que la nuit avait formé!...
Voici le jour qui se lève!...
J'existe!... Je suis aimé!
Aimé d'elle!... aimé!

CAVATINE.
Amour, qui vois mon délire,
Amour, qui lis dans mon cœur,
Ne permets pas que j'expire
Et de joie et de bonheur!
Une heure!... une heure encore!
Et celle que j'adore
Va recevoir ma foi!...
Une heure!... encore une heure!
Fais avant que je meure
Que Zarah soit à moi!
Amour, qui vois mon délire,
Amour, etc., etc.

SCÈNE III.
RICCARDO, MARTIN DE XIMENA.

MARTIN, *entrant lentement et lui frappant l'épaule.*
Il y a aujourd'hui huit jours!

RICCARDO.
O ciel! déjà!

MARTIN.
Partons-nous?... je viens te chercher.

RICCARDO, *avec embarras et souriant.*
Mais... je ne sais comment vous dire...

MARTIN.
Que tu n'en as plus guère envie... je m'en doutais... et cependant il y a huit jours... si je t'avais laissé faire... tu vois donc bien qu'il ne faut jamais se presser... et qu'il y a toujours de la ressource... Touche là et sois heureux!... je te rends ta parole... je partirai seul.

RICCARDO.
Ce n'est pas possible!... je ne le souffrirai pas.

MARTIN.
Et pourquoi donc?

RICCARDO.
Je vous dirai ce que vous disiez vous-même... il ne faut jamais se presser.

MARTIN.
Aussi... et à cause de ta noce, j'attendrai jusqu'à demain.

RICCARDO.
Vous voyez par moi-même qu'il peut toujours arriver quelques chances favorables... dans le commerce, surtout.

MARTIN.
C'est selon... Mes affaires à moi sont bien embrouillées... Demain, du reste, je saurai à quoi m'en tenir... et si je joue ma vie... c'est que la partie en vaudra la peine... Mais quoi?... est-ce un jour de noces qu'il faut s'occuper de pareilles idées... Ne pensons qu'à toi et à ton bonheur... Depuis huit jours que je t'ai quitté... pour mon commerce... tu as fait bien du chemin.

RICCARDO.
C'est un bonheur auquel je ne peux croire... tout m'a réussi... tout m'a secondé... vous d'abord...

MARTIN.
Oui, je ne t'ai pas trahi... ça ne me regarde pas... j'ai assez de mes affaires, sans me mêler des leurs... et puis tu aimais réellement... Et Zarah de Villaréal, toute grande dame qu'elle est, pouvait plus mal choisir. Si elle eût été ma fille,

je te l'aurais donnée, parce qu'avant tout je veux qu'on ait de ça... Mais il ne s'agit pas de moi, je ne suis qu'un négociant... il s'agit de toi : tout ceci me paraît suspect, et je crains que quelque complot ne te menace.

RICCARDO.

Qui pourrait m'en vouloir? je n'ai pas d'ennemis.

MARTIN.

Non, mais tu as des amis, ce qui souvent revient au même.

RICCARDO.

Ils ont été au-devant de mes vœux, ils ont fait de moi un grand seigneur, et dans leur générosité... chevaux, valets, bijoux, riches habits... ils m'ont tout prodigué, tout prêté, jusqu'à de l'or.

MARTIN, *secouant la tête*.

Des Espagnols... eux qui l'aiment tant!...

RICCARDO.

Ce n'est rien encore; vous ne savez pas tout ce qu'ils ont fait pour moi... Craignant qu'il n'arrivât de Lisbonne, au gouverneur de cette ville, à l'inquisiteur, des nouvelles du véritable Guimarens... ils ont arrêté le courrier.

MARTIN, *vivement*.

Le courrier du ministre?

RICCARDO.

Précisément, et bien leur en a pris; de sorte que depuis huit jours, le seigneur inquisiteur...

MARTIN, *de même*.

Ne sait pas ce qui se passe à Lisbonne...

RICCARDO.

Il ne s'en doute pas... Voilà ce qu'ils ont fait pour moi et pour faire réussir mon mariage... douterez-vous encore de leur amitié?

MARTIN.

Non, sans doute, et je désire me tromper... Bonne chance alors à don Juan de Guimarens.

RICCARDO.

Ah! ce mot seul détruit tout mon bonheur... car ce bonheur, je ne le dois qu'à un mensonge, et je veux tout avouer à Zarah!

MARTIN.

En vérité!

RICCARDO.

J'y suis décidé...

MARTIN.

C'est d'un brave jeune homme; c'est bien; c'est très-bien... Dieu sait ce qui en arrivera...

RICCARDO.

N'importe... dussé-je perdre son amour, je ne veux pas le devoir à une trahison.

MARTIN.

Justement la voici... je vous laisse... Allons, ne tremble pas ainsi.

RICCARDO.

Ah! c'est qu'elle est si belle!... N'importe; j'aurai le courage... j'aurai l'amour de tout lui dire.

Martin lui donne une poignée de main, et sort.

SCÈNE IV.
RICCARDO, ZARAH.
DUO.

RICCARDO, *à part, avec douleur, et regardant Zarah qui s'avance*.
Et d'un seul mot peut-être
La perdre sans retour!
D'un mot voir disparaître
Tous mes rêves d'amour!

ZARAH, *s'approchant de lui*.
O vous, qui semblez être
Si grave dans ce jour!
Quel orage fait naître
Ces noirs pensers d'amour?
Lui tendant la main.
Ne pourrait-on connaître
Ces noirs pensers d'amour?

RICCARDO, *vivement, et la prenant dans les siennes*.
Ah! cette main, je ne veux qu'elle!
Lui montrant les bijoux dont elle est parée.
Et je la trouve bien plus belle,
Elle a plus de charme et de prix
Sans ces brillans, sans ces rubis.

ZARAH, *souriant*.
Je promets désormais, en épouse fidèle,
Don Juan, de ne porter que votre noble anneau!

RICCARDO.
Ah! qu'entre nous, du moins, Zarah, rien ne rappelle
Ce titre qui pour moi n'est qu'un brillant fardeau!

ZARAH.
Et pourquoi donc? Parlez...

RICCARDO, *hésitant*.
Pourquoi?...

ZARAH.
Vous tremblez devant moi, qui vous aime!...

RICCARDO, *à part, avec douleur*.
Et d'un seul mot peut-être
La perdre sans retour!
D'un mot voir disparaître
Tous mes rêves d'amour!

ZARAH, *souriant*.
Mon seigneur et mon maître,
Parlez! et dans ce jour
Faites-nous mieux connaître
Tous vos pensers d'amour.

RICCARDO.
Pour vous, puissante et noble dame,
Le rang, le titre, les aïeux,
Sont les biens qui touchent votre âme;
Le reste n'est rien à vos yeux!

ZARAH.
Oui, mon âme orgueilleuse et fière
De mes aïeux chérit l'honneur!
Mais à leurs titres je préfère
La noblesse qui vient du cœur.

ENSEMBLE.
RICCARDO.
De trouble et d'espérance
Mon cœur bat et s'élance;
Et pourtant je balance,
Et je me sens trembler!
Par une indigne ruse,
Trop long-temps je l'abuse;
Et l'honneur qui m'accuse
M'ordonne de parler!

ZARAH, *à part, le regardant*.
Il hésite, il balance;
Mais, j'en ai l'espérance,

Bientôt sa confiance
Saura se dévoiler.
A Riccardo.
Non, plus de vaine excuse
Qui diffère et m'abuse !
L'amour qui vous accuse
Vous prescrit de parler !
Quand le sort généreux voulut vous dispenser
 Et la naissance et la fortune ensemble,
  Il eut tort, il me semble ;
Car vous pouviez vous en passer !
RICCARDO.
Que dites-vous ?
ZARAH.
Que, quand on aime,
Par le rang ou l'éclat le cœur n'est plus séduit.
Et vous seriez errant, malheureux et proscrit...
RICCARDO, *vivement.*
Que votre amour serait le même ?
ZARAH.
Plus grand encor !...
RICCARDO.
Eh bien ! sachez donc !...
Il va parler, et aperçoit les femmes de Zarah qui sortent de la porte à gauche avec la toilette de la mariée ; il s'arrête.
Ah ! grand Dieu !
ZARAH.
Plus tard... plus tard... Adieu !
ENSEMBLE.
RICCARDO.
De joie et d'espérance
Mon cœur bat et s'élance.
Injuste défiance,
Cessez de m'accabler !
Par une, etc., etc.
ZARAH.
De joie et d'espérance
Son cœur bat et s'élance.
A moi sa confiance
Saura se révéler.
Oui, plus de vaine excuse
Qui me trompe et m'abuse.
L'amour, etc., etc.
Zarah sort par la porte à gauche avec ses femmes.

SCÈNE V.
RICCARDO, ZUNIGA.

RICCARDO, *regardant sortir Zarah par la porte à gauche.*
Et j'hésiterais encore après un tel aveu !... non, non, elle saura tout ! et si je ne peux le lui dire, écrivons... (*Il se dirige vers la table à droite, et rencontre au milieu du théâtre Zuniga qui vient d'entrer par la porte du fond.*) Ah ! mon ami !... Ah ! si vous saviez... si vous connaissiez mon bonheur et tout ce que je vous dois... Elle m'aime !
ZUNIGA.
En vérité !... parbleu, j'en suis ravi ! et il me tarde de voir ce mariage achevé.
RICCARDO.
Et moi donc !
ZUNIGA.
Je viens vous parler à ce sujet... Comme votre témoin, j'ai tout disposé. Mon chapelain, qui vous marie, a reçu mes ordres ; et quant à l'acte de célébration, je l'ai fait dresser moi-même.
RICCARDO.
Quoi ! sous le nom de don Juan de Guimarens ?
ZUNIGA.
Allons donc ! le mariage serait nul ; et vous et moi tenons à ce qu'il soit valable. J'ai mis votre véritable nom : José Riccardo, et vos titres : guitariste en plein vent.
RICCARDO.
Monsieur !...
ZUNIGA.
Je ne vous en connais pas d'autres ! et il faut bien que les qualités soient connues après le mariage.
RICCARDO, *se mettant à la table et écrivant.*
Non pas après !... mais avant !
ZUNIGA, *à part.*
C'est fait de nous !... Et comment le détourner de son dessein !... (*S'approchant de Ricardo, qui écrit à la table à gauche.*) Quoi ! en conscience, tu voudrais...
RICARDO.
Lui apprendre la vérité... tout lui dire... c'est ce que je viens de faire.
ZUNIGA, *avec effroi.*
O ciel !
RICCARDO, *écrivant et parlant très-haut.*
« Oui, madame... si vous me repoussez, je su-
» birai mon sort sans vous accuser et sans me
» plaindre... mais si, après avoir lu cette lettre,
» vous pardonnez à un coupable... si vous dai-
» gnez lui tendre la main, je tâcherai de ne pas
» mourir de joie ! »
ZUNIGA, *debout derrière son fauteuil.*
En effet ! c'est plus noble, plus généreux ! et je me charge de lui remettre ce billet.
RICCARDO, *voyant entrer Manuela et Lorenzo.*
Merci, monseigneur. Voici sa tante !
ZUNIGA, *à part.*
Tout est perdu !

SCÈNE VI.
LORENZO et MANUELA, *sortant de la porte à gauche* ; RICARDO, ZUNIGA.

MANUELA.
Allons donc, mon cher neveu, n'avez-vous pas entendu ? les grands parens viennent d'arriver ! c'est à vous de les recevoir et de leur donner la main !
LORENZO.
C'est dans les convenances !
RICCARDO, *avec émotion.*
J'y vais, et je reviens... Mais voici un billet que je vous prie de remettre vous-même et à l'instant.
MANUELA, *prenant le billet.*
A qui ?
RICCARDO.
A Zarah ! à elle seule !
Il sort vivement par la porte à droite.

SCÈNE VII.
ZUNIGA, MANUELA et LORENZO.

MANUELA, *étonnée et le regardant sortir.*
Qu'a-t-il donc ?... et quel est ce papier ?
ZUNIGA.
Un billet qu'il vient de tracer devant moi... (*Souriant.*) Vous vous doutez de ce qu'il contient, des phrases brûlantes, passionnées... J'avais beau lui dire, on n'écrit pas ainsi à une jeune personne... même à sa fiancée.
LORENZO, *gravement.*
Ce n'est pas dans les convenances !
ZUNIGA, *vivement.*
N'est-ce pas ?
MANUELA.
Certainement ! les convenances, la règle, l'étiquette !
LORENZO.
Quand ils seront mariés...
MANUELA.
Je ne dis pas.
ZUNIGA.
C'est juste, monseigneur ! C'est juste, madame ! (*Serrant la main de Manuela, et lui prenant la lettre qu'elle tient.*) Pardon pour mon ami ! (*s'inclinant*) je vous demande pardon pour lui.
LORENZO, *d'un air approbatif.*
C'est bien.
MANUELA.
Voici ma nièce !

SCÈNE VIII.
ZARAH, *entrant avec* MARTIN DE XIMENA, *qui lui donne la main;* FRA LORENZO, MANUELA, ZUNIGA.

QUINTETTE, *qui finit en sextuor.*
C'est l'instant du mariage.
Nous venons,
Vous venez, } témoins heureux,

Au ciel offrir { notre / votre } hommage,

Aux époux offrir { nos / vos } vœux !

FRA LORENZO, *à dona Manuela.*
J'arrivais de l'intendance.
MANUELA.
Eh bien !...
FRA LORENZO.
Point de messager !
Dormons en pleine assurance :
Tout va bien, point de danger !
ENSEMBLE.
ZUNIGA, FRA LORENZO, ZARAH et MANUELA.
Nous venons,
Vous venez, } témoins heureux,

Au ciel offrir { notre / votre } hommage,

Aux époux offrir { nos / vos } vœux !

SCÈNE IX.
LES MÊMES, RICCARDO, *sortant de la porte à droite.*

FRA LORENZO.
Il ne nous manque rien !... que l'époux.

MANUELO, *l'apercevant.*
Le voici !
RICCARDO, *se soutenant à peine, et s'appuyant sur un fauteuil à droite.*
Ah ! je me sens mourir !
Il s'avance en tremblant et les yeux baissés, n'osant regarder Zarah; enfin il se hasarde à jeter les yeux sur elle. Zarah regarde son trouble avec un sourire aimable, et lui dit en lui tendant la main.
ZARAH.
Venez donc, mon ami !
RICCARDO *pousse un cri, tressaille et tombe presque un genou en terre.*
O ciel !
ZUNIGA, *à demi-voix, et le relevant.*
Allons !... tâche de te remettre !
RICCARDO, *à demi-voix et avec joie.*
O bonheur !... elle a lu ma lettre ?...
ZUNIGA, *de même.*
A l'instant, devant nous !...
RICCARDO, *de même.*
Sans colère ?...
ZUNIGA, *de même.*
Ou du moins
Sans en montrer !... de crainte de la tante...
Qui regarde !... Silence ! attention constante !
Montrant Manuela.
Et jusqu'après l'hymen prodigue-lui tes soins
ENSEMBLE.
RICCARDO, *regardant Zarah.*
Quoi ! sans colère
Son cœur apprend
Pareil mystère,
Forfait si grand !
Et son silence
Annonce donc
Et sa clémence
Et mon pardon !
ZUNIGA.
Beauté si fière,
Orgueil si grand !
De ma colère
Voici l'instant !
De son offense
J'aurai raison.
Dans ma vengeance
Point de pardon !
MARTIN, *regardant Riccardo.*
Il faut lui faire
Son compliment !
Beauté si fière
L'aime vraiment !
Et son silence
Annonce donc
Pour son offense
Grâce et pardon !
ZARAH, *à Manuela, montrant Riccardo en riant.*
Il veut nous taire,
Discret amant,
Quelque mystère
Tendre et galant !
Avec prudence,
Et pour raison,
Pour son silence
Grâce et pardon !
FRA LORENZO
Partons !
ZARAH.
Un instant, je vous prie !
ZUNIGA et MARTIN, *à part.*
Quel est donc son dessein

RICCARDO, *à part.*
Ah ! je frémis, grand Dieu !
ZARAH.
Dans ce jour, d'où dépend le bonheur de ma vie,
De mes torts, avant tout, je dois faire l'aveu !
S'avançant vers Zuniga.
Envers vous, don Alvar, mon offense fut grande,
Daignez me pardonner !
ZUNIGA, *troublé.*
Moi !
ZARAH, *lui tend la main.*
Je vous le demande !
Et j'en veux une preuve...
ZUNIGA, *s'inclinant.*
Ah ! j'en suis trop flatté !
ZARAH.
Je veux par vous être à l'autel conduite !
ZUNIGA, *à part.*
Je ne sais quel remords et me trouble et m'agite...
Non... non... il est trop tard, le sort en est jeté...
Il présente sa main à Zarah. Ils vont pour sortir ; paraît un courrier qui s'adresse à Fra Lorenzo, et lui remet des dépêches.
FRA LORENZO.
Ah !... ah !... de la cour de Lisbonne !...
Oui, c'est le courrier que j'attends...
A Manuela et aux mariés.
Partez sans moi, je le veux ! je l'ordonne !
Je vous rejoins dans peu d'instans !
ENSEMBLE.
ZUNIGA.
Beauté si fière,
Orgueil si grand, etc., etc.
MARTIN.
Il faut lui faire
Son compliment, etc., etc.
RICCARDO.
Quoi ! sans colère
Son cœur apprend, etc., etc.
ZARAH.
O jour prospère !
Heureux instant ! etc., etc.

Zuniga a offert sa main à Zarah, et Riccardo à Manuela. Ils sortent précipitamment. Pendant la fin de cet ensemble, Fra Lorenzo a décacheté ses dépêches ; il a parcouru un des papiers, et au moment où, sur la ritournelle, Martin veut sortir et accompagne Riccardo, Fra Lorenzo le retient par la main.

SCÈNE X.

FRA LORENZO, MARTIN DE XIMENA.
FRA LORENZO.
Un instant, seigneur de Ximena...
MARTIN.
Le mariage va se célébrer sans nous.
FRA LORENZO.
Il ne s'agit pas de mariage, mais de nouvelles que je reçois de Lisbonne, et qui vous concernent.
MARTIN.
Moi !... Martin de Ximena, négociant ?
FRA LORENZO.
Vous-même.
MARTIN, *froidement.*
Cela m'étonne... mais dès que vous me le dites...

FRA LORENZO.
Ce qu'il y a de singulier, c'est que mon oncle Vasconcellos, qui est d'ordinaire si clair dans ses dépêches... me semble dans celle-ci d'une obscurité...
MARTIN.
Vous avez tant de lumière...
FRA LORENZO.
Enfin nous verrons bien, écoutez seulement... (*Lisant.*) « Depuis le dernier duel dont je vous ai » parlé, depuis l'affaire de Guimarens... » je n'en connais pas d'autre que celle de son mariage... » vous avez dû exécuter les ordres en chiffres que » je vous ai donnés... » Je ne sais pas où ils sont.
MARTIN, *à part.*
Dans le dernier courrier intercepté.
FRA LORENZO, *continuant.*
« J'en attends les résultats naturels... » d'autant plus naturels qu'ils viendront d'eux-mêmes. (*Continuant de lire.*) « C'est un nommé Pinto » qui est l'âme du complot, et celui qui s'est » chargé de l'exécution est le fils du duc, le jeune » Emmanuel de Bragance, caché depuis son duel » à Santarem. » Je n'en ai pas la moindre idée.
MARTIN, *froidement.*
Ni moi non plus... et je ne vois pas en quoi tout cela me regarde.
FRA LORENZO.
Attendez donc. (*Continuant de lire.*) « Un » négociant de cette ville, qui est maintenant » dans la vôtre, Martin de Ximena est le banquier » de la conspiration... » Comprenez-vous ?
MARTIN, *froidement.*
Pas plus que votre excellence.
FRA LORENZO.
C'est ce que nous allons voir... (*Continuant.*) Hum ! hum !... « de la conspiration, qui n'est pas » riche, et qui a grand besoin d'argent... c'est chez » lui, ou chez quelqu'un des siens, que doit être » caché le jeune duc... Il faut donc à tout prix, » par ruse, par adresse, et, s'il y a lieu, par la tor- » ture, forcer Ximena à vous le livrer... Une heure » après, vous aurez pour agréable de lui faire » trancher la tête, etc... » Des détails d'intérieur. « Quant à Ximena, sa grâce s'il parle... sinon, » etc. » Comprenez-vous enfin ?
MARTIN, *froidement.*
Cela devient plus clair !... Mais quand par évenement, quand par hasard le ministre aurait dit vrai, je suis d'un naturel taciturne et ne parle jamais... Votre excellence peut compter là-dessus et agir en conséquence.
FRA LORENZO.
Et si je te fais trancher la tête, mon cher !
MARTIN, *avec sang-froid.*
C'est un moyen, mais un des moins heureux qui existent pour me faire parler.
FRA LORENZO.
C'est juste ! nous aurions alors la torture, que l'on me propose, et qui a bien ses avantages... mais ça n'est pas dans mon caractère.

MARTIN.

Je m'en doute bien... un homme d'esprit tel que vous a une autre manière d'interroger.

FRA LORENZO, *souriant*.

Je vois que nous pourrons nous entendre... Écoute; je n'ai pas de temps à perdre; le ministre compte sur moi, et à tout prix, comme il le dit, il faut réussir... Je connais le cœur humain, et j'ai un système jusqu'à présent infaillible... Voyons... (*lentement et le regardant en face*) combien?

MARTIN, *avec indignation*.

Me supposer de pareils sentimens... pour qui me prenez-vous?

FRA LORENZO.

Je te prends pour moi, à mes gages, à mon compte... toi et tes sentimens... combien?

MARTIN.

Je n'ai rien à vous répondre.

FRA LORENZO.

Tu ne veux pas y mettre le prix... je le fixerai... soixante mille piastres.

MARTIN.

Pour livrer le duc de Bragance!... moi! Portugais!

FRA LORENZO.

Cent mille.

MARTIN.

Moi, homme d'honneur!...

FRA LORENZO.

Deux cents.

MARTIN.

Deux cents!... Vous pourriez supposer...

FRA LORENZO.

Que tu es plus cher que les autres; voilà tout ce que cela me prouve. Il paraît, seigneur de Ximena, que votre vertu est d'un prix élevé... eh bien! il faut en finir... d'ailleurs ce sont vos Portugais qui paieront. Écoute-moi bien, et décide-toi, car c'est mon dernier mot... (*Le regardant en face et lentement.*) Trois cent mille piastres!

MARTIN *fait à part un geste de joie, puis se retournant vers Lorenzo, lui dit vivement.*

Je demande si votre excellence les donne sur-le-champ.

FRA LORENZO, *riant*.

Allons donc!... nous voilà enfin!... Quand je te disais que je connaissais le cœur humain...

MARTIN, *appuyant toujours*.

Comptant!

FRA LORENZO.

Pourquoi cela?

MARTIN.

C'est qu'aujourd'hui il faut que j'aie cette somme, ou que je me brûle la cervelle.

FRA LORENZO.

Garde-t'en bien!

MARTIN.

Je conçois que cela romprait nos relations; mais je vous le dis à vous en confidence, j'étais obligé de suspendre mes paiemens. Ainsi voyez si vous voulez me sauver la vie.

FRA LORENZO, *réfléchissant*.

Soit... Aujourd'hui les trois cent mille piastres... mais ce soir tu me livres le jeune duc!

MARTIN, *réfléchissant aussi*.

Ce soir... non pas... mais demain!

FRA LORENZO.

Et pourquoi?

MARTIN.

Le temps de le dépister, de m'en emparer, et de vous le faire saisir sans danger... au milieu de ses nombreux amis.

FRA LORENZO.

Ils sont donc beaucoup?

MARTIN.

Cinq ou six cents... qui depuis huit jours se rassemblent et se cachent dans ces murs, prêts à marcher sur Lisbonne pour y soulever le peuple.

FRA LORENZO, *naïvement*.

Et je ne m'en doutais pas!

MARTIN, *froidement*.

Bah!... ce n'est rien.

FRA LORENZO.

Comment! ce n'est rien?

MARTIN, *de même*.

Bien d'autres choses encore que je vous apprendrais... Mais tenez-vous coi... ne bougez pas, que rien ne leur donne l'éveil! que rien surtout ne fasse soupçonner notre intelligence.

FRA LORENZO.

Et si tu me manques de parole?

MARTIN.

Ma tête est à vous!

FRA LORENZO.

Permets donc!... elle ne vaut pas trois cent mille piastres.

MARTIN.

Pour vous!... mais pour moi!...

FRA LORENZO.

C'est juste!...

MARTIN.

Vous ne donneriez pas la vôtre pour ce prix-là, ni pour le double!

FRA LORENZO.

Non certes! Va, va, ne perds pas de temps... pendant que moi j'achève mes dépêches...

MARTIN, *revenant sur ses pas*.

Bien entendu que d'ici à demain vos affidés ne me perdront pas de vue, et que vous me ferez consigner aux portes de la ville.

FRA LORENZO, *d'un air profond*.

J'y pensais!...

MARTIN.

Et tenez!... tenez... comme je vous le disais, le mariage s'est célébré sans nous!... entendez-vous les cloches?... Adieu, monseigneur!

FRA LORENZO.

Adieu!

Martin sort par la porte à droite.

SCÈNE XI.

FRA LORENZO, *à la table à droite, achevant de lire ses lettres;* DONA MANUELA, ZUNIGA; *puis après* RICCARDO *et* DIANA.

FINAL.
CHOEUR.

Que les cloches retentissent
Et résonnent dans les airs !
Des anges qui les unissent
Empruntons les saints concerts !
Des anges qui les unissent
Sonnons, sonnons les pieux concerts !

MANUELA *et* ZUNIGA.

Ils sont unis !

FRA LORENZO, *achevant de lire une lettre.*

O ciel ! ô nouvelle terrible !...

MANUELA, *courant à lui.*

Qu'avez-vous donc ?

FRA LORENZO.

Non... ce n'est pas possible !...
Quoi ! d'après un message à l'instant envoyé,
Guimarens serait mort !

MANUELA, *étonnée, et* ZUNIGA, *riant, lui montrant Riccardo qui entre dans ce moment, tenant Zarah par la main.*

Le voilà marié !

CHOEUR.

Que les cloches retentissent
Et résonnent dans les airs ! etc., etc.

FRA LORENZO, *lisant toujours ses dépêches.*

Non, non, et le fait se complique,
Le ministre prétend nous avoir annoncé...
Et je n'en ai rien su... qu'arrivant du Mexique...
Don Juan de Guimarens... mortellement blessé,
L'autre semaine est mort !... C'est authentique !

Donnant la lettre à Riccardo.

Lisez vous-même !

TOUS.

O ciel !

ENSEMBLE.
ZARAH, MANUELA ET LE CHOEUR.

De terreur, de surprise,
Tous mes sens sont glacés.
D'où vient cette méprise ?

S'adressant à Riccardo.

Répondez... prononcez.

ZUNIGA.

Le sort nous favorise ;
Mes vœux sont exaucés.
Je vois à sa surprise

Montrant Riccardo.

Tous ses plans renversés.

FRA LORENZO.

De terreur, de surprise,
Tous mes sens sont glacés.
Et le ciel et l'église
Sont-ils donc courroucés ?

RICCARDO.

De crainte et de surprise,
Tous mes sens sont glacés.
Je vois par sa méprise
Nos projets renversés !

MANUELA, *à Zuniga, lui montrant Riccardo.*

Mais cet époux... qui peut-il être ?

ZUNIGA.

Voici probablement qui le fera connaître !

Montrant un page qui entre.

C'est le page de Médin !

LE PAGE, *s'inclinant.*

A dona Manuela,
De la part de mon maître.

MANUELA, *lisant à haute voix.*

« Pardonnez, senora, si déjà je sépare
» Les deux nobles époux que vos mains ont unis !
» Votre illustre neveu, l'autre jour, m'a promis
» De venir aujourd'hui jouer de la guitare
» Dans mon hôtel !... J'y compte, et mon page est chargé
» De lui payer d'avance son salaire ! »

Le Page présente une bourse pleine d'or à Riccardo, qui détourne la tête.

MANUELA, *stupéfaite.*

O ciel ! de l'or !

ZARAH, *à part de même.*

Et ce mystère...

Cette lettre !...

MANUELA.

Mon nom, mon honneur outragé !

TOUS, *s'adressant à Riccardo.*

Répondez.

ZUNIGA.

Oui, vraiment, puisqu'on sait tout... je blâme
Une feinte inutile !... A nos nobles amis
Renvoyez les valets et les riches habits
Qu'ils vous avaient prêtés pour séduire madame !

MANUELA, *furieuse.*

Qu'entends-je !... ô ciel !

ZARAH, *prête à se trouver mal.*

Ah ! je frémis !

ZUNIGA.

Illustre et noble artiste,
Reprenez la livrée et l'art du guitariste.

Les personnes qui sont près de la table à droite s'écartent, et l'on voit sur une chaise le manteau noir déchiré et la guitare que Riccardo portait au premier acte, et que des pages viennent d'apporter. Zarah pousse un cri et tombe sans connaissance sur un fauteuil à gauche.

ENSEMBLE.
MANUELA.

O jour d'opprobre et d'infamie !
Honteux hymen ! Ignominie
Par qui ma race est avilie
Et notre nom déshonoré !
Malheur à lui ! mort à l'infâme !
Le feu céleste le réclame !
A nous son sang ! à Dieu son âme !
Et qu'au supplice il soit livré !

ZUNIGA.

O jour heureux ! joie infinie !
Notre vengeance est accomplie !
L'affront dont fut blessé ma vie
Par son affront est réparé !
Oui, c'est indigne ! c'est infâme !
Mais, après tout, elle est sa femme !
Et l'orgueilleuse et noble dame
Se soumettra, bon gré, mal gré !

FRA LORENZO *et* LE CHOEUR.

O jour d'opprobre et d'infamie !
Honte sur vous... Ignominie !
Votre famille est avilie
Et votre nom déshonoré !
Malheur à lui ! mort à l'infâme !
Notre vengeance le réclame !
A nous son sang ! à Dieu son âme !
Et qu'au supplice il soit livré !

Riccardo, que tout le monde repousse, est prêt à franchir la porte du fond ; il revient vivement vers le groupe où Zarah est assise évanouie. Lorenzo l'empêche d'approcher.

RICCARDO, *de loin, étendant ses mains suppliantes vers Zarah qu'il ne voit pas.*
O vous qui lisez dans mon âme,
Daignez me défendre à leurs yeux !
Rappelez-vous, ô noble dame !
Mon repentir et mes aveux.
Se mettant à genoux.
Grâce pour ma raison !
Pour un égarement dont je ne fus pas maître !...
ZARAH, *revenant à elle, et voyant Riccardo à ses genoux.*
Mon pardon !... dit-il... un pardon !
Il en est pour l'amour peut-être !...
Jamais pour l'imposture et pour la trahison...
Elle s'éloigne sans le regarder, et rentre avec sa tante dans l'appartement à gauche.
RICCARDO, *stupéfait.*
Moi... parjure... et traître !...
Quand j'ai tout dit !... quand tout lui fut connu...
Et ce billet...
ZUNIGA, *à demi-voix.*
Elle ne l'a pas lu !
Le montrant et le déchirant.
Le voici !
RICCARDO, *furieux, tire son épée et s'élance sur Zuniga; il est désarmé par les autres seigneurs.*

ENSEMBLE.
RICCARDO, *accablé.*
Ah ! c'en est fait ! que sur ma vie
Tombent l'opprobre et l'infamie !
Plus d'existence !... elle est flétrie !
Tout est pour moi désespéré !
Coupable d'une indigne trame,
A ses yeux je suis un infâme !
Je suis maudit, et dans son âme
Mon nom par elle est abhorré !...

LE CHOEUR.
O jour de honte et d'infamie !
Par cet indigne être trahie !
Donner sa main !... etc., etc.

ZUNIGA, *riant.*
O jour heureux, joie infinie !
Notre vengeance est accomplie !
L'affront, etc., etc.

FRA LORENZO.
O jour de honte et d'infamie ! etc., etc.

Ils sortent tous en désordre, en laissant Riccardo abîmé dans sa douleur.

ACTE TROISIEME.

Un appartement à l'hôtel de Villaréal.

SCÈNE PREMIÈRE.

RICCARDO, *sortant de l'appartement à gauche.*
Chassé ! chassé !... A ma vue elle s'est éloignée... sans vouloir m'entendre... elle m'a défendu de la suivre, et avec quel mépris ! pas une parole... pas un regard !... Je n'en suis pas digne... et à qui demander raison de tant d'outrages ?... Ces jeunes seigneurs ont accueilli mon défi avec des éclats de rire... don Alvar surtout !... ils sont, disent-ils, trop nobles et de trop bonnes maisons pour se battre avec moi, qui suis sans toit et sans asile... moi, chanteur des rues !... mon sang ne vaut pas la peine qu'on le répande... Ah ! c'est là le comble de la honte... ne trouver personne qui veuille même de ma vie !

SCÈNE II.

RICCARDO, MARTIN, *qui est entré pendant la scène précédente.*
MARTIN, *froidement.*
Je la prends !...
RICCARDO, *se retournant et poussant un cri de joie.*
Martin de Ximena !
MARTIN.
Qui vient réclamer ta promesse.
RICCARDO.
Je la tiendrai... Tu es mon sauveur, mon seul ami... viens, partons... il me tarde de quitter ce monde, où tout m'accable... ces grands seigneurs, dont tu me disais avec raison de me défier !... ils m'ont couvert de honte, et maintenant ils refusent de me tuer.
MARTIN.
Je sais... je sais... j'ai vu Zuniga, qui, dans la joie du triomphe, m'a tout raconté... ta lettre, ton mariage, ton affront !
RICCARDO, *avec douleur.*
Eh bien ! ce n'est rien encore... elle refuse de me voir... elle me repousse avec mépris.
MARTIN.
Zarah !... ta femme ?...
RICCARDO.
Ah ! ne dis plus ce mot-là.
MARTIN.
Comment alors es-tu ici ?
RICCARDO.
Sa tante m'a écrit la lettre la plus méprisante, la plus injurieuse, pour me dire que ce mariage était nul... que la famille en demandait la rupture, et qu'elle m'attendrait, moi et mes gens de loi... Je suis venu seul, sans un ami, sans un conseil.
MARTIN.
Je serai le tien... je te défendrai.
RICCARDO.
C'est inutile... je ne venais pas pour me défendre, mais pour la voir... la voir encore une fois... et puisqu'il faut renoncer à cette dernière espérance, je suis à toi, je t'appartiens !
MARTIN.
Tu es donc bien décidé à m'obéir ?
RICCARDO.
Oui.

MARTIN.
A me suivre partout où j'irai?
RICCARDO.
Je le jure!
MARTIN.
C'est qu'il y a à parier que j'irai me faire tuer.
RICCARDO.
Tant mieux! c'est ce que je veux... Dispose de mes jours, je te les donne.
MARTIN, *lui frappant sur l'épaule.*
Et moi, mon brave, je te promets d'en faire un noble et généreux usage... Prends ces papiers... garde-les précieusement, et, quoi qu'il arrive, ne démens rien de ce qui s'y trouve écrit.
RICCARDO.
Je te le promets, dût-il m'en coûter la tête.
MARTIN.
C'est ce qui pourra bien arriver, ainsi qu'à la mienne, qui du reste est déjà promise, pour aujourd'hui, au seigneur gouverneur. Mais n'importe, je comprends que tu dois avoir envie de quitter enfin la guitare.
RICCARDO.
De la briser!
MARTIN.
Eh bien! c'est l'instant d'obéir à ton père, c'est l'instant de reprendre l'épée du soldat, non pour nos oppresseurs, mais contre eux!
RICCARDO.
Commande, je suis prêt; je ne demande qu'une grâce, c'est qu'avant ma mort, ou après, je sois justifié aux yeux de Zarah!... qu'elle sache du moins que je ne l'ai pas trompée.
MARTIN.
Elle le saura, je te le promets... Voici ces dames.

SCÈNE III.
ZARAH, MANUELA, MARTIN, RICCARDO.
MANUELA.
Vous comprenez bien, monsieur, que, malgré ma répugnance et celle de ma nièce à nous trouver encore avec vous, un devoir indispensable nous y oblige. Cette affaire n'a déjà eu que trop de retentissement, et c'est pour éviter un nouveau scandale que nous vous proposons de rompre sans bruit et entre nous cet acte, qui devant les tribunaux est nul de plein droit, et de toute nullité.
MARTIN.
En quoi donc, madame?
MANUELA, *le lui donnant.*
Vous pouvez le lire vous-même, car je n'en ai pas le courage... mais une imposture pareille!... un nom supposé, emprunter celui d'un noble seigneur... lui!
MARTIN, *qui a parcouru l'acte.*
Je ne vois pas cela; je lis au contraire que l'époux de Zarah de Villaréal est Josué Riccardo, de son état guitarrero.
MANUELA.
O ciel!

MARTIN.
Pour sa naissance... fils du soldat Luis Pacheco... Lisez madame... c'est en toutes lettres.
MANUELA.
Je ne puis le croire.
MARTIN.
Don Alvar de Zuniga, par les soins de qui ce contrat a été dressé, avait trop d'intérêt à n'y laisser aucune nullité.
MANUELA, *avec désespoir.*
C'est vrai... ce n'est que trop vrai... ma nièce unie à tout jamais à un guitariste... à cet homme!
MARTIN.
Qu'importe... si cet homme est un homme d'honneur, s'il a agi de bonne foi, s'il ne vous a pas trompée?
ZARAH.
Lui!...
MARTIN.
Il aurait donné pour vous, son sang et sa vie... et malgré son amour, décidé à vous perdre, plutôt que de vous devoir à une trahison... il vous avait prévenue de tout dans une lettre qu'il a remise à votre tante avant de marcher à l'autel!
MANUELA.
C'est vrai.
MARTIN.
Pour vous la donner, à vous, sa fiancée!
MANUELA.
C'est vrai!
ZARAH, *à Manuela.*
Et qui vous en a empêchée?
MANUELA.
Encore cet Alvar de Zuniga!
MARTIN, *frappant sur l'épaule de Riccardo.*
Qui est un fourbe... Mais celui-ci, je le jure... celui-ci, en vous épousant, croyait que son secret vous était connu, et que vous pardonniez son audace à un amour malheureux et insensé.
RICCARDO.
Qui fut mon seul crime!... le seul dont je dois être puni!
ZARAH, *avec émotion.*
S'il a dit vrai, monsieur... et je le crois...
ROMANCE.
PREMIER COUPLET.
De cet hymen fatal, qui tous deux nous enchaîne,
Les nœuds par moi seront à jamais respectés!...
Mais l'honneur nous sépare... et du moins sans ma haine
    Partez, monsieur, partez
    L'honneur le veut... partez!
DEUXIÈME COUPLET.
Loin de moi, loin des lieux qui vous avaient vu naître,
Vont s'écouler vos jours par l'exil attristés!...
Mais avec mon pardon... et mon bonheur... peut-être...
    Partez, monsieur, partez;
    L'honneur le veut, partez...
MARTIN.
C'est bien, senora, ce que vous venez de dire!... c'est très-bien, et vous en serez récompensée, car bientôt celui-ci ne sera plus Josué Riccardo.
RICCARDO *et* LES DEUX FEMMES.
Que dites-vous?

MARTIN.

Que ce mariage qui blessait tant votre noble famille...

MANUELA, *vivement*.

Sera rompu...

MARTIN.

Oui, probablement il ne durera pas long-temps ; car aujourd'hui même la senora court grand risque d'être veuve !

ZARAH.

O ciel !...

MANUELA.

Qu'est-ce que cela veut dire ?

MARTIN.

Silence... vous allez le savoir.

SCÈNE IV.

LES MÊMES, FRA LORENZO, ZUNIGA, FABIUS, OTTAVIO, SOLDATS et GENS DE JUSTICE.

MORCEAU D'ENSEMBLE.

FRA LORENZO, *s'approchant respectueusement de Riccardo et le saluant*.

Monseigneur !

ZUNIGA, *de même*.

Monseigneur !

FABIUS, OTTAVIO ET LES AUTRES, *de même*.

Monseigneur !

MANUELA, ZARAH ET RICCARDO, *étonnés*.

Que disent-ils ?

MARTIN, *à demi-voix à Riccardo*.

L'heure est venue !
De l'audace et du cœur !

FRA LORENZO, *à Riccardo*.

La vérité nous est enfin connue,
Et c'est avec regrets... avec douleur...

Saluant.

Que nous venons arrêter monseigneur !

ZUNIGA, *et les autres, de même*.

Monseigneur !

MANUELA et ZARAH, *étonnées*.

Monseigneur !

FRA LORENZO, *s'adressant à Riccardo, et regardant Martin*.

Vos complices, auxquels j'ai promis le silence,
Vous ont découvert et trahi !

MARTIN, *bas, à Riccardo*.

Ce complice !... c'est moi !

FRA LORENZO, *montrant Riccardo*.

Qu'on s'assure de lui !

ZUNIGA, *à Manuela*.

Sous ces grossiers habits, sous cette humble apparence,
Qui nous-mêmes nous abusa,
Il cachait ses complots !...

Les Gardes qui ont entouré Riccardo l'ont fouillé, et présentent à Fra Lorenzo les papiers qu'ils viennent de trouver sur lui.

FRA LORENZO, *en lisant l'adresse*.

Eh ! oui !... c'est bien cela !

Lisant.

« Don Emmanuel de Bragance. »

TOUS, *à demi-voix*.

Le fils du duc de Bragance !

MARTIN, *bas à Riccardo*.

Ton serment ?...

RICCARDO, *de même*.

Comptez sur ma foi !

A haute voix et se tournant vers Fra Lorenzo.

Puisque vous savez tout... c'est moi !

TOUS.

Grand Dieu !

RICCARDO.

C'est moi !

ENSEMBLE.

ZARAH.

Tremblante, j'ose croire à peine
Le témoignage de mes yeux ;
Celui qu'accablait tant de haine,
C'est lui !... c'est ce nom glorieux !

FRA LORENZO.

Oui, c'est bien lui, j'en crois à peine
Et cet écrit, et ses aveux ;
Par mon adresse, enfin, j'enchaîne
Ce chef terrible et dangereux.

MANUELA.

Tremblante... j'ose croire à peine
Le témoignage de mes yeux !
C'est à lui que l'hymen l'enchaîne,
Elle porte un nom glorieux !

RICCARDO.

Je l'ai juré ! l'honneur m'enchaîne ;
La mort est l'objet de mes vœux ;
Je leur abandonne sans peine
Des jours, hélas ! si malheureux !

ZUNIGA et SES AMIS, *regardant Zarah*.

Le hasard a trompé ma haine ;
J'ai cru l'avilir à nos yeux ;
Et c'est à lui que je l'enchaîne,
Elle porte un nom glorieux !

MARTIN, *regardant Riccardo*.

Fidèle à l'honneur qui l'enchaîne,
J'admire son cœur généreux !
Que son dévouement nous obtienne
La liberté, prix de nos vœux !

FRA LORENZO, *qui vient de parcourir l'écrit qu'on lui a donné*.

La lettre est d'un nommé Pinto, le secrétaire
Du duc... un intrigant !

MARTIN, *à part*.

Un brave Portugais !

FRA LORENZO, *lisant*.

« Tout va mal ! et je doute à présent du succès ;
» Le duc refuse !... il faut proclamer votre père
» Roi, malgré lui !... venez... si vous étiez
» A Lisbonne !... »

MARTIN.

Il y doit être à présent... j'espère !

FRA LORENZO, *lisant*.

« De plus, si vous nous apportiez
» Deux cent mille ducats... »

MARTIN, *à part*.

Il en a trois cents !... grâce

Montrant Lorenzo.

A monseigneur !

FRA LORENZO, *achevant de lire*.

« Nous pourrions dès demain
» Donner au Portugal un nouveau souverain ! »

Se retournant vers Zuniga et ses amis.

Vous voyez, messieurs, quelle audace !

Montrant Riccardo.

Mais nous tenons le chef !... du complot c'en est fait !
A l'instant dans ces lieux Vasconcellos m'ordonne
De le faire juger, condamner !... Ce serait
Un peu vif !... moi, qui tiens aux égards, je lui donne...

MARTIN, *vivement*.

Combien ?

FRA LORENZO.

Une heure !...

RICCARDO, *froidement*.

Je suis prêt.

ENSEMBLE.

MARTIN, *à part.*

O cœur magnanime !
Courage sublime !
De l'honneur victime,
Il meurt en héros !
Toi que je supplie,
Dieu de la patrie !
Arrache sa vie
Au fer des bourreaux.

RICCARDO, *à Martin.*

O cœur magnanime !
A toi mon estime !
J'aurais par un crime
Terminé mes maux !
Et pour ma patrie,
D'une âme ravie,
Je livre ma vie
Au fer des bourreaux !

ZARAH *et* MANUELA.

O cœur magnanime !
Courage sublime !
Qui, pour nous victime,
Se livre aux bourreaux !
Toi, que je supplie,
Dieu de la patrie !
Protége sa vie,
Et sauve un héros !

FRA LORENZO *et* LE CHŒUR.

Quant à moi, j'estime,
Qu'un semblable crime
Veut une victime
Pour notre repos !
Audace inouïe,
Qu'il faut qu'il expie !
Nous devons sa vie
Au fer des bourreaux.

FRA LORENZO.

Le tribunal s'assemble auprès de cette enceinte,
Je vais le présider !

A Zuniga, lui montrant Riccardo.

Veillez sur monseigneur.
Je vous remets sa garde !...

RICCARDO, *montrant Martin.*

A ce vieux serviteur
Pourrai-je dire adieu ?

FRA LORENZO, *à Zuniga.*

Permettons-le sans crainte.

Montrant Martin.

Il nous redira tout !

A Riccardo, montrant Martin.

Parlez-lui, monseigneur !

RICCARDO, *à Martin, qui s'avance avec lui au bord du théâtre.*

As-tu quelque ordre encore à me donner ?

MARTIN, *à demi-voix.*

Silence !...

Pour tout le monde, et même pour Zarah,
Sois toujours le duc de Bragance !

RICCARDO, *de même.*

Je le promets !...

MARTIN, *de même.*

Tout le succès est là !
De Lisbonne en ces lieux, vingt milles de distance !...
Notre sort se décide, ami, dans ce moment !
Si le duc est triomphant,
Nous pouvons être encor sauvés !... mais s'il succombe...

Secouant la tête.

Toi... puis moi...

RICCARDO.

Je comprends ! nous aurons même tombe !
Je t'ai promis mes jours !

MARTIN.

J'avais promis aussi
D'en faire bon usage !... ai-je dit vrai ?

RICCARDO, *lui serrant la main.*

Merci !

ENSEMBLE.

MARTIN.

O cœur magnanime ! etc.

RICCARDO.

O cœur magnanime ! etc.

ZARAH.

O cœur magnanime ! etc.

FRA LORENZO, ZUNIGA *et* LE CHŒUR.

Quant à moi, j'estime, etc.

Fra Lorenzo fait signe à tout le monde de sortir.

SCÈNE V.

MANUELA, ZARAH, RICCARDO, LORENZO, MARTIN.

LORENZO, *à Martin.*

J'ai dit : Sortez tous ! (*Se retournant avec respect vers Manuela et Zarah.*) Oui, tous !

ZARAH, *avec dignité.*

Excepté moi, monseigneur, moi qui suis sa femme.

LORENZO, *s'inclinant.*

C'est juste, les égards... les convenances...

Manuela et Martin sortent par la porte du fond ; Lorenzo par la porte à droite.

SCÈNE VI.

RICCARDO *et* ZARAH.

DUO.

ZARAH, *s'approchant avec exaltation de Riccardo, qui est assis et plongé dans ses pensées.*

Oui, dès ce moment, je réclame
Le droit de partager ton sort !
Je suis à toi ! je suis ta femme !
Avec toi, je marche à la mort !

RICCARDO, *hors de lui et se levant.*

Dieu tout-puissant, qu'entends-je ?

ZARAH.

Écoute-moi ?
Dans mon cœur tu n'avais pu lire
Que le mépris, ou bien l'effroi...
Mais à présent je peux tout dire...

Avec amour.

Car je vais mourir avec toi !

PREMIER COUPLET.

Alors que ta misère
Excitait mon dédain,
Quand, orgueilleuse et fière,
Je repoussais ta main,
Et de honte et de blâme
Lorsque je t'accablais...
Eh bien ! au fond de l'âme...

Avec exaltation.

Malgré moi je t'aimais !
Je t'aimais !

RICCARDO, *à part, cherchant à contenir sa joie.*

Ah ! je vous rends grâces,
Moment enchanteur !
Mort qui me menaces,
Et fais mon bonheur !

Que rien n'apparaisse
Pour me secourir,
Avec ma tendresse
Laissez-moi mourir !

DEUXIÈME COUPLET.

ZARAH.

Pour punir ton offense,
Quand au fond de mon cœur
J'implorais la vengeance,
Le devoir et l'honneur !
Tout à l'heure... ici même...
Quand je te bannissais,
Eh bien !... ô honte extrême !
Malgré moi... je t'aimais !
Je t'aimais !
Je t'aime et pour jamais !

RICCARDO, *à part.*

Ah ! je vous rends grâces,
Moment enchanteur !
Mort qui me menaces, etc., etc.

On entend un grand bruit au dehors.

ZARAH, *effrayée.*

Écoutez ! écoutez !

RICCARDO, *tranquillement.*

C'est l'heure du supplice !

ZARAH, *de même.*

Oui !... j'entends les bourreaux venir.

RICCARDO.

Qu'ils viennent !... ô destin propice !...
Sans que mon rêve finisse,
Aimé d'elle, je vais mourir...

ENSEMBLE.

ZARAH, *avec enthousiasme.*

Allons ! marchons !... mon cœur réclame
Le droit de partager ton sort;
L'amour et m'anime et m'enflamme;
Avec toi je marche à la mort !

RICCARDO.

Espoir qui m'anime et m'enflamme,
Elle veut partager mon sort !
C'est trop de bonheur pour mon âme ;
Sans regrets je marche à la mort !

SCÈNE VII.

Les Mêmes, DONA MANUELA.

MANUELA.

Qu'est-ce qu'ils font ?... qu'est-ce qu'ils font, je vous le demande ? moi qui déteste les séditions, une à Lisbonne !.. une ici !... le peuple soulevé, le conseil en fuite... ainsi que monseigneur ! ils crient tous : Vive Bragance ! (*A ce mot, Riccardo fait un geste d'effroi, Zarah un geste de joie, et court à la fenêtre à gauche. Manuela continuant.*) C'est ce Martin de Ximena qui les excite et marche à leur tête !

ZARAH, *courant à Riccardo et lui prenant la main.*

Oui... oui... j'entends les cris du peuple soulevé !
Courage !... vous pouvez encore être sauvé !

RICCARDO, *avec douleur.*

C'est fait de moi ! j'ai tout perdu !

MANUELA, *étonnée.*

Que dit-il ? quand, avec la vie,
Pouvoir, honneurs... tout lui serait rendu ?...

RICCARDO.

Mes jours seront sauvés !... sa tendresse ravie...
Le rêve se dissipe !... hélas ! j'ai tout perdu !

ZARAH.

Quand la gloire vous environne...

RICCARDO.

J'ai tout perdu !

ZARAH.

Quand pour vous brille la couronne !...

RICCARDO.

Ah ! plaignez-moi !... j'ai tout perdu !

REPRISE ENSEMBLE.

RICCARDO.

Amour, bonheur , hélas ! j'ai tout perdu !

ZARAH *et* MANUELA.

Quel trouble règne en son cœur éperdu !

SCÈNE VIII.

Les Mêmes, FRA LORENZO, ZUNIGA, FABIUS, OTTAVIO.

TOUS QUATRE, *accourant avec effroi.*

Protégez-nous !... Le peuple furieux
Nous poursuit jusque dans ces lieux !
Que votre bras puissant nous sauve et nous assiste !
Protégez-nous, prince, protégez-nous ?

RICCARDO.

Que vois-je ?... à mes genoux !

A part, avec tristesse.

Tous !... aux genoux du pauvre guitariste !

A voix haute.

Relevez-vous ?...

SCÈNE IX.

Les Mêmes, TOUT LE Peuple *accourant, et avec eux* MARTIN DE XIMENA.

CHOEUR.

Vive à jamais, vive Bragance !
A bas un pouvoir détesté !
Le ciel nous rend dans sa puissance
La victoire et la liberté !
Vive Bragance !
Vive la liberté !

MARTIN, *à Fra Lorenzo et aux Espagnols.*

Oui, messieurs, le Portugal est libre ; Vasconcellos est en fuite... mais vous n'avez rien à craindre, le duc de Bragance est roi ! la nouvelle nous en est apportée par son fils lui-même, don Emmanuel, qui dans ce moment fait son entrée dans la ville de Santarem.

FRA LORENZO, *étonné, et regardant Riccardo.*

Et celui-ci ?

MARTIN.

Celui que vous venez d'implorer à genoux est un brave et loyal Portugais, qui par un dévouement sublime avait pris la place du prince, non pour régner, mais pour mourir. (*A Zarah.*) Oui, madame, pour mériter vos regrets et votre estime, pour être aimé de vous pendant une heure, il allait se faire tuer ! cela mérite récompense !

ZARAH, *tendant la main à Riccardo.*

La voici !

MARTIN.

Et une autre encore ! (*A Riccardo.*) Don Emmanuel te nomme comte de Santarem, et tu deviens son frère.

RICCARDO.

Moi !

MARTIN.

C'est trop juste ! quand personne n'eût osé être de la famille, tu as été le fils du roi. Et maintenant, allié du sang royal, noble comte de Santarem, pour la dernière fois reprends ta guitare, et dis-nous un air de victoire.

CHOEUR.

Vive à jamais, vive Bragance !
A bas un pouvoir détesté !
Le ciel nous rend en sa clémence
La victoire et la liberté !
Vive Bragance !
Vive la liberté !